Finanças Corporativas Internacionais

Tradução da 8ª edição norte-americana

Dados Internacionais de Catalogação na Publicação (CIP)
(Câmara Brasileira do Livro, SP, Brasil)

Madura, Jeff
Finanças corporativas internacionais / Jeff
Madura ; tradução Luciana Penteado Miquelino ;
revisão técnica Luiz Alberto Bertucci. --
São Paulo : Cengage Learning, 2008.

Título original: International corporate
finance
8. ed. americana.
Bibliografia.
ISBN 978-85-221-0624-0

1. Câmbio - Problemas, exercícios, etc.
2. Empresas multinacionais - Finança - Problemas,
exercícios, etc. 3. Finança internacional -
Problemas, exercícios, etc. I. Título.

08-10136   CDD-332.042

Índice para catálogo sistemático:

1. Finanças corporativas internacionais :
Economia 332.042

Finanças Corporativas Internacionais

Tradução da 8ª edição norte-americana

Jeff Madura
Florida Atlantic University

Tradução
Luciana Penteado Miquelino

Revisão técnica
Luiz Alberto Bertucci
Doutor em Administração pela EAESP/FGV.
Professor de Finanças e Chefe do Departamento de Ciências Administrativas da UFMG.

Austrália • Brasil • Japão • Coréia • México • Cingapura • Espanha • Reino Unido • Estados Unidos

Finanças Corporativas Internacionais
Tradução da 8ª edição norte-americana
Jeff Madura

Gerente Editorial: Patricia La Rosa

Editora de Desenvolvimento: Danielle Mendes Sales

Supervisora de Produção Editorial: Fabiana Albuquerque

Produtora Editorial: Fernanda Batista dos Santos

Título Original: International Corporate Finance
(ISBN-13: 978-0-324-32382-5; ISBN-10: 0-324-32382-4)

Tradução: Luciana Penteado Miquelino

Revisão Técnica: Luiz Alberto Bertucci

Copidesque: Norma Gusukuma

Revisão: Beatriz Simões Araújo e Camilla Bazzoni

Diagramação: PC Editorial Ltda.

Capa: Souto Crescimento de Marca

© 2006 South-Western, uma parte da Cengage Learning.
© 2009 Cengage Learning Edições Ltda.

Todos os direitos reservados. Nenhuma parte deste livro poderá ser reproduzida, sejam quais forem os meios empregados, sem a permissão, por escrito, da Editora.
Aos infratores aplicam-se as sanções previstas nos artigos 102, 104, 106 e 107 da Lei nº 9.610, de 19 de fevereiro de 1998.

Esta editora empenhou-se em contatar os responsáveis pelos direitos autorais de todas as imagens e de outros materiais utilizados neste livro. Se porventura for constatada a omissão involuntária na identificação de algum deles, dispomo-nos a efetuar, futuramente, os possíveis acertos.

Para informações sobre nossos produtos, entre em contato pelo telefone **0800 11 19 39**

Para permissão de uso de material desta obra, envie seu pedido para **direitosautorais@cengage.com**

© 2009 Cengage Learning. Todos os direitos reservados.

ISBN-13: 978-85-221-0624-0
ISBN-10: 85-221-0624-x

Cengage Learning
Condomínio E-Business Park
Rua Werner Siemens, 111 – Prédio 20 – Espaço 03
Lapa de Baixo – CEP 05069-900 – São Paulo – SP
Tel.: (11) 3665-9900 – Fax: (11) 3665-9901
SAC: 0800111939

Para suas soluções de curso e aprendizado, visite
www.cengage.com.br

Impresso no Brasil.
Printed in Brazil.
1 2 3 4 5 6 7   12 11 10 09 08

Dedicatória

Aos meus pais

Sobre o Autor

Jeff Madura é, atualmente, professor SunTrust Bank de Finanças na Florida Atlantic University. Escreveu vários livros didáticos, incluindo *Financial markets and institutions*. Sua pesquisa sobre finanças internacionais foi publicada em várias revistas científicas, incluindo *Journal of Financial and Quantitative Analysis*, *Journal of Money, Credit and Banking*, *Journal of Banking and Finance*, *Journal of International Money and Finance*, *Journal of Financial Research*, *Financial Review*, *Journal of Multinational Financial Management* e *Global Finance Journal*. Madura recebeu prêmios por excelência em ensino e pesquisa e serviu como consultor para bancos internacionais, corretoras e outras empresas multinacionais. Foi diretor da Southern Finance Association e da Eastern Finance Association e também presidente da Southern Finance Association.

Sumário

Prefácio xxi

PARTE 1
Finanças Corporativas no Exterior 1

CAPÍTULO 1

Gestão Financeira em Subsidiárias Estrangeiras: Visão Geral 2

Objetivos das EMNs 3
  Conflitos com o Objetivo da EMN 4
  Impacto do Controle de Gestão 4
  Impacto do Controle Empresarial 6
  Restrições que Interferem nos Objetivos da EMN 7
Negócios Internacionais: Teorias 8
  Teoria da Vantagem Comparativa 8
  Teoria de Mercados Imperfeitos 9
  Teoria do Ciclo do Produto 9
Métodos de Negócios Internacionais 10
  Comércio Internacional 10

Usando a Web: Condições Comerciais para Indústrias 10

  Licenciamentos 11
  Franquias 12
  Joint Venture 12
  Aquisição de Operações Existentes 12
  Estabelecimento de Novas Subsidiárias Estrangeiras 13
  Resumo de Métodos 13
Oportunidades Internacionais 13
  Oportunidades de Investimento 14
  Oportunidades Financeiras 14
  Oportunidades na Europa 15

Usando a Web: Informações Atualizadas sobre o Euro 16

  Oportunidades na América Latina 16
  Oportunidades na Ásia 17
Exposição ao Risco Internacional 18
  Exposição ao Movimento da Taxa de Câmbio 18
  Exposição Econômica Internacional 18
  Exposição ao Risco Político 19
Fluxo de Caixa das EMNs: Visão Geral 19
Modelo de Avaliação das EMNs 21
  Modelo Doméstico 21

Gerenciando para Valor: Decisão da Yahoo de Expandir-se Internacionalmente 22

  Avaliação do Fluxo de Caixa Internacional 23
  Impacto da Gestão Financeira e das Condições Internacionais no Valor 24
Organização do Texto 25

Resumo 26
Contraponto do Ponto: Uma EMN Deveria Reduzir seus Padrões Éticos para Competir Internacionalmente? 26
Autoteste 27
Questões e Aplicações 27
Caso Blades, Inc.: Decisão de Expandir-se Internacionalmente 30
Dilema da Pequena Empresa: Desenvolvendo uma Empresa Multinacional de Artigos Esportivos 31

CAPÍTULO 2

Fluxos de Fundos Internacionais 32

Balanço de Pagamentos 32
  Conta-corrente 33
  Conta de Capital 34
Fluxos de Comércio Internacional 35
  Distribuição das Importações e Exportações dos Estados Unidos 35

viii FINANÇAS CORPORATIVAS INTERNACIONAIS

Usando a Web: Condições Atualizadas de Comércio 37

Tendências da Balança Comercial dos Estados Unidos 37

Usando a Web: Balança Comercial dos Estados Unidos com cada País 39

Usando a Web: Balança Comercial Total dos Estados Unidos 39

Acordos Comerciais 39
Discordâncias Comerciais 39
Fatores de Fluxo Comercial Internacional 42
Impacto da Inflação 42
Impacto da Renda Nacional 43

Usando a Web: Comércio Internacional 43

Impacto das Restrições Governamentais 43

Usando a Web: Controles de Importação 43

Gerenciando para Valor: Impacto das Políticas Comerciais sobre o Valor da Empresa 43

Usando a Web: Taxas de Tarifas 44

Usando a Web: Restrições de Importação 44

Usando a Web: Sanções Comerciais 44

Impacto sobre as Taxas de Câmbio 44
Interação de Fatores 45
Corrigindo o Déficit de Balanças Comerciais 45
Por que uma Moeda Nacional Fraca Não é uma Solução Perfeita? 46
Fluxos de Capitais Internacionais 47
Distribuição de IED por Empresas Americanas 48
Distribuição de IED nos Estados Unidos 48
Fatores que Afetam o IED 49

Usando a Web: Regulamentações de IED 49

Fatores que Afetam a Carteira de Investimento Internacional 50

Usando a Web: Fluxo de Capital 50

Agências de Fluxo Internacional 50
Fundo Monetário Internacional 51
Banco Mundial 52
Organização Mundial do Comércio 52
International Financial Corporation 53
International Development Association 53
Bank for International Settlements 53
Agências de Desenvolvimento Regional 53
Como o Comércio Internacional Afeta o Valor de uma EMN 54

Resumo 54
Contraponto do Ponto: As Restrições Comerciais Deveriam Ser Usadas para Influenciar os Direitos Humanos? 54
Autoteste 55
Questões e Aplicações 55
Caso Blades, Inc.: Exposição ao Fluxo Internacional de Fundos 56
Dilema da Pequena Empresa: Identificar Fatores que Afetarão a Demanda Estrangeira na Sports Exports Company 57

CAPÍTULO 3

Mercados Monetários Internacionais 58

Motivos para Usar Mercados Monetários Internacionais 58
Motivos para Investir em Mercados Estrangeiros 59
Motivos para o Fornecimento de Crédito em Mercados Estrangeiros 59
Motivos para o Empréstimo em Mercados Estrangeiros 60
Mercado de Câmbio Estrangeiro 60
História do Câmbio Estrangeiro 61
Transações de Câmbio Estrangeiro 61

Usando a Web: Taxas de Câmbio Históricas 62

Gerenciando para Valor: Comércio de Moeda da Intel 64

Usando a Web: Contas-correntes para Pessoas Físicas 65

Usando a Web: Cotações de Compra e Venda 65

Interpretando as Cotações de Câmbio Estrangeiro 67

Usando a Web: Taxas de Câmbio Cruzadas 69

Contrato de Futuro sobre Moedas e Mercados de Opções 69
Mercado Monetário Internacional 70
Origens e Desenvolvimento 70
Padronização de Regulamentos Bancários Globais 72
Mercado de Crédito Internacional 73
Empréstimos Sindicalizados 73
Mercado de Obrigações Internacional 74
Mercado de Euro-obrigações 74

SUMÁRIO **ix**

Desenvolvimento de Outros Mercados de Obrigações 76
Comparação de Taxas de Juros entre Moedas 76
Mercados de Ações Internacionais 79
Emissão de Ações Estrangeiras nos Estados Unidos 79
Emissão de Ações dos Estados Unidos em Mercados Estrangeiros 81
Usando a Web: Informações sobre Comércio de Mercado de Ações 83
Comparação de Mercados Financeiros Internacionais 83
Como Mercados Monetários Afetam o Valor de uma EMN 84

Resumo 84
Contraponto do Ponto: Empresas que se Tornam Públicas Deveriam se Envolver em Ofertas Internacionais? 85
Autoteste 85
Questões e Aplicações 85
Caso Blades, Inc.: Decisões para Usar Mercados Monetários Internacionais 87
Dilema da Pequena Empresa: O Uso de Mercados de Câmbio pela Sports Exports Company 88

APÊNDICE 3
Investindo em Mercados Monetários Internacionais 89

CAPÍTULO 4
Determinação de Taxas de Câmbio 100

Oscilação da Taxa de Câmbio: Medição 100
Equilíbrio da Taxa de Câmbio 102
A Demanda pela Moeda 102
Oferta da Moeda 103
Equilíbrio 103
Fatores que Influenciam as Taxas de Câmbio 104
Taxas de Inflação Relativas 105
Taxas de Juros Relativas 106
Níveis de Renda Relativos 107
Controles do Governo 108
Expectativas 108
Interação de Fatores 110

Gerenciando para Valor: Impacto dos Determinantes da Taxa de Câmbio sobre os Fluxos de Caixa da Coca-Cola 111
Especulação das Taxas de Câmbio Antecipadas 112

Resumo 113
Contraponto do Ponto: Como Moedas Persistentemente Fracas Podem Ser Estabilizadas? 114
Autoteste 114
Questões e Aplicações 115
Caso Blades, Inc.: Avaliação de Oscilações de Taxas de Câmbio Futuras 117
Dilema da Pequena Empresa: Avaliação da Sports Exports Company sobre Fatores Que Afetam o Valor da Libra Esterlina 118

CAPÍTULO 5
Derivativos da Taxa de Câmbio 119

Mercado a Termo 119
Como as EMNs Utilizam os Contrato a Termo 120
Usando a Web: Taxas a Termo 123
Contratos a Termo sem Entrega (CTSE) 124
Mercado de Futuro de Moeda 125
Especificações de Contrato 126
Negociação de Futuros 126
Comparação de Contratos a Termo e Contratos de Futuros de Moeda 127
Preços de Futuros de Moeda 128
Usando a Web: Preços de Futuros 129
Risco de Crédito dos Contratos de Futuros de Moeda 129
Especulações com Contratos de Futuros de Moeda 129
Como as Empresas Utilizam Contratos de Futuros de Moeda 130
Liquidação de Posições de Futuros 131
Custos de Transações de Contratos de Futuros de Moeda 132
Mercado de Opções de Moeda 132
Bolsas de Opções 132
Mercado de Balcão 133
Opções de Compra de Moeda 133

FINANÇAS CORPORATIVAS INTERNACIONAIS

Fatores que Afetam os Prêmios da Opção de
   Compra de Moeda   134
Como as Empresas Utilizam as Opções de
   Compra de Moeda   135
Especulação com as Opções de Compra de
   Moeda   136
Opções de Venda de Moeda   138
Fatores que Afetam os Prêmios da Opção de
   Venda de Moeda   139
Hedging com Opções de Venda de Moeda   139
Especulação com as Opções de Venda de
   Moeda   139

**Gerenciando para Valor: Dilema da Cisco Quando
se Protege com Opções de Venda de Moeda   140**

Usando a Web: Preços de Opções   141

Gráficos de Contingência de Opção de
   Moeda   142
Gráfico de Contingência de um Comprador de
   uma Opção de Compra   142
Gráfico de Contingência de um Vendedor de
   uma Opção de Compra   142
Gráfico de Contingência de um Comprador de
   uma Opção de Venda   144
Gráfico de Contingência de um Vendedor de
   uma Opção de Venda   144
Opções Condicionais de Moeda   144
Opções Européias de Moeda   146

Resumo   146
Contraponto do Ponto: Os Especuladores
   Deveriam Usar Contratos de Futuros de
   Moedas ou Opções?   147
Autoteste   147
Questões e Aplicações   148
Caso Blades, Inc.: Uso de Instrumentos de
   Derivativo sobre Moedas   154
Dilema da Pequena Empresa: Uso de Contratos
   de Futuros de Moeda e Opções pela Sports
   Exports Company   155

APÊNDICE 5A

Precificação de Opções de
Moeda   156

APÊNDICE 5B

Combinações de Opções de
Moeda   160

Parte 1   Problema Integrativo
   O Ambiente Financeiro Internacional   175

PARTE 2

Comportamento da Taxa de Câmbio   177

CAPÍTULO 6

Governos e Taxas de Câmbio   178

Sistemas de Taxas de Câmbio   178
Sistema de Taxa de Câmbio Fixa   179
Sistema de Taxa de Câmbio Flutuante
   Livre   180
Sistema de Taxa de Câmbio Flutuante
   Gerenciada   182
Sistema de Taxa de Câmbio Referenciada   182
Conselhos Cambiais   184
Dolarização   187
Classificação de Arranjos de Taxa de
   Câmbio   187
Uma Moeda Única Européia   189
Quadro de Membros na UE   189
Impacto sobre a Política Monetária
   Européia   189
Impacto sobre os Negócios Europeus   190
Impacto sobre a Avaliação dos Negócios
   Europeus   190
Impacto sobre os Fluxos Financeiros   190
Impacto sobre o Risco da Taxa de Câmbio   191
Relatório sobre o Status do Euro   191
Intervenção Governamental   192

**Usando a Web: Links de Websites de Bancos
Centrais   192**

Razões para a Intervenção Governamental   192
Intervenção Direta   193
Intervenção Indireta   195
Zonas-alvo de Taxas de Câmbio   197

**Gerenciando para Valor: Como a Yahoo! Está
Exposta aos Sistemas e Intervenções das Taxas
de Câmbio   197**

Intervenção como Ferramenta Política   198
Influência da Moeda Nacional Fraca sobre a
   Economia Doméstica   198
Influência da Moeda Nacional Forte sobre a
   Economia Doméstica   199

Resumo   200
Contraponto do Ponto: A China Deveria
   Ser Forçada a Alterar o Valor de sua
   Moeda?   200

Autoteste   201
Questões e Aplicações   201
Caso Blades, Inc.: Avaliação da Influência Governamental sobre Taxas de Câmbio   203
Dilema da Pequena Empresa: Avaliação da Intervenção do Banco Central pela Sports Exports Company   204

APÊNDICE 6
Intervenção do Governo Durante a Crise Asiática   205

CAPÍTULO 7
Paridade da Taxa de Juros e Arbitragem Internacional   215

Arbitragem Internacional   215
Arbitragem Localizada   216
Arbitragem Triangular   218
Arbitragem de Juros Coberta   221
Comparação dos Efeitos de Arbitragem   224
Paridade da Taxa de Juros (PTJ)   224
Derivação da Paridade da Taxa de Juros   224
Determinação de Prêmios a Termo   226
Paridade da Taxa de Juros: Análise Gráfica   228
Como Testar se a Paridade da Taxa de Juros Existe   230
Interpretação da Paridade da Taxa de Juros   230
A Paridade da Taxa de Juros se Mantém?   230
Considerações ao Avaliar Paridade da Taxa de Juros   232
Mudanças nos Prêmio a Termo   233

Gerenciando para Valor: Como a Paridade da Taxa de Juros Afeta a Proteção (*Hedging*) da IBM   233

Usando a Web: Taxas a Termo   234

Resumo   235
Contraponto do Ponto: A Arbitragem Desestabiliza os Mercados de Câmbio Estrangeiros?   235
Autoteste   236
Questões e Aplicações   236
Caso Blades, Inc.: Avaliação de Oportunidades de Arbitragem Possíveis   239

Dilema da Pequena Empresa: Avaliação das Taxas à Vista e a Termo pela Sports Exports Company   240

CAPÍTULO 8
Relação entre Taxas de Câmbio, Inflação e Taxas de Juros   241

Paridade do Poder de Compra (PPC)   241
Paridade do Poder de Compra: Interpretação   242
Teoria da Paridade do Poder de Compra: Fundamento Lógico   242
Paridade do Poder de Compra: Derivação   243
Usando PPC para Estimar Efeitos da Taxa de Câmbio   244
Paridade do Poder de Compra: Análise Gráfica   245
Teoria da Paridade do Poder de Compra: Teste   247

Usando a Web: Índices de Inflação do País   250

Por que a Paridade do Poder de Compra Não Ocorre   250
Paridade do Poder de Compra a Longo Prazo   251

Gerenciando para Valor: Impacto Indireto da Paridade do Poder de Compra sobre EMNs   251

Usando a Web: Previsão de Índice de Inflação e Taxa de Câmbio   252

Efeito Fisher Internacional (EFI)   252
Relação com a Paridade do Poder de Compra   252
Implicações do EFI sobre Investidores Estrangeiros   253
Derivações do Efeito Fisher Internacional   254
Análise Gráfica do Efeito Fisher Internacional   257
Testes do Efeito Fisher Internacional   258
Por que o Efeito Fisher Internacional Não Ocorre   260
Comparação entre as Teorias PTJ, PPC e EFI   260

Resumo   262
Contraponto do Ponto: A PPC Elimina Cuidados sobre o Risco de Taxas de Câmbio de Longo Prazo?   262

xii FINANÇAS CORPORATIVAS INTERNACIONAIS

Autoteste 263

Questões e Aplicações 263

Caso Blades, Inc.: Avaliação da Paridade do Poder de Compra 267

Dilema da Pequena Empresa: Avaliação do EFI pela Sports Exports Company 268

Parte 2 Problema Integrativo
Comportamento da Taxa de Câmbio 269

PARTE 3
Gestão do Risco da Taxa de Câmbio 271

CAPÍTULO 9

Previsão da Taxa de Câmbio 272

Por que as Empresas Prevêem Taxas de Câmbio 272

Técnicas de Previsão 275

Previsão Técnica 275

Gerenciando para Valor: Como as Previsões de Lucro da DuPont São Baseadas em Previsões de Moeda 277

Previsão Fundamentalista 277

Previsão Baseada em Mercado 282

Usando a Web: Taxas a Termo como Previsões 285

Previsão Mista 286

Usando a Web: Previsões de Taxa de Câmbio 287

Serviços de Previsão 287

Desempenho dos Serviços de Previsão 287

Avaliação do Desempenho das Previsões 288

Exatidão da Previsão ao Longo do Tempo 289

Exatidão da Previsão entre as Moedas 289

Busca de Vieses de Previsões 290

Teste Estatístico de Vieses nas Previsões 290

Avaliação Gráfica do Desempenho de Previsões 292

Comparação entre Métodos de Previsão 293

Previsões sob Níveis de Eficiência de Mercado 295

Volatilidade da Taxa de Câmbio 296

Métodos de Previsão da Volatilidade da Taxa de Câmbio 296

Usando a Web: Volatilidades Implícitas 297

Resumo 298

Contraponto do Ponto: O que uma EMN Deveria Usar como Previsão ao Fazer seu Orçamento? 298

Autoteste 298

Questões e Aplicações 299

Caso Blades, Inc.: Previsão de Taxas de Câmbio 303

Dilema da Pequena Empresa: Previsão de Taxas de Câmbio pela Sports Exports Company 304

CAPÍTULO 10

Exposição à Flutuação da Taxa de Câmbio: Medição 305

O Risco da Taxa de Câmbio é Relevante? 305

Argumento da Paridade do Poder de Compra 305

Argumento de Proteção (Hedging) do Investidor 306

Argumento da Diversificação de Moedas 306

Argumento da Diversificação de Acionistas 306

Reações das EMNs 306

Tipos de Exposições 307

Exposição a Transações 307

Estimativas do Fluxo "Líquido" em Cada Moeda 308

Medição do Possível Impacto de Exposição a Moedas 309

Avaliação da Exposição a Transações Baseada no Valor em Risco 313

Exposição Econômica 315

Exposição Econômica à Apreciação da Moeda Local 317

Exposição Econômica à Depreciação da Moeda Local 317

Gerenciando para Valor: Exposição ao Risco da Taxa de Câmbio da Caterpillar 318

Exposição Econômica das Empresas Domésticas 318

Medição da Exposição Econômica 319

Exposição à Conversão 323

A Exposição à Conversão Importa? 323

Determinantes da Exposição à Conversão 323

SUMÁRIO **xiii**

Exemplos de Exposições à Conversão 325

Resumo 325
Contraponto do Ponto: Os Investidores
Deveriam se Importar com a Exposição à
Conversão de uma EMN? 326
Autoteste 326
Questões e Aplicações 327
Caso Blades, Inc.: Avaliação da Exposição à
Taxa de Câmbio 331
Dilema da Pequena Empresa: Avaliação da
Exposição à Taxa de Câmbio pela Sports
Exports Company 332

CAPÍTULO 11

Exposição a Transações: Gestão 333

Exposição a Transações 333
Identificando a Exposição Líquida a
Transações 334

Gerenciando para Valor: Gestão Centralizada da Exposição 334

Ajuste da Política de Faturamento para Gerir a
Exposição 335
Técnicas para Eliminar a Exposição a
Transações 335
Hedging *com Futuros* 335
Hedging *com Contrato a Termo* 336

Usando a Web: Taxas a Termo para Proteção (*Hedging*) 337

Proteção no Mercado Monetário 340
Proteção com Opção de Moeda 342
Comparação entre Técnicas de Proteção 344

Gerenciando para Valor: Estratégia de Proteção da Merck 348

Políticas de Proteção das EMNs 351
Limitações das Proteções 352
Limitações de Proteção de Montantes
Incertos 352
Limitações a Proteção Repetida de Curto
Prazo 353
Proteção a Exposição de Transações de Longo
Prazo 355
Contrato a Termo de Longo Prazo 355
Swap de Moeda 355
Empréstimo Paralelo 356

Técnicas Alternativas de Proteção 356
Antecipação e Retardamento 357
Proteção Cruzada 357
Diversificação de Moeda 357

Resumo 358
Contraponto do Ponto: Uma EMN Deveria
Arriscar Fazer uma Proteção Excessiva? 358
Autoteste 359
Questões e Aplicações 359
Caso Blades, Inc.: Gestão da Exposição a
Transações 366
Dilema da Pequena Empresa: Decisões de
Proteção pela Sports Exports Company 367

APÊNDICE 11

Técnicas de Proteção Não-tradicionais 368

CAPÍTULO 12

Exposição Econômica e Exposição de Conversão: Gerenciamento 374

Exposição Econômica 374
Uso de Demonstrativos de Resultados para
Avaliar a Exposição Econômica 375
Como a Reestruturação Pode Diminuir a
Exposição Econômica 377
Questões Envolvidas na Decisão de
Reestruturação 380

Gerenciando para Valor: Como Fabricantes de Automóveis a Reestruturam para Reduzir a Exposição 381

Um Estudo de Caso de *Hedging* da Exposição
Econômica 382
Dilema da Savor Co. 382
Avaliação da Exposição Econômica 383
Avaliação da Exposição de Cada
Unidade 383
Identificação das Fontes da Exposição da
Unidade 384
Possíveis Estratégias para Proteger a Exposição
Econômica 384
A Solução de Hedging da Savor 386
Limitações da Estratégia mais Favorável da
Savor 386
Proteção da Exposição a Ativos Fixos 387
Gerenciando a Exposição à Conversão 388

xiv FINANÇAS CORPORATIVAS INTERNACIONAIS

Uso de Contratos a Termo para Proteger a
Exposição à Conversão   388
Limitações do Hedging da Exposição à
Conversão   389

Resumo   389
Contraponto do ponto: Uma EMN Pode
Reduzir o Impacto da Exposição à
Conversão pela Comunicação?   390
Autoteste   390
Questões e Aplicações   391
Caso Blades, Inc.: Avaliação da Exposição
Econômica   393
Dilema da Pequena Empresa: Proteção da
Exposição Econômica da Sports Exports
Company ao Risco da Taxa de Câmbio   394

Parte 3   Problema Integrativo
Gerenciamento do Risco da Taxa de
Câmbio   395

PARTE 4
Gestão de Ativos e Passivos de Curto Prazo   397

CAPÍTULO 13

Financiamento do Comércio Internacional   398

Métodos de Pagamento no Comércio
Internacional   398
Pré-pagamentos   399
Cartas de Crédito (C/C)   400
Letras de Câmbio   400
Consignação   401
Conta Aberta   401
Métodos de Finanças Comerciais   401
Financiamento de Contas a Receber   401
Factoring   402
Cartas de Crédito (C/C)   402
Aceites Bancários   406
Financiamento de Capital de Giro   408
Financiamento de Médio Prazo de Bens de
Capital (Forfaiting)   409
Trocas Comerciais   410
Agências que Capacitam o Comércio
Internacional   411
Export-Import Bank (Estados Unidos)   411

**Gerenciando para Valor: A Escolha de um Banco
pela Engelhard para Serviços de Recolhimento
de Exportação   412**

Private Export Funding Corporation
(PEFCO)   414
Overseas Private Investiment Corporation
(OPIC)   414

Resumo   414
Contraponto do Ponto: As Agências que
Facilitam o Comércio Internacional
Impedem o Livre-Comércio?   415
Autoteste   415
Questões e Aplicações   415
Caso Blades, Inc.: Avaliação do Financiamento do
Comércio Internacional na Tailândia   416
Dilema da Pequena Empresa: Assegurando o
Pagamento dos Produtos Exportados pela
Sports Exports Company   418

CAPÍTULO 14

Financiamento de Obrigações de Curto Prazo   419

Fontes de Financiamento de Curto Prazo   419
Euronotas   419
Papel Comercial em Euros   420
Empréstimos em Bancos da Europa   420
Financiamento Interno pelas EMNs   420
Por que as EMNs Consideram o Financiamento
Estrangeiro   420
Financiamento Estrangeiro para Compensar as
Entradas em Moeda Estrangeira   421
Financiamento Estrangeiro para Reduzir
Custos   421

Usando a Web: Previsões de Taxas de Juros   422

Determinação de Taxas Efetivas de
Financiamento   423

**Gerenciando para Valor: Decisões de
Financiamento e de Tesouraria da
GeoLogistics   423**

**Usando a Web: Taxas de Juros Estrangeiras de
Curto Prazo   425**

Critérios para o Financiamento Estrangeiro   425
Paridade da Taxa de Juros   425
Taxas a Termo como Previsões   427
Previsões da Taxa de Câmbio   427
Resultados Reais de Financiamentos
Estrangeiros   431

SUMÁRIO **xv**

Financiamento com Carteira de Moedas 431
  Efeitos da Diversificação de Carteiras 434
  *Financiamentos Repetidos com uma Carteira
    da Moeda 435*

Resumo 437
Contraponto do Ponto: As EMNs Aumentam seus Riscos ao Tomar Emprestado Moedas Estrangeiras? 437
Autoteste 437
Questões e Aplicações 438
Caso Blades, Inc.: Utilização de Financiamento Estrangeiro de Curto Prazo 441
Dilema da Pequena Empresa: Financiamento de Curto Prazo pela Sports Exports Company 442

CAPÍTULO 15

Gestão de Caixa Internacional 443

Análise de Fluxo de Caixa: Perspectiva da Subsidiária 443
  Despesas da Subsidiária 443
  Receitas da Subsidiária 444
  Pagamentos de Dividendos da Subsidiária 444
  Gestão da Liquidez da Subsidiária 444
Gestão Centralizada de Caixa 445
Como Otimizar os Fluxos de Caixa 446
  Aceleração das Entradas de Caixa 446

Gerenciando para Valor: A Decisão da Flexsys de Utilizar um Sistema de Bancos Múltiplos para Pagamentos 447

  Minimização dos Custos de Conversão de Moedas 447
  Gerenciamento dos Fundos Bloqueados 449
  Gerenciamento de Transferências de Caixa entre as Subsidiárias 450
Complicações ao Otimizar o Fluxo de Caixa 450
  Características Relacionadas às Empresas 450
  Restrições do Governo 451
  Características dos Sistemas Bancários 451
Investimento de Excesso de Caixa 451
  Como Investir Excesso de Caixa 451
  Gestão Centralizada de Caixa 452
  Determinação do Rendimento Efetivo 454
  Implicações da Paridade da Taxa de Juros 456
  Uso das Taxas a Termo como Previsão 456

  Utilização das Previsões da Taxa de Câmbio 457
  Diversificação de Caixa por Meio de Moedas 461
  Proteção Dinâmica (Hedging) 462

Resumo 462
Contraponto do Ponto: A Paridade da Taxa de Juros Deveria Impedir as EMNs de Investir em Moedas Estrangeiras? 463
Autoteste 463
Questões e Aplicações 464
Caso Blades, Inc.: Gestão de Caixa Internacional 466
Dilema da Pequena Empresa: Gestão de Caixa na Sports Exports Company 467

APÊNDICE 15

Investindo em uma Carteira de Moedas 468

Parte 4   Problema Integrativo
  Gestão de Ativos e Passivos de Curto Prazo 473

PARTE 5
Gestão de Ativos e Passivos de Longo Prazo 475

CAPÍTULO 16

Investimentos Diretos em Empreendimentos Estrangeiros 476

Motivos para o Investimento Estrangeiro Direto (IED) 476
  Motivos Relacionados à Receita 477
  Motivos Relacionados aos Custos 478
  Comparando Benefícios do IED entre os Países 480
Usando a Web: Indicadores de IED 480

Usando a Web: Investimento Estrangeiro Direto 481

  Comparando os Benefícios do IED no Decorrer do Tempo 482
Gerenciando para Valor: A Decisão da Yahoo! de Expandir-se em Taiwan 482

xvi FINANÇAS CORPORATIVAS INTERNACIONAIS

Diversificação Internacional: Benefícios   483
   Análise da Diversificação de Projetos
     Internacionais   485
   Diversificação entre Países   487
Decisões Subseqüentes ao IED   487

Usando a Web: Informações de IED para um País em Particular   488

Pontos de Vista do Governo Anfitrião sobre o
   IED   488
   Incentivos para Encorajar o IED   488
   Barreiras ao IED   489
   Condições Impostas pelo Governo no
     Envolvimento com IED   490

Resumo   491
Contraponto do Ponto: As EMNs Deveriam
   Evitar o IED em Países com Leis Liberais de
   Trabalho Infantil?   491
Autoteste   492
Questões e Aplicações   492
Caso Blades, Inc.: Considerações sobre o
   Investimento Estrangeiro Direto   494
Dilema da Pequena Empresa: Decisões de
   Investimento Estrangeiro Direto da Sports
   Exports Company   495

CAPÍTULO 17

Orçamento de Capital das Subsidiárias Estrangeiras   496

Perspectiva da Subsidiária *versus* Perspectiva da
   Controladora   496
   Diferenciais de Imposto   497
   Remessas Restritas   497

Usando a Web: Regulamentos de Câmbio Estrangeiro   497

   Remessas Excessivas   497
   Oscilações da Taxa de Câmbio   497
   Resumo de Fatores   498
Dados do Orçamento de Capital para a
   EMN   499
Exemplo de Orçamento de Capital de
   EMN   501
   Plano de Fundo   501
   Análise   502
Fatores a Ser Considerados no Orçamento de
   Capital de uma EMN   505
   Flutuações da Taxa de Câmbio   505

Inflação   506
Acordos de Financiamento   508
Recursos Bloqueados   511
Valores Residuais Incertos   512
Impacto do Projeto sobre Fluxos de Caixas
   Correntes   513
Incentivos do Governo Anfitrião   514
Opções Reais   514
Ajustando as Avaliações do Risco do
   Projeto   514
   Taxa de Desconto Ajustada ao Risco   515
   Análise de Sensibilidade   515
   Simulação   515

Gerenciando para Valor: A Decisão do Wal-Mart de se Expandir na Alemanha   516

Resumo   517
Contraponto do Ponto: As EMNs Deveriam
   Utilizar Taxas a Termo para Estimar
   os Fluxos de Caixa de Projetos
   Estrangeiros?   518
Autoteste   518
Questões e Aplicações   519
Caso Blades, Inc.: Decisões da Blades, Inc. de
   Investir na Tailândia   525
Dilema da Pequena Empresa: Orçamento de
   Capital Multinacional da Sports Exports
   Company   526

APÊNDICE 17

Incorporação de Leis Fiscais Internacionais no Orçamento de Capital da EMN   527

CAPÍTULO 18

Reestruturação da EMN   535

Informações sobre a Reestruturação da
   EMN   535
   Tendências em Aquisições Internacionais   536
   Modelos de Avaliação de Alvos
     Estrangeiros   536

Gerenciando para Valor: Aquisições Internacionais   536

   Avaliação de Aquisições Possíveis após a Crise
     na Ásia   537
   Avaliação de Possíveis Aquisições na
     Europa   538

SUMÁRIO **xvii**

Fatores que Afetam os Fluxos de Caixa
Esperados do Alvo Estrangeiro   538
Fatores Específicos do Alvo   539
Fatores Específicos do País   539
Exemplo de Processo de Avaliação   541
Processo de Análise Internacional   541
Estimando o Valor do Alvo   541
*Mudanças na Avaliação no Decorrer do
Tempo   544*
Por que as Avaliações do Alvo Podem Variar
entre as EMNs   547
*Fluxos de Caixa Estimados dos Alvos
Estrangeiros   547*
*Efeitos da Taxa de Câmbio sobre Recursos
Remetidos   547*
Retorno Requerido pelo Comprador   547
Outros Tipos de Reestruturação de EMN   548
Aquisições Internacionais Parciais   548
*Alianças Internacionais de Negócios
Privatizados   548*
Alianças Internacionais   549
Desinvestimentos Internacionais   550
Decisões de Reestruturação como Opções
Reais   551
Opção de Compra de Ativos Reais   551
Opção de Venda de Ativos Reais   552

**Gerenciando para Valor: Decisão de
Reestruturação da Mazda   552**

Resumo   553
Contraponto do Ponto: Um Alvo Estrangeiro
Pode Ser Avaliado como Qualquer Outro
Ativo?   554
Autoteste   554
Questões e Aplicações   554
Caso Blades, Inc.: Avaliação de uma Aquisição
na Tailândia   557
Dilema da Pequena Empresa: Reestruturação
Multinacional pela Sports Exports
Company   558

CAPÍTULO 19

Analisando o Risco País   559

A Importância da Análise do Risco País   559
Fatores de Risco Políticos   560
*Atitude dos Consumidores no País
Anfitrião   560*

Ações do Governo Anfitrião   561
Bloqueio de Transferências de Recursos   562
Não-conversibilidade da Moeda   562
Guerra   562
Burocracia   563

Usando a Web: Índices de Risco Político   563

Corrupção   563
Fatores de Risco Financeiros   564
Indicadores de Crescimento Econômico   564
Tipos de Avaliação do Risco País   565
Macroavaliação do Risco País   565
Microavaliação do Risco País   566
Técnicas para Avaliar o Risco País   567
Abordagem de Lista de Verificação   567
Técnica Delphi   568
Análise Quantitativa   568
Visitas de Inspeção   568
Combinação de Técnicas   568
Medição do Risco País   569
*Variação nos Métodos de Medição de Risco
País   571*
*Utilizando a Classificação do Risco País para a
Tomada de Decisões   571*
Comparação das Classificações de Risco entre
os Países   572

Usando a Web: Classificações de Risco País   572

Classificações Reais do Risco País pelos
Países   572
Incorporação do Risco País ao Orçamento de
Capital   572
Ajuste da Taxa de Desconto   574
Ajuste dos Fluxos de Caixa Estimados   574

**Gerenciando para Valor: A Decisão da
TheStreet.com de Fechar sua Subsidiária
Britânica   574**

*Como o Risco País Afeta as Decisões
Financeiras   577*
Reduzindo a Exposição à Expropriação pelo
Governo Anfitrião   578
Usando Horizontes de Curto Prazo   578
*Confiando em Suprimentos Únicos ou
Tecnologias Únicas   579*
Empregando Trabalho Local   579
Tomando Recursos Locais Emprestados   579
Adquirindo Seguro   579
Utilizando "Project Finance"   580

Resumo   580

xviii FINANÇAS CORPORATIVAS INTERNACIONAIS

Contraponto do Ponto: O Risco País Tem
Importância para Projetos nos Estados
Undos? 581
Autoteste 581
Questões e Aplicações 582
Caso Blades, Inc.: Avaliação do Risco País 585
Dilema da Pequena Empresa: Análise do Risco
País na Sports Exports Company 587

CAPÍTULO 20

Estrutura de Capital e Custo de Capital de Multinacional 588

Custo de Capital: Plano de Fundo 588
*Comparação de Custos de Capital Próprio e da
Dívida 589*
Custo de Capital de EMN 590
*Comparação do Custo do Capital Próprio
Usando o CAPM 591*
*Implicações do CAPM para um Risco de
EMN 592*
Custos de Capital entre os Países 593
Diferença do Custo de Dívida entre Países 594
*Diferença do Custo de Capital Próprio entre
Países 595*
*Combinando os Custos da Dívida e do Capital
Próprio 597*
*Estimando o Custo da Dívida e do Capital
Próprio 597*
Usando o Custo de Capital para Avaliar Projetos
Estrangeiros 598
*Obtenção de Valores Presentes Líquidos com
Base no Custo Médio Ponderado de
Capital 599*
*Ajuste do Custo Médio Ponderado de Capital
ao Diferencial de Risco 599*
*Derivação do Valor Presente Líquido do
Investimento em Capital Próprio 600*
A Decisão de Estrutura de Capital da EMN 604
Influência das Características da Empresa 604
Influência das Características do País 605

**Usando a Web: Condições do Mercado de
Ações 606**

*Revisão da Estrutura de Capital em Resposta
às Mudanças de Condições 607*
Interação entre a Subsidiária e as Decisões de
Financiamento da Controladora 608

**Usando a Web: Regulamentos da Estrutura de
Capital 608**

*Impacto do Aumento do Financiamento com
Endividamento pela Subsidiária 609*
*Impacto da Redução do Endividamento pelas
Subsidiárias 610*
*Resumo da Interação entre as Subsidiárias
e as Decisões de Financiamento da
Controladora 610*
Estruturas de Capital-alvo Local *versus*
Global 611
*Compensação do Alto Grau de Alavancagem
Financeira da Subsidiária 611*
*Compensação do Baixo Grau de Alavancagem
Financeira da Subsidiária 611*
*Limitações ao se Compensar o Grau
Anormal de Alavancagem Financeira da
Subsidiária 612*

Resumo 612
Contraponto do Ponto: A Alíquota Tributária
Reduzida sobre Dividendos Deverá Afetar a
Estrutura de Capital da EMN? 613
Autoteste 613
Questões e Aplicações 613
Caso Blades, Inc.: Avaliação de Custo de
Capital 616
Dilema da Pequena Empresa: Decisão de
Estrutura de Capital Multinacional na Sports
Exports Company 618

CAPÍTULO 21

Financiamento de Longo Prazo 619

Decisão de Financiamento de Longo Prazo 619
Fontes de Capital Próprio 619
Fontes de Endividamento 620
Custo do Financiamento da Dívida 620
Medindo os Custos Financeiros 621

Usando a Web: Situação da Dívida do País 624

*Efeitos Reais das Oscilações da Taxa de Câmbio
sobre Custos Financeiros 624*
Avaliando o Risco da Taxa de Câmbio no
Financiamento com Dívida 626
*Utilizando as Probabilidades da Taxa de
Câmbio 626*
Utilizando a Simulação 626
Reduzindo o Risco da Taxa de Câmbio 627
Compensação das Entradas de Caixa 627

SUMÁRIO **xix**

Gerenciando para Valor: Decisão da General Electric de Confiar nos Mercados Monetários Globais 627

    Contratos a Termo 629

    Swap de Moedas 629

    Empréstimos Paralelos 630

    Diversificação de Moedas 634

Risco da Taxa de Juros no Financiamento com Dívida 636

    A Decisão de Vencimento da Dívida 636

    A Decisão de Taxa Flutuante versus Taxa Fixa 638

    Proteção com Swaps de Taxa de Juros 638

    Swap Comum 639

Usando a Web: Taxas de Juros Estrangeiras de Longo Prazo 642

Resumo 642

Contraponto do Ponto: Swaps de Moedas Resultarão em Custos Financeiros Baixos? 643

Autoteste 643

Questões e Aplicações 644

Caso Blades, Inc.: Utilização de Financiamentos Estrangeiros de Longo Prazo 646

Dilema da Pequena Empresa: Decisão de Financiamento de Longo Prazo da Sports Exports Company 647

Parte 5 Problema Integrativo
Gerenciamento de Ativos e Passivos de Longo Prazo 649

Apêndice A: Respostas às Questões dos Autotestes 652

Apêndice B: Casos Suplementares 665

Apêndice C: Fundamentos da Análise de Regressão 686

Apêndice D: Projeto de Investimento Internacional 693

Apêndice E: Discussão na Sala da Diretoria 696

Glossário 704

Índice 711

Prefácio

As empresas multinacionais continuam a expandir suas operações globalmente. Elas devem não só ser adequadamente administradas para aplicar suas vantagens comparativas em países estrangeiros, mas também administrar sua exposição a muitas formas e fontes de risco. A exposição dessas empresas é especialmente evidente nos países em desenvolvimento, em que os valores da moeda e as economias são voláteis. À medida que as condições internacionais se alteram, também mudam as oportunidades e o risco. As empresas multinacionais que têm maior capacidade de responder às alterações no ambiente financeiro internacional serão recompensadas. O mesmo pode ser dito para os alunos de hoje que podem se tornar gerentes de empresas multinacionais no futuro.

Público-alvo

Este texto supõe um entendimento de finanças corporativas básicas, sendo adequado tanto para cursos de graduação como para cursos de pós-graduação em gestão de finanças internacionais. Para cursos de pós-graduação, são recomendados as questões, os problemas e os casos mais desafiadores em cada capítulo bem como os projetos especiais.

Organização do Texto

Este texto está organizado, primeiro, para fornecer um plano de fundo ao ambiente internacional e, segundo, para se concentrar nos aspectos administrativos sob uma perspectiva corporativa. Os gerentes de empresas multinacionais precisam entender o ambiente financeiro internacional antes de poder gerenciar dentro dele.

As primeiras duas partes fornecem a estrutura macroeconômica do texto. A Parte 1 (Capítulos 1 a 5) apresenta os principais mercados que facilitam negócios internacionais. A Parte 2 (Capítulos 6 a 8) descreve as relações entre taxas de câmbio e variáveis econômicas e explica as forças que influenciam essas relações.

O restante do texto fornece uma estrutura microeconômica com um foco nos aspectos administrativos da gestão financeira internacional. A Parte 3 (Capítulos 9 a 12) explica a medição e a gestão do risco da taxa de câmbio. A Parte 4 (Capítulos 13 a 15) concentra-se na gestão de ativos e passivos de curto prazo das empresas multinacionais, incluindo motivos para investimento estrangeiro direto, orçamento de capital multinacional, análise de risco país e decisões de estrutura de capital.

Cada capítulo é auto-explicativo, de modo que o professor pode usar o tempo em sala de aula para se concentrar em tópicos mais abrangentes e confiar no texto para cobrir quaisquer outros conceitos. A gestão de ativos de longo prazo (capítulos sobre investimento estrangeiro direto, orçamento de capital multinacional, reestruturação multinacional e análise do risco país) é coberta antes da gestão de passivos de longo prazo (capítulos sobre estrutura de capital e financiamento de longo prazo), pois as decisões de financiamento dependem dos investimentos realizados pelas empresas. No entanto, os conceitos são explicados com ênfase em como integrar ativos de longo prazo com passivos de longo prazo. Por exemplo, a análise de orçamento do capital multinacional demonstra como a viabilidade de um projeto estrangeiro pode depender do mix de financiamentos disponível.

Os aspectos estratégicos, como os motivos para o investimento estrangeiro direto, são cobertos antes dos aspectos operacionais, como financiamento ou investimento a curto prazo. Para professores que preferem abordar a gestão de ativos e passivos de curto prazo de empresas multinacionais antes da gestão de ativos e passivos de longo prazo, as partes poderão ser reorganizadas, pois são auto-explicativas.

Abordagem do Texto

Finanças corporativas internacionais concentra-se nas decisões de gestão que maximizam o valor da empresa. O livro reconhece que os professores têm estilos exclusivos para reforçar conceitos importantes dentro de um curso. Vários métodos de reforço desses conceitos são fornecidos no texto, de modo que os professores possam selecionar os métodos e os recursos mais adequados a seu estilo de ensino. Os conceitos importantes são reforçados das seguintes maneiras:

1. DIAGRAMA DE ABERTURA DE PARTE: um diagrama no início de cada parte ilustra, em termos gerais, como os principais conceitos cobertos nessa parte se relacionam um com outro. Isso oferece alguma intuição sobre a organização dos capítulos dessa parte.
2. OBJETIVOS: os conceitos importantes são identificados em uma lista de objetivos no início de cada capítulo.
3. ÊNFASE: os conceitos importantes são cuidadosamente descritos no capítulo e sustentados por exemplos e ilustrações.
4. GERENCIANDO PARA VALOR: esse recurso ilustra como um ou mais conceitos importantes estão relacionados à avaliação da empresa multinacional.
5. EXEMPLOS: vários exemplos ilustram conceitos importantes em cada capítulo.
6. USANDO A WEB: websites que fornecem informações úteis relacionadas a conceitos importantes são identificados.
7. RESUMO: os conceitos importantes são resumidos no fim do capítulo em uma lista que corresponde à relação de objetivos no início do capítulo.
8. CONTRAPONTO DO PONTO: um tópico controverso é apresentado, duas visões opostas são fornecidas e os alunos devem decidir qual ponto de vista eles apóiam e explicar o motivo.
9. AUTOTESTE: um "autoteste" no fim de cada capítulo desafia os alunos sobre os conceitos importantes. As respostas para essas perguntas são fornecidas no Apêndice A.
10. QUESTÕES E APLICAÇÕES: muitas das questões e outras aplicações no fim do capítulo testam o conhecimento dos alunos acerca dos conceitos importantes no capítulo.
11. CASO CONTÍNUO: no fim de cada capítulo, o caso contínuo permite que os alunos usem os conceitos importantes para resolver problemas ocorridos em uma empresa chamada Blades, Inc. (uma produtora de patins). Trabalhando em casos relacionados à mesma empresa multinacional durante um período escolar, os alunos reconhecem como as decisões empresariais são integradas.
12. DILEMA DA PEQUENA EMPRESA: o dilema da pequena empresa no fim de cada capítulo coloca os alunos em uma posição em que precisam usar conceitos apresentados no capítulo para tomar decisões sobre uma pequena empresa multinacional chamada Sports Exports Company.
13. PROBLEMA INTEGRATIVO: o problema integrativo no fim de cada parte integra os conceitos importantes entre os capítulos dentro dessa parte.

14. CASOS COMPLEMENTARES: os casos complementares permitem aos alunos aplicar conceitos do capítulo a uma situação específica de uma empresa multinacional. Todos os casos complementares estão localizados no Apêndice B no fim do texto.
15. PROJETO DE INVESTIMENTO INTERNACIONAL: esse projeto (fornecido no Apêndice D) permite aos alunos simular o investimento em ações de empresas multinacionais e empresas estrangeiras e requer que eles avaliem como os valores dessas ações são alterados durante o período escolar em resposta a condições econômicas internacionais.
16. DISCUSSÃO NA SALA DA DIRETORIA: esse projeto (no Apêndice E) permite aos alunos desempenhar o papel de gerentes ou membros do conselho administrativo de uma pequena empresa multinacional que eles criaram e tomar decisões sobre ela.

Agradecimentos

Várias pessoas contribuíram para este livro. Primeiro, a motivação para escrevê-lo ocorreu devido ao estímulo dos professores Robert L. Conn (Miami University of Ohio), E. Joe Nosari e William Schrode (Florida State University), Anthony E. Scaperlanda (Northern Illinois University) e Richard A. Zuber (University of North Carolina em Charlotte).

Muitas das revisões e seções ampliadas contidas nesta edição existem devido a comentários e sugestões de alunos que usaram as edições anteriores. Além disso, muitos professores revisaram várias edições do texto e tiveram uma influência importante em seu conteúdo e organização. Todos estão aqui:

Raj Aggarwal, *Kent State University*
Alan Alford, *Northeastern University*
H. David Arnold, *Auburn University*
Robert Aubey, *University of Wisconsin*
Bruce D. Bagamery, *Central Washington University*
James C. Baker, *Kent State University*
Gurudutt Baliga, *University of Delaware*
Laurence J. Belcher, *Stetson University*
Bharat B. Bhalla, *Fairfield University*
Rita Biswas, *State University of New York em Albany*
Steve Borde, *University of Central Florida*
Sarah Bryant, *George Washington University*
Francisco Carrada-Bravo, *American Graduate School of International Management*
Adreas C. Christofi, *Azusa Pacific University*
Alan Cook, *Baylor University*
W. P. Culbertson, *Louisiana State University*
Maria E. DeBoyrie, *New Mexico State University*
Andrea L. DeMaskey, *Villanova University*
Mike Dosal, *SunTrust Bank (Orlando)*
Robert Driscill, *Ohio State University*
Larry Fauver, *University of Miami*
Pail Fenton, *Bishop's University*
Robert G. Fletcher, *California State University–Bakersfield*
Stuart Fletcher, *Appalachian State University*
Jennifer Foo, *Stetson University*

Roert D. Foster, *American Graduate School of International Management*
Hung-Gay Fung, *University of Baltimore*
Juli-Ann E. Gasper, *Texas A&M University*
Farhad F. Ghannadian, *Mercer University*
Kimberly Gleason, *Florida Atlantic University*
Deborah W. Gregory, *Bentley College*
Nicholas Gressis, *Wright State University*
Indra Guertler, *Babson College*
Ann M. Hackert, *Idaho State* University
Joel Harper, *Oklahoma State University*
John M. Harris, Jr., *Clemson University*
Andrea J. Heuson, *University of Miami*
Ghassem Homaifar, *Middle Tennessee State University*
Nathaniel Jackendoff, *Temple University*
Kurt R. Jesswein, *Texas A&M International*
Steve A. Johnson, *University of Texas em El Paso*
Manuel L. Jose, *University of Akron*
Rauv Kalra, *Morehead State University*
Ho-Sang Kang, *University of Texas em Dallas*
Frederick J. Kelly, *Seton Hall University*
Robert Kemp, *University of Virginia*
Coleman S. Kendall, *University of Illinois–Chicago*
Dara Khambata, *American University*
Suresh Krishman, *Pennsylvania State University*
Boyden E. Lee, *New Mexico State University*
Jeong W. Lee, *University of North Dakota*
Charmen Loh, *Rider University*
Carl Luft, *DePaul University*
K. Christopher Ma, *KCM Investment Co.*
Richard D. Marcus, *University of Wisconsin–Milwaukee*
Anna D. Martin, *Fairfield University*
Ike Mathur, *Washington University*
Wendell McCulloch, Jr., *California State University–Long Beach*
Carl McGowan, *University of Michigan em Flint*
Fraser McHaffie (*Marietta College*)
Stuart Michelson, *Stetson University*
Eduard Omberg, *San Diego State University*
Prasad Padmanabhan, *San Diego State University*
Ali M. Parhizgari, *Florida International University*
Anne Perry, *American University*
Larry Prather, *East Tennessee State University*
Frances A. Quinn, *Merrimack College*
S. Ghon Rhee, *University of Rhode Island*
William J. Rieber, *Butler University*
Ashok Robin, *Rochester Institute of Technology*

Tom Rosengarth, *Westminster College*
Kevin Scanlon, *Indiana University em South Bend*
Oliver Schnusenberg, *University of North Florida*
Jacobus T. Severiens, *Kent State University*
Peter Sharp, *California State University–Sacramento*
Dilip K. Shome, *Virginia Tech University*
Joseph Singer, *University of Missouri–Kansas City*
Naim Sipra, *University of Colorado em Denver*
Jacky So, *Southern Illinois University em Edwardsville*
Luc Soenen, *California Polytechnic State University–San Luis Obisbo*
Ahmad Sohrabian, *California State Polytechnic University–Pomona*
Caroline Spencer, *Dowling College*
Angelo Tarallo, *Ramapo College*
Amir Tavakkol, *Kansas State University*
Stephen G. Timme, *Georgia State University*
Mahmoud S. Wahab, *University of Hartford*
Ralph C. Walter III, *Northeastern Illinois University*
Elizabeth Webbink, *Rutgers University*
Ann Marie Whyte, *University of Central Florida*
Marilyn Wiley, *Florida Atlantic University*
Rohan Williamson, *Georgetown University*
Larry Wolken, *Texas A&M University*
Glenda Wong, *DePaul University*
Yeomin Yoon, *Seton Hall University*
David Zalewski, *Providence College*
Emilio Zarruk, *Florida Atlantic University*
Stephen Zera, *California State University–San Marcos*

Além das sugestões fornecidas pelos revisores, esta edição também se beneficiou da opinião de muitas pessoas de fora dos Estados Unidos que estavam dispostas a compartilhar seus pareceres sobre *gestão financeira internacional*. Além disso, agradeço aos meus colegas na Florida Atlantic University, incluindo John Bernardin, Juan Dempere, Antoine Giannetti, Kim Gleason e Emilio Zarruk. Também agradeço a Joel Harper (Oklahoma State University), Victor Kalafa (Cross Country, Inc.), Oliver Schnusenberg (University of North Florida) e Alan Tucker (Pace University), por suas sugestões.

Agradeço a ajuda e o apoio das pessoas na South-Western, incluindo Mike Reynolds (editor executivo) e Trish Taylor (editora sênior de desenvolvimento). Mostro gratidão a Kaila Wyllys da G&S Typesetters por seus serviços de produção. Agradecimentos especiais a Amy McGuire (editor de produção) e Pat Lewis (editora de copy) por seus esforços em garantir um produto final de qualidade.

Finalmente, quero agradecer à minha esposa Mary e a meus pais Arthur e Irene Madura, por seu apoio moral.

Jeff Madura
Florida Atlantic University

PARTE 1

Finanças Corporativas no Exterior

A Parte 1 (Capítulos 1 a 5) apresenta uma visão geral da empresa multinacional (EMN) e do ambiente em que opera. O Capítulo 1 explica os objetivos da EMN, juntamente com os motivos e os riscos dos negócios internacionais. O Capítulo 2 descreve o fluxo dos fundos internacionais entre países. O Capítulo 3 descreve os mercados monetários internacionais e como facilitam as operações correntes. O Capítulo 4 explica como as taxas de câmbio são determinadas, enquanto o Capítulo 5 apresenta o plano de fundo dos contratos de futuros sobre moedas e mercados de opções. Gestores de EMNs precisam entender o ambiente internacional descrito nestes capítulos para poder tomar as decisões apropriadas.

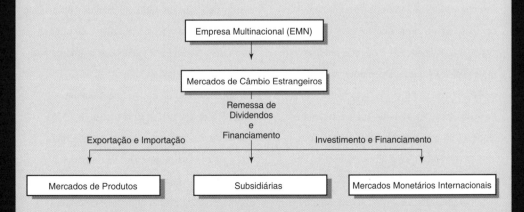

CAPÍTULO 1

Gestão Financeira em Subsidiárias Estrangeiras: Visão Geral

O objetivo comum de uma empresa é maximizar seu valor e, assim, a riqueza do acionista. Esse objetivo aplica-se não somente a empresas que focalizam o negócio doméstico, mas àquelas que visam também negócios internacionais. Na verdade, muitas delas expandiram seus negócios internacionais como meio de aumentar o seu valor. Uma vez que os mercados internacionais podem ser nitidamente diferentes de mercados locais, eles criam oportunidades para melhorar o fluxo de caixa das empresas. Muitas barreiras para ingressar nos mercados estrangeiros foram reduzidas ou removidas recentemente, encorajando as empresas a buscar negócios internacionais (produzindo e/ou vendendo produtos em outros países). Conseqüentemente, muitas delas evoluíram para empresas multinacionais (EMNs), definidas como aquelas que se envolveram com alguma forma de negócio internacional. Seus gestores conduzem uma gestão financeira internacional que envolve decisões de financiamento e de investimento com intenção de aumentar o valor da EMN.

Inicialmente, as empresas podem meramente tentar exportar produtos a um país em particular ou importar suprimentos de um fabricante estrangeiro. Com o tempo, no entanto, muitas delas percebem oportunidades estrangeiras adicionais e eventualmente estabelecem subsidiárias em outros países. Dow Chemical, IBM, Nike e muitas outras possuem mais da metade de seus ativos em outros países. Algumas empresas, como ExxonMobil, American Brands e Colgate-Palmolive, comumente geram mais da metade de suas vendas em outros países. Um bom exemplo é o da Coca-Cola Co., que distribui seus produtos em mais de 160 países e utiliza 40 moedas diferentes. Acima de 60% de sua renda operacional anual é gerada tipicamente fora dos Estados Unidos.

Um entendimento da gestão financeira internacional é crucial não só para as maiores EMNs com numerosas subsidiárias, mas também para outras empresas que desenvolvem negócios internacionais. Mesmo empresas menores dos Estados Unidos normalmente geram mais de 20% de suas vendas em mercados estrangeiros, incluindo AMSCO International (Pensilvânia), Ferro (Ohio), Interlake (Illinois), Medtronic (Minnesota), Sybron (Wisconsin) e Synoptics (Califórnia). Essas empresas americanas, que desenvolvem negócios internacionais, tendem a focalizar os nichos que as fizeram bem-sucedidas nos Estados Unidos. Elas tendem a ingressar em mercados específicos em que não terão de competir com empresas grandes que poderiam capitalizar sobre economias de escala. Enquanto algumas empresas pequenas estabeleceram subsidiárias, muitas ingressaram em mercados estrangeiros por meio de exportações. Nos Estados Unidos, 75% das empresas que exportam possuem menos de cem empregados.

A gestão financeira internacional é importante até para empresas que não praticam negócios internacionais, porque elas precisam saber como seus concorrentes serão afetados pelos movimentos nas taxas de câmbio, taxas de juros estrangeiras, custos trabalhistas e inflação. Essas características econômicas podem afetar os custos de produção e a política de preços de seus concorrentes estrangeiros.

As empresas precisam saber também como concorrentes domésticos, que obtêm suprimentos ou financiamentos estrangeiros, serão afetados pelas condições econômicas de outros países. Se esses concorrentes domésticos são capazes de diminuir seus custos ao capitalizar oportunidades em mercados internacionais, poderão ser aptos a baixar seus preços sem reduzir suas margens de lucro. Isso poderia permitir um aumento de participação no mercado, puramente à custa de empresas domésticas.

Este capítulo apresenta um plano de fundo a respeito dos objetivos de uma EMN e o risco potencial e retornos do envolvimento com negócios internacionais.

Os objetivos específicos deste capítulo são:

- identificar o objetivo principal da EMN e os conflitos potenciais com esse objetivo;
- descrever as teorias-chave que justificam o negócio internacional; e
- explicar os métodos comuns utilizados para o desenvolvimento de negócios internacionais.

Objetivos das EMNs

O objetivo de uma EMN normalmente aceito é o de maximizar a riqueza do acionista. É necessário estabelecer um objetivo porque todas as decisões deveriam contribuir para o seu atendimento. Algumas EMNs com base fora dos Estados Unidos, no entanto, tendem a focalizar mais a satisfação dos respectivos objetivos de seus governos, bancos ou empregados do que a maximização da riqueza do acionista.

O foco deste texto está nas EMNs cujas controladoras possuem totalmente alguma subsidiária estrangeira, o que significa que a controladora americana é a única proprietária da subsidiária. Essa é a forma mais comum de propriedade de EMNs com base nos Estados Unidos e ela capacita gestores financeiros em toda a EMN a ter um único objetivo, que é o de maximizar o valor da empresa por inteiro, em vez de maximizar o valor de alguma subsidiária estrangeira em particular.

Conflitos com o Objetivo da EMN

Com freqüência é argumentado que os gestores de uma empresa podem tomar decisões que entram em conflito com o objetivo empresarial de maximizar a riqueza do acionista. Por exemplo, a decisão de estabelecer uma subsidiária em um local ou em outro pode ser baseada no apelo de um gerente em particular em vez de na opção que beneficie potencialmente seus acionistas. A decisão de expandir pode ser determinada pelo desejo do gestor de fazer a divisão crescer para poder receber mais responsabilidades e compensações. Quando uma empresa possui apenas um proprietário que é também o único gestor, esse conflito de objetivos não ocorre. No entanto, quando os acionistas de uma empresa divergem de seus gestores, poderá haver um conflito de objetivos. Isso é conhecido freqüentemente como **problema de agência**.

Os custos para assegurar que os gestores maximizem a riqueza do acionista (*custos de agência*) normalmente são maiores para EMNs do que para empresas puramente domésticas, por vários motivos. Primeiro, EMNs com subsidiárias espalhadas pelo mundo podem experimentar maiores problemas de agências, porque monitorar gestores de subsidiárias distantes em outros países é mais difícil. Segundo, gestores de subsidiárias estrangeiras, criados em culturas diferentes, podem não seguir objetivos uniformes. Terceiro, o simples tamanho de EMNs maiores pode criar grandes problemas de agência. Quarto, alguns gestores não-americanos tendem a minimizar os efeitos das decisões a curto prazo, o que pode resultar em decisões, para as subsidiárias estrangeiras das EMNs com base nos Estados Unidos, inconsistentes com a maximização da riqueza do acionista.

Gestores financeiros de uma EMN com várias subsidiárias podem ser tentados a tomar decisões que maximizem o valor de suas respectivas subsidiárias. Esse objetivo não necessariamente coincidirá com a maximização do valor total da EMN.

> ### EXEMPLO
>
> Um gestor de uma subsidiária obteve um financiamento da empresa controladora (sede) para desenvolver e vender um produto novo. O gestor fez a estimativa do custo e benefício do projeto da perspectiva da subsidiária e concluiu que o projeto era viável. No entanto, ele não percebeu que as remessas dos ganhos para a controladora seriam altamente taxadas pelo governo anfitrião. Os resultados após os impostos foram mais que ultrapassados pelo custo do financiamento do projeto. Enquanto o valor individual da subsidiária aumentou, o valor total da EMN diminuiu.

Se os gestores financeiros devem maximizar a riqueza dos acionistas das EMNs, precisam implementar políticas que maximizem o valor total da EMN, em vez do valor de suas respectivas subsidiárias. Muitas EMNs exigem que decisões maiores tomadas pelos gestores das subsidiárias sejam aprovadas pela controladora. No entanto, é difícil para a controladora monitorar todas as decisões tomadas pelos gestores das subsidiárias.

Impacto do Controle de Gestão

A magnitude dos custos de agência pode variar de acordo com o estilo de gestão da EMN. Um estilo centralizado de gestão, como ilustrado na seção superior da Figura 1.1, pode reduzir os custos de agência porque permite aos gestores da controladora monitorar as subsidiárias estrangeiras e assim reduzir o poder dos gestores subsidiários. No entanto, os gestores da controladora podem tomar decisões ruins para a subsidiária se não estiverem tão bem informados como os gestores das subsidiárias sobre as características financeiras da subsidiária.

Como alternativa, uma EMN poderá usar um estilo de gestão descentralizada, como ilustrado na seção inferior da Figura 1.1. É mais provável que com esse estilo resultem custos de agência mais altos, porque gestores subsidiários podem tomar decisões que não focalizem a maximização do valor total da EMN. Todavia, esse estilo dá mais controle àqueles gestores que estão perto das operações e no meio das subsidiárias. Na medida em que gestores de subsidiárias reconheçam o objetivo de maximizar o valor total da EMN e sejam compensados de acordo com esse objetivo, o estilo de gestão descentralizada pode ser mais efetivo.

Dada a óbvia troca entre os estilos de gestão centralizada e descentralizada, algumas EMNs procuram obter as vantagens dos dois estilos. Isto é, permitem aos gestores das subsidiárias tomar suas decisões-chave em relação às suas respectivas operações, mas a gestão da controladora monitora as decisões para assegurar que estejam dentro dos melhores interesses da EMN global.

Como a Internet Facilita o Controle de Gestão. A Internet facilita o monitoramento das ações e do desempenho das subsidiárias estrangeiras pela controladora.

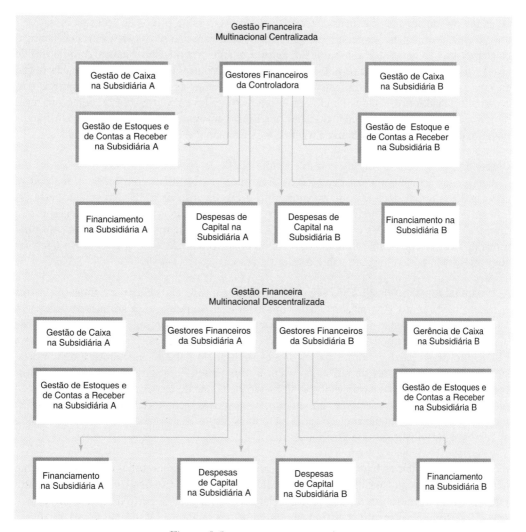

Figura 1.1   Estilos de Gestão de EMNs.

6 FINANÇAS CORPORATIVAS INTERNACIONAIS

> ### EXEMPLO
>
> A controladora da Jersey, Inc. possui subsidiárias na Austrália e na Itália. Tais subsidiárias encontram-se em fusos horários diferentes e, assim, a comunicação por telefone freqüentemente é inconveniente e cara. Além disso, relatórios financeiros e projetos de produtos novos ou locais das fábricas não podem ser facilmente comunicados por telefone. A Internet permite que as subsidiárias passem e-mails com informações atualizadas em um formato padronizado para evitar problemas de idiomas e enviem imagens de relatórios financeiros e projetos de produtos. A controladora facilmente poderá acompanhar o estoque, as vendas, as despesas e os ganhos de cada subsidiária em base semanal ou mensal. Assim, a utilização da Internet pode reduzir os custos de agência gerados pelos negócios internacionais.

Impacto do Controle Empresarial

Várias formas de controle empresarial podem ser utilizadas para reduzir problemas de agência nas EMNs. O controle das EMNs com base nos Estados Unidos aperfeiçoou-se agora que gestores de empresas adotam políticas mais conscientes do impacto sobre preços de ações na Bolsa. Historicamente, outros países esperam que os gestores satisfaçam não só os acionistas, mas também os empregados, o governo e a comunidade local. Em anos recentes, no entanto, como o uso de ações para financiar negócios tornou-se mais comum em outros países, o foco na maximização da riqueza do acionista está aumentando. Conseqüentemente, as várias formas de controle empresarial utilizadas nos Estados Unidos estão sendo adotadas em outros países, como um meio de forçar empresas locais a tomar decisões que satisfaçam seus acionistas. Todavia, em muitos países, o controle empresarial ainda é usado em escala menor do que nos Estados Unidos.

Opções de Ações. Uma forma de controle empresarial que pode ser utilizada pelas EMNs é a de compensar parcialmente os membros da diretoria e os executivos com ações, o que poderá encorajá-los a tomar decisões que maximizem o preço da ação da EMN. No entanto, essa estratégia poderá controlar efetivamente somente as decisões tomadas por gestores e membros da diretoria que recebam ações como compensação. Além disso, alguns gestores podem continuar tomando decisões que entrem em conflito com o objetivo das EMNs se considerarem que suas atividades terão pouco impacto sobre o valor da ação.

A Ameaça de Aquisição Hostil. Uma segunda forma de controle empresarial é a ameaça de uma aquisição hostil se a EMN for gerenciada com ineficácia. Na teoria, essa ameaça deveria encorajar os gestores a tomar decisões que aumentem o valor da empresa, já que outros tipos de decisões causariam a queda do preço da ação da EMN. Outra empresa poderia assim adquirir a EMN a um preço baixo e demitir os gestores existentes. No passado, essa ameaça não impressionava muito os gestores de subsidiárias em outros países porque os governos estrangeiros comumente protegiam os empregados, eliminando efetivamente os benefícios de uma aquisição por outra empresa. Recentemente, no entanto, os governos reconheceram que tal protecionismo poderia promover ineficiência, e agora estão mais dispostos a aceitar a tomada de controle e as subseqüentes dispensas que possam ocorrer.

Monitoramento pelo Investidor. Uma terceira forma de controle empresarial é o monitoramento feito por grandes acionistas. É comum que EMNs com base nos Estados Unidos sejam monitoradas por fundos mútuos e fundos previdenciários, porque grande parte de suas ações principais é detida por essas instituições. Seus monitoramentos tendem a focalizar assuntos abrangentes, como o de assegurar que a EMN utilize um sistema de compensação que motive os gestores ou os membros da diretoria a tomar decisões que maximizem o valor da EMN; use o excesso de caixa para recomprar ações da empresa em vez de investir em projetos questionáveis; e não se isole com a ameaça de uma tomada de controle (implementando emendas antiaquisição, por exemplo). Uma EMN, cujas decisões são inconsistentes com a maximização da riqueza do acionista, estará sujeita ao ativismo do acionista, como fundos previdenciários e outros grandes grupos de interesses de acionistas institucionais, para que ocorram a mudança dos gestores ou outras modificações. As EMNs que estiveram sujeitas a várias formas de ativismo de acionistas incluem Eastman Kodak, IBM e Sears Roebuck.

Como os fundos mútuos e os fundos previdenciários, os bancos de propriedade estrangeira também mantêm grandes carteiras de ações (diferentemente dos bancos comerciais americanos, que não utilizam fundos de depósitos para adquirir ações). Os bancos estrangeiros são grandes e detêm uma proporção suficiente de ações de inúmeras empresas (incluindo algumas EMNs com base nos Estados Unidos) para ter certa influência sobre as políticas empresariais. Sua função adicional como fornecedor de fundos a muitas dessas empresas aumenta sua capacidade de monitorar as políticas empresariais. Até esta data, no entanto, esses bancos não desempenham uma função importante no controle empresarial. Em geral, eles não procuram intervir, a não ser que uma empresa em particular esteja passando por problemas financeiros maiores.

Restrições que Interferem nos Objetivos da EMN

Quando gestores financeiros de EMNs procuram maximizar o valor da empresa, são confrontados com várias restrições que podem ser de natureza ambiental, reguladora ou ética.

Restrições Ambientais. Cada país impõe suas próprias restrições ambientais. Alguns países podem impor mais essas restrições sobre a subsidiária cuja controladora tiver a base em outro país. Obediência a códigos de conduta, o descarte de resíduos de produção e o controle de poluição são exemplos de restrições que forçam as subsidiárias a incorrer em custos adicionais. Muitos países europeus impuseram recentemente leis antipoluentes mais rígidas, como resultado desses graves problemas de poluição.

Restrições Reguladoras. Cada país impõe também suas restrições reguladoras com relação a impostos, conversão de moeda, remessa de ganhos, direitos trabalhistas e outras políticas que podem afetar o fluxo de caixa de uma subsidiária estabelecida nele. Como esses regulamentos influenciam o fluxo de caixa, gestores financeiros precisam considerá-los ao avaliar as políticas. Do mesmo modo, qualquer modificação nesses regulamentos pode exigir uma revisão das políticas financeiras existentes, portanto, os gestores financeiros deveriam monitorar os regulamentos e possíveis mudanças importantes no decorrer do tempo.

Para perceber o impacto potencial dos regulamentos, considere as leis trabalhistas. Embora seja compreensível que cada país procure assegurar os direitos do empregado, alguns podem impedir a maximização do valor da empresa se a proteção aos empregados for excessiva.

EXEMPLO

A Eurenza, uma empresa industrial no Leste Europeu, está lutando financeiramente. O preço da ação da empresa entrou em declínio nos últimos dois anos, porque houve queda de vendas, enquanto as despesas permanecem muito altas. Um dos problemas é que muitos de seus empregados são improdutivos. A Eurenza gostaria de dispensar alguns deles, pois é um procedimento que reduziria as despesas e aumentaria os ganhos. Seus acionistas atuais teriam mais vantagens se os empregados fossem dispensados. Contudo, o governo não permite que a Eurenza dispense os empregados, mesmo não sendo produtivos. O governo preocupa-se com o fato de que esse foco total na riqueza do acionista possa ser prejudicial à força trabalhista.

Idealmente, gestores procuram recompensar os empregados por produção eficiente, a fim de que os objetivos do trabalho e dos acionistas sejam alinhados rigorosamente.

Restrições Éticas. Não há um padrão de consenso na conduta de negócios que se aplique a todos os países. A prática empresarial que é tida como antiética em um país pode ser totalmente ética em outro. Por exemplo, EMNs com base nos Estados Unidos estão conscientes de que certas práticas empresariais, aceitas em alguns países menos desenvolvidos, seriam ilegais nos Estados Unidos. Subornos a governos para receber cortes especiais de impostos ou outros favores são comuns em alguns países. Um relatório recente apresentado ao Congresso estimou que as empresas americanas perderam no mínimo $ 36 bilhões em transações internacionais por causa de subornos pagos por concorrentes estrangeiros. As EMNs enfrentam um dilema. Se não participarem de tais práticas, podem estar em desvantagem competitiva. Contudo, se o fizerem, sua reputação sofrerá em países que não aprovam tais procedimentos.

Gestão dentro das Restrições. Algumas EMNs com base nos Estados Unidos fizeram a cara escolha de se abstaterem de práticas empresariais que são legais em alguns outros países, mas não o são nos Estados Unidos. Assim, seguem um código de ética mundial. Isso pode aumentar sua credibilidade com todos os países, que poderá ampliar a demanda de seus produtos. Recentemente, a McKinsey & Co. percebeu que os investidores davam um valor maior a empresas que exibiam altos padrões de governança empresarial e eram capazes de obedecer às restrições éticas. O prêmio que os investidores concederam a essas empresas foi, em média, de 12% na América do Norte, 20% a 25% na Ásia e América Latina e mais de 30% na Europa.

Negócios Internacionais: Teorias

As teorias mais comuns de como as empresas são motivadas a expandir seus negócios internacionalmente são: (1) a teoria da vantagem comparativa; (2) a teoria de mercados imperfeitos; e (3) a teoria de ciclo do produto. As três teorias se sobrepõem até certo ponto e podem complementar-se uma à outra, desenvolvendo um fundamento lógico para a evolução dos negócios internacionais.

Teoria da Vantagem Comparativa

Os negócios internacionais, em geral, cresceram com o tempo. Parte desse crescimento é devida à alta percepção de que as especializações de acordo com os países podem aumentar a produção eficientemente. Alguns países, como Japão e Estados Unidos, têm uma vantagem tecnológica, enquanto outros, como Jamaica, México e Coréia do Sul, possuem uma vantagem no custo do trabalho básico. Como essas vantagens não podem ser facilmente transportadas, os países tendem a usá-las para se especializar na fabricação de produtos que podem ser produzidos com relativa eficiência. Isso explica por que países como o Japão e os Estados Unidos são grandes produtores de componentes de computadores, enquanto países como a Jamaica e o México são grandes produtores de produtos agrícolas ou artesanais.

Quando um país se especializa em algum produto, pode não fabricar outros, assim o comércio entre os países é essencial. Esse é o argumento dado pela clássica teoria da vantagem comparativa. Vantagens comparativas permitem que empresas penetrem em mercados estrangeiros. Muitas das Ilhas Virgens, por exemplo, especializam-se em turismo e dependem completamente do comércio internacional para a maioria dos produtos. Apesar de essas ilhas poderem fabricar alguns produtos, é mais eficaz especializarem-se em turismo. Isto é, as ilhas ficam em melhores condições tendo como fonte de renda o turismo e importando produtos do que tentando produzir tudo aquilo de que necessitam.

Teoria de Mercados Imperfeitos

Os países divergem em relação aos recursos disponíveis para a fabricação de produtos. Todavia, mesmo com essas vantagens comparativas, o volume de negócios internacionais seria bem limitado se todos os recursos pudessem ser facilmente transferidos entre os países. Se os mercados fossem perfeitos, fatores de produção (exceto a terra) seriam móveis e livremente transferíveis. A irrestrita mobilidade dos fatores criaria igualdade de custos e retornos e removeria a vantagem comparativa de custo, fundamento lógico para o comércio e o investimento internacional. No entanto, o mundo real sofre com as condições do mercado imperfeito, em que fatores de produção são, de certa forma, imóveis. Há custos e muitas vezes restrições relacionadas à transferência de mão-de-obra e outros recursos usados para a produção. Também pode haver restrições quanto à transferência de fundos e outros recursos entre os países. Pelo fato de os mercados serem considerados "imperfeitos" para vários recursos usados na produção, as empresas freqüentemente capitalizam mediante recursos de outros países. Mercados imperfeitos fornecem um incentivo para as empresas procurarem oportunidades estrangeiras.

Teoria do Ciclo do Produto

Uma das explicações mais populares do motivo de as empresas evoluírem para EMNs é a **teoria do ciclo do produto**. De acordo com essa teoria, as empresas se estabelecem no mercado nacional como resultado de alguma vantagem percebida sobre concorrentes existentes, tal como a necessidade do mercado de pelo menos mais um fornecedor do produto. Como as informações sobre mercados e concorrência são mais prontamente disponíveis em casa, uma empresa se estabelece primeiro em seu próprio país. A demanda estrangeira do produto da empresa inicialmente será feita por meio de exportações. Com o passar do tempo, a empresa poderá sentir que a única maneira de reter sua vantagem sobre a concorrência em outros países é fabricar o produto em mercados estrangeiros, reduzindo assim os custos de transporte. A concorrência no mercado estrangeiro poderá aumentar quando outros produtores ficarem mais familiarizados com o produto da empresa. A empresa poderá desenvolver estratégias para prolongar a demanda estrangeira do seu produto. Uma abordagem comum é tentar diferenciar o produto de maneira que os concorrentes não possam oferecer exatamente o mesmo produto. As fases desse ciclo estão ilustradas na Figura 1.2. Como exemplo, a 3M Co. usa um produto novo para penetrar no mercado estrangeiro. Depois de ingressar no mercado, ela expande sua linha de produtos.

Há mais a respeito da teoria do ciclo do produto do que foi resumido aqui. Esta discussão meramente sugere que, à medida que a empresa amadurece, poderá perceber oportunidades adicionais fora de seu país natal. Se o negócio da empresa no exterior diminui ou se expande no decorrer do tempo, dependerá do sucesso em manter algumas vantagens sobre seus concorrentes. A vantagem poderia ser representada por algo especial em sua abordagem de financiamento ou de produção que reduza os custos ou em sua abordagem de marketing que gera e mantém uma demanda forte de seu produto.

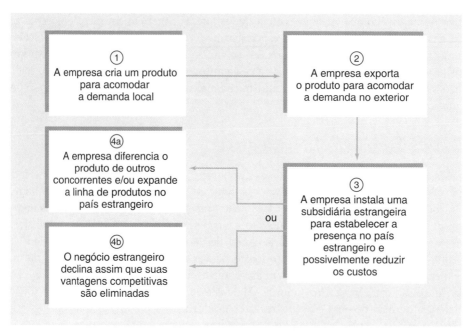

Figura 1.2   Ciclo de Vida do Produto Internacional.

Métodos de Negócios Internacionais

As empresas usam vários métodos para conduzir seus negócios internacionais. Os mais comuns são:

- Comércio internacional;
- Licenciamento;
- Franquias;
- *Joint ventures*;
- Aquisição de operações existentes;
- Estabelecimento de novas subsidiárias estrangeiras.

Cada método será discutido a seguir com alguma ênfase em suas características de risco e retorno.

Comércio Internacional

O comércio internacional é uma abordagem relativamente conservadora que pode ser usada por empresas para ingressar em mercados (pela exportação) ou obter suprimentos a um custo baixo (pela importação). Essa abordagem traz consigo riscos mínimos porque a empresa não coloca seu capital em risco. Se a empresa experimentar um declínio em sua exportação ou importação, poderá reduzir ou descontinuar normalmente essa parte de seu negócio a um custo baixo.

USANDO A WEB   **Condições Comerciais para Indústrias.** Uma perspectiva de condições comerciais internacionais para cada uma das várias indústrias é encontrada em http://www.ita.doc.gov/ta/industry/otea.

Muitas EMNs grandes com base nos Estados Unidos, incluindo Boeing, DuPont, General Electric e IBM, geram mais de $ 4 bilhões em vendas anuais de exportações. Todavia, as pequenas empresas contabilizam mais de 20% do valor de todas as exportações dos Estados Unidos.

Como a Internet Facilita o Comércio Internacional. Muitas empresas utilizam suas páginas na Web para listar os produtos que desejam vender, juntamente com o preço de cada um, sem ter de enviar brochuras a vários países. Além disso, a empresa pode fazer acréscimos à sua linha de produtos ou modificar os preços simplesmente revisando seu site. Assim, importadores precisam apenas monitorar a página de um exportador periodicamente para estar a par de seus produtos.

As empresas também podem utilizar suas páginas na Web para aceitar pedidos on-line. Alguns produtos, como softwares, podem ser entregues diretamente ao importador pela Internet na forma de arquivo que vai parar no computador do importador. Outros produtos precisam ser embarcados, mas a Internet facilita o acompanhamento do processo de embarque. Um importador pode enviar seu pedido de produtos via e-mail ao exportador. O depósito de mercadorias do exportador preenche os pedidos. Quando o depósito embarcar os produtos, pode enviar uma mensagem de e-mail ao importador e à sede do exportador. O depósito ainda pode usar a tecnologia para monitorar seu estoque de produtos, sendo os fornecedores comunicados automaticamente sobre o fornecimento de produtos assim que o estoque esteja reduzido a um nível específico. Se o exportador utilizar múltiplos depósitos, a Internet permite que trabalhem em rede, de maneira que, se um depósito não puder atender o pedido, outro o fará.

Licenciamentos

Os **licenciamentos** obrigam uma empresa a oferecer sua tecnologia (direitos autorais, patentes, marcas ou nomes comerciais) em troca de pagamentos ou outros benefícios específicos. Por exemplo, a AT&T e a Verizon Communications possuem contratos de licenciamento para montar e operar partes do sistema de telefonia da Índia. A Sprint Corp. possui contratos de licenciamento para realizar serviços de telecomunicações no Reino Unido. A Eli Lilly & Co. possui licenciamento para produzir medicamentos para a Hungria e outros países. A IGA, Inc., que opera mais de 3 mil supermercados nos Estados Unidos, possui um contrato de licenciamento para operar supermercados na China e em Cingapura. Os licenciamentos permitem que as empresas usem suas tecnologias em mercados estrangeiros sem maiores investimentos nos outros países e sem custos de transporte que resultam de exportações. A maior desvantagem dos licenciamentos é a dificuldade da empresa que fornece a tecnologia de assegurar o controle de qualidade no processo de produção no exterior.

Como a Internet Facilita o Licenciamento. Algumas empresas de reputação internacional utilizam sua marca para fazer propaganda de seus produtos pela Internet. Podem usar fabricantes nos outros países para fabricar alguns de seus produtos sujeitos a suas especificações.

EXEMPLO

A Springs, Inc. estabeleceu um contrato de licenciamento com um fabricante na República Tcheca. Quando a Springs recebe pedidos de seus produtos de um cliente do Leste Europeu, conta com esse fabricante para produzir e entregar esses pedidos. Ele prontamente executa o processo de entrega e ainda possibilita à Spring ter os produtos fabricados a um custo menor do que se ela mesma os produzisse.

Franquias

As **franquias** obrigam a empresa a fornecer uma estratégia de serviços ou vendas especializada, assistência e suporte e possivelmente um investimento inicial na franquia, em troca de pagamentos periódicos. Por exemplo, McDonald's, Pizza Hut, Subway Sandwiches, Blockbuster Video e Dairy Queen possuem franquias que são de propriedade e gestão de residentes locais em muitos outros países. Assim como os licenciamentos, as franquias permitem que as empresas ingressem nos mercados estrangeiros sem maiores investimentos nesses países. O recente relaxamento das barreiras nos países do Leste Europeu e da América do Sul resultou em numerosos programas de franquia.

Joint Venture

Uma *joint venture* é uma empresa operada por e de propriedade de duas ou mais empresas. Muitas empresas ingressam em mercados estrangeiros ao estabelecer uma *joint venture* com empresas localizadas nesses mercados. A maioria das *joint venture* permite que duas empresas apliquem suas respectivas vantagens comparativas em um dado projeto. Por exemplo, a General Mills, Inc. juntou-se em um projeto com a Nestlé SA a fim de que os cereais produzidos pela General Mills pudessem ser vendidos pela rede de distribuição no exterior estabelecida pela Nestlé.

A Xerox Corp. e a Fuji Co. (do Japão) estabeleceram uma *joint venture* que permitiu que a Xerox Corp. ingressasse no mercado japonês e a Fuji entrasse no negócio de fotocópias. A Sara Lee Corp. e a SBC Communications estabeleceram *joint ventures* com empresas mexicanas para conseguir ingressar nos mercados do México. *Joint ventures* na fabricação de automóveis são bem numerosas, com cada fabricante oferecendo suas vantagens tecnológicas. A General Motors possui *joint ventures* com fabricantes de automóveis em vários países, incluindo a Hungria e os antigos Estados Soviéticos.

Aquisição de Operações Existentes

Empresas freqüentemente adquirem outras empresas em outros países como meios para entrar nesses mercados. Por exemplo, a American Express recentemente adquiriu escritórios em Londres, enquanto a Procter & Gamble adquiriu uma empresa de alvejantes no Panamá. As aquisições permitem que as empresas tenham controle total sobre seus negócios estrangeiros e obtenham rapidamente uma larga participação no mercado estrangeiro.

> ### EXEMPLO
>
> Em 2001, a Home Depot adquiriu o segundo maior negócio de artigos de construção no México. Essa aquisição foi a primeira da Home Depot no México, mas fez com que expandisse seu negócio depois de tornar seu nome conhecido por lá. A Home Depot está se expandindo no México, assim como o fez no Canadá nos anos 1990.

No entanto, a aquisição de uma empresa existente está sujeita ao risco de fortes perdas devido ao grande investimento. Além disso, se as operações estrangeiras derem resultados insatisfatórios, será difícil vendê-las a um preço razoável.

Algumas empresas se envolvem em aquisições internacionais parciais para obter a participação em operações estrangeiras. Isso exige um investimento menor que uma aquisição internacional total e, portanto, expõe a empresa a risco menor. Por outro lado, a empresa não terá controle completo sobre as operações estrangeiras que foram adquiridas apenas parcialmente.

Estabelecimento de Novas Subsidiárias Estrangeiras

Empresas também podem ingressar nos mercados estrangeiros estabelecendo novas operações em países do exterior para fabricar e vender produtos. Como a aquisição no exterior, esse método exige um alto investimento. O estabelecimento de novas subsidiárias pode ser preferível a aquisições no exterior porque as operações podem ser instituídas exatamente de acordo com as necessidades da empresa. Além disso, poderá ser necessário um investimento menor do que seria para a compra de operações já existentes. No entanto, a empresa não colherá qualquer resultado do investimento até que a subsidiária tenha sido construída e uma base de clientes tenha sido estabelecida.

Resumo de Métodos

Os métodos para aumentar os negócios internacionais se estendem desde uma abordagem de comércio internacional relativamente simples até abordagens mais complexas como a aquisição de empresas estrangeiras ou o estabelecimento de novas subsidiárias. Qualquer dos métodos para aumentar os negócios internacionais que exijam investimentos diretos em operações estrangeiras normalmente são chamados de **Investimento Estrangeiro Direto (IED)**. Comércio internacional e licenciamentos geralmente não são considerados IED porque não envolvem investimentos diretos em operações estrangeiras. Franquias e *joint ventures* tendem a exigir algum investimento nas operações estrangeiras, mas de forma limitada. Aquisições estrangeiras e o estabelecimento de novas subsidiárias no exterior exigem investimentos substanciais em operações estrangeiras e representam a porção maior do IED.

Muitas EMNs utilizam uma combinação de métodos para aumentar seu negócio internacional. Motorola e IBM, por exemplo, possuem investimento estrangeiro substancial, mas também ganham parte de suas receitas de vários contratos de licenciamentos, os quais exigem menos IED para a geração de receitas.

> ### EXEMPLO
>
> A evolução da Nike começou em 1962, quando Phil Knight, um estudante de administração da escola de administração de Stanford, fez um trabalho sobre como uma empresa americana poderia usar a tecnologia japonesa para quebrar o domínio alemão na indústria de calçados esportivos nos Estados Unidos. Após sua graduação, Knight visitou a empresa de calçados Unitsuka Tiger, no Japão. Ele fez um contrato de licenciamento com a empresa para produzir um calçado vendido nos Estados Unidos com o nome de Blue Ribbon Sports (BRS). Em 1972, Knight exportou seus calçados para o Canadá. Em 1974, expandiu suas operações para a Austrália. Em 1977, a empresa licenciou fábricas em Taiwan e na Coréia para a fabricação de calçados esportivos e depois os vendeu nos países asiáticos. Em 1978, a BRS tornou-se Nike, Inc. e começou a exportação de calçados para Europa e América do Sul. Como resultado das exportações e de seu investimento estrangeiro direto, as vendas internacionais da Nike alcançaram $ 1 bilhão em 1992 e cerca de $ 5 bilhões em 2004.

Oportunidades Internacionais

Devido a possíveis vantagens de custos da produção em outros países ou possíveis oportunidades de receita advinda da demanda de mercados estrangeiros, o potencial de crescimen-

14 FINANÇAS CORPORATIVAS INTERNACIONAIS

> **http://**
> Visite http://lcweb2.loc.gov/frd/cs/cshome.html, uma página da Biblioteca do Congresso, para obter estudos detalhados de 85 países.

to torna-se muito maior para empresas que consideram negócios internacionais. A Figura 1.3 ilustra como o crescimento de uma empresa pode ser afetado por investimento estrangeiro e oportunidades financeiras.

Oportunidades de Investimento

A Figura 1.3 mostra oportunidades de investimento hipotéticas para duas empresas, uma puramente doméstica e outra uma EMN com características operacionais similares. Cada passo horizontal representa um projeto específico. Espera-se que cada projeto gere um retorno marginal para a empresa.

Da esquerda para a direita da Figura 1.3, os projetos são priorizados de acordo com o retorno marginal. Supõe-se que esses projetos sejam independentes um do outro e que seus retornos esperados, como mostrado, tenham sido ajustados por conta do risco. Com essas premissas, uma empresa selecionaria o projeto com retorno marginal mais alto como sendo o mais apropriado e o empreenderia. Depois, empreenderia o projeto proposto com o próximo retorno marginal mais alto, e assim por diante. Os retornos marginais dos projetos para a EMN estão acima dos da empresa puramente doméstica, porque a EMN possui um conjunto de oportunidades de projetos possíveis entre os quais pode escolher.

Oportunidades Financeiras

A Figura 1.3 também demonstra as curvas do custo de capital para a EMN e a empresa puramente doméstica. Além disso, mostra também o custo de capital que se eleva com o aumento do ativo para ambos os tipos de empresa. Isso está baseado na premissa de que credores ou acionistas exigem uma taxa de retorno mais alta à medida que a empresa for crescendo. Cresci-

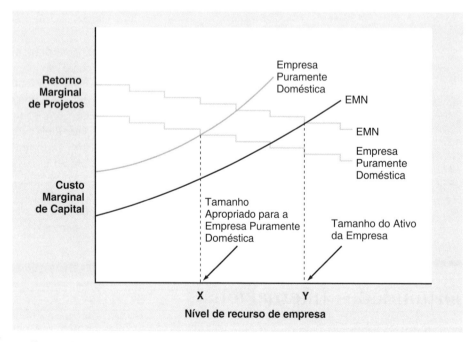

Figura 1.3   Avaliação do custo-benefício de empresas puramente domésticas *versus* EMNs.

mento do ativo exige débito maior, o que força uma empresa a aumentar seus pagamentos periódicos de juros aos credores. Em conseqüência, a empresa possui uma maior probabilidade de não conseguir quitar suas obrigações de débito. Na medida em que os credores e os acionistas exigem um retorno mais alto de uma empresa mais endividada, o custo de capital da empresa cresce com seu volume de ativos. A Figura 1.3 mostra que a EMN pode obter capital a custo mais baixo que a empresa puramente doméstica. Essa vantagem é obtida graças ao conjunto maior de oportunidades de fontes de recursos ao redor do mundo.

Na ocasião em que o custo marginal de projetos financeiros exceder o retorno marginal dos projetos, a empresa não deveria buscá-los. Como mostra a Figura 1.3, a empresa puramente doméstica continuará aceitando projetos até o ponto X. Depois desse ponto, o custo marginal de projetos adicionais excede os benefícios esperados.

Quando os recursos estrangeiros, fundos e projetos potenciais são considerados, o volume de projetos viáveis da empresa é maior. Os projetos das EMNs tornam-se inaceitáveis depois do ponto Y. Esse nível ótimo de ativos excede aquele da empresa puramente doméstica devido às vantagens de custo e oportunidades em outros países. Essa comparação ilustra por que empresas podem desejar se tornar internacionalizadas.

O conceito ilustrado na Figura 1.3 possui várias limitações. Em alguns casos, a empresa pode não ter oportunidades estrangeiras viáveis. Além disso, poderia ser argumentado que projetos estrangeiros são mais arriscados que os domésticos e, portanto resultariam em custo de capital mais alto. As empresas que diversificam seus negócios internacionalmente, no entanto, reduzem a suscetibilidade de seu desempenho às condições do país de origem. Por exemplo, enquanto uma recessão nos Estados Unidos reduz a demanda americana de um produto da empresa, a demanda fora do país pode não ser afetada. O tamanho ótimo de uma dada empresa será tipicamente maior se ela considerar oportunidades no exterior.

Oportunidades na Europa

No decorrer do tempo, as condições econômicas e políticas podem mudar, o que cria novas oportunidades em negócios internacionais. Quatro eventos tiveram um impacto maior sobre as oportunidades na Europa: (1) a Legislação Única Européia; (2) a queda do Muro de Berlim; (3) o advento do euro; e (4) a expansão da União Européia.

Legislação Única Européia. No final dos anos 1980, países industrializados na Europa entraram em acordo para fazer regulamentos mais uniformes e eliminar muitos impostos sobre produtos comercializados entre esses países. Esse acordo, ratificado pela Legislação Única Européia de 1987, foi seguido de uma série de negociações entre os países para conseguir políticas uniformes em 1992. A legislação permite que as empresas em dado país europeu tenham acesso maior a suprimentos de empresas de outros países europeus.

Muitas empresas, incluindo subsidiárias européias de EMNs com base nos Estados Unidos, capitalizaram sobre o acordo ao tentar ingressar nos mercados de países vizinhos. Produzindo mais do mesmo produto e distribuindo-o pelos países europeus, as empresas agora estão mais capacitadas a atingir economias de escala. A Best Foods (agora parte da Unilever) foi uma das muitas EMNs que cresceram eficientemente no curso das operações industriais, como resultado da redução das barreiras.

Queda do Muro de Berlim. Em 1989, outro evento histórico ocorreu na Europa quando o Muro de Berlim, que separava a Alemanha Oriental da Ocidental foi derrubado. Ato simbólico das novas relações entre a Alemanha Oriental e a Alemanha Ocidental foi seguido pela reunificação dos dois países. Além disso, encorajou a livre iniciativa em todos os países do Leste Europeu e a privatização dos negócios que eram de propriedade do governo. Um motivo-chave para buscar as oportunidades no Leste Europeu foi a falta de produtos por lá. Coca-Cola Co., Reynolds Metals Co., General Motors e numerosas outras EMNs buscaram agressivamente a expansão no Leste Europeu como resultado do impulso em direção à livre empresa.

Embora a Legislação Única Européia de 1987 e a mudança em direção à livre empresa no Leste Europeu trouxessem oportunidades às EMNs, também ofereciam novos riscos. As empresas que faziam negócios na Europa ficaram sujeitas a mais concorrência. Como em outros exemplos históricos de desregulamentação, as empresas mais eficientes lucraram à custa das menos eficientes.

Advento do Euro. Em 1999, vários países europeus adotaram o euro como sua moeda para transações e negócios entre os países. O euro foi introduzido inicialmente como uma moeda para outras transações durante o ano de 2001 e substituiu completamente as moedas dos países participantes em 1º de janeiro de 2002. Conseqüentemente, apenas o euro é utilizado para transações nesses países, assim empresas (inclusive subsidiárias européias de EMNs com base nos Estados Unidos) não enfrentam mais os custos e riscos associados à conversão de uma moeda para a outra. O sistema de moeda única na maior parte da Europa deveria definitivamente encorajar mais o comércio entre os países europeus. Além disso, o uso de uma moeda única permite uma política monetária única nesses países. Portanto, ao avaliar o crescimento econômico na Europa, as EMNs podem concentrar-se em uma única política monetária, em vez de se concentrarem nas políticas monetárias específicas de cada país que prevaleciam antes de 1999.

> USANDO A WEB **Informações Atualizadas sobre o Euro.** Veja as atualizações das informações sobre o euro em http://www.ecb.int.

Expansão da União Européia. No final dos anos 1990, a União Européia (UE) fez planos para permitir que mais países se tornassem membros. Em 2004, os planos se tornaram realidade, quando Chipre, República Tcheca, Estônia, Hungria, Letônia, Lituânia, Malta, Polônia, Eslováquia e Eslovênia foram admitidos à UE. Esses países continuam a utilizar suas próprias moedas, mas podem adotar o euro como sua moeda no futuro se seguirem diretrizes referentes a déficits de orçamento e outras condições financeiras. Não obstante, sua admissão na UE é relevante porque as restrições em seu comércio com a Europa Ocidental serão reduzidas. Uma vez que os salários nesses países são substancialmente mais baixos que nos países da Europa Ocidental, muitas EMNs estabeleceram fábricas de produtos a fim de exportá-los para a Europa Ocidental. Os governos de alguns dos novos países da UE reduziram taxas de impostos corporativos e ofereceram outros incentivos para encorajar as EMNs a estabelecer suas instalações nesses locais.

Oportunidades na América Latina

Como a Europa, a América Latina oferece mais oportunidades de negócio agora, devido à redução de restrições.

NAFTA. Como resultado do Acordo de Livre-Comércio da América do Norte (Nafta) de 1993, as barreiras comerciais entre os Estados Unidos e o México foram eliminadas. Algumas empresas americanas tentaram capitalizar sobre esse acordo com a exportação de produtos que anteriormente eram restringidos por barreiras no México. Outras empresas estabeleceram subsidiárias no México para fabricar seus produtos a um custo mais baixo do que era possível nos Estados Unidos e depois vendê-los aos americanos. A remoção das barreiras comerciais permitiu que empresas essencialmente americanas penetrassem mercados de produtos e trabalho que anteriormente não eram acessíveis.

A remoção de barreiras comerciais entre os Estados Unidos e o México permitiu que empresas mexicanas exportassem alguns produtos para os Estados Unidos os quais eram restritos anteriormente. Portanto, empresas americanas que fabriquem esses produtos agora estão sujeitas à concorrência dos exportadores mexicanos. Dado o baixo custo da mão-de-obra no México, algumas empresas dos Estados Unidos tiveram perdas em suas participações de mercado. Os efeitos são mais pronunciados nas indústrias de uso intensivo de trabalho.

Um mês após o acordo do Nafta, o impulso para o livre-comércio continuou com o Gatt (Acordo Geral de Tarifas e Comércio). Esse acordo foi o resultado das negociações de comércio da chamada Rodada Uruguai, que havia iniciado sete anos antes. Ela pedia a redução ou eliminação das restrições de comércio sobre produtos importados específicos em um período de dez anos em 117 países. O acordo gerou mais negócios internacionais para empresas que anteriormente haviam sido incapazes de ingressar em mercados estrangeiros devido a restrições comerciais.

Remoção das Restrições de Investimentos. Muitos países latino-americanos facilitaram o envolvimento das EMNs em investimentos estrangeiros diretos no local ao permitir que elas tivessem mais direitos de propriedade se adquirissem empresas locais. EMNs com vantagens tecnológicas agora podiam capitalizar suas vantagens comparativas na América Latina. O fluxo de investimento estrangeiro direto para a América Latina não só foi benéfico para as EMNs, como também melhorou o nível tecnológico na região.

Oportunidades na Ásia

As EMNs naturalmente identificaram a Ásia como tendo um enorme potencial de negócios devido à sua numerosa população. Todavia, as EMNs tiveram dificuldades em buscar oportunidades de crescimento na Ásia em razão das excessivas restrições de investimentos por lá. Algumas das restrições eram explícitas, enquanto outras eram implícitas (atrasos burocráticos maiores).

Remoção das Restrições de Investimentos. Durante os anos 1990, muitos países asiáticos reduziram as restrições impostas aos investimentos das EMNs com base em outros países. Conseqüentemente, as EMNs agora podem adquirir empresas na Ásia com mais facilidade ou estabelecer acordos de licenciamento com empresas asiáticas sem a interferência do governo.

Desde as reduções das restrições, empresas dos Estados Unidos, tais como PepsiCo, Coca-Cola Co., Apple Computer e International Paper, aumentaram seus negócios internacionais na Ásia. Muitas empresas americanas vêem a China como o país com o maior potencial para o crescimento. General Motors, Ford Motor Co., Procter & Gamble e AT&T investiram bilhões de dólares na China para capitalizar a expectativa de crescimento.

Muitas cervejarias dos Estados Unidos expandiram-se na China para capitalizar o grande aumento da demanda de cerveja no mercado. A Pabst Blue Ribbon, que perdeu grande parte de sua participação no mercado americano, é bem-sucedida na China. A Heilman Brewing também obteve sucesso com sua Lone Star Beer, por meio da imagem do caubói americano que é uma ferramenta de marketing útil na China. A Miller High Life expandiu-se na China mediante um acordo de licenciamento, enquanto a Anheuser-Busch (fabricante da Budweiser) adquiriu parcialmente uma cervejaria chinesa.

http://

Este website oferece informações sobre a crise asiática: http://www.asienhaus.org/links/crisis.htm.

Impacto de Crise Asiática. Em 1997, vários países asiáticos, entre eles a Indonésia, a Malásia e a Tailândia, tiveram sérios problemas econômicos. Muitas empresas locais foram à falência e preocupações em relação a esses países causaram uma saída de recursos financeiros, deixando recursos limitados para sustentar a economia e, com isso, as taxas de juros aumentaram; isso causou mais tensão nas empresas que precisavam tomar dinheiro emprestado.

18 FINANÇAS CORPORATIVAS INTERNACIONAIS

A então chamada crise asiática prolongou-se até 1998 e afetou numerosas EMNs com base nos Estados Unidos que mantinham negócios nesses países.

Todavia, a crise também criou oportunidades de negócios internacionais. O valor das empresas locais foi depreciado, e o governo asiático reduziu as restrições sobre as aquisições, permitindo que EMNs dos Estados Unidos e de outros países comprassem empresas em países asiáticos. Algumas EMNs com base nos Estados Unidos puderam comprar empresas locais a um custo relativamente baixo, melhorar a eficiência das empresas, e beneficiar-se com o crescimento econômico futuro. Por exemplo, durante a crise asiática em 1997-1998, as grandes empresas conglomeradas da Coréia (chamadas de *chaebols*) passaram por problemas financeiros e começaram a vender muitas das suas unidades de negócios para conseguir dinheiro. General Electric, Procter & Gamble e Coca-Cola Co. estavam entre as EMNs com base nos Estados Unidos que adquiriram unidades na Ásia nesse período.

Exposição ao Risco Internacional

Embora negócios internacionais possam reduzir a exposição de uma EMN às condições econômicas do país de origem, ele geralmente aumenta essa exposição (1) aos movimentos das taxas de câmbio, (2) às condições econômicas estrangeiras, e (3) ao risco político. Cada uma dessas formas de exposição é descrita brevemente aqui e é discutida com mais detalhes em seções posteriores. EMNs que planejam buscar negócios internacionais deveriam considerar esses riscos potenciais.

Exposição ao Movimento da Taxa de Câmbio

A maioria dos negócios internacionais resulta em câmbio de uma moeda por outra para efetuar pagamentos. Considerando que as taxas de câmbio flutuam com o tempo, a saída de caixa exigida para pagamentos varia de acordo. Conseqüentemente, o número de unidades da moeda de origem da empresa necessário para comprar suprimentos estrangeiros pode mudar mesmo se o fornecedor não ajustou o seu preço.

De modo similar, mesmo se um exportador denominar suas exportações com sua própria moeda, a flutuação da taxa de câmbio poderá afetar a demanda estrangeira pelo produto da empresa. Quando a moeda nacional se fortalece, os produtos denominados nessa moeda tornam-se mais caros para clientes estrangeiros, o que poderá causar uma queda na demanda e, com isso, um declínio na entrada de caixa.

Para EMNs com subsidiárias em outros países, a flutuação da taxa de câmbio afeta o valor dos fluxos de caixa remetidos pela subsidiária para a controladora. Quando a moeda nacional da controladora é forte, os fundos remetidos serão convertidos a um montante menor da moeda nacional

---

http://

Visite o banco de dados do Fed em http://research.stlouisfed.org/fred2 para conhecer numerosas séries de temporais financeiras e econômicas, por exemplo, balanços de estatísticas de pagamento, taxas de juros e taxas de câmbio estrangeiras.

Exposição Econômica Internacional

Quando as EMNs entram em mercados estrangeiros para vender seus produtos, a demanda por eles depende das condições econômicas desses mercados. Assim, os fluxos de caixa da EMN estão sujeitos às condições econômicas estrangeiras. Por exemplo, EMNs com base nos Estados Unidos, tais como Nike e 3M Co., que mantinham negócios na Ásia, foram adversamente afetadas pela crise asiática em 1998, quando as enfraquecidas economias asiáticas reduziram a demanda pelos produtos. No período de 2000-2002, as empresas americanas, tais como DuPont e IBM, experimentaram fluxos de caixa mais baixos que o esperado, em conseqüência das enfraquecidas economias européias.

Exposição ao Risco Político

Quando EMNs estabelecem subsidiárias em outros países, tornam-se expostas ao **risco político**, que surge porque o governo anfitrião ou o público pode ter ações que afetem os fluxos de caixa das EMNs (risco político é visto com freqüência como **risco país**, que será discutido em detalhes em um capítulo posterior). Por exemplo, o governo anfitrião poderá estabelecer impostos mais altos às subsidiárias com base nos Estados Unidos em retaliação a ações cometidas pelo governo americano. Alternativamente, o governo anfitrião poderá decidir comprar uma subsidiária pelo preço que julgar conveniente. Formas de risco mais amenas inciuem ações cometidas pelo governo anfitrião que colocam as empresas estrangeiras em desvantagem. Por exemplo, o governo mexicano foi lento em responder ao pedido do United Parcel Service (UPS) para utilizar seus veículos grandes nos serviços de entrega.

Terrorismo e Guerra. Uma forma de exposição ao risco político é o terrorismo. Um ataque terrorista poderá afetar as operações de uma empresa e seus funcionários. O ataque terrorista de 11 de setembro de 2001 ao World Trade Center alertou as EMNs ao redor do mundo acerca da exposição ao terrorismo. EMNs de mais de 50 países foram diretamente afetadas porque ocupavam um espaço no World Trade Center. Além disso, outras EMNs foram igualmente afetadas porque estão envolvidas em comércio ou possuem investimentos estrangeiros diretos em outros países que, do mesmo modo, podem experimentar um aumento no terrorismo.

Guerras também podem afetar adversamente os fluxos de caixa de uma EMN. Durante a guerra no Iraque em 2003, os protestos antiamericanos contra o conflito em países do Oriente Médio e em outros lugares forçaram algumas EMNs com base nos Estados Unidos a fechar temporariamente suas operações em alguns países. Além disso, os protestos levaram a um declínio na demanda dos produtos fabricados por algumas EMNs com base nos Estados Unidos.

Fluxo de Caixa das EMNs: Visão Geral

A maioria das EMNs com base nos Estados Unidos possui algum negócio local dentro dos Estados Unidos, similar às outras empresas puramente domésticas. Em razão das operações internacionais, no entanto, seus fluxos de caixa diferem dos das empresas puramente domésticas. A Figura 1.4 mostra diagramas de fluxos de caixa de três perfis comuns de EMNs. O Perfil A nessa figura reflete uma EMN cujo único negócio internacional é o comércio internacional. Assim, seu fluxo de caixa internacional resulta ou de pagamentos pelos suprimentos importados ou do recebimento de pagamentos pelos produtos que exporta.

O Perfil B reflete uma EMN que está envolvida tanto no comércio internacional como em alguns programas internacionais (que podem incluir licenciamento internacional, franquias ou *joint ventures*). Qualquer um desses programas internacionais pode exigir saídas de caixa da EMN em outros países para cumprir os acordos dos programas, como despesas decorrentes de transferência de tecnologias ou fundos parciais de investimentos em franquias ou em *joint ventures*. Esses programas geram fluxos de caixa a uma EMN na forma de pagamentos por serviços (tais como assistência técnica e suporte) que realiza.

O Perfil C reflete uma EMN que está envolvida em comércio internacional, programas internacionais e investimento estrangeiro direto. Esse tipo de EMN possui uma ou mais subsidiárias estrangeiras. Pode haver saídas de caixa da controladora dos Estados Unidos para suas subsidiárias estrangeiras na forma de fundos investidos para ajudar a financiar as operações da subsi-

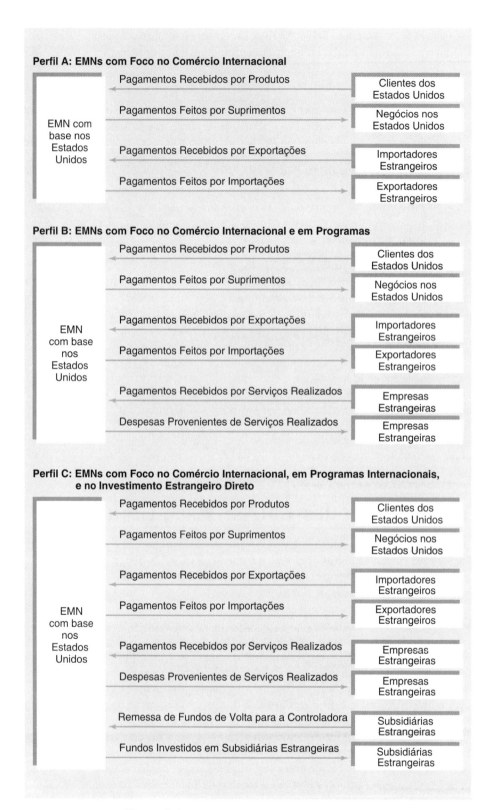

Figura 1.4 Diagramas de fluxo de caixa para EMNs.

diária estrangeira. Há também fluxos de caixa das subsidiárias para a controladora dos Estados Unidos na forma de remessas de ganhos e pagamentos por diversos serviços realizados pela controladora, que podem ser todos classificados como fundos remetidos da subsidiária estrangeira. Em geral, os fluxos de caixa associados com negócio internacional pela controladora dos Estados Unidos são para pagar por importações, para cumprir seus programas internacionais ou para dar suporte à criação ou expansão de subsidiárias estrangeiras. Inversamente, ela receberá fluxos de caixa em forma de pagamento por suas exportações, pagamentos por serviços que realiza dentro de seus programas internacionais e fundos remetidos das subsidiárias estrangeiras.

Muitas EMNs inicialmente conduzem negócios internacionais da maneira ilustrada pelo Perfil A. Algumas dessas EMNs realizam programas internacionais e desenvolvem subsidiárias estrangeiras com o tempo; outras se contentam na dedicação a exportações ou importações como único método de negócio internacional. Embora os três perfis variem, todos mostram como o negócio internacional gera fluxos de caixa. Esses fluxos de caixa representam as entradas de caixa recebidas pela EMN subtraídas as saídas de caixa.

Modelo de Avaliação das EMNs

O valor de uma EMN é relevante para seus acionistas e seus credores. Quando gestores tomam decisões que maximizam o valor da empresa, eles maximizam a riqueza do acionista (presumindo que as decisões não possuem a intenção de maximizar a riqueza dos credores à custa dos acionistas). Uma vez que a gestão financeira internacional deveria ser praticada com o objetivo de aumentar o valor da EMN, é útil revisar alguns pontos de avaliação básicos. Há inúmeros métodos para avaliar uma EMN, e alguns deles levarão a uma mesma avaliação. O método de avaliação descrito aqui poderá ser utilizado para entender os fatores-chave que afetam o valor de uma EMN no sentido geral.

Modelo Doméstico

Antes de modelar o valor de uma EMN, considere a avaliação de uma empresa puramente doméstica que não se envolve com qualquer transação estrangeira. O valor (V) de uma empresa puramente doméstica nos Estados Unidos é comumente especificado como o valor presente de seu fluxo de caixa esperado, em que a taxa de desconto utilizada reflete o custo médio ponderado do capital e representa a taxa requerida de retorno pelos investidores:

$$V = \sum_{t=1}^{n} \left\{ \frac{[E(CF_{\$,t})]}{(1+k)^t} \right\}$$

onde $E(CF_{\$,t})$ representa o fluxo de caixa esperado a ser recebido no final do período t, n representa o número de períodos futuros em que os fluxos de caixa serão recebidos e k representa a taxa requerida de retorno pelos investidores. Os fluxos de caixa em dólares no período t representam os recursos recebidos pela empresa, menos os fundos necessários para pagar as despesas ou impostos ou para reinvestir na empresa (tal como um investimento para repor computadores ou maquinários velhos). Os fluxos de caixa esperados são estimados a partir do conhecimento sobre vários projetos existentes, assim como dos projetos que serão implementados no futuro. As decisões das empresas sobre como deveriam investir recursos para expandir seus negócios podem afetar seus esperados fluxos de caixa futuros e, com isso, o valor da empresa. Mantendo outros fatores constantes, um aumento nos fluxos de caixa esperados no decorrer do tempo deveria aumentar o valor da empresa.

A taxa requerida de retorno (k) no denominador da equação de avaliação representa o custo de capital (incluindo o custo da dívida e o custo do capital próprio) para a empresa e é essen-

GERENCIANDO PARA VALOR
Decisão da Yahoo de Expandir-se Internacionalmente

Muitas EMNs com base nos Estados Unidos entraram nos mercados estrangeiros em anos recentes. Como os projetos domésticos, os projetos estrangeiros envolvem uma decisão de investimento e uma decisão financeira. A decisão de investimento em um projeto estrangeiro resulta em receitas e despesas que são denominadas em moeda estrangeira. A decisão de como financiar um projeto estrangeiro afeta o custo de capital da EMN. A maioria desses projetos é avaliada com base em seu potencial de atrair a nova demanda e com isso gerar um fluxo de caixa adicional. Consideremos a Yahoo!, que expandiu os serviços de seu portal em inúmeros países. Por exemplo, ela estabeleceu sua página no Canadá, na América Latina, na Europa e na Ásia. A empresa gera entradas de caixa desses projetos estrangeiros na forma de pagamentos de propagandas feitas pelos comerciantes locais que adquirem espaço no Website da Yahoo. Ocorrem saídas de caixa desses projetos estrangeiros na forma de despesas incorridas pelo fornecimento de informação. A Yahoo necessita de recursos para financiar esses projetos estrangeiros e espera que seu fluxo de caixa gere um retorno que exceda o custo do financiamento.

Todo projeto estrangeiro considerado pela Yahoo! está sujeito a condições específicas daquele país, resultando em um único fluxo líquido de caixa estimado. Todo projeto estrangeiro também está sujeito a um custo financeiro que é específico do país. Assim, a decisão da Yahoo! em relação a um possível projeto na Argentina pode não ser necessariamente a mesma de um projeto similar na Austrália.

Uma vez que uma EMN como a Yahoo! decide buscar um projeto estrangeiro, deverá considerar continuamente um conjunto de decisões financeiras multinacionais, como o seguinte:

- Como prever taxas de câmbio das moedas que usa.
- Como avaliar sua exposição aos movimentos da taxa de câmbio.
- Se deve cobrir (e como) sua exposição ao movimento da taxa de câmbio.
- Como buscar expansão estrangeira adicional.
- Como financiar sua expansão estrangeira.
- Como gerenciar seu caixa internacional e sua liquidez.

Essas são as principais decisões financeiras multinacionais que são tomadas pela Yahoo! e outras EMNs, e por isso é dada muita atenção a elas neste texto. Na medida em que os gestores da Yahoo! podem tomar decisões financeiras multinacionais que aumentem o valor presente total de seus futuros fluxos de caixa, eles podem maximizar o valor da empresa.

Antes de os gestores financeiros da Yahoo! e de outras EMNs tomarem essas decisões financeiras multinacionais, eles precisam entender como os mercados monetários internacionais podem facilitar seus negócios e precisam reconhecer as forças que afetam as taxas de câmbio. Esses conceitos macroeconômicos, que são discutidos nas duas primeiras partes do texto, apresentam o estágio para o entendimento de como o desempenho de qualquer negócio é influenciado pelas condições locais do país. Então, nas três últimas partes do texto, decisões financeiras multinacionais são examinadas.

---

cialmente uma ponderação média do custo de capital baseado em todos os projetos da empresa. Como a empresa toma decisões que afetam seu custo da dívida ou seu custo do capital próprio para um ou mais projetos, isso afeta a média ponderada de seus custos de capital e, com isso, a taxa requerida de retorno. Por exemplo, se a avaliação do crédito da empresa baixar repentinamente, seu custo de capital provavelmente aumentará e assim também a taxa requerida de retorno. Mantendo outros fatores constantes, um aumento na taxa requerida de retorno da empresa reduzirá o valor da mesma, porque os fluxos de caixa esperados devem ser descontados a uma taxa mais alta de juros. Inversamente, uma redução na taxa requerida de retorno da empresa aumentará o valor da mesma porque os fluxos de caixa esperados são descontados a uma taxa requerida de retorno mais baixa.

Avaliação do Fluxo de Caixa Internacional

O valor de uma EMN pode ser especificado da mesma maneira que a empresa puramente doméstica. No entanto, considere que os fluxos de caixa esperados pela controladora de uma EMN com base nos Estados Unidos no período t podem vir de vários países e assim ser denominados em diferentes moedas. Os fluxos de caixa com moeda estrangeira serão convertidos em dólares. Assim, os fluxos de caixa esperados, em dólares, a ser recebidos no final do período t são iguais à soma dos produtos dos fluxos de caixa denominados em cada moeda j vezes a taxa de câmbio esperada no qual a moeda j poderia ser convertida em dólares pela EMN no final do período t.

$$E(CF_{\$,t}) = \sum_{j=1}^{m} [E(CF_{j,t}) \times E(ER_{j,t})]$$

onde $CF_{j,t}$ representa o montante do fluxo de caixa denominado em uma moeda estrangeira particular j no final do período t, e $ER_{j,t}$ representa a taxa de câmbio na qual a moeda estrangeira (medida em dólares por unidade da moeda estrangeira) pode ser convertida em dólares no final do período t.

Por exemplo, uma EMN que faz negócios em duas moedas poderia medir seus fluxos de caixa esperados, em dólares, em qualquer período, multiplicando o fluxo de caixa esperado em cada moeda pela taxa de câmbio esperada na qual essa moeda poderia ser convertida em dólares e depois efetuando a soma desses dois produtos. Se a empresa não usar várias técnicas (a serem discutidas no texto mais adiante) para proteger (ou *hedgear*) suas transações em moedas estrangeiras, a taxa de câmbio esperada em um dado período seria utilizada na equação de avaliação para estimar a taxa de câmbio esperada correspondente na qual a moeda estrangeira pode ser convertida em dólares nesse período. Inversamente, se a EMN proteger essas transações, a taxa de câmbio pela qual poderá proteger seria usada na equação de avaliação.

Poderia ajudar pensar em uma EMN como uma carteira de fluxos de caixa em moedas, uma para cada moeda na qual os negócios são conduzidos. Os fluxos de caixa esperados em dólares, procedentes de cada moeda, podem ser combinados para determinar o total dos fluxos de caixa esperados em dólares em cada período futuro. O valor presente desses fluxos de caixa serve como estimativa do valor da EMN. É mais fácil derivar um valor de fluxo de caixa em dólares esperado para cada moeda antes de combinar os fluxos de caixa entre as moedas dentro de um dado período, porque o montante do fluxo de caixa de cada moeda deve ser convertido a uma unidade comum (o dólar) antes de combinar os montantes.

EXEMPLO

Para ilustrar como os fluxos de caixa em dólares de uma EMN podem ser medidos, vamos considerar uma empresa dos Estados Unidos que teve fluxos de caixa esperados de $ 100.000, de negócios locais, e 1.000.000 de pesos mexicanos, de negócios no México no final do período t. Presumindo que o valor esperado do peso é $ 0,09, os fluxos de caixa esperados em dólares são:

$$\begin{aligned}
E(CF_{\$,t}) &= [E(CF_{j,t}) \times E(ER_{j,t})] \\
&= [\$\ 100.000] + [1.000.000 \text{ pesos} \times (\$\ 0,09)] \\
&= [\$\ 100.000] + \$[90.000] \\
&= \$\ 190.000
\end{aligned}$$

Os fluxos de caixa de $ 100.000 dos negócios nos Estados Unidos já haviam sido denominados em dólares e assim não precisaram ser convertidos.

Os fluxos de caixa em dólares da EMN no final de cada período no futuro poderão ser estimados do mesmo modo. Então, o valor da EMN poderá ser medido pela determinação do valor presente dos fluxos de caixa esperados em dólares, que é a soma dos fluxos de caixa em dólares descontados que são esperados em todos os períodos futuros. Esse exemplo utiliza somente duas moedas, mas se na EMN houver transações que envolvam 40 moedas, o mesmo processo poderia ser usado. Os fluxos de caixa esperados em dólares para cada uma dessas 40 moedas dentro de cada período poderiam então ser combinados para derivar o total dos fluxos de caixa em dólares por período. Finalmente, os fluxos de caixa em cada período seriam descontados para se chegar ao valor de uma EMN.

A fórmula geral para os fluxos de caixa em dólares recebidos por uma EMN em qualquer período em particular poderá ser escrita como segue:

$$E(CF_{\$,t}) = \sum_{j=1}^{m} [E(CF_{j,t}) \times E(ER_{j,t})]$$

O valor de uma EMN pode ser mais claramente diferenciado do valor de uma empresa puramente doméstica substituindo $E(CF_{\$,t})$ pela expressão $[E(CF_{j,t}) \times E(CR_{j,t})]$ no modelo de avaliação, como mostrado aqui:

$$V = \sum_{t=1}^{n} \left\{ \frac{\sum_{j=1}^{m} [E(CF_{j,t}) \times E(ER_{j,t})]}{(1+k)^t} \right\}$$

onde $CF_{j,t}$ representa o fluxo de caixa denominado em uma moeda em particular (inclusive dólar), e $ER_{j,t}$ representa a taxa de câmbio na qual a EMN poderá converter a moeda estrangeira no final do período t. Assim, o valor de uma EMN poderá ser afetado por uma mudança nas expectativas acerca de $CF_{j,t}$ ou $ER_{j,t}$. Somente aqueles fluxos de caixa que estão para ser recebidos pela controladora da EMN no período em questão deveriam ser contados. Para evitar contagem em dobro, os fluxos de caixa das subsidiárias da EMN são considerados no modelo de avaliação somente quando refletirem transações com a controladora dos Estados Unidos. Assim, quaisquer fluxos de caixa recebidos pelas subsidiárias estrangeiras não devem ser contados na equação de avaliação até que seja esperada a remessa para a controladora.

O denominador do modelo de avaliação da EMN permanece inalterado em relação ao modelo de avaliação original para a empresa puramente doméstica. No entanto, reconheça que o custo médio ponderado de capital da EMN é baseado em custos de financiamento de projetos que refletem os negócios em diferentes países. Assim, qualquer decisão da controladora da EMN que afete o custo de seu capital dando suporte a projetos em um país específico poderá afetar seu custo médio ponderado de capital (e sua taxa requerida de retorno) e, portanto, poderá afetar seu valor.

Em geral, o modelo de avaliação mostra que o valor de uma EMN pode ser afetado por forças que influenciam o montante de seus fluxos de caixa em uma moeda em particular (CF_j), a taxa de câmbio pela qual a moeda é convertida em dólares (ER_j), ou o custo médio ponderado de capital (k).

Impacto da Gestão Financeira e das Condições Internacionais no Valor

As EMNs com base nos Estados Unidos reconhecem que podem tornar maior seu valor aumentando seus fluxos de caixa em dólares ou reduzindo seus custos de capital. Por isso, seu desafio é tomar decisões que atinjam um ou ambos os objetivos. As decisões financeiras de uma EMN incluem o número de negócios a ser realizados em cada país e a quantidade de financiamento a ser tomada em cada moeda. Suas decisões financeiras determinarão sua exposição ao ambiente internacional. Se realizar poucos negócios internacionais, seu potencial para aumentar seu valor é limitado, mas assim também será sua vulnerabilidade a mudanças no movimento da taxa de câmbio ou outras condições internacionais. Ao contrário, se uma EMN buscar negócios internacionais substanciais em mercados em que há oportunidades, poderá aumentar substancialmente seus fluxos de caixa em dólares e, com isso, seu valor, mas estará altamente exposta aos efeitos da taxa de câmbio, às condições econômicas e políticas desses países.

A incerteza que envolve os fluxos de caixa em dólares de uma EMN com base nos Estados Unidos é influenciada pela composição de seu negócio internacional, assim como pelo montante de negócios. Taxas de câmbio, condições econômicas e políticas são muito mais voláteis em alguns países do que em outros. Por isso, duas EMNs do mesmo tamanho e na mesma indústria poderão possuir o mesmo volume de negócios estrangeiros, mas um deles poderá ser menos arriscado porque realiza negócios em países mais estáveis.

Embora uma EMN não tenha o controle sobre a taxa de câmbio de um país, ou sobre suas condições econômicas e políticas, ela poderá controlar seu grau de exposição a essas condições por meio de sua gestão financeira. Duas EMNs do mesmo tamanho e na mesma indústria poderão ter exatamente a mesma composição de negócios internacionais, mas uma delas poderá ser menos arriscada porque toma decisões financeiras que reduzem sua exposição às taxas de câmbio, às condições econômicas ou políticas.

Organização do Texto

A organização dos capítulos neste livro é mostrada na Figura 1.5. Os capítulos 2 a 8 discutem mercados internacionais e as condições de uma perspectiva macroeconômica, colocando o foco em forças externas que possam afetar o valor de uma EMN. Embora gestores financeiros possam não ter controle sobre essas forças, têm algum controle sobre seu grau de exposição a elas.

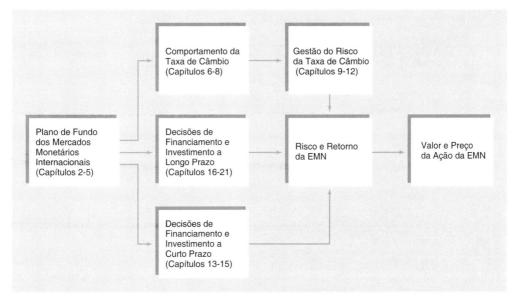

Figura 1.5 Organização dos capítulos.

26 FINANÇAS CORPORATIVAS INTERNACIONAIS

Estes capítulos macroeconômicos fornecem o plano de fundo necessário para tomar decisões financeiras.

Os capítulos 9 a 21 tomam uma perspectiva microeconômica e focalizam como a gestão financeira de uma EMN poderá afetar seu valor. As decisões financeiras tomadas pelas EMNs são comumente classificadas ou como decisões de investimento ou como decisões de financiamento. Em geral, decisões de investimento tomadas por uma EMN tendem a alterar o numerador do modelo de avaliação porque afetam os fluxos de caixa esperados. Além disso, se as decisões de investimento tomadas pela controladora da EMN alterarem o custo médio ponderado da empresa, poderão também afligir o denominador do modelo de avaliação. As decisões de financiamento a longo prazo tomadas pela controladora da EMN tendem a afetar o denominador do modelo de avaliação porque atingem o custo de capital da EMN.

RESUMO

- O objetivo principal de uma EMN é maximizar a riqueza do acionista. Quando gestores são tentados a servir seus próprios interesses, em vez dos interesses dos acionistas, há um problema de agência. Gestores também enfrentam restrições ambientais, reguladoras e éticas que podem entrar em conflito com o objetivo de maximizar a riqueza do acionista.

- Negócios internacionais são justificados por três teorias-chave. A teoria da vantagem comparativa sugere que cada país deveria utilizar suas vantagens comparativas para especializar-se em sua produção e depender de outros países para satisfazer suas necessidades. A teoria de mercados imperfeitos sugere que os fatores de produção sejam imóveis, o que encoraja os países a se especializarem baseados nos recursos que

possuem. A teoria de ciclo do produto sugere que, depois que as empresas estão estabelecidas em seus países de origem, elas normalmente expandem sua especialização de produto para outros países.

- Os métodos mais comuns pelos quais as empresas realizam seus negócios internacionais são o comércio internacional, os licenciamentos, as franquias, as *joint ventures*, as aquisições de empresas estrangeiras e a formação de subsidiárias estrangeiras. Métodos como licenciamento e franquias envolvem pouco investimento de capital, mas distribuem algum lucro para outras partes. A aquisição de empresas estrangeiras e a formação de subsidiárias estrangeiras requerem um investimento substancial, mas oferecem um potencial de grandes retornos.

CONTRAPONTO DO PONTO

Uma EMN Deveria Reduzir seus Padrões Éticos para Competir Internacionalmente?

Ponto Sim. Quando uma EMN com base nos Estados Unidos compete em alguns países, poderá encontrar algumas normas que não são permitidas nos Estados Unidos. Por exemplo, ao competir para obter um contrato do governo, empresas poderão "comprar" oficiais do governo encarregados das decisões. Todavia, nos Estados Unidos, uma empresa poderá às vezes levar um cliente a um caro torneio de golfe ou fornecer entradas de camarote em eventos. Isso não é diferente de "comprar" alguém. Se esses estímulos são maiores em outros países, a EMN somente poderá competir igualando esse tipo de procedimento.

Contraponto Não. Uma EMN com base nos Estados Unidos deveria manter um código de ética padrão que se aplica a todos os países, mesmo se for desvantagem em um país estrangeiro que permite atividades que possam ser vistas como contrárias à ética. Desse modo, a EMN conquista mais credibilidade por todo o mundo.

Quem está certo? Use sua ferramenta de busca preferida para saber mais a respeito desse assunto. Qual argumento você apóia? Dê sua opinião a respeito.

AUTOTESTE

As respostas são encontradas no Apêndice A, no final do livro.

1. Quais são as razões típicas para uma EMN expandir-se internacionalmente?

2. Descreva as mudanças na Europa e no México que criaram novas oportunidades para EMNs com base nos Estados Unidos.

3. Identifique os riscos mais óbvios enfrentados por EMNs que se expandem internacionalmente.

QUESTÕES E APLICAÇÕES

1. **Motivos de uma EMN.** Descreva restrições que interferem no objetivo da EMN.

2. **Oportunidades Internacionais.**

   a) Como o acesso a oportunidades internacionais afeta o tamanho das empresas?

   b) Descreva o cenário em que o tamanho de uma empresa não é afetado pelo acesso a oportunidades internacionais.

   c) Explique por que EMNs como a Coca-Cola e a PepsiCo, Inc. ainda têm inúmeras oportunidades de expansão internacional.

3. **Impacto do Euro sobre Subsidiárias dos Estados Unidos.** A McCanna Corp. possui uma subsidiária francesa que produz vinho e o exporta a vários países europeus. Explique como o negócio da subsidiária pode ter sido afetado desde a conversão de muitas moedas européias em uma única moeda (o euro) em 1999.

4. **Problemas de Agência das EMNs.**

   a) Explique o problema de agência das EMNs.

   b) Por que os custos de agência podem ser maiores para uma EMN que para uma empresa puramente doméstica?

5. **Métodos de Negócios Internacionais.** A Snyder Golf Co., uma empresa americana que vende tacos de golfe de alta qualidade nos Estados Unidos, quer se expandir internacionalmente vendendo os mesmos tacos no Brasil.

   a) Descreva as compensações (*tradeoffs*) envolvidas com cada método (tais como exportação, investimento internacional direto etc.) que a Snyder poderia utilizar para atingir seu objetivo.

   b) Qual método você recomendaria para essa empresa? Justifique sua recomendação.

6. **Impacto do Crescimento do Leste Europeu.** Os gestores da Loyola Corp. recentemente fizeram uma reunião para discutir novas oportunidades na Europa resultantes da recente integração entre os países do Leste Europeu. Decidiram não ingressar nos novos mercados devido ao seu foco atual em expandir sua participação de mercado nos Estados Unidos. Os gestores financeiros da Loyola fizeram previsões de lucros com base na participação de mercado de 12% (definida aqui como sua porcentagem das vendas totais na Europa) que a empresa possui atualmente no Leste Europeu. Para a participação de mercado do Leste Europeu no próximo ano, 12% é uma estimativa apropriada? Se não, é provável que superestime ou subestime a real participação de mercado no próximo ano?

7. **Discussão na Sala da Diretoria.** O exercício encontra-se no Apêndice E, no final deste livro.

8. **Vantagem Comparativa.**

   a) Explique como a teoria da vantagem comparativa se relaciona com a necessidade de negócios internacionais.

   b) Explique como a teoria de ciclo do produto se relaciona com o crescimento de uma EMN.

9. **Impacto do Risco Político.** Explique por que o risco político pode desencorajar negócios internacionais.

10. **Avaliação do Negócio Internacional da Wal-Mart.** Além de todas as lojas nos Estados Unidos, a Wal-Mart possui 11 lojas na Argentina, 24 no Brasil, 214 no Canadá, 29 na China, 92 na Alemanha, 15 na Coréia do Sul, 611 no México, e 261 no Reino Unido. Considere o valor da Wal-Mart como sendo composto de duas partes, uma nos Estados Unidos (devido a negócios nesse país) e outra fora dos Estados Unidos (em razão dos negócios em outros países). Explique como determinar o valor presente (em dólares) da parte fora dos Estados Unidos, supondo que você teve acesso a todos os detalhes dos negócios da Wal-Mart fora dos Estados Unidos.

28 FINANÇAS CORPORATIVAS INTERNACIONAIS

11. **Avaliação de uma EMN.** A Birm Co., com base no Alabama, considera várias oportunidades internacionais na Europa que poderiam afetar o valor de sua empresa. A avaliação de sua empresa depende de quatro fatores: (1) fluxos de caixa esperados em dólares, (2) fluxos de caixa esperados em euros que no final são convertidos em dólares, (3) a taxa pela qual poderá converter os euros em dólares, e (4) o custo médio ponderado de capital da Birm. Para cada oportunidade, identifique os fatores que seriam afetados.

a) A Birm planeja um negócio de licenciamento no qual venderá tecnologia a uma empresa na Alemanha por $ 3.000.000; o pagamento é faturado em dólares, e esse projeto possui o mesmo nível de risco que os negócios existentes.

b) A Birm planeja adquirir uma grande empresa em Portugal, o que é mais arriscado que os negócios existentes.

c) A Birm planeja descontinuar seu relacionamento com um fornecedor americano assim que possa importar pequenos montantes de suprimentos (denominados em euros) a um custo menor de um fornecedor belga.

d) A Birm planeja exportar um pequeno montante de materiais para a Irlanda que são denominados em euros.

12. **Centralização e Custos de Agência.** O problema de agência seria mais pronunciado para a Berkely Corp., que faz sua controladora tomar a maioria das decisões para suas subsidiárias estrangeiras, ou a Oakland Corp., que adota a abordagem descentralizada?

13. **Oportunidades Internacionais Devidas à Internet.**

a) Quais fatores levam algumas empresas a se tornarem mais internacionalizadas que outras?

b) Dê sua opinião sobre por que a Internet pode resultar em mais negócios internacionais.

14. **Mercados Imperfeitos.**

a) Explique como a existência de mercados imperfeitos leva ao estabelecimento de subsidiárias em mercados estrangeiros.

b) Se mercados perfeitos existissem, os salários, preços e taxas de juros entre os países seriam mais ou menos similares que outras condições de mercados imperfeitos? Por quê?

15. *Joint Venture* **Internacional.** A Anheuser-Busch, a produtora da Budweiser e de outras cervejas, expandiu-se recentemente para o Japão por meio de uma *joint venture* com a Kirin Brewery, a maior cervejaria do Japão. A *joint venture* possibilita que a Anheuser-Busch tenha sua cerveja distribuída pelos canais de distribuição da Kirin. Além disso, ela pode utilizar as instalações da Kirin para produzir a cerveja que será vendida no local. Em troca, a Anheuser-Busch fornece informações sobre o mercado de cerveja americano para a Kirin.

a) Explique como a *joint venture* possibilita à Anheuser-Busch atingir seu objetivo de maximizar a riqueza do acionista.

b) Explique como a *joint venture* pode limitar o risco do negócio internacional.

c) Muitas *joint ventures* internacionais pretendem evitar barreiras que normalmente impedem a concorrência estrangeira. Qual barreira do Japão a Anheuser-Busch está evitando como resultado da *joint venture*? Qual barreira dos Estados Unidos a Kirin está evitando como resultado da *joint venture*?

d) Explique como a Anheuser-Busch poderia perder alguma participação de mercado em países fora do Japão como resultado dessa *joint venture* em particular.

16. **Avaliação das Tendências de Investimento Estrangeiro Direto.** O endereço do Website do Bureau of Economic Analysis é **http://www.bea.doc.gov**

a) Use esse site para avaliar tendências recentes de investimento estrangeiro direto (IED) no exterior pelas empresas dos Estados Unidos. Compare o IED no Reino Unido com o IED na França. Dê a possível razão da grande diferença.

b) Com base nas tendências recentes em IED, as EMNs estão buscando oportunidades na Ásia? No Leste Europeu? Na América Latina?

17. **Tópicos Macros *versus* Tópicos Micros.** Reveja o Sumário (do Capítulo 2 ao Capítulo 21) e indique se cada um dos capítulos tem uma perspectiva macro ou micro.

18. **Impacto dos Negócios Internacionais sobre Fluxos de Caixa e Risco.** A Nantucket Travel Agency é especializada em turismo para americanos. Até recentemente, todos os seus negócios eram nos Estados Unidos. Ela acabou de estabelecer uma subsidiária em Atenas, na Grécia, que fornece serviços de turismo nas ilhas gregas aos americanos. Alugou uma loja próxima ao porto de Atenas. Também empregou residentes em Atenas que falam inglês e realizam excursões nas ilhas gregas. Os custos principais da subsidiá-

ria são o aluguel e os salários dos empregados e o aluguel de alguns barcos grandes em Atenas que são usados nas excursões. Os turistas americanos pagam por toda a excursão em dólares no escritório principal da Nantucket nos Estados Unidos antes da partida para a Grécia.

a) Explique por que é possível que a Nantucket capitalize efetivamente sobre oportunidades internacionais, como as excursões para as ilhas gregas.

b) A Nantucket é de propriedade particular de proprietários que residem nos Estados Unidos e trabalham no escritório principal. Explique possíveis problemas de agência associados à criação de uma subsidiária em Atenas, na Grécia. Como a Nantucket pode tentar reduzir esses custos de agência?

c) Os custos de trabalho e de aluguel são relativamente baixos na Grécia. Explique por que essa informação é relevante à decisão da Nantucket de estabelecer um negócio de turismo na Grécia.

d) Explique como a situação de fluxo de caixa do negócio de turismo da Grécia expõe a Nantucket ao risco da taxa de câmbio. A Nantucket é afetada positiva ou negativamente quando o euro (moeda da Grécia) valoriza em relação ao dólar? Explique.

e) A Nantucket planeja financiar seu negócio de turismo na Grécia. Sua subsidiária poderia obter empréstimos em euros de um banco da Grécia para cobrir seu aluguel, e seu escritório principal poderia pagar os empréstimos no decorrer do tempo. Alternativamente, seu escritório principal poderia tomar um empréstimo em dólares e convertê-los em euros para pagar as despesas na Grécia. Os dois tipos de empréstimos reduzem a exposição da Nantucket ao risco da taxa de câmbio? Explique.

f) Explique como o negócio de turismo nas ilhas gregas poderia expor a Nantucket ao risco país.

19. **Benefícios e Riscos do Negócio Internacional.** Como uma revisão total deste capítulo, identifique possíveis razões para o crescimento de negócios internacionais. Em seguida faça uma lista de várias desvantagens que possam desencorajar negócios internacionais.

20. **Métodos Utilizados para Conduzir Negócios Internacionais.** A Duve, Inc. deseja entrar no mercado estrangeiro, ou com um contrato de licenciamento com uma empresa estrangeira ou com a aquisição de uma empresa estrangeira. Explique as diferenças de riscos e retornos potenciais entre o contrato de licenciamento com uma empresa estrangeira e a aquisição de uma empresa estrangeira.

21. **Impacto do Euro.** Explique como a adoção do euro como moeda única por países europeus poderia ser benéfica às EMNs com base na Europa e às EMNs com base nos Estados Unidos.

22. **Impacto do 11 de Setembro.** Após o ataque terrorista aos Estados Unidos, o valor de muitas EMNs caiu em mais de 10%. Explique por que os fluxos de caixa esperados das EMNs foram reduzidos, mesmo se elas não foram diretamente atingidas pelos ataques terroristas.

23. **Avaliação dos Motivos para Negócios Internacionais.** A Fort Worth, Inc. especializa-se em fabricar algumas peças básicas para utilitários esportivos que são produzidos e vendidos nos Estados Unidos. Sua vantagem principal nos Estados Unidos é que sua produção é eficiente e menos dispendiosa que a de alguns outros fabricantes sindicalizados. Possui uma participação substancial no mercado americano. Seu processo de fabricação é de trabalho intensivo. Paga salários relativamente baixos, em comparação aos dos concorrentes dos Estados Unidos, mas garante aos empregados locais que seus postos de trabalho não serão eliminados pelos próximos 30 anos. Empregou um consultor para determinar se deveria montar uma subsidiária no México, onde as peças seriam produzidas. O consultor sugeriu que a Fort Worth deveria se expandir pelas razões adiante. Dê sua opinião se as razões do consultor são lógicas.

a) Teoria da Vantagem Competitiva: não há muitos utilitários esportivos vendidos no México, assim a Fort Worth, Inc. não teria de enfrentar muita competição por lá.

b) Teoria de Mercados Imperfeitos: a Fort Worth não poderá transferir facilmente trabalhadores ao México, mas poderá estabelecer uma subsidiária para entrar em um mercado novo.

c) Teoria de Ciclo do Produto: a Fort Worth opera com sucesso nos Estados Unidos. Possui oportunidades de crescimento limitadas porque já controla grande parte do mercado americano para as peças que produz. Assim, o próximo passo natural seria conduzir o mesmo negócio em um país estrangeiro.

d) Risco da Taxa de Câmbio: a taxa de câmbio do peso enfraqueceu recentemente, assim isso permitiria que a Fort Worth construísse uma fábrica a custos bastante baixos (ao converter dólares em pesos baratos para construir a fábrica).

30 FINANÇAS CORPORATIVAS INTERNACIONAIS

e) Risco Político: as condições políticas do México estabilizaram-se nos últimos meses, assim a Forth Worth deveria ingressar no mercado mexicano agora.

24. **Competição Global.** Explique por que especificações de produtos mais padronizados pelos países podem aumentar a competição global.

CASO BLADES, INC.

Decisão de Expandir-se Internacionalmente

A Blades, Inc. é uma empresa com base nos Estados Unidos e que foi incorporada três anos atrás. A Blades é uma empresa relativamente pequena, com ativos totais de somente $ 200 milhões. A empresa produz um único tipo de produto, patins. Devido ao crescimento rápido do mercado de patins nos Estados Unidos, na época do estabelecimento da empresa, a Blades está tendo razoável sucesso. Por exemplo, em seu primeiro ano de operação, apresentou uma renda líquida de $ 3,5 milhões. Recentemente, no entanto, a demanda de "Speedos" da Blades, o primeiro produto da empresa nos Estados Unidos, diminuiu gradativamente, e a Blades não tem apresentado bons desempenhos. No ano passado, teve um retorno sobre ativos de apenas 7%. Em resposta ao relatório anual da empresa para o seu ano de operação mais recente, os acionistas da Blades pressionaram a empresa para melhorar seu desempenho; o preço de suas ações caiu de um valor de $ 20 por ação há três anos para $ 12 no ano passado. A Blades produz patins de alta qualidade e emprega um processo de produção singular, mas os preços que cobra estão entre os 5% mais altos na indústria.

À luz dessas circunstâncias, Ben Holt, o chefe do setor financeiro (CFO – *chief financial officer*), está contemplando suas alternativas para o futuro da Blades. Não há outras medidas de cortes de custo que a Blades possa implementar nos Estados Unidos sem afetar a qualidade de seu produto. Do mesmo modo, a produção de produtos alternativos exigiria modificações importantes na configuração atual da fábrica. Além disso, e em razão dessas limitações, a expansão dentro dos Estados Unidos no momento parece ser inútil.

Ben Holt está considerando o seguinte: se a Blades não consegue ir mais adiante no mercado americano ou reduzir os custos nos Estados Unidos, por que não importar algumas partes do exterior e/ou expandir as vendas da companhia para outros países? Estratégias similares foram bem-sucedidas para inúmeras empresas que se expandiram para a Ásia, em anos recentes, para aumentar as margens de lucro. O foco inicial do CFO é a Tailândia, que experimentou condições econômicas fracas recentemente, e lá a Blades poderia comprar componentes a baixo custo. Ben Holt está consciente de que muitos concorrentes da Blades começaram a importar componentes de produção da Tailândia.

A Blades poderia não só reduzir os custos ao importar borracha e/ou plástico da Tailândia em conseqüência dos baixos custos dessas matérias, mas também compensar as vendas fracas nos Estados Unidos, exportando para a Tailândia uma economia que ainda está dando seus primeiros passos e começando a apreciar produtos de lazer como patins. Embora vários concorrentes importem componentes da Tailândia, poucos estão exportando ao país. Decisões de longo prazo também teriam de ser tomadas eventualmente; talvez a Blades, Inc. pudesse estabelecer uma subsidiária tailandesa e gradativamente tirar seu foco dos Estados Unidos se suas vendas nesse país não reagirem. Estabelecer uma subsidiária na Tailândia faria sentido também para a Blades devido ao seu processo de produção superior. Ben Holt está razoavelmente seguro de que as empresas tailandesas não poderiam copiar o processo de produção de alta qualidade empregado pela Blades. Além disso, se a abordagem inicial de exportação da empresa der certo, estabelecer uma subsidiária na Tailândia preservaria as vendas da Blades antes que concorrentes tailandeses entrassem no mercado.

Como analista financeiro da Blades, Inc., você está incumbido de analisar as oportunidades e os riscos internacionais que resultam de negócios internacionais. Sua consideração inicial deveria focalizar nas barreiras e oportunidades que o comércio internacional pode oferecer. Ben Holt nunca esteve envolvido em qualquer forma de negócio internacional e não está familiarizado com qualquer restrição que possa inibir seus planos de exportação e importação. O sr. Holt apresenta uma lista de perguntas iniciais que você deverá responder.

1. Quais são as vantagens que a Blades pode ter se importar de e/ou exportar para um país estrangeiro como a Tailândia?

2. Quais são algumas das desvantagens que a Blades poderia enfrentar como resultado do comércio estrangeiro a curto prazo? E a longo prazo?

3. Quais teorias de negócios internacionais descritas neste capítulo se aplicam à Blades, Inc. a curto prazo? E a longo prazo?

4. Que outros planos de longo alcance além do estabelecimento de uma subsidiária na Tailândia são uma opção para a Blades e podem ser mais apropriados para a empresa?

DILEMA DA PEQUENA EMPRESA

Desenvolvendo uma Empresa Multinacional de Artigos Esportivos

Em cada capítulo deste texto, alguns dos conceitos-chave são ilustrados com uma aplicação a uma pequena empresa de artigos esportivos que pratica negócios internacionais. Esses traços do "Dilema da Pequena Empresa" permitem que os estudantes reconheçam os dilemas e possíveis decisões que as empresas (como essa de artigos esportivos) possam enfrentar em um ambiente global. Para este capítulo, a aplicação está no desenvolvimento da empresa de produtos esportivos que pratica negócios internacionais.

No mês passado, Jim Logan graduou-se em finanças e resolveu ir atrás de seu sonho de gerenciar seu próprio negócio de artigos esportivos. Jim tinha trabalhado em uma loja de artigos esportivos enquanto freqüentava a universidade e notou que muitos clientes queriam comprar bolas de futebol a um preço baixo. No entanto, a loja de artigos esportivos em que trabalhava, como muitas outras, vendia somente bolas de futebol top de linha. Dessa experiência, Jim sabia que as bolas de futebol top de linha tinham os preços marcados para cima e que as bolas de baixo custo poderiam possivelmente entrar no mercado dos Estados Unidos. Ele também sabia como produzir bolas de futebol. Seu objetivo era criar uma empresa que produziria bolas de futebol a preços baixos e as venderia no atacado a várias lojas de artigos esportivos nos Estados Unidos. Infelizmente, muitas lojas de artigos esportivos começaram a vender bolas de futebol a preços baixos um pouco antes de Jim iniciar seu negócio. A empresa que começou a produzir as bolas de futebol de baixo custo fornecia muitos outros produtos às lojas de artigos esportivos nos Estados Unidos e, assim, já havia estabelecido um relacionamento comercial com essas lojas. Jim não acreditou que pudesse competir com essa empresa no mercado americano.

Em vez de buscar um negócio diferente, Jim decidiu implementar sua idéia em uma base global. Embora o futebol (como é jogado nos Estados Unidos) não seja um esporte tradicional em outros países, acabou se tornando popular recentemente. Além disso, a expansão das redes de TV a cabo nesses países passaria a permitir uma maior exposição aos jogos de futebol dos Estados Unidos no futuro. À medida que isso fosse aumentar a popularidade do futebol (estilo americano) como hobby nos outros países, resultaria em uma demanda de bolas de futebol nos outros países. Jim perguntou a muitos de seus amigos estrangeiros dos tempos de faculdade se eles lembravam de ter visto bolas de futebol sendo vendidas em seus países. A maioria respondeu que raramente percebeu bolas de futebol sendo vendidas em lojas de artigos esportivos, mas que esperava que a demanda desse produto fosse aumentar em seus países de origem. Conseqüentemente, Jim decidiu iniciar um negócio de produção de bolas de futebol a preços baixos e exportá-las a distribuidores de artigos esportivos em outros países. Esses distribuidores então venderiam as bolas no comércio varejista. Jim planejou expandir sua linha de produção no decorrer do tempo, uma vez que identificasse outros produtos esportivos que pudessem ser vendidos em lojas de artigos esportivos no exterior. Ele decidiu chamar esse negócio de "Sports Exports Company". Para evitar qualquer aluguel ou despesas de trabalho, Jim planejou produzir as bolas de futebol em sua garagem e realizar o trabalho ele mesmo. Assim, suas despesas principais com o negócio eram o custo do material usado para produzir as bolas e as despesas associadas à busca de distribuidores em outros países que vendessem as bolas para lojas de artigos esportivos.

1. A Sports Exports Company é uma empresa multinacional?

2. Por que os custos de agência são mais baixos para a Sports Exports Company do que para a maioria das EMNs?

3. A Sports Exports Company possui alguma vantagem sobre concorrentes potenciais em outros países que pudessem produzir e vender bolas de futebol por lá?

4. Como Jim Logan poderia decidir em qual mercado estrangeiro ingressar? Inicialmente ele deveria dar atenção a um ou mais mercados estrangeiros?

5. A Sports Exports Company não possui planos imediatos para conduzir investimentos estrangeiros diretos. No entanto, poderá considerar outros métodos menos dispendiosos para estabelecer seu negócio em mercados estrangeiros. Quais métodos a Sports Exports Company poderia usar para aumentar sua presença em mercados estrangeiros trabalhando com uma ou mais empresas estrangeiras?

CAPÍTULO 2

Fluxos de Fundos Internacionais

Os negócios internacionais são facilitados por mercados que possibilitam os fluxos de fundos entre os países. As transações procedentes de negócios internacionais produzem fluxos de dinheiro de um país para o outro. O balanço de pagamentos é uma medida de fluxos internacionais de dinheiro e é discutido neste capítulo.

Gestores financeiros de EMNs monitoram o balanço de pagamentos de forma que possam definir como o fluxo de transações internacionais muda no decorrer do tempo. O balanço de pagamentos pode indicar o volume de transações entre países específicos e até sinalizar mudanças potenciais em taxas de câmbio específicas.

Os objetivos específicos deste capítulo são:

- explicar os componentes-chave do balanço de pagamentos;
- explicar como os fluxos comerciais internacionais são influenciados por diversos fatores, como os econômicos;
- explicar como os fluxos de capitais internacionais são influenciados pelas características do país.

Balanço de Pagamentos

O **balanço de pagamentos** é um resumo das transações entre residentes domésticos e estrangeiros por um período de tempo específico. Representa a contabilidade das transações internacionais de um país durante um período, geralmente um trimestre ou um ano. Contabiliza as transações por pessoas jurídicas, físicas e governo.

Um demonstrativo de balanço de pagamentos pode ser separado em vários componentes. Aqueles que recebem maior atenção são as transações correntes e as contas de capital. As **transações correntes** representam o resumo do fluxo de fundos entre o país específico e todos os outros países devido à aquisição de produtos ou serviços, ou de provisões de renda sobre ativos financeiros. A **conta de capital** representa o resumo do fluxo de fundos resultante da venda de ativos entre um país específico e todos os outros em um período específico de tempo. Assim, ela compara os novos investimentos feitos no estrangeiro por um país com os investimentos do estrangeiro dentro de um país por um período particular de tempo. Transações que refletem entrada de recursos geram números positivos (créditos) para o balanço do país, enquanto transações que implicam saída de recursos geram números negativos (débitos) para o balanço.

Conta-corrente

Um componente-chave da conta de transações correntes é a **balança comercial**, que é simplesmente a diferença entre exportações e importações. As exportações e as importações de mercadorias representam produtos tangíveis, tais como computadores e vestuário, que são transportados entre os países. A exportação e a importação de serviços representam o turismo e outros serviços, tais como serviços legais, de seguro e de consultoria, fornecidos a clientes com base em outros países. A exportação de serviços pelos Estados Unidos resulta na entrada de fundos a essa nação, enquanto a importação de serviços pelos Estados Unidos resulta na saída de fundos.

Um déficit na balança comercial significa que o valor das mercadorias e serviços exportados pelos Estados Unidos é menor que o valor das mercadorias e serviços importados pelos Estados Unidos. Antes de 1993, a balança comercial concentrava-se somente sobre a exportação e a importação de mercadorias. Em 1993, foi redefinida para incluir a exportação e a importação de serviços também. O valor das exportações de serviços geralmente excede o valor das importações de serviços dos Estados Unidos. No entanto, o valor das exportações de mercadorias é naturalmente menor que o valor das importações de mercadorias dos Estados Unidos. No total, os Estados Unidos normalmente possuem uma balança comercial negativa.

Um segundo componente da conta de transações correntes é o de **renda**, que representa o rendimento (pagamento de juros e dividendos) recebido pelos investidores de investimentos estrangeiros em ativos financeiros (títulos). Assim, o componente renda recebido pelos investidores americanos reflete uma entrada de fundos nos Estados Unidos. A renda paga pelos Estados Unidos reflete uma saída de fundos desse país.

Um terceiro componente da conta de transações correntes é a transferência de pagamentos, que representa auxílios, gratificações e presentes de um país para outro. A Tabela 2.1 mostra vários exemplos de transações que apareceriam na conta de transações correntes.

Note na figura que cada transação que gerar uma entrada no caixa dos Estados Unidos (receitas de exportações e importações) representa um crédito à conta de transações correntes, enquanto cada transação que gerar uma saída de caixa dos Estados Unidos (importações e pagamentos de renda) representa um débito da conta de transações correntes. Por isso, um déficit alto da conta de transações correntes indica que os Estados Unidos estão enviando mais dinheiro ao exterior para comprar produtos e serviços ou pagar rendimentos do que estão recebendo por essas mesmas razões.

O balanço da conta de transações correntes dos Estados Unidos no ano de 2003 está resumido na Tabela 2.2. Note que as exportações de produtos foram avaliadas em $ 712 bilhões, enquanto as importações feitas pelos Estados Unidos foram avaliadas em $ 1.263 bilhões. O total de exportações de produtos e serviços e receitas de rendimentos somou $ 1.279 bilhões, enquanto o total de importações de produtos e serviços e pagamentos de rendimentos somou $ 1.768 bilhões. A parte inferior da figura mostra que as transferências líquidas (que incluem gratificações e presentes concedidos a outros países) foram de –$ 68 bilhões. O número negativo para as transferências líquidas representa uma saída de caixa dos Estados Unidos.

A Tabela 2.2 mostra também que o saldo da conta de transações correntes pode ser derivado pela diferença entre o total das exportações americanas e receitas de rendimentos (linha 4) e o total das importações americanas e pagamentos de rendimentos (linha 8), com um ajuste para transferências líquidas de pagamentos (linha 9). Isso é lógico, já que o total das exportações e as receitas de rendimentos dos Estados Unidos representam entradas de caixa, enquanto o total das importações e pagamentos de rendimentos e as transferências líquidas representam saídas de caixa dos Estados

Transação de Comércio Internacional	Posição do Fluxo de Caixa dos Estados Unidos	Entrada na Conta de Balanço de Pagamentos dos Estados Unidos
A J. C. Penney compra estéreos produzidos na Indonésia que venderá em suas lojas de varejo nos Estados Unidos.	Saída do caixa dos Estados Unidos	Débito
Pessoas físicas nos Estados Unidos compram CDs pela Internet de empresas com base na China.	Saída do caixa dos Estados Unidos	Débito
O governo mexicano paga a uma empresa americana por serviços de consultoria fornecidos.	Entrada no caixa dos Estados Unidos	Crédito
Sedes da IBM nos Estados Unidos compram chips de computadores de Cingapura que utilizam na montagem de computadores.	Saída do caixa dos Estados Unidos	Débito
Uma livraria universitária na Irlanda compra livros-texto produzidos por uma editora dos Estados Unidos.	Entrada no caixa dos Estados Unidos	Crédito
Turistas dos Estados Unidos adquirem jóias em Budapeste, na Hungria.	Saída do caixa dos Estados Unidos	Débito
Transação de Rendimentos Internacionais	Posição do Fluxo de Caixa dos Estados Unidos	Entrada na Conta de Balanço de Pagamentos dos Estados Unidos
Uma investidora dos Estados Unidos recebe um pagamento de dividendos de uma empresa francesa na qual ela havia comprado ações.	Entrada no caixa dos Estados Unidos	Crédito
O Tesouro dos Estados Unidos envia um pagamento de juros a uma seguradora alemã que comprou obrigações do Tesouro dos Estados Unidos há um ano.	Saída do caixa dos Estados Unidos	Débito
Uma empresa mexicana que tomou emprestado dólares de um banco com base nos Estados Unidos envia um pagamento de juros ao banco.	Entrada no caixa dos Estados Unidos	Crédito

Tabela 2.1 Exemplos da conta de transações correntes.

Unidos. O saldo negativo da conta de transações correntes significa que os Estados Unidos gastaram mais em comércio, rendimentos e transferências do que receberam no ano de 2003.

Conta de Capital

Os componentes-chave da conta de capital são investimentos estrangeiros diretos, investimentos em carteira e outros investimentos de capital. O investimento estrangeiro direto representa o investimento em ativos fixos em outros países os quais podem ser usados para exercer operações comerciais. Exemplos de investimentos estrangeiros diretos incluem a aquisição de uma empresa de uma companhia estrangeira, a construção de uma nova fábrica, ou a expansão da fábrica já existente em um outro país.

Investimentos em carteira representam transações que envolvem ativos financeiros de longo prazo (tais como ações e obrigações) entre países os quais não afetam a transferência de controle. Assim, uma aquisição de ações da Heineken (Países Baixos) por um investidor dos Estados Unidos é classificada como um investimento de carteira porque representa uma aquisição de ativos financeiros estrangeiros sem mudança de controle da empresa. Se uma empresa americana comprasse todas as ações da Heineken em uma aquisição, essa transação resultaria em uma transferência de controle e, assim, seria classificada como um investimento estrangeiro direto, em vez de um investimento em carteira.

(1) Exportações de produtos dos Estados Unidos	+	$ 712
+ (2) Exportações de serviços	+	292
+ (3) Receitas de rendimentos dos Estados Unidos	+	275
= (4) Total das exportações e receitas de rendimentos dos Estados Unidos	=	$ I.279
(5) Importações de produtos dos Estados Unidos	−	$ 1.263
+ (6) Importações de serviços dos Estados Unidos	−	246
+ (7) Pagamentos de rendimentos dos Estados Unidos	−	259
= (8) Total das importações e dos pagamentos de rendimentos dos Estados Unidos	=	$ 1.768
(9) Transferências líquidas pelos Estados Unidos	−	$ 68
(10) Saldo da conta de transações correntes =(4) – (8) – (9)	−	$ 557

Tabela 2.2   Resumo da conta-corrente dos Estados Unidos no ano de 2003 (em bilhões).

Um terceiro componente da conta de capital consiste em outros investimentos de capital, que representam transações que envolvem ativos financeiros de curto prazo (tais como títulos no mercado monetário) entre os países. Em geral, o investimento estrangeiro direto mede a expansão das operações das empresas estrangeiras, ao passo que investimentos em carteira e outros investimentos de capital medem o fluxo líquido dos fundos resultantes de transações financeiras entre pessoas físicas ou investidores institucionais.

Fluxos de Comércio Internacional

Canadá, França, Alemanha e outros países europeus contam mais fortemente com o comércio que os Estados Unidos. O volume de exportações e importações por ano do Canadá, por exemplo, é avaliado em mais de 50% do seu Produto Interno Bruto anual (PIB). O volume de comércio dos países europeus é tipicamente entre 30% e 40% de seus respectivos PIBs. O volume de comércio dos Estados Unidos e do Japão é tipicamente entre 10% e 20% de seus respectivos PIBs. Todavia, para todos os países, o volume de comércio cresceu nos últimos tempos.

Distribuição das Importações e Exportações dos Estados Unidos

O valor em dólar das exportações dos Estados Unidos para vários países durante o ano de 2003 é mostrado na Figura 2.1. O montante das exportações desse país está arredondado ao milhão mais próximo. Por exemplo, as exportações ao Canadá foram avaliadas em $ 170 bilhões.

A proporção do total das exportações dos Estados Unidos a vários países é mostrada na parte superior da Figura 2.2. Cerca de 24% de todas as exportações americanas são para o Canadá, enquanto 14% são para o México.

A proporção do total das importações dos Estados Unidos de vários países é mostrada na parte inferior da Figura 2.2. Canadá, China, México e Japão são os exportadores-chave para os Estados Unidos: juntos, são responsáveis por mais da metade do valor de todas as importações do país.

36 FINANÇAS CORPORATIVAS INTERNACIONAIS

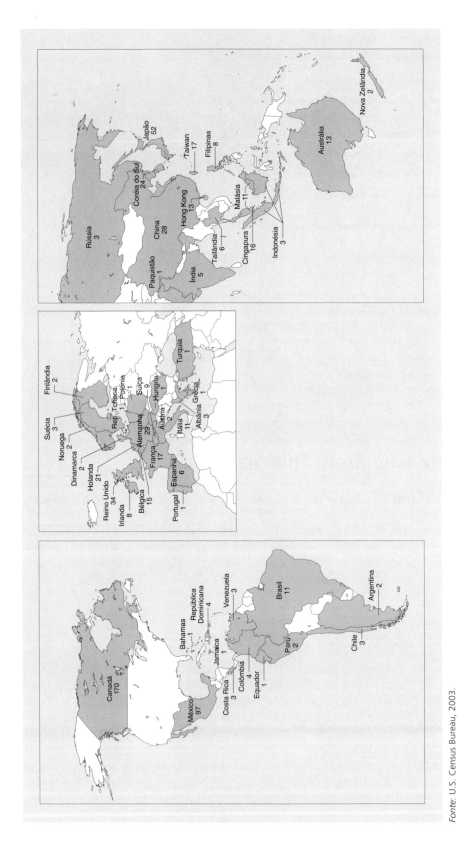

Figura 2.1 Distribuição das exportações dos Estados Unidos pelos países (em bilhões de dólares).

Fonte: U.S. Census Bureau, 2003.

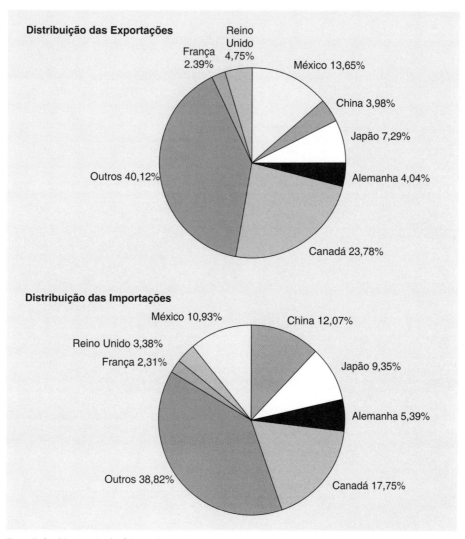

Fonte: Federal Reserve Bank of St. Louis, 2004.

Figura 2.2 Distribuição das exportações e importações dos Estados Unidos em 2003.

USANDO A WEB

Condições Atualizadas de Comércio. Uma atualização do saldo do balanço de transações correntes e do balanço do comércio internacional é fornecida em http://www.whitehouse.gov/fsbr/international.html.

Tendências da Balança Comercial dos Estados Unidos

http://
O site do International Trade Administration em http://www.ita.doc.gov dá acesso a uma variedade de países relacionados ao comércio e estatísticas de setores.

As tendências recentes das exportações e importações americanas, e a balança comercial dos Estados Unidos são mostradas na Figura 2.3. Note-se que o valor das exportações e o valor das importações americanas cresceram consideravelmente nos últimos tempos. Desde 1976, o valor das importações americanas excedeu o valor

38 FINANÇAS CORPORATIVAS INTERNACIONAIS

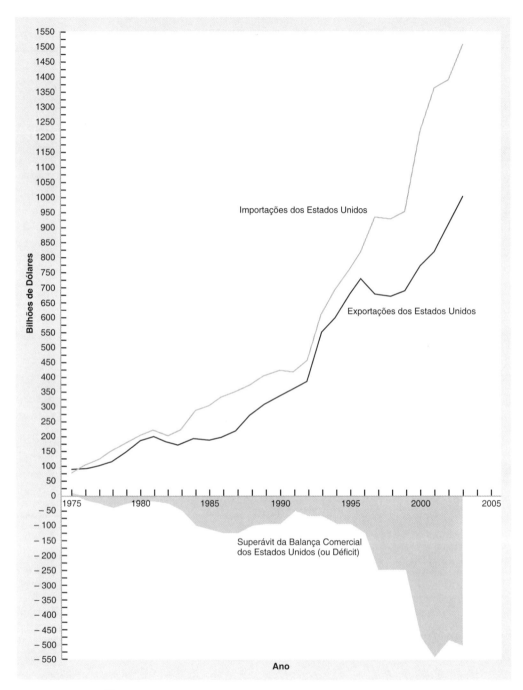

Figura 2.3 Balança comercial dos Estados Unidos através do tempo.

das exportações, causando um saldo comercial devedor. Muito do déficit da balança é devido a um déficit comercial com apenas dois países, China e Japão. Os Estados Unidos vêm tendo um déficit comercial anual de cerca de $ 60 bilhões com o Japão e de mais de $ 40 bilhões com a China. Portanto, o comércio dos Estados Unidos com esses dois países resulta em um déficit na balança comercial anual de mais de $ 100 bilhões.

A balança comercial de qualquer país pode mudar consideravelmente ao longo do tempo. Logo após a Segunda Guerra Mundial, os Estados Unidos experimentaram um grande superávit na balança comercial porque a Europa dependia das exportações americanas para a sua reconstrução. Nas últimas décadas, os Estados Unidos experimentaram um déficit na balança comercial devido à forte demanda americana por produtos importados, que são produzidos a um custo mais baixo que produtos similares que podem ser produzidos no país.

USANDO A WEB	**Balança Comercial dos Estados Unidos com cada País.** A balança comercial dos Estados Unidos com cada país é atualizada mensalmente e disponibilizada em http://www.census.gov/foreign-trade/www/index.html. Clique em Balance with U.S. e, então, em um país específico. A balança comercial de vários meses recentes com o país especificado é apresentada.

USANDO A WEB	**Balança Comercial Total dos Estados Unidos.** A tendência da balança comercial total dos Estados Unidos está disponível em http://www.census.gov/foreign-trade/www/index.html. Clique em U.S. International Trade in Goods and Services (comércio internacional de produtos e serviços dos Estados Unidos). Há links aqui para detalhes adicionais sobre a balança comercial dos Estados Unidos.

Acordos Comerciais

Muitos acordos comerciais ocorreram no decorrer dos anos em um esforço para reduzir restrições comerciais. Em janeiro de 1988, os Estados Unidos e o Canadá entraram em acordo em um pacto de livre comércio, o qual foi introduzido completamente em 1998. Esse acordo reduziu as barreiras comerciais sobre muitos produtos e aumentou a concorrência global dentro de algumas indústrias. Em dezembro de 1993, o Acordo Geral de Tarifas e Comércio (AGTC) conciliou 117 nações com o objetivo de baixar tarifas ao redor do mundo. Além disso, o Acordo de Livre Comércio da América do Norte (Nafta) foi decretado, removendo inúmeras restrições comerciais entre o Canadá, o México e os Estados Unidos. O acordo foi uma extensão de um tratado de 1989 que reduzia barreiras comerciais. O Nafta também reduziu algumas restrições sobre investimentos estrangeiros diretos no México.

No decorrer dos anos 1990, as restrições comerciais entre os países europeus foram sendo retiradas. Uma barreira comercial implícita eram as diferentes regulamentações entre os países. As EMNs estavam incapacitadas de vender produtos para todos os países europeus porque cada país exigia especificações diferentes (em relação ao tamanho ou composição dos produtos). A padronização das especificações do produto na Europa durante os anos 1990 retirou uma barreira comercial bem grande. A adoção do euro como moeda única em grande parte da Europa também encorajou o comércio entre os países europeus. Eliminou os custos de transações associados com a conversão de uma moeda para a outra. Também removeu preocupações acerca do risco da taxa de câmbio para produtores e clientes com base na Europa que vendiam a outros países do mesmo continente.

Em junho de 2003, os Estados Unidos e o Chile assinaram um acordo de livre comércio para eliminar tarifas sobre mais de 90% dos produtos comercializados entre os dois países. Os Estados Unidos também estabeleceram acordos comerciais com muitos outros países.

Discordâncias Comerciais

Políticas de comércio internacional determinam parcialmente quais empresas obtêm maior participação de mercado dentro de uma indústria. Essas políticas afetam o nível de desemprego de

40 FINANÇAS CORPORATIVAS INTERNACIONAIS

cada país, o nível de renda e o crescimento econômico. Apesar de os tratados comerciais terem reduzido tarifas e quotas no decorrer do tempo, a maioria dos países ainda impõe algum tipo de restrição comercial sobre produtos em particular para proteger suas empresas locais.

Uma maneira fácil de iniciar uma discussão entre estudantes (ou professores) é perguntar como eles pensam que a política de comércio internacional deveria ser. As pessoas cujos prospectos de trabalho são altamente influenciados pelo comércio internacional tendem a ter opiniões fortes sobre políticas de comércio internacional. Superficialmente, a maioria das pessoas concorda que o livre comércio pode ser benéfico porque encoraja uma concorrência mais intensa entre as empresas, o que faz com que consumidores adquiram produtos em que a qualidade é alta e os preços são baixos. O livre comércio deveria causar uma mudança na produção para aqueles países em que ele pode ser desenvolvido eficientemente. O governo de cada país quer aumentar suas exportações porque mais exportações resultam em um nível mais alto de produção e renda e podem também gerar empregos. No entanto, um emprego criado em um país pode ser perdido em outro, o que faz com que os países lutem por uma participação maior nas exportações mundiais.

As pessoas discordam sobre os tipos de estratégias que um governo poderia usar para aumentar a respectiva participação do país no mercado globalizado. Podem concordar que uma tarifa ou quota sobre produtos importados impede o livre comércio e dá às empresas locais uma vantagem desleal em seu próprio mercado. Todavia, discordam se os governos poderiam utilizar outras restrições mais sutis contra empresas estrangeiras ou fornecer incentivos que dão às empresas locais uma vantagem desleal na luta pela participação no mercado global. Considere as seguintes situações que comumente ocorrem:

1. As empresas com base em um país não estão sujeitas às restrições ambientais e, assim, podem produzir a um custo mais baixo que as empresas em outros países.
2. As empresas com base em um país não estão sujeitas às leis de trabalho infantil e são capazes de produzir a um custo mais baixo que empresas em outros países, dependendo, na maioria das vezes, de crianças para fabricar os produtos.
3. As empresas com base em um país estão autorizadas pelos seus governos a oferecer subornos a grandes clientes ao buscar acordos comerciais em uma indústria em particular. Possuem uma vantagem competitiva sobre empresas em outros países que não estão autorizadas a oferecer subornos.
4. As empresas em um país recebem subsídios do governo, enquanto exportam os produtos. A exportação de produtos que foram produzidos com a ajuda de subsídios do governo é identificada como **dumping**. Essas empresas poderão vender seus produtos a um preço mais baixo que qualquer um de seus concorrentes em outros países.
5. As empresas em um país recebem reduções de impostos se pertencerem a indústrias específicas. Essa prática não é necessariamente um subsídio, mas ainda é uma forma de suporte financeiro governamental.

Em todas essas situações, empresas de um país podem ter vantagem sobre empresas de outros países. Cada governo utiliza algum tipo de estratégia que poderá dar às empresas locais uma vantagem na luta pela participação no mercado global. Assim, o campo de jogo na luta pela participação no mercado global provavelmente não é plano para todos os países. Todavia, não há fórmula que assegure uma batalha leal para a participação no mercado. Independentemente do progresso dos tratados de comércio internacional, os governos deverão ser capazes de encontrar estratégias que poderão dar a suas empresas locais uma saída para a exportação. Suponha, como um exemplo extremo, que um novo tratado internacional anule todas as estratégias descritas acima. O governo

http://

Estatísticas comerciais dentro de um bloco comercial específico são fornecidas em http://www.worldbank.org/data/wdi2000/pdfs/tab6_5.pdf

de um país ainda assim poderia tentar dar a suas empresas locais uma vantagem comercial procurando manter sua moeda relativamente fraca. Essa estratégia poderá aumentar a demanda estrangeira pelos produtos fabricados no local porque os produtos denominados com uma moeda fraca podem ser adquiridos a um preço baixo.

Usando a Taxa de Câmbio como Política. Em determinado momento, um grupo de exportadores poderá alegar que está sendo maltratado e influenciar seu governo para ajustar a moeda de modo que suas exportações não sejam tão dispendiosas para os compradores estrangeiros. Em 1999, os exportadores americanos alegaram que estavam em desvantagem porque o dólar estava forte demais (dispendioso para os importadores). Em 2004, os exportadores europeus alegaram que eles estavam em desvantagem porque o euro estava forte demais. Enquanto isso, os exportadores americanos ainda alegavam que não podiam concorrer com a China porque a moeda chinesa (yuan) era mantida a um nível artificialmente fraco.

Terceirização (*Outsourcing*). Um dos assuntos mais recentes relacionados ao comércio é a terceirização de serviços. Por exemplo, o suporte tecnológico de sistemas de computadores utilizados nos Estados Unidos pode ser terceirizado para a Índia, a Bulgária, a China ou outros países em que os custos da mão-de-obra são baixos. A terceirização afeta a balança comercial porque isso significa que um serviço é adquirido em outro país. Essa forma de comércio internacional permite às EMNs exercerem operações a um custo baixo. No entanto, transfere empregos para outros países e é criticada pelas pessoas que perdem seu emprego por causa da terceirização. Muitas pessoas têm opiniões acerca de terceirização, as quais muitas vezes são inconsistentes com seu próprio comportamento.

EXEMPLO

Como cidadão americano, Rick diz que está constrangido com as empresas americanas que terceirizam seus serviços para outros países como meio de aumentar seu valor, porque essa prática elimina empregos nos Estados Unidos. Rick é presidente da Atlantic Company e diz que a empresa nunca terceirizará seus serviços. A Atlantic Company importa a maioria de seus materiais de uma empresa estrangeira. Também possui uma fábrica no México, e as roupas que são produzidas lá são exportadas aos Estados Unidos.

Rick reconhece que a terceirização pode substituir empregos nos Estados Unidos. Todavia, ele não percebe que importar materiais e operar uma fábrica no México também substituiu empregos nos Estados Unidos. Quando questionado sobre sua utilização de mercados de mão-de-obra estrangeira para materiais ou produção, ele explica que os altos salários industriais nos Estados Unidos o forçam a depender de custo de mão-de-obra mais baixo em outros países. Todavia, o mesmo argumento poderia ser usado por outras empresas americanas que terceirizam seus serviços.

Rick possui um Toyota, um telefone celular Nokia, um computador Toshiba e roupas Adidas. Ele argumenta que esses produtos não-americanos valem mais o dinheiro que os produtos americanos. Nicole, uma amiga de Rick, sugere que suas escolhas de consumo são inconsistentes com sua filosofia de "criar empregos nos Estados Unidos". Ela explica que só compra produtos americanos. Ela possui um Ford (produzido no México), um telefone Motorola (componentes produzidos na Ásia), um computador Compaq (produzido na China) e roupas Nike (produzidas na Indonésia).

Usando as Políticas Comerciais por Razões Políticas. Assuntos de política de comércio internacional tornaram-se mais contenciosos nos últimos tempos, quando as pessoas passaram a esperar que as políticas comerciais seriam usadas para punir países por várias ações. As pessoas esperam

42 FINANÇAS CORPORATIVAS INTERNACIONAIS

que os países que restrinjam importações de países que não implantam leis ambientais ou leis contra o trabalho infantil iniciem uma guerra contra outro país ou se neguem a participar de uma guerra contra um ditador sem leis de outro país. Toda convenção comercial internacional agora atrai um grande número de manifestantes, todos eles tendo suas próprias agendas. O comércio internacional pode até nem ser o foco de cada protesto, mas freqüentemente é tomado como a solução potencial do problema (pelo menos na mente daquele que protesta). Embora todos os manifestantes estejam claramente insatisfeitos com as políticas comerciais existentes, não há consenso sobre quais deveriam ser as políticas. Essas diferentes visões são similares às discordâncias que ocorrem entre os representantes do governo que tentam negociar a política de comércio internacional.

Os gestores de cada EMN não podem ser responsáveis pela resolução desses conflitos de política de comércio internacional. No entanto, deveriam pelo menos reconhecer como a política de comércio internacional afeta sua posição competitiva na indústria e como as mudanças na política poderiam afetar sua posição no futuro.

Discordâncias dentro da União Européia. Em 2004, dez países do Leste Europeu aderiram à União Européia (UE). Empresas com base nesses países participantes mais novos da UE estão sujeitas agora a reduzir barreiras no comércio relacionado à UE. No entanto, esses países agora também estão sujeitos às tarifas da UE sobre os produtos que entram lá. Por exemplo, a UE estabelece um imposto (tarifa) de 75% sobre as bananas que são importadas por todos os países da UE. Conseqüentemente, o preço de varejo das bananas aumentará do mesmo modo, uma vez que o imposto é passado aos consumidores. O tipo de tarifa causou atritos entre os países da UE que normalmente importam produtos e os demais países da UE.

A filosofia por trás dos acordos de comércio nessas empresas dentro da UE é que elas possam competir em um campo nivelado a zero ou com restrições padronizadas em todos os países. No entanto, governos ainda alegam que alguns países possuem vantagens sobre outros. Por exemplo, o governo alemão alega que empresas na Polônia possuem uma vantagem desleal porque o governo polonês impõe sobre suas empresas uma alíquota de imposto corporativo relativamente mais baixa que a dos outros países da UE sobre suas empresas.

Fatores de Fluxo Comercial Internacional

Como o comércio internacional pode afetar significativamente a economia de um país, é importante identificar e monitorar os fatores que o influenciam. Os fatores mais influentes são:

- Inflação;
- Renda nacional;
- Restrições governamentais; e
- Taxas de câmbio.

Impacto da Inflação

> **http://**
>
> Visite http://www.census.gov para acessar pesquisas e estatísticas econômicas, financeiras, socioeconômicas e políticas mais recentes.

Se o índice de inflação de um país aumenta em relação aos países com os quais comercializa, espera-se que sua conta de transações correntes decresça, ocorrendo o mesmo em outras áreas. Consumidores e empresas naquele país provavelmente comprarão mais produtos no exterior (devido à alta inflação local), enquanto as exportações aos outros países declinarão.

Impacto da Renda Nacional

Se o nível de renda (renda nacional) aumentar em uma porcentagem mais alta que em outros países, espera-se que suas contas de transações correntes decresçam, ocorrendo o mesmo em outras áreas. Quando o nível de renda real (ajustado por inflação) aumentar, assim também ocorrerá com o consumo de produtos. Uma porcentagem desse aumento em consumo provavelmente refletirá em um acréscimo na demanda por produtos estrangeiros.

USANDO A WEB	**Comércio Internacional.** Informações sobre comércio internacional, transações internacionais e a balança comercial estão disponíveis em http://research.stlouis-fed.org/fred2

Impacto das Restrições Governamentais

O governo de um país pode impedir ou desencorajar importações de outros países. Ao impor tais restrições, o governo rompe os fluxos comerciais. Entre as restrições mais comumente usadas estão as tarifas e quotas.

USANDO A WEB	**Controles de Importação.** Informações acerca de tarifas sobre produtos importados estão disponíveis em http://www.dataweb.usitc.gov. Clique sobre qualquer país da lista e depois sobre Trade Regulations (regulamentos comerciais). Reveja os controles de importação implantados pelo governo desse país.

Tarifas e Cotas. Se um governo de um país impõe tributos sobre produtos importados (freqüentemente chamados de **tarifas**), os preços dos produtos estrangeiros para os consumidores aumentam efetivamente. Tarifas impostas pelo governo americano são em média mais baixas que aquelas impostas por outros governos. Algumas indústrias, no entanto, são mais protegidas pelas tarifas que outras. Produtos de vestuário e agrícolas historicamente recebem mais proteção contra a concorrência estrangeira por meio de tarifas altas sobre importações relacionadas.

GERENCIANDO PARA VALOR

Impacto das Políticas Comerciais sobre o Valor da Empresa

Os valores das companhias de aço e das companhias exportadoras de produtos químicos, nos Estados Unidos são afetados pelas políticas comerciais americanas, mas de maneiras diferentes. As companhias de aço americanas dependem da demanda americana pelos seus produtos. Elas tendem a influenciar o governo dos Estados Unidos para impor barreiras comerciais a fim de proteger os empregos na indústria do aço. As companhias exportadoras de produtos químicos dependem da demanda européia pelos seus produtos. Estão sempre preocupadas com potenciais retaliações européias, em resposta às tarifas impostas pelo governo dos Estados Unidos sobre as importações americanas. Periodicamente, o governo americano impõe tarifas sobre a importação de aço, em um esforço para proteger os empregos na indústria do aço dos Estados Unidos. Essas tarifas muitas vezes são impostas um pouco antes ou durante o ano de eleições, como meio de apelação para o poder de voto da indústria do aço. Se os governos europeus retaliarem contra as tarifas do aço, impondo uma tarifa sobre os produtos químicos, as companhias de produtos químicos experimentam uma perda nas vendas e de valor. Enquanto isso, os empregos salvos na indústria do aço dos Estados Unidos podem ser perdidos na indústria química americana.

44 FINANÇAS CORPORATIVAS INTERNACIONAIS

USANDO A WEB	**Taxas de Tarifas.** Informações detalhadas sobre tarifas impostas pelos países estão disponíveis em http://www.worldbank.org/data/wdi2000/pdfs/tab6_6.pdf

Além das tarifas, um governo pode reduzir as importações de seu país colocando em vigor uma quota, ou um limite máximo de importações. As quotas têm sido aplicadas normalmente para uma variedade de produtos importados pelos Estados Unidos e por outros países.

USANDO A WEB	**Restrições de Importação.** Informações gerais sobre restrições de importação e outras informações relacionadas ao comércio estão disponíveis em http://www.commerce.gov

Outros Tipos de Restrições. Algumas restrições de comércio podem ser impostas sobre produtos por razões de saúde e segurança.

EXEMPLO

Em 2001, um surto de febre aftosa ocorreu no Reino Unido e posteriormente se propagou para vários outros países europeus. Essa doença pode se disseminar por contato direto ou indireto por meio de animais infectados. O governo americano impôs restrições comerciais sobre alguns produtos produzidos no Reino Unido, por razões de saúde. Conseqüentemente, as exportações do Reino Unido para os Estados Unidos declinaram abruptamente.

Esse exemplo ilustra como fatores incontroláveis, ao lado da inflação, da renda nacional, das tarifas e quotas e das taxas de câmbio, podem afetar a balança comercial entre dois países.

USANDO A WEB	**Sanções Comerciais.** Uma atualização das sanções impostas pelo governo dos Estados Unidos a alguns países está disponível em http://www.treas.gov/ofac.

Impacto sobre as Taxas de Câmbio

A moeda de cada país é avaliada em termos de outras moedas pelo uso das taxas de câmbio, de modo que o câmbio das moedas possa ser feito para facilitar as transações internacionais. Os valores da maioria das moedas podem flutuar no decorrer do tempo devido ao mercado e às forças governamentais (como discutido em detalhes no Capítulo 4). Se a moeda de um país começar a aumentar em valor em comparação com outras, o saldo de sua conta de transações correntes deverá decrescer, o mesmo ocorrendo em outras áreas. Se a moeda se fortalecer, as mercadorias exportadas por esse país se tornarão mais caras para os países importadores. Como conseqüência, haverá um decréscimo na demanda desses produtos.

EXEMPLO

Uma raquete de tênis que é vendida nos Estados Unidos por $ 100 exigirá um pagamento de C$ 125 pelo importador canadense, se o dólar canadense for avaliado em C$ 1 = $ 0,80. Se C$ 1 = $ 0,70, exigiria um pagamento de C$ 143, o que poderia desencorajar a demanda canadense pelas raquetes de tênis americanas. Espera-se que uma moeda local forte reduza o saldo da conta de transações correntes se as mercadorias comercializadas são sensíveis à mudança de preços.

Usando o exemplo da raquete de tênis, considere os possíveis efeitos se as moedas de vários países depreciarem simultaneamente em relação ao dólar (o dólar é valorizado). A balança comercial dos Estados Unidos entra em declínio consideravelmente.

EXEMPLO

Durante a crise asiática de 1997-1998, as taxas de câmbio das moedas asiáticas declinaram consideravelmente em relação ao dólar, o que causou o declínio dos preços dos produtos asiáticos, do ponto de vista dos Estados Unidos e de muitos outros países. Conseqüentemente, a demanda por produtos asiáticos aumentou e por vezes substituiu a demanda por produtos de outros países. Por exemplo, a fraqueza do baht tailandês nesse período causou um aumento na demanda global pelo peixe da Tailândia e um declínio na demanda por produtos similares dos Estados Unidos (Seattle).

Assim como é esperado que o dólar forte cause um saldo mais baixo (ou mais negativo) na balança comercial dos Estados Unidos como explicado acima, espera-se que o dólar fraco cause um saldo mais alto na balança comercial. A fraqueza do dólar abaixa o preço pago por produtos americanos pelos clientes estrangeiros e poderá levar a um aumento na demanda. O dólar fraco também tende a aumentar o preço do dólar pago por produtos estrangeiros e assim reduzir a demanda americana por produtos estrangeiros.

Interação de Fatores

Em conseqüência a fatores que afetam a interação da balança comercial, sua influência simultânea sobre a balança comercial é complexa. Por exemplo, como um índice de inflação alto dos Estados Unidos reduz a conta-corrente e pressiona para baixo o valor do dólar (como discutido em detalhes no Capítulo 4). Visto que um dólar fraco pode melhorar a conta-corrente, poderá compensar parcialmente o impacto da inflação sobre a conta-corrente.

Corrigindo o Déficit de Balanças Comerciais

Um déficit na balança comercial não é necessariamente um problema, pois poderá possibilitar que os consumidores de um país se beneficiem com os produtos importados, que são menos dispendiosos que os produzidos localmente. No entanto, a aquisição de produtos implica menos dependência da produção interna em favor da produção estrangeira. Assim, pode-se argumentar que um alto déficit da balança comercial causa a transferência de empregos para outros países. Conseqüentemente, o governo de um país poderá tentar corrigir o déficit da balança comercial.

Reconsiderando alguns dos fatores que afetam a balança comercial, é possível desenvolver alguns métodos comuns para corrigir o déficit. Qualquer política que aumente a demanda estrangeira pelas mercadorias e serviços do país melhorará a posição de sua balança comercial. A demanda estrangeira poderá aumentar se os preços ficarem mais atraentes. Isso poderá ocorrer se a inflação do país for baixa ou quando o valor de sua moeda estiver reduzido, fazendo assim com que os preços sejam mais baixos a partir da perspectiva estrangeira.

Uma taxa de câmbio flutuante poderia possivelmente corrigir algum desequilíbrio de comércio internacional da seguinte maneira: um déficit na balança comercial sugere que esse país está gastando mais fundos em produtos estrangeiros que recebendo das exportações para outros países. Como está vendendo sua moeda (para comprar mercadorias estrangeiras) em volume maior que a demanda estrangeira por sua moeda, o valor de sua moeda sofre uma desvalorização. Essa desvalorização deveria incentivar mais a demanda estrangeira por suas mercadorias no futuro.

46 FINANÇAS CORPORATIVAS INTERNACIONAIS

Essa teoria parece racional, mas nem sempre funciona como descrito. É possível que, em vez disso, a moeda de um país permaneça estável ou valorize, mesmo que o país tenha um déficit na balança comercial.

> **EXEMPLO**
>
> Os Estados Unidos normalmente experimentam um grande déficit na balança comercial, o que deveria pressionar para baixo o valor do dólar. Todavia, em alguns anos, há um investimento considerável em títulos com denominação em dólar por investidores estrangeiros. Essa demanda estrangeira pelo dólar exerce uma pressão para cima sobre seu valor, compensando, portanto, a pressão para baixo provocada pelo desequilíbrio comercial. Assim, o déficit da balança comercial nem sempre é corrigido pelo ajuste cambial.

Por que uma Moeda Nacional Fraca Não é uma Solução Perfeita?

Mesmo se a moeda nacional de um país enfraquecer, o déficit de sua balança comercial não necessariamente será corrigido, pelas seguintes razões:

Contrapreços dos Concorrentes. Quando a moeda de um país enfraquece, seus preços tornam-se mais atraentes para os clientes estrangeiros, e muitas empresas estrangeiras abaixam seus preços para permanecer competitivas com as empresas do país.

Impacto de Outras Moedas Fracas. Uma moeda fraca não é necessariamente fraca perante todas as outras ao mesmo tempo.

> **EXEMPLO**
>
> Quando o dólar enfraquece na Europa, as taxas de câmbio do dólar com as moedas de Hong Kong, Cingapura, Coréia do Sul e Taiwan podem permanecer mais estáveis. Como algumas empresas americanas reduzem sua demanda de suprimentos produzidos em países europeus, tendem a aumentar sua demanda de mercadorias produzidas em países asiáticos. Conseqüentemente, a fraqueza do dólar em países europeus causa uma mudança no comportamento do comércio internacional, mas não elimina o déficit comercial dos Estados Unidos.

Transações Internacionais Pré-programadas. Muitas transações são pré-programadas e não podem ser ajustadas imediatamente. Assim, empresas que não importam dos Estados Unidos podem ser atraídas para empresas americanas como resultado de um dólar mais fraco, mas não podem romper imediatamente seu relacionamento com os fornecedores de outros países. No decorrer do tempo, elas poderiam começar a tirar vantagem do dólar mais fraco, importando dos Estados Unidos, se acreditarem que a fraqueza continuará. O intervalo de tempo entre a fraqueza do dólar e o aumento da demanda das empresas não-americanas por produtos dos Estados Unidos é às vezes estimado em 18 meses ou até mais.

A balança comercial dos Estados Unidos poderá, na verdade, deteriorar-se a curto prazo, como resultado da depreciação do dólar. Ela melhora apenas quando os importadores e não-importadores dos Estados Unidos respondem à mudança do poder aquisitivo que é causada pelo dólar mais fraco. Esse padrão é chamado de **efeito da curva J** e está ilustrado na Figura 2.4. O declínio adicional na balança comercial antes de uma reversão cria uma tendência que pode se parecer com a letra J.

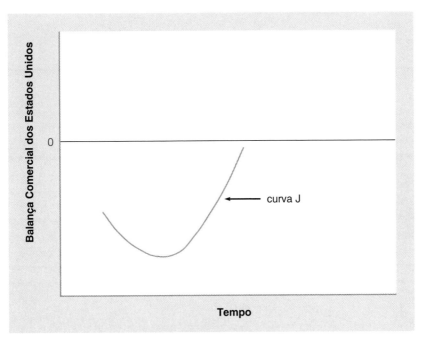

Figura 2.4 Efeito da curva J.

Comércio entre Empresas. Uma quarta razão pela qual uma moeda fraca nem sempre melhorará a balança comercial de um país é que os importadores e os exportadores que se encontram sob a mesma propriedade possuem relacionamentos únicos. Muitas empresas adquirem produtos que são fabricados por suas subsidiárias, no que é denominado **comércio entre as empresas**. Esse tipo de comércio soma um total de mais de 50% de todo o comércio internacional. O comércio entre as duas partes continuará normalmente, independentemente dos movimentos da taxa de câmbio. Desse modo, o impacto dos movimentos dessa taxa de câmbio sobre os padrões de comércio entre as empresas é limitado.

Fluxos de Capitais Internacionais

Os fluxos de capital entre os Estados Unidos e outros países estão ilustrados na Figura 2.5. Os fluxos totais de capital são mostrados no gráfico superior esquerdo. Note-se que os fluxos de entrada de capital dos Estados Unidos excedem os fluxos de saída de capital. A diferença aumentou no decorrer do tempo. Os componentes que somam o total dos fluxos são mostrados nos outros três gráficos da Figura 2.5. Os fluxos de entrada de investimentos em carteira (gráfico inferior esquerdo) nos Estados Unidos são muito maiores que os fluxos de saída. Em um ponto em 2002, o gráfico mostra fluxos de saída negativos da carteira de investimentos dos Estados Unidos, o que implica que o valor dos títulos estrangeiros vendidos excedeu o valor do novo investimento em títulos estrangeiros. O investimento estrangeiro direto dos Estados Unidos (gráfico superior direito) em outros países tem sido um tanto estável, mas o investimento estrangeiro direto nos Estados Unidos caiu consideravelmente quando a economia americana enfraqueceu em anos recentes. Os fluxos de fundos de capital para os bancos americanos (gráfico inferior direito) foram muito maiores que os fluxos de fundos de capital para bancos estrangeiros.

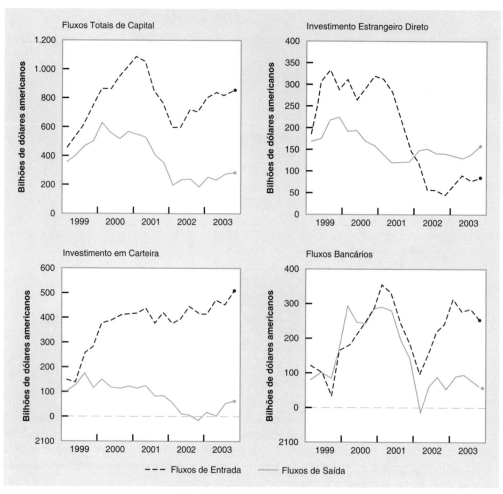

Fonte: Federal Reserve.

Figura 2.5 Fluxos de capitais internacionais (números trimestrais, anualizados; em bilhões).

Distribuição de IED por Empresas Americanas

Muitas EMNs com base nos Estados Unidos aumentaram recentemente seu IED em outros países. Por exemplo, ExxonMobil, IBM e Hewlett-Packard possuem pelo menos 50% de seus ativos em outros países. O Reino Unido e o Canadá são os maiores alvos. A Europa como um todo recebe mais de 50% de todo IED das empresas americanas. Outros 30% do IED têm o foco na América Latina e no Canadá, enquanto cerca de 16% estão concentrados na Ásia e na região do Pacífico. O IED pelas empresas americanas na América Latina e em países asiáticos aumentou consideravelmente quando esses países abriram seus mercados para as empresas dos Estados Unidos.

Distribuição de IED nos Estados Unidos

Assim como as empresas americanas usaram o IED para entrar em mercados fora dos Estados Unidos, as empresas não-americanas ingressaram no mercado americano. Muito do IED nos

Estados Unidos vem do Reino Unido, do Japão, dos Países Baixos, da Alemanha e do Canadá. Seagram, Food Lion e algumas outras EMNs de controle estrangeiro geram mais da metade de suas receitas nos Estados Unidos. Muitas empresas conhecidas, que operam nos Estados Unidos, são de propriedade de companhias estrangeiras, inclusive Shell Oil (Países Baixos), Citgo Petroleum (Venezuela), Canon (Japão) e Fireman's Fund (Alemanha). Muitas outras empresas que operam nos Estados Unidos são de propriedade de companhias estrangeiras, inclusive a MCI Communications (Reino Unido) e a Northwest Airlines (Países Baixos). Enquanto as EMNs com base nos Estados Unidos pensam em expandir-se para outros países, elas precisam também competir com empresas estrangeiras nos Estados Unidos.

Fatores que Afetam o IED

Os fluxos de capital resultantes de IED mudam toda vez que as condições em um país modificam o desejo das empresas de realizar operações comerciais nesses locais. Alguns dos fatores mais comuns que poderiam afetar o apelo de um país para o IED são identificados aqui.

Mudanças nas Restrições. Durante os anos 1990, muitos países reduziram suas restrições sobre o IED, abrindo, portanto, o caminho para mais IED nesses países. Muitas EMNs com base nos Estados Unidos, incluindo Bausch & Lomb, Colgate-Palmolive e General Electric, entraram em países menos desenvolvidos, como Argentina, Chile, México, Índia, China e Hungria. Novas oportunidades nesses países apareceram com a remoção de barreiras governamentais.

USANDO A WEB

Regulamentações de IED. Informações de regulamentos sobre o investimento estrangeiro direto em cada país estão disponíveis em http://biz.yahoo.com/ifc. Clique sobre qualquer país da lista, depois clique em Regulamentos Estrangeiros (Foreign Regulations) e, em seguida, em Entrada de Investimento Direto (Incoming Direct Investment). Reveja as restrições estabelecidas pelo governo do país.

Privatização. Vários governos nacionais envolveram-se recentemente em **privatizações** ou venderam algumas de suas operações a empresas e outros investidores. A privatização é popular no Brasil e no México, em países do Leste Europeu, como a Polônia e a Hungria, e em territórios do Caribe, como as Ilhas Virgens. Permite grandes negócios internacionais com as empresas estrangeiras que podem adquirir operações vendidas por governos nacionais.

A privatização foi utilizada no Chile, para evitar o controle de alguns poucos investidores sobre todas as ações, e na França, para evitar uma possível reversão para uma economia mais nacionalizada. No Reino Unido, a privatização foi realizada para distribuir as ações entre investidores, o que permitiu que mais pessoas tivessem um investimento direto no sucesso da indústria britânica.

A razão elementar para que o valor de mercado de uma empresa possa crescer em resposta à privatização é a melhoria antecipada na eficiência administrativa. Os gestores de uma empresa de propriedade privada podem concentrar-se no objetivo de maximizar a riqueza do acionista, ao passo que, em negócios do governo, o Estado precisa considerar as ramificações sociais e econômicas em qualquer decisão de negócios. Os gestores de um empreendimento privado também estão mais motivados para assegurar a lucratividade porque suas carreiras poderão depender dela. Por essas razões, empresas privatizadas buscarão oportunidades locais ou globais que possam aumentar seu valor. A tendência em relação à privatização criará, sem dúvida, um mercado global mais competitivo.

http://

Visite http://www.privatization.org para informações sobre privatizações ao redor do mundo, comentários e publicações relacionadas.

50 FINANÇAS CORPORATIVAS INTERNACIONAIS

Crescimento Econômico Potencial. Os países que possuem um crescimento econômico potencial têm uma probabilidade maior de atrair IED porque as empresas reconhecem que poderão capitalizar esse crescimento ao estabelecer mais negócios nesse local.

Alíquotas Tributárias. Os países que impõem alíquotas tributárias relativamente baixas sobre o lucro corporativo têm probabilidade maior de atrair IED. Ao avaliar a viabilidade de IED, as empresas estimam os fluxos de caixa após tributação os quais esperam obter.

Taxas de Câmbio. As empresas naturalmente preferem direcionar o IED a países em que esperam que a moeda local se fortaleça perante a sua própria. Sob essas condições, elas poderão investir fundos para estabelecer suas operações em um país enquanto a moeda desse país estiver relativamente barata (fraca). Então, os ganhos das novas operações poderão ser convertidos periodicamente para a moeda da empresa a taxas de câmbio mais favoráveis.

Fatores que Afetam a Carteira de Investimento Internacional

O desejo de investidores individuais ou institucionais em direcionar investimentos em carteira internacional a um país específico é influenciado pelos seguintes fatores:

Alíquotas Tributárias sobre Juros ou Dividendos. Investidores normalmente preferem investir em um país em que as alíquotas de tributos sobre rendimentos de juros ou dividendos de investimentos sejam relativamente baixas. Os investidores avaliam seus ganhos potenciais após tributação perante investimentos em títulos estrangeiros.

Taxas de Juros. Investimentos em carteira também poderão ser afetados pelas taxas de juros. O dinheiro tende a fluir para países com taxas de juros altas, enquanto se espera que as moedas locais não enfraqueçam.

Taxas de Câmbio. Quando investidores investem em um título em um país estrangeiro, seu retorno é afetado (1) pela mudança do valor do título e (2) pela mudança no valor da moeda na qual o título está denominado. Se for esperado que a moeda nacional de um país se fortaleça, os investidores estrangeiros poderão querer investir em títulos do país para se beneficiarem com o movimento da moeda. Ao contrário, se for esperado que a moeda nacional de um país enfraqueça, os investidores estrangeiros poderão decidir adquirir títulos em outros países. Em um período tal como 2003, os investidores americanos que adquiriram títulos estrangeiros beneficiaram-se com a mudança nas taxas de câmbio. Visto que as moedas estrangeiras se fortaleceram perante o dólar no decorrer do tempo, os títulos estrangeiros foram convertidos em mais dólares, quando foram vendidos no final do ano.

> USANDO A WEB   **Fluxo de Capital.** Informações sobre fluxos de capitais e transações internacionais estão disponíveis em http://www.worldbank.org.

Agências de Fluxo Internacional

Uma variedade de agências foi estabelecida para facilitar o comércio e transações financeiras internacionais. Essas agências freqüentemente representam um grupo de nações. Segue uma descrição de algumas das agências mais importantes.

Fundo Monetário Internacional

A Conferência Monetária e Financeira das Nações Unidas realizada em Bretton Woods, New Hampshire, em julho de 1944, foi organizada para desenvolver um sistema monetário internacional estruturado. Como resultado dessa conferência, foi formado o **Fundo Monetário Internacional (FMI)**. Os objetivos principais do FMI, como estabelecido por seu documento, são de (1) promover a cooperação entre os países em relação a questões monetárias internacionais, (2) promover a estabilidade nas taxas de câmbio, (3) fornecer fundos temporários para países-membros tentarem corrigir desequilíbrios de pagamentos internacionais, (4) promover a livre mobilidade dos fluxos de capitais entre os países e (5) promover o livre comércio. Fica claro, por esses objetivos, que a meta do FMI é incentivar a elevada internacionalização dos negócios.

> ### http://
> A página do FMI na Internet em http:// www.imf.org disponibiliza as últimas notícias econômicas internacionais.

O Fundo é supervisionado por uma Comissão de Governantes, composta por agentes financeiros (como o presidente do Banco Central) de cada um dos 184 países-membros. Também possui uma comissão executiva composta de 24 diretores executivos representando os países-membros. A comissão tem base em Washington D.C. e se encontra pelo menos três vezes por semana para discutir os assuntos em pauta.

Uma das responsabilidades-chave do FMI é sua **ação financeira compensatória**, que procura reduzir o impacto da instabilidade das exportações sobre as economias do país. Embora esteja disponível a todos os membros do FMI, essa opção é usada principalmente por países em desenvolvimento. Um país que passa por problemas financeiros devido aos ganhos reduzidos nas exportações deve mostrar que a redução é temporária e fora de seu controle. Além do mais, deve estar disposto a trabalhar com o FMI para resolver o problema.

A cada país-membro do FMI é designada uma quota com base em uma variedade de fatores que refletem o *status* econômico desse país. Exige-se que os membros paguem essa quota. O montante de fundos que cada membro poderá tomar emprestado do FMI depende de sua quota particular.

O financiamento pelo FMI é medido em **Direitos Especiais de Saque (DES)**. O DES não é uma moeda, mas simplesmente uma unidade de conta. É um ativo de reserva internacional criado pelo FMI e alocado aos países-membros para suplementar reservas de divisas. O valor dos DES flutua de acordo com o valor das principais moedas.

O FMI desenvolveu um papel importante na tentativa de reduzir os efeitos adversos da crise asiática. Em 1997 e 1998, forneceu fundos a vários países asiáticos em troca de promessas dos respectivos governos de tomar atitudes específicas com o propósito de melhorar as condições financeiras.

Dilema de Fundos do FMI. O FMI naturalmente especifica as reformas econômicas que o país deve satisfazer para receber fundos do FMI. Dessa maneira, o FMI procura assegurar que o país utilize os recursos apropriadamente. No entanto, alguns países querem os recursos sem aderir às reformas econômicas exigidas pelo FMI.

EXEMPLO

Durante a crise asiática, o FMI concordou em fornecer $ 43 bilhões para a Indonésia. As negociações foram tensas, quando o FMI exigiu que o presidente Suharto quebrasse alguns dos monopólios mantidos por seus amigos e membros da família e fechasse alguns bancos fracos. Os cidadãos da Indonésia interpretaram o fechamento dos bancos como uma crise bancária e começaram a retirar seus depósitos de todos os bancos. Em janeiro de 1998, o FMI exigiu vários tipos de reformas econômicas, e Suharto concordou com elas.

As reformas podem ter sido demasiadamente ambiciosas, no entanto, Suharto falhou em instituí-las. O FMI concordou em renegociar os termos em março de 1998, em um esforço contínuo para salvar a Indonésia, mas esse esforço mostrou que um país não precisava satisfazer os termos de seu acordo para a obtenção de recursos. Um novo acordo foi completado em abril, e o FMI reassumiu seus pagamentos para dar suporte à salvação da Indonésia. Em maio de 1998, Suharto abruptamente interrompeu com os subsídios para a gasolina e a alimentação, o que levou a manifestações. Suharto jogou a culpa pelas manifestações no FMI e nos investidores estrangeiros que queriam adquirir ativos na Indonésia a preços rebaixados.

Banco Mundial

O **Banco Internacional para a Reconstrução e o Desenvolvimento (Bird)**, também conhecido como **Banco Mundial**, foi estabelecido em 1944. Seu objetivo principal é fazer empréstimos a países para aumentar o desenvolvimento econômico. Por exemplo, o Banco Mundial recentemente concedeu um empréstimo ao México de cerca de $ 4 bilhões por um período de dez anos, para projetos ambientais a fim de facilitar o desenvolvimento da indústria próximo à divisa com os Estados Unidos. Sua fonte principal de fundos é a venda de obrigações e outros instrumentos de dívidas para investidores particulares e governamentais. O Banco Mundial possui uma filosofia com fins lucrativos. Portanto, seus empréstimos não são subsidiados, mas são concedidos a taxas de mercado para governos (e suas agências) que têm a possibilidade de reembolsá-los.

> **http://**
>
> Veja a página do Banco Mundial http://www. worldbank.org.

Um aspecto-chave da missão do Banco Mundial é o **Empréstimo de Ajuste Estrutural (Structural Adjustment Loan – SAL)**, estabelecido em 1980. Os SALs têm o propósito de aumentar o crescimento econômico dos países a longo prazo. Por exemplo, os SALs têm sido concedidos à Turquia e a alguns países menos desenvolvidos que estão procurando melhorar sua balança comercial.

Como o Banco Mundial fornece apenas pequenas quantidades do financiamento necessitado por países em desenvolvimento, ele procura distribuir seus recursos entrando em **acordos co-financiados**. O co-financiamento é executado da seguinte forma:

- *Agências oficiais de cooperação.* Agências de desenvolvimento poderão juntar-se ao Banco Mundial ao financiar projetos de desenvolvimento em países de baixa renda.
- *Agências de crédito à exportação.* O Banco Mundial co-financia alguns projetos de capital intensivo que também são financiados pelas agências de crédito à exportação.
- *Bancos comerciais.* O Banco Mundial uniu-se a bancos comerciais para conceder financiamentos para o desenvolvimento de setores privados. Em anos recentes, mais de 350 bancos de todo o mundo participaram de co-financiamentos, inclusive o Bank of America, o J. P. Morgan Chase e o Citigroup.

O Banco Mundial recentemente estabeleceu a **Agência Multilateral de Garantia do Investimento**, que oferece várias formas de seguro de risco político. Esse é um meio adicional (junto com os SALs) pelo qual o Banco Mundial poderá incentivar o desenvolvimento do comércio internacional e de investimentos.

O Banco Mundial é um dos maiores mutuários do mundo; as tomadas de empréstimo atingiram o montante equivalente a $ 70 bilhões. Seus empréstimos são bem diversificados entre inúmeras moedas e países. Recebeu o índice de crédito mais alto possível (AAA).

Organização Mundial do Comércio

A **Organização Mundial do Comércio (OMC)** foi criada como resultado das negociações de comércio da Rodada Uruguai, que levou ao acordo Gatt em 1993. Essa organização foi estabelecida para promover um fórum para negociações de comércio multilateral e para resolver disputas comerciais relacionadas ao Gatt. Iniciou suas operações em 1995 com 81 países-membros, e outros países se juntaram desde então. Aos países-membros são concedidos direitos de voto que são usados em julgamentos de disputas comerciais e outros assuntos.

International Financial Corporation

Em 1956, a **International Financial Corporation (IFC)** foi estabelecida para promover empreendimentos privados dentro dos países. Composta por muitos países-membros, a IFC trabalha para promover o desenvolvimento econômico pelo setor privado, em vez de pelo setor governamental. Concede empréstimos apenas a empresas, mas também adquire ações, tornando-se, portanto, proprietária parcial em alguns casos em vez de apenas credora. A IFC fornece tipicamente 10% a 15% dos recursos necessários para os projetos de empreendimentos privados nos quais investe, e o restante do projeto deverá ser financiado por outras fontes. Assim, a IFC age como um catalisador, como oposição a um único apoio para o desenvolvimento de projetos de empreendimentos privados. Tradicionalmente, tem obtido financiamentos do Banco Mundial, mas pode tomar emprestado de mercados monetários internacionais.

International Development Association

A **International Development Association (IDA)** foi criada em 1960 com objetivos de desenvolvimento de países um tanto similares aos do Banco Mundial. Entretanto, sua política de empréstimo é mais apropriada para nações menos prósperas. A IDA concede empréstimos a taxas de juros baixas para nações pobres que não se qualificam para empréstimos do Banco Mundial.

Bank for International Settlements

O **Bank for International Settlements (BIS)** procura facilitar a colaboração entre os países em relação às transações internacionais. Também realiza assistência a países que passam por crise financeira. O BIS às vezes é conhecido como o "banco central dos bancos centrais" ou "o que empresta como último recurso". Desenvolveu um papel importante ao apoiar alguns países menos desenvolvidos durante a crise da dívida internacional no início e meados dos anos 1980. Comumente concede financiamentos para bancos centrais da América Latina e países do Leste Europeu.

Agências de Desenvolvimento Regional

Muitas outras agências possuem mais objetivos regionais (opostos aos globais) relacionados ao desenvolvimento econômico, incluindo, por exemplo, o Banco Interamericano de Desenvolvimento (concentrando-se nas necessidades da América Latina), o Banco Asiático de Desenvolvimento (estabelecido para aperfeiçoar o desenvolvimento econômico e social da Ásia) e o Banco Africano de Desenvolvimento (concentrando-se no desenvolvimento dos países da África).

Em 1990, o Banco Europeu para a Reconstrução e Desenvolvimento foi criado para ajudar os países do Leste Europeu a se adaptarem do comunismo para o capitalismo. Doze países do oeste da Europa detêm 51% de participação, enquanto os países do Leste Europeu detêm 13,5%. Os Estados Unidos são os maiores acionistas, com 10% de participação. Há 40 países-membros no total.

Como o Comércio Internacional Afeta o Valor de uma EMN

O valor de uma EMN pode ser afetado pelo comércio internacional de várias maneiras. Espera-se que os fluxos de caixa (e assim o valor) das subsidiárias de uma EMN que exportam para um país específico aumentem naturalmente, em resposta a um índice de inflação alto (fazendo com que substitutos locais fiquem mais caros) ou uma renda nacional mais elevada (que aumenta o nível de gastos) daquele país. Os fluxos de caixa esperados das subsidiárias de uma EMN que exportam ou importam podem aumentar como conseqüência dos acordos comerciais do país que reduzem tarifas ou outras barreiras comerciais.

Espera-se que os fluxos de caixa para uma EMN com base nos Estados Unidos que ocorrem na forma de pagamentos por exportações industriais nos Estados Unidos aumentem em conseqüência do dólar mais fraco, porque a demanda por suas exportações denominadas em dólar aumentaria. No entanto, os fluxos de caixa das importadoras com base nos Estados Unidos podem ser reduzidos pelo dólar mais fraco porque seriam necessários mais dólares (saídas de caixa elevadas) para adquirir as importações. O dólar mais forte terá efeitos contrários sobre os fluxos de caixa de uma EMN com base nos Estados Unidos envolvida com o comércio internacional.

RESUMO

- Os componentes-chave do balanço de pagamentos são a conta de transações correntes e a conta de capital. A conta de transações correntes é uma medida ampla da balança comercial internacional do país. A conta de capital é uma medida de investimentos de capital de curto e de longo prazo do país, incluindo o investimento estrangeiro direto e o investimento em títulos (investimentos em carteira).

- Os fluxos de comércio internacional são afetados pela inflação, pela renda nacional, pelas restrições governamentais e pelas taxas de câmbio. A inflação alta, a renda nacional alta, nenhuma restrição ou restrições baixas sobre importações e uma moeda local forte tendem a resultar em forte demanda por importações e um déficit

em conta-corrente. Embora alguns países procurem corrigir os déficits em conta-corrente reduzindo o valor de suas moedas, essa estratégia nem sempre obtém sucesso.

- Os fluxos de capitais internacionais de um país são afetados por quaisquer fatores que influenciem o investimento estrangeiro direto ou o investimento em carteira. O investimento estrangeiro direto tende a ocorrer naqueles países que não possuem restrições e que têm muito potencial para o crescimento econômico. O investimento em carteira tende a ocorrer naqueles países em que as tributações não sejam excessivas, as taxas de juros sejam altas e não se espere que as moedas locais enfraqueçam.

CONTRAPONTO DO PONTO

As Restrições Comerciais Deveriam Ser Usadas para Influenciar os Direitos Humanos?

Ponto Sim. Alguns países não protegem os direitos humanos do mesmo modo que os Estados Unidos. Às vezes os Estados Unidos deveriam ameaçar com restrições às suas importações e seus investimentos em um país em particular, se esse país não corrigisse as violações aos direitos humanos. Os Estados Unidos deveriam usar seu amplo comércio internacional e a alavancagem de investimentos

para assegurar que as violações de direitos humanos não ocorram. Os outros países com histórico de violações de direitos humanos provavelmente os respeitarão mais se suas condições econômicas forem ameaçadas.

Contraponto Não. Comércio internacional e direitos humanos são duas questões separadas. O comércio internacional não deveria ser usado como arma para impor os direitos humanos. Empresas envolvidas com o comércio internacional não deveriam ser penalizadas pela violação dos direitos humanos de um governo. Se os Estados Unidos estabelecerem restrições sobre o comércio para impor os direitos humanos, o outro país revidará. Assim, as empresas americanas que exportam para um outro país serão afetadas adversamente. Ao impor sanções comerciais, o governo dos Estados Unidos penalizará indiretamente as EMNs que buscam realizar negócios em países estrangeiros específicos.

Quem está certo? Use sua ferramenta de busca preferida para saber mais a respeito desse assunto. Qual argumento você apóia? Dê sua opinião a respeito.

AUTOTESTE

As respostas são encontradas no Apêndice A, no final do livro.

1. Explique brevemente como as mudanças em vários fatores econômicos afetam a balança comercial dos Estados Unidos.

2. Explique por que as tarifas dos Estados Unidos podem mudar a composição das exportações americanas mas não necessariamente reduzirão o seu déficit da balança comercial.

3. Explique como a crise asiática afetou o comércio entre os Estados Unidos e a Ásia.

QUESTÕES E APLICAÇÕES

1. **FMI.**

   a) Quais são alguns dos principais objetivos do FMI?

   b) Como o FMI está envolvido no comércio internacional?

2. **Balança Comercial dos Estados Unidos.** O endereço da página na Internet do Bureau of Economic Analysis é http://www.bea.doc.gov

   a) Use essa página para avaliar as tendências de exportações e importações recentes das empresas americanas. Como a balança comercial mudou nos últimos 12 meses?

   b) Dê as possíveis razões para essa mudança na balança comercial.

3. **Balanço de Pagamentos.**

   a) Do que a conta de transações correntes geralmente é composta?

   b) Do que a conta de capital geralmente é composta?

4. **Livre Comércio.** Tem havido um ímpeto considerável para reduzir ou retirar barreiras comerciais em um esforço para conquistar o "livre comércio". Todavia, um executivo de uma empresa exportadora, desapontado, afirmou: "O livre comércio não é concebível; estamos sempre à mercê da taxa de câmbio. Qualquer país pode usar esse mecanismo para impor barreiras comerciais". O que significa essa afirmação?

5. **Restrições Governamentais.** Como as restrições governamentais podem afetar os pagamentos internacionais entre os países?

6. **Discussão na Sala da Diretoria.** O exercício encontra-se no Apêndice E no final deste livro.

7. **Efeitos da Inflação sobre o Comércio.**

   a) Como um índice de inflação interna relativamente alto afetaria a conta de transações correntes do país de origem, ocorrendo o mesmo em outras áreas?

   b) Uma conta de transações correntes negativa é nociva para o país? Discuta.

8. **Investimentos Internacionais.** Em anos recentes, muitas EMNs com base nos Estados Unidos aumentaram seus investimentos em títulos estrangeiros, que não são tão suscetíveis aos choques do mercado americano. Além disso, quando as EMNs acreditam que os títulos americanos estão supervalorizados, elas podem buscar outros que não são dos Estados Unidos e são guiados por um mercado diferente. De mais a mais, em períodos de taxas de juros baixas nos Estados Unidos, as empresas americanas tendem a buscar investimentos em títulos estrangeiros. Em geral, o fluxo de recursos para

outros países tende a cair quando os investidores americanos prevêem um dólar forte.

a) Explique como as expectativas de um dólar forte podem afetar a tendência dos investidores americanos de investir no exterior.

b) Explique como as taxas de juros baixas americanas podem afetar a tendência das EMNs com base nos Estados Unidos de investir no exterior.

c) Em termos gerais, qual é o atrativo dos investimentos estrangeiros para os investidores americanos?

9. **Efeito da Taxa de Câmbio sobre a Balança Comercial.** O déficit da balança comercial dos Estados Unidos seria maior ou menor se o dólar depreciasse perante todas as moedas *versus* a depreciação frente a algumas moedas, mas valorizando-se perante outras? Explique.

10. **Efeitos da Taxa de Câmbio sobre o Comércio.**

a) Explique por que o dólar mais forte poderia aumentar o déficit da balança comercial dos Estados Unidos. Explique por que o dólar mais fraco poderia afetar o déficit da balança comercial dos Estados Unidos.

b) Às vezes, é sugerido que a taxa de câmbio flutuante se ajustaria para reduzir ou eliminar um déficit da conta de transações correntes. Explique por que esse ajuste ocorreria.

c) Por que nem sempre a taxa de câmbio se ajusta ao déficit da conta de transações correntes?

11. **Efeitos de Moedas.** Quando o crescimento de exportação da Coréia do Sul estagnou, algumas empresas sul-coreanas sugeriram que o problema de exportação principal do país era a fraqueza do iene japonês. Como você interpretaria essa afirmação?

12. **Efeitos do Euro.** Explique como a existência do euro pode afetar o comércio internacional dos Estados Unidos.

13. **Efeitos das Tarifas.** Suponha um mundo simples no qual os Estados Unidos exportam refrigerantes e cerveja para a França e importam vinho da França. Se os Estados Unidos impusessem tarifas altas sobre o vinho francês, explique o provável impacto sobre os valores das empresas de bebida dos Estados Unidos sobre os produtores de vinho americanos; as empresas de bebida da França; e os produtores de vinho franceses.

14. **Efeitos do 11 de Setembro sobre o Comércio.** Por que você pensa que o volume de comércio internacional poderia cair, como conseqüência dos ataques terroristas aos Estados Unidos em 11 de setembro de 2001? Há algum produto para o qual o comércio internacional pode crescer?

15. **Demanda de Exportação.** Um déficit relativamente pequeno da balança comercial dos Estados Unidos é comumente atribuído à forte demanda por exportações americanas. Qual a razão subjacente da forte demanda pelas exportações americanas?

CASO BLADES, INC.

Exposição ao Fluxo Internacional de Fundos

Ben Holt, chefe do setor financeiro (CFO – *chief financial officer*) da Blades, Inc., decidiu agir contra a queda da demanda pelos patins "Speedos", exportando esse produto para a Tailândia. Além disso, devido ao baixo custo da borracha e do plástico no sudeste da Ásia, Holt decidiu importar alguns componentes de que precisava para fabricar os "Speedos" da Tailândia. Holt sente que importar os componentes de borracha e de plástico da Tailândia concederá à Blades uma vantagem de custos (os componentes importados da Tailândia são cerca de 20% mais baratos que os componentes similares nos Estados Unidos). Atualmente, aproximadamente $ 20 milhões, ou 10%, das vendas da Blades são procedentes de suas vendas na Tailândia. Somente cerca de 4% do custo das mercadorias vendidas pela Blades é atribuível à borracha e ao plástico importado da Tailândia.

Na Tailândia, a Blades enfrenta pouca concorrência de outros fabricantes de patins dos Estados Unidos. Esses concorrentes que exportam patins para a Tailândia faturam suas exportações em dólares. Atualmente, a Blades segue uma política de faturamento em baht tailandês (a moeda do país). Ben Holt sentiu que sua estratégia daria a Blades uma vantagem competitiva, já que os importadores tailandeses podem planejar mais facilmente quando não precisam se preocupar em pagar montantes diferentes devido às flutuações da moeda. Além disso, o cliente principal da Blades na Tailândia (uma loja varejista) comprometeu-se a comprar um certo número de "Speedos" anualmente se a Blades faturasse em baht por um período de três anos. As aquisições feitas pela Blades, de componentes de exportadores tailandeses, são atualmente faturadas em baht tailandês.

Ben Holt está razoavelmente satisfeito com as programações atuais e acredita que a ausência de concorrência na Tailândia, a qualidade dos produtos da Blades, e sua abordagem de preços assegurarão a posição da empresa no mercado tailandês de patins no futuro. Holt também sente que os importadores tailandeses preferirão a Blades a seus concorrentes porque ela fatura em baht tailandês.

Você, o analista da Blades, tem dúvida quanto ao sucesso "garantido" da empresa no futuro. Embora acredite que a estratégia para suas vendas e importações tailandesas seja sólida, você está preocupado com as expectativas atuais da economia tailandesa. Previsões atuais indicam uma alta expectativa no nível da inflação, uma queda na renda nacional e uma contínua depreciação do baht tailandês. Na sua opinião, todos esses desenvolvimentos futuros poderiam afetar a Blades financeiramente, dadas as programações atuais com seus fornecedores e com os importadores tailandeses. Ambos, os consumidores tailandeses e as empresas, poderão ter de ajustar seus hábitos de gastos se determinados desenvolvimentos ocorrerem.

No passado, você teve dificuldades em convencer Ben Holt de que problemas poderiam surgir na Tailândia. Conseqüentemente, você desenvolveu uma lista de perguntas para si mesmo, as quais você planeja apresentar ao diretor financeiro da empresa depois de respondê-las. Suas perguntas estão listadas aqui:

1. Como um índice de inflação mais alto na Tailândia poderia afetar a Blades (presumindo que a inflação americana permaneça constante)?

2. Como a concorrência de outras empresas na Tailândia e empresas americanas que realizam negócios na Tailândia poderia afetar a Blades?

3. Como uma queda no nível de renda nacional da Tailândia poderia afetar a Blades?

4. Como uma contínua depreciação do baht tailandês poderia afetar a Blades?

5. Se a Blades aumentar seus negócios na Tailândia e passar por sérios problemas financeiros, há alguma agência internacional para a qual a empresa pudesse se dirigir para obter empréstimos ou outra assistência financeira?

DILEMA DA PEQUENA EMPRESA

Identificar Fatores que Afetarão a Demanda Estrangeira na Sports Exports Company

Lembre-se do Capítulo 1 que Jim Logan planejou ir atrás de seu sonho de estabelecer seu próprio negócio (chamado de Sports Exports Company) de exportação de bolas de futebol para um ou mais mercados estrangeiros. Jim decidiu inicialmente buscar o mercado do Reino Unido, porque os cidadãos britânicos parecem ter algum interesse em bolas de futebol como um possível *hobby*, e nenhuma outra empresa capitalizou essa idéia naquele país (as lojas de artigos esportivos no Reino Unido não vendem bolas de futebol, mas poderão estar dispostas a vendê-las). Jim contatou um distribuidor de artigos esportivos que concordou em adquirir bolas de futebol em uma base mensal e distribuí-las (vender) para lojas de artigos esportivos no Reino Unido. A demanda do distribuidor por bolas de futebol é influenciada basicamente pela demanda por bolas de futebol dos cidadãos britânicos que compram em lojas de artigos esportivos britânicos. A Sports Exports Company receberá libras esterlinas quando vender as bolas para o distribuidor e depois converterá as libras em dólares. Jim reconhece que os produtos (tais como as bolas de futebol que sua empresa irá produzir) exportados de empresas americanas para outros países podem ser afetados por vários fatores.

Identifique os fatores que afetam o balanço da conta de transações correntes entre os Estados Unidos e o Reino Unido. Explique como cada fator poderá afetar a demanda britânica por bolas de futebol que são produzidas pela Sports Exports Company.

CAPÍTULO 3

Mercados Monetários Internacionais

Devido ao crescimento no comércio internacional ao longo dos últimos 30 anos, vários mercados monetários internacionais foram desenvolvidos. Os gerentes financeiros de EMNs devem entender os vários mercados monetários internacionais que estão disponíveis de modo que possam utilizar esses mercados para facilitar suas transações de comércio internacional.

Os objetivos específicos deste capítulo são descrever o plano de fundo e o uso corporativo dos seguintes mercados monetários internacionais:

- mercado de câmbio estrangeiro;
- mercado monetário internacional;
- mercado de crédito internacional;
- mercado de obrigações internacionais;
- mercado de ações internacionais.

Motivos para Usar Mercados Monetários Internacionais

Várias barreiras impedem que os mercados de ativos reais ou monetários se integrem completamente; essas barreiras incluem diferenciais de impostos, tarifas, cotas, imobilidade de trabalho, diferenças culturais e custos significativos de comunicação de informações por meio dos países. Todavia, as barreiras também podem criar oportunidades singulares para mercados geográficos específicos que atrairão credores e investidores. Por exemplo, barreiras como tarifas, cotas e imobilidade de trabalho podem fazer com que as condições econômicas de um dado país sejam distintamente diferentes de outras. Os investidores e os credores poderão querer fazer negócios naquele país para se capitalizarem com condições favoráveis singulares àquele país. A existência de mercados imperfeitos precipitou a internacionalização de mercados monetários.

Motivos para Investir em Mercados Estrangeiros

Investidores investem em mercados estrangeiros por um ou mais dos seguintes motivos:

- *Condições econômicas.* Investidores podem esperar que as empresas em um país estrangeiro em particular atinjam desempenhos mais favoráveis que aqueles no país de origem do investidor. Por exemplo, o relaxamento das restrições nos países do Leste Europeu criou condições econômicas favoráveis por lá. Essas condições atraíram investidores e credores estrangeiros.
- *Expectativas da taxa de câmbio.* Alguns investidores adquirem títulos financeiros denominados em uma uma moeda que se espera que valorize perante sua própria. O desempenho de um investimento desses é altamente dependente da oscilação da moeda sobre o horizonte do investimento.
- *Diversificação internacional.* Investidores poderão conseguir benefícios diversificando sua carteira de ativos internacionalmente. Quando a carteira toda de um investidor não depender somente de uma única economia do país, diferenças de condições econômicas de além-fronteiras podem levar ao benefício de redução de risco. Uma carteira de ações que corresponde a empresas de países europeus é menos arriscada que uma carteira de ações que corresponde a empresas de um único país europeu. Além disso, o acesso a mercados estrangeiros permite aos investidores distribuir seus fundos por um grupo de indústrias mais diverso do que possam estar disponíveis internamente. Isso é verdade especialmente para os investidores que residem em países em que as empresas estão concentradas em um número relativamente pequeno de indústrias.

Motivos para o Fornecimento de Crédito em Mercados Estrangeiros

Credores (inclusive investidores individuais que compram títulos de dívidas) têm um ou mais dos seguintes motivos para fornecer crédito em mercados estrangeiros:

- *Taxas de juros estrangeiras altas.* Alguns países passam por escassez de fundos disponíveis para empréstimos, o que pode causar a alta das taxas de juros no mercado, mesmo depois de considerado o risco de não-pagamento. Credores estrangeiros poderão tentar capitalizar taxas mais altas, fornecendo capital para mercados no exterior. Freqüentemente, no entanto, percebeu-se que taxas de juros relativamente altas refletem elevadas expectativas inflacionárias no país. Na medida em que a inflação pode causar a depreciação da moeda local perante outras, as taxas de juros altas no país podem, de certa forma, ser compensadas pelo enfraquecimento da moeda local durante o período de tempo em questão. A relação entre a inflação esperada de um país e as oscilações da moeda não é precisa, no entanto, porque vários outros fatores podem influenciar as oscilações da moeda também. Assim, alguns credores podem acreditar que a vantagem da taxa de juros de um país em particular não contrabalanceará a depreciação da moeda local durante o período em questão.

> **http://**
> Visite http://www.bloomberg.com para ter as últimas informações dos mercados monetários ao redor do mundo.

- *Expectativas da taxa de câmbio.* Credores podem considerar suprir capital para países cuja moeda talvez valorize perante sua própria. Se a forma de transação for uma obrigação ou um empréstimo, o credor lucra quando a moeda de denominação se valoriza perante a moeda nacional do credor.
- *Diversificação internacional.* Credores podem lucrar por meio da diversificação internacional, o que poderá reduzir a probabilidade de falência entre os mutuários. A eficiência de estratégias desse tipo depende da correlação entre as condições econômicas dos países. Se os

60 FINANÇAS CORPORATIVAS INTERNACIONAIS

países em questão tenderem a experimentar ciclos comerciais um tanto similares, a diversificação pelos países será menos efetiva.

Motivos para o Empréstimo em Mercados Estrangeiros

Mutuários podem ter um ou mais dos seguintes motivos para empréstimos em mercados estrangeiros:

- *Taxas de juros baixas.* Alguns países possuem grandes suprimentos de fundos disponíveis comparados com a demanda por fundos, o que poderá produzir taxas de juros relativamente baixas. Mutuários poderão tentar empréstimos de recursos de credores nesses países porque a taxa de juros cobrada é mais baixa. Espera-se que um país com taxas de juros relativamente baixas tenha um índice de inflação relativamente baixo, o que poderá pressionar para cima o valor da moeda estrangeira e eliminar qualquer vantagem de taxas de juros mais baixas. A relação entre os diferenciais de inflação esperados e as oscilações da moeda não é precisa, no entanto, assim alguns mutuários escolherão empréstimos em um mercado em que as taxas de juros nominais sejam baixas, já que não esperam um movimento de moeda adverso para eliminar completamente essa vantagem.
- *Expectativas da taxa de câmbio.* Quando uma subsidiária estrangeira de uma EMN com base nos Estados Unidos remete fundos para sua controladora americana, os fundos devem ser convertidos em dólares e estão sujeitos ao risco da taxa de câmbio. A EMN será afetada adversamente se a moeda estrangeira sofrer uma desvalorização nesse momento. Se a EMN espera uma possível desvalorização da moeda estrangeira perante o dólar, ela poderá reduzir o risco da taxa de câmbio ao fazer a subsidiária tomar empréstimos no local para sustentar seu negócio. A subsidiária enviará menos fundos para a controladora se tiver de pagar juros sobre dívidas locais antes de remeter tais fundos. Assim, o montante de fundos convertidos em dólares será menor, o que resulta em uma exposição menor ao risco da taxa de câmbio.

Se a controladora americana precisar de empréstimos para seus próprios propósitos, poderá buscar uma estratégia mais agressiva e tomar emprestado uma moeda estrangeira que se espera que desvalorize. Nesse caso, a controladora tomaria emprestado essa moeda e a converteria em dólares para o uso. O valor da moeda estrangeira quando convertida em dólares excederia o valor quando a EMN readquirisse a moeda para pagar o empréstimo. O efeito favorável cambial poderá eliminar parte ou o total dos juros devidos sobre os fundos tomados emprestados. Essa estratégia poderá ser especialmente desejável se a moeda estrangeira tiver uma taxa de juros baixa comparada à taxa de juros dos Estados Unidos.

Mercado de Câmbio Estrangeiro

Quando as EMNs ou outros participantes investem ou fazem empréstimos em mercados estrangeiros, geralmente dependem do mercado de câmbio estrangeiro para obter as moedas de que precisam. Assim, o ato de fazer empréstimos ou de investir internacionalmente exige tipicamente a utilização do mercado de câmbio estrangeiro. Ao permitir que as moedas sejam trocadas, o **mercado de câmbio estrangeiro** facilita o comércio internacional e as transações financeiras. As EMNs dependem do mercado de câmbio estrangeiro para trocar suas moedas nacionais pela estrangeira da qual precisam para a importação de produtos ou o uso em investimento estrangeiro direto. Alternativamente, poderão precisar do mercado de câmbio estrangeiro para trocar uma moeda estrangeira que receberem pela sua moeda nacional. O sistema para estabelecer as taxas de câmbio mudou ao longo do tempo.

História do Câmbio

O sistema usado para a troca das moedas estrangeiras evoluiu do padrão-ouro para um acordo sobre taxas de câmbio fixas e para um sistema de taxas flutuantes.

Padrão-ouro. De 1876 até 1913, as taxas de câmbio eram ditadas pelo **padrão-ouro**. Cada moeda era conversível em ouro a uma taxa específica. Assim, a taxa de câmbio entre duas moedas era determinada pela sua relativa taxa de conversibilidade por onça de ouro. Cada país usava o ouro para apoiar sua moeda.

Quando a Primeira Guerra Mundial estourou em 1914, o padrão-ouro foi suspenso. Alguns países reverteram para o padrão-ouro nos anos 1920, mas o abandonaram em conseqüência de um pânico bancário nos Estados Unidos e na Europa durante a Grande Depressão. Nos anos 1930, alguns países tentaram ligar suas moedas ao dólar ou à libra esterlina, mas havia freqüentes revisões. Como conseqüência da instabilidade de mercados de câmbio estrangeiros e das severas restrições sobre transações internacionais durante esse período, o volume de comércio internacional declinou.

Acordos sobre Taxas de Câmbio Fixas. Em 1944, um acordo internacional (conhecido como **Acordo de Bretton Woods**) requeria taxas de câmbio fixas entre as moedas. Esse acordo durou até 1971. Durante esse período, o governo intervinha para evitar a mudança das taxas de câmbio para mais de 1% acima ou abaixo de seus níveis inicialmente estabelecidos.

Em 1971, o dólar americano estava supervalorizado; a demanda estrangeira por ele era consideravelmente menor que a oferta de dólares para venda (para ser trocado por outras moedas). Representantes das principais nações se reuniram para discutir o dilema. O resultado da conferência, que levou ao **Acordo da Smithsonian**, foi que o dólar americano foi desvalorizado em relação às outras moedas principais. O grau ao qual o dólar foi desvalorizado variava de acordo com cada moeda estrangeira. Não apenas o valor do dólar foi redefinido, mas as taxas de câmbio foram autorizadas a flutuar também em 2,25% em qualquer direção a partir das taxas recém-definidas. Esse foi o primeiro passo para deixar as forças de mercado (oferta e demanda) determinarem o preço apropriado de uma moeda. Embora ainda existissem limites para as taxas de câmbio, eles foram ampliados, permitindo que os valores das moedas mudassem mais livremente em direção aos níveis apropriados.

Sistema de Taxa de Câmbio Flutuante. Mesmo após o Acordo da Smithsonian, os governos ainda tinham dificuldade em manter as taxas de câmbio dentro dos limites estabelecidos. Em março de 1973, as moedas mais amplamente comercializadas foram autorizadas a flutuar de acordo com as forças de mercado, e os limites oficiais foram eliminados.

Transações de Câmbio Estrangeiro

O "mercado de câmbio estrangeiro" não deveria ser considerado como uma construção específica ou local em que os comerciantes trocam moedas. As empresas normalmente trocam uma moeda pela outra por meio de um banco comercial, por uma rede de telecomunicações.

Mercado à Vista. O tipo mais comum de transação de câmbio estrangeiro é o de troca imediata na chamada **taxa à vista**. O mercado em que essas transações ocorrem é chamado de **mercado à vista (spot market)**. A média diária de câmbio estrangeiro realizada pelos bancos ao redor do mundo excede agora $ 1,5 trilhão. A média diária de câmbio estrangeiro realizada só nos Estados Unidos excede os $ 200 bilhões.

62 FINANÇAS CORPORATIVAS INTERNACIONAIS

> **USANDO A WEB**
>
> **Taxas de Câmbio Históricas.** Mudanças de taxas de câmbio históricas estão disponíveis em http://www.oanda.com. Os dados são disponibilizados em base diária para a maioria das moedas.

O dólar americano não faz parte de todas as transações. Moedas estrangeiras podem ser comercializadas entre si. Por exemplo, uma empresa japonesa pode precisar de libras esterlinas para pagar importações do Reino Unido. Embora os bancos de Londres, Nova York e Tóquio, os três maiores centros comerciais de câmbio estrangeiro, comercializem muito câmbio estrangeiro, muitas transações de câmbio estrangeiro ocorrem fora desses centros comerciais. Na prática, os bancos de cidades importantes facilitam transações de câmbio estrangeiro entre EMNs. Transações comerciais entre países freqüentemente são feitas eletronicamente, mas a taxa de câmbio do momento afeta o montante de fundos envolvidos na transação.

EXEMPLO

A Indiana Co. adquire suprimentos ao preço de 100.000 euros (€) da Belgo, um fornecedor da Bélgica, no primeiro dia de cada mês. A Indiana instrui seu banco para transferir fundos de sua conta para a conta do fornecedor no primeiro dia de cada mês. Ela só possui dólares em sua conta, enquanto a conta da Belgo é em euros. Quando o pagamento foi feito um mês atrás, o euro valia $ 1,08, então a Indiana Co. precisava de $ 108.000 para pagar os suprimentos (€ 100.000 × $ 1,08 = $ 108.000). O banco deduziu do saldo da conta da Indiana $ 108.000, que foram trocados por € 100.000 no banco. O banco então enviou os € 100.000 eletronicamente para a Belgo, acrescentando ao saldo da conta da Belgo € 100.000. Hoje, um novo pagamento precisa ser feito. O euro atualmente vale $ 1,12, assim o banco deduzirá do saldo da conta da Indiana $ 112.000 (€ 100.000 × $ 1,12 = $ 112.000) e irá trocá-los por € 100.000, que serão enviados eletronicamente à Belgo.

O banco não somente executa as transações, mas também serve como agente de câmbio estrangeiro. Todo mês, o banco recebe dólares da Indiana Co. em troca dos euros que ele fornece. Além disso, o banco facilita outras transações para as EMNs, nas quais recebe euros em troca de dólares. O banco mantém um estoque de euros, dólares e outras moedas para facilitar essas transações de câmbio estrangeiro. Se as transações fazem com que o banco compre tantos euros quanto vende às EMNs, seu estoque de euros não mudará. Se o banco vender mais euros do que compra, no entanto, seu estoque de euros sofrerá redução.

Outros intermediários também servem ao mercado de câmbio estrangeiro. Algumas outras instituições financeiras, como as corretoras de valores mobiliários, podem fornecer os mesmos serviços descritos no exemplo anterior. Além disso, a maioria dos principais aeroportos ao redor do mundo possui centros de câmbio, nos quais as pessoas podem trocar as moedas. Em muitas cidades, há escritórios para o câmbio em que os turistas e outras pessoas físicas podem trocar as moedas.

Uso do Dólar em Mercados à Vista (Spot Market). Muitas das transações estrangeiras não requerem o câmbio de moedas, mas permitem a uma dada moeda atravessar as fronteiras. Por exemplo, o dólar americano é geralmente aceito como um meio de troca por comerciantes em muitos países, especialmente Bolívia, Brasil, China, Cuba, Indonésia, Rússia e Vietnã nos quais a moeda nacional ou é fraca ou está sujeita às restrições de câmbio estrangeiro. Muitos comerciantes aceitam dólares americanos porque podem usá-los para comprar produtos de outros países. O dólar americano é a moeda oficial do Equador, da Libéria e do Panamá.

Estrutura do Mercado à Vista. Centenas de bancos facilitam as transações com câmbio estrangeiro, mas os 20 principais negociam cerca de 50% das transações. Deutsche Bank (Alemanha),

Citibank (uma subsidiária do Citigroup, Estados Unidos) e J.P. Morgan Chase são os maiores comerciantes de câmbio estrangeiro. Alguns bancos e outras instituições financeiras formaram alianças (um exemplo é a FX Alliance LLC) para oferecer transações com moeda via Internet.

Em algum momento, a taxa de câmbio entre dois países deverá ser similar nos vários bancos que realizam serviços de câmbio. Se houver uma grande discrepância, clientes ou outros bancos deverão comprar grandes montantes de uma moeda do banco que determinar um preço relativamente baixo e imediatamente vender a um banco que determine um preço relativamente alto. Esse tipo de ação produz ajustes na cotação da taxa de câmbio que eliminam qualquer discordância.

Se um banco passar a ter escassez de uma moeda estrangeira em particular, poderá adquiri-la de outros bancos. Esse comércio entre os bancos freqüentemente é conhecido como **mercado interbancário**. Dentro desse mercado, os bancos podem obter cotações ou contatar corretores que às vezes agem como intermediários, em que combinam o desejo de um banco de vender uma determinada moeda com o desejo de outro banco de comprar essa moeda. Cerca de dez empresas de corretagem negociam grande parte do volume das transações interbancárias.

Embora o comércio de câmbio seja realizado somente durante as horas comerciais normais em um determinado local, essas horas variam entre os locais devido aos diferentes fusos horários. Assim, a qualquer momento em um dia de semana, em algum lugar ao redor do mundo, um banco estará aberto e pronto para atender pedidos de câmbio.

Quando o mercado de câmbio abre nos Estados Unidos todas as manhãs, as cotações de abertura das taxas de câmbio são baseadas nas taxas cotadas pelos bancos de Londres e outros locais em que os mercados de câmbio abriram antes. Suponha que o preço à vista cotado para a libra esterlina foi de $ 1,80 quando o mercado de câmbio dos Estados Unidos fechou no dia anterior, mas quando ele abriu no dia seguinte, o preço de abertura da taxa foi de $ 1,76. Novidades ocorridas na manhã, antes da abertura do mercado americano, podem ter modificado as condições de oferta e demanda pela libra esterlina no mercado de câmbio em Londres, reduzindo o preço cotado para essa moeda.

Com os novos equipamentos eletrônicos, o comércio de câmbio está sendo negociado em terminais de computadores, e basta pressionar um botão para confirmar um negócio. Comerciantes hoje utilizam terminais que permitem registrar suas transações instantaneamente e verificar suas posições bancárias em várias moedas. Além disso, diversos bancos americanos instituíram atendimento comercial noturno. Os maiores bancos iniciaram o comércio noturno para acompanhar as oscilações do câmbio estrangeiro à noite e para atender aos pedidos de comércio de moeda das empresas. Mesmo alguns bancos médios agora oferecem comércio noturno para atender seus clientes corporativos.

Liquidez do Mercado à Vista. O mercado à vista para cada moeda pode ser descrito pela sua liquidez, que reflete o nível da atividade comercial. Quanto mais determinados os compradores e os vendedores, tanto mais líquido o mercado se torna. Os mercados à vista de moedas fortemente comercializadas, como o euro, a libra esterlina e o iene japonês, são bastante líquidos. Os mercados à vista para moedas de países menos desenvolvidos, pelo contrário, são menos líquidos. A liquidez de uma moeda afeta a tranqüilidade com que uma EMN poderá obtê-la ou vendê-la. Se uma moeda for ilíquida, o número de compradores e vendedores determinados será limitado, e uma EMN poderá ser impossibilitada de comprar ou vender essa moeda a uma taxa de câmbio razoável.

Transações a Termo. Além do mercado à vista, o mercado a termo para moedas capacita uma EMN a fixar uma taxa de câmbio (chamada de **taxa a termo**) pela qual venderá ou comprará uma moeda. Um **contrato a termo** especifica o montante de uma moeda em particular que será comprada ou vendida pela EMN em uma data determinada no futuro e a uma taxa de câmbio específica. Bancos comerciais atendem as EMNs que desejam contratos a termo. As EMNs ge-

64 FINANÇAS CORPORATIVAS INTERNACIONAIS

ralmente utilizam o mercado futuro para garantir (*hedgear*) pagamentos futuros que esperam fazer ou receber em moeda estrangeira. Desse modo, não precisam se preocupar acerca de flutuações na cotação à vista, até a hora de seus futuros pagamentos. A liquidez do mercado a termo varia entre as moedas. O mercado a termo para euros é bastante líquido porque muitas EMNs tomam posições futuras para garantir seus futuros pagamentos em euros. Em contraste, os mercados a termo para a América Latina e as moedas do Leste Europeu são menos líquidos porque há menos comércio internacional com esses países e, portanto, as EMNs tomam menos posições a termo. Para algumas moedas, não há mercados desse tipo.

Atributos de Bancos que Realizam Câmbio Estrangeiro. As seguintes características são importantes para clientes que precisam de câmbio estrangeiro:

1. *Competitividade de quota.* Uma economia de um centavo por unidade de uma ordem de um milhão de unidades de moeda vale $ 10.000.
2. *Relacionamento especial com o banco.* O banco poderá oferecer serviços de gestão de caixa ou estar disposto a fazer um esforço especial para obter moedas estrangeiras difíceis de ser encontradas para a empresa.
3. *Rapidez na execução.* Os bancos podem variar na eficiência com que executam um pedido. Uma empresa que precisa da moeda vai preferir um banco que realiza a transação prontamente e lida com os papéis apropriadamente.
4. *Conselhos sobre as condições atuais do mercado.* Alguns bancos podem fornecer avaliações de economias estrangeiras e atividades relevantes no meio financeiro internacional que são relacionadas aos clientes corporativos.
5. *Conselhos de previsão.* Alguns bancos podem fazer previsões sobre a posição futura de economias, o valor futuro das taxas de câmbio e similares.

Esta lista sugere que uma empresa que necessita de uma moeda estrangeira não deveria escolher automaticamente o banco que vendesse aquela moeda à menor cotação. A maioria das empresas que necessita de moedas estrangeiras desenvolve relações estreitas com pelo menos um grande banco para o caso de necessidade de favores de um banco.

GERENCIANDO PARA VALOR

Comércio de Moeda da Intel

Quando a Intel precisa fazer o câmbio de moeda, não liga mais ao banco para pedir esse tipo de serviço. Em vez disso, acessa um comerciante de moeda on-line que serve como intermediário entre a Intel e bancos-membros. Um comerciante de moeda on-line popular é a Currenex, que realiza mais de $ 300 milhões em transações de câmbio por dia. Quando a Intel precisa comprar uma moeda estrangeira, acessa e especifica seu pedido. A Currenex recoloca o pedido a vários bancos que são membros de seu sistema e estão autorizados a fazer ofertas para os pedidos. Quando a Currenex recoloca o pedido, os bancos-membros têm 25 segundos para especificar a cotação on-line para a moeda que o cliente (Intel) deseja. Em seguida, a Currenex exibe as cotações sobre uma tela, classificadas da mais alta até a mais baixa. A Intel tem cinco segundos para selecionar uma das cotações apresentadas, e o negócio é fechado. Esse processo é muito mais transparente que as transações de mercado de câmbio estrangeiro tradicional porque a Intel pode ver as cotações de muitos concorrentes de uma vez só. Ao possibilitar que a Intel tenha certeza de que não está pagando demais por uma moeda, esse sistema aumenta o valor da empresa.

> **USANDO A WEB**
>
> **Contas-correntes para Pessoas Físicas**. Pessoas físicas podem abrir um FDIC – conta de mercado monetário assegurado ou uma conta CD em moeda estrangeira. Os detalhes estão disponíveis em http://www.everbank.com. Procure o link para FDIC-Insured Deposits in Foreign Currencies (depósitos assegurados em moedas estrangeiras).

Spread de Compra/Venda dos Bancos. Bancos comerciais cobram taxas para realizar transações de câmbio. A qualquer momento, uma cotação de compra para uma moeda estrangeira será menos que a cotação de venda. Esse **spread** representa a diferença entre as cotações de compra e venda e pretende cobrir os custos envolvidos para atender os pedidos de câmbio de moedas. O spread é normalmente expresso em porcentagem da cotação de venda.

EXEMPLO

Para entender como um spread de compra e venda pode lhe afetar, suponha que você tenha $ 1.000 e planeje viajar dos Estados Unidos para o Reino Unido. Imagine que a taxa bid do banco para a libra esterlina é $ 1,52 e sua taxa de venda é $ 1,60. Antes de sair de viagem, você vai a esse banco para trocar os dólares por libras. Seus $ 1.000 serão convertidos em 625 libras (£), como segue:

$$\frac{\text{Montante de dólares a ser convertidos}}{\text{Preço cobrado pelo banco por libra}} = \frac{\$\ 1.000}{\$\ 1,60} = £\ 625$$

Agora suponha que, devido a uma emergência, você não possa fazer a viagem e reconverta as £ 625 para dólares americanos, logo após adquiri-las. Se a taxa de câmbio não sofreu mudanças, você receberá:

£ 625 × (a taxa de compra do banco de $ 1,52 por libra) = $ 950

Devido ao spread de compra/venda, você possui menos $ 50 (5%) do que tinha. Obviamente, o montante de dólares de perda seria maior se você inicialmente convertesse mais de $ 1.000 em libras.

> **USANDO A WEB**
>
> **Cotações de Compra e Venda.** Cotações de compra e venda estão disponíveis para todas as principais moedas em http://www.sonnet-financial.com/rates/full.asp. Essa página fornece taxas de câmbio para muitas moedas. A tabela pode ser personalizada para focar as moedas de seu interesse.

Comparação do Spread de Compra/Venda entre Moedas. A diferença entre uma cotação de venda e uma cotação ask será bem menor em moedas que também possuem valor menor. Essa diferença pode ser padronizada medindo-a como uma porcentagem da cotação à vista da moeda.

EXEMPLO

O Charlotte Bank faz a cotação de um iene a um preço de compra de $ 0,007 e a um preço de venda de $ 0,0074. Nesse caso, o spread nominal é de $ 0,0074 – $ 0,007, ou simplesmente a quatrocentésima parte de um centavo. Todavia, o spread em termos de porcentagem é, na verdade, ligeiramente mais alto para o iene neste exemplo que para a libra do exemplo anterior. Para provar isso, considere um viajante que vende $ 1.000 por ienes ao preço de venda do banco de $ 0,0074. O viajante recebe em torno de ¥ 135.135 (calculado

66 FINANÇAS CORPORATIVAS INTERNACIONAIS

como $ 1.000/$ 0,0074). Se o viajante cancelar a viagem e converter os ienes em dólares, então, presumindo que não haja mudança nas cotações de compra/venda, o banco comprará de volta esses ienes ao preço de compra de $ 0,007 por um total de cerca $ 946 (calculado por ¥ 135.135 × $ 0,007), $ 54 (ou 5,4%) menos que o viajante tinha no início. Esse spread ultrapassa o da libra esterlina (5% no exemplo anterior).

Uma maneira comum de calcular o spread de compra/venda em termos de porcentagem é:

$$\text{Spread de compra/venda} = \frac{\text{Taxa de venda} - \text{Taxa de compra}}{\text{Taxa de venda}}$$

Usando essa fórmula, o spread de compra/venda está calculado na Tabela 3.1 para a libra esterlina e para o iene japonês.

Note que esses números coincidem com aqueles derivados anteriormente. Spreads assim são comuns nas chamadas transações de varejo que servem consumidores. Para transações maiores, chamadas de atacado entre os bancos ou para empresas grandes, o spread será bem menor. O spread de compra/venda para transações de varejo pequenas normalmente fica entre 3% a 7%. O spread normalmente é maior para moedas ilíquidas que são menos comercializadas. Bancos comerciais normalmente estão mais expostos ao risco da taxa de câmbio quando mantêm essas moedas.

O spread como definido aqui representa um desconto na taxa de compra como porcentagem da taxa de venda. Um spread alternativo utiliza a taxa de compra como denominador em vez da taxa de venda e mede a porcentagem de aumento da taxa de venda acima da taxa de compra. Usando essa fórmula, o spread é ligeiramente mais alto porque a taxa de compra usada no denominador é sempre menor que a taxa de venda.

Na discussão a seguir e nos exemplos de grande parte do texto, o spread de compra/venda será ignorado. Isto é, somente um preço será mostrado para uma dada moeda para permitir a concentração no entendimento de outros conceitos relevantes. Esses exemplos saem ligeiramente da realidade porque se presume que os preços de compra/venda são, de certa forma, iguais. Embora o preço de venda sempre ultrapasse o preço de compra em uma quantia pequena em situação real, as implicações dos exemplos deveriam permanecer apesar disso, mesmo que os spreads de compra/venda não sejam contados para tal. Em exemplos em particular em que o spread possa contribuir significativamente para o conceito, ele será contado.

Várias páginas na Internet, incluindo **bloomberg.com**, disponibilizam cotações de compra/venda. Para poupar espaço, algumas cotações mostram o preço de compra inteiro seguido por uma barra e depois somente os últimos dois ou três dígitos do preço de venda.

EXEMPLO

Suponha que a cotação prevalecente para transações em atacado por um banco comercial para o euro é de $ 1,0876/78. Isso significa que o banco comercial está disposto a pagar

Moeda	Taxa de Compra	Taxa de Venda	$\dfrac{\text{Taxa de Venda} - \text{Taxa de Compra}}{\text{Taxa Ask}}$	=	% Spread de Compra/Venda
Libra esterlina	$ 1,52	$ 1,60	$\dfrac{\$ 1,60 - \$ 1,52}{\$ 1,60}$	=	0,05 ou 5%
Iene japonês	$ 0,0070	$ 0,0074	$\dfrac{\$ 0,0074 - \$ 0,007}{\$ 0,0074}$	=	0,054 ou 5,4%

Tabela 3.1 Cálculo do spread de compra/venda.

$ 1,0876 por euro. Como alternativa, está disposto a vender euros por $ 1,0878. O spread de compra/venda nesse exemplo é:

$$\text{Spread de compra/venda} = \frac{\$\ 1,0878 - \$\ 1,0876}{\$\ 1,0878}$$
$$= \text{cerca de } 0,000184 \text{ ou } 0,0184\%$$

Fatores que Afetam o Spread. O spread sobre cotações de moedas é influenciado pelos seguintes fatores:

$$\text{Spread} = f(\text{Custos do pedido, Custos do estoque, Concorrência, Volume, Risco moeda})$$
$$+ \qquad\qquad + \qquad\qquad - \qquad\quad - \qquad\quad +$$

- *Custos dos pedidos.* São os custos de processamento dos pedidos, incluindo custos de esclarecimentos e de registros das transações.
- *Custos de estoque.* São os custos de se manter um estoque de uma moeda em particular. Manter um estoque envolve um custo de oportunidade porque os fundos poderiam ser usados para algum outro propósito. Se as taxas de juros estiverem relativamente altas, o custo de oportunidade de manter um estoque seria relativamente alto. Quanto mais alto o custo do estoque, tanto maior será o spread estabelecido para cobrir os custos.
- *Concorrência.* Quanto maior a concorrência, tanto menor será o spread cotado pelos intermediários. A concorrência é mais intensa para as moedas amplamente comercializadas porque há mais negócios nessas moedas.
- *Volume.* Moedas mais líquidas têm menos possibilidades de passar por mudança repentina de preços. Moedas que possuem um grande volume de comercialização são mais líquidas porque há inúmeros compradores e vendedores em qualquer momento. Isso significa que o mercado possui base suficiente para impedir que algumas transações grandes causem uma mudança repentina no preço da moeda.
- *Risco moeda.* Algumas moedas exibem mais volatilidade que outras devido a condições econômicas ou políticas que fazem com que a demanda e a oferta da moeda mudem abruptamente. Por exemplo, moedas de países que têm crises políticas com freqüência estão sujeitas a movimentos de preços repentinos. Intermediários que estão dispostos a comprar ou vender essas moedas poderiam sofrer grandes perdas devido às mudanças repentinas no valor dessas moedas.

Interpretando as Cotações de Câmbio Estrangeiro

Cotações de taxas de câmbio para moedas amplamente comercializadas são publicadas no *Wall Street Journal* e nas seções de negócios de muitos outros de publicação diária. Com algumas exceções, cada país possui sua própria moeda. Em 1999, vários países europeus (incluindo a Alemanha, a França e a Itália) adotaram o euro como sua nova moeda. Suas moedas anteriores foram eliminadas no ano de 2002.

Cotações de Taxas a Termo. Algumas cotações de taxas de câmbio incluem taxas a termo para a maioria das moedas amplamente comercializadas. Outras taxas a termo não são cotadas em jornais de negócios, mas são cotadas pelos bancos que oferecem contratos a termo de várias moedas.

Cotações Diretas *versus* Cotações Indiretas. As cotações de taxas de câmbio para moedas normalmente refletem os preços de venda para grandes transações. Visto que taxas de câmbio mudam no decorrer do dia, as taxas de câmbio cotadas nos jornais refletem somente um momento do dia. As cotações que representam o valor de uma moeda estrangeira em dólares (número de

68 FINANÇAS CORPORATIVAS INTERNACIONAIS

dólares por moeda) são conhecidas como **cotações diretas**. De forma contrária, as cotações que representam o número de unidades de uma moeda estrangeira por dólar são conhecidas como **cotações indiretas**. A cotação indireta é a recíproca da cotação direta correspondente.

> ### EXEMPLO
>
> A taxa à vista do euro é cotada esta manhã em $ 1,031. Essa é uma cotação direta, pois representa o valor da moeda estrangeira em dólares. A cotação indireta do euro é a recíproca da cotação direta:
>
> $$\text{Cotação indireta} = 1/\text{cotação direta}$$
> $$= 1/\$ 1,031$$
> $$= 0,97, \text{ o que significa } 0,97 \text{ euros} = \$ 1.$$
>
> Se você recebeu inicialmente a cotação indireta, poderá tomar a recíproca para obter a cotação direta. Sendo a cotação indireta para o euro $ 0,97, a cotação direta será:
>
> $$\text{Cotação direta} = 1/ \text{ cotação indireta}$$
> $$= 1/97$$
> $$= \$ 1,031.$$

Uma comparação entre as taxas de câmbio direta e indireta para dois pontos no tempo é mostrada na Tabela 3.2. As colunas 2 e 3 apresentam cotações do início do semestre, enquanto as colunas 4 e 5 apresentam cotações do final do semestre. Para cada moeda, as cotações indiretas do início e do final do semestre (colunas 3 e 5) são recíprocas das cotações diretas do início e final do semestre (colunas 2 e 4).

A figura ilustra como a cotação indireta se ajusta em resposta às mudanças na cotação direta.

> ### EXEMPLO
>
> Com base na Tabela 3.2, a cotação direta do dólar canadense mudou de $ 0,66 para $ 0,70 durante o semestre. Essa mudança reflete uma valorização do dólar canadense, uma vez que seu valor cresceu durante o semestre. Note que a cotação indireta caiu de 1,51 para 1,43 durante o semestre. Isso significa que são necessários menos dólares canadenses para obter um dólar americano ao final do semestre do que eram necessários no início. Essa mudança também confirma que o valor do dólar canadense ficou mais forte, mas pode gerar confusão porque o declínio na cotação indireta no decorrer do tempo reflete uma valorização da moeda.
>
> Note que a cotação direta do peso mexicano mudou de $ 0,12 para $ 0,11 durante o semestre, o que reflete uma desvalorização do peso. A cotação indireta cresceu durante o semestre, o que significa que são necessários mais pesos ao final do semestre para obter um dólar americano do que eram necessários no início. Essa mudança também confirma que o peso desvalorizou durante o semestre.

Os exemplos ilustram que as cotações diretas e indiretas de uma dada moeda movimentam-se em direções opostas durante um período em particular. Essa relação já deve ser óbvia até aqui: quando uma cotação se movimenta em uma direção, a recíproca dessa cotação deverá movimentar-se em direção oposta. Se você estiver fazendo alguma análise intensiva de taxas de câmbio, deveria converter primeiro todas as taxas de câmbio para cotações diretas. Dessa forma, você poderá comparar facilmente as moedas com menos possibilidades de erros, ao determinar se a moeda valoriza-se ou desvaloriza-se durante um período em particular.

(1) Moeda	(2) Cotação Direta no Início do Semestre	(3) Cotação Indireta (número de unidades por dólar) no Início do Semestre	(4) Cotação Direta ao Final do Semestre	(5) Cotação Indireta (número de unidades por dólar) ao Final do Semestre
Dólar canadense	$ 0,66	1,51	$ 0,70	1,43
Euro	$ 1,031	0,97	$ 1,064	0,94
Iene japonês	$ 0,009	111,11	$ 0,097	103,09
Peso mexicano	$ 0,12	8,33	$ 0,11	9,09
Franco suíço	$ 0,62	1,61	$ 0,67	1,49
Libra esterlina	$ 1,50	0,67	$ 1,60	0,62

Tabela 3.2   Cotações diretas e indiretas da taxa de câmbio.

Discussões sobre taxas de câmbio podem gerar confusões se alguns comentários se referem a cotações diretas enquanto outros, a cotações indiretas. Para maior consistência, este texto usará cotações diretas, a não ser que um exemplo possa ser esclarecido pelo uso de cotações indiretas. Cotações diretas são mais fáceis de ser ligadas a comentários sobre moeda estrangeira.

Taxas de Câmbio Cruzadas. A maioria das tabelas de taxas de câmbio expressa as moedas em relação ao dólar, mas, em alguns momentos, a empresa estará interessada na taxa de câmbio entre duas moedas não referentes a dólar. Por exemplo, se uma empresa canadense precisar de pesos mexicanos para comprar produtos do México, desejará saber o valor do peso mexicano em relação ao dólar canadense. O tipo de taxa desejada aqui é conhecido por **taxa de câmbio cruzada**, porque reflete o montante de uma moeda estrangeira em relação à outra moeda estrangeira. Taxas de câmbio cruzadas podem ser determinadas facilmente com o uso das cotações de câmbio estrangeiras. O valor de uma moeda que não o dólar em termos de uma outra é seu valor em dólares dividido pelo valor da outra moeda em dólares.

EXEMPLO

Se o peso valer $ 0,07 e o dólar canadense, $ 0,70, o valor do peso em dólares canadenses (C$) será calculado assim:

$$\text{Valor do peso em C\$} = \frac{\text{Valor do peso em \$}}{\text{Valor do C\$ em \$}} = \$\ 0{,}07\ /\ \$\ 0{,}70 - C\$\ 0{,}10$$

Assim, o peso mexicano vale C$ 10. A taxa de câmbio também pode ser expressa como o número de pesos igual a um dólar canadense. Este valor pode ser computado tomando-se a recíproca: 0,70/0,7 = 10,0, o que indica que um dólar canadense vale 10,0 pesos de acordo com as informações dadas.

USANDO   **Taxas de Câmbio Cruzadas.** Taxas de câmbio cruzadas para várias moedas estão
A WEB   disponíveis em http://www.bloomberg.com.

Contrato Futuro sobre Moedas e Mercados de Opções

Um **contrato futuro sobre moedas** especifica um volume padrão de uma moeda em particular para ser trocada em uma data contratada específica. Algumas EMNs envolvidas em comércio internacional utilizam mercados de contratos futuros para proteger (*hedgear*) suas posições.

70 FINANÇAS CORPORATIVAS INTERNACIONAIS

> **EXEMPLO**
>
> A Memphis Co. pediu suprimentos de países europeus os quais são denominados em euros. Espera que o euro se valorize no decorrer do tempo e, portanto, deseja proteger (*hedgear*) seus compromissos a pagar em euros. A Memphis compra contratos futuros em euros para congelar o preço que pagará pelos euros em um momento no futuro. Enquanto isso, receberá pesos mexicanos no futuro e deseja proteger essas contas a receber. A Memphis vende os contratos futuros em pesos para congelar os dólares que receberá quando vender os pesos em um ponto específico no futuro.

Contratos futuros são, de certo modo, similares aos contratos a termo, exceto que são vendidos em uma bolsa, enquanto os contratos a termo são oferecidos por bancos comerciais. Detalhes adicionais sobre contratos futuros, incluindo outras diferenças de contratos a termo, são apresentados no Capítulo 5.

Opções de moedas podem ser classificadas como opções de compra ou de venda. Uma **opção de compra de moeda** dá o direito de comprar uma moeda específica a um preço específico (chamado de **preço de exercício**) dentro de um período específico de tempo. É usada para garantir contas a pagar futuras. Uma **opção de venda de moeda** dá o direito de vender uma moeda específica a um preço específico dentro de um período específico de tempo. É usada para garantir contas a receber futuras.

Opções de compra e de venda de moeda podem ser adquiridas em uma bolsa. Elas oferecem mais flexibilidade que contratos futuros ou a termo porque não requerem quaisquer obrigações. Isto é, a empresa pode decidir não exercer a opção.

Opções de moeda tornaram-se populares como meio de garantias (*hedging*). A Coca-Cola Co. substituiu cerca de 30% a 40% de seus contratos a termo por opções de moeda. A FMC, uma fabricante de produtos químicos e de maquinários dos Estados Unidos, agora garante suas vendas exteriores com opções de moeda em vez de contratos a termo. Um estudo recente feito pelo Whitney Group concluiu que 85% das EMNs com base nos Estados Unidos usam opções de moeda. Detalhes adicionais sobre opções de moeda, que inclui outras diferenças entre contratos a termo e contratos futuros, são apresentados no Capítulo 5.

Mercado Monetário Internacional

Mercados monetários existem em todos os países para assegurar que os fundos sejam transferidos eficientemente de unidades com superávit (poupadores) para unidades com déficit (mutuários). Esses mercados são fiscalizados por vários reguladores para tentar aumentar a segurança e a eficiência dos mercados. As instituições financeiras que servem esses mercados monetários existem principalmente para fornecer informações e opiniões especializadas. O aumento de negócios internacionais resultou no desenvolvimento de um mercado monetário internacional. As instituições financeiras nesse mercado servem as EMNs que aceitam depósitos e oferecem empréstimos em uma variedade de moedas. Em geral, o mercado monetário internacional distingue-se de mercados monetários internos pelos tipos de transações entre as instituições financeiras participantes e as EMNs. As transações financeiras são feitas com uma ampla variedade de moedas e são grandes, envolvendo freqüentemente o equivalente a $ 1 milhão ou mais.

Origens e Desenvolvimento

O mercado monetário internacional é formado por grandes bancos em países ao redor do mundo. Grandes instituições financeiras dos Estados Unidos, tais como Citigroup e J. P. Morgan

Chase, são as principais participantes. Dois outros elementos importantes do mercado monetário internacional são os mercados monetários da Europa e da Ásia.

Mercado Monetário Europeu. As origens do mercado monetário europeu podem remontar ao mercado de euromoeda que se desenvolveu durante os anos 1960 e 1970. Como as EMNs expandiram suas operações nesse período, a intermediação financeira internacional surgiu para atender suas necessidades. Como o dólar americano era usado amplamente como meio para comércio internacional, havia uma necessidade consistente de dólares na Europa e em outros lugares. Para realizar o comércio internacional com países europeus, empresas dos Estados Unidos depositaram dólares americanos nos bancos europeus. Os bancos estavam dispostos a aceitar os depósitos porque poderiam emprestar os dólares para empresas clientes com base na Europa. Esses depósitos em dólares nos bancos da Europa (e em outros continentes também) vieram a ser conhecidos por **eurodólares**, e o mercado para eurodólares passou a ser conhecido como **mercado de euromoeda** (Eurodólares e euromoeda não devem ser confundidos com o euro, que é a moeda de muitos países europeus atualmente).

O crescimento do mercado de euromoeda era estimulado pelas mudanças reguladoras nos Estados Unidos. Por exemplo, quando os Estados Unidos limitaram o empréstimo pelos bancos americanos em 1968, as subsidiárias estrangeiras de EMNs com base nos Estados Unidos podiam obter dólares americanos dos bancos da Europa via mercado de euromoeda. De modo similar, quando foram colocados tetos sobre as taxas de juros pagas sobre os depósitos em dólares nos Estados Unidos, as EMNs transferiam seus fundos para os bancos europeus, que não eram sujeitos a esses tetos.

A crescente importância da Organização dos Países Exportadores de Petróleo (Opep) também contribuiu para o crescimento do mercado de euromoeda. Como a Opep geralmente exigia pagamento pelo óleo em dólares, os países da Opep começaram a usar o mercado de euromoeda para depositar uma porção de suas reservas de petróleo. Os depósitos denominados em dólares são às vezes conhecidos como **petrodólares**. As receitas de petróleo depositadas em bancos às vezes são emprestadas a países importadores de petróleo em que há falta de dinheiro. Como esses países compram mais petróleo, os fundos são novamente transferidos para os países exportadores de petróleo, que por sua vez geram novos depósitos. Esse processo cíclico é uma importante fonte de fundos para alguns países.

Atualmente, o termo *mercado de euromoeda* não é usado com tanta freqüência como no passado, porque vários outros mercados monetários internacionais se desenvolveram. O mercado monetário europeu, no entanto, ainda é uma parte importante da rede de mercados monetários internacionais.

Mercado Monetário Asiático. Como o mercado monetário europeu, o asiático originou-se como um mercado que envolvia, em sua maioria, depósitos denominados em dólares. Por isso era originalmente conhecido como **mercado asiático do dólar**. O mercado surgiu para atender às necessidades dos negócios que usavam o dólar americano (e algumas outras moedas) como meio de câmbio para o comércio internacional. Esses negócios não podiam depender dos bancos da Europa devido à distância e aos diferentes fusos horários. Hoje, o mercado monetário asiático, como é chamado agora, está centralizado em Hong Kong e em Cingapura, onde grandes bancos aceitam depósitos e concedem empréstimos em várias moedas estrangeiras.

Funções do Mercado Monetário Internacional. Atualmente, tanto o mercado monetário asiático como o europeu são componentes-chave do mercado monetário internacional. A função principal dos bancos nesse mercado é canalizar fundos de depositantes para mutuários. Por exemplo, a fonte principal de depósitos no mercado monetário asiático são EMNs com um caixa excessivo e agências governamentais. Os maiores mutuários desse mercado são os fabricantes.

72 FINANÇAS CORPORATIVAS INTERNACIONAIS

Outra função é o empréstimo interbancário. Os bancos que possuem mais peticionários de empréstimos qualificados do que podem atender usam o mercado interbancário para obter fundos adicionais. Os bancos do mercado monetário asiático geralmente emprestam de ou para bancos do mercado europeu.

Padronização de Regulamentos Bancários Globais

A crescente padronização dos regulamentos ao redor do mundo contribui para a tendência de globalização da indústria bancária. Três dos eventos reguladores mais significativos considerando um campo competitivo global são: (1) a Legislação Única Européia, (2) o Acordo Basiléia I e (3) o Acordo Basiléia II.

Legislação Única Européia. Um dos eventos mais significativos que afetaram bancos internacionais foi a **Legislação Única Européia**, introduzida em 1992 pelos países da União Européia (UE). As provisões a seguir são algumas das mais relevantes para a indústria bancária.

- O capital pode fluir livremente pela Europa.
- Os bancos podem oferecer ampla variedade de empréstimos, *leasing* e atividades com valores mobiliários da UE.
- Regulamentos referentes à concorrência, fusões e tributações são similares pela UE.
- Um banco estabelecido em qualquer um dos países da UE tem o direito de expandir-se para quaisquer ou todos os países da UE.

Como resultado dessa legislação, os bancos expandiram-se pelos países europeus. A eficiência nos mercados bancários europeus cresceu porque os bancos podiam cruzar facilmente as fronteiras sem se preocupar com os regulamentos específicos vigentes no país no passado.

Outra provisão-chave do ato é que os bancos que entram na Europa recebem os mesmos poderes bancários dos bancos de lá. Provisões similares aplicam-se aos bancos não-americanos que entram nos Estados Unidos.

Acordo Basiléia I. Antes de 1987, padrões de capital impostos sobre os bancos variavam entre os países, o que permitia que alguns bancos tivessem vantagens comparativas globais sobre os outros. Como exemplo, suponha que fosse exigido dos bancos dos Estados Unidos que tivessem mais capital do que os bancos estrangeiros. Os bancos estrangeiros cresceriam com mais facilidade, pois precisariam de um montante relativamente pequeno de capital para sustentar um aumento de ativos. Apesar de seu capital baixo, esses bancos não seriam necessariamente considerados muito arriscados, porque os governos nesses países possivelmente apoiariam os bancos que passassem por problemas financeiros. Então, alguns bancos não-americanos teriam vantagens competitivas sobre os bancos americanos, sem estarem sujeitos ao risco excessivo. Em dezembro de 1987, doze dos principais países industrializados tentaram resolver a disparidade propondo padrões bancários uniformes. Em julho de 1988, com o **Acordo Basiléia**, os governantes dos bancos centrais desses 12 países concordaram em padronizar diretrizes. Sob essas diretrizes, os bancos deveriam manter um capital igual a pelo menos 4% de seus ativos. Para esse propósito, os ativos dos bancos seriam ponderados pelo risco. Isso essencialmente resultaria na exigência de um índice de capital mais alto para ativos mais arriscados. Itens fora do balanço geral também seriam contabilizados, para que os bancos não possam burlar as exigências de capital, concentrando-se em serviços que não são mostrados explicitamente como ativos de um balanço patrimonial.

Acordo Basiléia II. Reguladores bancários que formam o chamado Comitê da Basiléia estão trabalhando em um novo acordo (chamado de Basiléia II) para corrigir algumas inconsistências que ainda existem. Por exemplo, bancos em alguns países pediram mais apoio colateral para seus empréstimos. O Acordo Basiléia II tenta explicar tais diferenças entre os bancos. Além disso, esse acordo relatará sobre o risco operacional, definido pelo Comitê da Basiléia como o risco de perdas resultantes de processos ou sistemas internos inadequados ou falhos. O Comitê da Basiléia quer incentivar os bancos a melhorar suas técnicas de controle de risco operacional, as quais poderiam reduzir falhas no sistema bancário. O Comitê da Basiléia também planeja exigir dos bancos que forneçam mais informações aos acionistas existentes e futuros sobre sua exposição a diferentes tipos de riscos.

Mercado de Crédito Internacional

Empresas multinacionais e empresas domésticas às vezes obtêm fundos de médio prazo por meio de empréstimos a prazo de instituições financeiras locais ou por emissão de notas promissórias (obrigações de dívidas de médio prazo) em seus mercados locais. No entanto, as EMNs também possuem acesso aos fundos de médio prazo por meio de bancos localizados em mercados estrangeiros. Os empréstimos de um ano ou com prorrogações feitas pelos bancos para as EMNs ou para agências governamentais na Europa são geralmente chamados de **empréstimos de eurocrédito**. Esses créditos são fornecidos no assim chamado **mercado de eurocrédito**. Os créditos podem ser denominados em dólares ou em muitas outras moedas e geralmente vencem em cinco anos.

Como os bancos aceitam depósitos de curto prazo e às vezes fornecem empréstimos com prazos maiores, seus vencimentos de ativos e compromissos não coincidem. Isso pode afetar adversamente o desempenho do banco durante os períodos de alta nas taxas de juros, já que ele pode ter congelado uma taxa em seus empréstimos de longo prazo, enquanto a taxa que pagará sobre depósitos de curto prazo está subindo no decorrer do tempo. Para evitar esse risco, os bancos geralmente usam empréstimos com taxas flutuantes. A taxa de empréstimo flutua de acordo com as oscilações de algumas taxas de juros de mercado, tais como a **Taxa de Oferta Interbancária de Londres (Libor)**, que geralmente é cobrada para empréstimos entre os bancos. Por exemplo, um empréstimo de eurocrédito poderá ter uma taxa de empréstimo que se ajuste a cada seis meses e está estipulada em "Libor mais 3%". O prêmio pago acima da Libor dependerá do risco de crédito do mutuário. A Libor varia entre as moedas porque a oferta e a demanda do mercado por fundos variam entre as moedas.

O mercado de crédito internacional está bem desenvolvido na Ásia e está em desenvolvimento na América do Sul. Periodicamente, algumas regiões são afetadas por crises econômicas, que aumentam o risco de crédito. Instituições financeiras tendem a reduzir suas participações nesses mercados quando o risco de crédito aumenta. Assim, apesar de os empréstimos estarem amplamente disponíveis em muitos mercados, os fundos tendem a se direcionar para os mercados em que as condições econômicas são fortes e o risco de crédito, tolerável.

Empréstimos Sindicalizados

Às vezes, um único banco não está disposto ou é incapaz de emprestar o montante necessário para a empresa em particular ou para a agência governamental. Nesse caso, um sindicato de bancos poderá ser organizado. Cada banco, dentro do sindicato, participa do empréstimo. Um banco líder é responsável por negociar os termos com o mutuário. Em seguida, o banco líder organiza um grupo de bancos para assinar os empréstimos. O sindicato dos bancos é formado geralmente em cerca de seis semanas ou menos, se o mutuário for bem conhecido, porque a avaliação de crédito poderá então ser realizada rapidamente.

74 FINANÇAS CORPORATIVAS INTERNACIONAIS

Mutuários que recebem um empréstimo sindicalizado incorrem em vários pagamentos, ao lado dos juros referentes ao empréstimo. Taxas de administração dos procedimentos iniciais são pagas para cobrir os custos de organização dos sindicatos e das assinaturas dos empréstimos. Além disso, uma taxa de compromisso de cerca de 0,25% ou 0,50% é cobrada anualmente sobre a parte não utilizada do crédito disponibilizado pelo sindicato.

Empréstimos de sindicato podem ser denominados em uma variedade de moedas. A taxa de juros depende da moeda que designa o empréstimo, do vencimento do empréstimo e do mérito do mutuário. As taxas de juros sobre empréstimos sindicalizados são normalmente ajustáveis de acordo com as oscilações de uma tarifa de empréstimo interbancário, e o ajuste poderá ocorrer a cada seis meses ou a cada ano.

Empréstimos sindicalizados não apenas reduzem o risco de não-pagamento de um empréstimo grande ao grau de participação de cada banco individual, mas também podem acrescentar incentivo extra ao mutuário para pagar o empréstimo. Se um governo não paga o empréstimo a um sindicato, isso se espalhará rapidamente entre os bancos, e o governo possivelmente terá dificuldade em obter empréstimos futuros. Mutuários são, portanto, incentivados a pagar os empréstimos sindicalizados prontamente. Da perspectiva dos bancos, os empréstimos sindicalizados aumentam a probabilidade de pronto pagamento.

Mercado de Obrigações Internacional

Apesar de as EMNs, como as empresas domésticas, poderem obter dívidas de longo prazo ao emitir obrigações em seus mercados locais, elas poderão também acessar fundos de longo prazo em mercados estrangeiros. As EMNs poderão escolher emitir obrigações nos mercados de obrigações internacionais por três razões. Primeiro, emissores reconhecem que poderão atrair uma demanda maior ao emitir suas obrigações em um país estrangeiro em particular do que em seu país de origem. Alguns países possuem uma base de investidores limitada, assim as EMNs desses países buscam financiamentos em outro lugar. Segundo, as EMNs poderão preferir financiar um projeto estrangeiro específico em uma moeda em particular e, portanto, poderão tentar obter fundos em que essa moeda é utilizada amplamente. Terceiro, financiamentos em moeda estrangeira com uma taxa de juros mais baixa poderão fazer com que a EMN reduza seus custos de financiamento, embora possa estar exposta ao risco da taxa de câmbio (como explicado em capítulos posteriores). Alguns investidores institucionais preferem investir em mercados de obrigações internacionais a investir em seus respectivos mercados locais, quando recebem um retorno maior sobre obrigações denominadas em moedas estrangeiras.

As obrigações internacionais são classificadas tipicamente, ou como obrigações estrangeiras ou como euro-obrigações. Uma **obrigação estrangeira** é emitida por um mutuário estrangeiro para um país onde a obrigação é colocada. Por exemplo, uma empresa dos Estados Unidos poderá emitir uma obrigaçao denominada em ienes japoneses, que será vendida para investidores no Japão. Em alguns casos, a empresa poderá emitir uma variedade de obrigações em vários países. A moeda que denomina este tipo de obrigação é determinada pelo país onde será vendida. Estas obrigações estrangeiras às vezes são chamadas especificamente de **obrigações paralelas**.

Mercado de Euro-obrigações

Euro-obrigações são obrigações que são vendidas em países que não são o país da moeda que denomina as obrigações. O surgimento do mercado de euro-obrigações foi parcialmente o resultado da **Taxa de Equalização de Juros (TEJ)** imposta pelo governo dos Estados Unidos em 1963 para desencorajar os investidores americanos de adquirir títulos estrangeiros. Assim, mutuários que não eram dos Estados Unidos, que historicamente vendiam títulos estrangeiros aos investidores americanos, começaram a buscar fundos em outros lugares. Um ímpeto adicional para o crescimento do mercado veio em 1984, quando o governo americano aboliu uma taxa de retenção que havia imposto anteriormente sobre alguns investidores não-americanos e autorizou as empresas dos Estados Unidos a emitir obrigações ao portador diretamente a investidores que não eram americanos.

As euro-obrigações se tornaram muito populares como meio de atrair fundos, talvez em parte porque burlem as exigências de registro. EMNs como o McDonald's e a Walt Disney geralmente emitem euro-obrigações. Empresas que não são dos Estados Unidos, tais como Guinness, Nestlé e Volkswagen, também utilizam o mercado de euro-obrigações como fonte de fundos.

Em anos recentes, governos e empresas de mercados emergentes, como os da Croácia, Ucrânia, Romênia e Hungria, freqüentemente têm utilizado o mercado de euro-obrigações. Novas empresas que se estabeleceram em mercados emergentes dependem do mercado de euro-obrigações para financiar seu crescimento. Elas devem pagar um prêmio de risco de, pelo menos, três pontos percentuais anuais acima da taxa das obrigações do Tesouro dos Estados Unidos sobre as euro-obrigações denominadas em dólar.

Características das Euro-obrigações. As euro-obrigações possuem várias características distintas. São geralmente emitidas ao portador, e os pagamentos dos cupons são feitos anualmente. Algumas euro-obrigações possuem uma cláusula de conversibilidade que permite sua conversão em um número específico de ações ordinárias. Uma vantagem para o emissor é que as euro-obrigações naturalmente possuem poucos, se tiverem algum, compromissos de proteção. Além disso, mesmo as euro-obrigações com vencimento a curto prazo incluem cláusulas de recompra. Algumas euro-obrigações, chamadas de **Notas com Taxas Flutuantes (NTFs)**, possuem uma provisão de taxa variável que ajusta as taxas dos cupons no decorrer do tempo de acordo com as taxas prevalecentes no mercado.

Denominações. As euro-obrigações são geralmente denominadas em um número de moedas. Embora o dólar americano seja utilizado com mais freqüência, designando 70% a 75% das euro-obrigações, o euro possivelmente será utilizado também em medida significativa no futuro. Recentemente, algumas empresas emitiram dívidas denominadas em iene japonês para levar vantagem sobre as taxas de juros extremamente baixas do Japão. Como as taxas para cada moeda e as condições de crédito mudam constantemente, a popularidade de moedas em particular no mercado de euro-obrigações muda no decorrer do tempo.

Processo de Subscrição. As euro-obrigações são subscritas por um sindicato multinacional de bancos de investimentos e simultaneamente colocadas em muitos países, fornecendo um amplo espectro de fontes de fundos. O processo de subscrição ocorre em uma série de passos. O sindicato da gerência multinacional vende as obrigações a uma grande equipe de subscritores firmes. Em muitos casos, uma distribuição especial para subscritores é alocada antes de as obrigações finalmente alcançarem os adquirentes das obrigações. Um problema com o método de distribuição é que o segundo e o terceiro estágios de subscritores nem sempre cumprem suas promessas de vender as obrigações. O sindicato gestor é forçado, portanto, a redistribuir as obrigações não vendidas ou a vendê-las diretamente, o que cria problemas de "digestão" no mercado e acrescenta custos de distribuição. Para evitar esses problemas, as obrigações são freqüentemente distribuídas em volumes maiores a subscritores que cumpriram seus compromissos no passado, por conta daqueles que não o fizeram. Isso tem ajudado o mercado de euro-obrigações a manter sua qualidade de centro de distribuição de obrigações.

Mercado Secundário. As euro-obrigações também possuem um mercado secundário. Os "market makers" são, em muitos casos, os mesmos subscritores que vendem as emissões principais. Um

76 FINANÇAS CORPORATIVAS INTERNACIONAIS

avanço tecnológico chamado **Euro-clear** ajuda a informar a todos os comerciantes a respeito de emissões importantes para a venda, permitindo assim um mercado secundário mais ativo. Os intermediários no mercado secundário possuem base em dez países diferentes, com o Reino Unido dominando a ação. Podem agir não só como corretores, mas também como negociadores que mantêm estoques de euro-obrigações. Muitos desses intermediários, como Bank of America International, Salomon Smith Barney e Citicorp International, são subsidiárias de empresas americanas.

Antes da adoção do euro em grande parte da Europa, as EMNs em países europeus geralmente preferiam emitir obrigações em sua própria moeda. O mercado de obrigações em cada moeda era limitado. Agora, com a adoção do euro, as EMNs de muitos países diferentes poderão emitir obrigações denominadas em euros, o que levará a um mercado maior e mais líquido. As EMNs foram beneficiadas porque poderão contrair dívida com mais facilidade ao emitir obrigações, já que os investidores sabem que haverá uma liquidez adequada no mercado secundário.

Desenvolvimento de Outros Mercados de Obrigações

Os mercados de obrigações desenvolveram-se na Ásia e na América do Sul. Agências governamentais e EMNs nessas regiões utilizam os mercados de obrigações internacionais para emitir obrigações quando acreditam que podem reduzir os custos de seus financiamentos. Os investidores de alguns países utilizam os mercados de obrigações internacionais quando esperam que a moeda local enfraqueça no futuro e preferem investir em obrigações denominadas em moeda estrangeira forte. O mercado de obrigações sul-americano experimentou um crescimento limitado porque as taxas de juros em alguns países geralmente são altas. As EMNs e as agências governamentais nesses países não estão dispostas a emitir obrigações quando as taxas de juros são tão altas, portanto dependem fortemente de financiamentos de curto prazo.

Comparação de Taxas de Juros entre Moedas

Taxas de juros cotados em termos anuais cotadas, são mostradas na Figura 3.1. Note a ampla disparidade entre as taxas de juros de diferentes países. Em um extremo, a taxa de juros anual no Japão foi de 1%, enquanto no Brasil foi de 19%.

As taxas de juros em mercados de dívidas são cruciais porque afetam o custo de financiamento das EMNs. Visto que as taxas de juros podem variar consideravelmente entre as moedas, o custo de financiamento local para projetos estrangeiros varia entre os países. A taxa de juros sobre instrumentos de dívida denominados em moeda específica é determinada pela demanda por fundos denominados nessa moeda e pela oferta de fundos disponíveis nessa moeda.

EXEMPLO

Os esquemas de oferta e demanda pelo dólar americano e pelo peso mexicano são comparadas em um dado momento, na Figura 3.2. A programação de demanda para fundos financiáveis está caindo para qualquer uma das duas moedas, o que significa simplesmente que a quantidade de fundos demandada em qualquer ponto no tempo é inversamente relacionada ao nível da taxa de juros. Isto é, o montante total dos fundos financiáveis demandados (tomados em empréstimos) em um dado momento é maior se o custo do empréstimo for menor.

O esquema de oferta para fundos financiáveis denominados em uma dada moeda está subindo, o que significa que o montante total dos fundos financiáveis oferecidos (tais

MERCADOS MONETÁRIOS INTERNACIONAIS **77**

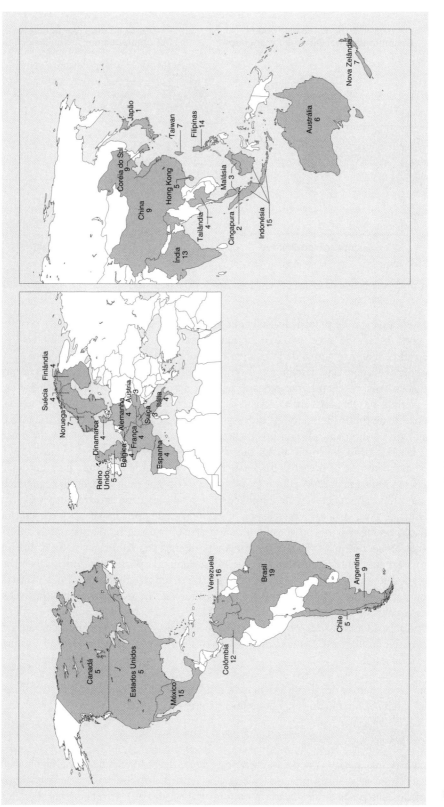

Figura 3.1 Comparação de taxas de juros calculadas para o período de um ano entre países em 2004 (as taxas foram arredondadas para a porcentagem mais próxima).

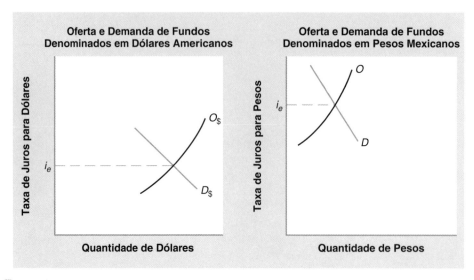

Figura 3.2 Por que as taxas de juros em dólar americano diferem das taxas de juros do peso mexicano.

como poupanças de pessoas físicas) em um dado momento está relacionado positivamente ao nível de taxa de juros. Isto é, o montante total de fundos financiáveis oferecidos para o mercado é maior se a taxa de juros oferecida para contas de poupança for maior.

Embora o esquema de demanda por fundos financiáveis devesse cair para cada moeda, as posições reais dessas programações variam entre as moedas. Primeiro, note que as curvas de oferta e de demanda estão mais à direita para o dólar que para o peso mexicano. O montante de fundos financiáveis denominados em dólar oferecidos e demandados é muito maior que o montante de fundos financiáveis denominados em peso porque a economia dos Estados Unidos é muito maior que a economia do México.

Note também que as posições dos esquemas de oferta e de demanda para fundos financiáveis são muito mais altas para o peso mexicano do que para o dólar. O esquema de oferta para fundos financiáveis denominados em peso mexicano mostra que quase nenhuma quantia de poupança seria oferecida a níveis de taxa de juros baixa porque o alto índice de inflação no México incentiva as famílias a gastar toda a sua renda disponível antes que os preços aumentem mais. Isso desestimula a poupança das famílias, a não ser que a taxa de juros seja suficientemente alta. Além disso, a demanda por fundos financiáveis em pesos mostra que os mutuários estão dispostos a fazer empréstimos, mesmo a taxas de juros muito altas, porque prefeririam fazer empréstimos de fundos para fazer aquisições agora, antes que os preços subam.

Devido às diferenças nas posições nos esquemas de oferta e demanda das duas moedas mostradas na Figura 3.2, a taxa de juros de equilíbrio para o peso mexicano é muito maior que a do dólar.

Como os esquemas de oferta e demanda mudam no decorrer do tempo para uma moeda específica, assim também ocorrerá com a taxa de juros de equilíbrio.

EXEMPLO

Suponha que o governo do México seja capaz de reduzir substancialmente a inflação local. Nesse caso, o esquema de oferta dos fundos disponíveis para empréstimo, denominados em pesos se deslocaria para fora (para a direita). Inversamente, o esquema de demanda pelos fundos disponíveis para empréstimo, denominados em pesos se deslocaria para dentro (para a esquerda). Os dois deslocamentos resultariam em uma taxa de juros de equilíbrio mais baixa.

Pode-se pensar que investidores de outros países poderiam investir em contas de poupança em países com inflação alta. No entanto, as moedas desses países com inflação alta geralmente enfraquecem com o decorrer do tempo, o que poderá mais do que eliminar a vantagem da taxa de juros, como explicado mais adiante no texto. Segundo, os depósitos de poupança em alguns desses países não são assegurados, o que representa um outro risco para investidores estrangeiros. Terceiro, alguns países emergentes tentam impor restrições que desestimulam investidores de adquirir fundos por lá.

Condições de oferta e demanda podem explicar a taxa de juros relativa para qualquer moeda. A taxa de juros muito baixa do Japão é atribuída à poupança feita pelas famílias japonesas em relação a uma fraca demanda por fundos devido a uma economia fraca (empréstimos limitados). A taxa de juros relativamente alta no Brasil é atribuída tanto à inflação, que estimula as empresas e os consumidores a fazerem empréstimos e fazer compras antes que os preços aumentem mais, quanto ao empréstimo excessivo pelo governo.

Uma mudança na taxa de juros de uma moeda poderá ter um impacto sobre outra no mesmo dia, semana ou mês. O ponto é que a liberdade de transferir fundos pelos países faz com que as condições de oferta e demanda por fundos sejam, de certa forma, integradas, o que pode fazer com que as oscilações das taxas de juros sejam integradas. As taxas de juros em países europeus que adotam o euro são similares porque estão sujeitas às mesmas condições de oferta e demanda de dinheiro.

Mercados de Ações Internacionais

EMNs e empresas domésticas geralmente obtêm financiamentos emitindo ações em suas regiões. As EMNs também podem atrair fundos de investidores estrangeiros emitindo ações nos mercados internacionais. A oferta de ações pode ser facilmente colocada quando é emitida em vários mercados. Além disso, a emissão de ações em outro país poderá aumentar a imagem e o reconhecimento da empresa por lá.

A recente conversão dos muitos países europeus para uma única moeda (o euro) resultou em mais ofertas de ações na Europa pelas EMNs com base nos Estados Unidos e na Europa. No passado, uma EMN precisava de uma moeda diferente para cada país em que realizava negócios e, portanto, fazia empréstimos em moedas de bancos locais daqueles países. Agora, pode utilizar o euro para financiar suas operações pelos vários países europeus e pode obter todo o financiamento de que precise com uma oferta de títulos na qual a ação é denominada em euros. As EMNs podem então utilizar uma parte de sua receita (em euros) para pagar os dividendos aos acionistas que compraram suas ações.

> **http://**
>
> Visite http://www. stockmarkets.com para informações sobre mercados de ações ao redor do mundo.

Emissão de Ações Estrangeiras nos Estados Unidos

Empresas não-americanas que precisam de grandes quantias de fundos às vezes emitem ações nos Estados Unidos (que são chamadas de **ofertas de títulos Yankee**) devido à liquidez do mercado de novas emissões lá. Em outras palavras, uma empresa estrangeira ou governo estrangeiro poderá possivelmente vender toda emissão de títulos no mercado americano, ao passo que em outros mercados menores não necessariamente será vendida a emissão inteira.

80 FINANÇAS CORPORATIVAS INTERNACIONAIS

Quando uma empresa não-americana emite ações em seu próprio país, sua base de acionistas é bem limitada, uma vez que uns poucos investidores grandes possuem a maioria das ações. Ao emitir ações nos Estados Unidos, essas empresas diversificam sua base de acionistas, o que poderá reduzir a volatilidade do preço da ação que ocorre quando grandes investidores vendem ações.

Os bancos de investimento dos Estados Unidos geralmente servem como subscritores das ações que têm como objetivo o mercado americano e recebem comissões de cerca de 7% do valor das ações emitidas. Visto que muitas instituições financeiras dos Estados Unidos adquirem ações que não são americanas como investimentos, poderá ser possível para as empresas não-americanas colocar uma oferta inteira de ações nos Estados Unidos.

É exigido das empresas que emitem ações nos Estados Unidos que satisfaçam regras estritas de divulgação estritas de suas condições financeiras. No entanto, elas são isentas de algumas dessas regras quando correspondem às exigências da diretriz (chamada Regra 144a) da Securities and Exchange Commission por meio de uma colocação direta de ações aos investidores institucionais.

Muitas das recentes ofertas de ações nos Estados Unidos por empresas que não são americanas originaram-se dos programas de privatização da América Latina e da Europa. Assim, os negócios que pertenciam a governos anteriores são vendidos a acionistas dos Estados Unidos. Devido à grandeza de alguns desses negócios, os mercados de ações locais não são grandes o suficiente para acomodar essas ofertas de ações. Conseqüentemente, os investidores americanos financiam muitos dos negócios com base em países estrangeiros.

American Depository Receipts. As empresas que não são dos Estados Unidos também obtêm financiamento de capital próprio usando os **American Depository Receipts** (ADRs), que são certificados que representam pacotes de ações. A utilização dos ADRs burla algumas exigências de divulgação impostas sobre ofertas de ações nos Estados Unidos e ainda capacita as empresas que não são americanas a contatar o mercado americano por fundos. O mercado de ADRs cresceu depois das privatizações no início dos anos 1990, quando alguns desses negócios privatizados emitiram ADRs para obter financiamento.

Uma vez que as ADRs podem ser negociadas do mesmo modo que as ações, o preço de uma ADR muda a cada dia em resposta às condições de oferta e demanda. Com o tempo, no entanto, o valor de uma ADR deveria se mover em paralelo com o valor da ação equivalente que está listado na Bolsa de Valores estrangeira, depois do ajuste para efeitos de taxas de câmbio. A fórmula para o cálculo do preço de uma ADR é:

$$P_{ADR} = P_{fs} \times S$$

onde P_{ADR} representa o preço do ADR, P_{fs} representa o preço da ação estrangeira medido na moeda estrangeira e S é a cotação à vista da moeda estrangeira.

> ### EXEMPLO
>
> Uma ADR da empresa francesa Pari representa uma ação dessa empresa que é negociada na Bolsa de Valores francesa. O preço da ação da Pari era de 20 euros quando o mercado francês fechou. Quando o mercado de ações dos Estados Unidos abriu, o euro valia $ 1,05, assim o preço do ADR seria:
>
> $$\begin{aligned} P_{ADR} &= P_{fs} \times S \\ &= 20 \times \$\,1,05 \\ &= \$\,21. \end{aligned}$$

Se houver uma discrepância entre o preço da ADR e o preço das ações estrangeiras (após o ajuste da taxa de câmbio), os investidores poderão utilizar a arbitragem para se beneficiarem com a discrepância entre os preços de dois ativos. O ato de arbitragem realinharia os preços.

> ### EXEMPLO
>
> Presuma que não haja custos de transação. Se $P_{ADR} < (P_{fs} \times S)$, então as ADRs voltarão para a França. Serão convertidas em ações na França e serão negociadas no mercado francês. Investidores poderão se envolver com arbitragem comprando ADRs nos Estados Unidos, convertendo-as em ações na França e depois vendendo essas ações na Bolsa de Valores francesa, onde as ações estão listadas.
>
> A arbitragem (1) reduzirá a oferta de ADRs negociados no mercado americano, pressionando assim o preço da ADR para cima, e (2) aumentará a oferta das ações francesas negociadas no mercado francês, pressionando o preço na Bolsa da França para baixo. A arbitragem continuará até que a discrepância nos preços desapareça.

O exemplo anterior supôs uma taxa de conversão de uma ADR por ação. Algumas ADRs são conversíveis em mais do que uma das ações correspondentes. Sob essas condições, a arbitragem ocorrerá se:

$$P_{ADR} = Conv \times P_{fs} \times S$$

onde *Conv* representa o número de ações dos títulos estrangeiros que poderão ser obtidos por cada ADR.

> ### EXEMPLO
>
> Se a ADR da Pari do exemplo anterior for conversível em duas ações dos títulos correspondentes, o preço do ADR seria:
>
> $$P_{ADR} = 2 \times 20 \times \$\ 1,05$$
> $$= \$\ 42.$$
>
> Nesse caso, as ADRs serão convertidas em ações somente se o preço da ADR for menor que $ 42.

Na realidade, alguns custos de transação são associados com a conversão de ADRs em ações estrangeiras. Assim, a arbitragem ocorrerá somente se o lucro potencial da arbitragem exceder os custos de transação.

Emissão de Ações dos Estados Unidos em Mercados Estrangeiros

Embora o mercado americano possa ser vantajoso para a emissão de novas ações devido ao seu tamanho, as exigências de registros às vezes podem causar um atraso nas vendas das novas emissões. Por essa razão, algumas empresas americanas emitiram novas ações em mercados estrangeiros em anos recentes. Outras empresas americanas emitem ações em mercados estrangeiros simplesmente para ampliar sua imagem global. A existência de vários mercados para novas emissões proporciona uma escolha para as empresas que necessitam de capital próprio. Essa concorrência entre vários mercados de novas emissões deve aumentar a eficiência de emissões novas.

A localização das operações de uma EMN pode influenciar a decisão sobre onde colocar suas ações se a EMN desejar um país em que possivelmente gerará fluxos de caixa futuros suficientes para cobrir os pagamentos de dividendos. As ações de algumas EMNs com base nos Estados Unidos são negociadas amplamente em inúmeras Bolsas de Valores ao redor do mundo. Por exemplo, a Coca-Cola Co., a IBM e muitas outras EMNs com base nos Estados Unidos

82 FINANÇAS CORPORATIVAS INTERNACIONAIS

possuem suas ações listadas em várias Bolsas de Valores no exterior. Quando as ações de uma EMN estão listadas em Bolsas de Valores estrangeiras, poderão ser facilmente negociadas por investidores estrangeiros que possuam acesso a essas Bolsas.

O Impacto do Euro. A adoção do euro por muitos países europeus incentivou as EMNs com base na Europa a emitir ações. Os investidores por toda a Europa estão mais dispostos a investir em ações quando não precisam se preocupar com os efeitos da taxa de câmbio. Por exemplo, uma companhia de seguros da Alemanha poderá estar mais disposta a comprar ações emitidas por uma empresa de Portugal agora que a mesma moeda é utilizada nos dois países. O mercado secundário de ações denominadas em euros é mais líquido, como resultado da participação de investidores de vários países diferentes que adotaram o euro.

> ### http://
>
> O site em http://finance.yahoo.com/? dá acesso a vários mercados monetários domésticos e internacionais e fornece notícias de mercados monetários, assim como links para servidores de notícias financeiras internacionais.

Comparação entre Mercados de Ações. A Tabela 3.3 fornece um resumo dos principais mercados de ações, mas há inúmeros outros mercados. Alguns mercados de ações estrangeiros são bem menores que os americanos porque suas empresas dependiam mais de financiamentos de dívidas do que de financiamentos de capital próprio, no passado. Recentemente, no entanto, as empresas fora dos Estados Unidos têm emitido títulos com mais freqüência, o

País	Capitalização da Bolsa de Valores (em milhões de $)	País	Capitalização da Bolsa de Valores (em milhões de $)
África do Sul	139.750	Iugoslávia	10.817
Alemanha	1.270.243	Japão	3.157.222
Argentina	192.499	Luxemburgo	34.016
Austrália	372.974	Malásia	120.007
Áustria	29.935	México	121.403
Bélgica	182.481	Nova Zelândia	18.613
Brasil	186.238	Nigéria	5.404
Chile	56.310	Noruega	65.034
Espanha	504.219	Países Baixos	640.456
Estados Unidos	15.104.037	Paquistão	4.944
Filipinas	41.523	Peru	11.134
Finlândia	293.635	Polônia	26.017
França	1.146.634	Portugal	60.681
Grécia	86.538	Reino Unido	2.576.992
Hungria	10.637	Suécia	328.339
Índia	110.396	Suíça	792.316
Indonésia	23.006	Tailândia	36.340
Irlanda	81.882	Turquia	47.150
Israel	55.964	Zimbábue	7.972
Itália	768.364		

Fonte: Banco Internacional para a Reconstrução e Desenvolvimento, 2002.

Tabela 3.3 Bolsas de Valores ao redor do mundo.

que resultou no crescimento dos mercados de ações fora dos Estados Unidos. Instituições financeiras e outras empresas possuem uma grande parte das ações fora dos Estados Unidos, enquanto investidores individuais possuem uma parte relativamente pequena de ações.

Grandes EMNs começaram a vender, simultaneamente em vários países, novas emissões de títulos. Bancos de investimentos garantem as ações por meio de um ou mais sindicatos nos países. A distribuição global de ações pode alcançar um mercado bem maior, assim quantidades maiores de ações poderão ser emitidas a um dado preço.

USANDO A WEB | **Informações sobre Comércio de Mercado de Ações.** Informações sobre capitalização de mercado, volume negociado de ações e rotação de cada mercado de ações estão disponíveis em http://www.worldbank.org/data.

Em 2000, as Bolsas de Valores de Amsterdã, Bruxelas e Paris se fundiram para criar o mercado Euronext. Depois disso, a Bolsa de Valores de Lisboa aderiu também. Em 2004, o mercado Euronext possuía por volta de 1.500 empresas listadas, cerca de 300 delas de outros países. A maioria das grandes empresas com base na Europa listou suas ações no mercado Euronext. Esse mercado possivelmente crescerá no decorrer do tempo, com a adesão de outras Bolsas de Valores. Um único mercado de ações europeu com diretrizes semelhantes para todas as Bolsas, independentemente de seu país de origem, facilitaria o trabalho para aqueles investidores que preferem fazer o total de seus negócios em um mercado só.

Em anos recentes, muitos mercados de ações se desenvolveram. Esses assim chamados mercados emergentes permitem que as empresas estrangeiras levantem uma grande quantia de capital ao emitir ações. Esses mercados permitiriam que as empresas americanas fizessem negócios em mercados emergentes para levantar fundos emitindo ações lá e listando suas ações nas Bolsas de Valores locais. Características de mercado, tais como a quantia de negócios referente à capitalização de mercado e às alíquotas de impostos, podem variar consideravelmente entre os mercados emergentes.

Comparação de Mercados Monetários Internacionais

A Figura 3.3 ilustra as oscilações de fluxo de caixa estrangeiro de uma EMN típica. Esses fluxos de caixa podem ser classificados em quatro funções empresariais, todas elas geralmente exigem a utilização de mercado de câmbio estrangeiro. O mercado à vista, o mercado a termo, os contratos futuros e as opções de moeda são todos classificados como mercados de câmbio estrangeiro.

A primeira função é o comércio estrangeiro com clientes de negócios. As exportações geram entradas no caixa, enquanto as importações geram saídas do caixa. Uma segunda função é o investimento estrangeiro direto, ou a aquisição de ativos estrangeiros reais. Essa função exige saídas do caixa, mas gera futuras entradas por meio de dividendos enviados de volta para a controladora ou pela venda desses ativos estrangeiros. Uma terceira função é o investimento ou o financiamento de curto prazo em títulos estrangeiros. Uma quarta função é o financiamento de longo prazo nos mercados de ações ou obrigações internacionais.

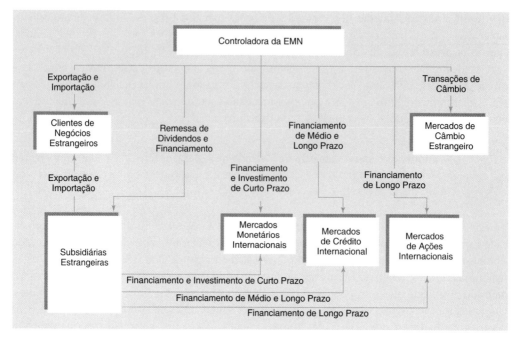

Figura 3.3 Gráfico de fluxo de caixa estrangeiro de uma EMN.

Como Mercados Monetários Afetam o Valor de uma EMN

Uma vez que as taxas de juros geralmente variam entre as moedas, a controladora de uma EMN poderá utilizar dinheiro internacional ou mercados de obrigações para obter fundos a um custo mais baixo do que poderiam ser obtidos localmente. Ao proceder assim, os custos de dívidas são reduzidos e então seu custo médio ponderado de capital diminui, o que resulta em um valor mais alto.

A controladora de uma EMN poderá atingir um menor custo médio ponderado de capital quando emite ações em alguns mercados estrangeiros, em vez de emiti-las em seu mercado local. Se a EMN atinge um custo mais baixo de capital, poderá atingir um valor mais alto.

RESUMO

- A existência de imperfeições de mercado impede que os mercados se integrem completamente. Conseqüentemente, os investidores e os credores podem tentar beneficiar-se com características únicas que tornam os mercados estrangeiros mais atraentes que os mercados domésticos. Isso motiva o fluxo de fundos internacionais e resulta no desenvolvimento de mercados monetários internacionais.

- Os mercados de câmbio internacionais permitem que as moedas sejam trocadas com o objetivo de facilitar o comércio internacional ou transações financeiras. Os bancos comerciais servem de intermediários financeiros nesse mercado. Eles estão prontos para trocar as moedas à vista ou em algum momento no futuro com o uso de contratos a termo.

- Os mercados monetários internacionais são compostos de vários bancos grandes que aceitam depósitos e fornecem empréstimos de curto prazo em várias moedas. Esse mercado é usado principalmente por governos e grandes empresas. O mercado europeu é uma parte do mercado monetário internacional.

■ Os mercados de crédito internacionais são compostos dos mesmos bancos comerciais que servem o mercado monetário internacional. Esses bancos convertem alguns dos depósitos recebidos em empréstimos (para períodos de médio prazo) a governos e grandes empresas.

■ Os mercados de obrigações internacionais facilitam as transferências internacionais de crédito de longo prazo, permitindo, portanto, que governos e grandes empresas tomem emprestados fundos de vários países. O mercado de obrigações é facilitado pelos sindicatos multinacionais de bancos de investimentos que ajudam a colocar as obrigações.

■ Os mercados de ações internacionais permitem que empresas obtenham financiamentos de capital próprio de países estrangeiros. Assim, esses mercados ajudam as EMNs a financiar suas expansões internacionais.

CONTRAPONTO DO PONTO

Empresas que se Tornam Públicas Deveriam se Envolver em Ofertas Internacionais?

Ponto Sim. Quando uma empresa americana emite ações para o público pela primeira vez em uma Oferta Pública Inicial (OPI), está naturalmente preocupada se poderá colocar todas as suas ações a um preço razoável. Ela será capaz de emitir suas ações a um preço mais alto atraindo mais investidores. Aumentará a demanda distribuindo as ações pelos países. Quanto mais alto for o preço pelo qual emitirá suas ações, tanto mais baixo será o seu custo de utilizar capital próprio. Poderá também estabelecer um nome global distribuindo ações pelos países.

Contraponto Não. Se uma empresa americana distribui suas ações por diferentes países no momento da OPI, haverá menos ações negociadas publicamente nos Estados Unidos. Assim, ela não terá tanta liquidez no mercado secundário. Investidores desejam ações que possam vender facilmente no mercado secundário, o que significa que exigem que as ações tenham liquidez. Na medida em que uma empresa reduz sua liquidez nos Estados Unidos ao distribuir suas ações pelos países, poderá não atrair demanda suficiente pelas ações nos Estados Unidos. Portanto, seu esforço de criar um nome de reconhecimento global poderá reduzir o reconhecimento de seu nome nos Estados Unidos.

Quem está certo? Use sua ferramenta de busca favorita para saber mais a respeito desse assunto. Qual argumento você apóia? Dê sua opinião a respeito.

AUTOTESTE

As respostas encontram-se no Apêndice A, no final do livro.

1. O Stetson Bank determina uma taxa de compra de $ 0,784 para o dólar australiano e uma taxa de venda de $ 0,80. Qual é a porcentagem do spread de compra/venda?

2. O Fullerton Bank determina uma taxa de venda de $ 0,190 para a moeda peruana (novo sol) e uma taxa de compra de $ 0,188. Determine a porcentagem do spread de compra/venda.

3. Explique brevemente como as EMNs podem fazer uso de cada mercado monetário internacional descrito neste capítulo.

QUESTÕES E APLICAÇÕES

1. **Euro.** Explique a situação de câmbio para os países que utilizam o euro quando se envolvem em comércio internacional entre si.

2. **Empréstimos de Eurocrédito.**

a) Com relação a empréstimos de eurocrédito, quem são os mutuários?

b) Por que um banco desejaria participar de empréstimos sindicalizados de eurocrédito?

c) O que é a Libor e como é utilizada no mercado de eurocrédito?

3. **Spread de Compra/Venda.** Calcule a porcentagem de spread de compra/venda para transações de varejo do peso mexicano no qual a taxa de venda é $ 0,11 e a taxa de compra, $ 0,10.

4. **Spread de Compra/Venda.** O preço de compra do Bank Utah para dólares canadenses é $ 0,7938 e seu preço de venda, $ 0,81. Qual é a porcentagem de spread de compra/venda?

5. **Mercados Monetários Internacionais.** Recentemente, a Wal-Mart estabeleceu dois pontos de varejo na cidade de Shanzen, na China, a qual possui uma população de 3,7 milhões. Esses pontos são fortes e contêm produtos adquiridos localmente, assim como importados. Como a Wal-Mart gera ganhos além do que necessita em Shanzen, poderá enviá-los de volta para os Estados Unidos. A Wal-Mart provavelmente construirá outros pontos em Shanzen ou em outras cidades chinesas no futuro.

a) Explique como os pontos da Wal-Mart na China utilizariam o mercado à vista no câmbio estrangeiro.

b) Explique como a Wal-Mart poderia utilizar os mercados monetários internacionais quando estiver estabelecendo outras lojas na Ásia.

c) Explique como a Wal-Mart poderia usar o mercado de obrigações internacionais para financiar o estabelecimento dos novos pontos em mercados estrangeiros.

6. **Mercados Internacionais.** Qual é a função dos mercados monetários internacionais? Descreva brevemente as razões para o desenvolvimento e o crescimento do mercado monetário europeu. Explique como os mercados monetários, de crédito e de obrigações internacionais diferem uns dos outros.

7. **Diversificação Internacional.** Explique como a crise asiática teria afetado os retornos de uma empresa americana que investe nos mercados de ações da Ásia como meio de diversificação internacional. [Veja o apêndice do capítulo]

8. **Integração do Mercado de Ações.** A Bullet, Inc., uma empresa americana, está planejando emitir novas ações nos Estados Unidos nesse mês. A única decisão ainda a ser tomada é o dia específico em que as ações serão emitidas. Por que você acha que a Bullet monitora os resultados do mercado de ações de Tóquio todas as manhãs?

9. **Mercados de Ações Estrangeiros.** Explique por que empresas podem emitir ações em mercados estrangeiros. Por que pode ser que empresas americanas emitam mais ações na Europa desde a conversão para uma moeda única em 1999?

10. **Discussão na Sala da Diretoria.** O exercício encontra-se no Apêndice E, no final deste livro.

11. **Câmbio Estrangeiro.** Você acabou de voltar do Canadá, onde sua moeda valia $ 0,70. Você ainda tem C$ 200 de sua viagem e poderia trocá-los por dólares, mas o balcão de câmbio do aeroporto irá comprá-los por $ 0,60. Na próxima semana, você irá ao México e precisará de pesos. O balcão de câmbio do aeroporto irá vendê-los a $ 0,10 o peso. No aeroporto, você encontrou um turista que é do México e está a caminho do Canadá. Ele está disposto a comprar seus C$ 100 por 130 pesos. Você deveria aceitar a oferta ou trocar os dólares canadenses no aeroporto? Explique.

12. **Taxa Indireta de Câmbio.** Se a taxa direta de câmbio do euro vale $ 1,25, qual é a taxa indireta do euro? Isto é, qual é o valor do dólar em euros?

13. **Taxas de Câmbio Cruzadas.** Suponha que a moeda da Polônia (o zloty) vale $ 0,17 e o iene japonês, $ 0,08. Qual é a taxa cruzada do zloty em relação ao iene? Isto é, quantos ienes igualam um zloty?

14. **Efeitos da Taxa de Câmbio sobre Investimentos.** Explique como a valorização do dólar australiano perante o dólar americano afetaria o retorno de uma empresa dos Estados Unidos que investiu em um título do mercado monetário australiano.

15. **Efeitos da Taxa de Câmbio sobre Empréstimos.** Explique como a valorização do iene japonês perante o dólar americano afetaria o retorno de uma empresa dos Estados Unidos que tomou ienes japoneses e utilizou o dinheiro para um projeto americano.

16. **Serviços Bancários.** Faça uma lista de algumas das características importantes dos serviços de câmbio dos bancos que deveriam ser consideradas pelas EMNs.

17. **Empréstimos Sindicalizados.** Explique como os empréstimos sindicalizados são utilizados em mercados internacionais.

18. **Taxas de Empréstimo.** Explique o processo utilizado pelos bancos no mercado de eurocrédito para determinar a taxa a ser cobrada sobre os empréstimos.

19. **Evolução das Taxas Flutuantes.** Descreva brevemente os desenvolvimentos históricos que levaram às taxas de câmbio flutuantes em 1973.

20. **Taxas de Juros.** Por que as taxas de juros variam entre os países? Por que as taxas de juros normalmente são semelhantes para os países europeus que utilizam o euro como sua moeda? Dê a razão pela qual a taxa de juros do governo de um país deveria ser ligeiramente mais alta que a taxa de juros do governo de outro país, mesmo sendo o euro a moeda utilizada nos dois países.

21. **Contrato a Termo.** A Wolfpack Corporation é uma exportadora americana que fatura suas exportações para o Reino Unido em libras esterlinas. Se ela espera que a libra se valorize perante o dólar no futuro, deveria proteger (*hedgear*) suas exportações com um contrato a termo? Explique.

22. **Motivos para Investir em Mercados Monetários Estrangeiros.** Explique por que uma EMN poderá investir em um mercado monetário fora de seu próprio país.

23. **Motivos para Fornecer Crédito em Mercados Estrangeiros.** Explique por que algumas instituições financeiras preferem fornecer crédito em mercados monetários fora de seu próprio país.

24. **Efeitos do 11 de Setembro.** Por que você acha que era esperado que o ataque terrorista aos Estados Unidos causasse uma queda nas taxas de juros americanas? Dadas as expectativas para um declínio nas taxas de juros americanas, e nos preços das ações, provavelmente como foram afetados os fluxos de capital entre os Estados Unidos e outros países?

25. **Informações de Mercado na Internet.** O Website da Bloomberg disponibiliza as cotações de várias taxas de juros e índices do mercado de ações. Seu endereço é **http://www.bloomberg.com**.

    a) Utilize esse site para determinar a taxa de câmbio cruzada entre o iene japonês e o dólar australiano. Isto é, determine quantos ienes devem ser convertidos para um dólar australiano por importadores que adquirem produtos australianos hoje.

    b) Utilize o site para ver o desempenho dos mercados de ações hoje (isso está relacionado ao apêndice deste capítulo). Parece haver uma relação com os retornos dos mercados de ações asiáticos hoje? E com os retornos dos mercados de ações europeus hoje?

CASO BLADES, INC.

Decisões para Usar Mercados Monetários Internacionais

Como analista financeiro da Blades, Inc., você está razoavelmente satisfeito com a organização da Blades para exportar seus "Speedos" (patins) para a Tailândia. Graças à única programação com o principal cliente da Tailândia, prever a receita a ser gerada lá é uma tarefa relativamente fácil. Seu cliente concordou especificamente em comprar 180 mil pares de patins anualmente por um período de três anos, a um preço de THB4.594 (THB = baht tailandês) o par. A cotação direta atual de taxa de câmbio do dólar-baht é de $ 0,024.

O custo dos produtos vendidos compreendeu (devido às importações de componentes de borracha e de plástico da Tailândia) aproximadamente THB2.871 por par de Speedos, mas a Blades atualmente só importa materiais suficientes para fabricar cerca de 72 mil pares de Speedos. As razões principais da Blades para utilizar fornecedores tailandeses são a alta qualidade dos componentes e o baixo custo, que foi facilitado pela contínua depreciação do baht tailandês perante o dólar americano. Se o custo do dólar para comprar os componentes se tornar mais caro na Tailândia que nos Estados Unidos, a Blades está pensando em fazer negócios adicionais com o seu fornecedor americano.

Seu plano é bem simples: a Blades está usando atualmente suas receitas denominadas em baht para cobrir o custo dos produtos vendidos incorrido por lá. No ano passado, o excedente de receita foi convertido em dólares americanos à taxa prevalecente. Embora seu custo dos produtos vendidos não esteja fixado em contrato, como são as receitas tailandesas, você espera que permaneça relativamente constante no futuro próximo. Conseqüentemente, as entradas denominadas em baht são relativamente previsíveis a cada ano, porque o cliente tailandês comprometeu-se em comprar 180 mil pares de Speedos a um preço fixo. O excedente da receita em dólar resultante da conversão do baht é utilizado ou para sustentar a produção americana de Speedos, se necessário, ou para investir nos Estados Unidos. As receitas são usadas especificamente para cobrir o custo dos produtos vendidos na fábrica americana, localizada em Omaha, Nebraska.

Ben Holt, o CFO da Blades, nota que as taxas de juros da Tailândia são de aproximadamente 15% (*versus* 8% nos Estados Unidos). Você interpreta as altas taxas de juros tailandesas como indicação de incertezas resultantes da economia instável do país. Holt lhe pede para avaliar a viabilidade de investir o excedente de fundos da Blades provenientes das operações na Tailândia, a uma taxa de juros de 15%. Depois de você expressar sua oposição a esse plano, Holt lhe pede para detalhar as razões em um relatório minucioso.

1. Um ponto a ser considerado por você é que há uma compensação entre as taxas de juros mais altas da Tailândia e as conversões mais demoradas do baht em dólares. Explique o que isso significa.

2. Se o baht líquido recebido de operações na Tailândia for investido lá mesmo, como as operações nos Estados Unidos serão afetadas? (Suponha que a Blades esteja pagando 10% sobre os dólares emprestados e precise de mais financiamento para sua empresa.)

3. Elabore uma planilha para comparar os fluxos de caixa resultantes de dois planos. No primeiro plano, os fluxos de caixa denominados em baht (recebidos hoje) serão investidos na Tailândia a 15% por um período de um ano, depois do qual o baht será convertido em dólares. Espera-se que a taxa à vista para o baht em um ano seja de cerca de $ 0,022 (o plano de Ben Holt). No segundo plano, os fluxos de caixa líquidos denominados em baht são convertidos em dólares imediatamente e investidos nos Estados Unidos por um ano a 8%. Para esta questão, suponha que todos os fluxos de caixa denominados em baht vençam hoje. O plano de Holt parece ser superior em termos de fluxos de caixa em dólares disponíveis depois de um ano? Compare a opção de investir os fundos com a utilização dos fundos para fornecer o financiamento de que a empresa necessita.

DILEMA DA PEQUENA EMPRESA

O Uso de Mercados de Câmbio pela Sports Exports Company

A cada mês, a Sports Exports Company (uma empresa americana) recebe um pedido de bolas de futebol de um distribuidor de artigos esportivos britânico. O pagamento mensal pelas bolas é denominado em libras esterlinas, como exigido pelo distribuidor. Jim Logan, proprietário da Sports Exports Company, precisa converter as libras recebidas em dólares.

1. Explique como a Sports Exports Company poderia utilizar o mercado à vista para facilitar o câmbio das moedas. Seja específico.

2. Explique como esta empresa está exposta ao risco da taxa de câmbio e como poderia usar o mercado a prazo para cobrir o risco.

APÊNDICE 3

Investindo em Mercados Monetários Internacionais

http://

Visite http://money.cnn. com para análises e dados atuais dos mercados nacional e internacional.

O comércio de ativos financeiros (tais como ações e obrigações) por investidores em mercados monetários internacionais tem um impacto importante sobre as EMNs. Primeiro, esse tipo de comércio poderá influenciar o nível de taxas de juros em um país específico (e assim o custo da dívida de uma EMN) porque afetará a quantidade de fundos disponíveis por lá. Segundo, poderá afetar o preço das ações de uma EMN (e assim o custo do capital próprio de uma EMN) porque influenciará a demanda pelas ações da EMN. Terceiro, permitirá que a EMN venda títulos em mercados estrangeiros. Assim, mesmo que o investimento internacional em ativos financeiros não seja a atividade mais crucial da EMN, o investimento internacional por pessoas físicas e jurídicas poderá afetar indiretamente as ações e o desempenho de uma EMN. Conseqüentemente, um entendimento dos motivos e dos métodos do investimento internacional é necessário para prever como o fluxo de fundos internacional poderá mudar no futuro e como essa mudança poderá afetar as EMNs.

Plano de Fundo das Bolsas de Valores Internacionais

O comércio internacional de ações cresceu no decorrer do tempo, mas esteve limitado por três barreiras: os custos de transações, os custos de informações e o risco da taxa de câmbio. Em anos recentes, no entanto, essas barreiras foram reduzidas, como explicado aqui.

USANDO A WEB **Informações sobre a Bolsa de Valores.** Um sumário de links das Bolsas de Valores ao redor do mundo está disponível em http://123world.com/stockexchanges.

Redução de Custos de Transações

A maioria dos países tende a ter suas próprias Bolsas de Valores, em que as ações de empresas locais são comercializadas. Em anos recentes, as Bolsas estão consolidadas dentro de um país que cresceu em eficiência e reduziu os custos de transações. Algumas Bolsas de Valores euro-

90 FINANÇAS CORPORATIVAS INTERNACIONAIS

péias agora possuem extensas listas cruzadas de modo que os investidores em um dado país europeu facilmente possam adquirir ações de empresas com base em outros países europeus.

Em particular, devido à sua eficiência, a Bolsa de Valores da Suíça pode servir como modelo que será aplicado em muitas outras Bolsas de Valores ao redor do mundo. A Bolsa de Valores da Suíça está completamente computadorizada agora, portanto um recinto de negociações para comercialização não é mais necessário. Pedidos feitos por investidores para comprar ou vender fluem para instituições financeiras que são membros titulares da Bolsa de Valores da Suíça. Essas instituições não necessariamente possuem base na Suíça. Os detalhes dos pedidos, tais como o nome das ações, o número da ação a ser comprada ou vendida e o preço pelo qual o investidor está disposto a comprar ou vender, são armazenados em um sistema de computadores. Esse sistema combina compradores e vendedores e depois envia as informações confirmando a transação para a instituição financeira, que informa ao investidor que a transação foi completada.

Quando houver muito mais pedidos de compra que pedidos de venda para dadas ações, o computador não é capaz de atender a todos os pedidos. Alguns compradores, então, aumentarão o valor que estão dispostos a pagar pelas ações. Assim, o preço se ajusta em resposta à demanda (pedidos de compra) pelas ações e a oferta (pedidos de venda) das ações à venda registradas pelo sistema de computadores. Uma dinâmica semelhante ocorre quando é feito um pregão, mas o sistema computadorizado possui critérios documentados pelos quais prioriza a execução de pedidos; comerciantes de um pregão poderão executar alguns negócios de maneira que favoreçam a si mesmos à custa dos investidores.

Em anos recentes, Redes de Comunicação Eletrônica (RCE) foram criadas em muitos países para combinar pedidos entre compradores e vendedores. Como a Bolsa de Valores da Suíça, RCEs não possuem um recinto de negociações visível: os negócios são executados por uma rede de computadores. Exemplos de RCEs populares incluem Archipelago, Instinet e Tradebook. Com uma RCE, os investidores podem colocar seus pedidos em seus computadores, os quais então serão executados pelo sistema de computadores e confirmados pela Internet com o investidor. Portanto, todas as partes do processo de negociação, desde a colocação do pedido até a confirmação de que a transação foi executada, são produzidas por computador. A tranqüilidade com que esses pedidos ocorrem, independentemente da localização do investidor e da Bolsa de Valores, com certeza aumentará o volume de transações de ações internacionais no futuro.

Impacto das Alianças. Várias Bolsas de Valores criaram alianças internacionais com as Bolsas de Valores de outros países, permitindo assim que as empresas cruzem suas listas de ações pelos vários mercados de ações. Isso dá aos investidores acesso mais fácil e mais barato a ações estrangeiras. As alianças também permitem maior integração entre os mercados. Em algum ponto no futuro, poderá haver um mercado global de ações em que qualquer ação de qualquer país pode ser facilmente adquirida ou vendida por investidores ao redor do mundo. Uma única Bolsa de Valores global permitirá que os investidores dos Estados Unidos adquiram facilmente qualquer ação, independentemente de onde seja a base da empresa ou a moeda em que as ações estejam denominadas. As alianças internacionais são um primeiro passo em direção a um único mercado global de ações. Os custos de transações de ações internacionais já foram reduzidos consideravelmente em função de algumas alianças.

Redução em Custos de Informações

A Internet possibilita aos investidores o acesso a muita informação sobre ações estrangeiras, permitindo que tomem decisões mais conscientes sem ter de pagar pelas informações sobre essas ações. Conseqüentemente, os investidores estariam mais à vontade para avaliar as ações estrangeiras. Embora diferenças na contabilização de regras ainda limitem o grau ao qual os dados financeiros referentes a empresas estrangeiras possam ser interpretados ou comparados aos dados de empresas em outros países, há algum ímpeto para fazer com que padrões de contabilidade sejam uniformes em alguns países.

Risco da Taxa de Câmbio

Ao investir em uma ação estrangeira denominada em uma moeda estrangeira, os investidores estão sujeitos à possibilidade de a moeda que denomina a ação se depreciar com relação à moeda do investidor com o tempo.

O potencial para uma queda importante no valor da ação simplesmente devido a um grande grau de depreciação é mais provável nos mercados emergentes, como Indonésia ou Rússia, em que a moeda local pode variar 10% ou mais em um único dia.

Medição do Impacto das Taxas de Câmbio. O retorno para um investidor dos Estados Unidos com o investimento em uma ação estrangeira é influenciado pelo retorno sobre a própria ação (R), que inclui o dividendo e a variação percentual na taxa de câmbio (e), conforme mostrado aqui.

$$R_\$ = (1+ R)\,(1 + e) - 1$$

EXEMPLO

Um ano atrás, Rob Grady investiu na ação da Vopka, uma empresa russa. No ano passado, a ação aumentou 35% em valor. Nesse mesmo período, no entanto, o valor do rublo russo caiu 30%. Rob vendeu a ação da Vopka hoje. Seu retorno é:

$$\begin{aligned}
R_\$ &= (1+ R)\,(1 + e) - 1 \\
&= (1 + 0{,}35)[1 + (-\,0{,}30)] - 1 \\
&= -0{,}055 \text{ ou } -5{,}5\%
\end{aligned}$$

Muito embora o retorno sobre a ação tenha sido mais pronunciado que a oscilação da taxa de câmbio, Rob perdeu dinheiro nesse investimento. O motivo é que a oscilação de -30% da taxa de câmbio eliminou não apenas 30% de seu investimento anual, mas também 30% do retorno da ação.

Como ilustra o exemplo anterior, os investidores devem considerar a influência potencial das oscilações da taxa de câmbio nas ações estrangeiras antes de investir nessas ações. Os investimentos estrangeiros são especialmente arriscados em países em desenvolvimento, nos quais as taxas de câmbio tendem a ser muito voláteis.

Redução do Risco da Taxa de Câmbio de Ações Estrangeiras. Um método de reduzir o risco da taxa de câmbio é tomar posições vendidas nas moedas estrangeiras que denominam as ações estrangeiras. Por exemplo, um investidor dos Estados Unidos que detém ações mexicanas e que espera que elas tenham valor de 10 milhões de pesos mexicanos daqui a um ano poderia vender contratos a termo (ou contratos futuros) representando 10 milhões de pesos. As ações poderiam ser liquidadas naquele momento, e os pesos poderiam ser trocados por dólares a um preço fechado.

Embora a proteção (*hedging*) do risco da taxa de câmbio de uma carteira de ações internacionais possa ser eficaz, ela tem três limitações. Primeiro, o número de unidades da moeda estrangeira a ser convertida em dólares no fim do horizonte do investimento é desconhecido. Se as unidades recebidas com a liquidação das ações estrangeiras forem mais (menos) que o valor protegido pelo *hedging*, o investidor tem uma posição líquida comprada (vendida) nessa moeda estrangeira e o retorno será afetado de maneira desfavorável por sua depreciação (apreciação).

92 FINANÇAS CORPORATIVAS INTERNACIONAIS

No entanto, embora o *hedging* possa não ser perfeito por esse motivo, os investidores normalmente deveriam conseguir se proteger da maior parte do risco da taxa de câmbio.

Uma segunda limitação da proteção (*hedging*) do risco da taxa de câmbio é que os investidores podem decidir reter as ações estrangeiras além do horizonte de investimento inicialmente planejado. Naturalmente, eles podem criar outra posição vendida depois que a posição comprada inicial tiver terminado. Se decidirem liquidar as ações estrangeiras antes da data da entrega a termo, o *hedging* será menos eficaz. Eles podem usar o produto da venda para investir em títulos no mercado monetário estrangeiro denominado naquela moeda para adiar a conversão em dólares até a data de entrega a termo. Mas isso os impede de usar os recursos para outras oportunidades, até aquela data de entrega.

Uma terceira limitação do *hedging* é que as taxas a termo para moedas que são menos amplamente comercializadas podem não existir ou podem apresentar um grande desconto.

Diversificação das Ações Internacionais

Um grande volume de pesquisas demonstrou que os investidores em ações podem se beneficiar se diversificando internacionalmente. As ações da maioria das empresas são altamente influenciadas pelos países em que essas empresas se localizam (embora algumas delas sejam mais vulneráveis às condições econômicas que outras).

Como os mercados de ações refletem, parcialmente, o estado atual e/ou previsto da economia de seu país, eles não se movem em paralelo. Portanto, ações específicas dos vários mercados não devem ser altamente correlacionadas. Isso contrasta com uma carteira puramente doméstica, na qual a maioria das ações normalmente se move na mesma direção e por uma magnitude de alguma maneira semelhante.

O risco de uma carteira de ações pode ser medido por sua volatilidade. Os investidores preferem uma carteira de ações com um grau menor de volatilidade, pois os retornos futuros de uma carteira menos volátil estão sujeitos a menos incerteza. A volatilidade de uma única ação é comumente medida por seu desvio padrão de retornos durante um período recente. A volatilidade de uma carteira de ações também pode ser medida por seu desvio padrão de retornos durante um período recente. O desvio padrão de uma carteira de ações é determinado pelo desvio padrão de retornos para cada ação individual, juntamente com as correlações de retornos entre cada par de ações na carteira, conforme mostrado a seguir para uma carteira de duas ações:

$$\sigma_p = \sqrt{w_X^2 \sigma_X^2 + w_Y^2 \sigma_Y^2 + 2 w_X w_Y \sigma_X \sigma_Y (CORR_{XY})}$$

onde w_X é a proporção de recursos investidos na ação X, w_Y é a proporção de recursos investidos na ação Y, σ_X é o desvio padrão de retornos para a ação X, σ_Y é o desvio padrão de retornos para a ação Y e $CORR_{XY}$ é o coeficiente de correlação de retornos entre a ação X e a ação Y. Nessa equação, deveria estar claro que o desvio padrão de retornos (e, portanto, o risco) de uma carteira de ações está positivamente relacionado ao desvio padrão das ações individuais incluídas dentro da carteira e está também relacionado positivamente às correlações entre retornos de ações individuais.

Muitas pesquisas documentaram que os retornos das ações são gerados pelas condições de mercado de seu país. Portanto, ações individuais dentro de um determinado país tendem a ser altamente correlacionadas. Se as economias dos países for segmentadas, os retornos de seu mercado de ações não devem estar altamente correlacionados e, portanto, as ações individuais de um país não devem estar altamente correlacionadas às ações individuais de outros países.

APÊNDICE 3 • INVESTINDO EM MERCADOS MONETÁRIOS INTERNACIONAIS **93**

Desse modo, os investidores devem conseguir reduzir o risco de sua carteira de ações investindo em ações em diferentes países.

Limitações na Diversificação Internacional

Em geral, as correlações entre indicadores de ações têm sido mais altas em anos recentes do que foram alguns anos atrás. O aumento geral de correlações entre os retornos do mercado de ações pode ter implicações para as EMNs que tentam se diversificar internacionalmente. À medida que os preços das ações de cada mercado refletem os ganhos previstos, as correlações crescentes podem sugerir que mais ganhos previstos correlacionados sejam esperados entre os países. Portanto, os benefícios potenciais de redução de riscos para uma EMN que diversifica seus negócios poderão ser limitados.

> **USANDO A WEB**
>
> **Desempenho do Mercado de Ações.** Gráficos que mostram o desempenho recente do mercado de ações para cada mercado podem ser encontrados em http://finance.yahoo.com/intlindices?u. O nível do indicador da ação prevalecente é mostrado para cada país, assim como o desempenho de cada mercado no transcorrer do dia anterior. Para alguns mercados, você poderá avaliar o desempenho do ano anterior clicando em "Chart" (gráfico), ao lado do nome do país.

Uma razão para as crescentes correlações entre os retornos do mercado de ações é a crescente integração dos negócios entre os países. Uma crescente integração resulta em mais fluxos comerciais interpaíses. Em particular, muitos países europeus tornaram-se mais integrados quando os regulamentos foram padronizados pela Europa para facilitar o comércio entre os países. Além disso, a adoção do euro eliminou o risco da taxa de câmbio em relação ao comércio entre os países participantes.

A conversão para o euro também permite que os gerentes de carteiras em países europeus invistam em ações de outros países europeus participantes sem preocupações com o risco da taxa de câmbio, porque essas ações também estão denominadas em euros. Isso facilita uma aproximação mais regional para os investidores europeus, que não estão restritos às ações dentro de seus respectivos países.

Uma vez que algumas correlações do mercado de ações podem se tornar mais pronunciadas durante uma crise, a diversificação internacional não necessariamente será tão efetiva durante tempos de maus negócios quanto é em condições mais favoráveis. Dois eventos que tiveram um efeito adverso sobre muitos mercados foram a quebra da Bolsa em 1987 e a crise asiática, discutidas a seguir.

Oscilações de Mercado durante a Quebra da Bolsa em 1987. Evidência adicional sobre as relações entre os mercados de ações é obtida avaliando as oscilações de mercado durante a quebra do mercado de ações em outubro de 1987. A Figura 3A.1 mostra as oscilações do mercado de ações de quatro países importantes durante a quebra. Embora a magnitude da queda não fosse exatamente a mesma, todos os quatro mercados foram afetados adversamente. Quando os investidores institucionais previram uma queda geral nas ações, venderam algumas ações de todos os mercados, em vez de apenas do mercado americano.

Muitos mercados de ações passaram por declínios de preços maiores do que os dos mercados de ações dos Estados Unidos. Por exemplo, durante o mês de outubro de 1987, o indicador de mercado dos Estados Unidos caiu cerca de 21%, enquanto o indicador de mercado da Alemanha declinou cerca de 23% e o indicador do Reino Unido, 26%. Os indicadores do mercado de ações da Austrália e de Hong Kong caíram em mais de 50% nesse mesmo mês.

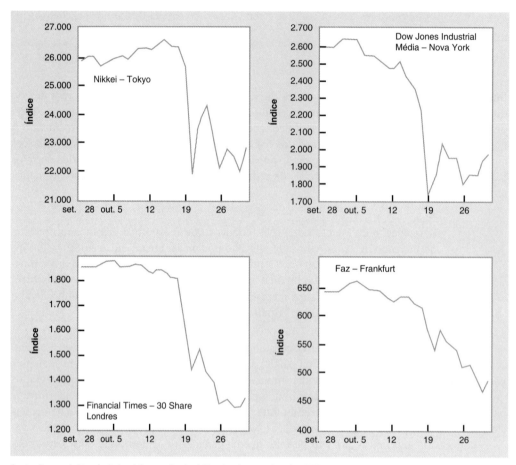

Fonte: *Economic Trends*, Federal Reserve Bank of Cleveland, novembro de 1987, p. 17.

Figura 3A.1 Integração entre mercados de ações estrangeiros durante a quebra da Bolsa em 1987.

Oscilações de Mercado durante a Crise Asiática. No verão de 1997, a Tailândia passou por sérios problemas econômicos, que foram seguidos por tempos de maus negócios em vários outros países asiáticos. Os investidores reavaliaram as ações em queda devido às condições econômicas enfraquecidas, mais incerteza política e falta de confiança de que os problemas fossem resolvidos. Os efeitos durante o primeiro ano da crise asiática estão resumidos na Figura 3A.2. Essa crise mostrou como os preços de ações podiam acrescentar rapidamente condições de mudança e como as condições de mercado podiam se espalhar pelos países. Portanto, a diversificação pela Ásia não isolou eficazmente os investidores durante a crise. A diversificação por todos os continentes teria sido um método de diversificação mais eficiente durante a crise.

Embora não tenha ocorrido outra quebra de mercado de ações desde 1987, ocorreram várias miniquebras. Por exemplo, em 27 agosto de 1998 (conhecido como Quinta-feira Sangrenta), as ações e os valores da moeda russos caíram abruptamente em resposta aos problemas financeiros da Rússia, e a maioria dos mercados de ações ao redor do mundo experimentou perdas naquele dia. As ações dos Estados Unidos caíram em mais de 4% nesse dia. Os efeitos foram sentidos além das ações que seriam diretamente afetadas por problemas financeiros na Rússia, quando a paranóia fez com que investidores vendessem ações por todos os mercados, temendo que todas as ações pudessem estar supervalorizadas.

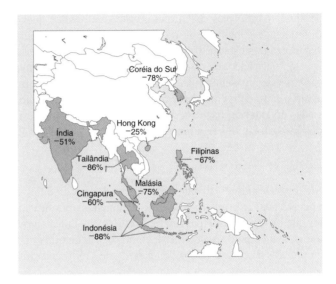

Figura 3A.2
Como os níveis do mercado de ações mudaram durante a crise asiática, da perspectiva dos Estados Unidos.

Em resposta ao 11 de setembro de 2001, com os ataques terroristas aos Estados Unidos, muitos mercados experimentaram quedas de mais de 10% na semana seguinte. A diversificação entre os mercados não foi muito eficaz para reduzir o risco nesse caso.

Avaliação das Ações Estrangeiras

Quando os investidores consideram o investimento em ações estrangeiras, precisam de métodos para avaliar essas ações.

Modelo de Desconto de Dividendos

Uma possibilidade é utilizar o modelo de desconto de dividendos com um ajuste para considerar as oscilações da taxa de câmbio esperada. Ações estrangeiras pagam dividendos na moeda em que são denominadas. Portanto, o fluxo de caixa por período para investidores dos Estados Unidos é o dividendo (denominado na moeda estrangeira) multiplicado pelo valor dessa moeda estrangeira em dólares. O dividendo normalmente poderá ser previsto com mais exatidão que o valor da moeda estrangeira. Devido a incertezas na taxa de câmbio, o valor das ações estrangeiras, visto da perspectiva do investidor dos Estados Unidos, está sujeito a muitas incertezas.

Método Preço/Lucro

Um método alternativo para avaliar ações estrangeiras é a aplicação dos índices de preço/lucro. Os ganhos esperados por ação da empresa estrangeira são multiplicados pelo índice apropriado de preço/lucro (com base no risco da empresa e indústria) para determinar o preço apropriado das ações da empresa. Embora esse método seja fácil de usar, está sujeito a algumas limitações quando aplicado para avaliar ações estrangeiras. O índice de preço/lucro para uma determinada indústria poderá mudar continuamente em alguns mercados estrangeiros, especialmente quando a indústria é composta por algumas poucas empresas. Portanto, é difícil determinar o índice preço/lucro apropriado que seria aplicado a uma empresa estrangeira específica. Além do mais, o índice preço/lucro para uma indústria em particular poderá precisar de ajuste para o país da empresa, visto que ganhos declarados podem ser influenciados pelas diretrizes de contabilidade da empresa e pelas leis tributárias. Além disso, mesmo que os investidores dos Estados Unidos estejam confiantes em sua estimativa sobre o índice preço/lucro, o valor derivado por esse método é denominado na moeda estrangeira local (desde que os ganhos estejam denominados nessa moeda). Então, os investidores dos Estados Unidos ainda assim precisariam considerar os efeitos da taxa de câmbio. Mesmo que as ações estejam depreciadas no exterior, não necessariamente poderão gerar um retorno razoável para os investidores dos Estados Unidos se a moeda estrangeira se desvalorizar perante o dólar.

Outros Métodos

Alguns investidores adaptam esses métodos ao escolher ações estrangeiras. Por exemplo, eles poderão avaliar primeiro as condições macroeconômicas de todos os países para eliminar aqueles que provavelmente passarão por condições difíceis no futuro. Em seguida, usam outros métodos, tais como o modelo de desconto de dividendos ou o método de preço/lucro para avaliar empresas específicas dentro dos países que são interessantes.

Por que as Percepções para a Avaliação de Ações Diferem entre os Países

As ações que os investidores de um país consideram desvalorizadas podem parecer supervalorizadas para os investidores de outro país. Algumas das razões mais comuns pelas quais as percepções para a avaliação de ações podem variar entre os investidores em países diferentes estão identificadas aqui.

Taxa Requerida de Retorno. Alguns investidores tentam avaliar as ações de acordo com o valor presente dos fluxos de caixa futuros que gerarão. O modelo de desconto de dividendos é um dos muitos modelos que utilizam essa abordagem. A taxa requerida de retorno utilizada para descontar os fluxos de caixa pode variar consideravelmente entre os países. Ela está baseada na taxa de juros livre de riscos disponível para os investidores, mais um prêmio de riscos. Para investidores nos Estados Unidos, a taxa livre de riscos fica naturalmente abaixo de 10%. Portanto, os investidores dos Estados Unidos aplicariam uma taxa requerida de retorno de 12% a 15% em alguns casos. Em contraste, os investidores em um país tal como o Brasil não estariam dispostos a aceitar essas taxas baixas porque sua taxa de juros livre de riscos geralmente está acima de 25%. Se eles podem ganhar um retorno anual de 25% investindo em um ativo livre de riscos, exigiriam um retorno mais alto que esse, antes de investir em ativos arriscados como ações.

Risco da Taxa de Câmbio. A exposição dos investidores à taxa de câmbio ao investir em ações estrangeiras depende de seu país de origem. Investidores nos Estados Unidos que investem em ações brasileiras estão altamente expostos ao risco da taxa de câmbio, com a moeda brasileira (o real) se desvalorizando consideravelmente perante o dólar no decorrer do tempo. Investidores brasileiros não estão tão expostos ao risco da taxa de câmbio ao investir em ações dos Estados Unidos, no entanto, porque há menos chances de uma depreciação importante do dólar perante o real brasileiro. Na verdade, os investidores brasileiros normalmente lucram com investimentos em ações americanas devido à valorização do dólar perante o real brasileiro. De fato, a valorização do dólar muitas vezes é necessária para gerar um retorno adequado para investidores brasileiros, dado seu alto retorno requerido ao investir em ações estrangeiras.

Impostos. Os efeitos dos impostos de dividendos e ganhos de capital também variam entre os países. Quanto mais baixas as alíquotas de tributação de um país, tanto maior a parte dos fluxos de caixa pré-taxa recebidos que o investidor poderá reter. Outras coisas permanecendo iguais, os investidores com base em países com alíquotas de tributos baixas avaliariam as ações em um valor mais alto.

A avaliação das ações por investidores de um dado país muda em conseqüência das mudanças da legislação de impostos. Antes de 2003, os rendimentos dos dividendos recebidos pelos investidores dos Estados Unidos eram tributados como rendimentos ordinários, que podiam ser de quase 40% para alguns contribuintes. Conseqüentemente, muitos investidores americanos podem ter avaliado com valores mais altos as ações estrangeiras que pagavam dividendos baixos ou nenhum dividendo (especialmente se os investidores não dependessem das ações para receber rendimentos periódicos). Antes de 2003, a tributação máxima sobre ganhos de capital de longo prazo era de 20%, uma taxa que fazia com que as ações estrangeiras que não pagavam dividendos, mas que tinham alto potencial para grandes ganhos de capital, fossem muito atraentes. Em 2003, no entanto, a alíquota de tributação máxima sobre os dividendos e os ganhos de capital de longo prazo foi colocada em 15%. Conseqüentemente, os investidores dos Estados Unidos ficaram mais dispostos a considerar ações estrangeiras que pagassem altos dividendos.

Métodos Utilizados para Investir Internacionalmente

Para investidores que procuram diversificação em ações internacionais, estão disponíveis cinco abordagens:

- aquisição direta de ações estrangeiras;
- investimento em ações de EMN;
- recibos depositários americanos (ADRs);
- fundos de índice;
- fundos mútuos internacionais.

Cada abordagem é discutida a seguir.

Aquisição Direta de Ações Estrangeiras

Ações estrangeiras podem ser compradas em Bolsas de Valores estrangeiras. Isso exige o serviço de empresas de corretagem que podem contatar, no recinto da Bolsa, corretores que trabalham na Bolsa de Valores concernente. No entanto, essa abordagem é ineficiente devido às imperfeições de mercado, tais como informações insuficientes, custos de transações e diferenciais de tributos entre os países.

Um método alternativo de investimento direto em ações estrangeiras é o de comprar ações de empresas estrangeiras as quais são vendidas na Bolsa de Valores local. Nos Estados Unidos, por exemplo, as ações da Royal Dutch Shell (dos Países Baixos), da Sony (do Japão) e muitas outras são vendidas em Bolsas de Valores americanas. Como o número de ações estrangeiras listadas em qualquer Bolsa de Valores local é naturalmente bem limitado, esse método em si poderá não ser adequado para atingir os benefícios completos da diversificação internacional.

Investimento em Ações de EMN

As operações de uma EMN representam diversificação internacional. Como um investidor com uma carteira de ações bem gerenciada, uma EMN poderá reduzir o risco (variabilidade nos fluxos líquidos de caixa) ao diversificar as vendas não apenas entre indústrias, mas também entre

98 FINANÇAS CORPORATIVAS INTERNACIONAIS

países. Nesse sentido, a EMN como uma empresa única poderá atingir estabilidade semelhante à da carteira de ações internacionalmente diversificada.

Se as ações da EMN se comportarem como uma carteira de ações internacional, então deverão ser sensíveis aos mercados de ações de vários países nos quais operará. A sensibilidade dos retornos das EMNs com base em algum país em particular em mercados de ações específicos pode ser medida como:

$$R_{EMN} = a_0 + a_1 R_L + b_1 R_{I,1} + b_2 R_{I,2} + ...b_n R_{I,n} + u$$

onde R_{EMN} é o retorno médio de uma carteira de EMNs do mesmo país, a_0 é ao intercepto, R_L é o retorno no mercado de ações local, $R_{I,1}$ até $R_{I,n}$ são retornos dos índices de ações estrangeiras I_1 até I_n, e u é um termo de erro. O coeficiente de a_1 mede a sensibilidade dos retornos da EMN ao mercado de ações local, enquanto os coeficientes b_1 até b_n medem a sensibilidade dos retornos da EMN a vários mercados de ações internacionais. Estudos aplicaram o modelo de regressão de série temporal especificado aqui e concluíram que as EMNs com base em um país em particular eram naturalmente afetadas somente pelos seus respectivos mercados de ações e não por outras oscilações de outros mercados de ações. Isso sugere que os benefícios de diversificação de investimentos em uma EMN são limitados.

Recibos Depositários Americanos

Uma outra abordagem é adquirir Recibos Depositários Americanos (ADRs), que são certificados representando a propriedade de ações estrangeiras. Mais de 1.000 ADRs estão disponíveis nos Estados Unidos, comercializados principalmente no mercado de balcão (OTC – *over the counter*). Um investimento em ADRs pode ser um substituto adequado do investimento direto em ações estrangeiras. No entanto, somente um número limitado de ADRs está disponível.

USANDO A WEB	**Desempenho de ADRs.** O desempenho de ADRs está disponível em http://www. adr.com. Clique em "Industry" para ver o desempenho de ADRs em cada indústria. O site mostra uma tabela que apresenta informações sobre a indústria, incluindo o número de ADRs naquela indústria e os retornos de seis e de 12 meses. Clique em uma indústria em particular para ver o desempenho de ADRs individuais naquela indústria.

Fundos de Índice

Embora investidores tenham monitorado de perto os indicadores de ações internacionais por anos, eram incapazes de investir diretamente nesses indicadores. O indicador era simplesmente uma medida de desempenho para um conjunto de ações, mas não era comercializado. Fundos de índice representam os indicadores que refletem compostos de ações de países em particular; foram criados para permitir aos investidores o investimento direto em um indicador de ações representando qualquer um dos vários países. Às vezes, tais fundos de índices são chamados de portfólios de referência de ações mundiais ou como iShares.

Fundos Mútuos Internacionais

Uma última abordagem a ser considerada é a aquisição de ações dos **fundos mútuos internacionais**, que são ações em carteiras de vários países. Várias empresa de investimento, tais como Fidelity, Vanguard e Merrill Lynck, elaboraram fundos dessa natureza para seus clientes. Como os fundos mútuos domésticos, tais fundos são populares graças (1) ao baixo mínimo de investimento necessário para participar dos fundos, (2) à suposta especialização dos gerentes da carteira e (3) ao alto grau de diversificação adquirido pela inclusão das carteiras de várias ações. Muitos investidores acreditam que um fundo mútuo internacional possa reduzir os riscos melhor do que um fundo mútuo puramente doméstico, porque inclui títulos estrangeiros. Um fundo mútuo internacional representa uma carteira pré-elaborada, de modo que os investidores que a utilizam não precisem elaborar suas próprias carteiras. Embora alguns investidores prefiram elaborar suas próprias carteiras, a existência de inúmeros fundos mútuos no mercado hoje permite que os investidores selecionem aquele que mais se assemelha ao tipo de carteira que eles mesmos teriam elaborado. Além disso, alguns investidores se sentem mais à vontade com um gerente profissional cuidando de sua carteira internacional.

CAPÍTULO 4

Determinação de Taxas de Câmbio

Gestores financeiros de EMNs que realizam negócios internacionais precisam monitorar continuamente as taxas de câmbio porque seus fluxos de caixa são altamente dependentes delas. Eles precisam entender quais fatores influenciam as taxas de câmbio para que possam prever as mudanças que podem ocorrer em resposta a condições específicas. Este capítulo apresenta um fundamento para entender como as taxas de câmbio são determinadas.

Os objetivos específicos deste capítulo são:

- explicar como as oscilações das taxas de câmbio são medidas;

- explicar como a taxa de câmbio de equilíbrio é determinada; e

- examinar os fatores que afetam a taxa de câmbio de equilíbrio.

Oscilação da Taxa de Câmbio: Medição

As oscilações da taxa de câmbio afetam o valor de uma EMN porque elas podem influenciar o montante de entradas no caixa recebido de exportações ou de uma subsidiária e o montante de saídas do caixa necessário para pagar as importações. Uma taxa de câmbio mede o valor de uma moeda em unidades da outra moeda. Quando as condições econômicas mudam, as taxas de câmbio podem mudar consideravelmente. Um declínio no valor de uma moeda freqüentemente é conhecido como **desvalorização**. Quando a libra esterlina se desvaloriza perante o dólar americano, isso significa que o dólar americano está se fortalecendo em relação a essa moeda. O aumento do valor de uma moeda freqüentemente é conhecido como **valorização**.

100

DETERMINAÇÃO DE TAXAS DE CÂMBIO **101**

Quando as taxas à vista de uma moeda em dois momentos específicos são comparadas, a taxa à vista na data mais recente é denotada como S e a taxa à vista na data anterior, como S_{t-1}. A mudança de porcentagem no valor da moeda estrangeira é calculada como segue:

$$\text{Porcentagem } \Delta \text{ do valor em moeda estrangeira} = \frac{S - S_{t-1}}{S_{t-1}}$$

http://

Visite http://www.federalreserve.gov/releases/ para ver taxas de câmbio atuais e históricas.

Uma mudança de porcentagem positiva indica que a moeda estrangeira se valorizou, enquanto uma mudança de porcentagem negativa indica que ela se desvalorizou. Os valores de algumas moedas chegaram a mudar 5% em um período de 24 horas.

Em alguns dias, a maioria das moedas se valoriza perante o dólar, embora em diferentes graus. Em outros dias, a maioria das moedas se desvaloriza perante o dólar, mas em diferentes graus. Há também dias em que algumas moedas se valorizam, enquanto outras se desvalorizam perante o dólar; a mídia descreve esse cenário quando afirma que "o dólar foi *misturado* nas negociações".

A Tabela 4.1 ilustra como o euro mudou em uma base de 2003 a 2004. Algumas moedas que são negociadas com menos freqüência são ainda mais voláteis. As mudanças no valor de uma moeda têm um impacto importante nos custos e na receita.

EXEMPLO

Considere o impacto da mudança do valor do euro a partir do início de 2003 até o começo de 2004. Suponha que um hotel na Europa cobrava 100 euros por um quarto nessas duas datas. Se você tivesse visitado a Europa e se hospedado nesse hotel, seu custo teria sido de $ 105 no início de 2003 e $ 126 em 2004. O hotel recebe a mesma quantia de euros em ambas as datas, mas seu custo em dólares foi 20% a mais em 2004 porque o euro se valorizou em 20%. Nesse mesmo período, os europeus que visitassem os Estados Unidos teriam pago menos pelo hotel em 2004 que em 2003 porque seriam necessários menos euros para obter um determinado número de dólares em 2004. Em 2004, o euro era considerado "forte" devido ao seu alto valor.

Agora considere o efeito da flutuação do euro sobre uma EMN. Se uma EMN com base nos Estados Unidos comprasse produtos ao preço de um milhão de euros no início de 2003, o custo em dólar estava em $ 1,05 milhão. Se ela comprasse os mesmos produtos no início de 2004 (supondo não ter havido mudança no preço do euro), o custo em dólar era de $ 1,25 milhão. O custo em 2004 estava 20% mais alto porque o valor do euro estava 20% mais caro. Nesse mesmo período uma EMN com base na Europa poderia comprar produtos denominados em dólares com menos euros em 2004 que em 2003, devido ao poder do euro.

Data	Taxa de Câmbio	Porcentagem da Mudança Anual
01/01/2000	$ 1,001	—
01/01/2001	$ 0,94	–6,1%
01/01/2002	$ 0,89	–5,3%
01/01/2003	$ 1,05	+18,0%
01/01/2004	$ 1,26	+20,0%

Tabela 4.1 Mudanças anuais no valor do euro.

O impacto potencial das oscilações da taxa de câmbio sobre os custos e a receita de uma EMN é óbvio e reforçado no decorrer do texto. Conseqüentemente, é importante entender as forças que podem causar mudanças na taxa de câmbio no decorrer do tempo. As EMNs que entendem como as moedas podem ser afetadas por forças existentes poderão se preparar para possíveis efeitos adversos sobre suas despesas ou receitas e reduzir sua exposição.

Equilíbrio da Taxa de Câmbio

Embora seja fácil medir a mudança porcentual no valor de uma moeda, é mais difícil explicar por que o valor mudou ou prever como poderá mudar no futuro. Para atingir qualquer um desses objetivos, a concepção de **equilíbrio da taxa de câmbio** deve ser entendida, assim como os fatores que afetam o equilíbrio da taxa.

Antes de considerar por que uma taxa de câmbio muda, devemos perceber que uma taxa de câmbio em um dado momento representa o *preço* de uma moeda. Como qualquer outro produto vendido nos mercados, o preço de uma moeda é determinado pela demanda por essa moeda em relação à oferta. Assim, para cada preço possível de uma libra esterlina, há uma demanda correspondente por libras e uma oferta correspondente de libras à venda. Em qualquer momento, uma moeda deverá exibir o preço em que a demanda por essa moeda será igual à oferta, e isso representa o equilíbrio da taxa de câmbio. Naturalmente, as condições poderão mudar no decorrer do tempo, fazendo com que a oferta ou a demanda por uma dada moeda se ajustem e, portanto, causando oscilações no preço da moeda. Esse tópico é discutido com mais detalhes nesta seção.

A Demanda pela Moeda

A libra esterlina é utilizada aqui para explicar o equilíbrio da taxa de câmbio. O Reino Unido não adotou o euro como sua moeda e continua a utilizar a libra. A Figura 4.1 mostra um número hipotético de libras que seria demandados sob várias possibilidades da taxa de câmbio. Em qualquer ponto no tempo, há apenas uma taxa de câmbio. A Figura mostra a quantidade de libras que seria demandada em várias taxas de câmbio. O quadro de demanda apresenta

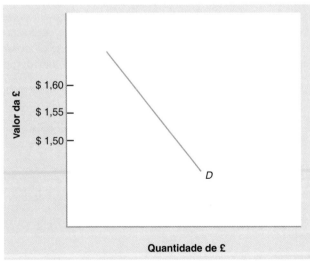

Figura 4.1
Quadro da demanda por libras esterlinas.

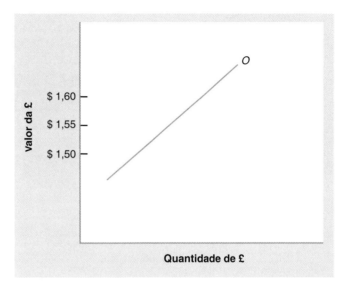

Figura 4.2
Quadro de oferta da libra esterlina.

uma inclinação negativa porque empresas dos Estados Unidos serão incentivadas a comprar mais produtos britânicos quando a libra estiver valendo menos, já que serão necessários menos dólares para obter a quantia de libras desejada.

Oferta da Moeda

Até aqui foi considerada somente a demanda por libras por parte dos Estados Unidos, mas a do Reino Unido por dólares americanos também deverá ser levada em conta. Podemos nos referir a isso como **oferta de libras estelinas à venda**, já que libras são ofertadas no mercado de câmbio estrangeiro para a troca por dólares.

Um quadro de oferta de libras à venda no mercado de câmbio estrangeiro poderá ser desenvolvido de maneira semelhante ao quadro de demanda por libras. A Figura 4.2 mostra a quantidade de libras à venda (ofertadas ao mercado de câmbio estrangeiro em troca por dólares) correspondendo a cada taxa de câmbio possível. Note no quadro de oferta na Figura 4.2 que há relacionamento positivo entre o valor da libra esterlina e a quantidade à venda (ofertadas), o que pode ser explicado como segue. Quando a libra possui um valor alto, os consumidores britânicos e as empresas provavelmente comprarão produtos dos Estados Unidos. Assim, fornecem um número maior de libras ao mercado, para ser trocadas por dólares. De modo contrário, quando a libra está com o valor baixo, a oferta de libras colocadas à venda é menor, o que reflete menor desejo britânico de obter produtos dos Estados Unidos.

Equilíbrio

Os quadros de oferta e demanda pela libra esterlina são combinados na Figura 4.4. A uma taxa de câmbio de $ 1,50, a quantidade de libras demandadas excederia a oferta dessa moeda colocada à venda. Conseqüentemente, os bancos que fornecem serviços de câmbio passariam por uma falta de libras a essa taxa de câmbio. A uma taxa de câmbio de $ 1,60, a quantidade de libras demandadas seria menor que a oferta dessa moeda colocada à venda. Portanto, os bancos que fornecem serviços de câmbio passariam por um excedente de libras a essa taxa de câmbio. De acordo com a Figura 4.3, o equilíbrio da taxa de câmbio é $ 1,55 porque essa taxa equipara a quantidade de libras demandadas com a oferta de libras colocadas à venda.

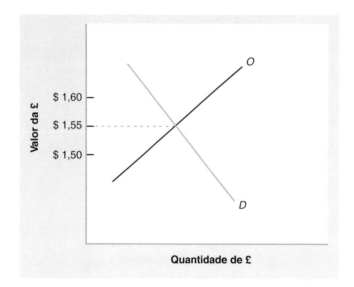

Figura 4.3
Determinação do equilíbrio da taxa de câmbio.

Impacto da Liquidez. Para todas as moedas, o equilíbrio da taxa de câmbio é alcançado por meio de transações no mercado de câmbio estrangeiro, mas para algumas moedas, o processo de ajuste é mais volátil que para outras. A liquidez de uma moeda afeta a sensibilidade da taxa de câmbio em transações específicas. Se o mercado à vista da moeda é liquido, sua taxa de câmbio não será altamente sensível a uma única compra ou venda grande da moeda. Portanto, a mudança no equilíbrio da taxa de câmbio será relativamente pequena. Com muitos compradores e vendedores que querem a moeda, as transações poderão ser atendidas facilmente. Se, ao contrário, o mercado à vista da moeda não for líquido, sua taxa de câmbio poderá ser altamente sensível a uma transação de compra ou venda grande e única. Não há compradores ou vendedores suficientes para atender a uma transação grande, o que significa que o preço da moeda deve mudar para reequilibrar a oferta e a demanda pela moeda. Conseqüentemente, moedas ilíquidas tendem a apresentar oscilações de taxa de câmbio mais voláteis, como os preços de equilíbrio de suas moedas se ajustam até em mudanças menores das condições de oferta e demanda.

Fatores que Influenciam as Taxas de Câmbio

O equilíbrio da taxa de câmbio sofrerá modificações no decorrer do tempo com a mudança dos quadros de oferta e demanda. Os fatores que causam a mudança dos quadros de oferta e demanda são discutidos aqui relacionando a influência de cada fator, conforme apresentados, antes na Figura 4.3. A seguinte equação resume os fatores que poderão influenciar a taxa à vista da moeda:

$$e = f(\Delta INF, \Delta INT, \Delta INC, \Delta GC, \Delta EXP)$$

onde

e = porcentagem de variação na taxa à vista;
ΔINF = variação na diferença entre a inflação americana e a inflação do outro país;
ΔINT = variação na diferença entre a taxa de juros americana e a taxa de juros do outro país;
ΔINC = variação na diferença entre o nível de renda dos Estados Unidos e o nível de renda do outro país;

ΔGC = variação nos controles do governo;
ΔEXP = variação nas expectativas de taxas de câmbio futuras.

Taxas de Inflação Relativas

As mudanças nas taxas relativas de inflação poderão afetar as atividades de comércio internacional, o que influencia a oferta e a demanda de moedas e, portanto, as taxas de câmbio.

EXEMPLO

> Considere como os quadros de oferta e demanda mostrados na Figura 4.3 seriam afetados se a inflação dos Estados Unidos aumentasse repentina e consideravelmente enquanto a inflação britânica permanecesse a mesma (suponha que a empresa britânica e a americana vendessem produtos que possam servir como substitutos um do outro). O repentino salto da inflação americana causaria um aumento na demanda dos americanos por produtos britânicos e, portanto, também um aumento na demanda dos Estados Unidos por libras esterlinas.
>
> Além do mais, o salto da inflação americana reduziria o desejo britânico por produtos dos Estados Unidos e, portanto, diminuiria a oferta de libras colocadas à venda. Essas reações de mercado estão ilustradas na Figura 4.4. No equilíbrio da taxa de câmbio anterior de $ 1,55, haverá uma falta de libras no mercado de câmbio estrangeiro. O aumento da demanda por libras pelos Estados Unidos e a oferta reduzida de libras colocadas à venda pressionarão para cima o valor dessa moeda. De acordo com a Figura 4.4, o novo valor de equilíbrio será $ 1,57.

Se a inflação britânica aumentasse (em vez da inflação americana), as forças opostas ocorreriam.

EXEMPLO

> Suponha que haja um aumento repentino e considerável na inflação britânica, enquanto a inflação americana continua baixa. Com base nessa informação, responda às seguintes perguntas: (1) Como o quadro de demanda por libras será afetado? (2) Como o quadro de

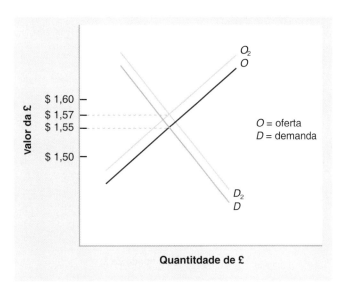

Figura 4.4
Impacto do aumento da inflação sobre o valor de equilíbrio da libra esterlina.

oferta de libras colocadas à venda será afetado? (3) O novo valor de equilíbrio da libra aumentará, cairá ou permanecerá inalterado? Com base nas informações dadas, as respostas são: (1) o quadro de demanda por libras deverá deslocar-se para dentro, (2) o quadro de oferta de libras colocadas à venda deverá deslocar-se para fora e (3) o novo valor de equilíbrio da libra entrará em queda. Naturalmente, o valor real da queda dependerá da magnitude do deslocamento. Não há informação suficiente para determinar a magnitude exata.

Na realidade, os quadros de oferta e demanta reais, e, portanto, o equilíbrio da taxa de câmbio verdadeiro refletirão vários fatores simultaneamente. O ponto do exemplo anterior é demonstrar como trabalhar logicamente a mecânica do efeito que uma inflação mais alta de um país poderá ter sobre a taxa de câmbio. Cada fator é avaliado para determinar sua influência individual sobre as taxas de câmbio, mantendo todos os outros fatores constantes. Então, todos os fatores poderão ser combinados para explicar totalmente por que uma taxa de câmbio oscila da maneira apresentada.

Taxas de Juros Relativas

As mudanças nas taxas de juros relativas afetam o investimento em títulos estrangeiros, o que influencia a oferta e a demanda das moedas e, portanto, as taxas de câmbio.

EXEMPLO

Suponha que as taxas de juros americanas subam enquanto as taxas de juros britânicas permaneçam constantes. Nesse caso, os investidores dos Estados Unidos possivelmente reduzirão sua demanda por libras, uma vez que as taxas americanas agora são mais atraentes que as taxas britânicas e há menos disposição para depósitos em bancos britânicos. Como as taxas americanas agora parecerão mais atraentes para os investidores britânicos com excesso de caixa, a oferta de libras colocadas à venda pelos investidores britânicos aumentaria, uma vez que eles estabelecem mais depósitos nos Estados Unidos. Devido a um deslocamento para dentro na demanda por libras e um deslocamento para fora na oferta de libras colocadas à venda, o equilíbrio da taxa de câmbio deverá decrescer. Isso está representado graficamente na Figura 4.5. Se as taxas de juros americanas caíssem em relação às taxas de juros britânicas, seriam esperados deslocamentos contrários.

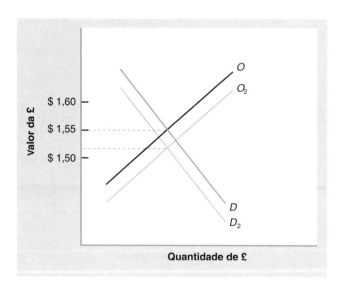

Figura 4.5
Impacto do aumento das taxas de juros americanas sobre o valor de equilíbrio da libra esterlina.

http://

Visite http://www.bloomberg.com para as últimas informações de mercados monetários ao redor do mundo.

Em alguns casos, uma taxa de câmbio entre as moedas de dois países pode ser afetada pelas mudanças na taxa de juros de um terceiro país.

EXEMPLO

Quando a taxa de juros canadense aumenta, ela poderá ficar mais atraente para os investidores britânicos que as taxas americanas. Isso incentiva os investidores britânicos a comprar menos títulos denominados em dólares. Portanto, a oferta de libras a ser trocadas por dólares seria menor do que a que ocorreria sem o aumento das taxas de juros canadenses, o que pressiona para cima o valor da libra perante o dólar americano.

No período de 1999-2000, as taxas de juros européias eram relativamente baixas comparadas às taxas de juros americanas. Essa diferença na taxa de juros incentivou os investidores europeus a aplicarem seu dinheiro em títulos de dívida denominados em dólares. Essa atividade resultou em uma grande oferta de euros no mercado de câmbio e pressionou o euro para baixo. No período de 2002-2003, as taxas de juros americanas eram mais baixas que as taxas de juros europeias. Conseqüentemente, havia uma grande demanda dos americanos por euros para capitalizar as taxas de juros mais altas, o que pressionou o euro para cima.

http://

Visite o banco de dados do Fed em http://research.stlouisfed.org/fred2 para ver inúmeras séries temporais econômicas e financeiras, como, por exemplo, estatísticas sobre balanços de pagamentos e taxas de juros.

Taxas de Juros Reais. Embora uma taxa de juros relativamente alta possa atrair recursos estrangeiros (para investir em títulos que oferecem altos rendimentos), ela poderá refletir expectativas de uma inflação relativamente alta. Como a inflação alta pode pressionar para baixo a moeda local, alguns investidores podem ser desestimulados a investir em títulos denominados nessa moeda. Por essa razão, é bom considerar a **taxa de juros real** que ajusta a taxa de juros nominal para a inflação.

$$\text{Taxa de juros real} \cong \text{Taxa de juros nominal} - \text{Índice de inflação}$$

Essa relação às vezes é chamada de efeito Fisher.

A taxa de juros real é geralmente comparada entre os países para avaliar a oscilação da taxa de câmbio porque combina as taxas de juros nominais e a inflação, ambas por sua vez influenciando as taxas de câmbio. Entre outras coisas consideradas constantes, deverá haver uma alta correlação entre a diferença da taxa de juros real e o valor do dólar.

Níveis de Renda Relativos

Um terceiro fator que afeta as taxas de câmbio são os níveis de renda relativos. Como a renda pode afetar o montante de demanda por importações, poderá influenciar as taxas de câmbio.

EXEMPLO

Suponha que o nível de renda dos Estados Unidos suba consideravelmente, enquanto o nível de renda britânico permanece inalterado. Considere o impacto desse cenário sobre (1) o quadro de demanda por libras, (2) o quadro de oferta de libras colocadas à venda e

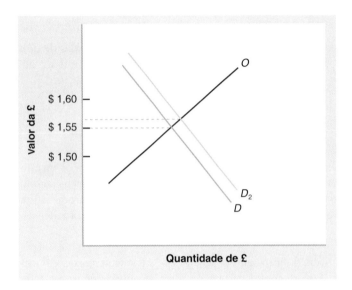

Figura 4.6
Impacto dos níveis de renda dos Estados Unidos sobre o valor de equilíbrio da libra esterlina.

(3) a taxa de câmbio de equilíbrio. Primeiro, o quadro de demanda por libras se deslocará para fora, o que reflete o aumento de renda dos Estados Unidos e, portanto, da demanda por produtos britânicos. Segundo, não é esperado que o quadro de oferta de libras colocadas à venda sofra mudanças. Portanto, espera-se que a taxa de câmbio de equilíbrio da libra suba, como mostra a Figura 4.6.

Os níveis de renda que se modificam também poderão afetar as taxas de câmbio indiretamente por meio de efeitos sobre as taxas de juros. Quando esse efeito é considerado, o impacto poderá ser diferente da teoria apresentada aqui, como será explicado brevemente.

Controles do Governo

Um quarto fator que afeta as taxas de câmbio são os controles do governo. Os governos de países estrangeiros podem influenciar a taxa de câmbio de equilíbrio de muitas maneiras: (1) impondo barreiras ao câmbio estrangeiro, (2) impondo barreiras ao comércio estrangeiro, (3) intervindo (comprando e vendendo moedas) nos mercados de câmbio estrangeiro e (4) afetando as variáveis macro, como a inflação, as taxas de juros e os níveis de renda. O Capítulo 6 cobre essas atividades em detalhes.

EXEMPLO

Lembre do exemplo em que as taxas de juros dos Estados Unidos subiram em relação às taxas de juros britânicas. A reação esperada era um aumento na oferta britânica de libras à venda para se obter mais dólares americanos (para haver a capitalização com os altos rendimentos do mercado monetário dos Estados Unidos). Todavia, se o governo britânico impusesse uma taxa muito pesada sobre o rendimento obtido de investimentos estrangeiros, isto poderia desencorajar o câmbio de libras por dólares.

Expectativas

Um quinto fator que afeta as taxas de câmbio são as expectativas de taxas de câmbio futuras. Como outros mercados, os mercados de câmbio estrangeiro reagem a qualquer notícia que possa ter efeito futuro. Notícias de uma oscilação potencial na inflação dos Estados Unidos poderão fazer com que os negociantes de moeda vendam dólares, prevendo uma queda futura no valor do dólar. Essa reação imediatamente pressionará o valor do dólar para baixo.

Muitos investidores institucionais (tais como bancos comerciais e companhias de seguros) tomam posições em relação à moeda com base nas oscilações previstas na taxa de juros em vários países.

EXEMPLO

Investidores poderão aplicar os fundos temporariamente no Canadá se esperam que as taxas de juros canadenses aumentem. Tal elevação poderá causar mais fluxos de capital para dentro do Canadá, o que poderia pressionar o valor do dólar canadense para cima. Ao tomar posição com base nas expectativas, os investidores poderão lucrar totalmente com a elevação do valor do dólar canadense porque terão adquirido dólares canadenses antes de a mudança ter ocorrido. Embora os investidores enfrentem um risco óbvio se suas expectativas estiverem erradas, o ponto é que as expectativas poderão influenciar as taxas de câmbio, porque elas geralmente motivam os investidores institucionais a tomar posição em relação à moeda estrangeira.

Impacto dos Sinais sobre a Especulação com Moedas. As especulações diárias sobre as oscilações da taxa de câmbio futura geralmente são conduzidas por sinais de oscilações da taxa de juros futura, mas também podem ser guiadas por outros fatores. Sinais de futuras condições econômicas que afetam as taxas de câmbio podem mudar rapidamente, assim como as posições especulativas com moedas podem se ajustar rapidamente, o que causa padrões incertos nas taxas de câmbio. Não é incomum o dólar ficar consideravelmente forte em um determinado dia, apenas para enfraquecer substancialmente no dia seguinte. Isso poderá ocorrer quando os especuladores exagerarem em suas reações às notícias em um dia (fazendo com que o dólar supervalorize), o que resulta em uma correção no dia seguinte. Exageros ocorrem porque os especuladores geralmente tomam posição com base nos sinais de futuros acontecimentos (em vez das confirmações dos acontecimentos), e esses sinais podem levar a erro.

Quando os especuladores especulam sobre as moedas de mercados emergentes, eles poderão exercer um impacto substancial sobre as taxas de câmbio. Esses mercados possuem um montante menor de comércio cambial para outros fins (tais como comércio internacional), portanto, são menos líquidos que os mercados maiores.

http://

http://www.ny.frb. org contém links a informações sobre condições econômicas que afetam as taxas de câmbio estrangeiro e especulações potenciais no mercado de câmbio estrangeiro.

EXEMPLO

O declínio repentino do rublo russo em alguns dias no ano de 1998 foi atribuído parcialmente ao comércio especulativo (embora o declínio pudesse ter ocorrido de qualquer forma no decorrer do tempo). O declínio do rublo criou uma falta de confiança em outros mercados emergentes também e fez com que os especuladores vendessem todo o estoque de moedas de outros mercados emergentes, tais como os da Polônia e da Venezuela. O mercado do rublo não é muito ativo, portanto, um deslocamento repentino de posições pelos especuladores pode ter um impacto considerável.

Interação de Fatores

As transações dentro dos mercados de câmbio estrangeiro facilitam ou os fluxos de comércio ou os fluxos financeiros. As transações relacionadas ao comércio geralmente reagem menos às notícias. As transações de fluxo financeiro reagem bastante às notícias, no entanto, porque as decisões de manter os títulos denominados em uma moeda em particular freqüentemente dependem de mudanças antecipadas nos valores das moedas. Às vezes, fatores relacionados ao comércio e fatores financeiros interagem e simultaneamente afetam as oscilações da taxa de câmbio.

EXEMPLO

Um aumento nos níveis de renda às vezes causa expectativas de taxas de juros mais altas. Desse modo, mesmo que um nível de renda mais alto possa resultar em mais importações, poderá também atrair indiretamente mais entradas financeiras (supondo um aumento nas taxas de juros). Como os fluxos financeiros favoráveis podem sobrepujar os fluxos de comércio desfavoráveis, um aumento nos níveis de renda é esperado para fortalecer a moeda local.

A Figura 4.7 separa fluxos de pagamentos entre países em fluxos relacionados ao comércio e fluxos relacionados a finanças e resume os fatores que afetam esses fluxos. Por um período em particular, alguns fatores poderão pressionar o valor de uma moeda estrangeira para cima, enquanto outros pressionam o valor da moeda para baixo.

EXEMPLO

Suponha a existência simultânea de (1) um aumento repentino na inflação dos Estados Unidos e (2) um aumento repentino nas taxas de juros dos americanos. Se a economia britânica permanecer relativamente inalterada, o aumento na inflação dos Estados Unidos pressionará o valor da libra para cima, enquanto o aumento nas taxas de juros dos americanos pressionará o valor da libra para baixo.

A sensibilidade da taxa de câmbio a esses fatores depende do volume de transações internacionais entre os dois países. Se os dois países estiverem envolvidos em um grande volume de

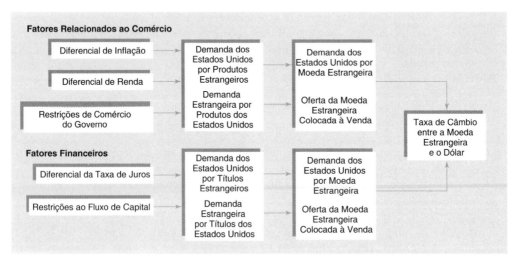

Figura 4.7   Resumo de como alguns fatores podem afetar as taxas de câmbio.

DETERMINAÇÃO DE TAXAS DE CÂMBIO **111**

comércio internacional, mas com um volume bem pequeno de fluxos de capital internacional, as taxas de inflação relativas possivelmente serão mais influentes. Se os dois países estiverem envolvidos em um grande volume de fluxos de capitais, no entanto, as flutuações da taxa de juros poderão ser mais influentes.

EXEMPLO

Suponha que a Morgan Co., uma EMN com base nos Estados Unidos, adquira habitualmente produtos da Venezuela e do Japão e, portanto, deseje prever a direção do bolívar venezuelano e do iene japonês. Os analistas financeiros da Morgan desenvolveram as seguintes projeções de um ano para as condições econômicas:

Fator	Estados Unidos	Venezuela	Japão
Mudança nas taxas de juros	–1%	–2%	–4%
Mudança na inflação	+2%	–3%	–6%

Suponha que os Estados Unidos e a Venezuela realizem um grande volume de comércio internacional, mas estejam envolvidos em transações de fluxo de capital mínimas. Também suponha que os Estados Unidos e o Japão realizem muito pouco comércio internacional, mas freqüentemente estejam envolvidos em transações de fluxo de capital. O que a Morgan pode esperar em relação ao valor futuro do bolívar venezuelano e do iene japonês?

O bolívar deve ser influenciado mais pelos fatores relacionados ao comércio devido ao forte comércio assumido pela Venezuela com os Estados Unidos. As mudanças inflacionárias esperadas deverão pressionar o valor do bolívar para cima. Espera-se que as taxas de

---

GERENCIANDO PARA VALOR

Impacto dos Determinantes da Taxa de Câmbio sobre os Fluxos de Caixa da Coca-Cola

Quando os gestores financeiros desenvolvem previsões de fluxos de caixa para suas empresas, deveriam perceber o impacto potencial dos determinantes da taxa de câmbio sobre os fluxos de caixa. Como esses determinantes afetam as taxas de câmbio, as oscilações da taxa de câmbio afetam o valor presente dos fluxos de caixa futuros a ser recebidos pela EMN. Por exemplo, considere a Coca-Cola Co., que gera uma grande proporção de seus ganhos em países estrangeiros. Como os ganhos são enviados das subsidiárias estrangeiras para a controladora, as moedas estrangeiras são convertidas em dólares. O valor em dólares dos ganhos enviados depende da taxa de câmbio na hora da remessa dos ganhos, o que é influenciado pela taxa de inflação, pelas taxas de juros, pelas restrições de comércio e pela intervenção do governo daquele país. Os gestores financeiros da Coca-Cola poderão prever mudanças na taxa de câmbio monitorando esses fatores para cada país de onde os fundos serão enviados.

Embora seja impossível prever as oscilações da taxa de câmbio com perfeita exatidão, os gestores financeiros poderão, pelo menos, antecipar as oscilações gerais de uma moeda em particular perante o dólar. Por exemplo, quando países da América Latina experimentam uma taxa de inflação muito alta, há uma grande probabilidade de que suas moedas se desvalorizem perante o dólar no decorrer do tempo. Portanto, os ganhos enviados para a Coca-Cola serão convertidos a uma taxa de câmbio menos favorável, o que resultará em um montante de fluxo de caixa menor. Ao antecipar as oscilações gerais nas taxas de câmbio, os gestores financeiros poderão ajustar o momento do câmbio de suas moedas, o que poderá fazer com que aumentem os valores de suas EMNs.

112 FINANÇAS CORPORATIVAS INTERNACIONAIS

> juros tenham pouco impacto direto sobre o bolívar, devido às raras transações de fluxo de capital entre Estados Unidos e Venezuela.
>
> O iene japonês deve ser influenciado mais pelas taxas de juros, devido às fortes transações de fluxo de caixa assumidas pelo Japão com os Estados Unidos. As mudanças na taxa de juros esperadas deverão pressionar o iene para baixo. Espera-se que as mudanças inflacionárias tenham pouco impacto direto sobre o iene devido ao raro comércio entre os dois países.

Os fluxos de capitais tornaram-se maiores no decorrer do tempo e poderão subjugar facilmente os fluxos comerciais. Por essa razão, a relação entre os fatores (tais como a inflação e a renda) que afetam o comércio e as taxas de câmbio nem sempre se apresenta tão forte como se poderia esperar.

Um entendimento do equilíbrio da taxa de câmbio não garante previsões exatas de taxas de câmbio futuras porque isso dependerá, em parte, de como os fatores que afetam as taxas de câmbio se alterarão no futuro. Mesmo se analistas perceberem inteiramente como os fatores influenciam as taxas de câmbio, poderão não saber prever como esses fatores se alterarão.

Especulação das Taxas de Câmbio Antecipadas

Muitos bancos comerciais tentam levar vantagem com suas previsões das oscilações da taxa de câmbio antecipada no mercado de câmbio estrangeiro, como ilustrado nesse exemplo.

- O Chicago Bank espera uma valorização da taxa de câmbio do dólar da Nova Zelândia (NZ$) de seu nível atual de $ 0,50 para $ 0,52 em 30 dias.
- O Chicago Bank pode tomar emprestado $ 20 milhões de outros bancos a curto prazo.
- As taxas de juros atuais (anuais) de curto prazo no mercado interbancário são as seguintes:

Moeda	Taxa de Concessão de Empréstimo	Taxa de Tomada de Empréstimo
Dólares dos Estados Unidos	6,72%	7,20%
Dólares da Nova Zelândia (NZ$)	6,48%	6,96%

Como os corretores às vezes servem de intermediários entre os bancos, a taxa de concessão de empréstimo difere da taxa de tomada de empréstimo. Dadas essas informações, o Chicago Bank poderia:

1. Tomar emprestados $ 20 milhões.
2. Converter os $ 20 milhões em NZ$ 40 milhões (calculados como $ 20.000.000/$ 0,50).
3. Conceder empréstimo dos dólares da Nova Zelândia a 6,48% anuais que representam um retorno de 0,54% em um período de 30 dias [calculados como 6,48% × (30/360)]. Após de 30 dias, o banco receberá NZ$ 40.216.000 [calculados como NZ$ 40.000.000 × (1 + 0,0054)].
4. Usar os resultados do reembolso do empréstimo em dólar da Nova Zelândia (no 30º dia) para reembolsar os dólares tomados emprestados. Os juros anuais sobre os dólares tomados emprestados são de 7,2%, ou 0,6% sobre o período de 30 dias [calculados como 7,2% × (30/360)]. O montante total de dólares dos americanos necessários para reembolsar o empréstimo será então de $ 20.120.000 [calculados como $ 20.000.000 × (1 + 0,006)].

Supondo que a taxa de câmbio no 30º dia seja de $ 0,52 por dólar da Nova Zelândia, como antecipado, o número necessário de dólares da Nova Zelândia para reembolsar o empréstimo

DETERMINAÇÃO DE TAXAS DE CÂMBIO **113**

em dólares é de NZ$ 38.692.308 (calculados como $ 20.120.000/$ 0,52 por dólar da Nova Zelândia). Dado que o banco acumulou NZ$ 40.216.000 empréstimo concedido em dólares da Nova Zelândia, seu lucro especulativo seria de NZ$ 1.523.692, o que é o equivalente a $ 792.320 (dada uma taxa à vista de $ 0,52 por dólar da Nova Zelândia no 30º dia). O banco teria um lucro especulativo sem usar qualquer fundo das contas de depósitos porque os fundos teriam sido tomados emprestados por meio do mercado interbancário.

Se, em vez disso, o Chicago Bank esperar que os dólares da Nova Zelândia se desvalorizem, poderá tentar obter um lucro especulativo tomando posições opostas às descritas anteriormente. Para ilustrar, suponha que o banco espere uma taxa de câmbio de $ 0,48 para o dólar da Nova Zelândia no 30º dia. Poderá tomar emprestados dólares da Nova Zelândia, convertê-los em dólares americanos, e conceder o empréstimo dos dólares a alguém. No 30º dia, liquidará essas posições. Usando as taxas estipuladas no exemplo anterior e supondo que poderá tomar emprestados NZ$ 40 milhões, o banco seguirá estes passos:

1. Tomará emprestados NZ$ 40 milhões.
2. Converterá os NZ$ 40 milhões em $ 20 milhões (calculados como NZ$ 40.000.000 × $ 0,50).
3. Concederá empréstimo de dólares americanos a 6,72%, o que representará um retorno de 0,56% sobre o período de 30 dias. Após 30 dias, o banco receberá $ 20.112.000 [calculados como $ 20.000.000 × (1 + 0,0056)].
4. Usará os resultados do reembolso do empréstimo em dólares (no 30º dia) para reembolsar os dólares da Nova Zelândia tomados emprestados. Os juros anuais sobre os dólares da Nova Zelândia tomados emprestados são de 6,96% ou 0,58% pelo período de 30 dias [calculados como 6,96 × (30/360)]. O montante total de dólares da Nova Zelândia necessários para reembolsar o empréstimo é, portanto, NZ$ 40.232.000 [calculados como NZ$ 40.000.000 × (1 + 0,0058)].

Supondo que a taxa de câmbio no 30º dia seja de $ 0,48 por dólar da Nova Zelândia, como previsto, o número de dólares americanos necessários para reembolsar o empréstimo em NZ$ é de $ 19.311.360 (calculados como NZ$ 40.232.000 × $ 0,48 por dólar da Nova Zelândia). Dado que o banco acumulou $ 20.112.000 de seu empréstimo em dólares americanos, ele teria um lucro especulativo de $ 800.640 sem usar seu próprio dinheiro (calculados como $ 20.112.000 – $ 19.311.360).

A maioria dos bancos especializados em intermediação financeira continua tomando algumas posições especulativas com moedas estrangeiras. De fato, os lucros da comercialização de moedas de alguns bancos passaram de $ 100 milhões por trimestre recentemente.

Os retornos potenciais da especulação com moeda estrangeira são altos para bancos que possuem grande capacidade para tomadas de empréstimo. Todavia, taxas de câmbio estrangeiras são muito voláteis, e uma previsão equivocada poderia resultar em grandes prejuízos. Uma das inadimplências bancárias mais conhecidas, do Franklin National Bank em 1974, foi atribuída principalmente a prejuízos pesados de especulações com posições de moedas estrangeiras.

RESUMO

- Oscilações de taxas de câmbio geralmente são medidas pela mudança percentual de seus valores no decorrer de um período específico, tal como um mês ou um ano. As EMNs monitoram de perto as oscilações da taxa de câmbio pelo período em que possuem fluxos de caixa denominados nas moedas estrangeiras em questão.

- A taxa de câmbio de equilíbrio entre duas moedas em qualquer ponto no tempo baseia-se nas condições de oferta e demanda. Mudanças na oferta ou na demanda de uma moeda afetarão a taxa de câmbio de equilíbrio.

- Os fatores-chave que poderão influenciar as oscilações da taxa de câmbio por meio de seus efeitos sobre as condições de oferta e demanda são as taxas de inflação relativas e os níveis de renda, assim como os controles do governo. Como esses fatores causam uma mudança no comércio internacional ou nos fluxos financeiros, influenciam também a demanda de uma moeda ou a oferta de uma moeda, afetando portanto a taxa de câmbio de equilíbrio.

- Os dois fatores monitorados mais de perto por participantes do mercado de câmbio estrangeiro são a inflação e as taxas de juros:

Se um país estrangeiro experimenta inflação alta (em relação aos Estados Unidos), suas exportações para os Estados Unidos deverão cair (a demanda dos Estados Unidos por sua moeda cai), suas importações deverão aumentar (a oferta de sua moeda para ser feito o câmbio por dólares aumenta), e há pressão para baixo sobre o valor de equilíbrio de sua moeda.

Se um país estrangeiro experimenta um aumento em suas taxas de juros (em relação às taxas de juros dos Estados Unidos), a entrada de fundos dos Estados Unidos para adquirir seus títulos deverá aumentar (a demanda americana por sua moeda aumenta), a saída de seus fundos para adquirir títulos dos Estados Unidos deverá cair (oferta de sua moeda para ser feito o câmbio por dólares americanos cai) e há pressão para cima sobre o valor de equilíbrio de sua moeda.

- Todos os fatores relevantes devem ser considerados simultaneamente para avaliar a possível oscilação no valor de uma moeda.

CONTRAPONTO DO PONTO

Como Moedas Persistentemente Fracas Podem Ser Estabilizadas?

Ponto As moedas de alguns países latino-americanos se desvalorizam perante o dólar americano de maneira consistente. Os governos desses países precisam atrair mais fluxos de capital, aumentando as taxas de juros e tornando suas moedas mais atraentes. Também precisam garantir os depósitos bancários, de maneira que os investidores estrangeiros que investem em grandes depósitos bancários não precisem se preocupar com riscos de inadimplência. Além disso, poderiam impor restrições de capital sobre investidores locais para impedir saídas de capital.

Contraponto Alguns países latino-americanos têm tido inflação alta, o que incentiva empresas e consumidores locais a adquirir produtos dos Estados Unidos. Dessa forma, esses países poderiam aliviar a pressão para baixo de suas moedas locais ao reduzir a inflação. Para reduzir a inflação, um país poderá precisar reduzir seu crescimento econômico temporariamente. Esses países não deveriam aumentar suas taxas de juros para atrair investimento estrangeiro porque ainda não atrairão fundos se os investidores temerem que haja grandes saídas de capital ante a primeira ameaça de desvalorização contínua.

Quem está certo? Use seu mecanismo de busca preferido para saber mais sobre esse assunto. Qual argumento você apóia? Dê sua opinião sobre o assunto.

AUTOTESTE

As respostas encontram-se no Apêndice A, no final do livro.

1. Descreva brevemente como os vários fatores econômicos podem afetar a taxa de câmbio de equilíbrio do valor do iene japonês em relação ao dólar.

2. Um deslocamento recente na diferença da taxa de juros entre os Estados Unidos e o País A teve um grande efeito sobre o valor da Moeda A. No entanto, o mesmo deslocamento na diferença da taxa de juros entre os Estados Unidos e o País B não teve efeito algum sobre o valor da Moeda B. Explique por que os efeitos podem variar.

3. A Smart Banking Corp. pode fazer empréstimo de $ 5 milhões a 6% anuais. Poderá utilizar os recursos para investir em dólares canadenses a 9% anuais por um período de seis dias. O dólar canadense vale $ 0,95 e espera-se que valha $ 0,94 em seis dias. Com base nessas informações, a Smart Banking Corp. deveria fazer empréstimo de dólares americanos para investir em dólares canadenses? Qual seria o ganho ou a perda em dólares americanos?

DETERMINAÇÃO DE TAXAS DE CÂMBIO **115**

QUESTÕES E APLICAÇÕES

1. **Efeitos Especulativos sobre as Taxas de Câmbio.** Explique por que uma previsão pública sobre taxas de juros futuras feita por um economista respeitado poderia afetar o valor do dólar de hoje. Por que algumas previsões feitas por economistas respeitados não têm impacto sobre o valor do dólar de hoje?

2. **Efeitos da Renda sobre as Taxas de Câmbio.** Suponha que o nível de renda dos Estados Unidos suba a uma taxa mais alta que o nível de renda do Canadá. Outras coisas permanecendo iguais, como isso afetaria (a) a demanda dos Estados Unidos por dólares canadenses, (b) a oferta de dólares canadenses à venda e (c) o valor de equilíbrio do dólar canadense?

3. **Efeitos da Inflação sobre as Taxas de Câmbio.** Suponha que a inflação dos Estados Unidos aumentou em relação à inflação do Canadá. Outras coisas permanecendo iguais, como isso afetaria (a) a demanda dos Estados Unidos por dólares canadenses, (b) a oferta de dólares canadenses à venda e (c) o valor de equilíbrio do dólar canadense?

4. **Efeitos das Taxas de Juros sobre as Taxas de Câmbio.** Suponha que as taxas de juros dos Estados Unidos caiam em relação às taxas de juros britânicas. Outras coisas permanecendo iguais, como isso afetaria (a) a demanda dos Estados Unidos por libras esterlinas, (b) a oferta de libras esterlinas à venda e (c) o valor de equilíbrio da libra esterlina?

5. **Fatores que Afetam as Taxas de Câmbio.** Que fatores afetam as oscilações futuras do valor do euro perante o dólar?

6. **Efeitos de Restrições de Comércio sobre as Taxas de Juros.** Suponha que o governo japonês relaxe seu controle sobre as importações feitas por empresas japonesas. Outras coisas permanecendo iguais, como isso afetaria (a) a demanda dos Estados Unidos por ienes japoneses, (b) a oferta de ienes japoneses à venda e (c) o valor de equilíbrio do iene japonês?

7. **Efeitos do Déficit Comercial sobre as Taxas de Câmbio.** Todo mês, as cifras de déficit comercial dos Estados Unidos são anunciadas. Negociantes de câmbio estrangeiro reagem com freqüência a esses anúncios e até procuram fazer uma previsão dessas cifras antes de ser anunciadas.

a) Por que você acha que o anúncio do déficit comercial às vezes provoca esses impactos sobre o comércio de câmbio estrangeiro?

b) Em alguns períodos, os negociantes de câmbio estrangeiro não reagem ao anúncio de um déficit comercial, mesmo quando o déficit é grande. Dê uma explicação para essa falta de reação.

8. **Fatores que Afetam as Taxas de Câmbio.** Nos anos 1990, a Rússia estava tentando importar mais produtos, mas tinha pouco para oferecer aos países em termos de exportações potenciais. Além disso, o índice de inflação da Rússia era alto. Explique o tipo de pressão que esses fatores exerciam sobre a moeda russa.

9. **Fatores que Afetam as Taxas de Câmbio.** Se os países asiáticos experimentarem um declínio no crescimento da economia (e experimentarem um declínio na inflação e nas taxas de juros, em conseqüência disso), como seriam afetados os valores de sua moeda (em relação ao dólar americano)?

10. **Co-movimentos das Taxas de Câmbio.** Explique por que o valor da libra esterlina perante o dólar nem sempre oscilará em conjunto com o valor do euro perante o dólar.

11. **Efeitos de Medição sobre as Taxas de Câmbio.** A Tarheel Co. planeja determinar como as mudanças nas taxas de juros reais dos Estados Unidos e do México afetarão o valor do dólar americano (veja Apêndice C).

a) Descreva um modelo de regressão que poderia ser usado para atingir esse propósito. Explique também o sinal esperado do coeficiente da regressão.

b) Se a Tarheel Co. acha que a existência de uma quota em períodos históricos em particular possa ter afetado as taxas de câmbio, como isso pode ser explicado no modelo de regressão?

12. **Fatores que Afetam as Taxas de Câmbio.** O México tende a ter uma inflação mais alta que os Estados Unidos e também taxas de juros muito mais altas que as taxas americanas. As taxas de juros e os índices de inflação são muito mais voláteis no México que em países industrializados. O valor do peso mexicano é naturalmente mais volátil que as moedas de países industrializados, da perspectiva dos Estados Unidos; o peso se desvalorizou ano após ano, mas o grau de desvalorização variou

116 FINANÇAS CORPORATIVAS INTERNACIONAIS

consideravelmente. O spread de compra/venda tende a ser mais amplo para o peso do que para as moedas de países industrializados.

a) Identifique a razão econômica mais óbvia para a constante desvalorização do peso.

b) Taxas de juros altas geralmente são esperadas para fortalecer a moeda de um país porque podem incentivar o investimento estrangeiro em títulos desse país, o que resulta no câmbio de outras moedas por essa moeda. Todavia, o valor do peso vem caindo em relação ao dólar por alguns anos apesar de as taxas de juros do México serem tipicamente mais altas que as taxas de juros americanas. Assim, constata-se que as altas taxas de juros do México não atraem investimentos consistentes dos Estados Unidos em títulos mexicanos. Por que você acha que os investidores americanos não tentam capitalizar as altas taxas de juros no México?

c) Por que você acha que o spread entre preços de compra e venda é maior para pesos do que para moedas de países industrializados? Como isso afeta uma empresa dos Estados Unidos que movimenta grandes negócios no México?

13. **Interação de Taxas de Câmbio.** Suponha que haja fluxos de capital consideráveis entre Canadá, Estados Unidos e Japão. Se as taxas de juros no Canadá caírem a um nível abaixo da taxa de juros dos Estados Unidos, e as expectativas inflacionárias permanecerem inalteradas, como isso poderia afetar o valor do dólar canadense perante o dólar americano? Como essa queda possivelmente afetaria o valor do dólar canadense perante o iene japonês?

14. **Efeitos Agregados sobre as Taxas de Câmbio.** Suponha que os Estados Unidos invistam pesadamente em títulos de empresas e do governo do País K. Além disso, os moradores do País K investem pesadamente nos Estados Unidos. Transações de investimentos no valor de aproximadamente $ 10 bilhões ocorrem entre esses dois países a cada ano. O valor total de transações comerciais por ano é de cerca de $ 8 milhões. Espera-se que continue assim no futuro.

Como sua empresa exporta produtos para o País K, seu trabalho como gerente de caixa internacional requer que você faça a previsão do valor da moeda do País K (o "krank") em relação ao dólar. Explique como cada uma das seguintes condições afetará o valor do krank, mantendo outros fatores iguais. Em seguida, agregue todos esses impactos para desenvolver uma previsão total da oscilação do krank perante o dólar.

a) A inflação dos Estados Unidos aumentou repentina e consideravelmente, enquanto a inflação do País K permanece baixa.

b) As taxas de juros americanas aumentaram consideravelmente, enquanto as taxas de juros do País K permanecem baixas. Os investidores dos dois países são atraídos por taxas de juros altas.

c) O nível de renda dos Estados Unidos aumentou consideravelmente enquanto o nível de renda do País K permaneceu inalterado.

d) Esperado que os Estados Unidos imponham uma pequena tarifa sobre os produtos importados do País K.

e) Combine todos os impactos esperados para desenvolver uma previsão total.

15. **Taxas de Câmbio On-line.** O website do Federal Reserve Bank of St. Louis disponibiliza tendências da taxa de câmbio de várias moedas. Seu endereço é **http://www.federalreserve.gov/releases/**.

a) Use esse site para determinar como as taxas de câmbio de várias moedas mudaram em meses recentes. Note que a maioria dessas moedas (exceto a libra esterlina) é cotada em unidades por dólares. Em geral, a maioria das moedas se fortaleceu ou enfraqueceu perante o dólar nos três últimos meses? Dê uma ou mais razões para explicar as recentes oscilações gerais dos valores da moeda perante o dólar.

b) Parece que as moedas asiáticas oscilam para a mesma direção em relação ao dólar? Parece que as moedas da América Latina oscilam para a mesma direção perante o dólar? Explique.

16. **Efeitos da Renda Nacional.** Os analistas geralmente atribuem a valorização de uma moeda a expectativas de que as condições econômicas se fortalecerão. Todavia, esse capítulo sugere que, quando outros fatores são mantidos constantes, o aumento da renda nacional poderia elevar as importações e fazer com que a moeda local enfraqueça. Na realidade, outros fatores não são constantes. Que outro fator possivelmente será afetado pelo aumento do crescimento econômico e poderia pressionar para cima o valor da moeda local?

17. **Porcentagem de Desvalorização.** Suponha que a taxa à vista da libra esterlina seja de $ 1,73. Presume-se que a taxa à vista esperada daqui a um ano será de $ 1,66. Qual a porcentagem de desvalorização refletida aqui?

18. **Efeitos das Taxas de Juros Reais.** Qual é a relação esperada entre as taxas de juros reais re-

DETERMINAÇÃO DE TAXAS DE CÂMBIO **117**

lativas de dois países e a taxa de câmbio de suas moedas?

19. **Discussão na Sala da Diretoria.** Esse exercício encontra-se no Apêndice E, no final deste livro.

20. **O Impacto do 11 de Setembro.** Esperava-se que os ataques terroristas aos Estados Unidos no dia 11 de setembro de 200l enfraquecessem as condições econômicas do país e reduzissem as taxas de juros americanas. Como você acha que as condições econômicas mais fracas dos Estados Unidos teriam afetado os fluxos comerciais? Como isso teria afetado o valor do dólar (mantendo outros fatores constantes)? Como você acha que as taxas de juros mais baixas dos Estados Unidos teriam afetado o valor do dólar americano (mantendo outros fatores constantes)?

21. **Impacto de Crises.** Por que você acha que a maioria das crises em países (tal como a crise asiática) causa o enfraquecimento da moeda local abruptamente? É devido a fluxos comerciais ou de capital?

22. **Especulação.** O Blue Demon Bank espera que o peso mexicano se desvalorize perante o dólar de sua taxa à vista de $ 0,15 para $ 0,14 em 10 dias. Existem as seguintes taxas interbancárias de concessão e de tomada de empréstimo:

Moeda	Taxa de Concessão de Empréstimo	Taxa de Tomada de Empréstimo
Dólar Americano	8,0%	8,3%
Peso Mexicano	8,5%	8,7%

Suponha que o Blue Demon Bank tenha uma capacidade de tomada de empréstimo de $ 10 milhões, ou de 70 milhões de pesos no mercado interbancário, dependendo de qual moeda desejará tomar emprestado.

a) Como o Blue Demon Bank poderia tentar capitalizar suas expectativas sem usar os fundos de depósitos? Estime os lucros que poderiam ser gerados dessa estratégia.

b) Suponha todas as informações anteriores com essa exceção: o Blue Demon Bank espera que o peso se valorize com sua taxa à vista de $ 0,15 para $ 0,17 em 30 dias. Como ele poderia tentar capitalizar suas expectativas sem usar os fundos de depósitos? Estime os lucros que poderiam ser gerados dessa estratégia.

23. **Especulação.** O Diamond Bank espera que o dólar de Cingapura se desvalorize perante o dólar de sua taxa à vista de $ 0,43 para $ 0,42 em 60 dias. Existem as seguintes taxas interbancárias de concessão e de tomada de empréstimo:

Moeda	Taxa de Concessão de Empréstimo	Taxa de Tomada de Empréstimo
Dólar dos Estados Unidos	7,0%	7,2%
Dólar de Cingapura	22,0%	24,0%

O Diamond Bank está pensando em fazer empréstimos de 10 milhões de Cingapura no mercado interbancário e investir fundos em dólares por 60 dias. Estime os lucros (ou perdas) que poderiam ser obtidos dessa estratégia. O Diamond Bank deveria buscar essa estratégia?

CASO BLADES, INC.

Avaliação de Oscilações de Taxas de Câmbio Futuras

Como chefe do setor financeiro (CFO) da Blades, Inc., Ben Holt está satisfeito porque seu sistema atual de exportar os patins para a Tailândia parece estar dando certo. O principal cliente na Tailândia, um varejista chamado Entertainment Products, comprometeu-se a adquirir um número fixo de Speedos anualmente pelos próximos três anos a um preço fixo denominado em baht, a moeda tailandesa. Além disso, a Blades está utilizando um fornecedor para alguns de seus componentes necessários para a fabricação dos Speedos. No entanto, Holt está preocupado com os recentes acontecimentos na Ásia. Investidores estrangeiros de vários países haviam investido pesadamente para se beneficiarem das altas taxas de juros por lá. Como resultado da fraca economia tailandesa no entanto, muitos investidores estrangeiros perderam a confiança no país e sacaram seus fundos.

Ben Holt tem duas preocupações maiores em relação a esses acontecimentos. Primeiro, ele deseja saber como essas mudanças na economia da Tailândia poderiam afetar o valor do baht tailandês e, conseqüentemente, a Blades. Mais especificamente, ele deseja saber se os efeitos sobre o baht tailandês podem afetar a empresa apesar de seu principal cliente tailandês estar comprometido com a Blades pelos próximos três anos.

Segundo, Holt acredita que a Blades possa ser capaz de especular as oscilações previstas do baht, mas não sabe quais os procedimentos necessários para conseguir isso. Para facilitar o entendimento de Holt sobre a especulação da taxa de câmbio, ele pediu para você, o analista financeiro da Blades, lhe fornecer ilustrações detalhadas de dois cenários. No primeiro, o baht oscilaria de um nível atual de $ 0,022 para $ 0,020 nos próximos 30 dias. No segundo cenário, o baht oscilaria de seu nível atual para $ 0,025 dentro de 30 dias.

Baseado nessas necessidades, Holt forneceu a seguinte lista de perguntas a ser respondidas:

1. Como são medidas as mudanças percentuais no valor de uma moeda? Ilustre sua resposta numericamente, supondo uma mudança no valor do baht tailandês de $ 0,022 para $ 0,026.

2. Quais são os fatores básicos que determinam o valor de uma moeda? Em equilíbrio, qual é a relação entre esses dois fatores?

3. Como os níveis relativamente altos de inflação e de taxas de juros na Tailândia poderiam ter afetado o valor do baht? (Suponha um nível constante da inflação e das taxas de juros americanas.)

4. Como você acha que a perda de confiança no baht tailandês, evidenciada pela retirada dos fundos da Tailândia, afetou o valor do baht? A Blades seria afetada pela mudança no valor, dado o compromisso do cliente principal tailandês?

5. Suponha que o banco central da Tailândia deseje impedir uma retirada de fundos de seu país para evitar mudanças adicionais no valor da moeda. Como ele poderia atingir esse objetivo utilizando as taxas de juros?

6. Construa uma planilha que ilustre os passos que o tesoureiro da Blades teria de seguir para especular as oscilações esperadas do valor do baht nos próximos 30 dias. Também mostre o lucro especulativo (em dólares) que resultar de cada cenário. Use os dois exemplos de Ben Holt para ilustrar possíveis especulações. Suponha que a Blades possa fazer empréstimo de $ 10 milhões ou o equivalente em baht do mesmo montante. Além disso, suponha que as seguintes taxas de juros de curto prazo (anuais) estejam disponíveis para a Blades:

Moeda	Taxa de Concessão de Empréstimo	Taxa de Tomada de Empréstimo
Dólar americano	8,10%	8,20%
Baht tailandês	14,80%	15,40%

DILEMA DA PEQUENA EMPRESA

Avaliação da Sports Exports Company sobre Fatores que Afetam o Valor da Libra Esterlina

Como a Sports Exports Company (uma empresa americana) recebe pagamentos em libras esterlinas todos os meses e os converte em dólares, ela precisa monitorar de perto o valor da libra esterlina no futuro. Jim Logan, o proprietário da Sports Exports Company, espera que a inflação suba consideravelmente no Reino Unido, enquanto a inflação nos Estados Unidos permanece baixa. Ele também espera que as taxas de juros dos dois países subam de maneira igual.

1. Dadas as expectativas de Jim, faça uma previsão se a libra irá se valorizar ou desvalorizar-se perante o dólar no decorrer do tempo.

2. Dadas as expectativas de Jim, a Sports Exports Company será afetada favorável ou desfavoravelmente pelas mudanças futuras no valor da libra?

CAPÍTULO 5

Derivativos da Taxa de Câmbio

Este capítulo é dedicado inteiramente a derivativos de moedas, freqüentemente utilizados por especuladores interessados em negociar moedas, simplesmente para conseguir lucros, mas também usados por empresas para cobrir suas posições de moeda estrangeira. Um derivativo de moeda é um contrato cujo preço é parcialmente derivado do valor da moeda base que representa. Algumas pessoas físicas e instituições financeiras tomam posições em derivativos de moedas para especular sobre as oscilações da taxa de câmbio futura. EMNs geralmente tomam posições em derivativos de moeda para cobrir

sua exposição ao risco da taxa de câmbio. Seus gestores precisam entender como esses derivativos podem ser utilizados para atingir os objetivos da empresa.

Os objetivos específicos deste capítulo são:

- explicar como contratos a termo são utilizados em operações de *hedging* sobre oscilações antecipadas da taxa de câmbio;

- descrever como contratos de futuros de moeda são utilizados para especular ou *hedgear* sobre as oscilações antecipadas da taxa de câmbio; e

- explicar como contratos de opções de moeda são utilizados para especular ou *hedgear* sobre oscilações antecipadas da taxa de câmbio.

Mercado a Termo

O mercado a termo facilita o comércio de contratos a termo sobre moedas. Um **contrato a termo** é um acordo entre uma empresa e um banco comercial para fazer o câmbio de um montante específico de uma moeda a uma taxa de câmbio específica (chamada de **taxa a termo**) em uma data específica no futuro. Quando as empresas multinacionais (EMNs) prevêem uma necessidade futura para um recebimento futuro de uma moeda estrangeira, podem estabelecer contratos a termo para travar a taxa pela qual poderão comprar ou vender uma moeda estrangeira em particular. Virtualmente todas as grandes EMNs utilizam contratos a termo. Algumas EMNs possuem contratos a termo consideráveis em mais de $ 100 milhões para *hedgear* várias posições.

Como contratos a termo atendem a grandes empresas, as transações futuras freqüentemente serão avaliadas em $ 1 milhão ou mais. Contratos a termo normalmente não são usados por consumidores ou por empresas pequenas. Nos casos em que não conhecer bem uma empresa ou não confiar plenamente nela, o banco poderá exigir que a empresa faça um depósito inicial para garantir que cumprirá suas obrigações. Um depósito assim é chamado de saldo compensador e tipicamente não paga juros.

Os contratos a prazo mais comuns são de 30, 60, 90, 180 e 360 dias, embora outros períodos (incluindo períodos mais longos) estejam disponíveis. A taxa a termo de uma dada moeda varia de acordo com a extensão (número de dias) do período a termo.

Como as EMNs Utilizam os Contratos a Termo

As EMNs utilizam contratos a termo para *hedgear* suas importações. Elas poderão travar a taxa pela qual obterão a moeda necessária para adquirir as importações.

> **EXEMPLO**
>
> A Turz, Inc. é uma EMN com base em Chicago que precisará de 1 milhão de dólares de Cingapura em 90 dias para adquirir importações de Cingapura. Ela pode comprar dólares de Cingapura com entrega imediata a uma taxa à vista de $ 0,50 por dólar de Cingapura (S$). Com essa taxa à vista, a empresa necessitaria de $ 500.000 (calculados como S$ 1.000.000 × $ 0,50 por dólar de Cingapura). No entanto, ela não possui fundos no momento para fazer o câmbio por dólares de Cingapura. Poderia esperar 90 dias, então, para fazer o câmbio dos dólares americanos por dólares de Cingapura à taxa à vista existente naquele momento. Mas a Turz não sabe qual será a taxa à vista naquele momento. Se a taxa aumentar para $ 0,60 até então, a Turz precisará de $ 600.000 (calculados como S$ 1.000.000 × $ 0,60 por dólar de Cingapura), um gasto adicional de $ 100.000 devido à valorização do dólar de Cingapura.
>
> Para evitar a exposição ao risco da taxa de câmbio, a Turz poderá travar a taxa que pagará pelos dólares de Cingapura por 90 dias a partir de agora sem ter de fazer o câmbio por dólares de Cingapura imediatamente. Especificamente, a Turz poderá negociar o contrato futuro com um banco para adquirir S$ 1 milhão adiantados 90 dias.

A habilidade de um contrato a termo de travar uma taxa de câmbio poderá criar um custo de oportunidade em alguns casos.

> **EXEMPLO**
>
> Suponha que, no exemplo anterior, a Turz negociou uma taxa a termo de 90 dias de $ 0,50 para adquirir S$ 1.000.000. Se a taxa à vista em 90 dias for $ 0,47, a Turz terá pago $ 0,03 por unidade ou $ 30.000 (1.000.000 unidades × $ 0,03) a mais pelos dólares de Cingapura do que se não tivesse feito o contrato a termo.

As empresas também utilizam o mercado a termo para travar a taxa pela qual poderão vender moedas. Essa estratégia é utilizada para se assegurar contra as moedas que correm o risco de se desvalorizar com o tempo.

EXEMPLO

A Scanlon, Inc., com base na Virgínia, exporta produtos para uma empresa na França e receberá um pagamento de € 400.000 em quatro meses. Poderá travar o montante de dólares a ser recebidos dessa transação vendendo euros a termo. Isso é, a Scanlon poderá negociar um contrato a termo com um banco para vender os € 400.000 por dólares a uma taxa específica de hoje. Suponha que a taxa a termo de quatro meses vigente sobre os euros seja de $ 1,10. Em quatro meses, a Scanlon fará o câmbio de seus € 400.000 por $ 440.000 (calculados como € 400.000 × $ 1.10 = $ 440.000).

Spread de Compra e Venda. Assim como as taxas à vista, as taxas a termo possuem um spread de preços de compra e de venda. Por exemplo, um banco poderá estabelecer um contrato com uma empresa concordando em vender para ela dólares de Cingapura em 90 dias a partir de agora a $ 0,510 por dólar de Cingapura. Isso representa a taxa de venda. Ao mesmo tempo, a empresa poderá concordar em comprar dólares de Cingapura em 90 dias a partir de agora de alguma outra empresa a $ 0,505 por dólar de Cingapura.

O spread entre os preços de compra e venda é maior para taxas a termo de moedas de países em desenvolvimento, tais como Chile, México, Coréia do Sul, Taiwan e Tailândia. Como esses mercados possuem relativamente poucos pedidos de contratos a termo, os bancos têm menos possibilidades de combinar compradores e vendedores dispostos para as transações. Essa falta de liquidez faz com que os bancos ampliem o spread ao cotar contratos a termo. Os contratos nesses países geralmente estão disponíveis apenas para horizontes de curto prazo.

Prêmio ou Desconto sobre a Taxa a Termo. A diferença entre a taxa a termo e a taxa à vista em um dado momento é medida pelo prêmio:

$$F = S(1 + p)$$

onde p representa o prêmio sobre o termo, ou a porcentagem pela qual a taxa a termo excede a taxa à vista.

EXEMPLO

Se a taxa à vista do euro for $ 1,03 e sua taxa a termo de um ano tiver um prêmio de 2%, a taxa a termo de um ano será:

$$
\begin{aligned}
F &= S(1 + p) \\
&= \$\,1,03(1 + 0,02) \\
&= \$\,1,0506
\end{aligned}
$$

Dadas as cotações para a taxa à vista e a taxa a termo em um dado momento, o prêmio poderá ser determinado reordenando a equação acima:

$$
\begin{aligned}
F &= S(1 + p) \\
F/S &= 1 + p \\
(F/S) - 1 &= p
\end{aligned}
$$

122 FINANÇAS CORPORATIVAS INTERNACIONAIS

> ### EXEMPLO
>
> Se a taxa a termo de um ano for cotada a \$ 1,0506 e a taxa à vista do euro for cotada a \$ 1,03, o prêmio futuro do euro será:
>
> $$(F/S) - 1 = p$$
> $$(\$1{,}0506/\$1{,}03) - 1 = p$$
> $$1{,}02 - 1 = 0{,}02, \text{ ou } 2\%$$

Quando a taxa a termo é menor que a taxa à vista vigente, o prêmio do termo é negativo e a taxa a termo apresenta um desconto.

> ### EXEMPLO
>
> Se a taxa a termo de um ano for cotada a \$ 1,00 e a taxa à vista do euro for cotada a \$ 1,03, o prêmio do termo será:
>
> $$(F/S) - 1 = p$$
> $$(\$1{,}00/\$1{,}03) - 1 = p$$
> $$0{,}9709 - 1 = -0{,}0291, \text{ ou } -2{,}91\%$$
>
> Sendo p negativo, a taxa a termo contém um desconto.

> ### EXEMPLO
>
> Suponha as taxas de câmbio a termo da libra esterlina para vários vencimentos como mostra a segunda coluna da Tabela 5.1. Com base em cada taxa de câmbio a termo, o desconto a termo poderá ser calculado em base anual, como mostra a Tabela 5.1.

Em algumas situações, uma empresa poderá preferir avaliar o prêmio ou o desconto em base anual. Nesse caso, não incluiria a fração que representa o número de períodos por ano na fórmula.

Arbitragem. As taxas a termo diferem tipicamente da taxa à vista de qualquer moeda dada. Se a taxa a termo for igual à taxa à vista e as taxas de juros dos dois países forem diferentes, será

Tipo de Taxa de Câmbio em £	Valor	Vencimento	Prêmio ou Desconto de Taxa a termo em £
Taxa à vista	\$ 1,681		
Taxa a termo de 30 dias	\$ 1,680	30 dias	$\dfrac{\$\,1{,}680 - \$\,1{,}681}{\$\,1{,}681} \times \dfrac{360}{30} = -0{,}71\%$
Taxa a termo de 90 dias	\$ 1,677	90 dias	$\dfrac{\$\,1{,}677 - \$\,1{,}681}{\$\,1{,}681} \times \dfrac{360}{90} = -0{,}95\%$
Taxa a termo de 180 dias	\$ 1,672	180 dias	$\dfrac{\$\,1{,}672 - \$\,1{,}681}{\$\,1{,}681} \times \dfrac{360}{180} = -1{,}07\%$

Tabela 5.1   Cálculos de prêmios ou descontos de taxa a termo.

possível para alguns investidores (hipoteticamente falando) utilizar a **arbitragem** para ter maiores retornos do que seria possível domesticamente sem implicar risco adicional (como explicado no Capítulo 7). Conseqüentemente, a taxa a termo geralmente contém um prêmio (ou desconto) que reflete a diferença entre as taxas de juros nacionais e as taxas de juros estrangeiras.

Oscilações na Taxa a Termo ao Longo do Tempo. Se o prêmio da taxa a termo permanecesse constante, a taxa a termo oscilaria em paralelo perfeito com as oscilações da taxa à vista correspondente, ao longo do tempo. Por exemplo, se a taxa à vista do euro aumentasse em 4% de um mês para cá, a taxa a termo teria de aumentar em 4% também sobre o mesmo período, para manter o mesmo prêmio. Na realidade, o prêmio do termo é influenciado pela diferença da taxa de juros entre os dois países (como explicado no Capítulo 7) e poderá mudar com o tempo. A maioria das oscilações nas taxas a termo de moedas ao longo do tempo se deve a oscilações nessa taxa à vista da moeda.

USANDO A WEB	**Taxas a Termo.** As taxas a termo do dólar canadense, da libra esterlina, do euro e do iene japonês estão disponíveis para vários períodos em http://www.bmo.com/economic/regular/fxrates.html. O site mostra a taxa a termo do dólar canadense com vários horizontes de tempo. Também mostra a taxa a termo da libra esterlina, do euro e do iene japonês perante os dólares canadense e americano.

Liquidando um Contrato a termo. Em alguns casos, uma EMN poderá desejar liquidar um contrato a termo criado anteriormente.

EXEMPLO

No dia 10 de março, a Green Bay, Inc. empregou uma empresa de construção canadense para expandir seu escritório e concordou em pagar C$ 200.000 pelo trabalho no dia 10 de setembro. Negociou um contrato a termo de seis meses para obter C$ 200.000 a $ 0,70 por unidade, que seriam usados para pagar a empresa canadense dali a seis meses. No dia 10 de abril, a empresa de construção informou a Green Bay que não poderia realizar o trabalho como prometido. Assim, a Green Bay anulou seu contrato existente negociando um contrato a termo para vender C$ 200.000 para a data de 10 de setembro. No entanto, a taxa à vista do dólar canadense havia caído no mês passado, e o preço do contrato futuro vigente para o dia 10 de setembro é de $ 0,66. A Green Bay agora tem um contrato futuro para vender C$ 200.000 no dia 10 de setembro, o qual compensa o outro que possui para comprar C$ 200.000 no dia 10 de setembro. A taxa a termo sobre sua venda a termo era de menos $ 0,04 por unidade em relação à sua compra a termo, o que resulta em um custo de $ 8.000 (C$ 200.000 × $ 0,04).

Se a Green Bay do exemplo anterior negociar a venda a termo com o mesmo banco no qual negociou a compra a termo, poderá simplesmente requisitar que seu contrato inicial seja liquidado. O banco cobrará uma taxa pelo seu serviço, o que refletirá a diferença entre a taxa a termo do momento da compra futura e a taxa a termo do momento da liquidação. Portanto, a EMN não poderá simplesmente ignorar sua obrigação, mas deverá pagar uma taxa para liquidar sua obrigação original.

Utilizando Contratos a Prazo para Transações Swap. Uma swap envolve uma operação à vista junto com um contrato a termo correspondente que, no final, reverte a operação à vista. Muitos contratos a termo são negociados com esse propósito.

124 FINANÇAS CORPORATIVAS INTERNACIONAIS

EXEMPLO

A Soho, Inc. precisa investir 1 milhão de pesos chilenos em sua subsidiária chilena para a produção de produtos adicionais. Ela deseja que a subsidiária reembolse os pesos em um ano. A Soho deseja travar a taxa pela qual os pesos poderão ser convertidos novamente em dólares em um ano e utiliza um contrato a termo de um ano para esse propósito. A Soho entra em contato com seu banco e solicita a seguinte operação swap:

1. *Hoje*: o banco deve retirar dólares da conta da Soho nos Estados Unidos, convertê-los em pesos no mercado à vista e transferir os pesos para a conta da subsidiária.
2. *Em um ano*: o banco deve retirar 1 milhão de pesos da conta da subsidiária, convertê-los em dólares na taxa a termo de hoje e transferi-los para a conta da Soho nos Estados Unidos.

A Soho não estará exposta às oscilações da taxa de câmbio devido a essa operação porque travou a taxa pela qual os pesos serão convertidos novamente em dólares. Se a taxa a termo de um ano apresentar um desconto, no entanto, a Soho receberá menos dólares em um ano do que investiu na subsidiária hoje. Ela ainda poderá querer se envolver na operação swap sob essas circunstâncias para eliminar incertezas acerca dos dólares que receberá em um ano.

Contratos a Termo sem Entrega (CTSE)

Um novo tipo de contrato a termo, sem a troca física de moeda, é utilizado freqüentemente para moedas em mercados emergentes. Como um contrato a termo normal, um CTSE representa um acordo referente a uma posição em um montante específico de uma moeda específica a uma taxa de câmbio específica, e a uma data acordada específica. No entanto, não resulta em um câmbio real de moedas na data futura. Isto é, não há entrega de moedas. Em vez disso, uma das partes do acordo faz um pagamento para a outra parte com base na taxa de câmbio da data futura.

EXEMPLO

A Jackson, Inc., uma EMN com base em Wyoming, decide que no dia 1º de abril precisará de 100 milhões de pesos chilenos para adquirir suprimentos no dia 1º de julho. Poderá negociar um CTSE com um banco local, como segue. O CTSE especificará a moeda (peso chileno), a data de vencimento (90 dias a partir de hoje) e uma assim chamada taxa de referência, que identificará o tipo de taxa de câmbio que será considerada (marked to market). Especificamente, o CTSE conterá as seguintes informações:

- Comprar 100 milhões de pesos chilenos.
- Data de vencimento: 1º de julho.
- Índice de referência: taxa de fechamento do câmbio do peso chileno (em dólares) cotada pelo banco central do Chile em 90 dias.

Suponha que o peso chileno (que é o índice de referência) possua o valor corrente de $ 0,0020, então o montante de dólares da posição será de $ 200.000 no momento do contrato. No momento da liquidação (1º de julho), o valor do índice de referência é determinado, e um pagamento é feito entre as duas partes para liquidar o CTSE. Por exemplo, se o valor do peso aumentar para $ 0,0023 no dia 1º de julho, o valor da posição especificado no CTSE será de $ 230.000 ($ 0,0023 × 100 milhões de pesos). Visto que o valor da posição do CTSE da Jackson está $ 30.000 mais alto que quando o acordo foi criado, a Jackson receberá um pagamento de $ 30.000 do banco.

DERIVATIVOS DA TAXA DE CÂMBIO **125**

Lembre que a Jackson precisava de 100 milhões de pesos para comprar importações. Uma vez que a taxa à vista do peso aumentou do dia 1º de abril até o dia 1º de julho, a Jackson precisará pagar $ 30.000 a mais pelas importações que se as tivesse pago no dia 1º de abril. Ao mesmo tempo, no entanto, a Jackson terá recebido um pagamento de $ 30.000 procedentes de seu CTSE. Assim, o CTSE cobriu o risco da taxa de câmbio.

Se o peso chileno tivesse se desvalorizado para $ 0,0018 em vez de ter subido, a posição da Jackson em seu CTSE teria o valor de $ 180.000 (100 milhões de pesos × $ 0,0018) na data do vencimento, o que são $ 20.000 a menos do valor de quando o contrato foi criado. Portanto, a Jackson passaria a dever para o banco $ 20.000 nesse momento. No entanto, a queda da taxa à vista do peso significa que a Jackson pagaria $ 20.000 a menos pelas importações do que teria pago por elas no dia 1º de abril. Assim, um efeito compensatório também ocorreria nesse exemplo.

Como os exemplos mostram, embora um CTSE não envolva entrega de moedas e poderá efetivamente cobrir pagamentos futuros com moeda estrangeira que são previstos por uma EMN.

Uma vez que um CTSE poderá especificar que quaisquer pagamentos entre duas partes sejam em dólares ou em alguma outra moeda disponível, as empresas poderão até utilizar CTSEs para *hedgear* posições existentes de moedas estrangeiras que não são conversíveis. Considere uma EMN que espera receber pagamentos em moeda estrangeira que não poderá ser convertida em dólares. Embora a EMN possa utilizar a moeda para fazer aquisições no país em questão, ainda poderá desejar se proteger contra uma queda no valor da moeda durante o período antes de receber o pagamento. Ela tomará uma posição de venda de um CTSE e utilizará a taxa de fechamento do câmbio da moeda na data do vencimento como índice de referência. Se a moeda se desvalorizar perante o dólar com o tempo, a empresa receberá a diferença entre o valor do dólar da posição quando o contrato de CTSE foi criado e o valor do dólar da posição na data de vencimento. Portanto, receberá um pagamento em dólares do CTSE para compensar qualquer desvalorização da moeda durante o período em questão.

Mercado de Futuro de Moeda

http://

O website da revista *Futures* em http://www.futuresmag.com/library/contents.html cobre vários aspectos de derivativos, tais como produtos novos, estratégias e análises de mercado.

http://

Visite o site do Chicago Mercantile Exchange (Bolsa Mercantil de Chicago) em http://www.cme.com para uma série temporal sobre futuros financeiros e preços de opções. O site também possibilita a geração de quadros de históricos de preços.

Contratos de futuros de moeda são contratos que especificam um volume-padrão de uma moeda em particular a ser feito ao câmbio de uma data de vencimento específica. Portanto, contratos de futuros de moeda são semelhantes a contratos a termo no que diz respeito a obrigações, mas diferem dos contratos a termo na maneira como são negociados. Geralmente são utilizados pelas EMNs para cobrir suas posições de moeda estrangeira. Além disso, são negociados por especuladores que esperam capitalizar suas expectativas sobre as oscilações da taxa de câmbio. Um comprador de um contrato de futuros de moeda trava a taxa de câmbio a ser paga pela moeda estrangeira em um ponto no futuro. Alternativamente, um vendedor de um contrato de futuros de moeda trava a taxa de câmbio pela qual uma moeda estrangeira pode ser trocada por moeda nacional. Nos Estados Unidos, os contratos de futuros de moeda são comprados para travar o montante de dólares necessários para obter uma quantia específica de uma moeda estrangeira em particular; são vendidos para travar o montante de dólares a ser recebidos da venda de um montante específico de uma moeda estrangeira em particular.

126 FINANÇAS CORPORATIVAS INTERNACIONAIS

Especificações de Contrato

Contratos de futuros de moeda estão disponíveis para várias moedas amplamente negociadas na Bolsa Mercantil de Chicago (Chicago Mercantile Exchange – CME); o contrato para cada moeda especifica um número padronizado de unidades (veja a Tabela 5.2).

O contrato de futuros de moeda típico é baseado sobre o valor de uma moeda em termos de dólares americanos. No entanto, contratos de futuros de moeda estão disponíveis também com algumas taxas cruzadas, tais como a taxa de câmbio entre os dólares australiano e canadense. Assim, os especuladores que esperam que o dólar australiano oscile consideravelmente perante o dólar canadense poderão tomar uma posição em futuros para capitalizar suas expectativas. Além disso, empresas australianas que possuem exposição em dólares canadenses ou as empresas canadenses que possuem exposição em dólares australianos poderão usar esse tipo de contrato de futuros para cobrir sua exposição. Veja http://www.cme.com/prd/fx/crossrate2625.html para mais informações a respeito de futuros sobre taxas de câmbio cruzadas.

Contratos de futuros de moeda normalmente especificam a terceira quarta-feira de março, junho, setembro, ou dezembro como datas de vencimento. Há também um mercado de balcão sobre futuros de moeda, em que vários intermediários financeiros facilitam a negociação de contratos de futuros de moeda com datas de vencimento específicas. Os contratos devem ser padronizados, ou as negociações no recinto da Bolsa diminuiriam consideravelmente enquanto os corretores avaliassem as especificações do contrato.

Negociação de Futuros

Empresas ou pessoas físicas podem executar ordens de contratos de futuros de moeda chamando empresas de corretagem que servem de intermediários. O pedido para comprar ou vender um contrato de futuros de moeda de uma moeda específica e uma data de vencimento específi-

Moeda	Unidades por Contrato
Dólar australiano	100.000
Real brasileiro	100.000
Libra esterlina	62.500
Dólar canadense	100.000
Euro	125.000
Iene japonês	12.500.000
Peso mexicano	500.000
Dólar neozelandês	100.000
Coroa norueguesa	2.000.000
Rublo russo	2.500.000
Rand sul-africano	500.000
Coroa sueca	2.000.000
Franco suíço	125.000
Coroa tcheca*	4.000.000
Zloty polonês*	500.000
Florim húngaro*	30.000.000

* Esses países uniram-se à União Européia em 2004.

Tabela 5.2   Contratos de futuros de moeda na Bolsa Mercantil de Chicago.

DERIVATIVOS DA TAXA DE CÂMBIO **127**

ca são comunicados à empresa de corretagem que, por sua vez, comunica o pedido à CME. Um corretor no recinto da CME, especialista nesse tipo de contrato de futuros de moeda, permanece em um ponto específico do local de negociações no qual esse tipo de contrato é negociado e tenta encontrar uma contraparte para atender ao pedido. Por exemplo, se uma EMN deseja adquirir um contrato a prazo de peso mexicano com data de vencimento em dezembro, o corretor designado para executar esse pedido buscará no recinto um outro corretor que possua um pedido para vender um contrato a prazo de peso mexicano com a data de vencimento em dezembro.

As negociações no recinto (na sala da Bolsa) da CME ocorrem das 7h20 da manhã às 14 horas (horário de Chicago), de segunda a sexta-feira. Os contratos de futuros de moeda também podem ser negociados pelo sistema automatizado da CME chamado Globex, que normalmente abre 23 horas por dia (fechado das 16 às 17 horas). O sistema Globex combina pedidos de compra e venda para cada tipo de contrato de futuros de moeda. E minifuturos para algumas moedas também são negociados no sistema Globex; eles especificam a metade dos números de unidades do contrato de futuros de moeda.

Quando os participantes do mercado de contratos de futuros de moeda tomam uma posição, precisam estabelecer uma margem inicial, que poderá representar apenas 10% do valor do contrato. A margem exigida será em dinheiro, para pequenos investidores, ou em títulos do Tesouro, para investidores institucionais. Além da margem inicial, os participantes estão sujeitos a uma variação de margem, que é solicitada para acumular um montante suficiente de fundos para garantir a posição de futuros. Corretores habilitados a todas operações normalmente cobram uma comissão de cerca de $ 50 por negociação completa em futuros de moeda, enquanto corretores especializados em desconto cobram uma comissão de cerca de $ 20. Alguns corretores pela Internet também negociam futuros de moeda.

EXEMPLO

> Suponha que, no dia 10 de fevereiro, um contrato de futuros de 62.500 libras esterlinas com vencimento em março tenha o preço de $ 1,50 por libra. Considere as posições de duas empresas diferentes em lados opostos do contrato. O comprador desse contrato receberá £ 62.500 na data de vencimento em março e pagará $ 93.750 por elas (calculadas como £ 62.500 × $ 1,50 por libra). O vendedor deste contrato é obrigado a vender £ 62.500 a um preço de $ 1,50 por libra e, assim, receberá $ 93.750 na data de vencimento.

Comparação de Contratos a Termo e Contratos de Futuros de Moeda

Contratos de futuros de moeda são semelhantes a contratos a termo ao permitir que um cliente trave a taxa de câmbio na qual uma moeda específica é comprada ou vendida para uma data específica no futuro. Todavia, há algumas diferenças entre os contratos de futuros de moeda e contratos a termo, resumidas na Tabela 5.3. Os contratos de futuros de moeda são vendidos na Bolsa, enquanto cada contrato a termo é negociado entre uma empresa e um banco comercial pela rede de telecomunicações. Assim, contratos a termo podem ser ajustados de acordo com as necessidades da empresa, enquanto os contratos de futuros de moeda são padronizados.

Empresas que estabeleceram relacionamentos com grandes bancos tendem a usar contratos a termo, em vez de contratos de futuros de moeda, porque contratos a termo são ajustados com o montante preciso de moeda a ser comprado ou vendido no futuro e a data precisa que prefiram. De modo contrário, pequenas empresas e pessoas físicas que não estabeleceram relacionamentos com grandes bancos ou preferem negociar quantias menores ou tendem a utilizar os contratos de futuros de moeda.

	Contratos a Termo	Futuros de Moeda
Tamanho do contrato	De acordo com as necessidades individuais.	Padronizado.
Data de vencimento	De acordo com as necessidades individuais.	Padronizado.
Participantes	Bancos, corretores e empresas multinacionais. A especulação pública não é incentivada.	Bancos, corretores e empresas multinacionais. A especulação pública qualificada é incentivada.
Depósito de garantia	Nenhum como tal, mas são exigidos saldos bancários ou linhas de crédito.	Exigido um pequeno depósito de garantia.
Operação de compensação	Contingente de negociação em bancos individuais e corretores. Nenhuma função de câmara de compensação.	Negociado pela câmara de compensação da Bolsa. Ajuste diário ao preço do mercado.
Local de mercado	Pelo telefone mundialmente.	Recinto central da Bolsa com comunicação mundial.
Regulamento	Auto-regulador.	Commodity Futures Trading Commission (Comissão de Negócios Futuros de Commodities); National Futures Association (Associação Nacional de Futuros).
Liquidação	A maioria com entrega no vencimento. Alguns por compensação/liquidação mediante um custo.	A maioria por compensação/liquidação, muito poucos com entrega de moeda.
Custos de transação	Estabelecidos por spread entre os preços e compra e venda do banco.	Taxas negociadas por corretagem.

Fonte: Bolsa Mercantil de Chicago.

Tabela 5.3 Comparação dos mercados a termo e de futuros de moeda.

Preços de Futuros de Moeda

O preço de futuros de moeda normalmente será similar à taxa a termo para uma dada moeda e data de vencimento. Esse relacionamento é reforçado pela atividade de arbitragem possível que ocorreria se houvesse discrepâncias significativas.

EXEMPLO

Suponha que o preço de futuros de moeda da libra é $ 1,50 e que contratos a termo para um período semelhante estão disponíveis a $ 1,48. Empresas poderão tentar comprar contratos a termo e vender simultaneamente contratos de futuros de moeda. Se for possível combinar exatamente as datas de vencimento dos dois contratos, poderão gerar lucros garantidos de $ 0,02 por unidade. Essas ações pressionarão o preço sobre futuros de moeda para baixo. O contrato de futuros de moeda e o contrato a termo de uma dada moeda e a data de vencimento deveriam ter o mesmo preço, ou outros lucros garantidos serão possíveis (contando com nenhum custo de transação).

O preço de futuros de moeda difere da taxa à vista pelas mesmas razões que uma taxa a termo difere da taxa à vista. Se os preços à vista e futuros de uma moeda fossem os mesmos e a taxa de juros fosse mais alta que a taxa dos Estados Unidos, os especuladores americanos poderiam travar um retorno mais alto que receberiam de investimentos nos Estados Unidos. Eles poderiam adquirir moedas estrangeiras na taxa à vista, investir os fundos a taxas de juros atraentes e, simultaneamente, vender futuros de moeda para travar a taxa de câmbio pela qual poderiam converter a moeda novamente para dólares. Se as taxas a termo e à vista forem as mesmas, não haveria nem ganho nem perda sobre a conversão da moeda. Assim, a taxa de juros estrangeira mais alta forneceria um rendimento mais alto nesse tipo de investimento. As ações dos investidores para capitalizar essa oportunidade pressionariam a taxa à vista para cima e o preço de futuros de moeda para baixo, fazendo com que o preço dos futuros de moeda caísse abaixo da taxa à vista.

USANDO A WEB

Preços de Futuros. Os preços de futuros de moeda podem ser obtidos no site da Bolsa Mercantil de Chicago, http://www.cme.com. As informações estão disponíveis para cada moeda com a qual os contratos de futuros são negociados nessa Bolsa. As informações incluem o preço de abertura, os preços máximo e mínimo do dia, o preço de fechamento (último) e o volume negociado.

Risco de Crédito dos Contratos de Futuros de Moeda

Cada contrato de futuros de moeda representa um acordo entre um cliente e a câmara de compensação da Bolsa, apesar de a Bolsa não ter tomado uma posição. Para ilustrar, suponha que você ligou para um corretor para requisitar a compra de um contrato de futuros de libra esterlina com vencimento em março. Nesse meio-tempo, uma outra pessoa sem relação com você liga para um corretor para requisitar a venda de um contrato de futuros semelhante. Nenhuma das partes precisa se preocupar com o risco de crédito da outra. A câmara de compensação da Bolsa garante que você receberá tudo o que lhe for devido em conseqüência de sua posição de futuros de moeda.

Para minimizar seus riscos em garantias assim, a CME impõe **exigências de margem** para cobrir flutuações no valor de um contrato, o que significa que os participantes devem fazer um depósito junto com suas respectivas empresas de corretagem quando assumem uma posição. A exigência de margem inicial é normalmente entre $ 1.000 e $ 2.000 por contrato de futuros de moeda. No entanto, se o valor do contrato de futuros cair com o tempo, o comprador poderá ser chamado a completar a margem inicial. Exigências de margem nem sempre são requisitadas em contratos a termo devido à natureza mais pessoal do acordo; o banco conhece a empresa com a qual está negociando e pode confiar no cumprimento de suas obrigações.

Especulações com Contratos de Futuros de Moeda

Contratos de futuros de moeda às vezes são comprados por especuladores que estão simplesmente tentando capitalizar suas expectativas nas oscilações futuras das moedas.

EXEMPLO

Suponha que os especuladores esperem que a libra esterlina se valorize no futuro. Eles podem comprar um contrato de futuros que travará o preço pelo qual compram as libras para um vencimento específico. No dia do vencimento, poderão comprar suas libras à taxa especificada pelo contrato de futuros e depois vendê-las à taxa à vista. Se a taxa à vista se valorizou nesse momento, de acordo com suas expectativas, eles lucrarão com essa estratégia.

Futuros de moeda são vendidos freqüentemente por especuladores que esperam que a taxa à vista de uma moeda seja menor que a taxa pela qual serão obrigados a vendê-los.

EXEMPLO

Suponha que, no dia 4 de abril, um contrato de futuros especificando 500.000 pesos mexicanos e uma data de vencimento de junho tenha um preço determinado em $ 0,09. No dia 4 de abril, os especuladores, que esperam que o peso caia, vendem contratos de futuros de pesos. Suponha que no dia 17 de junho (a data de vencimento), a taxa à vista do peso esteja em $ 0,08. As transações estão na Figura 5.1 (a margem depositada pelos especuladores não foi considerada). O ganho sobre a posição de futuros é de $ 5.000, o que representa uma diferença entre a quantia recebida ($ 45.000) ao vender os pesos de acordo com o contrato de futuros *versus* a quantia paga ($ 40.000) por esses pesos no mercado à vista.

Naturalmente, as expectativas muitas vezes estão incorretas. É devido a expectativas diferentes que alguns especuladores decidem comprar contratos de futuros, enquanto outros decidem vendê-los em um determinado momento.

Eficiência do Mercado de Futuros de Moeda. Se o mercado de futuros de moeda for eficiente, o preço de futuros para uma moeda em um determinado momento deve refletir todas as informações disponíveis. Isto é, deve representar uma estimativa não visada da taxa à vista da respectiva moeda na data de vencimento. Assim, o uso contínuo de uma estratégia em particular para tomar posições em contratos de futuros de moeda não deve levar a lucros excepcionais. Algumas posições possivelmente resultarão em ganhos, enquanto outras resultarão em perdas, mas, com o tempo, os ganhos e as perdas devem se contrabalançar. Pesquisas mostram que, em alguns anos, o preço de futuros excedeu consistentemente o preço correspondente ao da data de vencimento, enquanto, em outros, o preço dos futuros estava bem abaixo do preço correspondente ao da data de vencimento. Isso sugere que o mercado de futuros de moeda pode ser ineficiente. No entanto, os padrões não são necessariamente observáveis até depois de ocorridos, o que significa que poderá ser difícil gerar consistentemente lucros excepcionais por meio de especulações em futuros de moeda.

Como as Empresas Utilizam Contratos de Futuros de Moeda

As empresas que possuem posições abertas em moedas estrangeiras podem considerar a compra ou a venda de contratos de futuros para contrabalançar suas posições.

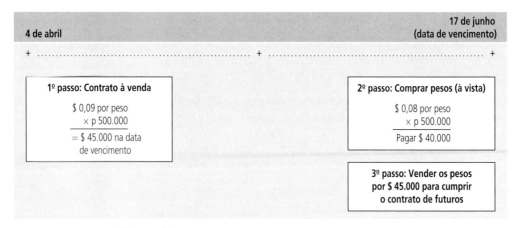

Figura 5.1 Fonte de ganhos ao comprar futuros de moeda.

Aquisição de Futuros para Cobrir Contas a Pagar. A aquisição de contratos de futuros trava o preço pelo qual uma empresa poderá adquirir uma moeda.

> ### EXEMPLO
>
> A Teton Co. encomenda produtos canadenses e, mediante entrega, terá de enviar C$ 500.000 para o exportador canadense. Portanto, a Teton adquire hoje contratos de futuros de dólares canadenses, desse modo, trava o preço a ser pago por dólares canadenses na data de vencimento futura. Ao manter contratos de futuros, a Teton não precisará se preocupar com as alterações na taxa à vista do dólar canadense no decorrer do tempo.

Venda de Futuros para Cobrir Contas a Receber. A venda de contratos de futuros trava o preço pelo qual uma empresa poderá vender uma moeda.

> ### EXEMPLO
>
> A Karla Co. vende contratos de futuros quando planeja receber uma moeda de exportação de que não irá precisar (aceita uma moeda estrangeira quando o importador preferir esse tipo de pagamento). Ao vender um contrato de futuros, a Karla Co. trava o preço pelo qual poderá vender essa moeda na data de vencimento. Essa atitude poderá ser apropriada se a Karla Co. esperar que a moeda estrangeira se desvalorize perante sua moeda nacional.

O uso de contratos de futuros para cobrir ou *hedgear* posições de moeda de uma empresa é descrito mais detalhadamente no Capítulo 11.

Liquidação de Posições de Futuros

Se uma empresa com um contrato de futuros de moeda decide, antes da data de vencimento, não mais manter sua posição, poderá liquidá-la a posição vendendo um contrato de futuros idêntico. O ganho ou a perda da empresa, decorrente da posição de futuros anterior, depende do preço de compra dos futuros *versus* o de venda de futuros.

O preço de um contrato de futuros muda com o tempo, de acordo com as oscilações da taxa à vista e também com a alteração de expectativas acerca do valor da taxa à vista na data de vencimento.

Se a taxa à vista de uma moeda se elevar consideravelmente no período de um mês, o preço de futuros possivelmente aumentará no mesmo montante. Nesse caso, a compra e a venda subseqüente do contrato de futuros seriam lucrativas. De forma contrária, uma queda na taxa à vista no decorrer do tempo corresponderá a uma queda no preço de futuros da moeda, o que significa que a compra e a subseqüente venda dos contratos futuros resultariam em perda. Embora os compradores de contrato de futuros decidam não liquidar sua posição sob essas condições, as perdas dessa posição podem aumentar no decorrer do tempo.

> ### EXEMPLO
>
> No dia 10 de janeiro, a Tacoma Co. prevê que precisará de dólares australianos (A$) em março quando encomendar suprimentos de um fornecedor australiano. Conseqüentemente, a Tacoma compra um contrato de futuros especificando A$ 100.000 e a data de vencimento para março (o que, para esse contrato, seria dia 19 de março). No dia 10 de janeiro, o preço do contrato de futuros é determinado em $ 0,53 por A$. No dia 15 de fevereiro,

a Tacoma percebe que não precisará encomendar os suprimentos porque reduziu seus níveis de produção. Portanto, não há necessidade dos A$ em março. Ela vende o contrato de futuros em A$ com a data de vencimento em março para liquidar o contrato adquirido em janeiro. Nesse momento, o preço do contrato de futuros está determinado em $ 0,50 por A$. No dia 19 de março (na data de vencimento), a Tacoma possui posições que se compensam em contratos de futuros. No entanto, o preço quando o contrato de futuros foi adquirido era mais alto que o preço quando um contrato idêntico foi vendido, logo a Tacoma sofre um prejuízo com suas posições de futuros. As transações dessa empresa estão resumidas na Figura 5.2. Veja as transações da esquerda para a direita pela linha do tempo. O exemplo não inclui as exigências de margem.

Vendedores de contratos de futuros podem liquidar suas posições comprando contratos de futuros de moeda com datas de vencimento semelhantes. A maioria dos contratos de futuros de moeda é liquidada antes da data de vencimento.

Custos de Transações de Contratos de Futuros de Moeda

Corretores que atendem aos pedidos de compra ou venda de contratos de futuros cobram uma taxa de transação ou de corretagem na forma de um bid/ask spread. Isso é, eles compram um contrato de futuros por um preço e simultaneamente o vendem para alguém por um preço ligeiramente mais alto. A diferença entre um preço bid e um preço ask sobre um contrato de futuros poderá ser de apenas $ 7,50. Todavia, até essa quantia é maior, em termos porcentuais, que as taxas de transação para contratos a termo.

Mercado de Opções de Moeda

Opções de moeda concedem o direito de comprar ou vender moedas a preços específicos. Estão disponíveis para muitas moedas, incluindo o dólar australiano, a libra esterlina, o real brasileiro, o dólar canadense, o euro, o iene japonês, o peso mexicano, o dólar da Nova Zelândia, o rublo russo, o rand sul-africano e o franco suíço.

Bolsas de Opções

No final de 1982, as Bolsas de Amsterdã, Montreal e Filadélfia começaram a permitir o comércio de opções padronizadas de moedas estrangeiras. Desde aquela época, as opções são

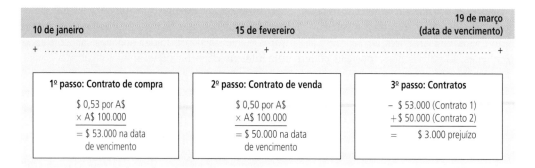

Figura 5.2 Liquidando um contrato de futuros.

oferecidas na Bolsa Mercantil de Chicago e na Bolsa de Opções de Chicago (Chicago Board Options Exchange). As opções de moeda são negociadas pelo sistema Globex na Bolsa Mercantil de Chicago, mesmo quando o recinto está fechado. Assim, as opções de moeda são 24 horas negociadas virtualmente.

As Bolsas de Opções nos Estados Unidos são regulamentadas pela Security and Exchange Commission (SEC). As opções podem ser compradas ou vendidas por corretores por uma comissão. A comissão por transação geralmente é de $ 30 a $ 60 para uma única opção de moeda, mas poderá ser muito mais baixa por contrato quando a transação envolver contratos múltiplos. Corretores exigem que uma margem seja mantida durante a vida do contrato. A margem é aumentada para clientes cujas posições de opção deterioraram. Isso protege contra prejuízos se os clientes não cumprirem suas obrigações.

Mercado de Balcão

Além das Bolsas em que as opções de moeda estão disponíveis, há um mercado de balcão em que as opções de moeda são oferecidas por bancos comerciais e empresas de corretagem. Diferentemente de opções negociadas em uma Bolsa, as opções de moeda são trabalhadas para necessidades específicas da empresa. Visto que as opções não são padronizadas, todos os termos devem ser especificados nos contratos. O número de unidades, o preço de exercício desejado e a data de vencimento poderão ser ajustados às necessidades específicas do cliente. Quando as opções de moeda não são padronizadas, há menos liquidez e um bid/ask spread mais amplo.

O tamanho mínimo de opções de moeda oferecidas por instituições financeiras normalmente é de $ 5 milhões. Visto que essas transações são realizadas com uma instituição financeira específica, em vez da Bolsa, não há garantias de crédito. Portanto, o acordo feito é apenas tão seguro quanto as partes envolvidas. Por essa razão, as instituições financeiras poderão exigir garantias de pessoas físicas ou de empresas que desejarem comprar ou vender opções de moeda. As opções de moeda são classificadas como de **compra (*call*)** ou de **venda (*put*)**, como discutido na próxima seção.

Opções de Compra de Moeda

Uma **opção de compra de moeda** concede o direito de comprar uma moeda específica a um preço determinado dentro de um prazo específico. O preço pelo qual é permitido que o proprietário compre essa moeda é conhecido por **preço de exercício**, e há datas de expiração para cada opção.

Opções de compra são requisitadas quando alguém deseja travar o preço máximo a ser pago por uma moeda no futuro. Se a taxa à vista da moeda sobe acima do preço de exercício, os proprietários de opções de compra podem "exercer" suas opções comprando a moeda ao preço de exercício, o que será mais barato que a taxa à vista vigente. Essa estratégia é um tanto semelhante àquela usada por compradores de contratos de futuros, mas os contratos de futuros exigem uma obrigação, enquanto opções sobre moeda, não. O proprietário poderá escolher deixar a opção expirar na data de vencimento sem nunca tê-la exercido. Os proprietários de opções de compra expiradas perderão o prêmio que pagaram inicialmente, mas é só o que poderão perder.

As cotações de opções de moeda são resumidas todos os dias no *Wall Street Journal* e em outros jornais de negócios. Embora as opções de moeda normalmente vençam perto do meio do mês especificado, algumas também vencem no final do mês especificado. Algumas opções são listadas como "Estilo Europeu", o que significa que poderão ser exercidas somente no dia do vencimento do contrato.

Uma opção de compra de moeda é chamada de *dentro do dinheiro*, quando a taxa de câmbio presente excede o preço de exercício; *no dinheiro*, quando a taxa de câmbio presente for igual ao preço de exercício, e *fora do dinheiro*, quando a taxa de câmbio presente for menor que o preço de exercício. Para uma dada moeda e sua data de vencimento, uma opção de compra dentro do dinheiro exigirá um prêmio mais alto que opções que estão no dinheiro ou fora do dinheiro.

Fatores que Afetam os Prêmios da Opção de Compra de Moeda

> ### http://
>
> Visite http://www.ino. com para ver as últimas informações e preços de opções e futuros financeiros, assim como os quadros de históricos de preços.

O prêmio sobre uma opção de compra representa o custo do direito de comprar a moeda base a um preço específico. Para as EMNs que utilizam opções de compra de moeda como *hedging*, o prêmio reflete um custo de seguro ou proteção para as EMNs.

O prêmio da opção de compra (referido como C) é influenciado principalmente por três fatores:

$$C = f(S - X, T, \sigma)$$
$$+ \quad + \ +$$

onde $S - X$ representa a diferença entre a taxa de câmbio à vista (S) e o preço de exercício (X), T representa o tempo até o vencimento e σ representa a volatilidade da moeda, como medida pelo desvio padrão das oscilações da moeda. As relações entre o prêmio da opção de compra e esses fatores estão resumidas a seguir.

- *O nível da taxa à vista existente em relação ao preço de exercício.* Quanto mais alta a taxa à vista em relação ao preço de exercício, tanto mais alto será o preço da opção. Isso é devido à maior probabilidade de comprar a moeda a uma taxa consideravelmente menor do que aquela pela qual poderia ser vendida. Essa relação pode ser verificada comparando os prêmios das opções de moeda específicas e a data de vencimento que possuem preços de exercício diferentes.
- *O tempo até o vencimento.* Geralmente se espera que a taxa à vista tenha mais chances de ficar acima do preço de exercício se houver um período de tempo mais longo para tal. Uma data de vencimento em junho permite dois meses adicionais além de abril para que a taxa à vista oscile para cima do preço de exercício. Isso explica por que os preços das opções de junho excedem os preços das opções de abril, dado um preço de exercício específico. Essa relação poderá ser verificada comparando os prêmios de opções de moeda e preços de exercício especificados que possuem datas de vencimento diferentes.
- *Volatilidade potencial da moeda.* Quanto maior a volatilidade da moeda, tanto maior a probabilidade de a taxa à vista ficar acima do preço de exercício. Assim, as moedas mais voláteis possuem preços de opção de compra mais altos. Por exemplo, o dólar canadense é mais estável que a maioria das moedas. Se todos os outros fatores forem semelhantes, as opções de compra sobre dólares canadenses devem ser menos dispendiosas que as opções de compra de outras moedas estrangeiras.

A volatilidade possível de moedas poderá variar também com o tempo, para uma moeda em particular. Por exemplo, no início da crise asiática em 1997, os países daquela região passaram por problemas financeiros, e o valor de suas moedas ficou sujeito a muito mais incertezas. Conseqüentemente, o prêmio sobre as opções de mercado de balcão das moedas asiáticas, tais como o baht tailandês, a rupia da Indonésia e o won coreano, aumentou. O prêmio mais alto foi necessário para compensar aqueles que queriam vender opções dessas moedas, pois o risco para os vendedores havia aumentado e as moedas haviam se tornado mais voláteis.

Como as Empresas Utilizam as Opções de Compra de Moeda

Empresas com posições abertas em moedas estrangeiras poderão, às vezes, utilizar opções de compra para cobrir essas posições.

Usando Opções de Compra para *Hedgear* Contas a Pagar. EMNs poderão adquirir opções de compra de uma moeda para *hedgear* suas contas a pagar.

EXEMPLO

Quando a Pike Co. de Seattle encomenda produtos da Austrália, realiza os pagamentos em dólares australianos ao exportador australiano, mediante a entrega. Uma opção de compra de dólares australianos trava a taxa máxima pela qual a Pike poderá fazer o câmbio dos dólares por dólares australianos. Esse câmbio de moedas no preço de exercício especificado no contrato de opção de compra pode ser executado a qualquer hora antes da data de vencimento. Em essência, o contrato de opção de compra especifica o preço máximo que a Pike deverá pagar para obter os dólares australianos. Se o valor do dólar australiano permanecer abaixo do preço de exercício, a Pike poderá comprá-los à taxa à vista vigente quando precisar pagar por suas importações e simplesmente deixar sua opção de compra expirar.

Opções podem ser mais apropriadas que contratos termo ou de futuros em algumas situações. A Intel Corp. utiliza opções para cobrir seus pedidos em carteira de semicondutores. Se um pedido for cancelado, ela possui a flexibilidade de deixar o contrato de opção expirar. Com um contrato a termo, seria obrigada a cumprir suas obrigações, mesmo que o pedido fosse cancelado.

Usando Opções de Compra para *Hedgear* Projetos de Licitações. As EMNs com base nos Estados Unidos que fazem licitações para projetos estrangeiros poderão adquirir opções de compra para travar o custo do dólar das despesas possíveis.

EXEMPLO

A Kelly Co. é uma EMN com base em Fort Lauderdale que fez uma licitação em um projeto patrocinado pelo governo canadense. Se a licitação for aceita, a Kelly Co. precisará de aproximadamente C$ 500.000 para comprar materiais e serviços canadenses. Ela saberá se a licitação foi aceita só daqui a três meses. Nesse caso, poderá adquirir opções de compra com data de vencimento de três meses. Se a licitação for aceita, poderá utilizar as opções para comprar os dólares canadenses de que necessita. Se o dólar canadense tiver se desvalorizado no decorrer do tempo, ela possivelmente deixará as opções expirarem.

Suponha que o preço de exercício dos dólares canadenses seja $ 0,70 e o prêmio da opção de compra seja $ 0,02 por unidade. A Kelly Co. pagará $ 1.000 por opção (visto que há 50.000 unidades por opção de dólar canadense) ou $ 10.000 para os contratos de opção. Com as opções, o montante máximo necessário para adquirir C$ 500.000 é de $ 350.000 (calculados como $ 0,70 por dólar canadense × C$ 500.000). O montante de dólares americanos necessários seria menor se a taxa à vista do dólar canadense estivesse abaixo do preço de exercício na hora em que os dólares canadenses fossem adquiridos.

Mesmo se a licitação for rejeitada, ela exercerá a opção de compra de moeda se a taxa à vista do dólar canadense exceder o preço de exercício antes de a opção expirar e venderá os dólares canadenses no mercado à vista. Qualquer ganho no exercício poderá compensar parcial ou até completamente o prêmio pago pelas opções.

136 FINANÇAS CORPORATIVAS INTERNACIONAIS

Esse tipo de exemplo é bem comum. Quando a Air Products and Chemicals foi requisitada para realizar alguns projetos, precisava de equipamento essencial da Alemanha. A compra do equipamento dependia de a empresa ser de fato contratada para os projetos. A empresa utilizou opções para cobrir essa possível aquisição futura.

Usando Opções de Compra para *Hedgear* Licitações-alvo. Empresas poderão também utilizar opções de compra para *hedgear* uma possível aquisição.

EXEMPLO

A Morrison Co. está tentando adquirir uma empresa francesa e submeteu sua licitação em euros. A Morrison Co. adquiriu opções de compra em euros porque precisará deles para comprar ações da empresa francesa. As opções de compra cobrem a empresa americana perante uma possível valorização do euro na hora em que a compra ocorrer. Se a compra não ocorrer e a taxa à vista do euro permanecer abaixo do preço de exercício, a Morrison Co. deixará suas opções de compra expirarem. Se a compra não ocorrer e a taxa à vista do euro exceder o preço de exercício, a Morrison Co. poderá exercer as opções e vender os euros no mercado à vista. Como alternativa, a Morrison Co. poderá vender as opções de compra que mantém. Qualquer das atitudes poderá compensar parcial ou totalmente o prêmio pago pelas opções.

Especulação com as Opções de Compra de Moeda

Devido ao foco de este texto ser a gestão financeira multinacional, o uso empresarial de opções de moeda é mais importante que o uso especulativo. A utilização de opções para cobertura de riscos é discutida em detalhes no Capítulo 11. O comércio especulativo é discutido aqui mais para fornecer um plano de fundo ao mercado de opções de moeda.

Pessoas físicas poderão especular no mercado de opções de moeda baseadas em suas expectativas de oscilações futuras em uma moeda em particular. Os especuladores que esperam que uma moeda estrangeira se valorize poderão adquirir opções de compra dessa moeda. Uma vez que a taxa à vista dessa moeda se valorize, os especuladores poderão exercer suas opções comprando essa moeda pelo preço de exercício e depois vendê-la pelo preço vigente da taxa à vista.

Assim como em futuros de moeda, para cada comprador de uma opção de compra de moeda deverá haver um vendedor. Um vendedor (às vezes chamado de **lançador**) de uma opção de compra é obrigado a vender uma moeda especificada a um preço especificado (o preço de exercício) com uma data de vencimento especificada. Os especuladores poderão, às vezes, querer vender uma opção de compra de moeda de uma moeda que esperam que desvalorize no futuro. A única maneira de uma opção de compra de moeda ser exercida é se a taxa à vista for mais alta que o preço de exercício. Assim, um vendedor de uma opção de compra receberá o prêmio quando a opção for adquirida e puder manter o montante total se não for exercida. No entanto, tais opções serão vendidas a prêmios altos, devido aos elevados riscos nos quais as opções serão exercidas em algum momento.

O lucro líquido de um especulador que compra opções de compra de uma moeda é baseado na comparação do preço de venda da moeda *versus* o preço de exercício pago pela moeda e o prêmio pago pela opção de compra.

EXEMPLO

Jim é um especulador que comprou uma opção de compra de libras com um preço de exercício de $ 1,40 e com data de vencimento em dezembro. O preço à vista da moeda dessa data é de cerca de $ 1,39. Jim pagou um prêmio de $ 0,012 por unidade pela opção de compra. Suponha que não há taxas de corretagem. Pouco antes da data de vencimento, a taxa à vista da libra esterlina atinge $ 1,41. Nessa hora, Jim exerce a opção de compra e imediatamente vende as libras a um banco no mercado à vista. Para determinar o lucro ou prejuízo de Jim, calcule primeiro seus ganhos ao vender a moeda. Em seguida, subtraia desse montante o preço de compra das libras ao exercer a opção e também o preço de compra da opção. Os cálculos prosseguem. Suponha que um contrato de opção especifique 31.250 unidades.

	Por Unidade	Por Contrato	
Preço de venda da £	$ 1,41	$ 44.063	($ 1,41 × 31.250 unidades)
– Preço de compra da £	–1,40	–43.750	($ 1,40 × 31.250 unidades)
– Prêmio pago por opção	–0,012	–375	($ 0,012 × 31.250 unidades)
= Lucro líquido	–$ 0,002	–$ 62	(–$ 0,002 × 31.250 unidades)

Suponha que Linda fosse a vendedora da opção de compra adquirida por Jim. Também suponha que Linda compraria libras esterlinas somente se e quando a opção fosse exercida, para cuja hora ela teria de fornecer libras ao preço de exercício de $ 1,40. Usando as informações desse exemplo, o lucro líquido de Linda, sobre a venda da opção de compra, está demonstrado aqui:

	Por Unidade	Por Contrato	
Preço de venda da £	$ 1,40	$ 43.750	($ 1,40 × 31.250 unidades)
– Preço de compra da £	–1,41	–44.063	($ 1,41 × 31.250 unidades)
+ Prêmio recebido	+0,012	+375	($ 0,012 × 31.250 unidades)
= Lucro líquido	$ 0,002	$ 62	($ 0,002 × 31.250 unidades)

Como segundo exemplo, suponha as seguintes informações:

- Prêmio de opção de compra de dólares canadenses (C$) = $ 0,01 por unidade.
- Preço de exercício = $ 0,70.
- Um contrato de opção representa C$ 50.000.

Um especulador que adquiriu essa opção de compra decidiu exercer a opção um pouco antes da data de vencimento, quando a taxa à vista atingiu $ 0,74. O especulador vendeu os dólares canadenses imediatamente no mercado à vista. Dadas essas informações, o lucro líquido do especulador é calculado a seguir:

	Por Unidade	Por Contrato	
Preço de venda do C$	$ 0,74	$ 37.000	($ 0,74 × 50.000 unidades)
– Preço de compra do C$	–0,70	–35.000	($ 0,70 × 50.000 unidades)
– Prêmio pago pela opção	–0,01	–500	($ 0,01 × 50.000 unidades)
= Lucro líquido	–$ 0,03	$ 1.500	($ 0,03 × 50.000 unidades)

Se o vendedor da opção de compra não recebesse os dólares canadenses até que a opção estivesse quase para ser exercida, seu lucro líquido seria:

	Por Unidade	Por Contrato	
Preço de venda do C$	$ 0,70	$ 35.000	($ 0,70 × 50.000 unidades)
− Preço de compra do C$	−0,74	−37.000	($ 0,74 × 50.000 unidades)
+ Prêmio recebido	+0,01	+500	($ 0,01 × 50.000 unidades)
= Lucro líquido	−$ 0,03	−$ 1.500	(−$ 0,03 × 50.000 unidades)

Quando as taxas de corretagem são ignoradas, o ganho do comprador de opção de compra de moeda será o prejuízo do vendedor. As despesas do comprador de opção de moeda representam as receitas do vendedor, e as receitas do comprador representam as despesas do vendedor. Todavia, por ser possível para compradores e vendedores de opções liquidarem suas posições, a relação descrita aqui não prevalecerá, a não ser que ambas as partes iniciem e liquidem suas posições ao mesmo tempo.

Um proprietário de uma opção de moeda pode simplesmente vender a opção a alguém antes da do vencimento, em vez de exercê-la. O proprietário ainda poderá obter lucros, desde que o prêmio da opção mude com o tempo, o que reflete a possibilidade de a opção poder ser exercida e da obtenção do lucro de seu exercício.

Ponto de Equilíbrio da Especulação. O comprador da opção de compra está em posição de equilíbrio, sem ganho ou perda, se a receita da venda da moeda for igual aos pagamentos (1) da moeda (a preço de exercício) e (2) do prêmio da opção. Em outras palavras, independentemente do número de unidades do contrato, um comprador "empatará" seu investimento se a taxa à vista pela qual a moeda for vendida for igual ao preço de exercício mais o prêmio da opção.

> ### EXEMPLO
>
> Com base nas informações do exemplo anterior, o preço de exercício é $ 0,70 e o prêmio da opção, $ 0,01. Portanto, para o comprador ficar em equilíbrio, a taxa à vista existente no momento que a opção de compra é exercida deverá ser de $ 0,71 ($ 0,70 + $ 0,01). Naturalmente, os especuladores não comprarão uma opção de compra se pensarem que a taxa à vista atingirá apenas o ponto de equilíbrio e não subirá antes da data de vencimento. Todavia, o cálculo do ponto de equilíbrio é útil para os especuladores decidirem se adquirem a opção de compra de moeda ou não.

Opções de Venda de Moeda

O proprietário de uma **opção de venda de moeda** recebe o direito de vender uma moeda a um preço específico (o preço de exercício) dentro de um prazo específico. Como em opções de compra de moeda, o proprietário da opção de venda não é obrigado a exercer a opção. Assim, o prejuízo máximo possível do proprietário da opção de venda é o prêmio pago pelo contrato de opção.

Uma opção de venda de moeda é chamada de *dentro do dinheiro*, quando a taxa de câmbio presente for menos que o preço de exercício; *no dinheiro*, quando a taxa de câmbio presente for igual ao preço de exercício; e *fora do dinheiro*, quando a taxa de câmbio presente exceder o preço de exercício. Para uma dada moeda e sua data de vencimento, uma opção de venda dentro do dinheiro exigirá um prêmio mais alto que opções que estão no dinheiro ou fora do dinheiro.

Fatores que Afetam os Prêmios da Opção de Venda de Moeda

O prêmio da opção de venda (referido como P) é influenciado principalmente por três fatores:

$$P = f(S - X, T, \sigma)$$
$$\quad\; - \quad + +$$

onde $S - X$ representa a diferença entre a taxa à vista (S) e o preço de exercício (X), T representa o tempo até o vencimento e σ representa a volatilidade da moeda, medida pelo desvio padrão das oscilações da moeda. As relações entre o prêmio da opção de venda e esses fatores, que também influenciam os prêmios da opção de compra como descrito anteriormente, estão resumidas a seguir.

Primeiro, a taxa à vista de uma moeda em relação ao preço de exercício é importante. Quanto mais baixa a taxa à vista em relação ao preço de exercício, tanto mais valor a opção de venda terá, porque há uma maior probabilidade de que a opção seja exercida. Lembre que ocorre exatamente a relação contrária com opções de compra. Um segundo fator que influencia prêmios de opções de venda é o tempo até a data de vencimento. Da mesma forma que ocorre com as opções de compra de moeda, quanto maior o tempo até o vencimento, tanto maior será o prêmio da opção de venda. Um tempo maior cria uma maior probabilidade de que a moeda oscile para um limite em que será viável exercer a opção (sendo de venda ou de compra). Essas relações poderão ser verificadas a partir da avaliação de cotações de prêmios de opção de venda para uma moeda específica. Um terceiro fator que influencia o prêmio da opção de venda é a volatilidade da moeda. Da mesma forma que ocorre com as opções de compra de moeda, quanto maior a volatilidade, maior será o prêmio da opção de venda, novamente refletindo uma maior probabilidade de que a opção seja exercida.

Hedging com Opções de Venda de Moeda

Empresas com posições abertas em moedas estrangeiras poderão usar opções de venda de moeda em alguns casos para proteger essas posições.

EXEMPLO

Suponha que a Duluth Co. exportou produtos ao Canadá e faturou-os em dólares canadenses (a pedido dos importadores canadenses). A Duluth está preocupada com o fato de que os dólares canadenses que está recebendo se desvalorizarão com o tempo. Para se isolar da possível desvalorização, a Duluth compra opções de venda de dólares canadenses, o que lhe dá o direito de vender dólares canadenses a um preço de exercício específico. Em essência, a Duluth trava a taxa mínima pela qual poderá fazer o câmbio de dólares canadenses por dólares americanos por um prazo específico. Se o dólar canadense se valorizar durante esse período, a Duluth poderá deixar expirar as opções de venda e vender os dólares canadenses que receber pelo preço à vista vigente.

Especulação com as Opções de Venda de Moeda

Pessoas físicas poderão especular com as opções de venda de moeda baseadas em suas expectativas das oscilações futuras de uma moeda em particular. Por exemplo, os especuladores que esperam que a libra esterlina se desvalorize poderão adquirir opções de venda de libras esterlinas, que lhes darão o direito de vendê-las a um preço de exercício especificado. Se a taxa à vista da libra se desvalorizar como esperado, os especuladores poderão, então, comprar as libras na taxa à vista e exercer suas opções de venda, vendendo-as pelo preço de exercício.

140 FINANÇAS CORPORATIVAS INTERNACIONAIS

GERENCIANDO PARA VALOR

Dilema da Cisco Quando se Protege com Opções de Venda de Moeda

Quando as subsidiárias européias da Cisco Systems enviam fundos para sua controladora nos Estados Unidos, a Cisco poderá comprar opções de venda para travar a taxa pela qual os euros serão convertidos em dólares. As opções de venda também oferecem a flexibilidade de deixar as opções expirarem se a taxa de câmbio vigente do euro for maior que o preço de exercício da opção. Várias opções de venda estão disponíveis para a Cisco e para outras EMNs que desejem cobrir suas posições de moeda. Em um dado momento, algumas opções de venda estão profundamente fora do dinheiro, o que significa que a taxa de câmbio vigente está muito acima do preço de exercício. Essas opções são mais baratas (possuem um prêmio menor), uma vez que é improvável que sejam exercidas porque seu preço de exercício é baixo demais. Ao mesmo tempo, outras opções de venda possuem um preço de exercício que atualmente está acima da taxa de câmbio vigente e, portanto, é mais provável que sejam exercidas. Conseqüentemente, essas opções são caras.

A Cisco precisa ponderar as decisões ao usar opções de venda para proteção. Poderá criar um *hedge* que é barato, mas as opções poderão ser exercidas somente se a taxa à vista da moeda declinar consideravelmente. Como alternativa, a Cisco poderá criar uma proteção que poderá ser exercida a uma taxa de câmbio mais favorável, mas deverá pagar um prêmio maior para as opções. Se o objetivo da Cisco, ao usar opções de venda, for simplesmente evitar uma perda maior se a moeda enfraquecer consideravelmente, ela poderá estar disposta a utilizar uma opção de venda barata (preço de exercício baixo, prêmio baixo). No entanto, se o objetivo for assegurar que o câmbio da moeda possa ser feito a uma taxa de câmbio mais favorável, a Cisco utilizará uma opção de venda mais cara (preço de exercício alto, prêmio alto). Ao escolher opções de moeda com um preço de exercício e um prêmio que vão ao encontro de seus objetivos, a Cisco e outras EMNs poderão aumentar seu valor.

Os especuladores também poderão tentar lucrar com a venda de opções de venda de moeda. O vendedor dessas opções é obrigado a comprar a moeda especificada ao preço de exercício do proprietário que exercer a opção de venda. Os especuladores que acreditam que a moeda se valorizará (ou pelo menos não se desvalorizará) poderão vender uma opção de venda de moeda. Se a moeda se valorizar por todo o período, a opção não será exercida. Essa é uma situação ideal para vendedores de opção de venda, uma vez que eles ficam com os prêmios recebidos ao vender as opções e não arcam com nenhum custo.

O lucro líquido do especulador da compra de opções de venda de moeda está baseado na comparação do preço de exercício pelo qual a moeda poderá ser vendida *versus* o preço de compra da moeda e o prêmio pago pela opção de venda.

EXEMPLO

Um contrato de opção de venda de libras esterlinas especifica as seguintes informações:

- Prêmio da opção de venda de libra esterlina (£) = $ 0,04 por unidade.
- Preço de exercício = $ 1,40.
- Um contrato de opção representa £ 31.250.

Um especulador que havia comprado uma opção de venda decidiu exercer a opção um pouco antes do vencimento, quando a taxa à vista da libra estava em $ 1,30. O especulador comprou as libras no mercado à vista naquele tempo. Dadas essas informações, o lucro líquido do comprador da opção de venda é calculado como segue:

DERIVATIVOS DA TAXA DE CÂMBIO **141**

	Por Unidade	Por Contrato	
Preço de venda da £	$ 1,40	$ 43.750	($ 1,40 × 31.250 unidades)
– Preço de compra da £	–1,30	–40.625	($ 1,30 × 31.250 unidades)
– Prêmio pago por opção	–0,04	–1.250	($ 0,04 × 31.250 unidades)
= Lucro líquido	$ 0,06	$ 1.875	($ 0,06 × 31.250 unidades)

Supondo que o vendedor da opção de venda vendeu as libras recebidas imediatamente depois que a opção foi exercida, o seu lucro líquido é calculado como segue:

	Por Unidade	Por Contrato	
Preço de venda da £	$ 1,30	$ 40.625	($ 1,30 × 31.250 unidades)
– Preço de compra da £	–1,40	–43.750	($ 1,40 × 31.250 unidades)
+ Prêmio recebido	+0,04	+1.250	($ 0,04 × 31.250 unidades)
= Lucro líquido	–$ 0,06	–$ 1.875	(–$ 0,06 × 31.250 unidades)

O vendedor das opções de venda poderia simplesmente deixar de vender as libras (depois de ter sido forçado a comprá-las por $ 1,40 por libra) até que a taxa à vista da libra subisse. No entanto, não há garantia de que a libra reverta sua direção e comece a se valorizar. O prejuízo líquido poderia possivelmente ter sido maior se a taxa à vista continuasse a cair, a não ser que as libras fossem vendidas imediatamente.

Aquilo que um comprador de uma opção de venda ganha, o vendedor perde, e vice-versa. Essa relação seria a que fica se os custos de corretagem não existissem e se o comprador e o vendedor das opções entrassem e fechassem suas posições ao mesmo tempo. As taxas de corretagem para opções de moeda existem, no entanto, e são bem semelhantes em magnitude às taxas de contratos de futuros de moeda.

Especulação com Opções Combinadas de Compra e Venda. Para moedas voláteis, uma estratégia de especulação possível é a de criar um *straddle*, que utiliza uma opção de venda e uma opção de compra pelo mesmo preço de exercício. Isso pode parecer estranho, porque possuir uma opção de venda é apropriado para expectativas de que a moeda se desvalorize, enquanto possuir uma opção de compra é apropriado para expectativas de que a moeda se valorize. No entanto, é possível que a moeda se desvalorize (em cujo tempo a opção de venda é exercida) e depois reverta a direção e se valorize (o que resulta em lucros quando é exercida a opção de compra).

USANDO A WEB

Preços de Opções. Informações sobre opções de moeda podem ser obtidas no site da Bolsa de Valores da Filadélfia. Em particular, o link http://www.phlx.com/products/currency/currency.html apresenta especificações de contrato e informações de volume de contratos de opções de moeda que são negociados nessa Bolsa.

Um especulador também poderá antecipar que uma moeda será afetada consideravelmente por eventos econômicos atuais, mas não sabe ao certo a maneira exata como será afetada. Comprando uma opção de venda e uma opção de compra, o especulador ganhará se a moeda oscilar consideravelmente em qualquer das duas direções. Embora duas opções sejam compradas e apenas uma seja exercida, os ganhos poderão mais que compensar os custos.

142 FINANÇAS CORPORATIVAS INTERNACIONAIS

Eficiência do Mercado de Opções de Moeda. Se o mercado de opções de moeda é eficiente, os prêmios de opções de moeda refletem todas as informações disponíveis apropriadamente. Sob essas condições, poderá ser difícil para especuladores gerar consistentemente lucros excepcionais ao especular nesse mercado. Pesquisas mostram que o mercado de opções de moeda é eficiente depois de se tomar em conta os custos de transações. Embora algumas estratégias de negócios pudessem ter gerado ganhos excepcionais em períodos específicos, teriam gerado prejuízos maiores se tivessem sido implantados em outros períodos. É difícil saber qual estratégia geraria lucros excepcionais em períodos futuros.

Gráficos de Contingência de Opção de Moeda

Um gráfico de contingência de opções de moeda ilustra os ganhos ou perdas possíveis de vários cenários de taxas de câmbio.

Gráfico de Contingência de um Comprador de uma Opção de Compra

Um gráfico de um comprador de uma opção de compra compara o preço pago pela opção de compra a resultados possíveis a ser recebidos com vários cenários de taxas de câmbio.

> **EXEMPLO**
>
> Uma opção de compra de libra esterlina está disponível com um preço de exercício de $ 1,50 e um prêmio de $ 0,02. O especulador planeja exercer a opção na data de vencimento (se for apropriado naquela hora) e depois vender as libras recebidas imediatamente no mercado à vista. Sob essas condições, um **gráfico de contingência** poderá ser criado para medir o lucro ou o prejuízo por unidade (veja o gráfico no canto superior esquerdo da Figura 5.3). Note que, se a taxa à vista futura for $ 1,50 ou menos, o ganho líquido por unidade será – $ 0,02 (ignorando os custos de transação). Isso representa a perda do prêmio por unidade paga pela opção, se a opção não for exercida. A $ 1,51, $ 0,01 por unidade seria obtido ao exercer a opção, mas considerando o prêmio pago de $ 0,02, o ganho líquido seria de –$ 0,01.
>
> A $ 1,52, $ 0,02 por unidade seriam obtidos ao exercer a opção, o que compensaria o prêmio de $ 0,02 por unidade. Esse é o ponto de equilíbrio. A qualquer taxa acima desse ponto, o ganho de exercer a opção mais do que compensaria o prêmio, resultando em um ganho líquido positivo. A perda máxima do especulador nesse exemplo seria o prêmio pago pela opção.

Gráfico de Contingência de um Vendedor de uma Opção de Compra

O gráfico de contingência de um vendedor de uma opção de compra compara o prêmio recebido da venda de uma opção de compra com os resultados possíveis para o comprador da opção de compra em vários cenários de taxas de câmbio.

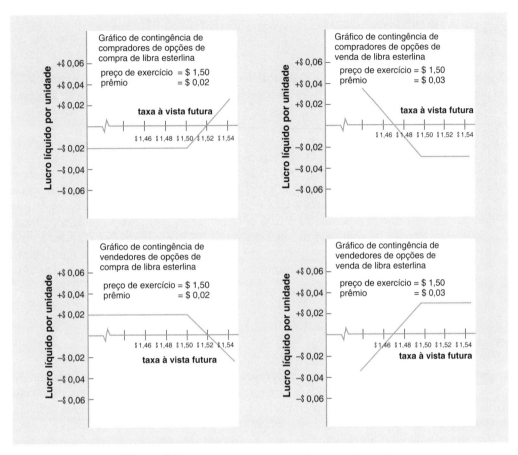

Figura 5.3 Gráficos de contingência de opções de moeda.

EXEMPLO

O canto inferior esquerdo da Figura 5.3 apresenta um gráfico de contingência de um especulador que vendeu a opção de compra descrita no exemplo anterior. Supõe que esse vendedor compraria as libras no mercado à vista após a opção ter sido exercida (ignorando os custos de transação). Com taxas à vista futuras ou menores que $ 1,50, o ganho líquido do vendedor seria o prêmio de $ 0,02 por unidade, sem que a opção tenha sido exercida. Se a taxa à vista futura for de $ 1,51, o vendedor perderia $ 0,01 por unidade sobre a transação da opção (pagando $ 1,51 por libras no mercado à vista e vendendo libras por $ 1,50 para cumprir a exigência do exercício). Todavia, esse prejuízo seria mais que compensado pelo prêmio de $ 0,02 recebido por unidade, o que resulta em um ganho líquido de $ 0,01 por unidade.

O ponto de equilíbrio está em $ 1,52 e o ganho líquido do vendedor da opção de compra torna-se negativo em todas as taxas à vista futuras acima desse ponto. Note que os gráficos de contingência do comprador e do vendedor dessa opção de compra são imagens de espelho um do outro.

Gráfico de Contingência de um Comprador de uma Opção de Venda

O gráfico de contingência de um comprador de uma opção de venda compara o prêmio pago pela opção de venda aos resultados possíveis recebidos em vários cenários de taxas de câmbio.

EXEMPLO

O gráfico do canto superior direito da Figura 5.3 mostra os ganhos líquidos de um comprador de uma opção de venda de libra esterlina com um preço de exercício de $ 1,50 e um prêmio de $ 0,03 por unidade. Se a taxa à vista futura for acima de $ 1,50, a opção não será exercida. Com uma taxa à vista de $ 1,48, a opção de venda será exercida. No entanto, considerando o prêmio de $ 0,03 por unidade, haverá uma perda de $ 0,01 por unidade. O ponto de equilíbrio nesse exemplo é $ 1,47, visto que essa é a taxa à vista futura que gerará $ 0,03 por unidade no exercício da opção para compensar o prêmio de $ 0,03. Com quaisquer taxas à vista menores que $ 1,47, o comprador da opção de venda obterá um ganho líquido positivo.

Gráfico de Contingência de um Vendedor de uma Opção de Venda

O gráfico de contingência do vendedor dessa opção de venda compara o prêmio recebido da venda da opção aos possíveis resultados para o comprador da opção de venda em vários cenários de taxas de câmbio. O gráfico é mostrado no canto inferior direito da Figura 5.3. É a imagem de espelho do gráfico de contingência do comprador de uma opção de venda.

Por várias razões, o ganho líquido de um comprador de opção nem sempre representará uma perda líquida para um vendedor. O comprador poderá usar opções de compra para *hedgear* uma moeda estrangeira, em vez de especular. Nesse caso, o comprador não avalia sua posição de opções medindo os ganhos ou prejuízos líquidos; a opção é usada simplesmente para proteção. Além disso, vendedores de opções de compra de uma moeda nas quais eles correntemente mantêm uma posição não precisarão comprar a moeda na hora em que uma opção é exercida. Poderão simplesmente liquidar sua posição para fornecer a moeda à pessoa que está exercendo a opção.

Opções Condicionais de Moeda

Uma opção de moeda poderá ser estruturada com um prêmio condicional, o que significa que o prêmio pago pela opção está condicionado à oscilação real do valor da moeda no decorrer do período em questão.

EXEMPLO

A Jensen Co., uma EMN com base nos Estados Unidos, precisa vender libras esterlinas que receberá em 60 dias. Poderá negociar uma opção tradicional de venda de moeda de libras na qual o preço de exercício é $ 1,70 e o prêmio é $ 0,02 por unidade.

Alternativamente, ela poderá negociar uma opção condicional de moeda com um banco comercial, a qual possui um preço de exercício de $ 1,70 e um assim chamado nível de desencadeamento de $ 1,74. Se o valor da libra ficar abaixo do preço de exercício na data de vencimento, a Jensen exercerá a opção, recebendo assim $ 1,70 por libra, e não terá de pagar um prêmio pela opção.

Se o valor da libra for entre o preço de exercício ($ 1,70) e o nível de desencadeamento ($ 1,74), a opção não será exercida, e a Jensen não precisará pagar o prêmio. Se o valor da libra exceder o nível de desencadeamento de $ 1,74, a Jensen pagará um prêmio de $ 0,04 por unidade. Note que esse prêmio poderá ficar mais alto que o prêmio que seria pago por uma opção de venda básica. A Jensen poderá não se importar com esse resultado, no entanto, por receber uma alta quantia de dólares da conversão de suas libras a receber, no mercado à vista.

A Jensen deverá decidir se a possível vantagem da opção condicional (evitando o pagamento de um prêmio sob algumas condições) pesa mais que a possível desvantagem (pagando um prêmio mais alto que o de uma opção de venda tradicional de libras esterlinas).

As possíveis vantagens e desvantagens estão ilustradas na Figura 5.4. Com taxas de câmbio inferiores ou iguais ao nível de desencadeamento ($ 1,74), a opção condicional resultará em um pagamento maior para a Jensen pelo montante do prêmio do que teria sido pago pela opção básica. De modo contrário, com as taxas de câmbio acima do nível de desencadeamento, a opção condicional resultaria em um pagamento mais baixo para a Jensen, com seu prêmio de $ 0,04 excedendo o prêmio de $ 0,02 por unidade paga sobre uma opção básica.

A escolha entre uma opção básica e uma opção condicional depende das expectativas da taxas de câmbio da moeda durante o período em questão. Uma empresa que estivesse confiante de que o valor da libra não excederia $ 1,74 no exemplo anterior preferiria a opção condicional de moeda.

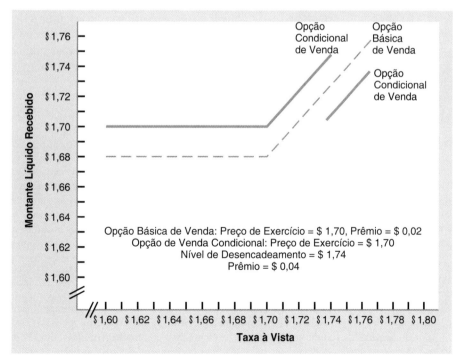

Figura 5.4 Comparação entre opções básicas e condicionais de moeda.

Opções condicionais de moeda também estão disponíveis para empresas americanas que necessitam adquirir uma moeda estrangeira em futuro próximo.

EXEMPLO

Uma opção condicional de compra de libras poderá especificar um preço de exercício de $ 1,70 e um nível de desencadeamento de $ 1,67. Se o valor da libra permanecer acima do nível de desencadeamento da opção de compra, não haverá necessidade de pagar um prêmio pela opção de compra. No entanto, se o valor da libra ficar abaixo do nível de desencadeamento, um prêmio grande (de $ 0,04 por unidade) será requisitado. Algumas opções condicionais requerem um prêmio se o nível de desencadeamento for atingido a qualquer momento até a data de vencimento; outras requerem um prêmio somente se a taxa de câmbio ficar além do nível de desencadeamento na data de vencimento.

As empresas também utilizam várias combinações de opções de moeda. Por exemplo, uma empresa poderá adquirir uma opção de compra de moeda para cobrir contas a pagar e financiar a aquisição da opção de compra vendendo uma opção de venda da mesma moeda.

Opções Européias de Moeda

A discussão sobre opções de moeda até esse momento tratou somente de opções de estilo americano. As opções no estilo europeu de moeda também estão disponíveis para especulação e proteção no mercado de câmbio estrangeiro. São semelhantes às opções do estilo americano, exceto que podem ser exercidas apenas na data de vencimento, se é que precisarão ser exercidas. Conseqüentemente, não oferecem tanta flexibilidade; no entanto, isso não é relevante para algumas situações. Por exemplo, empresas que adquirem opções para *hedgear* fluxos futuros de caixa em moeda estrangeira provavelmente não desejarão exercer suas opções antes da data de vencimento de qualquer forma. Se opções no estilo europeu estiverem disponíveis para a mesma data de vencimento das opções no estilo americano e puderem ser adquiridas por um prêmio ligeiramente menor, algumas empresas podem preferi-las como instrumento de *hedjing*.

RESUMO

- Um contrato a termo especifica um volume padrão de uma moeda em particular a ser feito o câmbio em uma data específica. Um contrato assim poderá ser comprado por uma empresa para garantir as contas a pagar ou vendido pela empresa para garantir as contas a receber.

- Um contrato de futuros de moeda poderá ser comprado por especuladores que esperam que a moeda se valorize. Por outro lado, poderá ser vendido por especuladores que esperam que a moeda se desvalorize. Se a moeda se desvalorizar, o valor do contrato de futuros cairá, permitindo que esses especuladores obtenham lucro quando fecharem suas posições.

- Contratos de futuros de uma moeda em particular poderão ser comprados pelas empresas que possuem contas a pagar nessa moeda e desejam se proteger de possível valorização dessa moeda. Por outro lado, esses contratos poderão ser vendidos pelas empresas que possuem contas a receber nessa moeda e desejam se proteger contra uma possível desvalorização dessa moeda.

- Opções de moeda são classificadas com opções de compra ou de venda. Opções de compra dão o direito de adquirir uma moeda específica a uma taxa de câmbio específica em uma data de vencimento específica. Opções de venda dão o direito de vender uma moeda específica a uma taxa de câmbio específica em uma data de vencimento específica.

- Opções de compra de uma moeda específica poderão ser adquiridas por especuladores que esperam que a moeda se valorize. Opções de venda de uma moeda específica poderão ser adquiridas por especuladores que esperam que a moeda se desvalorize.

- Opções de compra de moeda geralmente são adquiridas por empresas que possuem contas a pagar em uma moeda que se espera que se valorize. Opções de venda de moeda geralmente são adquiridas por empresas que possuem contas a receber em uma moeda que se espera que se desvalorize.

CONTRAPONTO DO PONTO

Os Especuladores Deveriam Usar Contratos de Futuros de Moeda ou Opções?

Ponto Especuladores deveriam usar contratos de futuros de moeda porque assim poderão evitar um prêmio substancial. Na medida em que estão dispostos a especular, precisam estar confiantes em suas expectativas. Se possuírem confiança suficiente em suas expectativas, devem apostar nelas, sem ter de pagar um alto prêmio para se protegerem, na hipótese de estarem errados. Se não se sentirem confiantes em suas expectativas, não deveriam especular de nenhuma forma.

Contraponto Especuladores deveriam usar opções para acompanhar o grau de sua confiança. Por exemplo, se estiverem muito confiantes de que uma moeda se valorizará consistentemente, mas desejarem limitar seu investimento, poderão comprar intensamente opções fora do dinheiro. Essas opções possuem um alto preço de exercício, mas um prêmio baixo, e, portanto, requerem menos investimento. Como alternativa, eles poderão comprar opções que possuam um preço de exercício mais baixo (prêmio mais alto), o que possivelmente gerará um retorno maior se a moeda se valorizar. A especulação envolve risco. Os especuladores devem reconhecer que suas expectativas podem falhar. Apesar de opções requererem um prêmio, o prêmio vale para limitar um risco de queda. Opções permitem que os especuladores escolham o grau de risco que estão dispostos a tolerar.

Quem está certo? Use seu mecanismo de busca preferido para saber mais sobre esse assunto. Qual argumento você apóia? Dê sua opinião sobre o assunto.

AUTOTESTE

As respostas encontram-se no Apêndice A, no final do livro.

1. Uma opção de compra de dólares canadenses com um preço de exercício de $ 0,60 é adquirida por um especulador com um prêmio de $ 0,06 por unidade. Suponha que haja 50.000 unidades nesse contrato de opção. Se a taxa à vista do dólar canadense for de $ 0,65 na hora em que a opção é exercida, qual é o lucro líquido por unidade do especulador? Qual é o lucro líquido de um contrato? Qual teria de ser a taxa à vista na hora em que a opção for exercida para que o especulador permaneça no ponto de equilíbrio? Qual será o lucro líquido por unidade do vendedor dessa opção?

2. Uma opção de venda de dólares australianos com um preço de exercício de $ 0,80 é comprada por um especulador com um prêmio de $ 0,02. Se a taxa à vista do dólar australiano for de $ 0,74 na data de vencimento, o especulador deve exercer a opção nessa data ou deixar que a opção expire? Qual será o lucro líquido por unidade do especulador? Qual será o lucro líquido por unidade do vendedor dessa opção de venda?

3. As opções de moeda de longo prazo estão se tornando mais populares para cobrir o risco da taxa de câmbio. Por que você acha que algumas empresas decidem fazer a proteção usando outras técnicas em vez de opções de moeda de longo prazo?

QUESTÕES E APLICAÇÕES

1. **Discussão na Sala da Diretoria.** Esse exercício encontra-se no Apêndice E, no final deste livro.

2. **Risco de Futuros de Moeda.** Os mercados de futuros de moeda geralmente são utilizados como meios de lucrar sobre deslocamentos nos valores de moedas, porque o valor de um contrato de futuros tende a oscilar em linha com o valor correspondente da moeda. Recentemente, muitas moedas se valorizaram perante o dólar. A maioria dos especuladores antecipou que essas moedas continuariam a se fortalecer e tomariam grandes posições em futuros de moeda. No entanto, o Federal Reserve dos Estados Unidos interveio no mercado de câmbio estrangeiro imediatamente, vendendo moedas estrangeiras em troca de dólares, causando um declínio repentino nos valores das moedas estrangeiras (com o fortalecimento do dólar). Os participantes que haviam adquirido contratos de futuros de moeda sentiram grandes perdas. Um corretor da Bolsa reagiu aos efeitos da intervenção do Fed vendendo imediatamente 300 contratos de futuros de libras esterlinas (no valor de cerca de $ 30 milhões). Essa atitude causou mais pânico no mercado de futuros.

   a) Explique por que a intervenção do banco central causou esse pânico entre os negociantes de futuros de moeda com posições de compra.

   b) Explique por que a disposição do corretor da Bolsa de vender 300 contratos de futuros de libras nesse andamento do mercado despertou tanta preocupação. O que essa ação poderia ter sinalizado para outros corretores?

   c) Explique por que os especuladores com posições vendidas poderiam obter lucros resultantes da intervenção do banco central.

   d) Alguns negociantes com posições compradas podem ter reagido imediatamente à intervenção do banco central vendendo contratos de futuros. Por que alguns especuladores com posições compradas deixariam suas posições inalteradas ou até mesmo aumentariam suas posições comprando mais contratos de futuros em resposta à intervenção do banco central?

3. **Usando Futuros de Moeda.**

   a) Como os futuros de moeda podem ser usados pelas empresas?

   b) Como os futuros de moeda podem ser usados pelos especuladores?

4. **Spreads de Alta e Spreads de Baixa.** Existe uma opção de compra de libras esterlinas (£) a um preço de exercício de $ 1,56 e com um prêmio de $ 0,08 por unidade. Uma outra opção de compra de libras esterlinas possui um preço de exercício de $ 1,59 e um prêmio de $ 0,06 por unidade (veja o Apêndice B neste capítulo).

   a) Complete a planilha do spread de alta a seguir.

Valor da Libra Esterlina no Vencimento da Opção			
	$ 1,50	**$ 1,56**	**$ 1,59**	**$ 1,65**
Compra a $ 1,56				
Compra a $ 1,59				
Líquido				

   b) Qual é o ponto de equilíbrio para esse spread de alta?

   c) Qual é o lucro máximo desse spread de alta? Qual é a perda máxima?

   d) Se a taxa à vista da libra esterlina for $ 1,58 no vencimento da opção, qual será o total do lucro ou da perda do spread de alta?

   e) Se a taxa à vista da libra esterlina for $ 1,55 na data de vencimento, qual será o total do lucro ou da perda do spread de baixa?

5. **Opções de Moeda.** Diferencie a opção de compra da opção de venda.

6. **Venda de Opções de Compra de Moeda.** Mike Suerth vendeu uma opção de compra de dólares canadenses por $ 0,01 por unidade. O preço de exercício estava em $ 0,76 e a taxa à vista no momento em que a opção foi exercida estava em $ 0,82. Suponha que Mike não obteve dólares canadenses até que a opção fosse exercida. Também suponha que há 50.000 unidades em uma opção de dólares canadenses. Qual foi o lucro líquido de Mike sobre a opção de compra?

7. **Venda de Opções de Venda de Moeda.** Brian Tull vendeu uma opção de venda de dólares canadenses por $ 0,03 por unidade. O preço de exercício estava em $ 0,75 e a taxa à vista no momento em que a ação foi exercida estava em $ 0,72. Suponha que Brian liquidou imediatamente os dólares canadenses recebidos quando a opção foi exercida. Também suponha que há 50.000 unidades em uma opção de dólares

canadenses. Qual foi o lucro líquido de Brian sobre a opção de venda?

8. **Contratos a Termo *versus* Contratos de Futuros.** Compare e contraste os contratos a termo e os contratos de futuros.

9. **Prêmio no Termo.** Calcule o desconto ou o prêmio no termo do peso mexicano cuja taxa a termo para 90 dias é $ 0,102 e a taxa à vista é $ 0,10. Diga se a sua resposta é um desconto ou um prêmio.

10. **Contratos a Termo *versus* Contratos de Opção de Moeda.** Quais são as vantagens e as desvantagens de uma empresa americana que utiliza opções de moeda de euros em vez de contratos a termo de euros para proteger sua exposição em euros? Explique por que uma EMN poderá usar contratos a termo para *hedgear* transações assumidas e usar opções de moeda para *hedgear* contratos que são previstos, mas não assumidos. Por que contratos a termo poderiam ser vantajosos para transações assumidas, e opções de moeda, vantajosas para transações previstas?

11. **Especulação com Opções de Moeda.** Barry Egan é um especulador de moeda. Barry acredita que o iene japonês flutuará amplamente perante o dólar americano no próximo mês. Atualmente, opções de compra de um mês do iene japonês (¥) estão disponíveis com um preço de exercício de $ 0,0085 e um prêmio de $ 0,0007 por unidade. Opções de venda de um mês do iene japonês estão disponíveis com um preço de exercício de $ 0,0084 e um prêmio mínimo de $ 0,0005 por unidade. Um contrato de opção de iene japonês contém ¥ 6,25 milhões (veja o Apêndice B neste capítulo).

    a) Descreva como Barry Egan poderia utilizar essas opções para especular sobre a oscilação do iene japonês.

    b) Suponha que Barry decida construir um "*strangle* comprado" em ienes. Quais são os pontos de equilíbrio dessa combinação?

    c) Qual é o total do lucro ou do prejuízo de Barry se o valor do iene em um mês for $ 0,0070?

    d) Qual é o total do ganho ou da perda de Barry se o valor do iene em um mês for $ 0,0090?

12. **Futuros de Moeda On-line.** O site da Bolsa Mercantil de Chicago fornece informações sobre futuros e opções de moeda. Seu endereço é **http://www.cme.com**.

    a) Utilize esse site para ver os preços dos contratos de futuros de moeda vigentes. Os preços dos futuros de hoje (para contratos com a data de vencimento mais próxima) em geral refletem um aumento ou uma queda em relação ao dia anterior? Há alguma notícia hoje que poderia explicar a mudança no preço dos futuros?

    b) Parece que os preços dos futuros entre as moedas (para a data de vencimento mais próxima) estão mudando na mesma direção? Explique.

    c) Se você adquirir um contrato de futuros de libra esterlina com a data de vencimento mais próxima, qual é a quantia de dólares que você deverá ter na data de vencimento para cumprir o contrato? Dado que um contrato é baseado em 62.500 libras, qual é o valor em dólares que você precisará no vencimento para cumprir o contrato?

13. **Lucros da Utilização de Opções e de Futuros de Moeda.** No dia 2 de julho, a taxa de futuros de dois meses do peso mexicano continha um desconto de 2% (não anual). Havia uma opção de compra em pesos com um preço de exercício que era igual à taxa à vista. Também havia uma opção de venda em pesos com um preço de exercício igual à taxa à vista. O prêmio de cada uma dessas opções era de 3% da taxa à vista naquele momento. No dia 2 de setembro, a opção expirou. Vá para **http://www.oanda.com** (ou qualquer Website que possua cotações de taxa de câmbio estrangeiro) e determine a cotação direta do peso mexicano. Você exerceu a opção nessa data se era viável proceder assim.

    a) Qual seria seu ganho líquido por unidade se você tivesse comprado a opção de compra?

    b) Qual seria seu ganho líquido por unidade se você tivesse comprado a opção de venda?

    c) Qual seria seu ganho líquido por unidade se você tivesse comprado um contrato de futuros no dia 2 de julho que tivesse uma data de vencimento no dia 2 de setembro?

    d) Qual seria seu ganho líquido por unidade se você tivesse vendido um contrato de futuros no dia 2 de julho que tivesse uma data de vencimento no dia 2 de setembro?

14. **Efeitos de um Contrato a Termo.** Como um contrato a termo pode "sair pela culatra"?

15. **Spreads de Alta e Spreads de Baixa.** Duas opções de venda de libras esterlinas (£) estão disponíveis com preços de exercício de $ 1,60 e $ 1,62. Os prêmios associados com essas opções são $ 0,03 e $ 0,04 por unidade, respectivamente (veja o Apêndice B neste capítulo).

150 FINANÇAS CORPORATIVAS INTERNACIONAIS

a) Descreva como um spread de alta pode ser construído usando essas opções de venda. Qual é a diferença entre usar opções de venda *versus* opções de compra para construir um spread de alta?

b) Complete a planilha a seguir.

Valor da Libra Esterlina no Vencimento da Opção				
	$ 1,55	$ 1,60	$ 1,62	$ 1,67
Venda a $ 1,60				
Venda a $ 1,62				
Líquido				

c) No vencimento da opção, a taxa à vista da libra é $ 1,60. Qual é o total de ganhos ou perdas do spread de alta?

d) No vencimento da opção, a taxa à vista da libra é $ 1,58. Qual é o total de ganhos ou perdas do spread de baixa?

16. *Hedging* **com Opções de Moeda.** Quando uma empresa americana pensaria em comprar opções de compra em euros como proteção? Quando uma empresa americana pensaria em comprar opções de venda em euros como proteção?

17. **Especulação com Opções de Moeda.** Quando um especulador deveria adquirir uma opção de compra em dólares australianos? Quando um especulador deveria adquirir uma opção de venda em dólares australianos?

18. **Prêmios de Opções de Compra de Moeda.** Faça uma lista de fatores que afetam os prêmios de opções de compra de moeda e explique brevemente a relação que existe em cada um deles. Você acha que uma opção de compra no dinheiro em euros possui um prêmio maior ou menor que uma opção no dinheiro em libras esterlinas (supondo que a data de vencimento e o valor total de dólares representado por cada opção são os mesmos para cada opção)?

19. **Prêmios de Opções de Venda de Moeda.** Faça uma lista de fatores que afetam os prêmios de opções de venda de moeda e explique brevemente a relação que existe entre eles.

20. **Especulação com Opções de Compra de Moeda.** Randy Rudecki adquiriu uma opção de compra de libras esterlinas por $ 0,02 por unidade. O preço de exercício era de $ 1,45 e a taxa à vista no momento em que a opção foi exercida estava em $ 1,46. Suponha que há 31.250 unidades em uma opção de libra esterlina. Qual foi o ganho líquido de Randy sobre essa opção?

21. **Especulação com Opções de Venda de Moeda.** Alice Duever adquiriu uma opção de venda de libras esterlinas por $ 0,04 por unidade. O preço de exercício era $ 1,80 e a taxa à vista no momento em que a opção foi exercida estava em $ 1,59. Suponha que há 31.250 unidades em uma opção de libra esterlina. Qual foi o ganho líquido de Alice sobre essa opção?

22. **Especulação com Futuros de Moeda.** Suponha que a taxa à vista do euro oscilou em ciclos no decorrer do tempo. Como você poderia tentar utilizar contratos de futuros de euros para obter lucros sobre essa tendência? Como você poderia determinar se essas estratégias seriam lucrativas em períodos anteriores?

23. **Proteção com Derivativos de Moeda.** Suponha que as transações listadas na primeira coluna da próxima tabela (página seguinte) são previstas por empresas americanas que não possuem outras transações estrangeiras. Marque com um "X" as transações em que você vê possibilidade de *hedging*.

24. **Oscilações de Preços de Futuros de Moeda.** Suponha que no dia 1º de novembro a taxa à vista da libra esterlina estava em $ 1,58 e o preço de um contrato de futuros em dezembro estava em $ 1,59. Suponha que a libra tenha se desvalorizado durante o mês de novembro, de modo que, no dia 30 de novembro, valia $ 1,51.

a) O que você acha que ocorreu com o preço de futuros durante o mês de novembro? Por quê?

b) Se você soubesse que isso ocorreria, teria comprado ou vendido contratos de futuros em libras de dezembro no dia 1º de novembro? Explique.

25. **Especulação com Futuros de Moeda.** Suponha que um contrato de futuros de pesos mexicanos de março estava disponível em janeiro por $ 0,09 por unidade. Também suponha que contratos a termo estavam disponíveis para a mesma data de vencimento a um preço de $ 0,092 por peso. Como os especuladores poderiam lucrar sobre essa situação, supondo um custo zero sobre a transação? Como uma atitude especulativa dessas afetaria a diferença entre o preço do contrato a termo e o preço de futuros?

DERIVATIVOS DA TAXA DE CÂMBIO **151**

	Contrato a Termo		Contrato de Futuros		Contrato de Opções	
	Compra a Prazo	Venda a Prazo	Comprar Futuros	Vender Futuros	Adquirir opção de compra	Adquirir opção de venda
a) A Georgetown Co. planeja adquirir produtos japoneses denominados em iene.						
b) A Harvard, Inc. venderá produtos ao Japão, denominados em iene.						
c) A Yale Corp. possui uma subsidiária na Austrália que enviará fundos para a controladora nos Estados Unidos.						
d) A Brown, Inc. precisa liquidar empréstimos existentes que estão denominados em dólares canadenses.						
e) A Princeton Co. poderá adquirir uma empresa no Japão no futuro próximo (mas o negócio pode não ser consumado).						

26. **Especulação com Opções de Compra de Moeda.** A LSU Corp. adquiriu opções de dólares canadenses com propósitos especulativos. Se essas opções forem exercidas, a LSU venderá imediatamente os dólares canadenses no mercado à vista. Cada opção foi adquirida por um prêmio de $ 0,03 por unidade, com um preço de exercício de $ 0,75. A LSU planeja esperar até a data de vencimento para decidir se irá exercer as opções. Naturalmente, a LSU exercerá as opções naquele momento somente se for viável proceder assim. Na tabela a seguir, preencha o ganho líquido (ou a perda) por unidade da LSU Corp. com base na possível taxa à vista do dólar canadense na data de vencimento.

Taxa à Vista Possível do Dólar Canadense na Data de Vencimento	Ganho Líquido (ou Perda) por Unidade da LSU Corp.
$ 0,76	
$ 0,78	
$ 0,80	
$ 0,82	
$ 0,85	
$ 0,87	

27. **Especulação com Opções de Venda de Moeda.** A Auburn Co. adquiriu opções de venda de dólares canadenses com propósitos especulativos. Cada opção foi adquirida por um prêmio de $ 0,02 por unidade, com um preço de exercício de $ 0,86 por unidade. A Auburn Co. comprará os dólares canadenses um pouco antes de exercer as opções (se for viável exercê-las). Ela planeja esperar até a data de vencimento antes de decidir se exercerá as opções. Na tabela a seguir, preencha o ganho líquido (ou a perda) por unidade da Auburn Co. com base na possível taxa à vista do dólar canadense na data de vencimento.

Taxa à Vista Possível do Dólar Canadense na Data de Vencimento	Ganho Líquido (ou Perda) por Unidade da Auburn Co.
$ 0,76	
$ 0,79	
$ 0,84	
$ 0,87	
$ 0,89	
$ 0,91	

28. **Especulação com Opções de Compra de Moeda.** A Bama Corp. vendeu opções de compra de libras esterlinas com propósitos especulativos. O prêmio da opção era de $ 0,06 por unidade e o preço de exercício era de $ 1,58. A Bama comprará as libras no dia em que as opções forem exercidas (se forem exercidas) para cumprir suas obrigações. Na tabela a seguir, preencha o ganho líquido (ou a perda) da Bama Corp. se a taxa à vista listada existir no momento em que o comprador das opções de compra considera exercê-las.

Taxa à Vista Possível no Momento em que o Comprador das Opções de Compra Considera Exercê-las	Ganho Líquido (ou Perda) por Unidade da Bama Co.
$ 1,53	
$ 1,55	
$ 1,57	
$ 1,60	
$ 1,62	
$ 1,64	
$ 1,68	

29. **Especulação com Opções de Venda de Moeda.** A Bulldog, Inc. vendeu opções de venda de dólares australianos a um prêmio de $ 0,01 por unidade e um preço de exercício de $ 0,76 por unidade. Ela previu o nível mais baixo do dólar australiano durante o período em questão, como é mostrado na tabela a seguir. Determine o ganho líquido (ou perda) por unidade da Bulldog, Inc., se cada nível ocorrer e as opções de venda forem exercidas nessa hora.

Valor Possível do Dólar Australiano	Ganho Líquido (ou Perda) por Unidade da Bulldog, Inc.
$ 0,72	
$ 0,73	
$ 0,74	
$ 0,75	
$ 0,76	

30. **Proteção com Derivativos de Moeda.** Um time de futebol profissional dos Estados Unidos planeja jogar um amistoso no Reino Unido no próximo ano. Suponha que todas as despesas serão pagas pelo governo britânico, e o time receberá um cheque de 1 milhão de libras. O time prevê que a libra se desvalorizará consideravelmente na data do jogo. Além disso, a Liga Nacional de Futebol precisa aprovar o negócio, e a aprovação (ou desaprovação) não ocorrerá antes de três meses. Como o time poderá *hedgear* sua posição? O que haveria para perder nos três meses de espera para ver se o amistoso é aprovado antes do *hedging*?

31. **Strangles de Moeda** (veja o Apêndice B neste capítulo). Suponha que as seguintes opções estão disponíveis atualmente em libras esterlinas (£):

- Prêmio de opção de compra de libras esterlinas = $ 0,04 por unidade

- Prêmio de opção de venda de libras esterlinas = $ 0,03 por unidade
- Preço de exercício de compra = $ 1,56
- Preço de exercício de venda = $ 1,53
- Um contrato de opção representa £ 31.250

a) Faça uma planilha de um *strangle* comprado usando essas opções.

b) Determine o(s) ponto(s) de equilíbrio de um *strangle*.

c) Se o preço à vista da libra na data de vencimento for $ 1,55, qual será o total do ganho ou da perda do comprador do *strangle*?

d) Se o preço à vista da libra na data de vencimento for $ 1,50, qual será o total do ganho ou da perda do vendedor do *strangle*?

32. **Straddle de Moeda.** Considere a questão anterior, mas suponha que os prêmios das opções de compra e de venda sejam $ 0,035 por unidade e $ 0,025 por unidade, respectivamente (veja o Apêndice B neste capítulo).

a) Faça um gráfico de contingência de um *straddle* comprado em libra.

b) Faça um gráfico de contingência de um *straddle* vendido em libra.

33. **Straddles de Moeda.** A Reska, Inc. construiu um *straddle* comprado em euros. Uma opção de compra de euros com um preço de exercício de $ 1,10 possui um prêmio de $ 0,025 por unidade. Uma opção de venda de euros possui um prêmio de $ 0,017 por unidade. Alguns valores possíveis de euro na data de vencimento são mostrados na tabela a seguir (veja o Apêndice B deste capítulo).

Valor do Euro no Momento do Vencimento			
	$ 0,90	$ 1,05	$ 1,50	$ 2,00
Opção de Compra				
Opção de Venda				
Líquido				

a) Complete a planilha e determine o ganho líquido por unidade da Reska, Inc. para cada taxa à vista futura.

b) Determine o(s) ponto(s) de equilíbrio de um *straddle* comprado. Quais são os pontos de equilíbrio de um *straddle* vendido usando essas opções?

34. **Straddles de Moeda.** Considere a questão anterior, mas suponha que os prêmios das opções de compra e de venda sejam $ 0,02 por uni-

dade e $ 0,015 por unidade, respectivamente (veja o Apêndice B neste capítulo).

a) Faça um gráfico de contingência de um *straddle* comprado em euros.

b) Faça um gráfico de contingência de um *straddle* vendido em euros.

35. ***Strangles* de Moeda.** Para as seguintes opções disponíveis em dólares australianos (A$), faça uma planilha e um gráfico de contingência para um *strangle* comprado. Localize os pontos de equilíbrio dessa estratégia (veja o Apêndice B neste capítulo).

- Preço de exercício de opção de venda = $ 0,67
- Preço de exercício de opção de compra = $ 0,65
- Prêmio de opção de venda = $ 0,01 por unidade
- Prêmio de opção de compra = $ 0,02 por unidade.

36. ***Strangles* de Moeda.** As seguintes informações estão disponíveis atualmente sobre opções de dólares canadenses (C$) (veja o Apêndice B neste capítulo):

- Preço de exercício de opção de venda = $ 0,75
- Prêmio de opção de venda = $ 0,014 por unidade
- Preço de exercício de opção de compra = $ 0,76
- Prêmio de opção de compra = $ 0,01 por unidade
- Um contrato de opção representa C$ 50.000.

a) Qual é o ganho máximo possível que um comprador de um *strangle* poderá atingir utilizando essas opções?

b) Qual é a perda máxima que um vendedor de um *strangle* poderá ter?

c) Localize o(s) ponto(s) de equilíbrio dessa estratégia.

37. **Gráficos de Contingência de Opção de Moeda** (veja o Apêndice B neste capítulo). A taxa à vista atual do dólar de Cingapura (S$) é $ 0,50. As seguintes informações sobre a opção estão disponíveis:

- Prêmio da opção de compra do dólar de Cingapura (S$) = $ 0,015
- Prêmio da opção de venda do dólar de Cingapura (S$) = $ 0,009
- Preço de exercício de compra e de venda = $ 0,55

- Um contrato de opção representa S$ 70.000.

Faça um gráfico de contingência de um *straddle* vendido usando essas opções.

38. **Especulação com *Straddles* de Moedas.** Maggie Hawthorne é uma especuladora de moedas. Ela notou que recentemente o euro se valorizou consideravelmente perante o dólar americano. A taxa de câmbio atual do euro é de $ 1,15. Após ler uma variedade de artigos sobre o assunto, ela acredita que o euro continuará a flutuar consideravelmente nos próximos meses. Embora a maioria das previsões considere que o euro se desvalorizará perante o dólar no futuro próximo, Maggie acredita que também há uma grande possibilidade de o euro continuar se valorizando. Atualmente, uma opção de compra de euro está disponível com um preço de exercício de $ 1,17 e um prêmio de $ 0,04. Uma opção de venda de euro com um preço de exercício de $ 1,17 e um prêmio de $ 0,03 também está disponível (veja o Apêndice B neste capítulo).

a) Descreva como Maggie poderia utilizar *straddles* para especular com o valor do euro.

b) No vencimento da opção, o valor do euro está em $ 1,30. Qual é o total do ganho ou da perda de Maggie de uma posição e *straddle* comprado?

c) Qual é o total do ganho ou da perda de Maggie de uma posição em *straddle* comprado se o valor do euro for $ 1,05 no vencimento da opção?

d) Qual é o total do ganho ou da perda de Maggie de uma posição em *straddle* comprado se o valor do euro for $ 1,15 no vencimento da opção?

e) Dadas as suas respostas às questões anteriores, quando é vantajoso para um especulador envolver-se em um *straddle* comprado? Quando é vantajoso envolver-se com um *straddle* vendido?

154 FINANÇAS CORPORATIVAS INTERNACIONAIS

CASO BLADES, INC.

Uso de Instrumentos de Derivativo sobre Moedas

A Blades, Inc. precisa encomendar produtos dois meses antes da data de entrega. Está considerando um pedido de um fornecedor japonês que exige um valor de 12,5 milhões de ienes a pagar na data de entrega. A Blades possui duas opções:

- Adquirir dois contratos de opções de compra (visto que cada contrato de opções represente 6.250.000 ienes).
- Adquirir um contrato de futuros (que representa 12,5 milhões de ienes).

O preço futuro do iene mostrou historicamente um leve desconto a partir da taxa à vista existente. No entanto, a empresa gostaria de utilizar as opções de moeda para garantir as contas a pagar em iene japonês para as transações com antecedência de dois meses. A Blades prefere *hedgear* sua posição de ienes a pagar, porque é desconfortável deixar a posição aberta, dada a histórica volatilidade do iene. No entanto, a empresa estaria disposta a permanecer descoberta se o iene se tornasse mais estável um dia.

Ben Holt, chefe do setor financeiro (CFO), prefere a flexibilidade que as opções oferecem, em vez de contratos a termo ou de futuros, porque pode deixar as opções expirarem se o iene se desvalorizar. Ele gostaria de utilizar um preço de exercício de cerca de 5% acima da taxa à vista existente para ter certeza de que a Blades não terá de pagar mais de 5% acima da taxa à vista existente por uma transação para dois meses após a data do pedido, contanto que o prêmio da opção não exceda 1,6% do preço que teria de pagar por unidade quando exercer a opção.

Em geral, opções de iene têm requerido um prêmio de 1,5% do montante total da transação que seria pago se a opção fosse exercida. Por exemplo, recentemente a taxa à vista do iene estava em $ 0,0072, e a empresa adquiriu uma opção de compra com um preço de exercício de $ 0,00756, o que é 5% acima da taxa à vista existente. O prêmio dessa opção era de $ 0,0001134, o que é 1,5% do preço a ser pago por iene se a opção for exercida.

Um acontecimento recente causou mais incertezas acerca do valor futuro do iene, embora não tivesse afetado a taxa à vista ou as taxas a termo ou de futuros do iene.

	Antes do Acontecimento	Após o Acontecimento	
Taxa à vista	$ 0,0072	$ 0,0072	$ 0,0072
Informações sobre a Opção:			
Preço de exercício ($)	$ 0,00756	$ 0,00756	$ 0,00792
Preço de exercício (% acima do à vista)	5%	5%	10%
Prêmio da Opção por iene ($)	$ 0,0001134	$ 0,0001512	$ 0,0001134
Prêmio da Opção (% do preço de exercício)	1,5%	2,0%	1,5%
Total do Prêmio ($)	$ 1.417,50	$ 1.890,00	$ 1.417,50
Montante pago por iene se a opção for exercida (não incluindo o prêmio)	$ 94.500	$ 94.500	$ 99.000
Informações sobre o Contrato de Futuros:			
Preço de Futuros	$ 0,006912	$ 0,006912	

Especificamente, a taxa à vista do iene ainda era $ 0,0072, mas o prêmio de opção de uma opção de compra com um preço de exercício de $ 0,00756 agora estava em $ 0,0001512. Uma opção de compra alternativa está disponível com uma data de vencimento de dois meses a partir de agora; possui um prêmio de $ 0,0001134 (que é o valor do prêmio que haveria para a opção desejada antes do acontecimento), mas é para uma opção de compra com um preço de exercício de $ 0,00792.

A tabela resume as informações sobre a opção e futuros disponíveis para a Blades:

Como analista da Blades, você foi chamado a dar algumas idéias de como fazer o *hedging*. Use uma planilha para dar suporte à sua análise das questões 4 e 6.

1. Se a Blades utiliza opções de compra para garantir suas contas a pagar em ienes, ela deve usar a opção de compra com o preço de exercício de $ 0,00756 ou a opção de compra com o preço de exercício de $ 0,00792? Descreva os prós e os contras.

2. A Blades deveria deixar sua posição de iene sem proteção? Descreva os prós e os contras.

3. Suponha que haja especuladores que tentam lucrar sobre suas expectativas a respeito das oscilações do iene durante os dois meses entre as datas do pedido e da entrega ou ao comprar ou vender futuros de iene agora e ao comprar ou vender ienes à taxa à vista futura. Dadas essas informações, qual é a expectativa na data do pedido da taxa à vista do iene na data da entrega? (Sua resposta deve consistir em um número.)

4. Suponha que a empresa compartilhe o consenso do mercado da taxa à vista futura do iene.

Dada essa expectativa e dado que a empresa toma uma decisão (isto é, opção, contrato de futuros, permanecer descoberta) puramente em uma base de custos, qual seria sua opção mais adequada?

5. A escolha que você fez como a estratégia de *hedging* mais adequada na questão 4 definitivamente resultará na alternativa com o custo mais baixo em termos de custos reais compreendidos? Por quê?

6. Agora suponha que você estipulou que o desvio padrão histórico do iene é cerca de $ 0,0005. Com base em sua avaliação, você acredita que é bem improvável que a taxa à vista futura ficará em mais de dois desvios padrão acima da taxa à vista esperada na data da entrega. Também suponha que o preço dos futuros permanecerá em seu nível atual de $ 0,006912. Com base nessas expectativas sobre a taxa à vista futura, qual é o *hedging* mais adequado para a empresa?

DILEMA DA PEQUENA EMPRESA

Uso de Contratos de Futuros de Moeda e Opções pela Sports Exports Company

A Sports Exports Company recebe libras todos os meses como pagamento pelas bolas de futebol que exporta. Ela prevê que a libra se desvalorizará com o tempo em relação ao dólar.

1. Como a Sports Exports Company poderá utilizar contratos de futuros de moeda como cobertura contra o risco da taxa de câmbio? Há alguma limitação no uso de contratos de futuros de moeda que poderia impedir a Sports Exports Company de travar uma taxa de câmbio específica pela qual poderia vender todas as libras que espera receber em cada um dos meses vindouros?

2. Como a Sports Exports Company poderia utilizar opções de moeda para fazer se proteger con-

tra o risco da taxa de câmbio? Há alguma limitação no uso de contratos de opções de moeda que poderia impedir a Sports Exports Company de travar uma taxa de câmbio específica pela qual poderia vender todas as libras que espera receber em cada um dos meses vindouros?

3. Jim Logan, o proprietário da Sports Exports Company, está preocupado com o fato de que a libra poderá se desvalorizar consideravelmente durante o próximo mês, mas também acredita que ela poderia se valorizar substancialmente se situações específicas ocorrerem. Jim deve utilizar futuros de moeda ou opções de moeda para se proteger do risco da taxa de câmbio? Há alguma desvantagem em escolher esse método para proteção?

APÊNDICE 5A

Precificação de Opções de Moeda

Os prêmios pagos por opções de moeda dependem de vários fatores que precisam ser monitorados ao prever oscilações futuras dos prêmios de opções de moeda. Uma vez que os participantes do mercado de opções de moeda naturalmente tomam posições com base em suas expectativas de como os prêmios mudam ao longo tempo, eles poderão se beneficiar quando entenderem como os preços das opções são determinados.

Condições de Fronteira

O primeiro passo ao avaliar as opções de moeda é reconhecer as condições de fronteira que forçam o prêmio de uma opção a ficar dentro de limites inferiores ou superiores.

Limites Inferiores

O prêmio da opção de compra (C) possui um limite inferior de pelo menos zero ou o spread entre a taxa de câmbio subjacente à vista (S) e o preço de exercício (X), o que for maior, como mostrado a seguir:

$$C = \text{MAX}(0, S - X)$$

Esse preço mínimo é forçado com restrições de arbitragem. Por exemplo, suponha que o prêmio de uma opção de compra de libra esterlina seja de \$ 0,01, enquanto a taxa à vista da libra é \$ 1,62 e o preço de exercício é \$ 1,60. Nesse exemplo, o spread ($S - X$) excede o prêmio da opção de compra, o que levaria a uma operação de arbitragem. Alguém poderia adquirir a opção de compra por \$ 0,01 por unidade e imediatamente exercer a opção a \$ 1,60 por libra e depois vender as libras no mercado à vista por \$ 1,62 a unidade. Isso geraria um lucro imediato de \$ 0,01 por unidade. A arbitragem continuaria até que o mercado forçasse o alinhamento do spread ($S - X$) para que fique menor ou igual ao prêmio da opção de compra.

O prêmio da opção de venda (P) possui um limite inferior a zero ou o spread entre o preço de exercício (X) e a taxa de câmbio subjacente à vista (S), o que for maior, como mostrado a seguir:

$$P = \text{MAX}(0, X - S)$$

Esse preço mínimo também é forçado com restrições de arbitragem. Por exemplo, suponha que o prêmio de uma opção de venda de libra esterlina seja de $ 0,02, enquanto a taxa à vista da libra é $ 1,60 e o preço de exercício é $ 1,63. Alguém poderia adquirir a opção de venda por $ 0,02 por unidade, adquirir libras no mercado à vista por $ 1,60 e imediatamente exercer a opção vendendo-as por $ 1,63 a unidade. Isso geraria um lucro imediato de $ 0,01 por unidade. A arbitragem continuaria até que o mercado forçasse o alinhamento do spread $(X - S)$ para que fique menor ou igual ao prêmio da opção de venda.

Limites Superiores

O limite mais alto de um prêmio de opção de compra é igual à taxa de câmbio à vista (S):

$$C = S$$

Se ocorrer de o prêmio da opção de compra exceder a taxa de câmbio à vista, poderia haver o envolvimento com arbitragem com a venda de opções de compra por um preço mais alto por unidade que o custo da aquisição da moeda subjacente. Mesmo que essas opções sejam exercidas, a moeda que foi adquirida anteriormente poderia ser fornecida (a opção de compra estava coberta). O lucro de arbitragem nesse exemplo é a diferença entre o montante recebido ao vender o prêmio e o custo de aquisição da moeda no mercado à vista. A arbitragem ocorreria até que o prêmio da opção de compra fosse menor ou igual à taxa à vista.

O limite superior de uma opção de venda é igual ao preço de exercício da opção (X):

$$P = X$$

Se ocorrer de o prêmio da opção de venda exceder o preço de exercício, poderia haver o envolvimento com arbitragem com a venda de opções de venda. Mesmo que essas opções sejam exercidas, o valor recebido da venda das opções de venda excede o preço pago (que é o preço de exercício) no momento do exercício.

Dados os limites que são forçados pela arbitragem, os prêmios de opções ficam dentro desses limites.

Aplicação de Modelos de Precificação

Embora as condições limite possam ser usadas para determinar a faixa possível do prêmio de uma opção de moeda, elas não indicam precisamente o prêmio apropriado da opção. No entanto, modelos de precificação foram desenvolvidos para determinar o preço das opções de moeda. Com base nas informações sobre uma opção (tais como o preço de exercício e o tempo até o vencimento) e sobre a moeda (tais como a taxa à vista, desvio padrão e taxa de juros), modelos de precificação podem gerar o prêmio de uma opção de moeda. O modelo de determinação de preços de opções de moeda de Biger e Hull[1] é mostrado a seguir:

$$C = e^{-r^*T}S \cdot N(d_1) - e^{-rT}X \cdot N(d_1 \text{-} \boldsymbol{\sigma}\sqrt{T})$$

onde

$d_1 = \{[\ln(S/X + (r - r^* + (\boldsymbol{\sigma}^2/2))T]/\boldsymbol{\sigma}\sqrt{T}\}$
$C = $ preço da opção de venda de moeda

---

[1] Nahum Biger e John Hull, The valuation of currency options, *Financial Management*, primavera de 1983, p. 24-28.

S = taxa de câmbio subjacente à vista
X = preço de exercício
r = taxa de juros americana livre de riscos
r^* = taxa de juros estrangeira livre de riscos
σ = desvio padrão instantâneo do retorno pela posse de moeda estrangeira
T = tempo até o vencimento da opção expresso como uma fração de um ano
$N(\cdot)$ = função de distribuição normal cumulativa

Esta equação é baseada no modelo de precificação de opções de ações (MPO) quando levados em consideração dividendos contínuos. Uma vez que os juros ganhos com a posse de moeda estrangeira (r^*) são equivalentes aos dividendos pagos continuamente sobre uma ação, essa versão do MPO cabe completamente. A transformação-chave ao adaptar o modelo para ações para avaliar opções de moeda é a substituição preços de ações por taxas de câmbio. Portanto, supõe-se que a variação percentual das taxas de câmbio siga um processo de difusão com média e variância constantes.

Bodurtha e Courtadon[2] testaram a capacidade de previsão da opção de moeda do modelo de precificação. Calcularam erros de preços a partir do modelo usando 3.326 opções de compra. A porcentagem média de erros de preços do modelo para opções de compra foi de – 6,90%, o que é menor que os erros relatados correspondentes ao modelo de precificação ajustado para dividendo de Black-Scholes. Portanto, o modelo de precificação de opções de moeda é mais exato que o modelo para ações.

O modelo desenvolvido por Biger e Hull às vezes é conhecido como modelo europeu porque não contabiliza o exercício prévio. As opções de moeda de estilo europeu não permitem o exercício prévio (antes da data de vencimento), enquanto as opções de moeda de estilo americano permitem o exercício prévio. A flexibilidade extra das opções de moeda americanas pode justificar um prêmio mais alto sobre essas opções do que sobre as opções de moeda européias, com características semelhantes. No entanto, não há uma fórmula fechada para determinar o preço das opções de moeda americana. Embora várias técnicas sejam usadas para determinar o preço de tais opções, o modelo europeu geralmente é aplicado para precificá-las, porque pode ser exato do mesmo modo.

Bodurtha e Courtadon concluíram que a aplicação de um modelo de precificação de opções americanas de moeda não aperfeiçoaria a exatidão da previsão. Sua porcentagem média de erro era de –7,07% para todas as amostras dessas opções de compra.

Dados todos os outros parâmetros, o modelo de precificação de opções de moeda poderá ser usado para imputar o desvio padrão σ. Esse parâmetro implícito representa a avaliação do mercado de opções da volatilidade da moeda durante a vida da opção.

Precificação de Opções de Venda de Acordo com a Paridade de Compra e Venda

Dado o prêmio de uma opção de compra européia (chamada de C), o prêmio de uma opção de venda (chamada de P) da mesma moeda e com o mesmo preço de exercício (X) poderá ser gerado da paridade de compra e venda, como mostrado a seguir:

$$P = C + Xe^{-rT} - Se^{-r^*T}$$

---

[2] James Bodurtha e Georges Courtadon, Tests of an American option pricing model on the foreign currency options market, *Journal of Financial Quantitative Analysis*, junho de 1987, p. 153-168.

APÊNDICE 5A • PRECIFICAÇÃO DE OPÇÕES DE MOEDA

onde

r = taxa de juros americana livre de riscos

r^* = taxa de juros estrangeira livre de riscos

T = tempo até o vencimento da opção expresso como uma fração de um ano

Se o prêmio efetivo da opção de venda for menor que o sugerido pela equação da paridade de compra e venda acima, poderá ser realizada a arbitragem. Especificamente, pode-se (1) comprar a opção de venda; (2) vender a opção de compra; e (3) comprar a moeda subjacente ao contrato de opção. As aquisições são financiadas com os proventos da venda da opção de compra e da tomada de empréstimo à taxa r. Enquanto isso, a moeda estrangeira que foi adquirida poderá ser depositada para render a taxa estrangeira de r^*. Independentemente das condições do caminho da oscilação da taxa de câmbio da moeda pela vida da opção, a arbitragem resultará em lucro. Primeiro, se a taxa de câmbio for igual ao preço de exercício de modo que cada opção expire sem valor, a moeda estrangeira poderá ser convertida em dólares no mercado à vista, e esse montante excederá o exigido para reembolsar o empréstimo. Segundo, se a moeda estrangeira se valorizar e, portanto, exceder o preço de exercício, haverá uma perda no exercício da opção de compra. Embora a opção de venda expire, a moeda estrangeira será convertida em dólares no mercado à vista, e esse montante excederá o montante exigido para reembolsar o empréstimo e o montante da perda sobre a opção de compra. Terceiro, se a moeda estrangeira se desvalorizar e, portanto, ficar adiante do preço de exercício, a quantia recebida do exercício da opção de venda mais a quantia recebida da conversão da moeda estrangeira em dólares excederão o montante exigido para reembolsar o empréstimo. Uma vez que a arbitragem gera um lucro sob quaisquer condições da taxa de câmbio, forçará um ajuste no prêmio da opção, de modo que a paridade de compra e venda não mais será violada.

Se o prêmio efetivo da opção de venda fosse mais que o sugerido pela paridade de compra e venda, a arbitragem seria possível novamente. A estratégia de arbitragem seria o inverso daquela usada quando o prêmio efetivo da opção de venda era menor que o sugerido pela paridade de compra e venda (como descrito há pouco). A arbitragem forçaria um ajuste nos prêmios das opções, de modo que a paridade de compra e venda não mais seria violada. A arbitragem que poderá ser aplicada quando houver violação da paridade de compra e venda sobre opções de moeda americana difere ligeiramente daquela aplicável a opções de moeda européia. Todavia, permanece o conceito de que o prêmio de uma opção de venda de moeda poderá ser determinado de acordo com o prêmio de uma opção de compra da mesma moeda e do mesmo preço de exercício.

APÊNDICE 5B

Combinações de Opções de Moeda

Além das opções básicas de compra e venda discutidas há pouco, uma variedade de combinações de opções de moeda está disponível para o especulador e para quem precisa de proteção. Uma **combinação de opções de moeda** utiliza posições de opções de compra e venda simultaneamente para construir uma posição única para combinar com as necessidades de proteção e de especulação. Uma combinação de opções de moeda poderá incluir as duas posições, a comprada e a vendida, e será, por si só, comprada ou vendida. Naturalmente, uma combinação de opções de moeda resultará em um único gráfico de contingência.

Combinações de opções de moeda poderão ser usadas tanto para cobrir fluxos de caixa de entrada e de saída denominados em moeda estrangeira como para especular sobre a oscilação futura de uma moeda estrangeira. Mais especificamente, tanto as EMNs como os especuladores poderão fazer uma combinação de opções de moeda para atender às expectativas de valorização ou de desvalorização de moedas estrangeiras.

Serão discutidas, neste apêndice, duas das combinações de moeda mais populares. São elas: os **straddles** e os **strangles**. Para cada uma dessas combinações, serão analisados os seguintes tópicos:

- A composição da combinação;
- A planilha e o gráfico de contingência da combinação comprada;
- A planilha e o gráfico de contingência da combinação vendida; e
- Usos da combinação para a especulação sobre a oscilação de uma moeda estrangeira.

Os dois principais tipos de combinações de opções de moeda são discutidos a seguir.

Straddle de Moeda

Straddle Comprado de Moeda

Para construir um *straddle* comprado, uma EMN ou pessoa física compra (toma uma posição comprada em) uma opção de compra e uma de venda dessa moeda; as opções de compra e de venda possuem a mesma data de vencimento e o mesmo preço de exercício.

Ao fazer o *straddle* comprado, o comprador adquire tanto o direito de comprar a moeda estrangeira como o direito de vendê-la. Uma vez que a opção de compra se tornará lucrativa se a moeda estrangeira se valorizar, a opção de venda se tornará lucrativa se a moeda estrangeira se

APÊNDICE 5B • COMBINAÇÕES DE OPÇÕES DE MOEDA **161**

desvalorizar, um *straddle* comprado se tornará lucrativo quando a moeda estrangeira se valorizar ou desvalorizar. Obviamente, essa é uma grande vantagem para a pessoa física ou para a entidade que construir um *straddle* comprado, visto que parece que se beneficiaria com a posição enquanto a taxa de câmbio de moeda estrangeira não permanecer constante. A desvantagem da posição de *straddle* comprado é que é dispendiosa para ser construída, porque envolve a aquisição de duas opções separadas, cada uma delas requerendo o pagamento do prêmio da opção. Com isso, um *straddle* comprado será lucrativo somente se a moeda estrangeira se valorizar ou desvalorizar consideravelmente.

Planilha de *straddle* comprado. Para determinar o lucro ou a perda associada a um *straddle* comprado ou qualquer combinação, o mais fácil é fazer uma planilha de ganhos ou perdas de vários valores possíveis de moedas quando do vencimento da opção. A planilha poderá ser montada para mostrar a posição de cada opção individual. A planilha também ajudará na elaboração de um gráfico de contingência para a combinação.

EXEMPLO

Opções de compra e de venda estão disponíveis para euros (€) com as seguintes informações:

- Prêmio da opção de compra = $ 0,03 por unidade
- Prêmio da opção de venda = $ 0,02 por unidade
- Preço de exercício = $ 1,05
- Um contrato de opção representa € 62.500.

Para elaborar um *straddle* comprado, o comprador deve adquirir tanto a opção de compra de euros como a opção de venda de euros, pagando $ 0,03 + $ 0,02 = $ 0,05 por unidade. Se o valor do euro no vencimento da opção estiver acima do preço de exercício de $ 1,05, a opção de compra estará dentro do dinheiro, mas a opção de venda estará fora do dinheiro. De forma contrária, se o valor do euro no vencimento da opção estiver abaixo de $ 1,05, a opção de venda estará dentro do dinheiro, mas a opção de compra estará fora do dinheiro. Uma planilha possível para o *straddle* comprado que ilustra a lucratividade dos componentes individuais é mostrada a seguir:

	Valor do Euro no Vencimento da Opção					
	$ 0,95	**$ 1,00**	**$ 1,05**	**$ 1,10**	**$ 1,15**	**$ 1,20**
Posse de opção de compra	–$ 0,03	–$ 0,03	–$ 0,03	+$ 0,02	+$ 0,07	+$ 0,12
Posse de opção de venda	+$ 0,08	+$ 0,03	–$ 0,02	–$ 0,02	–$ 0,02	–$ 0,02
Líquido	+$ 0,05	$ 0,00	–$ 0,05	$ 0,00	+$ 0,05	+$ 0,10

Gráfico de Contingência do *Straddle* Comprado. Um gráfico de contingência do *straddle* comprado de moeda é mostrado na Figura 5B.1. Esse gráfico inclui resultados possíveis mais extremos do que são mostrados na tabela. Ou a opção de compra ou a de venda de moeda estrangeira estará dentro do dinheiro no vencimento da opção enquanto o valor da moeda estrangeira no vencimento diferir do preço de exercício.

Há dois pontos de equilíbrio para uma posição de *straddle* comprado – um abaixo do preço de exercício e um acima do preço de exercício. O ponto de equilíbrio mais baixo é igual ao preço de exercício menos os prêmios dos dois; o ponto de equilíbrio mais alto é igual ao preço de exercício mais os prêmios dos dois. Portanto, para o exemplo acima, os dois pontos de equilíbrio estão localizados em $ 1,00 = $ 1,05 – $ 0,05 e em $ 1,10 = $ 1,05 + $ 0,05.

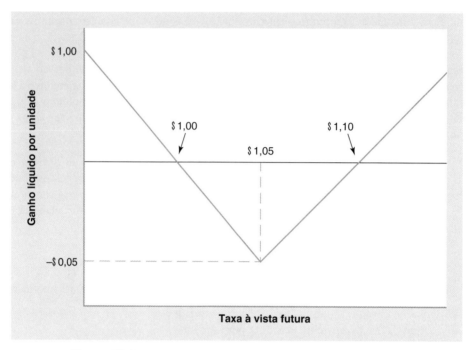

Figura 5B.1   Gráfico de contingência de *straddle* comprado de moeda.

A perda máxima de um *straddle* comprado no exemplo ocorre no valor de um euro no vencimento igual ao preço de exercício, quando as duas opções estão no dinheiro. Nesse ponto, o comprador do *straddle* perderia os prêmios das duas opções. A perda máxima de um comprador de *straddle* é então igual a $ 0,05 = $ 0,03 + $ 0,02.

Straddle Vendido de Moeda

Construir um *straddle* vendido de uma moeda estrangeira envolve as vendas (tomar uma posição vendida em) da opção de compra e da opção de venda dessa moeda. Como no *straddle* comprado, as opções de compra e de venda possuem o mesmo vencimento e o mesmo preço de exercício.

A vantagem de um *straddle* vendido é que ele fornece ao lançador da opção rendimentos de duas opções separadas. A desvantagem é a possibilidade de perdas substanciais se a moeda subjacente se afastar substancialmente do preço de exercício.

Planilha de *Straddle* Vendido de Moeda e Gráfico de Contingência. Um *straddle* vendido resulta em uma planilha e em um gráfico de contingência que são exatamente o oposto dos de um *straddle* comprado.

EXEMPLO

Supondo as mesmas informações do exemplo anterior, um *straddle* vendido envolveria a venda tanto da opção de compra de euros como da opção de venda de euros. Uma planilha possível para o *straddle* vendido resultante é mostrada a seguir:

	Valor do Euro no Vencimento da Opção					
	$ 0,95	$ 1,00	$ 1,05	$ 1,10	$ 1,15	$ 1,20
Vender a opção de compra	+ $ 0,03	+ $ 0,03	+ $ 0,03	– $ 0,02	– $ 0,07	– $ 0,12
Vender a opção de venda	– $ 0,08	– $ 0,03	+ $ 0,02	+ $ 0,02	+ $ 0,02	+ $ 0,02
Líquido	– $ 0,05	– $ 0,00	+$ 0,05	$ 0,00	– $ 0,05	– $ 0,10

A planilha também ilustra que há dois pontos de equilíbrio para a posição do *straddle* vendido – um abaixo do preço de exercício e um acima do preço de exercício. O ponto de equilíbrio mais baixo é igual ao preço de exercício menos os dois prêmios; o ponto de equilíbrio mais alto é igual ao preço de exercício mais os dois prêmios. Portanto, os dois pontos de equilíbrio estão localizados em 1,00 = $ 1,05 – $ 0,05 e em $ 1,10 = $ 1,05 + $ 0,05. Essa relação é a mesma da posição de *straddle* comprado.

O ganho máximo ocorre com o valor do euro no vencimento da opção igual ao preço de exercício de $ 1,05 e é igual à soma dos prêmios das duas opções ($ 0,03 + $ 0,02 = $ 0,05).

O gráfico de contingência resultante é mostrado na Figura 5B.2.

Especulação com os *Straddles* de Moeda

Pessoas físicas podem especular utilizando *straddles* de moeda com base em suas expectativas sobre oscilações futuras de uma moeda estrangeira em particular. Por exemplo, especuladores que esperam que a libra esterlina se valorize ou desvalorize consideravelmente poderão comprar um *straddle*. Se a libra se valorizar consideravelmente, o especulador deixará a opção de venda expirar e exercerá a opção de compra. Se a libra se desvalorizar consideravelmente, o especulador deixará expirar a opção de compra e exercerá a opção de venda.

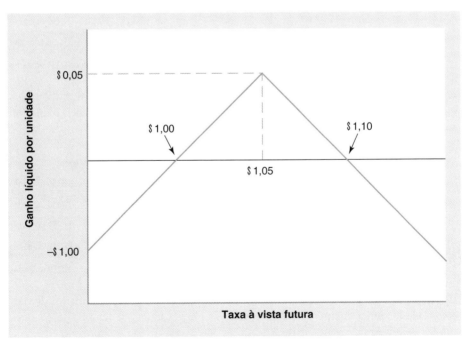

Figura 5B.2 Gráfico de contingência *straddle* vendido de moeda.

164 FINANÇAS CORPORATIVAS INTERNACIONAIS

Os especuladores também poderão lucrar com *straddles* vendidos. O vendedor de um *straddle* vendido acredita que o valor da moeda subjacente ao contrato de opção permanecerá próximo ao preço de exercício até o vencimento da opção. Se o valor da moeda subjacente for igual ao preço de exercício no vencimento da opção, o vendedor do *straddle* acumulará os prêmios das duas opções. No entanto, essa é uma posição meio arriscada; se a moeda se valorizar ou desvalorizar consideravelmente, o vendedor do *straddle* perderá dinheiro. Se a moeda se valorizar consideravelmente, o vendedor do *straddle* terá de vender a moeda pelo preço de exercício, já que a opção de compra será exercida. Se a moeda se desvalorizar consideravelmente, o vendedor do *straddle* terá de comprar a moeda pelo preço de exercício, já que a opção de venda será exercida.

EXEMPLO

Contratos de opções de compra e de venda de libras britânicas (£) estão disponíveis com as seguintes informações:

- Prêmio de opção de compra de libras esterlinas = $ 0,035
- Prêmio de opção de venda de libras esterlinas = $ 0,025
- Preço de exercício = $ 1,50
- Um contrato de opção representa £ 31.250.

No vencimento, a taxa à vista da libra é de $ 1,40. Um especulador que comprou um *straddle* exercerá então a opção de venda, mas deixará a opção de compra expirar. Em seguida, o especulador comprará as libras na taxa à vista vigente e as venderá pelo preço de exercício. Dadas essas informações, o lucro líquido do comprador do *straddle* é calculado como segue:

	Por Unidade	Por Contrato	
Preço de venda da £	+$ 1,50	$ 46.875	($ 1,50 × 31.250 unidades)
– Preço de compra da £	–1,40	–43.750	($ 1,40 × 31.250 unidades)
– Prêmio pago pela opção de compra	–0,035	–1.093,75	($ 0,035 × 31.250 unidades)
– Prêmio pago pela opção de venda	–0,025	–781,25	($ 0,025 × 31.250 unidades)
= Lucro líquido	$ 0,04	$ 1.250	($ 0,04 × 31.250 unidades)

O vendedor do *straddle* terá de adquirir libras pelo preço de exercício. Supondo que o especulador venda imediatamente as libras adquiridas na taxa à vista vigente, o resultado do *straddle* será:

	Por Unidade	Por Contrato	
Preço de venda da £	+$ 1,40	$ 43.750	($ 1,40 × 31.250 unidades)
– Preço de compra da £	–1,50	–46.875	($ 1,50 × 31.250 unidades)
+ Prêmio pago pela opção de compra	+0,035	1.093,75	($ 0,035 × 31.250 unidades)
+ Prêmio pago pela opção de venda	+0,025	781,25	($ 0,025 × 31.250 unidades)
= Lucro líquido	$ 0,04	–$ 1.250	($ 0,04 × 31.250 unidades)

Como no caso de uma posição vendida em uma opção de venda, o vendedor de um *straddle* poderia simplesmente deixar de vender as libras (depois de ter sido forçado a comprá-las pelo preço de exercício de $ 1,50) até que a taxa à vista da libra suba. No entanto, não há garantia de que a libra vá se valorizar no futuro próximo.

Note no exemplo e na discussão anterior que o vendedor do *straddle* ganha o que o comprador do *straddle* perde, e vice-versa. Conseqüentemente, o ganho ou a perda do vendedor do *straddle* é a perda ou o ganho do comprador do *straddle*. Portanto, a mesma relação que se aplica a opções de compra e de venda individuais também se aplica a combinações de opções.

Strangles de Moeda

Strangles de moeda são bem semelhantes aos *straddles* de moeda, com uma diferença importante: as opções de compra e de venda da moeda subjacente possuem preços de exercício diferentes. Todavia, o título base e a data de vencimento das opções de compra e de venda são idênticos.

Strangle Comprado de Moeda

Uma vez que as opções de compra e de venda utilizadas em um *strangle* podem ter preços de exercício diferentes, um *strangle* comprado poderá ser construído de maneiras variadas. Por exemplo, um *strangle* poderia ser construído no qual uma opção de compra tenha um preço de exercício mais alto que o da opção de venda e vice-versa. O tipo de *strangle* mais comum, e que é o foco desta seção, é um que envolve a compra de uma opção de venda com um preço de exercício mais baixo que a opção de compra adquirida. Para construir um *strangle* comprado em moeda estrangeira, uma EMN ou uma pessoa física tomaria, portanto, uma posição comprada em uma opção de compra e uma posição comprada em uma opção de venda para essa moeda. A opção de compra terá o preço de exercício mais alto.

A vantagem de um *strangle* comprado em comparação com o *straddle* comprado é que sua construção é mais barata. De seções anteriores, lembre que há uma relação inversa entre o preço à vista da moeda relativamente ao preço de exercício e ao prêmio da opção de compra: quanto mais baixo o preço à vista em relação ao preço de exercício, tanto mais baixo o preço do prêmio será. Portanto, se um *strangle* envolve a aquisição de uma opção de compra com um preço de exercício relativamente alto, deveria ser mais barato construir um *strangle* que um *straddle* comparável, com tudo o mais sendo igual.

A desvantagem de um *strangle* em relação a um *straddle* é que a moeda subjacente deverá flutuar mais antes do vencimento. Como com um *straddle* comprado, a razão de se construir um *strangle* comprado é a expectativa de uma flutuação considerável em qualquer direção antes da do vencimento. No entanto, uma vez que as duas opções envolvidas em um *strangle* tenham preços de exercício diferentes, a moeda subjacente deverá flutuar em uma dimensão maior antes que o *strangle* esteja dentro do dinheiro a preços à vista futuros.

Planilha de *Strangle* Comprado de Moeda. A planilha de um *strangle* comprado de moeda é semelhante à planilha de um *straddle* comprado de moeda, como mostra o seguinte exemplo.

EXEMPLO

Opções de compra e de venda estão disponíveis em euros (€) com as seguintes informações:

- Prêmio da opção de compra de euro = $ 0,025 por unidade
- Prêmio da opção de venda de euro = $ 0,02 por unidade
- Preço de exercício da opção de compra = $ 1,15
- Preço de exercício da opção de venda = $ 1,05
- Um contrato de opção representa € 62.500.

Note que esse exemplo é quase idêntico ao exemplo anterior de *straddle*, exceto que a opção de compra possui um preço de exercício maior que o da opção de venda e o prêmio da opção de compra é ligeiramente mais baixo.

Uma planilha possível para um *strangle* é mostrada a seguir:

	Valor do Euro no Vencimento da Opção					
	$ 0,95	$ 1,00	$ 1,05	$ 1,10	$ 1,15	$ 1,20
Posse de opção de compra	–$ 0,025	–$ 0,025	–$ 0,025	–$ 0,025	–$ 0,025	+$ 0,025
Posse de opção de venda	+$ 0,08	+$ 0,03	–$ 0,02	–$ 0,02	–$ 0,02	–$ 0,02
Líquido	+$ 0,055	$ 0,005	–$ 0,45	–$ 0,45	–$ 0,45	+$ 0,005

Gráfico de Contingência de *Strangle* Comprado de Moeda. A Figura 5B.3 mostra um gráfico de contingência de *strangle* comprado de moeda. Novamente, o gráfico inclui valores mais extremos que os mostrados na planilha. A opção de compra estará dentro do dinheiro quando o valor da moeda estrangeira for maior que o preço de exercício no vencimento da opção, e a opção de venda estará dentro do dinheiro quando o valor da moeda estrangeira estiver abaixo do preço de exercício no vencimento da opção. Portanto, a posição comprada na opção de compra estará dentro do dinheiro com o valor do euro acima do preço de exercício da opção de compra de $ 1,15 no vencimento da opção. De forma contrária, a opção de venda estará dentro do dinheiro com o valor do euro abaixo do preço de exercício da opção de venda de $ 1,05.

Os dois pontos de equilíbrio de uma posição de *strangle* comprado estão localizados abaixo do prêmio da opção de venda e acima do prêmio da opção de compra. O ponto de equilíbrio mais baixo é igual ao preço de exercício da opção de venda menos os dois prêmios ($ 1,005 = $ 1,05 – $ 0,045); o ponto de equilíbrio mais alto é igual ao preço de exercício da opção de compra mais os dois prêmios ($ 1,195 = $ 1,15 + $ 0,045).

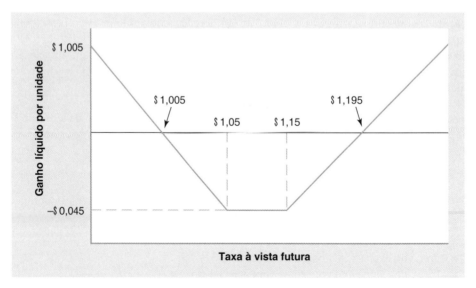

Figura 5B.3 Gráfico de contingência de um *strangle* comprado de moeda.

APÊNDICE 5B • COMBINAÇÕES DE OPÇÕES DE MOEDA **167**

A perda máxima de um *strangle* comprado ocorre com os valores do euro no vencimento da opção entre os dois preços de exercício. Em qualquer preço à vista futuro entre os dois preços de exercício, o comprador de *straddle* perderia os dois prêmios das opções (–$ 0,045 = –$ 0,25 – $ 0,02).

O gráfico de contingência do *strangle* comprado ilustra que o euro deverá flutuar mais amplamente do que com um *straddle* antes de a posição se tornar lucrativa. No entanto, a perda máxima será somente de $ 0,045 por unidade, ao passo que para o *straddle* comprado seria de $ 0,05 por unidade.

Strangle Vendido de Moeda

Análoga a um *straddle* vendido de moeda, um *strangle* vendido de moeda implica tomar uma posição vendida na opção de compra e outra na opção de venda para essa moeda. Como em um *straddle* vendido, as opções de compra e de venda possuem a mesma data de vencimento. No entanto, a opção de compra possui um preço de exercício mais alto em um *strangle* vendido.

Em relação a um *straddle* vendido, a desvantagem de um *strangle* vendido é que produz menos retorno, já que o prêmio da opção de compra será mais baixo, tudo o mais permanecendo igual. No entanto, a vantagem de um *strangle* vendido em relação ao *straddle* vendido é que a moeda subjacente deve flutuar mais antes que o vendedor corra o risco de perder dinheiro.

Gráfico de Contingência e Planilha de *Strangle* Vendido de Moeda. O exemplo do euro é usado a seguir para mostrar que a planilha e o gráfico de contingência do *strangle* vendido de moeda são exatamente os opostos dos de um *strangle* comprado.

EXEMPLO

Continuando com as informações do exemplo anterior, um *strangle* vendido poderá ser construído ao se lançar uma opção de compra de euros e uma opção de venda de euros. A planilha resultante é mostrada a seguir:

	Valor do Euro no Vencimento da Opção					
	$ 0,95	**$ 1,00**	**$ 1,05**	**$ 1,10**	**$ 1,15**	**$ 1,20**
Vender uma opção de compra	+$ 0,025	+$ 0,025	+$ 0,025	+$ 0,025	+$ 0,025	–$ 0,025
Vender uma opção de venda	–$ 0,08	–$ 0,03	+$ 0,02	+$ 0,02	+$ 0,02	+$ 0,02
Líquido	–$ 0,055	$ 0,005	+$ 0,45	+$ 0,45	+$ 0,45	–$ 0,005

A tabela mostra que há dois pontos de equilíbrio no *strangle* vendido. O ponto de equilíbrio mais baixo é igual ao preço de exercício da opção de venda menos os dois prêmios; o ponto de equilíbrio mais alto é igual ao preço de exercício da opção de compra mais os dois prêmios. Os dois pontos de equilíbrio são encontrados em $ 1,005 = $ 1,05 – $ 0,045 e em $ 1,195 = $ 1,15 + $ 0,045. Esses pontos de equilíbrio são idênticos aos pontos de equilíbrio da posição de *strangle* comprado.

O ganho máximo de um *strangle* vendido ($ 0,045 = $ 0,025 + $ 0,02) ocorre a um valor do euro no vencimento da opção entre os dois preços de exercício.

O gráfico de contingência *strangle* vendido é apresentado na Figura 5B.4.

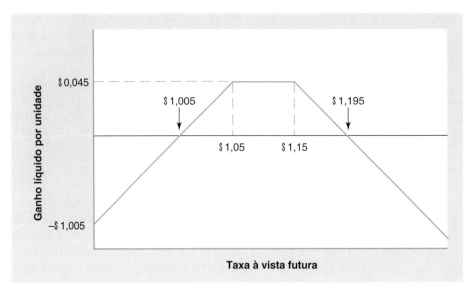

Figura 5B.4 Gráfico de contingência de um *strangle* vendido de moeda.

Especulação com *Strangles* Vendidos de Moeda

Como com *straddles*, pessoas físicas poderão especular utilizando *strangles* de moeda com base em suas expectativas das oscilações futuras de uma moeda estrangeira em particular. Por exemplo, os especuladores que esperam a valorização ou a desvalorização considerável do franco suíço poderão construir um *strangle* comprado. Os especuladores poderão lucrar com *strangles* vendidos se o preço à vista futuro da moeda subjacente estiver entre os dois preços de exercício.

Comparado a um *straddle*, o especulador que compra um *strangle* acredita que a moeda subjacente flutuará mais ainda antes do vencimento. Em troca, o especulador pagará menos para construir o *strangle* comprado. Um especulador que vende um *strangle* receberá os dois prêmios de opções enquanto o preço à vista futuro estiver entre os dois preços de exercício. Comparado ao *straddle*, o montante total recebido de vender as duas opções será menor. No entanto, o âmbito de preços à vista futuros entre os quais nenhuma opção é exercida é mais amplo para um *strangle* vendido.

EXEMPLO

Contratos de opções de compra e de venda de libras esterlinas (£) estão disponíveis com as seguintes informações:

- Prêmio de opção de compra de libras esterlinas = $ 0,030
- Prêmio de opção de venda de libras esterlinas = $ 0,025
- Preço de exercício de opção de compra = $ 1,60
- Preço de exercício de opção de venda = $ 1,50
- Um contrato de opção representa £ 31.250.

A taxa à vista da libra na data do vencimento é de $ 1,52. Com um *strangle* comprado, o especulador deixará ambas as opções expirarem, já que as opções de compra e de venda estão fora do dinheiro. Conseqüentemente, o comprador do *strangle* perderá os dois prêmios de opções:

	Por Unidade	Por Contrato	
– Prêmio pago pela opção de compra	–0,030	–$ 937,50	($ 0,030 × 31.250 unidades)
– Prêmio pago pela opção de venda	–0,025	–781,25	($ 0,025 × 31.250 unidades)
= Ganho líquido	–$ 0,055	–$ 1.718,75	(–$ 0,055 × 31.250 unidades)

O vendedor do *straddle* receberá os prêmios das opções de compra e de venda, já que nenhuma das opções será exercida por seu proprietário:

	Por Unidade	Por Contrato	
+ Prêmio pago pela opção de compra	+0,030	$ 937,50	($ 0,030 × 31.250 unidades)
+ Prêmio pago pela opção de venda	+0,025	781,25	($ 0,025 × 31.250 unidades)
= Ganho líquido	+$ 0,055	$ 1.718,75	(–$ 0,055 × 31.250 unidades)

Como com opções de compra e de venda individuais e como com um *straddle*, o ganho ou a perda do vendedor de *strangle* é a perda ou o ganho do comprador de *strangle*.

Spreads de Moeda

Existe uma variedade de spreads de moeda que poderá ser usada tanto pelas EMNs como por pessoas físicas para a proteção de fluxos de caixa de entrada ou de saída ou para a obtenção de lucros a partir de previsões de oscilações em alguma moeda estrangeira. Essa seção cobre dois dos tipos de spread mais populares: spreads de alta e spreads de baixa. Os spreads de alta são lucrativos quando uma moeda estrangeira se valoriza, ao passo que os spreads de baixa são lucrativos quando uma moeda estrangeira se desvaloriza.

Spreads de Alta sobre Moeda com Opções de Compra

Um spread de alta sobre moeda é construído comprando uma opção de compra de uma moeda subjacente em particular e simultaneamente vendendo uma opção de compra para a mesma moeda com um preço de exercício mais alto. Um spread de baixa também poderá ser construído por meio da utilização de opções de venda de moeda, como será discutido brevemente.

EXEMPLO

Suponha que duas opções de compra de dólares australianos (A$) estão disponíveis no momento. A primeira opção possui um preço de exercício de $ 0,64 e um prêmio de $ 0,019. A segunda opção possui um preço de exercício de $ 0,65 e um prêmio de $ 0,015. O investidor do spread de alta compra a opção de $ 0,64 e vende a opção de $ 0,65. Um contrato de opção de dólares australianos consiste em 50.000 unidades.
Considere as seguintes condições:

1. O dólar australiano se valoriza para $ 0,645, um preço à vista entre os dois preços de exercício. O investidor do spread de alta exercerá a opção que comprou. Supondo que o investidor do spread de alta venda imediatamente os dólares australianos pela taxa à vista de $ 0,645 depois de adquiri-los pelo preço de exercício de $ 0,64, ele ganhará a

diferença. O investidor também receberá o prêmio da segunda opção que vendeu, mas essa opção não será exercida pelo comprador (desconhecido).

	Por Unidade	Por Contrato	
Preço de venda de um A$	+$ 0,645	$ 32.250	($ 0,645 × 50.000 unidades)
– Preço de compra de um A$	–0,64	–32.000	($ 0,64 × 50.000 unidades)
– Prêmio pago pela opção de compra	–0,019	–950	($ 0,019 × 50.000 unidades)
+ Prêmio recebido pela opção de compra	+0,015	+750	($ 0,015 × 50.000 unidades)
= Ganho líquido	$ 0,001	$ 50	($ 0,001 × 50.000 unidades)

Sob essas condições, note que o investidor do spread de alta teria incorrido em uma perda líquida de $ 0,645 – $ 0,64 – $ 0,019 = –$ 0,014/A$ se tivesse adquirido somente a primeira opção. Ao vender a segunda opção de compra, o investidor aumentou seu ganho líquido em $ 0,015/A$.

2. O dólar australiano valorizou-se para $ 0,70, um valor acima do preço de exercício mais alto. Sob essas condições, o investidor do spread de alta exercerá a opção que comprou, mas a opção que vendeu também será exercida pelo comprador (desconhecido). Supondo que o investidor do spread de alta venda imediatamente os dólares australianos comprados com a primeira opção e compre os dólares australianos que tem para vender ao segundo comprador da opção pela taxa à vista, ele obterá os seguintes fluxos de caixa:

	Por Unidade	Por Contrato	
Preço de venda de um A$	+$ 0,70	$ 35.000	($ 0,70 × 50.000 unidades)
– Preço de compra de um A$	–0,64	–32.000	($ 0,64 × 50.000 unidades)
– Prêmio pago pela opção de compra	–0,019	–950	($ 0,019 × 50.000 unidades)
+ Preço de venda de um A$	+0,65	+32.500	($ 0,65 × 50.000 unidades)
– Preço de compra de um A$	–0,70	–35.000	($ 0,70 × 50.000 unidades)
+ Prêmio recebido pela opção de compra	+0,015	+750	($ 0,015 × 50.000 unidades)
= Ganho líquido	$ 0,006	$ 300	($ 0,006 × 50.000 unidades)

O ponto importante a ser compreendido aqui é que o ganho líquido do investidor do spread de alta permanecerá em $ 0,006/A$, não importando quanto mais o dólar australiano se valorize. Isso é porque o investidor do spread de alta sempre venderá os dólares australianos que adquiriu com a primeira opção pelo preço à vista e comprará os dólares australianos necessários para cumprir sua obrigação com a segunda opção. Os dois efeitos sempre se neutralizam mutuamente, assim a diferença dos dois preços de exercício menos a diferença dos dois prêmios ($ 0,65 – $ 0,64 – $ 0,019 + $ 0,015 = $ 0,006) será o ganho líquido do investidor do spread de alta. Portanto, o ganho líquido do investidor do spread de alta será de $ 0,006 por unidade em qualquer preço à vista futuro acima de $ 0,65.

Igualmente importante para ser compreendida é a permuta envolvida na construção de um spread de alta. O investidor do spread de alta prevê o benefício de uma grande valorização de moeda quando cobrar o prêmio da opção de moeda que vendeu com um preço de exercício mais alto e assegurou um lucro constante com preços à vista futuros acima do preço de exercício mais alto; se não tivesse vendido a segunda opção com o preço de exercício mais alto, ele teria se beneficiado consideravelmente sob essas condições, tendo um ganho líquido de $ 0,70 – $ 0,64 – $ 0,019 = $ 0,041/A$ como resultado de exercer a opção de compra com o preço de exercício de $ 0,64. Essa é a razão pela qual o investidor do spread de alta espera que a moeda subjacente se valorize modestamente, de modo que ele ganhe da opção que comprar e cobre o prêmio da opção que vender sem incorrer em quaisquer custos de oportunidade.

3. O dólar australiano se deprecia para $ 0,62, um valor abaixo do menor preço de exercício. Se o preço à vista for abaixo do menor preço de exercício, nenhuma das opções de compra será exercida, estando as duas fora do dinheiro. Conseqüentemente, a perda líquida do investidor do spread de alta será a diferença entre os dois prêmios das opções:

	Por Unidade	Por Contrato	
– Prêmio pago pela opção de compra	–$ 0,019	–$ 950	($ 0,019 × 50.000 unidades)
+ Prêmio recebido pela opção de compra	+0,015	+750	($ 0,015 × 50.000 unidades)
= Ganho líquido	–$ 0,004	–$ 200	($ 0,004 × 50.000 unidades)

Semelhante às condições em que o dólar australiano se valorizou modestamente entre os dois preços de exercício, a perda do investidor do spread de alta nesse caso é reduzido pelo prêmio recebido tendo vendido a opção com o preço de exercício mais alto.

Planilha de Spread de Alta sobre Moeda e Gráfico de Contingência. Para o exemplo do dólar australiano acima, uma planilha e um gráfico de contingência podem ser construídos. Uma planilha possível é mostrada a seguir:

	Valor do Dólar Australiano no Vencimento da Opção				
	$ 0,60	$ 0,64	$ 0,645	$ 0,65	$ 0,70
Comprar opção de compra	–$ 0,019	–$ 0,019	–$ 0,014	–$ 0,009	+$ 0,041
Vender opção de compra	+$ 0,015	+$ 0,015	+$ 0,015	+$ 0,015	–$ 0,035
Líquido	–$ 0,004	–$ 0,004	+$ 0,001	+$ 0,006	+$ 0,006

A Figura 5B.5 mostra o gráfico de contingência correspondente.

A planilha e o gráfico de contingência mostram que a perda máxima do investidor do spread de alta é limitado à diferença entre os dois prêmios das opções de –$ 0,004 = –$ 0,019 + $ 0,015. Essa perda máxima ocorre com os preços à vista futuros iguais ou abaixo do preço de exercício mais baixo.

Também note que, para um spread de alta, o ganho é limitado à diferença entre os preços de exercício menos a diferença dos prêmios das opções e é igual a $ 0,006 = $ 0,65 – $ 0,64 – $ 0,004. Esse ganho máximo ocorre com os preços à vista futuros iguais ou acima do preço de exercício mais alto.

O ponto de equilíbrio do spread de alta está localizado no preço de exercício mais baixo mais a diferença dos dois prêmios das opções e é igual a $ 0,644 = $ 0,64 + $ 0,004.

Spread de Alta sobre Moeda com Opções de Venda

Como mencionado anteriormente, spread de alta sobre moeda poderá ser construído facilmente tanto sobre opções de venda como sobre opções de compra. Para construir um spread de

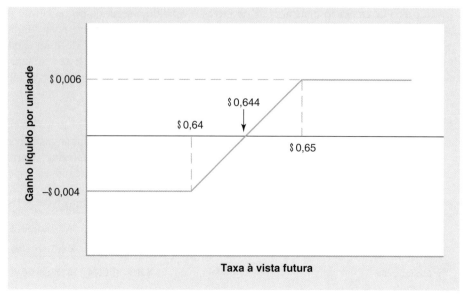

Figura 5B.5   Gráfico de contingência de spread de alta sobre moeda.

alta com opções de venda, o investidor deve novamente comprar uma opção de venda com um preço de exercício mais baixo e vender uma opção de venda com um preço de exercício mais alto. A aritmética básica envolvida na construção de um spread de alta com opções de venda será, portanto, essencialmente a mesma de um spread de alta com opções de compra, com uma diferença importante, que será discutida a seguir.

Lembre que há uma relação positiva entre o nível do preço à vista existente relativamente ao preço de exercício e o prêmio da opção de compra. Conseqüentemente, a opção com o preço de exercício mais alto vendido em um spread de alta com opção de compra terá o prêmio de opção mais baixo, tudo o mais permanecendo igual. Portanto, comprar a opção de compra com o preço de exercício mais baixo e vendê-la com o preço de exercício mais alto envolve uma saída de caixa para o investidor do spread de alta. Por essa razão, spread de alta com opções de compra caem em uma categoria mais ampla de spreads, chamados de spreads de débito (*debit spreads*). Também lembre que, quanto mais baixa a taxa à vista em relação ao preço de exercício, tanto mais alto o prêmio da opção de venda. Conseqüentemente, a opção com o preço de exercício mais alto que é vendido em um spread de alta com opções de venda terá o prêmio de opção mais alto, tudo o mais permanecendo igual. Portanto, comprar a opção de venda com o preço de exercício mais baixo e vendê-la com o preço de exercício mais alto em um spread de alta com opções de venda resultará em uma entrada de caixa para o investidor do spread de alta. Por essa razão, os spreads de alta com opções de venda caem em uma categoria mais ampla, chamados de spreads de crédito (*credit spreads*).

Especulação com Spreads de Alta sobre Moeda

O especulador que constrói um spread de alta sobre moeda negocia o ganho possível por um custo reduzido ao estabelecer a posição. Idealmente, a moeda subjacente se valorizará ao preço de exercício mais alto, mas não muito acima dele. Embora o especulador ainda perceba o ganho máximo do spread de alta nesse caso, ele incorreria em custos de oportunidade significativos se a moeda subjacente se valorizasse muito acima do preço de exercício mais alto. A especulação com spreads de alta sobre moeda é apropriada para moedas das quais se espera uma leve valorização até a data de vencimento. Uma vez que o spread de alta envolve tanto comprar como vender opções para a moeda subjacente, os spreads de alta poderão ser relativamente baratos para construir não resultando em grandes perdas se a moeda se desvalorizar. Inversamente, os spreads de alta são ferramentas úteis para gerar retornos adicionais para os especuladores.

Spreads de Baixa sobre Moeda

A maneira mais fácil de se referir a um spread de baixa sobre moeda é como se ele fosse um spread de alta vendido. Isso é, um spread de baixa sobre moeda envolve tomar exatamente posições contrárias às envolvidas em um spread de alta. O investidor de spread de baixa vende uma opção de compra para uma moeda subjacente em particular e simultaneamente compra uma opção de compra para a mesma moeda com um preço de exercício mais alto. Conseqüentemente, o investidor do spread de baixa antecipa uma modesta desvalorização da moeda estrangeira.

Planilha de Spread de Baixa sobre Moeda e Gráfico de Contingência. Para o exemplo do dólar australiano anterior, o investidor do spread de baixa vende a opção de $ 0,64 e compra a opção de $ 0,65. Uma planilha e um gráfico de contingência poderão ser feitos. Uma planilha possível é mostrada a seguir:

	Valor do Dólar Australiano no Vencimento da Opção					
	$ 0,60	$ 0,64	$ 0,645	$ 0,65	$ 0,70
Vender uma opção de compra	+$ 0,019	+$ 0,019	+$ 0,014	+$ 0,009	–$ 0,041
Comprar uma opção de compra	–$ 0,015	–$ 0,015	–$ 0,015	–$ 0,015	+$ 0,035
Líquido	+$ 0,004	+$ 0,004	–$ 0,001	–$ 0,006	–$ 0,006

O gráfico de contingência correspondente é mostrado na Figura 5B.6.

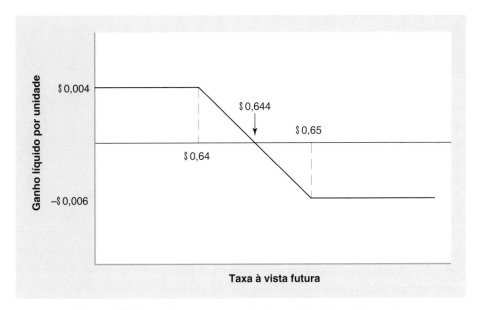

Figura 5B.6 Gráfico de contingência de spread de baixa sobre moeda.

Note que a planilha e o gráfico de contingência do spread de baixa são o espelho da planilha e do gráfico de contingência do spread de alta. Conseqüentemente, o ganho máximo do investidor do spread de baixa está limitado à diferença entre os dois preços de exercício de $ 0,004 = $ 0,019 − $ 0,015, e a perda máxima de um spread de baixa (= $ 0,006 = −$ 0,65 + $ 0,64 + $ 0,004) ocorre quando o valor do dólar australiano for igual ou superior ao preço de exercício no vencimento da opção.

Além disso, o ponto de equilíbrio está localizado no preço de exercício mais baixo mais a diferença dos dois prêmios das opções e é igual a $ 0,644 = $ 0,64 + $ 0,004, o que é o mesmo ponto de equilíbrio do spread de alta.

É evidente, da ilustração anterior, que o investidor do spread de baixa espera uma desvalorização da moeda. Uma maneira alternativa de ganhar com uma desvalorização seria comprar uma opção de venda da moeda. Um spread de baixa, no entanto, é naturalmente mais barato para construir, já que envolve comprar uma opção de compra e vender outra opção de compra. A desvantagem do spread de baixa comparado à posição comprada é que os custos de oportunidade poderão ser significativos se a moeda se desvalorizar drasticamente. Conseqüentemente, o investidor do spread de baixa espera que ocorra uma modesta desvalorização da moeda.

PARTE 1

Problema Integrativo

O Ambiente Financeiro Internacional

A Mesa Co. é especializada na produção de pequenos porta-retratos adornados, que são exportados dos Estados Unidos para o Reino Unido. Ela fatura as exportações em libras e as converte em dólares quando são recebidas. A demanda britânica por esses porta-retratos está relacionada positivamente às condições econômicas do Reino Unido. Suponha que a inflação britânica e as taxas de juros sejam semelhantes às taxas dos Estados Unidos. A Mesa Co. acredita que o déficit da balança comercial americana com o comércio entre os Estados Unidos e o Reino Unido se ajustará às alterações de preços entre os dois países, enquanto os fluxos de capital se ajustarão aos diferenciais da taxa de juros. A Mesa Co. acredita que o valor da libra está muito sensível às alterações dos fluxos de capital internacional e está moderadamente sensível às alterações dos fluxos comerciais internacionais. Ela está levando em consideração as seguintes informações:

- Espera-se que o índice de inflação do Reino Unido caia, enquanto o índice de inflação dos Estados Unidos suba.
- Espera-se que as taxas de juros britânicas diminuam, enquanto as taxas de juros dos Estados Unidos aumentem.

Questões

1. Explique como os fluxos comerciais internacionais se ajustariam inicialmente em resposta às alterações na inflação (mantendo as taxas de câmbio constantes). Explique como os fluxos de capital internacional se ajustariam em resposta às alterações nas taxas de juros (mantendo as taxas de câmbio constantes).
2. Utilizando as informações fornecidas, a Mesa Co. esperará que a libra se valorize ou se desvalorize no futuro? Explique.
3. A Mesa Co. acredita que os fluxos de capital internacional se deslocam como conseqüência das alterações nos diferenciais da taxa de juros. Há alguma razão pela qual as alterações nos diferenciais da taxa de juros neste exemplo não necessariamente causam alterações significativas nos fluxos de capital? Explique.
4. Com base na sua resposta à questão 2, como os fluxos de caixa da Mesa Co. seriam afetados pelas oscilações esperadas na taxa de câmbio? Explique.
5. Com base na sua resposta à questão 4, a Mesa Co. deveria proteger seu risco à taxa de câmbio? Em caso afirmativo, explique como ela poderia fazer a proteção usando contratos a termo, contratos de futuros e opções de moeda.

PARTE 2

Comportamento da Taxa de Câmbio

A Parte 2 (Capítulos 6 a 8) concentra-se nas relações referentes às taxas de câmbio. O Capítulo 6 explica como os governos podem influenciar as oscilações da taxa de câmbio e como elas podem afetar as condições econômicas. O Capítulo 7 explora as relações entre as moedas estrangeiras. Também explica como a taxa de câmbio a termo é influenciada pelo diferencial entre as taxas de juros de quaisquer dois países. O Capítulo 8 discute teorias proeminentes em relação ao impacto da inflação sobre as taxas de câmbio e o impacto das oscilações da taxa de juros sobre as taxas de câmbio.

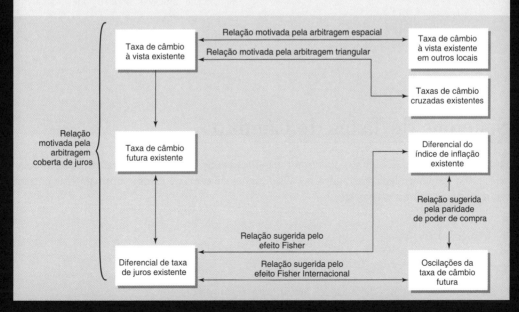

CAPÍTULO 6

Governos e Taxas de Câmbio

As políticas de governo afetam as taxas de câmbio, que podem influenciar a economia do país e os mercados monetários. Como o desempenho de uma EMN é afetado pela economia e pelas taxas de juros, os gestores financeiros precisam entender como o governo influencia as taxas de câmbio.

Os objetivos específicos deste capítulo são:

- descrever os sistemas de taxas de câmbio utilizados por vários governos;
- explicar como os governos podem usar a intervenção direta para influenciar as taxas de câmbio;
- explicar como os governos podem usar a intervenção indireta para influenciar as taxas de câmbio; e
- explicar como a intervenção do governo no mercado de câmbio estrangeiro pode afetar as condições econômicas.

Sistemas de Taxas de Câmbio

Os sistemas de taxas de câmbio podem ser classificados de acordo com o grau em que as taxas de câmbio são controladas pelo governo. Os sistemas de taxas de câmbio normalmente entram em uma das seguintes categorias:

- fixa;
- flutuante livre;
- flutuante gerenciada;
- referenciada.

Cada um desses sistemas de taxas de câmbio será discutido a seguir.

Sistema de Taxa de Câmbio Fixa

Em um **sistema de taxa de câmbio fixa**, ou as taxas de câmbio são mantidas constantes ou têm permissão de flutuar somente dentro de limites bem estreitos. Se uma taxa de câmbio começar a oscilar demais, os governos intervêm para mantê-la dentro dos limites. Em algumas situações, um governo **desvalorizará** ou reduzirá o valor de sua moeda perante outras moedas. Em outras situações, ele **valorizará** ou aumentará o valor de sua moeda perante outras moedas. A ação do banco central de desvalorizar uma moeda em um sistema de taxa de câmbio fixa é conhecida como **desvalorização**. O termo *desvalorização* é usado normalmente em um contexto diferente de depreciação. A desvalorização se refere a um ajuste para baixo da taxa de câmbio pelo banco central. A **valorização** se refere a um ajuste para cima da taxa de câmbio pelo banco central. Os métodos utilizados pelos governos para alterar o valor de uma moeda são discutidos mais adiante neste capítulo.

Acordo de Bretton Woods. De 1944 a 1971, as taxas de câmbio foram fixadas de acordo com o sistema planejado na conferência de Bretton Woods (realizada em Bretton Woods, New Hampshire, em 1944) por representantes de vários países. Como esse arranjo, conhecido como **Acordo de Bretton Woods**, durou de 1944 até 1971, esse período muitas vezes é designado era Bretton Woods. Cada moeda foi avaliada em termos de ouro; por exemplo, o dólar americano foi avaliado em 1/35 onça (ou 1/35 de 28 gramas) de ouro. Uma vez que todas as moedas eram avaliadas em termos de ouro, seus valores entre si eram fixos. Os governos intervinham nos mercados de câmbio estrangeiros para assegurar que as taxas de câmbio não flutuassem mais que 1% acima ou abaixo das taxas estabelecidas inicialmente.

Acordo do Smithsonian. Durante a era Bretton Woods, os Estados Unidos freqüentemente experimentaram déficits em sua balança comercial, uma indicação de que o valor do dólar poderia ter estado muito forte, já que a utilização de dólares para aquisições estrangeiras excedia a demanda por produtos denominados em dólares por outros países. Em 1971, ocorreu que o valor de algumas moedas precisava ser ajustado para restabelecer um fluxo de pagamentos mais equilibrado entre os países. Em dezembro de 1971, uma conferência de representantes de vários países concluiu o **Acordo do Smithsonian**, que requeria uma desvalorização do dólar em torno de 8% perante outras moedas. Além do mais, os limites de variação dos valores das moedas foram aumentados para até 2,25% acima ou abaixo das taxas inicialmente estipuladas pelo acordo. Todavia, o desequilíbrio nos pagamentos internacionais continuava e, em fevereiro de 1973, o dólar foi desvalorizado novamente. Em março de 1973, a maioria dos governos dos principais países não tentava mais manter o valor de sua moeda nacional dentro dos limites estabelecidos pelo Acordo do Smithsonian.

Vantagens de um Sistema de Taxa de Câmbio Fixa. Em um ambiente de taxa de câmbio fixa, as EMNs podem se envolver com o comércio internacional sem se preocupar com a taxa de câmbio futura. Conseqüentemente, as tarefas gerenciais de uma EMN são menos difíceis.

> ### EXEMPLO
>
> Quando a General Motors (GM) importou materiais de outros países durante a era Bretton Woods, ela podia prever o montante de dólares de que precisaria para pagar pelas importações. Quando o dólar foi desvalorizado nos anos 1970, no entanto, a GM precisou de mais dólares para adquirir suas importações.

Desvantagens de um Sistema de Taxa de Câmbio Fixa. Uma desvantagem de um sistema de taxa de câmbio fixa é que ainda há o risco de o governo alterar o valor de uma moeda específica.

180 FINANÇAS CORPORATIVAS INTERNACIONAIS

Embora uma EMN não esteja exposta às oscilações contínuas de uma taxa de câmbio, enfrenta a possibilidade de que seu governo desvalorize ou valorize sua moeda.

Uma segunda desvantagem é que, de um ponto de vista macro, um sistema de câmbio fixo poderá fazer com que cada país fique mais vulnerável às condições econômicas de outros países.

EXEMPLO

Suponha que haja apenas dois países no mundo: os Estados Unidos e o Reino Unido. Também suponha um sistema de taxa de câmbio fixa e que esses dois países façam negócios um com o outro freqüentemente. Se os Estados Unidos experimentassem um índice de inflação mais alto que o do Reino Unido, os consumidores americanos comprariam mais produtos do Reino Unido e os consumidores britânicos reduziriam suas importações de produtos americanos (devido aos altos preços dos Estados Unidos). Essa reação forçaria a produção dos Estados Unidos para baixo e o desemprego para cima. Poderia causar também uma inflação mais alta no Reino Unido, devido à excessiva demanda de produtos britânicos em relação à oferta de produtos britânicos fabricados. Portanto, a alta inflação dos Estados Unidos poderia causar uma alta inflação no Reino Unido. Em meados e final dos anos 1960, os Estados Unidos experimentaram uma inflação relativamente alta e foram acusados de "exportar" aquela inflação para alguns países europeus.

Alternativamente, um alto índice de desemprego nos Estados Unidos causará uma redução na renda americana e um declínio de aquisições de produtos britânicos pelos americanos. Conseqüentemente, a produtividade no Reino Unido poderá cair e o desemprego poderá crescer. Nesse caso, os Estados Unidos poderão "exportar" desemprego para o Reino Unido.

Sistema de Taxa de Câmbio Flutuante Livre

Em um **sistema de taxa de câmbio flutuante livre**, os valores da taxa de câmbio são determinados pelas forças de mercado sem a intervenção dos governos. Enquanto um sistema de taxa de câmbio fixa não permite flexibilidade para oscilações de taxa de câmbio, um sistema de taxa de câmbio flutuante livre permite completa flexibilidade. Uma taxa de câmbio flutuante livre se ajusta sobre uma base contínua em resposta às condições de oferta e demanda dessa moeda.

Vantagens de um Sistema de Taxa de Câmbio Flutuante Livre. Uma vantagem desse sistema é que o país se isola mais da inflação de outros países.

EXEMPLO

Continue com o exemplo anterior em que há apenas dois países, mas agora suponha um sistema de taxa de câmbio flutuante livre. Se os Estados Unidos experimentarem um alto índice de inflação, a crescente demanda americana pelos produtos britânicos pressionará o valor da libra esterlina para cima. Como segunda conseqüência da alta inflação dos Estados Unidos, a reduzida demanda britânica pelos produtos americanos resultará na redução de oferta de libras à venda (trocadas por dólares), o que também pressionará para cima o valor da libra esterlina. A libra se valorizará devido a essas forças de mercado (a valorização não era permitida sob o sistema de taxa fixa). Essa valorização fará com que os produtos britânicos fiquem mais caros para os consumidores americanos, apesar de os produtores britânicos não terem aumentado seus preços. Os preços mais altos serão simplesmente devido à valorização da libra; isto é, um número maior de dólares americanos é exigido para comprar o mesmo número de libras de antes.

GOVERNOS E TAXAS DE CÂMBIO

No Reino Unido, o preço real dos produtos, medido em libras esterlinas, pode estar sem alterações. Apesar de os preços americanos terem aumentado, os consumidores britânicos continuarão a adquirir os produtos dos Estados Unidos porque podem fazer o câmbio de suas libras por mais dólares (devido à valorização da libra esterlina perante o dólar americano).

Outra vantagem da taxa de câmbio flutuante livre é que um país fica mais afastado dos problemas de desemprego de outros países.

EXEMPLO

Sob o sistema de taxa de câmbio flutuante, a queda das aquisições de produtos britânicos pelos Estados Unidos refletirá uma redução na demanda americana por libras esterlinas. Esse deslocamento na demanda poderá fazer com que a libra se deprecie perante o dólar (sob o sistema de taxa fixa, não seria permitido que a libra se depreciasse). A depreciação da libra fará com que os produtos britânicos pareçam baratos para os consumidores americanos, compensando uma possível redução na demanda por esses produtos resultante do nível de renda mais baixo dos Estados Unidos. Como era verdadeiro com a inflação, uma mudança repentina no desemprego terá menos influência sobre um país estrangeiro com um sistema de taxa de câmbio flutuante do que com um sistema de taxa fixa.

Como esses exemplos ilustram, em um sistema de taxa de câmbio flutuante livre, os problemas experimentados em um país não necessariamente serão contagiosos. O ajuste da taxa de câmbio serve como uma forma de proteção contra a "exportação" de problemas econômicos para outros países.

Uma vantagem a mais do sistema de taxa de câmbio flutuante livre é que um banco central não é requerido para manter as taxas de câmbio constantemente dentro de limites específicos. Portanto, não é forçado a implantar uma política de intervenção que possa ter um efeito desfavorável sobre a economia apenas para controlar as taxas de câmbio. Além disso, os governos poderão implantar políticas sem se preocupar se elas manterão as taxas de câmbio dentro dos limites especificados. Finalmente, se não fosse permitido que as taxas de câmbio flutuassem, os investidores aplicariam os fundos naquele país que tivesse a taxa de juros mais alta. Isso seria capaz de fazer com que os governos dos países que tivessem taxas de juros baixas impedissem a saída de fundos dos investidores do país. Portanto, haveria mais restrições sobre fluxos de capital, e a eficiência do mercado monetário seria reduzida.

Desvantagens de um Sistema de Taxa de Câmbio Flutuante Livre. No exemplo anterior, o Reino Unido está um tanto isolado dos problemas experimentados nos Estados Unidos devido ao sistema de taxa de câmbio flutuante livre. Embora isso seja uma vantagem para o país que está protegido (o Reino Unido), poderá ser uma desvantagem para o país que inicialmente experimentou os problemas econômicos.

EXEMPLO

Se os Estados Unidos experimentam inflação alta, o dólar poderá se enfraquecer, portanto, isolando o Reino Unido da inflação, como discutido anteriormente. Da perspectiva dos Estados Unidos, no entanto, um dólar mais fraco faria com que os preços de importação ficassem mais altos. Isso poderá aumentar o preço dos suprimentos e matérias dos Estados Unidos, o que, por sua vez, elevará os preços dos produtos finais americanos. Além disso, preços estrangeiros mais altos (da perspectiva dos Estados Unidos) poderão forçar os consumidores americanos a comprar produtos internos. Como os produtores americanos percebem que sua concorrência estrangeira foi reduzida devido ao dólar fraco, poderão aumentar seus preços mais facilmente sem perder seus clientes para a concorrência estrangeira.

De maneira semelhante, um sistema de taxa de câmbio flutuante livre poderá afetar adversamente um país que possui um desemprego alto.

> ### EXEMPLO
>
> Se o índice de desemprego nos Estados Unidos está subindo, a demanda de importações decrescerá, pressionando para cima o valor do dólar. Um dólar mais forte fará com que os consumidores americanos comprem produtos estrangeiros em vez de produtos dos Estados Unidos porque os produtos estrangeiros podem ser adquiridos mais baratos. Todavia, essa reação poderá, na verdade, ser prejudicial para os Estados Unidos durante os períodos de desemprego alto.

Como esses exemplos ilustram, os problemas econômicos de um país podem muitas vezes ser provocados pelas taxas de câmbio flutuante livre. Sob um sistema assim, as EMNs precisarão dedicar recursos substanciais para medir e gerenciar a exposição às taxas de câmbio flutuantes. Não obstante, uma vez que as oscilações da taxa de câmbio podem afetar as condições econômicas dentro do país, a maioria dos governos deseja a flexibilidade de controlar, direta ou indiretamente, suas taxas de câmbio quando necessário.

Sistema de Taxa de Câmbio Flutuante Gerenciada

O sistema de taxa de câmbio que existe hoje para algumas moedas situa-se entre o fixo e o flutuante livre. Parece-se com o sistema de livre flutuação, no qual é permitido que as taxas de câmbio flutuem em base diária e no qual não há limites oficiais. É semelhante ao sistema de taxa fixa em que os governos podem muitas vezes intervir para evitar que suas moedas oscilem demais em uma certa direção. Esse tipo de sistema é conhecido como **flutuação gerenciada** ou "suja" (oposta à flutuação "limpa", em que as taxas flutuam livremente sem intervenção do governo). As várias formas de intervenção utilizadas pelos governos para gerenciar as oscilações das taxas de câmbio são discutidas mais adiante neste capítulo.

Às vezes, os governos de vários países, incluindo Brasil, Rússia, Coréia do Sul e Venezuela, colocaram faixas em suas moedas para limitar seu grau de oscilação. Mais tarde, no entanto, retiraram essas faixas quando perceberam que não poderiam manter o valor da moeda dentro delas.

Crítica ao Sistema Flutuante Gerenciado. Críticos sugerem que o sistema flutuante gerenciado permite que os governos manipulem as taxas de câmbio, de modo que possam beneficiar seus próprios países à custa de outros. Por exemplo, um governo poderá tentar enfraquecer sua moeda para estimular uma economia estagnada. A demanda agregada crescente por produtos que resulta dessa política poderá refletir uma demanda agregada decrescente por produtos em outros países, já que uma moeda enfraquecida atrai a demanda estrangeira. Embora a crítica seja válida, pode ser aplicada ao sistema de taxa de câmbio fixa também, em que os governos possuem o poder de desvalorizar suas moedas.

Sistema de Taxa de Câmbio Referenciada

Alguns países utilizam um arranjo de **taxa de câmbio referenciada**, em que o valor de suas moedas nacionais é fixo a uma moeda estrangeira ou de unidade de conta. Enquanto o valor da

GOVERNOS E TAXAS DE CÂMBIO **183**

moeda nacional estiver fixo aos termos da moeda estrangeira (ou unidade de conta) à qual está referenciada, oscilando em linha com essa moeda perante as outras moedas.

Alguns países asiáticos, como a Malásia e a Tailândia, haviam atrelado o valor de suas moedas ao valor do dólar. Durante a crise asiática, no entanto, foram incapazes de manter a condição e permitiram que sua moeda flutuasse perante o dólar.

Criação do Acordo Cobra da Europa. Um dos acordos de taxa de câmbio fixa mais conhecidos foi estabelecido por vários países europeus em abril de 1972. Seu objetivo era manter suas moedas dentro dos limites estabelecidos de cada um. Esse acordo ficou conhecido como **cobra**. Foi difícil manter o cobra, no entanto, a pressão do mercado fez com que algumas moedas saíssem de seus limites estabelecidos. Conseqüentemente, alguns membros se retiraram do acordo cobra, e algumas moedas foram realinhadas.

Criação do Sistema Monetário Europeu (SME). Devido a problemas contínuos com o acordo cobra, o Sistema Monetário Europeu (SME) foi colocado em operação em março de 1979. A concepção do SME era semelhante à do cobra, mas as características específicas diferiam. Sob o SME, as taxas de câmbio de países-membros eram mantidas juntas dentro de limites específicos e também eram atreladas à Unidade Monetária Européia (UME), que era uma unidade de conta. Seu valor era a média ponderada das taxas de câmbio dos países-membros; cada peso era determinado pelo respectivo produto nacional bruto e pela atividade comercial intra-européia do membro. As moedas desses países-membros podiam flutuar em não mais que 2,25% (6% para algumas moedas) dos valores nominais inicialmente estabelecidos.

O método de vincular os valores das moedas européias com a UME ficou conhecido como **Mecanismo de Taxa de Câmbio (MTC)**. Os governos participantes intervinham nos mercados de câmbio estrangeiros para manter as taxas de câmbio dentro dos limites estabelecidos pelo MTC.

Legado do Sistema Monetário Europeu. No outono de 1992, no entanto, o mecanismo de taxa de câmbio passou por sérios problemas, quando as condições econômicas e os objetivos começaram a variar entre os países europeus. O governo alemão estava mais preocupado com a inflação porque sua economia estava relativamente forte. Aumentou as taxas de juros locais para evitar os gastos excessivos e a inflação. Outros governos europeus, no entanto, estavam mais preocupados em estimular suas economias para reduzir seus altos níveis de desemprego, portanto, desejavam baixar as taxas de juros. Em outubro de 1992, os governos britânico e italiano suspenderam sua participação no MTC porque não podiam atingir seu próprio objetivo de fortalecer a economia enquanto suas taxas de juros eram tão altamente influenciadas pelas taxas de juros da Alemanha.

Em 1993, os limites do MTC foram ampliados substancialmente, permitindo mais flutuação às taxas de câmbio entre as moedas européias. O legado do mecanismo de taxa de câmbio fez com que os países europeus percebessem que um sistema cambial referenciado funcionaria na Europa somente se fosse estabelecido em bases permanentes. Isso deu impulso para a moeda européia única (o euro), que começou em 1999 e será discutida mais adiante neste capítulo.

> ## http://
>
> Visite o site da União Européia em http://europa.eu.int/index_en.htm para acessar o servidor do Parlamento da União Européia, o Conselho, o Comitê, a Corte de Justiça e outras corporações. Inclui informações básicas sobre todos os assuntos políticos e econômicos relacionados.

Como o Sistema Referenciado do México Levou à Crise do Peso Mexicano. Em 1994, o banco central do México usou um sistema de taxa de câmbio referenciado especial que vinculou o peso ao dólar americano, mas permitiu que o valor da moeda mexicana flutuasse perante a moeda americana dentro de uma faixa. O banco central do México reforçou o vínculo por meio de freqüentes intervenções. Na verdade, sustentou parcialmente suas intervenções emitindo tí-

184 FINANÇAS CORPORATIVAS INTERNACIONAIS

tulos de dívida de curto prazo denominados em dólares e usou os dólares para comprar pesos no mercado de câmbio estrangeiro. A limitação da depreciação do peso pretendia reduzir a pressão inflacionária que poderia decorrer de uma moeda nacional muito fraca. O México experimentou um déficit de balança comercial muito grande em 1994, no entanto, talvez porque o peso estivesse mais forte do que deveria estar e incentivou empresas mexicanas e consumidores a adquirir um montante excessivo de importações.

Muitos especuladores residentes no México perceberam que o peso estava sendo mantido a um nível alto artificialmente e especularam sobre seu possível declínio, investindo seus fundos nos Estados Unidos. Eles planejavam liquidar seus investimentos nos Estados Unidos se e quando o valor do peso estivesse tão fraco que poderiam converter os dólares de seus investimentos americanos em pesos, a uma taxa de câmbio favorável. Ironicamente, o fluxo dos fundos do México para os Estados Unidos, o qual era motivado pela possível desvalorização do peso, pressionou o peso para baixo mais ainda, porque os especuladores estavam convertendo os pesos em dólares para investir nos Estados Unidos.

Em dezembro de 1994, o peso foi pressionado para baixo substancialmente. No dia 20 de dezembro de 1994, o banco central do México desvalorizou o peso em cerca de 13%. Os preços das ações do México despencaram, quando muitos investidores estrangeiros venderam suas ações e retiraram seus fundos do México, prevendo mais desvalorizações do peso. No dia 22 de dezembro, o banco central permitiu que o peso flutuasse livremente, e ele caiu em 15%. Esse foi o começo da assim chamada crise do peso. Em uma tentativa de desencorajar os investidores de retirar seus investimentos em títulos de dívida do México, o banco central elevou as taxas de juros, porém as taxas mais altas aumentaram o custo dos empréstimos para as empresas mexicanas e para os consumidores, atrasando, portanto, o crescimento econômico.

Quando as obrigações de dívida de curto prazo denominadas em dólares venceram, o banco central utilizou seus pesos fracos para obter dólares e reembolsar a dívida. Uma vez que o peso havia enfraquecido, o custo efetivo do financiamento em dólares foi muito dispendioso para o banco central. Os problemas financeiros do México fizeram com que os investidores perdessem a confiança em títulos denominados em pesos, e então eles liquidaram seus títulos denominados em peso e transferiram seus fundos para outros países. Essas ações pressionaram o peso mais para baixo. Nos quatro meses seguintes ao dia 20 de dezembro de 1994, o valor do peso caiu em mais de 50%. Com o tempo, a economia do México melhorou, e a paranóia que levou às retiradas de fundos dos investidores estrangeiros acalmou. A crise mexicana poderia não ter ocorrido se tivesse sido permitido que o peso flutuasse no ano de 1994, porque a moeda teria gravitado em direção ao seu nível natural. A crise ilustra que a intervenção do banco central não necessariamente será capaz de sobrepujar as forças do mercado; portanto, a crise pode servir como argumento para deixar a moeda flutuar livremente.

Conselhos Cambiais

O conselho cambial é um sistema para referenciar o valor da moeda local a alguma outra moeda específica. O conselho deve manter reservas de moeda para todas as moedas que imprimiu.

> **EXEMPLO**
>
> Hong Kong vinculou o valor de sua moeda (o dólar de Hong Kong) ao dólar americano (HK$ 7,80 = $ 1,00) desde 1983. Cada dólar de Hong Kong em circulação é garantido por uma reserva de dólares americanos. Em 2000, El Salvador ajustou sua moeda (o colon) para valer 8,75 por dólar.

GOVERNOS E TAXAS DE CÂMBIO **185**

O conselho cambial pode estabilizar o valor de uma moeda. Isso é importante porque os investidores geralmente evitam investir em um país se esperam que a moeda local se enfraqueça consideravelmente. Se for esperado que um conselho cambial fique em atividade por um longo período, isso poderá reduzir os temores de que a moeda local se enfraqueça e, portanto, poderá incentivar os investidores a manter seus investimentos dentro do país. No entanto, um conselho cambial é válido somente se o governo puder convencer os investidores de que as taxas de câmbio serão mantidas.

EXEMPLO

Quando a Indonésia passou por problemas financeiros durante a crise asiática de 1997-1998, os agentes produtivos e os investidores venderam a moeda local (rupia) devido às expectativas de que ela se enfraqueceria ainda mais. Essas ações perpetuaram a fraqueza, quando o câmbio da rupia com outras moedas pressionou o valor da rupia para baixo. A Indonésia considerou a implantação de um conselho cambial para estabilizar sua moeda e desencorajar o fluxo dos fundos para fora do país. No entanto, os agentes produtivos e os investidores não tinham confiança na capacidade do governo da Indonésia de manter uma taxa de câmbio fixa e temiam que as pressões econômicas no final levariam a uma queda no valor da rupia. Portanto, o governo da Indonésia não implantou um conselho cambial.

Um conselho cambial é eficaz somente se os investidores acreditarem que ele irá durar. Se os investidores acreditam que as forças do mercado impedirão um governo de manter a taxa de câmbio da moeda local, tentarão mudar seus fundos para outros países em que esperam que a moeda local seja mais forte. Quando os investidores retiram seus fundos de um país e os convertem em uma moeda diferente, pressionam a taxa de câmbio da moeda local para baixo. Se a oferta da moeda continuar a exceder a demanda, o governo será forçado a desvalorizar a moeda.

EXEMPLO

Em 1991, a Argentina estabeleceu um conselho cambial que atrelou o peso argentino ao dólar. Em 2002, a Argentina sofria de problemas econômicos consideráveis, e seu governo foi incapaz de reembolsar sua dívida. Os investidores estrangeiros e locais começaram a transferir seus fundos para outros países porque temiam que seus investimentos tivessem poucos rendimentos. Essas ações exigiam o câmbio dos pesos para outras moedas como o dólar e ocasionaram um excesso de oferta de pesos à venda no mercado de câmbio estrangeiro. O governo não pôde manter a taxa de câmbio de 1 peso = 1 dólar, porque a oferta de pesos excedia a demanda a essa taxa de câmbio. Em março de 2002, o governo desvalorizou a moeda para 1 peso = $ 0,71 (1,4 peso por dólar). Mesmo com essa taxa de câmbio, a oferta de pesos excedia a demanda e, então, o governo argentino decidiu deixar o valor do peso flutuar em resposta às condições do mercado, em vez de determinar o valor da moeda.

Exposição de uma Moeda Referenciada às Oscilações da Taxa de Juros. Um país que utiliza um conselho cambial não possui total controle sobre as taxas de juros locais, porque suas taxas precisam estar alinhadas com as taxas de juros da moeda com a qual está vinculada.

EXEMPLO

Lembre que o dólar de Hong Kong está referenciado ao dólar dos Estados Unidos. Se Hong Kong baixasse as taxas de juros para estimular sua economia, sua taxa de juros então estaria abaixo da taxa de juros dos Estados Unidos. Os investidores com base em Hong Kong seriam atraídos para fazer o câmbio dos dólares de Hong Kong com dólares americanos e investir nos Estados Unidos, onde as taxas de juros são mais altas. Uma vez que o dólar de Hong Kong está vinculado ao dólar americano, os investidores poderiam trocar os resultados de seus investimentos novamente por dólares de Hong Kong no final do período de investimento, sem preocupações com o risco de câmbio porque a taxa de câmbio é fixa.

Se os Estados Unidos aumentassem suas taxas de juros, Hong Kong seria forçada a aumentar suas taxas de juros (sobre títulos com risco semelhantes aos dos Estados Unidos). De outra forma, os investidores em Hong Kong poderiam investir seu dinheiro nos Estados Unidos e obter taxas mais altas.

Apesar de um país não poder ter controle sobre suas taxas de juros quando estabelecer um conselho cambial, sua taxa de juros poderá ficar mais estável do que se não tivesse um conselho monetário. Sua taxa de juros oscilará em conjunto com a taxa de juros da moeda à qual está vinculada. A taxa de juros poderá incluir um prêmio de risco que poderia refletir ou o risco de inadimplência ou o risco de que o conselho cambial será extinto.

EXEMPLO

Enquanto a taxa de juros de Hong Kong oscila junto com a taxa de juros americana, instrumentos de investimento específicos poderão ter uma taxa de juros ligeiramente maior em Hong Kong do que nos Estados Unidos. Por exemplo, um título do Tesouro poderá oferecer uma taxa ligeiramente mais alta em Hong Kong do que nos Estados Unidos. Embora isso conceda uma possível arbitragem aos investidores americanos que desejam investir em Hong Kong, eles enfrentarão duas formas de riscos. Primeiro, alguns investidores poderão acreditar que há um ligeiro risco de que o governo de Hong Kong poderá não pagar sua dívida. Segundo, se houver uma repentina pressão para baixo do dólar de Hong Kong, o conselho cambial poderá ser eliminado. Nesse caso, o valor do dólar de Hong Kong seria reduzido, e os investidores americanos receberiam um retorno menor do que teriam recebido nos Estados Unidos.

Exposição de uma Moeda Referenciada às Oscilações da Taxa de Câmbio. A moeda que está referenciada em uma outra não poderá ser referenciada perante todas as outras moedas. Se estiver ao dólar americano, estará forçada a oscilar junto com o dólar perante as outras moedas. Uma vez que um país não pode atrelar sua moeda a todas as moedas, ela estará exposta às oscilações das moedas perante a moeda a qual está ligada.

EXEMPLO

Como mencionado anteriormente, de 1991 a 2002, o valor do peso da Argentina foi ajustado para igualar 1 dólar. Portanto, se o dólar se fortalecer perante o real brasileiro em 10% em um mês em particular, o peso argentino se fortalecerá perante o real brasileiro com o mesmo exato montante. Durante o período de 1991-2002, o dólar normalmente se fortalecia perante o real brasileiro e algumas outras moedas da América do Sul; portanto, o peso argentino também se fortalecia perante essas moedas. Muitas empresas exportadoras na Argentina foram afetadas adversamente pelo peso argentino forte, no entanto, porque ele fazia com que seus produtos ficassem muito caros para os importadores. Agora que o conselho cambial da Argentina foi eliminado, o peso argentino não é mais forçado a oscilar junto com o dólar perante as outras moedas.

GOVERNOS E TAXAS DE CÂMBIO **187**

Enquanto isso, o yuan chinês continua atrelado ao dólar. Durante o ano de 2003, o dólar americano se enfraqueceu perante o euro e algumas outras moedas. Ao permanecer fixado ao dólar por esse período, o yuan chinês se enfraqueceu perante essas moedas também. A China lucrou com esse efeito porque a demanda por suas exportações cresceu. Alguns de seus parceiros comerciais foram afetados adversamente, no entanto, porque seus preços de exportação aumentaram e a demanda da China por seus produtos caiu.

Dolarização

A **dolarização** é a substituição de uma moeda estrangeira por dólares americanos. Esse processo é um passo além do conselho cambial, porque força a moeda local a ser substituída pelo dólar americano. Embora tanto a dolarização como o conselho cambial tentem fixar o valor da moeda local, o conselho cambial não substitui a moeda local com dólares. A decisão de utilizar dólares americanos como moeda local não poderá ser revertida facilmente, porque o país não mais possui uma moeda local.

> **EXEMPLO**
>
> De 1990 a 2000, a moeda do Equador (o sucre) se depreciou em cerca de 97% perante o dólar. A fraqueza da moeda ocasionou condições comerciais instáveis, inflação alta e taxas de juros voláteis. Em 2000, em um esforço para estabilizar as condições comerciais e econômicas, o Equador substituiu o sucre pelo dólar americano como sua moeda. Em novembro de 2000, a inflação caiu e o crescimento econômico aumentou. Portanto, mostrou-se que a dolarização teve efeitos favoráveis.

Classificação de Arranjos de Taxa de Câmbio

A Tabela 6.1 identifica as moedas e os arranjos da taxa de câmbio utilizados por vários países. Muitos países permitem que o valor de suas moedas flutue perante as outras, mas intervêm periodicamente para influenciar seu valor. Vários países pequenos referenciam suas moedas ao dólar americano.

O peso mexicano tem uma taxa de câmbio controlada que é aplicada ao comércio internacional e a taxa de mercado flutuante que é aplicada ao turismo. A taxa de mercado flutuante é influenciada pela intervenção do banco central. O Chile intervém para manter sua moeda dentro dos 10% de uma taxa de câmbio específica em relação às principais moedas. A Venezuela intervém para limitar as flutuações da taxa de câmbio dentro de faixas amplas.

Alguns países do Leste Europeu que recentemente abriram seus mercados vincularam suas moedas a uma única moeda amplamente comercializada. O arranjo muitas vezes era temporário, quando esses países procuravam a taxa de câmbio apropriada que estabilizasse ou melhorasse suas condições econômicas. Por exemplo, o governo da Eslováquia desvalorizou sua moeda (a coroa) na tentativa de aumentar a demanda estrangeira pelos seus produtos e reduzir o desemprego.

Muitos governos tentam impor controles de câmbio para impedir que suas taxas de câmbio flutuem. Quando esses governos retiram os controles, no entanto, as taxas de câmbio se ajustam repentinamente ao novo nível determinado pelo mercado. Por exemplo, em outubro de 1994, as autoridades russas permitiram que o rublo russo flutuasse, e o rublo se depreciou em 27% perante o dólar naquele dia. Em abril de 1996, o governo da Venezuela retirou os controles sobre o bolívar (sua moeda), o que o depreciou em 42% naquele dia.

188 FINANÇAS CORPORATIVAS INTERNACIONAIS

Sistema de Taxa Flutuante			
País	Moeda	País	Moeda
Afeganistão	novo afegani	Noruega	coroa
Argentina	peso	Paraguai	guarani
Austrália	dólar	Peru	sol novo
Bolívia	boliviano	Polônia	zloty
Brasil	real	Romênia	leu
Canadá	dólar	Rússia	rublo
Chile	peso	Cingapura	dólar
Participantes do euro (12 países europeus)	euro	África do Sul	rand
Hungria	florim	Coréia do Sul	won
Índia	rupia	Suécia	coroa
Indonésia	rupia	Suíça	franco
Israel	shekel novo	Taiwan	dólar novo
Jamaica	dólar	Tailândia	baht
Japão	iene	Reino Unido	libra
México	peso	Venezuela	bolívar

Sistema de Taxa Referenciada		
As moedas a seguir estão fixadas a uma moeda ou a uma composição de moedas.		
País	Moeda	Moeda referenciada ao
Bahamas	dólar	dólar americano
Barbados	dólar	dólar americano
Bermudas	dólar	dólar americano
China	yuan	dólar americano
Hong Kong	dólar	dólar americano
Arábia Saudita	rial	dólar americano

Tabela 6.1   Arranjos de taxa de câmbio.

Após a guerra de 2001 no Afeganistão, foi necessário um sistema de taxa de câmbio por lá. Em outubro de 2002, uma nova moeda, chamada de novo afegani, foi criada para substituir o antigo afegani. Foi feito o câmbio da moeda antiga pela nova a uma razão de 1.000 para 1. Portanto, feito o câmbio de 30 mil afeganis antigos, foram obtidos 30 novos afeganis. O dinheiro novo foi impresso com marcas d'água para evitar falsificações.

No fim da guerra no Iraque em 2003, também foi necessário um sistema de taxa de câmbio por lá. Naquela época, estavam sendo usadas três moedas diferentes. O dinar suíço (chamado assim porque foi projetado na Suíça) foi criado antes da Guerra no Golfo, mas não havia sido impresso desde então. Cerca de 8 dinares eram negociados por dólar e eram utilizados pelos curdos no norte do Iraque. O dinar de Saddam, que era utilizado extensivamente antes de 2003, foi impresso em excesso para financiar o orçamento militar do Iraque e era de fácil falsificação. Seu valor em relação ao dólar ficou muito volátil com o tempo. O dólar americano era utilizado com freqüência no mercado negro do Iraque, mesmo antes da guerra de 2003. Já depois da guerra, o dólar foi utilizado com mais freqüência, quando os comerciantes se recusavam a aceitar o dinar de Saddam, temendo que seu valor estivesse caindo.

GOVERNOS E TAXAS DE CÂMBIO **189**

Uma Moeda Única Européia

Em 1991, o Tratado de Maastricht requeria o estabelecimento de uma moeda única européia. No dia 1º de janeiro de 1999, o euro substituiria as moedas nacionais de 11 países europeus, tendo como finalidade as transações comerciais realizadas por transferências eletrônicas e outras formas de pagamento. No dia 1º de junho de 2002, quando as moedas nacionais estavam para ser retiradas do sistema financeiro e substituídas pelo euro, um 12º país qualificou-se para o euro.

Quadro de Membros na UE

O acordo para adotar o euro foi um evento histórico importante. Países que haviam estado em guerra uns contra os outros, por várias vezes no passado, agora estavam dispostos a trabalhar juntos por uma causa comum. Dos 25 países que são membros da União Européia (UE), 12 participam do euro: Áustria, Bélgica, Finlândia, França, Alemanha, Grécia, Irlanda, Itália, Luxemburgo, Holanda, Portugal e Espanha. Juntos, os países participantes compreendem quase 20% do Produto Interno Bruto mundial – uma proporção semelhante à dos Estados Unidos. Três países que eram membros da UE em 1999 (o Reino Unido, a Dinamarca e a Suécia) decidiram não adotar o euro naquela época. Os dez países do Leste Europeu (incluindo a República Tcheca e a Hungria) que haviam aderido à UE em 2004 estarão aptos a participar do euro no futuro se satisfizerem objetivos econômicos específicos. Os países que participam da UE devem obedecer ao pacto de estabilidade e crescimento antes de adotar o euro. Esse pacto requer que o déficit orçamentário do país seja menor que 3% de seu Produto Interno Bruto. No entanto, já há algumas questões em relação ao déficit orçamentário que excede o limite dos países da UE que participam atualmente do euro.

Quatro dos dez países que passaram a fazer parte da UE em maio de 2004 (Chipre, Estônia, Lituânia e Eslovênia) estão planejando dar o primeiro passo para adotar o euro. Para isso, precisam restringir as oscilações do euro em relação a suas moedas nacionais dentro de um âmbito de mais ou menos 15% de uma taxa de câmbio inicialmente estabelecida. Isso permitirá que monitorem as oscilações do câmbio dentro desse âmbito, antes de converter permanentemente sua moeda em euros a uma taxa de câmbio particular. Supondo que se comprometam com outras condições macroeconômicas, tais como limitação da inflação e do déficit orçamentário, esses países poderiam adotar o euro em 2007.

Impacto sobre a Política Monetária Européia

O euro permite a oferta de dinheiro por uma única moeda por grande parte da Europa, em vez de uma cesta de moedas. Portanto, a política monetária européia é consolidada, porque qualquer efeito sobre a oferta de dinheiro terá um impacto sobre todos os países que utilizam o euro como sua forma de pagamento. A implantação de uma política monetária comum poderá promover uma unidade política maior entre os países europeus com defesa nacional e política estrangeira semelhantes.

Banco Central Europeu. O Banco Central Europeu (BCE) tem sua base em Frankfurt e é responsável pelo estabelecimento da política monetária para todos os países participantes europeus. Seu objetivo é controlar a inflação dos países participantes e estabilizar (dentro de limites razoáveis) o valor do euro em relação a outras moedas principais. Portanto, os objetivos monetários do BCE, de estabilidade de preços e de estabilidade da moeda, são semelhantes àqueles dos

190 FINANÇAS CORPORATIVAS INTERNACIONAIS

países individuais ao redor do mundo, mas diferem no sentido de terem o foco em um grupo de países, em vez de um único país.

Implicações de uma Política Monetária Européia. Embora uma única política monetária européia possa conceder condições econômicas mais consistentes para os países, ela impede que qualquer país europeu solucione individualmente os problemas locais com sua própria e única política monetária. Os governos europeus poderão discordar da política monetária ideal para melhorar suas economias locais, mas devem concordar com uma única política monetária européia. Qualquer política utilizada em um período em particular poderá melhorar as condições em alguns países e afetar adversamente outros. Cada país participante, no entanto, ainda pode aplicar sua própria política fiscal (impostos e decisões de gastos dos governos). A utilização de uma moeda comum poderá, um dia, criar uma política mais harmoniosa entre os países europeus.

Impacto sobre os Negócios Europeus

O euro capacita residentes dos países participantes a se envolverem com o fluxo do comércio além-fronteiras e o fluxo de capital pela chamada zona do euro (de países participantes) sem conversão para uma moeda diferente. A eliminação das oscilações de moeda entre os países europeus também incentiva mais arranjos de negócios de longo prazo entre empresas de outros países, já que não mais precisam se preocupar com os efeitos adversos devido às oscilações da moeda. Portanto, as empresas de diferentes países europeus se envolvem progressivamente em todos os tipos de arranjos de negócios, incluindo licenciamentos, *joint ventures* e aquisições.

Os preços dos produtos agora são mais comparáveis entre os países europeus, uma vez que a taxa de câmbio entre os países é fixa. Portanto, os compradores poderão decidir mais facilmente onde obterão os produtos a um custo mais baixo.

Os fluxos de negócios entre os países europeus participantes aumentaram porque os exportadores e importadores podem realizar o comércio sem se preocupar com as oscilações da taxa de câmbio. À medida que há mais fluxos de negócios entre esses países, as condições econômicas em cada um deles deverão ter um impacto maior sobre os outros países europeus, e as economias desses países poderão ficar mais integradas.

Impacto sobre a Avaliação dos Negócios Europeus

Quando as empresas consideram a aquisição de ativos-alvo na Europa, poderão comparar com mais facilidade os preços (valores de mercado) dos alvos entre os países, porque seus valores estão denominados na mesma moeda (o euro). Além disso, as oscilações futuras da moeda do ativo-alvo perante qualquer moeda não-européia serão as mesmas. Então, as empresas americanas poderão facilmente realizar avaliações das empresas dos países europeus participantes porque, quando os fundos forem remetidos de qualquer um dos países participantes para uma controladora dos Estados Unidos, o nível de valorização ou de depreciação será o mesmo em um período particular, e não haverá diferenças nos efeitos da taxa de câmbio.

As empresas européias enfrentam mais pressão para obter um bom desempenho porque podem ser medidas perante todas as outras empresas da mesma indústria nos países participantes, não somente dentro de seu próprio país. Portanto, essas empresas se concentram mais para cumprir os vários objetivos de desempenho.

Impacto sobre os Fluxos Financeiros

Uma moeda única européia obriga a taxa de juros expressa sobre os títulos do governo a ser semelhante nos países europeus participantes. Qualquer discrepância nas taxas incentivaria os

GOVERNOS E TAXAS DE CÂMBIO **191**

especuladores dentro desses países europeus a investir na moeda com a taxa mais alta, o que realinharia as taxas de juros entre esses países. No entanto, a taxa ainda assim poderá variar entre dois títulos do governo com a mesma data de vencimento, se mostrarem diferentes níveis de risco de crédito.

Os preços das ações são mais comparáveis agora entre os países europeus porque são denominados na mesma moeda. Os investidores nos países europeus participantes agora podem investir nas ações dos países sem se preocupar com o risco da taxa de câmbio. Portanto, há mais investimentos além-fronteiras que no passado.

> ## http://
>
> O Website http://www.ecb.int/home/html/index.en.html disponibiliza informações sobre o euro e a política monetária adotada pelo Banco Central Europeu.

Uma vez que os preços do mercado de ações são influenciados por expectativas nas condições econômicas, os preços das ações entre os países europeus tornam-se muito mais correlacionados se as economias entre esses países se tornarem muito mais correlatas. Os investidores de outros países que investirem nos países europeus não poderão obter tanta diversificação quanto no passado, por causa da integração e porque os efeitos da taxa de câmbio serão os mesmos para todos os mercados cujas ações são denominadas em euros. Os mercados de ações nesses países europeus tendem a se consolidar com o tempo, agora que utilizam a mesma moeda.

Investidores de obrigações com base nos países europeus agora poderão investir em obrigações emitidas pelos governos e pelas empresas desses países sem se preocupar com o risco da taxa de câmbio, enquanto as obrigações estiverem denominadas em euros. Alguns governos europeus já emitiram obrigações re-denominadas em euros, porque o mercado secundário de algumas obrigações emitidas na Europa denominadas em outra moeda está menos ativo agora. Os rendimentos das obrigações em países europeus participantes não são necessariamente semelhantes, apesar de elas ser denominadas na mesma moeda; o risco de crédito ainda poderá ser mais alto para emitentes de um país em particular.

Impacto sobre o Risco da Taxa de Câmbio

Uma vantagem importante da moeda única européia é a completa eliminação do risco da taxa de câmbio entre os países europeus participantes, o que poderia incentivar mais fluxos de negócios e de capital pelas fronteiras européias. Além disso, os custos das transações com o câmbio estrangeiro associados às transações entre os países europeus foram eliminados. A moeda única européia é consistente com o objetivo de a Legislação Única Européia remover barreiras comerciais entre as fronteiras européias, visto que o risco da taxa de câmbio é uma barreira comercial implícita.

O valor do euro em relação ao dólar muda continuamente. O valor do euro é influenciado pelos fluxos comerciais e pelos fluxos de capital entre o conjunto de países europeus participantes e os Estados Unidos, já que esses fluxos afetam as condições de oferta e demanda. Seu valor em relação ao iene japonês é influenciado pelos fluxos comerciais e pelos fluxos de capital entre o conjunto de países europeus participantes e o Japão.

Os países europeus que participam do euro ainda são afetados pelas oscilações de seu valor em relação a outras moedas como o dólar. Além disso, muitas empresas dos Estados Unidos ainda são afetadas pelas oscilações do valor do euro em relação ao dólar.

Relatório sobre o *Status* do Euro

O euro passou por percursos voláteis, desde que foi introduzido em 1999. No início, seu valor caiu consideravelmente perante a libra esterlina, o dólar e muitas outras moedas. Em outubro de 2001, por exemplo, 33 meses após sua introdução, seu valor era de $ 0,88, ou cerca de 27%

FINANÇAS CORPORATIVAS INTERNACIONAIS

a menos que seu valor inicial. A fraqueza foi parcialmente atribuída às saídas de capital da Europa. Em junho de 2004, no entanto, o euro foi avaliado em $ 1,22, ou 42% acima de seu valor em outubro de 2001. A força do euro era parcialmente devida às taxas de juros européias relativamente altas comparadas às taxas de juros dos Estados Unidos nesse período, o que atraiu as entradas de caixa no continente.

Intervenção Governamental

Cada país possui um banco central que poderá intervir nos mercados de câmbio estrangeiro para controlar o valor de sua moeda. Nos Estados Unidos, por exemplo, o banco central é o Federal Reserve System (o Fed). Os bancos centrais possuem outras obrigações, além de intervir no mercado de câmbio estrangeiro. Em particular, eles procuram controlar o crescimento de oferta de dinheiro em seus respectivos países, de modo que afete favoravelmente as condições econômicas.

> USANDO A WEB **Links de Websites de Bancos Centrais.** O Website do Banco para Compensações Internacionais (BIS) http://www.bis.org/cbanks.htm disponibiliza links para sites de bancos centrais ao redor do mundo. Alguns dos sites estão em inglês.

Razões para a Intervenção Governamental

O grau em que a moeda nacional é controlada, ou "gerenciada", varia entre os bancos centrais. Os bancos centrais normalmente gerenciam as taxas de câmbio por três razões:

- Para estabilizar oscilações das taxas de câmbio.
- Para estabelecer limites de taxas implícitas de câmbio.
- Para responder a distúrbios temporários.

Estabilizando Oscilações das Taxas de Câmbio. Se um banco central está preocupado com a possibilidade de que sua economia seja afetada por oscilações repentinas no valor de sua moeda nacional, poderá procurar estabilizar as oscilações no decorrer do tempo. Suas ações poderão fazer com que os ciclos de negócios fiquem menos voláteis. O banco central também poderá incentivar o comércio internacional, reduzindo as incertezas nas taxas de câmbio. Além disso, estabilizar as oscilações da moeda poderá reduzir os temores no mercado monetário e nas atividades especulativas que poderiam ocasionar uma queda maior no valor da moeda.

Estabelecendo Limites de Taxas Implícitas de Câmbio. Alguns bancos centrais procuram manter as taxas de câmbio de suas moedas dentro de limites não-oficiais, ou implícitas. Analistas normalmente são citados fazendo previsões de que uma moeda não cairá ou subirá abaixo ou acima de um valor de referência, porque o banco central interviria para impedir isso. O Federal Reserve periodicamente intervém para reverter o impulso do dólar para cima ou para baixo.

Respondendo a Distúrbios Temporários. Em alguns casos, um banco central poderá intervir para isolar o valor da moeda de distúrbios temporários. Na verdade, o objetivo declarado da política de intervenção do Federal Reserve é de contornar condições desordenadas de mercado.

> EXEMPLO
>
> Notícias de que os preços do petróleo poderão subir ocasionariam expectativas de um futuro declínio do valor do iene japonês, porque o Japão faz o câmbio de ienes por

dólares para comprar petróleo de países exportadores de petróleo. Os especuladores do mercado de câmbio estrangeiro poderão fazer o câmbio de iene por dólares em antecipação a esse declínio. Os bancos centrais poderão então intervir para evitar a imediata pressão para baixo sobre o iene.

Vários estudos concluíram que a intervenção do governo não tem um impacto permanente sobre as oscilações da taxa de câmbio. Em muitos casos, a intervenção é subjugada pelas forças de mercado. Na ausência de intervenção, no entanto, as oscilações da moeda seriam ainda mais voláteis.

Intervenção Direta

Para forçar a depreciação do dólar, o Federal Reserve (Fed) interveio diretamente ao fazer o câmbio de dólares que mantinha como reserva por outras moedas estrangeiras no mercado de câmbio estrangeiro. Ao "inundar o mercado com dólares" dessa maneira, o Federal Reserve (Fed) pressiona o dólar para baixo. Se o Federal Reserve (Fed) desejar fortalecer o dólar, poderá fazer o câmbio de moedas estrangeiras por dólares no mercado de câmbio estrangeiro, pressionando assim o dólar para cima.

http://
O site do Federal Reserve Bank de Nova York http://www.ny.frb.org/markets/foreignex.html apresenta informações sobre sua recente intervenção direta no mercado de câmbio estrangeiro.

Os efeitos da intervenção direta sobre o valor da libra esterlina são ilustrados na Figura 6.1. Para fortalecer o valor da libra (ou para enfraquecer o dólar), o Federal Reserve (Fed) faz o câmbio de dólares por libras, o que ocasiona um deslocamento para fora na demanda por libras no mercado de câmbio estrangeiro (como mostra o gráfico à esquerda). De modo contrário, para enfraquecer o valor da libra (ou para fortalecer o dólar), o Federal Reserve (Fed) faz o câmbio de libras por dólares, o que ocasiona um deslocamento para fora na oferta de libras à venda no mercado de câmbio estrangeiro (como mostra o gráfico à direita).

No início do ano de 2004, o banco central do Japão, o Banco do Japão, interveio em várias ocasiões para abaixar o valor do iene. Nos dois primeiros meses de 2004, o Banco do Japão vendeu ienes no mercado de câmbio estrangeiro em troca de $ 100 bilhões. Então, no dia 5 de março de 2004, o Banco do Japão vendeu ienes no mercado de câmbio estrangeiro por $ 20 bilhões, o que pressionou imediatamente o valor do iene para baixo.

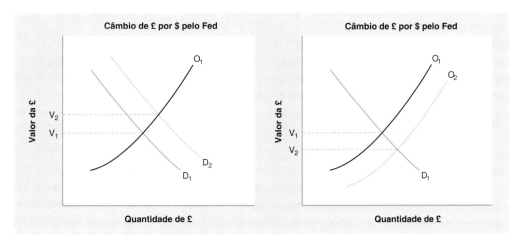

Figura 6.1 Efeitos sobre a intervenção direta do banco central no mercado de câmbio estrangeiro.

194 FINANÇAS CORPORATIVAS INTERNACIONAIS

A intervenção direta geralmente é a mais eficaz quando há um esforço coordenado entre os bancos centrais. Se todos os bancos centrais simultaneamente procurassem fortalecer ou enfraquecer a moeda da maneira descrita, poderiam exercer uma pressão maior sobre o valor da moeda.

Confiança sobre Reservas. A possível eficácia da intervenção direta do banco central é o montante de reservas que poderá utilizar. Se o banco central tiver um nível baixo de reservas, não poderá ser capaz de exercer muita pressão sobre o valor da moeda. As forças de mercado possivelmente subjugariam suas ações.

Como as atividades de câmbio estrangeiro cresceram, intervenções de bancos centrais tornaram-se menos eficaz. O volume de transações de câmbio estrangeiro em um único dia excede hoje os valores combinados das reservas de todos os bancos centrais. Conseqüentemente, o número de intervenções diretas caiu. Em 1989, por exemplo, o Federal Reserve interveio em 97 dias diferentes. Desde então, o Federal Reserve não interveio mais que 20 dias em qualquer dos anos seguintes.

Intervenção Não-esterilizada *versus* Intervenção Esterilizada. Quando o Federal Reserve intervém no mercado de câmbio estrangeiro sem fazer o ajuste na oferta de dinheiro, estará se envolvendo em uma **intervenção não-esterilizada**. Por exemplo, se o Federal Reserve fizer o câmbio de dólares por moedas estrangeiras nos mercados de câmbio estrangeiros na tentativa de fortalecer moedas estrangeiras (enfraquecer o dólar), a oferta de dinheiro em dólar aumentará.

Em uma **intervenção esterilizada**, o Federal Reserve intervém no mercado de câmbio estrangeiro e simultaneamente se envolve em transações de compensação nos mercados de títulos do Tesouro. Como resultado, a oferta de dinheiro em dólar permanece inalterada.

> **E X E M P L O**
>
> Se o Fed desejar fortalecer moedas estrangeiras (enfraquecer o dólar), sem afetar a oferta de dinheiro em dólar, deverá (1) fazer o câmbio de dólares por moedas estrangeiras e (2) vender algumas de suas posses de títulos do Tesouro por dólares. O efeito líquido é um aumento nas posses de títulos do Tesouro dos investidores e uma queda nos saldos de moeda estrangeira no banco.

A diferença entre a intervenção não-esterilizada e a intervenção esterilizada é ilustrada na Figura 6.2. Na seção superior da figura, o Federal Reserve procura fortalecer o dólar canadense e, na seção inferior, o Federal Reserve procura enfraquecer o dólar canadense. Para cada condição, o gráfico à direita mostra uma intervenção esterilizada envolvendo um câmbio de títulos do Tesouro por dólares dos Estados Unidos que compensam os fluxos do dólar americano resultantes do câmbio de moedas. Portanto, a intervenção esterilizada consegue fazer o mesmo câmbio de moedas no mercado de câmbio estrangeiro que a intervenção não-esterilizada, mas envolve uma transação adicional para impedir ajustes na oferta de dinheiro em dólar americano.

Especulação sobre a Intervenção Direta. Alguns negociantes no mercado de câmbio estrangeiro procuram descobrir quando a intervenção do Federal Reserve está ocorrendo e qual a extensão da intervenção, para lucrar sobre os resultados antecipados do esforço da intervenção. Normalmente, o Federal Reserve procura intervir sem ser notado. No entanto, negociadores dos principais bancos que negociam com o Federal Reserve freqüentemente passam as informações a outros participantes do mercado. Também quando o Federal Reserve negocia com inúmeros bancos comerciais, os mercados tomam conhecimento de que o Fed está intervindo. Para esconder sua estratégia, o Federal Reserve poderá fingir estar interessado em vender dólares, quando na realidade está comprando dólares, ou vice-versa. O Fed chama bancos comerciais

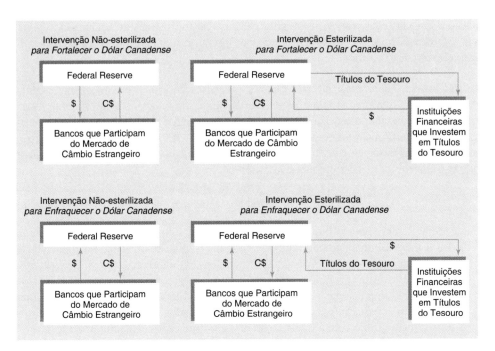

Figura 6.2 Formas de intervenção do banco central no mercado de câmbio estrangeiro.

para obter cotações de compra e de venda sobre moedas, e assim os bancos não saberão se o Federal Reserve está pensando em comprar ou vender essas moedas.

As estratégias de intervenção variam entre os bancos centrais. Alguns programam um pedido grande quando intervêm; outros utilizam vários pedidos pequenos equivalentes a $ 5 milhões a $ 10 milhões. Mesmo se os negociadores descobrirem a extensão da intervenção do banco central, ainda não saberão com certeza qual impacto terá sobre as taxas de câmbio.

Intervenção Indireta

O Federal Reserve poderá também afetar indiretamente o valor do dólar influenciando os fatores que o determinam. Lembre-se de que a alteração da taxa à vista da moeda é influenciada pelos seguintes fatores:

$$e = f(\Delta INF, \Delta INT, \Delta INC, \Delta GC, \Delta EXP)$$

onde

e = variação percentual na taxa à vista.
ΔINF = variação na diferença entre a inflação americana e a inflação do outro país.
ΔINT = variação na diferença entre a taxa de juros americana e a taxa de juros do outro país.
ΔINC = variação na diferença entre o nível de renda dos Estados Unidos e o nível de renda do outro país.
ΔGC = variação nos controles do governo.
ΔEXP = variação nas expectativas de taxas de câmbio futuras.

O banco central poderá influenciar todas essas variáveis, que, por sua vez, poderão afetar a taxa de câmbio. Visto que essas variáveis possivelmente terão um impacto mais duradouro sobre a taxa à vista que a intervenção direta, um banco central utilizará a intervenção indireta

196 FINANÇAS CORPORATIVAS INTERNACIONAIS

influenciando todas essas variáveis. Embora o banco central possa influenciar todas essas variáveis, é provável que se concentre nas taxas de juros ou nos controles do governo quando utilizar a intervenção indireta.

Ajuste das Taxas de Juros pelo Governo. Quando os países passam por consideráveis saídas líquidas de fundos (que pressionam a moeda seriamente para baixo), eles geralmente intervêm indiretamente aumentando as taxas de juros para desencorajar as saídas de fundos excessivas e, portanto, limitam qualquer pressão para baixo no valor de suas moedas. No entanto, essa estratégia afeta adversamente os tomadores de empréstimo locais (agências governamentais, empresas e consumidores) e enfraquece a economia.

> ### EXEMPLO
>
> O Federal Reserve poderá procurar abaixar as taxas de juros aumentando a oferta de moeda dos Estados Unidos (supondo que as expectativas inflacionárias não sejam afetadas). As taxas de juros mais baixas dos Estados Unidos tendem a desencorajar os investidores estrangeiros de investir em títulos americanos, portanto pressionando para baixo o valor do dólar. Ou, para impulsionar o valor do dólar, o Federal Reserve poderá procurar aumentar as taxas de juros reduzindo a oferta de moeda dos Estados Unidos. Essa estratégia foi usada normalmente junto com a intervenção direta no mercado de câmbio estrangeiro.

> ### EXEMPLO
>
> Em outubro de 1997, havia uma preocupação de que a crise asiática pudesse afetar adversamente o Brasil e outros países latino-americanos. Os especuladores retiraram os fundos do Brasil e os reinvestiram em outros países, o que ocasionou uma considerável saída de capital e pressionou extremamente para baixo a sua moeda (o real). O banco central do Brasil reagiu no final de outubro, duplicando sua taxa de juros de cerca de 20% para 40%. Essa ação desencorajou os investidores de retirar seus fundos do Brasil porque agora poderiam receber o dobro de juros de investimentos em títulos. Embora a ação do banco tenha sido bem-sucedida na defesa do real, reduziu o crescimento econômico porque o custo de tomar empréstimos ficou muito alto para muitas empresas.
> Em um outro exemplo, durante a crise asiática de 1997 e 1998, os bancos centrais de alguns países asiáticos aumentaram suas taxas de juros para impedir que suas moedas enfraquecessem. Esperava-se que as taxas de juros mais altas tornassem os títulos mais atraentes e, portanto, incentivassem os investidores a manter suas posições em títulos, o que reduziria o câmbio da moeda local por outras moedas. Esse esforço não foi bem-sucedido para a maioria dos países asiáticos, apesar de ter funcionado com a China e Hong Kong.
> Como um terceiro exemplo, em maio de 1998, a moeda russa (o rublo) havia caído consistentemente, e os preços das ações russas haviam caído em mais de 50% de seu nível de quatro meses antes. Temendo que a falta de confiança na moeda e nas ações russas ocasionasse uma saída maciça de fundos, o banco central da Rússia tentou impedir mais saídas de fundos, triplicando as taxas de juros (de cerca de 50% para 150%). O rublo estava temporariamente estabilizado, mas os preços das ações continuavam a cair porque os investidores estavam preocupados que as altas taxas de juros reduziriam o crescimento econômico.

Utilização de Controles de Câmbio Estrangeiro pelo Governo. Alguns governos procuram usar os controles de câmbio estrangeiro (tais como restrições sobre o câmbio de moedas) como forma

GOVERNOS E TAXAS DE CÂMBIO **197**

de intervenção indireta para manter a taxa de câmbio de suas moedas. Sob severa pressão, no entanto, eles tendem a deixar a moeda flutuar temporariamente em direção ao nível determinado pelo mercado e a colocar uma nova faixa em torno desse nível.

EXEMPLO

Em meados dos anos 1990, a Venezuela impôs controles de câmbio estrangeiro sobre sua moeda (o bolívar). Em abril de 1996, a Venezuela retirou seus controles sobre o câmbio estrangeiro, e o bolívar caiu 42% no dia seguinte. Esse resultado sugere que a taxa de câmbio do bolívar determinada pelo mercado era consideravelmente mais baixa que a taxa de câmbio que o governo queria colocar artificialmente sobre a moeda.

Zonas-alvo de Taxas de Câmbio

Em anos recentes, muitos economistas criticaram o sistema de taxa de câmbio atual devido às grandes oscilações nas taxas de câmbio de moedas importantes. Alguns sugeriram que **zonas-alvo** fossem utilizadas para essas moedas. Uma taxa de câmbio inicial seria estabelecida, com limites específicos em torno dessa taxa. Essa zona-alvo seria semelhante às faixas usadas no sistema de taxa de câmbio fixa, mas possivelmente mais ampla. Proponentes do sistema de zonas-alvo sugerem que ele estabilizaria os padrões de comércio internacional, reduzindo a volatilidade da taxa de câmbio.

GERENCIANDO PARA VALOR

Como a Yahoo! Está Exposta aos Sistemas e Intervenções das Taxas de Câmbio

Quando a Yahoo! realiza negócios em países estrangeiros, percebe que seus fluxos de caixa futuros em dólar dependem das oscilações da taxa de câmbio desses países. Sua preocupação com as oscilações da taxa de câmbio varia com o sistema de taxa de câmbio imposto pelo governo local. Ao desenvolver negócios na Europa, a Yahoo! concentra-se nas flutuações diárias do valor do euro perante o dólar. Sua preocupação é a de que a taxa de câmbio poderia se deslocar de seu nível vigente, de modo que afetaria adversamente os fluxos de caixa da empresa no futuro próximo. Ao desenvolver negócios com Hong Kong, a Yahoo! está preocupada que a taxa de câmbio fixa entre a moeda local e o dólar americano possa ser revista. Apesar de a taxa de câmbio ser fixa, a Yahoo! reconhece que o governo poderia repentinamente ajustá-la, em resposta ao desequilíbrio do fluxo monetário.

Como outras EMNs, a Yahoo! precisa monitorar de perto também as intervenções do banco central, objetivando a correção das condições econômicas locais. Em particular, os países emergentes são suscetíveis a saídas de fundos de capital quando passam por sérias condições econômicas, como investidores que transferem seu dinheiro para fora do país. Essas ações pressionam a moeda local para baixo, e os bancos centrais geralmente procuram desencorajar essas saídas, aumentando as taxas de juros para oferecer um retorno mais alto nos investimentos. EMNs como a Yahoo!, que financiam uma parte de suas operações estrangeiras com recursos tomados emprestados localmente, são afetadas negativamente por esse tipo de intervenção do governo. Antecipando essas ações, a Yahoo! e outras EMNs poderão reduzir sua exposição antes que ela ocorra.

Implantar o sistema de zonas-alvo poderia ser complicado, no entanto. Primeiro, qual taxa inicial deveria ser estabelecida para cada país? Segundo, qual amplitude a zona-alvo deveria ter? A zona-alvo ideal permitiria que as taxas de câmbio se ajustassem a fatores econômicos sem causar grandes oscilações no comércio internacional e sem despertar temores nos mercados monetários.

Se zonas-alvo fossem implantadas, os governos seriam responsáveis por intervir para manter suas moedas dentro delas. Se as zonas fossem suficientemente amplas, a intervenção do governo raramente seria necessária; no entanto, essas zonas amplas basicamente se assemelham ao sistema de taxa de câmbio como existe hoje. Os governos tendem a intervir quando o valor da moeda oscila para fora da zona implicitamente aceitável.

A não ser que os governos conseguissem manter o valor de suas moedas dentro da zona-alvo, esse sistema não poderia assegurar estabilidade nos mercados internacionais. Um país que passa por um grande déficit da balança comercial poderia intencionalmente permitir que sua moeda flutuasse abaixo do limite mais baixo para estimular a demanda estrangeira por suas exportações. Poderiam ocorrer grandes oscilações em seus padrões de comércio internacional. Além disso, os preços do mercado monetário seriam mais voláteis porque os participantes esperariam que algumas moedas oscilassem para fora de suas zonas. O resultado seria um sistema nada diferente do existente hoje.

Em fevereiro de 1987, representantes dos Estados Unidos, Japão, Alemanha Ocidental, França, Canadá, Itália e Reino Unido (também conhecidos como o Grupo dos Sete ou os países G-7) assinaram o **Acordo do Louvre** para estabelecer os limites aceitáveis (não divulgados para o público) do valor do dólar em relação às outras moedas. O Federal Reserve interveio pesadamente no mercado de câmbio estrangeiro por dois anos, após o Acordo do Louvre, mas em geral interveio com pequenas doses nos últimos anos. Portanto, a política recente de intervenção do banco central é semelhante à que existia antes do Acordo do Louvre.

Intervenção como Ferramenta Política

O governo de qualquer país pode implantar suas próprias políticas monetárias e fiscais para controlar sua economia. Além disso, pode procurar influenciar o valor de sua moeda nacional para melhorar sua economia, enfraquecendo sua moeda sob algumas condições e fortalecendo-a sob outras. Em essência, a taxa de câmbio torna-se uma ferramenta, como as leis fiscais e a oferta de moeda, que o governo poderá utilizar para atingir seus objetivos econômicos desejados.

Influência da Moeda Nacional Fraca sobre a Economia Doméstica

Uma moeda nacional fraca poderá estimular a demanda estrangeira por produtos. Um dólar fraco, por exemplo, poderá impulsionar as exportações americanas e os empregos nos Estados Unidos. E, ainda, poderá também reduzir as importações dos Estados Unidos.

Embora uma moeda fraca possa reduzir o desemprego em casa, poderá levar a uma inflação mais alta. No início dos anos 1990, o dólar americano estava fraco, fazendo com que as importações americanas de outros países tivessem preços altos. Essa situação fez com que empresas como a Bayer, a Volkswagen e a Volvo não entrassem no mercado dos Estados Unidos. Sob essas condições, as empresas americanas conseguiram aumentar seus preços domésticos porque ficou difícil para os produtores estrangeiros competirem. Além disso, empresas americanas que são exportadoras pesadas, tais como Goodyear Tire & Rubber Co., Litton Industries, Merck e Maytag Corp., também lucram com um dólar mais fraco.

Influência da Moeda Nacional Forte sobre a Economia Doméstica

Uma moeda nacional forte poderá incentivar os consumidores e as empresas desse país a comprar produtos de outros países. Essa situação intensifica a concorrência estrangeira e força os produtores domésticos a frear o aumento de preços. Então, o índice de inflação geral do país deverá ser mais baixo se sua moeda está forte, e o mesmo em outras áreas.

Embora uma moeda forte seja uma possível cura para uma inflação alta, poderá causar um desemprego maior devido aos preços estrangeiros atraentes que resultam de uma moeda nacional forte. O valor ideal da moeda depende da perspectiva do país e dos responsáveis que devem tomar essas decisões. A força ou a fraqueza de uma moeda é apenas um dos fatores que influenciam as condições econômicas de um país.

Ao combinar essa discussão de como as taxas de câmbio afetam a inflação com a discussão no Capítulo 4 de como a inflação pode afetar as taxas de câmbio, uma imagem mais completa da dinâmica da relação taxa de câmbio-inflação pode ser obtida. Um dólar fraco pressiona a inflação dos Estados Unidos para cima, o que, por sua vez, pressiona mais para baixo o valor do dólar. Um dólar forte pressiona a inflação e o crescimento econômico para baixo, o que, por sua vez, pressiona mais o valor do dólar para cima.

A interação entre taxas de câmbio, políticas do governo e fatores econômicos é ilustrada na Figura 6.3. Como já mencionado, fatores distintos da força da moeda nacional afetam o desemprego e/ou a inflação. Do mesmo modo, fatores distintos do desemprego e do nível de inflação influenciam a força da moeda. Os ciclos que são descritos aqui serão interrompidos com freqüência por esses outros fatores e, portanto, não continuarão indefinidamente.

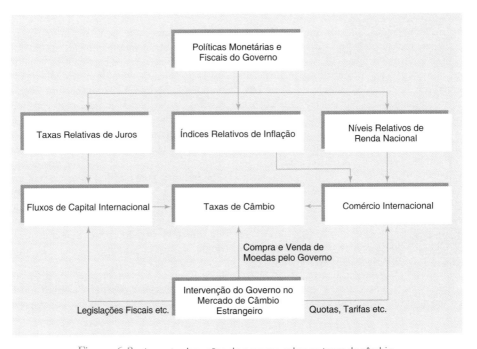

Figura 6.3   Impacto das ações do governo sobre as taxas de câmbio.

RESUMO

- Os sistemas de taxa de câmbio podem ser classificados como taxas fixas, flutuantes livres, flutuantes gerenciadas e referenciadas. No sistema de taxa de câmbio fixa, as taxas de câmbio ou são mantidas constantes ou a flutuação é permitida dentro de limites bem estreitos. No sistema de taxa de câmbio flutuante, os valores da taxa de câmbio são determinados pelas forças de mercado sem intervenções. No sistema flutuante gerenciado, as taxas de câmbio não estão restritas a limites, mas estão sujeitas à intervenção do governo. No sistema de taxa de câmbio referenciada, o valor de uma moeda está atrelado a uma moeda estrangeira ou a uma unidade de conta e oscila em linha com essa moeda (ou unidade de conta) perante outras moedas.

- Os governos poderão utilizar a intervenção direta comprando ou vendendo moedas no mercado de câmbio estrangeiro, influenciando assim as condições de oferta e demanda e, por sua vez, afetando os valores de equilíbrio da moeda. Quando um governo compra uma moeda no mercado de câmbio estrangeiro, pressiona para cima o valor de equilíbrio. Quando um governo vende uma moeda no mercado de câmbio estrangeiro, pressiona para baixo o valor de equilíbrio da moeda.

- Os governos poderão utilizar a intervenção indireta influenciando os fatores econômicos que afetam as taxas de câmbio de equilíbrio.

- Quando a intervenção do governo é utilizada para enfraquecer o dólar americano, o dólar fraco poderá estimular a economia dos Estados Unidos, o que reduz a demanda americana por importações e aumenta a demanda estrangeira por exportações dos Estados Unidos. Portanto, o dólar fraco tende a reduzir o desemprego, mas poderá aumentar a inflação dos Estados Unidos.

  Quando a intervenção do governo é utilizada para fortalecer o dólar americano, o dólar forte poderá aumentar a demanda dos Estados Unidos por importações, intensificando assim a concorrência estrangeira. O dólar forte poderá reduzir a inflação, mas poderá causar um índice de desemprego maior nos Estados Unidos.

CONTRAPONTO DO PONTO

A China Deveria Ser Forçada a Alterar o Valor de sua Moeda?

Ponto Em 2004, alguns políticos queriam pressionar a China para aumentar o valor do yuan chinês, que é atrelado ao dólar americano. Eles alegavam que o yuan era a causa do grande déficit comercial dos Estados Unidos com a China. Esse assunto é levantado periodicamente não apenas com as moedas que possuem vínculo com o dólar, mas também com as moedas que possuem uma taxa flutuante. Alguns críticos argumentam que a taxa de câmbio pode ser utilizada como forma de protecionismo comercial. Isto é, um país poderá desencorajar ou impedir importações e encorajar exportações mantendo o valor de sua moeda artificialmente baixo.

Contraponto A China poderá se opor, dizendo que seu superávit na balança comercial com os Estados Unidos é devido à diferença nos preços entre os dois países e que não deveria ser culpada pelo altos preços americanos. Poderá argumentar que o déficit comercial americano pode ser atribuído parcialmente aos preços muito altos dos Estados Unidos, os quais são necessários para cobrir a remuneração excessiva dos executivos e outros empregados das empresas americanas. Os preços altos nos Estados Unidos incentivam as empresas e os consumidores a comprar produtos da China. Mesmo que o yuan da China seja reavaliado para cima, isso não necessariamente significa que as empresas e os consumidores americanos comprarão produtos dos Estados Unidos. Eles poderão deslocar suas compras da China para a Indonésia ou outros países com salários baixos, em vez de comprar mais produtos dos Estados Unidos. Portanto, o dilema subjacente não é a China, mas qualquer país que tenha custos de produção mais baixos que os Estados Unidos.

Quem está certo? Use seu mecanismo de busca preferido para saber mais sobre esse assunto. Qual argumento você apóia? Dê sua opinião sobre o assunto.

GOVERNOS E TAXAS DE CÂMBIO **201**

AUTOTESTE

As respostas encontram-se no Apêndice A, no final do livro.

1. Explique por que seria virtualmente impossível estabelecer uma taxa de câmbio entre o iene japonês e o dólar, e manter uma taxa de câmbio fixa.

2. Suponha que o Federal Reserve acredite que o dólar deva ser enfraquecido perante o peso mexicano. Explique como o Federal Reserve poderia utilizar as intervenções direta e indireta para enfraquecer o valor do dólar em relação ao peso. Suponha que seja esperada uma inflação futura baixa nos Estados Unidos, independentemente das ações do Federal Reserve.

3. Explique brevemente por que o Federal Reserve poderá procurar enfraquecer o dólar.

QUESTÕES E APLICAÇÕES

1. **Discussão na Sala da Diretoria.** Este exercício encontra-se no Apêndice E, no final deste livro.

2. **Efeitos do 11 de Setembro.** Poucos dias depois dos ataques terroristas aos Estados Unidos no dia 11 de setembro de 2001, o Federal Reserve reduziu as taxas de juros de curto prazo para estimular a economia americana. Como essa ação pode ter afetado o fluxo de fundos estrangeiros para dentro dos Estados Unidos e o valor do dólar? Como um efeito assim sobre o dólar poderia ter aumentado a probabilidade de a economia americana se fortalecer?

3. **Banco do Japão.** O Website do banco central do Japão, o Banco do Japão, disponibiliza informações sobre sua missão e sua política de ações. Seu endereço é **http://www.boj.or.jp/en/index.htm**

    a) Use esse site para resumir a missão do Banco do Japão. Como essa missão está relacionada à intervenção no mercado de câmbio estrangeiro?

    b) Reveja as minutas de reuniões recentes dos executivos do Banco do Japão. Resuma pelo menos uma reunião recente que foi associada com a possível ou real intervenção para afetar o valor do iene.

    c) Por que as estratégias de intervenção no câmbio estrangeiro do Banco do Japão poderiam ser relevantes para o governo americano e para as EMNs com base nos Estados Unidos?

4. **Sistemas de Taxa de Câmbio.** Compare e contraste os sistemas de taxas de câmbio fixas, flutuantes livres e gerenciadas. Quais são algumas vantagens e desvantagens do sistema de taxa de câmbio flutuante livre *versus* o sistema de taxa de câmbio fixa?

5. **Moedas Referenciadas.** Por que você acha que um país decide repentinamente atrelar sua moeda ao dólar ou a alguma outra moeda? Quando uma moeda é incapaz de permanecer atrelada, quais seriam as forças típicas, na sua opinião, para quebrar esse vínculo, essa referência?

6. **Efeitos da Moeda sobre a Economia.** Qual é o impacto de uma moeda nacional fraca sobre a economia nacional, outros fatores permanecendo iguais? Qual é o impacto de uma moeda forte sobre a economia nacional, outros fatores permanecendo iguais?

7. **Efeitos sobre Moedas Vinculadas ao Dólar.** O valor do dólar de Hong Kong está vinculado ao dólar dos Estados Unidos. Explique como os seguintes padrões comerciais seriam afetados pela apreciação do iene japonês perante o dólar: (a) Hong Kong exporta para o Japão e (b) Hong Kong exporta para os Estados Unidos.

8. **Taxas de Câmbio Flutuantes Livres.** Os governos dos países asiáticos deveriam permitir que suas moedas flutuassem livremente? Quais seriam as vantagens de deixar as moedas flutuarem livremente? Quais seriam as desvantagens?

9. **Intervenção Direta.** Como um banco central poderia utilizar a intervenção direta para alterar o valor de sua moeda? Explique por que o banco central poderá desejar estabilizar as oscilações da taxa de câmbio de sua moeda.

10. **Intervenção Indireta.** Como um banco central poderia utilizar a intervenção indireta para alterar o valor de sua moeda?

11. **Efeitos de Intervenção.** Suponha que haja uma preocupação de que os Estados Unidos poderão passar por uma recessão. Como o Federal Reserve deveria influenciar o dólar para impedir uma recessão? Como os exportadores americanos poderiam reagir a essa política (favorável ou desfavoravelmente)? E as empresas importadoras?

12. **Intervenção com Euros.** Suponha que a Bélgica, um dos países europeus que utilizam o euro como sua moeda, preferisse que sua moeda se depreciasse perante o dólar. Ela poderá aplicar a intervenção do banco central para atingir esse objetivo? Explique.

13. **Intervenção Esterilizada.** Explique a diferença entre a intervenção esterilizada e a não-esterilizada.

14. **Impacto da Intervenção sobre os Prêmios de Opções de Moeda.** Suponha que o banco central do país Zakow periodicamente intervenha no mercado de câmbio estrangeiro para evitar grandes flutuações para cima e para baixo em sua moeda (chamada de zak) perante o dólar americano. Hoje, o banco central anunciou que não mais intervirá no mercado de câmbio estrangeiro. A taxa à vista do zak perante o dólar não foi afetada por essa notícia. Essa notícia afetará o prêmio sobre as opções de compra de moeda que são negociadas sobre o zak? Essa notícia afetará o prêmio sobre as opções de venda de moeda que são negociadas sobre o zak? Explique.

15. **Efeitos da Intervenção sobre o Desempenho de Empresas.** Suponha que você tenha uma subsidiária na Austrália. A subsidiária vende casas móveis para consumidores locais na Austrália, que as compram usando, em sua maioria, fundos emprestados de bancos locais. Sua subsidiária adquire todo o seu material de Hong Kong. O dólar de Hong Kong está vinculado ao dólar americano. Sua subsidiária tomou emprestados fundos da controladora dos Estados Unidos e deverá pagar para ela $ 100.000 em juros a cada mês. A Austrália acabou de aumentar a taxa de juros para impulsionar o valor de sua moeda (dólar australiano, A$). Como resultado, o dólar australiano se apreciou perante o dólar. Explique se essas ações aumentariam, reduziriam ou não teriam nenhum efeito sobre:

a) O volume de vendas de sua subsidiária na Austrália (medido em A$).

b) O custo de sua subsidiária para a aquisição de materiais (medido em A$).

c) O custo de sua subsidiária para fazer o pagamento dos juros para a controladora dos Estados Unidos (medido em A$).

16. **Efeitos de Retroalimentação (*Feedback*).** Explique possíveis efeitos de retroalimentadores de uma alteração de valor da moeda na inflação.

17. **Efeitos da Intervenção Indireta.** Suponha que o governo do Chile reduziu uma de suas taxas de juros chave. Espera-se que os valores de várias outras moedas da América Latina mudem consideravelmente perante o peso chileno, em resposta a essa notícia.

a) Explique por que outras moedas da América Latina poderiam ser afetadas pelo corte nas taxas de juros do Chile.

b) Como os bancos centrais de outros países da América Latina reajustariam igualmente suas taxas de juros? Como as moedas desses países responderiam às intervenções do banco central?

c) Como uma empresa norte-americana que exporta produtos para os países da América Latina seria afetada pelas intervenções do banco central (suponha que as exportações estejam denominadas na moeda correspondente de cada país da América Latina)?

18. **Intervenção Indireta.** Por que a intervenção indireta do Federal Reserve teria um impacto mais forte sobre algumas moedas do que sobre outras? Por que uma intervenção indireta do banco central teria um impacto mais forte que sua intervenção direta?

19. **Intervenção Direta na Europa.** Se a maioria dos países da Europa passar por recessão, como o banco central europeu utilizaria a intervenção direta para estimular o crescimento econômico?

20. **Intervenção Indireta.** Durante a crise asiática, alguns bancos centrais asiáticos aumentaram suas taxas de juros para impedir que suas moedas enfraquecessem. No entanto, as moedas se enfraqueceram mesmo assim. Na sua opinião, por que os esforços dos bancos centrais com a intervenção indireta não funcionaram?

21. **Efeitos da Intervenção sobre os Preços de Obrigações.** Os preços de obrigações dos Estados Unidos normalmente estão inversamente relacionados à inflação americana. Se o Federal Reserve planejasse utilizar a intervenção para enfraquecer o dólar, como os preços de obrigações poderiam ser afetados?

22. **Monitoração da Intervenção do Federal Reserve.** Por que os participantes do mercado estrangeiro procuram monitorar os esforços de intervenção direta do Federal Reserve? Como o Federal Reserve procura esconder suas ações de intervenção? A mídia freqüentemente relata que "o valor do dólar se fortaleceu perante muitas moedas em resposta ao plano do Federal Reserve de aumentar as taxas de juros". Explique por que o valor do dólar pode mudar mesmo antes de o Federal Reserve afetar as taxas de juros.

CASO BLADES, INC.

Avaliação da Influência Governamental sobre Taxas de Câmbio

Lembre-se de que a Blades, a fabricante americana de patins, gera a maioria de suas receitas e realiza a maior parte de suas despesas nos Estados Unidos. No entanto, a empresa recentemente começou a exportar patins para a Tailândia. A empresa possui um contrato com a Entertainment Products, Inc., uma importadora tailandesa, por um período de três anos. De acordo com os termos do acordo, a Entertainment Products comprará 180 mil pares de "Speedos", o produto principal da Blades, anualmente a um preço fixo de 4.594 bahts tailandeses por ano. Devido à sua consideração de qualidade e custos, a Blades também está importando certos componentes de plástico e de borracha de um exportador tailandês. O custo desses componentes é de aproximadamente 2.871 bahts tailandeses por par de Speedos. Nenhum acordo contratual existe entre a Blades, Inc. e o exportador tailandês. Conseqüentemente, o custo dos componentes de borracha e de plástico importados da Tailândia está sujeito não somente às considerações da taxa de câmbio, mas às condições (tais como inflação) tailandesas também.

Logo depois de a Blades iniciar suas exportações a um importador da Tailândia, a Ásia passou por condições de enfraquecimento econômico. Conseqüentemente, os investidores estrangeiros na Tailândia temeram a possível fraqueza do baht e retiraram seus investimentos, o que resultou em um excesso de oferta do baht à venda. Por causa da conseqüente pressão para baixo do valor do baht, o governo tailandês tentou estabilizar a taxa de câmbio do baht. Para manter o valor do baht, o governo tailandês interveio no mercado de câmbio estrangeiro. Especificamente, ele trocou suas reservas de baht por reservas de dólares em outros bancos centrais e depois usou suas reservas de dólares para comprar o baht no mercado de câmbio estrangeiro. No entanto, esse acordo obrigava a Tailândia a reverter essa transação, fazendo o câmbio dos dólares por baht em uma data futura. Infelizmente, a intervenção do governo não foi bem-sucedida, pois foi subjugada pelas forças do mercado. Conseqüentemente, o governo tailandês cessou seus esforços de intervenção, e o valor do baht tailandês caiu consideravelmente perante o dólar por um período de três meses.

Quando o governo tailandês parou de intervir no mercado de câmbio estrangeiro, Ben Holt, o chefe do setor financeiro da Blades, estava preocupado que o valor do baht tailandês continuaria a cair indefinidamente. Uma vez que a Blades gera entrada líquida em baht tailandês, isso afetaria seriamente a margem de lucros. Além disso, uma das razões pelas quais a Blades expandiu para a Tailândia foi a de apaziguar os acionistas da empresa. Na reunião anual de acionistas, eles exigiram que a alta direção agisse para aumentar as baixas margens de lucro da empresa. A expansão para a Tailândia foi sugestão de Holt, e agora ele teme que sua carreira possa estar em jogo. Por essas razões, Holt considera que a crise asiática e seu impacto sobre a Blades exigiriam séria atenção sua. Um dos fatores que ele acha que deveria considerar é a questão da intervenção do governo e de como isso poderia afetar a Blades em particular. Especificamente, Holt deseja saber se a decisão de ter entrado em um acordo fixo com a Entertainment Products foi uma boa idéia sob essas circunstâncias. Outra questão é a de como a futura finalização do acordo de troca de reservas iniciado pelo governo tailandês afetará a Blades. Para estudar essas questões e compreender um pouco mais o processo de intervenção do governo, Holt preparou a seguinte lista de perguntas para você, o analista financeiro da Blades, uma vez que ele sabe que você entende de gestão financeira internacional.

1. O esforço de intervenção do governo tailandês constituiu intervenção direta ou indireta? Explique.

2. A intervenção do governo tailandês constituiu intervenção esterilizada ou não-esterilizada? Qual é a diferença entre os dois tipos de intervenção? Qual tipo você consideraria mais eficaz para aumentar o valor do baht? Por quê? (Dica: Pense no efeito da intervenção não-esterilizada sobre as taxas de juros americanas.)

3. Se o baht tailandês for fixado virtualmente em relação ao dólar, como isso afetaria os níveis de inflação dos Estados Unidos? Você acha que esses efeitos sobre a economia americana serão mais pronunciados para as empresas como a Blades, que operam sob acordos comerciais envolvendo comprometimentos, do que para empresas que não estão comprometidas? Como as empresas como a Blades são afetadas por uma taxa de câmbio fixa?

4. Quais são algumas das possíveis desvantagens para os níveis de inflação tailandeses associados com o sistema de taxa de câmbio flutuante que é usado na Tailândia no momento?

5. O que você acha que ocorrerá com o valor do baht quando o acordo de crédito recíproco (*swap*) for completado? Como isso afetará a Blades?

DILEMA DA PEQUENA EMPRESA

Avaliação da Intervenção do Banco Central pela Sports Exports Company

Jim Logan, proprietário da Sports Exports Company, está preocupado com o valor da libra esterlina no decorrer do tempo, porque sua empresa recebe libras como pagamento pelas bolas de futebol que exporta para o Reino Unido. Recentemente, ele leu que o Banco da Inglaterra (o banco central do Reino Unido) possivelmente intervirá diretamente no mercado de câmbio estrangeiro, inundando o mercado com libras esterlinas.

1. Com base nessas informações, preveja se a libra esterlina se enfraquecerá ou se fortalecerá.

2. Como o desempenho da Sports Exports Company seria afetado pela política do Banco da Inglaterra de inundar o mercado estrangeiro com libras esterlinas (supondo que ela não possui proteção ao risco da taxa de câmbio)?

APÊNDICE 6

Intervenção do Governo Durante a Crise Asiática

De 1990 a 1997, os países asiáticos atingiram um crescimento econômico maior que quaisquer outros países. Eram vistos como modelos para avanços em melhoramentos tecnológicos e econômicos. No verão e no outono de 1997, no entanto, passaram por problemas financeiros, levando à assim chamada "crise asiática", que resultou em operações de salvamento de vários países pelo Fundo Monetário Internacional (FMI).

Muito da crise é atribuído à depreciação substancial das moedas asiáticas, que causou sérios problemas financeiros para empresas e governos na Ásia, como também em várias outras regiões. Essa crise demonstrou como as oscilações da taxa de câmbio podem influenciar as condições de um país e, portanto, afetar as empresas que operam nesses países.

Os objetivos específicos deste apêndice são descrever as condições no mercado de câmbio estrangeiro que contribuíram para a crise asiática, explicar como os governos intervieram para procurar controlar suas taxas de câmbio e descrever as consequências de seus esforços de intervenção.

A Crise na Tailândia

Até julho de 1997, a Tailândia era uma das economias com crescimento mais rápido do mundo. Na verdade, a Tailândia cresceu mais rápido que qualquer outro país no período de 1985-1994. Os consumidores tailandeses gastavam livremente, o que resultou em poupanças menores, comparados a outros países do Sudeste Asiático. O alto nível de gastos e o baixo nível de poupança pressionaram os preços imobiliários e de produtos e a taxa de juros para cima. Normalmente, países com inflação alta tendem a ter moedas fracas devido às forças da paridade de poder de compra. Antes de julho de 1997, no entanto, a moeda tailandesa estava vinculada ao dólar, o que fez com que a Tailândia fosse um local atraente para os investidores; eles podiam receber uma taxa de juros alta sobre fundos investidos, estando protegidos (até a crise) de depreciações elevadas do baht.

Situação dos Empréstimos Bancários

Normalmente, os países desejam uma entrada de fundos grande porque isso ajudaria no suporte ao crescimento do país. No caso da Tailândia, no entanto, a entrada de fundos guarneceu os bancos tailandeses com mais fundos do que poderiam utilizar para conceder empréstimos. Consequentemente, na tentativa de utilizar todos os fundos, os bancos concederam muitos empréstimos arriscados. Empreendedores comerciais tomaram empréstimos expressivos sem precisar provar que suas expansões eram viáveis. Fornecedores de empréstimos estavam dispostos a emprestar grandes somas de dinheiro com base no sucesso anterior dos desenvolvedores. Os empréstimos podem ter parecido viáveis com base na concepção de que a economia continuaria em alto crescimento, mas esse alto crescimento não poderia continuar para sempre. A estrutura empresarial da Tailândia também levou a empréstimos excessivos. Muitas empresas estão relacionadas de tal forma com os bancos, que alguns empréstimos bancários não são transações comerciais simples, mas são como empréstimos para amigos que precisam de fundos.

Situação do Fluxo de Fundos

Além da situação dos empréstimos, a grande entrada de fundos fez com que a Tailândia fosse mais suscetível a uma maciça saída de fundos se os investidores perdessem a confiança na economia tailandesa. Dado o grande montante de empréstimos arriscados e a possível saída maciça de fundos, a Tailândia muitas vezes era descrita como um "castelo de cartas" esperando para entrar em colapso.

Enquanto a grande entrada de fundos pressionava as taxas de juros para baixo, a oferta foi contrabalançada pela forte demanda de fundos quando os empreendedores e as empresas procuravam lucrar com o crescimento econômico, expandindo-se. O governo da Tailândia também tomava empréstimos expressivos para melhorar a infra-estrutura do país. Portanto, as tomadas maciças de empréstimos estavam ocorrendo a taxas de juros relativamente altas, tornando a dívida cara aos mutuários.

Concorrência em Exportações

Na primeira metade de 1997, o dólar se fortaleceu perante o iene japonês e as moedas européias, o que reduziu os preços das importações japonesas e européias. Apesar de o dólar estar vinculado ao baht nesse período, o preço dos produtos tailandeses não era tão competitivo para os importadores dos Estados Unidos.

Pressão sobre o Baht Tailandês

O baht experimentou queda em julho de 1997, quando alguns investidores estrangeiros perceberam sua fraqueza potencial. A saída de fundos apressou o enfraquecimento do baht, quando os investidores estrangeiros fizeram o câmbio de seus bahts por suas moedas nacionais. O valor do baht em relação ao dólar foi pressionado pela grande venda do baht em troca por dólares. No dia 2 de julho de 1997, o baht deixou de ser atrelado ao dólar. O banco central da Tailândia então procurou manter o valor do baht por intervenção. Especificamente, trocou suas reservas em baht por reservas de dólares em outros bancos centrais e depois usou suas reservas de dólares para comprar o baht no mercado de câmbio estrangeiro (esse acordo de *swap* exigiu que a Tailândia revertesse esse câmbio ao trocar os dólares por baht em uma data futura). A intervenção pretendia contrabalançar as vendas do baht pelos investidores estrangeiros no mercado de câmbio estrangeiro, mas as forças do mercado subjugaram os esforços de intervenção. Como a oferta do baht excedia sua demanda no mercado de câmbio estrangeiro, o governo eventualmente teve de se render em seus esforços de defender o valor do baht. Em julho de 1997, o valor do baht despencou. Em um período de cinco semanas, caiu mais que 20% perante o dólar.

Prejuízos da Tailândia

O banco central tailandês usou mais de $ 20 bilhões para comprar o baht no mercado de câmbio estrangeiro, como parte de seu esforço de intervenção direta. Devido à queda do valor do baht, a Tailândia precisou de mais bahts para fazer o câmbio para dólares para reembolsar os outros bancos centrais.

Os bancos tailandeses estimaram o montante de inadimplência de seus empréstimos em mais de $ 30 bilhões. Enquanto isso, algumas empresas na Tailândia tinham tomado emprestados fundos em outras moedas (inclusive dólares), porque as taxas de juros tailandesas estavam relativamente altas. Nessa estratégia, o tiro saiu pela culatra porque o enfraquecimento do baht forçou essas empresas a fazer o câmbio de quantias maiores de baht pelas moedas de que precisavam para liquidar seus empréstimos. Conseqüentemente, as empresas entraram em uma taxa de financiamento efetiva mais alta (o que, pelo efeito da taxa de câmbio, determinará o verdadeiro custo do empréstimo) do que teriam pago se tivessem tomado emprestados os fundos localmente na Tailândia. O custo mais alto do empréstimo foi uma tensão a mais para as empresas.

Medida de Saneamento para a Tailândia

No dia 5 de agosto de 1997, o FMI e vários países concordaram em entrar com uma medida de saneamento de $ 16 bilhões na Tailândia. O Japão forneceu $ 4 bilhões, enquanto o FMI forneceu $ 4 bilhões. Naquela época, essa era a segunda maior operação de salvamento em conjunto para um único país (o México havia recebido $ 50 bilhões em 1994). A Tailândia respondeu a esse apoio monetário concordando em reduzir seu déficit orçamentário, evitar que a inflação subisse além de 9%, aumentar a alíquota de imposto sobre o valor agregado de 7% para 10% e sanear os demonstrativos financeiros dos bancos locais, nos quais não constavam muitos empréstimos inadimplentes.

A medida de saneamento levou tempo para ser finalizada porque o governo tailandês não estava disposto a fechar os bancos que passavam por problemas financeiros resultantes das políticas de empréstimos supergenerosas. Muitos críticos questionaram a eficácia da medida de saneamento porque parte do financiamento foi mal empregado, devido à corrupção na Tailândia.

A Crise Alastrada pelo Sudeste Asiático

A crise da Tailândia contagiou outros países no Sudeste da Ásia. As economias do Sudeste Asiático eram, de certa forma, integradas devido ao comércio entre os países. Era esperado que a crise enfraquecesse a economia tailandesa, o que resultaria em uma redução na demanda por produtos fabricados nos outros países do Sudeste Asiático. Assim como a demanda pelos produtos desses países caiu, também caíram a renda nacional e sua demanda por produtos de outros países do Sudeste Asiático. Assim, os efeitos podiam se perpetuar. Como a Tailândia, os outros países do Sudeste Asiático tiveram um crescimento muito grande em anos recentes, o que os levou a avaliações de futuras condições econômicas demasiadamente otimistas e, portanto, a excessivos empréstimos concedidos para projetos que tinham um alto risco de inadimplência.

Esses países também eram semelhantes à Tailândia pelo fato de possuírem taxas de juros relativamente altas e governos administrando a estabilização de suas moedas. Conseqüentemente, esses países atraíram grandes quantias de investimento estrangeiro também. A crise da Tailândia fez com que os investidores estrangeiros percebessem que uma crise assim poderia também atingir os outros países do Sudeste Asiático. Com isso, eles começaram a retirar os fundos desses países.

Efeitos sobre Outras Moedas Asiáticas

Em julho e agosto de 1997, os valores do ringgit da Malásia, do dólar de Cingapura, do peso das Filipinas, do dólar de Taiwan e da rupia da Indonésia também caíram. O peso das Filipinas foi

208 FINANÇAS CORPORATIVAS INTERNACIONAIS

desvalorizado em julho. A Malásia inicialmente procurou manter o valor do ringgit dentro de faixas estreitas, mas depois se rendeu e deixou a moeda flutuar ao nível determinado pelo mercado.

Em agosto de 1997, o Banco da Indonésia (o banco central) utilizou mais de $ 500 milhões em intervenção direta para comprar rupias no mercado de câmbio estrangeiro, na tentativa de impulsionar o valor da moeda. Em meados de agosto, no entanto, desistiu de seu esforço de manter o valor da rupia dentro de uma faixa e deixou a moeda flutuar ao seu nível natural. Essa decisão do Banco da Indonésia de deixar a rupia flutuar pode ter sido influenciada pelo fracasso do custoso esforço tailandês de manter o baht. As forças do mercado eram intensas e não podiam ser contornadas pela intervenção direta. No dia 30 de outubro de 1997, foi anunciada uma medida de saneamento para a Indonésia, mas o FMI e o governo indonésio não concordaram com os termos do pacote de ajuda de $ 43 bilhões até a primavera de 1998. Um dos principais pontos de contenção era que o presidente Suharto queria fixar a taxa de câmbio da rupia, mas o FMI acreditava que o Banco da Indonésia não seria capaz de manter a taxa de câmbio em um nível fixo e que estaria sob novos ataques especulativos.

Quando os países do Sudeste Asiático desistiram de lutar para manter suas moedas dentro das faixas, impuseram restrições sobre os mercados futuros e a termo para impedir a especulação excessiva. Por exemplo, a Indonésia e a Malásia impuseram um limite no tamanho dos contratos a termo criados pelos bancos para residentes estrangeiros. Essas ações limitaram o grau pelo qual os especuladores podiam vender esses contratos de moeda a termo com base nas expectativas de que as moedas enfraqueceriam no decorrer do tempo. Em geral, os esforços de proteger a moeda falharam porque os investidores e as empresas não confiavam que os fatores fundamentais causadores da fraqueza das moedas estavam sendo corrigidos. Portanto, o fluxo de fundos para fora dos países asiáticos continuava; essa saída levou a mais vendas de moedas asiáticas em troca de outras moedas, o que pressionou os valores das moedas ainda mais para baixo.

Efeitos sobre as Despesas Financeiras

À medida que os valores das moedas do Sudeste Asiático caíam, os especuladores reagiam retirando mais de seus fundos desses países, o que levava a mais fraqueza nas moedas. Como na Tailândia, muitas empresas haviam tomado empréstimos em outros países (tais como os Estados Unidos) onde as taxas de juros eram relativamente baixas. O declínio dos valores das moedas locais fez com que a taxa efetiva de financiamento das empresas fosse excessiva, o que pressionou sua situação de fluxo de caixa.

Devido à integração das economias do Sudeste Asiático, ao empréstimo excessivo concedido pelos bancos locais desses países e à suscetibilidade de todas essas economias a saídas maciças de fundos, a crise não estava concentrada na verdade em um só país. O que inicialmente era denominado crise da Tailândia tornou-se a crise asiática.

Impacto da Crise Asiática sobre Hong Kong

No dia 23 de outubro de 1997, os preços no mercado de ações de Hong Kong caíram em 10,2% em média; considerando os três dias de negociação antes disso, o efeito cumulativo de quatro dias foi uma queda de 23,3%, que foi atribuída principalmente à especulação de que a moeda de Hong Kong poderia ser desvalorizada e de que Hong Kong poderia passar por problemas financeiros semelhantes aos dos países do Sudeste Asiático. O fato de que o valor de mercado das empresas de Hong Kong pudesse ter uma queda de quase um quarto em um período de quatro dias mostrou a sentida exposição de Hong Kong à crise.

Durante esse período, Hong Kong manteve seu sistema de taxa de câmbio fixa ao dólar. No entanto, teve de aumentar as taxas de juros para desencorajar os investidores de transferir seus fundos para fora do país.

Impacto da Crise Asiática sobre a Rússia

A crise asiática fez com que os investidores reconsiderassem outros países em que efeitos semelhantes pudessem ocorrer. Em particular, concentraram-se na Rússia. Quando os investidores perderam a confiança na moeda russa (o rublo), começaram a transferir os fundos para fora do país. Em resposta ao efeito de queda que essa transferência de fundos causou, o banco central da Rússia envolveu-se em intervenção direta, usando dólares para comprar rublos no mercado de câmbio estrangeiro. Também utilizou intervenção indireta, aumentando as taxas de juros para tornar a Rússia mais atraente aos investidores, desencorajando assim saídas adicionais.

Em julho de 1998, o FMI (com alguma ajuda do Japão e do Banco Mundial) organizou um pacote de empréstimo no valor de $ 22,6 bilhões para a Rússia. O pacote exigia que o país impulsionasse a arrecadação fiscal, reduzisse seu déficit orçamentário e criasse um ambiente mais capitalista para seus negócios.

Durante o mês de agosto de 1998, o banco central da Rússia naturalmente interveio para impedir que o rublo caísse consideravelmente. No dia 26 de agosto, no entanto, desistiu de lutar para defender o valor do rublo, e as forças de mercado fizeram com que o rublo caísse em mais de 50% perante a maioria das moedas naquele dia. Isso levou a temores de uma nova crise e, no dia seguinte (chamado de "Quinta-feira Sangrenta"), a paranóia varreu os mercados ao redor do mundo. Alguns mercados de ações (inclusive o dos Estados Unidos) experimentaram quedas de mais de 4%.

Impacto da Crise Asiática sobre a Coréia do Sul

Em novembro de 1997, sete conglomerados da Coréia do Sul (chamados de *chaebols*) haviam entrado em colapso. Os bancos que financiaram as operações dos *chaebols* estavam presos a dívidas não-pagas equivalentes a $ 52 bilhões. Como os bancos dos países do Sudeste Asiático, os bancos da Coréia do Sul estavam dispostos demais a conceder empréstimos às empresas (principalmente aos *chaebols*) sem realizar análises de crédito completas. Os bancos aparentemente tinham se envolvido nesses empréstimos arriscados porque supunham que o crescimento continuaria em passos largos e, portanto, exageraram nos fluxos de caixa futuros que os mutuários teriam disponíveis para liquidar seus empréstimos. Além disso, os bancos da Coréia do Sul tradicionalmente haviam prorrogado os empréstimos aos conglomerados, sem avaliar se esses empréstimos poderiam ser reembolsados. Em novembro, a moeda da Coréia do Sul (o won) caiu consideravelmente, e o banco central procurou utilizar suas reservas para impedir a queda livre do won, mas com pouco sucesso. Nessa época, as notações (ou *ratings*) de risco de crédito de vários bancos foram diminuídas devido aos empréstimos não-pagos.

No dia 3 de dezembro de 1997, o FMI concordou em conceder um pacote de ajuda de $ 55 bilhões para a Coréia do Sul. O Banco Mundial e o Banco de Desenvolvimento Asiático uniram-se ao FMI para fornecer uma linha de crédito corrente de $ 35 bilhões. Se essa quantia não fosse suficiente, outros países (inclusive o Japão e os Estados Unidos) haviam concordado em prover uma linha de crédito de $ 20 bilhões. O crédito total disponível (supondo que fosse todo usado) excedia o crédito fornecido na operação de salvamento do México em 1994 e fez dessa a maior operação de salvamento já feita. Em troca do financiamento, a Coréia do Sul concordou em reduzir seu crescimento econômico e restringir os empréstimos excessivos aos conglomerados. Essas restrições resultaram em falências e desemprego, quando os bancos não puderam fornecer empréstimos automáticos a todos os conglomerados que precisavam de fundos, a não ser que os financiamentos fossem economicamente justificados.

Impacto da Crise Asiática sobre o Japão

O Japão também foi afetado pela crise asiática porque exporta para esses países e muitas de suas empresas possuem subsidiárias nesses países, de modo que o desempenho de seus negócios é influenciado pelas condições econômicas. O Japão também estava passando por seus próprios problemas. Seu setor financeiro estava lutando, principalmente devido a empréstimos inadimplentes. Em novembro de 1997, um dos 20 maiores bancos faliu. Uma semana mais tarde, a Yamaichi Securities Co. (uma empresa de corretagem) anunciou sua falência. A Yamaichi era a maior empresa a falir no Japão desde a Segunda Guerra Mundial. A notícia chocou porque o governo japonês historicamente socorria grandes empresas, tais como a Yamaichi, devido aos possíveis efeitos contrários sobre outras empresas. O colapso da Yamaichi fez com que os participantes do mercado questionassem a possível falência de outras grandes instituições financeiras que anteriormente eram vistas como garantidas ("grandes demais para falir"). O contínuo enfraquecimento do iene japonês perante o dólar durante a primavera de 1998 pressionou ainda mais as outras moedas asiáticas; os países asiáticos queriam obter uma vantagem competitiva ao exportar para os Estados Unidos, como resultado de suas moedas fracas. Em abril de 1998, o banco do Japão utilizou mais de \$ 20 bilhões para comprar ienes no mercado de câmbio estrangeiro. O esforço de impulsionar o valor do iene não foi bem-sucedido. Em julho de 1998, o primeiro-ministro Hashimoto renunciou ao cargo, o que causou mais incertezas sobre o panorama do Japão.

Impacto da Crise Asiática sobre a China

Ironicamente, a China não experimentou os efeitos econômicos adversos da crise asiática porque havia crescido com menos rapidez que os países do Sudeste Asiático nos anos que antecederam a crise. O governo chinês tinha um controle maior sobre as condições econômicas porque ainda possuía a maioria dos bens imobiliários e controlava a maioria dos bancos que fornecia crédito para apoiar o crescimento. Portanto, houve menos falências resultantes da crise na China. Além disso, o governo chinês foi capaz de manter o valor do yuan perante o dólar, o que limitou os fluxos especulativos de fundos para fora da China. Embora as taxas de juros tenham aumentado durante a crise, elas permaneceram relativamente baixas. Conseqüentemente, as empresas chinesas puderam obter financiamentos a custos razoáveis e continuar cumprindo os pagamentos de seus juros.

Todavia, as preocupações com a China aumentaram porque ela depende fortemente das exportações para estimular sua economia; a China agora estava em desvantagem competitiva em relação aos países do Sudeste Asiático cujas moedas haviam sido depreciadas. Portanto, os importadores dos Estados Unidos e da Europa deslocaram algumas de suas aquisições para esses países. Além disso, o declínio das outras moedas asiáticas perante o yuan chinês incentivou os consumidores chineses a adquirir importações, em vez de fabricar os produtos no país.

Impacto da Crise Asiática sobre os Países da América Latina

A crise asiática também afetou os países da América Latina. Países como Chile, México e Venezuela foram afetados adversamente porque exportavam produtos para a Ásia, e as fracas economias asiáticas resultaram em uma demanda menor por exportações da América Latina. Além disso, os países latino-americanos perderam alguns negócios para outros países que mudaram para produtos asiáticos devido à considerável depreciação das moedas asiáticas, o que fez com que seus produtos ficassem mais baratos que os da América Latina.

Os efeitos adversos assinalados pressionaram o valor das moedas latino-americanas, visto que havia a preocupação de que as saídas especulativas de fundos enfraqueceriam essas moedas, do mesmo modo como enfraqueceram as moedas asiáticas. Em particular, havia pressão sobre a moeda do Brasil (o real) no final de outubro de 1997. Alguns especuladores acreditavam que, uma vez que a maioria dos países asiáticos não conseguiu manter suas moedas dentro das faixas das condições existentes, o Brasil seria incapaz de estabilizar o valor de sua moeda.

O Banco Central do Brasil utilizou cerca de $ 7 bilhões das reservas em uma intervenção direta, comprando o real no mercado de câmbio estrangeiro e protegendo-o da depreciação. Também utilizou a intervenção indireta, aumentando as taxas de juros de curto prazo. Isso incentivou o investimento estrangeiro nos títulos de curto prazo para a obtenção de lucros sobre as altas taxas de juros e também estimulou os investidores locais a investir no país, em vez de em mercados estrangeiros. O ajuste das taxas de juros para manter o valor do real sinalizou que o Banco Central do Brasil estava decidido a manter a estabilidade da moeda. A intervenção foi custosa, no entanto, porque aumentou o custo dos empréstimos das famílias, das empresas, das empresas estatais e assim pôde reduzir o crescimento econômico. Se a moeda do Brasil tivesse enfraquecido, as forças especulativas poderiam ter atingido as outras moedas latino-americanas também.

Impacto da Crise Asiática sobre a Europa

Durante a crise asiática, os países europeus passavam por forte crescimento econômico. Muitas empresas européias, no entanto, foram afetadas adversamente pela crise. Como as empresas da América Latina, algumas empresas na Europa experimentaram uma redução na demanda por suas exportações para a Ásia durante a crise. Além disso, perderam alguns negócios de exportação para exportadores asiáticos, como resultado do enfraquecimento das moedas asiáticas, o qual reduziu os preços asiáticos da perspectiva do importador. Os bancos europeus foram afetados especialmente pela crise porque haviam fornecido grandes empréstimos para inúmeras empresas asiáticas que se tornaram inadimplentes.

Impacto da Crise Asiática sobre os Estados Unidos

Os efeitos da crise asiática foram sentidos até pelos Estados Unidos. Os valores das ações das empresas americanas, como 3M Co., Motorola, Hewlett-Packard e Nike, que realizavam muitos negócios na Ásia, declinaram. Muitas empresas de construção e de engenharia dos Estados Unidos foram afetadas adversamente quando os países asiáticos reduziram seus planos para melhorar a infra-estrutura. Os valores das ações dos exportadores dos Estados Unidos para esses países caíram, devido ao declínio nos gastos dos consumidores e das empresas em países asiáticos e ao enfraquecimento das moedas asiáticas, que tornaram os produtos americanos mais caros. Alguns grandes bancos dos Estados Unidos experimentaram declínios significativos nos preços de ações, devido à sua exposição (principalmente empréstimos e a posse de obrigações) aos países asiáticos.

Lições sobre Taxas de Câmbio e Intervenções

A crise asiática demonstrou o grau em que as moedas podem ser depreciadas, em resposta à falta de confiança dos investidores e das empresas na capacidade de um banco central de estabilizar sua moeda local. Se os investidores e as empresas tivessem acreditado que os bancos centrais poderiam impedir a queda livre dos valores das moedas, não teriam transferido seus fundos para outros países, e os valores das moedas do Sudeste Asiático não teriam experimentado tal pressão.

A Figura 6A.1 mostra como as taxas de câmbio de algumas moedas asiáticas mudaram perante o dólar americano durante o ano da crise (de junho de 1997 a junho de 1998). Em particular, as moedas da Indonésia, Malásia, Coréia do Sul e Tailândia caíram consideravelmente.

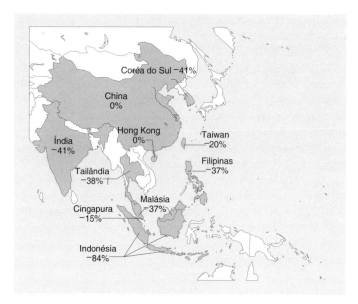

Figura 6A.1
Como as taxas de juros mudaram durante a crise asiática (junho de 1997-junho de 1998).

A crise asiática também demonstrou como as taxas de juros podem ser afetadas pelos fluxos de fundos para fora dos países. A Figura 6A.2 ilustra como as taxas de juros mudaram de junho de 1997 (justo antes da crise) até junho de 1998 por vários países asiáticos. O aumento nas taxas de juros pode ser atribuído ou às intervenções indiretas para impedir que as moedas locais se depreciassem mais, ou às saídas maciças de fundos, ou a ambas condições. Em particular, as taxas de juros da Indonésia, Malásia e Tailândia aumentaram consideravelmente o seu nível em relação à pré-crise. Esses países, cujas moedas locais sofreram maior depreciação, tiveram ajustes mais elevados. Uma vez que o aumento significativo das taxas de juros (o que tende a reduzir o crescimento econômico) pode ter sido causado pelas saídas de fundos, isso pode ter sido devido indiretamente à falta de confiança dos investidores e das empresas na capacidade dos bancos centrais asiáticos de estabilizar as moedas locais.

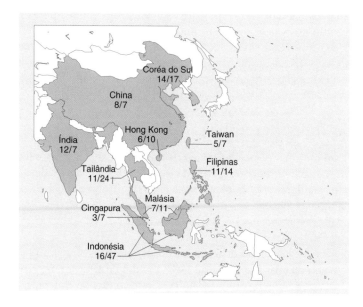

Figura 6A.2
Como as taxas de juros mudaram durante a crise asiática (o número antes da barra representa a taxa de juros anual de junho de 1997; o número após a barra representa a taxa de juros anual de junho de 1998).

APÊNDICE 6 • INTERVENÇÃO DO GOVERNO DURANTE A CRISE ASIÁTICA

Finalmente, a crise demonstrou como as economias são integradas, principalmente durante uma crise. Assim como as economias dos Estados Unidos e da Europa podem afetar os mercados emergentes, elas são suscetíveis às condições dos mercados emergentes. Mesmo quando um banco central puder suportar a pressão sobre sua moeda, causada pelas condições em outros países, não poderá isolar sua economia de outros países que passam por problemas financeiros.

QUESTÕES PARA DISCUSSÃO

As seguintes questões para discussão referentes à crise asiática ilustram como as condições do mercado de câmbio estão integradas ao redor do mundo. Portanto, os participantes de qualquer um desses mercados devem entender a dinâmica do mercado de câmbio estrangeiro. Estas questões para discussão podem ser usadas de diversas maneiras. Podem servir como tarefa, em um dia em que o professor não puder dar aula. São especialmente úteis como exercícios em equipes. A sala poderia ser dividida em pequenos grupos; cada um poderá avaliar todos os assuntos e dar uma solução. Cada grupo deverá ter um porta-voz. Para cada assunto, um dos grupos, em ordem aleatória, apresentará sua solução e, em seguida, os alunos dos outros grupos poderão sugerir soluções alternativas, se considerarem que a resposta pode ser melhorada. Alguns dos assuntos não têm uma solução perfeita, o que permitirá diferentes pontos de vista a ser apresentados pelos estudantes.

1. A depreciação das moedas asiáticas durante a crise asiática foi devido a fluxos comerciais ou a fluxos de capital? Por que você pensa que o grau de oscilação em curto espaço de tempo possa depender de a razão ser fluxo de comércio ou fluxo de capital?

2. Por que você acha que a rupia da Indonésia estava mais exposta a um declínio abrupto de valor do que o iene japonês, durante a crise asiática (mesmo que suas economias passassem pelo mesmo grau de fraqueza)?

3. Durante a crise asiática, a intervenção direta não impediu a depreciação das moedas. Explique por que as intervenções não funcionaram.

4. Durante a crise asiática, algumas empresas locais na Ásia tomaram emprestados dólares, em vez de moeda local, para sustentar suas operações locais. Por que elas tomaram emprestados dólares quando, na realidade, precisavam da moeda local para sustentar suas operações? Por que essa estratégia fez o tiro sair pela culatra?

5. A crise asiática mostrou que a crise cambial pode afetar as taxas de juros. Por que a crise pressionou as taxas de juros para cima nos países asiáticos? Por que pressionou para baixo as taxas de juros americanos?

6. De acordo com o efeito Fisher internacional, as altas taxas de juros refletem uma inflação esperada alta e poderão sinalizar uma fraqueza futura da moeda. Com base nessa teoria, como as expectativas das taxas de câmbio asiáticas mudariam depois que as taxas de juros na Ásia aumentassem?

7. Durante a crise asiática, por que o desconto da taxa a termo das moedas asiáticas mudou? Você acha que ela aumentou ou diminuiu? Por quê?

8. Durante a crise de Hong Kong, o mercado de ações do país caiu consideravelmente em um período de quatro dias, devido a preocupações no mercado de câmbio estrangeiro. Por que os preços de ações cairiam devido a preocupações no mercado de câmbio estrangeiro? Por que alguns países estariam mais suscetíveis a esse tipo de situação do que outros?

9. No dia 26 de agosto de 1998, o dia em que a Rússia decidiu deixar o rublo flutuar livremente, a moeda caiu cerca de 50%. No dia seguinte, chamado de "Quinta-feira Sangrenta", os mercados de ações ao redor do mundo (inclusive dos Estados Unidos) caíram em mais de 4%. Por que você acha que a queda do rublo teve esse impacto global sobre os preços das ações? O efeito teria sido diferente se essa queda vertiginosa tivesse ocorrido em um período anterior, como quatro anos antes? Por quê?

10. Normalmente, espera-se que uma moeda fraca estimule a economia local. Todavia, ocorreu que as moedas fracas da Ásia afetaram adversamente suas economias. Por que você acha que o enfraquecimento das moedas não melhorou inicialmente suas economias durante a crise asiática?

11. Durante a crise asiática, Hong Kong e China intervieram com sucesso (aumentando suas taxas de juros), protegendo suas moedas locais para não se depreciarem. No entanto, esses países também foram afetados adversamente pela cri-

se asiática. Por que você acha que as ações para proteger os valores de suas moedas afetaram as economias desses países? Por que você acha que a fraqueza das outras moedas asiáticas perante o dólar e a estabilidade das moedas da China e de Hong Kong perante o dólar afetaram adversamente suas economias?

12. Por que você acha que os valores das obrigações emitidas pelos governos asiáticos caíram durante a crise asiática? Por que você acha que os valores das obrigações latino-americanas caíram em resposta à crise asiática?

13. Por que você acha que a depreciação das moedas asiáticas afetou adversamente as empresas americanos? (Há pelo menos três razões, cada uma relacionada a um tipo diferente de exposição de algumas empresas americanas ao risco da taxa de câmbio.)

14. Durante a crise asiática, as moedas de muitos países asiáticos caíram, apesar de seus governos terem procurado intervir diretamente ou aumentado as taxas de juros. Dado que a depreciação repentina das moedas foi atribuída à súbita saída de fundos nos mercados monetários, qual ação alternativa de um governo asiático poderia ter tido mais sucesso para impedir uma queda considerável nos valores das moedas? Há algum efeito adverso possível em sua solução?

CAPÍTULO 7

Paridade da Taxa de Juros e Arbitragem Internacional

Se ocorrerem discrepâncias dentro do mercado de câmbio estrangeiro, com os preços das moedas divergindo do que deveriam ser os preços de mercado, as forças de mercado realinharão as taxas. O realinhamento ocorre como resultado da arbitragem internacional. Gestores financeiros de EMNs precisam entender como a arbitragem realinha as taxas de câmbio porque ela possui implicações de como eles deveriam utilizar o mercado de câmbio estrangeiro para facilitar seus negócios internacionais.

Os objetivos específicos deste capítulo são:

- explicar as condições que resultarão das várias formas de arbitragem internacional, junto com os realinhamentos que ocorrerão em resposta a várias formas de arbitragem internacional, e
- explicar a concepção de paridade da taxa de juros e como ela impede as oportunidades de arbitragem.

Arbitragem Internacional

A **arbitragem** pode ser definida simplesmente como a possibilidade de lucrar sobre uma discrepância em preços correntes, obtendo lucros sem riscos. Em muitos casos, a estratégia não exige um investimento de fundos retidos em um período de tempo e não envolve qualquer risco.

EXEMPLO

Dois antiquários de moeda compram e vendem moedas. Se a Loja A vender uma moeda em particular por $ 120, enquanto a Loja B está disposta a comprar a mesma moeda por $ 130, uma pessoa poderá exercer a arbitragem comprando a moeda na Loja A por $ 120 e vendê-la para a Loja B por $ 130. Os preços nos antiquários de moeda podem variar porque as condições de demanda podem variar pelas localidades das lojas. Se duas lojas de moeda não souberem os preços uma da outra, a oportunidade de arbitragem poderá ocorrer.

216 FINANÇAS CORPORATIVAS INTERNACIONAIS

O ato de arbitragem ocasionará o realinhamento dos preços. No nosso exemplo, a arbitragem fará com que a Loja A aumente seu preço (devido à grande demanda pela moeda). Ao mesmo tempo, a Loja B reduziria seu preço de compra após receber um excesso de moedas quando a arbitragem ocorresse. O tipo de arbitragem discutido neste capítulo é principalmente da área internacional; aplica-se aos mercados monetários internacionais e de câmbio estrangeiro e compreende três formas comuns:

- arbitragem localizada;
- arbitragem triangular;
- arbitragem de juros coberta.

Cada uma dessas formas será discutida a seguir.

Arbitragem Localizada

Os bancos comerciais que oferecem serviços de câmbio normalmente negociam com as mesmas taxas sobre moedas, de modo que a demanda da melhor oferta pode não necessariamente levar a taxas mais favoráveis. Se as condições de oferta e demanda por uma moeda em particular variarem entre os bancos, eles poderão determinar o preço a diferentes taxas, e os mercados forçarão o realinhamento.

Quando as cotações das taxas de câmbio variam entre localidades, os participantes do mercado de câmbio estrangeiro poderão lucrar sobre a discrepância. Especificamente, poderão utilizar a **arbitragem localizada**, que é o processo de comprar uma moeda no local em que seu preço for baixo e imediatamente vendê-la em um outro local em que o preço for mais alto.

EXEMPLO

O Akron Bank e o Zyn Bank servem ao mercado de câmbio estrangeiro comprando e vendendo moedas. Suponha que não haja spread de preços de compra e venda. A cotação da taxa de câmbio no Akron Bank sobre a libra esterlina é de $ 1,60, enquanto a cotação da taxa de câmbio no Zyn Bank é de $ 1,61. Você poderia realizar uma arbitragem localizada comprando libras no Akron Bank por $ 1,60 a libra e depois vendê-las no Banco Zyn por $ 1,61 a libra. Sob a condição de não haver spreads de preços de compra e venda e de não haver custos para realizar essa estratégia de arbitragem, seu ganho seria de $ 0,01 por libra. O ganho é livre de risco, de modo que você sabia na hora da compra das libras por quanto poderia vendê-las. Você também não precisou bloquear seus recursos em momento algum.

A arbitragem localizada normalmente é realizada por bancos ou por outros operadores de câmbio estrangeiro cujos computadores continuamente monitoram as cotações fornecidas por outros bancos. Se os outros bancos notassem uma discrepância entre o Akron Bank e o Zyn Bank, rapidamente se envolveriam na arbitragem localizada para obterem um imediato lucro livre de riscos. Uma vez que os bancos possuem um spread de preços de compra e venda sobre moedas, o próximo exemplo explora tal diferencial.

EXEMPLO

A informação sobre as libras esterlinas nos dois bancos é revisada para incluir o spread de preços de compra e venda na Tabela 7.1. Com base nessas cotações, você não mais poderá lucrar com a arbitragem localizada. Se você comprar as libras do Akron Bank por $ 1,61 (o preço de venda do banco) e depois vendê-las no Zyn Bank por seu preço de compra de $ 1,61, você não ganha nem perde. Como este exemplo demonstra, mesmo que os preços

	Akron Bank			Zyn Bank	
	Preço de compra	Preço de venda		Preço de compra	Preço de venda
Cotação da libra esterlina	$ 1,60	$ 1,61	Cotação da libra esterlina	$ 1,61	$ 1,62

Tabela 7.1 Cotação de moeda como exemplo de arbitragem localizada.

de dois bancos sejam diferentes, a arbitragem localizada nem sempre será possível. Para obter lucro com a arbitragem localizada, o preço de compra de um banco deverá ser mais alto que o preço de venda de outro banco.

Ganhos com Arbitragem Localizada. Seu ganho com a arbitragem localizada é baseado na quantia de dinheiro que você utiliza para capitalizar a discrepância da taxa de câmbio, junto com a dimensão da discrepância.

EXEMPLO

As cotações do dólar da Nova Zelândia (NZ$) em dois bancos são apresentadas na Figura 7.1. Você poderá obter dólares da Nova Zelândia no North Bank a um preço de venda de $ 0,640 e depois vendê-los ao South Bank pelo preço de compra de $ 0,645. Isso representa uma transação de "rota completa" em arbitragem localizada. Se você iniciar com $ 10.000 e realizar uma transação de rota completa, com quantos dólares americanos você acabará? Inicialmente, é feito o câmbio dos $ 10.000 para NZ$ 15.625 ($ 10.000/$ 0,640 por dólar da Nova Zelândia) no North Bank. Em seguida, os NZ$ 15.625 são vendidos por $ 0,645 cada, totalizando $ 10.078. Portanto seu ganho da arbitragem localizada é $ 78.

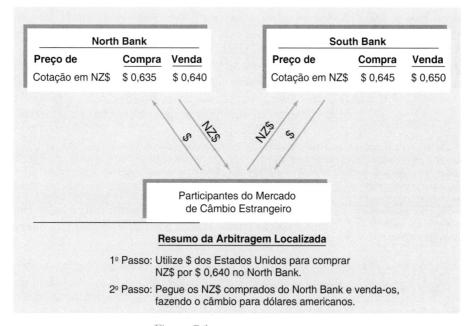

Figura 7.1 Arbitragem localizada.

Seu ganho pode parecer relativamente pequeno pelo seu investimento de $ 10.000. No entanto, considere que você não teve de bloquear seus fundos. Sua transação de rota completa poderia ocorrer por uma rede de telecomunicações em prazo de segundos. Além disso, se você puder utilizar uma soma de dinheiro maior para a transação, seus ganhos seriam maiores. Finalmente, você poderia repetir suas transações de rota completa até que o preço de venda não mais seja menor que o preço de compra do South Bank.

Esse exemplo não tem a intenção de sugerir que você pode pagar a sua educação por meio de arbitragem localizada de tempo parcial. Como mencionado anteriormente, operadores de câmbio estrangeiro comparam as cotações dos bancos em terminais de computadores, que imediatamente sinalizam uma oportunidade de empregar a arbitragem localizada.

Realinhamento devido à Arbitragem Localizada. Os preços cotados reagirão à estratégia de arbitragem localizada utilizada por você e por outros participantes do mercado de câmbio estrangeiro.

EXEMPLO

No exemplo anterior, a alta demanda por dólares da Nova Zelândia no North Bank (resultante da atividade de arbitragem) ocasionará uma falta de dólares da Nova Zelândia por lá. Como resultado dessa falta, o North Bank elevará seu preço de venda de dólares da Nova Zelândia. O excesso de oferta de dólares da Nova Zelândia no South Bank (resultante das vendas de dólares da Nova Zelândia ao South Bank em troca dos dólares americanos) forçará o South Bank a abaixar seu preço de compra. Quando os preços da moeda estiverem ajustados, os ganhos de arbitragem localizada serão reduzidos. Uma vez que o preço de venda do North Bank não é mais baixo que o preço de compra do South Bank, a arbitragem localizada não mais ocorrerá. Os preços podem se ajustar em segundos ou em minutos, a partir do momento em que a arbitragem localizada ocorrer.

O conceito de arbitragem localizada é relevante para explicar por que as cotações de taxa de câmbio entre os bancos em diferentes localidades normalmente não diferem em quantias significativas. Isso se aplica não apenas a bancos da mesma rua ou da mesma cidade, mas a todos os bancos do mundo. A tecnologia permite que os bancos estejam eletronicamente conectados às cotações de câmbio a qualquer hora. Portanto, os bancos podem ter certeza de que suas cotações estão em linha com as de outros bancos. Eles também podem detectar imediatamente quaisquer discrepâncias entre as cotações, assim que ocorrerem, e capitalizar sobre elas. Dessa forma, a tecnologia permite preços mais consistentes entre os bancos e reduz a probabilidade de discrepâncias significativas das cotações de câmbio estrangeiro entre as localidades.

http://

O site http://finance. yahoo.com/currency?u fornece um conversor de moedas para mais de cem moedas, com atualizações freqüentes das taxas de câmbio estrangeiro.

Arbitragem Triangular

Taxas de câmbio cruzadas representam a relação entre duas moedas que são diferentes da nossa base de moedas. Nos Estados Unidos, o termo **taxa de câmbio cruzada** refere-se à relação entre duas moedas sem que uma delas seja o dólar.

EXEMPLO

Se a libra esterlina (£) valer $ 1,60, enquanto o dólar canadense (C$) valer $ 0,80, o valor da libra esterlina em relação ao dólar canadense é calculado como segue:

PARIDADE DA TAXA DE JUROS E ARBITRAGEM INTERNACIONAL **219**

$$\text{Valor da £ em unidades de C\$} = \$ 1,60/\$ 0,80 = 2,0$$

O valor do dólar canadense em unidades de libras poderá também ser determinado pela fórmula da taxa de câmbio cruzada:

$$\text{Valor do C\$ em unidades de £} = \$ 0,80/\$ 1,60 = 0,50$$

Note que o valor do dólar canadense em unidades de libras é simplesmente a recíproca do valor da libra em unidades de dólares canadenses.

Se a taxa de câmbio cruzada cotada for diferente da taxa de câmbio cruzada apropriada (como determinado na fórmula anterior), você poderá tentar capitalizar a discrepância. Especificamente, você poderá usar a **arbitragem triangular**, na qual as transações são realizadas no mercado à vista para ganhar sobre a discrepância na taxa de câmbio cruzada entre duas moedas.

E X E M P L O

Suponha que um banco cotou a libra esterlina (£) em $ 1,60, o ringgit da Malásia (MYR) em $ 0,20 e a taxa de câmbio cruzada em £ 1 = MYR 8,1. Sua primeira tarefa é usar o valor da libra e do ringgit em dólares americanos para desenvolver a taxa de câmbio que deve haver entre a libra e o ringgit da Malásia. A fórmula da taxa cruzada no exemplo anterior revela que a libra deve valer MYR 8,0.

Ao cotar uma taxa de câmbio cruzada de £ 1 = MYR 8,1, o banco está fazendo o câmbio com ringgits demais por uma libra e está pedindo ringgits demais para o câmbio da libra. Com base nessa informação, você poderá se envolver em arbitragem triangular comprando libras com dólares, convertendo as libras em ringgits e então convertendo os ringgits em dólares. Se você tiver $ 10.000, quantos dólares você terá se implementar essa estratégia de arbitragem triangular? Para responder à questão, considere os seguintes passos:

1. Determine o número de libras recebido pelos seus dólares: $ 10.000 = £ 6.250, com base na cotação do banco de $ 1,60 por libra.
2. Determine quantos ringgits você receberá no câmbio por libras: £ 6.250 = MYR 50.625, com base na cotação do banco de 8,1 por libra.
3. Determine quantos dólares americanos você receberá no câmbio por ringgits: MYR 50.625 = $ 10.125, com base na cotação do banco de $ 0,20 por ringgit (5 ringgits para 1 dólar). A estratégia de arbitragem triangular gera $ 10.125, o que é $ 125 a mais do que a quantia com que você começou.

Como em arbitragem localizada, a arbitragem triangular não bloqueia seus fundos. A estratégia também é livre de riscos, visto que não há incertezas sobre os preços com os quais você comprará e venderá as moedas.

Considerando o Spread de Preços de Compra e de Venda. O exemplo anterior está simplificado por não contabilizar custos de transação. Na verdade, há uma cotação de preço de compra e outra de preço venda para cada moeda, o que significa que a arbitragem implica custos de transação que poderão reduzir ou até mesmo eliminar os ganhos em uma arbitragem triangular. O exemplo a seguir ilustra como os preços de compra e de venda afetam os lucros da arbitragem.

E X E M P L O

Usando a Tabela 7.2, você poderá dizer se a arbitragem é possível ao começar com uma quantia fictícia (digamos, $ 10.000) de dólares americanos e estimando o número de dólares

	Cotação de Preço de Compra	Cotação de Preço de Venda
Valor de uma libra esterlina em dólares americanos	$ 1,60	$ 1,61
Valor de um ringgit da Malásia (MYR) em dólares americanos	$ 0,200	$ 0,201
Valor de uma libra esterlina em ringgits da Malásia (MYR)	MYR 8,10	MYR 8,20

Tabela 7.2 Cotação de moedas para um exemplo de arbitragem triangular.

que você geraria ao implantar a estratégia. A Tabela 7.2 difere do exemplo anterior somente porque agora o spread é considerado.

Lembre que a estratégia de arbitragem triangular anterior envolvia o câmbio de dólares por libras, libras por ringgits e depois ringgits por dólares. Aplique essa estratégia a preços de compra e de venda da Tabela 7.2. Seus $ 10.000 iniciais serão convertidos em £ 6.211 (com base no preço de venda do banco de $ 1,61 por libra). Então, as £ 6.211 são convertidas em MYR 50.310 (com base no preço de compra do banco para libras a MYR 8,1 por libra, £ 6.211 × 8,1 = MYR 50.309). Em seguida, os MYR 50.310 são convertidos em $ 10.062 (com base no preço de compra do banco a $ 0,200). O lucro é de $ 10.062 – $ 10.000 = $ 62. O lucro é menor aqui do que no exemplo anterior porque as cotações de compra e de venda são utilizadas.

Realinhamento devido à Arbitragem Triangular. O realinhamento que resulta da atividade de arbitragem triangular está resumido na segunda coluna da Tabela 7.3. O realinhamento provavelmente ocorrerá rapidamente para impedir o benefício contínuo com a arbitragem triangular. As supostas discrepâncias aqui provavelmente não ocorrerão em um único banco. Mais provavelmente, a arbitragem triangular necessitaria de três transações em três bancos diferentes.

Dadas três moedas, a taxa de câmbio entre cada par é mostrada na Figura 7.2. Se quaisquer duas dessas três taxas de câmbio forem conhecidas, a taxa de câmbio do terceiro par poderá ser determinada. Quando a taxa de câmbio cruzada efetiva for diferente da taxa de câmbio cruzada apropriada, as taxas de câmbio das moedas não estarão em equilíbrio. A arbitragem triangular forçaria as taxas de câmbio de volta ao equilíbrio.

Como a arbitragem localizada, a arbitragem triangular é uma estratégia com a qual poucos de nós poderão um dia levar vantagem, porque a tecnologia computadorizada disponível para os operadores de câmbio estrangeiro facilmente detectará os desalinhamentos nas taxas de câmbio cruzadas. O ponto desta discussão é que, devido à arbitragem triangular, as taxas de câmbio cruzadas geralmente estão corretamente alinhadas. Se não estiverem, a arbitragem triangular ocorrerá até que as taxas estejam alinhadas corretamente.

Atividade	Impacto
1. Participantes utilizam dólares para comprar libras.	O banco aumenta seu preço de venda de libras em relação ao dólar.
2. Participantes utilizam libras para comprar ringgits da Malásia.	O banco reduz seu preço de compra de libras esterlinas em relação ao ringgit; isto é, reduz o número de ringgits a ser trocado por libra recebida.
3. Participantes utilizam ringgits da Malásia para comprar dólares.	O banco reduz seu preço de compra do ringgit em relação ao dólar.

Tabela 7.3 Impacto da arbitragem triangular.

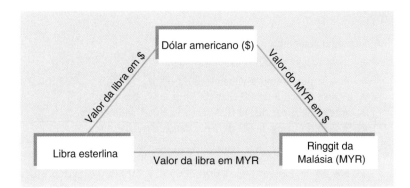

Figura 7.2
Relação entre três moedas.

Arbitragem de Juros Coberta

Arbitragem de juros coberta é o processo de capitalização do diferencial da taxa de juros entre dois países enquanto estiver cobrindo seu risco de taxa de câmbio. A lógica no termo *arbitragem de juros coberta* torna-se clara quando é separada em duas partes: "arbitragem de juros" refere-se ao processo de capitalização da diferença entre as taxas de juros entre dois países; "coberta" refere-se à proteção (*hedging*) de sua posição perante o risco da taxa de câmbio.

A arbitragem de juros coberta às vezes é interpretada para indicar que os fundos a ser investidos são tomados emprestados no local. Nesse caso, os investidores não estão bloqueando quaisquer de seus fundos. Em outra interpretação, no entanto, os investidores utilizam seus próprios fundos. Nesse caso, o termo *arbitragem* é definido imprecisamente, visto que há uma quantia positiva de dólares investida por um período de tempo. A discussão a seguir está baseada no último significado de arbitragem de juros coberta; sob qualquer uma das duas interpretações, no entanto, a arbitragem deve ter um impacto semelhante sobre o valor da moeda e das taxas de juros.

EXEMPLO

Você deseja capitalizar sobre as taxas de juros no Reino Unido e possui fundos disponíveis por 90 dias. A taxa de juros é certa; somente a taxa de câmbio futura, pela qual você fará o câmbio de libras novamente em dólares americanos, é incerta. Você poderá utilizar uma venda a termo de libras para garantir a taxa pela qual você fará o câmbio das libras por dólares em um momento futuro. A estratégia efetiva é a seguinte:

1. No dia 1º, você converte os dólares americanos em libras e abre uma conta de depósitos de 90 dias em um banco britânico.
2. No dia 1º, você faz um contrato a termo para vender libras em 90 dias.
3. Em 90 dias, quando esgotar o prazo do depósito, converta as libras em dólares americanos pela taxa acordada no contrato a termo.

Se o montante da arbitragem de juros coberta exceder o montante da inversão em um depósito bancário doméstico, e supondo que nenhum dos depósitos esteja sob risco de inadimplência, a arbitragem de juros coberta é viável. A viabilidade da arbitragem de juros coberta é baseada no diferencial da taxa de juros e no prêmio da taxa a termo. Para ilustrar, considere o exemplo numérico a seguir:

222 FINANÇAS CORPORATIVAS INTERNACIONAIS

EXEMPLO

Suponha a seguinte informação:

- Você possui $ 800.000 para investir.
- A taxa de câmbio à vista atual da libra é $ 1,60.
- A taxa a termo de 90 dias da libra é $ 1,60.
- A taxa de juros de 90 dias nos Estados Unidos é 2%.
- A taxa de juros de 90 dias no Reino Unido é 4%.

Com base nesses dados, você deve proceder como segue:

1. No dia 1º, converta os $ 800.000 em £ 500.000 e as deposite em um banco britânico.
2. No dia 1º, venda a termo £ 520.000, para 90 dias. Quando o prazo do depósito se esgotar, você terá £ 520.000 (incluindo os juros).
3. Em 90 dias, quando o prazo do depósito se esgotar, você cumprirá sua obrigação do contrato a termo convertendo suas £ 520.000 em $ 832.000 (baseado na taxa do contrato a termo de $ 1,60 por libra).

Isso reflete um retorno de 4% sobre o período de três meses, sendo 2% acima do retorno de um depósito nos Estados Unidos. Além disso, o retorno desse depósito é conhecido no dia 1º, visto que você sabe, quando faz o depósito, exatamente quantos dólares receberá de seu investimento de 90 dias.

Lembre que as arbitragens localizadas e triangular não bloqueiam os fundos; assim, qualquer lucro é obtido instantaneamente. Nesse caso de arbitragem de juros coberta, os fundos são bloqueados por um período de tempo (90 dias, no nosso exemplo). Essa estratégia não seria vantajosa se rendesse 2% ou menos, já que você poderia obter 2% em um depósito doméstico. O termo *arbitragem* aqui sugere que você pode garantir um retorno sobre seus fundos o qual excede os retornos que você obtém domesticamente.

Realinhamento devido à Arbitragem de Juros Coberta. Como nas outras formas de arbitragem, as forças de mercado resultantes de arbitragem de juros coberta causarão um realinhamento de mercado. Uma vez ocorrendo o realinhamento, lucros excedentes da arbitragem não mais serão possíveis.

Nos exemplos anteriores, quatro variáveis (taxa de câmbio à vista da libra, taxa de juros britânica, taxa de juros americana e taxa a termo da libra) poderiam ser afetadas pela arbitragem de juros coberta. É difícil prever a magnitude exata de cada mudança. No entanto, como deveria ser claro, cada mudança reduz o retorno excedente obtido inicialmente da arbitragem de juros coberta.

EXEMPLO

Usando as informações do exemplo anterior, a Tabela 7.4 resume o impacto da arbitragem de juros coberta sobre as taxas de câmbio e as taxas de juros. Se supusermos nenhum ajuste nas taxas de juros, a arbitragem de juros coberta será viável até que a taxa a termo da libra esteja suficientemente abaixo da taxa de câmbio à vista para suprimir a vantagem da taxa de juros. Dado que a taxa de juros britânica está 2% acima da taxa de juros americana, os investidores americanos poderão se beneficiar com a arbitragem de juros coberta até que a taxa a termo esteja cerca de 2% abaixo da taxa de câmbio à vista.

Agora suponha que as taxas de câmbio mudem em resposta à arbitragem de juros coberta, como apresentado na Tabela 7.5. Com essas taxas, esforços adicionais para realizar a arbitragem de juros coberta não darão retornos mais altos que a taxa de juros vigente nos Estados Unidos para os investidores americanos. Isso pode ser mostrado calculando

PARIDADE DA TAXA DE JUROS E ARBITRAGEM INTERNACIONAL **223**

Atividade	Impacto
1. Use dólares para comprar libras no mercado à vista.	Pressão para cima sobre a taxa de câmbio à vista da libra.
2. Faça um contrato a termo para vender libras a termo.	Pressão para baixo sobre a taxa a termo da libra.
3. Invista fundos dos Estados Unidos no Reino Unido.	Possível pressão para cima sobre as taxas de juros americanas e pressão para baixo sobre as taxas de juros britânicas.

Tabela 7.4 Impacto da arbitragem de juros coberta.

	Valor Original	Valor depois de ser Afetadas pela Arbitragem de Juros Coberta
Taxa de câmbio à vista da libra esterlina em dólares americanos	$ 1,60	$ 1,6200
Taxa a termo de 90 dias da libra em dólares americanos	1,60	1,5888

Tabela 7.5 Ajustes nas taxas de câmbio devido à arbitragem de juros coberta.

o retorno obtido da arbitragem de juros coberta, como segue (supondo um investimento inicial de $ 800.000):

1. Converta $ 800.000 em libras:

$$\$ 800.000/\$ 1,62 = £ 493.827$$

2. Calcule as libras acumuladas durante os 90 dias a 4%:

$$£ 493.827 \times 1,04 = £ 513.580$$

3. Reconverta as libras em dólares (pela taxa a termo de $ 1,5888) após 90 dias:

$$£ 513.580 \times \$ 1,5888 = \$ 815.976$$

4. Determine o rendimento obtido da arbitragem de juros coberta:

$$(\$ 815.976 - \$ 800.000)/\$ 800.000 = 0,02 \text{ ou } 2\%$$

Como esse exemplo mostra, os indivíduos que inicialmente realizam arbitragem de juros coberta fazem com que as taxas de câmbio e, possivelmente, as taxas de juros se movam de tal maneira que futuras tentativas de arbitragem de juros coberta darão um retorno que não é melhor do que aquilo que é possível domesticamente. Graças às forças de mercado da arbitragem de juros coberta, uma relação entre o prêmio da taxa a termo e os diferenciais da taxa de juros deve existir. Essa relação será discutida brevemente.

Considerações sobre Spreads. Mais um exemplo é dado para ilustrar os efeitos do spread entre as cotações de compra e de venda e o spread entre o depósito e as taxas de empréstimo.

EXEMPLO

Existem as seguintes taxas de câmbio e taxas de juros de um ano:

	Preço de Compra	Preço de Venda
Euro à vista	$ 1,12	$ 1,13
Euro a termo de um ano	1,12	1,13
	Taxa de Depósito	Taxa de Empréstimo
Taxa de juros sobre dólares	6,0%	9,0%
Taxa de juros sobre euros	6,5%	9,5%

Você possui $ 100.000 para investir por um ano. Você obteria lucro se se envolvesse em arbitragem de juros coberta?

Note que as cotações do euro à vista e da taxa a termo são exatamente as mesmas, enquanto a taxa de juros de depósito sobre euros é 0,5% maior que a taxa de juros de depósitos sobre dólares. Assim, poderá parecer que a arbitragem de juros coberta é viável. No entanto, os investidores americanos estariam sujeitos ao preço de venda ao comprar euros (€) no mercado à vista *versus* o preço de compra ao vender os euros por meio de contrato a termo de um ano.

1. Converta $ 100.000 em euros (preço de venda):

$$\$ 100.000/\$ 1,13 = € 88.496$$

2. Calcule os euros acumulados em um ano a 6,5%:

$$€ 88.496 \times 1,065 = € 94.248$$

3. Venda os euros por dólares à taxa a termo (preço de compra):

$$€ 94.248 \times 1,12 = \$ 105.558$$

4. Determine o rendimento obtido da arbitragem de juros coberta:

$$(\$ 105.557 - \$ 100.000)/\$ 100.000 = 0,05557 \text{ ou } 5,557\%$$

O rendimento é menor do que você teria obtido se tivesse investido os fundos nos Estados Unidos. Logo, a arbitragem de juros coberta não é viável.

Comparação dos Efeitos de Arbitragem

A Figura 7.3 apresenta uma comparação de três tipos de arbitragem. A ameaça da arbitragem localizada assegura que as cotações das taxas de câmbio sejam semelhantes entre os bancos em diferentes localidades. A ameaça da arbitragem triangular assegura que as taxas de câmbio cruzadas estejam estabelecidas apropriadamente. A ameaça da arbitragem de juros coberta assegura que as taxas de câmbio a termo estejam estabelecidas apropriadamente. Qualquer discrepância disparará a arbitragem, o que deverá eliminar a discrepância. Logo, a arbitragem tende a estabelecer um mercado de câmbio estrangeiro mais ordenado.

Paridade da Taxa de Juros (PTJ)

Uma vez que as forças de mercado façam as taxas de juros e as taxas de câmbio se ajustarem assim que a arbitragem de juros coberta não seja mais viável, há um estado de equilíbrio conhecido por **paridade da taxa de juros (PTJ)**. Em equilíbrio, a taxa a termo difere da taxa à vista pelo montante suficiente para suprimir o diferencial da taxa de juros entre duas moedas. No exemplo anterior, o investidor americano recebe uma taxa de juros mais alta do investimento estrangeiro, mas há um efeito de compensação porque o investidor deve pagar mais por unidade da moeda estrangeira (à taxa à vista) do que é recebido por unidade quando a moeda é vendida a termo (à taxa a termo). Lembre que, quando a taxa a termo for menor que a taxa à vista, significa que a taxa a termo apresenta um desconto.

Derivação da Paridade da Taxa de Juros

A relação entre o prêmio a termo (ou desconto) de uma moeda estrangeira e as taxas de juros representando essas moedas de acordo com a PTJ poderá ser determinada como segue. Consi-

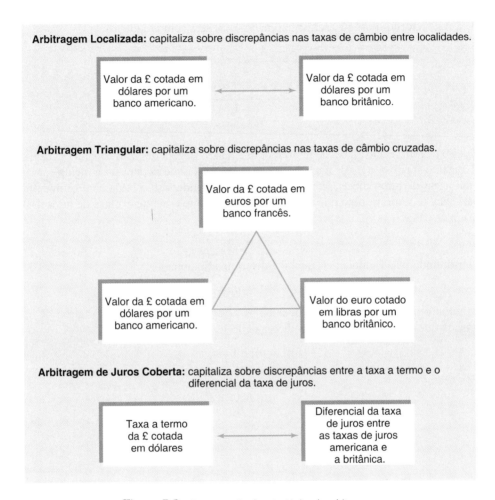

Figura 7.3 Comparação de estratégias de arbitragem.

dere um investidor americano que tenta a arbitragem de juros coberta. O retorno do investidor por utilizar a arbitragem de juros coberta poderá ser determinado dado o seguinte:

- A quantia da moeda nacional (dólares americanos, no nosso exemplo) que é investida inicialmente (A_h).
- A taxa à vista (S) em dólares quando a moeda estrangeira for comprada.
- A taxa de juros sobre o depósito estrangeiro (i_f).
- A taxa a termo (F) em dólares pela qual a moeda estrangeira será convertida de volta em dólares americanos.

A quantia da moeda nacional recebida no final do período de depósito devida a essa estratégia (chamada A_n) será:

$$A_n = (A_h/S)\,(1 + i_f)F$$

Visto que F é simplesmente S multiplicado por 1 mais o prêmio a termo (chamado p), reescrevemos essa equação como:

$$\begin{aligned}A_n &= (A_h/S)\,(1 + i_f)\,[S(1 + p)] \\ &= A_h(1 + i_f)\,(1 + p)\end{aligned}$$

226 FINANÇAS CORPORATIVAS INTERNACIONAIS

A taxa de retorno desse investimento (chamada R) será como segue:

$$R = \frac{A_n - A_h}{A_h} S(1 + p)$$
$$= \frac{[A_h(1 + i_f)(1 + p)] - A_h}{A_h}$$
$$= (1 + i_f)(1 + p) - 1$$

Se a PTJ existir, então a taxa de retorno obtida da arbitragem de juros coberta (R) deverá ser igual à taxa disponível no país natal. Estabelecemos a taxa que poderá ser atingida com o uso da arbitragem de juros coberta como igual à taxa que poderá ser obtida com o investimento no país natal (o retorno sobre o investimento nacional simplesmente é a taxa de juros nacional chamada de i_h):

$$R = i_h$$

Substituindo pela fórmula pela qual R é determinado, obtemos:

$$(1 + i_f)(1 + p) - 1 = i_h$$

Fazendo o rearranjo dos termos, poderemos determinar qual o prêmio a termo da moeda estrangeira que deverá estar sob as condições de PTJ:

$$(1 + i_f)(1 + p)] - 1 = i_h$$
$$(1 + i_f)(1 + p)] = 1 + i_h$$
$$1 + p = \frac{1 + i_h}{1 + i_f}$$
$$p = \frac{1 + i_h}{1 + i_f} - 1$$

Determinação de Prêmios a Termo

Usando as informações apresentadas, o prêmio a termo poderá ser medido com base no diferencial da taxa de juros sob condições da PTJ.

EXEMPLO

Suponha que o peso mexicano apresente uma taxa de juros de seis meses de 6%, enquanto o dólar americano apresenta uma taxa de juros de seis meses de 5%. Da perspectiva do investidor americano, o dólar americano é a moeda nacional. De acordo com a PTJ, o prêmio da taxa a termo do peso em relação ao dólar americano deverá ser:

$$p = \frac{1 + 0,05}{1 + 0,06} - 1$$
$$= -0,0094 \text{ ou } -0,94\% \text{ (não anualizado)}$$

Portanto, o peso deverá apresentar um desconto a termo de cerca de 0,94%. Isso implica que os investidores americanos receberiam 0,94% menos quando vendessem pesos daqui a seis meses (baseado em vendas a termo) do que o preço que pagariam por pesos hoje à taxa à vista. Esse desconto eliminaria a vantagem da taxa de juros do peso. Se a taxa à vista do peso for $ 0,10, um desconto a termo de 0,94% significa que a taxa a termo de seis meses é:

$$F = S(1 + p)$$
$$= \$\ 0,10\ (1 - 0,0094)$$
$$= \$\ 0,09906$$

Relação entre Prêmio a Termo e Diferencial de Taxa de Juros. A relação entre o prêmio a termo (ou desconto) e o diferencial de taxa de juros de acordo com a PTJ é simplificada em uma fórmula aproximada como segue:

$$p = \frac{F - S}{S} \cong i_h - i_f$$

onde

p = prêmio a termo (ou desconto)

F = taxa a termo em dólares

S = taxa à vista em dólares

i_h = taxa de juros nacional

i_f = taxa de juros estrangeira

Essa fórmula aproximada fornece uma estimativa razoável quando o diferencial da taxa de juros é pequeno. As variáveis nessa equação não são anualizadas. No nosso exemplo anterior, a taxa de juros (nacional) dos Estados Unidos é menor que a taxa de juros estrangeira, portanto a taxa a termo contém um desconto (a taxa a termo é menor que a taxa à vista). Quanto maior o grau pelo qual a taxa de juros estrangeira exceder a taxa de juros nacional, tanto maior será o desconto a termo da moeda estrangeira especificado pela fórmula da PTJ.

Se a taxa de juros estrangeira for menor que a taxa de juros nacional, a relação da PTJ sugere que a taxa a termo deverá apresentar um prêmio.

Implicações. Se o prêmio a termo for igual ao diferencial da taxa de juros como explicado anteriormente, a arbitragem de juros coberta não será viável.

E X E M P L O

Use a informação sobre a taxa à vista, a taxa a termo de seis meses do peso e a taxa de juros mexicana do exemplo anterior para determinar o retorno do investidor americano pelo uso da arbitragem de juros coberta. Suponha que o investidor inicie com $ 1.000.000 para investir.

1º passo. No primeiro dia, o investidor americano converte $ 1.000.000 em pesos (PMX) a $ 0,10 por peso:

$$\$\ 1.000.000/\$\ 0,10\ \text{por peso} = \text{PMX}\ 10.000.000$$

2º passo. No primeiro dia, o investidor americano também vende pesos a termo de seis meses. O número de pesos futuros a ser vendidos é o acúmulo antecipado de pesos no período de seis meses, o qual é estimado em:

$$\text{PMX}\ 10.000.000 \times (1 + 0,06) = \text{PMX}\ 10.600.000$$

3º passo. Após seis meses, o investidor americano retira o depósito inicial de pesos junto com os juros acumulados, somando o total de 10.600.000 pesos. O investidor converte os pesos em dólares de acordo com o contrato a termo acordado seis meses antes. A taxa a termo era de $ 0,09906, então o número de dólares recebidos da conversão será:

$$\text{PMX}\ 10.600.000 \times (\$\ 0,09906\ \text{por peso}) = \$\ 1.050.036$$

Nesse caso, a arbitragem de juros coberta do investidor obtém um retorno de cerca de 5%. Arredondando o desconto a termo para 0,94% ocorre um leve desvio do retorno de 5%. O resultado sugere que, nesse exemplo, usar a arbitragem de juros coberta gera um retorno que o investidor teria recebido de qualquer forma ao simplesmente investir em fundos domesticamente. Isso confirma que a arbitragem de juros coberta não é viável se existir a PTJ.

Paridade da Taxa de Juros: Análise Gráfica

O diferencial da taxa de juros pode ser comparado ao prêmio a termo (ou desconto) com o uso de um gráfico. Todos os pontos possíveis que representam paridade da taxa de juros estão marcados na Figura 7.4 usando a aproximação expressa antes e introduzindo números.

> **http://**
> Visite http://www.bloomberg.com para as últimas informações dos mercados monetários ao redor do mundo.

Pontos Representando um Desconto. Para todas as situações em que a taxa de juros estrangeira exceder a taxa de juros nacional, a taxa a termo deverá apresentar um desconto aproximadamente igual àquele diferencial. Quando a taxa de juros estrangeira (i_f) exceder a taxa de juros nacional (i_h) em 1% ($i_h - i_f = -1\%$), então a taxa a termo deverá apresentar um desconto de 1%. Isso é representado pelo ponto A no gráfico. Se a taxa de juros estrangeira exceder a taxa de juros nacional em 2%, então a taxa a termo deverá apresentar um desconto de 2%, como representado pelo ponto B no gráfico, e assim por diante.

Pontos Representando um Prêmio. Para todas as situações em que a taxa de juros estrangeira for menor que a taxa de juros nacional, a taxa a termo deverá apresentar um prêmio aproximadamente igual àquele diferencial. Por exemplo, se a taxa de juros nacional exceder a taxa de juros estrangei-

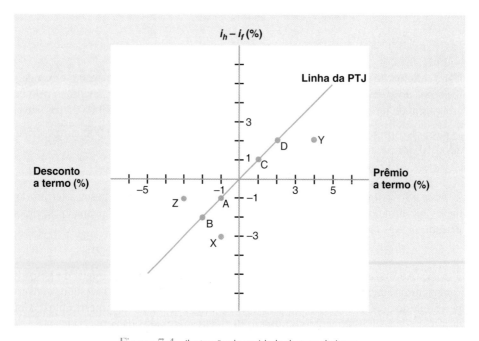

Figura 7.4 Ilustração da paridade da taxa de juros.

ra em 1% ($i_h - i_f = 1\%$), então o prêmio a termo deverá ser de 1%, como representado pelo ponto C. Se a taxa de juros nacional exceder a taxa de juros estrangeira em 2% ($i_h - i_f = 2\%$), então o prêmio da taxa a termo deverá ser de 2%, como representado pelo ponto D, e assim por diante.

Pontos Representando PTJ. Quaisquer pontos que se encontrem na linha diagonal que corta a interseção dos eixos representam a PTJ. Por essa razão, essa linha diagonal é conhecida como **linha da paridade da taxa de juros (PTJ)**. A arbitragem de juros coberta não é possível nos pontos da linha da PTJ.

Uma pessoa física ou empresa poderá, a qualquer hora, examinar todas as moedas para comparar os prêmios de taxa a termo (ou descontos) a diferenciais de taxa de juros. Da perspectiva dos Estados Unidos, as taxas de juros do Japão geralmente são mais baixas que as taxas de juros nacionais. Conseqüentemente, a taxa a termo do iene japonês geralmente apresenta um prêmio e pode ser representada por pontos como C ou D ou até mesmo acima de D pela linha diagonal da Figura 7.4. De forma contrária, o Reino Unido freqüentemente possui taxas de juros mais altas que os Estados Unidos, assim a taxa a termo da libra freqüentemente apresenta um desconto, representado pelo ponto A ou B.

A Figura 7.4 poderá ser usada se você anualizar ou não as taxas contanto que você seja consistente. Isto é, se você anualizar a taxa de juros para determinar o diferencial da taxa de juros, você deverá também anualizar o prêmio ou o desconto a termo.

Pontos Abaixo da Linha da PTJ. E se um depósito de três meses representado por uma moeda estrangeira oferecer uma taxa de juros anual de 10% contra uma taxa de juros anual de 7% no país natal? Essa condição é representada no gráfico por $i_h - i_f = -3\%$. Também suponha que a moeda estrangeira apresente um desconto a termo anual de 1%. A informação do diferencial de taxa de juros combinada e o desconto a termo poderão ser representados pelo ponto × no gráfico. Visto que o ponto × não se encontra na linha da PTJ, devemos esperar que a arbitragem de juros coberta seja benéfica para alguns investidores. O investidor obtém um adicional de três pontos percentuais pelo depósito estrangeiro, e essa vantagem só será contrabalançada parcialmente pelo 1% de desconto a termo.

Suponha que a taxa de juros anual para a moeda estrangeira seja de 5%, comparada aos 7% do país natal. O diferencial da taxa de juros expresso no gráfico será $i_h - i_f = 2\%$. No entanto, suponha que o prêmio a termo da moeda estrangeira seja 4% (ponto Y na Figura 7.4). Portanto, o prêmio a termo alto mais do que compensa o que o investidor perderá sobre a taxa de juros mais baixa do investimento estrangeiro.

Se a taxa de juros atual e a situação da taxa a termo forem representadas pelos pontos × ou Y, os investidores no país natal poderão se envolver com a arbitragem de juros coberta. Ao investir em uma moeda estrangeira, poderão obter um retorno maior (depois de considerar a taxa de juros estrangeira e o prêmio ou desconto a termo) que a taxa de juros nacional. Esse tipo de atividade pressionará para cima a taxa à vista da moeda estrangeira e, para baixo, a taxa a termo da moeda estrangeira, até que a arbitragem de juros coberta não seja mais viável.

Pontos Acima da Linha da PTJ. Agora, mude para o lado esquerdo da linha da PTJ. Tome o ponto Z, por exemplo. Ele representa a taxa de juros estrangeira que excede a taxa de juros nacional em 1%, enquanto a taxa a termo apresenta um desconto de 3%. Esse ponto, como todos os pontos à esquerda da linha da PTJ, representa uma situação na qual os investidores americanos obteriam um retorno mais baixo sobre um investimento estrangeiro do que em um investimento doméstico. Esse retorno mais baixo normalmente ocorre porque (1) a vantagem da taxa de juros estrangeira relativa à taxa de juros americana é mais do que suprimida pela taxa de desconto a termo (refletida pelo ponto Z) ou (2) o grau em que a taxa de juros doméstica excede a taxa de juros estrangeira mais do que anula o prêmio da taxa a termo.

Para pontos como esses, no entanto, a arbitragem de juros coberta é viável da perspectiva de investidores estrangeiros. Considere os investidores britânicos no Reino Unido, cuja taxa de juros é 1% mais alta que a taxa de juros americana, e a taxa a termo (em relação ao dólar) contém um desconto de 3% (como representado pelo ponto Z). Os investidores britânicos venderão sua moeda estrangeira em troca de dólares, investirão em títulos denominados em dólares e se envolverão em contratos a termo para comprar libras a termo. Apesar de obterem 1% a menos sobre o investimento nos Estados Unidos, poderão comprar sua moeda nacional por 3% a menos do valor pelo qual a venderam inicialmente. Esse tipo de atividade pressionará a taxa à vista da libra para baixo e a taxa a termo da libra para cima, até que a arbitragem de juros coberta não seja mais viável.

Como Testar se a Paridade da Taxa de Juros Existe

Um investidor ou uma empresa poderá marcar todos os pontos realísticos para várias moedas em um gráfico como o da Figura 7.4 para determinar os ganhos da arbitragem de juros coberta que podem ser obtidos. A localização dos pontos pode indicar se a arbitragem de juros coberta é rentável. Para os pontos à direita da linha da PTJ, os investidores no país natal deverão considerar o uso da arbitragem de juros coberta, visto que um retorno mais alto que a taxa de juros nacional (i_h) é alcançável. Naturalmente, como investidores e empresas levam vantagem em tais oportunidades, o ponto tenderá a se mover para a linha da PTJ. A arbitragem de juros coberta deverá continuar até que a relação de paridade da taxa de juros se imponha.

Interpretação da Paridade da Taxa de Juros

A paridade da taxa de juros deve ser interpretada com cautela. Não implica que investidores de diferentes países obterão os mesmos retornos. Está concentrada na comparação de um investimento estrangeiro e um doméstico em títulos com juros por um investidor em particular.

> **EXEMPLO**
>
> Suponha que os Estados Unidos tenham uma taxa de juros de 10%, enquanto o Reino Unido possui uma taxa de juros de 14%. Os investidores americanos poderão obter 10% domesticamente ou tentar usar a arbitragem de juros coberta. Se tentarem a arbitragem de juros coberta enquanto a PTJ se impor, então o resultado será um retorno de 10%, o mesmo que poderiam obter nos Estados Unidos. Se os investidores britânicos tentarem a arbitragem de juros coberta enquanto a PTJ for válida, então o resultado será um retorno de 14%, o mesmo que obteriam no Reino Unido. Portanto, os investidores americanos e britânicos *não* obtêm o mesmo retorno nominal aqui, mesmo que a PTJ se imponha. Um resumo apropriado da explicação da PTJ é que se a PTJ for válida, os investidores não poderão utilizar a arbitragem de juros coberta para obter retornos mais altos que aqueles alcançáveis em seus respectivos países natais.

A Paridade da Taxa de Juros se Mantém?

Para determinar conclusivamente se a paridade da taxa de juros se impõe, será necessário comparar a taxa a termo (ou desconto) com as cotações da taxa de juros ocorrendo ao mesmo tempo. Se a taxa a termo e as cotações da taxa de juros não refletirem à mesma hora do dia, então os resultados poderiam ser um tanto distorcidos. Devido às limitações do acesso aos dados, é difícil obter as cotações que reflitam o mesmo ponto no tempo.

Uma comparação de prêmios de taxa a termo anualizados e diferenciais anualizados de taxa de juros de sete moedas amplamente comercializadas no dia 10 de fevereiro de 2004 é apresentada na Figura 7.5, da perspectiva dos Estados Unidos. Nesse período, a taxa de juros dos Estados Unidos era mais alta que a taxa de juros do Japão e mais baixa que as taxas de juros de outros países. A figura mostra que o iene apresentava um prêmio a termo, enquanto todas as outras moedas apresentavam um desconto. O real brasileiro apresentava o desconto a termo mais pronunciado, o que é atribuído a sua taxa de juros relativamente alta. O prêmio a termo ou o desconto de cada moeda está em linha com o diferencial da taxa de juros e, portanto, reflete a PTJ.

Em diferentes pontos no tempo, a posição de um país poderá mudar. Por exemplo, se a taxa de juros mexicana aumentasse, enquanto as taxas de juros de outros países permanecessem as mesmas, a posição do México mudaria para baixo pelo eixo y. Todavia, seu desconto a termo possivelmente seria mais pronunciado (mais para a esquerda pelo eixo x) também, já que, de outro modo, a arbitragem de juros coberta ocorreria. Portanto, seu novo ponto seria mais para a esquerda, porém ainda estaria junto com a linha de 45 graus.

Inúmeros estudos acadêmicos realizaram exames empíricos da PTJ em vários períodos. A relação real entre o prêmio da taxa a termo e os diferenciais da taxa de juros geralmente suportam a PTJ. Embora haja desvios da PTJ, com freqüência não são suficientemente grandes para valer uma arbitragem de juros coberta, como discutiremos com mais detalhes a seguir.

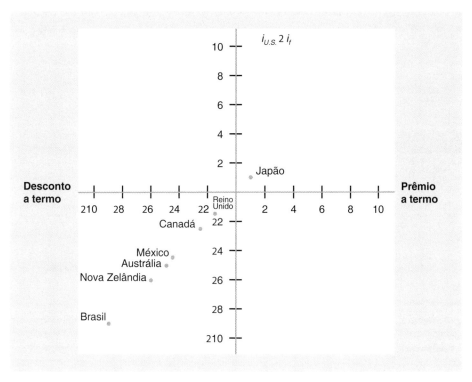

Nota: Os dados são de 10 de fevereiro de 2004. O prêmio da taxa a termo é baseado na taxa a termo de seis meses e é anual. O diferencial da taxa de juros representa a diferença entre a taxa de juros anual dos Estados Unidos de seis meses e a taxa de juros estrangeira de seis meses.

Figura 7.5 Prêmios da taxa a termo e diferenciais da taxa de juros de sete moedas.

Considerações ao Avaliar Paridade da Taxa de Juros

Se a paridade da taxa de juros não se mantiver, a arbitragem de juros coberta merece consideração. Contudo, a arbitragem de juros coberta ainda assim poderá não valer a pena, devido a várias características de investimentos estrangeiros, incluindo custos de transação, risco político e diferenciais de leis tributárias.

Custos de Transação. Se um investidor desejar contabilizar os custos de transação, o ponto real que reflete o diferencial da taxa de juros e o prêmio da taxa a termo deverá estar mais longe da linha da PTJ para a arbitragem de juros coberta valer a pena. A Figura 7.6 identifica as áreas que refletem a possibilidade da arbitragem de juros coberta *depois* de contabilizar os custos de transação. Note a faixa ao redor da linha da PTJ. Para os pontos que não estão sobre a linha da PTJ, mas dentro dessa faixa, a arbitragem de juros coberta não vale a pena (porque o retorno excedente é suprimido pelos custos). Para os pontos à direita (ou abaixo) da faixa, os investidores residentes no país natal poderiam ganhar por meio de arbitragem de juros coberta. Para os pontos à esquerda (ou acima) da faixa, os investidores estrangeiros poderiam ganhar por meio de arbitragem de juros coberta.

Risco Político. Mesmo se a arbitragem de juros coberta parecer viável depois de contabilizar os custos de transação, investir fundos no exterior estará sujeito a risco político. Embora o contrato a termo congele a taxa pela qual os fundos estrangeiros deverão ser reconvertidos, não há garantia de que o governo estrangeiro permitirá que os fundos sejam reconvertidos. Uma crise no país estrangeiro poderá fazer com que seu governo restrinja qualquer câmbio da moeda local por outras moedas. Nesse caso, o investidor não será capaz de utilizar esses fundos até que o governo desse país elimine a restrição.

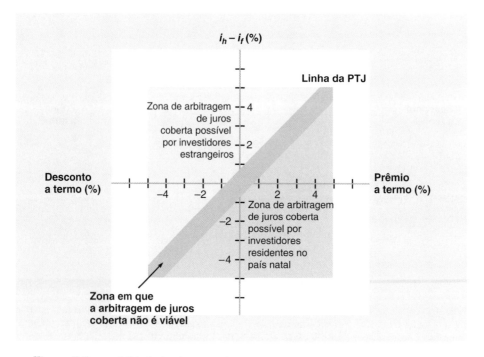

Figura 7.6 Possibilidade de arbitragem de juros coberta considerando custos de transação.

Os investidores também poderão perceber um ligeiro risco de inadimplência sobre investimentos estrangeiros, tais como títulos do Tesouro estrangeiro, uma vez que pode não estar assegurado que o governo garantirá o reembolso total dos juros e do principal em caso de inadimplência. Portanto, devido a preocupações de que os títulos do Tesouro possam inadimplir, eles poderão aceitar uma taxa de juros mais baixa sobre seus títulos domésticos do Tesouro, em vez de se envolverem em arbitragem de juros coberta no esforço de obter um retorno esperado ligeiramente mais alto.

Diferenciais de Leis Tributárias. Como as leis tributárias variam entre os países, os investidores e as empresas que fazem depósitos em outros países deverão estar conscientes das leis tributárias existentes. A arbitragem de juros coberta poderá ser viável quando levados em conta os retornos antes dos tributos, mas não necessariamente quando considerados os resultados depois dos tributos. Uma condição assim seria devido a diferenciais de alíquotas de tributação.

Mudanças nos Prêmios a Termo

A Figura 7.7 ilustra a relação entre os diferenciais da taxa de juros e prêmios a termos no decorrer do tempo. No quarto bimestre de 2000, a taxa de juros americana era mais alta que a taxa de juros sobre euros, e a taxa a termo do euro apresentava um prêmio. Nos dois anos seguintes, a taxa de juros americana caiu a um grau maior que a taxa de juros do euro. Quando a taxa de juros americana caiu abaixo da taxa de juros do euro em 2001, a taxa a termo do euro apresentava um desconto, e a taxa a termo estava abaixo da taxa à vista vigente. Quanto maior o grau em que a taxa de juros do euro excedia a taxa de juros americana, tanto mais pronunciado ficava o desconto a termo do euro.

Durante o período de 2000-2003, a taxa de juros sobre o iene japonês foi próxima de 0,5%. A taxa de juros americana excedeu a taxa de juros japonesa por todo esse período, o que fez com que a taxa a termo do iene japonês apresentasse um prêmio por todo esse período. To-

---

GERENCIANDO PARA VALOR

Como a Paridade da Taxa de Juros Afeta a Proteção (*Hedging*) da IBM

Como muitas EMNs com base nos Estados Unidos, a IBM possui algumas subsidiárias com base no Brasil. Visto que o real brasileiro historicamente depreciou perante o dólar, a IBM naturalmente considera proteger quaisquer fundos que suas subsidiárias brasileiras planejam remeter para a controladora. Contratos a termo e futuros poderão ser usados para proteger as transações futuras nas quais o real brasileiro será convertido em dólares. Devido à paridade da taxa de juros, no entanto, a taxa a termo ou de futuros do real brasileiro é desfavorável em relação à sua taxa à vista. Visto que a taxa de juros brasileira está mais alta que a taxa de juros americana, a PTJ força a taxa a termo do real brasileiro a apresentar um desconto. O desconto pronuncia-se especialmente quando a taxa de juros brasileira for bem alta.

Portanto, se a IBM proteger suas futuras conversões do real brasileiro para dólares, deverá aceitar uma taxa de câmbio com um forte desconto para a conversão no futuro. Essa taxa de câmbio poderá não ser tão favorável quanto a taxa à vista vigente naquele instante futuro, mesmo se a taxa de juros atual cair no decorrer do tempo. Esse é um custo importante ao realizar negócios em países com taxas de juros altas. Uma vez que taxas de juros altas geralmente são ocasionadas por altos níveis de expectativas de inflação, esse exemplo ilustra o efeito indireto que a inflação esperada de um país estrangeiro pode ter sobre uma EMN. A IBM e outras EMNs poderão aumentar seu valor identificando os países que terão um alto grau de inflação esperada e limitando sua exposição à taxa de câmbio nesses países.

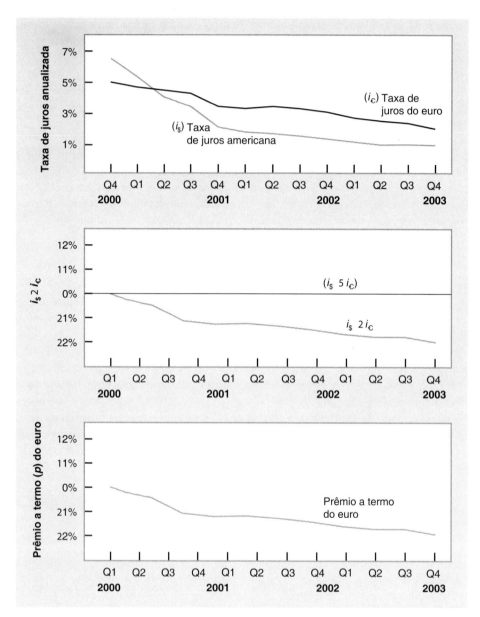

Figura 7.7 Relação entre os diferenciais da taxa de juros e os prêmios da taxa a termo no decorrer do tempo.

davia, a taxa de juros americana declinou durante esse período, o diferencial entre as taxas de juros do Japão e dos Estados Unidos ficou menor e o prêmio da taxa a termo do iene, como resultado, caiu.

USANDO A WEB

Taxas a Termo. As taxas a termo do dólar canadense, da libra esterlina, do euro e do iene japonês de vários períodos estão disponíveis em http://www.bmo.com/economic/regular/fxrates.html.

RESUMO

- A arbitragem localizada poderá ocorrer se as cotações diferirem entre os bancos. O ato da arbitragem localizada deverá forçar as cotações do câmbio estrangeiro dos bancos a se realinharem, e a arbitragem localizada não mais será possível.

- A arbitragem triangular é em relação às taxas de câmbio cruzadas. Uma taxa de câmbio cruzada entre duas moedas é determinada pelos valores dessas moedas em relação a uma terceira moeda. Se a taxa de câmbio cruzada real dessas duas moedas diferir da taxa que deveria existir, a arbitragem triangular será possível. O ato da arbitragem triangular deverá forçar as taxas de câmbio cruzadas a se realinharem, quando a arbitragem triangular não mais será possível.

- A arbitragem de juros coberta é baseada na relação entre o prêmio da taxa a termo e o diferencial da taxa de juros. A dimensão do prêmio ou do desconto apresentado pela taxa a termo de uma moeda deverá ser quase a mesma que o diferencial entre as taxas de juros dos dois países em questão. Em termos gerais, a taxa a termo da moeda estrangeira conterá um desconto (prêmio) se a taxa de juros for mais alta (mais baixa) que a taxa de juros americana. Se o prêmio a termo se desviar consideravelmente do diferencial da taxa de juros, a arbitragem de juros coberta será possível. Nesse tipo de arbitragem, um investimento de curto prazo em uma moeda estrangeira será coberto por uma venda a termo dessa moeda estrangeira no futuro. Desse modo, o investidor não estará exposto à flutuação do valor da moeda estrangeira.

- A paridade da taxa de juros (PTJ) é uma teoria que afirma que a dimensão de prêmio a termo (ou desconto) deverá ser igual ao diferencial da taxa de juros entre os dois países em questão. Quando a PTJ se impõe, a arbitragem de juros coberta não será viável porque qualquer vantagem de taxa de juros do outro país será suprimida pelo desconto sobre a taxa a termo. Portanto, o ato de arbitragem da taxa de juros coberta geraria um retorno que não seria mais alto do que seria gerado por um investimento doméstico.

CONTRAPONTO DO PONTO

A Arbitragem Desestabiliza os Mercados de Câmbio Estrangeiros?

Ponto Sim. Grandes instituições financeiras possuem a tecnologia para perceber quando um participante no mercado de câmbio estrangeiro está tentando vender uma moeda por um preço mais alto que outro participante. Também percebem quando a taxa a termo não reflete apropriadamente o diferencial da taxa de juros. Eles utilizarão a arbitragem para capitalizar essas situações, o que resultará em grandes transações de câmbio estrangeiro. Em alguns casos, suas arbitragens envolvem tomar grandes posições em uma moeda e depois reverter suas posições alguns minutos mais tarde. Essas entradas e saídas repentinas de moedas poderão causar ajustes repentinos de preços de moedas e criar mais volatilidade no mercado de câmbio estrangeiro. Deveriam ser criados regulamentos que forçassem as instituições financeiras a manter suas posições de moeda por pelo menos um mês. Isso resultaria em um mercado de câmbio estrangeiro mais estável.

Contraponto Não. Quando instituições financeiras se envolvem com arbitragem, criam pressão sobre o preço de uma moeda na qual retirará qualquer discrepância na determinação de preços. Se a arbitragem não ocorresse, as discrepâncias de preços seriam mais pronunciadas. Conseqüentemente, as empresas e as pessoas físicas que utilizam o mercado de câmbio estrangeiro teriam de gastar mais tempo à procura da melhor taxa de câmbio ao negociar uma moeda. O mercado se fragmentaria, e os preços poderiam diferir consideravelmente entre os bancos de uma região, ou entre as regiões. Se as discrepâncias se tornassem grandes o suficiente, as empresas e as pessoas físicas poderiam até tentar realizar a arbitragem elas mesmas. A arbitragem realizada pelos bancos permite um mercado de câmbio estrangeiro mais integrado, o que assegura que os preços de câmbio cotados por qualquer instituição estejam em linha com o mercado.

Quem está certo? Use seu mecanismo de busca preferido para saber mais sobre esse assunto. Qual argumento você apóia? Dê sua opinião sobre o assunto.

236 FINANÇAS CORPORATIVAS INTERNACIONAIS

AUTOTESTE

As respostas encontram-se no Apêndice A, no final do livro.

1. Suponha que as seguintes taxas de câmbio à vista existam hoje:

$$£ = \$ 1,50$$
$$C\$ = \$ 0,75$$
$$£ = C\$ 2$$

Assuma que não haja nenhum custo de transação. Com base nas taxas de câmbio, a arbitragem poderá ser utilizada para obter lucros? Explique.

2. Suponha as seguintes informações:

Taxa à vista da £ = $ 1,60
Taxa a termo de 180 dias da £ = $ 1,56
Taxa de juros britânica de 180 dias = 4%
Taxa de juros americana de 180 dias = 3%

Com base nessas informações, a arbitragem de juros coberta é viável aos investidores americanos? Explique.

3. Usando as informações da questão anterior, a paridade da taxa de juros se impõe? Explique.

4. Explique, em termos gerais, como várias formas de arbitragem podem remover qualquer discrepância na determinação de preços de moedas.

5. Suponha que a taxa a termo de um ano da libra esterlina apresente um desconto. Suponha que a paridade da taxa de juros ocorra. Explique como o desconto sobre o termo de um ano da libra esterlina mudaria se as taxas de juros britânicas de um ano subissem três pontos percentuais, enquanto as taxas de juros americanas de um ano subissem dois pontos percentuais.

QUESTÕES E APLICAÇÕES

1. **Efeitos do 11 de Setembro.** Os ataques terroristas aos Estados Unidos no dia 11 de setembro de 2001 geraram expectativas de uma economia americana mais fraca. Explique como essas expectativas poderiam ter afetado as taxas de juros e, portanto, o prêmio da taxa a termo (ou desconto) sobre várias moedas.

2. **Paridade da Taxa de Juros.** Explique o conceito da paridade da taxa de juros. Apresente o raciocínio de sua possível existência.

3. **Paridade da Taxa de Juros.** Por que os investidores americanos considerariam a arbitragem de juros coberta na França quando a taxa de juros sobre os euros na França estivesse mais baixa que a taxa de juros nos Estados Unidos?

4. **Paridade da Taxa de Juros.** Se a relação que é especificada na paridade da taxa de juros não existir em nenhum período, mas existe em média, então a arbitragem de taxa de juros coberta não deverá ser considerada pelas empresas americana. Você concorda ou discorda dessa declaração? Explique.

5. **Paridade da Taxa de Juros.** Considere os investidores que investem em títulos do Tesouro ou britânicos ou americanos. Suponha uma transação com custo zero e sem tributos.

   a) Se a paridade da taxa de juros ocorre, então o retorno dos investidores americanos que uti-

lizam a arbitragem de juros coberta será o mesmo que o retorno dos investidores americanos que adquirem títulos do Tesouro dos Estados Unidos. Essa declaração é verdadeira ou falsa? Se for falsa, corrija-a.

   b) Se a paridade da taxa de juros ocorre, então o retorno dos investidores britânicos que utilizam a arbitragem de juros coberta será o mesmo que o retorno dos investidores britânicos que adquirem títulos do Tesouro britânico. Essa declaração é verdadeira ou falsa? Se for falsa, corrija-a.

6. **Testando a Paridade da Taxa de Juros.** Descreva um método para testar se a paridade da taxa de juros existe. Por que os custos de transação, as restrições de moedas e o diferencial das leis tributárias são importantes na avaliação se a arbitragem de juros coberta será benéfica?

7. **Testando a PTJ.** A taxa de juros de um ano em Cingapura é 11%. A taxa de juros de um ano nos Estados Unidos é 6%. A taxa à vista do dólar de Cingapura (S$) é $ 0,50 e a taxa a termo do S$, $ 0,46. Suponha um custo zero das transações.

   a) A paridade da taxa de juros ocorre?

   b) Uma empresa dos Estados Unidos poderá se beneficiar se investir fundos em Cingapura usando a arbitragem de juros coberta?

PARIDADE DA TAXA DE JUROS E ARBITRAGEM INTERNACIONAL **237**

8. **Efeitos da Inflação sobre a Taxa a Termo.** Por que você acha que as moedas de países com altos índices de inflação tendem a ter descontos a termo?

9. **Derivando a Taxa a Termo.** Suponha que as taxas de juros anuais dos Estados Unidos sejam de 4%, enquanto as taxas de juros da França são de 6%.

   a) De acordo com a PTJ, qual seria o prêmio ou o desconto da taxa a termo do euro?

   b) Se a taxa à vista do euro for $ 1,10, qual seria a taxa a termo de um ano do euro?

10. **Diferenças entre as Taxas a Termo.** Suponha que o prêmio a termo de 30 dias do euro seja −1%, enquanto o prêmio a termo de 90 dias do euro é 2%. Explique as possíveis condições da taxa de juros que causariam esses prêmios. Isso assegura que a arbitragem de juros coberta vale a pena?

11. **Derivando a Taxa a Termo.** Antes da crise asiática, os bancos centrais asiáticos mantinham o valor de suas respectivas moedas de certa forma estável. Todavia, a taxa a termo das moedas do Sudeste Asiático apresentava um desconto. Explique.

12. **Efeitos Econômicos sobre a Taxa a Termo.** Suponha que a economia do México expandiu-se significativamente, ocasionando uma grande demanda por fundos financiáveis por lá, pelas empresas locais. Como essas condições poderiam afetar o desconto a termo do peso mexicano?

13. **Arbitragem Localizada.** Explique o conceito de arbitragem localizada e as condições necessárias para que ela seja plausível.

14. **Arbitragem Localizada.** Suponha as seguintes informações:

	Beal Bank	Yardley Bank
Preço de compra do dólar neozelandês	$ 0,401	$ 0,398
Preço de venda do dólar neozelandês	$ 0,404	$ 0,400

   Dadas essas informações, a arbitragem localizada é possível? Se for, explique os passos envolvidos na arbitragem localizada e calcule o lucro dessa arbitragem se você tivesse $ 1.000.000 para utilizar. Quais forças de mercado ocorreriam para eliminar possíveis arbitragens localizadas futuras?

15. **Arbitragem de Juros Coberta.** Explique o conceito de arbitragem de juros coberta e as condições necessárias para que ela seja plausível.

16. **Arbitragem de Juros Coberta.** Suponha as seguintes informações:

Taxa à vista do peso mexicano	= $ 0,100
Taxa a termo de 180 dias do peso mexicano	= $ 0,098
Taxa de juros de 180 dias do México	= 6%
Taxa de juros de 180 dias dos Estados Unidos	= 5%

   Dadas essas informações, a arbitragem de juros coberta vale a pena para os investidores mexicanos que possuem pesos para investir? Explique sua resposta.

17. **Arbitragem de Juros Coberta.** Suponha as seguintes informações:

Taxa à vista do dólar canadense	= $ 0,80
Taxa a termo de 90 dias do dólar canadense	= $ 0,79
Taxa de juros de 90 dias do Canadá	= 6%
Taxa de juros de 90 dias dos Estados Unidos	= 2,5%

   Dadas essas informações, qual seria o rendimento (porcentagem de retorno) de um investidor americano que utilizou arbitragem de juros coberta? (Suponha que o investidor investiu $ 1.000.000.) Quais forças de mercado ocorreriam para eliminar possíveis arbitragens de juros localizadas futuras?

18. **Arbitragem de Juros Coberta nas Duas Direções.** Suponha que a taxa de juros de um ano nos Estados Unidos seja de 10% e a taxa de juros canadense de um ano seja de 11%. Também suponha que a paridade da taxa de juros exista. A taxa a termo do dólar canadense deveria apresentar um desconto ou um prêmio? Se os investidores americanos tentassem a arbitragem de juros coberta, qual seria o retorno deles? Se os investidores canadenses tentassem a arbitragem de juros coberta, qual seria o retorno deles?

19. **Arbitragem de Juros Coberta nas Duas Direções.** Suponha que a taxa de juros anual dos Estados Unidos seja atualmente de 8% e a taxa de juros anual da Alemanha seja atualmente de 9%. A taxa a termo de um ano do euro atualmente apresenta um desconto de 2%.

   a) A paridade da taxa de juros ocorre?

   b) Um empresa americana poderá se beneficiar se investir fundos na Alemanha usando a arbitragem de juros coberta?

   c) Uma subsidiária alemã de uma empresa americana poderá se beneficiar se investir nos Estados Unidos usando a arbitragem de juros coberta?

20. **Arbitragem de Juros Coberta.** O rand sul-africano possui um prêmio a termo de um ano de 2%. As taxas de juros de um ano nos Estados Unidos são de três pontos percentuais mais altos que na África do Sul. Com base nessas informações, a arbitragem de juros coberta é possível para o investidor americano se a paridade da taxa de juros se mantiver?

21. **Arbitragem de Juros Coberta nas Duas Direções.** A taxa de juros de um ano na Nova Zelândia é de 6%. A taxa de juros de um ano nos Estados Unidos é de 10%. A taxa à vista do dólar da Nova Zelândia (NZ$) é $ 0,50. A taxa a termo do dólar da Nova Zelândia é $ 0,54. A arbitragem de juros coberta é viável para os investidores americanos? Ela é viável para os investidores da Nova Zelândia? Em cada caso, explique por que a arbitragem de juros coberta é viável ou não.

22. **Limitações da Arbitragem de Juros Coberta.** Suponha que a taxa de juros de um ano nos Estados Unidos seja de 11%, enquanto a taxa de juros de um ano na Malásia é de 40%. Suponha que um banco americano esteja disposto a comprar de você a moeda daquele país daqui a um ano, com um desconto de 13%. Valeria a pena considerar a arbitragem de juros coberta? Há alguma razão pela qual você não deveria tentar a arbitragem de juros coberta nesta situação? (Ignore os efeitos fiscais.)

23. **Arbitragem de Juros Coberta nas Duas Direções.** As seguintes informações estão disponíveis:

- Você possui $ 500.000 para investir.
- A taxa à vista do dirham marroquino é $ 0,110.
- A taxa a termo de 60 dias do dirham marroquino é $ 0,108.
- A taxa de juros de 60 dias dos Estados Unidos é 1%.
- A taxa de juros de 60 dias do Marrocos é 2%.

a) Qual é o rendimento do investidor americano que realiza arbitragem de juros coberta? A arbitragem de juros coberta funcionou para o investidor nesse caso?

b) A arbitragem de juros coberta seria possível para o investidor marroquino nesse caso?

24. **Arbitragem Triangular.** Explique o conceito de arbitragem triangular e as condições necessárias para que ela seja plausível.

25. **Arbitragem Triangular.** Suponha as seguintes informações:

	Preço Cotado
Valor do dólar canadense em dólares americanos	$ 0,90
Valor do dólar neozelandês em dólares americanos	$ 0,30
Valor do dólar canadense em dólares neozelandeses	NZ$ 3,02

Dadas essas informações, a arbitragem triangular é possível? Se for, explique os passos que refletiriam a arbitragem triangular e calcule o lucro dessa estratégia se você tivesse $ 1.000.000 para utilizar. Quais forças de mercado ocorreriam para eliminar possíveis arbitragens triangulares futuras?

26. **Discussão na Sala da Diretoria.** Este exercício encontra-se no Apêndice E, no final deste livro.

27. **Interpretando um Grande Desconto a Termo.** A taxa de juros na Indonésia geralmente é maior que a taxa de juros nos Estados Unidos, o que reflete um alto índice de inflação esperado por lá. Por que a Nike deveria considerar proteger suas futuras remessas da Indonésia para a controladora dos Estados Unidos mesmo que o desconto a termo sobre a moeda (rupia) seja grande?

28. **Mudanças em Prêmios a Termo.** Suponha que o prêmio da taxa a termo do euro foi maior no mês passado do que é hoje. O que isso implica sobre os diferenciais da taxa de juros entre os Estados Unidos e a Europa hoje, comparado aos diferenciais do mês passado?

29. **Mudanças em Prêmios a Termo.** Suponha que a taxa a termo do iene japonês atualmente apresente um prêmio de 6% e que a paridade da taxa de juros se impõe. Se as taxas de juros americanas diminuírem, como o prêmio deverá mudar para manter a paridade da taxa de juros? Por que poderíamos esperar que o prêmio mude?

30. **Mudança em Prêmios a Termo.** No final deste mês, você (proprietário de uma empresa americana) está se encontrando com uma empresa japonesa, para a qual tentará vender suprimentos. Se você receber um pedido dessa empresa, obterá um contrato a termo para proteger os ienes futuros a receber. Nesta manhã, a taxa a termo do iene e a taxa à vista estavam iguais. Você acredita que a paridade da taxa de juros se mantém.

Essa tarde, acontecimentos fazem você acreditar que as taxas de juros americanas aumentarão consideravelmente até o final deste mês e que a taxa de juros japonesa não mudará. No entanto, suas expectativas sobre a taxa à vista do iene japonês não são afetadas de maneira alguma para o futuro. Como seu montante de dólares a receber da transação japonesa será afetado (se o for) pelos acontecimentos ocorridos essa tarde? Explique.

31. **Interpretando Mudanças no Prêmio a Termo.** Suponha que a paridade da taxa de juros se mantém. No começo do mês, a taxa à vista do dólar canadense era de $ 0,70, enquanto a taxa a termo de um ano era de $ 0,68. Suponha que as taxas de juros dos Estados Unidos aumentaram de forma constante durante o mês.[1] Todavia, o desconto a termo de um ano é maior (o prêmio de um ano é mais negativo) no final do mês do que era no começo do mês. Explique como a relação entre a taxa de juros americana e a taxa de juros canadense mudou do começo do mês até o final do mês.

32. **Taxas Cruzadas On-line.** O site da Bloomberg fornece cotações no mercado de câmbio estrangeiro. Seu endereço é **http://www.bloomberg.com**

Use essa página na Web para determinar a taxa de câmbio cruzada entre o dólar canadense e o iene japonês. Note que o valor da libra (em dólares) e o valor do iene (em dólares) também são divulgados. Com base nesses valores, a taxa cruzada entre o dólar canadense e o iene é a que você esperava? Explique.

CASO BLADES, INC.

Avaliação de Oportunidades de Arbitragem Possíveis

Lembre-se de que a Blades, uma fabricante de patins dos Estados Unidos, escolheu a Tailândia como primeiro alvo de exportação para os "Speedos", seu principal produto. Além disso, o principal cliente da Blades na Tailândia, a Entertainment Products, comprometeu-se a comprar 180 mil Speedos anualmente pelos próximos três anos, a um preço fixo denominado em baht, a moeda tailandesa. Por sua consideração de qualidade e custos, a Blades também está importando componentes de borracha e plástico necessários para a fabricação dos Speedos.

Ultimamente, a Tailândia está passando por crescimento econômico fraco e incerteza política. Como os investidores perderam a confiança no baht tailandês como resultado da incerteza política, eles retiraram seus fundos do país. Isso resultou em um excesso de oferta do baht à venda em relação à demanda pelo baht no mercado de câmbio estrangeiro, o que pressionou para baixo o valor da moeda. Como os investidores estrangeiros continuaram a retirar seus fundos da Tailândia, o valor do baht continuou a se deteriorar. Uma vez que a Blades possui fluxos de caixa líquidos em baht resultantes de suas exportações para a Tailândia, uma deterioração no valor do baht afetará a empresa negativamente.

Ben Holt, o chefe do setor financeiro, queria ter certeza de que as taxas à vista e a termo que o banco da Blades cotou são razoáveis. Se as cotações da taxa de câmbio forem razoáveis, então a arbitragem não será possível. Se as cotações não forem razoáveis, no entanto, a arbitragem será possível. Sob essas condições, Holt gostaria que a Blades utilizasse alguma forma de arbitragem para levar vantagem de algum preço equivocado no mercado de câmbio estrangeiro. Apesar de a Blades não ser operadora de arbitragem, Holt acredita que oportunidades de arbitragem poderiam contrabalançar o impacto negativo resultante da depreciação do baht, a qual de outra forma afetaria seriamente as margens de lucro da Blades.

Ben Holt identificou três oportunidades de arbitragem como lucrativas e gostaria de saber qual delas seria a mais lucrativa. Portanto, pediu a você, o analista financeiro da Blades, para preparar uma análise das oportunidades de arbitragem que ele identificou. Isso permitiria que Holt avaliasse a lucratividade das oportunidades de arbitragem rapidamente.

1. A primeira oportunidade de arbitragem está relacionada à arbitragem localizada. Holt obteve as cotações da taxa à vista de dois bancos na Tailândia: Minzu Bank e Sobat Bank, ambos localizados em Bangcoc. Os preços de compra e de venda do baht tailandês para cada banco são apresentados na tabela a seguir:

	Minzu Bank	Sobat Bank
Preço de compra	$ 0,0224	$ 0,0228
Preço de venda	$ 0,0227	$ 0,0229

---

[1] No final do mês, a taxa a termo de um ano é maior do que no início do mês.

Determine se as cotações de câmbio estrangeiro são apropriadas. Se não forem, determine o lucro que você poderia gerar retirando $ 100.000 da conta-corrente bancária da Blades para se envolver com arbitragem antes que as taxas se ajustem.

2. Além das cotações de compra e de venda para o baht tailandês, fornecidas na questão anterior, o Minzu Bank forneceu as seguintes cotações para o dólar americano e o iene japonês:

	Cotação de preço de compra	Cotação de preço de venda
Valor do iene japonês em dólar americano	$ 0,0085	$ 0,0086
Valor do baht tailandês em iene japonês	¥ 2,69	¥ 2,70

Determine se a taxa de câmbio cruzada entre o baht tailandês e o iene japonês é apropriada. Se não for apropriada, determine o lucro que você poderia gerar para a Blades retirando $ 100.000 da conta-corrente bancária da empresa e envolvendo-se com arbitragem triangular antes que as taxas se ajustem.

3. Ben Holt obteve várias cotações de contratos a termo para o baht tailandês para determinar se a arbitragem de juros coberta poderá ser possível. Ele levantou uma taxa a termo de $ 0,0225 por baht tailandês para um contrato a termo de 90 dias. A taxa à vista atual é de $ 0,0227. Taxas de juros de 90 dias disponíveis para a Blades nos Estados Unidos são de 2%, enquanto as taxas de juros de 90 dias na Tailândia são de 3,75% (essas taxas não são anualizadas). Holt está consciente de que a arbitragem de juros coberta, diferentemente da arbitragem local ou triangular, requer um investimento de fundos. Portanto, ele gostaria de poder estimar o lucro em dólar resultante da arbitragem acima do que obteria sobre um depósito de 90 dias nos Estados Unidos.

Determine se a taxa a termo está estipulada apropriadamente. Se não estiver, determine o lucro que você poderia gerar para a Blades retirando $ 100.000 da conta-corrente bancária da empresa e envolvendo-se com arbitragem de juros coberta. Meça o lucro sobre a quantia excedente acima do que você poderia gerar investindo no mercado monetário dos Estados Unidos.

4. Por que as oportunidades de arbitragem desaparecem logo depois que são descobertas? Para ilustrar sua resposta, suponha que a arbitragem de juros coberta envolvendo a compra e a venda a termo imediata do baht seja possível. Discuta como as taxas à vista e a termo do baht se ajustariam até que a arbitragem de juros coberta não fosse mais possível. Como é chamado o estado de equilíbrio resultante?

DILEMA DA PEQUENA EMPRESA

Avaliação das Taxas à Vista e a Termo pela Sports Exports Company

Como a Sports Exports Company exporta bolas de futebol para o Reino Unido, ela recebe em libras esterlinas. O cheque (denominado em libras) pelas exportações do mês passado acabou de chegar. Jim Logan (proprietário da Sports Exports Company) normalmente deposita o cheque em seu banco local e lhe pede que o converta em dólares pela taxa à vista vigente (supondo que ele não tenha utilizado o contrato a termo para cobrir esse pagamento). O banco local de Jim fornece serviços de câmbio estrangeiro para muitos de seus clientes comerciais que precisam comprar ou vender moedas amplamente negociadas. Hoje, no entanto, Jim decidiu verificar as cotações da taxa à vista em outros bancos, antes de converter seu pagamento em dólares.

1. Você acha que Jim será capaz de encontrar um banco que ofereça uma taxa à vista mais favorável que a de seu banco local? Explique.

2. Você acha que o banco de Jim provavelmente fornecerá cotações mais razoáveis para a taxa à vista da libra esterlina se for o único banco na cidade que fornece serviços de câmbio estrangeiro? Explique.

3. Jim está considerando utilizar um contrato a termo para proteger libras a receber previstas para o próximo mês. Seu banco local fez a cotação a uma taxa à vista de $ 1,65 e a uma taxa a termo de um ano de $ 1,6435. Antes, Jim decide vender libras a termo de um mês, pois quer ter certeza de que a taxa a termo será razoável, dada a taxa à vista vigente. Um título de um mês do Tesouro dos Estados Unidos atualmente oferece um rendimento (não anual) de 1%, enquanto um título de um mês do Tesouro do Reino Unido oferece um rendimento de 1,4%. Você acredita que a taxa a termo de um mês é razoável, dada a taxa à vista de $ 1,65?

CAPÍTULO 8

Relação entre Taxas de Câmbio, Inflação e Taxas de Juros

Os índices de inflação e as taxas de juros podem ter um impacto significativo sobre as taxas de câmbio (como explicado do Capítulo 4) e, portanto, podem influenciar o valor das EMNs. Gestores financeiros das EMNs devem entender como a inflação e as taxas de juros podem influenciar as taxas de câmbio, de modo que possam prever como suas EMNs poderão ser afetadas. Dadas suas possíveis influências sobre o valor das EMNs, a inflação e as taxas de juros merecem um estudo mais aprofundado.

Os objetivos específicos deste capítulo são:

- explicar a teoria da paridade do poder de compra (PPC) e suas implicações com as variações na taxa de câmbio;

- explicar a teoria do efeito Fisher internacional (EFI) e suas implicações com as variações na taxa de câmbio; e

- comparar a teoria da PPC, a teoria do EFI e a teoria da paridade da taxa de juros (PTJ), que foi introduzida no capítulo anterior.

Paridade do Poder de Compra (PPC)

No Capítulo 4, foi discutido o impacto esperado dos índices de inflação relativos sobre as taxas de câmbio. Lembre da discussão que, quando o índice de inflação de um país sobe, a demanda por sua moeda cai, uma vez que suas exportações declinam (devido aos preços mais altos). Além disso, os consumidores e as empresas desse país tendem a aumentar suas importações. Essas duas forças pressionam para baixo a moeda de alta inflação desse país. Os índices de inflação variam com freqüência entre os países, fazendo com que os padrões de comércio internacional e as taxas de câmbio se ajustem de acordo. Uma das teorias mais populares e mais controversas em finanças internacionais é a **teoria da paridade do poder de compra (PPC)**, que tenta quantificar a relação inflação – taxa de câmbio.

Paridade do Poder de Compra: Interpretação

Há duas formas populares de teoria da PPC, cada qual tendo suas próprias implicações.

Forma Absoluta da PPC. É baseada na noção de que, sem barreiras internacionais, os consumidores deslocam sua demanda para onde os preços estiverem mais baixos. Sugere que os preços da mesma cesta de produtos em dois países diferentes deveriam ser iguais quando medidos com uma moeda em comum. Se houver uma discrepância nos preços medidos com uma moeda em comum, a demanda deveria se deslocar assim que esses preços convirjam.

EXEMPLO

Se a mesma cesta de produtos é produzida pelos Estados Unidos e pelo Reino Unido, e o preço no Reino Unido for mais baixo ao ser medido com uma moeda em comum, a demanda por essa cesta deverá aumentar no Reino Unido e diminuir nos Estados Unidos. Conseqüentemente, o preço real cobrado em cada país deverá ser afetado e/ou a taxa de câmbio deverá se ajustar. As duas forças fariam com que os preços das cestas sejam semelhantes ao ser medidos com uma moeda em comum.

Realisticamente, a existência de custos de transporte, as tarifas e as cotas poderão impedir a forma absoluta da PPC. Se os custos de transporte forem altos no exemplo anterior, a demanda pelos produtos das cestas poderá não se deslocar como sugerido. Portanto, a discrepância nos preços continuará.

Forma Relativa da PPC. Conta com a possibilidade de imperfeições de mercado, tais como custos de transporte, tarifas e cotas. Essa versão reconhece que, devido às imperfeições de mercado, os preços da mesma cesta de produtos em países diferentes não serão necessariamente os mesmos quando medidos com uma moeda em comum. Afirma, no entanto, que o índice de alteração nos preços das cestas deveria ser de alguma forma semelhante ao ser medidos com uma moeda em comum, enquanto os custos de transporte e as barreiras comerciais estiver inalterados.

EXEMPLO

Suponha que os Estados Unidos e o Reino Unido comercializem extensivamente entre si e inicialmente sua inflação seja zero. Agora suponha que os Estados Unidos experimentem um índice de inflação de 9%, enquanto o Reino Unido experimenta um índice de inflação de 5%. Sob essas condições, a teoria da PPC sugere que a libra esterlina deverá apreciar em aproximadamente 4% o diferencial dos índices de inflação. Portanto, a taxa de câmbio deverá se ajustar para compensar o diferencial nos índices de inflação dos dois países. Se isso ocorrer, os preços dos produtos dos dois países deverão parecer semelhantes para os consumidores. Isto é, o poder de compra relativo para comprar produtos em um país será semelhante ao de comprar produtos em outro país.

Teoria da Paridade do Poder de Compra: Fundamento Lógico

Se dois países fabricarem produtos que se substituem entre si, a demanda pelos produtos deverá se ajustar quando os índices de inflação forem diferentes. No nosso exemplo anterior, a inflação relativamente alta dos Estados Unidos deverá fazer com que os consumidores americanos aumentem as importações do Reino Unido e os consumidores britânicos diminuam a demanda por produtos americanos (já que os preços dos produtos britânicos aumentaram a um índice mais baixo). Essas forças pressionam o valor da libra esterlina para cima.

O deslocamento do consumo dos Estados Unidos para o Reino Unido continuará até que o valor da libra esterlina tenha se apreciado ao ponto de (1) os preços pagos por produtos britânicos pelos consumidores americanos não mais serem mais baixos que os preços de produtos comparáveis feitos nos Estados Unidos e (2) os preços pagos por produtos americanos pelos consumidores britânicos não mais serem mais altos que os preços de produtos comparáveis feitos no Reino Unido. Para atingir essa nova situação de equilíbrio, a libra deverá apreciar em aproximadamente 4%, como será verificado aqui.

Dada a inflação britânica de 5% e a apreciação da libra em 4%, os consumidores americanos pagarão cerca de 9% a mais pelos produtos britânicos do que pagaram no estado de equilíbrio inicial. Isso é igual a um aumento de 9% nos preços dos produtos americanos a partir da inflação dos Estados Unidos.

Considere a situação em que a libra se apreciou em apenas 1% como reação ao diferencial de inflação. Nesse caso, o aumento de preço dos produtos britânicos para os consumidores americanos será de aproximadamente 6% (5% de inflação e 1% de apreciação da moeda britânica), o que é menos que 9% de aumento de preço dos produtos americanos para os consumidores dos Estados Unidos. Assim, poderíamos esperar que os consumidores americanos continuassem a deslocar seu consumo para os produtos britânicos. A paridade do poder de compra sugere que o aumento de consumo de produtos britânicos pelos consumidores americanos persistirá até que a libra se aprecie em cerca de 4%. Qualquer nível de apreciação abaixo disso representaria preços britânicos mais atraentes em relação aos preços americanos do ponto de vista dos Estados Unidos.

Do ponto de vista dos consumidores britânicos, o preço dos produtos americanos teria aumentado inicialmente 4% a mais que os produtos britânicos. Assim, os consumidores britânicos continuarão a reduzir as importações dos Estados Unidos até que a libra se aprecie o suficiente para fazer com que os produtos americanos não sejam mais caros que os produtos britânicos. Uma vez que a libra se aprecie em 4%, isso compensará parcialmente o aumento de preços dos Estados Unidos em 9% a partir da perspectiva do consumidor britânico. Para ser mais preciso, o efeito líquido é que os preços dos produtos americanos aumentariam em aproximadamente 5% para os consumidores britânicos (9% de inflação menos 4% de economia dos consumidores britânicos, graças aos 4% de apreciação da libra).

Paridade do Poder de Compra: Derivação

Suponha que os índices de preços do país de origem (h) e de um país estrangeiro (f) são iguais. Agora suponha que, com o tempo, o país de origem experimenta um índice de inflação de I_h, enquanto o país estrangeiro experimenta uma inflação de I_f. Devido à inflação, o índice de preços dos produtos do país de origem do consumidor (P_h) torna-se:

$$P_h (1 + I_h)$$

O índice de preços do país estrangeiro (P_f) também muda devido à inflação naquele país:

$$P_f (1 + I_f)$$

Se $I_h > I_f$ e a taxa de câmbio entre as moedas dos dois países não variar, o poder de compra do consumidor então será maior sobre os produtos estrangeiros do que sobre os produtos no próprio país. Nesse caso, a PPC não existe. Se $I_h < I_f$ e a taxa de câmbio entre as moedas dos dois países não variar, o poder de compra do consumidor então será maior sobre os produtos no próprio país do que sobre os produtos estrangeiros. Nesse caso também, a PPC não existe.

A teoria da PPC sugere que a taxa de câmbio não permanecerá constante, mas se ajustará para manter a paridade do poder de compra. Se a inflação ocorrer e a taxa de câmbio da moeda

244 FINANÇAS CORPORATIVAS INTERNACIONAIS

estrangeira variar, o índice de preços estrangeiro, da perspectiva do consumidor de seu próprio país, será:

$$P_f(1 + I_f)(1 + e_f)$$

onde e_f representa a variação percentual no valor da moeda estrangeira. De acordo com a teoria da PPC, a variação percentual da moeda estrangeira (e_f) deverá ocorrer para manter a paridade nos novos índices de preços dos dois países. Poderemos resolver para e_f sob as condições da PPC montando a fórmula para o novo índice de preços do país estrangeiro igual à fórmula do novo índice de preços do país de origem, como segue:

$$P_f(1 + I_f)(1 + e_f) = P_h(1 + I_h)$$

Resolvendo para e_f, teremos

$$(1 + e_f) = \frac{P_h(1 + I_h)}{P_f(1 + I_f)}$$

$$e_f = \frac{P_h(1 + I_h)}{P_f(1 + I_f)} - 1$$

Visto que P_h é igual a P_f (porque se supunha que os índices de preços inicialmente eram iguais nos dois países), eles se anulam, deixando

$$e_f = \frac{(1 + I_h)}{(1 + I_f)} - 1$$

Essa fórmula reflete a relação entre os índices de inflação relativos e a taxa de câmbio de acordo com a PPC. Note que se $I_h > I_f$, e_f deverá ser positiva. Isso implica que a moeda estrangeira se apreciará quando a inflação do país de origem exceder a inflação do país estrangeiro. Do contrário, se $I_h < I_f$, então e_f deverá ser negativa. Isso implica que a moeda estrangeira se depreciará quando a inflação do país estrangeiro exceder a inflação do país de origem.

Usando PPC para Estimar Efeitos da Taxa de Câmbio

A fórmula relativa da PPC poderá ser usada para estimar como a taxa de câmbio variará em resposta ao diferencial dos índices de inflação entre os países.

> EXEMPLO
>
> Suponha que a taxa de câmbio esteja em inicialmente equilíbrio. Então, a moeda nacional experimenta um índice de 5% de inflação, enquanto o país estrangeiro experimenta um índice de inflação de 3%. De acordo com a PPC, a moeda estrangeira se ajustará como segue:
>
> $$e_f = \frac{(1 + I_h)}{(1 + I_f)} - 1$$
>
> $$= \frac{1 + 0{,}05}{1 + 0{,}03} - 1$$
>
> $$= 0{,}0194 \text{ ou } 1{,}94\%$$

Portanto, de acordo com o exemplo, a moeda estrangeira deverá apreciar em 1,94% como resposta à inflação mais alta do país de origem em relação ao país estrangeiro. Se essa taxa de câmbio ocorrer, o índice de preços do país estrangeiro será tão alto quanto o índice do país de origem, da perspectiva dos consumidores do país de origem. Apesar de a inflação ser mais baixa no país estrangeiro, a apreciação da moeda estrangeira empurra o índice de preços do país estrangeiro para cima, da perspectiva dos consumidores no país de origem. Considerando o efeito da taxa de câmbio, os índices de preços dos dois países sobem em 5% da perspectiva do país de origem. Portanto, o poder de compra dos consumidores é o mesmo para os produtos dos dois países.

EXEMPLO

Este exemplo examina a situação quando a inflação estrangeira excede a inflação nacional. Suponha que a taxa de câmbio esteja inicialmente em equilíbrio. Então, o país de origem experimenta um índice de inflação de 4%, enquanto o país estrangeiro experimenta um índice de inflação de 7%. De acordo com a PPC, a moeda estrangeira se ajustará como segue:

$$e_f = \frac{(1 + I_h)}{(1 + I_f)} - 1$$
$$= \frac{1 + 0,04}{1 + 0,07} - 1$$
$$= -0,028 \text{ ou } -2,8\%$$

Portanto, de acordo com o exemplo, a moeda estrangeira deverá se depreciar em 2,8% como resposta à inflação mais alta do país estrangeiro em relação ao país de origem. Apesar de a inflação ser mais baixa no país de origem, a depreciação da moeda estrangeira pressiona os preços do país estrangeiro para baixo, da perspectiva dos consumidores no país de origem. Considerando o impacto da taxa de câmbio, os preços dos dois países sobem 4%. Portanto, a PPC ainda existe, devido ao ajuste na taxa de câmbio.

Usando uma Relação da PPC Simplificada. Uma relação simplificada, mas menos precisa, baseada na PPC é:

$$e_f \cong I_h - I_f$$

Isto é, a variação percentual na taxa de câmbio deverá ser aproximadamente igual ao diferencial dos índices de inflação entre os dois países. Essa fórmula simplificada é apropriada apenas quando o diferencial de inflação é pequeno.

Paridade do Poder de Compra: Análise Gráfica

Usando a teoria da PPC, deveremos ser capazes de avaliar o possível impacto da inflação sobre as taxas de câmbio. A Figura 8.1 é uma representação gráfica da teoria da PPC. Os pontos sobre a figura sugerem que, dado um diferencial de inflação de X% entre o país de origem e o país estrangeiro, a moeda estrangeira se ajustaria em X%, devido a esse diferencial de inflação.

Linha da PPC. A linha diagonal que liga todos estes pontos é conhecida por **linha da PPC**. O ponto A representa nosso primeiro exemplo, em que os supostos índices de inflação dos Estados Unidos (considerado o país de origem) e do Reino Unido eram de 9% e 5%, respectivamente, de modo que $I_h - I_f = 4\%$. Lembre que isso levou à apreciação prevista de 4% da libra esterlina, como ilustrado pelo ponto A. O ponto B reflete uma situação em que os índices de inflação

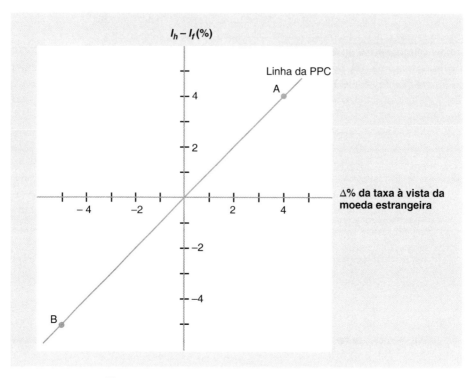

Figura 8.1   Ilustração da paridade do poder de compra.

americano e estrangeiro são de 1% e 6%, respectivamente, de modo que $I_h - I_f = -5\%$. Isso leva à depreciação prevista de 5% da moeda estrangeira, como ilustrado pelo ponto B. Se a taxa de câmbio reagir aos diferenciais de inflação como a teoria da PPC sugere, os pontos reais deveriam estar sobre a linha da PPC ou perto dela.

Disparidade de Poder de Compra. A Figura 8.2 identifica áreas de disparidade de poder de compra. Suponha uma situação inicial de equilíbrio. Se a taxa de câmbio não se deslocar, como sugere a teoria da PPC, há uma disparidade no poder de compra dos dois países.

O ponto C na Figura 8.2 representa uma situação em que a inflação nacional (I_h) excede a inflação estrangeira (I_f) em 4%. Todavia, a moeda estrangeira se apreciou em apenas 1% como reação ao diferencial dessa inflação. Conseqüentemente, a disparidade do poder de compra existe. O poder de compra dos consumidores do país de origem para produtos estrangeiros torna-se mais favorável em relação ao seu poder de compra para produtos em seu próprio país. A teoria da PPC sugere que uma disparidade no poder de compra assim deve existir somente por curto período. Com o tempo, quando os consumidores do país de origem levam vantagem sobre a disparidade ao comprar mais produtos estrangeiros, a pressão para cima sobre o valor da moeda estrangeira fará com que o ponto C se desloque em direção à linha da PPC. Todos os pontos à esquerda (ou acima) da linha da PPC representam um poder de compra mais favorável de produtos estrangeiros do que de produtos no próprio país.

O ponto D na Figura 8.2 representa uma situação em que a inflação nacional é 3% abaixo da inflação estrangeira. Todavia, a moeda estrangeira se depreciou em apenas 2%. Novamente, a disparidade do poder de compra existe. O poder de compra de produtos estrangeiros tornou-se menos favorável em relação ao poder de compra de produtos no próprio país. A teoria da PPC sugere que a moeda estrangeira nesse exemplo deverá se depreciar em 3% para contrabalançar

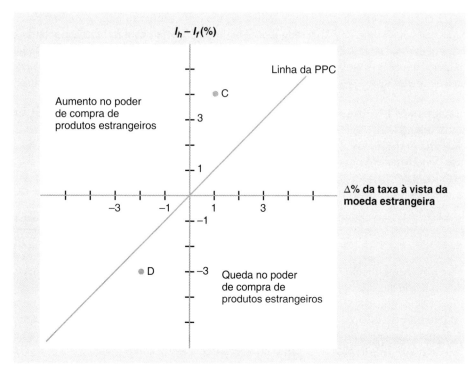

Figura 8.2 Identificando a disparidade do poder de compra.

completamente o diferencial de inflação de 3%. Visto que a moeda estrangeira não se depreciou até esse ponto, os consumidores locais poderão parar de comprar produtos estrangeiros, fazendo com que a moeda estrangeira enfraqueça até o ponto previsto pela teoria da PPC. Se for o caso, o ponto D se deslocará em direção à linha da PPC. Todos os pontos à direita (ou abaixo) da linha da PPC representam um poder de compra mais favorável de produtos no próprio país do que de produtos estrangeiros.

Teoria da Paridade do Poder de Compra: Teste

A teoria da PPC não só apresenta uma explicação de como os índices de inflação relativos entre dois países podem influenciar uma taxa de câmbio, como também fornecem informações que poderão ser utilizadas para prever taxas de câmbio.

Testes Conceituais da PPC. Uma maneira de testar a teoria da PPC é escolher dois países (digamos, Estados Unidos e outro país) e comparar o diferencial de seus índices de inflação às variações percentuais do valor da moeda estrangeira por vários períodos. Utilizando um gráfico semelhante ao da Figura 8.2, poderíamos marcar cada ponto representando o diferencial de inflação e a variação percentual da taxa de câmbio para cada período específico e depois determinar se os pontos se assemelham com a linha da PPC traçada na Figura 8.2. Se os pontos se desviarem significativamente da linha da PPC, então a variação percentual na moeda estrangeira não será influenciada pelo diferencial de inflação da maneira como a PPC sugere.

Como teste alternativo, vários países estrangeiros poderiam ser comparados com o país de origem por um período determinado. Cada país estrangeiro apresentará um diferencial de inflação relativo ao país de origem, que poderá ser comparado à variação da taxa de câmbio pelo

248 FINANÇAS CORPORATIVAS INTERNACIONAIS

tempo em questão. Portanto, um ponto poderá ser marcado sobre um gráfico como o da Figura 8.2 para cada país estrangeiro analisado. Se os pontos se desviarem significativamente da linha da PPC, então as taxas de câmbio não estão respondendo aos diferenciais de inflação de acordo com a teoria da PPC. A teoria da PPC poderá ser testada com qualquer país sobre o qual haja informações de inflação.

Teste Estatístico da PPC. Um teste da PPC de certa forma simplificado poderá ser desenvolvido aplicando a análise de regressão às taxas de câmbio históricas e ao diferencial de índices de inflação (veja o Apêndice C para mais informações sobre análise de regressão). Para ilustrar, vamos nos concentrar em uma taxa de câmbio em particular. A regressão da variação percentual trimestral do valor da moeda estrangeira (e_f) poderá ser feita ante o diferencial de inflação que existia no início de cada trimestre, como é mostrado aqui:

$$e_f = a_0 + a_1 \left[\frac{(1 + I_{U.S.})}{(1 + I_f)} - 1 \right] + \mu$$

onde a_0 é uma constante, a_1 é o coeficiente angular e μ é um termo de erro. A análise de regressão seria aplicada aos dados trimestrais para determinar os coeficientes de regressão. Os valores hipotéticos de a_0 e a_1 são 0 e 1,0, respectivamente. Esses coeficientes implicam que, para um dado diferencial de inflação, há uma porcentagem igual de variação da taxa de câmbio, em média. O teste-t apropriado para cada coeficiente de regressão requer uma comparação com o valor hipotético e divisão pelo erro padrão (s.e.) do coeficiente, como segue:

Teste para $a_0 = 0$:

$$t = \frac{a_0 - 0}{\text{s.e. de } a_0}$$

Teste para $a_1 = 1$:

$$t = \frac{a_1 - 1}{\text{s.e. de } a_1}$$

Então, a tabela-t será utilizada para encontrar o valor-t crítico. Se um dos testes-t concluir que os coeficientes diferem significativamente do que foi esperado, a relação entre o diferencial de inflação e a taxa de câmbio difere da afirmação feita pela teoria da PPC. Deve ser mencionado que o período defasado apropriado entre o diferencial de inflação e a taxa de câmbio está sujeito a controvérsia.

Resultados dos Testes da PPC. Muitas pesquisas foram realizadas para testar se a PPC ocorre. Estudos feitos por Mishkin, Adler e Dumas, Abuaf e Jorion[1] encontraram evidências de desvios significativos da PPC que persistiam por longos períodos. Um estudo relatado por Adler e Lehman[2] forneceu evidência contra a PPC mesmo por um longo período de tempo.

Hakkio,[3] no entanto, verificou que, quando uma taxa de câmbio se desviava para longe do valor que era esperado de acordo com a PPC, deslocava-se para esse valor. Embora a relação entre os diferenciais de inflação e as taxas de câmbio não seja perfeita mesmo no longo prazo, ela sustenta a utilização de diferenciais de inflação para prever oscilações das taxas de câmbio no longo prazo.

---

[1] Frederic S. Mishkin, Are real interest rates equal across countries? An empirical investigation of international parity conditions, *Journal of Finance*, dezembro de 1984, p. 1.345-1.357; Michael Adler e Bernard Dumas, International portfolio choice and corporate finance: a synthesis, *Journal of Finance*, junho de 1983, p. 925-984; Niso Abuaf e Philippe Jorion, Purchasing power in the long run, *Journal of Finance*, março de 1990, p. 157-174.
[2] Michael Adler e Bruce Lehman, Deviations from purchasing power parity in the long run, *Journal of Finance*, dezembro de 1983, p. 1.471-1.487.
[3] Craig S. Hakkio, Interest rates and exchange rates – What is the relationship?, *Economic Review*, Federal Reserve Bank of Kansas City, novembro de 1986, p. 33-43.

RELAÇÃO ENTRE TAXAS DE CÂMBIO, INFLAÇÃO E TAXAS DE JUROS

> **http://**
> O site em http://www.singstat.gov.sg compara os valores reais de moedas estrangeiras com o valor que deveria existir sob condições da paridade do poder de compra.

Testes de PPC para Cada Moeda. Para examinarmos mais adiante se a PPC é válida, a Figura 8.3 ilustra a relação entre as taxas de inflação relativas e as oscilações da taxa cambial ao longo do tempo. O diferencial de inflação mostrado em cada um dos quatro gráficos (cada gráfico representa uma moeda estrangeira) é medido como o índice de inflação americana menos o índice de inflação estrangeira. O diferencial de inflação anual entre os Estados Unidos e cada país estrangeiro é representado no eixo vertical. A variação percentual anual da taxa de câmbio de cada moeda estrangeira (em relação ao dólar americano) é representada no eixo horizontal. Os diferenciais de inflação anuais e as variações percentuais das taxas de câmbio de 1982 a 2004 estão marcados. Se a PPC existiu durante esse período examinado, os pontos marcados no gráfico devem estar perto de uma linha imaginária de 45 graus, o que separaria os eixos (como a linha da PPC apresentada na Figura 8.2).

Embora cada gráfico mostre resultados diferentes, alguns comentários gerais se aplicam aos quatro gráficos. As variações percentuais nas taxas de câmbio são tipicamente bem mais voláteis que os diferenciais de inflação. Portanto, as taxas de câmbio estão mudando para um grau maior do que a teoria da PPC teria previsto. Em alguns anos, nem mesmo a direção de uma moeda poderia ter sido prevista pela teoria da PPC. Os resultados na Figura 8.3 sugerem que a relação entre os diferenciais de inflação e as oscilações da taxa de câmbio muitas vezes fica distorcida.

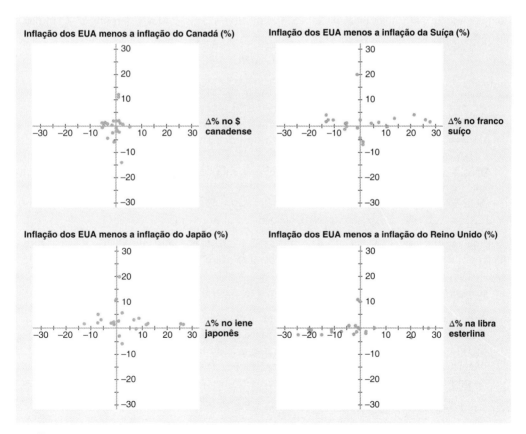

Figura 8.3 Comparação de diferenciais de inflação anual e oscilações da taxa de câmbio de quatro países principais.

250 FINANÇAS CORPORATIVAS INTERNACIONAIS

Limitação dos Testes de PPC. Uma limitação para testar a teoria da PPC é que os resultados variam de acordo com o período base utilizado. Por exemplo, se 1978 for usado como um período base, a maioria dos períodos subseqüentes mostrará um dólar relativamente supervalorizado; em contraste, se 1984 for utilizado, o dólar poderá parecer depreciado nos períodos subseqüentes.

O período base escolhido deverá refletir uma posição de equilíbrio, visto que os períodos subseqüentes serão avaliados em comparação com esse equilíbrio. Infelizmente, é difícil escolher esse período. Na verdade, uma das razões principais para abolir taxas de câmbio fixas foi a dificuldade em identificar uma taxa de câmbio de equilíbrio apropriada.

> **USANDO A WEB**
>
> **Índices de Inflação do País.** Informações sobre a inflação para cada país são fornecidas em http://biz.yahoo.com/ifc/. Clique sobre qualquer país da lista e depois em "Country Fact Sheet". O índice de inflação do ano recente é relatado, junto com a média anual do índice de inflação dos últimos cinco anos.

Por que a Paridade do Poder de Compra Não Ocorre

A paridade do poder de compra não ocorre consistentemente devido aos efeitos confusos e à falta de substitutos para alguns produtos comercializados. Essas razões são explicadas a seguir.

Efeitos Confusos. A teoria da PPC presume que as oscilações da taxa de câmbio são guiadas completamente pelo diferencial de inflação entre dois países. Todavia, lembre do Capítulo 4 que uma variação em uma taxa à vista de uma moeda é influenciada pelos seguintes fatores:

$$e = f(\Delta INF, \Delta INT, \Delta INC, \Delta GC, \Delta EXP)$$

onde

e = variação de porcentagem na taxa à vista.

ΔINF = variação na diferença entre a inflação americana e a inflação do outro país.

ΔINT = variação na diferença entre a taxa de juros americana e a taxa de juros do outro país.

ΔINC = variação na diferença entre o nível de renda dos Estados Unidos e o nível de renda do outro país.

ΔGC = variação nos controles do governo.

ΔEXP = variação nas expectativas de taxas de câmbio futuras.

Uma vez que a oscilação da taxa de câmbio não é guiada somente por ΔINF, a relação entre o diferencial de inflação e a oscilação da taxa de câmbio não é tão simples como sugerido pela PPC.

> **EXEMPLO**
>
> Suponha que o índice de inflação da Venezuela esteja 5% acima do índice de inflação dos Estados Unidos. Dessa informação, a teoria da PPC sugeriria que o bolívar da Venezuela deverá se depreciar em torno de 5% perante o dólar americano. Todavia, se o governo da Venezuela impuser barreiras contra as exportações dos Estados Unidos, os consumidores e as empresas não poderão ajustar seus gastos em reação ao diferencial de inflação. Portanto, a taxa de câmbio não se ajustará como sugere a PPC.

Sem Substitutos para Produtos Comercializados. A idéia por trás da teoria da PPC é que assim que os preços ficarem relativamente mais altos em um país, os consumidores do outro país pararão

RELAÇÃO ENTRE TAXAS DE CÂMBIO, INFLAÇÃO E TAXAS DE JUROS **251**

de comprar produtos importados e, em seu lugar, passarão a comprar produtos domésticos. Esse deslocamento influencia a taxa de câmbio. Mas se produtos substitutos não estiverem disponíveis domesticamente, os consumidores poderão não parar de comprar os produtos importados.

EXEMPLO

Reconsidere o exemplo anterior, no qual a inflação da Venezuela é 5% mais alta que o índice de inflação dos Estados Unidos. Se os consumidores americanos não encontrarem produtos substitutos adequados em casa, poderão continuar a comprar produtos com preços altos da Venezuela, e o bolívar poderá não se depreciar como esperado, de acordo com a teoria da PPC.

Paridade do Poder de Compra a Longo Prazo

A paridade do poder de compra pode ser testada a longo prazo avaliando uma taxa de câmbio "real" entre duas moedas no decorrer do tempo. A taxa de câmbio real é a taxa de câmbio atual ajustada para efeitos inflacionários nos dois países em questão. Desse modo, a taxa de câmbio serve como uma medida de poder de compra. Se uma moeda se enfraquecer em 10%, mas sua inflação nacional for 10% a mais que a inflação no país estrangeiro, a taxa de câmbio real não sofrerá alterações. O grau de fraqueza da moeda é compensado pelos efeitos inflacionários mais baixos sobre os produtos estrangeiros.

Se a taxa de câmbio real reverter para um nível médio no decorrer do tempo, isso sugere que é constante no longo prazo e qualquer desvio da média é temporário. Do contrário, se a taxa de câmbio seguir um caminho aleatório, isso implica que se move aleatoriamente sem qualquer padrão previsível. Isto é, não tende a reverter para algum nível médio e, portanto, não

---

GERENCIANDO PARA VALOR

Impacto Indireto da Paridade do Poder de Compra sobre EMNs

A relação da paridade do poder de compra, embora não exata, poderá explicar como alguns eventos podem ter efeitos importantes sobre as EMNs pelo seu impacto sobre taxas de câmbio. Durante o ano de 2000, o preço de mercado do petróleo aumentou substancialmente, pressionando o índice de inflação para cima nos países que importam petróleo. Os países europeus que adotam o euro importam petróleo e ficam sujeitos aos preços mais altos do produto. Uma vez que o Reino Unido produz seu próprio petróleo, não foi afetado diretamente pelos preços mais altos do mercado de petróleo. Suas EMNs, no entanto, foram afetadas adversamente, como resultado de seu comércio com outros países europeus. A inflação aumentou na Europa no ano de 2000, o que pressionou o euro para baixo, em relação à libra esterlina. As EMNs no Reino Unido que exportam para esses países da região do euro foram afetadas adversamente porque a libra ficou mais cara em relação ao euro, reduzindo a demanda por produtos britânicos.

As EMNs com base em países da região do euro também foram afetadas. Aquelas que exportavam para o Reino Unido foram beneficiadas porque seus produtos ficaram mais baratos para os consumidores britânicos. No entanto, a inflação dos países da região do euro fez com que o Banco Central Europeu aumentasse as taxas de juros em uma tentativa de reduzir a pressão inflacionária. Conseqüentemente, as economias dos países enfraqueceram, e a demanda local por produtos fabricados pelas EMNs foi reduzida.

As EMNs que percebem sua suscetibilidade aos índices de inflação são motivadas a monitorar a inflação estrangeira e limitar sua exposição a países que poderão experimentar repentinos aumentos da inflação.

poderá ser vista como constante no longo prazo. Sob essas condições, a noção da PPC é rejeitada porque as oscilações na taxa de câmbio real parecem ser mais do que desvios temporários do valor de equilíbrio.

O estudo de Abuaf e Jorion,[4] mencionado anteriormente, testou a PPC ao avaliar o padrão de longo prazo da taxa de câmbio real. Abuaf e Jorion afirmam que as conclusões típicas que rejeitam a PPC em estudos anteriores são questionáveis devido às limitações dos métodos utilizados para testar a PPC. Eles sugerem que os desvios da PPC são consistentes no curto prazo, mas são reduzidos pela metade em cerca de três anos. Portanto, embora as taxas de câmbio se desviem dos níveis previstos pela PPC no curto prazo, seus desvios são reduzidos no longo prazo.

USANDO A WEB	**Previsão de Índice de Inflação e Taxa de Câmbio.** Informações sobre a inflação e a taxa de câmbio previstas para cada país estão disponíveis em http://biz.yahoo.com/ifc/. Uma previsão geral de inflação é fornecida normalmente.

Efeito Fisher Internacional (EFI)

Junto com a teoria da PPC, outra teoria importante em finanças internacionais é a do **efeito Fisher internacional (EFI)**. Ele utiliza a taxa de juros em vez de diferenciais do índice de inflação para explicar por que as taxas de câmbio mudam com o tempo, mas está intimamente relacionado à teoria da PPC porque as taxas de juros muitas vezes estão altamente correlacionadas com os índices de inflação. De acordo com o assim chamado **efeito Fisher**, as taxas de juros nominais livres de risco contêm uma taxa real de retorno e inflação antecipada. Se os investidores de todos os países exigirem o mesmo retorno real, os diferenciais da taxa de juros entre os países poderão ser o resultado dos diferenciais da inflação esperada.

Relação com a Paridade do Poder de Compra

Lembre que a teoria da PPC sugere que as oscilações da taxa de câmbio são causadas pelos diferenciais do índice de inflação. Se as taxas de câmbio reais forem as mesmas pelos países, qualquer diferença em taxas de juros nominais poderia ser atribuída à diferença na inflação esperada. A teoria do EFI sugere que as moedas estrangeiras com taxas de juros relativamente altas se depreciarão porque as taxas de juros nominais altas refletem a inflação esperada. A taxa de juros nominal também incorporaria o risco de *inadimplência* de um investimento. O exemplo a seguir concentra-se em investimentos que são livres de risco, de modo que o risco de inadimplência não precisará ser levado em conta.

EXEMPLO

A taxa de juros nominal é de 8% nos Estados Unidos. Os investidores nos Estados Unidos esperam um índice de inflação de 6%, o que significa que esperam obter um retorno real de 2% em um ano. A taxa de juros nominal no Canadá é de 13%. Dado que os investidores canadenses também exigem um retorno real de 2%, o índice de inflação esperado no Canadá deverá ser de 11%. De acordo com a teoria da PPC, espera-se que o dólar canadense se deprecie em aproximadamente 5% perante o dólar americano (visto que o índice de inflação canadense é 5% mais alto). Portanto, os investidores dos Estados Unidos não

---

[4] Abuaf e Jorion, *Purchasing power in the long run.*

RELAÇÃO ENTRE TAXAS DE CÂMBIO, INFLAÇÃO E TAXAS DE JUROS **253**

se beneficiariam investindo no Canadá porque o diferencial da taxa de juros de 5% seria contrabalançado ao se investir em uma moeda que se espera que valha 5% menos ao final do período de investimento. Os investidores americanos receberiam 8% sobre o investimento no Canadá, o que seria o mesmo que receberiam nos Estados Unidos.

A teoria do EFI discorda da noção introduzida no Capítulo 4 de que uma taxa de juros alta atraia investidores de vários países para investir nesse local e pressione o valor da moeda para cima. Uma maneira de conciliar a diferença é considerar os efeitos possíveis sobre duas moedas, uma das quais está sujeita à taxa de juros e condições de inflação extremas.

EXEMPLO

A taxa de juros vigente no Brasil é freqüentemente bem alta devido à sua alta inflação. Com os níveis de inflação às vezes excedendo os 100% anuais, as pessoas tendem a gastar agora, antes que os preços subam. Em vez de poupar, estão até dispostas a tomar empréstimos a altas taxas de juros para comprar produtos agora, porque a alternativa é adiar a compra e ter de pagar um preço mais alto mais tarde. Portanto, a taxa de juros nominal é atribuída à alta inflação esperada. Dadas as expectativas de inflação alta, mesmo taxas de juros que passam de 50% não atrairão os investidores americanos porque eles percebem que a inflação alta poderá fazer com que a moeda do Brasil (o real brasileiro) caia em mais de 50% em um ano, contrabalançando completamente a taxa de juros alta. Assim, a alta taxa de juros no Brasil não atrai o investimento dos americanos e, portanto, não fará com que o real brasileiro se fortaleça. Em vez disso, a alta taxa de juros no Brasil poderá indicar uma possível depreciação do real brasileiro, o que pressionará para baixo o valor da moeda. Esse exemplo do Brasil apóia a teoria do EFI.

Agora considere uma segunda moeda, o peso chileno. A taxa de juros nominal no Chile geralmente é apenas poucos pontos percentuais mais alta que a taxa de juros nominal nos Estados Unidos. O Chile normalmente tem uma inflação relativamente baixa, de modo que os investidores não se preocupam tanto com a possibilidade de que o valor do peso chileno caia devido à pressão inflacionária. Portanto, eles poderão tentar capitalizar a taxa de juros mais alta no Chile. Nesse caso, o investimento dos Estados Unidos no Chile poderá até fazer com que o valor do peso chileno aumente, pelo menos temporariamente. Esse exemplo do Chile não apóia a teoria do EFI.

Para reforçar o conceito do EFI, considere o resultado que ocorreria se os investidores americanos acreditassem que o EFI se aplica ao Chile. Os investidores pensariam que uma ligeira vantagem de juros no Chile contra os dos Estados Unidos refletiria uma expectativa de inflação no Chile ligeiramente mais alta. Seria esperada uma inflação ligeiramente mais alta no Chile para fazer com que o peso chileno se depreciasse ligeiramente, o que contrabalançaria a vantagem da taxa de juros. Portanto, o retorno do investimento no Chile dos investidores americanos não seria maior do que aquilo que receberiam do investimento nos Estados Unidos.

Implicações do EFI sobre Investidores Estrangeiros

As implicações são semelhantes para os investidores estrangeiros que procuram capitalizar taxas de juros dos Estados Unidos relativamente altas. Os investidores internacionais serão afetados adversamente pelos efeitos do índice de inflação americano relativamente alto se tentarem capitalizar as altas taxas de juros dos Estados Unidos.

EXEMPLO

A taxa de juros nominal é de 8% nos Estados Unidos e de 5% no Japão. A taxa real de retorno esperada é de 2% em cada um dos países. Espera-se que o índice de inflação dos Estados Unidos seja 6%, e o do Japão, 3%.

De acordo com a teoria da PPC, espera-se que o iene japonês se aprecie pelo diferencial de inflação esperado de 3%. Se a taxa de câmbio variar como esperado, os investidores japoneses que tentarem capitalizar a taxa de juros mais alta dos Estados Unidos receberão um retorno semelhante ao que receberiam em seu próprio país. Embora a taxa de juros americana seja 3% mais alta, os investidores japoneses readquiririam seus ienes no final do período de investimento em 3% a mais que o preço pelo qual venderam o iene. Portanto, seu retorno do investimento nos Estados Unidos não será melhor que aquele que teriam recebido domesticamente.

A teoria do EFI poderá ser aplicada a qualquer taxa de câmbio, mesmo aquelas que envolvam duas moedas que não sejam americanas.

EXEMPLO

Dadas as informações dos dois exemplos anteriores, o diferencial de inflação esperado entre o Canadá e o Japão é de 8%. De acordo com a teoria da PPC, esse diferencial de inflação sugere que o dólar canadense deverá se depreciar em 8% perante o iene. Portanto, apesar de os investidores japoneses receberem juros adicionais de 8% sobre um investimento canadense, o dólar canadense seria avaliado em 8% a menos no final do período. Sob essas condições, os investidores japoneses receberiam um retorno de 5%, o que seria o mesmo que teriam recebido de um investimento no Japão.

Essas oportunidades de investimento possíveis, junto com algumas outras, estão resumidas na Tabela 8.1. Note que, onde quer que os investidores de um dado país invistam seus fundos, o retorno nominal esperado será o mesmo.

Derivações do Efeito Fisher Internacional

A relação precisa entre o diferencial da taxa de juros de dois países e a variação da taxa de câmbio esperada de acordo com o EFI poderá ser derivada como segue. Primeiro, o retorno efetivo aos investidores que investem seu dinheiro em títulos do mercado (tais como depósitos bancários de curto prazo) em seu país de origem é simplesmente a taxa de juros oferecida sobre esses títulos. O retorno efetivo dos investidores que adquirem em títulos em um mercado monetário estrangeiro, no entanto, depende não só da taxa de juros estrangeira (i_f) mas também da variação percentual do valor da moeda estrangeira que (e_f) denomina o título. A fórmula para o retorno efetivo (taxa de câmbio ajustada) sobre o depósito de uma conta bancária estrangeira (ou qualquer título do mercado monetário) será

---

http://

http://www.ny.frb.org/research/global_economy/index.html fornece dados de taxas de câmbio e taxas de juros de vários países.

$$r = (1 + i_f)(1 + e_f) - 1$$

De acordo com o EFI, o retorno efetivo de um investimento estrangeiro deverá, em média, ser igual ao retorno efetivo de um investimento doméstico. Portanto, o EFI sugere que o retorno esperado de um investimento no mercado monetário estrangeiro será igual à taxa de juros de um investimento no mercado monetário local:

Investidores que residem	Tentam Investir	Diferencial de Inflação Esperada (Inflação Nacional menos a Inflação Estrangeira)	Variação Percentual Esperada na Moeda Necessária aos Investidores	Taxa de Juros Nominal a Receber	Retorno dos Investidores depois de considerado o Ajuste da Taxa de Câmbio	Inflação Prevista no País de Origem	Retorno Real Recebido pelos Investidores
no Japão	no Japão	—		5%	5%	3%	2%
	nos Estados Unidos	3% − 6% = −3%	−3%	8	5	3	2
	no Canadá	3% − 11% = −8%	−8	13	5	3	2
nos Estados Unidos	no Japão	6% − 3% = 3%	3	5	8	6	2
	nos Estados Unidos	—		8	8	6	2
	no Canadá	6% − 11% = −5%	−5	13	8	6	2
no Canadá	no Japão	11% − 3% = 8%	8	5	13	11	2
	nos Estados Unidos	11% − 6% = 5%	5	8	13	11	2
	no Canadá	—		13	13	11	2

Tabela 8.1   Ilustração do efeito Fisher internacional (EFI) da perspectiva de vários investidores.

$$E(r) = i_h$$

onde r é o retorno efetivo do depósito estrangeiro e i_h é a taxa de juros sobre o depósito nacional. Poderemos determinar o grau em que a moeda estrangeira deverá variar para fazer com que os investimentos nos países gerem resultados semelhantes. Utilize a fórmula anterior que define r e faça-a igual a i_h como segue:

$$r = i_h$$
$$(1 + i_f)(1 + e_f) - 1 = i_h$$

E agora calcule para e_f:

$$(1 + i_f)(1 + e_f) = (1 + i_h)$$
$$(1 + e_f) = \frac{(1 + i_h)}{(1 + i_f)}$$
$$e_f = \frac{(1 + i_h)}{(1 + i_f)} - 1$$

Como verificado aqui, a teoria do EFI argumenta que quando $ih > i_f$, e_f será positiva porque a taxa de juros estrangeira relativamente baixa refletirá expectativas inflacionárias baixas no país estrangeiro. Isso é, a moeda estrangeira se apreciará quando a taxa de juros estrangeira for mais baixa que a moeda nacional. Essa apreciação fará o retorno estrangeiro ser melhor para os investidores no país de origem, fazendo com que os retornos de títulos estrangeiros sejam semelhantes aos retornos de títulos nacionais. De modo contrário, quando $if > i_h$, e_f será negativa. Isto é, a moeda estrangeira será depreciada quando a taxa de juros estrangeira exceder a taxa de juros nacional. Essa depreciação reduzirá o retorno de títulos estrangeiros, da perspectiva dos investidores no país de origem, fazendo com que os retornos de títulos estrangeiros não sejam mais altos que os retornos de títulos nacionais.

Exemplo Numérico Baseado na Derivação do EFI. Dadas duas taxas de juros, o valor de e_f poderá ser determinado da fórmula que acabou de ser derivada e usada para prever a taxa de câmbio.

EXEMPLO

Suponha que a taxa de juros sobre um depósito bancário garantido no país de origem por um ano seja de 11%, e a taxa de juros sobre um depósito bancário garantido estrangeiro por um ano seja de 12%. Para que os retornos reais desses dois investimentos sejam semelhantes, da perspectiva dos investidores no país de origem, a moeda estrangeira teria de variar acima do horizonte de investimento pela seguinte porcentagem:

$$e_f = \frac{(1 + i_h)}{(1 + i_f)} - 1$$
$$= \frac{1 + 0,11}{1 + 0,12} - 1$$
$$= -0,0089 \text{ ou } -0,89\%$$

As implicações são de que a moeda estrangeira que denomina o depósito estrangeiro precisaria se depreciar em 0,89% para que o retorno real do depósito estrangeiro fique igual a 11%, da perspectiva dos investidores no país de origem. Isso faria o retorno do investimento estrangeiro ficar igual ao retorno de um investimento doméstico.

Relação Simplificada. Uma relação simplificada, mas menos precisa, especificada pelo EFI é

$$e_f \cong i_h - i_f$$

Isto é, a variação percentual da taxa de câmbio ao longo do horizonte de investimento será igual ao diferencial da taxa de juros entre os dois países. Essa aproximação fornece estimativas razoáveis somente quando o diferencial da taxa de juros é pequeno.

Análise Gráfica do Efeito Fisher Internacional

A Figura 8.4 mostra o conjunto de pontos em conformidade com o argumento por trás da teoria do EFI. Por exemplo, o ponto E reflete uma situação em que a taxa de juros estrangeira excede a taxa de juros nacional em três pontos percentuais. Todavia, a moeda estrangeira depreciou-se em 3% para contrabalançar sua vantagem da taxa de juros. Portanto, um investidor que efetua um depósito no país estrangeiro obtém um retorno semelhante ao que seria possível domesticamente. O ponto F representa uma taxa de juros nacional de 2% acima da taxa de juros estrangeira. Se os investidores do país de origem efetuarem um depósito estrangeiro, eles estarão em desvantagem em relação à taxa de juros estrangeira. No entanto, a teoria do EFI sugere que a moeda deveria se apreciar em 2% para contrabalançar a desvantagem da taxa de juros.

O ponto F da Figura 8.4 também ilustra o EFI do ponto de vista do investidor estrangeiro. A taxa de juros nacional parecerá atraente para o investidor estrangeiro. No entanto, a teoria do EFI sugere que a moeda estrangeira se apreciará em 2%, o que implica, da perspectiva do investidor estrangeiro, que a moeda do país de origem que denomina os instrumentos de investimento se depreciará para contrabalançar a vantagem da taxa de juros.

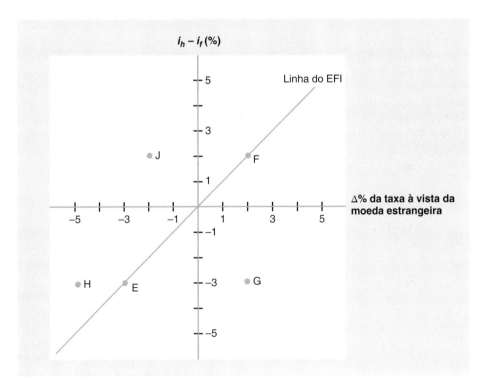

Figura 8.4 Ilustração da linha do EFI (quando as variações da taxa de câmbio contrabalançam perfeitamente os diferenciais da taxa de juros).

Pontos na Linha do EFI. Todos os pontos pela assim chamada **linha do EFI** da Figura 8.4 refletem os ajustes da taxa de câmbio para contrabalançar o diferencial das taxas de juros. Isso significa que os investidores terminarão obtendo o mesmo rendimento (ajustado para flutuações da taxa de câmbio) investindo no próprio país ou no estrangeiro.

Para ser exato, a teoria do EFI não sugere que essa relação existirá continuamente no percurso de cada período. O ponto da teoria do EFI é que, se uma empresa fizer investimentos periodicamente para obter vantagens de taxas de juros estrangeiras mais altas, conseguirá um rendimento que às vezes fica acima e às vezes abaixo do rendimento doméstico. Investimentos periódicos feitos por uma empresa americana na tentativa de capitalizar taxas de juros mais altas, em média, geram um rendimento semelhante ao que a empresa receberia simplesmente de depósitos periódicos domésticos.

Pontos Abaixo da Linha do EFI. Os pontos abaixo da linha do EFI geralmente refletem retornos mais altos de investimentos em depósitos estrangeiros. Por exemplo, o ponto G na Figura 8.4 indica que a taxa de juros estrangeira excede a taxa de juros nacional em 3%. Além disso, a moeda estrangeira se apreciou em 2%. A combinação da maior taxa de juros estrangeira mais a apreciação da moeda estrangeira ocasionaria um rendimento estrangeiro mais alto que o possível domesticamente. Se os dados reais forem compilados e marcados, e a grande maioria dos pontos estiver abaixo da linha do EFI, isso sugeriria que os investidores do país de origem poderiam aumentar consistentemente seus retornos de investimento efetuando depósitos bancários estrangeiros. Esses resultados rebateriam a teoria do EFI.

Pontos Acima da Linha do EFI. Os pontos acima da linha do EFI geralmente refletem retornos de depósitos estrangeiros os quais são mais baixos que os possíveis domesticamente. Por exemplo, o ponto H reflete uma taxa de juros estrangeira que está 3% acima da taxa de juros nacional. Todavia, o ponto H também indica que a taxa de câmbio da moeda estrangeira se depreciou em 5%, mais do que contrabalançando a vantagem da taxa de juros.

Como outro exemplo, o ponto J representa uma situação na qual um investidor do país de origem é golpeado de duas maneiras ao investir em um depósito estrangeiro. Primeiro, a taxa de juros estrangeira é mais baixa que a taxa de juros nacional. Segundo, a moeda estrangeira se deprecia durante o tempo de permanência do depósito. Se os dados reais forem compilados e marcados, e a grande maioria dos pontos estiver acima da linha do EFI, isso sugeriria que os investidores do país de origem receberiam retornos consistentemente mais baixos do que de investimentos estrangeiros em oposição aos investimentos no país de origem. Esses resultados rebateriam a teoria do EFI.

Testes do Efeito Fisher Internacional

Se os pontos efetivos (de cada período) da variação das taxas de juros e da taxa de câmbio forem marcados ao longo do tempo sobre um gráfico como o da Figura 8.4, poderemos determinar se eles estão sistematicamente abaixo da linha de EFI (sugerindo retornos mais altos de investimento estrangeiro), acima da linha (sugerindo retornos mais baixos de investimento estrangeiro) ou espalhados igualmente sobre ambos os lados (sugerindo um balanceamento de retornos mais altos de investimento estrangeiro em alguns períodos e retornos mais baixos em outros períodos).

A Figura 8.5 é um exemplo de um conjunto de pontos que tende a apoiar a teoria do EFI. Implica que os retornos de investimentos estrangeiros são, em média, quase iguais aos retornos que são possíveis domesticamente. Note que cada ponto individual reflete uma variação na taxa de câmbio que não exatamente

---

http://

http://www.economagic. com/fedstl.htm fornece dados do índice de inflação e da taxa de câmbio dos Estados Unidos.

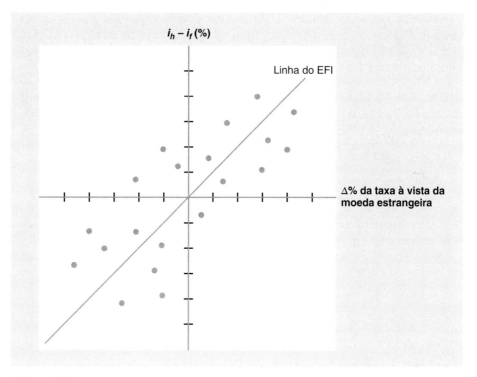

Figura 8.5 Ilustração do conceito do EFI (quando as variações da taxa de câmbio compensam os diferenciais da taxa de juros em média).

compensa o diferencial da taxa de juros. Em alguns casos, a variação da taxa de câmbio não compensa completamente o diferencial da taxa de juros. Em outros, a variação da taxa de câmbio mais do que compensa o diferencial da taxa de juros. Em geral, os resultados se equilibram de maneira que os diferenciais da taxa de juros estejam, *em média*, compensados pelas variações das taxas de câmbio. Portanto, os investimentos estrangeiros geraram rendimentos que são, em média, iguais aos investimentos domésticos.

Se for esperado que os rendimentos estrangeiros sejam quase iguais aos rendimentos domésticos, uma empresa americana provavelmente preferirá investimentos domésticos. A empresa conheceria o rendimento dos títulos de curto prazo doméstico (tais como depósitos bancários) antecipadamente, ao passo que o rendimento a ser obtido de títulos de curto prazo estrangeiros seria incerto, porque ela não conhece o valor da taxa à vista na data de vencimento dos títulos. Os investidores geralmente preferem um investimento cujo retorno é conhecido a um investimento cujo retorno é incerto, supondo que todas as outras características do investimento sejam semelhantes.

Resultados dos Testes do EFI. Se o EFI se impõe na realidade depende do período examinado em particular. Embora a teoria do EFI possa se manter dentro de alguns limites de tempo, há evidência de que não se mantém consistentemente. Um estudo feito por Thomas[5] testou a teoria do EFI examinando os resultados de (1) aquisições de contratos futuros de moeda com taxas de juros altas que continham descontos (em relação às taxas à vista) e (2) venda de futuros de moeda com taxas de juros baixas que continham prêmios. Se as moedas de taxas de juros altas

---

[5] Lee R. Thomas, A winning strategy for currency-futures speculation, *Journal of Portfolio Management*, outono de 1985, p. 65-69.

260 FINANÇAS CORPORATIVAS INTERNACIONAIS

se depreciassem e as moedas de taxas de juros baixas se apreciassem até o ponto do sugerido pela teoria do EFI, essa estratégia não geraria lucros significativos. No entanto, 123 (57%) das 216 transações criadas por essa estratégia foram lucrativas. Além disso, o ganho médio foi mais alto que a perda média. Esse estudo indica que o EFI não se mantém.

Teste Estatístico do EFI. Um teste estatístico do EFI de certa forma simplificado poderá ser desenvolvido aplicando a análise de regressão às taxas de câmbio históricas e ao diferencial de taxas de juros nominais:

$$e_f = a_0 + a_1 \left[\frac{(1 + i_{U.S.})}{(1 + i_f)} - 1 \right] + \mu$$

onde a_0 é uma constante, a_1 é o coeficiente angular e μ é um termo de erro. A análise de regressão deverá determinar os coeficientes de regressão. Os valores hipotéticos de a_0 e a_1 são 0 e 1,0, respectivamente.

O teste-t para cada coeficiente de regressão requer uma comparação com o valor hipotético e depois a divisão pelo erro padrão (s.e.) dos coeficientes, como segue:

$$\text{Teste para } a_0 = 0 \qquad \text{Teste para } a_1 = 1$$

$$t = \frac{a_0 - 0}{\text{s.e. de } a_0} \qquad t = \frac{a_1 - 1}{\text{s.e. de } a_1}$$

A tabela do teste-t então será utilizada para encontrar o valor-t crítico. Se um dos testes-t concluir que os coeficientes diferem significativamente da hipótese, o EFI será recusado.

Por que o Efeito Fisher Internacional Não Ocorre

Como mencionado anteriormente neste capítulo, a paridade do poder de compra (PPC) não se manteve em certos períodos. Uma vez que o EFI é baseado na paridade do poder de compra, ele também não se mantém consistentemente. Como as taxas de câmbio podem ser afetadas por fatores diferentes da inflação, elas nem sempre se ajustam de acordo com o diferencial de inflação. Suponha uma taxa de juros nominal em um país estrangeiro esteja 3% acima da taxa dos Estados Unidos porque a inflação esperada naquele país está 3% acima da inflação esperada nos Estados Unidos. Mesmo que essas taxas nominais reflitam as expectativas inflacionárias apropriadamente, a taxa de câmbio da moeda estrangeira reagirá a outros fatores acrescidos ao diferencial de inflação. Se esses outros fatores pressionarem o valor da moeda estrangeira para cima, eles serão contrabalançados pela pressão para baixo do diferencial de inflação. Conseqüentemente, os investimentos estrangeiros possibilitarão retornos mais altos para os investidores americanos do que os investimentos domésticos.

Comparação entre as Teorias PTJ, PPC e EFI

Nesse ponto, poderá ser útil comparar as três teorias relacionadas de finanças internacionais: (1) paridade da taxa de juros (PTJ), discutida no Capítulo 7, (2) paridade do poder de compra (PPC) e (3) efeito Fisher internacional (EFI). A Tabela 8.2 resume os temas principais de cada teoria. Note que, apesar de as três teorias se referirem à determinação de taxas de câmbio, elas possuem diferentes implicações. A teoria da PTJ concentra-se sobre o motivo pelo qual a taxa a termo difere da taxa à vista e sobre o grau de diferença que deveria existir. Refere-se a períodos de tempo específicos. Em contraste, a teoria da PPC e a teoria do EFI concentram-se no modo como a taxa à vista da moeda varia ao longo do tempo. Enquanto a PPC sugere que a taxa à vista variará de acordo com os diferenciais de inflação, a teoria do EFI sugere que variará de acordo com os diferenciais da taxa de juros. Contudo, a PPC está relacionada ao EFI porque os diferenciais de inflação influenciam os diferenciais da taxa de juros nominal entre os dois países.

Algumas generalizações sobre os países poderão ser feitas aplicando essas teorias. Países com inflação alta tendem a ter altas taxas de juros nominais (devido ao efeito Fisher). Suas moedas tendem a enfraquecer no decorrer do tempo (devido à PPC e ao EFI), e as taxas a termo de suas moedas normalmente apresentam grandes descontos (devido à PTJ).

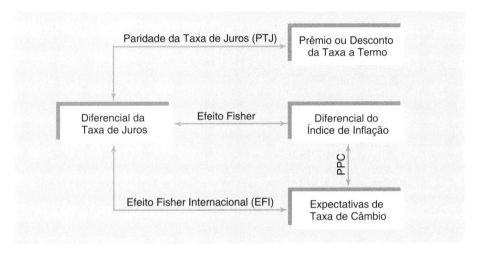

Teoria	Variáveis-chave da Teoria		Resumo da Teoria
Paridade da taxa de juros (PTJ)	Prêmio da taxa a termo (ou desconto)	Diferencial da taxa de juros	A taxa a termo de uma moeda em relação a outra conterá um prêmio (ou desconto) que será determinado pelo diferencial da taxa de juros entre os dois países. Como resultado, a arbitragem de juros coberta fornecerá um retorno que não será mais alto que o retorno doméstico.
Paridade do poder de compra (PPC)	Variação percentual da taxa de câmbio à vista	Diferencial de índice de inflação	A taxa à vista de uma moeda em relação a outra variará em reação ao diferencial dos índices de inflação entre os dois países. Conseqüentemente, o poder de compra dos consumidores adquirindo produtos em seus próprios países será semelhante ao poder de compra quando importarem produtos de outros países.
Efeito Fisher internacional (EFI)	Variação percentual da taxa de câmbio à vista	Diferencial da taxa de juros	A taxa à vista de uma moeda em relação a outra variará de acordo com o diferencial da taxa de juros entre os dois países. Conseqüentemente, o retorno dos títulos descobertos do mercado monetário estrangeiro não será, em média, mais alto que o retorno de títulos do mercado monetário doméstico, da perspectiva dos investidores no país de origem.

Tabela 8.2 Comparação entre as teorias PTJ, PPC e EFI.

RESUMO

- A teoria da paridade do poder de compra (PPC) especifica uma relação precisa entre as taxas de inflação relativas de dois países e suas taxas de câmbio. Em termos inexatos, a teoria da PPC sugere que a taxa de câmbio de equilíbrio se ajustará pela mesma magnitude que o diferencial dos índices de inflação entre dois países. Embora a PPC continue a ser um conceito valioso, há evidência de desvios consideráveis da teoria no mundo real.

- O efeito Fisher internacional (EFI) especifica uma relação precisa entre as taxas de juros relativas de dois países e suas taxas de câmbio. Sugere que um investidor que adquire periodicamente títulos com juros obterá, em média, um retorno semelhante ao que obteria possivelmente em títulos domésticos. Isso implica que a taxa de câmbio de um país com taxas de juros altas se depreciará para contrabalançar a vantagem da taxa de juros adquirida com os investimentos estrangeiros. No entanto, há evidências de que, durante alguns períodos, o EFI não se mantém. Portanto, o investimento em títulos estrangeiros de curto prazo poderá obter um retorno maior que aquele que seria possível domesticamente. Se uma empresa tentar obter retornos maiores, no entanto, correrá o risco de a moeda que denomina o título estrangeiro se depreciar perante a moeda nacional do investidor, durante o período do investimento. Nesse caso, o título estrangeiro poderá gerar um retorno mais baixo que um título doméstico, mesmo que apresente uma taxa de juros mais alta.

- A teoria da PPC concentra-se na relação entre o diferencial do índice de inflação e as oscilações da taxa de câmbio futura. O EFI concentra-se no diferencial da taxa de juros e as oscilações da taxa de câmbio futura. A teoria da paridade da taxa de juros (PTJ) concentra-se na relação entre o diferencial da taxa de juros e o prêmio da taxa a termo (ou desconto) em um dado ponto no tempo.

- Se a PTJ se impor, não será possível se beneficiar com a arbitragem de juros coberta. Os investidores ainda assim poderão tentar se beneficiar com as altas taxas de juros estrangeiras se permanecerem descobertos (não vendendo a moeda a termo). Mas o EFI sugere que essa estratégia não gerará retornos mais altos que os que seriam possíveis domesticamente, porque se espera que a taxa de câmbio caia, em média, pelo montante do diferencial da taxa de juros.

CONTRAPONTO DO PONTO

A PPC Elimina Cuidados sobre o Risco de Taxas de Câmbio de Longo Prazo?

Ponto Sim. Estudos mostram que as oscilações da taxa de câmbio estão relacionadas aos diferenciais de inflação de longo prazo. Com base na PPC, a moeda de um país de inflação alta se depreciará perante o dólar. Uma subsidiária nesse país deverá gerar receitas infladas pela inflação, o que ajudará a contrabalançar os efeitos de câmbio adversos, quando seus ganhos são remetidos para a controladora. Se uma empresa se concentra em desempenhos de longo prazo, os desvios da PPC se contrabalançarão com o tempo. Em alguns anos, os efeitos da taxa de câmbio poderão exceder os efeitos da inflação e, em outros, os efeitos da inflação excederão os efeitos da taxa de câmbio.

Contraponto Não. Mesmo se a relação entre os efeitos da inflação e da taxa de câmbio for consistente, isso não garantirá que os efeitos sobre a empresa serão compensados. Uma subsidiária em um país com inflação alta não necessariamente será capaz de ajustar seu nível de preços para acompanhar os custos crescentes ao exercer negócios por lá. Os efeitos variam de acordo com cada situação da EMN. Mesmo que a subsidiária possa aumentar seus preços para acompanhar os custos crescentes, há desvios de curto prazo da PPC. Os investidores que compram ações de uma EMN poderão ficar preocupados com os desvios de curto prazo da PPC, porque eles não necessariamente manterão as ações da empresa em longo prazo. Portanto, os investidores poderão preferir que as empresas gerenciem de maneira que reduzam a volatilidade de seu desempenho em períodos de curto e longo prazo.

Quem está certo? Use seu mecanismo de busca preferido para saber mais sobre esse assunto. Qual argumento você apóia? Dê sua opinião sobre o assunto.

RELAÇÃO ENTRE TAXAS DE CÂMBIO, INFLAÇÃO E TAXAS DE JUROS · **263**

AUTOTESTE

As respostas encontram-se no Apêndice A, no final do livro.

1. Um importador americano de componentes de computador do Japão paga pelos componentes em ienes. O importador não está preocupado com um possível aumento de preços do Japão (cobrados em ienes) devido ao possível efeito de compensação causado pela paridade do poder de compra (PPC). Explique o que isso significa.

2. Utilize o que você conhece sobre testes de PPC para responder a esta questão. Usando as informações na primeira questão, explique por que o importador americano de componentes de computador do Japão deveria estar preocupado com seus pagamentos futuros.

3. Utilize a PPC para explicar como os valores das moedas do Leste Europeu poderiam variar se esses países experimentarem inflação alta, enquanto os Estados Unidos experimentam inflação baixa.

4. Suponha que a taxa à vista do dólar canadense seja de $ 0,85 e que as taxas de inflação dos Estados Unidos e do Canadá sejam semelhantes. Então, suponha que o Canadá experimente uma inflação de 4%, enquanto os Estados Unidos experimentam uma inflação de 3%. De acordo com a PPC, qual será o novo valor do dólar canadense depois de ele se ajustar às variações inflacionárias? (Você poderá utilizar a fórmula aproximada para responder a esta questão.)

5. Suponha que a taxa à vista do dólar australiano seja de $ 0,90 e que as taxas de juros de um ano da Austrália e dos Estados Unidos sejam inicialmente de 6%.[6] Utilizando essa informação e a teoria do efeito Fisher internacional, faça uma previsão da taxa à vista para daqui a um ano.

6. Na questão anterior, as taxas de juros da Austrália aumentaram de 6% para 11%. De acordo com o EFI, qual é o fator subjacente que causaria essa variação? Dê uma explicação com base nas forças do EFI que poderiam causar a variação do dólar australiano. Se os investidores americanos acreditam no EFI, eles tentarão capitalizar as taxas de juros mais altas da Austrália? Explique.

QUESTÕES E APLICAÇÕES

1. **EFI.** Suponha que a taxa de juros nominal no México seja de 48% e que a taxa de juros nos Estados Unidos seja de 8% para os títulos de um ano que estejam livres do risco de inadimplência. O que o EFI sugere acerca do diferencial da inflação esperada nesses dois países? Utilizando essa informação e a teoria da PPC, descreva o retorno nominal esperado para os investidores que investem no México.

2. **EFI.** O EFI não deveria desencorajar os investidores de tentar capitalizar as altas taxas de juros estrangeiras? Por que alguns investidores continuam a investir no exterior, mesmo quando não possuem outras transações no exterior?

3. **EFI.** Beth Miller não acredita que o efeito Fisher internacional (EFI) se mantenha. As taxas de juros atuais de um ano na Europa são de 5%, enquanto as taxas de juros de um ano nos Estados Unidos são de 3%. Beth converte $ 100.000 em euros e os investe na Alemanha.

Um ano depois, ela converte os euros novamente em dólares. A taxa à vista atual do euro é de $ 1,10.

a) De acordo com o EFI, qual será a taxa à vista do euro em um ano?

b) Se a taxa à vista do euro daqui a um ano for $ 1,00, qual será o percentual de retorno de Beth dessa estratégia?

c) Se a taxa à vista do euro daqui a um ano for $ 1,08, qual será o percentual de retorno de Beth dessa estratégia?

d) Qual deverá ser a taxa à vista do euro daqui a um ano para que a estratégia de Beth seja bem-sucedida?

4. **Implicações do EFI.** Suponha que as taxas de juros americanas geralmente estejam acima das taxas de juros estrangeiras. O que isso sugere acerca da força ou fraqueza futura do dólar com base no EFI? Os investidores americanos

---

[6] Então assuma que a taxa de juros de um ano suba 5%, enquanto a taxa de juros americana permaneça a mesma.

deveriam investir em títulos estrangeiros se acreditarem no EFI? Os investidores estrangeiros deveriam investir em títulos dos Estados Unidos se acreditarem no EFI?

5. **Implicações do EFI.** Explique o efeito Fisher internacional (EFI). Qual é o fundamento lógico para a existência do EFI? Quais são as implicações do EFI para as empresas com excesso de caixa que investem consistentemente em títulos de Tesouros estrangeiros? Explique por que o EFI poderá não se manter.

6. **Previsão da Taxa à Vista com Base no EFI.** Suponha que a taxa de câmbio à vista do dólar de Cingapura seja de $ 0,70. A taxa de juros de um ano é de 11% nos Estados Unidos e de 7% em Cingapura. Qual será a taxa à vista daqui a um ano, de acordo com o EFI? (Você poderá utilizar a fórmula aproximada para responder a esta questão.)

7. **EFI Aplicado ao Euro.** Dada a recente conversão de várias moedas européias para o euro, explique o que faria com que o valor do euro variasse perante o dólar, de acordo com o EFI.

8. **Aplicação do EFI à Crise Asiática.** Antes da crise asiática, muitos investidores tentaram capitalizar as altas taxas de juros vigentes nos países do Sudeste Asiático, embora o nível das taxas de juros primariamente refletisse expectativas de inflação. Explique por que os investidores agiram dessa maneira. Por que o EFI sugere que os países do Sudeste Asiático não teriam atraído investimentos estrangeiros antes da crise asiática, apesar das altas taxas de juros vigentes nesses países?

9. **Testando o EFI.** Descreva um teste estatístico do EFI.

10. **Comparando as Teorias de Paridade.** Compare e contraste a paridade da taxa de juros (PTJ) (discutida no capítulo anterior), a paridade do poder de compra (PPC) e o efeito Fisher internacional (EFI).

11. **Integrando a PTJ e o EFI.** Suponha que estejam disponíveis as seguintes informações sobre os Estados Unidos e a Europa:

	Estados Unidos	Europa
Taxa de juros nominal	4%	6%
Inflação esperada	2%	5%
Taxa à vista	–	$ 1,13
Taxa a termo de um ano	–	$ 1,10

a) A PTJ se mantém?

b) De acordo com a PPC, qual é a taxa à vista do euro esperada para daqui a um ano?

c) De acordo com o EFI, qual é a taxa à vista do euro esperada para daqui a um ano?

d) Reconcilie suas respostas com as partes (a) e (c).

12. **PTJ.** A taxa de juros livre de riscos de um ano no México é de 10%. A taxa livre de riscos de um ano nos Estados Unidos é de 2%. Suponha que a paridade da taxa de juros exista. A taxa à vista do peso mexicano é de $ 0,14.

a) Qual é o prêmio da taxa a termo?

b) Qual é a taxa a termo de um ano do peso?

c) Com base no efeito Fisher internacional, qual é a variação esperada na taxa à vista no próximo ano?

d) Se a variação da taxa à vista ocorrer como esperado de acordo com o EFI, qual será a taxa à vista em um ano?

e) Compare suas respostas (b) e (d) e explique a relação.

13. **Aplicando a PTJ e o EFI.** Suponha que o México tenha uma taxa de juros de um ano mais alta que a taxa de juros de um ano dos Estados Unidos. Suponha que você acredite no efeito Fisher internacional (EFI) e na paridade da taxa de juros (PTJ). Suponha custo zero das transações.

Ed tem sua base nos Estados Unidos e tenta especular comprando pesos mexicanos hoje, investindo-os em um ativo livre de riscos por um ano e então convertendo-os em dólares ao final de um ano. Ed não protegeu sua posição no mercado a termo.

Maria tem sua base no México e tenta a arbitragem de juros coberta comprando dólares hoje e simultaneamente vendendo os dólares a termo por um ano, investindo os dólares em um ativo livre de risco por um ano e então convertendo-os novamente em pesos ao final de um ano.

Você acha que a taxa de retorno do investimento de Ed será mais alta, mais baixa, ou igual à taxa de retorno do investimento de Maria? Explique.

14. **PTJ *versus* EFI.** Você acredita que a paridade da taxa de juros e o efeito Fisher internacional se mantêm. Suponha que a taxa de juros dos Estados Unidos atualmente seja muito mais alta que a taxa de juros da Nova Zelândia. Você possui contas a receber de 1 milhão de dóla-

RELAÇÃO ENTRE TAXAS DE CÂMBIO, INFLAÇÃO E TAXAS DE JUROS **265**

res da Nova Zelândia para daqui a um ano. Você poderá proteger as contas a receber com o contrato a termo de um ano. Ou você poderá decidir não fazer o *hedging*. O seu montante de dólares americanos esperados com a proteção das contas a receber será maior, menor ou igual ao seu montante de dólares americanos esperados a receber sem o *hedging*? Explique.

15. **PPC.** Explique a teoria da paridade do poder de compra (PPC). Com base nessa teoria, qual é a previsão geral dos valores de moedas em países com inflação alta?

16. **Testando a PPC.** Explique como você poderia determinar se a PPC existe. Descreva uma limitação para testar se a PPC se mantém.

17. **Lógica da PPC.** Explique a lógica da teoria da PPC.

18. **Limitações da PPC.** Explique por que a PPC não se mantém.

19. **Testando a PPC.** Os diferenciais de inflação entre os Estados Unidos e outros países industrializados têm sido de poucos pontos percentuais em qualquer ano dado. Todavia, em muitos anos, as taxas de câmbio anuais entre as moedas correspondentes têm variado em 10% ou mais. O que essa informação sugere a respeito da PPC?

20. **A PPC Aplicada ao Euro.** Suponha que vários países europeus que utilizam o euro como sua moeda experimentem uma inflação mais alta que a dos Estados Unidos, enquanto dois outros países europeus que utilizam o euro como sua moeda experimentam uma inflação mais baixa que a dos Estados Unidos. De acordo com a PPC, como o valor do euro será afetado em relação ao dólar?

21. **PPC.** O Japão normalmente tem uma inflação mais baixa que os Estados Unidos. Como se poderia esperar que isso afetasse o valor do iene japonês? Por que essa relação esperada nem sempre ocorre?

22. **Estimando a Depreciação Devido à PPC.** Suponha que a taxa de câmbio à vista da libra esterlina seja de $ 1,73. Como essa taxa à vista se ajustará de acordo com a PPC se o Reino Unido experimentar um índice de inflação de 7% enquanto os Estados Unidos experimentarem um índice de inflação de 2%?

23. **Testando a PPC.** Como você poderia utilizar a análise de regressão para determinar se a relação especificada pela PPC existe em média? Especifique o modelo e descreva como você

avaliaria os resultados da regressão para determinar se há uma diferença *significativa* da relação sugerida pela PPC.

24. **Efeitos Interativos da PPC.** Suponha que os índices de inflação dos países que utilizam o euro sejam bem baixos, enquanto outros países europeus que possuem sua própria moeda experimentam inflação alta. Explique como e por que se pode esperar que o valor do euro varie perante essas moedas, de acordo com a teoria da PPC.

25. **Arbitragem e PPC.** Suponha que a arbitragem localizada assegure que as taxas de câmbio à vista se alinhem apropriadamente. Também suponha que você acredite na paridade do poder de compra. A taxa à vista da moeda britânica é de $ 1,80. A taxa à vista do franco suíço é de 0,3 libra. Você espera que o índice de inflação de um ano seja de 7% no Reino Unido, 5% na Suíça e 1% nos Estados Unidos. A taxa de juros de um ano é de 6% no Reino Unido, 2% na Suíça e 4% nos Estados Unidos. Qual é sua taxa à vista esperada do franco suíço em um ano em relação ao dólar americano? Mostre seu trabalho.

26. **Comparando a PPC com o EFI.** Como é possível para a PPC se manter se o EFI não se mantém?

27. **Impacto de Barreiras sobre a PPC e o EFI.** Seria possível a PPC se manter entre os Estados Unidos e a Hungria se as barreiras comerciais fossem retiradas completamente e se a moeda húngara fosse autorizada a flutuar sem a intervenção do governo? Seria possível o EFI se manter entre os Estados Unidos e a Hungria se as barreiras comerciais fossem retiradas completamente e se a moeda húngara fosse autorizada a flutuar sem a intervenção do governo? Explique.

28. **PTJ, PPC e a Especulação em Derivativos de Moeda.** A taxa de juros de três meses dos Estados Unidos (não anualizada) é de 1%. A taxa de juros de três meses do Canadá (não anualizada) é de 4%. A paridade da taxa de juros existe. A inflação esperada para esse período é de 5% nos Estados Unidos e de 2% no Canadá. Uma opção de compra com uma data de vencimento de três meses sobre dólares canadenses está disponível, com um prêmio de $ 0,02 e um preço de exercício de $ 0,64. A taxa à vista do dólar canadense é de $ 0,65. Suponha que você acredite na paridade do poder de compra.

a) Determine a quantia de dólares de seu lucro ou prejuízo ao comprar um contrato de opção de compra especificando C$ 100.000.

b) Determine a quantia de dólares de seu lucro ou prejuízo ao comprar um contrato de futuros especificando C$ 100.000.

29. **Discussão na Sala da Diretoria.** Este exercício encontra-se no Apêndice E, no final deste livro.

30. **Taxa de Juros Real.** Uma suposição feita ao desenvolver o EFI é que os investidores em todos os países tenham a mesma taxa de juros real. O que isso significa?

31. **Efeitos da Inflação e da Taxa de Juros.** A abertura do mercado da Rússia resultou em uma moeda russa altamente volátil (o rublo). A inflação da Rússia normalmente excede os 20% por mês. As taxas de juros geralmente excedem os 150%, mas isso às vezes é menos que o índice de inflação anual da Rússia.

a) Explique por que a alta inflação da Rússia colocou séria pressão sobre o valor do rublo russo.

b) O efeito da inflação russa sobre a queda do valor do rublo apóia a teoria da PPC? Como a relação poderia ser distorcida pelas condições políticas da Rússia?

c) Parece que os preços dos produtos russos serão iguais aos preços dos produtos americanos, da perspectiva dos consumidores russos (após considerar as taxas de câmbio)? Explique.

d) Os efeitos da alta inflação russa e o declínio do rublo se contrabalançarão para os importadores americanos? Isto é, como os importadores dos Estados Unidos de produtos russos serão afetados pelas condições?

32. **Variações da Inflação.** Suponha que o índice de inflação esperado no Brasil aumentará consideravelmente. Como as taxas de juros nominais do Brasil afetarão o valor de sua moeda (chamada real)? Se o EFI se mantiver, como o retorno nominal dos investidores americanos que investem no Brasil será afetado pela inflação brasileira mais alta? Explique.

33. **Taxas de Juros de Moedas.** A seção de mercado "Market" do Website da Bloomberg fornece as cotações da taxa de juros para inúmeras moedas. Seu endereço é **http://www.bloomberg.com**

a) Vá para a seção de mercado "Markets" do Website da Bloomberg e, então, para "International Yield Curves" (curvas de rendimentos internacionais). Determine a taxa de juros de um ano corrente do dólar australiano, do

iene japonês e da libra esterlina. Supondo uma taxa real de juros de 2% para poupadores em qualquer país, determine o índice de inflação esperado para o próximo ano em cada um desses países que está implícita na taxa de juros nominal (de acordo com o efeito Fisher).

b) Qual é a variação percentual aproximada e esperada do valor de cada uma dessas moedas perante o dólar para o próximo ano ao aplicar a PPC ao nível de inflação de cada uma dessas moedas contra o dólar?

34. **Interpretando as Expectativas Inflacionárias.** Se os investidores nos Estados Unidos e no Canadá exigem a mesma taxa de juros real, e a taxa de juros nominal é 2% mais alta no Canadá, o que isso implica a respeito das expectativas de inflação americana e canadense? O que essas expectativas de inflação sugerem sobre as taxas de câmbio futuras?

35. **Origem de Moedas Fracas.** As moedas de alguns países da América Latina, como Brasil e Venezuela, freqüentemente se enfraquecem perante a maioria das outras moedas. Que conceito neste capítulo explica essa ocorrência? Por que nem todas as EMNs utilizam contratos a termo para proteger suas remessas de fundos futuras dos países da América Latina para os Estados Unidos, se esperam a depreciação das moedas perante o dólar?

36. **Derivando Previsões de Taxas à Vista Futuras.** Suponha que as seguintes informações estejam disponíveis hoje:

	Estados Unidos	México
Taxa de juros real exigida por investidores	2%	2%
Taxa de juros nominais	11%	15%
Taxa à vista	–	$ 0,20
Taxa a termo de um ano	–	$ 0,19

a) Utilize a taxa a termo para prever a variação percentual do peso mexicano durante o próximo ano.

b) Utilize o diferencial da inflação esperada para prever a variação percentual do peso mexicano durante o próximo ano.

c) Utilize a taxa à vista para prever a variação percentual do peso mexicano durante o próximo ano.

CASO BLADES, INC.

Avaliação da Paridade do Poder de Compra

A Blades, fabricante de patins com base nos Estados Unidos, atualmente exporta para e importa da Tailândia. A empresa escolheu a Tailândia como alvo de exportação para seu principal produto, os "Speedos", por causa das expectativas de crescimento da Tailândia e pela ausência de concorrência tailandesa e americana de fabricantes de patins nesse país. Sob um compromisso existente, a Blades vende 180 mil pares de Speedos anualmente para a Entertainment Products, Inc., um varejista tailandês. O compromisso envolve um preço fixo denominado em baht e terá duração de três anos. A Blades gera aproximadamente 10% de sua receita na Tailândia.

A Blades também decidiu importar certos componentes de borracha e de plástico necessários para a fabricação dos Speedos devido às considerações de custos e qualidade. Especificamente, as condições econômicas fracas na Tailândia, resultantes de eventos recentes, permitiram à Blades importar os componentes do país a um custo relativamente baixo. No entanto, a Blades não firmou um compromisso de longo prazo para importar esses componentes e paga preços de mercado (em baht) vigentes na Tailândia na hora da aquisição. Atualmente, a Blades incorre cerca de 4% de seus custos de produtos vendidos na Tailândia.

Embora a Blades não tenha planos imediatos para se expandir na Tailândia, poderá estabelecer uma subsidiária lá no futuro. Além disso, mesmo que a Blades não estabeleça uma subsidiária na Tailândia, continuará exportando e importando do país por vários anos. Devido a essas considerações, a gerência da Blades está muito preocupada com os recentes acontecimentos na Tailândia e nos países vizinhos, os quais poderão afetar o desempenho atual e seus planos futuros.

Ben Holt, chefe do setor financeiro, está particularmente preocupado com o nível de inflação da Tailândia. O compromisso de exportação com a Entertainment Products, embora permita um nível mínimo de receita a ser gerada na Tailândia em um dado ano, impede a Blades de ajustar os preços de acordo com o nível de inflação tailandês. Em retrospecto, Holt se pergunta se a Blades deveria ter estabelecido esse compromisso de exportação. Como a economia da Tailândia estava crescendo rapidamente, quando a Blades concordou com o compromisso, fortes gastos de consumidores por lá resultaram em altos níveis de inflação e altas taxas de juros. Naturalmente, a Blades teria preferido um compromisso em que o preço por par de Speedos fosse ajustado pelo nível de inflação tailandês. No entanto, para levar vantagem das oportunidades de crescimento na Tailândia, a Blades aceitou o compromisso quando a Entertainment Products insistiu no nível de preços fixo. Atualmente, no entanto, o baht está flutuando livremente, e Holt quer saber como um nível relativamente alto de inflação tailandesa poderá afetar a taxa de câmbio baht-dólar e, conseqüentemente, a receita gerada pela Blades na Tailândia.

Ben Holt também está preocupado com o custo dos produtos da Blades vendidos na Tailândia. Uma vez que não existe um compromisso de preço fixo e os componentes são faturados em baht tailandês, a Blades está sujeita a aumentos nos preços da borracha e do plástico. Holt quer saber como um possível nível alto de inflação terá impacto sobre a taxa de câmbio entre o baht e o dólar e o custo dos produtos vendidos na Tailândia, agora que o baht está flutuando livremente.

Quando começou a pensar nas condições econômicas futuras da Tailândia e o impacto resultante sobre a Blades, ele achou que precisaria de sua ajuda. Em particular, Holt está vagamente familiarizado com o conceito de paridade do poder de compra (PPC) e quer saber a respeito das implicações dessa teoria, se houver, para a Blades. Além disso, Holt também lembra que taxas de juros relativamente altas na Tailândia atrairão fluxos de capital e pressionarão o baht para cima.

Em virtude dessas preocupações, e para obter algum conhecimento a respeito do impacto da inflação sobre a Blades, Ben Holt pediu que você forneça respostas para as seguintes questões:

1. Qual é a relação entre as taxas de câmbio e os níveis de inflação dos dois países? Como essa relação afetará a receita tailandesa e os custos da Blades, dado que o baht está flutuando livremente? Qual o efeito líquido dessa relação para a Blades?

2. Quais são os fatores que impedem a PPC de ocorrer a curto prazo? Você esperaria que a PPC se mantivesse melhor se os países negociassem os acordos comerciais em que se comprometem com a compra ou a venda de um número fixo de produtos por um período específico? Por quê?

3. Como você concilia o alto nível das taxas de juros na Tailândia com a variação esperada da

taxa de câmbio do baht pelo dólar de acordo com a PPC?

4. Dados os planos futuros da Blades na Tailândia, a empresa deveria se preocupar com a PPC? Por quê?

5. A PPC poderá se manter melhor em alguns países do que em outros? Dado que o baht tailandês está flutuando livremente há apenas pouco tempo, como você acha que a Blades poderá saber se a PPC se manterá para a Tailândia?

DILEMA DA PEQUENA EMPRESA

Avaliação do EFI pela Sports Exports Company

A cada mês, a Sports Exports Company recebe um pagamento denominado em libras esterlinas pelas bolas de futebol que exporta para o Reino Unido. Jim Logan, o proprietário da Sports Exports Company, a cada mês é aconselhado a proteger seu pagamento com um contrato a termo para o mês seguinte. Agora, no entanto, ele questiona se esse processo vale o aborrecimento. Ele sugere que, se o efeito Fisher internacional (EFI) se mantiver, o valor da libra deverá variar (em média) em um montante que refletirá o diferencial entre as taxas de juros dos dois países em questão. Uma vez que o prêmio futuro reflete o mesmo diferencial da taxa de juros, os resultados do *hedging* deverão ser iguais aos da não-proteção, em média.

1. A interpretação de Jim sobre o EFI está correta?

2. Se você estivesse no lugar de Jim, gastaria tempo para decidir se vale a pena proteger as contas a receber a cada mês ou acreditaria que os resultados seriam os mesmos (em média) se você tivesse protegido ou não?

PARTE 2

Problema Integrativo

Comportamento da Taxa de Câmbio

Questões

1. Como empregado do departamento de câmbio estrangeiro de uma grande empresa, você recebeu as seguintes informações:

   Início do Ano

   Taxa à vista da £ = $ 1,596

   Taxa à vista do dólar australiano (A$) = $ 0,70

   Taxa de câmbio cruzada: £ 1 = A$ 2,28

   Taxa a termo de um ano do A$ = $ 0,71

   Taxa a termo de um ano da £ = $ 1,58004

   Taxa de juros americana de um ano = 8,00%

   Taxa de juros britânica de um ano = 9,09%

   Taxa de juros australiana de um ano = 7,00%

   Determine se a arbitragem triangular é viável e, se for, como deverá ser realizada para dar lucro.

2. Utilizando as informações da questão 1, determine se a arbitragem de juros coberta é viável e, se for, como deverá ser realizada para dar lucro.

3. Com base nas informações da questão 1 sobre o início do ano, utilize a teoria do efeito Fisher internacional (EFI) para prever a variação percentual anual no valor da libra esterlinas durante o ano.

4. Suponha que, no início do ano, o valor da libra esteja em equilíbrio. Suponha que durante o ano, o índice de inflação britânico seja de 6%, enquanto o índice de inflação dos Estados Unidos é de 4%. Suponha que qualquer variação no valor da libra devido ao diferencial de inflação ocorreu no final do ano. Utilizando essas informações e as fornecidas na questão 1, determine como o valor da libra variou durante o ano.

5. Suponha que a depreciação da libra durante o ano foi atribuída diretamente à intervenção do banco central. Explique que tipo de intervenção direta pressionaria o valor da libra para baixo.

PARTE 3

Gestão do Risco da Taxa de Câmbio

A Parte 3 (Capítulos 9 a 12) explica as várias funções envolvidas na gestão da exposição ao risco da taxa de câmbio. O Capítulo 9 descreve vários métodos usados para prever as taxas de câmbio e explica como alcançar bom desempenho nas previsões. O Capítulo 10 mostra como medir a exposição às oscilações da taxa de câmbio. Dadas a exposição de uma empresa e as previsões de taxas futuras de câmbio, os Capítulos 11 e 12 explicam como fazer a proteção dessa exposição.

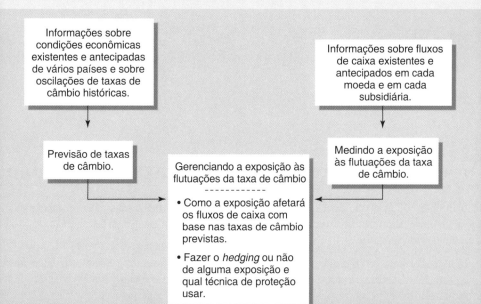

CAPÍTULO 9

Previsão da Taxa de Câmbio

Muitas decisões das EMNs são influenciadas pelas projeções de taxa de câmbio. Gestores financeiros devem entender como prever taxas de câmbio, de modo que possam tomar decisões que maximizem o valor de suas EMNs.

Os objetivos específicos deste capítulo são:

- explicar como as empresas poderão se beneficiar com a previsão de taxa de câmbio;
- descrever técnicas comuns utilizadas para fazer previsões; e
- explicar como o desempenho das previsões pode ser avaliado.

Por que as Empresas Prevêem Taxas de Câmbio

Virtualmente, todas as operações de uma EMN podem ser influenciadas pelas variações das taxas de câmbio. Algumas das funções empresariais para as quais as previsões de taxa de câmbio necessárias são as seguintes:

- *Decisão de proteção (hedging)*. As EMNs constantemente enfrentam a decisão de fazer ou não a proteção de futuras contas a pagar ou a receber em moedas estrangeiras. A decisão poderá ser determinada pelas previsões dos valores da moeda estrangeira.

EXEMPLO

A Laredo Co., com base nos Estados Unidos, planeja pagar por roupas importadas do México em 90 dias. Se o valor previsto do peso para daqui a 90 dias for suficientemente abaixo da taxa a termo de 90 dias, a EMN poderá decidir não fazer o *hedging*. A previsão poderá capacitar a empresa a tomar uma decisão que aumente seus fluxos de caixa.

■ *Decisão de financiamento de curto prazo.* Quando grandes empresas tomam dinheiro emprestado, elas têm acesso a várias moedas diferentes. A moeda que tomam emprestada idealmente deverá (1) apresentar uma taxa de juros baixa e (2) ter seu valor enfraquecido durante o período do financiamento.

EXEMPLO

A Westbury Co. pensa em tomar emprestados ienes para financiar suas operações nos Estados Unidos porque o iene possui uma taxa de juros baixa. Se o iene se depreciar perante o dólar americano durante o período do financiamento, a empresa poderá pagar de volta o empréstimo com menos dólares (ao converter esses dólares em troca pela quantia de ienes devidos). A decisão de se financiar ou não com ienes ou com dólares depende da previsão do valor futuro do iene.

■ *Decisão de investimento de curto prazo.* As empresas às vezes possuem um montante considerável de excesso de caixa disponível por um período de tempo curto. Depósitos grandes podem ser feitos em diversas moedas. A moeda ideal para depósitos deverá (1) apresentar uma alta taxa de juros e (2) fortalecer seu valor durante o período do financiamento.

EXEMPLO

A Lafayette Co. possui um excesso de caixa e pensa em depositar o dinheiro na conta de um banco britânico. Se a libra esterlina se valorizar perante o dólar até o final do período do depósito, quando as libras forem retiradas e trocadas por dólares americanos, mais dólares serão recebidos. Portanto, a empresa poderá usar as previsões da taxa de câmbio da libra ao determinar investir ou não o dinheiro em curto prazo em uma conta britânica ou em uma conta americana.

■ *Decisão de orçamento de capital.* Quando a controladora de uma EMN avalia investir ou não fundos em um projeto estrangeiro, a empresa leva em consideração que o projeto poderá requerer periodicamente o câmbio de moedas. A análise do orçamento de capital poderá ser completada somente se todos os fluxos de capital forem medidos pela moeda local da operadora.

EXEMPLO

A Evansville Co. quer determinar se estabelece ou não uma subsidiária na Tailândia. As previsões dos fluxos de caixa futuros utilizadas no processo do orçamento de capital dependerão da taxa de câmbio futura da moeda tailandesa (o baht) perante o dólar. Essa dependência poderá ser devido (1) às entradas futuras denominadas em baht que exigirão a conversão para o dólar e/ou (2) à influência das taxas de câmbio futuras sobre a demanda dos produtos da subsidiária. Previsões precisas dos valores da moeda aperfeiçoarão as estimativas dos fluxos de caixa e, portanto, fortalecerão a tomada de decisão da EMN.

274 FINANÇAS CORPORATIVAS INTERNACIONAIS

- *Avaliação dos ganhos.* A decisão da controladora sobre se uma subsidiária estrangeira deverá reinvestir seus ganhos em um outro país ou enviá-los de volta à controladora poderá ser influenciada pelas previsões de taxas de câmbio. Se se espera que uma moeda estrangeira forte se enfraqueça consideravelmente perante a moeda da controladora, a controladora poderá preferir apressar a remessa dos ganhos da subsidiária, antes que a moeda estrangeira se enfraqueça.

  As previsões de taxa de câmbio também são úteis para prever os ganhos de uma EMN. Quando os ganhos de uma EMN são relatados, os ganhos da subsidiária são consolidados e traduzidos para a moeda que representa o país de origem da empresa controladora.

EXEMPLO

A Monroe Co. possui um escritório nos Estados Unidos e subsidiárias no Canadá e no Reino Unido. Ela deve decidir se suas subsidiárias no Canadá e no Reino Unido deveriam remeter seus ganhos. Isso envolve comparar o montante do fluxo de caixa em dólares que seriam recebidos hoje (se a subsidiária remetesse os ganhos) com os possíveis fluxos em dólares que seriam recebidos no futuro (se as subsidiárias reinvestissem os ganhos). A decisão é influenciada pela previsão feita pela Monroe sobre o valor do dólar canadense e da libra esterlina no momento em que os ganhos futuros das subsidiárias fossem enviados.
Para fins de contabilidade, os ganhos da subsidiária canadense em dólares canadenses devem ser medidos traduzindo-os em dólares americanos. Os ganhos da subsidiária britânica em libras devem ser medidos traduzindo-as em dólares americanos. "Traduzir" não significa que os ganhos foram convertidos fisicamente em dólares americanos. É simplesmente um processo periódico de registro, de modo que os ganhos consolidados possam ser relatados em uma moeda única. Nesse caso, a valorização do dólar canadense impulsionará os ganhos da subsidiária canadense quando são relatados (traduzidos) em dólares americanos. As previsões de taxas de câmbio, portanto, têm uma função importante na previsão geral dos ganhos consolidados de uma EMN.

- *Decisão de financiamento de longo prazo.* As empresas que emitem obrigações para assegurar fundos de longo prazo poderão considerar denominar as obrigações em moedas estrangeiras. Elas preferem que a moeda que é tomada emprestada deprecie com o tempo perante a moeda que estão recebendo das vendas. Para estimar o custo da emissão de obrigações denominadas em moeda estrangeira, são exigidas previsões de taxas de câmbio.

EXEMPLO

A Bryce Co. necessita de fundos de longo prazo para sustentar seus negócios nos Estados Unidos. Ela poderá emitir obrigações de dez anos denominadas em iene japonês a uma taxa de cupom de 1%, que é cinco pontos percentuais menos que a taxa de cupom vigente sobre as obrigações denominadas em dólares. No entanto, a Bryce precisará converter os dólares para fazer os pagamentos de juros ou do principal das obrigações denominadas em ienes, portanto, se o valor do iene subir, a obrigação denominada em ienes poderia ser mais dispendiosa para a Bryce do que a obrigação americana. A decisão da Bryce de emitir obrigações denominadas em ienes contra as obrigações denominadas em dólares dependerá de suas previsões da taxa de câmbio do iene pelo período de dez anos.

Embora a maioria das previsões se aplique a moedas cujas taxas de câmbio flutuam continuamente, as previsões também são derivadas para moedas cujas taxas de câmbio são fixas.

EXEMPLO

Apesar de o valor do peso argentino ainda estar vinculado ao dólar americano em 2001, algumas EMNs com base nos Estados Unidos fizeram previsões para o peso naquela época porque anteciparam que ele se desvalorizaria. O peso foi desvalorizado em 2002, e sua taxa de câmbio não mais estava vinculada ao dólar. O dólar de Hong Kong está vinculado ao dólar americano desde 1983, mas algumas EMNs ainda fazem previsões de longo prazo do dólar de Hong Kong, antecipando que ele possa ser reavaliado.

Os motivos de uma EMN para prever as taxas de câmbio estão resumidos na Figura 9.1. Os motivos são diferenciados de acordo com a possibilidade de elas elevarem o valor da EMN influenciando seus fluxos de caixa ou seu custo de capital. A necessidade de uma projeção exata da taxa de câmbio deve estar clara agora. A seção a seguir descreve os métodos de previsão disponíveis.

Técnicas de Previsão

Os inúmeros métodos disponíveis de previsão de taxas de câmbio podem ser classificados em quatro grupos gerais: (1) técnica; (2) fundamentalista; (3) baseada em mercado; e (4) mista.

Previsão Técnica

A **previsão técnica** envolve a utilização da taxa de câmbio histórica para prever valores futuros.

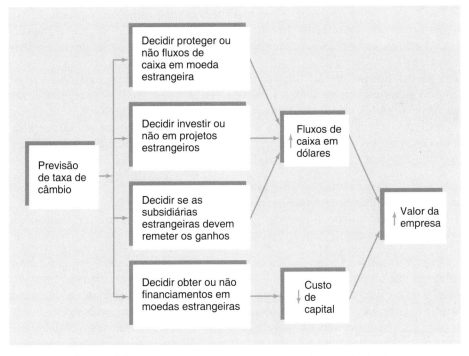

Figura 9.1 Motivos empresariais para a previsão de taxas de câmbio.

276 FINANÇAS CORPORATIVAS INTERNACIONAIS

EXEMPLO

Amanhã, a Kansas Co. precisa pagar 10 milhões de pesos mexicanos por produtos que recebeu recentemente do México. Hoje, o peso se valorizou em 3% perante o dólar. A Kansas Co. poderia enviar o pagamento hoje, de modo a evitar os efeitos de alguma valorização adicional amanhã. Com base na análise de estatística histórica, a Kansas Co. determinou que sempre que o peso se valoriza perante o dólar em mais de 1%, ele passa por uma reversão de cerca de 60% no dia seguinte. Isto é,

$$e_{t+1} = e_t \times (-60\%), \text{ quando } e_t > 1\%$$

Ao aplicar essa tendência à situação atual em que o peso se valorizou em 3% hoje, a Kansas Co. prevê que a taxa de câmbio de amanhã terá uma variação de

$$e_{t+1} = e_t \times (-60\%)$$
$$= (3\%) \times (-60)$$
$$= -1,8\%$$

Dada essa previsão de que o peso se depreciará amanhã, a Kansas Co. decide que fará o pagamento amanhã, em vez de hoje.

---

http://

http://www.ny.frb.org/ markets/foreignex.html fornece dados sobre históricos de taxas de câmbio que poderão ser utilizados para fazer previsões técnicas de taxas de câmbio.

As empresas tendem a só fazer uso limitado da previsão técnica porque ela se concentra tipicamente no futuro próximo, o que não é muito útil para o desenvolvimento de políticas empresariais. A maioria das previsões técnicas se aplica a períodos de prazo bem curto, tais como de um dia, porque os padrões das oscilações da taxa de câmbio são mais sistemáticos em períodos assim. Uma vez que os padrões podem ser menos confiáveis para as oscilações de longo prazo, como por um trimestre, um ano ou para daqui a cinco anos, as previsões técnicas são menos úteis para a previsão de taxas de câmbio para um futuro distante. Portanto, a previsão técnica poderá não ser apropriada para empresas que necessitam prever taxas de câmbio para um futuro distante.

Além disso, a previsão técnica raramente fornece estimativas pontuais ou uma série de valores futuros possíveis. Como a análise técnica normalmente não pode estimar taxas de câmbio futuras, não é, por si só, uma ferramenta adequada para gestores de EMNs.

Fatores técnicos muitas vezes são citados como a principal razão para as variações de posições especulativas que causam um ajuste no valor do dólar. Por exemplo, as manchetes freqüentemente atribuem a variação no valor do dólar a fatores técnicos:

- Fatores técnicos suplantaram as notícias econômicas.
- Fatores técnicos dispararam as vendas do dólar.
- Fatores técnicos indicaram que dólares foram vendidos em excesso recentemente, disparando a compra de dólares.

Como esses exemplos sugerem, a previsão técnica parece ser amplamente utilizada pelos especuladores que procuram capitalizar as oscilações da taxa de câmbio diária.

Modelos de previsão técnica já ajudaram os especuladores do mercado de câmbio estrangeiro em vários momentos. No entanto, um modelo que funcionou bem em um período em particular não necessariamente funcionará bem em outro. Com a abundância de modelos técnicos existentes hoje, alguns estão destinados a gerar lucros especulativos em qualquer período dado. Se o padrão de valores de moeda em um período parece ser aleatório, a previsão técnica não

GERENCIANDO PARA VALOR

Como as Previsões de Lucro da DuPont São Baseadas em Previsões de Moeda

Como muitas outras empresas negociadas e bolsas de valores, a DuPont periodicamente anuncia suas expectativas de ganhos futuros. Como grande parte de seus negócios é internacional, a empresa leva em conta as oscilações das taxas de juros ao considerar suas expectativas sobre seus ganhos. Em particular, o valor do euro é monitorado de perto porque a presença maior da DuPont é na Europa. Quando o valor varia no decorrer de um trimestre, os ganhos traduzidos gerados pelas subsidiárias européias da DuPont são afetados. Portanto, as previsões da DuPont de seus ganhos consolidados requerem uma previsão de ganhos gerados pelas subsidiárias em cada país, junto com uma previsão da taxa de câmbio pela qual esses ganhos serão traduzidos em dólares.

Dada a incerteza das taxas de câmbio e outros fatores que afetam os ganhos, a DuPont utiliza um intervalo quando faz previsões sobre seus ganhos. O valor mais baixo indica a possibilidade de um euro fraco (ganhos europeus traduzidos a uma taxa de câmbio baixa), enquanto o valor mais alto indica a possibilidade de um euro forte (ganhos europeus traduzidos a uma taxa alta).

Investidores que procuram avaliar as ações da DuPont utilizam as previsões de ganhos da empresa para produzir seus fluxos de caixa esperados no futuro. Como a previsão da DuPont sobre seus ganhos consolidados capta as possíveis oscilações da taxa de câmbio, os investidores não deverão ficar surpresos se um euro enfraquecido afetar adversamente os ganhos da DuPont.

será apropriada. A não ser que tendências históricas nas oscilações da taxa de câmbio sejam identificadas, o exame de oscilações passadas não será útil para indicar oscilações futuras.

Muitos participantes do mercado de câmbio discutem que, mesmo se um modelo técnico de previsão em particular seja apresentado para levar a um lucro especulativo consistente, não mais será útil uma vez que outros participantes começarem a utilizá-lo. O comércio baseado na recomendação do modelo empurrará o valor da moeda para uma nova posição imediatamente. Os especuladores que utilizam a previsão técnica de taxa de câmbio freqüentemente ocorrem em grandes custos de transações devido aos seus negócios freqüentes. Além disso, monitorar as oscilações da moeda em busca de padrões sistemáticos pode consumir tempo. E os especuladores também necessitam de capital suficiente para absorver perdas que possam ocorrer.

Previsão Fundamentalista

A **previsão fundamentalista** está baseada na relação fundamental entre as variáveis econômicas e as taxas de câmbio. Lembre, do Capítulo 4, que uma variação na taxa à vista de uma moeda é influenciada pelos seguintes fatores:

$$e = f\,(\Delta INF,\ \Delta INT,\ \Delta INC,\ \Delta GC,\ \Delta EXP)$$

onde

$e =$ variação porcentável na taxa à vista.

$\Delta INF =$ variação na diferença entre a inflação americana e a inflação do outro país.

$\Delta INT =$ variação na diferença entre a taxa de juros americana e a taxa de juros do outro país.

$\Delta INC =$ variação na diferença entre o nível de renda dos Estados Unidos e o nível de renda do outro país.

$\Delta GC =$ variação nos controles do governo.

$\Delta EXP =$ variação nas expectativas de taxas de câmbio futuras.

278 FINANÇAS CORPORATIVAS INTERNACIONAIS

Dados os valores corretos dessas variáveis, junto com seu impacto histórico sobre o valor da moeda, as empresas poderão desenvolver projeções de taxa de câmbio.

Uma previsão poderá surgir simplesmente de uma avaliação subjetiva sobre o grau em que se espera que as oscilações gerais das variáveis econômicas de um país afetem as taxas de câmbio. De uma perspectiva estatística, uma previsão estaria baseada nos impactos dos fatores medidos quantitativamente sobre as taxas de câmbio. Embora alguns dos modelos fundamentalistas completos estejam além do âmbito deste texto, segue uma discussão simplificada:

EXEMPLO

O foco aqui está somente sobre dois dos muitos fatores que afetam o valor da moeda. Antes de identificá-los, considere que o objetivo empresarial é de prever a variação percentual (taxa de apreciação ou depreciação) da libra esterlina em relação ao dólar americano durante o próximo trimestre. Para simplificar, suponha que a previsão da empresa para a libra esterlina dependa somente de dois fatores que afetam o valor da libra:

1. A inflação nos Estados Unidos em relação à inflação no Reino Unido.
2. O crescimento da renda nos Estados Unidos em relação ao crescimento da renda no Reino Unido (medido como variação percentual).

O primeiro passo é determinar como essas variáveis afetaram a variação percentual do valor da libra com base em dados históricos. Isso normalmente é obtido pela análise de regressão. Primeiro, dados trimestrais são compilados para a inflação e os níveis de crescimento da renda dos Estados Unidos e do Reino Unido. A variável dependente é a variação percentual trimestral do valor da libra esterlina (chamada de BP). As variáveis independentes (explicativas) podem ser estabelecidas como segue:

1. A variação percentual trimestral do trimestre anterior do diferencial de inflação (índice de inflação americana menos o índice de inflação britânica), referida como INC_{t-1}.
2. A variação percentual trimestral do trimestre anterior do diferencial do crescimento de renda (crescimento da renda americana menos o crescimento da renda britânica), referida com INC_{t-1}.

A equação de regressão pode ser definida como

$$BP_t = b_0 + b_1 INF_{t-1} + b_2 INC_{t-1} + \mu_t$$

onde b_0 é uma constante, b_1 mede a sensibilidade da BP_t às variações em INF_{t-1}, b_2 mede a sensibilidade da BP_t às variações em INC_{t-1}, e μ_t representa um termo de erro. Um conjunto de dados históricos é usado para obter valores anteriores da BP, de INF e de INC. Utilizando esse conjunto de dados, a análise de regressão gerará os valores dos coeficientes de regressão (b_0, b_1 e b_2). Isso é, a análise de regressão determina a direção e o grau em que a BP é afetada por cada variável independente. O coeficiente b_1 apresentará um sinal positivo se quando a INF_{t-1} variar, a BP_t variar na mesma direção (outros fatores mantidos constantes). Um sinal negativo indica que BP_t e INF_{t-1} oscilam em direções opostas. Na equação dada, espera-se que b_1 apresente um sinal positivo porque, quando a inflação dos Estados Unidos cresce em relação à inflação do Reino Unido, é exercida uma pressão para cima sobre o valor da libra.

Espera-se que o coeficiente de regressão b_2 (que mede o impacto de INC_{t-1} sobre BP_t) seja positivo porque quando o crescimento da renda dos Estados Unidos excede o crescimento da renda britânica, há uma pressão para cima sobre o valor da libra. Essas relações já foram discutidas a fundo no Capítulo 4.

Uma vez que a análise de regressão seja empregada para gerar os valores dos coeficientes, estes poderão ser usados para fazer previsões. Para ilustrar, suponha os seguintes valores: $b_0 = 0{,}002$, $b_1 = 0{,}8$ e $b_2 = 1{,}0$. Os coeficientes podem ser interpretados como segue. Para uma variação de uma unidade percentual no diferencial de inflação, espera-se que a libra esterlina varie em 0,8% na mesma direção, outros fatores mantidos constantes. Para uma variação de uma unidade percentual no diferencial de renda, espera-se que a libra esterlina varie em 1% na mesma direção, outros fatores mantidos constantes. Para desenvolver previsões, suponha que a variação percentual trimestral mais recente em INF_{t-1} (o diferencial de inflação) seja de 4%, e que INC_{t-1} (o diferencial de crescimento de renda) seja de 2%. Utilizando as informações junto com nossos coeficientes de regressão estimados, a previsão de BP_t é

$$
\begin{aligned}
BP_t &= b_0 + b_1 INF_{t-1} + b_2 INC_{t-1} \\
&= 0{,}002 + 0{,}8(4\%) + 1(2\%) \\
&= 0{,}2\% + 3{,}2\% + 2\% \\
&= 5{,}4\%
\end{aligned}
$$

Portanto, dados os números corretos dos índices de inflação e do crescimento de renda, a libra deverá se apreciar em 5,4% durante o próximo trimestre.

Esse exemplo está simplificado para ilustrar como a análise fundamentalista poderá ser implantada para as previsões. O modelo completo poderá incluir muitos fatores mais, porém a aplicação ainda assim será semelhante. Uma grande base de dados será necessária para garantir a confiabilidade nas relações detectadas por um modelo assim.

Utilização de Análise de Sensibilidade para a Previsão Fundamentalista. Quando um modelo de regressão é utilizado para as previsões, e os valores dos fatores explicativos têm um efeito defasado sobre as taxas de câmbio, o valor real desses fatores poderá ser utilizado como dado para a previsão. Por exemplo, se o diferencial de inflação tiver um impacto defasado sobre as taxas de câmbio, o diferencial de inflação no período anterior poderá ser utilizado para prever a variação percentual na taxa de câmbio no período futuro. Alguns fatores, no entanto, têm uma influência instantânea sobre as taxas de câmbio. Uma vez que esses fatores obviamente não podem ser conhecidos, as previsões devem ser utilizadas. As empresas reconhecem que previsões fracas desses fatores podem produzir previsões ruins das oscilações da taxa de câmbio, então elas podem tentar contar com a incerteza usando a **análise de sensibilidade**, que considera mais de um resultado possível pelo fato de os fatores apresentarem incertezas.

EXEMPLO

A Phoenix Corp. desenvolve um modelo de regressão para prever a variação percentual no valor do peso mexicano. A empresa acredita que o diferencial da taxa de juros real e o diferencial de inflação são os únicos fatores que afetam as oscilações da taxa de câmbio, como mostra esse modelo de regressão:

$$
e_t = a_0 + a_1 INT_t + a_2 INF_{t-1} + \mu_t
$$

onde

$e_t = $ variação percentual da taxa de câmbio do peso pelo período t.

$INT_t = $ diferencial da taxa de juros real pelo período t.

INF_{t-1} = diferencial da inflação no período t anterior.

a_0, a_1, e a_2 = coeficientes de regressão.

μ_t = termo de erro.

Dados históricos são utilizados para determinar os valores de e_t junto com os valores de INT_t e de INF_{t-1} para vários períodos (preferencialmente, 30 períodos ou mais são utilizados para construir a base de dados). A dimensão de cada período histórico (trimestre, mês etc.) deve combinar com a duração do período para o qual a previsão é necessária. Os dados históricos necessários por período para o modelo do peso mexicano são (1) a variação percentual no valor do peso; (2) a taxa real de juros dos Estados Unidos menos a taxa real de juros mexicana; e (3) o índice de inflação americana no período anterior menos o índice de inflação mexicana no período anterior. Suponha que a análise de regressão forneceu as seguintes estimativas para os coeficientes de regressão:

Coeficiente de regressão	Estimativa
a_0	0,001
a_1	–0,7
a_2	0,6

O sinal negativo de a_1 indica uma relação negativa entre INT_t e as oscilações do peso, enquanto o sinal positivo de a_2 indica uma relação positiva entre INF_{t-1} e as oscilações do peso.

Para prever a variação percentual do peso no período vindouro, INT_t e INF_{t-1} devem ser estimados. Suponha que INF_{t-1} era de 1%. No entanto, INT_t não é conhecido no início do período e deverá assim ser previsto. Suponha que a Phoenix Corp. desenvolveu a seguinte distribuição de probabilidade para INT_t:

Probabilidade	Resultado Possível
20%	–3%
50%	–4%
30%	–5%
100%	

Uma previsão separada da e_t poderá ser desenvolvida a partir de cada resultado possível do INT_t, como segue:

Previsão de *INT*	Previsão de e_t	Probabilidade
–3%	0,1% + (–0,7) (–3%) + 0,6 (1%) = 2,8%	20%
–4%	0,1% + (–0,7) (–4%) + 0,6 (1%) = 3,5%	50%
–5%	0,1% + (–0,7) (–5%) + 0,6 (1%) = 4,2%	30%

Se a empresa precisar fazer previsões para outras moedas, poderá desenvolver distribuições de probabilidades de suas oscilações para o período vindouro de maneira semelhante.

EXEMPLO

A Phoenix Corp. poderá prever a variação percentual do iene japonês fazendo a regressão das variações percentuais históricas do valor do iene perante (1) o diferencial entre as taxas de juros reais dos Estados Unidos e as taxas de juros reais do Japão e (2) o diferencial entre a inflação no período anterior nos Estados Unidos e a inflação no período anterior no Japão. Os coeficientes de regressão estimados pela análise de regressão do modelo do iene diferirão daqueles do modelo do peso. A empresa poderá utilizar os coeficientes estimados junto com as estimativas para o diferencial da taxa de juros e o diferencial do índice de inflação para desenvolver uma previsão da variação percentual do iene. A análise de sensibilidade poderá ser utilizada para prever novamente a variação percentual do iene com base em estimativas alternativas do diferencial da taxa de juros.

Utilização da PPC para a Previsão Fundamentalista. Lembre que a teoria da paridade do poder de compra (PPC) especifica a relação fundamental entre o diferencial de inflação e a taxa de câmbio. Em termos simples, a PPC estabelece que a moeda do país relativamente inflacionado se depreciará por um montante que reflita o diferencial de inflação daquele país. Lembre que, de acordo com a PPC, a variação percentual no valor da moeda estrangeira (e) por um período deverá refletir o diferencial entre a taxa de inflação nacional (I_h) e a taxa de inflação estrangeira (I_f) nesse período.

EXEMPLO

Espera-se que a inflação dos Estados Unidos seja de 1% no próximo ano, enquanto se espera que a inflação da Austrália seja de 6%. De acordo com a PPC, a taxa de câmbio deverá variar como segue:

$$e_f = \frac{(1 + I_{\mathrm{EUA}})}{(1 + I_f)} - 1$$

$$= \frac{1,01}{1,06} - 1$$

$$\cong -4,7\%$$

Essa previsão da variação percentual do dólar australiano poderá ser aplicada à sua taxa de câmbio à vista para prever a taxa de câmbio futura no final de um ano. Se a taxa à vista existente (S_t) do dólar australiano for de $ 0,50, a taxa à vista esperada no final de um ano, $E(S_{t+1})$, será cerca de $ 0,4765:

$$E(S_{t+1}) = S_t(1 + e_f)$$

$$= \$\, 0,50[1 + (-0,047)]$$

$$= \$\, 0,4765$$

Na realidade, as taxas de inflação de dois países pelo período vindouro são incertos e, portanto, teriam de ser previstas ao utilizar a PPC para prever a taxa de câmbio futura no final do período. Isso complica a utilização da PPC para prever as taxas de câmbio futuras. Mesmo se os índices de inflação do período vindouro fossem conhecidos com certeza, a PPC poderá não ser capaz de prever as taxas de câmbio precisamente.

Se a teoria da PPC fosse exata na realidade, nem haveria necessidade de considerar as técnicas alternativas de previsões. No entanto, utilizar o diferencial de inflação de dois países para prever sua taxa de câmbio nem sempre é exato. Os problemas surgem por várias razões: (1) o momento do impacto das flutuações da inflação sobre as variações dos padrões comerciais, e portanto, sobre as taxas de câmbio, não é conhecido com exatidão; (2) os dados utilizados para medir os preços relativos de dois países poderão ser um tanto inexatos; (3) as barreiras para o comércio poderão atrapalhar os padrões comerciais que deverão emergir de acordo com a teoria da PPC; e (4) outros fatores, tais como o diferencial da taxa de juros entre os países, poderão afetar também as taxas de câmbio. Por essas razões, o diferencial de inflação por si só não será suficiente para prever com exatidão as oscilações da taxa de câmbio. Todavia, deveria ser incluído em qualquer modelo de previsão fundamentalista.

Limitações da Previsão Fundamentalista. Embora a previsão fundamentalista considere as esperadas relações fundamentalistas entre fatores e os valores das moedas, existem as seguintes limitações:

1. O momento preciso do impacto de alguns fatores sobre o valor da moeda não é conhecido. É possível que o impacto total da inflação sobre as taxas de câmbio não ocorra até dois, três ou quatro trimestres mais tarde. O modelo de regressão teria de ser ajustado de acordo.
2. Como mencionado anteriormente, alguns fatores apresentam um impacto imediato sobre as taxas de juros. Poderão ser incluídos com vantagens em um modelo de previsão fundamentalista somente se puderem ser obtidas as previsões para eles. As previsões desses fatores deverão ser desenvolvidas para um período que corresponda àquele para o qual uma previsão das taxas de câmbio seja necessária. Nesse caso, a exatidão das previsões da taxa de câmbio será um tanto dependente da exatidão desses fatores. Mesmo se a empresa souber exatamente como as oscilações desses fatores afetam as taxas de câmbio, suas projeções de taxa de câmbio poderão ser inexatas se não puderem prever os valores dos fatores.
3. Alguns fatores que merecem consideração no processo de previsão fundamental não poderão ser quantificados facilmente. Por exemplo, se grandes empresas exportadoras australianas passarem por greves trabalhistas imprevistas, levando a carências? Isso reduziria a disponibilidade de produtos australianos para os consumidores dos Estados Unidos e, portanto, diminuiria a demanda americana por dólares australianos. Um acontecimento assim, que pressionaria o valor do dólar australiano para baixo, normalmente não é incorporado no modelo de previsões.
4. Os coeficientes derivados das análises de regressão não necessariamente permanecerão constantes ao longo do tempo. No exemplo anterior, o coeficiente para o INF_{t-1} foi de 0,6, sugerindo que, para uma variação de uma unidade no INF_{t-1}, o peso mexicano se valorizaria em 0,6%. Todavia, se o governo do México ou dos Estados Unidos impusesse novas barreiras comerciais, ou eliminasse barreiras existentes, o impacto do diferencial de inflação sobre o comércio (e, portanto, sobre a taxa de câmbio do peso mexicano) poderia ser afetado.

Essas limitações das previsões fundamentalistas têm sido discutidas para enfatizar que até mesmo as técnicas mais sofisticadas de previsão (fundamentalista ou outras) não poderão fornecer previsões consistentemente exatas. As EMNs que desenvolvem previsões devem deixar margens de erro e reconhecer a possibilidade de erro ao implantar políticas corporativas.

Previsão Baseada em Mercado

O processo de desenvolvimento de previsões a partir de indicadores de mercado, conhecido como **previsão baseada no mercado**, geralmente está baseado ou (1) na taxa à vista ou (2) na taxa a termo.

Utilização da Taxa à Vista. A taxa à vista de hoje pode ser utilizada como a taxa à vista que existirá na data futura. Para ver por que a taxa à vista poderá servir como previsão baseada em mercado, suponha que seja esperado que a libra esterlina se valorize perante o dólar em um futuro bem próximo. Essa expectativa incentivará os especuladores a comprar a libra com dólares americanos hoje, antecipando a sua valorização, e essas aquisições poderão forçar o valor da libra para cima imediatamente. De modo contrário, se for esperado que a libra se deprecie perante o dólar, os especuladores liquidarão as libras, esperando comprá-las de volta a um preço mais baixo depois que seu valor diminuir. Essas ações poderão forçar a depreciação da libra imediatamente. Portanto, o valor corrente da libra deverá refletir as expectativas do valor da libra em futuro bem próximo. As empresas poderão utilizar a taxa à vista para fazer previsões, uma vez que ela representa as expectativas de mercado para a taxa à vista no futuro próximo.

http://

Veja http://www.cme. com para cotações sobre futuros de moeda que podem ser utilizadas para criar previsões baseadas no mercado.

Utilização da Taxa a Termo. A taxa a termo cotada para uma data específica no futuro geralmente é utilizada como a taxa à vista prevista para aquela data futura. Isto é, uma taxa a termo de 30 dias fornece uma previsão para a taxa à vista em 30 dias, uma taxa a termo de 90 dias fornece uma previsão para a taxa à vista em 90 dias, e assim por diante. Lembre que a taxa a termo é medida como

$$F = S(1 + p)$$

onde p representa o prêmio a termo. Uma vez que p representa o percentual pelo qual a taxa a termo excede a taxa à vista, serve como a variação percentual esperada na taxa de câmbio:

$$E(e) = p$$
$$= (F/S) - 1 \text{ [ao rearranjar os termos]}$$

EXEMPLO

Se a taxa a termo de um ano do dólar australiano for de $ 0,63, enquanto a taxa à vista é de $ 0,60, a variação percentual esperada do dólar australiano será:

$$E(e) = p$$
$$= (F/S) - 1$$
$$= (0{,}63/0{,}60) - 1$$
$$= 0{,}05 \text{ ou } 5\%$$

Fundamentação Lógica para a Utilização da Taxa a Termo. Para entender por que a taxa a termo pode servir como previsão da taxa à vista, considere o exemplo a seguir:

EXEMPLO

Se os especuladores esperam que a taxa à vista da libra esterlina em 30 dias seja de $ 1,45, e a taxa a termo vigente é de $ 1,40, poderão comprar libras futuras de 30 dias a $ 1,40 e depois vendê-las quando receberem (em 30 dias) à taxa à vista existente então. Se um grande número de especuladores implantar essa estratégia, a aquisição considerável de libras fará com que a taxa a termo aumente até que a demanda especulativa cesse.

Talvez essa demanda especulativa termine quando a taxa a termo atingir $ 1,45, já que, a essa taxa, nenhum lucro será esperado pela implantação da estratégia. Portanto, a taxa a termo deverá oscilar em direção às expectativas gerais do mercado sobre a futura taxa à vista. Nesse sentido, a taxa a termo servirá como previsão baseada no mercado, visto que reflete a expectativa do mercado da taxa à vista no fim do horizonte futuro (30 dias a partir de agora nesse exemplo).

284 FINANÇAS CORPORATIVAS INTERNACIONAIS

Embora o foco deste capítulo seja sobre previsões corporativas e não especulativas, é a especulação que ajuda a empurrar a taxa a termo ao nível que reflete a expectativa geral da taxa à vista futura. Se as empresas estiverem convencidas de que a taxa a termo é um indicador confiável para taxa à vista futura, poderão simplesmente monitorar essa taxa cotada publicamente para desenvolver as projeções da taxa de câmbio.

Previsões de Longo Prazo com Taxas a Termo. Previsões de taxa de câmbio de longo prazo poderão ser derivadas de taxas a termo de longo prazo.

EXEMPLO

Suponha que a taxa à vista do euro atualmente esteja em $ 1,00, enquanto a taxa a termo de cinco anos do euro está em $ 1,06. Essa taxa a termo poderá servir como previsão de $ 1,06 para o euro daqui a cinco anos, o que reflete uma valorização de 6% do euro nos próximos cinco anos.

As taxas a termo normalmente estão disponíveis para períodos de dois a cinco anos ou até mais, mas o spread de preços de compra e de venda é amplo devido ao fato de o volume comercial ser limitado. Embora tais taxas raramente sejam cotadas em jornais financeiros, as taxas de juros cotadas sobre instrumentos livres de risco de vários países poderão ser utilizadas para determinar quais seriam as taxas a termo sob condições da paridade da taxa de juros.

EXEMPLO

A taxa de juros americana de cinco anos atualmente é de 10%, anuais, enquanto a taxa de juros britânica de cinco anos é de 13%. O retorno composto de cinco anos sobre investimentos de cada um desses países é calculado como segue:

País	Retorno Composto de Cinco Anos
Estados Unidos	$(1,10)_5 - 1 = 61\%$
Reino Unido	$(1,13)_5 - 1 = 84\%$

Portanto, o prêmio apropriado da taxa a termo de cinco anos (ou desconto) da libra esterlina seria

$$p = \frac{(1 + i_{EUA})}{(1 + i_{RU})} - 1$$

$$= \frac{1,61}{1,84} - 1$$

$$= -0,125 \text{ ou } -12,5\%$$

Os resultados desta comparação sugerem que a taxa a termo de cinco anos da libra deverá conter um desconto de 12,5%. Isto é, espera-se que a taxa à vista da libra se desvalorize em 12,5% no período de cinco anos para o qual a taxa a termo é utilizada para fazer a previsão.

Os governos de alguns mercados emergentes (tais como os da América Latina) não emitem obrigações de taxa fixa de longo prazo com muita freqüência. Conseqüentemente, as taxas de juros de longo prazo não estão disponíveis, e as taxas a termo de longo prazo não poderão ser derivadas da maneira mostrada aqui.

> **USANDO A WEB**
>
> **Taxas a Termo como Previsões.** Estão disponíveis as taxas a termo do euro, da libra esterlina, do dólar canadense e do iene japonês com vencimentos em um, três, seis e doze meses em http://www.bmo.com/economic/regular/fxrates.html. Essas taxas a termo poderão servir como previsões de taxas à vista futuras.

A taxa a termo é de fácil acesso e, portanto, serve como uma previsão conveniente e livre. Como qualquer método de previsão de taxas de câmbio, a taxa a termo é tipicamente mais exata quando fizer a previsão das taxas de câmbio para horizontes de curto prazo do que para horizontes de longo prazo. As taxas de câmbio tendem a se mover para além das expectativas em períodos de tempo mais longos.

Implicações do EFI e da PTJ para Previsões que Utilizam a Taxa a Termo. Lembre que, se a paridade da taxa de juros (PTJ) se mantiver, o prêmio da taxa a termo refletirá um diferencial de taxa de juros entre dois países. Também lembre que se o efeito Fisher internacional (EFI) se impuser, uma moeda que possui uma taxa de juros mais alta que a taxa de juros americana deverá se depreciar perante o dólar, porque a taxa de juros mais alta implica um nível mais alto da inflação esperada nesse país do que nos Estados Unidos. Uma vez que a taxa a termo capta a taxa de juros nominal (e portanto o índice de inflação esperado) entre dois países, deverá fornecer previsões mais exatas para moedas de países com inflações altas do que a taxa à vista.

EXEMPLO

A Alves, Inc. é uma empresa dos Estados Unidos que realiza negócios no Brasil e precisa prever a taxa de câmbio do real brasileiro para um ano. Ela considera utilizar ou a taxa à vista ou a taxa a termo para fazer uma previsão sobre o real. A taxa à vista do real brasileiro é de $ 0,40. A taxa de juros de um ano no Brasil é de 20%, contra 5% nos Estados Unidos. A taxa a termo de um ano é de $ 0,35, o que reflete um desconto para contrabalançar o diferencial da taxa de juros de acordo com PTJ (verifique isso você mesmo). A Alves acredita que a taxa de câmbio futura do real será guiada pelo diferencial de inflação entre o Brasil e os Estados Unidos. Também acredita que a taxa de juros real tanto no Brasil como nos Estados Unidos é de 3%. Isso implica que a taxa de inflação esperada para o próximo ano será de 17% no Brasil e de 2% nos Estados Unidos. O desconto da taxa a termo é baseado no diferencial da taxa de juros, que por sua vez está relacionado ao diferencial da inflação. Nesse exemplo, a taxa a termo do real brasileiro reflete um desconto maior, o que significa que implica uma previsão de uma depreciação considerável do real. De modo contrário, utilizar a taxa à vista do real como previsão, implicará que a taxa de câmbio no final do ano será o que é hoje. Uma vez que a previsão da taxa a termo capta indiretamente o diferencial das taxas de inflação esperadas, é um método de previsão mais apropriado que a taxa à vista.

As empresas nem sempre poderão acreditar que a taxa a termo fornece previsões mais exatas que a taxa à vista. Se uma empresa faz previsões sobre um horizonte de curto prazo tal como um dia ou uma semana, o diferencial da taxa de juros (e portanto a inflação esperada) poderá não ser tão influente. Segundo, algumas empresas poderão acreditar que o diferencial da taxa de juros nem será influente a longo prazo. Terceiro, se a taxa de juros do país geralmente for semelhante à taxa dos Estados Unidos, o prêmio ou o desconto da taxa a termo será próximo de zero, o que significa que a taxa a termo e a taxa à vista produzirão previsões semelhantes.

Previsão Mista

Como não foi encontrada uma técnica de previsão única para ser consistentemente superior a outras, algumas EMNs preferem utilizar uma combinação de técnicas de previsão. Esse método é conhecido como **previsão mista**. Várias previsões do valor de uma moeda em particular são desenvolvidas utilizando várias técnicas de previsão. As técnicas utilizadas são pesos designados de tal forma que totalizem 100%, com as técnicas consideradas mais confiáveis sendo designadas com pesos maiores. A previsão real da moeda é uma média ponderada das várias previsões desenvolvidas.

EXEMPLO

A College Station, Inc. precisa avaliar o valor do peso mexicano porque está considerando expandir seus negócios no México. As conclusões extraídas de cada técnica de previsão são mostradas na Tabela 9.1. Note que, nesse exemplo, a direção prevista do valor do peso depende da técnica utilizada. A previsão fundamentalista prediz que o peso se valorizará, mas a previsão técnica e a previsão baseada no mercado predizem que ele se desvalorizará. Note também que, apesar de as previsões fundamentalistas e baseadas no mercado serem guiadas pelo mesmo fator (taxas de juros), os resultados são distintamente diferentes.

Às vezes, as EMNs designam um peso menor a uma técnica ao fazer previsões em um período, mas um peso maior ao fazer previsões em períodos posteriores. Algumas empresas até dão um peso maior a uma técnica para algumas moedas que para outras, em um dado ponto no tempo. Por exemplo, uma empresa poderá decidir que a previsão baseada em mercado fornece melhores previsões para a libra, mas que a previsão fundamentalista funcionará melhor para o dólar da Nova Zelândia e a previsão técnica, para o peso mexicano.

Embora cada método de previsão possua seus méritos, algumas variações de taxas de câmbio não são antecipadas por nenhum método.

EXEMPLO

Durante a crise asiática, a rupia da Indonésia se depreciou em mais de 80% perante o dólar em um período de nove meses. Antes da queda da rupia, nem fatores técnicos, nem fatores fundamentalistas, nem a taxa a termo indicaram qualquer possível fraqueza.

	Fatores Considerados	Situação	Previsão
Previsão Técnica	Oscilações recentes do peso	O valor do peso caiu abaixo de um nível mínimo específico nas últimas semanas.	O valor do peso continuará a cair agora que atingiu o limite mínimo.
Previsão Fundamentalista	Crescimento econômico, inflação, taxas de juros	As taxas de juros do México estão altas, e a inflação deve permanecer baixa.	O valor do peso subirá, uma vez que os investidores dos Estados Unidos estão capitalizando as altas taxas de juros investindo em títulos mexicanos.
Previsão Baseada no Mercado	Taxa à vista, taxa a termo	A taxa a termo do peso apresenta um desconto significativo, o que é atribuído às taxas de juros relativamente altas do México.	Com base na taxa a termo, que fornece uma previsão da taxa à vista futura, o valor do peso cairá.

Tabela 9.1 Previsões para o peso mexicano produzidas pelas técnicas de previsão.

A depreciação da rupia foi atribuída principalmente às preocupações dos investidores institucionais acerca da segurança de seus investimentos na Indonésia, o que os incentivou a liquidar os investimentos e a converter a rupia em outras moedas, pressionando a rupia para baixo.

USANDO A WEB

Previsões de Taxa de Câmbio. As previsões de taxa de câmbio da moeda de cada país são fornecidas em http://biz.yahoo.com/ifc/. Clique em "Country Outlook" (panorama dos países); depois em "Exchange Rates" (taxas de câmbio) para examinar as previsões de taxas de câmbio. A previsão é baseada no consenso de especialistas. O website resume as previsões para horizontes temporais e relata uma previsão média, alta e baixa para esses horizontes.

A fraqueza em algumas moedas pode ser mais bem antecipada por uma avaliação subjetiva das condições em um país em particular e não pelos métodos quantitativos descritos aqui. Portanto, as EMNs poderão se beneficiar com os métodos descritos neste capítulo junto com seu próprio senso das condições em um país em particular. Todavia, ainda é difícil antecipar que uma moeda se enfraquecerá antes de uma saída especulativa ocorrer. A essa hora, a moeda terá se enfraquecido, como resultado da saída de moeda.

Serviços de Previsão

A necessidade da empresa de prever os valores de moeda prontificou o surgimento de várias empresas de serviços de previsão, incluindo Business International, Conti Currency, Predex e Wharton Econometric Forecasting Associates. Além disso, alguns grandes bancos de investimento, como o Goldman Sachs, e bancos comerciais, como o Citigroup, oferecem serviços de previsão. Muitos serviços de consultoria utilizam pelo menos dois tipos diferentes de análise para gerar previsões separadas e depois determinam a média ponderada das previsões. Alguns serviços de previsão concentram-se em previsão técnica, enquanto outros se concentram em previsão fundamentalista.

São feitas previsões até para moedas que não são comercializadas amplamente. As empresas de serviços de previsão fazem previsões de qualquer moeda para horizontes temporais de interesse de seus clientes, variando de um dia até dez anos a partir do presente momento. Além disso, algumas empresas dão conselhos sobre gestão de tesouraria, avaliação da exposição ao risco da taxa de câmbio e proteção (*hedging*). Muitas empresas fornecem previsões e recomendações aos seus clientes mensal ou até semanalmente mediante um pagamento anual.

Desempenho dos Serviços de Previsão

Dada a recente volatilidade nos mercados de câmbio, é bem difícil prever os valores das moedas. Uma maneira para uma empresa determinar quando um serviço de previsão é eficaz é comparar a exatidão de suas previsões com as previsões gratuitas disponíveis ao público. A taxa a termo serve como referência para a comparação aqui, uma vez que está cotada em muitos jornais e revistas.

Alguns estudos compararam vários serviços de previsão de diferentes moedas para a taxa a termo e concluíram que as previsões fornecidas pelos serviços não são melhores que a utilização da taxa a termo. Esses resultados são frustrantes para as empresas que pagam quantias consideráveis pelas opiniões de especialistas.

288 FINANÇAS CORPORATIVAS INTERNACIONAIS

Talvez alguns clientes corporativos desses serviços de previsão acreditem que a taxa de pagamento se justifique, mesmo quando o desempenho em previsões seja ruim, se outros serviços (como gestão de tesouraria) estão incluídos no pacote. Também é possível que o gestor financeiro da empresa, em reconhecimento da possibilidade de erro de previsão das taxas de câmbio, possa preferir pagar uma empresa de serviços de previsão para suas previsões. Nem todas as EMNs empregam empresas de serviços de previsão para fazer suas previsões. Por exemplo, a Kodak, Inc. certa vez utilizou um serviço, mas ficou insatisfeita e agora possui seu próprio sistema de previsão.

Avaliação do Desempenho das Previsões

Uma EMN que faz previsões de taxas de câmbio deverá monitorar seu desempenho ao longo do tempo para determinar se os procedimentos de previsão são satisfatórios. Com esse fim, é exigida uma medição de erro de previsão. Há várias maneiras de calcular erros de previsão. Uma medição popular será discutida aqui e é definida como segue:

$$\text{Erro absoluto de previsão como um percentual do valor observado} = \frac{\left| \text{Valor previsto} - \text{Valor observado} \right|}{\text{Valor observado}}$$

O erro é calculado utilizando-se o valor absoluto, porque isso evita possíveis compensações ao determinar o erro de previsão médio. Se o erro de previsão for 0,05 no primeiro período e −0,05 no segundo período (se o valor absoluto não for tomado), o erro médio será zero. Todavia, isso é enganador porque a previsão não foi perfeitamente exata em nenhum dos períodos. O valor absoluto evita essa distorção.

Ao comparar o desempenho de uma técnica de previsão entre diversas moedas, muitas vezes é útil ajustar suas dimensões relativas.

EXEMPLO

Considere os valores previstos e observados pela New Hampshire Co. durante um período:

	Valor Previsto	Valor Observado
Libra esterlina	$ 1,35	$ 1,50
Peso mexicano	$ 0,12	$ 0,10

Nesse caso, a diferença entre o valor previsto e o valor observado é $ 0,15 para a libra contra $ 0,02 para o peso. Isso não necessariamente significa que a previsão para o peso seja mais exata. Quando a dimensão do que é previsto é considerada (ao dividir a diferença pelo valor observado), pode-se ver que a libra esterlina foi prevista com mais exatidão em uma base percentual. Com os dados fornecidos, o erro de previsão (como definido anteriormente) da libra esterlina é

$$\frac{\left| \$ 1,35 - \$ 1,50 \right|}{\$ 1,50} = \frac{\$ 0,15}{\$ 1,50} = 0,10 \text{ ou } 10\%$$

Em contraste, o erro de previsão do peso mexicano é

$$\frac{|\$\,0{,}12 - \$\,0{,}10|}{\$\,0{,}10} = \frac{\$\,0{,}02}{\$\,0{,}10} = 0{,}20 \text{ ou } 20\%$$

Portanto, o peso foi previsto com menos exatidão.

Exatidão da Previsão ao Longo do Tempo

As EMNs possivelmente terão mais confiança em sua medição de erro de previsão quando o medirem em cada um de vários períodos. O erro absoluto de previsão como porcentagem do valor observado poderá ser estimado para cada período para derivar o erro médio de todos esses períodos. Se uma EMN estiver interessada em prever o valor de uma moeda para daqui a 90 dias (um trimestre), avaliará os erros de diversos procedimentos de previsão em vários dos últimos trimestres.

As previsões se aperfeiçoaram nos últimos anos? A resposta depende do método utilizado para desenvolver as previsões. A Figura 9.2 mostra a magnitude dos erros absolutos quando a taxa a termo foi utilizada como meio de previsão da libra esterlina ao longo do tempo. Os erros são maiores em períodos em que o valor da libra estava mais volátil.

Exatidão da Previsão entre as Moedas

A habilidade para prever os valores das moedas varia de acordo com a moeda em questão. O dólar canadense sobressai como a moeda prevista com mais exatidão. Seu erro médio é tipi-

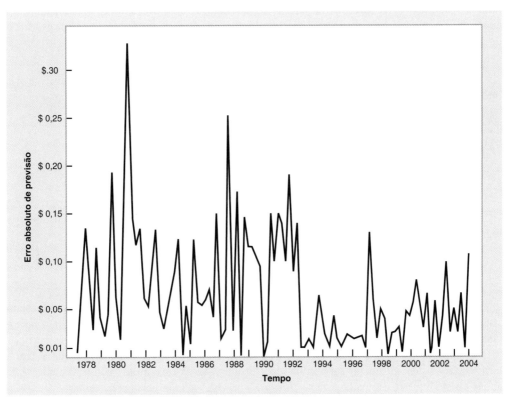

Figura 9.2 Erros absolutos de previsão ao longo do tempo da libra esterlina (utilizando a taxa a termo para fazer as previsões).

camente menor que os erros de previsão médios absolutos para outras moedas importantes porque seu valor é mais estável ao longo do tempo. Essa informação é importante porque isso significa que um gestor financeiro de uma empresa americana poderá se sentir mais confiante acerca do número de dólares a ser recebido (ou necessário) em transações canadenses.

Os erros absolutos de previsão de moedas poderão se alterar ao longo do tempo. O erro absoluto de previsão de uma moeda é mais baixo, em média, quando a moeda é mais estável.

Busca de Vieses de Previsões

A diferença entre taxas de câmbio previstas e observadas para um determinado momento é um erro de previsão nominal. Uma série temporal de erros de previsão nominais da libra esterlina está ilustrada na Figura 9.3. Erros negativos ao longo do tempo indicam uma subestimação, enquanto erros positivos indicam um valor superestimado. Se os erros forem consistentemente positivos ou negativos ao longo do tempo, então haverá um viés nos procedimentos de previsão. Parece que houve um viés em vários períodos. Durante os períodos fortes da libra, as previsões faziam uma subestimação, enquanto nos períodos fracos, as previsões superestimavam a libra.

Teste Estatístico de Vieses nas Previsões

Se a taxa a termo for um instrumento de previsão viesado da taxa à vista futura, isso implica que há um erro de previsão sistemático, que poderia ser corrigido para aperfeiçoar a exatidão da previsão. Se a taxa a termo não for viesada, ela refletirá completamente todas as informações disponíveis sobre a taxa à vista futura. De qualquer maneira, quaisquer erros de previsão seriam os resultados de acontecimentos que não poderiam ter sido previstos com as informações existentes no momento da previsão. Um método convencional de testar vieses de previsões é o de aplicar o modelo de regressão aos dados históricos:

$$S_t = a_0 + a_1 F_{t-1} + \mu_t$$

onde

$$S_t = \text{taxa à vista no momento } t.$$
$$F_{t-1} = \text{taxa a termo no momento } t - 1.$$
$$\mu_t = \text{termo de erro.}$$
$$a_0 = \text{intercepto.}$$
$$a_1 = \text{coeficiente de regressão.}$$

Se a taxa a termo não for viesada, o intercepto deverá ser igual a zero, e o coeficiente de regressão a_1 deverá ser igual a 1. O teste-t para a_1 será

$$t = \frac{a_1 - 1}{\text{Erro padrão de } a_1}$$

Se $a_0 = 0$ e a_1 for significativamente menor que 1, isso implica que a taxa a termo estará sistematicamente superestimando a taxa à vista. Por exemplo, se $a_0 = 0$ e $a_1 = 0{,}90$, a taxa à vista futura é estimada para ser 90% da previsão gerada pela taxa a termo.

Do contrário, se $a_0 = 0$ e a_1 for significativamente maior que 1, isso implica que a taxa a termo estará sistematicamente subestimando a taxa à vista. Por exemplo, se $a = 0$ e $a_1 = 1{,}1$, a taxa à vista futura é estimada para ser 1,1 vez a previsão gerada pela taxa a termo.

Quando uma tendência ou viés é detectada e antecipa-se que persistirá no futuro, previsões futuras poderão incorporá-la. Por exemplo, se $a_1 = 1{,}1$, futuras previsões da taxa à vista pode-

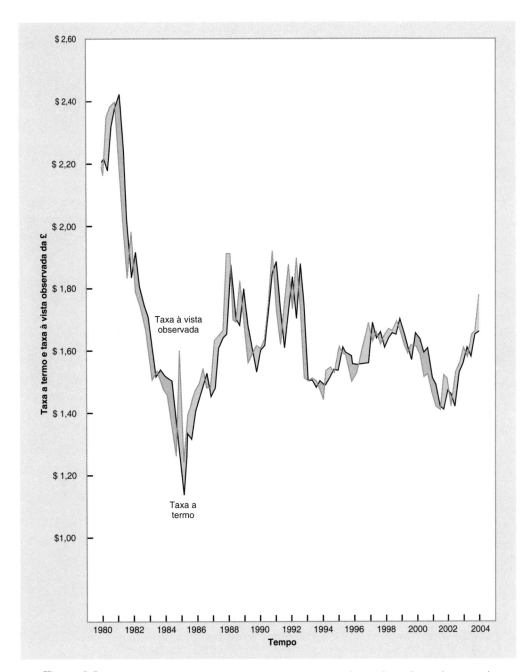

Figura 9.3 Comparação de taxas à vista previstas e taxas à vista observadas ao longo do tempo da libra esterlina (utilizando a taxa a termo para as previsões).

rão incorporar essa informação multiplicando a taxa a termo por 1,1 para criar uma previsão da taxa à vista futura.

Ao detectar um viés, uma EMN poderá se ajustar a ele, de modo que possa aperfeiçoar sua exatidão nas previsões. Por exemplo, se erros forem consistentemente positivos, uma EMN poderá ajustar a taxa a termo para baixo para refletir a tendência. Ao longo do tempo, um viés de previsão poderá variar (de subestimar para superestimar), ou vice-versa. Qualquer ajuste da taxa a termo utilizada como previsão teria de refletir a tendência antecipada para o período em questão.

Avaliação Gráfica do Desempenho das Previsões

O desempenho das previsões pode ser examinado com o uso de um gráfico que compara os valores previstos com os valores observados em vários períodos.

EXEMPLO

Por oito trimestres, a Tunek Co. utilizou a taxa a termo de três meses da Moeda Q para prever o valor de Q com três meses de antecedência. Os resultados dessa estratégia são mostrados na Tabela 9.2 e os valores da taxa de câmbio prevista e da observada nesta tabela são comparados graficamente na Figura 9.4.

Período	Valor Previsto da Moeda Q para o Final do Período	Valor Observado da Moeda Q para o Final do Período
1	$ 0,20	$ 0,16
2	0,18	0,14
3	0,24	0,16
4	0,26	0,22
5	0,30	0,28
6	0,22	0,26
7	0,16	0,14
8	0,14	0,10

Tabela 9.2 Avaliação do desempenho das previsões.

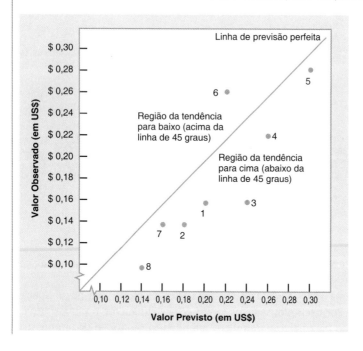

Figura 9.4
Avaliação gráfica do desempenho das previsões.

A linha de 45 graus da Figura 9.4 representa previsões perfeitas. Se ocorresse de o valor observado ser exatamente o que foi previsto ao longo de vários períodos, todos os pontos estariam localizados sobre essa linha de 45 graus da Figura 9.4. Por essa razão, essa linha de 45 graus é conhecida como **linha de previsão perfeita**. Quanto mais perto os pontos que refletem os oito períodos estiverem verticalmente à linha de 45 graus, tanto melhor a previsão. A distância vertical entre cada ponto e a linha de 45 graus é o erro de previsão. Se o ponto estiver $ 0,04 acima da linha de 45 graus, isso significa que a taxa à vista observada foi $ 0,04 mais alta que a taxa de câmbio prevista. Todos os pontos acima da linha de 45 graus refletem subestimação, enquanto todos os pontos abaixo da linha de 45 graus refletem que a taxa está superestimada.

Se os pontos aparecerem espalhados uniformemente em ambos os lados da linha de 45 graus, então as previsões são ditas *não-tendenciosas ou não-viesadas* visto que não estão consistentemente acima ou abaixo dos valores reais. Avaliando a dimensão dos erros de previsão ou tentando buscar uma tendência, resultados mais confiáveis são obtidos ao examinar um grande número de previsões.

Uma avaliação mais completa de vieses de previsões poderá ser realizada separando todo o período em subperíodos, como mostra a Figura 9.5, para a moeda britânica. Cada gráfico reflete um subperíodo em particular. Alguns gráficos mostram uma subestimação geral, enquanto outros apresentam taxas superestimadas, o que significa que o viés de previsão se alterou de um subperíodo para outro.

Comparação entre Métodos de Previsão

Uma EMN poderá comparar os métodos de previsão marcando os pontos relativos aos dois métodos sobre um gráfico semelhante ao da Figura 9.4. Os pontos pertencentes a cada método podem ser distinguidos por uma marca ou cor em particular. O desempenho dos dois métodos poderá ser avaliado comparando as distâncias dos pontos da linha de 45 graus. Em alguns casos, nenhum dos dois métodos se evidenciará quando comparados graficamente. Se for o caso, uma comparação mais precisa poderá ser realizada calculando os erros de previsão para todos os períodos de cada método e comparando então esses erros.

EXEMPLO

A Xavier Co. utiliza um método de previsão fundamentalista para prever a moeda polonesa (zloty), que necessitará adquirir para comprar produtos importados da Polônia. A Xavier Co. também faz uma segunda previsão para cada período baseada em um modelo de previsão alternativo. Suas previsões anteriores do zloty, utilizando o Modelo 1 (o método fundamental) e o Modelo 2 (o método alternativo), são mostradas nas Colunas 2 e 3, respectivamente, da Tabela 9.3, junto com o valor observado do zloty na Coluna 4.

Os erros absolutos de previsão com o Modelo 1 e com o Modelo 2 são mostrados nas Colunas 5 e 6, respectivamente. Note que o Modelo 1 superou o Modelo 2 em seis dos oito períodos. O erro absoluto médio de previsão ao usar o Modelo 1 é de $ 0,04, o que significa que as previsões do Modelo 1 estão fora em $ 0,04 em média. Embora o Modelo 1 não seja perfeitamente exato, faz um trabalho melhor que o Modelo 2, cujo erro absoluto médio de previsão é de $ 0,07. No geral, as previsões com o Modelo 1 estão em média $ 0,03 mais próximas do valor observado.

294 FINANÇAS CORPORATIVAS INTERNACIONAIS

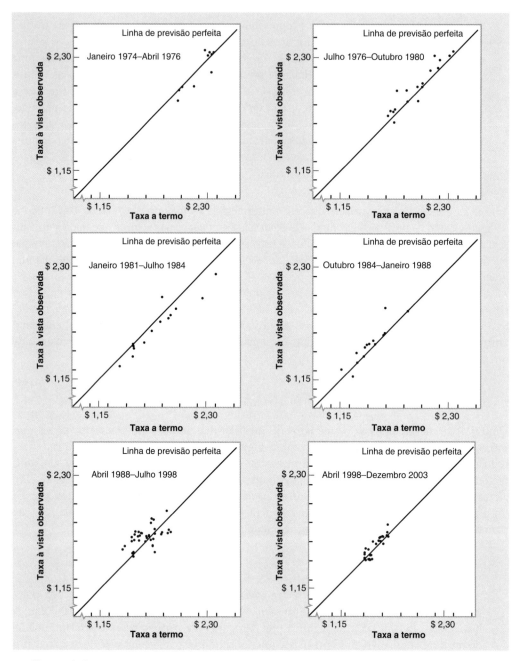

Figura 9.5 Comparação gráfica de taxas à vista previstas e observadas em subperíodos diferentes da libra esterlina (utilizando a taxa a termo como previsão).

Para uma comparação completa do desempenho entre os métodos de previsão, uma EMN deverá avaliar tantos períodos quanto possíveis. Apenas oito períodos são utilizados no nosso exemplo, porque isso é suficiente para ilustrar como comparar o desempenho de previsões. Se a EMN tiver um grande número de períodos para avaliar, poderá testar estatisticamente diferenças significativas de erros de previsão.

(1)	(2)	(3)	(4)	(5)	(6)	(7) = (5) – (6)
Período	Valor Previsto do Zloty pelo Modelo 1	Valor Previsto do Zloty pelo Modelo 2	Valor Observado do Zloty	Erro Absoluto de Previsão Utilizando o Modelo 1	Erro Absoluto de Previsão Utilizando o Modelo 2	Diferença dos Erros Absolutos de Previsão (Modelo 1 – Modelo 2)
1	$ 0,20	$ 0,24	$ 0,16	$ 0,04	$ 0,08	$ –0,04
2	0,18	0,20	0,14	0,04	0,06	–0,02
3	0,24	0,20	0,16	0,08	0,04	–0,04
4	0,26	0,20	0,22	0,04	0,02	–0,02
5	0,30	0,18	0,28	0,02	0,10	–0,08
6	0,22	0,32	0,26	0,04	0,06	–0,02
7	0,16	0,20	0,14	0,02	0,06	–0,04
8	0,14	0,24	0,10	0,04	0,14	–0,10
				Soma = 0,32 Erro médio = 0,04	Soma = 0,56 Erro médio = 0,07	Soma = –0,24 Erro médio = –0,03

Tabela 9.3   Comparação de técnicas de previsão.

Previsões sob Níveis de Eficiência de Mercado

A eficiência do mercado de câmbio estrangeiro também tem implicações nas previsões. Se o mercado de câmbio estrangeiro for **eficiente na forma fraca**, então as informações correntes e históricas de taxas de câmbio não serão úteis para prever as oscilações da taxa de câmbio porque as taxas de câmbio de hoje já refletem todas essas informações. Isto é, a análise técnica não seria capaz de aperfeiçoar as previsões. Se o mercado de câmbio estrangeiro for **eficiente na forma semiforte**, então todas as informações públicas relevantes já estarão refletidas nas taxas de câmbio de hoje. Se as taxas de câmbio de hoje refletirem totalmente qualquer tendência histórica nas oscilações da taxa de câmbio, mas não outras informações públicas sobre as oscilações da taxa de juros esperada, o mercado de câmbio estrangeiro será eficiente de forma fraca, mas não eficiente de forma semiforte. Muitas pesquisas testaram a hipótese de mercado eficiente dos mercados de câmbio estrangeiro. As pesquisas sugerem que os mercados de câmbio estrangeiro parecem ser eficientes de forma fraca e eficientes de forma semiforte. No entanto, há alguma evidência de ineficiências em algumas moedas em períodos específicos.

Se o mercado de câmbio estrangeiro for **eficiente na forma forte**, então todas as informações públicas e privadas já estarão refletidas nas taxas de câmbio de hoje. Essa forma de eficiência não pode ser testada porque as informações privadas não estão disponíveis.

Embora os mercados de câmbio estrangeiro geralmente sejam considerados pelo menos eficientes de forma semiforte, as previsões de taxas de câmbio pelas EMNs ainda poderão valer a pena. Seu objetivo não necessariamente será o de obter lucros especulativos, mas de utilizar previsões de taxas de juros razoáveis para implantar as políticas. Quando as EMNs avaliam políticas propostas, geralmente preferem desenvolver suas próprias previsões de taxas de câmbio ao longo do tempo, em vez de simplesmente utilizar taxas com base no mercado como previsão de taxas a termo. As EMNs freqüentemente estão interessadas em mais que uma estimativa de uma taxa de câmbio para daqui a um ano, três anos ou cinco anos. Elas preferem desenvolver uma variedade de condições e avaliar como as taxas de câmbio poderão variar em cada condição. Mesmo se a taxa de câmbio a termo de hoje refletir apropriadamente todas as informações disponíveis, não indicará para a EMN o possível desvio da taxa de câmbio futura observada

296　FINANÇAS CORPORATIVAS INTERNACIONAIS

daquilo que é esperado. As EMNs precisam determinar o âmbito das oscilações possíveis para avaliar o grau em que seu desempenho operacional poderia ser afetado.

Volatilidade da Taxa de Câmbio

As EMNs reconhecem que é quase impossível prever as taxas de câmbio futuras com exatidão. Por essa razão, elas poderão especificar um intervalo em torno de suas previsões.

EXEMPLO

A Harp, Inc., com base em Oklahoma, importa produtos do Canadá. Utiliza a taxa à vista do dólar canadense (atualmente $ 0,70) para prever o valor do dólar canadense para daqui a um mês. Também especifica o intervalo em torno de suas previsões, com base na volatilidade histórica do dólar canadense. Quanto mais volátil a moeda, tanto maior a probabilidade de se desviar do valor previsto para o futuro (tanto maior é o erro de previsão esperado). A Harp determina que o desvio padrão da oscilação do dólar canadense nos últimos 12 meses é de 2%. Portanto, supondo que as oscilações estejam distribuídas normalmente, ela espera que haja uma chance de 68% de o valor real estar dentro de um desvio padrão (2%) de sua previsão, o que resulta em um intervalo de $ 0,686 a $ 0,714. Além disso, espera que haja uma chance de 95% de o dólar canadense estar dentro dos desvios padrões (4%) do valor previsto, o que resultará em um intervalo de $ 0,672 a $ 0,728. Ao especificar um intervalo, a Harp poderá antecipar mais apropriadamente a distância que o valor efetivo da moeda se desviará de seu valor previsto. Se a moeda esteve mais volátil, seu desvio padrão será maior, e o intervalo ao redor da previsão também será maior.

Como o exemplo mostra, a medição da volatilidade da moeda é útil para especificar o intervalo ao redor de uma previsão. No entanto, a volatilidade da moeda poderá variar ao longo do tempo, o que significa que níveis passados de volatilidade não necessariamente serão o melhor método para estabelecer um intervalo em torno de uma previsão. Portanto, as EMNs poderão preferir prever a volatilidade da taxa de câmbio estrangeiro para determinar o possível intervalo contornando suas previsões.

O primeiro passo para prever a volatilidade da taxa de câmbio é determinar o período relevante em questão. Se uma EMN estiver fazendo a previsão do valor do dólar canadense a cada dia no próximo trimestre, poderá também tentar prever o desvio padrão das oscilações diárias da taxa de câmbio ao longo desse trimestre. Essa informação poderá ser utilizada com a previsão da estimação pontual do dólar canadense para cada dia, para produzir intervalos de confiança sobre cada previsão.

Métodos de Previsão da Volatilidade da Taxa de Câmbio

A volatilidade das oscilações de taxa de câmbio para um período futuro poderá ser prevista utilizando (1) a volatilidade da taxa de câmbio recente; (2) séries temporais históricas de volatilidades; e (3) o desvio padrão implícito obtido dos preços de opções de moeda.

Uso do Nível de Volatilidade Recente. A volatilidade das oscilações de taxas de câmbio históricas ao longo de um período recente poderá ser usada para prever o futuro. No nosso exemplo, o desvio padrão das oscilações de taxa de câmbio mensais do dólar canadense durante os 12 meses passados poderá ser usado para estimar a volatilidade futura do dólar canadense no próximo mês.

PREVISÃO DA TAXA DE CÂMBIO **297**

Uso de um Padrão Histórico de Volatilidades. Uma vez que a volatilidade histórica pode variar ao longo do tempo, o desvio padrão das oscilações de taxa de câmbio mensais dos últimos 12 meses não é necessariamente um instrumento de previsão de volatilidade exato das oscilações de taxa de câmbio para o próximo mês. Na medida em que há um padrão para as variações na taxa de câmbio ao longo do tempo, uma série temporal poderá ser usada para prever a volatilidade do próximo período.

> ### EXEMPLO
>
> O desvio padrão das oscilações da taxa de câmbio mensal do dólar canadense poderá ser determinado para vários anos passados. Então, uma tendência de séries temporais desses níveis de desvio padrão poderá ser utilizada para formar uma estimativa da volatilidade do dólar canadense no próximo mês. A previsão poderá ser baseada em um esquema de atribuição de pesos, tal como 60% vezes o desvio padrão no ano passado, mais 30% vezes o desvio padrão no ano anterior a esse ano, mais 10% vezes o desvio padrão no ano anterior a esse. Esse esquema coloca mais peso sobre os dados mais recentes para produzir a previsão, mas deixa que dados dos últimos três anos influenciem a previsão. Normalmente, os pesos que mais atingiram a exatidão (erros de previsão mais baixos) ao longo de períodos anteriores e o número de períodos anteriores (*lags*) seriam usados ao aplicar esse método.

Entretanto, vários fatores políticos e econômicos podem causar variações repentinas na volatilidade da taxa de câmbio, portanto, mesmo modelos de séries temporais sofisticados não necessariamente geram previsões exatas da volatilidade da taxa de câmbio. Esse método difere do primeiro método porque utiliza informações de períodos que vão além dos 12 meses anteriores.

Desvio Padrão Implícito (DPI). Um terceiro método de previsão de volatilidade da taxa de câmbio é o de derivar o desvio padrão implícito (DPI) da taxa de câmbio do modelo de determinação de preços de opções de moeda. Lembre que o prêmio de uma opção de compra de uma moeda depende de fatores como a relação entre a taxa de câmbio à vista e o preço de exercício da opção, o número de dias até a data de vencimento da opção e a volatilidade antecipada das oscilações da taxa de câmbio da moeda.

Há um modelo de precificação de moeda para estimar o prêmio da opção de compra baseado em vários fatores. Os valores reais de cada um desses fatores são conhecidos, exceto o da volatilidade antecipada. Ao embutirmos no modelo o prêmio da opção vigente pago pelos investidores por essa opção de moeda específica, no entanto, é possível deduzir a volatilidade antecipada do mercado para essa moeda. A volatilidade é medida pelo desvio padrão, que poderá ser utilizado para desenvolver uma distribuição de probabilidade envolvendo a previsão da taxa de câmbio da moeda.

USANDO A WEB

Volatilidades Implícitas. Volatilidades implícitas de moedas importantes estão disponíveis em http://www.fednewyork.org/markets/impliedvolatility.html. A volatilidade implícita poderá ser usada para medir as expectativas do mercado de uma volatilidade de moeda específica no futuro. Volatilidades implícitas são mostradas para diferentes datas de vencimento, o que permite previsões de volatilidades ao longo de períodos até essas datas de vencimento.

RESUMO

■ Empresas multinacionais precisam fazer previsões de taxas de câmbio para tomar decisões sobre *hedging* de contas a pagar e a receber, fazer financiamentos e investimentos de curto prazo, orçamentos de capital e financiamentos de longo prazo.

■ As ferramentas de previsão mais comuns podem ser classificadas como (1) técnica, (2) fundamentalista, (3) baseada no mercado e (4) mista. Cada técnica possui limitações, e a qualidade das previsões realizadas varia. Todavia, devido às altas variações nas taxas de câmbio, não deveria ser surpreendente que as previsões nem sempre sejam exatas.

■ Os métodos de previsão podem ser avaliados comparando os valores efetivos das moedas com os valores previstos pelo método de previsão. Para ser significativa, essa comparação deverá ser realizada ao longo de vários períodos. Dois critérios a ser utilizados para avaliar o desempenho de um método de previsão são a tendência (ou viés) e a exatidão. Ao comparar a exatidão das previsões de duas moedas, o erro absoluto de previsão deverá ser dividido pelo valor observado da moeda para isolar as diferenças dos valores relativos das moedas.

CONTRAPONTO DO PONTO

O que uma EMN Deveria Usar como Previsão ao Fazer seu Orçamento?

Ponto Usar a taxa à vista para fazer previsões. Quando uma EMN com base nos Estados Unidos realiza seu orçamento financeiro, deverá estimar os valores de seus fluxos de caixa em moeda estrangeira que serão recebidos pela controladora. Uma vez que está bem documentado que as empresas não conseguem prever exatamente os valores futuros, as EMNs deverão utilizar a taxa à vista para fazer seu orçamento. Mudanças nas condições econômicas são difíceis de prever, e a taxa à vista reflete a melhor hipótese da taxa à vista futura se não houver mudanças nas condições econômicas.

Contraponto Usar a taxa a termo para fazer previsões. As taxas à vista de algumas moedas não representam estimativas exatas nem mesmo estimativas não-viesadas das taxas à vista futuras. Muitas moedas de países em desenvolvimento têm depreciado ao longo do tempo. Essas moedas tendem a ser de países que possuem altas taxas de inflação.

Se a taxa à vista tivesse sido utilizada para o orçamento, os fluxos de caixa em dólares resultantes de entradas de caixa nessas moedas teriam sido altamente superestimados. A inflação esperada em um país pode ser explicada usando a taxa de juros nominal. Uma taxa de juros nominal alta implica um alto nível de inflação esperada. Com base na paridade da taxa de juros, essas moedas terão descontos acentuados. Portanto, a taxa a termo capta o diferencial de inflação esperada entre dois países porque é influenciada pelo diferencial de taxa de juros nominal. Uma vez que ela capta o diferencial de inflação, deverá fornecer uma previsão de moedas mais exata, especialmente daquelas moedas de países com inflação alta.

Quem está certo? Use seu mecanismo de busca preferido para saber mais sobre esse assunto. Qual argumento você apóia? Dê sua opinião sobre o assunto.

AUTOTESTE

As respostas encontram-se no Apêndice A, no final do livro.

1. Suponha que seja esperado que a taxa de juros anual dos Estados Unidos seja de 7% para cada um dos quatro anos seguintes, enquanto se espera que a taxa de juros anual no México seja de 20%. Determine o prêmio ou desconto apropriado da taxa a termo de quatro anos que poderia ser usado para prever a variação percentual do peso ao longo dos próximos quatro anos.

2. Considere as seguintes informações:

Moeda	Taxa a Termo de 90 Dias	Taxa à Vista que Ocorreu 90 Dias Depois
Dólar canadense	$ 0,80	$ 0,82
Iene japonês	$ 0,012	$ 0,011

3. Supondo que a taxa a termo foi utilizada para prever a taxa à vista futura, determine se o dólar canadense ou o iene japonês foi previsto com mais exatidão, com base no erro absoluto de previsão como porcentagem do valor observado.

Suponha que a taxa a termo e a taxa à vista do peso mexicano normalmente são semelhantes em um determinado momento. Suponha que o peso se depreciou consistentemente e substancialmente ao longo dos últimos anos. A taxa a termo teria sido tendenciosa ao longo desse período? Em caso afirmativo, teria subestimado ou superestimado a taxa à vista futura do peso (em dólares)? Explique.

4. Um analista diz que a libra esterlina parece aumentar em valor ao longo das duas semanas que se seguem aos anúncios do Banco da Inglaterra (o banco central britânico) afirmando que suas taxas de juros subirão. Se essa afirmação for verdadeira, quais são as inferências em relação à eficiência na forma fraca ou na forma semiforte?

5. Suponha que as taxas de juros do México sejam bem mais altas que as taxas de juros dos Estados Unidos. Suponha também que a paridade da taxa de juros (discutida no Capítulo 7) exista. Se você utilizar a taxa a termo do peso mexicano para prever a taxa à vista futura do peso mexicano, você esperaria que ele se apreciasse ou depreciasse? Explique.

6. A Warden Co. está pensando em um projeto na Venezuela, que será muito lucrativo se a moeda local (bolívar) se valorizar perante o dólar. Se o bolívar se desvalorizar, o projeto resultará em perdas. A Warden Co. prevê que o bolívar se valorizará. O valor do bolívar historicamente tem sido muito volátil. Como gerente da Warden Co., você estaria tranqüilo com esse projeto? Explique.

QUESTÕES E APLICAÇÕES

1. **Distribuição de Probabilidade das Previsões.** Suponha que o seguinte modelo de regressão foi aplicado aos dados históricos trimestrais:

$$e_t = a_0 + a_1 INT_t + a_2 INF_{t-1} + \boldsymbol{\mu}_t$$

onde e_t = variação percentual da taxa de câmbio do iene japonês pelo período t.

INT_t = média do diferencial da taxa de juros real (taxa de juros dos Estados Unidos menos a taxa de juros do Japão) pelo período t.

INF_{t-1} = diferencial de inflação (índice de inflação dos Estados Unidos menos índice de inflação do Japão) no período t anterior.

a_0, a_1, e a_2 = coeficientes de regressão.

$\boldsymbol{\mu}_t$ = termo de erro.

Suponha que os coeficientes de regressão foram estimados como segue:

$$a_0 = 0,0$$
$$a_1 = 0,9$$
$$a_2 = 0,8$$

Também suponha que o diferencial de inflação no período mais recente foi de 3%. O diferencial da taxa de juros real do período vindouro está previsto como segue:

Diferencial da Taxa de Juros	Probabilidade
0%	30%
1	60
2	10

Se a Stillwater, Inc. utilizar essa informação para prever a taxa de câmbio do iene japonês, qual será a distribuição de probabilidade da variação percentual do iene ao longo do período vindouro?

2. **Previsões com a Taxa a Termo.** Suponha que a taxa de juros anual para quatro anos nos Estados Unidos seja de 9% e a taxa de juros anual para quatro anos em Cingapura seja de 6%. Suponha que a paridade da taxa de juros se mantenha por um horizonte de quatro anos. Suponha que a taxa à vista do dólar de Cingapura seja de $ 0,60. Se a taxa a termo for utilizada para prever as taxas de câmbio, qual será a previsão para a taxa à vista do dólar de

Cingapura daqui a quatro anos? Qual é a porcentagem de apreciação ou depreciação implícita ao longo desse período de quatro anos?

3. **Previsões Consistentes.** A Lexington Co. é uma EMN com subsidiárias na maioria dos grandes países. Cada subsidiária é responsável por fazer a previsão da taxa de câmbio futura de sua moeda local em relação ao dólar americano. Comente sobre essa política. Como a Lexington Co. poderá assegurar previsões consistentes entre as diferentes subsidiárias?

4. **Erro de Previsão.** O diretor de previsões de moedas da Champaign-Urbana Corp. diz: "A tarefa mais crítica de prever taxas de câmbio não é a de derivar pontos de estimativas de uma taxa de câmbio futura, mas a de avaliar como essa estimativa pode estar errada". O que essa afirmação significa?

5. **Erro de Previsão.** A Royce Co. é uma empresa dos Estados Unidos com contas a receber daqui a um ano em dólares canadenses e libras esterlinas. Suas contas a receber em libras são tidas como certas, e suas contas a receber em dólares canadenses estão sujeitas a 2% de erro em ambas as direções. Os valores do dólar dos dois tipos de contas a receber são semelhantes. Não há perigo de inadimplência dos clientes envolvidos. O gerente financeiro da Royce diz que a estimativa do fluxo de caixa em dólar a ser gerado com o recebimento das libras esterlinas está sujeita a incertezas maiores que o recebimento dos dólares canadenses. Explique o raciocínio da afirmação do gerente.

6. **Motivos para Fazer Previsões.** Explique os motivos para as empresas fazerem previsões de taxas de câmbio.

7. **Previsão Baseada no Mercado.** Explique a técnica de previsão de taxas de câmbio baseada no mercado. Qual é o raciocínio para usar previsões baseadas no mercado? Se o euro se apreciasse consideravelmente perante o dólar durante um período específico, as previsões baseadas no mercado teriam subestimado ou superestimado o valor observado ao longo desse período? Explique.

8. **Previsão Técnica.** Explique a previsão técnica de taxas de câmbio. Quais são algumas limitações do uso da previsão técnica para prever taxas de câmbio?

9. **Previsão Fundamentalista.** Explique a técnica fundamentalista para fazer previsões de taxas de câmbio. Quais são algumas limitações do uso da previsão fundamentalista para prever taxas de câmbio?

10. **Previsão Mista.** Explique a técnica mista para prever taxas de câmbio.

11. **Medindo a Exatidão das Previsões.** Você está empregado como consultor para avaliar a capacidade de uma empresa para fazer previsões. A empresa desenvolveu uma previsão de pontos para duas moedas diferentes apresentada na tabela a seguir. A empresa pede que você determine qual moeda foi prevista com mais exatidão.

Período	Previsão do iene	Valor real do iene	Previsão da libra	Valor real da libra
1	$ 0,0050	$ 0,0051	$ 1,50	$ 1,51
2	0,0048	0,0052	1,53	1,50
3	0,0053	0,0052	1,55	1,58
4	0,0055	0,0056	1,49	1,52

12. **Detectando um Viés de Previsão.** Explique como avaliar o desempenho de previsões de taxas de câmbio. Explique como detectar um viés em previsões de taxas de câmbio.

13. **Limitações de uma Previsão Fundamentalista.** A Syracuse Corp. acredita que as oscilações da taxa de juros real futura afetarão as taxas de câmbio e aplicou a análise de regressão a dados históricos para avaliar a relação. Ela usará coeficientes de regressão derivados dessa análise, junto com as oscilações da taxa de juros real prevista, para predizer as taxas de câmbio no futuro. Explique pelo menos três limitações desse método.

14. **Previsão do Erro.** A Cooper, Inc., uma EMN com base nos Estados Unidos, periodicamente obtém euros para comprar produtos alemães. Ela avalia os padrões comerciais e as taxas de inflação dos Estados Unidos e da Alemanha para desenvolver uma previsão fundamentalista do euro. Como a Cooper poderá aperfeiçoar seu método de previsão fundamentalista aplicado ao euro?

15. **Previsão de Taxas de Câmbio de Moedas que Eram Fixas Anteriormente.** Quando alguns países do Leste Europeu permitiram que suas moedas flutuassem perante o dólar, a técnica fundamentalista baseada em relações históricas teria sido útil para prever as taxas de câmbio futuras dessas moedas? Explique.

16. **Previsão da Taxa a Termo.** Suponha que você obtenha uma cotação da taxa a termo de um

ano do peso mexicano. Suponha que a taxa de juros de um ano do México seja de 40%, enquanto a taxa de juros de um ano dos Estados Unidos é de 7%. Ao longo do próximo ano, o peso se deprecia em 12%. Você acha que a taxa a termo superestimou a taxa à vista de daqui a um ano nesse caso? Explique.

17. **Eficiência do Mercado de Câmbio Estrangeiro.** Suponha que os mercados de câmbio estrangeiro foram avaliados como eficientes na forma fraca. O que isso sugere sobre a utilização da análise técnica para a especulação em euros? Se as EMNs acreditassem que os mercados de câmbio estrangeiro são eficientes de forma forte, por que elas desenvolveriam suas próprias previsões de taxas de câmbio futuras? Isto é, por que não usariam simplesmente as taxas cotadas de hoje como indicadores de taxas a termo? Afinal, as taxas cotadas de hoje devem refletir todas as informações relevantes.

18. **Interpretando uma Taxa a Termo Não-Viesada.** Suponha que a taxa a termo seja uma previsão não-viesada, mas não necessariamente exata da taxa de câmbio futura do iene ao longo de vários dos próximos anos. Com base nessa informação, você acha que a Raven Co. deveria proteger suas remessas dos lucros esperados de ienes japoneses para a controladora dos Estados Unidos vendendo contratos a termo? Por que essa estratégia seria vantajosa? Sob quais condições nessa estratégia o tiro sairia pela culatra?

19. **Previsões Baseadas em PPC *versus* Taxa a Termo.** Você acredita que as oscilações das taxas de câmbio do dólar de Cingapura sejam atribuídas, na maioria das vezes, à paridade do poder de compra. Hoje, a taxa de juros nominal anual de Cingapura é de 18%. A taxa de juros nominal anual dos Estados Unidos é de 3%. Você espera que a inflação anual seja em torno de 4% em Cingapura e de 1% nos Estados Unidos. Suponha que a paridade da taxa de juros se mantenha. Hoje, a taxa à vista do dólar de Cingapura é de $ 0,63. Você acha que a taxa a termo de um ano subestimaria, superestimaria ou seria uma estimativa não-viesada da taxa à vista futura em um ano? Explique.

20. **Discussão na Sala da Diretoria.** Esse exercício encontra-se no Apêndice E, no final deste livro.

21. **Escolha entre Métodos de Previsão.** A Bolívia atualmente possui uma taxa de juros nominal livre de riscos de um ano de 40%, principalmente devido ao alto nível da inflação espe-

rada. A taxa de juros nominal livre de riscos de um ano dos Estados Unidos é de 8%. A taxa à vista da moeda da Bolívia (chamada de boliviano) é de $ 0,14. A taxa a termo de um ano do boliviano é de $ 0,108. Qual é a variação percentual prevista do boliviano se a taxa à vista for utilizada como previsão para um ano? Qual é a variação percentual prevista do boliviano se a taxa a termo de um ano for usada como previsão de um ano? Qual previsão você acha que será a mais exata? Por quê?

22. **Testando Vieses de Previsão.** Você deverá determinar se há um viés de previsão na taxa a termo. Você deverá aplicar a análise de regressão para testar a relação entre a taxa à vista e a previsão da taxa a termo (F):

$$S = a_0 + a_1(F)$$

Os resultados da regressão são os seguintes:

Coeficiente	Erro Padrão
$a_0 = 0,006$	0,011
$a_1 = 0,800$	0,05

Com base nesses resultados, há um viés na previsão? Verifique suas conclusões. Se houver um viés, explique se ela é uma estimativa subestimada ou superestimada.

23. **Interpretando as Informações de Viéses de Previsão.** O gerente financeiro da Glencoe, Inc. detectou um viés de previsão ao usar a taxa a termo de 30 dias do euro para prever as taxas à vista futuras do euro ao longo de vários períodos. Ele acredita que poderá usar essa informação para decidir se as importações pedidas todas as semanas deveriam ser protegidas (o pagamento é feito 30 dias após o pedido). O presidente da Glencoe diz que a longo prazo a taxa a termo não será tendenciosa e que o gerente financeiro não deveria perder tempo tentando "vencer a taxa a termo", mas deveria simplesmente fazer o *hedging* de todos os pedidos. Quem está certo?

24. **Taxas de Câmbio CME.** O Website da Bolsa Mercantil de Chicago (CME) fornece informações sobre o câmbio e os contratos de futuros oferecidos na Bolsa. Seu endereço é **http://www.cme.com**.

a) Vá para a seção de preços ("Prices") e, em seguida, para "Daily and Weekly Charts" (tabelas diárias e semanais). Descreva a tendência de um contrato de futuros do peso ao longo dos últimos meses. O que essa tendência sugere sobre mudanças nas previsões do peso ao longo do período avaliado (supondo que a taxa a termo foi utilizada como método de previsão)? O que você acha que causou a mudança dos preços futuros ao longo dos últimos meses?

b) Escolha um contrato de futuros que tenha pelo menos um mês até a data de vencimento. Determine se o contrato de futuros subestimou ou superestimou a taxa à vista na data de vencimento, se ela foi usada para prever a taxa à vista futura. A previsão foi exata?

25. **Fazendo a Previsão de Moedas Latino-americanas.** O valor de cada moeda latino-americana em relação ao dólar é ditado pelas condições de oferta e demanda entre aquela moeda e o dólar. Os valores das moedas latino-americanas geralmente caem substancialmente perante o dólar ao longo do tempo. A maioria desses países tem altos índices de inflação e altas taxas de juros. Os dados sobre taxas de inflação, crescimento econômico e outros indicadores econômicos estão sujeitos a erros, quando recursos limitados são usados para compilar os dados.

a) Se a taxa a termo for usada como previsão baseada no mercado, essa previsão resultará em uma apreciação, uma depreciação ou em nenhuma variação relativamente a qualquer uma das moedas latino-americanas? Explique.

b) Se a previsão técnica for usada, essa previsão resultará em uma apreciação, uma depreciação ou em nenhuma variação relativamente a qualquer uma das moedas latino-americanas? Explique.

c) Você acha que as empresas americanas conseguem fazer a previsão exata dos valores futuros das moedas latino-americanas? Explique.

26. **Comparando Previsões Baseadas em Mercado.** Para todas as partes desta questão, suponha que a paridade da taxa de juros exista, que a taxa de juros nominal de um ano dos Estados Unidos seja baixa e que você espere que a inflação americana seja baixa esse ano.

a) Suponha que o país Dinland se envolva com muitos negócios com os Estados Unidos e os negócios envolvam muitos produtos diferentes. Dinland teve uma balança comercial zero com os Estados Unidos (o valor de exportações e importações é o mesmo) no passado. Suponha que você espere um alto nível de inflação (cerca de 40%) em Dinland ao longo do próximo ano, porque os preços de muitos produtos que Dinland produz aumentaram. No momento, Dinland possui uma taxa de juros livre de riscos de um ano de mais de 40%. Você acha que a taxa à vista vigente ou a taxa a termo de um ano resultará em uma previsão mais exata da moeda de Dinland (o din) daqui a um ano? Explique.

b) Suponha que o país Freeland se envolva com muitos negócios com os Estados Unidos e os negócios envolvam muitos produtos diferentes. Freeland teve uma balança comercial zero com os Estados Unidos (o valor de exportações e importações é o mesmo) no passado. Suponha que você espere um alto nível de inflação (cerca de 40%) em Freeland ao longo do próximo ano, porque houve um aumento muito grande no custo dos terrenos (e portanto da moradia) em Freeland. Você acredita que os preços dos produtos que Freeland produz não serão afetados. No momento, Freeland possui uma taxa de juros livre de riscos de um ano de mais de 40%. Você acha que a taxa a termo de um ano vigente da moeda de Freeland (o fre) será subestimada, superestimada ou será uma previsão razoavelmente exata da taxa à vista daqui a um ano? [Suponha uma cotação direta da taxa de câmbio, de modo que, se a taxa a termo for subestimada, isso significará que o valor será menor que a taxa à vista observada daqui a um ano. Se a taxa a termo for superestimada, isso significará que o valor será maior que a taxa à vista observada daqui a um ano.]

27. **Efeitos do 11 de Setembro sobre as Previsões da Taxa a Termo.** O ataque terrorista de 11 de setembro de 2001 aos Estados Unidos foi seguido rapidamente por taxas de juros americanas mais baixas. Como isso afetaria uma previsão fundamentalista de moedas estrangeiras? Como isso afetaria a previsão da taxa a termo das moedas estrangeiras?

CASO BLADES, INC.

Previsão de Taxas de Câmbio

Lembre que a Blades, Inc., a fabricante de patins com base nos Estados Unidos, atualmente está exportando para e importando da Tailândia. Ben Holt, o chefe do setor financeiro (CFO), e você, um analista financeiro da Blades, Inc., estão razoavelmente satisfeitos com o desempenho atual da empresa na Tailândia. A Entertainment Products, Inc., uma varejista tailandesa de artigos esportivos, comprometeu-se a adquirir um número mínimo de "Speedos" da Blades anualmente. O contrato terminará após três anos. A Blades também importa da Tailândia alguns componentes de que precisa para fabricar seus produtos. Tanto as importações como as exportações são denominadas em baht tailandês. Devido a esses compromissos, a Blades gera aproximadamente 10% de sua receita e 4% do custo de seus produtos vendidos na Tailândia.

Atualmente, o único negócio da Blades na Tailândia consiste nesse comércio de exportação e importação. Ben Holt, no entanto, está pensando em usar a Tailândia para aumentar o negócio da Blades nos Estados Unidos de outras maneiras no futuro também. Por exemplo, Holt está pensando em estabelecer uma subsidiária na Tailândia para aumentar a porcentagem de vendas da Blades nesse país. Além disso, estabelecendo uma subsidiária na Tailândia, a Blades terá acesso aos mercados monetários de capital tailandês. Por exemplo, a Blades poderia instruir sua subsidiária tailandesa para investir o excesso de fundos ou satisfazer suas necessidade de fundos de curto prazo no mercado monetário tailandês. Além disso, parte do financiamento da subsidiária poderia ser obtida utilizando os bancos de investimento da Tailândia.

Devido aos compromissos atuais da Blades e aos futuros planos, Ben Holt está preocupado com os recentes acontecimentos na Tailândia e seu possível impacto sobre o futuro da empresa nesse país. As condições econômicas tailandesas têm sido desfavoráveis ultimamente. Oscilações no valor do baht têm sido altamente voláteis, e os investidores estrangeiros na Tailândia perderam a confiança no baht, provocando saídas maciças de capital do país. Consequentemente, o baht se depreciou.

Quando a Tailândia estava experimentando uma alta taxa de crescimento econômico, alguns analistas anteciparam uma queda econômica. Consequentemente, Holt nunca achou necessário fazer previsões das condições econômicas na Tailândia, mesmo com a Blades fazendo negócios por lá. Agora, no entanto, sua atitude mudou. A continuação das condições econômicas desfavoráveis vigentes na Tailândia poderá afetar a demanda pelos produtos da Blades nesse país. Consequentemente, a Entertainment Products poderá não renovar seu compromisso por mais três anos.

Uma vez que a Blades gera entradas de caixa denominadas em baht, uma depreciação contínua da moeda tailandesa poderá afetar a empresa adversamente, quando essas entradas líquidas forem convertidas em menos dólares. Portanto, a Blades também está considerando fazer a proteção (*hedging*) de suas entradas denominadas em baht.

Devido a essas preocupações, Holt decidiu reavaliar a importância de fazer previsões da taxa de câmbio do baht pelo dólar. Seu objetivo principal é prever a taxa de câmbio do baht pelo dólar para o próximo trimestre. Seu objetivo seguinte é determinar qual técnica de previsão seria a mais exata e deveria ser usada em períodos futuros. Para conseguir isso, ele pediu que você, analista financeiro da Blades, ajude na previsão da taxa de câmbio do baht pelo dólar para o próximo trimestre.

Holt sabe da existência de técnicas de previsão. Ele coletou alguns dados econômicos e realizou uma análise preliminar para você usar em sua análise. Por exemplo, ele fez uma análise de série temporal das taxas de câmbio ao longo de inúmeros trimestres. Em seguida, ele usou essa análise para prever o valor do baht para o próximo trimestre. A previsão técnica indica uma depreciação do baht em 6% ao longo do próximo trimestre a partir do nível atual do baht de $ 0,023 para $ 0,02162. Ele também desenvolveu uma previsão fundamentalista da taxa de câmbio do baht pelo dólar utilizando dados de índices de inflação e de taxas de juros históricos. A previsão fundamentalista, no entanto, depende do que ocorrer às taxas de juros tailandesas durante o próximo trimestre e, portanto, reflete uma distribuição de probabilidade. Há uma chance de 30% de as taxas de juros tailandesas serem tais que o baht se deprecie em 2%, uma chance de 15% que o baht se deprecie em 5%, e uma chance de 55% de que baht se deprecie em 10%.

Ben Holt pediu para você responder às seguintes questões:

1. Considerando as práticas atuais da Blades e os planos futuros, como ela poderá se beneficiar fazendo previsões da taxa de câmbio do baht pelo dólar?

2. Qual técnica de previsão (isto é, técnica, fundamentalista, ou baseada no mercado) seria a mais fácil de ser usada para prever o valor futuro do baht? Por quê?

3. A Blades está pensando em usar as taxas à vista atuais ou as taxas a termo para prever o valor futuro do baht. As taxas a termo disponíveis atualmente apresentam um grande desconto. Você acha que a taxa à vista ou a taxa a termo renderá uma previsão baseada no mercado melhor? Por quê?

4. A taxa a termo de 90 dias atual para o baht é de $ 0,021. É esperado que o baht varie em que porcentagem ao longo do próximo trimestre, de acordo com uma previsão baseada no mercado usando a taxa a termo? Qual será o valor do baht em 90 dias, de acordo com essa previsão?

5. Suponha que a previsão técnica tenha sido mais exata que a previsão baseada no mercado nas semanas recentes. O que isso indica sobre a eficiência de mercado para a taxa de câmbio do baht pelo dólar? Você acha que isso significa que a análise técnica será sempre superior a outras técnicas de previsão no futuro? Por quê?

6. Qual é a variação percentual esperada no valor do baht durante o próximo trimestre com base na previsão fundamentalista? Qual é o valor previsto do baht usando essa previsão? Se o valor do baht daqui a 90 dias for de $ 0,022, qual técnica de previsão será a mais exata? (Use o erro absoluto de previsão como porcentagem do valor observado para responder à última parte desta questão.)

7. Você acha que a técnica que você identificou na questão 6 sempre será a mais exata? Por quê?

DILEMA DA PEQUENA EMPRESA

Previsão de Taxas de Câmbio pela Sports Exports Company

A Sports Exports Company converte libras esterlinas em dólares todos os meses. A taxa à vista vigente é de cerca de $ 1,65, mas há muitas incertezas sobre o valor futuro da libra. Jim Logan, o proprietário da Sports Exports Company, espera que a inflação britânica suba consideravelmente no futuro. Em anos anteriores, quando a inflação britânica era alta, a libra se depreciou. A taxa de juros britânica vigente está ligeiramente mais alta que a taxa de juros vigente nos Estados Unidos. A libra subiu ligeiramente ao longo dos últimos meses. Jim quer prever o valor da libra para cada um dos próximos dois meses.

1. Explique como Jim poderá usar a previsão técnica para prever o valor futuro da libra. Com base nas informações dadas, você acha que a previsão técnica fará a previsão de uma futura apreciação ou de uma depreciação da libra?

2. Explique como Jim poderá usar a previsão fundamentalista para prever o valor futuro da libra. Com base nas informações dadas, você acha que a previsão fundamentalista fará a previsão de uma futura apreciação ou de uma depreciação da libra?

3. Explique como Jim poderá usar a previsão baseada no mercado para prever o valor futuro da libra. Com base nas informações dadas, você acha que a previsão baseada no mercado fará a previsão de uma futura apreciação ou de uma depreciação ou de nenhuma variação no valor da libra?

4. As técnicas de previsão parecem levar à mesma previsão do valor futuro da libra? Qual técnica você usaria nessa situação?

CAPÍTULO 10

Exposição à Flutuação da Taxa de Câmbio: Medição

O risco da taxa de câmbio pode, de modo geral, ser definido como o risco que o desempenho da empresa corre de ser afetado pelas oscilações das taxas de câmbio. As empresas multinacionais (EMNs) monitoram de perto suas operações para determinar como estão expostas a várias formas de risco da taxa de câmbio. Os gestores financeiros precisam saber como medir a exposição de suas EMNs às oscilações da taxa de câmbio, de modo que possam decidir se devem proteger (e como) suas empresas dessa exposição.

Os objetivos específicos deste capítulo são:

- discutir a relevância da exposição das EMNs ao risco da taxa de câmbio;
- explicar como a exposição a transações pode ser medida;
- explicar como a exposição econômica pode ser medida; e
- explicar como a exposição de conversão pode ser medida.

O Risco da Taxa de Câmbio é Relevante?

Alguns críticos argumentam que o risco da taxa de câmbio é irrelevante. Essas alegações, por sua vez, resultaram em contra-argumentos, como resumidos aqui.

Argumento da Paridade do Poder de Compra

Um argumento para a irrelevância da taxa de câmbio é que, de acordo com a teoria da paridade do poder de compra (PPC), as oscilações da taxa de câmbio são apenas uma reação aos diferenciais das variações dos preços entre países. Portanto, o efeito da taxa de câmbio é compensado pela variação dos preços.

EXEMPLO

A Franklin Co. é uma exportadora americana que denomina suas exportações em euros. Se o euro enfraquecer em 3% devido à paridade do poder de compra, isso implica que a inflação européia será cerca de 3% mais alta que a inflação americana. Se os concorrentes aumentarem seus preços em linha com a inflação européia, a Franklin Co. poderá aumentar seus preços sem perder qualquer cliente. Portanto, o aumento de seus preços compensará a redução no valor do euro.

Entretanto, a PPC não necessariamente se mantém, de modo que não é garantida que a taxa de câmbio variará de acordo com o diferencial de inflação entre os dois países. Uma vez que uma compensação perfeita é improvável, a capacidade competitiva da empresa poderá sem dúvida ser influenciada pelas oscilações da taxa de câmbio. Mesmo se a PPC não se mantivesse ao longo de um período bem extenso, isso não traria conforto para os gestores de EMNs que se concentram no próximo trimestre ou ano.

Argumento de Proteção (*Hedging*) do Investidor

Um segundo argumento para a irrelevância da taxa de câmbio é que os investidores em EMNs podem fazer suas próprias proteções dos riscos da taxa de câmbio. O argumento da proteção do investidor supõe que os investidores possuam informações completas sobre a exposição da empresa às flutuações da taxa de câmbio, assim como a capacidade de isolar sua exposição individual. Na medida em que os investidores preferem que as empresas façam as proteções para eles, a exposição às taxas de câmbio é relevante para as empresas. Uma EMN poderá fazer a proteção a um custo mais baixo do que os investidores individuais. Além disso, ela possui mais informações sobre sua exposição e poderá cobri-la com mais eficiência.

Argumento da Diversificação de Moedas

Outro argumento é que, se uma EMN com base nos Estados Unidos for bem diversificada por inúmeros países, seu valor não será afetado pelos efeitos das oscilações da taxa de câmbio devido a efeitos de compensação. É ingênuo, no entanto, supor que os efeitos da taxa de câmbio compensarão um ao outro simplesmente porque uma EMN possui operações em muitas moedas diferentes.

Argumento da Diversificação de Acionistas

Alguns críticos também argumentam que, se os grupos de interesse (como credores e acionistas) forem bem diversificados, de certa forma estarão protegidos dos prejuízos sofridos por uma EMN devido ao risco da taxa de câmbio. No entanto, muitas EMNs são afetadas de modo similar pelas oscilações da taxa de câmbio, de modo que é difícil compor uma carteira diversificada de ações que estejam protegidas das oscilações da taxa de câmbio.

Reações das EMNs

Credores que concedem empréstimos para as EMNs poderão sofrer grandes perdas se elas passarem por problemas financeiros. Portanto, os credores poderão preferir que as EMNs mantenham uma baixa exposição ao risco da taxa de câmbio. Conseqüentemente, as EMNs que fazem a proteção de sua exposição ao risco poderão tomar emprestados fundos a custos mais baixos.

Na medida em que as EMNs puderem estabilizar seus lucros ao longo do tempo para cobrir seu risco à taxa de câmbio, também poderão reduzir suas despesas operacionais gerais no decorrer do tempo (evitando os custos de reduções e de reestruturação). Muitas EMNs, como Colgate-Palmolive, Eastman Kodak e Merck, tentaram estabilizar seus lucros com estratégias de *hedging* porque acreditam que o risco da taxa de câmbio é relevante. Evidências adicionais de que as EMNs consideram o risco da taxa de câmbio relevante podem ser encontradas nos relatórios anuais. Os seguintes comentários de relatórios anuais de EMNs são típicos:

O propósito principal do programa de hedging *de moeda estrangeira da Empresa é de gerenciar a volatilidade associada com a aquisição de materiais com a moeda estrangeira e outros ativos e obrigações criadas no curso normal dos negócios. A política da Empresa prescreve uma série de atividades permitidas de proteção.*

Procter & Gamble Co.

A Empresa entra em contratos de câmbio e de opções para a proteção de várias exposições a moedas... O objetivo principal das atividades é de otimizar o valor em dólar americano dos ativos, dos passivos e dos fluxos de caixa futuros da Empresa em relação às flutuações da taxa de câmbio.

Dow Chemical Co.

Tipos de Exposições

Como mencionado no capítulo anterior, as taxas de câmbio não podem ser previstas com exatidão perfeita, mas a empresa poderá pelo menos medir sua exposição às flutuações da taxa de câmbio. Se a empresa for altamente exposta às flutuações da taxa de câmbio, poderá considerar técnicas para reduzir sua exposição. Essas técnicas são identificadas no capítulo a seguir. Antes de fazer a escolha entre elas, a empresa deverá primeiro medir seu grau de exposição.

A exposição às flutuações da taxa de câmbio se apresenta de três formas:

- Exposição a transações;
- Exposição econômica; e
- Exposição a conversão.

Cada tipo de exposição será discutido a seguir.

Exposição a Transações

O valor das entradas de caixa de uma empresa recebidas em várias moedas será afetado pelas respectivas taxas de câmbio dessas moedas quando forem convertidas na moeda desejada. De modo similar, o valor das saídas de caixa de uma empresa em várias moedas dependerá das respectivas taxas de câmbio dessas moedas. O grau em que as operações à vista futuras poderão ser afetadas pelas flutuações da taxa de câmbio é conhecido como **exposição a transações**.

A exposição a transações poderá ter um impacto considerável sobre os lucros de uma empresa. Não é incomum uma moeda variar 10% em um determinado ano. Se um exportador denominar suas exportações em uma moeda estrangeira, uma queda de 10% nessa moeda reduzirá o valor em dólares de suas contas a receber em 10%. Esse efeito possivelmente eliminaria qualquer lucro das exportações.

Para avaliar a exposição a transações, a EMN deverá (1) estimar seus fluxos de caixa líquidos em cada moeda e (2) medir o possível impacto da exposição às moedas.

Estimativas do Fluxo "Líquido" em Cada Moeda

As EMNs tendem a se concentrar na exposição a transações ao longo do período de curto prazo (tal como o próximo mês ou o próximo trimestre) para o qual antecipam os fluxos de caixa de moeda estrangeira com razoável exatidão. Uma vez que as EMNs normalmente possuem subsidiárias estrangeiras espalhadas ao redor do mundo, elas precisam de um sistema de informações que possa acompanhar suas posições em moeda. A Internet possibilita que as subsidiárias acessem a mesma rede e forneçam informações sobre suas posições correntes e esperadas em moeda.

Para medir sua exposição a transações, a EMN deve projetar a quantia líquida consolidada de suas entradas ou saídas em moeda de todas as suas subsidiárias, classificadas por moedas. Uma subsidiária estrangeira poderá ter entradas de uma moeda estrangeira, enquanto outra possui saídas dessa mesma moeda. Nesse caso, os fluxos de caixa líquidos do total dessa moeda poderão ser insignificantes. Se a maioria das subsidiárias da EMN possui entradas futuras em outra moeda, no entanto, os fluxos de caixa líquidos nessa moeda poderão ser substanciais. Estimar os fluxos de caixa líquidos consolidados por moeda é um primeiro passo útil ao avaliar a exposição de uma empresa, porque ajuda a determinar a posição geral da EMN em cada moeda.

EXEMPLO

A Miami Co. realiza negócios internacionais com quatro moedas. Seu objetivo é de primeiro medir sua exposição em cada moeda no próximo trimestre e depois estimar seus fluxos de caixa consolidados para um trimestre a frente, como mostra a Tabela 10.1. Por exemplo, a Miami Co. espera uma entrada em dólares canadenses de C$ 12.000.000 e saídas de C$ 2.000.000 ao longo do próximo trimestre. Portanto, ela espera uma entrada líquida de C$ 10.000.000. Dada uma taxa de câmbio esperada de $ 0,80 no final do trimestre ela poderá converter a entrada esperada de dólares canadenses na entrada líquida esperada de $ 8.000.000 (estimados como C$ 10.000.000 × $ 0,80).

O mesmo processo é usado para determinar os fluxos de caixa líquidos de cada uma das outras três moedas. Note que, na última coluna da Tabela 10.1, os fluxos de caixa líquidos esperados em três das moedas são positivos, enquanto os fluxos de caixa líquidos da coroa sueca são negativos (o que reflete saídas de caixa). Portanto, a Miami Co. será afetada favoravelmente pela apreciação da libra, do dólar canadense e do peso mexicano. De forma contrária, será afetada adversamente pela apreciação da coroa.

As informações da Tabela 10.1 precisam ser convertidas em dólares, de modo que a Miami Co. possa avaliar a exposição a cada moeda usando uma medida padronizada. Para cada moeda, os fluxos de caixa líquidos são convertidos em dólares para determinar o

Moeda	Total de Entradas	Total de Saídas	Entradas ou Saídas Líquidas	Taxa de Câmbio Esperada no Final do Trimestre	Entradas ou Saídas Líquidas Medidas em Dólares Americanos
Libra esterlina	£ 17.000.000	£ 7.000.000	+£ 10.000.000	$ 1,50	+$ 15.000.000
Dólar canadense	C$ 12.000.000	C$ 2.000.000	C$ 10.000.000	$ 0,80	+$ 8.000.000
Coroa sueca	SK 20.000.000	SK 120.000.000	–SK 100.000.000	$ 0,15	–$ 15.000.000
Peso mexicano	PMX 90.000.000	PMX 10.000.000	PMX 80.000.000	$ 0,10	+$ 8.000.000

Tabela 10.1 Avaliação do fluxo de caixa consolidado da Miami Co.

Moeda	Entradas ou Saídas Líquidas	Intervalo de Possíveis Taxas de Câmbio no Final do Trimestre	Intervalo de Possíveis Entradas ou Saídas Líquidas de Caixa em Dólares Americanos (com Base no Intervalo de Possíveis Taxas de Câmbio)
Libra esterlina	+£ 10.000.000	$ 1,40 a $ 1,60	+$ 14.000.000 a + $ 16.000.000
Dólar canadense	+C$ 10.000.000	$ 0,79 a $ 0,81	+$ 7.900.000 a + $ 8.100.000
Coroa sueca	–SK 100.000.000	$ 0,14 a $ 0,16	–$ 14.000.000 a – $ 16.000.000
Peso mexicano	+PMX 80.000.000	$ 0,06 a $ 0,11	+$ 4.800.000 a + $ 8.800.000

Tabela 10.2   Estimativa do alcance das entradas ou saídas líquidas de caixa para a Miami Co.

grau de exposição. Note que a Miami Co. possui uma exposição em dólares menor em pesos mexicanos e dólares canadenses do que em outras moedas. No entanto, isso não necessariamente significa que a Miami Co. será menos afetada por essas exposições, como será explicado brevemente.

Perceba que as entradas ou saídas líquidas de cada moeda estrangeira e as taxas de câmbio no final do período são incertas. Portanto, a Miami Co. poderá desenvolver um intervalo de possíveis taxas de câmbio para cada moeda, como mostra a Tabela 10.2, em vez de uma estimativa pontual. Nesse caso, há um intervalo de fluxos de caixa líquidos em dólares, em vez de uma estimativa única. Note que o intervalo dos fluxos de caixa em dólares resultantes das operações em pesos da Miami Co. é amplo, o que reflete um alto grau de incerteza que envolve o valor do peso ao longo do próximo trimestre. Em contraste, o intervalo dos fluxos de caixa em dólares resultantes das transações em dólares canadenses é pequeno, porque se espera que o dólar canadense fique relativamente estável ao longo do próximo trimestre.

A Miami Co. avaliou sua situação líquida de fluxo de caixa para apenas um trimestre. Ela também poderá derivar seus fluxos de caixa esperados para outros períodos, como uma semana ou um mês. Algumas EMNs avaliam sua exposição a transações por vários períodos, com a aplicação dos métodos descritos aqui para cada período. Quanto mais distante no tempo uma EMN tentar medir sua exposição a transações, menos exata será a medição devido a maiores incertezas sobre entradas ou saídas de cada moeda estrangeira, assim como as taxas de câmbio futuras, ao longo de períodos mais distantes no tempo. Uma exposição geral da EMN poderá ser avaliada somente depois de consideradas as volatilidades de cada moeda e as correlações entre elas. A exposição geral da Miami Co. será avaliada depois da seguinte discussão da volatilidade e correlações entre moedas.

Medição do Possível Impacto de Exposição a Moedas

Os fluxos de caixa líquidos de uma EMN podem ser vistos como uma carteira de moedas. A exposição da carteira de moedas poderá ser medida pelo desvio-padrão da carteira, o que mostra como o valor da carteira poderá se desviar do que é esperado. Considere uma EMN que receberá pagamentos em duas moedas estrangeiras. O risco (como medido pelo desvio-padrão da variação percentual mensal) da carteira de duas moedas (σ_p) poderá ser estimado como segue:

$$\sigma_p = \sqrt{W_X^2 \sigma_X^2 + W_Y^2 \sigma_Y^2 + 2W_X W_Y \sigma_X \sigma_Y CORR_{XY}}$$

onde

W_X = proporção do valor total da carteira sobre a moeda X.
W_Y = proporção do valor total da carteira sobre a moeda Y.
σ_X = desvio-padrão da variação percentual mensal da moeda X.
σ_Y = desvio-padrão da variação percentual mensal da moeda Y.
$CORR_{XY}$ = coeficiente de correlação das variações percentuais mensais entre as moedas X e Y.

A equação mostra que a exposição de uma EMN a múltiplas moedas é influenciada pela variação de cada moeda e a correlação das oscilações entre as moedas. A volatilidade de uma carteira de moedas está relacionada positivamente à volatilidade de uma moeda e à correlação entre as moedas. Cada componente da equação que afete o risco de uma carteira de moedas poderá ser medido usando uma série de variações percentuais mensais de cada moeda. Esses componentes são descritos com mais detalhes a seguir.

> ## http://
> http://www.fednewyork.org/markets/impliedvolatility.html fornece uma medida de volatilidade de taxa de câmbio.

Medição da Variabilidade de Moeda. A estatística do desvio-padrão mede o grau de oscilação de cada moeda. Em qualquer período dado, algumas moedas flutuam claramente muito mais que outras. Por exemplo, os desvios-padrões das oscilações mensais do iene japonês e do franco suíço são tipicamente mais que duas vezes o desvio-padrão do dólar canadense. Com base nessa informação, a possibilidade de desvios substanciais dos valores futuros projetados será maior para o iene e o franco suíço do que para o dólar canadense (da perspectiva de uma empresa dos Estados Unidos). Algumas moedas de mercados emergentes são muito voláteis.

Variação da Moeda ao Longo do Tempo. A variação de uma moeda não necessariamente permanecerá consistente de um período para outro. Todavia, uma EMN poderá pelo menos identificar moedas cujos valores *possivelmente* serão estáveis ou altamente variáveis no futuro. Por exemplo, o dólar canadense consistentemente apresenta variações menores que outras moedas, independentemente do período avaliado.

Medição de Correlações entre Moedas. As correlações entre as oscilações das moedas podem ser medidas pelos seus *coeficientes de correlação*, que indicam o grau em que duas moedas oscilam em relação uma à outra. O caso extremo é a correlação positiva perfeita, que é representada por um coeficiente de correlação igual a 1,00. As correlações também podem ser negativas, que refletem uma relação inversa entre as oscilações individuais, sendo o caso extremo −1,00.

A Tabela 10.3 mostra os coeficientes de correlação (com base em dados trimestrais) de vários pares de moeda. Está claro que alguns pares de moeda apresentam uma correlação bem mais alta que outros. As moedas européias são altamente correlacionadas, ao passo que o dólar canadense possui uma correlação relativamente baixa com outras moedas. Correlações de moedas geralmente são positivas; isso implica que moedas tendem a oscilar na mesma direção perante o dólar americano (embora em graus diferentes). A correlação positiva nem sempre pode ocorrer em uma base diária, mas parece manter-se por períodos mais longos, na maioria das moedas.

Aplicando Correlações de Moedas a Fluxos de Caixa Líquidos. As implicações de correlações de moedas para uma EMN em particular dependem das características do fluxo de caixa dessa EMN.

A equação do desvio-padrão de uma carteira sugere que fluxos de caixa positivos em moedas altamente correlacionadas resultam em risco da taxa de câmbio mais alta para a EMN. No entanto, muitas EMNs possuem posições de fluxo de caixa líquido negativas em algumas moedas; nessas situações, as correlações poderão ter efeitos diferentes sobre o risco da taxa de câmbio da EMN. A Tabela 10.4 ilustra algumas situações comuns de uma EMN que possui exposição a somente duas moedas.

EXPOSIÇÃO À FLUTUAÇÃO DA TAXA DE CÂMBIO: MEDIÇÃO **311**

	Libra esterlina	Dólar canadense	Euro	Iene japonês	Coroa sueca
Libra esterlina	1,00				
Dólar canadense	0,35	1,00			
Euro	0,91	0,48	1,00		
Iene japonês	0,71	0,12	0,67	1,00	
Coroa sueca	0,83	0,57	0,92	0,64	1,00

Tabela 10.3   Correlações entre oscilações da taxa de câmbio.

Se a situação de fluxo de caixa esperado de uma EMN for de:	E se as moedas forem:	A exposição da EMN será relativamente:
Montantes iguais de entradas líquidas em duas moedas	Altamente correlacionadas	Alta
Montantes iguais de entradas líquidas em duas moedas	Correlacionadas ligeiramente positivas	Moderada
Montantes iguais de entradas líquidas em duas moedas	Correlacionadas negativamente	Baixa
Entrada líquida em uma moeda e saída líquida em cerca do mesmo montante em outra moeda	Altamente correlacionadas	Baixa
Entrada líquida em uma moeda e saída líquida em cerca do mesmo montante em outra moeda	Correlacionadas ligeiramente positivas	Moderada
Entrada líquida em uma moeda e saída líquida em cerca do mesmo montante em outra moeda	Correlacionadas negativamente	Alta

Tabela 10.4   Impacto do fluxo de caixa e condições de correlação sobre a exposição de uma EMN.

EXEMPLO

O conceito de correlações entre moeda poderá ser aplicado ao exemplo anterior dos fluxos de caixa líquidos da Miami Co., como apresentado na Tabela 10.2. Lembre que a Miami Co. antecipa entradas de caixa em libras esterlinas equivalentes a $ 15 milhões e saídas de caixa em coroas suecas equivalentes a $ 15 milhões. Portanto, se ocorrer um ciclo de dólar fraco, a Miami Co. será afetada adversamente por sua exposição à coroa, mas favoravelmente por sua exposição à libra. Durante o ciclo de dólar forte, ela será afetada adversamente por sua exposição à libra, mas favoravelmente por sua exposição à coroa. Se a Miami Co. esperar que essas duas moedas oscilem na mesma direção e em torno do mesmo grau ao longo do próximo período, sua exposição a essas moedas será parcialmente compensada.

A Miami Co. poderá não estar muito preocupada com sua exposição às oscilações do dólar canadense porque ele é, de certa forma, estável em relação ao dólar americano ao longo do tempo; o risco de uma depreciação consistente do dólar canadense é baixo. No entanto, a empresa deverá estar preocupada com sua exposição às oscilações do peso mexicano porque ele é bem volátil e poderá se depreciar consideravelmente em pouco tempo. A Miami Co. não possui exposição a outra moeda que compense a exposição ao peso. Portanto, a empresa deverá considerar seriamente se faz a proteção de sua posição de fluxo de caixa líquido esperado em pesos.

Correlações de Moedas ao Longo do Tempo. A Figura 10.1 mostra a tendência das oscilações da taxa de câmbio de várias moedas perante o dólar. Note como os níveis das correlações e da volatilidade das moedas variam entre as moedas e com o tempo. O valor do yuan chinês tem sido estável porque está fixo ao dólar desde 1994. Depois de cair constantemente por vários anos, o valor da rupia indiana tem sido bastante estável ultimamente, enquanto o valor de outras moedas aumentou em alguns períodos e caiu em outros.

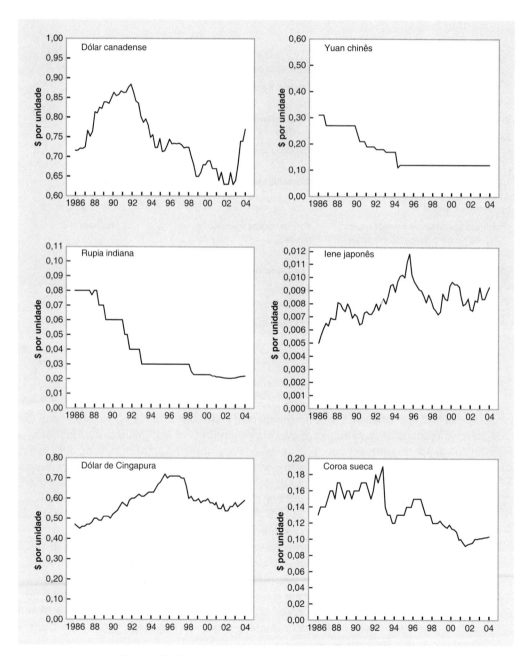

Figura 10.1 Oscilações das principais moedas perante o dólar.

EXPOSIÇÃO À FLUTUAÇÃO DA TAXA DE CÂMBIO: MEDIÇÃO **313**

Uma EMN não poderá usar as correlações anteriores para prever as correlações futuras com perfeita exatidão. Não obstante, algumas relações tendem a se manter ao longo do tempo. Por exemplo, as oscilações dos valores da libra, do euro e de outras moedas européias perante o dólar tendem a ser altamente correlacionadas, na maioria dos períodos. Além disso, o dólar canadense tende a oscilar independentemente das oscilações de outras moedas.

Avaliação da Exposição a Transações Baseada no Valor em Risco

Um método relacionado para avaliar a exposição é o método valor em risco (VAR – value-at-risk), que incorpora a volatilidade e as correlações entre moedas para determinar a possível perda máxima de um dia no valor das posições de uma EMN que está exposta às oscilações da taxa de câmbio.

> ### EXEMPLO
>
> A Celia Co. receberá 10 milhões de pesos mexicanos (PMX) amanhã, como resultado do fornecimento de serviços de consultoria para uma empresa mexicana. Ela quer determinar a perda máxima de um dia devido à possível queda do valor do peso, com base no nível de confiança de 95%. Ela estima que o desvio-padrão das variações percentuais do peso mexicano foi de 1,2% ao longo dos últimos cem dias. Se essas variações percentuais estiverem distribuídas normalmente, a perda máxima de um dia será determinada pelo limite mais baixo (a parte à esquerda) da distribuição de probabilidade, que é em torno de 1,65 desvio-padrão de variação percentual esperada do peso. Supondo uma variação percentual esperada de 0% (que implica nenhuma variação esperada do peso) durante o próximo dia, a perda máxima de um dia será:
>
> $$\text{Perda máxima de um dia} = E(e_t) - (1,65 \times \sigma_{PMX})$$
> $$= 0\% - (1,65 \times 1,2\%)$$
> $$= -0,0198 \text{ ou } -1,98\%$$
>
> Suponha que a taxa à vista do peso seja $ 0,09. A perda máxima de um dia de –1,98% implica um valor do peso de:
>
> $$\text{Valor do peso na perda máxima de um dia} = S \times [1 + E(e_t)]$$
> $$= \$ 0,09 \times [1 + (-0,0198)]$$
> $$= \$ 0,088218$$
>
> Portanto, se a perda máxima de um dia ocorrer, o valor do peso terá caído para $ 0,088218. O valor de dólar dessa perda máxima de um dia depende da posição da Celia Co. em pesos mexicanos. Por exemplo, se a Celia Co. possuir PMX 10 milhões, isso representará um valor de $ 900.0000 (a $ 0,09 por peso), então uma queda no valor do peso de –0,198% resultaria em uma perda de $ 900.0000 × –1,98% = –$ 17.820.

Fatores que Afetam a Perda Máxima de um Dia. A perda máxima de um dia de uma moeda depende de três fatores. Primeiro, depende da variação percentual esperada da moeda para o próximo dia. Se o resultado esperado do exemplo anterior for –0,2% em vez de 0%, a perda máxima ao longo do período de um dia será:

314 FINANÇAS CORPORATIVAS INTERNACIONAIS

$$\text{Perda máxima de um dia} = E(e_t) - (1,65 \times \sigma_{PMX})$$
$$= 2\% - (1,65 \times 1,2\%)$$
$$= -0,0218 \text{ ou } -2,18\%$$

Segundo, a perda máxima de um dia depende do nível de confiança utilizado. Um nível de confiança mais alto causará uma perda máxima de um dia mais pronunciada, mantendo outros fatores constantes. Se o nível de confiança no exemplo for de 97,5% em vez de 95%, o limite mais baixo será de 1,96 desvio-padrão da variação percentual esperada do peso. Portanto, a perda máxima de um dia será:

$$\text{Perda máxima de um dia} = E(e_t) - (1,96 \times \sigma_{PMX})$$
$$= 0\% - (1,96 \times 1,2\%)$$
$$= -0,02352 \text{ ou } -2,352\%$$

Terceiro, a perda máxima de um dia depende do desvio-padrão das variações percentuais diárias da moeda ao longo de um período anterior. Se o desvio-padrão do peso no exemplo for de 1%, em vez de 1,2%, a perda máxima de um dia será:

$$\text{Perda máxima de um dia} = E(e_t) - (1,65 \times \sigma_{PMX})$$
$$= 0\% - (1,65 \times 1\%)$$
$$= -0,0165 \text{ ou } -1,65\%$$

Aplicando o VAR a Horizontes Temporais mais Longos. O método VAR também poderá ser utilizado para avaliar a exposição no decorrer de horizontes temporais mais longos. O desvio-padrão deverá ser estimado no decorrer do horizonte temporal em que a perda máxima deverá ser medida.

EXEMPLO

A Lada, Inc. espera receber pesos mexicanos em um mês pelos produtos que exportou. Ela quer determinar a perda máxima de um dia devido a uma possível queda no valor do peso, com base em um nível de confiança de 95%. Ela estima que o desvio-padrão das variações percentuais mensais do peso mexicano seja de 6% ao longo dos últimos 40 meses. Se essas variações percentuais mensais forem distribuídas normalmente, a perda máxima de um mês será determinada pelo limite mais baixo (a parte à esquerda) da distribuição de probabilidade, que é cerca de 1,65 desvio-padrão da variação percentual esperada do peso. Supondo uma variação percentual esperada de –1% durante o próximo mês, a perda máxima de um mês será:

$$\text{Perda máxima de um mês} = E(e_t) - (1,65 \times \sigma_{PMX})$$
$$= -1\% - (1,65 \times 6\%)$$
$$= -0,109 \text{ ou } -10,9\%$$

Se a Lada, Inc. não estiver tranqüila com a magnitude da possível perda, ela poderá fazer a proteção de sua posição, como explicado no próximo capítulo.

Aplicando o VAR à Exposição a Transações de uma Carteira. Uma vez que as EMNs geralmente estão expostas a mais de uma moeda, elas poderão aplicar o método VAR a uma carteira de moedas. Ao considerar múltiplas moedas, pacotes de software poderão ser utilizados para fazer os cálculos. Um exemplo de aplicação do VAR a uma carteira de duas moedas é fornecido aqui.

EXPOSIÇÃO À FLUTUAÇÃO DA TAXA DE CÂMBIO: MEDIÇÃO **315**

> **E X E M P L O**
>
> A Benou, Inc., uma empresa exportadora dos Estados Unidos, espera receber pagamentos substanciais denominados em rupia da Indonésia e baht da Tailândia em um mês. Com base na taxa à vista de hoje, o valor em dólar dos fundos a ser recebidos está estimado em $ 600.000 pela rupia e $ 400.000 pelo baht. Portanto, a Benou está exposta a uma carteira de moedas ponderada em 60% em rupia e 40% em baht. A Benou quer determinar a perda máxima de um mês devido à possível queda no valor dessas moedas, com base em um nível de confiança de 95%. Com base em dados dos últimos 20 meses, ela estima o desvio-padrão das variações percentuais mensais em 7% para a rupia e em 8% para o baht e o coeficiente de correlação de 0,50 entre a rupia e o baht. O desvio-padrão da carteira será:
>
> $$\sigma_p = \sqrt{(0,36)(0,0049) + (0,16)(0,0064) + 2(0,60)(0,40)(0,07)(0,08)(0,50)}$$
> $$= \text{cerca de } 0,0643 \text{ ou cerca de } 6,43\%$$

Se as variações percentuais mensais de cada moeda forem distribuídas normalmente, as variações percentuais mensais de uma carteira deverão estar distribuídas normalmente. A perda máxima de um mês da carteira de moedas é determinada pelo limite mais baixo (a parte à esquerda) da distribuição de probabilidade, que será cerca de 1,65 desvio-padrão da variação percentual esperada na carteira de moedas. Supondo uma variação percentual esperada de 0% para cada moeda durante o próximo mês (e portanto uma variação zero esperada para a carteira), a perda máxima de um mês será:

$$\text{Perda máxima de um mês} = E(e_t) - (1,65 \times \sigma_{PMX})$$
$$= 0\% - (1,65 \times 6,43\%)$$
$$= \text{cerca de } -0,1061 \text{ ou } -10,61\%$$

Compare essa perda máxima de um mês com a da rupia ou do baht:

$$\text{Perda máxima de um mês da rupia} = 0\% - (1,65 \times 7\%)$$
$$= -0,1155 \text{ ou } -11,55\%$$
$$\text{Perda máxima de um mês do baht} = 0\% - (1,65 \times 8\%)$$
$$= -0,132 \text{ ou } -13,2\%$$

Note que a perda máxima de um mês da carteira é menor que a perda máxima de cada moeda individual, o que é atribuído aos efeitos de diversificação. Mesmo se uma moeda sofrer sua perda máxima em um determinado mês, a outra moeda provavelmente não sofrerá sua perda máxima nesse mesmo mês. Quanto mais baixa a correlação entre as oscilações das duas moedas, tanto maiores serão os benefícios da diversificação.

Dadas as perdas máximas calculadas aqui, a Benou Inc. poderá decidir fazer a proteção de sua posição de rupia, de sua posição de baht, de nenhuma delas ou de ambas. A decisão de fazer a proteção ou não é discutida no próximo capítulo.

Exposição Econômica

O grau em que o valor presente de fluxos de caixa de uma empresa poderá ser influenciado pelas flutuações da taxa de câmbio é conhecido como **exposição econômica** a taxas de câmbio. Todos os tipos de transações futuras previstas que causam exposição a transações também cau-

316 FINANÇAS CORPORATIVAS INTERNACIONAIS

sam exposição econômica porque essas operações representam fluxos de caixa que poderão ser influenciados pelas flutuações das taxas de câmbio. Além disso, outros tipos de negócios que não causam exposição a transações poderão causar exposição econômica.

EXEMPLO

A Intel fatura cerca de 65% de suas exportações de chips em dólares americanos. Embora a Intel não esteja sujeita à exposição a transações de suas exportações denominadas em dólares, está sujeita à exposição econômica. Se o euro se enfraquecer perante o dólar, os importadores europeus desses chips da Intel precisarão de mais euros para pagá-los. Esses importadores estão sujeitos à exposição a transações e à exposição econômica. Como seus custos de importação dos chips aumentam em resposta ao euro fraco, eles poderão passar a adquirir os chips de fabricantes europeus. Conseqüentemente, os fluxos de caixa de exportações da Intel se reduzirão, mesmo que as exportações sejam faturadas em dólares.

Algumas das transações comerciais internacionais mais comuns que tipicamente sujeitam os fluxos de caixa de uma EMN à exposição econômica estão listadas na primeira coluna da Tabela 10.5. As transações listadas na Figura que requerem a conversão de moedas, e portanto refletem exposição a transações, incluem exportações denominadas em moeda estrangeira, juros recebidos de investimentos estrangeiros, importações denominadas em moeda estrangeira e juros devidos de empréstimos estrangeiros. As outras transações, que não requerem a conversão de moedas e, portanto, não refletem exposição a transações, também são uma forma de exposição econômica, porque os fluxos de caixa resultantes dessas transações poderão ser influenciados pelas oscilações da taxa de câmbio. As oscilações da taxa de câmbio poderão ter um grande efeito sobre os fluxos de caixa dessas transações e também sobre os fluxos de caixa de transações que requerem conversão de moeda.

A segunda e a terceira colunas da Tabela 10.5 indicam como cada transação poderá ser afetada pela apreciação ou depreciação, respectivamente, da moeda nacional (local) da empresa. As seções a seguir discutem esses efeitos.

Transações que Influenciam as Entradas em Moeda Local da Empresa	Impacto da Apreciação da Moeda Local sobre as Transações	Impacto da Depreciação da Moeda Local sobre as Transações
Vendas locais (em relação à concorrência estrangeira nos mercados locais)	Queda	Aumento
Exportações da empresa denominadas em moeda local	Queda	Aumento
Exportações da empresa denominadas em moeda estrangeira	Queda	Aumento
Juros recebidos de investimentos estrangeiros	Queda	Aumento
Transações que Influenciam as Saídas em Moeda Local da Empresa		
Importações da empresa denominadas em moeda local	Sem alterações	Sem alterações
Importações da empresa denominadas em moeda estrangeira	Queda	Aumento
Juros devidos de fundos estrangeiros tomados emprestados	Queda	Aumento

Tabela 10.5 Exposição econômica às flutuações da taxa de câmbio.

EXPOSIÇÃO À FLUTUAÇÃO DA TAXA DE CÂMBIO: MEDIÇÃO **317**

Exposição Econômica à Apreciação da Moeda Local

A discussão a seguir está relacionada à segunda coluna da Tabela 10.5. Em relação às entradas de caixa da empresa, é esperado que suas vendas locais (no país de origem da empresa) caiam se a moeda local (nacional) se apreciar, porque a empresa enfrentará concorrência estrangeira. Os clientes locais poderão obter produtos substitutos estrangeiros de maneira barata com sua moeda fortalecida. A extensão da queda nas vendas locais dependerá do grau de concorrência estrangeira no mercado interno.

As entradas de caixa de exportações denominadas na moeda local também são passíveis de reduções, como resultado da apreciação dessa moeda. A razão é que os importadores estrangeiros precisarão mais de sua própria moeda para pagar esses produtos.

> **EXEMPLO**
>
> A Mariah Corp., uma empresa dos Estados Unidos, estabeleceu um compromisso de venda de software para clientes mexicanos. Recentemente, o peso mexicano se depreciou perante o dólar, o que aumentou consideravelmente o preço do software para os clientes do México. Conseqüentemente, alguns clientes mexicanos transferiram suas aquisições para produtores mexicanos, e as vendas da Mariah Corp. caíram.

As exportações e os rendimentos de investimentos denominados em moeda estrangeira também são passíveis de reduções nas entradas de caixa, mas por razão diferente. As entradas recebidas em uma moeda que se depreciou se converterão em um montante de dólares reduzido. De forma semelhante, eventuais juros e dividendos recebidos de investimentos estrangeiros também serão convertidos em um montante reduzido se a moeda local se fortaleceu.

Em relação às saídas de caixa da empresa, o custo de suprimentos importados denominados na moeda local não será diretamente afetado pelas variações nas taxas de câmbio. Se a moeda local se apreciar, no entanto, o custo dos suprimentos importados denominados na moeda estrangeira será reduzido. Além disso, eventuais juros a ser pagos sobre financiamentos em moeda estrangeira serão reduzidos (em termos da moeda local) se a moeda local se apreciar, porque será feito o câmbio da moeda local fortalecida pela moeda estrangeira para fazer o pagamento dos juros.

Portanto, a apreciação da moeda local da empresa causará uma redução tanto nas entradas de caixa como nas saídas de caixa. O impacto sobre os fluxos de caixa líquidos dependerá das transações de entrada ser afetadas mais ou menos que as transações de saída. Se, por exemplo, a empresa está no negócio de exportações, mas obtém seus suprimentos e toma emprestado fundos no próprio país, suas transações de entrada serão reduzidas em um grau maior que suas transações de saída. Nesse caso, os fluxos de caixa líquidos serão reduzidos. De modo contrário, as entradas de caixa de uma empresa concentrada em suas vendas locais com uma concorrência estrangeira pequena não serão reduzidas seriamente pela apreciação da moeda local. Se uma empresa assim obtiver suprimentos e tomar emprestados fundos do exterior, suas saídas serão reduzidas. No geral, os fluxos de caixa líquidos da empresa aumentarão pela apreciação de sua moeda local.

Exposição Econômica à Depreciação da Moeda Local

Se a moeda local da empresa se depreciar (veja a terceira coluna da Tabela 10.5), suas transações serão afetadas de maneira oposta à de como são influenciadas pela apreciação. As vendas locais deverão aumentar devido à concorrência estrangeira reduzida, porque os preços deno-

318 FINANÇAS CORPORATIVAS INTERNACIONAIS

> ### GERENCIANDO PARA VALOR
> ## Exposição ao Risco da Taxa de Câmbio da Caterpillar
>
> A Caterpillar, Inc. depende fortemente das exportações de grande parte de suas vendas. O enfraquecimento do dólar reduz o preço que os importadores devem pagar pelos produtos da Caterpillar. Quando o dólar está relativamente fraco, aumenta a demanda pelas exportações da Caterpilar e, portanto, o desempenho da Caterpillar. A exposição da Caterpillar às taxas de câmbio trabalha nas duas direções, no entanto. Quando o dólar está forte, os importadores incorrerão em um custo mais alto das importações da Caterpillar porque tomam mais de sua moeda para obter os dólares para adquirir os produtos da Caterpillar. A Caterpillar é especialmente vulnerável ao valor do dólar porque sua maior concorrente é a Komatsu do Japão, cujas exportações são denominadas em iene japonês. Portanto, quando o dólar fica caro, os clientes da Caterpillar poderão mudar para o concorrente cujos preços não são denominados em dólares.
>
> Durante o período 1999-2000, muitas moedas se enfraqueceram perante o dólar mas se fortaleceram perante o iene. Conseqüentemente, o desempenho da Caterpillar caiu em resposta à queda da demanda estrangeira pelos seus produtos, e suas ações caíram.
>
> Assim como o valor da Caterpillar é afetado adversamente pelo dólar forte, poderá ser aumentado pelo dólar fraco. Em 2003, o dólar caiu consideravelmente perante muitas moedas, e a Caterpillar teve um desempenho muito bom. Outras empresas americanas que dependem fortemente de exportações caracteristicamente possuem o mesmo tipo de exposição, especialmente quando seus concorrentes têm suas bases fora dos Estados Unidos.

minados em moedas fortes parecerão altos para os clientes locais. As exportações das empresas denominadas na moeda local parecerão baratas para os importadores, aumentando, portanto, a demanda estrangeira por esses produtos. Mesmo as exportações denominadas em moeda estrangeira poderão aumentar os fluxos de caixa porque um dado montante de entradas em moeda estrangeira para a empresa se converterá em um montante maior na moeda local. Além disso, juros ou dividendos de investimentos estrangeiros agora se converterão em mais unidades na moeda local.

Em relação às saídas de caixa, suprimentos importados denominados em moeda local não serão diretamente afetados por eventuais variações na taxa de câmbio. O custo de suprimentos importados denominados em moeda estrangeira subirá, no entanto, porque mais da moeda local enfraquecida será requerido para obter a moeda estrangeira necessária. Eventuais pagamentos de juros pagos sobre financiamentos em moedas estrangeiras aumentarão.

Em geral, a depreciação da moeda local da empresa causará um aumento tanto nas entradas como nas saídas de caixa. Uma empresa que se concentra em exportações e obtém suprimentos e toma fundos emprestados no próprio país poderá se beneficiar com a depreciação da moeda local. Esse é o caso da Caterpillar, da Ford e da General Motors em períodos em que o dólar se enfraquece consideravelmente perante a maioria das principais moedas. De modo contrário, uma empresa que se concentra em vendas locais, possui pouca concorrência estrangeira e obtém suprimentos estrangeiros (denominados na moeda estrangeira) possivelmente sofrerá com a depreciação da moeda local.

Exposição Econômica das Empresas Domésticas

Embora nosso foco seja a gestão financeira de EMNs, mesmo empresas genuinamente domésticas são afetadas pela exposição econômica.

EXPOSIÇÃO À FLUTUAÇÃO DA TAXA DE CÂMBIO: MEDIÇÃO **319**

EXEMPLO

A Burlington, Inc. é uma fabricante de aço dos Estados Unidos que adquire todos os seus suprimentos e vende todo o seu aço no próprio país. Como suas operações estão somente em moeda local, a Burlington não está sujeita à exposição a transações. Ela está sujeita à exposição econômica, no entanto, porque enfrenta a concorrência estrangeira em seus mercados locais. Se a taxa de câmbio da moeda do concorrente estrangeiro se depreciar perante o dólar, os clientes interessados em produtos de aço transferirão suas aquisições para produtores de aço estrangeiros. Conseqüentemente, a demanda pelo aço da Burlington possivelmente cairá e, portanto, cairão suas entradas de caixa líquidas. Desse modo, a Burlington estará sujeita à exposição econômica, mesmo que não esteja sujeita à exposição a transações.

Medição da Exposição Econômica

Uma vez que as EMNs são afetadas pela exposição econômica, elas deverão avaliar o grau de exposição possível que existe e depois decidir se devem se proteger dela.

Sensibilidade dos Lucros às Taxas de Câmbio. Um método para medir a exposição econômica é classificar os fluxos de caixa em diferentes itens do demonstrativo de resultados e subjetivamente predizer cada item dessa declaração com base em uma previsão das taxas de câmbio. Então, um cenário alternativo de taxa de câmbio poderá ser considerado e as previsões dos itens do demonstrativo de resultados, revistas. Ao rever como a previsão dos lucros no demonstrativo de resultados muda em resposta aos cenários alternativos da taxa de câmbio, a empresa poderá avaliar a influência das oscilações da moeda sobre seus lucros e seus fluxos de caixa. Esse procedimento é especialmente útil para empresas que possuem mais despesas que receitas em uma moeda estrangeira em particular, como ilustrado a seguir.

EXEMPLO

A Madison, Inc. é uma EMN com base nos Estados Unidos que realiza parte de seus negócios no Canadá. Suas vendas nos Estados Unidos são denominadas em dólares americanos, enquanto suas vendas no Canadá são denominadas em dólares canadenses. Seu demonstrativo de resultados *pro forma* para o próximo ano é mostrado na Tabela 10.6. Os itens

	Negócios nos Estados Unidos	Negócios no Canadá
Vendas	$ 304,00	C$ 4
Custo dos produtos vendidos	50,00	200
Lucro bruto	$ 254,00	C$ –196
Despesas operacionais:		
Fixas	$ 30,00	–
Variáveis	30,72	–
Total	$ 60,72	–
Lucros antes dos juros e do imposto de renda (LAJIR)	$ 193,28	C$ –196
Juros pagos	3,00	10
Lucros antes do imposto de renda (LAIR)	$ 190,28	C$ –206

Tabela 10.6   Estimativas de receitas e custos: Madison, Inc. (em milhões de dólares americanos e dólares canadenses).

320 FINANÇAS CORPORATIVAS INTERNACIONAIS

	Cenários da Taxa de Câmbio		
	C$ =$ 0,75	C$ =$ 0,80	C$ =$ 0,85
Vendas:			
(1) Americanas	$ 300,0	$ 304,00	$ 307,00
(2) Canadenses	C$ 4 = 3,0	C$ 4 = 3,20	C$ 4 = 3,40
(3) Total	$ 303,0	$ 307,20	$ 310,40
Custo dos produtos vendidos:			
(4) Americanos	$ 50,0	$ 50,00	$ 50,00
(5) Canadenses	C$ 200 = 150,0	C$ 200 = 160,00	C$ 200 = 170,00
(6) Total	$ 200,0	$ 210,00	$ 220,00
(7) Lucro bruto	$ 103,0	$ 97,20	$ 90,40
Despesas operacionais:			
(8) Fixas dos Estados Unidos	$ 30,0	$ 30,00	$ 30,00
(9) Variáveis dos Estados Unidos (10% do total das vendas)	30,3	30,72	31,04
(10) Total	$ 60,3	$ 60,72	$ 61,04
(11) LAJIR	$ 42,7	$ 36,48	$ 29,36
Juros pagos:			
(12) Americanos	$ 3,0	$ 3,00	$ 3,00
(13) Canadenses	C$ 10 = 7,5	C$ 10 = 8,0	C$ 10 = 8,50
(14) Total	$ 10,5	$ 11,00	$ 11,50
(15) LAIR	$ 32,2	$ 25,48	$ 17,86

Tabela 10.7   Impacto das oscilações possíveis da taxa de câmbio sobre os lucros da Madison, Inc. (em milhões).

são segmentados nos relativos aos Estados Unidos e ao Canadá. Suponha que a Madison, Inc. deseje avaliar como os itens de seu demonstrativo de resultados serão afetados pelas três condições de taxa de câmbio possíveis do dólar canadense ao longo do período em questão: (1) $ 0,75, (2) $ 0,80 e (3) $ 0,85. Esses cenários serão analisados separadamente na segunda, terceira e quarta colunas da Tabela 10.7.

Se as vendas nos Estados Unidos não são afetadas pelas taxas de câmbio possíveis, o impacto das taxas de câmbio sobre todos os itens do demonstrativo de resultados poderá ser avaliado pelas informações contidas na Tabela 10.6. No entanto, as vendas da Madison nos Estados Unidos são mais altas quando o dólar canadense (C$) fica mais forte porque os concorrentes canadenses têm seus preços estabelecidos fora do mercado dos Estados Unidos. Para ser específico, suponha as seguintes previsões para as vendas nos Estados Unidos correspondentes a cada condição da taxa de câmbio:

Taxa de Câmbio Possível do C$	Vendas Previstas nos Estados Unidos (em milhões)
$ 0,75	$ 300
0,80	304
0,85	307

O impacto de uma taxa de câmbio sobre vendas locais para qualquer empresa dependerá da concorrência estrangeira em questão. Dados históricos poderão ser utilizados para avaliar como as vendas locais foram afetadas pelas taxas de câmbio no passado. Para o nosso exemplo, o impacto da taxa de câmbio sobre as vendas é dado, portanto não há necessidade de avaliar dados históricos.

Dadas essas informações, a Madison, Inc. poderá determinar como seu demonstrativo de resultados *pro forma* seria afetado por cada cenário de taxa de câmbio, como mostra a Tabela 10.7. O suposto impacto das taxas de câmbio sobre as vendas dos Estados Unidos é mostrado na linha 1. A linha 2 mostra o montante de dólares americanos a ser recebidos como resultado das vendas canadenses (depois da conversão das vendas previstas de C$ 4 milhões para dólares americanos). A linha 3 mostra os dólares americanos estimados a ser recebidos do total das vendas, que é determinado pela combinação das linhas 1 e 2. A linha 4 mostra o custo dos produtos vendidos nos Estados Unidos. A linha 5 converte os custos estimados de C$ 200 milhões dos produtos vendidos em dólares americanos para cada cenário de taxa de câmbio. A linha 6 mede a estimativa dos dólares necessários para cobrir o total dos custos dos produtos vendidos, que é determinado pela combinação das linhas 4 e 5. A linha 7 estima o lucro bruto em dólares americanos, que é determinado subtraindo a linha 6 da linha 3. As linhas 8 a 10 mostram as despesas operacionais estimadas, e a linha 11 subtrai o total das despesas operacionais do lucro bruto para determinar o lucro antes dos juros e do imposto de renda (LAJIR). A linha 12 estima os juros pagos nos Estados Unidos, enquanto a linha 13 estima os dólares americanos necessários para fazer os pagamentos dos juros no Canadá. A linha 14 combina as linhas 12 e 13 para estimar o total de dólares necessários para fazer todos os pagamentos dos juros. A linha 15 mostra o lucro antes do imposto de renda (LAIR) estimado subtraindo a linha 14 da linha 11.

O efeito das taxas de câmbio sobre as receitas e custos da Madison pode ser revisto agora. A Tabela 10.7 ilustra como as vendas nos Estados Unidos e o valor em dólares das vendas no Canadá aumentariam como resultado de um dólar canadense mais forte. Como a exposição do custo dos produtos canadenses da Madison (C$ 200 milhões) é muito maior que sua exposição de vendas canadenses (C$ 4 milhões), um dólar canadense forte terá um impacto geral negativo sobre o lucro bruto. O montante total de dólares americanos necessários para fazer os pagamentos dos juros também é mais alto quando o dólar canadense é mais forte. Em geral, a Madison, Inc. seria afetada adversamente pelo dólar canadense mais forte. Ela seria afetada favoravelmente por um dólar canadense mais fraco, porque o valor reduzido do total da receita seria mais que compensado pelos custos reduzidos dos produtos vendidos e juros pagos.

Uma conclusão geral desse exemplo é que empresas com mais (menos) custos estrangeiros que receitas estrangeiras serão afetadas desfavoravelmente (favoravelmente) por uma moeda estrangeira mais forte. O impacto antecipado preciso, no entanto, só poderá ser determinado com a utilização do procedimento descrito aqui ou de alguns procedimentos alternativos. O exemplo é baseado em um horizonte de um período. Se as empresas desenvolverem previsões de vendas, despesas e taxas de câmbio antecipadamente para vários períodos, poderão avaliar sua exposição econômica ao longo do tempo. Sua exposição econômica será afetada por qualquer alteração nas características operacionais ao longo do tempo.

322 FINANÇAS CORPORATIVAS INTERNACIONAIS

Sensibilidade dos Fluxos de Caixa a Taxas de Câmbio. A exposição econômica às oscilações de moeda poderá ser avaliada também pela aplicação da análise de regressão ao fluxo de caixa histórico e aos dados de taxa de câmbio como segue:

$$PCF_t = a_0 + a_1 e_t + \mu_t$$

onde

$PCF_t = $ variação percentual nos fluxos de caixa ajustados pela inflação na moeda nacional da empresa ao longo do período t.

$e_t = $ variação percentual na taxa de câmbio da moeda ao longo do tempo t.

$\mu_t = $ termo de erro aleatório.

$a_0 = $ coeficiente linear.

$a_1 = $ coeficiente angular.

O coeficiente de regressão a_1, estimado pela análise de regressão, indica a sensibilidade da PCF_t a e_t. Se a empresa não antecipar nenhum ajuste maior em sua estrutura operacional, esperará que a sensibilidade detectada pela análise de regressão seja, de certa forma, semelhante no futuro.

Esse modelo de regressão poderá ser revisto para tratar de situações mais complexas. Por exemplo, se moedas adicionais deverão ser avaliadas, poderão ser incluídas no modelo com variáveis independentes adicionais. O impacto de cada moeda é medido estimando seu coeficiente de regressão correspondente. Se uma EMN for influenciada por inúmeras moedas, poderá medir a sensibilidade da PCF_t a um índice (ou composto) de moedas.

A análise recém-descrita para uma única moeda poderá também ser estendida sobre subperíodos separados, já que a sensibilidade dos fluxos de caixa de uma empresa a oscilações de moedas pode variar no decorrer do tempo. Isso será percebido por uma mudança no coeficiente de regressão, o que poderá ocorrer se a exposição da empresa às oscilações das taxas de câmbio se alterar.

Algumas EMNs poderão preferir usar o preço de suas ações como substituto do valor da empresa e depois avaliar como o preço de suas ações varia em resposta a oscilações da moeda. A análise de regressão também poderá ser aplicada a essa situação com a substituição da PCF_t pela variação percentual do preço das ações no modelo especificado aqui.

Certos pesquisadores, como Adler e Dumas,[1] sugerem o uso da análise de regressão para esse fim. Ao designar os retornos das ações como a variável dependente, a análise de regressão poderá mostrar como o valor da empresa é sensível às flutuações da taxa de câmbio.

Algumas empresas poderão avaliar o impacto das taxas de câmbio sobre características corporativas em particular, tais como lucros, exportações ou vendas.

EXEMPLO

A Toyota Motor Corp. mede a sensibilidade de suas exportações à taxa de câmbio do iene (em relação ao dólar americano). Conseqüentemente, ela poderá determinar como o nível das exportações poderá variar em resposta a possíveis variações no valor do iene. Essa informação é útil quando a Toyota determina seu nível de produção e gerencia seu estoque.

---

[1] Michael Adler e Bernard Dumas, Exposure to currency risk: definition and measurement, *Financial Management*, v. 13, n. 2 (verão de 1984), p. 41-50.

Exposição à Conversão

Uma EMN cria seus demonstrativos financeiros consolidando todos os demonstrativos financeiros de suas subsidiárias individuais. Um demonstrativo financeiro da subsidiária normalmente é medido pela sua moeda local. Para ser consolidada, cada demonstrativo financeiro da subsidiária deverá ser convertido para a moeda da controladora da EMN. Uma vez que as taxas de câmbio se alteram ao longo do tempo, a conversão dos demonstrativos da subsidiária para outra moeda é afetada pelas oscilações da taxa de câmbio. A exposição dos demonstrativos consolidados a flutuações da taxa de câmbio da EMN é conhecida como **exposição à conversão**. Em particular, os lucros da subsidiária convertidos para a moeda dos demonstrativos consolidados estão sujeitos a variações das taxas de câmbio.

Para converter os lucros, as EMNs usam um processo estabelecido pelo Financial Accounting Standards Board – FASB. As diretrizes vigentes são estipuladas pela FASB 52 para conversões e pela FASB 133 para avaliar os contratos com derivativos de moeda.

A Exposição à Conversão Importa?

A relevância da exposição à conversão pode ser analisada da perspectiva do fluxo de caixa ou da perspectiva dos preços das ações.

Da Perspectiva do Fluxo de Caixa. A conversão dos demonstrativos financeiros para relatórios consolidados por si só não afeta os fluxos de caixa de uma EMN. Os lucros da subsidiária, na verdade, não precisam ser convertidos para a moeda da controladora. Se a moeda local da subsidiária estiver fraca no momento, os lucros poderão ser retidos, em vez de convertidos e enviados para a controladora. Os lucros poderiam ser reinvestidos no país da subsidiária, se houver oportunidades viáveis.

A controladora da EMN, no entanto, poderá depender das remessas periódicas dos lucros da subsidiária. Mesmo que a subsidiária não necessite enviar qualquer ganho hoje, ela os enviará em algum momento no futuro. Na medida em que a taxa à vista de hoje serve como uma previsão da taxa à vista que existirá quando os lucros forem remetidos, uma moeda fraca hoje resultará na previsão de uma taxa de câmbio fraca no momento em que os lucros forem enviados. Nesse caso, os fluxos de caixa futuros esperados serão afetados pela fraqueza vigente da moeda estrangeira.

Da Perspectiva dos Preços das Ações. Muitos investidores tendem a usar os lucros quando calculam o valor das empresas, fazendo estimativas dos fluxos de caixa esperados de lucros anteriores ou aplicando um índice de preço/lucro (P/L) aos lucros anuais esperados para derivar o valor por ação. Uma vez que a exposição à conversão afeta os lucros consolidados de uma EMN, poderá afetar a avaliação da EMN.

Determinantes da Exposição à Conversão

Algumas EMNs estão sujeitas a um grau maior da exposição à conversão que outras. O grau de exposição à conversão de uma EMN depende:

- da proporção de seus negócios realizados por subsidiárias estrangeiras;
- da localização de suas subsidiárias estrangeiras;
- dos métodos de contabilidade que utiliza.

324 FINANÇAS CORPORATIVAS INTERNACIONAIS

Proporção de seus Negócios Realizados por Subsidiárias Estrangeiras. Quanto maior o percentual de negócios de uma EMN realizados por suas subsidiárias estrangeiras, tanto maior a porcentagem de um dado item dos demonstrativos financeiros que estará sujeito à exposição à conversão.

EXEMPLO

A Locus Co. e a Zeuss Co. geram cada uma cerca de 30% de suas vendas em países estrangeiros. No entanto, a Locus Co. gera todos os seus negócios estrangeiros com exportações, ao passo que a Zeuss Co. possui uma grande subsidiária no México que faz todos os seus negócios internacionais. A Locus Co. não está sujeita à exposição à conversão (embora esteja sujeita à exposição econômica), enquanto a Zeuss Co. possui uma exposição à conversão considerável.

Localização das Subsidiárias Estrangeiras. A localização das subsidiárias também pode influenciar o grau de exposição à conversão porque os itens dos demonstrativos financeiros de cada subsidiária são normalmente medidos pela moeda nacional do país da subsidiária.

EXEMPLO

A Zeuss Co. e a Canton Co. possuem ambas uma grande subsidiária estrangeira que gera cerca de 30% de suas respectivas vendas. No entanto, a Zeuss Co. está sujeita a um grau bem alto de exposição à conversão porque sua subsidiária tem base no México, e o valor do peso está sujeito a uma queda grande. Em contraste, a subsidiária da Canton Co. tem sua base no Canadá, e o dólar canadense é bem estável perante o dólar americano.

Métodos de Contabilidade. O grau de exposição à conversão de uma EMN poderá ser bastante afetado pelos procedimentos contábeis que ela utiliza para converter quando consolida os dados dos demonstrativos financeiros. Muitas regras importantes e consolidadas de contabilidade das EMNs com base nos Estados Unidos são baseadas na FASB 52:

1. A moeda funcional de uma entidade é a moeda do meio econômico em que a entidade opera.
2. A taxa de câmbio corrente da data do relatório é usada para converter os ativos e os passivos da entidade estrangeira de sua moeda funcional para a moeda do relatório.
3. A taxa de câmbio média ponderada ao longo do período relevante é usada para converter as receitas, as despesas e os lucros e prejuízos da entidade de sua moeda funcional para a moeda do relatório.
4. Os lucros ou os prejuízos convertidos, devido a variações nos valores da moeda estrangeira, não são reconhecidos no lucro líquido corrente, mas são relatados como um segundo componente do capital próprio dos acionistas; uma exceção a essa regra é a entidade estrangeira localizada em um país com inflação alta.
5. Os lucros ou os prejuízos realizados, devido a transações com moeda estrangeira, são registradas no lucro líquido corrente, embora haja algumas exceções.

Sob a FASB 52, lucros consolidados são sensíveis à média ponderada da taxa de câmbio da moeda.

EXEMPLO

Uma subsidiária britânica da Providence, Inc. lucrou £ 10.000.000 no ano 1 e £ 10.000.000 no ano 2. Quando esses lucros foram consolidados junto com os lucros de outras subsidiárias, foram convertidos em dólares à média ponderada da taxa de câmbio naquele ano.

EXPOSIÇÃO À FLUTUAÇÃO DA TAXA DE CÂMBIO: MEDIÇÃO **325**

Suponha que a média ponderada da taxa de câmbio seja de $ 1,70 no ano 1 e de $ 1,50 no ano 2. Os lucros convertidos para cada período relatado em dólares americanos são determinados como segue:

Período do Relatório	Lucros Locais da Subsidiária Britânica	Média Ponderada da Taxa de Câmbio da Libra ao longo do Período do Relato	Lucros da Subsidiária Britânica Convertidos em Dólares Americanos
Ano 1	£ 10.000.000	$ 1,70	$ 17.000.000
Ano 2	£ 10.000.000	$ 1,50	$ 15.000.000

Note que mesmo que os lucros em libras da subsidiária tenham sido os mesmos em cada ano, os lucros consolidados convertidos em dólares foram reduzidos em $ 2 milhões no ano 2. A discrepância aqui é devido à variação na média ponderada da taxa de câmbio da libra esterlina. A queda nos lucros não é culpa da subsidiária, mas antes da libra esterlina enfraquecida que faz com que os lucros do ano 2 pareçam menores (quando medidos em dólares americanos).

Exemplos de Exposição à Conversão

Os lucros consolidados da Black & Decker, da Coca-Cola Company e de outras EMNs são muito sensíveis às taxas de câmbio, porque mais de um terço de seus ativos e vendas são no exterior. Seus lucros em países estrangeiros são reduzidos quando as moedas estrangeiras depreciam perante o dólar.

No período de 2000-2001, a fraqueza do euro fez com que muitas EMNs com base nos Estados Unidos relatassem ganhos mais baixos do que esperavam. Em setembro de 2000, quando a DuPont anunciou que seus lucros consolidados seriam afetados por sua exposição à conversão para o euro, os investidores reagiram rapidamente, desfazendo-se das ações da empresa. O preço das ações da DuPont caiu 10% naquele dia. Outras EMNs, como Colgate-Palmolive, Gillette, Goodyear e McDonald's, seguiram com anúncios semelhantes.

Em 2002 e 2003, no entanto, o euro se fortaleceu e, como resultado, os demonstrativos de resultados das EMNs com base nos Estados Unidos melhoraram. A IBM declarou que, no primeiro trimestre de 2003, mais da metade de seu aumento de 11% da receita foi atribuída aos efeitos favoráveis da conversão. Naquele mesmo trimestre, os efeitos da conversão responderam por mais de dois terços do aumento da receita de 20% da Colgate-Palmolive.

RESUMO

■ As EMNs poderão obter com menos risco fundos a custos de financiamento mais baixos. Uma vez que elas podem experimentar fluxos de caixa mais voláteis devido às oscilações da taxa de câmbio, o risco da taxa de câmbio poderá afetar seus custos de financiamento. Portanto, as EMNs poderão se beneficiar com a proteção (*hedging*) do risco da taxa de câmbio.

■ A exposição a transações futuras de uma EMN é devida às oscilações da taxa de câmbio. As EMNs poderão medir sua exposição a transações

determinando suas posições futuras de contas a pagar e a receber em várias moedas, junto com níveis de variação e correlações dessas moedas. A partir dessas informações, poderão avaliar como sua receita e seus custos poderão se alterar em resposta a várias condições de taxa de câmbio.

■ A exposição econômica é qualquer exposição dos fluxos de caixa (direta ou indireta) de uma EMN às oscilações da taxa de câmbio. As EMNs poderão tentar medir sua exposição econômica

326 FINANÇAS CORPORATIVAS INTERNACIONAIS

determinando a extensão em que seus fluxos de caixa serão afetados por sua exposição a cada moeda estrangeira.

■ A exposição à conversão é a exposição dos demonstrativos financeiros consolidados às oscilações da taxa de câmbio. Para medir a exposição à conversão, as EMNs poderão prever seus lucros em cada moeda e depois determinar as possíveis oscilações de cada moeda em relação à sua moeda nacional.

CONTRAPONTO DO PONTO

Os Investidores Deveriam se Importar com a Exposição à Conversão de uma EMN?

Ponto Não. O valor presente dos fluxos de caixa de uma EMN está baseado nos fluxos de caixa que a controladora recebe. Um eventual impacto das taxas de câmbio sobre os demonstrativos financeiros não é importante, a não ser que os fluxos de caixa sejam afetados. As EMNs deveriam concentrar suas energias na avaliação da exposição de seus fluxos de caixa às oscilações da taxa de câmbio e não deveriam estar preocupadas com a exposição de seus demonstrativos financeiros às oscilações da taxa de câmbio. Valor tem a ver com fluxos de caixa, e os investidores concentram-se em valor.

Contraponto. Os investidores não possuem dados financeiros suficientes para derivar os fluxos de caixa. Geralmente eles usam os lucros como base, e se esses estiverem distorcidos, assim serão suas estimativas dos fluxos de caixa. Se eles subestimarem os fluxos de caixa devido à maneira como as taxas de câmbio afetaram os lucros relatados, poderão subestimar o valor da EMN. Mesmo que o valor seja corrigido no futuro quando o mercado perceber como os lucros foram distorcidos, alguns investidores poderão ter vendido suas ações quando as correções ocorrerem. Os investidores deveriam se preocupar com a exposição à conversão da EMN. Deveriam reconhecer que os lucros das EMNs com alta exposição à conversão poderão estar mais distorcidos que os das EMNs com baixa exposição à conversão.

Quem está certo? Use seu mecanismo de busca preferido para saber mais sobre esse assunto. Qual argumento você apóia? Dê sua opinião sobre o assunto.

AUTOTESTE

As respostas encontram-se no Apêndice A, no final deste livro.

1. Dado que os acionistas poderão diversificar o risco individual da taxa de câmbio de uma empresa investindo em uma variedade de empresas, por que elas se preocupam com o risco da taxa de câmbio?

2. A Bradley, Inc. pensa em importar seus suprimentos do Canadá (denominados em C$) ou do México (denominados em pesos) em base mensal. A qualidade é a mesma das duas fontes. Uma vez que a empresa estabeleça um contrato com um fornecedor, será obrigada a continuar usando esse fornecedor por pelo menos três anos. Com base nas taxas de câmbio existentes, o montante de dólares a serem pagos (incluindo os custos de transporte) será o mesmo. A empresa não possui outra exposição a oscilações da taxa de câmbio. Dado que a empresa prefere ter menos risco da taxa de câmbio, qual alternativa é preferível? Explique.

3. Suponha que sua empresa dos Estados Unidos exporte atualmente para o México em uma base mensal. Os preços dos produtos são denominados em pesos. Assim que o material é recebido de uma fonte, é rapidamente utilizado para fabricar o produto nos Estados Unidos, e depois o produto é exportado. Atualmente, você não possui outra exposição ao risco da taxa de câmbio. Você tem uma opção de comprar o material do Canadá (denominado em C$), do México (denominado em pesos) ou de dentro dos Estados Unidos (denominado em dólares americanos). A qualidade e seu custo esperado são semelhantes nas três fontes. Qual fonte é preferível, dado que você prefere o mínimo risco da taxa de câmbio?

4. Usando as informações da questão anterior, considere uma proposta de precificar suas exportações para o México em dólares e utilizar a fonte dos Estados Unidos para os insumos. Essa proposta eliminaria o risco da taxa de câmbio?

5. Suponha que seja esperado que o dólar se fortaleça perante o euro ao longo de vários anos. Explique como isso afetará os lucros consolidados de EMNs com base nos Estados Unidos com subsidiárias na Europa.

QUESTÕES E APLICAÇÕES

1. **Avaliando a Exposição a Transações.** Seu empregador, uma grande EMN, pediu que você avaliasse sua exposição a transações. Seus fluxos de caixa projetados para o próximo ano são os seguintes:

Moeda	Total de Entradas	Total de Saídas	Taxa de Câmbio Atual em Dólares Americanos
Coroa dinamarquesa (DK)	DK 50.000.000	DK 40.000.000	$ 0,15
Libra esterlina (£)	£ 2.000.000	£ 1.000.000	$ 1,50

Suponha que as oscilações da coroa dinamarquesa e da libra sejam altamente correlacionadas. Faça sua avaliação sobre o grau exposição a transações de sua empresa (se a exposição é alta ou baixa). Prove sua resposta.

2. **Exposição a Transações.** A Fischer, Inc. exporta produtos da Flórida para a Europa. Ela obtém os suprimentos e toma os fundos emprestados no próprio país. Como a apreciação do euro possivelmente afetaria seus fluxos de caixa líquidos?

3. **Fatores que Afetam a Exposição à Conversão de uma Empresa.** Quais fatores afetam o grau de exposição à conversão? Explique como cada fator influencia a exposição à conversão.

4. **Exposição a Transações.** A Vegas Corp. é uma empresa dos Estados Unidos que exporta a maioria de seus produtos para o Canadá. Historicamente, ela faturou seus produtos em dólares canadenses para satisfazer os importadores. No entanto, foi afetada adversamente quando o dólar canadense se enfraqueceu perante o dólar americano. Uma vez que a Vegas não fez *hedging*, seus dólares canadenses a receber foram trocados por um montante de dólares americanos relativamente pequeno. Após alguns anos de contínuas preocupações com as possíveis oscilações da taxa de câmbio, a Vegas chamou seus clientes e lhes pediu que pagassem pelos pedidos futuros em dólares americanos, em vez de dólares canadenses. Nesse momento, o dólar canadense valia $ 0,81. Os clientes decidiram atender à empresa uma vez que o número de dólares canadenses a ser convertidos em dólares americanos ao importar os produtos da Vegas continuava ligeiramente menor que o número de dólares canadenses necessários para comprar os produtos de um fabricante canadense. Com base nessa situação, a exposição a transações mudou para a Vegas Corp.? A exposição econômica mudou? Explique.

5. **Exposição a Transações *versus* Exposição Econômica.** Compare e contraste as exposições a transações e econômica. Por que uma EMN consideraria examinar somente seus fluxos de caixa "líquidos" em cada moeda ao avaliar sua exposição a transações?

6. **Exposição a Transações.** Considere um período em que o dólar americano se enfraqueça perante o euro. Como isso afetaria os lucros relatados de uma EMN com base nos Estados Unidos com subsidiárias européias? Considere um período em que o dólar americano se fortaleça perante a maioria das moedas. Como isso afetaria os lucros relatados de uma EMN com base nos Estados Unidos com subsidiárias ao redor do mundo?

7. **Fatores que Afetam a Exposição a Transações de uma Empresa.** Quais fatores afetam o grau de exposição a transações de uma empresa em uma moeda em particular? Para cada fator, explique as características desejáveis que reduziriam a exposição a transações?

8. **Exposição a Transações.** A Aggie Co. fabrica produtos químicos. É um importante exportador para a Europa, e sua concorrência principal vem de outros exportadores dos Estados Unidos. Todas essas empresas faturam os produtos em dólares americanos. A exposição a transações da Aggie Co. pode ser afetada significativamente se o euro se fortalecer ou se enfraquecer? Explique. Se o euro se enfraquecer por vários anos, você pode pensar em alguma mudança que possa ocorrer no mercado global de produtos químicos?

9. **Discussão na Sala da Diretoria.** Este exercício encontra-se no Apêndice E no final deste livro.

10. **Medição da Exposição Econômica.** A Memphis Co. emprega você como consultor para avaliar o grau de exposição econômica da empresa às flutuações da taxa de câmbio. Como você lidaria com essa tarefa? Seja específico.

328 FINANÇAS CORPORATIVAS INTERNACIONAIS

11. **Medição de Variações na Exposição Econômica.** A Toyota Motor Corp. mede a sensibilidade de suas exportações à taxa de câmbio do iene (em relação ao dólar americano). Explique como a análise de regressão poderia ser utilizada para uma tarefa assim. Identifique o sinal esperado do coeficiente de regressão se a Toyota exportar principalmente para os Estados Unidos. Se a Toyota estabelecer fábricas nos Estados Unidos, como poderá variar o coeficiente de regressão sobre a variável da taxa de câmbio?

12. **Medição da Exposição Econômica.** Utilizando as seguintes informações de custos e receitas mostradas para a DeKalb, Inc. determine como itens de custos, receitas e lucros seriam afetados por três condições possíveis de taxa de câmbio para o dólar da Nova Zelândia (NZ$): (1) NZ$ = $ 0,50, (2) NZ$ = $ 0,55 e (3) NZ$ = $ 0,60 (suponha que as vendas dos Estados Unidos não serão afetadas pela taxa de câmbio). Assim que os lucros em NZ$ forem remetidos para a controladora dos Estados Unidos no final do período.

Estimativas de Receitas e de Custos: DeKalb, Inc.
(em milhões de dólares americanos e dólares neozelandeses)

	Negócios nos Estados Unidos	Negócios na Nova Zelândia
Vendas	$ 800	NZ$ 800
Custos de produtos vendidos	500	700
Lucro bruto	$ 300	NZ$ 700
Despesas operacionais	300	0
Lucros antes dos juros e do imposto de renda	$ 0	NZ$ 700
Juros pagos	100	0
Lucros antes do imposto de renda	–$ 100	NZ$ 700

13. **Exposição Econômica.** A Sooner Co. é uma empresa de atacado que importa malas caras de alta qualidade e as vende para lojas de varejo ao redor dos Estados Unidos. Seu concorrente principal também importa malas de alta qualidade e as vende para lojas de varejo. Nenhum dos concorrentes faz o *hedging* de sua exposição às oscilações da taxa de câmbio. O tesoureiro da Sooner Co. falou aos diretores que o desempenho da empresa seria mais volátil ao longo do tempo se ela fizesse a proteção (*hedging*) de sua

exposição à taxa de câmbio. Como o fluxo de caixa de uma empresa poderia ser mais estável como resultado de tão alta exposição às flutuações da taxa de câmbio?

14. **Exposição Econômica.** A Longhorn Co. produz equipamentos hospitalares. A maioria de suas receitas é dos Estados Unidos. Cerca de metade de suas despesas requer saídas em pesos filipinos (para pagar materiais filipinos). Os concorrentes da Longhorn Co. são, na maioria, empresas dos Estados Unidos que não possuem negócios internacionais. Como a Longhorn Co. será afetada se o peso se fortalecer?

15. **Exposição Econômica.** A Lubbock, Inc. produz móveis e não possui negócios internacionais. Seu maior concorrente importa a maioria de seus móveis do Brasil e depois os vende em lojas de varejo nos Estados Unidos. Como a Lubbock, Inc. será afetada se a moeda do Brasil (o real) se fortalecer ao longo do tempo?

16. **PPC e Exposição Econômica.** A Boulder, Inc. exporta cadeiras para a Europa (faturadas em dólares americanos). Se a paridade do poder de compra existir, por que a Boulder não se beneficiaria com um euro mais forte?

17. **Especulação Baseada em Exposição.** Durante a crise asiática em 1998, havia rumores de que a China enfraqueceria sua moeda (o yuan) perante o dólar americano e muitas moedas européias. Isso fez com que os investidores vendessem ações em países asiáticos, como Japão, Taiwan e Cingapura. Dê uma explicação intuitiva para um efeito assim. Que tipos de empresas asiáticas teriam sido as mais atingidas?

18. **Usando a Análise de Regressão para a Medição de Exposição.**

    a) Como uma empresa dos Estados Unidos poderá utilizar a análise de regressão para avaliar sua exposição econômica às flutuações da libra esterlina?

    b) Ao usar a análise de regressão para avaliar a sensibilidade dos fluxos de caixa às oscilações da taxa de câmbio, qual é o propósito de dividir a base de dados em subperíodos?

    c) Suponha que o coeficiente de regressão baseado na avaliação da exposição econômica foi muito mais alto no segundo subperíodo que no primeiro. O que isso lhe diz sobre o grau de exposição econômica da empresa ao longo do tempo? Por que resultados assim podem ocorrer?

19. **Mudanças na Exposição Econômica.** A Walt Disney World construiu na França um parque de

diversões, aberto em 1992. Como você acha que esse projeto afetou a exposição econômica às oscilações da taxa de câmbio? Pense cuidadosamente antes de dar sua última resposta. Há mais de uma maneira como os fluxos de caixa da Disney poderão ser afetados. Explique.

20. **Política de Faturamento para Reduzir a Exposição.** A Celtic Co. é uma empresa dos Estados Unidos que exporta seus produtos para a Inglaterra. Ela enfrenta a concorrência de muitas empresas inglesas. Seu preço para os clientes da Inglaterra geralmente é mais baixo que os dos concorrentes, principalmente porque a libra esterlina está forte. Ela denominou seus preços em libras e depois converteu as libras a receber em dólares. Todas as suas despesas estão nos Estados Unidos e são pagas com dólares. Ela está preocupada com sua exposição econômica. A empresa pensa em fazer uma mudança em sua política de preços, na qual determinará o preço de seus produtos em dólares, em vez de libras. Dê sua opinião sobre por que isso reduzirá significativamente ou não sua exposição econômica.

21. **Correlações de Moedas.** A Kopetsky Co. possui contas a receber líquidas em várias moedas que são altamente correlacionadas umas com as outras. O que isso implica sobre o grau geral de exposição a transações da empresa? As correlações de moedas são perfeitamente estáveis ao longo do tempo? O que sua resposta implica sobre a Kopetsky Co. ou qualquer outra empresa que usa dados passados sobre correlações como um indicador para o futuro?

22. **Exposição das Empresas Domésticas.** Por que os fluxos de caixa de uma empresa genuinamente doméstica estão expostos às flutuações da taxa de câmbio?

23. **Impacto das Taxas de Câmbio sobre os Lucros.** A Cieplak, Inc. é uma EMN com base nos Estados Unidos que se expandiu para a Ásia. Sua controladora dos Estados Unidos exporta para alguns países asiáticos, com suas exportações denominadas em moedas asiáticas. Também possui uma grande subsidiária na Malásia que serve esse mercado. Dê pelo menos duas razões, relacionadas à exposição às taxas de câmbio, pelas quais os ganhos da Cieplak foram reduzidos durante a crise asiática.

24. **Efeito da Moeda sobre o Fluxo de Caixa.** Como a apreciação da moeda nacional de uma empresa deverá afetar suas entradas de caixa? Como a depreciação da moeda nacional de uma empresa deverá afetar suas saídas de caixa?

25. **Possíveis Efeitos se o Reino Unido Adotasse o Euro.** O Reino Unido ainda possui sua própria moeda, a libra. A taxa de juros da libra historicamente é mais alta que a taxa de juros do euro. O Reino Unido considerou a adoção do euro como sua moeda. Houve muitos argumentos que discutiam a questão da adoção da moeda.

Use seu conhecimento e sua intuição para discutir possíveis efeitos se o Reino Unido adotasse o euro. Para cada uma das dez declarações a seguir, insira *aumentaria(m)* ou *diminuiria(m)* no primeiro espaço e complete a declaração acrescentando uma explicação breve (uma ou duas sentenças) de por que a adoção do euro pelo Reino Unido teria esse efeito.

Para ajudá-lo a concentrar seu foco, siga essas diretrizes. Não baseie sua resposta sobre se a libra teria sido mais forte que o euro no futuro. Também não baseie sua resposta sobre uma alteração incomum no crescimento econômico no Reino Unido ou na região do euro, se o euro for adotado.

a) A exposição econômica de empresas britânicas que são fortes exportadoras para a região do euro _____ porque _____.

b) A exposição à conversão de empresas com base na região do euro que possuem subsidiárias britânicas _____ porque _____.

c) A exposição econômica de empresas dos Estados Unidos que realizam negócios substanciais no Reino Unido e não possuem outro negócio internacional _____ porque _____.

d) A exposição à conversão de empresas dos Estados Unidos com subsidiárias britânicas _____ porque _____.

e) A exposição econômica de empresas dos Estados Unidos que exportam para o Reino Unido e cujo outro negócio é unicamente a importação de empresas com base na região do _____ porque _____.

f) O desconto sobre a taxa a termo paga pelas empresas dos Estados Unidos que periodicamente usam o mercado a termo para fazer a proteção de suas contas a pagar das importações britânicas _____ porque _____.

g) Os lucros de um departamento de câmbio estrangeiro de um banco britânico que executa transações de câmbio estrangeiro desejadas por seus clientes europeus _____ porque _____.

h) Suponha que o franco suíço esteja mais altamente correlacionado com a libra esterlina do que com o euro. Uma empresa dos Estados Unidos possui exportações mensais consideráveis para o Reino Unido denominadas na moeda britânica e também importações mensais consideráveis de suprimentos suíços (denominados em francos suíços). A exposição econômica dessa empresa _____ porque _____.

i) Suponha que o franco suíço esteja mais altamente correlacionado com a libra esterlina que com o euro. Uma empresa dos Estados Unidos possui exportações mensais consideráveis para o Reino Unido denominadas na moeda britânica e também exportações mensais consideráveis para a Suíça (denominadas em francos suíços). A exposição econômica dessa empresa _____ porque _____.

j) A dependência do governo britânico da política monetária (em oposição à política fiscal) como meio para um ajuste fino da economia _____ porque _____.

26. **Efeitos do 11 de Setembro.** Explique como o ataque terrorista de 11 de setembro de 2001 causou taxas de juros mais baixas nos Estados Unidos. Explique como esse efeito sobre o valor do dólar pôde afetar adversamente algumas EMNs que estavam sujeitas à exposição a transações. Com base em suas expectativas, os efeitos sobre os exportadores ou importadores dos Estados Unidos teriam sido piores?

27. **Efeitos Defasados sobre Oscilações de Taxas de Câmbio.** A Cornhusker Co. é uma exportadora de produtos para Cingapura. Ela quer saber como o preço de suas ações é afetado pelas variações da taxa de câmbio do dólar de Cingapura. Acredita que o impacto poderá ocorrer com um atraso de um a três trimestres. Como a análise de regressão poderá ser usada para avaliar o impacto?

28. **Taxas de Câmbio Diárias e Relatórios Anuais.** O Website a seguir fornece dados da taxa de câmbio diária para várias moedas ao longo dos últimos meses: **http://www.federalreserve.gov/releases/**.

    a) Use esse site para avaliar a volatilidade das taxas de câmbio diárias recentes do dólar canadense e do dólar australiano ao longo dos últimos dois meses. Qual moeda parece ser a mais volátil? Quais são as implicações para as empresas dos Estados Unidos que recentemente tiveram fluxos de caixa denominados em dólares australianos contra os denominados em dólares canadenses?

    b) O Website a seguir contém relatórios anuais de muitas EMNs: **http://www.reportgallery.com**. Veja o relatório anual de sua escolha. Procure comentários no relatório que descrevam a exposição a transações, a exposição econômica ou a exposição à conversão da EMN. Resuma a exposição da EMN com base nos comentários do relatório anual.

29. **Exposição de uma Subsidiária da EMN.** A Decko Co. é uma empresa dos Estados Unidos com uma subsidiária que produz telefones celulares na China e os vende no Japão. Essa subsidiária paga seus salários e seu aluguel com o yuan chinês, que atualmente está fixado ao dólar. Os telefones celulares vendidos para o Japão são denominados em iene japonês. Suponha que a Decko Co. espere que o yuan chinês continue fixado ao dólar. O principal objetivo da subsidiária é gerar lucros para si própria e reinvestir os lucros. Não planeja remeter os fundos para a controladora dos Estados Unidos.

    a) Suponha que o iene japonês se fortaleça perante o dólar americano com o tempo. Como se espera que afete os lucros obtidos pela subsidiária chinesa?

    b) Se a Decko Co. tivesse estabelecido sua subsidiária em Tóquio, Japão, em vez de na China, os lucros da sua subsidiária estariam mais ou menos expostos ao risco da taxa de câmbio?

    c) Por que você acha que a Decko Co. estabeleceu a subsidiária na China, em vez de no Japão? Suponha que não haja nenhuma barreira importante de risco país.

    d) Se a subsidiária chinesa precisar tomar dinheiro emprestado para financiar sua expansão e quiser reduzir seu risco da taxa de câmbio, ela deverá optar por dólares americanos, yuans ou ienes japoneses?

CASO BLADES, INC.

Avaliação da Exposição à Taxa de Câmbio

A Blades, Inc. atualmente está exportando patins para a Tailândia e importando desse país alguns componentes necessários para a fabricação de seus produtos. Sob um acordo contratual fixo, o principal cliente da Blades na Tailândia comprometeu-se a comprar 180 mil pares de patins anualmente, a um preço fixo de 4.594 bahts tailandeses (THB) por par. A Blades está importando componentes de borracha e de plástico de vários fornecedores tailandeses a um custo aproximado de THB 2.871 por par, embora o preço exato (em baht) dependa dos preços de mercado atuais. A Blades importa da Tailândia materiais suficientes para fabricar 72 mil pares de patins por ano. A decisão de importar os materiais tailandeses foi tomada porque os componentes de borracha e de plástico necessários para fabricar os produtos da Blades, embora de alta qualidade, não são caros na Tailândia.

A Blades também realizou negócios com um fornecedor japonês no passado. Apesar de as análises da Blades indicarem que os componentes japoneses sejam de qualidade inferior a dos componentes tailandeses, a empresa ocasionalmente importou componentes do Japão quando os preços estavam suficientemente baixos. Atualmente, Ben Holt, o chefe do setor financeiro da Blades, está pensando em importar os componentes do Japão com mais freqüência. Especificamente, ele gostaria de reduzir a exposição da Blades ao baht levando vantagem com a recente alta correlação entre o baht e o iene. Uma vez que a Blades possui entradas líquidas denominadas em baht e teria saídas denominadas em ienes, sua exposição líquida a transações seria reduzida se essas duas moedas fossem altamente correlacionadas. Se a Blades decidisse importar os componentes do Japão, provavelmente importaria material suficiente para fabricar 1.700 pares de patins anualmente, a um preço de ¥ 7.440 por par.

Holt também está contemplando uma expansão adicional para outros países. Embora ele eventualmente preferisse estabelecer uma subsidiária ou adquirir um negócio existente no exterior, seu foco imediato está em aumentar as vendas estrangeiras da Blades. A razão principal de Holt para esse plano é que a margem de lucros das importações e exportações da Blades exceda os 25%, enquanto a margem de lucros da produção doméstica da empresa está abaixo de 15%. Conseqüentemente, ele acredita que uma expansão para o exterior seria benéfica para o futuro da empresa.

Embora as práticas de exportação e importação atuais da Blades tenham sido lucrativas, Ben Holt pensa em estender as relações comerciais da empresa para países em diferentes regiões do mundo. Uma razão para essa decisão é que vários fabricantes de patins tailandeses recentemente estabeleceram subsidiárias nos Estados Unidos. Além disso, vários fabricantes de patins tailandeses recentemente tomaram como alvo o mercado dos Estados Unidos para anunciar seus produtos pela Internet. O resultado foi que com esse aumento de concorrência da Tailândia, a Blades está incerta se o seu principal cliente renovará o atual compromisso de comprar um número fixo de patins anualmente. O contrato atual terminará em dois anos. Outra razão para se envolver em transações com outros países não-asiáticos é que recentemente o baht tailandês se depreciou consideravelmente, o que, de certa forma, reduziu a margem de lucros da Blades. A venda de patins para outros países com moedas mais estáveis poderá aumentar a margem de lucros da Blades.

Embora a Blades vá continuar a exportar para a Tailândia sob o contrato atual pelos próximos dois anos, poderá também exportar patins para a Jogs, Ltd., uma varejista britânica. Negociações preliminares indicam que a Jogs estaria disposta a se comprometer a comprar 200 mil pares de "Speedos", o principal produto da Blades, a um preço fixo de £ 80 por par.

Holt sabe que uma expansão aumentará a exposição da Blades às flutuações da taxa de câmbio, mas acredita que a empresa poderá suplementar sua margem de lucro ao se expandir. Ele está vagamente familiarizado com os tipos de exposição à taxa de câmbio, mas pediu a você, analista financeiro da Blades, para ajudá-lo a avaliar como as mudanças contempladas afetariam a posição financeira da empresa. Entre outras preocupações, Holt sabe que problemas econômicos tailandeses recentes tiveram um efeito sobre a Tailândia e outros países asiáticos. Embora a correlação entre as moedas asiáticas, tais como o iene japonês e o baht tailandês, geralmente não seja muito alta e muito instável, esses problemas recentes aumentaram a correlação entre a maioria das moedas asiáticas. De modo contrário, a correlação entre a libra esterlina e as moedas asiáticas está bem baixa.

Para ajudá-lo em sua análise, Holt lhe forneceu os seguintes dados:

Moeda	Taxa de Câmbio Esperada	Intervalo de Possíveis Taxas de Câmbio
Libra esterlina	$ 1,50	$ 1,47 a $ 1,53
Iene japonês	$ 0,0083	$ 0,0079 a $ 0,0087
Baht tailandês	$ 0,024	$ 0,020 a $ 0,028

Holt pediu que você respondesse às seguintes questões:

1. A que tipo(s) de exposição (isto é, exposição a transações, econômica ou à conversão) a Blades está sujeita? Por quê?

2. Usando uma planilha, faça uma avaliação do fluxo de caixa líquido consolidado da Blades, Inc. e estime o intervalo das entradas e das saídas líquidas para a empresa para o próximo ano. Suponha que a Blades entre em acordo com a Jogs, Ltd.

3. Se a Blades não entrar em acordo com a empresa britânica e continuar exportando para a Tailândia e importando da Tailândia e do Japão, você acha que o aumento da correlação entre o iene japonês e o baht tailandês aumentará ou diminuirá a exposição a transações da Blades?

4. Você acha que a Blades deveria importar os componentes do Japão para reduzir sua exposição líquida a transações no longo prazo? Por quê?

5. Supondo que a Blades entre em acordo com a Jogs, Ltd., como sua exposição geral a transações será afetada?

6. Dado que os fabricantes de patins tailandeses localizados na Tailândia começaram a ter o mercado americano de patins como alvo, como você acha que as vendas da Blades nos Estados Unidos foram afetadas pela depreciação do baht tailandês? Como você acha que suas exportações para a Tailândia e suas importações da Tailândia e do Japão foram afetadas pela depreciação?

DILEMA DA PEQUENA EMPRESA

Avaliação da Exposição à Taxa de Câmbio pela Sports Exports Company

No momento, a Sports Exports Company está disposta a receber pagamentos em libras britânicas pelas exportações mensais que envia para o Reino Unido. Embora todas as suas contas a receber estejam denominadas em libras, ela não possui contas a pagar em libras ou em qualquer outra moeda estrangeira. Jim Logan, proprietário da Sports Exports Company, quer avaliar sua exposição ao risco da taxa de câmbio.

1. Você descreveria a exposição da Sports Exports Company ao risco da taxa de câmbio como exposição a transações? Exposição econômica? Exposição à conversão?

2. Jim Logan está considerando uma mudança na política de preços na qual o importador deverá pagar em dólares, de modo que não precise se preocupar em converter as libras em dólares todos os meses. Se implantada, essa política eliminaria a exposição a transações da Sports Exports Company? Eliminaria a exposição econômica da Sports Exports Company? Explique.

3. Se Jim decidir implantar a política descrita na questão anterior, como a Sports Exports Company seria afetada (se o for) pela apreciação da libra? Pela depreciação da libra? Esses efeitos sobre a Sports Exports Company seriam diferentes se Jim mantivesse sua política original de denominar suas exportações em libras esterlinas?

CAPÍTULO 11

Exposição a Transações: Gestão

Lembre do capítulo anterior que uma empresa multinacional (EMN) está exposta a flutuações da taxa de câmbio de três maneiras: (1) exposição a transações, (2) exposição econômica e (3) exposição à conversão. Esse capítulo concentra-se na gestão da exposição a transações, enquanto os capítulos seguintes se concentram na gestão da exposição econômica e da exposição à conversão. Ao gerir a exposição a transações, os gestores financeiros serão capazes de aumentar os fluxos de caixa e o valor de suas EMNs.

Os objetivos específicos deste capítulo são:

- identificar as técnicas normalmente usadas para fazer a proteção (*hedging*) da exposição a transações;
- explicar como cada técnica poderá ser usada para a proteção de contas a pagar e a receber no futuro;
- comparar as vantagens e as desvantagens de diferentes técnicas de proteção; e
- sugerir outros métodos para reduzir o risco da taxa de câmbio quando as técnicas de proteção não estiverem disponíveis.

Exposição a Transações

A exposição a transações existe quando as transações de caixa futuras previstas de uma empresa são afetadas pelas flutuações da taxa de câmbio. Uma empresa dos Estados Unidos que adquire produtos mexicanos poderá precisar de pesos para comprar os produtos. Embora possa saber exatamente de quantos pesos irá precisar, não sabe quantos dólares serão necessários para o câmbio desses pesos. Essa incerteza ocorre porque a taxa de câmbio entre pesos e dólares flutua ao longo do tempo. Uma EMN com base nos Estados Unidos que receberá uma moeda estrangeira está exposta porque *não sabe quantos dólares obterá quando fizer o câmbio da moeda estrangeira pelos dólares.*

Se a exposição a transações existir, a empresa enfrentará três tarefas principais. Primeiro, deverá identificar o grau de exposição das transações. Segundo, deverá decidir se protegerá essa

333

334 FINANÇAS CORPORATIVAS INTERNACIONAIS

exposição. E, finalmente, se decidir proteger a exposição total ou parcialmente, deverá escolher entre as várias técnicas de *hedging* disponíveis. Essas tarefas serão discutidas a seguir.

Identificando a Exposição Líquida a Transações

Antes de uma EMN tomar qualquer decisão relacionada a proteção (*hedging*), ela deverá identificar a **exposição líquida a transações** individuais em uma base de moeda-por-moeda. O termo *líquido* aqui se refere à consolidação de todas as entradas e saídas esperadas para um momento e uma moeda em particular. A gestão de cada subsidiária tem uma função vital fazendo o relatório de suas entradas e saídas esperadas. Depois um grupo centralizado consolida os relatórios da subsidiária para identificar, para a EMN como um todo, as posições líquidas esperadas em cada moeda estrangeira durante os vários períodos vindouros.

A EMN poderá identificar sua exposição revendo essa consolidação das posições da subsidiária. Por exemplo, uma subsidiária poderá ter contas líquidas a receber em pesos mexicanos daqui a três meses, enquanto outra possui contas líquidas a pagar em pesos. Se o peso se apreciar, isso será favorável para a primeira subsidiária e desfavorável para a segunda. Para a EMN como um todo, no entanto, o impacto será compensado pelo menos parcialmente. Cada subsidiária poderá desejar proteger sua posição líquida em moeda para evitar possíveis impactos adversos sobre seu desempenho devido à flutuação no valor da moeda. O desempenho geral da EMN, no entanto, já poderá estar isolada pelas posições compensatórias entre as subsidiárias. Portanto, proteger a posição de cada subsidiária em particular poderá não ser necessário.

GERENCIANDO PARA VALOR
Gestão Centralizada da Exposição

A Eastman Kodak Co. utiliza uma abordagem de gestão monetária centralizada para gerir sua exposição a transações. A Kodak fatura suas subsidiárias com suas moedas locais. O raciocínio por trás dessa estratégia é deslocar a exposição à moeda estrangeira das subsidiárias para a empresa controladora. Quando a controladora foi reorganizada para concentrar seus recursos e seu pessoal especializado, ela centralizou sua gestão da exposição à moeda. A controladora recebe moedas estrangeiras de suas subsidiárias no exterior e as converte em dólares americanos. Ela poderá manter as moedas como depósitos estrangeiros se acreditar que elas se fortalecerão perante o dólar americano em futuro próximo.

A Borg-Warner Corp. estabeleceu um sistema de compensação central que também reflete uma abordagem de gestão centralizada. Portanto, a empresa avalia e administra sua exposição à moeda em toda a carteira de todas as suas subsidiárias, em vez de em cada subsidiária individualmente.

A Fiat, a fabricante de carros italiana, implantou um sistema central para monitorar as 421 subsidiárias espalhadas em 55 países. Ela utiliza um sistema de relatórios abrangente que acompanha seus fluxos de caixa agregados de cada moeda. A posição de entrada ou de saída líquida para cada moeda poderá então ser avaliada para determinar se e como a posição deverá ser balanceada.

A DuPont Co. utiliza uma abordagem centralizada para determinar suas entradas ou saídas líquidas para cada moeda. Utilizando essa abordagem, recentemente antecipou uma posição de entrada líquida de mais de um bilhão de libras esterlinas. Ela adota técnicas de *hedging* para proteger quase todas as suas exposições líquidas em libras. A proteção gerou economias substanciais para a DuPont porque o valor da libra havia caído no momento em que elas foram recebidas.

O ponto importante aqui é que uma decisão de *hedging* não poderá ser tomada até que a empresa determine sua exposição a uma moeda em particular. A abordagem centralizada capacita a EMN a determinar sua exposição líquida a transações para cada moeda, de modo que ela poderá decidir se fará a proteção dessas posições ou não.

Ajuste da Política de Faturamento para Gerir a Exposição

Em algumas circunstâncias, a empresa dos Estados Unidos poderá modificar sua política de preços para fazer o *hedging* de sua exposição a transações. Isto é, a empresa poderá faturar (denominar o preço de) suas exportações na mesma moeda que será necessária para pagar as importações.

> **E X E M P L O**
>
> A Clarkson, Inc. possui continuamente contas a pagar em pesos mexicanos porque um exportador do México envia produtos para a empresa sob a condição de que sejam faturados nessa moeda. A Clarkson também exporta produtos (faturados em dólares americanos) para outras empresas no México. Se a Clarkson mudar sua política de faturamento de dólares americanos para pesos, poderá utilizar as contas a receber em pesos de suas exportações para liquidar suas contas a pagar em pesos. É improvável, no entanto, que a Clarkson fosse capaz de (1) faturar o montante exato de pesos a receber para coincidir com os pesos a pagar e (2) fazer os vencimentos das entradas e saídas coincidirem.

Como a coincidência de entradas e saídas em moedas estrangeiras tem suas limitações, uma EMN normalmente estará exposta a um grau de risco da taxa de câmbio e, portanto, deverá considerar as várias técnicas de *hedging* identificadas a seguir.

Técnicas para Eliminar a Exposição a Transações

Se uma EMN decidir fazer o *hedging* de parte ou de toda a exposição a transações, poderá escolher uma das seguintes técnicas de proteção:

- *Hedging* com futuros;
- *Hedging* com contrato a termo;
- *Hedging* no mercado monetário;
- *Hedging* com opções cambiais.

Antes de escolher uma técnica de proteção, as EMNs normalmente comparam os fluxos de caixa esperados de cada técnica. A técnica de proteção apropriada pode variar ao longo do tempo, uma vez que as vantagens relativas das várias técnicas podem mudar ao longo do tempo. Cada técnica é discutida por sua vez, mediante exemplos. Depois de todas as técnicas terem sido discutidas, um exemplo abrangente ilustrará como todas as técnicas poderão ser comparadas para determinar a técnica de proteção apropriada para uma posição em particular.

Hedging com Futuros

Futuros de moeda poderão ser usados por empresas que desejam fazer a proteção da exposição a transações.

Aquisição de Futuros de Moeda. Uma empresa que compra um contrato de futuros de moeda adquire o direito de receber um montante de moeda específico por um preço determinado para uma data específica. Para fazer a proteção de um pagamento de contas a pagar em uma moeda estrangeira, a empresa poderá adquirir um contrato de futuros de moeda para a moeda que precisará em futuro próximo. Ao adquirir esse contrato, o montante de moeda nacional necessário para o pagamento futuro é travado.

336 FINANÇAS CORPORATIVAS INTERNACIONAIS

> ### http://
> http://www.cme.com fornece informações sobre vários contratos de futuros de moeda que poderão ser usados para a proteção de posições.

Venda de Futuros de Moeda. Uma empresa que vende um contrato de futuros de moeda adquire o direito de vender um montante de moeda específico por um preço determinado para uma data específica. Para fazer a proteção do valor da moeda nacional de contas a receber em moeda estrangeira, a empresa poderá vender um contrato de futuros da moeda que receberá. Portanto, a empresa saberá quanto receberá de sua moeda nacional após converter a moeda estrangeira a receber na moeda nacional. Ao travar a taxa de câmbio pela qual fará o câmbio da moeda estrangeira, a empresa protege o valor de suas contas a receber das flutuações da taxa à vista da moeda ao longo do tempo.

Hedging com Contrato a Termo

Como contratos futuros, os contratos a termo poderão ser utilizados para travar a taxa de câmbio futura pela qual uma EMN poderá comprar ou vender uma moeda. Um *hedging* com contrato a termo é semelhante ao *hedging* com contratos futuros, exceto que os contratos a termo geralmente são utilizados para grandes operações, ao passo que os contratos com futuros tendem a ser usados para quantias menores. As EMNs também poderão requerer contratos a termo que especifiquem o número exato de unidades que desejarem, ao passo que os contratos futuros representam um número padronizado de unidades para cada moeda.

Os contratos a termo geralmente são utilizados por grandes empresas que desejam fazer uma proteção. Por exemplo, a DuPont Co. freqüentemente possui o equivalente a $ 300 milhões a $ 500 milhões em contratos a termo a qualquer hora para proteger posições abertas de moeda. Para reconhecer os usos de contratos a termo, considere as seguintes citações do relatório anual de EMNs com base nos Estados Unidos:

Contratos a termo de moeda estrangeira utilizados como meio de compensação de flutuações de ganhos de fluxos de caixa em moeda estrangeira previstos totalizaram $ 182 milhões.

Union Carbide

A Empresa estabeleceu contratos a termo de câmbio de moedas para a proteção de seus investimentos em capital próprio em certas subsidiárias estrangeiras e para administrar sua exposição perante as flutuações das taxas de moedas estrangeiras... A empresa estabeleceu contratos a termo de câmbio de moedas para reduzir sua exposição às flutuações de moedas sobre as receitas das vendas de seus investimentos na Asahi Fiber Glass Company, Ltd... A empresa estabeleceu contratos a termo de câmbio de moedas para reduzir sua exposição às flutuações de moedas sobre os ganhos de certas subsidiárias européias.

Owens Corning Co.

A USX utiliza contratos a termo de moeda para reduzir a exposição às flutuações de preços quando as transações requerem acordos em moeda estrangeira.

USX Corp.

Contratos a Termo. Lembre que os contratos a termo são negociados entre a empresa e um banco comercial e especificam a moeda, a taxa de câmbio e a data da operação futura. As EMNs que precisarão de uma moeda estrangeira no futuro poderão negociar um contrato a termo para adquirir a moeda no futuro, congelando assim a taxa de câmbio pela qual obterão a moeda em uma data futura. As EMNs que desejarem vender uma moeda estrangeira no futuro poderão negociar um contrato a termo, congelando assim a taxa de câmbio pela qual venderão a moeda na data futura.

Proteção com Contratos a Termo *versus* Nenhuma Proteção sobre Contas a Pagar. Embora os contratos a termo sejam de fácil utilização para proteção, isso não significa que cada exposição às

EXPOSIÇÃO A TRANSAÇÕES: GESTÃO **337**

oscilações da taxa de câmbio deva ser coberta. Em alguns casos, uma EMN poderá preferir não fazer a proteção de sua exposição às oscilações da taxa de câmbio.

USANDO A WEB

Taxas a Termo para Proteção (*Hedging*). As taxas a termo estão disponíveis para o euro, a libra esterlina, o dólar canadense e o iene japonês para vencimentos de 1, 3, 6 e 12 meses em http://www.bmo.com/economic/regular/fxrates.html. Essas taxas a termo indicam as taxas de câmbio em cujas posições dessas moedas se poderá fazer a proteção para períodos de tempo específicos.

A decisão de fazer a proteção de uma posição com um contrato a termo ou de mantê-la desprotegida poderá ser tomada comparando os resultados conhecidos de posições protegidas com os resultados de posições desprotegidas.

EXEMPLO

A Durham Co. precisará de £ 100.000 em 90 dias para pagar por importações britânicas. A taxa a termo de 90 dias hoje da libra esterlina é de $ 1,40. Para avaliar o valor futuro da libra esterlina, a Durham Co. poderá desenvolver uma distribuição de probabilidade, como mostra a Tabela 11.1. Isso está ilustrado graficamente na Figura 11.1, que decompõe a distribuição de probabilidade. As duas figuras poderão ser usadas para determinar a probabilidade de que uma proteção com contrato a termo seja mais dispendiosa do que não fazer a proteção. Isso é conseguido estimando o **custo efetivo de proteção** de contas a pagar (CEP_p). O custo efetivo de proteção mede as despesas adicionais além daquelas decorridas sem a proteção. O custo efetivo de proteção de contas a pagar é medido como

$$CEP_p = CNP_p - CN_p$$

onde

CNP_p = custo nominal de proteção de contas a pagar.

CN_p = custo nominal de contas a pagar sem proteção.

Quando o custo efetivo de proteção for negativo, isso implica que será mais favorável fazer a proteção do que não fazê-la. O CEC_p foi estimado para cada condição na Coluna 5 da Tabela 11.1. Enquanto o CNP_p é certo, o CN_p é incerto, que faz com que o CEC_p seja incerto.

Taxa à Vista Possível da £ em 90 Dias	Probabilidade	Custo Nominal de Proteção £ 100.000	Montante Necessário em $ para Comprar £ 100.000 se a Empresa Permanecer Desprotegida	Custo Efetivo de Proteção £ 100.000
$ 1,30	5%	$ 140.000	$ 1,30 × 100.000 = $ 130.000	$ 10.000
1,32	10	140.000	$ 1,32 × 100.000 = $ 132.000	8.000
1,34	15	140.000	$ 1,34 × 100.000 = $ 134.000	6.000
1,36	20	140.000	$ 1,36 × 100.000 = $ 136.000	4.000
1,38	20	140.000	$ 1,38 × 100.000 = $ 138.000	2.000
1,40	15	140.000	$ 1,40 × 100.000 = $ 140.000	0
1,42	10	140.000	$ 1,42 × 100.000 = $ 142.000	–2.000
1,45	5	140.000	$ 1,45 × 100.000 = $ 145.000	–5.000

Tabela 11.1 Análise de viabilidade da proteção.

Embora a Durham Co. não saiba o CEC_p antecipadamente, ela poderá pelo menos usar as informações das Figuras 11.1 e 11.2 para decidir se a proteção será viável. Primeiro, ela poderá estimar o valor do CEC_p. O valor esperado é determinado por

$$\text{Valor esperado do } CEC_p = \sum P_i CEC_i$$

onde P_i representa a probabilidade que i° ocorrerá. No nosso exemplo, o valor esperado do CEP_p poderá ser calculado como

$$\begin{aligned} E(CEP_p) &= \sum P_i CEP_i \\ &= 5\%(\$\,10.000) + 10\%(8.000) + 15\%(\$\,6.000) \\ &\quad + 20\%(\$\,4.000) + 20\%(\$\,2.000) + 15\%(0) \\ &\quad + 10\%(=\$\,2.000) + 5\%(-\$\,5.000) \\ &= \$\,500 + \$\,800 + \$\,900 \\ &\quad +\$\,800 + \$\,400 + 0 \\ &\quad -\$\,200 - \$\,250 \\ &= \$\,2.950 \end{aligned}$$

Embora esse valor esperado seja útil ao avaliar o CEP_p, ele não indica claramente a probabilidade total de que a proteção será mais dispendiosa. Uma revisão da Tabela 11.1 ou da Figura 11.1 revela essa probabilidade. Os dados indicam que há 15% de chance de que o CEP_p seja negativo (de que o custo nominal da proteção será mais baixo do que se permanecer desprotegido). A probabilidade de ocorrer um custo mais baixo se permanecer desprotegido é de 85%, então a Durham decide não fazer a proteção.

A decisão de fazer a proteção ou não está baseada no grau do risco de aversão da empresa. Empresas com um desejo maior de evitar riscos farão a proteção de suas posições abertas em

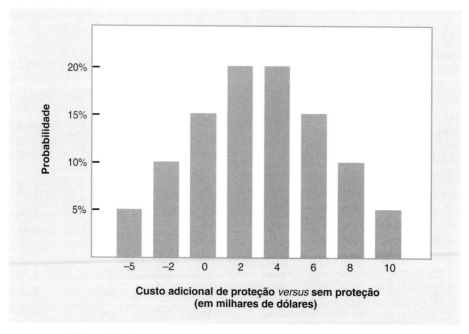

Figura 11.1 Comparação de custos de proteção *versus* sem proteção.

moedas estrangeiras com mais freqüência do que empresas que estão menos preocupadas com o risco.

Se a taxa a termo for um instrumento de previsão exato da taxa à vista futura, o CEC_p será zero. Como a taxa a termo freqüentemente subestima ou superestima a taxa à vista futura, o CEP_p será diferente de zero. Se, no entanto, a taxa a termo for um instrumento de previsão não-tendencioso, o CEP_p da taxa à vista futura será zero em média, já que as diferenças entre a taxa a termo e a taxa à vista futura se compensarão ao longo do tempo. Se uma empresa acredita que a taxa a termo é um instrumento de previsão não-tendencioso da taxa à vista futura, deverá considerar a proteção de suas contas a pagar, uma vez que o CEP_p previsto é zero, e a exposição a transações poderá ser eliminada.

Proteção com Contratos a Termo *versus* Nenhuma Proteção sobre Contas a Receber. Para empresas com exposição em contas a receber, o custo efetivo de proteção de contas a receber (CEP_r) poderá ser estimado como

$$CEP_r = EN_r - ENP_r$$

onde

RN_r = receitas em moeda nacional nominal sem proteção.

RNP_r = receitas em moeda nacional nominal com proteção.

Essa equação está estruturada de forma que o custo efetivo de proteção de contas a receber seja positivo quando a proteção resultar em receitas mais baixas do que se não tivesse sido feita a proteção. Isso permite a consistência entre o CEP_p e o CEP_r, em que um valor negativo (positivo) de qualquer um dos dois indicará que a proteção terá um resultado mais (menos) favorável do que se as contas ficassem desprotegidas.

Do mesmo modo que com as posições de contas a pagar, as empresas poderão determinar se farão a proteção das posições de contas a receber ao desenvolver primeiro uma distribuição de probabilidade para a taxa à vista futura e depois usá-la para desenvolver uma distribuição de probabilidade do CEP_r. Se o CEP_r possivelmente for negativo, será preferível fazer a proteção. Se o CEP_r possivelmente for positivo, a empresa precisará avaliar se os possíveis benefícios de permanecer desprotegida valeriam o risco. Se a empresa acreditar que a taxa a termo é um instrumento de previsão não-tendencioso da taxa à vista futura, a empresa poderá considerar fazer a proteção de suas posições de contas a receber a um custo real esperado zero (ignorando os custos operacionais).

Medindo o Custo Real de Proteção com Contratos a Termo. O *CRP* foi definido aqui em termos de moeda nacional da EMN (dólares americanos, no nosso exemplo). Poderá também ser expresso como uma porcentagem do montante nominal protegido. Isso poderá ser uma medida útil ao comparar os *CEPs* de várias moedas.

Se uma empresa dos Estados Unidos fizer a proteção de várias moedas de quantias diferentes, uma comparação da quantia de dólares do *CEP* entre outras moedas deverá ficar distorcida pela quantia de dólares das contas a pagar ou a receber protegidas. Por essa razão, o *CEP* de cada moeda deverá ser medido como uma porcentagem de sua respectiva quantia protegida se os *CEPs* tiverem de ser comparados.

O *CEP* não poderá ser determinado até que os períodos das contas a pagar e a receber tiverem passado. Quando as empresas fazem a proteção, deverão ficar satisfeitas se o *CEP* se mostrar bem baixo e especialmente satisfeitas se for negativo. Empresas conservadoras, no entanto, poderão acreditar que vale a pena fazer a proteção, mesmo se o *CEP* se apresentar alto.

O *CEP* para qualquer moeda fica positivo em alguns períodos e negativo em outros. No período de 2000-2001, muitas moedas como o euro e a libra se enfraqueceram perante o dólar.

340 FINANÇAS CORPORATIVAS INTERNACIONAIS

Portanto, o custo efetivo para uma empresa dos Estados Unidos ao fazer a proteção de contas a pagar nessas moedas foi positivo naquele período, enquanto o custo efetivo de proteção de contas a receber foi negativo. No período 2002-2003, no entanto, essas moedas se fortaleceram perante o dólar. O custo efetivo da proteção de contas a pagar nessas moedas foi negativo naquele período, enquanto o custo efetivo da proteção de contas a receber foi positivo.

Proteção no Mercado Monetário

Uma **proteção no mercado monetário** envolve tomar uma posição neste mercado monetário para proteger uma posição de contas a pagar ou a receber no futuro. Proteções no mercado monetário sobre contas a pagar e a receber serão discutidas separadamente.

Proteção no Mercado Monetário sobre Contas a Pagar. Se uma empresa possuir excesso de caixa, poderá criar um depósito de curto prazo com a moeda estrangeira de que precisará no futuro. O primeiro exemplo ilustra uma proteção simplificada de mercado monetário, em que a empresa possui excesso de caixa. Mesmo que a empresa não possua excesso de caixa, poderá usar tal proteção para proteger as contas a pagar, como mostra o segundo exemplo.

EXEMPLO

A Ashland, Inc. precisa de $ 1.000.000 em dólares da Nova Zelândia (NZ$) em 30 dias e poderá obter 6% anuais (0,5% para 30 dias) sobre um título da Nova Zelândia nesse período. Nesse caso, o montante necessário para adquirir um título de um mês da Nova Zelândia será de

$$\text{Montante de depósito para a proteção de NZ\$ a pagar} = \frac{\text{NZ\$ } 1.000.000}{1 + 0,005}$$
$$= \text{NZ\$ } 995.025$$

Supondo que a taxa à vista do dólar da Nova Zelândia seja $ 0,65, então serão necessários $ 646.766 para adquirir o título da Nova Zelândia (calculado como NZ$ 995.025 × $ 0,65). Em 30 dias, o título vencerá e fornecerá NZ$ 1.000.000 para a Ashland, Inc. que então poderá usar esse dinheiro para saldar suas contas a pagar. Independentemente de como a taxa de câmbio do dólar da Nova Zelândia varie ao longo desse tempo, o investimento da Ashland nos títulos da Nova Zelândia protegerá sua posição de contas a pagar.

Em muitos casos, a EMN preferirá proteger as contas a pagar sem usar seus saldos de caixa. Uma proteção no mercado monetário ainda poderá ser usada nesta situação, mas requererá duas posições neste mercado: (1) fundos emprestados em moeda nacional e (2) um investimento de curto prazo na moeda estrangeira.

EXEMPLO

Reconsidere o exemplo anterior, em que a Ashland, Inc. necessita de NZ$ 1.000.000 em 30 dias. Lembre que $ 646.766 são necessários para obter o investimento de NZ$ 995.025, que, por sua vez, acumularão NZ$ 1.000.000 necessários em 30 dias. Se a Ashland não possuir excesso de caixa, ela poderá tomar emprestado $ 646.766 de um banco dos Estados Unidos e fazer o câmbio desses dólares na Nova Zelândia para adquirir o título da Nova Zelândia.

Como o investimento na Nova Zelândia cobre a posição de contas a pagar futuras da Ashland, a empresa precisará se preocupar com os dólares devidos no empréstimo apenas

EXPOSIÇÃO A TRANSAÇÕES: GESTÃO **341**

em 30 dias. A proteção no mercado monetário pela empresa para suas contas a pagar poderá ser resumida como segue:

1º passo. Tomar emprestado $ 646.766 de um banco dos Estados Unidos; assumir uma taxa de juros de 0,7% ao longo do período de empréstimo de 30 dias.

2º passo. Converter os $ 646.766 em NZ$ 995.025, dada a taxa de câmbio de $ 0,65 por dólar da Nova Zelândia.

3º passo. Usar os dólares da Nova Zelândia para adquirir um título da Nova Zelândia que oferece 0,5% no período de um mês.

4º passo. Pagar o empréstimo dos Estados Unidos em 30 dias, mais os juros; o montante devido é de $ 651.293 (calculado como $ 646.766 × 1.007).

Proteção no Mercado Monetário sobre Contas a Receber. Se uma empresa espera receber contas em moeda estrangeira, poderá proteger essa posição ao fazer o empréstimo da moeda agora e convertê-la em dólares. As contas a receber serão utilizadas para liquidar o empréstimo.

EXEMPLO

A Bakersfield Co. é uma empresa que transporta produtos para Cingapura e espera receber 400.000 dólares de Cingapura (S$) em 90 dias. Uma proteção simplificada no mercado monetário poderá ser implantada se a Bakersfield Co. precisar tomar emprestados os fundos dos Estados Unidos por 90 dias de qualquer forma. Em vez de tomar emprestado dólares americanos, poderá tomar emprestados dólares de Cingapura e convertê-los em dólares americanos para o uso. Supondo uma taxa de juros anual de 8%, ou 2% ao longo do período de 90 dias, o montante de dólares de Cingapura a ser emprestados para o *hedging* das contas a receber será de:

$$\text{Montante de depósito para a proteção de S\$ a receber} = \frac{\text{S\$ 400.000}}{1 + 0,02}$$
$$= \text{S\$ 392.157}$$

Se a Bakersfield tomar emprestados S$ 392.157 e converter esses dólares de Cingapura em dólares americanos, poderá então usar as contas a receber para liquidar o empréstimo de dólares de Cingapura em 90 dias. Enquanto isso, as receitas do empréstimo poderão ser utilizadas para qualquer propósito que a Bakersfield Co. desejar.

Em alguns casos, as EMNs poderão não precisar tomar emprestados os fundos por um período de 90 dias. Nessas situações, a proteção no mercado monetário ainda poderá ser usada para proteger as contas a receber se a empresa tomar duas posições nesse mercado monetário (1) tomar emprestado a moeda estrangeira que representa as contas a receber no futuro e (2) investir na moeda nacional.

EXEMPLO

Reconsidere o exemplo anterior. Mesmo que a Bakersfield Co. não tenha um uso para os S$ 392.157 tomados emprestados, poderá investir os fundos em um título dos Estados Unidos de 90 dias. Supondo que um dólar de Cingapura valha $ 0,55, os dólares de Cingapura tomados emprestados poderão ser convertidos em $ 215.686. Supondo uma taxa de juros americana anual de 7,2% (1,8% por 90 dias) sobre títulos de 90 dias, o investimento nos Estados Unidos valerá $ 219.568 (calculados como $ 215.686 × 1,018) em 90 dias. Uma vez que as contas a receber poderão saldar o empréstimo existente, a Bakersfield Co. terá $ 219.568 como resultado da execução do *hedging* no mercado monetário.

342 FINANÇAS CORPORATIVAS INTERNACIONAIS

Proteção no Mercado Monetário *versus* Proteção com Contrato a Termo. Uma EMN deverá implementar uma proteção com contrato a termo ou uma proteção no mercado monetário? A proteção com contrato a termo e a proteção no mercado monetário são diretamente comparáveis. Uma vez que os resultados das duas proteções são conhecidos de antemão, a empresa poderá implementar a que for mais viável. Naturalmente, a empresa não poderá determinar se uma das duas terá um desempenho melhor que uma estratégia de deixar a posição desprotegida até que o período em questão tenha decorrido.

Implicações da PTJ para a Proteção no Mercado Monetário. Se a paridade da taxa de juros (PTJ) existir, e os custos operacionais não existirem, a proteção no mercado monetário renderá o mesmo resultado que a proteção com contrato a termo. Isso é assim porque o prêmio a termo sobre a taxa a termo reflete o diferencial da taxa de juros entre as duas moedas. A proteção de contas a pagar no futuro com uma aquisição a termo será semelhante a tomar emprestado à taxa de juros nacional e investir à taxa de juros estrangeira.

A proteção de contas a receber no futuro com uma venda a termo é semelhante a tomar emprestado à taxa de juros estrangeira e investir à taxa de juros nacional. Mesmo que o prêmio a termo geralmente reflita o diferencial da taxa de juros entre dois países, a existência de custos de transação poderá fazer com que os resultados de uma proteção com contrato a termo se diferenciem daqueles da proteção no mercado monetário.

Proteção com Opção de Moeda

As empresas reconhecem que técnicas de proteção (*hedging*) como as com contrato a termo e proteção no mercado monetário poderão não atingir seu objetivo, quando a moeda de uma conta a pagar se depreciar ou a moeda de uma conta a receber se apreciar ao longo do período de proteção. Nessas situações, a estratégia de deixar a posição desprotegida possivelmente teria um desempenho melhor que a proteção com contrato a termo ou a proteção no mercado monetário. A proteção ideal seria isolar a empresa das oscilações adversas da taxa de câmbio, mas permitir que ela se beneficie com as oscilações favoráveis da taxa de câmbio. As opções de moeda apresentam esses atributos. No entanto, uma empresa deverá avaliar se as vantagens de uma proteção com opção de moeda valem o preço (prêmio) pago por ela. Detalhes sobre opções de moeda são fornecidos no Capítulo 5. A discussão a seguir ilustra como elas poderão ser usadas em operações de *hedging*.

> **http://**
>
> http://www.phlx.com/products/currency/currency.html fornece informações sobre vários contratos de opção de moeda que poderão ser usados para a proteção de posições.

Proteção de Contas a Pagar com Opções de Compra de Moeda. Uma opção de compra de moeda concede o direito de comprar um montante específico de uma moeda em particular a um preço específico (o preço de exercício) dentro de um determinado período. Todavia, diferentemente de um contrato de futuros ou a termo, a opção de compra de moeda *não obriga* seu proprietário a comprar a moeda a esse preço. Se a taxa de câmbio à vista da moeda permanecer mais baixa que o preço de exercício ao longo da vida da opção, a empresa poderá deixar a opção expirar e simplesmente comprar a moeda ao preço à vista existente. Por outro lado, se a taxa de câmbio à vista da moeda se apreciar ao longo do tempo, a opção de compra permitirá que a empresa adquira a moeda pelo preço de exercício. Isto é, a empresa que possui uma opção de compra travou um preço máximo (o preço de exercício) para pagar pela moeda. Todavia, ela também possui flexibilidade para deixar a opção expirar e obter a moeda pela taxa de câmbio à vista existente quando a moeda for enviada para pagamento.

EXPOSIÇÃO A TRANSAÇÕES: GESTÃO **343**

EXEMPLO

A Clemson Corp. possui contas a pagar de £ 100.000 daqui a 90 dias. Suponha que haja uma opção de compra disponível com um preço de exercício de $ 1,60 e que o prêmio da opção seja de $ 0,04 por unidade. Para opções que cobrem as 100.000 unidades, o prêmio total é de $ 4.000 (100.000 × $ 0,04). A Clemson não precisa exercer a opção de compra se puder obter as libras a uma taxa à vista mais baixa.

A empresa espera que a taxa de câmbio à vista da libra seja $ 1,58, $ 1,62 ou $ 1,66, quando as contas a pagar vencerem. O efeito de cada uma dessas condições sobre o custo das contas a pagar da Clemson é mostrado na Tabela 11.2. As colunas 1 e 2 simplesmente identificam as condições a serem analisadas. A coluna 3 mostra o prêmio por unidade pago pela opção, que é o mesmo independentemente da taxa de câmbio à vista que ocorrer quando as contas vencerem. A coluna 4 mostra o montante que a Clemson pagará por libra para as contas a pagar, sob cada condição, supondo que ela possua opções de compra. Se a condição 1 ocorrer, a empresa deixará as opções expirarem e comprará libras no mercado à vista por $ 1,58 cada. Se as condições 2 ou 3 ocorrerem, a Clemson exercerá as opções e, portanto, comprará as libras por $ 1,60 a unidade, e usará as libras para fazer seu pagamento. A coluna 5, que é a soma das colunas 3 e 4, mostra o montante pago por unidade quando o prêmio pago sobre a opção de compra estiver incluído. A coluna 6 converte a coluna 5 em um custo total em dólares, com base nas £ 100.000 protegidas.

Proteção de Contas a Receber com Opções de Venda. Como nas opções de compra, as opções de venda poderão ser um valioso dispositivo de proteção. Uma opção de venda de uma moeda concede o direito de vender um montante específico de uma moeda em particular a um preço específico (preço de exercício) dentro de um determinado período de tempo. As empresas poderão usar uma opção de venda de moeda para proteger contas a receber no futuro em moedas estrangeiras, uma vez que isso garante um preço específico (o preço de exercício) pelo qual as contas a receber no futuro poderão ser vendidas. Uma opção de venda de moeda *não obriga* seu proprietário a vender a moeda a esse preço. Se a taxa de câmbio à vista existente da moeda estrangeira estiver acima do preço de exercício quando a empresa receber a moeda estrangeira, ela poderá vender a moeda recebida pela taxa de câmbio à vista e deixar a opção expirar.

EXEMPLO

A Knoxville, Inc. transporta produtos para a Nova Zelândia e espera receber NZ$ 600.000 em aproximadamente 90 dias. Por estar preocupada que o dólar da Nova Zelândia poderá se depreciar perante o dólar americano, a Knoxville está considerando a compra de opções

(1)	(2)	(3)	(4)	(5) = (4) + (3)	(6)
Condição	Taxa à Vista no Vencimento das Contas a Pagar	Prêmio Pago por Unidade de Opções de Compra	Montante Pago com a Posse de Opções de Compra	Montante Total Pago por Unidade (Incluindo o Prêmio) com a Posse de Opções de Compra	Montante de $ Pagos por £ 100.000 com a Posse de Opções de Compra
1	$ 1,58	$ 0,04	$ 1,58	$ 1,62	$ 162.000
2	1,62	0,04	1,60	1,64	164.000
3	1,66	0,04	1,60	1,64	164.000

Tabela 11.2 Uso de opções de compra de moeda para proteção de contas a pagar em libras esterlinas (preço de exercício = $ 1,60; prêmio = $ 0,04).

(1)	(2)	(3)	(4)	(5) = (4) – (3)	(6)
Condição	Taxa à Vista quando o Pagamento das Contas a Receber for Recebido	Prêmio por Unidade de Opções de Venda	Montante Recebido com a Posse de Opções de Venda	Montante Total Recebido por Unidade (depois de Contabilizado o Prêmio Pago)	Montante de dólares Recebidos da Proteção de Contas a Receber de NZ$ 600.000 com Opções de Venda
1	$ 0,44	$ 0,03	$ 0,50	$ 0,47	$ 282.000
2	0,46	0,03	0,50	0,47	282.000
3	0,51	0,03	0,51	0,48	288.000

Tabela 11.3   Uso de opções de venda de moeda para a proteção de contas a receber em dólares da Nova Zelândia (preço de exercício = $ 0,50; prêmio = 0,30).

de venda para a proteção de sua conta a receber. As opções de venda da Nova Zelândia consideradas aqui possuem um preço de exercício de $ 0,50 e um prêmio de $ 0,03 por unidade. A Knoxville prevê que a taxa de câmbio à vista em 90 dias será $ 0,44, $ 0,46 ou $ 0,51. O montante a ser recebido como resultado da posse de opções de venda de moeda é mostrado na Tabela 11.3. As colunas 2 a 5 expressam o valor por unidade. A coluna 6 é determinada pela multiplicação do montante por unidade recebido na coluna 5 por 600.000 unidades.

Proteção de Exposição Contingente. As opções de compra de moeda também são úteis para a proteção de exposição contingente, em que a exposição de uma EMN depende da ocorrência de um evento específico.

EXEMPLO

A Jamie, Inc. de Orlando, Flórida, negocia a aquisição de uma empresa australiana daqui a três meses, mas a negociação depende da aprovação do governo australiano. O preço do dólar que será pago pela empresa depende do valor do dólar australiano daqui a três meses. A Jamie quer travar a taxa pela qual fará o câmbio dos dólares americanos pelos dólares australianos porque está preocupada que o dólar australiano possa se apreciar. Todavia, não quer ser obrigada a obter os dólares australianos a não ser que a aquisição seja aprovada. Ela poderá adquirir opções de compra de dólares australianos para cobrir sua exposição contingente.

Comparação entre Técnicas de Proteção

Cada técnica está resumida brevemente na Tabela 11.4. Ao usar proteção com futuros, uma proteção com contrato a termo ou recorrendo ao mercado monetário, a empresa poderá estimar os fundos (denominados na moeda nacional) de que precisará para pagamentos futuros ou os fundos que receberá depois de converter a moeda estrangeira de seus recebimentos. Portanto, poderá comparar os custos ou as receitas e determinar qual dessas técnicas é a apropriada. Em contraste, o fluxo de caixa associado com a proteção com opção de moeda não poderá ser determinado com certeza porque os custos de adquirir contas a pagar e as receitas geradas de contas a receber não são conhecidos de antemão. Portanto, as empresas terão de prever os fluxos de caixa da alternativa de proteção com opções sobre resultados possíveis da taxa de câmbio.

Comparação das Técnicas de Proteção para Contas a Pagar. Uma comparação de técnicas de proteção deve se concentrar em obter uma moeda estrangeira ao custo mais baixo possível. Para reforçar o entendimento das técnicas de proteção, um exemplo abrangente é fornecido aqui.

Técnica de Proteção	Proteção de Contas a Pagar	Proteção de Contas a Receber
1. Proteção com futuros	Adquira um contrato de futuros de moeda (ou contratos) representando a moeda e o montante relacionado às contas a pagar.	Venda um contrato de futuros (ou contratos) representando a moeda e o montante relacionado às contas a receber.
2. Proteção com contrato a termo	Negocie um contrato a termo para adquirir o montante de moeda estrangeira necessário para proteger as contas a pagar.	Negocie um contrato a termo para vender o montante de moeda estrangeira que será recebido como resultado das contas a receber.
3. Proteção no mercado monetário	Tome emprestado a moeda local e a converta na moeda que denomina as contas a pagar. Invista esses fundos até que sejam necessários para cobrir as contas a pagar.	Tome emprestado a moeda que denomina as contas a receber, converta-a na moeda local e invista-a. Depois liquide o empréstimo com as entradas provenientes das contas a receber.
4. Proteção com opção de moeda	Adquira uma opção de compra de moeda (ou opções) representando a moeda e o montante relacionado às contas a pagar.	Adquira uma opção de venda de moeda (ou opções) representando a moeda e o montante relacionado às contas a receber.

Tabela 11.4 Revisão de técnicas de proteção da exposição a transações.

EXEMPLO

Suponha que a Fresno Corp. precisará de £ 200.000 em 180 dias. Ela considera usar (1) uma proteção com contrato a termo, (2) uma proteção no mercado monetário, (3) uma proteção com opções ou (4) nenhuma proteção. Seus analistas desenvolveram as seguintes informações que poderão ser usadas para avaliar as soluções alternativas:

- Taxa à vista da libra hoje = $ 1,50;
- Taxa a termo de hoje para 180 dias para a libra = $ 1,47.

As taxas de juros são como segue:

	Reino Unido	Estados Unidos
Taxa de depósito de 180 dias	4,5%	4,5%
Taxa de empréstimo de 180 dias	5,0%	5,0%

- Uma opção de compra de libras que expira em 180 dias possui um preço de exercício de $ 1,48 e um prêmio de $ 0,03.
- Uma opção de venda de libras que expira em 180 dias possui um preço de exercício de $ 1,49 e um prêmio de $ 0,02.

A Fresno Corp. prevê uma taxa à vista futura em 180 dias como segue:

Resultado Possível	Probabilidade
$ 1,43	20%
1,46	70
1,52	10

A Fresno Corp. depois avalia as soluções alternativas, como mostra a Tabela 11.5. Cada alternativa é analisada para estimar o custo do dólar nominal para o pagamento das contas a pagar denominadas em libras. O custo é conhecido com certeza para a proteção da taxa a termo e a proteção no mercado monetário. Usando a opção de compra ou permanecendo

Proteção com Contrato a Termo
Adquira libras a termo a 180 dias.

$$\text{Dólares necessários em 180 dias} = \text{contas a pagar em } £ \times \text{taxa a termo em } £$$
$$= £\,200.000 \times \$\,1,47$$
$$= \$\,294.000$$

Proteção no Mercado Monetário
Tome emprestado $, converta para £, invista £ pague o empréstimo em $ em 180 dias.

$$\text{Montante em } £ \text{ a ser investido} = \frac{£\,200.000}{(1 + 0,045)}$$
$$= £\,191.388$$
$$\text{Montante em } \$ \text{ necessários para converter em } £ \text{ para depósito} = £\,191.388 \times \$\,1,50$$
$$= \$\,287.082$$
$$\text{Juros e principal devidos sobre o empréstimo em } \$ \text{ depois de 180 dias} = \$\,287.082 \times (1 + 0,05)$$
$$= \$\,301.436$$

Opção de Compra
Adquira uma opção de compra (os cálculos a seguir supõem que opção será exercida no dia em que as libras serão necessárias, ou de modo algum. Preço de exercício = $ 1,48, prêmio = $ 0,03).

Taxa à Vista Possível em 180 dias	Prêmio por Unidade Pago na Opção	Exercer a Opção?	Preço Total (Incluindo o Prêmio da Opção) Pago por Unidade	Preço Total Pago por £ 200.000	Probabilidade
$ 1,43	$ 0,03	Não	$ 1,43	$ 292.000	20%
1,46	0,03	Não	1,49	298.000	70
1,52	0,03	Sim	1,51	302.000	10

Permanecer Desprotegida
Adquira £ 200.000 no mercado à vista daqui a 180 dias.

Taxa à Vista Esperada em 180 Dias	Dólares Necessários para Adquirir £ 200.000	Probabilidade
$ 1,43	$ 286.000	20%
1,46	292.000	70
1,52	304.000	10

Tabela 11.5   Comparação das alternativas de proteção da Fresno Corp.

desprotegidas, no entanto, o custo depende da taxa à vista de daqui a 180 dias. Os custos das quatro alternativas também são comparados ao usar as distribuições de probabilidade, como mostra a Figura 11.2. A revisão dessa figura mostra que a proteção com contrato a termo é superior à proteção no mercado monetário, uma vez que o custo do dólar é definitivamente menor. A comparação da proteção com contrato a termo com a proteção com opção de compra mostra que há 80% de chance de a proteção com opção de compra ser a mais dispendiosa. O valor esperado das contas a pagar usando a proteção com opção de moeda será

$$20\% \,(\$\,292.000) + 70\% \,(\$\,298.000) + 10\% \,(\$\,302.000) = \$\,297.200$$

Uma vez que esse valor esperado é mais alto que o custo de proteção com um contrato a termo, essa proteção se mostra a mais adequada para a Fresno Corp.

EXPOSIÇÃO A TRANSAÇÕES: GESTÃO **347**

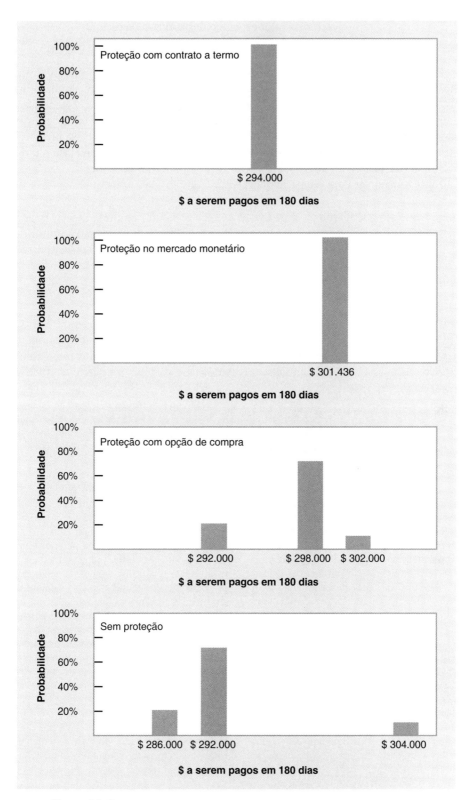

Figura 11.2   Custo nominal em dólar de contas a pagar denominadas em libras.

348 FINANÇAS CORPORATIVAS INTERNACIONAIS

Para a estratégia sem proteção, o valor esperado das contas a pagar será:

$$20\%(\$ 286.000) + 70\%(\$ 292.000) + 10\%(\$ 304.000) = \$ 292.200$$

A distribuição de probabilidade de resultados com a estratégia sem proteção também se mostra a mais favorável do que com a proteção de contrato a termo. Portanto, a Fresno Corp. possivelmente terá melhor desempenho se permanecer desprotegida, mas se ela preferir fazer a proteção, deverá escolher a alternativa com contrato a termo. Se a Fresno não fizer a proteção, deverá reavaliar periodicamente sua decisão. Por exemplo, após 60 dias, deverá repetir a análise mostrada aqui, com base na taxa à vista, na taxa a termo, na taxa de juros, nas informações sobre opção de compra e nas previsões da taxa à vista de 120 dias (quando as contas a pagar vencerem).

Comparação das Técnicas de Proteção para Contas a Receber. Se uma empresa desejar fazer a proteção das contas a receber, desenvolverá uma análise semelhante de exposição a transações. Da perspectiva de uma empresa dos Estados Unidos, a comparação deverá se concentrar na escolha da técnica que maximize os dólares recebidos como resultado da proteção.

EXEMPLO

A Gator Corp. não prevê nenhuma conta a pagar em libras, mas receberá £ 300.000 em 180 dias. As mesmas informações sobre os preços à vista, a termo e de opções são utilizadas para comparar as técnicas de proteção e uma estratégia sem o uso de proteção na Tabela 11.6. Os montantes de dólares a ser recebidos de cada uma das quatro alternativas são

---

GERENCIANDO PARA VALOR

Estratégia de Proteção da Merck

A DuPont, a IBM, a Merck e a maioria das outras EMNs não utilizam exclusivamente um tipo de técnica de proteção, mas determinam a técnica mais adequada em uma análise de caso a caso. A técnica de proteção mais adequada depende das projeções da taxa de câmbio. Se as projeções fizerem a empresa acreditar que definitivamente será afetada adversamente por sua exposição a transações, uma proteção com contrato a termo ou uma operação no mercado monetário normalmente será apropriada. De modo contrário, se a empresa acreditar que poderá se beneficiar com sua exposição, a proteção com opção de moeda será a mais apropriada (se alguma proteção for usada).

Considere o caso da Merck, com vendas ao redor do mundo de mais de $ 6 bilhões por ano. A Merck possui contas a receber consideráveis, denominadas em moedas estrangeiras como resultado das exportações. Ela poderia usar contratos a termo ou de futuros para travar a taxa pela qual essas moedas serão convertidas em dólares. No entanto, ela reconhece que a proteção com contratos a termo ou com contratos de futuros poderá resultar em um custo de oportunidade, medido como o montante dos fundos perdidos se as moedas estrangeiras que denominam as contas a receber se apreciarem no momento em que serão convertidas em dólares. Uma vez que a Merck quer capitalizar uma possível apreciação dessas moedas estrangeiras (enfraquecimento do dólar), ela utiliza opções de venda para a proteção de suas contas a receber denominadas em moedas estrangeiras. Se o dólar se enfraquecer, a Merck deixará as opções de venda expirarem, porque as contas a receber valem mais pela taxa à vista vigente. Enquanto isso, as opções de venda funcionam como seguro, caso o dólar se fortaleça. Se a Merck estiver confiante de que o dólar se fortalecerá, ela utilizará contratos a termo ou de futuros, em vez de opções de venda, porque deverá pagar um prêmio pelas opções de venda. Quando as oscilações futuras de uma moeda estrangeira são incertas, no entanto, as opções de venda se tornam atraentes. Ao fazer decisões de proteção que são consistentes com suas percepções das oscilações das taxas de câmbio futuras, a Merck maximiza seu valor.

EXPOSIÇÃO A TRANSAÇÕES: GESTÃO **349**

Proteção com Contrato a Termo
Venda libras a termo para 180 dias.

$$\text{Dólares a serem recebidos em 180 dias} = \text{contas a receber em £} \times \text{taxa a termo em £}$$
$$= \text{£ 300.000} \times \$ 1,47$$
$$= \$ 441.000$$

Proteção no Mercado Monetário
Empreste \$, converta para £, invista £, utilize os recebimentos para liquidar o empréstimo em 180 dias.

$$\text{Montante tomado emprestado em £} = \frac{\text{£ 300.000}}{(1 + 0,05)}$$
$$= \text{£ 285.714}$$
$$\$ \text{ recebidos com a conversão das £} = \text{£ 285.714} \times \$ 1,50 \text{ por £}$$
$$= \$ 428.571$$
$$\$ \text{ acumulados após 180 dias} = \$ 482.571 \times (1 + 0,045)$$
$$= \$ 447.857$$

Opção de Venda
Adquira uma opção de venda (suponha que as opções serão exercidas no dia em que as libras serão recebidas, ou de modo algum. Preço de exercício = \$ 1,49; prêmio = \$ 0,02).

Taxa à Vista Possível em 180 dias	Prêmio por Unidade Pago na Opção	Exercer a Opção?	Recebimento por Unidade (Após Contabilização do Prêmio)	Total de Dólares Recebidos da Proteção £ 300.000	Probabilidade
\$ 1,43	\$ 0,02	Sim	\$ 1,47	\$ 441.000	20%
1,46	0,02	Sim	1,47	441.000	70
1,52	0,02	Não	1,50	450.000	10

Permanecer Desprotegida

Taxa à Vista Possível em 180 Dias	Total de Dólares Recebidos com a Conversão de £ 300.000	Probabilidade
\$ 1,43	\$ 429.000	20%
1,46	438.000	70
1,52	456.000	10

Tabela 11.6 Comparação das alternativas de proteção da Gator Corp.

comparados na Figura 11.3. O valor esperado dos recebimentos usando a proteção com opção de moeda será

$$20\%(\$ 441.000) + 70\%(\$ 441.000) + 10\%(\$ 450.000) = \$ 441.900$$

Portanto, comparando as três técnicas, aquela operada no mercado monetário se mostra a mais adequada para a Gator, se ela decidir fazer a proteção. Depois, a Gator deverá avaliar a estratégia de permanecer desprotegida. O valor esperado dos recebimentos ao permanecer desprotegida será

$$20\%(\$ 429.000) + 70\%(\$ 438.000) + 10\%(\$ 456.000) = \$ 438.000$$

350 FINANÇAS CORPORATIVAS INTERNACIONAIS

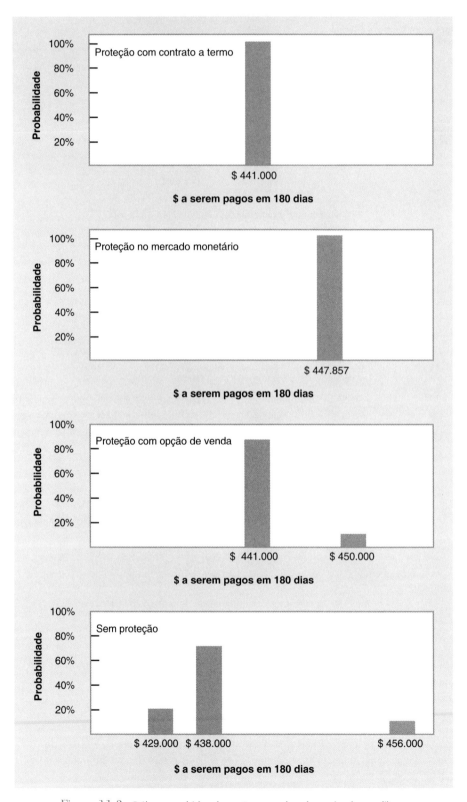

Figura 11.3 Dólares recebidos de contas a receber denominadas em libras.

Portanto, o valor esperado se a Gator não fizer a proteção será mais baixo do que o montante que seria recebido ao utilizar a proteção no mercado monetário. Embora a estratégia de não utilizar proteção tivesse um desempenho melhor que a proteção no mercado monetário se a taxa à vista da libra em 180 dias fosse $ 1,52, há apenas 10% de probabilidade para esse resultado. Portanto, a Gator Corp. possivelmente decidirá fazer a proteção de sua posição de contas a receber.

Comparação de Contratos Alternativos de Opções de Moeda. Embora o exemplo anterior avalie somente uma opção de moeda em particular, várias opções de moeda alternativas estão disponíveis normalmente com diferentes preços de exercício. Ao fazer a proteção de contas a pagar, uma empresa poderá reduzir o prêmio pago ao escolher uma opção de compra com um preço de exercício mais alto. Naturalmente, a troca será que o montante máximo a ser pago pelas contas a pagar será mais alto. De modo semelhante, uma empresa que faz a proteção de contas a receber poderá reduzir o prêmio pago ao escolher uma opção de venda com um preço de exercício mais baixo. Nesse caso, a troca é que o montante mínimo a ser recebido pelas contas a receber será mais baixo. As empresas geralmente comparam as opções disponíveis, antes de determinar qual é a mais apropriada. Então, essa opção em particular é comparada às outras técnicas de proteção para determinar qual técnica (se houver alguma) deverá ser usada.

Quando uma EMN adquire opções de compra para a proteção de contas a pagar, poderá financiar sua aquisição vendendo opções de venda.

EXEMPLO

A Dido Corp. possui contas a pagar de 100.000 euros e poderá adquirir opções de compra para protegê-las. Ela poderá financiar todo ou parte do prêmio pago pelas opções de compra vendendo opções de venda de euros. Suponha que as opções de compra com um preço de exercício de $ 1,14 possuam um prêmio de $ 0,03, enquanto as opções de venda com um preço de exercício de $ 1,10 possuem um prêmio de $ 0,03. A Dido poderá vender as opções de venda e utilizar as receitas para adquirir opções de compra. Se a taxa à vista permanecer entre $ 1,10 e $ 1,14 até o vencimento das contas a pagar, nenhuma das opções será exercida. Se a taxa à vista subir para além de $ 1,14, a Dido poderá exercer as opções de compra, e as opções de venda ficarão sem ser exercidas. Se a taxa à vista cair para além de $ 1,10, as opções de venda poderão ser exercidas e a Dido cumprirá suas obrigações comprando euros pelo preço de exercício de $ 1,10. Todavia, ela precisará comprar euros de qualquer forma para pagar suas contas. Com essa estratégia, a Dido pagará não mais que $ 1,14 pelo euro e não menos que $ 1,10.

Políticas de Proteção das EMNs

Em geral, as políticas variam com o grau de aversão ao risco dos gestores da EMN. Uma EMN poderá escolher fazer a proteção para a maioria de suas exposições, não fazer qualquer proteção ou fazer a proteção seletivamente.

Fazer a Proteção da Maioria das Exposições. Algumas EMNs fazem a proteção da maioria de suas exposições, de modo que seu valor não é altamente influenciado pelas taxas de câmbio. As EMNs que fazem a proteção da maioria de suas exposições não necessariamente esperam que ela seja sempre benéfica. Na verdade, essas EMNs poderão até utilizar algumas técnicas que possivelmente produzirão resultados ligeiramente piores do que se elas não tivessem feito a proteção, apenas para evitar a possibilidade de uma oscilação adversa maior nas taxas

352 FINANÇAS CORPORATIVAS INTERNACIONAIS

> ### http://
>
> Vide em http://www.ibm.com/us/ um exemplo de um Website de uma EMN. Os sites de várias EMNs apresentam demonstrativos financeiros tais como relatórios anuais que divulgam o uso de derivativos financeiros com fins de proteções de risco de taxas de juros e risco de taxa de câmbio.

de câmbio. Elas preferem saber quais serão suas entradas e saídas de caixa em termos de sua moeda nacional em cada período porque isso melhora o planejamento da empresa. Uma proteção permite que a empresa conheça os fluxos de caixa futuros (em termos de moeda nacional) que resultarão de quaisquer transações que já foram negociadas.

Não Fazer a Proteção de Qualquer Exposição. As EMNs que estão bem distribuídas por muitos países poderão considerar não fazer a proteção de suas exposições. Essa estratégia poderá ser conduzida pela visão de que um conjunto diversificado de exposições limitará o impacto real que as taxas de câmbio terão sobre uma EMN durante esse período.

Proteção Seletiva. Muitas EMNs, tais como Black & Decker, Eastman Kodak e Merck, decidem fazer a proteção somente quando esperam que a moeda oscile em uma direção que tornará a proteção viável. A Zenith faz a proteção de suas importações de componentes do Japão somente quando espera que o iene se aprecie. Além disso, essas EMNs poderão fazer a proteção de contas a receber no futuro se previrem uma depreciação da moeda que denomina seus futuros recebimentos.

As seguintes citações de relatórios anuais ilustram a estratégia de proteção seletiva:

O propósito das atividades de proteção de moeda estrangeira da Empresa é de reduzir o risco de as eventuais entradas de caixa líquidas em dólar de vendas fora dos Estados Unidos serem afetadas adversamente pelas taxas de câmbio.

The Coca-Cola Co.

As decisões referentes a proteção de compromissos dados são feitas sob análise de caso a caso, levando em consideração o montante e a duração da exposição, a volatilidade de mercado e as tendências econômicas.

DuPont Co.

Nós protegemos seletivamente o possível efeito das flutuações da moeda estrangeira referente a atividades operacionais.

General Mills Co.

A proteção seletiva implica que a EMN prefere exercer algum controle sobre sua exposição e toma decisões baseadas nas condições que poderão afetar o valor futuro da moeda.

Limitações das Proteções

Embora a proteção da exposição a transações possa ser efetiva, há algumas limitações que merecem ser mencionadas aqui.

Limitações de Proteção de Montantes Incertos

Algumas transações internacionais envolvem um montante incerto de produtos pedidos e, portanto, envolvem um montante operacional incerto em uma moeda estrangeira. Conseqüentemente, uma EMN poderá criar uma proteção para um número maior de unidades de que, na realidade, necessita, o que causa a forma oposta de exposição.

EXPOSIÇÃO A TRANSAÇÕES: GESTÃO **353**

EXEMPLO

Lembre o exemplo anterior sobre a proteção de contas a receber que supunha que a Gator Corp. receberia £ 300.000 em 180 dias. Agora suponha que o montante de recebimentos poderia, na verdade, ser mais baixo. Se a Gator utilizar a proteção no mercado monetário sobre £ 300.000 e o montante a receber for de apenas £ 200.000, ela terá de suprir a diferença adquirindo £ 100.000 no mercado à vista para conseguir os £ 300.000 necessários para liquidar o empréstimo. Se a libra se apreciar ao longo do período de 180 dias, a Gator precisará de um grande montante em dólares para obter os £ 100.000.

Esse exemplo mostra como a **proteção excessiva** (proteção de um montante de moeda maior que o montante operacional real) poderá afetar adversamente uma empresa. Uma solução para evitar a proteção excessiva é fazê-la somente no montante mínimo conhecido das futuras transações. No nosso exemplo, se os recebimentos futuros pudessem ser somente de £ 200.000, a Gator poderá proteger esse montante. Sob essas condições, no entanto, a empresa pode não ter protegido completamente sua posição. Se ocorrer de o montante real ser de £ 300.000 como esperado, a Gator estará protegida apenas parcialmente e precisará vender as £ 100.000 extras no mercado à vista.

Alternativamente, a Gator poderá considerar a proteção do nível mínimo dos recebimentos com operações no mercado monetário e proteger o montante adicional dos recebimentos com uma opção de venda. Dessa maneira, estará protegida se os recebimentos excederem o montante mínimo. Poderá deixar a opção de venda expirar se os recebimentos não excederem o mínimo ou se for melhor fazer o câmbio das libras adicionais recebidas no mercado à vista.

As empresas geralmente enfrentam esse tipo de dilema porque o montante exato a ser recebido na moeda estrangeira no final de um período poderá ser incerto, especialmente para empresas fortemente envolvidas com exportações. Com base nesse exemplo, deverá estar claro que a maioria das EMNs não poderá proteger completamente todas as suas transações. No entanto, ao proteger parte daquelas transações que as afetam, poderão reduzir a sensibilidade de seus fluxos de caixa às oscilações da taxa de câmbio.

Limitações a Proteção Repetida de Curto Prazo

A proteção contínua de transações repetidas que se espera que ocorram em futuro próximo possui eficácia limitada no decorrer de um período mais longo.

EXEMPLO

A Winthrop Co. é uma importadora dos Estados Unidos especializada em importar tocadores de CD em particular em uma grande quantidade anual que vende para lojas de varejo no decorrer do ano. Suponha que a taxa de câmbio de hoje do iene japonês seja de $ 0,005 e que os aparelhos valham ¥ 60.000 ou $ 300. A taxa a termo do iene geralmente apresenta um prêmio de 2%. A Figura 11.4 mostra a taxa de câmbio do dólar/iene a ser paga pela importadora ao longo do tempo. Assim como a taxa à vista varia, a taxa a termo freqüentemente variará por um montante semelhante. Portanto, se a taxa à vista aumentar em 10% ao longo do ano, a taxa a termo poderá aumentar pelo mesmo montante, e a importadora pagará 10% a mais pelo fornecimento do próximo ano (supondo que nenhuma variação no preço do iene cotado pelo exportador japonês ocorreu). O uso de um contrato a termo de um ano durante o ciclo forte do iene é preferível nesse caso, em vez de nenhuma proteção, mas ainda resultará em aumentos subseqüentes nos preços pagos pelo importador a cada ano. Isso ilustra que o uso de técnicas de proteção de curto prazo não afasta a empresa completamente da exposição à taxa de câmbio, mesmo que as operações de proteção sejam utilizadas repetidamente ao longo do tempo.

354 FINANÇAS CORPORATIVAS INTERNACIONAIS

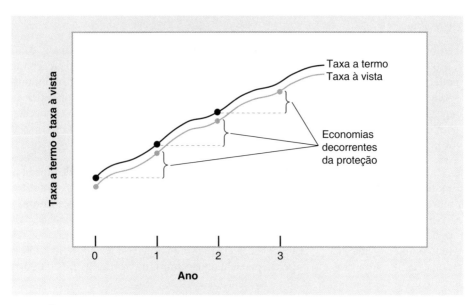

Figura 11.4 Ilustração de proteção repetida de contas a pagar estrangeiras com a moeda estrangeira se apreciando.

Se as técnicas de proteção podem ser aplicadas a períodos de tempo mais longos, elas poderão afastar a empresa do risco da taxa de câmbio com mais eficácia em um prazo mais longo. Isto é, a Winthrop Co., no Tempo 0, poderá criar uma proteção para os fornecimentos a chegarem no final de cada um dos próximos anos. A taxa a termo para cada operação de proteção estaria baseada na taxa à vista de hoje, como mostra a Figura 11.5. Durante um ciclo forte do iene, essa estratégia economizaria uma grande quantia de dinheiro.

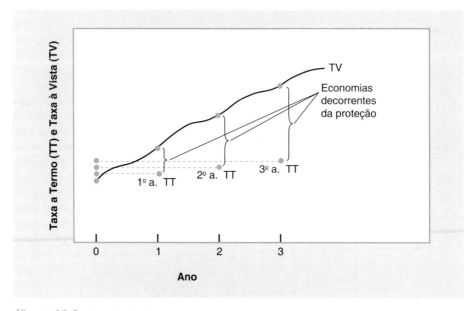

Figura 11.5 Proteção de longo prazo de contas a pagar com a moeda estrangeira se apreciando.

Essa estratégia enfrenta uma limitação, no entanto, em que o montante em ienes a ser protegido no futuro é mais incerto porque a dimensão do fornecimento dependerá das condições econômicas ou de outros fatores naquele momento. Se ocorrer uma recessão, a Winthrop Co. poderá reduzir o número de tocadores de CD encomendados, mas o montante de ienes a ser recebidos pela importadora é ditado pelo contrato a termo que foi estabelecido. Se o fabricante dos aparelhos for à falência, ou simplesmente tiver falta de estoque, a Winthrop Co. ainda estará obrigada a adquirir o iene, mesmo se o fornecimento não ocorrer.

Proteção a Exposição de Transações de Longo Prazo

Algumas EMNs têm certeza de que possuem fluxos de caixa denominados em moedas estrangeira por vários anos e procuram usar a proteção de longo prazo. Por exemplo, a Walt Disney Co. fez o *hedging* de seus fluxos de caixa em iene japonês que será remetido para os Estados Unidos (de seu parque temático no Japão) em 20 anos. A Eastman Kodak Co. e a General Electric Co. incorporam a administração da taxa de câmbio em seu planejamento empresarial de longo prazo. Portanto, as técnicas para a proteção da exposição à taxa de câmbio de longo prazo são necessárias.

As empresas que estimam exatamente as contas a pagar ou a receber em moeda estrangeira que ocorrerão daqui a vários anos geralmente utilizam três técnicas para a proteção dessa exposição a transações de longo prazo:

- Contratos a termo de longo prazo;
- Swap de moeda; e
- Empréstimo paralelo.

Cada técnica é discutida por sua vez.

Contrato a Termo de Longo Prazo

Até recentemente, **contratos a termo de longo prazo** raramente foram usados. Hoje, tais contratos são bem populares. A maioria dos bancos internacionais rotineiramente faz a cotação de taxas a termo para prazos de até cinco anos para libras esterlinas, dólares canadenses, ienes japoneses e francos suíços. Contratos a termo de longo prazo são especialmente atraentes para empresas que estabeleceram exportações ou importações a preço fixo por um período mais longo de tempo e querem proteger seu fluxo de caixa das flutuações da taxa de câmbio.

Como contratos a termo de curto prazo, o contrato de longo prazo poderá ser ajustado para satisfazer as necessidades específicas da empresa. Vencimentos de até dez anos ou mais às vezes poderão ser estabelecidos com as principais moedas. Como o banco confia que a empresa cumprirá suas obrigações de longo prazo especificadas no contrato a termo, ele levará em consideração apenas clientes altamente merecedores de crédito.

Swap de Moeda

Um **swap de moeda** é uma segunda técnica de proteção à exposição de transações às flutuações da taxa de câmbio de longo prazo. Poderá tomar várias formas. Um tipo de swap de moeda satisfaz duas empresas que possuem necessidades diferentes de longo prazo.

356 FINANÇAS CORPORATIVAS INTERNACIONAIS

> **EXEMPLO**
>
> A Bellevue, Inc. uma empresa dos Estados Unidos, foi empregada para construir um oleoduto no Reino Unido. Ela espera receber um pagamento em libras esterlinas em cinco anos quando o trabalho for completado. No mesmo período, uma empresa britânica é empregada por um banco dos Estados Unidos para um projeto de consultoria de longo prazo. Suponha que essa empresa britânica será paga em dólares americanos e que grande parte do pagamento ocorrerá em cinco anos. Portanto, a Bellevue, Inc. receberá libras esterlinas em cinco anos, e a empresa britânica receberá dólares americanos em cinco anos. Essas duas empresas poderiam arranjar um swap de moeda que permitisse um câmbio de libras por dólares em cinco anos a uma taxa de câmbio negociada. Dessa maneira, a Bellevue poderá travar o número de dólares americanos em que o pagamento em libras esterlinas se converterá em cinco anos. Do mesmo modo, a empresa britânica poderá congelar o número de libras esterlinas em que o pagamento em dólares americanos será convertido em cinco anos.

Para criar um swap de moeda, as empresas dependem de intermediários financeiros que possam satisfazer sua necessidade. Grandes bancos e empresas de investimentos empregam corretores que agem como intermediários de swaps. As empresas que quiserem eliminar a exposição a transações com moedas específicas em datas determinadas no futuro entram em contato com um corretor, que então encontra uma empresa que precisa da moeda da qual outra empresa quer se desfazer (e vice-versa) e as conecta. O corretor recebe um pagamento pelo serviço.

Com o tempo, a obrigação de swap de moeda poderá se tornar indesejável para uma das partes envolvidas. Utilizando nosso exemplo, se a moeda britânica se apreciar consideravelmente ao longo do tempo, será pior para a Bellevue do que se tivesse sido capaz de obter seus dólares no mercado à vista. É claro que ela não sabia disso quando se envolveu com um contrato de swap. O contrato de swap poderá requerer pagamentos periódicos de uma parte para a outra por conta das oscilações da taxa de câmbio, para reduzir a possibilidade de que uma parte não cumpra sua obrigação no momento programado para a troca de moedas ocorrer.

Empréstimo Paralelo

Um **empréstimo paralelo** (ou "empréstimo casado") envolve uma troca de moedas entre duas partes, com uma promessa de retrocar as moedas a uma taxa de câmbio e data específicas. Representa dois swaps de moeda, um na abertura do contrato do empréstimo e outro na data futura específica. Um empréstimo paralelo é interpretado pelos contadores como um empréstimo e, portanto, é registrado nos demonstrativos financeiros.

Técnicas Alternativas de Proteção

Quando uma proteção perfeita não estiver disponível (ou for dispendiosa demais) para eliminar a exposição a transações, a empresa deverá considerar métodos para pelo menos reduzir a exposição. Esses métodos incluem os seguintes:

- antecipação e retardamento;
- proteção cruzada; e
- diversificação de moedas.

Cada método é discutido por sua vez.

Antecipação e Retardamento

Estratégias de antecipação e de retardamento envolvem o ajuste do momento das solicitações de pagamento ou desembolso para refletir expectativas acerca de oscilações futuras das moedas.

EXEMPLO

A Corvalis Co. está instalada nos Estados Unidos e possui subsidiárias espalhadas ao redor do mundo. O foco aqui será sobre uma subsidiária no Reino Unido que adquire parte de seus suprimentos de uma subsidiária na Hungria. Esses suprimentos são denominados na moeda da Hungria (o florim). Se a Corvalis Co. esperar que a libra se deprecie logo perante o florim, poderá procurar antecipar o pagamento para a Hungria antes que a libra se deprecie. Essa estratégia é conhecida como **antecipação**.

Em uma segunda condição, suponha que a subsidiária britânica espere que a libra logo se aprecie perante o florim. Nesse caso, a subsidiária britânica poderá procurar retardar seu pagamento até depois de a libra se apreciar. Dessa maneira, poderá utilizar menos libras para obter os florins necessários para o pagamento. Essa estratégia é conhecida como **retardamento**.

A General Electric e outras EMNs bem conhecidas geralmente usam estratégias de antecipação e de retardamento nos países que as permitem. Em alguns países, o governo limita o tempo envolvido com essas estratégias de modo que o fluxo de fundos para dentro e fora do país não seja interrompido. Conseqüentemente, uma EMN deverá estar consciente das restrições do governo em qualquer país em que realiza negócios, antes de utilizar essas estratégias.

Proteção Cruzada

A **proteção cruzada** é um método comum de reduzir a exposição a transações quando a moeda não puder ser protegida.

EXEMPLO

A Greeley Co., uma empresa dos Estados Unidos, possui contas a pagar em zloty (a moeda da Polônia) para daqui a 90 dias. Como ela está preocupada que o zloty possa se apreciar perante o dólar americano, poderá desejar fazer a proteção de sua posição. Se os contratos a termo e outras técnicas de *hedging* não forem possíveis para o zloty, a Greeley poderá considerar a proteção cruzada. Nesse caso, precisará primeiro identificar uma moeda que possa ser protegida e que seja altamente correlacionada com o zloty. A Greeley percebeu recentemente que o euro oscila junto com o zloty e decide estabelecer um contrato a termo de 90 dias sobre o euro. Se as oscilações do zloty e do euro continuarem altamente correlacionadas em relação ao dólar americano (isto é, oscilarem em direção e grau semelhantes perante o dólar americano), então a taxa de câmbio entre as duas moedas deverá, de certa forma, ser estável ao longo do tempo. Ao comprar euros futuros de 90 dias, a Greeley Co. poderá então fazer o câmbio dos euros pelo zloty. A eficácia dessa estratégia dependerá do grau em que essas duas moedas estiverem positivamente correlacionadas. Quanto mais forte a correlação positiva, tanto mais eficaz será a estratégia de proteção cruzada.

Diversificação de Moeda

Um terceiro método para reduzir a exposição a transações é a **diversificação de moeda**, que poderá limitar o possível efeito da oscilação de uma única moeda sobre o valor de uma EMN.

358 FINANÇAS CORPORATIVAS INTERNACIONAIS

Algumas EMNs, como Coca-Cola Co., PepsiCo e Altria, alegam que suas exposições às oscilações da taxa de câmbio são reduzidas significativamente porque diversificam seus negócios entre inúmeros países.

O valor do dólar de futuras entradas em moedas estrangeiras será mais estável se as moedas estrangeiras recebidas *não* forem alta e positivamente correlacionadas. A razão é que correlações positivas mais baixas ou correlações negativas poderão reduzir a variação do valor do dólar de todas as entradas em moeda estrangeira. Se as moedas estrangeiras forem altamente correlacionadas entre si, a diversificação entre elas não será uma maneira muito eficaz de reduzir o risco. Se uma das moedas se depreciar consideravelmente, ocorreria o mesmo com as outras, dado que todas essas moedas oscilam em conjunto.

RESUMO

- As EMNs utilizam as seguintes técnicas para se proteger da exposição a transações: (1) contratos de futuros, (2) contratos a termo, (3) operações no mercado monetário e (4) opções de moeda.

- Para fazer a proteção de contas a pagar, poderá ser adquirido um contrato de futuros ou um contrato a termo da moeda estrangeira. Alternativamente, uma estratégia de proteção no mercado monetário poderá ser utilizada; nesse caso, a EMN toma emprestado a sua moeda nacional e converte os recursos na moeda que será necessária no futuro. Finalmente, poderão ser adquiridas opções de compra da moeda estrangeira.

- Para fazer a proteção de contas a receber, poderá ser vendido um contrato de futuros ou um contrato a termo da moeda estrangeira. Como alternativa, uma estratégia de proteção no mercado monetário poderá ser utilizada. Nesse caso, a EMN toma emprestada a moeda estrangeira a ser recebida e a converte em fundos na sua moeda nacional; o empréstimo deverá ser

pago com os recebimentos das contas. Finalmente, poderão ser adquiridas opções de venda da moeda estrangeira.

- Contratos de futuros e contratos a termo normalmente produzem resultados semelhantes. Os contratos a termo são mais flexíveis porque não são padronizados. A proteção efetivada no mercado monetário mostra resultados semelhantes aos da proteção com contratos a termo, se existir a paridade da taxa de juros. A proteção com opções de moeda tem uma vantagem sobre outras técnicas, já que não precisam ser exercidas se a EMN se der melhor permanecendo desprotegida. No entanto, um prêmio deverá ser pago para adquirir as opções de moeda, portanto, há um custo sobre a flexibilidade que oferecem.

- Quando as técnicas de proteção não estiverem disponíveis, ainda há alguns métodos para reduzir a exposição a transações, tais como a antecipação e o retardamento, a proteção cruzada e a diversificação de moeda.

CONTRAPONTO DO PONTO

Uma EMN Deveria Arriscar Fazer uma Proteção Excessiva?

Ponto Sim. As EMNs possuem algumas transações "não previstas" que ocorrem sem aviso prévio. Elas deveriam procurar antecipar os fluxos de caixa líquidos de cada moeda devido a transações não antecipadas com base nos fluxos de caixa líquidos anteriores. Apesar de ser impossível de se adiantar o volume dessas transações não previstas por dia, poderá ser possível antecipar o volume em uma base mensal. Por exemplo, se uma EMN tiver fluxos de caixa entre 3.000.000 e 4.000.000 de pesos filipinos a cada mês, poderá presumir que receberá pelo

menos 3.000.000 pesos em cada um dos meses seguintes, a não ser que as condições mudem. Portanto, poderá proteger uma posição de 3.000.000 em pesos vendendo esse montante de pesos. Qualquer montante dos fluxos de caixa líquidos além de 3.000.000 pesos não estará protegido, mas pelo menos a EMN foi capaz de fazer a proteção mínima dos fluxos de caixa líquidos esperados.

Contraponto Não. As EMNs não deveriam fazer a proteção de transações não previstas. Quando fa-

EXPOSIÇÃO A TRANSAÇÕES: GESTÃO **359**

zem uma proteção excessiva dos fluxos de caixa líquidos esperados em moeda estrangeira, elas ainda ficam expostas ao risco da taxa de câmbio. Se venderem mais moeda em contratos a termo que seus fluxos de caixa, serão afetadas adversamente por um aumento no valor da moeda. Sua razão inicial de fazer a proteção foi se preservar contra a fraqueza da moeda, mas a proteção excessiva descrita aqui ocasionaria um deslocamento de sua exposição. A proteção excessiva não afasta uma EMN do risco da taxa de câmbio. Apenas muda os meios pelos quais a EMN está exposta.

Quem está certo? Use seu mecanismo de busca preferido para saber mais sobre esse assunto. Qual argumento você apóia? Dê sua opinião sobre o assunto.

AUTOTESTE

As respostas encontram-se no Apêndice A, no final deste livro.

1. A Montclair Co., uma empresa dos Estados Unidos, planeja operações no mercado monetário para proteger seu pagamento de 3.000.000 dólares australianos por produtos australianos em um ano. A taxa de juros dos Estados Unidos é de 7%, enquanto a taxa de juros da Austrália é de 12%. A taxa à vista do dólar australiano é de $ 0,85, enquanto a taxa a termo de um ano é de $ 0,81. Determine o montante de dólares americanos necessários em um ano se a proteção no mercado monetário for utilizada.

2. Usando as informações da questão anterior, a Montclair Co. estaria melhor se protegesse suas contas a pagar com operações no mercado monetário ou com contratos a termo?

3. Usando as informações sobre a Montclair da primeira questão, explique a possível vantagem de uma proteção com opção de moeda sobre a proteção no mercado monetário para a empresa. Qual é uma possível desvantagem da proteção com opção de moeda?

4. A Sanibel Co. adquire produtos britânicos (denominados em libras) todos os meses. Ela negocia um contrato a termo de um mês no início de cada mês para a proteção de suas contas a pagar. Suponha que a libra esterlina se aprecie consistentemente ao longo dos próximos cinco anos. A Sanibel será afetada? Explique.

5. Usando as informações da questão 4, sugira como a Sanibel Co. poderá se afastar mais eficazmente da possível apreciação de longo prazo da libra esterlina.

6. A Hopkins Co. transportou produtos para a Suíça e receberá 2.000.000 francos suíços em três meses. Ela acredita que a taxa a termo de três meses será uma previsão exata da taxa de câmbio à vista. A taxa a termo de três meses do franco suíço é de $ 0,68. Uma opção de venda está disponível com um preço de exercício de $ 0,69 e um prêmio de $ 0,03. A Hopkins escolherá a opção de venda ou permanecerá desprotegida? Explique.

QUESTÕES E APLICAÇÕES

1. **Discussão na Sala da Diretoria.** Este exercício encontra-se no Apêndice E, no final deste livro.

2. **Estratégia de Faturamento.** Suponha que a Citadel Co. adquira alguns produtos no Chile que são denominados em pesos chilenos. Ela também vende produtos denominados em dólares americanos para algumas empresas no Chile. No final de cada mês, ela possui uma grande posição de contas líquidas a pagar em pesos chilenos. Como ela poderá usar uma estratégia de faturamento para reduzir essa exposição a transações? Faça uma lista de eventuais limitações de eficácia dessa estratégia.

3. **Avaliação das Oscilações da Taxa de Câmbio.** O seguinte Website contém relatórios anuais de muitas EMNs: **http://www.reportgallery.com**.

   a) Examine o relatório anual de sua preferência. Procure comentários no relatório que descrevam a proteção da EMN para a exposição a transações. Faça um resumo da proteção da exposição a transações com base nos comentários no relatório anual.

   b) O seguinte Website fornece oscilações da taxa de câmbio perante o dólar ao longo de meses recentes: **http://www.federalreserve.gov/releases/**.

360 FINANÇAS CORPORATIVAS INTERNACIONAIS

Com base na exposição da EMN que você avaliou na parte (a), determine se as oscilações da taxa de câmbio de qualquer moeda (ou moedas) a que ela está exposta se moveram em uma direção favorável ou desfavorável ao longo dos últimos meses.

4. **Exposição Consolidada.** A Quincy Corp. estima os seguintes fluxos de caixa em 90 dias nas subsidiárias:

Posição Líquida de cada Moeda Medida pela Moeda da Controladora (em milhares de unidades)			
Subsidiária	Moeda 1	Moeda 2	Moeda 3
A	+200	–300	–100
B	+100	–40	–10
C	–180	+200	–40

Determine a exposição líquida consolidada de cada moeda da EMN.

5. **Benefícios de Proteção.** Se é esperado que a proteção seja mais dispendiosa que a não-proteção, por que afinal uma empresa consideraria a proteção?

6. **Proteção de Longo Prazo.** Como uma empresa poderá fazer a proteção de posições de moedas de longo prazo? Trabalhe sobre cada método.

7. **Proteção Cruzada.** Explique como uma empresa poderá usar a proteção cruzada para reduzir sua exposição a transações.

8. **Proteção no Mercado Monetário sobre Contas a Receber.** Suponha que a Stevens Point Co. possua contas a receber líquidas de 100.000 dólares de Cingapura em 90 dias. A taxa à vista do S$ é de $ 0,50, e a taxa de juros de Cingapura é de 2% ao longo dos 90 dias. Sugira como a empresa dos Estados Unidos poderá implementar uma proteção no mercado monetário. Seja preciso.

9. **Proteção no Mercado Monetário sobre Contas a Pagar.** Suponha que a Vermont possua pagamentos líquidos de 200.000 pesos mexicanos em 180 dias. A taxa de juros do México é de 7% ao longo dos 180 dias e a taxa à vista do peso mexicano é de $ 0,10. Sugira como a empresa dos Estados Unidos poderá implementar uma proteção no mercado monetário. Seja preciso.

10. **Custo Real da Proteção de Contas a Pagar.** Suponha que a Suffolk Co. negociou um contrato a termo para adquirir 200.000 libras esterlinas em 90 dias. A taxa a termo de 90 dias era de $ 1,40 por libra esterlina. As libras a ser adqui-

ridas eram para ser usadas para comprar suprimentos britânicos. No dia em que as libras foram entregues, de acordo com o contrato a termo, a taxa à vista da moeda era de $ 1,44. Qual foi o custo real da proteção das contas a pagar para essa empresa dos Estados Unidos?

11. **Custo Real da Proteção de Contas a Receber.** Suponha que a Bentley Co. negociou um contrato a termo para vender 100.000 dólares canadenses em um ano. A taxa a termo de um ano era de $ 0,80 por dólar canadense. Essa estratégia era destinada a proteger as contas a receber em dólares canadenses. No dia em que era para vender os dólares canadenses, de acordo com o contrato a termo, a taxa à vista do dólar canadense era de $ 0,83. Qual foi o custo real da proteção das contas a receber para essa empresa dos Estados Unidos?

Repita a questão, mas assuma que a taxa à vista do dólar canadense era de $ 0,75 no dia em que era para vender os dólares canadenses, de acordo com o contrato a termo. Qual foi o custo real da proteção das contas a receber neste exemplo?

12. **Custo Real da Proteção de Contas a Pagar.** Suponha que a Loras Corp. importou produtos da Nova Zelândia e precisa de 100.000 dólares da Nova Zelândia daqui a 180 dias. Ela está tentando determinar se faz a proteção dessa posição. A Loras desenvolveu a seguinte distribuição de probabilidade para o dólar da Nova Zelândia:

Valor Possível do Dólar da Nova Zelândia em 180 Dias	Probabilidade
$ 0,40	5%
0,45	10
0,48	30
0,50	30
0,53	20
0,55	5

A taxa a termo de 180 dias do dólar da Nova Zelândia é de $ 0,52. A taxa à vista do dólar da Nova Zelândia é de $ 0,49. Desenvolva uma tabela que mostre uma análise da viabilidade da proteção. Isto é, determine as possíveis diferenças entre os custos de proteção e a não-proteção. Qual é a probabilidade de a proteção ser mais dispendiosa para a empresa que a não-proteção? Determine o valor esperado do custo adicional da proteção.

EXPOSIÇÃO A TRANSAÇÕES: GESTÃO **361**

13. **Proteção com Opções de Venda.** Como tesoureiro da Tucson Corp. (uma exportadora da Nova Zelândia), você deve decidir como fazer a proteção (se precisar) de recebimentos futuros de 250.000 dólares da Nova Zelândia daqui a 90 dias. Opções de venda estão disponíveis por um prêmio de $ 0,03 por unidade e a um preço de exercício de $ 0,49 por dólar da Nova Zelândia. A taxa à vista prevista do NZ$ em 90 dias é mostrada a seguir:

Taxa à Vista Futura	Probabilidade
$ 0,44	30%
0,40	50
0,38	20

Dado que você faz a proteção de sua posição com opções, crie uma distribuição de probabilidade para dólares americanos a serem recebidos em 90 dias.

14. **Proteção com Contratos a Termo.** Explique como uma empresa dos Estados Unidos poderá fazer a proteção de recebimentos líquidos em *ringgits* da Malásia com um contrato a termo. Explique como uma empresa dos Estados Unidos poderá fazer a proteção de contas a pagar em dólares canadenses com um contrato a termo.

15. **Proteção com Futuros.** Explique como uma empresa dos Estados Unidos poderá fazer a proteção de recebimentos líquidos em euros com um contrato de futuros. Explique como uma empresa dos Estados Unidos poderá fazer a proteção de contas a pagar em ienes japoneses com um contrato de futuros.

16. **Proteção com Contrato a Termo.** O custo real de proteção de contas a pagar em dólares australianos da Oregon Co. a cada 90 dias é positivo, negativo ou cerca de zero em média, ao longo do período em que o dólar se enfraqueceu consistentemente? O que isso implica acerca da taxa a termo como instrumento de previsão não-tendenciosa da taxa à vista futura? Explique.

17. **Proteção com Contrato a Termo** *versus* **Proteção no Mercado Monetário sobre Contas a Pagar.** Veja as seguintes informações:

Taxa de juros dos Estados Unidos de 90 dias	4%
Taxa de juros da Malásia de 90 dias	3%
Taxa a termo do *ringgit* da Malásia de 90 dias	$ 0,400
Taxa à vista do *ringgit* da Malásia	$ 0,404

Suponha que a Santa Barbara Co. nos Estados Unidos precisará de 300.000 *ringgits* em 90 dias. Ela deseja fazer a proteção dessa posição de contas a pagar. Ela se daria melhor ao usar a proteção com contrato a termo ou a proteção no mercado monetário? Substancie sua resposta com os custos estimados para cada tipo de proteção.

18. **Proteção com Contrato a Termo** *versus* **Proteção no Mercado Monetário sobre Recebimentos.** Veja as seguintes informações:

Taxa de juros dos Estados Unidos de 180 dias	8%
Taxa de juros britânica de 180 dias	9%
Taxa a termo da libra esterlina de 180 dias	$ 1,50
Taxa à vista da libra esterlina	$ 1,48

Suponha que a Riverside Corp. dos Estados Unidos receberá 400.000 libras em 180 dias. Ela se daria melhor ao usar a proteção com contrato a termo ou a proteção no mercado monetário? Substancie sua resposta com as receitas estimadas para cada tipo de proteção.

19. **Custo Real de Proteção.** O custo real da Montana Co. ao fazer a proteção de recebimentos em iene japonês é positivo, negativo ou cerca de zero, em média, ao longo do período em que o dólar se enfraquecia consistentemente? Explique.

20. **Proteção com Contrato a Termo.** Explique como uma empresa da Malásia poderá usar o mercado a termo para a proteção de compras periódicas de produtos dos Estados Unidos denominados em dólares americanos. Explique como uma empresa francesa poderá usar contratos a termo para a proteção das vendas de produtos vendidos aos Estados Unidos faturados em dólares. Explique como uma empresa britânica poderá usar o mercado a termo para fazer a proteção da compra periódica de produtos japoneses denominados em ienes.

21. **Proteção com Contrato a Termo** *versus* **Proteção com Opções sobre Contas a Pagar.** Se você fosse um importador americano de produtos mexicanos e acreditasse que a taxa a termo de hoje do peso é uma estimativa exata da taxa à vista futura, você acha que as opções de compra do peso mexicano seriam mais apropriadas como proteção do que a proteção com contrato a termo? Explique.

22. **Proteção com Contrato a Termo** *versus* **Proteção de Opções sobre Contas a Receber.** Você é um exportador de produtos para o Reino Unido e acredita que a taxa a termo de hoje da libra esterlina substancialmente subestima a taxa à vista futura. A política da empresa exige que

362 FINANÇAS CORPORATIVAS INTERNACIONAIS

você faça a proteção de suas libras esterlinas a receber de alguma maneira. O que seria mais apropriado? Uma proteção com contrato a termo ou com opções de venda? Explique.

23. **Proteção com Contrato a Termo.** A Wedco Technology de New Jersey exporta produtos de plástico para a Europa. A Wedco decidiu denominar os preços de suas exportações em dólares. A Telematics International, Inc. (da Flórida) exporta sistemas de rede de computadores para o Reino Unido (denominados em libras esterlinas) e para outros países. A Telematics decidiu usar técnicas de proteção, tais como contratos a termo, para a proteção de sua exposição.

a) A estratégia da Wedco de denominar os preços de seus materiais em dólares para os clientes da Europa evita a exposição econômica? Explique.

b) Explique por que os ganhos da Telematics International, Inc. foram afetados pelas variações no valor da libra. Por que a Telematics às vezes poderá deixar suas exportações desprotegidas?

24. **Proteção com Contratos a Termo *versus* Contratos de Opções.** Como tesoureiro da Tempe Corp., você se depara com o seguinte problema. Suponha que a taxa a termo de um ano da libra esterlina seja de $ 1,59. Você planeja receber 1 milhão de libras em um ano. Uma opção de venda de um ano está disponível. Ela possui um preço de exercício de $ 1,61. A taxa à vista de hoje é de $ 1,62, e o prêmio da opção é de $ 0,04 por unidade. Sua previsão da variação percentual na taxa à vista foi determinada do modelo de regressão a seguir:

$$e_t = a_0 + a_1 DINF_{t-1} + a_2 DINT_t + \mu$$

onde

e_t = variação percentual da libra esterlina ao longo do período t.

$DINF_{t-1}$ = diferencial da inflação entre os Estados Unidos e o Reino Unido no período $t-1$.

$DINT_t$ = média do diferencial entre a taxa de juros americana e a taxa de juros britânica ao longo do período t.

a_0, a_1 e a_2 = coeficientes de regressão.

μ = termo de erro.

O modelo de regressão foi aplicado a dados anuais históricos e os coeficientes foram estimados como segue:

$$a_0 = 0,0$$
$$a_1 = 1,1$$
$$a_2 = 0,6$$

Suponha que os índices de inflação do ano passado foram de 3% para os Estados Unidos e 8% para o Reino Unido. Também suponha que o diferencial da taxa de juros ($DINT_t$) para esse ano está previsto como segue:

Previsão do $DINT_t$	Probabilidade
1%	40%
2	50
3	10

Usando qualquer informação disponível, o tesoureiro deverá escolher a proteção com contrato a termo ou com opções? Mostre seu trabalho.

25. **O Dilema da Proteção de Longo Prazo.** A St. Louis, Inc. que depende das exportações, as denomina em pesos e os recebe todos os meses. Ela espera que o peso se enfraqueça com o tempo. A St. Louis reconhece as limitações da proteção mensal. Ela também reconhece que poderá remover a sua exposição a transações denominando suas exportações em dólares, mas ainda assim está sujeita à exposição econômica. As técnicas de proteção de longo prazo são limitadas, e a empresa não sabe quantos pesos receberá no futuro, assim terá dificuldades mesmo se um método de proteção de longo prazo estivesse disponível. Como esse negócio poderá reduzir realisticamente sua exposição ao longo desse período?

26. **Implicações da PTJ em Proteções.** Se a paridade da taxa de juros (PTJ) existir, um contrato a termo seria mais favorável, igualmente favorável ou menos favorável que uma proteção no mercado monetário sobre contas a pagar em euros? Explique.

27. **Proteção Contínua.** A Cornell Co. adquire chips de computador denominados em euros em uma base mensal de um fornecedor holandês. Para a proteção de seu risco da taxa de câmbio, essa empresa dos Estados Unidos negocia um contrato a termo de três meses, três meses antes que o próximo pedido chegue. Em outras palavras, a Cornell está sempre protegida para os próximos três fornecimentos mensais. Como a empresa consistentemente faz a proteção dessa maneira, não está preocupada com as oscilações da taxa de câmbio. A Cornell está

protegida das oscilações da taxa de câmbio? Explique.

28. **Proteção de Longo Prazo.** Uma vez que a Obisbo, Inc. realiza muitos negócios no Japão, possivelmente terá fluxos de caixa em ienes que serão remetidos periodicamente por sua subsidiária japonesa para a controladora dos Estados Unidos. Quais são as limitações das proteções dessas remessas um ano antes para os próximos 20 anos? Quais são as limitações de criar uma proteção hoje que fará o *hedging* das remessas ao longo de cada um dos próximos 20 anos?

29. **Comparação de Técnicas de Proteção de Contas a Receber.**

a) Suponha que a Carbondale Co. espere receber S\$ 500.000 em um ano. A taxa à vista corrente do dólar de Cingapura é de \$ 0,60. A taxa a termo de um ano do dólar de Cingapura é de \$ 0,62. A Carbondale Co. criou uma distribuição de probabilidade para a taxa à vista futura em um ano como segue:

Taxa Futura à Vista	Probabilidade
\$ 0,61	20%
0,63	50
0,67	30

Suponha que opções de venda de um ano de dólares de Cingapura estejam disponíveis, com um preço de exercício de \$ 0,63 e um prêmio de \$ 0,04 por unidade. Opções de compra de um ano estão disponíveis com um preço de exercício de \$ 0,60 e um prêmio de \$ 0,03 por unidade. Suponha as seguintes taxas no mercado monetário:

	Estados Unidos	Cingapura
Taxa de depósitos	8%	5%
Taxa de empréstimo	9	6

Dadas essas informações, determine se a proteção com contrato a termo, com operações no mercado monetário ou com opções de moeda seria a mais apropriada. Depois compare a proteção mais apropriada com a estratégia sem proteção e decida se a Carbondale deverá fazer o *hedging* de sua posição de contas a receber.

b) Suponha que a Baton Rouge, Inc. espere precisar de C\$ 1 milhão em um ano. Usando qualquer informação relevante da parte (a) desta questão, determine se a proteção com contrato

a termo, com operações no mercado monetário ou com opções de moeda seria a mais apropriada. Depois compare a proteção mais apropriada com a estratégia sem proteção e decida se a Baton Rouge deverá fazer o *hedging* de sua posição de contas a pagar.

30. **Comparação de Técnicas de Proteção de Contas a Pagar.** A SMU Corp. possui recebimentos futuros de 4.000.000 dólares da Nova Zelândia (NZ\$) em um ano. Deverá decidir se usará proteção com opções ou com operações no mercado monetário para a proteção de sua posição. Use qualquer das seguintes informações para tomar sua decisão. Verifique sua resposta ao determinar a estimativa (ou distribuição de probabilidade) do rendimento em dólares a ser recebidos em um ano para cada tipo de proteção.

Taxa à vista de NZ\$	\$ 0,54	
Opção de compra de um ano	Preço de exercício = \$ 0,50; Prêmio = \$ 0,07	
Opção de venda de um ano	Preço de exercício = \$ 0,52; Prêmio = \$ 0,0	
	Estados Unidos	Nova Zelândia
Taxa de depósito de um ano	9%	6%
Taxa de empréstimo de um ano	11	8
	Taxa	Probabilidade
Taxa à vista prevista de NZ\$	\$ 0,50	20%
	0,51	50
	0,53	30

31. **Antecipação e Retardamento.** Sob quais condições a subsidiária da Zona Co. consideraria usar uma estratégia antecipação para reduzir a exposição a transações? Sob quais condições a subsidiária da Zona Co. consideraria usar uma estratégia retardamento para reduzir a exposição a transações?

32. **Opções de Moeda.** Relate o uso de opções de moeda para a proteção de contas líquidas a pagar e a receber. Isto é, quando opções de venda de moeda deveriam ser adquiridas e quando opções de compra de moeda deveriam ser adquiridas? Por que a Cleveland, Inc. consideraria fazer a proteção de contas líquidas a pagar e a receber com opções de moeda, em vez de com contratos a termo? Quais são as desvantagens de fazer a proteção com opções de moeda em oposição a contratos a termo?

364 FINANÇAS CORPORATIVAS INTERNACIONAIS

33. **Diversificação de Moeda.** Explique como uma empresa poderá usar a diversificação de moeda para reduzir a exposição a transações.

34. **Opções de Moeda.** A Brooklyn Co. poderá determinar se opções de moeda serão mais ou menos dispendiosas que uma proteção com contrato a termo ao considerar ambas as técnicas de proteção para proteger contas líquidas a pagar em euros? Por quê não?

35. **Proteção durante a Crise Asiática.** Descreva como a crise asiática pode ter reduzido os fluxos de caixa de uma empresa dos Estados Unidos que exportava produtos (denominados em dólares americanos) para países asiáticos. Como uma empresa dos Estados Unidos que exportava produtos (denominados em dólares americanos) para a Ásia e que antecipou a crise asiática antes de ela ter começado teria se protegido de eventuais efeitos de moeda enquanto continuava a exportar para a Ásia?

36. **Proteção de Contas a Pagar com Opções de Moeda.** A Malibu, Inc. é uma empresa americana que importa produtos britânicos. Ela planeja usar opções de compra para a proteção de contas a pagar de 100.000 libras em 90 dias. Estão disponíveis três opções de compra que possuem data de vencimento daqui a 90 dias. Preencha o número de dólares necessários para os pagamentos (incluindo o prêmio pago das opções) por cada opção disponível sob cada cenário possível.

Se cada um dos cinco cenários tivesse igual probabilidade de ocorrência, qual opção você escolheria? Explique.

Condição	Taxa à Vista da Libra daqui a 90 Dias	Preço de Exercício = $ 1,74; Prêmio = $ 0,06	Preço de Exercício = $ 1,76; Prêmio = $ 0,05	Preço de Exercício = $ 1,79; Prêmio = $ 0,03
1	$ 1,65			
2	1,70			
3	1,75			
4	1,80			
5	1,85			

37. **Proteção com Spread de Baixa** (veja o apêndice do capítulo). A Marson, Inc. possui alguns clientes no Canadá e freqüentemente recebe pagamentos denominados em dólares canadenses (C$). A taxa à vista atual do dólar canadense é de $ 0,75. Duas opções de compra de dólares canadenses estão disponíveis. A primeira opção possui um preço de exercício de $ 0,72 e um prêmio de $ 0,03. A segunda opção possui um preço de exercício de $ 0,74 e um prêmio de $ 0,01. A Marson, Inc. gostaria de usar um spread de baixa para a proteção de sua posição de contas a receber de C$ 50.000, que vencem em um mês. A empresa está preocupada que o dólar canadense poderá se depreciar para $ 0,73 em um mês.

a) Descreva como a Marson, Inc. poderá usar um spread de baixa para proteger sua posição.

b) Suponha que a taxa à vista do dólar canadense em um mês era de $ 0,73. A proteção foi eficaz?

38. **Proteção com Spread de Alta** (veja o apêndice do capítulo). A Evar Imports, Inc. compra chocolate da Suíça e o revende nos Estados Unidos. Ela acabou de adquirir chocolate faturado a FS 62.500. O pagamento da fatura vence em 30 dias. Suponha que a taxa de câmbio atual do franco suíço seja de $ 0,74. Também suponha que três opções de compra do franco estejam disponíveis. A primeira opção possui um preço de exercício de $ 0,74 e um prêmio de $ 0,03; a segunda opção possui um preço de exercício de $ 0,77 e um prêmio de $ 0,01; a terceira opção possui um preço de exercício de $ 0,80 e um prêmio de $ 0,006. A Evar Imports está preocupada com uma modesta apreciação do franco suíço.

a) Descreva como a Evar Imports poderá construir um spread de alta usando as duas primeiras opções. Qual é o custo dessa proteção? Quando essa proteção seria a mais eficaz? Quando seria menos eficaz?

b) Descreva como a Evar Imports poderá construir um spread de alta usando a primeira e a terceira opções. Qual é o custo dessa proteção? Quando essa proteção seria a mais eficaz? Quando será menos eficaz?

c) Dadas as suas respostas para a parte (a) e a parte (b), qual é a permuta envolvida na construção de um spread de alta usando opções de compra com um preço de exercício mais alto?

39. **Proteção com *Straddles* de Opções** (veja o apêndice do capítulo). A Brooks, Inc. importa madeira do Marrocos. O exportador marroquino fatura em dirhams marroquinos. A taxa de câmbio atual do dirham é de $ 0,10. A Brooks acabou de adquirir madeira por 2 milhões de dirhams e deverá pagar por ela em três meses. Também é possível que vá receber 4 milhões de dirhams em três meses da venda de madeira retrabalhada no Marrocos. A Brooks atualmente negocia madeira retrabalhada com um importador marroquino. Se as negociações forem bem-sucedidas, a Brooks receberá 4 milhões de dirhams em três meses, para um fluxo de caixa líquido de 2 milhões de dirhams. As seguintes informações sobre opções estão disponíveis:

- Prêmio da opção de compra de dirham marroquino = $ 0,003.
- Prêmio da opção de venda de dirham marroquino = $ 0,002.
- Preço de exercício das opções de compra e de venda = $ 0,98.
- Um contrato de opção representa 500.000 dirhams.

a) Descreva como a Brooks poderá usar um *straddle* de opções para a proteção de possíveis posições em dirham.

b) Considere três cenários. No primeiro cenário, a taxa à vista do dirham no vencimento da opção é igual ao preço de exercício de $ 0,98. No segundo cenário, o dirham se deprecia para $ 0,08. No terceiro cenário, o dirham se aprecia para $ 0,11. Para cada cenário, considere tanto quando as negociações forem bem-sucedidas, como quando não o forem. Avalie a eficácia do *straddle* comprado em cada uma dessas situações comparando com a estratégia de usar proteção com a compra de opções de compra.

40. **Proteção com *Straddles* de Opções *versus Strangles*** (veja o apêndice do capítulo). Consulte o problema anterior. Suponha que a Brooks acredite que o custo de um *straddle* comprado seja alto demais. No entanto, opções de compra com um preço de exercício de $ 0,105 e um prêmio de $ 0,002 e opções de venda com um preço de exercício de $ 0,09 e um prêmio de $ 0,001 também estão disponíveis em dirhams marroquinos. Descreva como a Brooks poderia usar um *strangle* comprado para fazer a proteção de suas possíveis posições de dirham. Qual é a permuta envolvida em usar um *strangle* comprado contra o *straddle* comprado para a proteção das posições?

41. **Decisões de Proteção.** Você acredita que a PTJ exista no momento. A taxa de juros nominal anual no México é de 14%. A taxa de juros nominal anual nos Estados Unidos é de 3%. Você espera que a inflação anual seja de cerca de 4% no México e 5% nos Estados Unidos. A taxa à vista do peso mexicano é de $ 0,10. Opções de venda de pesos estão disponíveis com uma data de vencimento de um ano, um preço de exercício de $ 0,1008 e um prêmio de $ 0,014 por unidade.

Você recebe 1 milhão de pesos em um ano.

a) Determine o montante de dólares esperado que você receberá se você utilizar a proteção com contrato a termo.

b) Determine o montante de dólares esperado que você receberá se não fizer a proteção e acreditar na paridade de poder de compra.

c) Determine o montante de dólares que você espera receber se você usar a proteção com opções de venda de moeda. Contabilize o prêmio que você pagará pela opção de venda.

42. **Exposição ao 11 de Setembro.** Se você fosse um importador americano de produtos da Europa, explique se os ataques de 11 de setembro de 2001 aos Estados Unidos fizeram com que você fizesse a proteção de suas contas a pagar (denominadas em euros) com vencimento alguns meses depois. Lembre-se de que o ataque foi seguido por uma redução de taxas de juros americanos.

366 FINANÇAS CORPORATIVAS INTERNACIONAIS

CASO BLADES, INC.

Gestão da Exposição a Transações

A Blades, Inc. recentemente decidiu expandir seu relacionamento de comércio internacional exportando para o Reino Unido. A Jogs, Ltd., uma varejista britânica, comprometeu-se com uma aquisição anual de 200.000 pares de "Speedos", o principal produto da Blades, por um preço de £ 80 o par. O contrato deverá durar dois anos, após o qual poderá ser renovado pela Blades e pela Jogs.

Junto com esse novo relacionamento de comércio internacional, a Blades continua exportando para a Tailândia. Seu cliente principal lá, uma loja varejista chamada Entertainment Products, está comprometida em adquirir anualmente 180.000 pares de Speedos por mais dois anos a um preço fixo de 4.594 bahts tailandeses o par. Quando o contrato terminar, ele poderá ser renovado pela Blades e pela Entertainment Products.

A Blades também incorre em custos de produtos vendidos denominados em bahts tailandeses. Ela importa da Tailândia, anualmente, material suficiente para a fabricação de 72.000 pares de Speedos. Essas importações são denominadas em baht, e o preço depende dos preços de mercado atuais dos componentes importados de borracha e de plástico.

Sob os dois contratos de exportação, a Blades vende trimestralmente montantes de 50.000 e 45.000 pares de Speedos para a Jogs e a Entertainment Products, respectivamente. O pagamento dessas vendas é feito em janeiro, abril, julho e outubro. Os montantes anuais são distribuídos em trimestres para evitar estoques excessivos para os varejistas britânicos e tailandeses. De modo similar, para evitar estoques excessivos, a Blades geralmente importa trimestralmente da Tailândia material suficiente para fabricar 18.000 pares de Speedos. Embora os prazos de pagamento sejam 60 dias após a entrega, a Blades geralmente paga por suas importações mediante entrega no primeiro dia de cada trimestre, para manter seu relacionamento comercial com os fornecedores. A Blades considera o pagamento adiantado benéfico, já que os outros clientes do fornecedor tailandês pagam por suas aquisições somente quando são cobrados.

Uma vez que a Blades é relativamente nova no comércio internacional, Ben Holt, o chefe do setor financeiro (CFO), está preocupado com o possível impacto das flutuações da taxa de câmbio sobre o desempenho financeiro da empresa. Ele está vagamente familiarizado com várias técnicas disponíveis de proteção de exposições a transações, mas não tem certeza se uma técnica é superior às outras. Holt gostaria de saber mais sobre as proteções com contrato a termo, com operações no mercado monetário e de opções e pediu que você, o analista monetário da Blades, o ajudasse a identificar a técnica de proteção mais apropriada para a Blades. Infelizmente, nenhuma opção está disponível para a Tailândia, mas opções de compra e de venda britânicas estão disponíveis por £ 31.250 a opção.

Ben Holt colheu e forneceu a você as seguintes informações sobre a Tailândia e o Reino Unido:

	Tailândia	Reino Unido
Taxa à vista atual	$ 0,0230	$ 1,50
Taxa a termo de 90 dias	$ 0,0215	$ 1,49
Prêmio da opção de venda	Não disponível	$ 0,020 por unidade
Preço de exercício da opção de venda	Não disponível	$ 1,47
Prêmio da opção de compra	Não disponível	$ 0,015 por unidade
Preço de exercício de opção de compra	Não disponível	$ 1,48
Taxa de empréstimo de 90 dias (não-anual)	4%	2%
Taxa de aplicação de 90 dias (não-anual)	3,5%	1,8%

Ainda para essas informações, Ben Holt lhe informou que taxas de tomadas de empréstimo e de aplicações de 90 dias nos Estados de Unidos são de 2,3% e de 2,1% respectivamente, em uma base não-anual. Ele também identificou a seguinte distribuição de probabilidade para as taxas de câmbio da libra esterlina e do baht tailandês para 90 dias.

Probabilidade	Taxa à Vista da Libra Esterlina para 90 Dias	Taxa à Vista do Baht Tailandês para 90 Dias
5%	$ 1,45	$ 0,0200
20	1,47	0,0213
30	1,48	0,0217
25	1,49	0,0220
15	1,50	0,0230
5	1,52	0,0235

As próximas vendas e compras com a Tailândia ocorrerão daqui a um trimestre. Se a Blades decidir

EXPOSIÇÃO A TRANSAÇÕES: GESTÃO **367**

fazer a proteção, Holt desejará fazer o *hedging* de todo o montante sujeito às flutuações da taxa de câmbio, mesmo se isso exigir proteção excessiva (isto é, proteger mais que o montante necessário). Atualmente, Holt espera que os componentes importados da Tailândia custem aproximadamente 3.000 bahts por par de Speedos. Holt lhe pediu para responder às seguintes questões para ele:

1. Usando uma planilha, compare as alternativas de proteção para o baht tailandês em um cenário em que a moeda tailandesa se encontre desprotegida. Você acha que a Blades deveria permanecer desprotegida? Se ela deveria fazer a proteção, qual seria a mais apropriada?

2. Usando uma planilha, compare as alternativas de proteção para a libra esterlina em um cenário em que a moeda se encontre desprotegida. Você acha que a Blades deveria permanecer desprotegida? Se ela deveria fazer a proteção, qual seria a mais apropriada?

3. Em geral, você acha que seria mais fácil para a Blades fazer a proteção de suas entradas ou saídas denominadas em moeda estrangeira? Por quê?

4. Algumas das proteções que você comparou na questão 2 para as libras esterlinas a ser recebidas em 90 dias exigem que a Blades faça uma proteção excessiva? Dados os contratos da Blades, você acha que ela está sujeita à proteção excessiva se atuar no mercado monetário?

5. A Blades poderia modificar o ritmo de suas importações da Tailândia para reduzir sua exposição a transações? Quais os prós e contras em uma modificação dessas?

6. A Blades poderia modificar as práticas de pagamento das importações da Tailândia para reduzir sua exposição a transações? Quais os prós e contras em uma modificação dessas?

7. Dados os contratos de exportação da Blades, há alguma técnica de proteção de longo prazo com a qual a empresa pudesse se beneficiar? Apenas para essa questão, suponha que a Blades incorra em todos os seus custos nos Estados Unidos.

DILEMA DA PEQUENA EMPRESA

Decisões de Proteção pela Sports Exports Company

Jim Logan, proprietário da Sports Exports Company, receberá cerca de 10.000 libras esterlinas daqui a um mês mais ou menos, como pagamento pelas exportações produzidas e enviadas por sua empresa. Jim está preocupado com sua exposição porque acredita que há duas condições possíveis: (1) a libra se depreciará em 3% ao longo do próximo mês ou (2) a libra se apreciará em 2% ao longo do próximo mês. Há 70% de chance de a condição 1 ocorrer. Há 30% de chance de a condição 2 ocorrer.

Jim nota que a taxa à vista da libra é de $ 1,65 e a taxa a termo de um mês é de $ 1,645. Jim poderá adquirir uma opção de venda no mercado de balcão de uma corretora que possui um preço de exercício de $ 1,645, um prêmio de $ 0,025 e uma data de vencimento para daqui um mês.

1. Determine o montante de dólares recebidos pela Sports Exports Company se os valores a ser recebidos daqui a um mês não forem protegidos, nos dois cenários de taxa de câmbio.

2. Determine o montante de dólares recebidos pela Sports Exports Company se uma opção de venda for utilizada para a proteção dos recebimentos para daqui a um mês, nos dois cenários de taxa de câmbio.

3. Determine o montante de dólares recebidos pela Sports Exports Company se um contrato a termo for utilizado para a proteção dos recebimentos para daqui um mês, nos dois cenários de taxa de câmbio.

4. Resuma os resultados dos dólares recebidos com base na estratégia sem proteção, na estratégia de opção de venda e na estratégia com contrato a termo. Escolha a estratégia que você preferir com base nas informações fornecidas.

APÊNDICE 11

Técnicas de Proteção Não-tradicionais

Apesar de as técnicas de *Hedging* (Proteção) terem sido cobertas no Capítulo 5, muitas outras poderão ser apropriadas para uma situação em particular de uma EMN. Algumas dessas técnicas não-tradicionais serão descritas neste apêndice.

Proteção com *Straddles* de Moeda

Na realidade, algumas EMNs não sabem se obterão entradas ou saídas líquidas como resultado de suas operações com uma moeda específica ao longo de um período de tempo. Um *straddle* comprado de moeda (aquisição de uma opção de compra e de uma opção de venda com o mesmo preço de exercício) é uma ferramenta eficaz de proteção nessas condições.

EXEMPLO

A Houston Co. realiza negócios no México e espera precisar de 4.000.000 pesos mexicanos (PMX) para fazer a proteção de suas despesas específicas. Se não for possível renovar uma negociação comercial com o governo mexicano (seu maior cliente), ela receberá um total de PMX 3.000.000 em receitas de um mês, o que resultará em fluxos de caixa líquidos de –PMX 1.000.000. Do contrário, se for possível renovar a negociação comercial com o governo, receberá um total de PMX 5.000.000, que resultarão em fluxos de caixa de +PMX 1.000.000. A taxa à vista vigente do peso mexicano é de $ 0,09. Se a Houston tiver excesso de pesos em um mês, ela os converterá em dólares. Do contrário, se não tiver pesos suficientes em um mês, utilizará os dólares para obter o montante de que precisar. A Houston gostaria de fazer a proteção de seu risco de taxa de câmbio, independentemente de qual cenário ocorrer.

Atualmente, opções de compra de pesos mexicanos com data de vencimento em um mês estão disponíveis com um preço de exercício de $ 0,09 e um prêmio de $ 0,004 por peso. Opções de venda de pesos mexicanos com data de vencimento em um mês estão disponíveis com um preço de exercício de $ 0,09 e um prêmio de $ 0,005 por peso. Opções de pesos mexicanos são denominadas em 250.000 pesos por contrato de opção.

A Houston poderá proteger sua possível posição de ter fluxos de caixa líquidos positivos de PMX 1.000.000 adquirindo opções de venda. Pagaria um prêmio de $ 5.000 (1.000.000 unidades × $ 0,005). Poderia fazer a proteção de sua possível posição de precisar de

PMX 1.000.000 adquirindo opções de compra. Pagaria um prêmio de $ 4.000 (1.000.000 unidades × $ 0,004). Suponha que a Houston construa um *straddle* para a proteção dos dois resultados possíveis e pague $ 9.000 pelas opções de compra e pelas opções de venda de pesos. Suponha que a Houston exerça as opções em um mês, se o fizer.

Considere as seguintes condições que poderiam ocorrer daqui a um mês:

1. Se a Houston possuir fluxos de caixa líquido de +PMX 1.000.000 e o valor do peso for $ 0,10, deixará as opções de venda expirarem e converterá seus pesos em dólares no mercado à vista, recebendo $ 100.000 (1.000.000 unidades × $ 0,10) dessa operação. Também exercerá sua opção de compra adquirindo 1.000.000 pesos a $ 0,09 e os venderá no mercado à vista por $ 0,10. Essa operação gerará um ganho de $ 10.000. No total, a Houston receberá $ 110.000, menos os $ 9.000 dos prêmios pagos pelas opções.

2. Se a Houston possuir fluxos de caixa líquidos de +PMX 1.000.000 e o peso se depreciar para $ 0,08, ela exercerá as opções de venda e deixará as opções de compra expirarem. No total, a Houston receberá $ 90.000 (1.000.000 unidades × $ 0,09) do exercício das opções, menos $ 9.000 dos prêmios pagos pelas opções.

3. Se a Houston possuir fluxos de caixa líquido de +PMX 1.000.000 e o peso for $ 0,09, deixará as opções de compra e de venda expirarem. Receberá $ 90.000 (1.000.000 × $ 0,09) da venda dos pesos no mercado à vista, menos $ 9.000 dos prêmios pagos pelas opções.

4. Se a Houston possuir fluxos de caixa líquido de –PMX 1.000.000, e o valor do peso for $ 0,10, ela exercerá suas opções de compra e deixará as opções de venda expirarem. No total, a Houston pagará $ 99.000, o que consiste em $ 90.000 (1.000.000 unidades × $ 0,09) do exercício da opção de compra e nos $ 9.000 dos prêmios pagos pelas opções.

5. Se a Houston possuir fluxos de caixa líquidos de –PMX 1.000.000 e o valor do peso for $ 0,08, ela deixará as opções de compra expirarem e comprará pesos no mercado à vista. Também comprará 1.000.000 pesos e depois os venderá ao exercer suas opções de venda. Essa operação gerará um ganho de $ 10.000. No total a Houston pagará $ 79.000, o que consiste nos $ 80.000 pagos para obter os pesos necessários, mais os $ 9.000 dos prêmios pagos pelas opções, menos o ganho de $ 10.000 gerados pelas opções de venda.

6. Se a Houston possuir fluxos de caixa líquido de –PMX 1.000.000 e o valor do peso for $ 0,09, ela deixará as opções de compra e de venda expirarem. Pagará o total de $ 99.000, o que consiste nos $ 90.000 pagos para obter os pesos e nos $ 9.000 dos prêmios pagos pelas opções.

Muitos outros cenários poderão ocorrer também, mas um resumo dos possíveis e das ações tomadas pela Houston é apresentado na Tabela 11A.1.

Painel A: A Houston Co. terá fluxos de caixa líquidos de + PMX 1.000.000 em um mês.	
Valor do PMX > $ 0,09 em um mês	• A Houston converte o excesso de pesos em dólares no mercado à vista. • Deixa as opções de venda expirarem. • Exerce suas opções de compra e vende os pesos obtidos dessa operação no mercado à vista; os recursos recapturam parte dos prêmios que foram pagos pelas opções.
Valor do PMX < $ 0,09 em um mês	• A Houston converte o excesso de pesos em dólares a $ 0,09, exercendo suas opções de venda. • Deixa as opções de compra expirarem.
Valor do PMX = $ 0,09 em um mês	• A Houston converte o excesso de pesos em dólares no mercado à vista. • Deixa as opções de compra e de venda expirarem.

Tabela 11A.1 Cenários possíveis da Houston Co. ao fazer a proteção com um *straddle*. (continua)

370 FINANÇAS CORPORATIVAS INTERNACIONAIS

Painel B: A Houston Co. terá fluxos de caixa líquidos de –PMX 1.000.000 em um mês.	
Valor do PMX > $ 0,09 em um mês	• A Houston converte dólares em pesos com o exercício das opções de compra. • Deixa as opções de venda expirarem.
Valor do PMX < $ 0,09 em um mês	• Deixa as opções de compra expirarem. • Compra pesos no mercado à vista e vende os pesos obtidos com o exercício das opções de venda; os recursos recapturam parte dos prêmios que foram pagos pelas opções.
Valor do PMX = $ 0,09 em um mês	• A Houston converte dólares em pesos no mercado à vista. • Deixa as opções de compra e de venda expirarem.

Tabela 11A.1   Cenários possíveis da Houston Co. ao fazer a proteção com um *straddle*.

Proteção com *Strangles* de Moeda

No exemplo de proteção apresentado sobre a Houston Co., considere que o valor esperado da quantia que a empresa deverá pagar ou receber com base na taxa à vista de hoje seja de $ 90.000 (PMX 1.000.000 × $ 0,09). Os prêmios pagos pelas opções ($ 9.000) representam 10% desse valor esperado. Portanto, o *straddle* é um meio caro de proteção. O preço de exercício pelo qual a Houston fez a proteção era igual à taxa à vista ("no dinheiro"). Se a empresa estiver disposta a aceitar a exposição às pequenas oscilações da taxa de câmbio do peso, poderá reduzir os prêmios pagos pelas opções. Especificamente, deverá usar um *strangle* comprado adquirindo uma opção de compra e uma opção de venda que possuam preços de exercício diferentes. Ao adquirir uma opção de compra que tenha um preço de exercício mais alto que $ 0,09 e uma opção de venda que tenha um preço de exercício mais baixo que $ 0,09, a Houston Co. poderá reduzir os prêmios que pagará pelas opções.

EXEMPLO

Reconsidere o exemplo em que a Houston Co. espera ter fluxos de caixa de +PMX 1.000.000 ou de –PMX 1.000.000 em um mês. Para reduzir os prêmios que paga para a proteção com opções, ela poderá adquirir opções que estejam fora do dinheiro. Suponha que ela obtenha opções de compra de pesos mexicanos com data de vencimento em um mês, um preço de exercício de $ 0,095 e um prêmio de $ 0,002 por peso. Também poderá obter opções de venda de pesos mexicanos com data de vencimento em um mês, um preço de exercício de $ 0,085 e um prêmio de $ 0,003 por peso.

A Houston Co. poderá fazer a proteção de sua possível posição de precisar de PMX 1.000.000 ao adquirir opções de compra. Pagará um prêmio de $ 2.000 (1.000.000 unidades × $ 0,002). Também poderá fazer a proteção de sua possível posição de ter fluxos de caixa líquidos positivos de PMX 1.000.000 ao comprar opções de venda. Pagará um prêmio de $ 3.000 (1.000.000 unidades × $ 0,003). No total, a Houston pagará $ 5.000 pelas opções de compra e pelas opções de venda de pesos, o que será consideravelmente menos que os $ 9.000 que pagaria pelo *straddle* no exemplo anterior. Contudo, as opções não oferecem proteção até que a taxa à vista se desvie mais que $ 0,005 de seu nível existente. Se a taxa à vista permanecer dentro do âmbito dos dois preços de exercício (de $ 0,085 a $ 0,095), a Houston não exercerá as opções.

Este exemplo de proteção com um *strangle* é um acerto entre o *straddle* do exemplo anterior e a não-proteção. Para o âmbito de possíveis taxas à vista entre $ 0,085 e $ 0,095, não há proteção. Para condições em que a taxa à vista oscile para fora do âmbito, a Houston

APÊNDICE 11 • TÉCNICAS DE PROTEÇÃO NÃO-TRADICIONAIS **371**

estará protegida. Terá de pagar não mais que $ 0,095 se precisar obter pesos e poderá vender pesos por pelo menos $ 0,085 se tiver pesos para vender.

Proteção com Spreads de Alta sobre Moedas

Em certas situações, as EMNs poderão utilizar spreads de alta para a proteção de seus fluxos de caixa denominados em uma moeda estrangeira, como ilustra o seguinte exemplo.

EXEMPLO

A Peak Inc. precisa encomendar matéria-prima canadense para usar em seu processo de produção. O exportador canadense caracteristicamente fatura a Peak em dólares canadenses. Suponha que a taxa de câmbio atual para o dólar canadense (C$) seja de 0,73 e que a Peak precise de C$ 100.000 daqui a três meses. Duas opções de compra de dólares canadenses com datas de vencimento para daqui a três meses e as seguintes informações adicionais estão disponíveis:

- Opção de Compra 1, prêmio sobre dólares canadenses = $ 0,015.
- Opção de Compra 2, prêmio sobre dólares canadenses = $ 0,008.
- Opção de Compra 1, preço de exercício = $ 0,73.
- Opção de Compra 2, preço de exercício = $ 0,75.
- Um contrato de opção representa C$ 50.000.

Para travar um preço futuro para os C$ 100.000, a Peak poderá comprar dois contratos da Opção 1, pagando 2 × C$ 50.000 × $ 0,015 = $ 1.500. Isso eficazmente congelará o preço máximo de $ 0,73 que a Peak pagará daqui a 3 meses, por um total máximo de saída de $ 74.500 (C$ 100.000 × $ 0,73 + $ 1.500). Se o preço à vista do dólar canadense no vencimento da opção for abaixo de $ 0,73, a Peak terá o direito de deixar as opções expirarem e comprar os C$ 100.000 no mercado aberto a um preço mais baixo. Naturalmente, a Peak terá pago os $ 1.500 do total do prêmio nesse caso.

Historicamente, o dólar canadense tem sido relativamente estável perante o dólar americano. Se a Peak acreditar que o dólar canadense se apreciará nos próximos três meses, mas possivelmente não se apreciará acima do preço de exercício mais alto de $ 0,75, deverá considerar a construção de um spread de alta para a proteção de suas contas a pagar em dólares canadenses. Para tal, a Peak deverá comprar dois contratos da Opção 1 e vender dois contratos da Opção 2. A saída total do caixa necessária para construir esse spread de alta será 2 × C$ 50.000 × ($ 0,015 – $ 0,008) = $ 700, visto que a Peak receberá os prêmios de venda dos dois contratos da Opção 2. A construção do spread de alta reduziu o custo da proteção em $ 800 ($ 1.500 – $ 700).

Se o preço à vista do dólar canadense no vencimento da opção for abaixo do preço de exercício de $ 0,75, o spread de alta terá concedido uma proteção eficaz. Por exemplo, se a taxa à vista no vencimento for de $ 0,74, a Peak exercerá os dois contratos da Opção 1 que adquiriu, por uma saída máxima total de $ 73.700 (C$ 100.000 × $ 0,73 + $ 700). O comprador dos dois contratos da Opção 2 que a Peak vendeu deixará essas opções expirarem. Se o dólar canadense se depreciar consideravelmente abaixo do preço de exercício mais baixo, de $ 0,73, a proteção também será eficaz, já que ambas opções expirarão sem valor. A Peak deverá comprar dólares canadenses pela taxa à vista vigente, tendo pago a diferença com os prêmios das opções.

Agora considere o que ocorrerá se o dólar canadense se apreciar acima do preço de exercício mais alto de $ 0,75 antes do vencimento da opção. Nesse caso, o spread de alta ainda reduzirá o total da saída do caixa e, portanto, fornecerá uma proteção parcial. No entanto, a proteção será menos eficaz.

Para ilustrar, suponha que o dólar canadense se aprecie a um preço à vista de $ 0,80 em três meses. A Peak ainda exercerá os dois contratos da Opção 1 que adquiriu. No entanto, os dois contratos da Opção 2 que vendeu também serão exercidos. Lembre-se de que essa é uma situação em que o lucro máximo de um spread de alta é alcançado, o que é igual à diferença dos preços de exercício menos a diferença dos dois prêmios, ou $2 \times C\$ 50.000 \times (\$ 0,75 - \$ 0,73 - \$ 0,015 + \$ 0,008) = \$ 1.300$. O importante é que a Peak agora terá de adquirir os C$ 100.000 que precisa no mercado aberto, já que precisa vender os dólares canadenses adquiridos ao exercer os contratos da Opção 1 para o comprador dos contratos da Opção 2 que vendeu. Portanto, o total de saída do caixa da Peak em três meses quando precisar dos dólares canadenses será de $ 78.700 (C$ 100.000 × $ 0,80 – $ 1.300). Apesar de a Peak ter reduzido com sucesso sua saída de caixa em três meses em $ 1.300, teria se dado melhor se tivesse comprado apenas dois contratos da Opção 1 para proteger suas contas a pagar, o que teria resultado em uma saída máxima do caixa de $ 74.500. Conseqüentemente, as EMNs deveriam utilizar spreads de alta somente para moedas relativamente estáveis que não se espera que tenham uma apreciação drástica antes do vencimento da opção.

Proteção com Spreads de Baixa sobre Moedas

Em certas situações, as EMNs poderão utilizar spreads de baixa para a proteção de suas contas a receber denominadas em uma moeda estrangeira.

EXEMPLO

A Weber, Inc. possui alguns clientes canadenses. Esta empresa caracteristicamente faz o faturamento desses clientes em dólares canadenses. Suponha que a taxa de câmbio atual do dólar canadense (C$) seja de $ 0,73 e que a Weber espere receber C$ 50.000 em três meses. As seguintes opções para dólares canadenses estão disponíveis:

- Opção de Compra 1, prêmio sobre dólares canadenses = $ 0,015.
- Opção de Compra 2, prêmio sobre dólares canadenses = $ 0,008.
- Opção de Compra 1, preço de exercício = $ 0,73.
- Opção de Compra 2, preço de exercício = $ 0,75.
- Um contrato de opção representa C$ 50.000.

Se a Weber acreditar que o dólar canadense não se depreciará muito abaixo do preço de exercício mais baixo de $ 0,75, poderá construir um spread de baixa para a proteção de seus recebimentos. A Weber comprará a Opção de Compra 2 e venderá a Opção de Compra 1 para estabelecer esse spread de baixa. O total de *entrada* no caixa resultante desse spread de baixa será de C$ 50.000 × ($ 0,015 – $ 0,008) = $ 350. A construção de um spread de baixa sempre resultará em uma entrada de caixa líquida, uma vez que o construtor do spread compõe a opção de compra com o preço de exercício mais baixo e, portanto, o prêmio mais alto.

APÊNDICE 11 • TÉCNICAS DE PROTEÇÃO NÃO-TRADICIONAIS **373**

O que ocorrerá se o dólar canadense se apreciar acima do preço de exercício mais alto de $ 0,75 antes da vencimento da opção? Por exemplo, suponha que a taxa à vista do dólar canadense seja de $ 0,80 no vencimento da opção. Nesse caso, o spread de baixa resultará na perda máxima de $ 0,013 ($ 0,75 – $ 0,73 – $ 0,015 + $ 0,008) por dólar canadense, de uma perda máxima total de $ 650. No entanto, agora a Weber poderá vender as contas a receber pela taxa à vista vigente de $ 0,80 obtendo um líquido de $ 39.350 (C$ 50.000 × $ 0,80 – $ 650). Além disso, ao passo que a perda máxima permanece em $ 650 pelo spread de baixa, a Weber poderá se beneficiar se o dólar canadense se apreciar ainda mais.

O spread de baixa também fornece uma proteção eficaz se a taxa à vista do dólar canadense no vencimento estiver acima do preço de exercício mais baixo de $ 0,73, mas abaixo do preço de exercício mais alto de $ 0,75. Nesse caso, no entanto, o benefício será reduzido. Por exemplo, se o preço à vista no vencimento da opção for de $ 0,74, a Weber deixará a Opção 2 expirar. O comprador da Opção 1 a exercerá, e a Weber venderá os valores recebidos ao preço de exercício de $ 0,73 para cumprir sua obrigação. Isso resultará em um total de entradas de $ 36.850 (C$ 50.000 × $ 0,73 + $ 350) depois de incluir o prêmio líquido recebido na montagem do spread.

Se o dólar canadense se depreciar abaixo do preço de exercício mais baixo de $ 0,73, a Weber perceberá o ganho máximo do spread de baixa, mas deverá vender as contas a receber pela taxa à vista vigente baixa. Por exemplo, se a taxa à vista no vencimento da opção for $ 0,70, as duas opções expirarão sem valor, mas a Weber terá recebido $ 350 na montagem do spread. Se a Weber vender as contas a receber pela taxa à vista, a entrada líquida será $ 35.350 (C$ 50.000 × $ 0,70 + $ 350).

Em suma, as EMNs deverão fazer a proteção de contas a receber ao utilizar spreads de baixa somente com moedas relativamente estáveis que se espera que se depreciem modesta, e não drasticamente, antes do vencimento da opção.

CAPÍTULO 12

Exposição Econômica e Exposição de Conversão: Gerenciamento

Como o capítulo anterior descreveu, EMNs podem gerenciar a exposição de suas transações internacionais às oscilações da taxa de câmbio (referindo-se a ela como exposição a transações) de várias maneiras. Porém, os fluxos de caixa das EMNs ainda assim poderão ser sensíveis às oscilações das taxas de câmbio (exposição econômica), mesmo se transações internacionais antecipadas estiverem protegidas. Além disso, os demonstrativos financeiros consolidados das EMNs ainda poderão estar expostos às oscilações das taxas de câmbio (exposição à conversão). Ao gerenciar a exposição econômica e a exposição à conversão, os gestores financeiros poderão aumentar o valor de suas EMNs.

Os objetivos específicos deste capítulo são:

- explicar como a exposição econômica poderá ser protegida; e

- explicar como a exposição à conversão de uma EMN poderá ser protegida.

Em geral, é mais difícil fazer a proteção (*hedging*) da exposição econômica e de exposição à conversão que a proteção à exposição a transações, por razões explicadas neste capítulo.

Exposição Econômica

Da perspectiva de uma empresa dos Estados Unidos, a exposição a transações representa apenas o risco da taxa de câmbio ao converter entradas estrangeiras líquidas no caixa para dólares americanos ou ao adquirir moedas estrangeiras para enviar pagamentos. A exposição econômica representa qualquer impacto de flutuações da taxa de câmbio sobre os fluxos de caixa futuros de uma empresa. Os fluxos de caixa de empresas podem ser afetados pelas oscilações da taxa de câmbio de maneira não diretamente associada com transações estrangeiras. Portanto, as empresas não poderão simplesmente se concentrar em fazer o *hedging* de seus pagamentos ou recebimentos em moeda estrangeira, mas deverão também procurar determinar como seus fluxos de caixa serão afetados por possíveis oscilações da taxa de câmbio.

EXEMPLO

A exposição econômica da Nike apresenta-se de várias formas. Primeiro, está sujeita à exposição a transações devido a suas inúmeras operações de aquisições e vendas, e essa exposição a transações é um subsistema da exposição econômica. Segundo, quaisquer lucros remetidos de subsidiárias estrangeiras para a controladora dos Estados Unidos também refletem exposição a transações e, portanto, exposição econômica. Terceiro, uma variação nas taxas de câmbio que afeta a demanda por calçados em outras empresas de calçados esportivos (como a Adidas) poderão afetar indiretamente a demanda pelos calçados esportivos da Nike. A Nike demanda fazer a proteção de algumas de suas exposições a transações, mas não poderá eliminar essa exposição, porque não pode prever todas as transações futuras antes do tempo. De mais a mais, mesmo que pudesse eliminar sua exposição a transações, não poderá fazer a proteção de sua exposição econômica remanescente perfeitamente.

http://

Veja http://www.ibm.com/us/ como exemplo de Website de uma EMN. Os Websites de várias EMNs disponibilizam demonstrativos financeiros, assim como relatórios anuais que descrevem o uso de derivativos financeiros para a proteção de riscos das taxas de juros e das taxas de câmbio.

Os comentários a seguir da PepsiCo resumem o dilema enfrentado por muitas EMNs que avaliam a exposição econômica.

O impacto econômico das taxas de câmbio de moedas sobre nós é complexo porque essas mudanças freqüentemente estão ligadas a variações no crescimento real, à inflação, às taxas de juros, às ações do governo e a outros fatores. Essas mudanças, se consistentes, poderão nos obrigar a fazer ajustes em nossas estratégias operacionais e financeiras.

PepsiCo

Uso de Demonstrativos de Resultados para Avaliar a Exposição Econômica

Uma EMN precisa determinar sua exposição econômica antes de poder gerenciar sua exposição. Poderá determinar sua exposição a cada moeda em termos de suas saídas e entradas de caixa. Os demonstrativos de resultados de cada subsidiária poderão ser usados para derivar as estimativas.

EXEMPLO

Lembre do Capítulo 10 em que a Madison, Inc. está sujeita à exposição econômica. A Madison pode avaliar sua exposição econômica às oscilações da taxa de câmbio determinando a sensibilidade de suas despesas e receitas a várias condições da taxa de câmbio possíveis. A Tabela 12.1 reproduz informações de receitas e despesas da Madison da Tabela 10.7 do Capítulo 10. Supõe-se que as receitas dos Estados Unidos sejam sensíveis a diferentes condições da taxa de câmbio devido à concorrência estrangeira. Independentemente das condições da taxa de câmbio, espera-se que as vendas canadenses sejam de C$ 4 milhões, mas a quantia em dólares recebida dessas vendas dependerá das condições. Assume-se que o custo dos produtos vendidos atribuível aos pedidos dos Estados Unidos seja de $ 50 milhões e insensível às oscilações da taxa de câmbio. Assume-se que o custo dos produtos

376 FINANÇAS CORPORATIVAS INTERNACIONAIS

Condições da Taxa de Câmbio					
	CS = $ 0,75		CS = $ 0,80		CS = $ 0,85
Vendas:					
(1) Estados Unidos		$ 300,00		$ 304,00	$ 307,00
(2) Canadá	C$ 4 =	3,00	C$ 4 =	3,20	C$ 4 = 3,40
(3) Total		$ 303,00		$ 307,20	$ 310,40
Custo dos produtos vendidos:					
(4) Estados Unidos		$ 50,00		$ 50,00	$ 50,00
(5) Canadá	C$ 200 =	150,00	C$ 200 =	160,00	C$ 200 = 170,00
(6) Total		$ 200,00		$ 210,00	$ 220,00
(7) Lucro bruto		$ 103,00		$ 97,20	$ 90,40
Despesas operacionais:					
(8) Estados Unidos: Fixos		$ 30,00		$ 30,00	$ 30,00
(9) Estados Unidos: Variável (10% do total de vendas)		30,30		30,72	31,04
(10) Total		$ 60,30		$ 60,72	$ 61,04
(11) Lucro antes dos juros e do imposto de renda		$ 42,70		$ 36,48	$ 29,36
Despesa com juros:					
(12) Estados Unidos		$ 3,00		$ 3,00	$ 3,00
(13) Canadá	C$ 10 =	7,50	C$ 10 =	8,00	C$ 10 = 8,50
(14) Total		$ 10,50		$ 11,00	$ 11,50
(15) Lucro antes do imposto de renda		$ 32,20		$ 25,48	$ 17,86

Tabela 12.1   Impacto original das oscilações da taxa de câmbio sobre os lucros da Madison, Inc. (em milhões).

vendidos atribuível aos pedidos do Canadá seja de C$ 200 milhões. O montante de dólares americanos desse custo varia com as condições da taxa de câmbio. O lucro bruto mostrado na Tabela 12.1 é determinado pela subtração do valor total em dólares do custo dos produtos vendidos do valor total em dólares das vendas.

As despesas operacionais são separadas em categorias fixas e variáveis. As despesas fixas são de $ 30 milhões por ano, enquanto as despesas variáveis projetadas são ditadas pelas vendas projetadas. O lucro antes dos juros e do imposto de renda é determinado pelo lucro bruto menos o montante total de dólares de despesas operacionais. Os juros devidos aos bancos dos Estados Unidos são insensíveis às condições da taxa de câmbio, mas o montante de dólares necessários para pagar os juros sobre empréstimos canadenses existentes varia com o cenário da taxa de câmbio. O lucro antes do imposto de renda é estimado subtraindo o total de despesas com juros do lucro antes dos juros do imposto de renda.

A Tabela 12.1 permite à Madison avaliar como os itens de seu demonstrativo de resultados serão afetados pelas diferentes oscilações da taxa de câmbio. O dólar canadense mais forte aumenta as vendas da Madison e a receita em dólares obtida com as vendas canadenses. No entanto, também aumenta o custo de insumos da Madison adquiridos do Canadá e o montante de dólares necessários para pagar os juros sobre os empréstimos dos bancos do Canadá. As despesas mais altas compensam as receitas mais altas nessas condições. Portanto, o montante de lucros da Madison antes do imposto de renda está inversamente relacionado com a força do dólar canadense.

Se o dólar canadense se fortalecer consistentemente a longo prazo, o custo dos produtos vendidos da Madison e as despesas com juros possivelmente subirão a uma taxa mais alta que suas receitas em dólares americanos. Conseqüentemente, ela poderá desejar instituir algumas políticas para assegurar que as oscilações do dólar canadense tenham um impacto mais balanceado sobre suas receitas e despesas. No momento, a alta exposição da Madison às oscilações da taxa de câmbio ocorre porque suas despesas são mais suscetíveis que suas receitas às alterações do valor do dólar canadense.

EXPOSIÇÃO ECONÔMICA E EXPOSIÇÃO DE CONVERSÃO: GERENCIAMENTO **377**

Agora que avaliou sua exposição, a Madison reconhece que poderá reduzi-la aumentando as vendas canadenses ou reduzindo os pedidos de insumos canadenses. Essas ações permitirão alguma compensação nos fluxos de caixa e, portanto, a redução de sua exposição econômica.

Como a Reestruturação Pode Diminuir a Exposição Econômica

As EMNs poderão reestruturar suas transações para diminuir sua exposição econômica. A reestruturação envolve deslocamentos de fontes de custos ou receitas para outras localidades para conciliar as entradas e as saídas de caixa em moeda estrangeira.

EXEMPLO

Reconsidere o exemplo anterior da Madison, Inc. que possui mais saídas de caixa do que entradas de caixa em dólares canadenses. A Madison poderá criar mais saldo com o aumento das vendas canadenses. Ela acredita que poderá atingir vendas canadenses de C$ 20 milhões se gastar $ 2 milhões a mais em propaganda (o que faz parte de suas despesas operacionais fixas). O aumento nas vendas também exigirá um gasto adicional de $ 10 milhões em insumos de fornecedores dos Estados Unidos. Além disso, ela planeja diminuir sua dependência dos fornecedores canadenses e aumentar sua dependência dos fornecedores americanos. A Madison antecipa que essa estratégia diminuirá o custo de produtos vendidos atribuível a fornecedores canadenses em C$ 100 milhões e aumentará o custo dos produtos vendidos atribuível aos fornecedores americanos em $ 80 milhões (não incluindo o aumento de $ 10 milhões resultantes do crescimento das vendas ao mercado canadenses). Ademais, ela planeja tomar emprestado fundos adicionais nos Estados Unidos e liquidar alguns empréstimos de bancos canadenses. O resultado será uma despesa com juros adicional de $ 4 milhões para os bancos dos Estados Unidos e uma redução de C$ 5 milhões devidos aos bancos do Canadá. A Tabela 12.2 mostra o impacto antecipado dessas estratégias sobre o demonstrativo de resultados da Madison. Para cada uma das três condições, as projeções iniciais estão na coluna da esquerda e as projeções revistas (como resultado da estratégia proposta) estão na coluna da direita.

Note primeiro que as vendas totais projetadas aumentam em resposta aos planos da Madison de penetrar no mercado canadense. Segundo, o custo dos produtos americanos vendidos agora está em $ 90 milhões a mais, como resultado do aumento de $ 10 milhões para acomodar a elevação das vendas canadenses e o aumento de $ 80 milhões devido à mudança de fornecedores canadenses para americanos. O custo de produtos vendidos canadense cai de C$ 200 milhões para C$ 100 milhões, como resultado da mudança. As despesas operacionais fixas revistas de $ 32 milhões incluem o aumento nas despesas de propaganda necessária para penetrar no mercado canadense. As despesas operacionais variáveis são revistas devido às estimativas também revistas para o total de vendas. As despesas com juros são revistas devido ao aumento de empréstimos dos bancos dos Estados Unidos e a redução de empréstimos dos bancos do Canadá.

Se a Madison aumentar suas entradas em dólares canadenses e diminuir suas saídas em dólares canadenses como proposto, sua receita e despesas serão afetadas pelas oscilações do dólar canadense de certa forma semelhante. A Figura 12.1 ilustra a sensibilidade do lucro da Madison antes do imposto de renda para as três condições da taxa de câmbio (derivadas da Tabela 12.2). A sensibilidade reduzida das transações reestruturadas da Madison às oscilações da taxa de câmbio é óbvia.

	Cenário da Taxa de Câmbio C$ = $ 0,75		Cenário da Taxa de Câmbio C$ = $ 0,80		Cenário da Taxa de Câmbio C$ = $ 0,85	
	Estrutura Operacional Original	Estrutura Operacional Proposta	Estrutura Operacional Original	Estrutura Operacional Proposta	Estrutura Operacional Original	Estrutura Operacional Proposta
Vendas:						
Estados Unidos	$ 300,0	$ 300,00	$ 304,00	$ 304	$ 307,00	$ 307,00
Canadá	C$ 4 = 3,0	C$ 20 = 15,00	C$ 4 = 3,20	C$ 20 = 16	C$ 4 = 3,40	C$ 20 = 17,00
Total	$ 303,0	$ 315,00	$ 307,20	$ 320	$ 310,40	$ 324,00
Custo dos produtos vendidos:						
Estados Unidos	$ 50,0	$ 140,00	$ 50,00	$ 140	$ 50,00	$ 140,00
Canadá	C$ 200 = 150,0	C$ 100 = 75,00	C$ 200 = 160,00	C$ 100 = 80	C$ 200 = 170,00	C$ 100 = 85,00
Total	$ 200,0	$ 215,00	$ 210,00	$ 220	$ 220,00	$ 225,00
Lucro bruto	$ 103,0	$ 100,00	$ 97,20	$ 100	$ 90,40	$ 99,00
Despesas operacionais:						
Estados Unidos: fixas	$ 30,0	$ 32,00	$ 30,00	$ 32	$ 30,00	$ 32,00
Estados Unidos: variáveis (10% do total de vendas)	30,3	31,50	30,72	32	31,04	32,40
Total	$ 60,3	$ 63,50	$ 60,72	$ 64	$ 61,04	$ 64,40
Lucro antes dos juros e do imposto de renda	$ 42,7	$ 36,5	$ 36,48	$ 36	$ 29,36	$ 34,60
Despesas com juros:						
Estados Unidos	$ 3,0	$ 7,00	$ 3,00	$ 7	$ 3,00	$ 7,00
Canadá	C$ 10 = 7,5	C$ 5 = 3,75	C$ 10 = 8,00	C$ 5 = 4	C$ 10 = 8,50	C$ 5 = 4,25
Total	$ 10,5	$ 10,75	$ 11,00	$ 11	$ 11,50	$ 11,25
Lucro antes do imposto de renda	$ 32,2	$ 25,75	$ 25,48	$ 25	$ 17,86	$ 23,35

Tabela 12.2 Impacto de possíveis oscilações da taxa de câmbio sobre o lucro sob duas estruturas operacionais alternativas (em milhões).

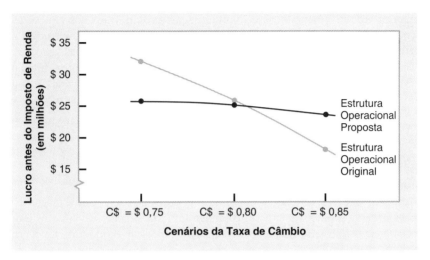

Figura 12.1 Exposição econômica baseada na estrutura operacional original e nas estruturas operacionais propostas.

A maneira como uma empresa reestrutura suas transações para diminuir a exposição econômica ao risco da taxa de câmbio depende da forma de sua exposição. Para a Madison, Inc. as despesas futuras são mais sensíveis que a receita futura aos possíveis valores de uma moeda estrangeira. Portanto, ela poderá diminuir sua exposição econômica aumentando a sensibilidade das receitas e diminuindo a sensibilidade das despesas às oscilações da taxa de câmbio. As empresas que possuem um nível maior de sensibilidade à taxa de câmbio nas receitas que nas despesas, no entanto, diminuiriam sua exposição econômica reduzindo o nível da sensibilidade à taxa de câmbio nas receitas ou aumentando o nível de sensibilidade à taxa de câmbio nas despesas.

Algumas receitas ou despesas poderão ser mais sensíveis às taxas de câmbio que outras. Portanto, simplesmente conciliar o nível da sensibilidade à taxa de câmbio das receitas ao nível da sensibilidade à taxa de câmbio das despesas poderá não afastar a empresa completamente do risco da taxa de câmbio. A empresa poderá avaliar melhor uma reestruturação de operações proposta ao fazer a previsão de vários itens do demonstrativo de resultados para várias condições possíveis da taxa de câmbio (como mostrado na Tabela 12.2) e depois verificar a sensibilidade dos ganhos nesses diferentes cenários.

Aceleração da Análise com Planilhas no Computador. A determinação da sensibilidade do lucro antes do imposto de renda aos cenários da taxa de câmbio poderá ser acelerada com a utilização do computador para criar uma planilha semelhante à da Tabela 12.2. O analista então entrará com previsões para itens como vendas, custo dos produtos vendidos e despesas operacionais fixas. Uma fórmula será usada para definir os itens remanescentes, de modo que o computador possa fornecer as estimativas depois da entrada das previsões. Por exemplo, a taxa de câmbio prevista influenciará as projeções de (1) dólares recebidos das vendas no Canadá, (2) custos dos produtos vendidos atribuíveis a aquisições de insumos canadenses e (3) quantia de dólares necessários para cobrir o pagamento dos juros canadenses. Ao revisar as entradas para mostrar várias reestruturações possíveis, o analista poderá determinar como cada estrutura operacional afetará a exposição econômica da empresa.

EXEMPLO

Lembre que a Madison, Inc. avaliou uma estrutura operacional alternativa em que ela aumentou as vendas no Canadá em C$ 16 milhões, reduziu suas compras de insumos canadenses em C$ 100 milhões e diminuiu seus juros devidos aos bancos canadenses em C$ 5 milhões. Usando uma planilha computadorizada, a Madison poderá avaliar facilmente o impacto das estratégias alternativas, tais como aumentar as vendas no Canadá por outros montantes e/ou diminuir as despesas canadenses por outros montantes. Isso dá à Madison mais informações sobre sua exposição econômica sob várias estruturas operacionais e permite que ela desenvolva a estrutura operacional que diminuirá a exposição econômica ao grau desejado.

Questões Envolvidas na Decisão de Reestruturação

A reestruturação de transações para diminuir a exposição econômica é uma tarefa mais complexa do que fazer a proteção (*hedging*) de uma transação com uma única moeda estrangeira, o que explica por que gerenciar a exposição econômica normalmente é considerado mais difícil que gerenciar a exposição a transações. Ao gerenciar a exposição econômica, no entanto, a empresa desenvolverá uma solução permanente, pois uma vez que a reestruturação esteja completa, ela deverá diminuir a exposição econômica a longo prazo. Em contraste, a proteção da exposição a transações lida com o surgimento de cada transação com moeda estrangeira separadamente. Note, no entanto, que poderá ser bem dispendioso reverter ou eliminar uma reestruturação que foi empreendida para diminuir a exposição econômica. Portanto, as EMNs deverão estar bem confiantes nos possíveis benefícios antes de decidir reestruturar suas transações.

Ao decidir como reestruturar as transações para diminuir a exposição econômica, deve-se levar em consideração as seguintes questões:

- A empresa deveria procurar aumentar ou diminuir as vendas em mercados estrangeiros novos ou existentes?
- A empresa deveria aumentar ou diminuir sua dependência de fornecedores estrangeiros?
- A empresa deveria estabelecer ou eliminar unidades de produção em mercados estrangeiros?
- A empresa deveria aumentar ou diminuir seu nível de débitos em moedas estrangeiras?

Cada uma dessas questões mostra uma área diferente do demonstrativo de resultados da empresa. A primeira refere-se às entradas de caixa estrangeiras e as remanescentes às saídas de caixa estrangeiras. Algumas das soluções mais comuns para equilibrar as entradas e as saídas de caixa estrangeiras estão resumidas na Tabela 12.3. Qualquer reestruturação de transações que poderá diminuir a diferença periódica entre as entradas e as saídas de caixa em uma moeda estrangeira poderá diminuir a exposição econômica da empresa às oscilações dessa moeda.

As EMNs que possuem unidades de produção e marketing em vários países poderão ser capazes de reduzir qualquer impacto adverso da exposição econômica mudando a localização de suas operações.

EXEMPLO

A Deland Co. fabrica produtos nos Estados Unidos, no Japão e no México e os vende (denominados na moeda em que são produzidos) em diversos países. Se o iene japonês se fortalecer perante muitas moedas, a empresa poderá impulsionar a produção no México, esperando uma queda na demanda de produtos das subsidiárias japonesas. A Deland poderá até transferir alguns maquinários do Japão para o México e destinar mais recursos de marketing para a subsidiária mexicana à custa da subsidiária japonesa. Seguindo essa estratégia, no entanto, a Deland poderá ter de abdicar da economia de escala que poderia ser atingida se ela se concentrasse na produção em uma subsidiária, enquanto outras subsidiárias se concentrariam em armazenagem e distribuição.

Tipo de Transação	Ação Recomendada quando uma Moeda Estrangeira Possuir um Impacto Maior sobre as Entradas de Caixa	Ação Recomendada quando uma Moeda Estrangeira Possuir um Impacto Maior sobre as Saídas de Caixa
Vendas em unidades de moeda estrangeira	Diminuir as vendas estrangeiras	Aumentar as vendas estrangeiras
Dependência de fornecedores estrangeiros	Aumentar os pedidos de insumos estrangeiros	Diminuir os pedidos de insumos estrangeiros
Proporção da estrutura de débitos representando os débitos estrangeiros	Reestruturar os débitos para aumentar os pagamentos de débitos em moeda estrangeira	Reestruturar os débitos para reduzir os pagamentos de débitos em moeda estrangeira

Tabela 12.3   Como reestruturar as transações para equilibrar o impacto das oscilações de moedas sobre as entradas e saídas de caixa.

GERENCIANDO PARA VALOR

Como Fabricantes de Automóveis se Reestruturam para Reduzir a Exposição

Para ilustrar como o deslocamento de produção poderá reduzir a exposição econômica, considere o caso real da Honda, a fabricante de automóveis do Japão. Ao construir fábricas nos Estados Unidos para produzir automóveis para ser vendidos por lá, a Honda não somente se esquivou de possíveis restrições como também reduziu sua exposição econômica ao risco da taxa de câmbio. Quando a empresa exportava automóveis para os Estados Unidos, a demanda por Hondas caía se o iene se apreciasse, pois o custo dos automóveis aumentava. Portanto, os fluxos de caixa da Honda eram afetados adversamente quando um iene forte reduzia a demanda por suas exportações. Produzindo os automóveis nos Estados Unidos e faturando-os em dólares, a empresa reduziu a sensibilidade da demanda americana por seus automóveis devido ao valor do iene japonês. Porém, a Honda não está afastada completamente do risco da taxa de câmbio por duas razões. Primeiro, as fábricas da Honda nos Estados Unidos adquirem vários componentes do Japão (faturados em ienes), portanto, os custos em dólar desses componentes sobem quando o iene se aprecia. Segundo, os lucros remetidos das fábricas da Honda nos Estados Unidos para sua controladora no Japão são convertidos em um número menor de ienes quando a moeda japonesa se aprecia. Porém, ao transferir a produção para o local em que os produtos serão vendidos, a Honda reduziu sua exposição econômica.

A subsidiária britânica da Honda também reestruturou para reduzir os efeitos adversos de sua exposição econômica. Quando o euro caiu perante a libra esterlina, os clientes por toda a Europa reduziram sua demanda por veículos produzidos na subsidiária no Reino Unido e denominados em libras. Conseqüentemente, a Honda deslocou algumas de suas fontes de fornecimento do Reino Unido para países europeus que adotaram o euro. Essa estratégia pretendeu reduzir o impacto do euro sobre o desempenho da subsidiária britânica da Honda. Quando o valor do euro diminui, a queda nas receitas (devido a uma demanda reduzida por Hondas fabricados no Reino Unido) é compensada parcialmente pelo declínio nos custos da aquisição de insumos denominados em euros. Quando o valor do euro aumenta, os custos dos insumos da Honda denominados em euro sobem, mas a demanda por seus veículos denominados em libras (e, portanto, suas receitas) também sobe (veja a Figura 12.2). Ao deslocar suas transações, a Honda reduziu sua exposição ao risco da taxa de câmbio, aumentando seu valor.

Como resultado da decisão da Honda de utilizar fornecedores de países da zona do euro para proteger sua exposição, ela está comprando menos dos fornecedores do Reino Unido. Portanto, os fornecedores britânicos perderam um negócio local devido ao desejo da Honda de eliminar sua exposição. Ironicamente, esses fornecedores automobilísticos estão sujeitos ao aumento da exposição econômica, como resultado da decisão da Honda de reduzir sua exposição.

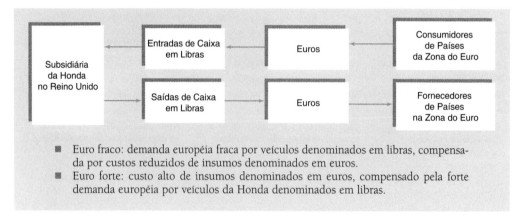

Figura 12.2 Decisão da Honda de obter produtos fora do Reino Unido.

Um Estudo de Caso de *Hedging* da Exposição Econômica

Na realidade, a maioria das EMNs não é capaz de reduzir sua exposição econômica tão facilmente quanto a Madison, Inc. no exemplo anterior. Primeiro, a exposição econômica da EMN poderá não ser tão óbvia. Uma análise do demonstrativo de resultados de uma EMN inteira poderá não necessariamente detectar sua exposição econômica. A EMN poderá ser composta de várias unidades comerciais, cada uma procurando atingir altos desempenhos para seus acionistas. Cada unidade comercial poderá ter uma estrutura de custos e receitas única. Uma unidade de uma EMN poderá se concentrar em serviços de consultoria computadorizada nos Estados Unidos e não possuir nenhuma exposição às taxas de câmbio. Outra unidade poderá se concentrar também sobre vendas de computadores nos Estados Unidos, mas poderá ser afetada adversamente por moedas estrangeiras fracas, pois seus clientes americanos poderão comprar computadores de empresas estrangeiras.

Embora a EMN esteja mais preocupada com o efeito das taxas de câmbio sobre seu desempenho e valor global, poderá proteger mais eficazmente sua exposição econômica se puder localizar exatamente a fonte subjacente da exposição. Todavia, mesmo se a EMN puder localizar exatamente a fonte subjacente da exposição, poderá não ser uma proteção perfeita contra essa exposição. Nenhuma fórmula de livro-texto poderá fornecer a solução perfeita, mas uma combinação de ações poderá reduzir a exposição econômica a um nível tolerável, como ilustrado no próximo exemplo que é mais difícil que o da Madison, Inc., mas poderá ser mais realista para muitas EMNs.

Dilema da Savor Co.

A Savor Co., uma empresa dos Estados Unidos, está preocupada principalmente com sua exposição ao euro. Ela quer localizar exatamente a fonte de sua exposição, de modo que possa determinar como se proteger dessa exposição. A Savor Co. possui três unidades que realizam negócios na Europa. Como cada unidade estabelece uma ampla variedade de compromissos comerciais, não fica óbvio se as três unidades possuem uma exposição semelhante. Cada unidade tende a ser independente uma da outra, e os gestores de cada uma são compensados de acordo com o desempenho dela. A empresa poderá proteger sua exposição econômica, mas precisa determinar se está exposta e qual a fonte de sua exposição.

(1) Trimestre	(2) Variação% nos Fluxos de Caixa da Unidade A	(3) Variação% nos Fluxos de Caixa da Unidade B	(4) Variação% nos Fluxos de Caixa da Unidade C	(5) Variação% no Total dos Fluxos de Caixa	(6) Variação% no Valor do Euro
1	–3	2	1	0	2
2	0	1	3	4	5
3	6	–6	–1	–1	–3
4	–1	1	–1	–1	0
5	–4	0	–1	–5	–2
6	–1	–2	–2	–5	–5
7	1	–3	3	1	4
8	–3	2	1	0	2
9	4	–1	0	3	–4

Tabela 12.4   Avaliação dos fluxos de caixa da Savor Co. e as oscilações do euro.

Avaliação da Exposição Econômica

Como a natureza exata de sua exposição econômica ao euro não é óbvia, a Savor demanda avaliar a relação entre as oscilações do euro e os fluxos de caixa de cada unidade ao longo dos últimos nove trimestres. Uma empresa poderá querer mais dados, mas nove trimestres são suficientes para ilustrar o ponto. Os fluxos de caixa e as oscilações do euro são apresentados na Tabela 12.4. Primeiro, a Savor aplica a análise de regressão (como discutido no capítulo anterior) para determinar se a variação percentual no total de seu fluxo de caixa (VPF, mostrada na coluna 5) se relaciona à variação percentual do euro (%Δeuro, mostrada na coluna 6) ao longo do tempo:

$$VPF_t = a_0 + a_1(\% \ \Delta euro)_t + \mu_t$$

A análise de regressão deriva os valores da constante, a_0, e o coeficiente angular, a_1. O coeficiente angular representa a sensibilidade de VPF_t às oscilações do euro. Com base nesta análise, o coeficiente angular será positivo e estatisticamente significativo, o que implica que os fluxos de caixa estão relacionados positivamente às variações percentuais do euro. Isto é, uma variação negativa do euro afetará negativamente o total dos fluxos de caixa. O coeficiente r_2 é 0,31, o que sugere que 31% da variação nos fluxos de caixa da Savor Co. poderão ser explicados pelas oscilações do euro. A evidência apresentada até aqui sugere fortemente que a Savor está exposta às oscilações da taxa de câmbio do euro, mas não localiza exatamente a fonte da exposição.

Avaliação da Exposição de Cada Unidade

Para determinar a fonte da exposição, a Savor Co. aplica o modelo de regressão separadamente aos fluxos de caixa de cada unidade individual. Os resultados são mostrados a seguir (aplique você mesmo a análise de regressão como exercício):

Unidade	Coeficiente Angular
A	Não significativo
B	Não significativo
C	Coeficiente = 0,45, o que é estatisticamente significativo ($r_2 = 0,80$)

384 FINANÇAS CORPORATIVAS INTERNACIONAIS

Os resultados sugerem que os fluxos de caixa das unidades A e B não estão sujeitos à exposição econômica. No entanto, a Unidade C está sujeita à exposição econômica. Aproximadamente 80% dos fluxos de caixa da Unidade C poderão ser explicados pelas oscilações no valor do euro ao longo do tempo. O coeficiente de regressão sugere que, para uma diminuição de 1% no valor do euro, os fluxos de caixa da unidade cairão cerca de 0,45%. A Tabela 12.4, que mostra a oscilação da taxa de câmbio do euro e os fluxos de caixa das unidades individuais, confirma a forte relação entre as oscilações do euro e os fluxos de caixa da Unidade C.

Identificação das Fontes da Exposição da Unidade

Agora que a Savor Co. percebeu que uma unidade é a causa da exposição, ela poderá identificar exatamente as características dessa unidade que causa a exposição. A Savor acredita que os componentes-chave que afetam os fluxos de caixa da Unidade C são os itens de demonstrativo de resultados, tais como suas receitas dos Estados Unidos, seus custos de produtos vendidos e suas despesas operacionais. Essa unidade efetua toda a sua produção nos Estados Unidos.

Esta empresa primeiro estipula o valor de cada item do demonstrativo de resultados que afetou os fluxos de caixa da unidade em cada um dos últimos nove trimestres. Depois ela aplica a análise de regressão para determinar a relação entre a variação percentual do euro e cada item do demonstrativo de resultados ao longo desses trimestres. Suponha que ela encontre:

- Uma relação positiva significativa entre as receitas da Unidade C e o valor do euro.
- Nenhuma relação entre o custo dos produtos vendidos da unidade e o valor do euro.
- Nenhuma relação entre as despesas operacionais da unidade e o valor do euro.

Esses resultados sugerem que, quando o euro se enfraquece, as receitas dos clientes americanos da unidade caem consideravelmente. Seus clientes americanos deslocam sua demanda para concorrentes estrangeiros quando o euro se enfraquece e eles podem obter importações a preços mais baixos. Portanto, a exposição econômica da Savor Co. poderá ser devido à concorrência estrangeira. A exposição econômica da empresa nem sempre é óbvia, no entanto, e a análise de regressão poderá detectar uma exposição da qual a empresa, ou suas unidades individuais, não suspeitava. Além disso, a análise de regressão poderá ser usada para fornecer uma estimativa mais precisa do grau da exposição econômica, o que poderá ser útil ao decidir como administrar a exposição.

Possíveis Estratégias para Proteger a Exposição Econômica

Agora que a Savor Co. identificou a fonte de sua exposição econômica, poderá desenvolver uma estratégia para reduzir essa exposição.

Política de Preços. Esta empresa reconhece que haverá períodos no futuro em que o euro se depreciará perante o dólar. Sob essas condições, a Unidade C poderá procurar ser mais competitiva ao reduzir seus preços. Se o valor do euro cair em 10% e isto reduzir os preços que os clientes dos Estados Unidos pagam pelos produtos estrangeiros em 10%, então a Unidade C poderá tentar permanecer competitiva fazendo descontos de 10% em seus preços. Embora essa estratégia possa segurar a participação no mercado, os preços mais baixos resultarão em menos receitas e, portanto, menos fluxos de caixa. Dessa forma, essa estratégia não elimina completamente a exposição econômica da Savor. Porém, ainda assim essa estratégia poderá ser viável, especialmente se a unidade puder cobrar preços relativamente altos em períodos em que o euro estiver forte e os clientes dos americanos tiverem de pagar preços mais altos pelos produtos europeus. Na essência, a estratégia poderá permitir que a unidade gere fluxos de caixa anormalmente altos em um período de euro forte, para compensar os fluxos de caixa anormalmente baixos em um período em que o euro estiver fraco, no entanto. Dadas as limitações dessa estratégia, outras deveriam ser consideradas.

Hedging **com Contratos a Termo.** A Unidade C da Savor Co. poderia vender euros a termo para o período em que quiser se proteger contra os efeitos adversos do euro fraco. Suponha que a taxa à vista e a de três meses a termo do euro seja de $ 1. Se o euro se enfraquecer, os fluxos de caixa de transações normais ainda assim serão afetados adversamente. No entanto, a unidade geraria um lucro sobre o contrato a termo porque poderá adquirir euros à taxa à vista no final do período a uma taxa de câmbio mais baixa que aquela pela qual ela terá de vendê-los para cumprir os contratos a termo. Quanto mais fraco o euro, tanto mais pronunciados serão os efeitos adversos sobre os fluxos de caixa das operações normais da unidade, mas os ganhos do contrato a termo também serão mais pronunciados.

O uso de contratos a termo possui limitações definidas, no entanto. Uma vez que a exposição econômica possivelmente continuará indefinidamente, o uso de um contrato a termo da maneira descrita aqui protege apenas o período contratado. Não serve como uma proteção contínua de longo prazo contra a exposição econômica.

Aquisição de Insumos Estrangeiros. Outra possibilidade seria a de a unidade adquirir seus insumos na Europa, uma estratégia que reduziria seus custos (e aumentaria seus fluxos de caixa) durante o período do euro fraco para compensar os conseqüentes efeitos adversos do euro fraco. No entanto, o custo de comprar insumos europeus poderá ser mais alto que o custo de comprar materiais no local, especialmente quando as despesas de transporte forem consideradas.

Financiamento com Recursos Estrangeiros. A unidade também poderá reduzir sua exposição econômica financiando parte de seu negócio com empréstimos em euros. Poderá converter os retornos do empréstimo em dólares e usá-los para sustentar seu negócio. Ela precisará fazer pagamentos periódicos dos empréstimos em euros. Esse efeito favorável poderá compensar parcialmente o efeito adverso de um euro fraco nas receitas da unidade. Se o euro se fortalecer, a unidade precisará de mais dólares para fazer os pagamentos dos empréstimos, mas esse efeito adverso será compensado pelo efeito favorável do euro forte sobre as receitas da unidade. Esse tipo de proteção é mais eficaz que o *hedging* de preços, porque poderá compensar os efeitos adversos de um euro fraco no mesmo período (ao passo que a política de preços demanda compensar os fluxos de caixa quando o euro se fortalece).

Essa estratégia possui algumas limitações. Primeiro, a estratégia somente fará sentido se a Savor Co. precisar de financiamento com dívidas. Ela não deveria tomar emprestado fundos apenas para fazer a proteção de sua exposição econômica. Segundo, ela poderá não querer essa estratégia quando o euro tiver uma taxa de juros muito alta. Embora tomar emprestado em euros possa reduzir sua exposição econômica, ela poderá não estar disposta a fazer a proteção a um custo com despesas de juros mais altos do que teria de pagar nos Estados Unidos.

Terceiro, essa estratégia provavelmente não criará uma proteção perfeita contra a exposição econômica desta empresa. Mesmo que ela precisasse de financiamento e a taxa de juros cobrada sobre o empréstimo estrangeiro fosse baixa, a Savor deverá procurar determinar o montante de endividamento que protegesse sua exposição econômica. Totalmente necessária para proteger completamente a exposição poderá exceder o montante de fundos de que a Savor necessita.

Revisão das Transações de Outras Unidades. Dadas as limitações de proteção da exposição econômica da Unidade C ao ajustar as transações da unidade, a Savor poderá considerar modificar as transações de outra unidade de maneira que compensará a exposição da Unidade C. No entanto, essa estratégia poderá requerer mudanças em outra unidade as quais não necessariamente

386 FINANÇAS CORPORATIVAS INTERNACIONAIS

beneficiarão essa unidade. Por exemplo, suponha que a Unidade C pudesse fazer a proteção parcial de sua exposição econômica tomando emprestado euros (como explicado antes), mas que ela não precisasse tomar emprestado tanto quanto seria necessário para compensar completamente sua exposição econômica. A gestão superior da Savor Co. poderá sugerir que as Unidades A e B também obtenham seus financiamentos em euros, de maneira que a exposição geral da EMN esteja protegida. Portanto, um euro fraco ainda assim afetaria adversamente a Unidade C, porque o efeito adverso sobre suas receitas não estaria completamente compensado pelo efeito favorável de seu financiamento (pagamento da dívida). Todavia, se outras unidades tomarem emprestado em euros também, os efeitos favoráveis combinados sobre o financiamento abrangendo toda a Savor poderão compensar os efeitos adversos da Unidade C.

No entanto, as Unidades A e B não necessariamente irão querer financiar suas transações em euros. Lembre que essas unidades não estão sujeitas à exposição econômica. Também lembre que os gestores de cada unidade são compensados de acordo com o desempenho dessa unidade. Ao concordar com financiamentos em euros, as Unidades A e B poderiam ficar expostas às oscilações do euro. Se o euro se fortalecer, seus custos financeiros aumentarão. Portanto, ao ajudar a compensar a exposição da Unidade C, as Unidades A e B poderão passar por um desempenho mais fraco, e seus gestores receberão menos compensações.

Além disso há uma solução possível se os gestores superiores da Savor que não são afiliados a qualquer unidade removerem a atividade de *hedging* da fórmula de compensação dos gestores das unidades. Isto é, os gestores superiores poderiam instruir as Unidades A e B a tomarem emprestado recursos em euros, mas poderiam recompensar os gestores dessas unidades baseados na avaliação do desempenho das unidades que exclua o efeito dos custos do financiamento em euros. Dessa maneira, os gestores estarão mais dispostos a se envolver em uma estratégia que aumentará sua exposição econômica reduzindo a da Savor.

A Solução de *Hedging* da Savor

Em suma, a análise inicial da Savor de suas unidades concluiu que apenas a Unidade C estava altamente sujeita à exposição econômica. A Unidade C poderia procurar usar uma política de preços que manteria a participação no mercado quando o euro se enfraquecesse, mas essa estratégia não eliminaria a exposição econômica, porque seus fluxos de caixa ainda assim seriam afetados adversamente. Tomar emprestado em euros poderia ser uma estratégia eficaz para proteger a exposição da Unidade C, mas ela não precisa tomar emprestado a quantia de fundos necessários para compensar a exposição. A solução mais favorável para a Savor Co. seria instruir suas outras unidades a fazer seus financiamentos também em euros. Essa estratégia efetivamente aumentará suas exposições, mas de maneira oposta à exposição da Unidade C, de modo que a exposição econômica geral da EMN será reduzida. Os gestores das unidades deverão estar dispostos a cooperar se suas compensações não forem reduzidas em conseqüência do aumento de exposição de suas unidades individuais.

Limitações da Estratégia mais Favorável da Savor

Mesmo que a Savor Co. fosse capaz de conseguir a proteção descrita anteriormente, essa ainda não será perfeita. O impacto das oscilações do euro sobre as saídas de caixa da Savor necessárias para pagar os empréstimos é conhecido com certeza. Mas o impacto das oscilações do euro sobre as entradas de caixa desta empresa (receitas) é incerto e poderá mudar ao longo do tempo. Se o volume de concorrência estrangeira aumentar, a sensibilidade dos fluxos de caixa da Unidade C às taxas de câmbio aumentará. Para proteger esse aumento de exposição, seria necessário tomar emprestado uma quantia maior de euros. Uma exposição econômica da EMN pode mudar ao longo do tempo em resposta aos impulsos da concorrência estrangeira ou outras cenários globais, portanto, ela deverá continuamente avaliar e administrar sua exposição econômica.

Proteção da Exposição a Ativos Fixos

Até esse ponto, o foco tem sido sobre a exposição econômica que poderá afetar os fluxos de caixa periódicos. Os efeitos poderão se estender além dos fluxos de caixa periódicos, no entanto. Quando uma EMN possui ativos fixos (tais como construções e maquinários) em um país estrangeiro, os fluxos de caixa em dólares a ser recebidos da venda final desses ativos estarão sujeitos ao risco da taxa de câmbio.

EXEMPLO

A Wagner Co., uma empresa dos Estados Unidos, foi atrás de um projeto na Rússia. Adquiriu uma fábrica do governo russo em abril de 1998 por 500 milhões de rublos. Uma vez que o rublo valia $ 0,16 no momento do investimento, a Wagner Co. precisou de $ 80 milhões para adquirir a fábrica. O governo russo garantiu que readquiriria a fábrica por 500 milhões de rublos em julho de 2004, quando o projeto fosse completado. Em julho de 2004, no entanto, o rublo valia apenas $ 0,034, portanto, a Wagner Co. recebeu apenas $ 17 milhões (calculados como 500 milhões × $ 0,034) da venda da fábrica. Embora o preço da fábrica em rublos no momento da venda fosse o mesmo no momento da compra, o preço de venda da fábrica em dólares no momento da venda era 81% a menos que o preço de compra.

Algumas EMNs poderão não se preocupar com o efeito da taxa de câmbio sobre ativos fixos porque normalmente elas esperam retê-los por vários anos. Dada a freqüente reestruturação de transações globais, no entanto, as EMNs deverão considerar o *hedging* contra a possível venda desses ativos no futuro distante. A venda de ativos fixos poderá ser protegida pela criação de uma obrigação que bata com o valor esperado dos ativos no momento no futuro em que poderão ser vendidos. Na essência, a venda de ativos fixos gera uma entrada no fluxo de caixa que poderá ser usada para liquidar a obrigação que é denominada na mesma moeda.

EXEMPLO

No exemplo anterior, a Wagner Co. poderia ter financiado parte de seu investimento na fábrica russa tomando emprestado rublos de um banco local, com o empréstimo estruturado para ter zero de juros nos pagamentos e um valor final de reembolso igual ao preço de venda esperado estipulado para a data em que a Wagner Co. venderia a fábrica. Portanto, o empréstimo poderia ter sido estruturado para ter um único valor final de pagamento no valor de 500 milhões de rublos em julho de 2004.

As limitações de proteger uma venda de ativos fixos são que uma EMN não necessariamente conhece (1) a data em que venderá os ativos ou (2) o preço em moeda local pelo qual os venderá. Conseqüentemente, ela será incapaz de criar uma obrigação que combine perfeitamente a data e a quantia da venda dos ativos fixos. Porém, essas limitações não deverão impedir a empresa de fazer a proteção.

EXEMPLO

Mesmo que o governo russo não garantisse o preço de compra da fábrica, a Wagner Co. poderia ter criado uma obrigação que refletisse a data mínima de venda e o preço de venda mínimo esperado. Se a data de venda ocorrer após a da data mínima, a Wagner Co. poderá

388 FINANÇAS CORPORATIVAS INTERNACIONAIS

prorrogar seu período de empréstimo para conciliar a data de venda. Ao estruturar o pagamento do empréstimo de valor final único para conciliar o preço de venda mínimo, a Wagner Co. não estará protegida perfeitamente se os ativos fixos valerem mais que a quantia mínima esperada. Porém, esta empresa teria pelo menos reduzido sua exposição ao compensar parte de seus ativos fixos com uma obrigação na mesma moeda.

Contratos a termo de longo prazo poderão também ser uma maneira possível de proteger uma venda distante de ativos fixos em países estrangeiros, mas poderão não estar disponíveis em muitos mercados monetários emergentes.

Gerenciando a Exposição à Conversão

A exposição à conversão ocorre quando uma EMN converte os dados financeiros de cada subsidiária para sua moeda nacional para os demonstrativos financeiros consolidados. Mesmo que a exposição à conversão não afete os fluxos de caixa, é uma preocupação de muitas EMNs porque poderá reduzir os lucros consolidados de uma EMN e portanto causar um declínio no preço de suas ações. Portanto, algumas EMNs poderão considerar fazer a proteção da exposição à conversão.

Uso de Contratos a Termo para Proteger a Exposição à Conversão

As EMNs poderão usar contratos a termo ou contratos de futuros para a proteção da exposição à conversão. Especificamente, elas poderão vender a termo moedas que suas subsidiárias estrangeiras recebem como lucros. Dessa maneira, criam uma saída de caixa em moeda para compensar os lucros recebidos nessa moeda.

EXEMPLO

A Columbus, Inc. é uma EMN com base nos Estados Unidos com apenas uma subsidiária. No início de seu ano fiscal, a subsidiária, que está localizada no Reino Unido, prevê que seus ganhos anuais serão de £ 20 milhões. Ela planeja reinvestir o montante inteiro de ganhos dentro do Reino Unido e não planeja enviar qualquer ganho de volta para a controladora nos Estados Unidos. Apesar de não haver uma exposição à conversão dos ganhos futuros prevista no futuro próximo (visto que as libras ficarão no Reino Unido), a Columbus está exposta à conversão.

Os lucros britânicos serão traduzidos pelo valor médio ponderado da libra ao longo do curso do ano. Se a libra esterlina valer atualmente $ 1,50 e seu valor permanecer constante durante o ano, a conversão prevista dos lucros britânicos para dólares americanos será de $ 30 milhões (calculados como £ 20 milhões × $ 1,50 por libra).

A controladora da Columbus, Inc. poderá estar preocupada que o valor convertido dos lucros britânicos seja reduzido se a taxa de câmbio da libra cair durante o ano. Para proteger a exposição à conversão, a Columbus poderá implantar um *hedging* com contrato a termo sobre os ganhos esperados vendendo £ 20 milhões em um contrato a termo de um ano. Suponha que a taxa a termo naquele momento será de $ 1,50, a mesma que a taxa à vista. No final do ano, a Columbus poderá comprar £ 20 milhões pela taxa à vista e cumprir sua obrigação com o contrato a termo de vender £ 20 milhões. Se a libra se depreciar durante o ano fiscal, então a Columbus poderá adquirir libras no final do ano fiscal para cumprir o contrato a termo a uma taxa mais barata que a possibilidade de vendê-las ($ 1,50 por libra). Portanto, ela terá gerado um rendimento que poderá compensar a perda devido à conversão.

O nível exato do rendimento gerado pelo contrato a termo dependerá da taxa à vista da libra no final do ano fiscal. Sob cenários em que a libra se deprecie, a perda da conversão será, de certa forma, compensada pelo ganho gerado da posição no contrato a termo.

Limitações do *Hedging* da Exposição à Conversão

Há quatro limitações na proteção da exposição à conversão.

Previsões Inexatas de Ganhos. Os lucros previstos de uma subsidiária para o final do ano não são garantidos. No exemplo anterior que envolvia a Columbus, Inc. os ganhos britânicos projetados foram de £ 20 milhões. Se os ganhos reais forem maiores e se a libra se enfraquecer durante o ano, a perda devido à conversão possivelmente excederá o ganho gerado pela estratégia de contrato a termo.

Contratos a Termo Inadequados para Algumas Moedas. Uma segunda limitação é que os contratos a termo não estão disponíveis para todas as moedas. Portanto, uma EMN com subsidiárias em países menores poderá não conseguir contratos a termo para as moedas em questão.

Distorções de Contabilidade. Uma terceira limitação é que o ganho ou a perda sobre a taxa a termo reflete a diferença entre a taxa termo e a taxa à vista futura, ao passo que o ganho ou a perda de conversão reflete a diferença entre a média da taxa de câmbio ao longo do período em questão e a taxa à vista futura. Além disso, as perdas de conversão não são dedutíveis de impostos, ao passo que os ganhos sobre contratos a termo utilizados para a proteção da exposição à conversão são tributados.

Aumento da Exposição à Transação. A quarta e mais crítica limitação com uma estratégia de proteção (*hedging* com contrato a termo ou de mercado monetário) sobre a exposição à conversão é que a EMN poderá aumentar sua exposição à conversão. Por exemplo, considere uma situação em que a moeda da subsidiária se aprecie durante o ano fiscal, o que resulta em um ganho de conversão. Se a EMN efetuar uma estratégia de proteção no início do ano fiscal, essa estratégia gerará uma perda de transação que, de certa forma, eliminará o ganho da conversão.

Algumas EMNs poderão não estar satisfeitas com esse efeito compensatório. O ganho de conversão é simplesmente um ganho no papel; isto é, o valor em dólar dos ganhos relatados é mais alto devido à apreciação da moeda da subsidiária. Se a subsidiária reinvestir os ganhos, no entanto, a controladora não receberá nenhum rendimento devido a essa apreciação. O fluxo de caixa líquido da controladora não será afetado. Do contrário, a perda resultante da estratégia de proteção será uma perda real; isto é, o fluxo de caixa líquido da controladora será reduzido devido a essa perda. Portanto, nessa situação, a EMN reduzirá sua exposição à conversão à custa de um aumento em sua exposição a transações.

RESUMO

- A exposição econômica poderá ser administrada equilibrando a sensibilidade das receitas e despesas às flutuações da taxa de câmbio. Para realizar isso, no entanto, a empresa deverá primeiro reconhecer como suas receitas e despesas são afetadas pelas flutuações da taxa de câmbio. Para algumas empresas, as receitas são mais suscetíveis. Essas empresas estão mais preocupadas que sua moeda nacional se aprecie perante as moedas estrangeiras, uma vez que os efeitos

390 FINANÇAS CORPORATIVAS INTERNACIONAIS

desfavoráveis sobre as receitas mais do que suprimem os efeitos favoráveis sobre as despesas. De modo contrário, as empresas cujas despesas forem mais sensíveis às taxas de câmbio que suas receitas estão mais preocupadas que sua moeda nacional se deprecie perante as moedas estrangeiras. Quando as empresas diminuem sua exposição econômica, elas reduzem não só os efeitos desfavoráveis, mas também os efeitos favoráveis se o valor da moeda nacional oscilar na direção oposta.

■ A exposição à conversão poderá ser reduzida vendendo a termo a moeda estrangeira utilizada para medir o rendimento da subsidiária. Se a moeda estrangeira se depreciar perante a moeda nacional, o impacto adverso sobre o demonstrativo de resultados consolidado poderá ser compensado pelo ganho sobre a venda a termo dessa moeda. Se a moeda estrangeira se apreciar ao longo do período de tempo em questão, haverá uma perda sobre a venda a termo a qual é compensada pelo efeito favorável dos ganhos consolidados relatados. No entanto, muitas EMNs não estarão satisfeitas com um "ganho no papel" que compensa uma "perda de caixa".

CONTRAPONTO DO PONTO

Uma EMN Pode Reduzir o Impacto da Exposição à Conversão pela Comunicação?

Ponto Sim. Os investidores geralmente utilizam os ganhos para derivar os fluxos de caixa futuros esperados de uma EMN. Os investidores não necessariamente percebem como a exposição à conversão de uma EMN poderá distorcer suas estimativas dos fluxos de caixa futuros da EMN. Portanto, a EMN poderá comunicar claramente em seu relatório anual e em outro lugar como os ganhos foram afetados pelos ganhos e perdas de conversão em qualquer período. Se os investidores tiverem essa informação, não reagirão exageradamente às mudanças de ganhos que são atribuídas principalmente à exposição à conversão.

Contraponto Não. Os investidores se concentram na linha final (de lucro ou prejuízo do exercício) e deverão ignorar qualquer comunicação em relação à exposição à conversão. De mais a mais, eles poderão acreditar que a exposição à conversão deverá ser levada em consideração de qualquer forma. Se os ganhos estrangeiros são reduzidos devido a uma moeda fraca, poderão continuar sendo fracos se a moeda permanecer fraca.

Quem está certo? Use seu mecanismo de busca preferido para saber mais sobre esse assunto. Qual argumento você apóia? Dê sua opinião sobre o assunto.

AUTOTESTE

As respostas encontram-se no Apêndice A, no final do livro.

1. A Salem Exporting Co. adquire produtos químicos de fontes dos Estados Unidos e os utiliza para fazer produtos farmacêuticos que serão exportados para hospitais canadenses. A Salem determina os preços de seus produtos em dólares canadenses e está preocupada acerca da possibilidade de uma depreciação de longo prazo do dólar canadense perante o dólar americano. Ela periodicamente faz a proteção de sua exposição com contratos a termo de curto prazo, mas isso não a afasta de possíveis tendências de contínua depreciação do dólar canadense. Como a Salem poderia eliminar parte de sua exposição resultante de seu negócio de exportação?

2. Utilizando as informações da questão 1, apresente uma possível desvantagem de eliminar a exposição à taxa de câmbio do negócio de exportação.

3. A Coastal Corp. é uma empresa dos Estados Unidos com uma subsidiária no Reino Unido. Ela espera que a libra se deprecie esse ano. Explique a exposição à conversão da Coastal. Como ela poderá fazer a proteção de sua exposição à conversão?

4. A Arlington Co. possui uma exposição à conversão considerável em subsidiárias européias. O tesoureiro da Arlington Co. sugeriu que os efeitos da conversão não são relevantes porque os ganhos gerados pelas subsidiárias européias não são enviados para a controladora dos Estados Unidos, mas simplesmente são reinvestidos na Europa. No entanto, o vice-presidente de finanças da Arlington Co. está preocupado com a exposição à conversão porque o preço

EXPOSIÇÃO ECONÔMICA E EXPOSIÇÃO DE CONVERSÃO: GERENCIAMENTO **391**

das ações é altamente dependente dos ganhos consolidados, que são dependentes das taxas de câmbio pelas quais os lucros são convertidos. Quem está certo?

5. A Lincolnshire Co. exporta 80% do total de sua produção no Novo México para países da América Latina. A Kalafa Co. vende toda sua produção nos Estados Unidos, mas ela possui uma subsidiária na Espanha que geralmente gera cerca de 20% do total de seus ganhos. Compare a exposição à conversão dessas duas empresas dos Estados Unidos.

QUESTÕES E APLICAÇÕES

1. **Pesquisa sobre EMNs e Exposições.** O seguinte Website fornece relatórios anuais de inúmeras EMNs: **http://reportgallery.com**.

   a) Examine um relatório anual de uma EMN de sua escolha. Procure algum comentário que esteja relacionado à exposição econômica ou à conversão da EMN. Consta que ela faz a proteção de sua exposição econômica ou da exposição à conversão? Em caso afirmativo, quais métodos ela utiliza para a proteção de sua exposição?

   b) O seguinte Website fornece as oscilações da taxa de câmbio perante o dólar ao longo do tempo: **http://www.oanda.com**.

   Com base na exposição à conversão da EMN que você avaliou no exercício (a), determine se as oscilações da taxa de câmbio de qualquer que seja a moeda (ou moedas) a que ela esteja exposta ocorreram em uma direção favorável ou desfavorável ao longo dos últimos meses.

2. **Avaliação da Exposição Econômica.** A Alaska Inc. planeja fundar e financiar uma subsidiária no México que produzirá componentes para computador a um custo baixo e os exportará para outros países. Ela não possui outro negócio internacional. A subsidiária produzirá computadores e os exportará para as ilhas do Caribe e faturará os produtos em dólares americanos. Espera-se que os valores das moedas nas ilhas permaneçam estáveis perante o dólar. A subsidiária pagará salários, aluguel ou outros custos operacionais em pesos mexicanos. Ela enviará os ganhos mensalmente para a controladora.

   a) O fluxo de caixa da Alaska será favorável ou desfavoravelmente afetado se o peso mexicano se depreciar ao longo do tempo?

   b) Suponha que a Alaska considere financiar parcialmente essa subsidiária com um empréstimo em pesos de bancos mexicanos, em vez de fornecer todo o financiamento com seus próprios recursos. Essa forma de financiamento alternativa aumentará, diminuirá ou não terá efeito sobre o grau em que a Alaska estaria exposta às oscilações da taxa de câmbio do peso?

3. **Gerenciamento da Exposição Econômica.** A St. Paul Co. faz negócios nos Estados Unidos e na Nova Zelândia. Na tentativa de avaliar sua exposição econômica, ela compilou as seguintes informações:

   a) As vendas da St. Paul nos Estados Unidos são, de certa forma, afetadas pelo valor do dólar da Nova Zelândia (NZ$), porque a empresa enfrenta a concorrência dos exportadores neozelandeses. Ela prevê as vendas nos Estados Unidos com base nos três cenários da taxa de câmbio a seguir:

Taxa de Câmbio do NZ$	Receitas de Negócios nos Estados Unidos (em milhões)
NZ$ = $ 0,48	$ 100
NZ$ = 0,50	105
NZ$ = 0,54	110

   b) Suas receitas em NZ$ das vendas para a Nova Zelândia são faturadas em dólares da Nova Zelândia e espera-se que sejam de NZ$ 600 milhões.

   c) Os custos dos produtos vendidos previstos são estimados em $ 200 milhões da aquisição de insumos nos Estados Unidos e NZ$ 100 milhões na Nova Zelândia.

   d) As despesas operacionais fixas são estimadas em $ 30 milhões.

   e) As despesas operacionais variáveis são estimadas em 20% do total das vendas (depois de incluir as vendas na Nova Zelândia, convertidas para um montante em dólares).

   f) As despesas com juros são estimadas em $ 20 milhões sobre empréstimos existentes nos Estados Unidos, e a empresa não possui empréstimos na Nova Zelândia.

   Crie um demonstrativo de resultados projetado para a St. Paul Co. sob cada um dos três cenários da taxa de câmbio. Explique como a o lucro antes do imposto de renda projetado para a St. Paul é afetado por possíveis oscilaçōes da taxa de câmbio. Explique como ela poderá reestruturar suas transações para reduzir a sensibilidade de seu lucro às oscilações da taxa de câmbio sem reduzir seu volume de negócios na Nova Zelândia.

4. **Reduzindo a Exposição Econômica.** A Albany Corp. é uma EMN com base nos Estados Unidos que possui um grande contrato com o governo da Austrália. O contrato continuará por vários anos e gerará mais da metade do volume total das vendas da empresa. O governo australiano paga à Albany em dólares australianos. Cerca de 10% das despesas operacionais da empresa são em dólares australianos; todas as outras despesas são em dólares americanos. Explique como a Albany Corp. poderá reduzir sua exposição econômica às flutuações da taxa de câmbio.

5. **Reduzindo a Exposição Econômica.** A Baltimore, Inc. é uma EMN com base nos Estados Unidos que obtém 10% de seus insumos de fabricantes europeus. Sessenta por cento de suas receitas são devidas às exportações para a Europa, onde seus produtos são faturados em euros. Explique como a Baltimore poderá tentar reduzir sua exposição econômica às flutuações da taxa de câmbio do euro.

6. **Reduzindo a Exposição Econômica.** A UVA Co. é uma EMN com base nos Estados Unidos que obtém 40% de seus insumos estrangeiros da Tailândia. Ela também toma emprestado a moeda da Tailândia (o baht) de bancos tailandeses e a converte em dólares para a sustentação de suas operações nos Estados Unidos. Atualmente, ela recebe cerca de 10% de suas receitas de clientes tailandeses. Suas vendas para clientes tailandeses são denominadas em baht. Explique como a UVA Co. poderá reduzir sua exposição econômica às flutuações da taxa de câmbio.

7. **Comparando os Graus de Exposição à Conversão.** A Nelson Co. é uma empresa com vendas anuais de exportação para Cingapura de cerca de S$ 800 milhões. Seu concorrente principal é a Mez Co., também com base nos Estados Unidos, com uma subsidiária em Cingapura que gera cerca de S$ 800 milhões em vendas anuais. Todos os ganhos gerados pela subsidiária são reinvestidos para sustentar suas operações. Com base nessas informações, qual empresa está sujeita a um grau mais elevado na exposição à conversão? Explique.

8. **Comparando os Graus de Exposição Econômica.** A Carlton Co. e a Palmer, Inc. são EMNs com base nos Estados Unidos com subsidiárias no México que distribuem insumos médicos (produzidos nos Estados Unidos) para clientes por toda a América Latina. As duas subsidiárias adquirem os produtos a um preço de custo e os vendem com uma margem de lucro de 90%. Os outros custos operacionais das subsidiárias são muito baixos. A Carlton Co. possui um centro de pesquisa e desenvolvimento nos Estados Unidos que se concentra em melhorar sua tecnologia médica. A Palmer, Inc. possui um centro semelhante com base no México. A controladora de cada empresa subsidia seu respectivo centro de pesquisa e desenvolvimento em base anual. Qual empresa está sujeita a um grau mais elevado de exposição econômica?

9. **Proteção da Exposição à Conversão.** Explique como uma empresa poderá fazer a proteção de sua exposição à conversão.

10. **Proteção de Exposição Contínua.** Considere esse dilema comum do mundo real enfrentado por muitas empresas que dependem de exportações. A Clearlake, Inc. fabrica seus produtos em sua fábrica no Texas e exporta a maioria deles para o México a cada mês. As exportações são denominadas em pesos. A Clearlake reconhece que a proteção em uma base mensal não a protege realmente das oscilações da taxa de câmbio de longo prazo. Também reconhece que poderia eliminar sua exposição a transações denominando as exportações em pesos, mas que ainda assim deverá ter exposição econômica (porque os consumidores mexicanos deverão reduzir a demanda se o peso se enfraquecer). A empresa não sabe quantos pesos receberá no futuro, portanto, terá dificuldade até se um método de proteção de longo prazo estiver disponível. Como a Clearlake poderá realmente lidar com esse dilema e reduzir sua exposição a longo prazo? [Não há solução perfeita, mas no mundo real, raramente há soluções perfeitas.]

11. **Proteção Eficaz da Exposição à Conversão.** Uma EMN mais estabelecida ou uma EMN menos estabelecida teria mais condições de fazer eficazmente a proteção de seu dado nível de exposição à conversão? Por quê?

12. **Discussão na Sala da Diretoria.** Esse exercício encontra-se no Apêndice E, no final deste livro.

13. **Limitações da Proteção da Exposição à Conversão.** A Bartunek Co. é uma empresa com base nos Estados Unidos que possui subsidiárias na Europa e quer fazer a proteção de sua exposição à conversão das flutuações no valor do euro. Explique algumas limitações para fazer a proteção da exposição à conversão.

EXPOSIÇÃO ECONÔMICA E EXPOSIÇÃO DE CONVERSÃO: GERENCIAMENTO — 393

14. **Efeitos da Taxa de Câmbio sobre Ganhos.** Explique como os ganhos consolidados de uma EMN com base nos Estados Unidos são afetados quando uma moeda estrangeira se deprecia.

15. **Permuta ao Reduzir a Exposição Econômica.** Quando uma EMN reestrutura suas transações para reduzir sua exposição econômica, muitas vezes ela poderá abdicar de economias de escala. Explique.

CASO BLADES, INC.

Avaliação da Exposição Econômica

A Blades, Inc. exporta para a Tailândia desde que decidiu suplementar seu declínio nas vendas nos Estados Unidos vendendo para lá. Além disso, a empresa recentemente iniciou a exportação para um varejista no Reino Unido. Os fornecedores dos componentes necessários (tais como borracha e plástico) para a Blades produzir os patins estão localizados nos Estados Unidos e na Tailândia. A empresa decidiu usar os fornecedores tailandeses para os componentes de borracha e plástico necessários para a fabricação dos patins devido às considerações de qualidade e custo. Todas as exportações e as importações da Blades são denominadas na respectiva moeda estrangeira; por exemplo, a empresa paga pelas importações da Tailândia em bahts.

A decisão de exportar para a Tailândia foi apoiada pelo fato de o país ter sido uma das economias do mundo que cresceram mais rapidamente nos últimos anos. Além disso, a empresa encontrou um importador tailandês disposto a se comprometer com uma compra anual de 180.000 pares de "Speedos" da Blades, que estão entre os patins com a mais alta qualidade do mundo. O compromisso teve início no ano passado e durará mais dois anos, tempo que poderá ser renovado pelas duas partes.

Graças a esse compromisso, a Blades vende seus patins por 4.594 bahts o par (aproximadamente $ 100, pela taxa de câmbio atual), em vez dos usuais $ 120 o par. Embora esse preço represente um desconto considerável do preço normal para um par de Speedos, ainda propicia uma margem de lucro considerável sobre o custo. Como os importadores de outros países asiáticos não estavam dispostos a estabelecer esse tipo de compromisso, isso foi um fator decisivo na escolha da Tailândia para os fins de exportação. Embora Ben Holt, o chefe do setor financeiro, acredite ser possível que o mercado de artigos esportivos na Ásia tenha um crescimento muito alto no futuro, a Blades recentemente começou a exportar para a Jogs, Ltd., um varejista britânico. A Jogs comprometeu-se a adquirir 200.000 pares de Speedos anualmente por um preço fixo de £ 80 o par.

Para o próximo ano, a Blades espera importar da Tailândia componentes de borracha e de plástico suficientes para fabricar 80.000 pares de Speedos, a um custo de aproximadamente 3.000 bahts o par.

Você, o analista financeiro da Blades, mostrou a Ben Holt que os recentes acontecimentos na Ásia afetaram fundamentalmente as condições econômicas dos países asiáticos, inclusive a Tailândia. Por exemplo, você mostrou que o alto nível de gastos dos consumidores com produtos de lazer, tais como patins, caiu consideravelmente. Portanto, o varejista tailandês poderá não renovar seu compromisso com a Blades daqui a dois anos. Além disso, você está preocupado que as condições econômicas correntes da Tailândia possam levar a uma depreciação considerável do baht tailandês, o que afetaria a Blades negativamente.

Apesar dos acontecimentos recentes, no entanto, Ben Holt continua otimista; ele está convencido de que o Sudeste Asiático apresentará um alto potencial de crescimento quando o impacto dos acontecimentos recentes na Ásia diminuir. Conseqüentemente, Holt não tem dúvida de que o cliente tailandês renovará seu compromisso por mais três anos, quando o contrato atual terminar. Na sua opinião, Holt não está considerando todos os fatores que poderão afetar direta ou indiretamente a Blades. De mais a mais, você está preocupado que ele esteja ignorando o futuro da Blades na Tailândia, mesmo que o importador tailandês renove seu compromisso por mais três anos. Na verdade, você acredita que a renovação do contrato existente com o cliente tailandês poderá afetar negativamente a Blades, devido ao alto nível de inflação na Tailândia.

Uma vez que Holt está interessado na sua opinião e quer avaliar a exposição econômica da Blades na Tailândia, ele lhe pediu para fazer uma análise do impacto do valor do baht sobre os ganhos do próximo ano, para avaliar a exposição econômica da Blades. Você acumulou as seguintes informações:

■ A Blades previu vendas nos Estados Unidos de 520.000 pares de Speedos por preços regulares;

exportações para a Tailândia de 180.000 pares de Speedos por 4.594 bahts o par e exportações para o Reino Unido de 200.000 pares de Speedos por £ 80 o par.

■ O custo dos produtos vendidos para 80.000 pares de Speedos é incorrido na Tailândia; o restante é gerado nos Estados Unidos, onde o custo dos produtos vendidos por par de Speedos é de aproximadamente $ 70.

■ Os custos fixos são de $ 2 milhões, e as despesas operacionais variáveis, que não os custos dos produtos vendidos, representam aproximadamente 11% das vendas nos Estados Unidos. Todas as despesas operacionais fixas e variáveis, que não os custos dos produtos vendidos, são geradas nos Estados Unidos.

■ Os acontecimentos recentes na Ásia aumentaram consideravelmente as incertezas em relação a moedas asiáticas específicas, tornando extremamente difícil a previsão do valor do baht pelo qual as receitas tailandesas serão convertidas. A taxa à vista atual do baht é de $ 0,022, e a taxa à vista atual da libra é de $ 1,50. Você criou três cenários e derivou um valor médio esperado para o próximo ano baseado em cada um deles:

Cenário	Efeito sobre o Valor Médio do Baht	Valor Médio do Baht	Valor Médio da Libra
1	Sem alteração	$ 0,0220	$ 1,530
2	Depreciação de 5%	0,0209	1,485
3	Depreciação de 10%	0,0198	1,500

■ A Blades atualmente não possui dívidas na sua estrutura capital. No entanto, poderá tomar emprestado recursos na Tailândia se estabelecer uma subsidiária no país.

Ben Holt pediu para você responder às seguintes questões:

1. Como a Blades será afetada negativamente pelo alto nível de inflação na Tailândia se o cliente tailandês renovar seu compromisso por mais três anos?

2. Holt acredita que o importador tailandês renovará seu compromisso daqui a dois anos. Você acha que a avaliação dele está correta? Por quê? Suponha também que a economia tailandesa retorne ao nível de crescimento elevado que existia antes dos acontecimentos desfavoráveis recentes. Sob essa suposição, qual a possibilidade de o importador tailandês renovar seu compromisso em dois anos?

3. Para cada um dos três valores possíveis do baht tailandês e da libra esterlina, use uma planilha para construir um demonstrativo de resultados *pro forma* para o próximo ano. Comente brevemente sobre o nível de exposição econômica da Blades.

4. Agora repita sua análise na questão 3, mas suponha que a libra esterlina e o baht tailandês estejam perfeitamente correlacionados. Por exemplo, se o baht se depreciar em 5%, a libra também se depreciará em 5%. Sob essa suposição, a Blades está sujeita a um grau maior de exposição econômica? Por quê?

5. Com base em suas respostas às três questões anteriores, que medidas a Blades deverá tomar para reduzir seu nível de exposição econômica na Tailândia?

DILEMA DA PEQUENA EMPRESA

Proteção da Exposição Econômica da Sports Exports Company ao Risco da Taxa de Câmbio

Jim Logan, o proprietário da Sports Exports Company continua preocupado com sua exposição ao risco da taxa de câmbio. Mesmo se Jim fizesse o *hedging* de suas transações de um mês para o outro, ele reconhece que uma tendência de depreciação de longo prazo na libra esterlina poderá ter um sério impacto sobre sua empresa. Ele acredita que deverá continuar a se concentrar no mercado britânico para vender suas bolas de futebol. No entanto, Jim planeja considerar várias maneiras de reduzir sua exposição econômica. No momento, ele obtém insumos de um fabricante local e utiliza uma máquina para produzir as bolas de futebol, que depois são exportadas. Ele ainda utiliza sua garagem como local de produção e gostaria de continuar a usá-la para manter baixas suas despesas operacionais.

1. Como Jim poderia ajustar suas transações para reduzir sua exposição econômica? Qual é uma possível desvantagem para esse ajuste?

2. Dê outra solução para a proteção da exposição econômica no longo prazo com o crescimento dos negócios de Jim. Quais são as desvantagens dessa solução?

PARTE 3

Problema Integrativo

Gerenciamento do Risco da Taxa de Câmbio

A Vogl Co. é uma empresa dos Estados Unidos que desenvolve um plano financeiro para o próximo ano. Ela não possui subsidiárias, porém mais da metade de suas vendas provém de exportações. Seus fluxos de caixa estrangeiros a ser recebidos das exportações e as saídas de caixa a ser pagas pelos produtos importados ao longo do próximo ano são mostrados na tabela a seguir:

Moeda	Total de Entradas	Total de Saídas
Dólar canadense (C$)	C$ 32.000.000	C$ 2.000.000
Dólar neozelandês (NZ$)	NZ$ 5.000.000	NZ$ 1.000.000
Peso mexicano (PMX)	PMX 11.000.000	PMX 10.000.000
Dólar de Cingapura (S$)	S$ 4.000.000	S$ 8.000.000

As taxas à vista e as taxas futuras de um ano são apresentadas a seguir:

Moeda	Taxa à Vista	Taxa Futura de um Ano
C$	$ 0,90	$ 0,93
NZ$	0,60	0,59
PMX	0,18	0,15
S$	0,65	0,64

Questões

1. Com base nas informações fornecidas, determine a exposição líquida da Vogl Co. para cada moeda estrangeira em dólares.
2. Suponha que a taxa à vista seja usada como previsão da taxa à vista futura para daqui a um ano. Espera-se que o dólar da Nova Zelândia, o peso mexicano e o dólar de Cingapura oscilem em conjunto perante o dólar americano ao longo do próximo ano. Espera-se que as oscilações do dólar canadense não estejam correlacionadas com as oscilações das outras moedas. Uma vez que as taxas de câmbio são difíceis de prever, os fluxos de líquidos em dólares por moeda poderão ser inexatos. Você antecipa algum efeito de compensação da taxa de câmbio de alguma oscilação que ocorra no câmbio? Explique.

3. Dada a previsão do dólar canadense junto com a taxa a termo desta moeda, qual é o aumento ou a diminuição nos fluxos de caixa em dólares que resultará da proteção dos fluxos de caixa líquidos em dólares canadenses? Você faria a proteção da posição de dólares canadenses?

4. Suponha que as entradas líquidas em dólares canadenses poderão variar entre C$ 20.000.000 e C$ 40.000.000 ao longo do próximo ano. Explique o risco de fazer a cobertura de C$ 30.000.000 das entradas líquidas. Como a Vogl. Co. poderá evitar tal risco? Há alguma permuta resultante dessa sua estratégia para evitar esse risco?

5. A Vogl. Co. reconhece que sua estratégia de proteção de um ano cobrirá o risco apenas pelo ano dado e não a afasta das tendências de longo prazo no valor do dólar canadense. Ela considera estabelecer uma subsidiária no Canadá. Os produtos seriam enviados dos Estados Unidos para a subsidiária canadense e distribuídos pelas subsidiárias. Os retornos recebidos seriam reinvestidos pela subsidiária canadense no Canadá. Dessa maneira, a Vogl Co. não precisaria converter os dólares canadenses em dólares americanos todos os anos. Esta empresa eliminou sua exposição ao risco da taxa de câmbio utilizando essa estratégia? Explique.

PARTE 4

Gestão de Ativos e Passivos de Curto Prazo

A Parte 4 (Capítulos 13 a 15) se concentra na gestão dos ativos e passivos da EMN. O Capítulo 13 descreve métodos pelos quais as EMNs poderão financiar seu comércio internacional. O Capítulo 14 identifica fontes de recursos de curto prazo e explica os critérios usados pelas EMNs para tomar suas decisões financeiras de curto prazo. O Capítulo 15 descreve como as EMNs poderão otimizar seus fluxos de caixa e explica os critérios usados para suas decisões de investimento de curto prazo.

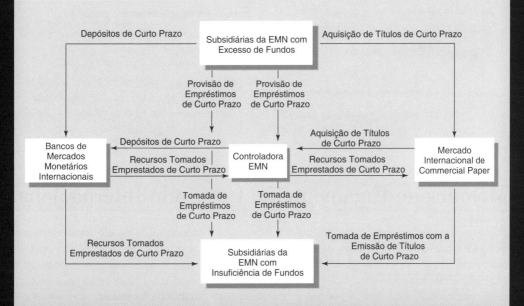

CAPÍTULO 13

Financiamento do Comércio Internacional

As atividades de comércio internacional de EMNs cresceram em importância ao longo do tempo. Essa tendência é atribuível à crescente globalização das economias mundiais e à disponibilidade de financiamentos comerciais por parte da comunidade bancária internacional. Embora os bancos também financiem o comércio interno, sua função ao financiar o comércio internacional é mais crítica devido a complicações adicionais envolvidas. Primeiro, o exportador poderá questionar a capacidade do importador de fazer os pagamentos. Segundo, mesmo se o importador for merecedor de crédito, o governo poderá impor controles de câmbio que impeçam o pagamento do exportador. Terceiro, o importador poderá não confiar que o exportador embarcará os produtos pedidos. Quarto, mesmo que o exportador embarque os produtos, barreiras comerciais ou contratempos em transportes internacionais poderão atrasar as entregas. Os gestores financeiros precisam conhecer os métodos que poderão usar para financiar o comércio internacional, de modo que possam realizar exportações e importações de maneira a maximizar o valor da EMN.

Os objetivos específicos deste capítulo são:
- descrever métodos de pagamento no comércio internacional;
- explicar métodos comuns de financiamento; e
- descrever as principais agências que facilitam o comércio internacional com seguro de exportação e/ou programas de empréstimos.

Métodos de Pagamento no Comércio Internacional

Em qualquer operação de comércio internacional, o crédito é concedido pelo fornecedor (exportador), pelo comprador (importador), por uma ou mais instituições financeiras ou por qualquer combinação destes. O fornecedor poderá possuir fluxo de caixa suficiente para financiar o ciclo comercial inteiro, começando com a fabricação do produto até o pagamento feito no final pelo comprador. Essa forma de crédito é conhecida como **crédito de fornecedor**. Em alguns ca-

FINANCIAMENTO DO COMÉRCIO INTERNACIONAL **399**

sos, o exportador poderá requerer um financiamento bancário para aumentar seu fluxo de caixa. Por outro lado, o fornecedor poderá não desejar conceder o financiamento, caso em que o comprador terá de financiar a operação ele mesmo, interna ou externamente, por meio de seus bancos. Os bancos dos dois lados da operação poderão assim desenvolver uma função integral no financiamento comercial.

Em geral, são utilizados cinco métodos de pagamento para liquidar operações internacionais, cada um com um grau diferente de risco do exportador e do importador (Tabela 13.1):

- Pré-pagamentos;
- Cartas de crédito (C/C);
- Letras de câmbio (à vista/a prazo);
- Consignação;
- Conta aberta.

Pré-pagamentos

Sob o método de **pré-pagamento**, o exportador não embarcará os produtos até que o comprador tenha enviado o pagamento para o exportador. O pagamento geralmente é feito na forma de transferência eletrônica internacional para a conta bancária do exportador ou com letra de câmbio de banco internacional. Com a tecnologia progredindo, o comércio eletrônico permitirá que as empresas envolvidas em comércio internacional façam créditos e débitos eletrônicos por meio de um banco intermediário. Esse método concede ao fornecedor um altíssimo grau de proteção e é normalmente requerido no momento de uma primeira compra, quando a credibilidade do comprador é desconhecida ou seu país passa por dificuldades financeiras. A maioria dos compradores, no entanto, não está disposta a arcar com o risco de pré-pagar um pedido.

Método	Pagamento Usual	Produtos Disponíveis para Compradores	Risco do Exportador	Risco do Importador
Pré-pagamento	Antes do embarque	Depois do pagamento	Nenhum	Dependerá completamente do exportador para embarcar os produtos pedidos
Carta de crédito	Na hora do embarque	Depois do pagamento	Muito pouco ou nenhum, dependendo dos termos de crédito	Certeza de embarque feito, mas depende de o exportador ter embarcado os produtos como descritos na documentação
Letra de câmbio à vista; documentação contra pagamento	Mediante apresentação de letra de câmbio ao comprador	Depois do pagamento	Se a letra de câmbio não for paga, deverá dispor os produtos	O mesmo descrito acima, a menos que o importador possa inspecionar os produtos antes do pagamento
Letra de câmbio a prazo; documentação contra aceite	No vencimento da letra de câmbio	Antes do pagamento	Dependerá do comprador para pagar a letra de câmbio	O mesmo descrito acima
Consignação	Na hora da venda ao comprador	Antes do pagamento	Autoriza o importador a vender o estoque antes de pagar o exportador	Nenhum; melhora o fluxo de caixa do comprador
Conta aberta	Como acordado	Antes do pagamento	Dependerá completamente de o comprador pagar a conta como acordado	Nenhum

Tabela 13.1   Comparação de métodos de pagamento.

Cartas de Crédito (C/C)

Uma **carta de crédito (C/C)** é um instrumento emitido por um banco a favor do importador (comprador) prometendo pagar ao exportador (beneficiário) mediante apresentação de documentação de embarque, de acordo com os termos nela estipulados. Com efeito, o banco substitui seu crédito pelo do comprador. Esse método é um acordo entre o vendedor e o comprador porque proporciona certas vantagens às duas partes. O exportador tem a certeza de receber o pagamento pelo banco emissor assim que apresentar a documentação de acordo com a C/C. Uma característica importante de uma C/C é que o banco emissor é obrigado a honrar as escritas sob as C/C independentemente da capacidade ou disposição do comprador para pagar. Por outro lado, o importador não terá de pagar os produtos até que o embarque tenha sido feito e a documentação tenha sido apresentada em ordem. No entanto, o importador ainda terá de confiar que o exportador embarque os produtos como descritos na documentação, visto que a C/C não garante que os produtos adquiridos sejam aqueles que foram faturados e embarcados. Cartas de crédito serão descritas de maneira mais detalhada posteriormente, neste capítulo.

> **http://**
>
> Muitos bancos possuem Websites que explicam a variedade de financiamentos comerciais fornecidos para empresas. Veja, por exemplo, http://www.huntington.com/bas/HNB2740.htm

Letras de Câmbio

Uma **letra de câmbio** é uma promessa incondicional dada por uma parte, geralmente o exportador, instruindo o comprador a pagar o montante de face da letra de câmbio mediante apresentação. A letra de câmbio representa a cobrança formal do exportador pelo pagamento ao comprador e concede ao exportador menos proteção que uma C/C, porque os bancos não são obrigados a honrar os pagamentos a favor do comprador.

A maioria das operações comerciais negociadas sobre a base de uma letra de câmbio é processada por meio de canais bancários. Na terminologia bancária, essas operações são conhecidas por **seleção documentária**. Em uma operação de seleção documentária, os bancos agem como intermediários das duas pontas no processamento da documentação de embarque e do recolhimento de pagamentos. Se o embarque foi feito mediante uma letra de câmbio à vista, o exportador é pago uma vez que o embarque seja feito, e a letra de câmbio é apresentada ao comprador para o pagamento. O banco do comprador não liberará a documentação de embarque ao comprador até que este tenha pago a letra de câmbio. Isso é conhecido como **documentação contra embarque**. Ela concede ao exportador alguma proteção, já que os bancos liberam a documentação de embarque somente de acordo com as instruções do exportador. O comprador precisa da documentação de embarque para receber a mercadoria, mas não precisa pagar a mercadoria até que a letra de câmbio seja apresentada.

Se um embarque é feito com uma letra de câmbio a prazo, o exportador instrui o banco do comprador a liberar a documentação de embarque contra o aceite (assinatura) da letra de câmbio. Esse método de pagamento às vezes é chamado de **documentos mediante aceite**. Ao aceitar a letra de câmbio, o comprador promete pagar o exportador na data futura especificada. Essa letra aceita é também conhecida como **aceite comercial**, que é diferente de aceite bancário (discutido adiante, neste capítulo). Neste tipo de operação, o comprador poderá obter a mercadoria antes de pagar por ela.

O exportador fornece o financiamento e depende da integridade financeira do comprador para pagar a letra de câmbio na data de vencimento. O embarque com base de letra de câmbio a prazo traz alguma tranqüilidade pelo fato de os bancos nas duas pontas ser usados como agentes coletores. Além disso, uma letra de câmbio serve como uma obrigação financeira vinculativa, no caso de o exportador desejar recorrer a litígio sobre contas a receber não pagas. O risco adicional é que, se o comprador não pagar a letra de câmbio no vencimento, o banco não é obrigado a honrar o pagamento. O exportador assume todo o risco e deve analisar bem o comprador.

Consignação

Sob um compromisso de **consignação**, o exportador embarca os produtos para o importador, ao mesmo tempo que retém a posse da mercadoria. O importador tem acesso ao estoque, mas não deverá pagar pelos produtos até que os tenha vendido a terceiros. O exportador confia que o importador enviará o pagamento pelos produtos vendidos naquela hora. Se o importador não pagar, o exportador terá recursos limitados, pois nenhuma letra de câmbio está envolvida e os produtos já foram vendidos. Como resultado do risco, consignações raramente são usadas, exceto por afiliadas e empresas subsidiárias que comercializam com a empresa controladora. Alguns fornecedores de equipamentos autorizam os importadores a manter equipamentos em *stands* de venda como modelos em exposição. Quando os modelos são vendidos ou após um período determinado, o pagamento é enviado ao fornecedor.

Conta Aberta

O oposto do pré-pagamento é a **operação de conta aberta**, em que o exportador embarca a mercadoria e espera que o comprador envie o pagamento, de acordo com o que foi estabelecido. O exportador confia inteiramente na credibilidade financeira, integridade e reputação do comprador. Como pode ser esperado, esse método é utilizado quando vendedor e comprador têm confiança mútua e uma grande experiência um com o outro. Apesar dos riscos, operações de conta aberta são amplamente utilizadas, particularmente entre países industrializados na América do Norte e na Europa.

Métodos de Finanças Comerciais

Como mencionado na seção anterior, os bancos de ambos os lados da operação desenvolvem uma função crítica ao financiar o comércio internacional. A seguir, são apresentados os métodos mais populares de financiamento de comércio internacional.

- Financiamento de contas a receber;
- Factoring;
- Cartas de crédito (C/C);
- Aceites bancários;
- Financiamento de capital de giro;
- Financiamento de médio prazo de bens de capital (*forfaiting*);
- Trocas comerciais.

Cada um desses métodos será descrito por sua vez.

Financiamento de Contas a Receber

Em alguns casos, o exportador poderá estar disposto a embarcar os produtos para o importador sem a garantia de pagamento por parte de um banco. Isso poderia ser no formato de embarque de conta aberta ou uma letra de câmbio a prazo. Antes do embarque, o exportador deverá fazer sua própria verificação do crédito do importador, para determinar sua credibilidade. Se o exportador estiver disposto a esperar pelo pagamento, concederá crédito ao comprador.

http://

A Associação dos Banqueiros para Finanças e Comércio possui um Web site http://www. baft.org/jsps/ que fornece informações úteis sobre aceites bancários e o financiamento de comércio exterior.

Se o exportador precisar de recursos imediatamente, poderá requerer financiamento de um banco. No que se refere como **financiamento de contas a receber**, o banco fornecerá um empréstimo ao exportador assegurado por uma cessão das contas a receber. O empréstimo bancário é feito ao exportador com base em sua credibilidade. No caso de o comprador deixar de pagar o exportador, seja pela razão que for, o exportador é responsável pelo reembolso ao banco.

O financiamento de contas a receber envolve riscos adicionais, tais como restrições do governo e controles de câmbio, que poderão impedir que o comprador faça o pagamento ao exportador. Em conseqüência disso, a taxa de empréstimo geralmente é maior que no financiamento de contas a receber domésticas. O prazo de financiamento geralmente é de um a seis meses. Para suavizar o risco adicional de um recebimento do exterior, os exportadores e os bancos freqüentemente requerem um seguro de crédito à exportação antes de financiar recebimentos estrangeiros.

Factoring

Quando o exportador embarca os produtos antes de receber o pagamento, o saldo das contas a receber aumenta. A não ser que o exportador tenha recebido um empréstimo de um banco, ele estará inicialmente financiando a operação e deverá monitorar o recolhimento das contas a receber. Visto que há um perigo de que o comprador jamais pague, a empresa exportadora poderá considerar vender as contas a receber para uma terceira parte, conhecidas como **empresa de factoring**. Nesse tipo de financiamento, o exportador vende suas contas a receber sem direito de regresso da empresa de factoring, ou seja, esta última assume todas as responsabilidades administrativas envolvidas com os recolhimentos de pagamentos pelo comprador e a exposição ao crédito associada. A empresa de factoring realiza seu próprio processo de aprovação de crédito em relação ao comprador estrangeiro antes de adquirir as contas a receber. Para realizar esse serviço, ela geralmente adquire as contas a receber com um desconto e também recebe uma pequena taxa de processamento.

O **factoring** propicia vários benefícios para os exportadores. Primeiro, ao vender as contas a receber, o exportador não precisa se preocupar com tarefas administrativas envolvidas com a manutenção e a monitoração da contabilidade dessas contas. Segundo, a empresa de factoring assume a exposição ao crédito do comprador, assim o exportador não terá de manter pessoalmente uma avaliação da credibilidade dos compradores estrangeiros. Finalmente, ao vender as contas a receber a uma empresa de factoring, o exportador recebe pagamento imediato e melhora seu fluxo de caixa.

Já que é o importador que deverá possuir credibilidade do ponto de vista de uma empresa de factoring, freqüentemente é utilizada uma **factoring transfronteira**. Isso envolve uma rede de empresas de factoring em vários países as quais avaliam o risco de crédito. A empresa de factoring do exportador contata a empresa de factoring correspondente no país do comprador para avaliar a credibilidade do importador para negociar o recolhimento das contas a receber. Serviços de factoring geralmente são realizados pelas subsidiárias de factoring de bancos comerciais, empresas financeiras e outras entidades financeiras especializadas. As empresas de factoring utilizam um seguro de crédito à exportação para aliviar o risco adicional de um recebimento estrangeiro.

Cartas de Crédito (C/C)

Introduzida antes, a carta de crédito (C/C) é uma das formas de financiamento comercial mais antigas ainda existentes. Devido à proteção e aos benefícios que concede tanto ao exportador como ao importador, é um componente importante para muitas operações comerciais internacionais. A C/C é a obrigação de um banco de fazer pagamentos a favor de uma parte específica para um beneficiário sob condições específicas. O beneficiário (o exportador) é pago mediante apresentação dos documentos requeridos de acordo com os termos da C/C. O processo da C/C normalmente envolve dois bancos, o banco do exportador e o banco do importador. O banco emissor substitui seu crédito pelo do importador. Garante o pagamento ao exportador, desde que o exportador concorde com os termos e condições da C/C.

Às vezes, o exportador está inseguro com a promessa do banco emissor de pagar, pois o banco está localizado em um país estrangeiro. Mesmo que o banco emissor seja conhecido mundialmente, o exportador poderá estar preocupado que o governo estrangeiro imponha controles de câmbio ou outras restrições que impeçam o pagamento pelo banco emissor. Por essa razão, o exportador poderá requerer que um banco local confirme a C/C e, portanto, assegure que todas as responsabilidades do banco emissor serão cumpridas. O banco que confirma a C/C é obrigado a honrar os termos colocados pelo beneficiário de acordo com a C/C, independentemente da capacidade do banco emissor de fazer esse pagamento. Conseqüentemente, o banco que confirma confia que o banco emissor estrangeiro seja seguro. A preocupação do exportador, no entanto, será apenas em relação à credibilidade do banco que faz a confirmação.

EXEMPLO

A Nike pode atribuir parte do crescimento de seu negócio internacional nos anos 1970 ao uso de C/Cs. Em 1971, a Nike (que na época se chamava BSR) não era muito conhecida no mundo dos negócios no Japão ou em qualquer outro lugar. No entanto, com a utilização de C/Cs, foi capaz de subcontratar a produção de calçados esportivos no Japão. A C/C garantiu que o fabricante de calçados do Japão receberia o pagamento pelos calçados que enviaria aos Estados Unidos e, portanto, facilitou o fluxo comercial sem preocupações com o risco ao crédito. Os bancos serviram como avalistas no caso de a empresa de calçados japonesa não ser completamente paga depois de ter transportado os calçados para os Estados Unidos. Portanto, devido à garantia dos bancos, a C/C permitiu que a empresa de calçados japonesa fizesse negócios internacionais sem ter de se preocupar que a contraparte de seu contrato não cumprisse seu compromisso. Sem esses contratos, a Nike (e muitas outras empresas) não poderia fazer pedidos de embarque de produtos.

Tipos de Cartas de Crédito. Cartas de crédito relacionadas ao comércio são conhecidas como **cartas de crédito comerciais** ou **cartas de crédito de importação/exportação**. Há basicamente dois tipos: revogáveis e irrevogáveis. A **carta de crédito revogável** poderá ser cancelada ou revogada a qualquer hora, sem notificação prévia ao beneficiário, e raramente é utilizada. A **carta de crédito irrevogável** (veja Figura 13.1) não poderá ser cancelada ou emendada sem o consentimento do beneficiário. O banco emissor da C/C é conhecido como **banco "emissor"**. O banco correspondente no país do beneficiário ao qual o banco emissor envia a C/C geralmente é conhecido como **banco "informante"**. Uma C/C irrevogável obriga o banco emissor a honrar todas as cláusulas apresentadas em conformidade com os termos da C/C. As cartas de crédito normalmente são emitidas de acordo com as provisões contidas nas "Práticas e Costumes Uniformes para Crédito Documentário", publicados pela Câmara do Comércio Internacional.

O banco que emite a C/C faz o pagamento assim que a documentação exigida for apresentada de acordo com os termos de pagamento. O importador deverá pagar o banco emissor na quantia da C/C mais taxas acumuladas da obtenção da C/C. O importador geralmente estabelece uma conta no banco emissor por meio da qual será sacado o pagamento, de modo que o banco emissor não comprometa seus próprios recursos. No entanto, se o importador não

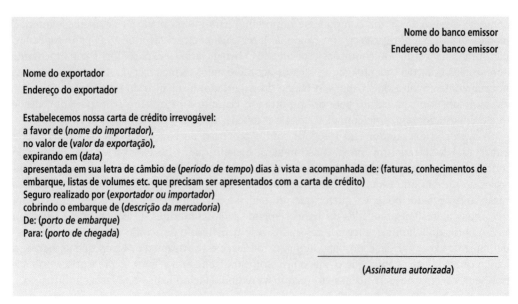

Figura 13.1 Exemplo de uma carta de crédito irrevogável.

tiver recursos suficientes em sua conta, o banco emissor ainda estará obrigado a honrar todas as cláusulas válidas perante a C/C. Essa é a razão pela qual a decisão do banco de emitir uma C/C a favor de um importador envolve uma análise da credibilidade do importador e é análoga à decisão de conceder um empréstimo. O procedimento para o crédito documentário está descrito no fluxograma da Figura 13.2. No que normalmente é conhecido como um *refinanciamento de uma C/C à vista*, o banco concede os recursos para o empréstimo para pagar a C/C, em vez de cobrar da conta do importador imediatamente. O importador fica responsável por reembolsar o banco, tanto o principal como os juros na data de vencimento. Esse é apenas mais um método para fornecer uma prorrogação na data de pagamento para o comprador, quando o exportador insiste em um pagamento à vista.

O banco que emite a C/C faz o pagamento ao beneficiário (exportador) mediante apresentação da documentação que faz jus às condições estipuladas na C/C. Cartas de crédito são pagáveis à vista (na apresentação da documentação) ou em uma data especificada no futuro. A documentação típica requerida para uma C/C inclui uma letra de câmbio (à vista ou a prazo), uma fatura comercial e um conhecimento de embarque. Dependendo do contrato, do produto ou do país, outros documentos (tais como certificado de procedência, certificado de inspeção, lista de volumes ou certificado de seguro) poderão ser exigidos. Os três documentos mais comuns são os seguintes.

Letra de Câmbio. Uma **letra de câmbio**, ou simplesmente letra (introduzida anteriormente), é uma promessa incondicional feita por uma das partes, geralmente o exportador, requerendo que o importador pague o montante específico da letra de câmbio à vista ou em data futura específica. Se a letra de câmbio for à vista, será pagável à vista mediante apresentação da documentação. Se for pagável em uma data específica no futuro (uma letra a prazo) e for aceita pelo importador, é conhecida como aceite comercial. Um **aceite bancário** é uma letra a prazo emitida para e aceita por um banco. Quando apresentada sob uma C/C, a letra representa um pedido formal de pagamento pelo exportador. O período de tempo, ou **prazo**, da maioria das letras de câmbio é de 30 a 180 dias.

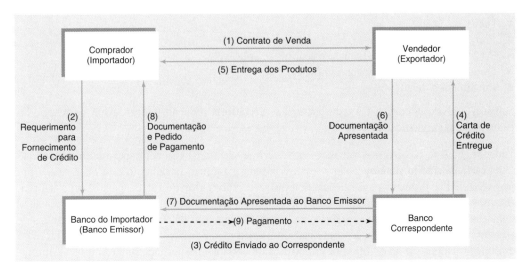

Figura 13.2 Procedimento de crédito documentário.

Conhecimento de Embarque. O documento-chave em um embarque internacional com uma C/C é o **conhecimento de embarque** (C/E). Serve como um recibo de embarque e um resumo de cobranças de frete; o mais importante é que ele certifica a mercadoria. Se a mercadoria for embarcada em navio, o carregador emitirá o que é conhecido como **conhecimento de embarque marítimo**. Quando a mercadoria é embarcada por via aérea, o carregador emitirá um **conhecimento de embarque aéreo**. O transportador apresenta o conhecimento de embarque ao exportador (transportador), que por sua vez o apresenta ao banco junto com os outros documentos exigidos.

Uma característica importante do C/E é sua negociabilidade. Um C/E direto é consignado diretamente com o importador. Visto que não certifica a mercadoria, o importador não precisará dele para a retirada da mercadoria. Quando um C/E é feito a pedido, no entanto, entende-se que é em forma negociável. O exportador normalmente endossa o C/E para o banco, assim que o pagamento seja recebido do banco.

O banco não endossará o C/E para o importador até que o pagamento tenha sido feito. O importador precisará do C/E original para retirar a mercadoria. Com um **C/E negociável**, o certificado passa para o portador do C/E endossado. Como o C/E negociável concede certificado de posse ao portador, os bancos poderão tomar as mercadorias como garantia. Um C/E geralmente inclui as seguintes provisões:

- A descrição da mercadoria;
- Marcas de identificação da mercadoria;
- Evidência dos portos de embarque (desembarque);
- Nome do exportador (transportador);
- Nome do importador;
- Status da cobrança do frete (pré-pago ou a pagar);
- Data de embarque.

Fatura Comercial. A descrição feita pelo exportador (vendedor) da mercadoria que é vendida ao comprador é a **fatura comercial**, que normalmente contém as seguintes informações:

- Nome e endereço do vendedor;
- Nome e endereço do comprador;

406 FINANÇAS CORPORATIVAS INTERNACIONAIS

- Data;
- Prazo de pagamento;
- Preço, incluindo o frete, manejo e seguro, se aplicável;
- Quantidade, peso, empacotamento etc.;
- Informações de embarque.

Sob um embarque com C/C, a descrição da mercadoria feita na fatura deverá corresponder exatamente ao conteúdo da C/C.

Variações da C/C. Há diversas variações de C/C que são úteis para o financiamento comercial. Uma **carta de crédito standby** poderá ser usada para garantir o pagamento de uma fatura a um fornecedor. Ela promete pagar o beneficiário se o comprador deixar de pagar como acordado. Internacionalmente, as C/Cs standby freqüentemente são usadas em contratos relacionados com governos e servem como garantias de licitações, garantias de desempenhos ou garantias de pagamentos. Em uma operação comercial doméstica ou internacional, o vendedor concordará em fazer o embarque ao comprador em termos de carta aberta padrão contanto que o comprador forneça uma C/C standby por uma quantia e prazo específicos. Desde que o comprador pague o vendedor como acordado, a C/C standby nunca será contestada. No entanto, se o comprador deixar de pagar, o exportador poderá apresentar documentos sob a C/C e requerer o pagamento do banco. O que o banco do comprador está essencialmente garantindo é que o comprador fará o pagamento ao vendedor.

Uma **carta de crédito transferível** é uma variação da C/C comercial padrão que autoriza o primeiro beneficiário a transferir toda ou parte da carta de crédito original a terceiros. O novo beneficiário terá os mesmos direitos e proteção que o beneficiário original. Esse tipo de C/C é utilizado intensamente pelos corretores, que não são os reais fornecedores.

> ### EXEMPLO
>
> O corretor pede ao comprador estrangeiro para emitir uma C/C de $ 100.000 a seu favor. A C/C deverá conter uma cláusula que estipula que a C/C é transferível. O corretor localizou um fornecedor final que fornecerá o produto por $ 80.000, mas exige pagamento adiantado do corretor. Com uma C/C transferível, o corretor poderá transferir $ 80.000 da C/C original ao fornecedor, sob os mesmos termos e condições, exceto pelo montante, a última data de embarque, a fatura e o período de validade. Quando o fornecedor final embarcar o produto, ele apresentará sua documentação ao banco. Quando o banco pagar a C/C, os $ 80.000 são pagos ao fornecedor final e os $ 20.000 vão para o corretor. Na verdade, o corretor utilizou o crédito do comprador para financiar a operação inteira.

Outro tipo de C/C é a **transferência de receitas**. Nesse caso, o beneficiário original da C/C penhora (ou transfere) as receitas da C/C ao fornecedor final. O fornecedor final tem a garantia do banco de que se, e quando, a documentação for apresentada de acordo com os termos da C/C, o banco lhe pagará de acordo com as instruções de transferência. Essa transferência será válida somente se o beneficiário apresentar a documentação em conformidade com a C/C. O fornecedor final deverá reconhecer que o banco emissor não será obrigado a lhe pagar se o beneficiário original não tiver embarcado os produtos ou se tiver deixado de cumprir os termos da C/C.

Aceites Bancários

Introduzido anteriormente, o aceite bancário (apresentado na Figura 13.3) é uma letra de câmbio a prazo emitida para e aceita por um banco. É obrigação do banco aceitante pagar o portador da letra de câmbio na data de vencimento.

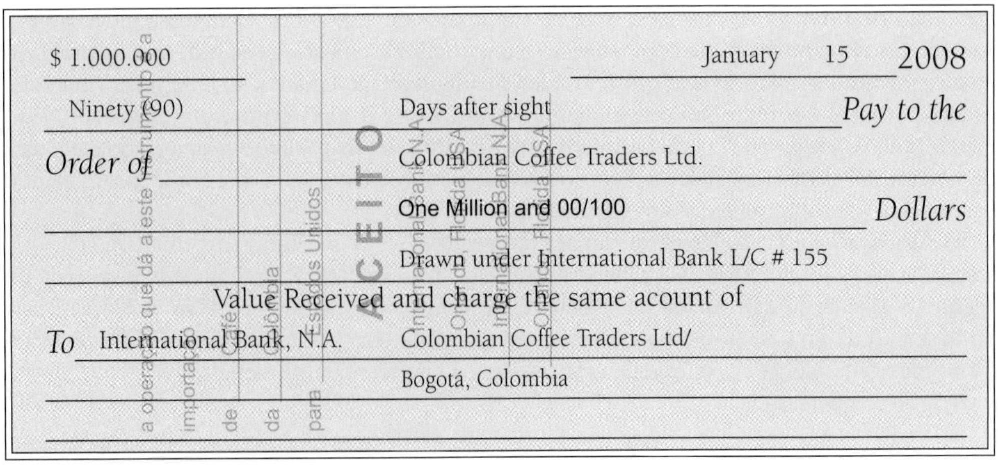

$ 1.000.000		January 15 2008
Ninety (90)	Days after sight	Pay to the
Order of	Colombian Coffee Traders Ltd.	
	One Million and 00/100	Dollars
	Drawn under International Bank L/C # 155	
Value Received and charge the same acount of		
To International Bank, N.A.	Colombian Coffee Traders Ltd/	
	Bogotá, Colombia	

Figura 13.3 Aceite bancário.

No primeiro passo da concretização de um aceite bancário, o importador faz o pedido de produtos a um exportador. O importador então requer de seu banco local a emissão de uma C/C a seu favor. A C/C autorizará o exportador a emitir uma letra de câmbio a prazo sobre o banco, como pagamento pelos produtos exportados. O exportador apresenta a letra de câmbio a prazo junto com a documentação de embarque para seu banco local, o qual envia a letra de câmbio com esta documentação para o banco do importador. O banco do importador aceita a letra que origina o aceite bancário. Se o exportador não quiser esperar até a data especificada para o pagamento, ele poderá requerer que o aceite bancário seja vendido no mercado monetário. Procedendo assim, o exportador receberá menos fundos da venda do aceite bancário do que se tivesse esperado até receber o pagamento. Esse desconto reflete o valor do dinheiro no tempo.

Um investidor no mercado monetário poderá estar disposto a comprar o aceite bancário com um desconto e mantê-lo até o vencimento. Esse investidor então receberá pagamento completo, porque o aceite bancário representa uma futura reivindicação de fundos do banco representado pelo aceite. O banco fará o pagamento total na data especificada, pois espera receber essa quantia mais uma taxa adicional do importador.

Se o exportador mantiver o aceite até o vencimento, ele providencia o financiamento para o importador como faz com o financiamento com contas a receber. Nesse caso, a diferença-chave entre um aceite bancário e o financiamento com contas a receber é que o aceite bancário garante o pagamento ao exportador por meio de um banco. Se o exportador vender o aceite bancário no mercado secundário, no entanto, não mais estará provendo o financiamento para o importador. O portador do aceite bancário é que o fará.

O aceite bancário poderá ser benéfico para o exportador, o importador e o banco emissor. O exportador não precisará se preocupar com o risco de crédito do importador e poderá assim entrar em novos mercados estrangeiros sem a preocupação com o risco de crédito de possíveis clientes. Além disso, o exportador enfrentará pouca exposição ao risco político ou aos controles de câmbio impostos por algum governo porque os bancos normalmente são autorizados a cumprir seus compromissos de pagamentos, mesmo que controles sejam impostos. Em contraste, os controles poderão impedir que um importador faça o pagamento, portanto, sem o aceite bancário, um exportador poderá não receber o pagamento, mesmo que o importador esteja disposto a pagar. Finalmente, o exportador poderá vender o aceite bancário com um desconto antes do vencimento do pagamento e assim obter recursos do banco emissor com antecedência.

O importador beneficiar-se-á com o aceite bancário, obtendo um acesso maior a mercados estrangeiros ao adquirir insumos e outros produtos. Sem o aceite bancário, os exportadores poderão não estar dispostos a aceitar o risco de crédito dos importadores. Além disso, devido à documentação apresentada junto com o aceite, o importador estará assegurado de que os produtos foram embarcados. Mesmo que o importador não tenha pago adiantadamente, essa garantia é valiosa porque lhe permite saber se e quando os insumos e os outros produtos chegarão. Finalmente, como o importador pode pagar em data posterior, seu pagamento é financiado até a data de vencimento do aceite bancário. Sem um aceite, possivelmente seria forçado a pagar adiantadamente, o que compromete assim seus recursos.

O banco, ao aceitar as letras de câmbio, beneficia-se com os ganhos de uma comissão por realizar o aceite. A comissão que o banco cobra de clientes reflete a credibilidade percebida do cliente. A taxa de juros cobrada do cliente, comumente conhecida como **taxa global**, consiste no desconto da taxa de juros mais a comissão do aceite. Em geral, a taxa global de financiamento de aceite é mais baixa que de empréstimos a empresas de primeira linha, como mostra a seguinte comparação:

	Empréstimo	Aceite
Quantia	$ 1.000.000	$ 1.000.000
Prazo	180 dias	180 dias
Taxa	Prime + 1,5%	Rating AB + 1,5%
	10,0% + 1,5% = 11,5%	7,6% + 1,5% = 9,10%
Custo dos juros	$ 57.500	$ 45.500

Nesse caso, a economia nos juros por um período de seis meses será de $ 12.000. Uma vez que o aceite bancário é um instrumento comercializável com um mercado secundário ativo, as taxas sobre os aceites geralmente ficam entre as taxas dos títulos do Tesouro e as taxas de commercial papers. Os investidores geralmente estão dispostos a adquirir aceites como investimento, devido a seus rendimentos, segurança e liquidez. Quando um banco cria, aceita e vende um aceite, na verdade usa o dinheiro do investidor para financiar o cliente do banco. Como resultado, o banco criou um ativo a um preço, vendeu por outro e reteve uma comissão (spread) como pagamento.

O financiamento por aceite bancário também poderá ser arranjado por meio de refinanciamento de uma carta de crédito à vista. Nesse caso, o beneficiário da C/C (o exportador) poderá insistir em um pagamento à vista. O banco faz os arranjos para financiar o pagamento da C/C à vista sob um acordo separado de financiamento-aceite. O importador (o tomador do empréstimo) simplesmente emite letras de câmbio sobre o banco, que por sua vez aceita e desconta as letras. Os recursos são usados para pagar o exportador. Na data de vencimento, o importador será responsável pelo reembolso ao banco.

O financiamento por aceite também poderá ser arranjado sem uma C/C mediante um contrato separado de aceite. Semelhante a um acordo comum de empréstimo, ele estipula os termos e condições sob os quais o banco está preparado para financiar o mutuário usando aceites, em vez de notas promissórias. Enquanto os aceites forem ao encontro de uma exigência base da operação, o banco e o mutuário poderão utilizar aceites bancários como mecanismo alternativo de financiamento. O ciclo de vida de um aceite bancário está ilustrado na Figura 13.4.

Financiamento de Capital de Giro

Como explicado, o aceite bancário poderá possibilitar que um exportador receba recursos imediatamente, o que permite, no entanto, a um importador retardar seu pagamento até uma data futura. O banco até poderá providenciar empréstimos de curto prazo além do período de aceite

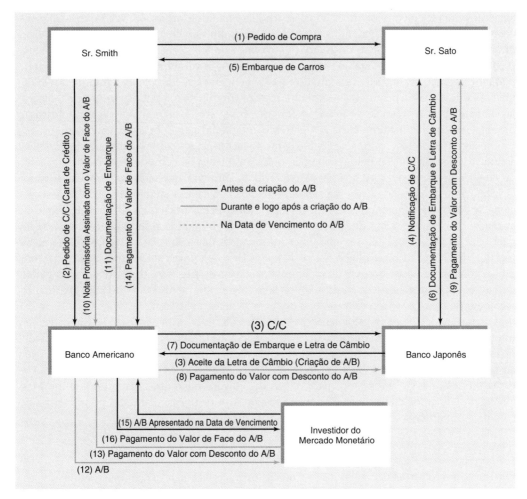

Figura 13.4 Ciclo de vida de um aceite bancário típico (A/B).

bancário. No caso de um importador, a aquisição do exterior geralmente representa a aquisição de estoque. O empréstimo financia o ciclo do capital de giro que se inicia com a aquisição de estoque e continua com a venda dos produtos, criação de uma conta a receber e conversão em caixa (dinheiro). Com um exportador, o empréstimo de curto prazo poderá financiar a fabricação da mercadoria destinada à exportação (financiamento pré-exportação) ou o período de tempo a partir de quando a venda é feita até o recebimento do pagamento do comprador. Por exemplo, a empresa poderá ter importado cerveja estrangeira, que ela planeja distribuir para mercearias e casas especializadas. O banco não só pode providenciar uma carta de crédito para financiar o comércio, mas também pode financiar os custos do importador a partir da hora da distribuição e do recolhimento do pagamento.

Financiamento de Médio Prazo de Bens de Capital (*Forfaiting*)

Como os bens de capital freqüentemente são muito dispendiosos, um importador poderá não ser capaz de fazer o pagamento dos mesmos dentro de um curto espaço de tempo. Portanto, um financiamento de prazo mais longo poderá ser exigido. O exportador poderá ser capaz de fornecer o financiamento ao importador, mas poderá não desejar fazê-lo, visto que o financiamento poderá se estender por vários anos. Nesse caso, um tipo de financiamento comercial conhecido por **forfaiting** poderá ser usado. O *forfaiting* se refere à aquisição de obrigações financeiras, tais como letras de câmbio ou notas promissórias, sem obrigação de pagamento para o portador original, geralmente o exportador. Em uma operação de *forfaiting*, o importador emite uma nota promissória para pagar o exportador pelos produtos importados por um período que geralmente abrange três a sete anos. O exportador então vende as promissórias, sem obrigação de pagar, no caso de inadimplência por parte do comprador para o banco envolvido.

Em alguns aspectos, o *forfaiting* é semelhante ao factoring, visto que o praticante de *forfaiting* assume a responsabilidade pelo recolhimento do pagamento do comprador, o risco subjacente de crédito, e o risco relativo aos países envolvidos. Uma vez que o banco envolvido com o *forfaiting* assume o risco de não-pagamento, ele deverá avaliar a credibilidade do importador como se concedesse um empréstimo de médio prazo. Operações de *forfaiting* normalmente são abonadas por uma garantia de banco ou carta de crédito emitida pelo banco do importador para final da operação. Uma vez que obter informações financeiras sobre o importador geralmente é difícil, o banco envolvido com o *forfaiting* deposita uma grande confiança na garantia do banco como avalista, no caso de o comprador deixar de pagar como acordado. Essa garantia que cobre a operação é que estimulou o crescimento do mercado de *forfaiting*, particularmente na Europa, como um meio prático de financiamento comercial.

Operações de *forfaiting* geralmente passam de $ 500.000 e podem ser denominadas em inúmeras moedas. Para algumas operações maiores, mais de um banco poderá ser envolvido. Nesse caso, um sindicato é formado, em que cada participante assume uma parte proporcional ao risco e lucro subjacentes. Uma empresa envolvida com o *forfaiting* poderá decidir vender as notas promissórias do importador para outras instituições financeiras dispostas a adquiri-las. No entanto, a empresa envolvida continuará responsável pelo pagamento das promissórias, no caso de o importador ser incapaz de efetuar o pagamento.

Trocas Comerciais

O termo **troca comercial** denota todos os tipos de operações comerciais em que a venda de produtos para um país esteja vinculada à compra ou troca de produtos desse mesmo país. Alguns tipos de troca comercial, tais como a troca direta de produtos ou serviços, existem há milhares de anos. Só recentemente, no entanto, as trocas comerciais ganharam popularidade e importância. O crescimento em vários tipos de trocas comerciais foi alimentado por grandes desequilíbrios nos balanços de pagamentos, escassez de moedas estrangeiras, problemas de dívidas dos países menos desenvolvidos e demanda mundial estagnada. Como resultado, muitas EMNs encontraram oportunidades de trocas comerciais, particularmente na Ásia, América Latina e Leste Europeu. Os tipos mais comuns de trocas comerciais incluem a troca direta, a compensatória e a troca de mercadorias.

A **troca direta** é a troca de produtos ou serviços entre duas partes sem o uso de qualquer moeda como meio de troca. A maioria dos arranjos de troca direta é operação realizada apenas uma vez, regida por um contrato. Um exemplo seria a troca de 100 toneladas de trigo do Canadá por 20 toneladas de camarão do Equador.

Em um arranjo **compensatório** ou de conta conveniada, a entrega dos produtos para uma parte é compensada pelo ato do vendedor de comprar de volta um montante específico do produto dessa mesma parte. A operação é regida por um contrato e o valor dos produtos é expresso em termos monetários. O arranjo de comprar de volta poderá ser para uma fração da venda original (**compensação parcial**) ou mais de 100% da venda original (**compensação completa**). Um exemplo de troca compensatória seria a venda de fosfato do Marrocos para a França em troca da aquisição de um determinado percentual de fertilizantes. Em alguns países, isso também é conhecido como arranjo de cooperação industrial. Esses arranjos freqüentemente envolvem a construção de grandes projetos, tais como usinas de energia, em troca de aquisição da produção dos projetos por um longo espaço de tempo. Por exemplo, o Brasil construiu uma hidrelétrica com o Paraguai e, em troca, adquiriu um percentual da produção sob um contrato de longo prazo.

O termo **troca de mercadorias** denota a troca de produtos entre duas partes sob dois contratos distintos expressos em termos monetários. A entrega e o pagamento de ambos os produtos são tecnicamente operações distintas.

Apesar das ineficiências econômicas das trocas comerciais, elas se tornaram mais importantes nos últimos anos. Os principais participantes são os governos e as EMNs, com assistência fornecida por especialistas da área, tais como advogados, instituições financeiras e empresas comerciais. As operações geralmente são grandes e muito complexas. Existem muitas variações de trocas comerciais, e a terminologia usada por vários mercados participantes ainda está em formação, à medida que o mercado de trocas comerciais se desenvolve.

Agências que Capacitam o Comércio Internacional

Devido aos riscos inerentes ao comércio internacional, as instituições governamentais e o setor privado oferecem várias formas de crédito de exportação, financiamento de exportação e programas de garantias para reduzir os riscos e estimular o comércio estrangeiro.

Três agências importantes fornecem esses serviços nos Estados Unidos:

- Export-Import Bank of the United States (Ex-Imbank);
- A Private Export Funding Corporation (PEFCO); e
- A Overseas Private Investiment Corporation (OPIC).

Cada uma dessas agências será descrita por sua vez.

Export-Import Bank (Estados Unidos)

> **http://**
>
> Visite http://www.exim.gov, o site do Export-Import Bank of the United States, para ver taxas de juros cobradas por agências de crédito.

O Export-Import Bank foi fundado em 1934, com o objetivo original de facilitar o comércio americano-soviético. Sua missão hoje é financiar e facilitar a exportação de produtos e serviços americanos e manter a competitividade das empresas americanas em mercados no exterior. Ele opera como uma agência independente do governo americano e, como tal, carrega a total confiança e credibilidade dos Estados Unidos.

Os programas do Export-Import Bank são projetados especificamente para incentivar o setor privado a financiar o comércio de exportação, assumindo alguns dos riscos subjacentes e fornecendo financiamento direto a importadores estrangeiros quando os fornecedores privados de empréstimo não estiverem dispostos a conceder os empréstimos. Para satisfazer esses objetivos, este banco oferece programas que são classificados como (1) garantias, (2) empréstimos, (3) seguros bancários e (4) seguros de crédito à exportação.

Programas de Garantia. Os dois programas mais amplamente utilizados são o **Programa de Garantia de Capital de Giro** e o **Programa de Garantia de Médio Prazo**. O Programa de Garantia de Capital de Giro incentiva os bancos comerciais a conceder financiamentos de curto prazo para exportadores qualificados fornecendo uma garantia abrangente que cobre 90% a 100% do principal e dos juros do empréstimo. Essa garantia protege o fornecedor do crédito contra o risco de inadimplência do exportador. Não protege o exportador contra o risco de não-pagamento

412 FINANÇAS CORPORATIVAS INTERNACIONAIS

GERENCIANDO PARA VALOR

A Escolha de um Banco pela Engelhard para Serviços de Recolhimento de Exportação

A Engelhard Corp. é uma grande fabricante de produtos químicos em New Jersey. É uma das maiores exportadoras dos Estados Unidos e freqüentemente utiliza os bancos para facilitar seu comércio. Em um dia típico, ela poderá ter 15 a 20 cartas de crédito (C/C). Ao procurar por um banco para facilitar seu financiamento de comércio internacional, a Engelhard estabeleceu um conjunto de requisitos que o banco deveria apresentar:

- O banco deverá fornecer estações de trabalho nas quais as C/Cs pudessem ser armazenadas como registros distintos.
- O banco deverá ser capaz de fazer transferências eletrônicas, transmitindo as informações da C/C para vários locais e para as estações de trabalho.
- A estação de trabalho deverá ser acessível de modo que a empresa possa verificar as informações de pagamento em base on-line.

- A estação de trabalho deverá ser capaz de resgatar informações da C/C pertinente aos negócios da Engelhard com qualquer empresa ao longo de qualquer período em particular.

Vários bancos fizeram a licitação para os negócios da Engelhard e asseguraram à empresa que poderiam fornecer os serviços necessários. Como resultado dos esforços da Engelhard de comunicar suas necessidades, agora ela possui acesso eletrônico a muito mais informações e pode monitorar facilmente suas posições de financiamentos comerciais com cada um de seus importadores. Isso permite que ela tome decisões mais informadas sobre os termos dos negócios que faz com cada cliente e, portanto, a capacita a maximizar seu valor.

---

do comprador estrangeiro. Os empréstimos são garantidos completamente pelas contas a receber do exportador e pelo estoque de exportação e requerem o pagamento de taxas de garantia para o Export-Import Bank. As contas a receber de exportações geralmente são sustentadas com seguros de crédito à exportação ou com uma carta de crédito.

O Programa de Garantia incentiva os financiadores comerciais a financiar os bens de capital e serviços para compradores estrangeiros aprovados. O Export-Import Bank garante 100% do principal e dos juros do empréstimo. O montante financiado não poderá exceder 85% do valor do contrato. Esse programa foi projetado para financiar produtos vendidos em uma base de médio prazo, com prazo de reembolso geralmente de um a cinco anos. As taxas de garantia pagas ao banco são determinadas pelo tempo de reembolso e o risco do comprador. O Export-Import Bank agora oferece um programa de leasing para financiar os bens de capital e serviços relacionados.

http://

O Website http://www. bloomberg.com possui uma seção sobre mercados internacionais que oferece cotações de taxas de juros estrangeiras de curto prazo. Essas informações são úteis para uma EMN que precisa financiar suas necessidades de liquidez de curto prazo.

Programas de Empréstimo. Dois dos mais populares programas de empréstimo são o **Programa do Empréstimo Direto** e o **Programa de Project Finance**. Sob o Programa do Empréstimo Direto, o Export-Import Bank oferece empréstimos com taxa fixa diretamente a um comprador estrangeiro para adquirir bens de capital e serviços em uma base de médio e longo prazo. O montante total financiado não poderá exceder 85% do valor do contrato. O tempo de reembolso depende do montante, mas é tipicamente de um a cinco anos, para operações de médio prazo, e de sete a dez anos, para operações de longo prazo. As taxas de empréstimo do banco geralmente estão abaixo das taxas de mercado.

O Programa de Project Finance permite aos bancos, ao Export-Import Bank ou à combinação dos dois conceder um financiamento de longo prazo para bens de capital e serviços relacionados a projetos maiores. São tipicamente grandes projetos de infra-estrutura, tais como projetos de geração de energia, cujos reembolsos dependem do fluxo de caixa do projeto. Empresas importantes dos Estados Unidos freqüentemente estão envolvidas com esses tipos de projetos. O programa tipicamente requer 15% de pagamento em dinheiro pelo comprador estrangeiro e pede uma garantia de até 85% do montante do contrato. As taxas e os juros variam dependendo do risco do projeto.

Programas de Seguros para Bancos. O Export-Import Bank oferece várias apólices de seguro para bancos. A mais amplamente usada é a **Apólice de Carta de Crédito Bancária**. Essa apólice permite ao banco confirmar cartas de crédito emitidas por bancos estrangeiros que apóiem uma aquisição de exportações dos Estados Unidos. Sem esse seguro, alguns bancos não estariam dispostos a assumir o risco comercial e político subjacente associado à confirmação de uma C/C. Os bancos estão assegurados até 100% para bancos soberanos (do governo) e 95% para todos os outros bancos. O prêmio do seguro está baseado no tipo do comprador, prazos de reembolso e país.

A **Apólice de Instituição Financeira de Crédito ao Comprador** é emitida no nome do banco. Essa apólice concede uma cobertura de seguro para empréstimos feitos por compradores estrangeiros em uma base de curto prazo. Uma variedade de apólices de curto e médio prazo está disponível para exportadores, bancos e outros requerentes capacitados. Basicamente, todas as apólices fornecem proteção de seguro contra o risco de não-pagamento dos compradores estrangeiros. Se o comprador estrangeiro deixar de pagar o exportador por razões comerciais, tais como problemas de fluxo de caixa ou insolvência, o Export-Import Bank reembolsará o exportador entre 90% e 100% do montante assegurado, dependendo do tipo de apólice e comprador.

Se o prejuízo for devido a fatores políticos, tais como controles de câmbio estrangeiro ou guerra, o banco reembolsará o exportador em 100% do montante assegurado. Os exportadores poderão utilizar as apólices de seguro como uma ferramenta de marketing porque os seguros permitem que os exportadores ofereçam termos mais competitivos, pois são protegidos contra o risco de não-pagamento. Um exportador também poderá utilizar uma apólice de seguro como uma ferramenta de financiamento ao ceder o produto da apólice a um banco como garantia. Certas restrições poderão se aplicar a países em particular, dependendo da experiência com o Export-Import Bank, assim como das condições econômicas e políticas existentes.

Seguro de Crédito à Exportação. A **Apólice de Pequenos Negócios** fornece cobertura aprimorada para exportadores novos e pequenos negócios. A apólice assegura vendas de crédito de curto prazo (abaixo de 180 dias) para compradores estrangeiros capacitados. Além de fornecer cobertura de 95% contra o risco de inadimplência comercial e de 100% contra o risco político, a apólice oferece prêmios mais baixos e nenhum prejuízo anual dedutível de risco comercial. O exportador poderá ceder a apólice para um banco, como garantia.

A **Apólice Guarda-chuva** opera de maneira ligeiramente diferente. A apólice em si é emitida a um "administrador", tal como um banco, uma empresa comercial, um corretor de seguros ou uma agência do governo. O portador do seguro administra a apólice para múltiplos exportadores e libera os exportadores das responsabilidades administrativas associadas com a apólice. A proteção de curto prazo do seguro é semelhante à da apólice de pequenos negócios e não possui um risco comercial dedutível. O produto da apólice poderá ser cedido ao banco, com propósitos de financiamento.

A **Apólice de Comprador Múltiplo** é usada principalmente por exportadores experientes. Ela fornece cobertura de seguro sobre vendas de exportação de curto prazo para muitos compradores diferentes. Os prêmios são baseados no perfil de vendas do exportador, histórico de crédito, prazo de pagamento, país e outros fatores. Com base na experiência do exportador e na credibilidade do comprador, o Export-Import Bank poderá conceder ao exportador autoridade para pré-aprovar compradores específicos até certo limite.

414 FINANÇAS CORPORATIVAS INTERNACIONAIS

A **Apólice de Comprador Único** permite que um exportador seletivamente assegure certas operações de curto prazo de compradores pré-aprovados. Os prêmios são baseados em prazos de reembolsos e risco de operação. Há também uma Apólice de Médio Prazo para cobrir as vendas a um único comprador para prazos de um a cinco anos.

O Export-Import Bank também entrou em um arranjo de parceria com mais de 30 estados para disseminar serviços de promoção comercial do governo para um público mais amplo. Por exemplo, na Flórida, a Florida Export Finance Corp. fornece consultoria de seguro de crédito à exportação, financiamento comercial e garantias a exportadores com base na Flórida.

Várias seguradoras particulares, como a AIG, também fornecem vários tipos de apólices de seguro que poderão ser utilizados para aliviar o risco. Freqüentemente são empregados quando o seguro do Export-Import Bank não está disponível ou não é desejado.

Private Export Funding Corporation (PEFCO)

A PEFCO é uma empresa privada, de propriedade de um consórcio de bancos comerciais e empresas industriais. Em cooperação com o Export-Import Bank, a PEFCO fornece financiamentos com taxa fixa de longo e médio prazo para compradores estrangeiros. O Export-Import Bank garante todos os empréstimos de exportação feitos pela PEFCO. A maioria dos empréstimos da PEFCO é para financiar grandes projetos, tais como equipamentos de geração de energia e de navegação aérea, e como resultado possui prazos muito longos (cinco a 25 anos). Visto que os bancos comerciais geralmente não concedem esses prazos longos, a PEFCO preenche uma lacuna de mercado. A PEFCO também funciona como comprador de mercado secundário de empréstimos para exportação originados nos bancos dos Estados Unidos. A PEFCO obtém seus recursos no mercado de capitais por meio de emissão de obrigações de longo prazo. Essas obrigações são comercializáveis imediatamente, uma vez que são efetivamente seguradas por empréstimos garantidos pelo Export-Import Bank.

Overseas Private Investment Corporation (OPIC)

A OPIC, formada em 1971, é uma agência federal auto-suficiente responsável por assegurar diretamente os investimentos americanos em países estrangeiros contra os riscos da não-conversão de moedas, expropriação e outros riscos políticos. Por meio do empréstimo direto ou programa de garantia, a OPIC fornece financiamentos de médio e longo prazo para investidores americanos que empreendem um investimento no exterior. Além de seguro geral e programas de financiamento, a OPIC oferece tipos específicos de proteção para exportadores que fazem licitações ou realizam contratos estrangeiros. Empreiteiros americanos podem fazer o seguro de si mesmos contra disputas contratuais e até uso indevido de cartas de crédito standby.

RESUMO

- Os métodos comuns de pagamento do comércio internacional são (1) pré-pagamento (antes do envio dos produtos), (2) cartas de crédito, (3) letras de câmbio, (4) consignação e (5) carta aberta.

- Os métodos mais populares de financiamento internacional são (1) financiamento com contas a receber, (2) factoring, (3) cartas de crédito, (4) aceites bancários, (5) financiamento de capital de

giro, (6) financiamento de médio prazo de bens de capital (*forfaiting*) e (7) trocas comerciais.

- As maiores agências que facilitam o comércio internacional com programas de seguros e/ou de empréstimos são (1) Export-Import Bank, (2) Private Export Funding Corporation (PEFCO), e (3) Overseas Private Investment Corporation (OPIC).

FINANCIAMENTO DO COMÉRCIO INTERNACIONAL **415**

CONTRAPONTO DO PONTO

As Agências que Facilitam o Comércio Internacional Impedem o Livre-Comércio?

Ponto Sim. O Export-Import Bank dos Estados Unidos fornece muitos programas para ajudar os exportadores americanos a realizar o comércio internacional. O governo essencialmente subsidia as exportações. Os governos em outros países também possuem vários programas. Portanto, alguns países podem ter uma vantagem comercial porque seus exportadores são subsidiados de várias maneiras. Esses subsídios distorcem a noção de livre-comércio.

Contraponto Não. É natural que qualquer governo facilite a exportação para empresas relativamente inexperientes em exportação. Todos os governos fornecem uma variedade de serviços para suas empresas, inclusive serviços públicos, e redução de impostos para a fabricação de produtos que são essencialmente de exportação. Há uma diferença entre facilitar o processo de exportação e proteger uma indústria da concorrência internacional. A proteção de uma indústria viola a noção de livre-comércio, mas a facilitação do processo de exportação, não.

Quem está certo? Use seu mecanismo de busca preferido para saber mais sobre esse assunto. Qual argumento você apóia? Dê sua opinião sobre o assunto.

AUTOTESTE

As respostas encontram-se no Apêndice A, no final deste livro.

1. Explique por que tantas operações internacionais requerem um crédito de comércio internacional facilitado por bancos comerciais.

2. Explique a diferença no risco do exportador entre financiamento com contas a receber e factoring.

3. Explique como o Export-Import Bank pode incentivar as empresas dos Estados Unidos a exportar para países menos desenvolvidos em que haja risco político.

QUESTÕES E APLICAÇÕES

1. **Comércio e o Export-Import Bank.** O Website do Export-Import Bank dos Estados Unidos oferece informações sobre financiamento comercial. Seu endereço é **http://www.exim.gov**. Resuma o que esse banco faz para facilitar o comércio nos negócios.

2. **Export-Import Bank.**

   a) Qual é a função hoje do Export-Import Bank dos Estados Unidos?

   b) Descreva o Programa de Empréstimo Direto administrado pelo banco.

3. **Financiamento de Exportação.**

   a) Por que um exportador forneceria financiamento para um importador?

   b) Há muitos riscos nessa atividade? Explique.

4. **Discussão na Sala da Diretoria.** Este exercício encontra-se no Apêndice E, no final deste livro.

5. **OPIC.** Descreva a função da Overseas Private Investiment Corporation (OPIC).

6. **PEFCO.** Descreva brevemente a função da Private Export Funding Corporation (PEFCO).

7. **Aceite Bancário.**

   a) Descreva como o comércio estrangeiro seria afetado se os bancos não fornecessem serviços relacionados ao comércio.

   b) Como um aceite bancário poderá ser benéfico para um exportador, um importador e um banco?

8. **Impacto do 11 de Setembro.** A cada trimestre, a Bronx Co. embarca chips de computadores para uma empresa na Ásia Central. Ela não utiliza qualquer financiamento comercial porque a empresa importadora sempre paga suas contas em dia, mediante recibo dos chips de computadores. Depois do ataque terrorista aos

416 FINANÇAS CORPORATIVAS INTERNACIONAIS

Estados Unidos em 11 de setembro de 2001, a Bronx reconsiderou se deveria usar alguma forma de financiamento comercial que assegurasse o pagamento pelos seus produtos mediante entrega. Dê uma sugestão de como a Bronx Co. poderia atingir esse objetivo.

9. **Função das Empresas de Factoring.** Qual é a função de uma empresa de factoring nas operações de comércio internacional?

10. **Conhecimento de Embarque.** O que é um conhecimento de embarque e como ele facilita as operações de comércio internacional?

11. **Trocas Comerciais.** O que é uma troca comercial?

12. **Apólice de Pequenos Negócios.** Descreva a Apólice de Pequenos Negócios.

13. **Programas do Governo.** Este capítulo descreve muitas formas de programas de garantia e seguros do governo. O que motiva o governo a estabelecer tantos programas?

14. **Programa de Garantia de Capital de Giro.** Descreva brevemente o Programa de Garantia de Capital de Giro administrado pelo Export-Import Bank.

15. **Cartas de Crédito.** A Ocean Traders of North America é uma empresa com base em Mobile, Alabama, especializada em exportação de frutos do mar e que geralmente usa cartas de crédito (C/C) para assegurar o pagamento. Entretanto, a empresa experimentou um revés recentemente. A Ocean Traders possuía uma C/C irrevogável emitida por um banco russo para assegurar que receberia o pagamento mediante embarque de 16.000 toneladas de peixe a uma empresa russa. Esse banco voltou atrás em suas obrigações, no entanto, e declarou que não estava autorizado a garantir operações comerciais.

a) Explique como uma C/C irrevogável normalmente facilitaria as operações dos negócios entre o importador russo e a Ocean Traders of North America (o exportador americano).

b) Explique como o cancelamento da C/C criaria uma crise entre as empresas dos Estados Unidos e a Rússia.

c) Por que você acha que situações como essa (o cancelamento da C/C) são raras nos países industrializados?

d) Você pode pensar em alguma estratégia que o exportador americano poderia ter usado para se proteger ao fazer negócios com um importador russo?

16. **Forfaiting.** O que é *forfaiting*? Especifique o tipo de comércio de produtos apropriado para *forfaiting*.

CASO BLADES, INC.

Avaliação do Financiamento do Comércio Internacional na Tailândia

A Blades, Inc. decidiu recentemente estabelecer uma subsidiária na Tailândia para produzir "Speedos", o produto principal da empresa. Para estabelecer a subsidiária tailandesa, a Blades se motivou pela alta possibilidade de crescimento do mercado de patins na Tailândia. Além disso, a Blades decidiu estabelecer uma subsidiária, em vez de adquirir uma fábrica de patins tailandesa à venda, para manter sua flexibilidade e controle sobre as operações na Tailândia. De mais a mais, a empresa decidiu emitir promissórias denominadas em ienes para financiar parcialmente os custos de estabelecer a subsidiária. A Blades decidiu emitir promissórias denominadas em ienes, em vez de em bahts, para evitar as taxas de juros efetivamente altas associadas com as promissórias denominadas em bahts.

Atualmente, a Blades planeja vender todos os patins fabricados na Tailândia para varejistas tailandeses. Além disso, a empresa planeja adquirir, de fornecedores tailandeses, todos os componentes para a fabricação dos patins na Tailândia. De modo similar, todos os patins da Blades fabricados nos Estados Unidos serão vendidos a varejistas americanos, e todos os componentes necessários para a produção da empresa nos Estados Unidos serão adquiridos de fornecedores americanos. Conseqüentemente, a Blades não terá exportações nem importações, uma vez que a fábrica na Tailândia esteja pronta para operar, o que se espera que ocorra no início do próximo ano.

A construção da fábrica na Tailândia já iniciou, e a Blades atualmente está no processo de adquirir o maquinário necessário para produzir os Speedos. Além dessas atividades, Ben Holt, o chefe do setor financeiro da Blades, fez uma relação dos fornecedores de componentes de borracha e plástico necessários na Tailândia e identificou clientes tailandeses, que consistirão em vários varejistas de artigos esportivos no país.

Apesar de ter tido sucesso em localizar tanto os fornecedores como os clientes, Holt percebe que negligenciou algumas precauções para operar uma subsidiária na Tailândia. Primeiro, embora a Blades seja relativamente bem conhecida nos Estados Unidos, ela não é conhecida internacionalmente. Conseqüentemente, os fornecedores que a Blades gostaria de utilizar na Tailândia não estão familiarizados com a empresa e não possuem informações sobre sua reputação. Além disso, as atividades anteriores da Blades na Tailândia estavam restritas à exportação anual de um número fixo de Speedos para um cliente, um varejista tailandês chamado Entertainment Products. Holt possui pouca informação sobre possíveis clientes tailandeses que comprariam os patins produzidos pela nova fábrica. Ele sabe, no entanto, que embora cartas de crédito (C/C) e letras de câmbio geralmente sejam empregadas para fins de exportação, esses instrumentos também são usados para o comércio dentro de um país entre partes relativamente desconhecidas.

Dos vários clientes possíveis que a Blades identificou na Tailândia, quatro varejistas de artigos esportivos parecem estar particularmente interessados. Como a Blades não está familiarizada com essas empresas e não conhece a reputação delas, ela gostaria de receber o pagamento o quanto antes possível. Idealmente, a Blades gostaria que seus clientes pagassem antecipadamente por suas aquisições, já que isso envolveria um risco menor para ela. Infelizmente, nenhum dos quatro possíveis clientes concordou em um arranjo de pré-pagamento. Na verdade, um possível cliente, a Cool Runnings, Inc., insistiu em uma operação de conta aberta. Os prazos de pagamento na Tailândia para compras desse tipo são tipicamente "60 líquidos", indicando que o pagamento pelos patins ocorreria aproximadamente dois meses após a aquisição. Dois dos três varejistas remanescentes, a Sports Equipment, Inc. e a Major Leagues, Inc., indicaram que prefeririam também uma operação de conta aberta; no entanto, os dois varejistas demonstraram que seus bancos agiriam como intermediários de uma letra de câmbio a prazo. O quarto varejista, a Sports Gear, Inc., está indiferente ao método específico de pagamento, mas demonstrou para a Blades que considera um pré-pagamento inaceitável.

A Blades também precisa de uma programação apropriada com os vários possíveis fornecedores de componentes de borracha e plástico na Tailândia. Como o financiamento da subsidiária da Blades na Tailândia envolveu um banco dos Estados Unidos,

virtualmente ela não tem contato com o sistema bancário tailandês. Pelo fato de a Blades ser relativamente desconhecida na Tailândia, os fornecedores tailandeses demonstraram que prefeririam um pré-pagamento ou, pelo menos, uma garantia de um banco tailandês de que a empresa poderá fazer o pagamento dentro de 30 dias após a compra. A Blades atualmente não possui contas a receber na Tailândia. Possui, no entanto, contas a receber nos Estados Unidos resultantes de suas vendas americanas.

Ben Holt gostaria de agradar aos clientes e fornecedores tailandeses para estabelecer uma forte relação comercial na Tailândia. No entanto, ele está preocupado que a Blades poderá estar em desvantagem se aceitar todas as condições das empresas tailandesas. Conseqüentemente, ele pediu que você, analista financeiro da Blades, Inc., desse alguma direção em relação a financiamentos de comércio internacional. Especificamente, Holt pediu que você respondesse às seguintes questões:

1. Supondo que os bancos da Tailândia emitam uma letra de câmbio a prazo a favor de Sports Equipment, Inc. e de Major Leagues, Inc., a Blades receberia o pagamento por seus patins antes de entregá-los? Os bancos emissores das letras de câmbio garantem o pagamento por conta dos varejistas tailandeses se eles deixarem de pagar?

2. Qual método de pagamento a Blades deveria sugerir para a Sports Gear, Inc.? Fundamente sua resposta.

3. Qual organização a Blades poderia contatar para assegurar suas vendas aos varejistas tailandeses? Que tipo de seguro essa organização fornece?

4. Como a Blades poderia usar o financiamento com contas a receber ou factoring, considerando que atualmente ela não possui contas a receber na Tailândia? Se a Blades utilizar um banco tailandês para obter seu financiamento, como você acha que o fato de a empresa não possuir contas a receber na Tailândia afetaria os termos do financiamento?

5. Supondo que a empresa seja incapaz de localizar um banco tailandês que esteja disposto a emitir uma C/C a favor dela, você pode encontrar uma maneira de a Blades poder utilizar seu banco nos Estados Unidos para efetivamente obter uma C/C de um banco tailandês?

6. Quais organizações a Blades poderia contatar para obter financiamento de capital de giro? Se a empresa for incapaz de obter financiamento de capital de giro dessas organizações, quais seriam suas outras opções para financiar essas necessidades na Tailândia?

DILEMA DA PEQUENA EMPRESA

Assegurando o Pagamento dos Produtos Exportados pela Sports Exports Company

A Sports Exports Company produz bolas de futebol e as exporta para um distribuidor no Reino Unido. Ela normalmente envia as bolas de futebol em grandes volumes e então recebe o pagamento depois de o distribuidor receber o embarque. O relacionamento comercial com o distribuidor está baseado na confiança. Embora o relacionamento tenha funcionado até aqui, Jim Logan (proprietário da Sports Exports Company) está preocupado com a possibilidade de o distribuidor não fazer o pagamento.

1. Como Jim poderia usar uma carta de crédito para assegurar que ele será pago pelos produtos que exportou?

2. Jim discutiu a possibilidade de expandir seu negócio de exportação por meio de um segundo distribuidor de artigos esportivos no Reino Unido, que cobriria um território diferente daquele do primeiro distribuidor. O segundo distribuidor está disposto apenas a se envolver em um arranjo de consignação vendendo as bolas para lojas varejistas. Explique o risco que Jim corre, além daqueles típicos de quando ele negocia com o primeiro distribuidor. Jim deveria buscar esse tipo de negócio?

CAPÍTULO 14

Financiamento de Obrigações de Curto Prazo

Todas as empresas tomam decisões financeiras de curto prazo. Além dos financiamentos comerciais discutidos no capítulo anterior, as EMNs obtêm financiamentos de curto prazo para sustentar outras operações também. Pelo fato de as EMNs possuírem acesso a fontes de fundos adicionais, suas decisões de financiamentos de curto prazo são mais complexas que de outras empresas. Os gestores financeiros precisam entender as possíveis vantagens e desvantagens de financiamentos de curto prazo com moedas estrangeiras, de modo que possam tomar decisões que maximizem o valor da EMN.

Os objetivos específicos deste capítulo são:

- explicar por que as EMNs levam em conta o financiamento estrangeiro;
- explicar como as EMNs determinam o uso ou não de financiamento estrangeiro; e
- ilustrar os possíveis benefícios de financiamentos com uma carteira de moedas.

Fontes de Financiamento de Curto Prazo

As controladoras de EMNs e suas subsidiárias caracteristicamente utilizam vários métodos para obter fundos de curto prazo que satisfaçam suas necessidades de liquidez.

Euronotas

Um método usado de maneira crescente em anos recentes é a emissão de **euronotas**, ou títulos de dívidas não segurados. As taxas de juros sobre as notas são baseadas na LIBOR (a taxa de juros que os bancos na Europa cobram sobre os empréstimos interbancários). As euronotas caracteristicamente possuem vencimentos de um, três ou seis meses. Algumas EMNs as prorrogam conti-

419

nuamente como um meio de financiamento de médio prazo. Os bancos comerciais avalizam as notas para as EMNs, e alguns deles as adquirem para suas próprias carteiras de investimentos.

Papel Comercial em Euros

Além das euronotas, as EMNs também emitem o **papel comercial em euros** para obter financiamento de curto prazo. Os dealers (subscritores) emitem esse papel para as EMNs sem a sustentação de um sindicato avalista, portanto, um preço de venda não estará garantido para o emissor. Os vencimentos poderão ser de acordo com a preferência do emissor. Os subscritores possibilitam um mercado secundário que oferece a reaquisição do papel comercial em euros antes do vencimento.

Empréstimos em Bancos da Europa

Empréstimos diretos de bancos na Europa, que são caracteristicamente utilizados para manter relacionamento com tais bancos, são outra fonte popular de fundos de curto prazo para as EMNs. Se outras fontes de fundos de curto prazo se tornarem indisponíveis, as EMNs dependerão mais seriamente de empréstimos diretos de bancos na Europa. A maioria das EMNs mantém programações de crédito com mais de cem bancos domésticos e estrangeiros.

Financiamento Interno pelas EMNs

Antes de uma controladora da EMN ou uma subsidiária com necessidade de fundos procurar recursos fora, ela deverá verificar as posições de fluxo de caixa de outras subsidiárias para determinar se há fundos internos disponíveis.

> EXEMPLO
>
> A subsidiária canadense da Shreveport, Inc. obteve grandes ganhos e investiu uma parte dos mesmos em títulos de mercado monetário local. Enquanto isso, a subsidiária mexicana da Shreveport gerou ganhos menores recentemente, mas precisa de fundos para financiar sua expansão. A controladora da Shreveport nos Estados Unidos poderá instruir a subsidiária canadense a fazer um empréstimo de seu excesso de fundos para a subsidiária mexicana.

Esse processo é viável especialmente durante períodos em que o custo de obter fundos no país de origem da controladora for relativamente alto.

As controladoras de EMNs poderão também procurar obter financiamento de suas subsidiárias com o aumento dos preços dos suprimentos que enviam para elas. Nesse caso, os recursos que a subsidiária passa para a controladora nunca serão retornados. Esse método de dar suporte à controladora poderá, às vezes, ser mais viável do que obter empréstimos da subsidiária, pois ela poderá contornar restrições ou taxas impostas por governos nacionais. Em alguns casos, no entanto, esse método em si poderá ser restrito ou limitado por governos anfitriões onde as subsidiárias estão localizadas.

Por que as EMNs Consideram o Financiamento Estrangeiro

Independentemente de uma EMN ou uma subsidiária decidir obter financiamento de subsidiárias ou de alguma outra fonte, ela deverá também decidir qual moeda deverá tomar emprestada.

FINANCIAMENTO DE OBRIGAÇÕES DE CURTO PRAZO **421**

Mesmo que precise de sua moeda nacional, ela poderá preferir tomar emprestado em uma moeda estrangeira. As razões para essa preferência são apresentadas a seguir.

Financiamento Estrangeiro para Compensar as Entradas em Moeda Estrangeira

Uma empresa grande poderá fazer o financiamento em moeda estrangeira para compensar uma posição de contas a receber líquidas nessa moeda estrangeira.

EXEMPLO

A Penn, Inc. possui contas a receber líquidas denominadas em euros e precisa de dólares agora para fins de liquidez. Ela poderá tomar emprestados euros e convertê-los em dólares americanos para obter os fundos necessários. Então, as contas a receber líquidas em euros serão utilizadas para liquidar o empréstimo. Neste exemplo, o financiamento em moeda estrangeira reduzirá a exposição da empresa à flutuação das taxas de câmbio. Essa estratégia é atraente especialmente se a taxa de juros da moeda estrangeira for baixa.

Como a Avon Utilizou o Financiamento Estrangeiro durante a Crise Asiática. Durante a crise asiática em 1997 e 1998, muitas EMNs com subsidiárias asiáticas foram afetadas adversamente pelo enfraquecimento das moedas asiáticas perante o dólar. A Avon Products, Inc. usou vários métodos para reduzir sua exposição econômica às moedas asiáticas fracas. Dado que a Avon possuía mais entradas do que saídas de caixa em moedas asiáticas, ela usou estratégias que reduziram o excesso de entradas de caixa denominadas nessas moedas. Primeiro, ela adquiriu mais insumos no local. Segundo, ela tomou emprestados fundos na região para financiar suas operações, de modo que pôde usar parte de suas entradas de caixa em moedas asiáticas para pagar a dívida. Terceiro, ela empregou mais vendedores locais (em vez de depender do marketing dos Estados Unidos) para ajudar a vender os produtos localmente. Quarto, ela começou a enviar seus ganhos com mais freqüência, de modo que o excesso de fluxos de caixa denominados em moedas asiáticas não se acumularia.

Financiamento Estrangeiro para Reduzir Custos

Mesmo quando uma EMN ou uma sua subsidiária não estiver procurando proteger contas a receber estrangeiras, ela poderá ainda considerar o empréstimo em moedas estrangeiras se as taxas de juros nessas moedas forem relativamente baixas. Uma vez que as taxas de câmbio variam entre as moedas, o custo da tomada de empréstimo poderá variar consideravelmente entre os países. As EMNs que realizam negócios em países com altas taxas de juros incorrem em custo alto com o financiamento de curto prazo se fizerem o financiamento em moeda local. Portanto, elas deverão considerar um financiamento com outra moeda que possua uma taxa de juros mais baixa. Ao cortar um ponto percentual de sua taxa de financiamento, uma EMN poderá economizar $ 1 milhão anualmente sobre uma dívida de $ 100 milhões. Assim, as EMNs estarão motivadas a considerar várias moedas quando forem financiar suas operações.

----

http://

O Fórum Econômico da Morgan Stanley em http://www.morganstanley.com/GEFdata/digest/latest-digest.html fornece discussões analíticas, estatísticas e previsões relacionadas a economias que não são dos Estados Unidos.

A Figura 14.1 compara taxas de juros de curto prazo entre países em um dado ponto no tempo. Na maioria dos períodos, a taxa de juros do Japão é relativamente baixa, enquanto as taxas de juros em muitos países em desenvolvimento são relativamente altas. Países com um índice de inflação alto tendem a possuir taxas de juros altas.

EXEMPLO

A Salem, Inc. é uma empresa dos Estados Unidos que precisa de dólares para expandir suas operações americanas. Suponha que a taxa de financiamento seja de 9%, enquanto a taxa de financiamento em iene japonês é de 4%. A Salem poderá tomar emprestados ienes japoneses e imediatamente convertê-los em dólares para o uso. Quando vencer o pagamento do empréstimo, ela precisará obter ienes japoneses para liquidar o empréstimo. Se o valor do iene japonês em termos de dólares americanos não tiver mudado desde quando a Salem obteve seu empréstimo, ela pagará 4% sobre esse empréstimo.

USANDO A WEB

Previsões de Taxas de Juros. Quando uma EMN toma emprestados fundos em uma moeda específica, sua escolha de vencimento é baseada parcialmente nas expectativas das taxas de juros futuras nesse país. Previsões de taxas de juros no futuro próximo para cada país estão disponíveis em http://biz.yahoo.com/ifc/. Clique sobre qualquer país da lista, e depois sobre Consenso de Taxas de Juros (Interest Rate Consensus). Clique também sobre Análise (Analysis) para ver os fatores que poderiam afetar as taxas de juros daquele país no futuro próximo.

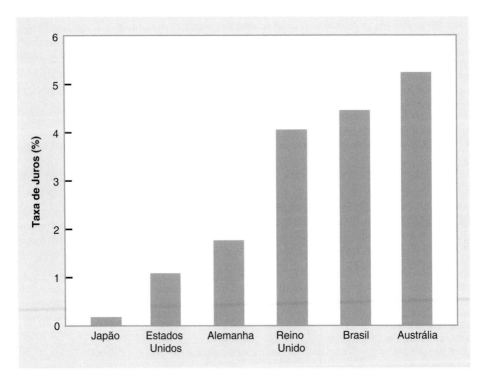

Figura 14.1 Comparação de taxas de juros entre países (de fevereiro de 2004).

Determinação de Taxas Efetivas de Financiamento

http://

Visite http://www. bloomberg.com para as últimas informações de mercados monetários ao redor do mundo.

Na realidade, o valor da moeda tomada emprestada possivelmente sofrerá mudanças em relação à moeda local do tomador ao longo do tempo. O custo real de financiamento pela empresa devedora dependerá (1) da taxa de juros cobrada pelo banco que forneceu o empréstimo e (2) da oscilação do valor da moeda emprestada durante a vida do empréstimo. Portanto, a taxa de financiamento "efetiva" poderá diferir da taxa de juros cotada. Esse ponto está ilustrado no exemplo a seguir.

EXEMPLO

A Dearborn, Inc. (com base em Michigan) obtém um empréstimo de um ano de 1.000.000 de dólares da Nova Zelândia (NZ$) pela taxa de juros cotada em 8%. Quando a Dearborn receber o empréstimo, ela converterá os dólares da Nova Zelândia em dólares americanos para pagar um fornecedor de insumos. A taxa de câmbio nesse momento é de $ 0,50 por dólar da Nova Zelândia, assim os NZ$ 1.000.000 serão convertidos em $ 500.000 (calculados como NZ$ 1.000.000 × $ 0,50 por NZ$ = $ 500.000). Um ano depois, a Dearborn pagará de volta o empréstimo de NZ$ 1.000.000 mais os juros de NZ$ 80.000 (juros calculados em 8% × NZ$ 1.000.000). Assim, o montante total em dólares da Nova Zelândia necessários para a Dearborn será de NZ$ 1.000.000 + NZ$ 80.000 = NZ$ 1.080.000. Suponha que o dólar da Nova Zelândia se aprecie de $ 0,50 para $ 0,60 no momento em que o empréstimo deverá ser reembolsado. A Dearborn precisará converter $ 648.000

GERENCIANDO PARA VALOR

Decisões de Financiamento e de Tesouraria da GeoLogistics

A GeoLogistics, uma EMN com base nos Estados Unidos criada em 1996, fornece serviços de logística em tecnologia, equipamentos comerciais, aero-espacial e outras indústrias. Como passou por grande crescimento, ela estabeleceu subsidiárias em vários países. Cada subsidiária inicialmente utilizou bancos locais para suas necessidades financeiras, como se fosse separada do resto da EMN. A GeoLogistics reconheceu que uma rede centralizada poderia melhorar a comunicação entre as subsidiárias, o que permite que elas trabalhassem como uma equipe para resolver suas insuficiências de caixa. Ela decidiu montar um departamento de tesouraria centralizado em um país que oferecesse tratamento tributário favorável, regulamentações limitadas e bancos locais familiarizados com práticas de tesouraria sofisticadas.

A GeoLogistics escolheu Dublin, Irlanda, como local e decidiu terceirizar algumas de suas funções de tesouraria para um banco estabelecido lá. Em particular, o banco é responsável pelas aplicações de recursos da empresa, pelo câmbio estrangeiro e pelos relatórios. O banco estabeleceu um sistema em rede, de modo que somente os pagamentos líquidos devidos por uma subsidiária para a outra sejam feitos ao longo de um período de tempo em particular. Isso reduziu os custos de transações. Além disso, o banco estabeleceu uma rede, de modo que a posição de cada subsidiária seja conhecida; isso permite que uma subsidiária tome emprestado de outra que possua caixa disponível. A GeoLogistics adotou uma política de fazer as subsidiárias reduzirem seus níveis de endividamento e usar outras subsidiárias ou o banco de Dublin para seus financiamentos. Essas mudanças reduziram os custos de financiamento da empresa, melhoraram sua liquidez e aumentaram seu valor.

(calculados como NZ\$ 1.080.000 $\times$ \$ 0,60 por NZ\$) para ter o volume necessário em dólares da Nova Zelândia para o reembolso do empréstimo.

Para calcular a taxa efetiva de financiamento, primeiro determine o montante de dólares americanos além do montante tomado emprestado que foi pago de volta. Em seguida divida pelo número de dólares americanos tomados emprestados (depois de converter os dólares da Nova Zelândia em dólares americanos). Dado que a Dearborn tomou emprestado o equivalente a \$ 500.000 e pagou de volta \$ 648.000 pelo empréstimo, a taxa efetiva do financiamento nesse caso é de \$ 148.000/\$ 500.000 = 29,6%. Se a taxa de câmbio tivesse permanecido constante por toda a vida do empréstimo, o reembolso total do empréstimo seria \$ 540.000, representando uma taxa efetiva de \$ 40.000/\$ 500.000 = 8%. Uma vez que o dólar da Nova Zelândia se apreciou consideravelmente nesse exemplo, a taxa efetiva de financiamento foi mais alta. Se a Dearborn, Inc., tivesse antecipado a considerável apreciação do dólar da Nova Zelândia, ela não teria tomado emprestado nessa moeda.

A taxa de financiamento efetiva (chamada de r_f) é derivada como segue:

$$r_f = (1 + i_f)\left[1 + \left(\frac{S_{t+1} - S}{S}\right)\right] - 1$$

onde i_f representa a taxa de juros na moeda estrangeira e S e S_{t+1} representam a taxa à vista da moeda estrangeira no início e no final do período de financiamento, respectivamente. Uma vez que os termos entre parênteses refletem a variação percentual da taxa à vista da moeda estrangeira (denotada como e_f), a equação anterior pode ser escrita como:

$$r_f = (1 + i_f)(1 + e_f) - 1$$

Nesse exemplo, e_f reflete a variação percentual do dólar da Nova Zelândia (perante o dólar americano) a partir do dia em que os dólares da Nova Zelândia foram tomados emprestados até o dia em que foram pagos de volta pela Dearborn. O dólar da Nova Zelândia se apreciou de \$ 0,50 para \$ 0,60, ou em 20%, ao longo da vida do empréstimo. Com essas informações e a taxa de juros cotada de 8%, a taxa efetiva de financiamento da Dearborn sobre os dólares da Nova Zelândia poderá ser calculada como:

$$\begin{aligned} r_f &= (1 + i_f)(1 + e_f) - 1 \\ &= (1 + 0,08)(1 + 0,20) - 1 \\ &= 0,296 \text{ ou } 29,6\% \end{aligned}$$

o que é a mesma taxa determinada pela abordagem computacional alternativa.

Para testar seu entendimento do financiamento em uma moeda estrangeira, considere um segundo exemplo que envolve a Dearborn.

EXEMPLO

Supondo que a taxa de juros cotada para o dólar da Nova Zelândia seja de 8% e que o dólar da Nova Zelândia se deprecie de \$ 0,50 (no dia em que os recursos foram tomados emprestados) para \$ 0,45 (no dia em que o empréstimo foi reembolsado), qual será a taxa efetiva de financiamento de um empréstimo de um ano do ponto de vista da Dearborn? A resposta pode ser determinada calculando primeiro a variação percentual no valor do dólar da Nova Zelândia: (\$ 0,45 – \$ 0,50)/\$ 0,50 = –10%. Em seguida, a taxa de juros cotada (i_f) de 8% e a variação percentual do dólar da Nova Zelândia (e_f) de –10% poderão ser inserido na fórmula da taxa efetiva de financiamento r_f:

$$r_f = (1 + 0{,}08)[1 + (-0{,}10)] - 1$$
$$= [(1{,}08)(0{,}9)] - 1$$
$$= -0{,}028 \text{ ou } -2{,}8\%$$

Uma taxa efetiva de financiamento *negativa* indica que a Dearborn na verdade pagou menos dólares para reembolsar o empréstimo do que tomou emprestado. Um resultado assim pode ocorrer se o dólar da Nova Zelândia se depreciar consideravelmente ao longo da vida do empréstimo. Isso não significa que um empréstimo será basicamente "livre" sempre que uma moeda emprestada se depreciar ao longo da vida do empréstimo. Todavia, a depreciação de qualquer moeda fará com que a taxa efetiva de financiamento seja mais baixa que a taxa de juros cotada, como pode ser observado com a fórmula da taxa efetiva de financiamento.

Os exemplos fornecidos até aqui sugerem que, ao escolher a moeda que deverá tomar emprestada, uma empresa deverá considerar a taxa de apreciação ou depreciação esperada, assim como as taxas de juros cotadas de moedas estrangeiras.

USANDO A WEB

Taxas de Juros Estrangeiras de Curto Prazo. As taxas de juros de curto prazo das moedas principais, tais como o dólar canadense, o iene japonês e a libra esterlina para vários vencimentos são fornecidas em http://www.bloomberg.com. As taxas de juros de curto prazo fornecidas nesse site refletem o custo de empréstimos tomados por governos; uma EMN teria de pagar uma taxa de juros ligeiramente mais alta que a taxa mostrada. Um exame dos dados ilustra como as taxas de juros de curto prazo podem variar entre as moedas em um dado momento.

Critérios para o Financiamento Estrangeiro

Uma EMN deverá considerar vários critérios em suas decisões de financiamento internacional, que inclui os seguintes:

- Paridade da taxas de juros;
- Taxas a termo como previsões; e
- Previsões de taxa de câmbio.

Esses critérios poderão influenciar a decisão de uma EMN referente a qual moeda ou moedas tomar emprestada(s). Cada um será discutido por sua vez.

Paridade da Taxa de Juros

Lembre que a arbitragem de juros coberta foi descrita como um investimento estrangeiro de curto prazo com uma venda a termo simultânea de moeda estrangeira que denomina o investimento estrangeiro. De uma perspectiva financeira, a arbitragem de juros coberta poderá ser realizada como segue. Primeiro, tome emprestada uma moeda estrangeira e a converta na moeda nacional para o uso. Também adquira, simultaneamente, uma moeda estrangeira a termo para travar a taxa de câmbio da moeda necessária para liquidar o empréstimo. Se a taxa de juros da moeda estrangeira estiver baixa, isso poderá parecer que é uma estratégia viável. No entanto, uma moeda assim normalmente apresentará um prêmio a termo que compensará a diferença entre sua taxa de juros e a taxa de juros nacional.

426 FINANÇAS CORPORATIVAS INTERNACIONAIS

Isso pode ser mostrado reconhecendo que a empresa financeira não mais será afetada pela variação percentual nas taxas de câmbio, mas, em vez disso, pela diferença de porcentagem entre a taxa à vista pela qual a moeda estrangeira foi convertida na moeda local e a taxa a termo pela qual a moeda estrangeira foi readquirida. A diferença reflete o prêmio a termo (não-anualizado). O prêmio a termo não-anualizado (p) poderá substituir e_f na equação introduzida anteriormente para determinar a taxa efetiva de financiamento ao buscar proteção no mercado a termo sob condições da paridade da taxa de juros:

$$r_f = (1 + i_f)(1 + p) - 1$$

Se a paridade da taxa de juros existir, o prêmio a termo será:

$$p = \frac{(1 + i_h)}{(1 + i_f)} - 1$$

onde i_f representa a taxa de juros da moeda nacional. Quando essa equação é usada para refletir as taxas de financiamento, podemos substituir a fórmula para p para determinar a taxa efetiva de financiamento da moeda estrangeira sob condições da paridade da taxa de juros:

$$\begin{aligned} r_f &= (1 + i_f)(1 + p) - 1 \\ &= (1 + i_f)\left[1 + \frac{(1 + i_h)}{(1 + i_f)} - 1\right] - 1 \\ &= i_h \end{aligned}$$

Portanto, se a paridade da taxa de juros existir, a tentativa de arbitragem de juros coberta para financiamento com uma moeda de taxa de juros baixa resultará em uma taxa efetiva de financiamento semelhante à taxa de juros doméstica.

A Tabela 14.1 resume as implicações de uma variedade de condições relacionadas à paridade da taxa de juros. Mesmo se a paridade da taxa de juros existir, o financiamento com a moeda

Condição	Implicações
1. A paridade da taxa de juros se mantém.	Financiamento estrangeiro e uma proteção (*hedging*) simultânea dessa posição no mercado a termo resultarão em custos de financiamento semelhantes àqueles decorrentes de financiamentos domésticos.
2. A paridade da taxa de juros se mantém e a taxa a termo é uma previsão apurada da taxa à vista futura.	Financiamento estrangeiro não protegido resultará em custos semelhantes àqueles incorridos em financiamentos domésticos.
3. A paridade da taxa de juros se mantém e espera-se que a taxa a termo superestime a taxa à vista futura.	Espera-se que o financiamento estrangeiro não protegido resulte em custos mais baixos que aqueles incorridos de financiamentos domésticos.
4. A paridade da taxa de juros se mantém e espera-se que a taxa a termo subestime a taxa à vista futura.	Espera-se que o financiamento estrangeiro não protegido resulte em custos mais altos que aqueles decorrentes de financiamentos domésticos.
5. A paridade da taxa de juros não se mantém; o prêmio (desconto) a termo excede (é menor que) o diferencial da taxa de juros.	Financiamento estrangeiro com uma proteção (*hedging*) simultânea dessa posição no mercado a termo resultará em custos de financiamento mais altos que aqueles decorrentes de financiamentos domésticos.
6. A paridade da taxa de juros não se mantém; o prêmio a termo (desconto) é menor que (excede) o diferencial da taxa de juros.	Financiamento estrangeiro com uma proteção (*hedging*) simultânea dessa posição no mercado a termo resultará em custos de financiamento mais baixos que aqueles decorrentes de financiamentos domésticos.

Tabela 14.1 Implicações da paridade da taxa de juros para financiamentos.

FINANCIAMENTO DE OBRIGAÇÕES DE CURTO PRAZO **427**

estrangeira ainda poderá ser viável, mas teria de ser realizado em uma base descoberta (sem o uso de uma proteção com contrato a termo). Em outras palavras, o financiamento estrangeiro poderá resultar em um custo de financiamento mais baixo que o financiamento doméstico, mas não poderá ser garantido (a não ser que a empresa tenha contas a receber nessa mesma moeda).

Taxas a Termo como Previsões

Suponha que a taxa a termo (F) da moeda estrangeira tomada emprestada seja utilizada pelas empresas como um instrumento de previsão da taxa à vista que existirá no final do período do financiamento. A taxa efetiva de juros esperada do empréstimo de uma moeda estrangeira poderá ser prevista substituindo F por S_{t+1} na seguinte equação:

$$r_f = (1 + i_f)\left[1 + \frac{S_{t+1} - S}{S}\right] - 1$$

$$r_f = (1 + i_f)\left[1 + \frac{F - S}{S}\right] - 1$$

Como já mostrado, a parte direita dessa equação é igual à taxa de financiamento da moeda nacional se a paridade da taxa de juros existir. Se a taxa a termo for um estimador correto da taxa à vista futura S_{t+1}, a taxa de financiamento estrangeiro será semelhante à taxa de financiamento nacional.

Se a paridade da taxa de juros existir aqui, a taxa a termo poderá ser utilizada como o ponto de equilíbrio para avaliar a decisão de financiamento. Quando uma empresa faz um financiamento com a moeda estrangeira (e sem fazer a proteção da posição de moeda estrangeira), a taxa efetiva de financiamento será menor que a taxa doméstica se a taxa à vista futura da moeda estrangeira (taxa à vista no momento do reembolso do empréstimo) for menor que a taxa a termo (no momento da concessão do empréstimo). Inversamente, a taxa efetiva de financiamento em um empréstimo estrangeiro será maior do que a taxa doméstica se ocorrer de a taxa à vista futura da moeda estrangeira ser maior que a taxa a termo.

Se a taxa a termo for um previsor não-tendencioso da taxa à vista futura, então a taxa efetiva de financiamento de uma moeda estrangeira será, em média, igual à taxa de financiamento doméstica. Nesse caso, as empresas que consistentemente tomam moedas estrangeiras emprestadas não conseguirão custos financeiros mais baixos. Embora possa ocorrer de a taxa efetiva de financiamento ser menor que a taxa doméstica em alguns períodos, ela será maior em outros períodos, ocasionando um efeito compensatório. As empresas que acreditam que a taxa a termo seja um previsor não-tendencioso da taxa à vista futura preferirão tomar emprestado na moeda nacional, em que a taxa de financiamento é conhecida com certeza e não se espera que seja maior, em média, que o financiamento estrangeiro.

Previsões da Taxa de Câmbio

Apesar de a capacidade de previsão das empresas ser, de certa forma, limitada, algumas delas poderão tomar decisões com base nos ciclos das oscilações das moedas. As empresas poderão utilizar as oscilações recentes como previsão das oscilações futuras para determinar se deveriam tomar emprestada uma moeda estrangeira. Essa estratégia seria bem-sucedida, em média, se utilizada no passado. Será bem-sucedida no futuro se as oscilações de moedas continuarem em uma direção por longos períodos.

Uma vez que a empresa tenha desenvolvido uma previsão da variação percentual da taxa de câmbio ao longo do período de financiamento (e_f), ela poderá usar essa previsão junto

428 FINANÇAS CORPORATIVAS INTERNACIONAIS

com a taxa de juros estrangeira para prever a taxa efetiva de financiamento de uma moeda estrangeira. A taxa prevista poderá então ser comparada à taxa de financiamento doméstica.

EXEMPLO

A Sarasota, Inc. precisa de recursos por um ano e sabe que a taxa de juros de um ano em dólares americanos é de 12% enquanto a taxa de juros de empréstimo em francos suíços é de 8%. A Sarasota prevê que o franco suíço se apreciará de sua taxa atual de $ 0,45 para $ 0,459, ou em 2% ao longo do próximo ano. O valor esperado de e_f [escrito como $E(e_f)$] será assim de 2%. Portanto, a taxa efetiva de financiamento esperada $[E(r_f)]$ será:

$$E(r_f) = (1 + i_f)[1 + E(e_f)] - 1$$
$$= (1 + 0,08)(1 + 0,02) - 1$$
$$= 0,1016 \text{ ou } 10,16\%$$

No exemplo, espera-se que o financiamento em francos suíços seja menos dispendioso que o financiamento em dólares americanos. No entanto, o valor de e_f é previsto e, portanto, não conhecido com certeza. Assim, não há garantia de que o financiamento estrangeiro realmente seja menos dispendioso.

Derivando o Valor de e_f que Equaciona as Taxas Domésticas e Estrangeiras. Continuando com o exemplo anterior, a Sarasota, Inc., poderá tentar pelo menos determinar qual valor de e_f faria com que a taxa efetiva de financiamento estrangeira ficasse igual ao financiamento doméstico. Para determinar esse valor, comece com a fórmula da taxa efetiva de financiamento e resolva para e_f como segue:

$$r_f = (1 + i_f)(1 + e_f) - 1$$
$$(1 + r_f) = (1 + i_f)(1 + e_f)$$
$$\frac{(1 + r_f)}{(1 + i_f)} = (1 + e_f)$$
$$\frac{(1 + r_f)}{(1 + i_f)} - 1 = e_f$$

Uma vez que a taxa de financiamento nos Estados Unidos é de 12% no nosso exemplo anterior, essa taxa é entrada como a r_f. Poderemos também entrar 8% como a i_f, de modo que o valor de equilíbrio de e_f será:

$$e_f = \frac{(1 + r_f)}{(1 + i_f)} - 1$$
$$= \frac{(1 + 0,12)}{(1 + 0,08)} - 1$$
$$= 0,037037 \text{ ou } 3,703\%$$

Isso sugere que o franco suíço teria se apreciado em cerca de 3,7% ao longo do período do empréstimo, para deixar o empréstimo em francos suíços tão dispendioso quanto um empréstimo em dólares americanos. Qualquer grau de apreciação menor deixaria o empréstimo em francos suíços menos dispendioso. A Sarasota, Inc. poderá usar essas informações para determinar se tomará emprestados dólares americanos ou francos suíços. Se ela esperar que o franco suíço se aprecie em mais de 3,7% ao longo da vida do empréstimo, deverá preferir emprestar em dólares americanos. Se ela esperar que o franco suíço se aprecie em menos de 3,7% ou se deprecie, sua decisão será mais complexa. Se as economias possíveis do financiamento com moeda estrangeira forem maiores que o risco envolvido, então a empresa deverá escolher essa rota. A decisão final aqui deverá ser influenciada pelo grau de aversão ao risco da Sarasota.

Uso de Distribuições de Probabilidade. Para ter uma noção melhor sobre a decisão de financiamento, uma empresa poderá desejar desenvolver uma distribuição de probabilidade para a variação percentual de uma moeda estrangeira em particular ao longo do horizonte do financiamento. Uma vez que previsões não são sempre exatas, às vezes é útil desenvolver uma distribuição de probabilidade em vez de confiar em uma única estimativa. Usando a distribuição de probabilidade de possíveis variações percentuais no valor da moeda, junto com a taxa de juros na moeda, a empresa poderá determinar a distribuição de probabilidades das possíveis taxas efetivas de financiamento da moeda. Em seguida poderá comparar essa distribuição com a taxa de financiamento conhecida na moeda nacional, para tomar sua decisão de financiamento.

EXEMPLO

A Carolina Co. está decidindo se ela tomará emprestados francos suíços por um ano. Ela acha que a taxa de juros cotada para o franco suíço é de 8% e a taxa cotada para o dólar americano é de 15%. Então ela desenvolve uma distribuição de probabilidade para a possível variação percentual no valor do franco suíço ao longo da vida do empréstimo.

A distribuição de probabilidade é apresentada na Tabela 14.2. A primeira linha da Tabela 14.2 mostra que há uma probabilidade de 5% de uma depreciação de 6% do franco suíço ao longo da vida do empréstimo. Se o franco suíço se depreciar em 6%, a taxa efetiva de financiamento será de 1,52%. Portanto, há uma probabilidade de 5% de a Carolina Co. ter uma taxa efetiva de financiamento de 1,52% sobre seu financiamento. A segunda linha mostra que há uma probabilidade de 10% de uma depreciação de 4% do franco suíço ao longo da vida do empréstimo. Se o franco suíço se depreciar em 4%, a taxa efetiva de financiamento será de 3,68%. Portanto, há uma probabilidade de 10% de a Carolina ter uma taxa efetiva de financiamento de 3,68 sobre seu financiamento.

Para cada variação percentual possível no valor do franco suíço, há uma taxa efetiva de financiamento correspondente. Poderemos associar cada taxa efetiva de financiamento (terceira coluna) com sua probabilidade de ocorrência (segunda coluna). Multiplicando cada taxa efetiva de financiamento por sua probabilidade associada, poderemos calcular

Possível Variação na Taxa do Franco Suíço ao Longo da Vida do Empréstimo (e_f)	Probabilidade de Ocorrência	Taxa Efetiva de Financiamento se essa Variação da Taxa Ocorrer no Franco Suíço (i_f)
–6%	5%	$(1,08)[1 + (-6\%)] - 1 = 1,52\%$
–4	10	$(1,08)[1 + (-4\%)] - 1 = 3,68$
–1	15	$(1,08)[1 + (-1\%)] - 1 = 6,92$
+1	20	$(1,08)[1 + (1\%)] - 1 = 9,08$
+4	20	$(1,08)[1 + (4\%)] - 1 = 12,32$
+6	15	$(1,08)[1 + (6\%)] - 1 = 14,48$
+8	10	$(1,08)[1 + (8\%)] - 1 = 16,64$
+10	5	$(1,08)[1 + (10\%)] - 1 = 18,80$
	100%	

Tabela 14.2   Análise de financiamento com uma moeda estrangeira.

um valor estimado para essa taxa efetiva de financiamento do franco suíço. Com base nessas informações da Tabela 14.2, o valor esperado da taxa efetiva de financiamento, referida como $E(r_f)$, será calculado como

$$E(r_f) = 5\%(1,52\%) + 10\%(3,68\%) + 15\%(6,92\%) + 20\%(9,08\%)$$
$$+ 20\%(12,32\%) + 15\%(14,48\%)$$
$$+ 10\%(16,64\%) + 5\%(18,80\%)$$

$$= 0,076\% + 0,368\% + 1,038\% + 1,816\%$$
$$+ 2,464\% + 2,172\% + 1,664\% + 0,94\%$$

$$= 10,538\%$$

Portanto, a decisão da Carolina Co. será de tomar emprestados dólares americanos (a uma porcentagem de juros de 15%) ou francos suíços (com um valor esperado de 10,538% para a taxa efetiva de financiamento). Utilizando a Tabela 14.2, o risco reflete 5% de chance (probabilidade) de que a taxa efetiva de financiamento dos francos suíços será de 18,8% e 10% de chance de que essa taxa será de 16,64%. Qualquer uma das duas possibilidades representa uma despesa maior para a Carolina Co. do que ela teria se tomasse emprestados dólares americanos.

Para continuar avaliando a decisão referente a qual moeda tomar emprestado, as informações da segunda e da terceira colunas da Tabela 14.2 são usadas para desenvolver a distribuição de probabilidade da Figura 14.2. Essa Figura ilustra a probabilidade de cada taxa efetiva de financiamento possível que poderá ocorrer se a Carolina Co. tomar emprestados francos suíços. Note que a taxa de juros dos Estados Unidos (15%) está incluída na Figura 14.2 para fins de comparação. Não há distribuição de possíveis resultados para a taxa dos Estados Unidos já que a taxa de 15% é conhecida com certeza (não existe risco de taxa de câmbio). Há uma probabilidade de 15% que a taxa dos Estados Unidos será mais baixa que a taxa efetiva em francos suíços e 85% de chance que a taxa dos Estados Unidos será mais alta que a taxa efetiva em francos suíços. Essa informação poderá ajudar a empresa na sua decisão de financiamento. Dadas as possíveis economias em relação ao baixo grau de risco, a Carolina Co. decide tomar emprestados os francos suíços.

Figura 14.2 Distribuição de probabilidades de taxas efetivas de financiamento.

Resultados Reais de Financiamentos Estrangeiros

O fato de algumas empresas usarem financiamento estrangeiro sugere que elas acreditam que poderão conseguir uma redução nos custos financeiros. Para avaliar esse assunto, as taxas efetivas de financiamento do franco suíço e do dólar americano são comparadas na Figura 14.3 da perspectiva de uma empresa dos Estados Unidos. Os dados são segmentados em períodos anuais.

> http://
> http://Commerzbank.com oferece muitas informações sobre seus serviços de financiamento para empresas, e também fornece sua visão sobre as condições do mercado de câmbio internacional.

No período de 1999-2000, o franco suíço se enfraqueceu perante o dólar, e uma empresa dos Estados Unidos que tomou emprestados francos suíços teria acarretado uma taxa efetiva de financiamento negativa. Entretanto, no período de 2002-2003, o franco suíço se apreciou perante o dólar. A taxa efetiva de financiamento do franco suíço da perspectiva dos Estados Unidos foi de 22% em 2002 e 11% em 2003. Essas taxas estavam mais altas que as taxas de juros dos Estados Unidos e ilustram o risco de uma EMN que financia operações com uma moeda estrangeira.

A Figura 14.3 mostra as possíveis economias em custos financeiros que poderão ser obtidas se a moeda estrangeira se depreciar frente à moeda nacional da empresa. Também mostra como o financiamento estrangeiro poderá dar errado se as expectativas da empresa estiverem incorretas e a moeda estrangeira se apreciar ao longo do período de financiamento.

Financiamento com Carteira de Moedas

Embora o financiamento estrangeiro possa resultar em custos financeiros significativamente mais baixos, a variação em custos financeiros estrangeiros ao longo do tempo é mais alta. As

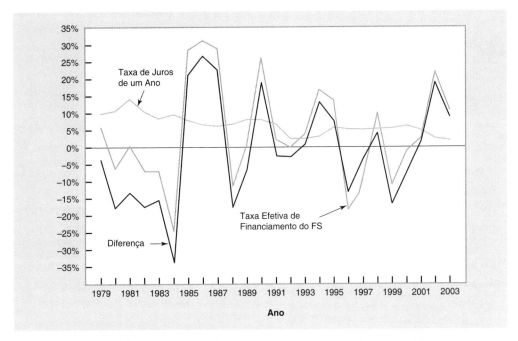

Figura 14.3 Comparação do financiamento com francos suíços *versus* dólares.

432 FINANÇAS CORPORATIVAS INTERNACIONAIS

EMNs poderão conseguir custos financeiros mais baixos sem risco excessivo fazendo o financiamento com uma carteira de moedas estrangeiras, como demonstrado aqui.

EXEMPLO

A Nevada, Inc. precisa tomar emprestados $ 100.000 por um ano e obtém as seguintes cotações para taxas de juros:

- Taxa de juros de empréstimo de um ano em dólares americanos = 15%;
- Taxa de juros de empréstimo de um ano em francos suíços = 8%; e
- Taxa de juros de empréstimo de um ano em ienes japoneses = 9%.

Visto que as cotações para o empréstimo em francos suíços ou ienes japoneses estão relativamente baixas, a Nevada poderá desejar tomar emprestada uma moeda estrangeira. Se a Nevada decidir utilizar financiamento estrangeiro, ela terá três opções com base nas informações dadas: (1) tomar emprestado somente francos suíços, (2) tomar emprestado somente ienes japoneses ou (3) tomar emprestado uma carteira de francos suíços e ienes japoneses. Suponha que a Nevada, Inc., tenha estabelecido possíveis variações percentuais da taxa à vista do franco suíço e do iene japonês a partir do momento do início do empréstimo até o reembolso do empréstimo, como mostrado na segunda coluna da Tabela 14.3. A terceira coluna mostra a probabilidade em que cada variação percentual poderá ocorrer.

Com base na suposta taxa de juros de 8% do franco suíço, a taxa efetiva de financiamento é calculada para cada variação percentual possível na taxa à vista do franco suíço. Há 30% de chance de que o franco suíço se aprecie em 1% ao longo da vida do empréstimo. Nesse caso, a taxa efetiva de financiamento será de 9,08%. Portanto, há 30% de chance de que a taxa efetiva de financiamento seja de 9,08%. Além disso, há 50% de chance de a taxa efetiva de financiamento ser de 11,24% e 20% de chance de ser de 17,72%. Dado que a taxa de empréstimo dos Estados Unidos é de 15%, há somente 20% de chance de que o financiamento em francos suíços seja mais dispendioso que o financiamento doméstico.

A seção inferior da Tabela 14.3 fornece informações sobre o iene japonês. Por exemplo, o iene tem 35% de chance de se depreciar em 1% ao longo da vida do empréstimo e assim por diante. Com base na presumida taxa de juros de 9% e nas previsões da flutuação da taxa de câmbio, há uma chance de 35% de que a taxa efetiva de financiamento seja

Moeda	Possível Variação Percentual na Taxa à Vista ao Longo da Vida do Empréstimo	Probabilidade de Ocorrência daquela Variação Percentual na Taxa à Vista	Cálculo da Taxa Efetiva de Financiamento com Base naquela Variação Percentual na Taxa à Vista
Franco suíço	1%	30%	$(1,08)[1 + (0,01)] - 1 = 0,0908$, ou 9,08%
Franco suíço	3	50	$(1,08)[1 + (0,03)] - 1 = 0,1124$, ou 11,24%
Franco suíço	9	<u>20</u>	$(1,08)[1 + (0,09)] - 1 = 0,1772$, ou 17,72%
		<u>100%</u>	
Iene japonês	−1	35%	$(1,09)[1 + (-0,01)] - 1 = 0,0791$, ou 7,91%
Iene japonês	3	40	$(1,09)[1 + (0,03)] - 1 = 0,1227$, ou 12,27%
Iene japonês	7	<u>25</u>	$(1,09)[1 + (0,07)] - 1 = 0,1663$, ou 16,63%
		<u>100%</u>	

Tabela 14.3 Derivação de possíveis taxas de financiamentos efetivas.

FINANCIAMENTO DE OBRIGAÇÕES DE CURTO PRAZO **433**

de 7,91%, 40% de que seja de 12,27%, e 25% de que seja de 16,63%. Dada a taxa de 15% sobre o financiamento em dólares americanos, há 25% de chance de que o financiamento em ienes japoneses seja mais dispendioso que o financiamento doméstico. Antes de examinar uma terceira estratégia de financiamento estrangeiro possível (a abordagem de carteira), determine o valor esperado da taxa efetiva de financiamento de cada moeda estrangeira em separado. Isso é conseguido totalizando os produtos de cada taxa efetiva de financiamento possível e sua probabilidade associada como segue:

Moeda	Cálculo do Valor Esperado da Taxa Efetiva de Financiamento
Franco suíço	30%(9,08%) + 50%(11,24%) + 20%(17,72%) = 11,888%
Iene japonês	30%(7,91%) + 40%(12,27%) + 25%(16,63%) = 11,834%

Os custos financeiros esperados das duas moedas são quase iguais. O grau de risco individual (de que os custos do financiamento serão mais altos que no financiamento doméstico) é quase igual para cada moeda. Se a Nevada, Inc. optar pelo financiamento com apenas uma dessas moedas estrangeiras, ficará difícil determinar exatamente (com base em nossa análise) qual moeda será a mais apropriada. Agora, considere a terceira e última estratégia: a abordagem de carteira.

Com base nas informações da Tabela 14.3, há três possibilidades para a taxa efetiva de financiamento do franco suíço. Se a Nevada, Inc. tomar emprestado metade de seus recursos necessários em cada uma das moedas estrangeiras, então haverá nove possibilidades para essa taxa efetiva de financiamento de carteira, como mostrado na Tabela 14.4. As colunas 1 e 2 apresentam todas as taxas efetivas comuns possíveis. A coluna 3 calcula a probabilidade conjunta dessa ocorrência supondo que as oscilações da taxa de câmbio do franco suíço e do iene japonês sejam independentes. A coluna 4 mostra o cálculo da taxa efetiva de financiamento da carteira sobre possíveis taxas apresentadas para as moedas individualmente.

Um exame da linha superior ajudará a esclarecer a tabela. Essa linha indica que um resultado possível de se tomar emprestados os francos suíços e os ienes japoneses é que eles apresentarão taxas efetivas de financiamento de 9,08% e 7,91%, respectivamente. A probabilidade de a taxa efetiva de financiamento do franco ocorrer é de 30%, enquanto a

(1)	(2)	(3)	(4)
Taxas Efetivas de Financiamento Comuns Possíveis		Cálculo da Probabilidade Comum	Cálculo da Taxa Efetiva de Financiamento da Carteira (50% do Total de Fundos Tomados Emprestados em cada Moeda)
Franco Suíço	Iene Japonês		
9,08%	7,91%	(30%)(35%) = 10,5%	0,5(9,08%) + 0,5(7,91%) = 8,495%
9,08	12,27	(30%)(40%) = 12,0	0,5(9,08%) + 0,5(12,27%) = 10,675
9,08	16,63	(30%)(25%) = 7,5	0,5(9,08%) + 0,5(16,63%) = 12,855
11,24	7,91	(50%)(35%) = 17,5	0,5(11,24%) + 0,5(7,91%) = 9,575
11,24	12,27	(50%)(40%) = 20,0	0,5(11,24%) + 0,5(12,27%) = 11,755
11,24	16,63	(50%)(25%) = 12,5	0,5(11,24%) + 0,5(16,63%) = 13,935
17,72	7,91	(20%)(35%) = 7,0	0,5(17,72%) + 0,5(7,91%) = 12,815
17,72	12,27	(20%)(40%) = 8,0	0,5(17,72%) + 0,5(12,27%) = 14,995
17,72	16,63	(20%)(25%) = 5,0	0,5(17,72%) + 0,5(16,63%) = 17,175
		100,0%	

Tabela 14.4 Análise de financiamento com duas moedas estrangeiras.

434 FINANÇAS CORPORATIVAS INTERNACIONAIS

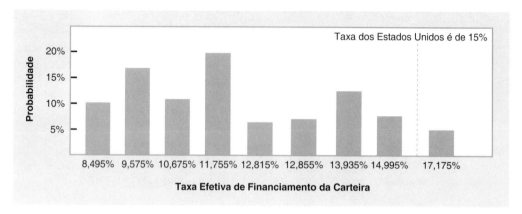

Figura 14.4 Distribuição de probabilidades da taxa efetiva de financiamento da carteira.

probabilidade de ocorrência da taxa do iene japonês é de 35%. Lembre que essas porcentagens foram dadas na Tabela 14.3. A probabilidade comum de essas duas taxas ocorrerem simultaneamente é de (30%)(35%) = 10,5%. Supondo que a metade (50%) dos recursos necessários deverá ser tomada emprestada de cada moeda, a taxa efetiva de financiamento da carteira será 0,5(9,08%) + 0,5(7,91%) = 8,495% (se essas taxas efetivas de financiamento individuais ocorrerem para cada moeda).

Um procedimento semelhante foi usado para desenvolver as outras oito linhas da Tabela 14.4. Dessa tabela, há 10,5% de chance de a taxa efetiva de financiamento da carteira ser de 8,495%, 12% de chance de ser de 10,675%, e assim por diante.

A Figura 14.4 apresenta a distribuição de probabilidade da taxa efetiva de financiamento da carteira que foi derivada na Tabela 14.4. Essa Figura mostra que o financiamento com uma carteira (50% financiados em francos suíços com 50% remanescentes financiados em ienes japoneses) possui apenas 5% de chance de ser mais dispendioso que o financiamento doméstico. Esses resultados são mais favoráveis que os de uma das duas moedas separadamente. Portanto, a Nevada, Inc. decide tomar emprestada a carteira de moedas.

Efeitos da Diversificação de Carteiras

Quando as duas moedas são tomadas emprestadas, a única maneira de a carteira poder apresentar uma taxa efetiva de financiamento mais alta que a taxa doméstica é se *ambas* as moedas apresentarem seu nível máximo de apreciação (o que é 9% para o franco suíço e 7% para o iene japonês). Se ocorrer com apenas uma, a severidade de sua apreciação será, de certa forma, compensada pela não-apreciação da outra moeda na mesma intensidade. A probabilidade de apreciação máxima é de 20% para o franco suíço e 25% para o iene japonês. A probabilidade conjunta de as duas apreciações máximas ocorrerem simultaneamente é de (20%)(25%) = 5%. Essa é uma vantagem do financiamento com uma carteira de moedas estrangeiras. A Nevada, Inc. tem 95% de chance de conseguir custos mais baixos com a carteira estrangeira do que com o financiamento doméstico.

O valor esperado da taxa efetiva de financiamento da carteira poderá ser determinado ao se multiplicar a porcentagem financiada com cada moeda pelo valor esperado da taxa efetiva individual da moeda. Lembre que o valor esperado era 11,888% para o franco suíço e 11,834% para o iene japonês. Portanto, para a carteira que representa 50% dos recursos tomados emprestados de cada moeda, o valor esperado da taxa efetiva de financiamento será 0,5(11,888%) + 0,5(11,834%) = 11,861%. Com base em uma comparação geral, o valor esperado da taxa efetiva de financiamento da carteira será bem semelhante ao da taxa do financiamento feito somente com uma das duas moedas estrangeiras. No entanto, o risco (de ocorrer uma taxa efetiva de financiamento mais alta que a taxa doméstica) será consideravelmente menor ao se financiar com a carteira.

No exemplo, o cálculo das probabilidades conjuntas requer a suposição de que as duas moedas oscilam independentemente. Se as oscilações das duas moedas forem, na verdade, alta e positivamente correlacionadas, então o financiamento com uma carteira de moedas não será tão benéfico como demonstrado, porque há uma forte probabilidade de as duas moedas passarem por altos níveis simultâneos de apreciação. Se as duas moedas não estiverem altamente correlacionadas, será menos provável que se apreciem simultaneamente a esse grau alto. Portanto, as chances de a taxa efetiva de financiamento exceder a taxa dos Estados Unidos estarão reduzidas quando as moedas incluídas na carteira não forem alta e positivamente correlacionadas.

O exemplo incluía apenas duas moedas na carteira. O financiamento com uma carteira mais diversificada com moedas adicionais que apresentem taxas de juros baixas poderá aumentar a probabilidade de o financiamento estrangeiro ser menos dispendioso que o financiamento doméstico; é improvável que várias moedas oscilem em conjunto e, portanto, será improvável que se apreciem simultaneamente o suficiente para eliminarem a vantagem de suas taxas de juros baixas. Mais uma vez, o grau em que essas moedas estiverem correlacionadas umas com as outras é importante. Se todas as moedas se correlacionarem alta e positivamente umas com as outras, o financiamento com essa carteira não será muito diferente do financiamento com uma única moeda estrangeira.

Financiamentos Repetidos com uma Carteira da Moeda

Uma empresa que repetidamente faz financiamentos com uma carteira de moedas normalmente preferirá compor um pacote de financiamento que exiba uma taxa efetiva de financiamento de certa forma previsível em uma base periódica. Quanto mais volátil a taxa efetiva de financiamento de uma carteira ao longo do tempo, tanto mais incertezas (riscos) haverá sobre a taxa efetiva de financiamento que existirá em qualquer período. O grau de volatilidade dependerá dos desvios-padrão e das correlações das taxas efetivas de financiamento das moedas individuais dentro da carteira.

Poderemos usar a variância da carteira como uma medida do grau de volatilidade. A variância da taxa efetiva de financiamento da carteira com duas moedas $[VAR(r_p)]$ ao longo do tempo é calculada como segue

$$VAR(r_p) = w_A^2 \sigma_A^2 + w_B^2 \sigma_B^2 + 2w_A w_B \sigma_A \sigma_B CORR_{AB}$$

onde w_A^2 e w_B^2 representam a porcentagem do total de recursos financiados com as moedas A e B, respectivamente; σ_A^2 e σ_B^2 representam as variâncias individuais da taxa efetiva de financiamento de cada moeda ao longo do tempo e $CORR_{AB}$ reflete o coeficiente de correlação dessas taxas de financiamento nas duas moedas. Visto que a variação percentual na taxa de câmbio possui uma função importante na influência sobre a taxa efetiva de financiamento, não deveria ser surpreendente que o $CORR_{AB}$ seja fortemente afetado pela correlação entre as flutuações da taxa de câmbio das duas moedas. Uma correlação baixa entre as oscilações das duas moedas poderá forçar o $CORR_{AB}$ a ser baixo.

436 FINANÇAS CORPORATIVAS INTERNACIONAIS

EXEMPLO

A Valparaiso, Inc. considera tomar emprestada uma carteira de ienes japoneses e francos suíços para financiar suas operações nos Estados Unidos. A metade dos recursos necessários deverá vir de cada moeda. Para determinar como a variância nessa taxa efetiva de financiamento da carteira está relacionada às características das moedas que a compõem, suponha as seguintes informações baseadas nas informações históricas de vários períodos de três meses:

- Taxa efetiva média de financiamento do franco suíço por três meses = 3%;
- Taxa efetiva média de financiamento do iene japonês por três meses = 2%;
- Desvio-padrão da taxa efetiva de financiamento do franco suíço = 0,04;
- Desvio-padrão da taxa efetiva de financiamento do iene japonês = 0,09; e
- Coeficiente de correlação das taxas efetivas de financiamento destas duas moedas = 0,10.

Dadas essas informações, a taxa efetiva média da carteira (r_p) de fundos financiados 50% em francos suíços e 50% em ienes japoneses é determinada totalizando as taxas efetivas de financiamento individuais ponderadas:

$$r_p = w_A r_A + w_B r_B$$
$$= 0,5(0,03) + 0,5(0,02)$$
$$= 0,015 + 0,01$$
$$= 0,025 \text{ ou } 2,5\%$$

A variância dessa taxa efetiva de financiamento da carteira ao longo do tempo será:

$$VAR(r_p) = 0,5^2(0,04)^2 + 0,5^2(0,09)^2 + 2(0,5)(0,5)(0,04)(0,09)(0,10)$$
$$= 0,25(0,0016) + 0,25(0,0081) + 0,00018$$
$$= 0,0004 + 0,002025 + 0,00018$$
$$= 0,002605$$

A Valparaiso poderá usar esse mesmo processo para comparar vários pacotes de financiamento para ver qual deles será o mais apropriado. Ela poderá estar mais interessada em estimar o retorno médio e a variação de repetidos financiamentos de uma carteira em particular no futuro. Não há garantia de que dados passados serão indicativos para o futuro. Todavia, se a variação individual e as correlações de pares de moedas forem, de certa forma, estáveis ao longo do tempo, a variação histórica da taxa efetiva de financiamento da carteira deverá fornecer uma previsão razoável.

Para reconhecer os benefícios do financiamento com duas moedas que não são altamente correlacionadas, reconsidere como a variância da taxa efetiva de financiamento da carteira teria sido afetada se a correlação entre as duas moedas fosse de 0,90 (uma correlação muito alta), em vez de 0,10. A variância seria 0,004045, o que é mais de 50% mais alto que a variância quando a correlação suposta era de 0,10.

A avaliação de uma taxa efetiva de financiamento de carteira de uma moeda e de sua variância não está restrita a apenas duas moedas. A taxa efetiva média de financiamento de uma carteira de moedas de qualquer dimensão será determinada totalizando as respectivas taxas efetivas individuais de financiamento ponderadas pela porcentagem de recursos financiados com cada moeda. Determinar a variância da taxa efetiva de financiamento da carteira fica mais complexo quando mais moedas são acrescentadas na carteira, mas programas de computador geralmente são montados para encontrar a solução com mais facilidade.

RESUMO

■ As EMNs poderão usar financiamento estrangeiro para compensar entradas de caixa antecipadas em moedas estrangeiras, de modo que a exposição ao risco da taxa de câmbio seja minimizada. Alternativamente, algumas EMNs poderão usar financiamento estrangeiro, na tentativa de reduzir seus custos financeiros. Os custos financeiros poderão ser menores se a taxa de juros estrangeira for relativamente baixa ou se a moeda estrangeira emprestada se depreciar ao longo do período de financiamento.

■ As EMNs poderão determinar se usarão financiamento estrangeiro estimando a taxa efetiva

de financiamento de qualquer moeda ao longo do período em que o financiamento será necessário. A taxa efetiva de financiamento esperada depende da taxa de juros cotada da moeda estrangeira e da variação percentual prevista no valor da moeda ao longo do período de financiamento.

■ Quando as EMNs tomam emprestadas uma carreira de moedas que possuam taxas de juros baixas, elas poderão aumentar a probabilidade de conseguir custos de financiamento relativamente baixos se os valores das moedas não forem altamente correlacionados.

CONTRAPONTO DO PONTO

As EMNs Aumentam seus Riscos ao Tomar Emprestado Moedas Estrangeiras?

Ponto Sim. As EMNs deveriam tomar emprestado a moeda que esteja relacionada aos seus fluxos de caixa. Se tomarem emprestado moedas estrangeiras para financiar os negócios em uma moeda diferente, elas estarão essencialmente especulando sobre as oscilações da taxa de câmbio futura. Os resultados da estratégia são incertos, o que representa um risco para a EMN e seus acionistas.

Contraponto Não. Se as EMNs esperam poder reduzir a taxa efetiva de financiamento ao tomar emprestado uma moeda estrangeira, elas deverão

considerar tomar emprestada essa moeda. Isso as capacita a conseguir custos mais baixos e a melhorar sua competitividade. Se elas adotarem a abordagem mais conservadora tomando emprestado a moeda relacionada a suas entradas de caixa, poderão incorrer em custos mais altos e ter uma chance de perda maior.

Quem está certo? Use seu mecanismo de busca preferido para saber mais sobre esse assunto. Qual argumento você apóia? Dê sua opinião sobre o assunto.

AUTOTESTE

As respostas encontram-se no Apêndice A, no final deste livro.

1. Suponha que a taxa de juros da Nova Zelândia seja de 9%. Uma empresa dos Estados Unidos planeja tomar emprestado dólares da Nova Zelândia e reembolsar o empréstimo em um ano. Qual será a taxa efetiva de financiamento se o dólar da Nova Zelândia se depreciar em 6%? Se o dólar da Nova Zelândia se apreciar em 3%?

2. Utilizando as informações da questão 1 e supondo 50% de chance de as duas condições ocorrerem, determine o valor esperado da taxa efetiva de financiamento.

3. Suponha que a taxa de juros de um ano do Japão seja de 5%, enquanto a taxa de juros de um ano dos Estados Unidos é de 8%. Qual

variação percentual do iene japonês faria com que uma empresa dos Estados Unidos que tomasse emprestado ienes japoneses incorresse na mesma taxa efetiva de financiamento do que se tomasse emprestado em dólares?

4. A taxa à vista do dólar australiano é de $ 0,62. A taxa a termo de um ano do dólar australiano é de $ 0,60. A taxa de juros de um ano da Austrália é de 9%. Suponha que a taxa a termo seja usada para prever a taxa à vista futura. Determine a taxa efetiva de financiamento esperada para uma empresa americana que tomar emprestado dólares australianos para financiar seus negócios nos Estados Unidos.

5. A Omaha, Inc. planeja financiar suas operações nos Estados Unidos tomando emprestado

438 FINANÇAS CORPORATIVAS INTERNACIONAIS

repetidamente em duas moedas com taxas de juros baixas cujas oscilações da taxa de câmbio sejam altamente correlacionadas. A variância da taxa efetiva de financiamento da carteira de moeda será muito mais baixa que a variação da taxa efetiva de financiamento de qualquer uma das duas moedas individuais? Explique.

QUESTÕES E APLICAÇÕES

1. **Análise de Financiamento de Curto Prazo.** Suponha que a Tulsa, Inc. necessite de $ 3 milhões para um período de um ano. Dentro de um ano, ela gerará dólares americanos suficientes para liquidar o empréstimo. Ela está considerando três opções: (1) tomar emprestados dólares americanos a uma taxa de juros de 6%, (2) tomar emprestados ienes japoneses a uma taxa de juros de 3%, ou (3) tomar emprestados dólares canadenses a uma taxa de juros de 4%. A Tulsa espera que o iene japonês se aprecie em 1% ao longo do próximo ano e que o dólar canadense se aprecie em 3%. Qual é a esperada taxa "efetiva" de financiamento para cada uma das três opções? Qual opção parece ser a mais viável? Por que a Tulsa, Inc. poderá não necessariamente escolher a opção que reflete a taxa efetiva de financiamento mais baixa?

2. **Aplicação da PTJ ao Financiamento de Curto Prazo.** Suponha que a paridade da taxa de juros exista. Se uma empresa acreditar que a taxa a termo será um previsor não-tendencioso da taxa à vista futura, ela esperará conseguir custos financeiros mais baixos ao tomar emprestado consistentemente uma moeda estrangeira com uma taxa de juros baixa?

3. **Aplicação da PTJ ao Financiamento de Curto Prazo.**

   a) Se a paridade da taxa de juros não se mantém, qual estratégia a Connecticut Co. deverá considerar quando precisar de financiamento de curto prazo?

   b) Suponha que a Connecticut Co. precise de dólares. Ela toma euros emprestados a uma taxa de juros mais baixa que a do dólar. Se a paridade da taxa de juros existir e se a taxa a termo do euro for um previsor confiável da taxa à vista futura, o que isso sugere sobre a viabilidade dessa estratégia?

   c) Se a Connecticut Co. espera que a taxa à vista atual seja o previsor mais confiável da taxa à vista futura, o que isso sugere sobre a viabilidade dessa estratégia?

4. **Aplicação da PTJ ao Financiamento de Curto Prazo.** Suponha que a taxa de juros dos Estados Unidos seja de 7% e a taxa de juros do euro seja de 4%. Suponha que a taxa a termo do euro tenha um prêmio de 4%. Determine se a seguinte declaração é verdadeira: "A paridade da taxa de juros não se mantém; logo, as empresas dos Estados Unidos poderão travar um custo financeiro mais baixo tomando emprestados euros e adquirindo euros a termo de um ano". Explique sua resposta.

5. **Financiamento de Subsidiárias.** Explique por que a controladora de uma EMN considera um financiamento partindo das subsidiárias.

6. **Financiamento e o Risco da Taxa de Câmbio.** Como uma empresa dos Estados Unidos poderá fazer um financiamento em euros e não necessariamente estar exposta ao risco da taxa de câmbio?

7. **Taxa Efetiva de Financiamento.** Como é possível uma empresa incorrer em uma taxa efetiva de financiamento negativa?

8. **Financiamento estrangeiro.**

   a) Explique como um grau de aversão a risco de uma empresa entra em suas decisões de financiar em moeda estrangeira ou local.

   b) Discuta o uso de especificar o ponto de equilíbrio ao financiar em moeda estrangeira.

9. **Rendimentos de Moedas Estrangeiras.** O website da Bloomberg fornece dados de taxas de juros de muitas moedas estrangeiras diferentes com vários vencimentos. Seu endereço é: **http://www.bloomberg.com**.

   a) Vá para a seção que mostra os rendimentos de diferentes moedas estrangeiras. Veja os rendimentos de três meses das moedas. Suponha que você possa tomar emprestada, a uma taxa de um ponto percentual acima do rendimento cotado, cada uma das moedas. Qual moeda oferecerá um rendimento mais baixo?

   b) Como gestor de caixa de uma EMN com base nos Estados Unidos que precisa de dólares para sustentar as operações americanas, onde você tomaria emprestado recursos para os próximos três meses? Explique.

10. **Distribuição de Probabilidade.**

    a) Discuta o desenvolvimento de uma distribuição de probabilidade das taxas efetivas de financiamento ao financiar com uma moeda estrangeira. Como essa distribuição é desenvolvida?

    b) Uma vez que a distribuição de probabilidade das taxas efetivas de financiamento em moeda estrangeira esteja desenvolvida, como essa distribuição poderá ser usada para decidir se o financiamento deverá ser feito em moeda estrangeira ou em moeda nacional?

11. **Ponto de Equilíbrio no Financiamento.** A Akron Co. precisa de dólares. Suponha que a taxa de empréstimo local de um ano seja de 15%, enquanto a taxa de empréstimo de um ano em euros é de 7%. Em quanto o euro deverá se apreciar para fazer com que o empréstimo em euros seja mais dispendioso que o empréstimo em dólares americanos?

12. **Ponto de Equilíbrio no Financiamento.** A Orlando, Inc. é uma EMN com base nos Estados Unidos com uma subsidiária no México. Sua subsidiária no México precisa de um empréstimo de um ano de 10 milhões de pesos para despesas operacionais. Uma vez que a taxa de juros do México é de 70%, a Orlando considera tomar emprestado dólares, que ela converteria em pesos para cobrir as despesas operacionais. Em quanto o dólar teria de se apreciar perante o peso para fazer com que essa estratégia dê errado? (A taxa de juros de um ano dos Estados Unidos é de 9%.)

13. **Taxa Efetiva de Financiamento.** A Boca, Inc. precisa de $ 4 milhões por um ano. Atualmente não possui negócios no Japão, mas planeja tomar emprestado ienes de um banco japonês porque a taxa de juros do Japão é três pontos percentuais mais baixa que a taxa dos Estados Unidos. Suponha que a paridade da taxa de juros exista; também suponha que a Boca acredite que a taxa a termo de um ano do iene japonês excederá a taxa à vista futura daqui a um ano. A taxa efetiva de financiamento esperada será mais alta, mais baixa ou a mesma do que se fizesse o financiamento com dólares? Explique.

14. **Análise de Financiamento de Curto Prazo.** A Jacksonville Corp. é uma empresa com base nos Estados Unidos que precisa de $ 600.000. Ela não possui negócios no Japão mas considera um financiamento de um ano com o iene japonês porque a taxa de juros anual deverá ser de 5% contra 9% nos Estados Unidos. Suponha que a paridade da taxa de juros exista.

    a) A Jacksonville poderá se beneficiar ao tomar emprestados ienes japoneses e simultaneamente adquirir ienes a termo de um ano para evitar o risco da taxa de câmbio? Explique.

    b) Suponha que a Jacksonville não faça a proteção (*hedging*) de sua exposição e use a taxa a termo para prever a taxa à vista futura. Determine a taxa efetiva de financiamento esperada. A Jacksonville deverá fazer o financiamento em ienes japoneses? Explique.

    c) Suponha que a Jacksonville não faça a proteção de sua exposição e espere que o iene japonês se aprecie em 5%, em 3%, ou em 2%, e com igual probabilidade de cada ocorrência. Utilize essa informação para determinar a distribuição de probabilidade da taxa efetiva de financiamento. A Jacksonville deverá fazer o financiamento com o iene japonês? Explique.

15. **Financiamentos desde a Crise Asiática.** A Bradenton, Inc. possui uma subsidiária estrangeira na Ásia a qual normalmente obtinha financiamentos de curto prazo dos bancos locais, antes da crise asiática. Explique por que a empresa não poderá obter fundos facilmente dos bancos locais desde a crise.

16. **Distribuição de Probabilidade de Custos Financeiros.** A Missoula, Inc. decide tomar emprestados ienes japoneses por um ano. A taxa de juros sobre os ienes emprestados é de 8%. A Missoula desenvolveu a seguinte distribuição de probabilidade para o grau de flutuação do iene perante o dólar.

Grau de Flutuação Possível do Iene perante o Dólar	Porcentagem de Probabilidade
−4%	20%
−1	30
0	10
3	40

Dadas essas informações, qual é o valor esperado da taxa efetiva de financiamento do iene japonês da perspectiva da Missoula?

17. **Financiamento com uma Carteira.** A Pepperdine, Inc. considera obter 40% de seu financiamento de um ano em dólares canadenses e 60% em ienes japoneses. As previsões de apreciação do dólar canadense e do iene japonês para o próximo ano são as seguintes:

440 FINANÇAS CORPORATIVAS INTERNACIONAIS

Moeda	Variação Percentual Possível na Taxa à Vista durante a Vida do Empréstimo	Probabilidade de essa Variação Percentual Ocorrer na Taxa à Vista
Dólar canadense	4%	70%
Dólar canadense	7	30
Iene japonês	6	50
Iene japonês	9	50

A taxa de juros sobre o dólar canadense é de 9%, e a taxa de juros do iene japonês é de 7%. Desenvolva as possíveis taxas efetivas de financiamento do total da carteira e a probabilidade de cada possibilidade com base no uso das probabilidades conjuntas.

18. **Efeitos do 11 de Setembro.** A Homewood Co. normalmente financia parte de sua expansão no Estados Unidos tomando emprestado moedas estrangeiras (tais como o iene japonês) que possuam taxas de juros baixas. Descreva como o retorno e o risco possíveis desta estratégia poderão ter mudado após o ataque terrorista aos Estados Unidos no dia 11 de setembro de 2001.

19. **Financiamento com uma Carteira.** A Raleigh Corp. precisa tomar emprestado recursos de um ano para financiar uma despesa nos Estados Unidos. As seguintes taxas de juros estão disponíveis:

	Taxa de Empréstimo
Estados Unidos	10%
Canadá	6
Japão	5

As variações percentuais nas taxas à vista do dólar canadense e do iene japonês ao longo do próximo ano são as seguintes:

Dólar Canadense		Iene Japonês	
Probabilidade	Variação Percentual na Taxa à Vista	Probabilidade	Variação Percentual na Taxa à Vista
10%	5%	20%	6%
90	2	80	1

Se a Raleigh Corp. tomar emprestada uma carteira, 50% de fundos de dólares canadenses e 50% de fundos de ienes, determine a distribuição de probabilidade da taxa efetiva de financiamento da carteira. Qual é a probabilidade de a Raleigh ter uma taxa efetiva de financiamento mais alta ao tomar emprestada essa carteira do que se tomasse emprestado em dólar americano?

20. **Financiamento com uma Carteira.**

a) Tomar emprestado uma carteira de moedas oferece alguma vantagem sobre tomar emprestado em uma única moeda estrangeira?

b) Se uma empresa tomar emprestado uma carteira de moedas, quais características das moedas afetarão a variação potencial da taxa efetiva de financiamento da carteira? Quais características seriam desejáveis do ponto de vista de uma empresa que toma o empréstimo?

21. **Discussão na Sala da Diretoria.** Esse exercício encontra-se no Apêndice E, no final deste livro.

FINANCIAMENTO DE OBRIGAÇÕES DE CURTO PRAZO

CASO BLADES, INC.

Utilização de Financiamento Estrangeiro de Curto Prazo

A Blades, Inc. acabou de receber um pedido especial de 120.000 pares de "Speedos", seu produto principal. Ben Holt, chefe do setor financeiro, precisa de financiamento de curto prazo para financiar esse grande pedido, a partir do momento em que a Blades faz o pedido de seus suprimentos até o momento em que receberá o pagamento. A empresa cobrará um preço de 5.000 bahts por par de Speedos. Os insumos necessários para a fabricação desses 120.000 pares serão adquiridos de um fornecedor tailandês. A Blades calcula um custo dos componentes de um par de Speedos de aproximadamente 3.500 bahts no primeiro ano de operação de sua subsidiária tailandesa.

Como a Blades é relativamente desconhecida na Tailândia, seus fornecedores sinalizaram que gostariam de receber o pagamento o quanto antes possível. O cliente que fez o pedido insiste em uma operação a prazo, o que significa que a Blades receberá o pagamento pelos patins aproximadamente três meses após a venda. Além disso, o ciclo de produção necessário para produzir os Speedos, a partir da aquisição dos insumos até a venda final do produto, é de três meses. Devido a essas considerações, a Blades espera recolher suas receitas aproximadamente seis meses depois de ter pago pelos insumos, tais como componentes de borracha e plástico, necessários para a fabricação dos Speedos.

Ben Holt identificou, pelo menos, duas alternativas para satisfazer as necessidades financeiras da Blades. Primeiro, a Blades poderá tomar emprestado ienes japoneses por seis meses, convertê-los em bahts tailandeses e usar os bahts para pagar os fornecedores tailandeses. Quando as contas a receber na Tailândia forem recolhidas, a empresa converterá os bahts recebidos em ienes e reembolsará o empréstimo em ienes japoneses. Segundo, a Blades poderá tomar emprestado o baht tailandês por seis meses para pagar seus fornecedores tailandeses. Quando ela recolher suas contas a receber, usará essas receitas para reembolsar o empréstimo em bahts. Portanto, a Blades usará a receita gerada na Tailândia para reembolsar o empréstimo, tomando emprestado o dinheiro em ienes ou em bahts.

A pesquisa inicial de Holt indica que as taxas de 180 dias disponíveis para a Blades no Japão e na Tailândia são de 4% e 6%, respectivamente. Conseqüentemente, Holt prefere tomar emprestado ienes japoneses, já que ele acredita que esse empréstimo será mais barato do que o empréstimo denominado em bahts. Ele sabe que deverá, de certa forma, incorporar as oscilações futuras da taxa de câmbio do iene e do baht em sua análise, mas está inseguro de como realizar isso. No entanto, ele identificou a seguinte distribuição de probabilidade na variação do valor do iene japonês com relação ao valor do baht tailandês e do baht em relação ao dólar ao longo do período de seis meses do empréstimo:

Possível Variação na Taxa do Iene Japonês em Relação ao Baht Tailandês durante a Vida do Empréstimo	Possível Variação na Taxa do Baht Tailandês em Relação ao Dólar durante a Vida do Empréstimo	Probabilidade de Ocorrência
2%	–3%	30%
1	–2	30
0	–1	20
1	0	15
2	1	5

Holt também informou a você que a taxa à vista atual do iene (em bahts) é de THB 0,347826, enquanto a taxa à vista atual do baht (em dólares) é de $ 0,0023.

Como analista financeiro da Blades, você deverá responder às seguintes questões para Ben Holt:

1. Qual é a quantia, em bahts, que a Blades precisará tomar emprestado para cobrir os pagamentos devidos aos fornecedores tailandeses? Qual é a quantia, em ienes, que a Blades precisará tomar emprestado para cobrir os pagamentos devidos aos fornecedores tailandeses?

2. Dado que a Blades usará as receitas das contas a receber na Tailândia para reembolsar o empréstimo e que ela planeja enviar todos os fluxos de caixa denominados em baht para a controladora dos Estados Unidos independentemente de o empréstimo ser em iene ou em baht, o valor futuro do iene em relação ao baht afetará o custo do empréstimo se a empresa tomar emprestado em iene?

3. Utilizando uma planilha, calcule a quantia esperada (em dólares americanos) que será

enviada para os Estados Unidos daqui a seis meses se a Blades financiar sua requisição de capital de giro, tomando emprestado em bahts em vez de em ienes. Com base em sua análise, a Blades deveria obter um empréstimo denominado em bahts ou em ienes?

DILEMA DA PEQUENA EMPRESA

Financiamento de Curto Prazo pela Sports Exports Company

No momento, a Sports Exports Company se concentra na produção de bolas de futebol e na sua exportação para um distribuidor no Reino Unido. As exportações são denominadas em libras esterlinas. Jim Logan, o proprietário, planeja desenvolver outros artigos esportivos, além das bolas de futebol que ele produz. Sua expansão total se concentrará no Reino Unido, onde ele está tentando promover o nome de sua empresa. Ele continua preocupado com a exposição de sua empresa ao risco da taxa de câmbio, mas não quer deixar isso atrapalhar seus planos de expansão porque acredita que sua empresa poderá continuar penetrando no mercado de artigos esportivos britânicos. Ele acabou de negociar o estabelecimento de uma *joint venture* com uma empresa britânica, que produzirá outros produtos esportivos que são mais populares nos Estados Unidos (tais como bolas de basquete), mas que serão vendidos no Reino Unido. Jim pagará os fabricantes britânicos com libras esterlinas. Esses produtos serão entregues diretamente ao distribuidor britânico, em vez de para Jim, e o distribuidor pagará Jim com libras esterlinas.

Os planos de expansão de Jim resultarão na necessidade de recursos adicionais. Ele preferiria fazer um empréstimo em uma base de curto prazo agora. Jim possui um índice de crédito e garantias excelentes e, portanto, deverá obter um financiamento de curto prazo. A taxa de juros britânica está um quarto ponto percentual acima da taxa de juros americana

1. Jim deveria tomar emprestado dólares ou libras para financiar seu negócio em *joint venture*? Por quê?

2. Jim também poderia tomar emprestado euros a uma taxa de juros que é menor que a taxa britânica ou americana. Os valores do euro e da libra tendem a oscilar na mesma direção perante o dólar, mas nem sempre no mesmo grau. O empréstimo em euros para dar sustentação a *joint venture* britânica resultaria em uma exposição maior ao risco da taxa de câmbio do que um empréstimo em libras? Isso resultaria em uma exposição maior ao risco da taxa de câmbio do que um empréstimo em dólares?

CAPÍTULO 15

Gestão de Caixa Internacional

O termo **gestão de caixa** pode ser definido, grosso modo, como a otimização dos fluxos de caixa e investimento de excessos de caixa. Da perspectiva internacional, a gestão de caixa é muito complexa porque as leis pertinentes a transferências de caixa além-fronteiras diferem entre os países. Além disso, as flutuações da taxa de câmbio poderão afetar o valor dessas transferências. Os gestores financeiros precisam entender as vantagens e as desvantagens de investir o caixa em mercados estrangeiros, de modo que possam tomar as decisões de gestão de caixa para maximizar o valor da EMN.

Os objetivos específicos deste capítulo são:

- explicar a diferença de analisar os fluxos de caixa da perspectiva da subsidiária e da perspectiva da controladora;
- explicar as várias técnicas utilizadas para otimizar os fluxos de caixa;
- explicar complicações comuns ao se otimizar os fluxos de caixa; e
- explicar os possíveis benefícios e riscos de investimentos internacionais.

Análise de Fluxo de Caixa: Perspectiva da Subsidiária

A gestão do capital de giro (tal como estoque, contas a receber e dinheiro em caixa) tem influência direta sobre o montante e o ritmo do fluxo de caixa. A gestão do capital de giro e a gestão do fluxo de caixa são integrados. Discutiremos esses pontos antes de nos concentrarmos na gestão de caixa.

Despesas da Subsidiária

Comecemos com as saídas de caixa para pagamentos da subsidiária para a aquisição de matéria-prima ou insumos. A subsidiária normalmente terá mais dificuldades em prever as saídas para pagamentos futuros se suas aquisições forem internacionais e não domésticas devido às flutuações da taxa de câmbio. Além do mais, há a possibilidade de os pagamentos serem consistentemente mais altos devido à apreciação da moeda do faturamento. Conseqüentemente, a empresa poderá desejar manter um estoque grande de insumos e de matéria-prima, de modo que possa usar mais seu estoque e cortar aquisições se a moeda do faturamento se apreciar. Outra possibilidade ainda é que a importação de produtos de outro país possa ser restringida pelo governo anfitrião (por meio de cota etc.). Nesse caso, um maior estoque daria à empresa mais tempo para procurar fontes alternativas de insumos ou de matéria-prima. A subsidiária com fontes de suprimento domésticas não teria esse problema, e portanto não haveria necessidade de um grande estoque.

As saídas de caixa para pagamentos de insumos serão influenciadas por vendas futuras. Se o volume de vendas for influenciado consideravelmente pelas flutuações da taxa de câmbio, seu nível futuro ficará mais incerto, o que tornará sua necessidade de insumos mais incerta. Essa incerteza poderá forçar a subsidiária a manter saldos de caixa maiores para cobrir algum aumento inesperado na necessidade de insumos.

Receitas da Subsidiária

Se as subsidiárias exportarem seus produtos, seu volume de venda poderá ser mais volátil do que se os produtos fossem vendidos internamente. Essa volatilidade pode ser devido à flutuação da taxa de câmbio da moeda usada no faturamento. A demanda dos importadores por esses produtos acabados possivelmente diminuirá se a moeda do faturamento se apreciar. Se os produtos fossem vendidos internamente, as flutuações da taxa de câmbio não teriam um impacto direto sobre as vendas, embora ainda tivessem um impacto indireto, uma vez que as flutuações influenciariam os preços pagos pelos clientes locais pelas importações de concorrentes estrangeiros.

As vendas freqüentemente podem ser aumentadas quando os padrões de crédito são relaxados. No entanto, é importante focalizar sobre as entradas de caixa devido às vendas, mais do que sobre as vendas em si, padrões de crédito mais relaxados podem causar queda nas entradas de caixa derivados dessas vendas, o que poderia compensar os benefícios de vendas ampliadas. A gestão de contas a receber é parte importante da gestão do capital de giro da subsidiária, devido ao seu possível impacto sobre as entradas de caixa.

Pagamentos de Dividendos da Subsidiária

Pode ser que se espere que a subsidiária envie periodicamente os pagamentos de dividendos e outros recursos para a controladora. Esses recursos poderiam representar royalties ou cobranças de despesas gerais feitas pela controladora que beneficia a subsidiária. Um exemplo são os custos de pesquisa e desenvolvimento feitos pela controladora, que melhoram a qualidade dos itens produzidos pela subsidiária. Seja qual for a razão, os pagamentos feitos pela subsidiária para a controladora freqüentemente são necessários. Quando os pagamentos de dividendos e taxas são conhecidos antecipadamente e denominados na moeda da subsidiária, a previsão dos fluxos de caixa será mais fácil para a subsidiária. O nível de dividendos pagos pelas subsidiárias para a controladora depende das necessidades de liquidez de cada subsidiária, dos possíveis usos de fundos nas várias localizações das subsidiárias, as oscilações esperadas das moedas das subsidiárias, e dos regulamentos do governo do país anfitrião.

Gestão da Liquidez da Subsidiária

Após contabilizar todas saídas e entradas de caixa, a subsidiária se encontrará com excesso ou insuficiência de caixa. Ela recorre à gestão da liquidez para investir seu excesso de caixa ou para

GESTÃO DE CAIXA INTERNACIONAL **445**

fazer empréstimos para cobrir sua insuficiência de caixa. Se ela antecipar uma insuficiência de caixa, será necessário um financiamento de curto prazo, como descrito no capítulo anterior. Se antecipar excesso de caixa, deverá determinar como ele será usado. Investir em moedas estrangeiras poderá, muitas vezes, ser atraente, mas o risco da taxa de câmbio deixa o rendimento efetivo incerto. Esse assunto é discutido posteriormente neste capítulo.

A gestão da liquidez é um componente crucial para a gestão do capital de giro da subsidiária. As subsidiárias geralmente possuem acesso a inúmeras linhas de crédito e facilidades de retiradas a mais, em várias moedas. Portanto, poderão manter uma liquidez adequada sem substanciais saldos em caixa. Apesar de a liquidez ser importante para a EMN em geral, não poderá ser medida apropriadamente por índices de liquidez. O possível acesso a fundos é mais relevante que o dinheiro em mãos.

Gestão Centralizada de Caixa

Cada subsidiária deverá administrar seu capital de giro considerando simultaneamente todos os pontos discutidos até aqui. Freqüentemente, cada subsidiária estará mais preocupada com suas próprias operações do que com as operações de toda a EMN. Portanto, um grupo de **gestão centralizada de caixa** poderá ser necessário para monitorar, e possivelmente gerir, os fluxos de caixa entre a controladora e a subsidiária e os fluxos entre as subsidiárias. Essa função é crítica, uma vez que poderá muitas vezes beneficiar subsidiárias individuais com necessidade de fundos ou expostas demasiadamente ao risco da taxa de câmbio.

EXEMPLO

O departamento financeiro da Kraft Foods está centralizado para administrar as exigências de liquidez, de fundos e de câmbio estrangeiro de suas operações globais. E a Monsanto possui um sistema centralizado para coligar saldos de diferentes moedas de várias subsidiárias na Ásia que economizam centenas de milhares de dólares por ano.

A Figura 15.1 é um complemento da discussão a seguir sobre gestão de fluxo de caixa. É um diagrama simplificado de fluxo de caixa de uma EMN com duas subsidiárias em países diferentes. Embora cada EMN possa negociar seus pagamentos de maneiras diferentes, a Figura 15.1 está baseada em suposições simplificadas que ajudarão a ilustrar alguns conceitos-chave de gestão de caixa internacional. A Figura reflete a suposição de que duas subsidiárias periodicamente enviam reembolsos de empréstimos e dividendos para a controladora ou remetem o excesso de caixa para a controladora (onde o processo de gestão centralizada de caixa supostamente ocorre). Esses fluxos de caixa representam entradas de caixa para a controladora advindas das subsidiárias. As saídas de caixa da controladora para as subsidiárias poderão incluir empréstimos e o retorno de caixa investido anteriormente pelas subsidiárias. As subsidiárias também possuem fluxos de caixa entre elas porque adquirem insumos umas das outras.

Apesar de cada subsidiária gerenciar seu capital de giro, há uma necessidade de monitorar e administrar os fluxos de caixa entre a controladora e as subsidiárias, assim como entre as subsidiárias individuais. Essa tarefa de gestão de caixa internacional deverá ser delegada a um grupo de gestão centralizada de caixa. A gestão de caixa poderá ser segmentado em duas funções: (1) otimizar os movimentos de fluxo de caixa e (2) investir o excesso de caixa, que serão discutidas a seguir.

A divisão de gestão centralizada de caixa de uma EMN nem sempre poderá prever com exatidão os acontecimentos que afetam os fluxos de caixa entre a controladora e a subsidiária e

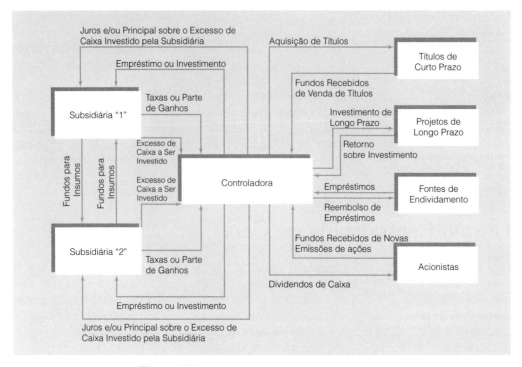

Figura 15.1 Fluxo de caixa da EMN como um todo.

entre as subsidiárias. Ela deverá, no entanto, estar pronta para reagir a qualquer acontecimento, considerando (1) qualquer impacto adverso possível sobre fluxos de caixa e (2) o modo como evitar tal impacto adverso. Se a situação de fluxo de caixa entre a controladora e as subsidiárias resultar em aperto de caixa da controladora, ela deverá possuir fontes de recursos (linhas de crédito) disponíveis. Por outro lado, se ela tiver excesso de caixa após levar em conta todas as saídas para pagamentos, deverá considerar onde investir os fundos. Essa decisão será examinada completamente em breve.

Como Otimizar os Fluxos de Caixa

As entradas de caixa poderão ser otimizadas com as seguintes técnicas:

- Aceleração das entradas de caixa;
- Minimização dos custos de conversão de moedas;
- Gerenciamento dos fundos bloqueados; e
- Gerenciamento das transferências de caixa entre as subsidiárias.

Cada uma dessas técnicas será discutida por sua vez.

Aceleração das Entradas de Caixa

O primeiro objetivo da gestão de caixa internacional é de acelerar as entradas de caixa, uma vez que, quanto mais rápidas as entradas recebidas, tanto mais rapidamente poderão ser investidas ou utilizadas para outros fins. Várias práticas administrativas são realizadas com essa intenção,

GESTÃO DE CAIXA INTERNACIONAL

GERENCIANDO PARA VALOR

A Decisão da Flexsys de Utilizar um Sistema de Bancos Múltiplos para Pagamentos

A Flexsys é uma empresa de produtos químicos com mais de 20 subsidiárias na Europa, nos Estados Unidos e na Ásia. Para melhorar sua liquidez, ela quis criar um sistema que capacitasse seu departamento financeiro a monitorar continuamente todos os pagamentos de cada subsidiária. Desde o lançamento do euro, a Flexsys possui saldos em euro em várias subsidiárias e os consolida para poder maximizar os juros recebidos sobre os saldos. Ela utiliza uma tecnologia que permite que todos os vencimentos de pagamentos sejam registrados e transmitidos ao departamento financeiro. O departamento financeiro afere todos os pagamentos líquidos entre as subsidiárias, de modo que somente tais pagamentos serão necessários para cobrir as obrigações entre as subsidiárias. O sistema da Flexsys

é especialmente eficaz porque é "transparente", o que significa os pagamentos devidos de cada subsidiária poderão ser monitorados facilmente por elas.

A Flexsys utiliza bancos múltiplos em vez de filiais de um único banco, de modo que cada subsidiária possa utilizar o banco de sua preferência. Possuir um sistema de bancos múltiplos complica os relatórios de pagamentos, mas permite que cada subsidiária escolha o banco que fornece o melhor serviço. Portanto, a decisão da Flexsys de utilizar um sistema de bancos múltiplos poderá assegurar um serviço otimizado para suas subsidiárias. Ao mesmo tempo, no entanto, sua rede para pagamentos centralizados assegura que o dinheiro seja utilizado apropriadamente, podendo assim maximizar seu valor.

algumas das quais poderão ser implantadas pelas subsidiárias individualmente. Primeiro, uma empresa poderá estabelecer **caixas postais (*lockbox*)** ao redor do mundo, as quais são caixas postais nos correios para as quais os clientes são instruídos a enviar seus pagamentos. Quando estabelecidas em locais apropriados, as caixas postais poderão ajudar a reduzir o tempo de correspondência (**fluxo de correspondência**). Um banco geralmente processa as entradas de cheques em caixas postais, portanto, com base diária. Segundo, as entradas de caixa poderão ser aceleradas pelo uso de **pagamentos pré-autorizados**, que permitem que uma empresa faça a cobrança da conta bancária do cliente até certo limite. Tanto o pagamento pré-autorizado como as caixas postais são usados em cenários domésticos. Como as operações internacionais podem ter um tempo de correspondência relativamente longo, esses métodos de aceleração de entradas de caixa poderão ser bem valiosos para a EMN.

Minimização dos Custos de Conversão de Moedas

Outra técnica para a otimização da movimentação do fluxo de caixa, de **saldos líquidos**, poderá ser implantada com o esforço comum das subsidiárias ou pelo grupo de gestão centralizada de caixa. Essa técnica otimiza os fluxos de caixa e reduz os custos administrativos e operacionais que resultam da conversão de moedas.

EXEMPLO

A Montana, Inc. possui subsidiárias localizadas na França e na Hungria. Sempre que a subsidiária francesa necessita de insumos da subsidiária húngara ela precisa converter euros na moeda da Hungria (o florim) para fazer o pagamento. A subsidiária húngara precisa converter seus florins em euros quando adquire insumos da subsidiária francesa. A Montana, Inc. instruiu as duas subsidiárias a levantar saldos líquidos de suas operações em

448 FINANÇAS CORPORATIVAS INTERNACIONAIS

base mensal, de maneira que somente um pagamento líquido seja feito no final de cada mês. Usando essa abordagem, as duas subsidiárias evitam (ou pelo menos reduzem) custos operacionais da conversão de moedas.

Ao longo do tempo, essa prática de saldos líquidos tornou-se popular porque oferece vários benefícios-chave. Primeiro, diminui o número de operações além-fronteiras entre as subsidiárias, reduzindo assim o custo administrativo geral dessas transferências de caixa. Segundo, ela diminui a necessidade de conversão do câmbio estrangeiro, uma vez que as operações ocorrem com menos freqüência, reduzindo, portanto, os custos operacionais associados com a conversão de câmbio estrangeiro. Terceiro, o processo para obtenção de saldos líquidos impõe um controle estreito das informações sobre as operações entre as subsidiárias. Portanto, todas as subsidiárias se envolvem em um esforço mais coordenado para relatar e estabelecer suas várias contas precisamente. Finalmente, a previsão de fluxo de caixa será mais fácil somente se transferências líquidas de caixas forem efetuadas no final de cada período, em vez de transferências individuais de caixa ao longo do período. Um melhor sistema de previsão de fluxo de caixa poderá aperfeiçoar as decisões de financiamento e de investimento.

Um **sistema bilateral de saldos líquidos** envolve as operações entre duas unidades: entre a controladora e a subsidiária ou entre duas subsidiárias. Um **sistema de saldos líquidos multilateral** geralmente envolve um intercâmbio mais complexo entre a controladora e várias subsidiárias. Para a maioria das grandes EMNs, um sistema de saldos líquidos multilateral será necessário para reduzir eficazmente os custos administrativos e de conversão de moedas. Um sistema assim normalmente é centralizado de maneira que todas as informações necessárias sejam consolidadas. A partir das informações consolidadas de fluxo de caixa, as posições de fluxo de caixa líquido de cada par de unidades (subsidiárias, ou quais forem) são determinadas, e a reconciliação real no final de cada período poderá ser ditada. O grupo centralizador poderá até manter estoques de várias moedas, de maneira que as conversões de moedas para os pagamentos líquidos no final do período possam ser completadas sem custos operacionais significativos.

As EMNs normalmente monitoram os fluxos de caixa entre suas subsidiárias com o uso de uma planilha de pagamentos intersubsidiária.

EXEMPLO

A Tabela 15.1 é um exemplo de uma planilha de pagamentos intersubsidiária que totaliza os pagamentos individuais de cada subsidiária para cada uma das outras subsidiárias. A primeira linha indica que a subsidiária canadense deve o equivalente a $ 40.000 para a subsidiária francesa, o equivalente a $ 90.000 para a subsidiária japonesa, e assim por diante. Durante esse mesmo período, essas subsidiárias também receberam produtos da subsidiária canadense, para a qual deverá ser feito pagamento. A segunda coluna (abaixo do Canadá) mostra que a subsidiária francesa deve para a subsidiária canadense o equivalente a $ 60.000, a subsidiária japonesa deve o equivalente a $ 100.000, e assim por diante.

Uma vez que as subsidiárias devem umas para as outras, os custos de conversão das moedas poderão ser reduzidos pela exigência de que apenas o pagamento líquido seja feito. Utilizando a planilha intersubsidiária, o esquema dos pagamentos líquidos é determinado como mostra a Tabela 15.2. Uma vez que a subsidiária canadense deve para a subsidiária francesa o equivalente a $ 40.000, mas a ela são devidos o equivalente a $ 60.000 pela subsidiária francesa, o pagamento líquido requerido é o equivalente a $ 20.000 da subsidiária francesa para a subsidiária canadense. As Tabelas 15.2 e 15.3 convertem todas as cifras no equivalente em dólares americanos para permitir a consolidação dos pagamentos nas duas direções, para que o pagamento líquido possa ser determinado.

Pagametos Devidos pela Subsidiária Localizada no(a)	Valor do Dólar Americano (em milhares) Devido para a Subsidiária Localizada no(a):				
	Canadá	*França*	*Japão*	*Suíça*	*Estados Unidos*
Canadá	—	40	90	20	40
França	60	—	30	60	50
Japão	100	30	—	20	30
Suíça	10	50	10	—	50
Estados Unidos	10	60	20	20	—

Tabela 15.1   Planilha de pagamentos intersubsidiária.

Pagametos Líquidos a serem feitos pela Subsidiária Localizada no(a)	Valor Líquido em Dólares Americanos (em milhares) Devido para a Subsidiária Localizada no(a):				
	Canadá	*França*	*Japão*	*Suíça*	*Estados Unidos*
Canadá	—	0	0	10	30
França	20	—	0	10	0
Japão	10	0	—	10	10
Suíça	0	0	0	—	30
Estados Unidos	0	10	0	0	—

Tabela 15.2   Esquema de saldos líquidos.

Poderá haver algumas limitações no saldo líquido multilateral, devido aos controles do câmbio estrangeiro. Apesar de os principais países industrializados não imporem tais controles, alguns deles o fazem, e outros proíbem a prática conjunta de saldos líquidos. Portanto, uma EMN com subsidiárias ao redor do mundo poderá estar incapacitada de incluir todas as suas subsidiárias no sistema multilateral de saldos líquidos. Obviamente, isso limitará o grau em que o sistema de saldos líquidos poderá reduzir os custos operacionais e administrativos.

Gerenciamento dos Fundos Bloqueados

Os fluxos de caixa também poderão ser afetados pelo bloqueio dos fundos pelo governo anfitrião, o que poderá ocorrer se o governo exigir que todos os fundos permaneçam dentro do país para criar empregos e reduzir o desemprego. Para lidar com fundos bloqueados, a EMN poderá implantar as mesmas estratégias usadas quando um governo do país anfitrião impõe tributações altas. Para fazer uso eficiente desses fundos, a EMN poderá instruir a subsidiária para estabelecer uma divisão de pesquisa e desenvolvimento, o que implica custos e possivelmente gera receitas para outras subsidiárias.

Outra estratégia será utilizar a transferência de preços, de maneira que aumentará as despesas incorridas pela subsidiária. O governo de um país anfitrião possivelmente será mais tolerante com fundos enviados para cobrir despesas do que com o envio de lucros para a controladora.

Quando as subsidiárias são impedidas de transferir fundos para a controladora, esta poderá instruir a subsidiária para obter um financiamento de um banco local, em vez de obter o financiamento da controladora. Ao tomar emprestado de um intermediário local, a subsidiária estará assegurada de que seus ganhos poderão ser distribuídos para liquidar os financiamentos anteriores. No geral, a maioria dos métodos para administrar fundos bloqueados tem a intenção de fazer uso eficiente dos fundos, utilizando-os para cobrir despesas que são transferidas para esse país.

450 FINANÇAS CORPORATIVAS INTERNACIONAIS

> EXEMPLO
>
> A Wittenberg, Inc. uma EMN com base nos Estados Unidos, possui uma subsidiária nas Filipinas. Durante um período turbulento, a subsidiária foi impedida de fazer o câmbio de seus pesos filipinos por dólares americanos para ser enviados ao seu país de origem. A Wittenberg fez a sua reunião empresarial em Manila e, portanto, pôde utilizar os pesos para pagar as despesas da reunião (hotel, alimentação etc.). Dessa maneira, pôde usar os fundos locais para cobrir uma despesa que teria tido de qualquer forma. Normalmente, a reunião empresarial teria ocorrido no país da controladora, e a controladora teria pago as despesas.

Gerenciamento de Transferências de Caixa entre as Subsidiárias

A gestão apropriada de fluxos de caixa também poderá ser benéfica para a subsidiária que precisa de fundos.

> EXEMPLO
>
> A Texas, Inc. possui duas subsidiárias chamadas Short Sub e Long Sub. A Short Sub precisa de fundos, enquanto a Long Sub possui excesso de fundos. Se a Long Sub comprar insumos da Short Sub, ela poderá fornecer financiamento pagando pelos insumos antes que necessário. Essa técnica freqüentemente é chama de **antecipação**. Alternativamente, se a Long Sub vender insumos para a Short Sub, ela poderá fornecer financiamento permitindo que a Short Sub retarde seus pagamentos. Essa estratégia é chamada de **retardamento**.

As estratégias de antecipação ou retardamento poderão fazer uso eficiente do caixa e, portanto, reduzir a dívida. Alguns governos anfitriões proíbem a prática, exigindo que o pagamento entre as subsidiárias ocorra no momento em que os produtos são transferidos. Portanto, uma EMN precisa estar ciente de leis que restrinjam o uso dessa estratégia.

Complicações ao Otimizar o Fluxo de Caixa

A maioria das complicações encontradas na otimização do fluxo de caixa pode ser classificada em três categorias:

- Características relacionadas às empresas;
- Restrições do governo;
- Características dos sistemas bancários.

Cada complicação será discutida por sua vez.

Características Relacionadas às Empresas

Em alguns casos, a otimização do fluxo de caixa poderá se tornar complicada devido às características da EMN. Se uma das subsidiárias atrasar os pagamentos para outra subsidiária pelos insumos recebidos, as outras subsidiárias poderão ser forçadas a tomar empréstimos até que os pagamentos cheguem. Uma abordagem centralizada que monitore todos os pagamentos inter-subsidiários deverá ser capaz de minimizar esse tipo de problema.

Restrições do Governo

A existência de restrições do governo poderá interromper a política de otimização do fluxo de caixa. Alguns governos proíbem o uso do sistema de saldos líquidos, como mencionado anteriormente. Além disso, alguns países periodicamente impedem a saída de caixa do país e, com isso, a realização dos pagamentos líquidos. Esses problemas poderão surgir mesmo para EMNs que não passam por problemas relacionados à empresa. Os países da América Latina geralmente impõem restrições que afetam os fluxos de caixa de EMNs.

Características dos Sistemas Bancários

A capacidade dos bancos para facilitar as transferências de caixa das EMNs varia entre os países. Os bancos nos Estados Unidos estão avançados nessa área, mas os bancos de alguns outros países não oferecem serviços. As EMNs preferem uma forma de conta de saldo zero, em que o excesso de fundos poderá ser utilizado para efetuar pagamentos, mas rende juros até que seja usado. Além disso, algumas EMNs se beneficiam com o uso das caixas postais. Esses serviços não estão disponíveis em alguns países.

Além disso, um banco poderá não atualizar suficientemente as informações da conta bancária da EMN nem conceder uma decomposição detalhada dos pagamentos dos serviços bancários. Sem o uso total dos recursos e informações bancárias, a eficácia da gestão internacional de caixa fica limitada. Ainda, uma EMN com subsidiárias em, digamos, oito países diferentes normalmente negociará com oito sistemas bancários diferentes. Muito progresso tem havido nos sistemas bancários estrangeiros nos últimos anos. Com o passar do tempo e com o aparecimento de sistemas bancários globais uniformes, esses problemas poderão ser aliviados.

Investimento de Excesso de Caixa

Muitas EMNs possuem pelo menos $ 100 milhões em saldos de caixa pelos bancos em vários países. Se elas puderem encontrar uma maneira de ganhar 1% extra sobre esses fundos, poderão gerar $ 1 milhão extra a cada ano sobre os saldos do caixa de $ 100 milhões. Portanto, sua decisão de investimento de curto prazo afetará o montante de suas entradas no caixa. Seu excesso de fundos poderá ser investido em títulos domésticos ou estrangeiros de curto prazo. Em alguns períodos, os títulos estrangeiros de curto prazo terão taxas de juros mais altas que as taxas de juros domésticas. A diferença poderá ser substancial, como ilustrado na Figura 15.2. No entanto, as empresas precisam contar com a possível oscilação da taxa de câmbio ao avaliar o possível rendimento de investimentos estrangeiros.

Como Investir Excesso de Caixa

Os mercados monetários internacionais cresceram para favorecer os investimentos de excesso de caixa. As EMNs utilizam o mercado monetário internacional na tentativa de obter retornos mais altos do que poderiam conseguir domesticamente.

Depósitos de moedas no mercado europeu são um dos instrumentos do mercado monetário internacional mais usados. Muitas EMNs fazem grandes depósitos em várias moedas no mercado de euromoedas, sendo os depósitos em dólares os mais populares. O volume de dólares depositados nesse mercado mais do que dobrou desde 1980. Depósitos de dólares geralmente oferecem para as EMNs um rendimento ligeiramente mais alto que depósitos bancários nos Estados Unidos. Embora os depósitos de dólares no mercado europeu ainda dominem o mercado, a relativa importância de moedas que não são em dólares tem aumentado ultimamente.

452 FINANÇAS CORPORATIVAS INTERNACIONAIS

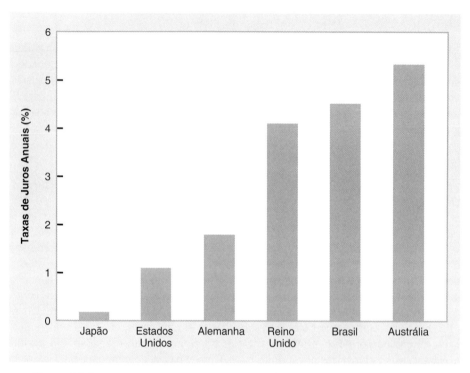

Figura 15.2 Taxas de juros anuais de curto prazo entre os países (de fevereiro de 2004).

Além do uso do mercado de euromoedas, as EMNs poderão também adquirir títulos do Tesouro e commercial papers. Sistemas de telecomunicação aperfeiçoados aumentaram o acesso a esses títulos nos mercados estrangeiros e permitiram um maior grau de integração entre os mercados monetários de vários países.

Gestão Centralizada de Caixa

Uma política de investimento de curto prazo de uma EMN poderá manter investimentos separados para todas as subsidiárias ou empregar uma abordagem centralizada. Lembre que a função da otimização dos fluxos de caixa poderá ser aperfeiçoada por uma abordagem centralizada, desde que todas as posições de caixa da subsidiária possam ser monitoradas simultaneamente. Com relação à função de investimento, a centralização permite um uso mais eficiente dos fundos e retornos possivelmente mais altos. Aqui o termo *centralizado* significa que o excesso de caixa de cada subsidiária fica em um fundo até que seja necessitado por uma subsidiária em particular.

Centralização quando as Subsidiárias Utilizam a Mesma Moeda. Para entender as vantagens de um sistema centralizado, considere que as taxas pagas sobre investimentos de curto prazo, tais como depósitos bancários, freqüentemente são mais altas para quantias maiores. Portanto, se duas subsidiárias possuem um excesso de caixa de $ 50.000 cada uma por um mês, as taxas sobre seus depósitos individuais poderão ser mais baixas do que a taxa que poderiam obter se unissem seus fundos em um único depósito bancário de $ 100.000. Dessa maneira, a abordagem centralizada gerará uma taxa de retorno mais alta sobre o excesso de caixa.

A abordagem centralizada poderá também facilitar a transferência de fundos das subsidiárias com excesso de fundos para aquelas que precisam de fundos.

GESTÃO DE CAIXA INTERNACIONAL **453**

EXEMPLO

A Subsidiária A da Moorhead, Inc. tem como previsão um excesso de caixa de $ 50.000 durante o próximo mês, enquanto a Subsidiária B da Moorhead, Inc. precisa tomar emprestado $ 50.000 por um mês. Se a gestão de caixa não for centralizada, a Subsidiária A poderá usar os $ 50.000 para adquirir um certificado bancário de um mês de, digamos, 10% (em base anual). No mesmo momento, a Subsidiária B poderá tomar emprestado de um banco por um mês a uma taxa de, digamos, 12%. O banco deve cobrar uma taxa mais alta sobre empréstimos do que oferece sobre depósitos. Com uma abordagem centralizada, a Subsidiária B poderia tomar emprestado o excesso de fundos da Subsidiária A, o que reduz assim seus custos financeiros.

Gestão Centralizada de Caixa de Moedas Múltiplas. A gestão centralizada de caixa é mais complicada quando uma EMN utiliza múltiplas moedas. Todo o excesso de fundos poderá ser consolidado e convertido em uma única moeda para fins de investimento. No entanto, a vantagem de consolidar as moedas poderá ser eliminada pelos custos operacionais acarretados com a conversão em uma única moeda.

A gestão centralizada de caixa ainda poderá ser valiosa, no entanto. O caixa de curto prazo disponível entre as subsidiárias poderá ser consolidado de maneira que haja um fundo separado para cada moeda. O excesso de caixa de uma moeda em particular ainda poderá ser utilizado para satisfazer insuficiências de outras subsidiárias nessa moeda. Desse modo, os fundos poderão ser transferidos de uma subsidiária para outra sem acarretar nos custos operacionais que os bancos cobram nos câmbios de moedas. Essa estratégia é viável especificamente quando todos os fundos das subsidiárias forem depositados em filiais de um único banco, de modo que os fundos possam ser transferidos facilmente entre as subsidiárias.

Outra função possível da gestão centralizada de caixa é de investir os fundos em títulos denominados nas moedas estrangeiras que serão necessárias às subsidiárias no futuro. As EMNs poderão usar o excesso de caixa para investir em mercados monetários internacionais para que possam cobrir posições de contas a pagar nas moedas estrangeiras específicas. Se elas tiverem contas a pagar em moedas estrangeiras que se espera que se apreciem, poderão proteger essas posições com a criação de depósitos de curto prazo nessas moedas. O vencimento de um depósito deverá idealmente coincidir com a data em que os fundos serão necessários.

O Impacto da Tecnologia sobre a Gestão Centralizada de Caixa. A gestão internacional de caixa requer informações contínuas entre as subsidiárias referentes às posições de caixa de cada subsidiária, junto com informações da taxa de juros acerca de cada moeda. Um sistema de gestão centralizada de caixa precisa de um fluxo de informações contínuo sobre as posições de moeda, de maneira que possa determinar se o déficit de uma subsidiária poderá ser coberto pelo excesso de caixa de outra subsidiária nessa moeda. Dados os grandes aperfeiçoamentos na tecnologia on-line nos últimos anos, todas as EMNs podem fácil e eficientemente criar uma rede multinacional de comunicações entre suas subsidiárias, para assegurar que as informações sobre as posições de caixa sejam atualizadas continuamente.

EXEMPLO

Para entender como uma rede de comunicações funciona, considere a Jax Co., que criou um site na Internet de saldos de caixa que especifica o saldo de caixa de cada moeda de cada subsidiária. Próximo ao final de cada dia, cada subsidiária revisa o Website para fornecer a última atualização do saldo de seu caixa para cada moeda. Cada subsidiária também especifica o período de tempo em que o excesso ou a insuficiência persistirá. O departamento

454 FINANÇAS CORPORATIVAS INTERNACIONAIS

financeiro da controladora monitora os dados atualizados e determina se há alguma necessidade de caixa identificada por uma subsidiária em uma moeda em particular a qual poderá ser satisfeita por outra subsidiária que possua excesso de caixa nessa mesma moeda. O departamento financeiro então envia e-mails com instruções para as subsidiárias sobre a transferência de fundos. Se notar que a subsidiária canadense possui um excesso de dólares canadenses pelos próximos 26 dias, e a subsidiária da Bélgica precisar de dólares canadenses amanhã (mas terá entrada em dólares canadenses em 17 dias), ele fornecerá as seguintes instruções: "A subsidiária canadense deverá transferir C$ 60.0000 para a subsidiária belga e será reembolsada por ela em 17 dias". As transferências são essencialmente empréstimos de curto prazo, assim uma subsidiária que tomar emprestados fundos deverá reembolsá-los com juros. Os juros cobrados sobre um empréstimo criam um incentivo para as subsidiárias disponibilizarem seu excesso de caixa e são um incentivo para as subsidiárias com insuficiência de caixa retornarem os fundos o quanto antes possível.

A rede eletrônica de comunicações poderá ser mais sofisticada que a descrita aqui, mas essa descrição ilustra como é fácil para uma controladora de EMN monitorar continuamente os saldos de caixa de cada subsidiária e dar instruções entre as subsidiárias. O processo de transferência de fundos entre as subsidiárias poderá ser especialmente fácil quando todas as subsidiárias da EMN usarem filiais de um mesmo banco. A rede de comunicação permite que a EMN faça o melhor uso do caixa de cada subsidiária, o que poderá reduzir tanto o montante de financiamento externo necessário como o risco da taxa de câmbio.

Determinação do Rendimento Efetivo

As empresas geralmente consideram investir em depósitos denominados em uma moeda com uma taxa de juros alta e depois converter os fundos para dólares novamente quando o depósito vencer. Essa estratégia não será necessariamente viável, já que a moeda que denomina o depósito poderá se depreciar ao longo da vida do depósito. Se isso ocorrer, a vantagem de uma taxa de juros mais alta poderá ser mais do que suprimida pela depreciação da moeda que representa o depósito.

Conseqüentemente, é o **rendimento efetivo** do depósito, e não sua taxa de juros, que será mais importante para o gestor do caixa. O rendimento efetivo de um depósito bancário considera tanto a taxa de juros quanto a taxa de apreciação (ou depreciação) da moeda que denomina o depósito e poderá, portanto, ser muito diferente da taxa de juros cotada em um depósito denominado em moeda estrangeira. Segue um exemplo para ilustrar esse ponto.

EXEMPLO

A Quant Co., uma grande empresa dos Estados Unidos com $ 1.000.000 de excesso de caixa, poderá investir em um depósito de um ano a 6%, mas está atraída por taxas de juros mais altas na Austrália. Ela faz um depósito de um ano denominado em dólares australianos (A$) a 9%. A taxa de câmbio do dólar australiano no momento do depósito é de $ 0,68. Os dólares americanos são convertidos em A$ 1.470.588 (uma vez que $ 1.000.000/$ 0,68 = $ 1.470.588) e depois são depositados em um banco.

Um ano depois, a Quant Co. recebe A$ 1.602.941, o que é igual ao depósito inicial mais 9% de juros sobre o depósito. Nesse momento, a Quant Co. não tem utilidade para os dólares australianos e os converte em dólares americanos. Suponha que a taxa de câmbio naquele momento seja de $ 0,72. Os fundos serão convertidos em $ 1.154.118 (calculados como A$ 1.602.941 × $ 0,72 por A$). Portanto, o rendimento desse investimento para a empresa dos Estados Unidos será:

$$\frac{\$\ 1.154.118 - \$\ 1.000.000}{\$\ 1.000.000} = 0{,}1541 \text{ ou } 15{,}41\%$$

O alto rendimento é atribuído à taxa de juros relativamente alta ganha sobre o depósito, mais a apreciação da moeda que denomina o depósito ao longo do período de investimento.

Se a moeda tivesse se depreciado ao longo do período de investimento, no entanto, o rendimento efetivo para a Quant Co. teria sido menor que a taxa de juros sobre o depósito e poderia até ter sido mais baixo que a taxa de juros disponível em investimentos nos Estados Unidos. Por exemplo, se o dólar australiano tivesse se depreciado de $ 0,68 do início do período de investimento para $ 0,65 no final do período de investimento, a Quant Co. teria recebido $ 1.041.912 (calculados como A$ 1.602.941 × $ 0,65 por A$). Nesse caso, o rendimento do investimento para uma empresa dos Estados Unidos teria sido:

$$\frac{\$\ 1.041.912 - \$\ 1.000.000}{\$\ 1.000.000} = 0{,}0419 \text{ ou } 4{,}19\%$$

O exemplo anterior ilustra como a apreciação da moeda que denomina o depósito ao longo do período do depósito forçará que o rendimento efetivo fique acima da taxa de juros cotada. Inversamente, a depreciação criará um efeito oposto.

O cálculo anterior do rendimento efetivo sobre depósitos estrangeiros foi realizado de maneira lógica. Um método mais rápido é mostrado aqui:

$$r = (1 + i_f)(1 + e_f) - 1$$

http://

Visite http://www. bloomberg.com para as últimas informações de mercados monetários ao redor do mundo.

O rendimento efetivo sobre um depósito é representado por r, i_f é a taxa de juros cotada e e_f é a variação percentual (a partir do dia do depósito até o dia da retirada) no valor da moeda que representa o depósito estrangeiro. O termo i_f foi utilizado no Capítulo 14 para representar a taxa de juros ao se tomar emprestado uma moeda estrangeira. Neste capítulo, a taxa de juros em questão será a taxa de depósito sobre a moeda estrangeira.

EXEMPLO

Dadas as informações da Quant Co., o rendimento efetivo sobre o depósito de dólares australianos pode ser estimado. O termo e_f representa a variação percentual do dólar australiano (perante o dólar americano) a partir da data em que os dólares australianos foram adquiridos (e depositados) até o dia em que foram retirados (e convertidos em dólares americanos novamente). O dólar australiano se apreciou de $ 0,68 para $ 0,72, ou em 5,88% ao longo da vida do depósito. Utilizando essas informações, assim como também a taxa de depósito cotada de 9%, o rendimento efetivo para a empresa dos Estados Unidos sobre esse depósito denominado em dólares australianos será:

$$r = (1 + i_f)(1 + e_f) - 1$$
$$= (1 + 0{,}09)[1 + (0{,}0588)] - 1$$
$$= 0{,}1541 \text{ ou } 15{,}41\%$$

Essa estimativa do rendimento efetivo corresponde ao retorno do investimento determinado anteriormente pela Quant Co.

Se a moeda tivesse se depreciado, a Quant Co. teria recebido um rendimento efetivo menor que a taxa de juros.

456 FINANÇAS CORPORATIVAS INTERNACIONAIS

EXEMPLO

No exemplo revisado da Quant Co., o dólar australiano se depreciou de $ 0,68 para $ 0,65, ou em 4,41%. Com base na taxa de juros cotada de 9% e a depreciação de 4,41%, o rendimento efetivo será

$$r = (1 + i_f)(1 + e_f) - 1$$
$$= (1 + 0,09)[1 + (-0,0441)] - 1$$
$$= 0,0419 \text{ ou } 4,19\%$$

que é a mesma taxa calculada anteriormente para este exemplo revisado.

O rendimento efetivo poderá ser negativo se a moeda que denomina o depósito se depreciar a um ponto que mais do que suprima os juros acumulados com o depósito.

EXEMPLO

A Nebraska, Inc. investe em um depósito bancário denominado em euros que produz um rendimento de 9%. O euro se deprecia perante o dólar em 12% no decorrer de um ano. O rendimento efetivo será:

$$r = (1 + 0,09)[1 + (-0,12)] - 1$$
$$= -0,0408 \text{ ou } -4,08\%$$

Este resultado indica que a Nebraska, Inc. terminará com 4,08% a menos de fundos do que depositou inicialmente.

Como com depósitos bancários, o rendimento efetivo de todos os outros títulos denominados em moeda estrangeira é influenciado pela flutuação da taxa de câmbio dessa moeda. Nossa discussão continuará se concentrando em depósitos bancários de investimentos estrangeiros de curto prazo, mas as implicações da discussão poderão ser aplicadas a outros títulos de curto prazo também.

Implicações da Paridade da Taxa de Juros

Lembre que a arbitragem de juros coberta é descrita como um investimento estrangeiro de curto prazo com uma venda a termo simultânea da moeda estrangeira que denomina o investimento estrangeiro. Poderíamos pensar que uma moeda estrangeira com uma taxa de juros alta seria uma candidata ideal para a arbitragem de juros coberta. No entanto, essa moeda normalmente apresentará um desconto a termo que reflete o diferencial entre sua taxa de juros e a taxa de juros nacional do investidor. Essa relação está baseada na teoria da paridade da taxa de juros. Os investidores não poderão travar um retorno mais alto tentando a arbitragem da taxa de juros coberta se a paridade da taxa de juros existir.

Mesmo se a paridade da taxa de juros existir, o investimento estrangeiro de curto prazo ainda assim poderá ser viável, mas teria de ser realizado em uma base descoberta (sem o uso do mercado a termo). Isto é, o investimento estrangeiro de curto prazo poderá resultar em um rendimento efetivo mais alto que o investimento doméstico, mas não poderá ser garantido.

Uso das Taxas a Termo como Previsão

Se a paridade da taxa de juros existir, a taxa a termo servirá como um ponto de equilíbrio para avaliar a decisão do investimento de curto prazo. Ao se investir em uma moeda estrangeira (e não cobrindo a posição de moeda estrangeira), o rendimento efetivo será maior que o rendimento doméstico se a taxa à vista da moeda estrangeira depois de um ano for maior que a taxa a termo no momento em que o investimento foi realizado. Inversamente, o rendimento de um investimento estrangeiro será mais baixo que o rendimento doméstico se a taxa à vista da moeda estrangeira depois de um ano for menor que a taxa a termo no momento em que o investimento foi realizado.

> **http://**
>
> Visite http://ciber.msu.edu para links de inúmeros sites relacionados com o comércio internacional.

Relação com o Efeito Fisher Internacional. Quando a paridade da taxa de juros se impõe, as EMNs que usam a taxa a termo como instrumento de previsão da taxa à vista futura esperam que o rendimento dos depósitos estrangeiros se iguale aos depósitos nos Estados Unidos. Embora a taxa a termo não necessariamente seja um previsor exato, poderá fornecer previsões não-tendenciosas da taxa à vista futura. Se a taxa a termo não for tendenciosa, não subestimará ou superestimará consistentemente a taxa à vista futura com freqüência igual. Portanto, o rendimento efetivo de depósitos estrangeiros será igual ao rendimento doméstico, em média. As EMNs que investem consistentemente em títulos estrangeiros de curto prazo obteriam um rendimento semelhante, em média, ao que poderiam obter em títulos domésticos.

Nossa discussão aqui está estreitamente ligada ao efeito Fisher internacional (EFI). Lembre que o EFI sugere que se espera que a taxa de câmbio de uma moeda estrangeira varie pelo montante que reflete o diferencial entre sua taxa de juros e a taxa de juros dos Estados Unidos. O raciocínio por trás dessa teoria é que a taxa de juros nominal alta reflete uma expectativa de inflação alta, o que poderá enfraquecer a moeda (de acordo com a paridade do poder de compra).

Se a paridade da taxa de juros existir, o prêmio ou o desconto a termo refletirá esse diferencial da taxa de juros e representará a variação percentual esperada no valor da moeda quando a taxa a termo for usada como instrumento de previsão da taxa à vista futura. O EFI sugere que as empresas não poderão consistentemente obter rendimentos de curto prazo de títulos estrangeiros que sejam maiores que aqueles de títulos domésticos, porque é esperado que a taxa de câmbio se ajuste ao diferencial da taxa de juros, em média. Se a paridade da taxa de juros se mantiver e a taxa a termo for um instrumento de previsão não-tendencioso da taxa à vista futura, poderemos esperar que o EFI se mantenha.

Uma olhada para trás no tempo revelará que o EFI é sustentado por algumas moedas em alguns períodos. De mais a mais, poderá ser difícil para uma EMN antecipar quando o EFI se manterá ou não. Para virtualmente qualquer moeda, será possível identificar períodos anteriores quando a taxa a termo substancialmente subestimou a taxa à vista futura, e uma EMN teria ganho retornos muito altos do investimento de fundos em títulos de curto prazo em um mercado monetário estrangeiro. No entanto, também será possível identificar outros períodos quando a taxa a termo superestimou substancialmente a taxa à vista futura, e a EMN teria obtido retornos baixos ou até negativos nesse mesmo mercado monetário estrangeiro.

Conclusões sobre a Taxa a Termo. As implicações-chave da paridade da taxa de juros e a taxa a termo como instrumento de previsão das taxas à vista futuras de investimento estrangeiro estão resumidas na Tabela 15.3. Essa tabela explica as condições nas quais o investimento em títulos estrangeiros de curto prazo será viável.

Utilização das Previsões da Taxa de Câmbio

Embora as EMNs não saibam como o valor da moeda muda ao longo do horizonte do investimento, elas poderão utilizar a fórmula do rendimento efetivo apresentada anteriormente neste capítulo e fazer suas previsões sobre a variação percentual na taxa de câmbio da moeda (e_f).

458 FINANÇAS CORPORATIVAS INTERNACIONAIS

Cenários	Implicações do Investimento em Mercados Monetários Estrangeiros
1. A paridade da taxa de juros existe.	A arbitragem de juros coberta não vale a pena.
2. A paridade da taxa de juros existe, e a taxa a termo é uma previsão acurada da taxa à vista futura.	Um investimento descoberto em um título estrangeiro não vale a pena.
3. A paridade da taxa de juros existe, e a taxa a termo é uma previsão não-tendenciosa da taxa à vista futura.	Um investimento descoberto em um título estrangeiro obterá, em média, um rendimento efetivo semelhante a um investimento em um título doméstico.
4. A paridade da taxa de juros existe, e espera-se que a taxa a termo superestime a taxa à vista futura.	Espera-se que um investimento descoberto em um título estrangeiro obtenha um rendimento efetivo menor do que um investimento em um título doméstico.
5. A paridade da taxa de juros existe, e espera-se que a taxa a termo subestime a taxa à vista futura.	Espera-se que um investimento descoberto em um título estrangeiro obtenha um rendimento efetivo maior do que um investimento em um título doméstico.
6. A paridade da taxa de juros não existe; o prêmio a termo (desconto) excede (é menor que) o diferencial da taxa de juros.	A arbitragem de juros coberta é viável para investidores residentes em seu país.
7. A paridade da taxa de juros não existe; o prêmio a termo (desconto) excede (é menor que) o diferencial da taxa de juros.	A arbitragem de juros coberta é viável para investidores estrangeiros, mas não para investidores residentes em seu país.

Tabela 15.3   Considerações no investimento do excesso de caixa.

Uma vez que a taxa de juros do depósito da moeda estrangeira (i_f) é conhecida, o rendimento efetivo poderá ser previsto dada a previsão de e_f. Esse rendimento efetivo projetado sobre um depósito estrangeiro poderá, então, ser comparado com o rendimento do investimento na moeda local da empresa.

EXEMPLO

A Latrobe, Inc. é uma empresa com fundos disponíveis para investimento por um ano. Ela sabe que a taxa de juros de um ano sobre um depósito em dólares americanos é de 11% e a taxa de juros sobre um depósito australiano é de 14%. Suponha que a empresa dos Estados Unidos faça a previsão de que o depósito australiano se depreciará de sua taxa atual de $ 0,1600 para $ 0,1584, ou uma queda de 1%. O valor esperado para e_f [$E(e_f)$], portanto, será –1%, e o rendimento efetivo esperado [$E(r)$] sobre o depósito denominado em dólares australianos será:

$$E(r) = (1 + i_f)[1 + E(e_f)] - 1$$
$$= (1 + 14\%)[1 + (-1\%)] - 1$$
$$= 12,86\%$$

Portanto, neste exemplo, espera-se que investir em um depósito em dólares australianos seja mais compensador que investir em um depósito em dólares americanos.

Lembre-se de que o valor de e_f é previsto e, portanto, não é conhecido com certeza. Com isso, não há garantia de que o investimento estrangeiro verdadeiramente será mais lucrativo.

Derivando o Valor de e_f que Equaciona os Rendimentos Estrangeiros e Domésticos. Do exemplo anterior, a Latrobe poderá tentar, pelo menos, determinar qual valor de e_f fará o rendimento efetivo do investimento estrangeiro ser o mesmo que o do investimento em um depósito em dólares americanos. Para determinar esse valor, inicie com a fórmula do rendimento efetivo e resolva o valor de e_f como segue:

$$r = (1 + i_f)(1 + e_f) - 1$$
$$(1 + r_f) = (1 + i_f)(1 + e_f)$$
$$\frac{(1 + r_f)}{(1 + i_f)} = (1 + e_f)$$
$$\frac{(1 + r)}{(1 + i_f)} - 1 = e_f$$

Uma vez que a taxa do depósito americano foi de 11% no nosso exemplo anterior, essa é a taxa a ser inserida para r. Também poderemos inserir 14% para i_f, assim o valor de equilíbrio de e_f será:

$$e_f = \frac{(1 + r)}{(1 + i_f)} - 1$$
$$= \frac{(1 + 11\%)}{(1 + 14\%)} - 1$$
$$= -2,63\%$$

Isso sugere que o dólar australiano teria de se depreciar em cerca de 2,63% para fazer o depósito em dólares australianos gerar o mesmo rendimento efetivo que um depósito em dólares americanos. Com qualquer grau menor de depreciação, o depósito em dólares australianos seria mais compensador. A Latrobe, Inc. poderá utilizar essa informação ao determinar se deverá investir em um depósito em dólares americanos ou em dólares australianos. Se ela esperar que o dólar australiano se deprecie em mais de 2,63% ao longo do período do depósito, preferirá investir em dólares americanos. Se ela esperar que o dólar australiano se deprecie em menos que 2,63%, ou se aprecie, sua decisão será mais complexa. Se a possível recompensa de investir na moeda estrangeira for maior que os riscos envolvidos, então a empresa deverá escolher essa rota. A decisão final aqui será influenciada pelo grau de aversão a risco.

Uso de Distribuições de Probabilidades. Uma vez que as previsões de especialistas nem sempre são exatas, muitas vezes será útil desenvolver uma distribuição de probabilidade, em vez de depender de uma única previsão. Um exemplo de como uma distribuição de probabilidade é aplicada é apresentado a seguir.

EXEMPLO

A Ohio, Inc. está decidindo se deverá investir em dólares australianos por um ano. Ela encontra as taxas de juros cotadas para o dólar australiano de 14% e de 11% para o dólar americano. Então, ela desenvolve uma distribuição de probabilidade para a possível variação percentual no valor do dólar australiano ao longo da vida do depósito.

A distribuição de probabilidade é apresentada na Tabela 15.4. Na primeira linha da figura, vemos que há uma probabilidade de 5% de uma depreciação de 10% do dólar australiano ao longo da vida do depósito. Se o dólar australiano se depreciar em 10%, o rendimento efetivo será de 2,60%. Isso indica que há 5% de probabilidade de que a Ohio, Inc. obterá um rendimento efetivo de 2,60% sobre seus fundos. Da segunda linha da figura, há uma probabilidade de 10% de uma depreciação de 8% do dólar australiano

Taxa de Variação Possível do Dólar Australiano ao Longo da Vida do Investimento (e_f)	Probabilidade de Ocorrência	Rendimento Efetivo se essa Taxa de Variação do Dólar Australiano Ocorrer de Fato
−10%	5%	$(1,14)[1 + (−0,10)] − 1 = 0,0260$, ou 2,60%
−8	10	$(1,14)[1 + (−0,08)] − 1 = 0,0488$, ou 4,88%
−4	15	$(1,14)[1 + (−0,04)] − 1 = 0,0944$, ou 9,44%
−2	20	$(1,14)[1 + (−0,02)] − 1 = 0,1172$, ou 11,72%
+1	20	$(1,14)[1 + (0,01)] − 1 = 0,1514$, ou 15,14%
+2	15	$(1,14)[1 + (0,02)] − 1 = 0,1628$, ou 16,28%
+3	10	$(1,14)[1 + (0,03)] − 1 = 0,1742$, ou 17,42%
+4	5	$(1,14)[1 + (0,04)] − 1 = 0,1856$, ou 18,56%
	100%	

Tabela 15.4 Análise de investimento em moeda estrangeira.

ao longo do período do depósito. Se o dólar australiano se depreciar de fato em 8%, o rendimento efetivo será de 4,88%, o que significa que há uma probabilidade de 10% que a Ohio gerará um rendimento efetivo de 4,88% sobre esse depósito.

Para cada possibilidade de variação percentual no valor do dólar australiano, há um rendimento efetivo correspondente. Cada rendimento efetivo possível (terceira coluna) está associado com a probabilidade de tal rendimento ocorrer (segunda coluna). O *valor esperado* do rendimento efetivo do dólar australiano é derivado multiplicando cada rendimento efetivo possível por sua probabilidade correspondente. Com base nessas informações da Tabela 15.4, o valor esperado do rendimento efetivo, referido como $E(r)$, é calculado desta maneira:

$$E(r_f) = 5\%(2,60\%) + 10\%(4,88\%) + 15\%(9,44\%) + 20\%(11,72\%)$$
$$+ 20\%(15,14\%) + 15\%(16,28\%) + 10\%(17,42\%)$$
$$+ 5\%(18,56\%)$$

$$= 0,13\% + 0,488\% + 1,416\% + 2,344\% + 3,028\% + 2,442\%$$
$$+ 1,742\% + 0,928\%$$

$$= 12,518\%$$

Portanto, o valor esperado do rendimento efetivo ao investir em dólares australianos será de aproximadamente 12,5%.

Continuando a avaliar a questão sobre qual moeda se deve fazer o investimento, as informações da segunda e da terceira colunas da Tabela 15.4 são utilizadas para desenvolver uma distribuição de probabilidade na Figura 15.3, que ilustra a probabilidade de cada rendimento efetivo possível que poderá ocorrer se a Ohio, Inc. investir em dólares australianos. Note que a taxa de juros dos Estados Unidos (11%) é conhecida com certeza e está incluída na Figura 15.3 para fins de comparação. Uma comparação da distribuição de probabilidades do dólar australiano perante a taxa de juros americana sugere que há uma probabilidade de 30% de a taxa dos Estados Unidos ser maior que o rendimento efetivo do investimento em dólares australianos e 70% de chance de que será menor.

Se a Ohio, Inc. investir em um depósito em dólares americanos, saberá com certeza o rendimento que terá do investimento. Se ela investir em dólares australianos, seu risco

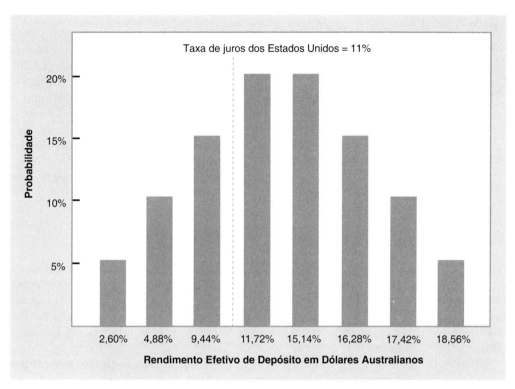

Figura 15.3 Distribuição de probabilidades de rendimentos efetivos.

é de 5% de chance (probabilidade) de o rendimento efetivo do depósito em dólares australiano ser de 2,60%, ou 10% de chance de o rendimento efetivo sobre o depósito em dólares australianos ser de 4,88%, ou 15% de chance de o rendimento efetivo sobre o depósito em dólares australianos ser de 9,44%. Cada uma dessas possibilidades representa um retorno mais baixo para a Ohio, Inc. do que teria obtido se tivesse investido em um depósito em dólares americanos. A Ohio, Inc. conclui que o retorno possível do depósito australiano não será alto o suficiente para compensar o risco e decide investir no depósito nos Estados Unidos.

Diversificação de Caixa por Meio de Moedas

Como uma EMN não tem certeza de como as taxas de câmbio variam ao longo do tempo, poderá preferir diversificar o caixa entre títulos denominados em diversas moedas. Limitar o percentual de excesso de caixa investido em cada moeda reduzirá a exposição da EMN ao risco da taxa de câmbio.

O grau em que uma carteira de investimentos denominada em várias moedas reduzirá o risco dependerá da correlação das moedas. Idealmente, as moedas representadas na carteira apresentarão uma correlação baixa ou negativa umas com as outras. Quando houver a probabilidade de as moedas serem afetadas pelo mesmo acontecimento subjacente, suas oscilações tenderão a ser mais altamente correlacionadas, e a diversificação entre esses tipos de moedas não reduzirá substancialmente a exposição ao risco da taxa de câmbio.

462 FINANÇAS CORPORATIVAS INTERNACIONAIS

EXEMPLO

Em 1997, as taxas de juros na maioria dos países asiáticos eram mais altas que a taxa de juros nos Estados Unidos. No entanto, as moedas asiáticas, tais como a rupia da Indonésia, o ringgit da Malásia, o won da Coréia do Sul e o baht da Tailândia, depreciaram-se em mais de 50% perante o dólar americano em menos de um ano. Conseqüentemente, as subsidiárias com base fora da Ásia que tentaram se beneficiar com as altas taxas asiáticas obtiveram rendimentos efetivos negativos de seus investimentos, portanto, recebendo menos do que haviam investido inicialmente. A diversificação de caixa entre essas moedas não foi benéfica nesse caso porque todas as moedas se enfraqueceram em resposta à crise asiática. Os possíveis benefícios de investir em uma carteira de moedas são discutidos com mais detalhes no Apêndice 15.

Proteção Dinâmica (*Hedging*)

Algumas EMNs continuamente ajustam suas posições de curto prazo em moedas em resposta a expectativas revistas de cada oscilação futura da moeda. Elas poderão se envolver em **proteção dinâmica**, que é uma estratégia de entrar em um *hedging* quando se espera que as moedas mantidas se depreciarão e sair do *hedging* quando se espera que as moedas se apreciarão. Em essência, o objetivo é de proteger contra um risco de queda, e de se beneficiar de oscilações favoráveis das taxas de câmbio.

Por exemplo, considere um tesoureiro de uma empresa dos Estados Unidos que planeje investir em títulos no mercado monetário britânico. Se a libra começar a cair e for esperado que continue a se depreciar, o tesoureiro poderá vender as libras a termo no mercado de câmbio estrangeiro para uma data futura na qual se espera que o valor da libra volte a subir. Se o tesoureiro for bastante confiante de que a libra se depreciará em um período curto, a maioria ou toda a posição estará protegida pelo *hedging*.

Agora suponha que a libra comece a se apreciar antes da data do contrato a termo. Uma vez que o contrato excluirá os possíveis benefícios com a apreciação da libra, o tesoureiro poderá comprar libras a termo para compensar o contrato de venda a termo existente. Dessa maneira, o tesoureiro removeu a proteção existente. É claro que, se a taxa a termo no momento da aquisição futura exceder a taxa a termo que existia no momento da venda a termo, um custo será acarretado para eliminar a proteção (*hedging*).

O tesoureiro poderá decidir remover somente parte do *hedging* e eliminar somente parte das vendas a termo existentes com aquisições a termos. Com essa abordagem, a posição ainda estará parcialmente protegida se a libra continuar a se depreciar. No geral, o desempenho de utilizar a proteção dinâmica dependerá da capacidade do tesoureiro de prever a direção das oscilações da taxa de câmbio.

RESUMO

■ Cada subsidiária de uma EMN poderá avaliar seus fluxos de caixa ao estimar as entradas e as saídas de caixa esperadas para fazer a previsão de seu saldo em cada moeda. Isso indicará se haverá excesso de caixa para investir ou uma insuficiência de caixa. A controladora da EMN poderá preferir utilizar uma perspectiva centralizada, o que consolidará as posições de fluxo de caixa de todas as subsidiárias. Dessa maneira, os fundos poderão ser transferidos entre as subsidiárias para acomodar as insuficiências de caixa em subsidiárias em particular.

■ As técnicas comuns para otimizar os fluxos de caixa são (1) aceleração de entradas de caixa, (2) minimização dos custos de conversão de

GESTÃO DE CAIXA INTERNACIONAL **463**

moedas, (3) gerenciamento dos fundos bloqueados, e (4) implantação das transferências de caixa entre as subsidiárias.

- Os esforços das EMNs para otimizar os fluxos de caixa são dificultados por (1) características relacionadas às empresas, (2) restrições de governos e (3) características de sistemas bancários.

- As EMNs poderão possivelmente conseguir retornos mais altos ao investir os excessos de caixa em moedas estrangeiras que ou possuem taxas de juros relativamente altas ou possam se apreciar ao longo do período de investimento. Se a moeda estrangeira se depreciar durante o período de investimento, no entanto, poderá eliminar qualquer vantagem da taxa de juros dessa moeda.

CONTRAPONTO DO PONTO

A Paridade da Taxa de Juros Deveria Impedir as EMNs de Investir em Moedas Estrangeiras?

Ponto Sim. Moedas com taxas de juros altas possuem descontos a termo grandes, de acordo com a paridade da taxa de juros. Enquanto a taxa a termo for uma previsão razoável da taxa à vista a termo, investir em um país estrangeiro não será viável.

Contraponto Não. Mesmo que a paridade da taxa de juros se mantenha, as EMNs ainda assim deverão considerar investir em uma moeda estrangeira. A chave são suas expectativas da taxa à vista futura. Se suas expectativas da taxa à vista futura forem mais altas que a taxa a termo, as EMNs se beneficiarão investindo em moedas estrangeiras.

Quem está certo? Use seu mecanismo de busca preferido para saber mais sobre esse assunto. Qual argumento você apóia? Dê sua opinião sobre o assunto.

AUTOTESTE

As respostas encontram-se no Apêndice A, no final deste livro.

1. O país X tipicamente possui uma taxa de juros alta, e espera-se que sua moeda se fortaleça perante o dólar ao longo do tempo. O país Y tipicamente possui uma taxa de juros baixa, e espera-se que sua moeda se enfraqueça perante o dólar ao longo do tempo. Os dois países impuseram uma restrição de "fundos bloqueados" para os próximos quatro anos sobre as duas subsidiárias de propriedade de uma empresa dos Estados Unidos. Qual subsidiária será afetada mais adversamente pelo bloqueio dos fundos, supondo que há oportunidades limitadas de expansão para as empresas nos dois países?

2. Suponha que a taxa de juros de um ano da Austrália seja de 14%. Também suponha que seja esperado que o dólar australiano se aprecie em 8% ao longo do próximo ano perante o dólar americano. Qual será o rendimento efetivo de um depósito de um ano na Austrália feito por uma empresa dos Estados Unidos?

3. Suponha que a taxa a termo de um ano seja utilizada como previsão da taxa à vista a termo. A taxa à vista do ringgit da Malásia é de $ 0,20, enquanto sua taxa a termo de um ano é de $ 0,19. A taxa de juros de um ano da Malásia é de 11%. Qual é o rendimento efetivo esperado de um depósito de um ano na Malásia feito por uma empresa dos Estados Unidos?

4. Suponha que a taxa de juros de um ano da Venezuela seja de 90% enquanto a taxa de juros de um ano dos Estados Unidos é 6%. Determine o valor de equilíbrio da variação percentual da moeda venezuelana (o bolívar) que faria com que o rendimento efetivo fosse o mesmo tanto para um depósito de um ano na Venezuela como para um depósito de um ano nos Estados Unidos.

5. Suponha que a paridade da taxa de juros exista. Empresas dos Estados Unidos possivelmente considerariam fazer depósitos em países com taxas de juros altas? Explique.

QUESTÕES E APLICAÇÕES

1. **Rendimentos de Moedas Estrangeiras.** O Website da Bloomberg fornece dados de taxas de juros de muitas moedas estrangeiras com vencimentos diversos. Seu endereço é **http://www.bloomberg.com**.

   a) Vá para a seção que mostra os rendimentos de diferentes moedas estrangeiras. Examine os rendimentos de um ano das moedas. Suponha que você poderá tomar emprestado a uma taxa de um ponto percentual acima do rendimento cotado para cada moeda. Qual moeda oferecerá o rendimento mais alto?

   b) Como gestor financeiro de uma EMN com base nos Estados Unidos que possui dólares extras que poderão ser investidos por um ano, onde você investiria os fundos para o próximo ano? Explique.

   c) Se você estivesse trabalhando em uma subsidiária estrangeira no Japão e pudesse investir ienes japoneses por um ano até quando eles forem necessários para dar suporte a operações locais, onde você investiria os ienes? Explique.

2. **Impacto do 11 de Setembro.** A Palos Co. geralmente investe parte de seu excesso de dólares em títulos de curto prazo de governos estrangeiros para obter uma taxa de juros de curto prazo mais alta sobre seu caixa. Descreva como o possível retorno e o risco dessa estratégia poderão ter mudado após o ataque terrorista aos Estados Unidos no dia 11 de setembro de 2001.

3. **Rendimento Efetivo.** A Rollins, Inc. possui $ 3 milhões disponíveis em caixa por 180 dias. Ela poderá obter 7% sobre um título do Tesouro. O investimento britânico não requer a conversão dos dólares em libras esterlinas. Suponha que a paridade da taxa de juros se mantenha e que a Rollins acredite que a taxa a termo de 180 dias seja um instrumento de previsão confiável da taxa à vista a ser percebida daqui a 180 dias. O investimento britânico fornecerá um rendimento efetivo que será abaixo, acima, ou igual ao rendimento do investimento americano? Explique sua resposta.

4. **Rendimento Efetivo.** Repita a questão 3, mas desta vez suponha que a Rollins, Inc. espere que a taxa a termo de 180 dias da libra superestimará substancialmente a taxa à vista a ser percebida daqui a 180 dias.

5. **Rendimento Efetivo.** Repita a questão 3, mas desta vez suponha que a Rollins, Inc. espere que a taxa a termo de 180 dias da libra subestimará substancialmente a taxa à vista a ser percebida daqui a 180 dias.

6. **Rendimento Efetivo.** Suponha que a taxa de juros de um ano dos Estados Unidos seja de 10% e que a taxa de juros do Canadá seja de 13%. Se uma empresa dos Estados Unidos investir seus fundos no Canadá, em qual porcentagem o dólar canadense terá de se depreciar para fazer com que seu rendimento efetivo seja o mesmo que a taxa de juros americana da perspectiva da empresa dos Estados Unidos?

7. **Rendimento Efetivo.** A Fort Collins, Inc. possui $ 1 milhão disponível em caixa por 30 dias. Ela poderá obter 1% sobre o investimento de 30 dias nos Estados Unidos. Como alternativa, se converter os dólares para pesos mexicanos, ela poderá obter 1,5% sobre um depósito mexicano. A taxa à vista do peso mexicano é de $ 0,12. Espera-se que a taxa à vista daqui a 30 dias seja de $ 0,10. A Fort Collins deverá investir seu caixa nos Estados Unidos ou no México? Fundamente sua resposta.

8. **Rendimento Efetivo de Carteira.** A Ithaca Co. considera fazer um depósito de um ano em dólares de Cingapura de 30% de seu excesso de fundos e os 70% remanescentes de seus fundos em um depósito de um ano em dólares canadenses. A taxa de juros de um ano de Cingapura é de 15%, enquanto a taxa de juros de um ano do Canadá é de 13%. A possível variação percentual das duas moedas para o próximo ano é prevista como segue:

Moeda	Possível Variação Percentual na Taxa à Vista ao Longo do Horizonte do Investimento	Probabilidade de Ocorrer essa Variação na Taxa à Vista
Dólar de Cingapura	–2%	20%
Dólar de Cingapura	1	60
Dólar de Cingapura	3	20
Dólar do Canadá	1	50
Dólar do Canadá	4	40
Dólar do Canadá	6	10

Dadas essas informações, determine os possíveis rendimentos efetivos da carteira e a probabilidade associada com cada rendimento possível da carteira. Dada a taxa de juros americana de um ano de 8%, qual é a probabilidade de o rendimento efetivo da carteira ser mais baixo que o rendimento conseguido com o investimento nos Estados Unidos? (Veja o Apêndice 15.)

9. **Estratégia de Investimento.** Por que uma empresa dos Estados Unidos consideraria investir fundos de curto prazo em euros, mesmo quando não tiver qualquer saída de caixa a termo em euros?

10. **Estratégia de Investimento.** A McNeese Co. deveria considerar investir fundos em países da América Latina onde poderá expandir instalações? As taxas de juros estão altas, e os retornos de investimentos poderiam ser utilizados para ajudar no suporte da expansão. Quando essa estratégia daria errado?

11. **Estratégia de Investimento.** A Tallahassee Co. possui $ 2 milhões de excesso de caixa que investiu no México a uma taxa de juros anual de 60%. A taxa de juros dos Estados Unidos é de 9%. Em quanto o peso mexicano deverá depreciar-se para fazer com que essa estratégia não dê certo?

12. **Investimento em Carteira.** A Pittsburg Co. planeja investir seu excesso de caixa em pesos mexicanos por um ano. A taxa de juros de um ano do México é de 19%. A probabilidade da variação percentual do valor do peso durante o próximo ano é mostrada a seguir:

Taxa de Variação Possível do Peso Mexicano ao Longo da Vida do Investimento	Probabilidade de Ocorrência
–15%	20%
–4	50
0	30

Qual é o valor esperado do rendimento efetivo com base nessas informações? Dado que a taxa de juros de um ano dos Estados Unidos é de 7%, qual é a probabilidade de um investimento em pesos de um ano gerar um rendimento efetivo mais baixo do que se a Pittsburgh Co. simplesmente investisse domesticamente?

13. **Investimentos Diversificados.** A Hofstra, Inc. não possui negócios europeus e possui dinheiro investido em seis países europeus, que utilizam o euro como sua moeda local. Os investimentos de curto prazo da Hofstra estão bem diversificados e sujeitos a um grau baixo de risco da taxa de câmbio? Explique.

14. **Investimento em Carteira de Moedas.** Por que uma empresa consideraria investir em uma carteira de moedas estrangeiras, em vez de em uma única moeda estrangeira?

15. **Discussão na Sala da Diretoria.** Esse exercício encontra-se no Apêndice E, no final deste livro.

16. **Saldos Líquidos.** Explique os benefícios de saldos líquidos. Como uma gestão centralizada de caixa poderá ser benéfica a uma EMN?

17. **Arbitragem de Juros Coberta.** A Evansville, Inc. possui $ 2 milhões em dinheiro disponível para 90 dias. Ela pensa em utilizar a arbitragem de juros coberta, já que a taxa de juros de 90 dias do euro está mais alta que a taxa de juros dos Estados Unidos. O que determinará se essa estratégia será viável?

18. **Gestão de Caixa Internacional.** Discuta as funções gerais envolvidas na gestão de caixa internacional. Explique como a otimização do fluxo de caixa de uma EMN poderá distorcer os lucros de cada subsidiária.

19. **Efeito Fisher Internacional.** Se uma empresa dos Estados Unidos acreditar que o efeito Fisher internacional se mantém, quais são as implicações referentes à estratégia de continuamente tentar gerar retornos altos de investimentos em moedas com taxas de juros altas?

20. **Paridade da Taxa de Juros.** A Dallas Co. percebeu que a taxa de juros do euro é de 16% enquanto a taxa de juros dos Estados Unidos é de 11% para títulos do Tesouro de um ano. A taxa a termo de um ano do euro possui um desconto de 7%. A paridade da taxa de juros existe? A Dallas conseguirá um rendimento efetivo mais alto ao utilizar a arbitragem de juros coberta, em vez de investir em títulos do Tesouro? Explique.

21. **Antecipação e Retardamento.** Como uma EMN poderá implantar técnicas de antecipação e retardamento para ajudar as subsidiárias com necessidade de fundos?

466 FINANÇAS CORPORATIVAS INTERNACIONAIS

CASO BLADES, INC.

Gestão de Caixa Internacional

Lembre do Capítulo 14 que a nova subsidiária da Blades, Inc. na Tailândia, recebeu de um cliente um pedido único de 120.000 pares de "Speedos", o principal produto da empresa. Há um intervalo de seis meses entre o momento em que a Blades precisa de recursos para adquirir o material para sua produção dos Speedos e o momento em que receberá o pagamento do cliente. Ben Holt, o chefe do setor financeiro da Blades, decidiu financiar os custos ao tomar emprestados bahts tailandeses a uma taxa de juros de 6% ao longo do período de seis meses. Uma vez que o custo médio por par de Speedos é de aproximadamente 3.500 bahts, a Blades deve tomar emprestado 420 milhões de bahts. O pagamento pelo pedido será usado para reembolsar o principal e os juros do empréstimo.

Atualmente Ben Holt planeja instruir a subsidiária tailandesa para enviar todo e qualquer fluxo de caixa remanescente de volta para os Estados Unidos. Pouco antes de a Blades receber o pagamento pelo pedido grande, no entanto, Holt nota que as taxas de juros na Tailândia aumentaram substancialmente. A Blades poderia investir os recursos na Tailândia a uma taxa de juros relativamente alta. Especificamente, a Blades poderá investir os recursos remanescentes denominados em baht por um ano na Tailândia, a uma taxa de juros de 15%.

Se os recursos forem enviados de volta para a controladora dos Estados Unidos, o volume de dólares em excesso resultante da conversão do baht será usado para dar sustentação à produção americana de Speedos, se necessário, ou será investido nos Estados Unidos. Especificamente, os recursos serão utilizados para cobrir o custo dos produtos vendidos pela fábrica manufatureira dos Estados Unidos, localizada em Omaha, Nebraska. Uma vez que a Blades utilizou um montante significativo de dinheiro para financiar o investimento inicial para construir a fábrica na Tailândia e para comprar o equipamento necessário, suas operações nos Estados Unidos estão sem dinheiro. Conseqüentemente, se os ganhos da subsidiária não forem enviados de volta para os Estados Unidos, a Blades terá de tomar emprestado a uma taxa de juros de 10% para dar suporte às operações americanas. Qualquer recurso enviado pela subsidiária que não for utilizado para dar suporte às operações americanas será investido nos Estados

Unidos a uma taxa de juros de 8%. Holt estima que aproximadamente 60% dos recursos enviados serão necessários para dar suporte às operações americanas e os 40% remanescentes serão investidos nos Estados Unidos.

Conseqüentemente, Holt deverá escolher entre dois planos alternativos. Primeiro, ele poderá instruir a subsidiária tailandesa a fazer o reembolso do empréstimo em bahts (com juros) e investir qualquer recurso remanescente na Tailândia a uma taxa de juros de 15%. Segundo, ele poderá instruir a subsidiária tailandesa a fazer o reembolso do empréstimo em bahts e enviar todo e qualquer recurso remanescente de volta para os Estados Unidos, onde 60% dos mesmos serão usados para dar suporte às operações americanas e 40% serão investidos a uma taxa de juros de 8%. Suponha que não haja nenhuma tributação sobre rendimentos ou retenções sobre os ganhos gerados na Tailândia.

Ben Holt contatou você, analista financeiro da Blades, Inc., para ajudá-lo a analisar essas duas opções. Holt lhe informou que a taxa à vista atual do baht tailandês é de 0,0225 e espera-se que o baht se deprecie em 5% ao longo do ano vindouro. Ele lhe deu a seguinte lista com as questões às quais ele gostaria que você respondesse.

1. Há uma permuta (*tradeoff*) entre as taxas de juros mais altas na Tailândia e o atraso da conversão do baht em dólares. Explique o que isso significa.

2. Se os bahts líquidos recebidos da subsidiária tailandesa serão investidos na Tailândia, como as operações nos Estados Unidos serão afetadas?

3. Construa uma planilha que compare os fluxos de caixa resultantes dos dois planos. Sob o primeiro plano, os fluxos de caixa líquidos (recebidos hoje) serão investidos na Tailândia a 15% para o período de um ano, depois do qual os bahts serão convertidos em dólares. Sob o segundo plano, os fluxos de caixa denominados em bahts líquidos serão convertidos em dólares imediatamente, e 60% dos recursos serão usados para dar suporte às operações americanas, enquanto 40% serão investidos nos Estados Unidos por um ano a 8%. Qual plano é superior, dada a expectativa do valor do baht daqui a um ano?

GESTÃO DE CAIXA INTERNACIONAL   **467**

DILEMA DA PEQUENA EMPRESA

Gestão de Caixa na Sports Exports Company

Desde que Jim Logan iniciou sua Sports Exports Company, ele está preocupado com sua exposição ao risco da taxa de câmbio. A empresa produz bolas de futebol e as exporta para um distribuidor no Reino Unido, sendo a exportação denominada em libras esterlinas. Jim acabou de entrar em uma *joint venture* no Reino Unido, na qual uma empresa britânica produz artigos esportivos para a empresa de Jim e vende os artigos para um distribuidor britânico. O distribuidor paga para a empresa de Jim em libras, por esses produtos. Jim recentemente tomou emprestado libras para financiar essa iniciativa, o que originou algumas saídas de caixa (pagamento de juros) que parcialmente suprimiram suas entradas de caixa. Os juros pagos sobre esse empréstimo são iguais à taxa do título do Tesouro britânico mais três pontos percentuais. Seu negócio de exportação original está tendo sucesso ultimamente, o que fez com que tivesse uma receita (em libras) que será retida como excesso de caixa. Jim deve decidir se liquidará parte do empréstimo britânico existente, se investirá o dinheiro em títulos do Tesouro dos Estados Unidos, ou se investirá o dinheiro em títulos do Tesouro britânico.

1. Se Jim investir o excesso de caixa em títulos do Tesouro dos Estados Unidos, isso reduzirá a exposição da empresa ao risco da caixa de câmbio?

2. Jim decidiu usar o excesso de caixa para liquidar o empréstimo britânico. No entanto, um amigo o aconselhou a investir o dinheiro em títulos do Tesouro britânico, dizendo que "o empréstimo concede uma compensação para as libras a receber, de modo que você se sairia melhor se investisse em títulos do Tesouro britânico do que se liquidasse o empréstimo". O amigo de Jim está certo? O que Jim deveria fazer?

APÊNDICE 15

Investindo em uma Carteira de Moedas

Grandes empresas financeiras poderão considerar investir em uma carteira de moedas, como ilustrado no seguinte exemplo.

Suponha que a MacFarland Co., uma empresa dos Estados Unidos, precise investir $ 100.000 por um ano e obtenha a cotação dessas taxas de juros:

- Taxa de juros para depósito de um ano em dólares americanos = 11%;
- Taxa de juros para depósito de um ano em dólares de Cingapura = 14%;
- Taxa de juros para depósito de um ano em libras esterlinas = 13%.

Devido às cotações relativamente altas para o depósito em dólares de Cingapura ou em libras esterlinas, será compreensível que a MacFarland Co. deseje investir em uma moeda estrangeira. Se a empresa decidir utilizar investimento estrangeiro, ela terá três possibilidades em relação às informações dadas:

- Investir somente em dólares de Cingapura;
- Investir somente em libras esterlinas;
- Investir em uma mistura (ou carteira) de dólares de Cingapura e libras.

Suponha que a MacFarland Co. tenha estabelecido as possíveis variações percentuais da taxa à vista a partir do momento em que o depósito foi efetuado até a data de vencimento tanto para os dólares de Cingapura como para as libras esterlinas, como mostra a segunda coluna da Tabela 15A.1. Deveremos discutir primeiro o dólar de Cingapura. Para cada variação percentual que possa ocorrer, é mostrada a probabilidade dessa ocorrência na terceira coluna. O rendimento efetivo para cada variação percentual possível da taxa à vista do dólar de Cingapura será calculado com base na suposta taxa de juros de 14% para o dólar de Cingapura, ao longo da vida do empréstimo. Na Tabela 15A.1, há uma chance de 20% de o dólar de Cingapura se depreciar em 4% durante o período do depósito. Se isso de fato ocorrer, o rendimento efetivo será de 9,4%. Além disso, há uma chance de 50% de que o rendimento efetivo será de 12,86%, e 30% de chance de que seja de 16,28%. Dado que a taxa de juros do depósito nos Estados Unidos é de 11%, há 20% de chance de o investimento em dólares de Cingapura resultar em um rendimento efetivo mais baixo que o investimento em um depósito em dólares americanos.

A parte inferior da Tabela 15A.1 fornece informações sobre a libra esterlina. A libra tem 30% de chance de se depreciar em 3% durante o período do depósito, e assim por diante. Com base na taxa de juros de 13% sobre o depósito em libras esterlinas, há 30% de chance de o rendimento efetivo ser de 9,61%, 30% de chance de ser de 13%, e 40% de chance de ser

468

Moeda	Taxa de Variação Possível da Taxa à Vista ao Longo da Vida do Investimento	Probabilidade de essa Variação Percentual Ocorrer na Taxa à Vista	Cálculo do Rendimento Efetivo Baseado nessa Variação Percentual da Taxa à Vista
Dólar de Cingapura	−4%	20%	$(1,14)[1 + (−4\%)] − 1 = 9,44\%$
Dólar de Cingapura	−1	50	$(1,14)[1 + (−1\%)] − 1 = 12,86\%$
Dólar de Cingapura	+2	30	$(1,14)[1 + (2\%)] − 1 = 16,28\%$
		100%	
Libra esterlina	−3	30	$(1,13)[1 + (−3\%)] − 1 = 9,61\%$
Libra esterlina	0	30	$(1,13)[1 + (0\%)] − 1 = 13,00\%$
Libra esterlina	2	40	$(1,13)[1 + (2\%)] − 1 = 15,26\%$
		100%	

Tabela 15A.1 Desenvolvimento de rendimentos efetivos possíveis.

de 15,26%. Lembrando dos 11% de juros sobre o depósito em dólares nos Estados Unidos, há 30% de chance de o investimento em libras esterlinas ser menos compensador do que o investimento em um depósito em dólares nos Estados Unidos.

Antes de examinar a terceira estratégia possível (a abordagem de carteira) disponível aqui, determine o valor esperado do rendimento efetivo de cada moeda, somando os produtos de cada rendimento possível e sua probabilidade associada como segue:

Moeda	Cálculo do Valor Esperado do Rendimento Efetivo
Dólar de Cingapura	$(20\%)(9,44\%) + 50\%(12,86\%) + 30\%(16,28\%) = 13,202\%$
Libra esterlina	$(30\%)(9,61\%) + 30\%(13,00\%) + 40\%(15,26\%) = 12,887\%$

O valor esperado do rendimento do dólar de Cingapura será ligeiramente mais alto. Alem disso, o grau individual do risco (a chance de que o retorno do investimento seja mais baixo que o retorno de um depósito nos Estados Unidos) é maior para a libra. Se a MacFarland Co. decidir investir em uma dessas moedas, ela poderá escolher o dólar de Cingapura, visto que suas características de risco e de retorno são mais favoráveis. Antes de tomar a decisão, no entanto, a empresa deverá considerar a possibilidade de investir em uma carteira de moedas.

As informações da Tabela 15A.1 mostram três possibilidades de rendimento efetivo do dólar de Cingapura, o mesmo ocorrendo com a libra esterlina. Se a MacFarland Co. investir metade de seus fundos disponíveis em cada moeda, então haverá nove possibilidades para o rendimento efetivo dessa carteira. Essas possibilidades são mostradas na Tabela 15A.2. As duas primeiras colunas listam todos os rendimentos efetivos conjuntos possíveis. A terceira coluna calcula a probabilidade conjunta de cada ocorrência possível. A quarta coluna mostra o cálculo do rendimento efetivo da carteira sobre as taxas possíveis das moedas individuais mostradas nas primeiras duas colunas. A linha superior da tabela indica que um resultado possível de investimento nas duas moedas, em dólares de Cingapura e em libras esterlinas, será um rendimento efetivo de 9,44% e 9,61%, respectivamente. A probabilidade de o rendimento efetivo do dólar de Cingapura ocorrer é de 20%, enquanto a probabilidade de o rendimento efetivo da libra ocorrer é de 30%. A probabilidade conjunta de que os dois rendimentos efetivos ocorrerão simultaneamente é de $(20\%)(30\%) = 6\%$. Supondo que metade (50%) dos fundos disponíveis seja investida em cada moeda, os rendimentos efetivos da carteira serão de $0,5(9,44\%) + 0,5(9,61\%) = 9,525\%$ (se os rendimentos efetivos individuais ocorrerem).

470 FINANÇAS CORPORATIVAS INTERNACIONAIS

Rendimento Possível Efetivo Conjunto		Cálculo da Probabilidade Conjunta	Cálculo do Rendimento Efetivo da Carteira (50% do Total de Fundos Investidos em Cada Moeda)
Dólar de Cingapura	Libra esterlina		
9,44%	9,61%	(20%)(30%) = 6%	$0,5(9,44\%) + 0,5(9,61\%) = 9,525\%$
9,44	13,00	(20%)(30%) = 6	$0,5(9,44\%) + 0,5(13,00\%) = 11,22\%$
9,44	15,26	(20%)(40%) = 8	$0,5(9,44\%) + 0,5(15,26\%) = 12,35\%$
12,86	9,61	(50%)(30%) = 15	$0,5(12,86\%) + 0,5(9,61\%) = 11,235\%$
12,86	13,00	(50%)(30%) = 15	$0,5(12,86\%) + 0,5(13,00\%) = 12,93\%$
12,86	15,26	(50%)(40%) = 20	$0,5(12,86\%) + 0,5(15,26\%) = 14,06\%$
16,28	9,61	(30%)(30%) = 9	$0,5(16,28\%) + 0,5(9,61\%) = 12,945\%$
16,28	13,00	(30%)(30%) = 9	$0,5(16,28\%) + 0,5(13,00\%) = 14,64\%$
16,28	15,26	(30%)(40%) = 12	$0,5(16,28\%) + 0,5(15,26\%) = 15,77\%$
		100%	

Tabela 15A.2   Análise do investimento em duas moedas estrangeiras.

Um procedimento semelhante foi utilizado para desenvolver as oito linhas remanescentes da Tabela 15A.2. Há 6% de chance de o rendimento efetivo ser de 11,22%, 8% de chance de ser 12,35%, e assim por diante.

A Tabela 15A.2 mostra que investir na carteira possivelmente será mais compensador que investir no depósito em dólares americanos. Embora haja uma chance de 6% de o rendimento efetivo da carteira ser de 9,525%, todos os outros rendimentos possíveis da carteira (veja a quarta coluna) estão acima da taxa de 11% do depósito dos Estados Unidos.

Lembre que o investimento somente em dólares de Cingapura terá 20% de chance de ser menos compensador que investir no depósito dos Estados Unidos, enquanto o investimento somente em libras esterlinas terá 30% de chance de ser menos compensador. A análise da Tabela 15A.2 sugere que investir em uma carteira (50% investidos em dólares de Cingapura, com os 50% remanescentes investidos em libras esterlinas) terá apenas 6% de chance de ser menos compensador que um investimento doméstico. Os resultados serão explicados.

Quando um investimento é feito nas duas moedas, o único momento em que a carteira apresentará um rendimento mais baixo que o depósito nos Estados Unidos será quando as *duas* moedas passarem por níveis máximos de depreciação possíveis (o equivalente a 4% de depreciação do dólar de Cingapura e 3% de depreciação da libra esterlina). Se isso ocorrer com apenas uma, sua severidade será, de certa forma, compensada pelo fato de a outra moeda não se depreciar a tal ponto.

No nosso exemplo, o cálculo das probabilidades conjuntas requer a suposição de que as oscilações das duas moedas sejam independentes. Se as oscilações das duas moedas forem de fato altamente correlacionadas, então o investimento em uma carteira de moedas não seria tão benéfico quanto demonstrado aqui, porque haveria uma forte possibilidade de as duas moedas passarem por um alto nível de depreciação simultaneamente. Se as duas moedas não forem altamente correlacionadas, não será esperado que se depreciem simultaneamente em tal grau.

O exemplo atual inclui duas moedas em uma carteira. Investir em uma carteira mais diversificada com moedas adicionais que apresentem taxas de juros altas poderá aumentar a probabilidade de o investimento estrangeiro ser mais compensador que o depósito nos Estados Unidos. Isso é devido à baixa probabilidade de todas as moedas oscilarem em conjunto e, portanto, se depreciarem simultaneamente para eliminar as vantagens da taxa de juros alta. Mais uma vez, o grau em que essas moedas estiverem correlacionadas é importante. Se todas as moedas forem

APÊNDICE 15 • INVESTINDO EM UMA CARTEIRA DE MOEDAS **471**

altamente correlacionadas positivamente umas com as outras, o investimento em uma carteira assim não será muito diferente que investir em uma única moeda estrangeira.

Investimento Repetido em uma Carteira de Moedas

Uma empresa que investe repetidamente em moedas estrangeiras geralmente prefere compor um pacote que apresentará um rendimento efetivo, de certa forma previsível, em uma base periódica. Quanto mais volátil o rendimento efetivo de uma carteira ao longo do tempo, tanto mais incertezas (riscos) há acerca do rendimento que essa carteira apresentará em qualquer período. A variação da carteira dependerá dos desvios-padrão e das correlações entre os pares de rendimentos efetivos das moedas individuais da carteira.

Poderemos usar a variação da carteira como medida para o grau de volatilidade. A variância do rendimento efetivo de uma probabilidade dos dois ativos, σ_p^2 é calculado como:

$$\sigma_p^2 = w_A^2 \sigma_A^2 + w_B^2 \sigma_B^2 + 2 w_A w_B \sigma_A \sigma_B CORR_{AB}$$

onde w_A e w_B representam a porcentagem do total de fundos investidos nas moedas A e B, respectivamente, σ_A^2 e σ_B^2 representam as variâncias individuais dos rendimentos efetivos de cada moeda ao longo do tempo e $CORR_{AB}$ reflete o coeficiente de correlação dos rendimentos efetivos das duas moedas. Visto que a variação percentual da taxa de câmbio possui uma função importante para influenciar o rendimento efetivo, não deverá surpreender que o $CORR_{AB}$ seja fortemente afetado pela correlação entre as flutuações da taxa de câmbio das duas moedas. Uma correlação baixa entre as flutuações das moedas poderá forçar o $CORR_{AB}$ a ser baixo.

Para ilustrar como a variância no rendimento efetivo de uma carteira está relacionada às características das moedas que a compõem, considere o exemplo a seguir. As seguintes informações estão baseadas em vários períodos de três meses:

- Rendimento efetivo médio da libra esterlina no decorrer de três meses = 4%.
- Rendimento efetivo médio do dólar de Cingapura no decorrer de três meses = 5%.
- Desvio-padrão do rendimento efetivo da libra esterlina = 0,06.
- Desvio-padrão do rendimento efetivo do dólar de Cingapura = 0,10.
- Coeficiente de correlação dos rendimentos efetivos das duas moedas = 0,20.

Dadas as informações anteriores, o rendimento efetivo médio da carteira (r_p) dos fundos investidos 50% em libras esterlinas e 50% em dólares de Cingapura é determinado somando os rendimentos efetivos individuais ponderados:

$$\begin{aligned} r_p &= 0,5(0,04) + 0,5(0,05) \\ &= 0,02 + 0,025 \\ &= 0,045 \text{ ou } 4,5\% \end{aligned}$$

A variância dessa taxa efetiva de financiamento de carteira ao longo do tempo será:

$$\begin{aligned} \sigma_p^2 &= 0,5^2(0,06)^2 + 0,5^2(0,10)^2 + 2(0,5)(0,5)(0,06)(0,10)(0,20) \\ &= 0,25(0,0036) + 0,25(0,01) + 0,5(0,0012) \\ &= 0,0009 + 0,0025 + 0,0006 \\ &= 0,004 \end{aligned}$$

472 FINANÇAS CORPORATIVAS INTERNACIONAIS

Não há garantia de que os dados passados serão indicativos do futuro. Todavia, se as variações individuais e as correlações dos pares forem de certa forma estáveis ao longo do tempo, a variação histórica do rendimento efetivo da carteira deverá ser uma previsão razoável da variação futura da carteira.

PARTE 4

Problema Integrativo

Gestão de Ativos e Passivos de Curto Prazo

A Kent Co. é uma grande empresa americana sem nenhum comércio internacional. Ela possui duas filiais nos Estados Unidos, uma no leste e outra no oeste. Atualmente, cada filial toma decisões de investimentos ou de financiamentos independentemente, como se fossem entidades separadas. A filial do leste possui excesso de caixa de $ 15 milhões para investir para o próximo ano. Ela poderá investir seus fundos em títulos do Tesouro denominados em dólares ou em quatro moedas diferentes. A única restrição feita pela controladora é que um máximo de $ 5 milhões poderá ser investido ou financiado em qualquer moeda estrangeira.

A filial do oeste precisa tomar emprestados $ 15 milhões por um ano para dar suporte a suas operações americanas. Ela poderá tomar emprestado em qualquer uma dessas mesmas moedas (embora qualquer recurso estrangeiro tomado emprestado deva ser convertido em dólares para financiar as operações americanas). A única restrição feita pela controladora é que um máximo de $ 5 milhões poderá ser tomado emprestado em qualquer moeda estrangeira. Um grande banco que serve ao mercado monetário internacional ofereceu à Kent Co. os seguintes termos:

Moeda	Taxa de Juros Anual sobre Depósitos	Taxa de Juros Anual Cobrada sobre Empréstimos
Dólar americano	6%	9%
Dólar australiano	11	14
Dólar canadense	7	10
Dólar neozelandês	9	12
Iene japonês	8	11

A controladora da Kent Co. fez previsões de um ano de cada moeda para as filiais usarem ao tomar suas decisões de investimentos ou de financiamentos.

Moeda	Taxa de Câmbio à Vista de Hoje	Variação Percentual da Taxa de Câmbio Anual Prevista
Dólar americano	$ 0,70	–4%
Dólar canadense	0,80	–2
Dólar neozelandês	0,60	+3
Iene japonês	0,008	0

473

Questões

1. Determine a composição da carteira de investimentos da filial do leste da Kent a qual maximize o rendimento efetivo esperado que satisfaz as restrições impostas pela controladora.
2. Qual é o rendimento efetivo esperado da carteira de investimentos?
3. Baseado no rendimento efetivo esperado da carteira e no montante inicial de $ 15 milhões, determine os juros anuais a ser obtidos sobre a carteira.
4. Determine a composição da carteira de investimentos da filial do oeste da Kent a qual maximize o rendimento efetivo esperado que satisfaz as restrições impostas pela controladora.
5. Qual é a taxa efetiva de financiamento esperada do montante total emprestado?
6. Baseado na taxa efetiva de financiamento esperada da carteira e no montante total de $ 15 milhões tomados emprestados, determine o montante do reembolso esperado do empréstimo além do principal emprestado.
7. Quando os juros esperados e recebidos pela filial do leste e pagos pela filial do oeste da Kent Co. forem consolidados, qual será o montante líquido dos juros recebidos?
8. Se as filiais do leste e do oeste trabalhassem juntas, a filial do leste poderia fazer o empréstimo de seus $ 15 milhões para a filial do oeste. Todavia, poderia ser argumentado que as filiais não poderiam levar vantagem sobre os diferenciais da taxa de juros ou os efeitos esperados da taxa de câmbio entre as moedas. Com os dados apresentados neste exemplo, você recomendaria que as duas filiais tomassem suas decisões de investimentos ou financiamentos independentemente ou a filial do leste deveria emprestar seu excesso de caixa para a filial do oeste? Explique.

PARTE 5

Gestão de Ativos e Passivos de Longo Prazo

A Parte 5 (Capítulos 16 a 21) concentra-se em como as EMNs administram os ativos e passivos de longo prazo. O Capítulo 16 explica como as EMNs poderão se beneficiar com o comércio internacional. O Capítulo 17 descreve as informações que as EMNs devem ter ao considerar projetos multinacionais e mostra como a análise do orçamento de capital é realizada. O Capítulo 18 identifica as formas comuns de reestruturação de multinacionais e ilustra como avaliar a viabilidade das formas de reestruturação propostas. O Capítulo 19 explica como as EMNs avaliam o risco país associado a seus projetos predominantes, assim como a suas propostas de projetos. O Capítulo 20 explica a decisão de estrutura de capital das EMNs, a qual afeta o custo de financiamento de projetos novos. O Capítulo 21 descreve a decisão de financiamento de longo prazo da EMN.

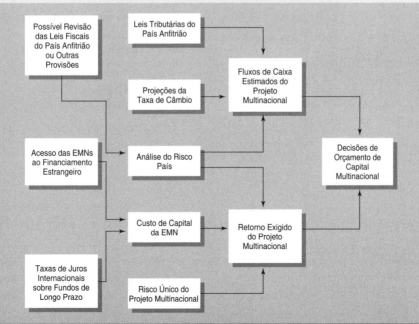

CAPÍTULO 16

Investimentos Diretos em Empreendimentos Estrangeiros

As EMNs normalmente capitalizam oportunidades de negócios estrangeiros ao se envolverem em **investimento estrangeiro direto (IED)**, que é o investimento em ativos reais (tais como terrenos, construções e até mesmo fábricas existentes) em países estrangeiros. Elas se envolvem em *joint ventures* estrangeiras, adquirem empresas estrangeiras e formam novas subsidiárias estrangeiras. Quaisquer desses tipos de IED poderão gerar altos retornos quando administrados apropriadamente. No entanto, o IED requer um investimento substancial e poderá, portanto, colocar muito capital em risco. De mais a mais, se o investimento não obtiver o desempenho tão bom quanto esperado, a EMN poderá ter dificuldades em vender o projeto estrangeiro que criou. Dadas essas características de risco e retorno do IED, as EMNs tendem a analisar cuidadosamente os benefícios e os custos possíveis, antes de implementar qualquer tipo de IED. Os gestores financeiros precisam entender o possível risco e retorno associado com o IED, de modo que possam tomar decisões de investimento que maximizem o valor da EMN.

Os objetivos específicos deste capítulo são:

- descrever motivos comuns para iniciar um investimento estrangeiro direto; e
- ilustrar os benefícios da diversificação internacional.

Motivos para o Investimento Estrangeiro Direto (IED)

As EMNs normalmente levam em consideração o investimento estrangeiro direto porque poderão melhorar sua rentabilidade e aumentar a riqueza do acionista. Na maioria dos casos, as EMNs se envolvem com o IED porque estão interessadas em impulsionar suas receitas, reduzir custos, ou ambos.

Motivos Relacionados à Receita

Os motivos típicos das EMNs que procuram impulsionar suas receitas são os seguintes:

- *Atrair novas fontes de demanda.* Uma empresa freqüentemente alcança um estágio em que o crescimento fica limitado em seu país, possivelmente devido à intensa concorrência. Mesmo se enfrentar pouca concorrência, sua participação no mercado do país natal poderá estar perto de seu pico em potencial. Portanto, a empresa poderá pensar em mercados estrangeiros em que haverá demanda em potencial. Muitos países em desenvolvimento, tais como a Argentina, o Chile, o México, a Hungria e a China, têm sido vistos como fonte de nova demanda. Muitas EMNs penetraram nesses países desde que barreiras foram removidas. Como consumidores de alguns países historicamente têm sido restringidos na aquisição de produtos de empresas de fora de seus países, os mercados para alguns produtos não estão bem estabelecidos e oferecem grande potencial para a entrada de EMNs.

EXEMPLO

A Blockbuster Entertainment Corp. recentemente estabeleceu locadoras na Austrália, no Chile, no Japão e em vários países europeus onde o conceito de videolocação é relativamente novo. Com mais de 2 mil lojas nos Estados Unidos, o crescimento em potencial da Blockbuster nesse país estava limitado.

A China também atraiu EMNs. A Motorola recentemente investiu mais de $ 1 bilhão em *joint ventures* na China. A Coca Cola Co. investiu cerca de $ 500 milhões em instalações de engarrafamento na China, e a PepsiCo investiu cerca de $ 200 milhões em instalações de engarrafamento. A Yum Brands possui franquias da KFC e da Pizza Hut na China. Outras EMNs, tais como Ford Motor Co., United Technologies, General Electric, Hewlett-Packard e IBM, também investiram mais de $ 100 milhões na China para atrair a demanda dos consumidores.

- *Entrar em mercados rentáveis.* Se outras empresas da indústria provaram que ganhos altos podem ser percebidos em outros mercados, uma EMN também poderá decidir vender nesses mercados. Ela poderá planejar reduzir os preços correntes excessivamente altos. Um problema comum com essa estratégia é que os vendedores previamente estabelecidos em um mercado novo poderão impedir, com a redução de preços, que o concorrente novo tire o seu negócio logo quando ele está tentando entrar no mercado.
- *Explorar vantagens de monopólio.* Empresas poderão se internacionalizar quando possuem recursos ou habilidades não disponíveis a empresas concorrentes. Se uma empresa possuir uma tecnologia avançada e explorar essa vantagem com sucesso em mercados locais, poderá tentar explorá-la internacionalmente também. Na verdade, a empresa poderá ter uma vantagem mais nítida nos mercados que possuem tecnologia menos avançada.
- *Reagir a restrições comerciais.* Em alguns casos, as EMNs usam IED como uma estratégia defensiva no lugar de uma agressiva. Especificamente, as EMNs buscam o IED para burlar barreiras comerciais.

EXEMPLO

Um fabricante de automóveis japonês estabeleceu fábricas nos Estados Unidos antecipando que suas exportações aos Estados Unidos estariam sujeitas a restrições comerciais mais acirradas. As empresas japonesas reconheceram que poderiam ser estabelecidas barreiras comerciais que limitariam ou proibiriam suas exportações. Ao produzir automóveis nos Estados Unidos, os fabricantes japoneses poderiam burlar as barreiras comerciais.

478 FINANÇAS CORPORATIVAS INTERNACIONAIS

- *Diversificar-se internacionalmente.* Visto que as economias dos países não se movimentam em conjunto ao longo do tempo, os fluxos de caixa líquidos de vendas de produtos pelos países deverão ficar mais estáveis que as vendas comparáveis de produtos em um único país. Ao diversificar as vendas (e possivelmente até mesmo a produção) internacionalmente, uma empresa poderá deixar seus fluxos de caixa líquidos menos voláteis. Portanto, a possibilidade de insuficiência de liquidez será menos provável. Além disso, uma empresa poderá usufruir um custo de capital mais baixo quando os acionistas e os credores perceberem que o risco da EMN caiu, como resultado de fluxos de caixa mais estáveis. Os benefícios potenciais das EMNs que se diversificam internacionalmente são examinados mais profundamente mais adiante, neste capítulo.

> ### EXEMPLO
>
> Em 2001, muitas empresas de tecnologia tiveram vendas fracas devido à baixa demanda dos Estados Unidos pelos seus produtos. Elas responderam se expandindo em mercados estrangeiros. A AT&T, Lucent Technologies e Nortel Networks buscaram novos negócios na China. A U.S. Technology planejou uma expansão substancial na Europa e na Ásia. A IBM aumentou sua presença na China, na Índia, na Coréia do Sul e em Taiwan. A Cisco Systems expandiu-se substancialmente na China, no Japão e na Coréia do Sul. A expansão estrangeira diversifica as fontes de receita da EMN e assim reduz sua dependência da economia dos Estados Unidos.

Motivos Relacionados aos Custos

As EMNs também se envolvem em IED em um esforço de reduzir custos. Os motivos típicos das EMNs que procuram cortar custos são os seguintes:

- *Beneficiar-se das economias de escala.* Uma empresa que procura vender seu produto principal em mercados novos poderá aumentar seus ganhos e a riqueza do acionista graças à **economia de escala** (diminuir o custo médio por unidade, o qual resulta do aumento de produção). As empresas que utilizam muito maquinário são as que mais provavelmente se beneficiarão das economias de escala.

> ### EXEMPLO
>
> A remoção das barreiras comerciais pelo Ato Único Europeu permitiu que as EMNs alcançassem economias de escala maiores. Algumas EMNs com base nos Estados Unidos consolidaram suas fábricas européias porque a remoção das tarifas entre os países da União Européia (UE) capacitou as empresas a alcançar economias de escala em uma única fábrica européia sem acarretar excesso de custos de exportação. O Ato também aumentou as economias de escala ao fazer regulamentos sobre anúncios na televisão, padrões de automóveis e outros produtos e serviços uniformizados pela UE. Como resultado, a Colgate-Palmolive Co. e outras EMNs estão fabricando produtos mais homogêneos que podem ser vendidos em todos os países da UE. A adoção do euro também incentivou a consolidação, o que eliminou o risco da taxa de câmbio dentro desses países.

- *Utilizar fatores de produção estrangeiros.* Os custos de mão-de-obra e de terrenos podem variar drasticamente entre os países. As EMNs muitas vezes procuram estabelecer a produção em locais em que os terrenos e a mão-de-obra são baratos. Devido às imperfeições

INVESTIMENTOS DIRETOS EM EMPREENDIMENTOS ESTRANGEIROS **479**

de mercado (como discutido no Capítulo 1), tais como informações imperfeitas, custos de transferências e barreiras para entrada de indústrias, custos específicos de mão-de-obra não necessariamente são iguais entre os mercados. Portanto, valerá a pena para uma EMN pesquisar entre os mercados para determinar se poderá se beneficiar dos custos mais baratos ao produzir nesses mercados.

EXEMPLO

Muitas EMNs, como Black & Decker, Eastman Kodak, Ford Motor Co. e General Electric, estabeleceram subsidiárias no México para conseguir custos de mão-de-obra mais baixos.

O México atraiu quase $ 8 bilhões em IED de empresas da indústria automobilística, principalmente devido à mão-de-obra. Os trabalhadores mexicanos nas subsidiárias da General Electric, que fabricam carros e caminhões, recebem pagamentos diários que são menores que a média do valor por hora de trabalhadores semelhantes nos Estados Unidos. A Ford também produz caminhões nas subsidiárias no México.

Fabricantes de automóveis os quais não são americanos também capitalizam a mão-de-obra barata no México. A Volkswagen, da Alemanha, produz seu Fusca no México. A DaimlerChrysler, da Alemanha, fabrica seus caminhões de 12 rodas no México, e a Nissan Motor Co., do Japão, produz suas caminhonetes no México.

Outras empresas japonesas crescentemente usam o México e outros países com salários de produção baixos também. Por exemplo, a Sony Corp. recentemente estabeleceu uma fábrica em Tijuana. A Matsushita Electrical Industrial Co. possui uma grande fábrica nessa mesma cidade.

A Baxter International estabeleceu fábricas no México e na Malásia para capitalizar custos de produção mais baixos (principalmente valores de salários). A Honeywell possui *joint ventures* em países como a Coréia e a Índia, onde os custos de produção são baixos. Ela também estabeleceu subsidiárias em países em que os custos de produção são baixos, tais como México, Malásia, Hong Kong e Taiwan.

- *Usar matéria-prima estrangeira.* Devido aos custos de transporte, uma empresa poderá evitar a importação de matéria-prima de um dado país especialmente quando planeja vender o produto final de volta para os consumidores desse país. Sob essas circunstâncias, uma solução mais viável poderá ser desenvolver o produto no país em que a matéria-prima está localizada.
- *Usar tecnologia estrangeira.* As empresas crescentemente estabelecem ou adquirem fábricas no exterior para aprender a tecnologia de outros países. Essa tecnologia então é utilizada para melhorar seu próprio processo de produção e aumentar a produção eficientemente em todas as suas fábricas subsidiárias ao redor do mundo.
- *Reagir às oscilações da taxa de câmbio.* Quando uma empresa percebe que uma moeda estrangeira está desvalorizada, poderá considerar o IED nesse país, já que os gastos deverão ser relativamente baixos.

Uma razão relacionada com tal IED é compensar a alteração na demanda pelas exportações da empresa devido às flutuações da taxa de câmbio. Por exemplo, quando os fabricantes de automóveis japoneses constroem fábricas nos Estados Unidos, eles podem reduzir a exposição às oscilações da taxa de câmbio incorrendo em custos em dólar em sua produção, as quais compensam as receitas em dólares. Apesar de as EMNs não se envolverem com grandes projetos simplesmente como um meio indireto de especulação sobre moedas, a viabilidade de projetos propostos poderá depender das oscilações existentes ou esperadas da taxa de câmbio.

480 FINANÇAS CORPORATIVAS INTERNACIONAIS

Motivos Relacionados a Custo na União Européia Expandida. Vários países que ingressaram na União Européia em 2004 se tornaram alvo de novos IED de EMNs que queriam reduzir seus custos de fabricação.

EXEMPLO

A General Motors expandiu sua produção na Polônia, a Peugeot aumentou sua produção na República Tcheca, a Toyota expandiu sua produção na Eslováquia, a Audi expandiu-se na Hungria e a Renault expandiu-se na Romênia. A Volkswagen recentemente expandiu sua capacidade na Eslovênia e cortou alguns empregos na Espanha. Apesar de inicialmente ter estabelecido as operações na Espanha porque os salários eram cerca da metade dos da Alemanha, os salários na Eslovênia são a metade dos da Espanha. A expansão da UE permite aos países-membros novos transportar os produtos pela Europa com tarifas reduzidas.

Os deslocamentos para países com salários baixos deixarão os fabricantes mais eficazes e competitivos, mas a contrapartida é a perda de milhares de empregos no Oeste Europeu. No entanto, pode-se argumentar que os altos salários sindicalizados incentivaram as empresas a procurar o crescimento da produtividade em outro lugar. Sindicatos trabalhistas europeus tendem a lutar contra dispensas, mas reconhecem que os fabricantes poderão sair completamente dos países do Oeste Europeu, onde os sindicatos possuem mais influência, para países do Leste Europeu com salários mais baixos.

Comparando Benefícios do IED entre os Países

> **http://**
>
> Visite Morgan Stanley's Global Economic Forum em http://www.morganstanley.com/GEFdata/digests/latest-digest.html para análises, discussões, estatísticas e previsões para economias fora dos Estados Unidos.

A maneira mais favorável de uma empresa penetrar no mercado estrangeiro dependerá parcialmente das características do mercado. Por exemplo, o investimento direto internacional de empresas dos Estados Unidos é comum na Europa, mas não na Ásia, onde as pessoas estão acostumadas a adquirir produtos asiáticos. Portanto, acordos de licenças ou de *joint ventures* poderão ser mais apropriados quando as empresas se expandirem para a Ásia.

A Tabela 16.1 resume os possíveis benefícios do IED e explica como as EMNs poderão utilizar o IED para consegui-los. A maioria das EMNs busca o IED baseada em sua expectativa de capitalizar um ou mais benefícios resumidos na Tabela 16.1. Embora a maioria das tentativas de aumentar o negócio internacional seja motivada por um ou mais dos benefícios listados aqui, algumas desvantagens também estão associadas com o IED.

USANDO A WEB

Indicadores de IED. Informações sobre o crescimento econômico e outros indicadores macroeconômicos utilizados ao se considerar o investimento estrangeiro direto são fornecidos para cada país em http://biz.yahoo.com/ifc/. Clique sobre qualquer país listado e depois sobre Country Fact Sheet (Planilha de Fatos do País). Estimativas da população do país, produto interno bruto (PIB), índice de crescimento do PIB e o PIB per capta são mostrados. Além disso, são fornecidas informações sobre a estrutura política do país, e assuntos políticos são apresentados.

	Como Usar o IED para Conseguir o Benefício
Motivos Relacionados às Receitas	
1. Atrair novas fontes de demanda.	Estabelecer uma subsidiária ou adquirir um concorrente em um mercado novo.
2. Entrar em mercados em que lucros altos serão possíveis.	Adquirir um concorrente que tenha controlado seu mercado local.
3. Explorar vantagens monopolíticas.	Estabelecer uma subsidiária em um mercado em que os concorrentes sejam incapazes de produzir um produto idêntico; vender produtos nesse país.
4. Reagir a restrições comerciais.	Estabelecer uma subsidiária em um mercado em que restrições comerciais mais duras afetem adversamente o volume de exportação da empresa.
5. Diversificar internacionalmente.	Estabelecer uma subsidiária em mercados cujos ciclos de negócios diferem daqueles em que as subsidiárias estão baseadas.
Motivos Relacionados aos Custos	
6. Beneficiar-se completamente de economias de escala.	Estabelecer uma subsidiária em um mercado novo que poderá vender produtos fabricados em algum outro lugar; isso permitirá um aumento de produção e provavelmente uma eficiência de produção maior.
7. Utilizar fatores de produção estrangeiros.	Estabelecer uma subsidiária em um mercado novo que tenha custos relativamente baixos de mão-de-obra ou de terrenos; vender o produto final para países em que o custo de produção seja mais alto.
8. Utilizar matéria-prima estrangeira.	Estabelecer uma subsidiária em um mercado em que a matéria-prima é barata e acessível; vender o produto final para países em que a matéria-prima for mais cara.
9. Utilizar tecnologia estrangeira.	Participar de uma *joint venture* para aprender o processo de produção ou outras operações.
10. Reagir às oscilações da taxa de câmbio.	Estabelecer uma subsidiária em um mercado novo em que a moeda local seja fraca, mas espera-se que fortaleça ao longo do tempo.

Tabela 16.1 Resumo dos motivos para o investimento estrangeiro direto.

EXEMPLO

A Iowa Co., um grande fabricante de roupas, quer buscar o IED nas Filipinas ou no México porque o custo de produção de suas roupas será muito mais baixo nos dois países. A Iowa Co. conclui que os custos diretos de produção seriam mais baixos nas Filipinas. No entanto, há alguns custos indiretos de IED que também deveriam ser considerados. A Iowa Co. percebe que as condições econômicas nas Filipinas são incertas, as restrições do governo poderão ser impostas sobre uma subsidiária por lá e o índice de inflação e as oscilações da taxa de câmbio poderão ser desfavoráveis. E, o mais importante, a segurança dos empregados que seriam enviados para administrar a subsidiária poderia ser ameaçada por grupos terroristas. Após considerar todos os custos, a Iowa Co. decide buscar o IED no México.

USANDO A WEB

Investimento Estrangeiro Direto. Dados atualizados valiosos de países que poderão ser levados em consideração na tomada de decisões são fornecidos em http://www.worldbank.org.

Comparando os Benefícios do IED no Decorrer do Tempo

Como as condições se modificam no decorrer do tempo, assim também ocorre com os possíveis benefícios da busca pelo investimento estrangeiro em vários países. Portanto, alguns países poderão se tornar alvos mais atraentes, e outros, menos atraentes. A escolha dos países-alvo para o IED mudou ao longo do tempo. O Canadá agora recebe uma proporção menor do total do IED que recebia no passado, enquanto a Europa, a América Latina e a Ásia recebem uma proporção maior do que no passado. Mais da metade de todo o IED de empresas dos Estados Unidos está em países europeus. A abertura dos países do Leste Europeu e a expansão da UE são os responsáveis pelo crescente aumento do IED na Europa, especialmente no Leste Europeu. O crescente foco sobre a América Latina é atribuído parcialmente ao seu crescimento econômico, o que incentivou as EMNs a capitalizar fontes novas de demanda de seus produtos. Além do mais, as EMNs tomaram a América Latina e a Ásia como alvos para utilizar fatores de produção que são menos dispendiosos em países estrangeiros do que nos Estados Unidos.

EXEMPLO

No ano passado, a Georgia Co. contemplava o IED na Tailândia, em que produziria e venderia telefones celulares. Concluiu que os custos eram muito altos. Agora ela está reconsiderando porque os custos na Tailândia caíram. A Georgia Co. pode arrendar espaço para escritórios a um custo baixo. Também pode adquirir uma fábrica a um custo mais baixo porque as que faliram continuam vazias. Além disso, o baht tailandês se depreciou consideravelmente perante o dólar recentemente e assim a Georgia Co. pode investir na Tailândia em um momento em que o dólar pode ser trocado a uma taxa de câmbio favorável.

A Georgia Co. também descobre, no entanto, que embora as características relacionadas a custos tenham melhorado, as características relacionadas a receitas são menos desejáveis. Uma subsidiária nova na Tailândia poderá não atrair novas fontes de demanda devido à fraca economia do país. Além disso, a Georgia Co. poderá ser incapaz de obter lucros

GERENCIANDO PARA VALOR

A Decisão da Yahoo! de Expandir-se em Taiwan

Desde que a Yahoo! criou com sucesso um portal nos Estados Unidos, ela se envolveu com o investimento estrangeiro direto, de modo que pôde capitalizar sua tecnologia em mercados estrangeiros. Em 2000, estabeleceu com sucesso portais na Europa e na Ásia. No entanto, ela acreditava que poderia melhorar sua presença na Ásia, concentrando-se na área da Grande China. Esse país tem muito potencial em razão de sua grande população, mas também impõe restrições que desencorajam o IED pelas empresas. Enquanto isso, a Kimo, uma empresa privada e portal líder em Taiwan, estava planejando crescer pela Ásia. Ela possuía quatro milhões de usuários registrados em Taiwan e havia considerado uma oferta pública inicial nos Estados Unidos para dar sustentação a seu crescimento, mas desistiu da idéia quando o valor de empresas de base tecnológica caiu substancialmente, impedindo-a de oferecer ações a um preço alto. Em novembro de 2000, a Yahoo! concordou em adquirir a Kimo por cerca de $ 150 milhões. Visto que a aquisição ocorreu em um momento em que o valor das ações da Internet estava baixo, a Yahoo! pôde comprar a Kimo a um preço relativamente baixo. Com esse IED, a Yahoo! estabeleceu não só presença em Taiwan, como também uma ligação com o continente da China. Ao aproveitar a oportunidade de expansão internacional em um período em que o custo (gasto inicial) estava baixo, a Yahoo! pôde maximizar seu valor.

INVESTIMENTOS DIRETOS EM EMPREENDIMENTOS ESTRANGEIROS **483**

excedentes por lá porque a economia em baixa poderá forçar as empresas existentes a manter seus preços muito baixos para sobreviver. A Georgia Co. deverá comparar os aspectos favoráveis de IED na Tailândia com os aspectos desfavoráveis, utilizando o orçamento internacional, que é explicado no próximo capítulo.

Diversificação Internacional: Benefícios

Um projeto internacional poderá reduzir o risco total de uma empresa como resultado de benefícios da diversificação internacional. A chave da diversificação internacional é escolher projetos estrangeiros cujos níveis de desempenho não estejam altamente correlacionados ao longo do tempo. Dessa maneira, os vários projetos internacionais não deverão passar por fracos desempenhos simultaneamente.

EXEMPLO

A Merrimack Co., uma empresa americana, planeja investir em um novo projeto nos Estados Unidos ou no Reino Unido. Uma vez que o projeto esteja completo, ele constituirá 30% do total dos recursos investidos da empresa em si própria. Os 70% remanescentes de seu investimento em negócios ficam exclusivamente nos Estados Unidos. As características do projeto proposto são previstas por um período de cinco anos, tanto para a localização nos Estados Unidos como no Reino Unido, como mostra a Tabela 16.2.

A Merrimack Co. planeja avaliar a viabilidade de cada projeto proposto baseada no risco e retorno esperado, utilizando um horizonte de tempo de cinco anos. Seu retorno esperado sobre investimento anual (após impostos) de seu negócio atual é de 20%, e espera-se que sua variabilidade de retornos (medida pelo desvio-padrão) seja de 0,10. A empresa poderá avaliar seu desempenho total esperado baseado no desenvolvimento do projeto nos Estados Unidos e no Reino Unido. Ao proceder assim, ela estará comparando essencialmente duas carteiras. Na primeira carteira, 70% de seu total de recursos são investidos em seu negócio atual nos Estados Unidos, com os 30% remanescentes investidos em um novo projeto localizado nos Estados Unidos. Na segunda carteira, novamente 70% do total de recursos da empresa são investidos no seu negócio atual, mas os 30% remanescentes são investidos em um novo projeto localizado no Reino Unido. Portanto, 70% dos investimentos das carteiras são idênticos. A diferença está nos 30% remanescentes de recursos investidos.

	Características do Projeto Proposto	
	Se Localizado nos Estados Unidos	Se Localizado no Reino Unido
Retorno médio anual esperado sobre investimentos (após impostos)	25%	25%
Desvio-padrão de retornos anuais esperados (após impostos) de investimentos	0,09	0,11
Correlação de retornos anuais esperados de investimentos (após impostos) do negócio atual nos Estados Unidos.	0,80	0,02

Tabela 16.2 Avaliação de projetos propostos em locais alternativos.

484 FINANÇAS CORPORATIVAS INTERNACIONAIS

Se o novo projeto estiver localizado nos Estados Unidos, o retorno total esperado após impostos da empresa (r_p) será:

$r_p =$	[(70%)	×	(20%)]	+	[(30%)	×	(25%)]	=	21,5%
	% de recursos investidos no negócio atual		Retorno esperado do negócio atual		% de recursos investidos no novo projeto dos Estados Unidos		Retorno esperado do novo projeto dos Estados Unidos		Retorno total esperado da empresa

Esse cálculo está baseado na ponderação do retorno, de acordo com a porcentagem do total de recursos investidos em cada investimento.

Se a empresa calcular seu retorno total esperado do novo projeto localizado no Reino Unido, em vez de nos Estados Unidos, os resultados permanecerão inalterados. Isso é porque o retorno esperado do novo projeto será o mesmo, independentemente da localização do país. Portanto, em termos de retorno, nenhum dos dois projetos possui vantagem.

Em relação ao risco, espera-se que o novo projeto apresente ligeiramente menos variabilidade nos retornos durante o período de cinco anos, se estiver localizado nos Estados Unidos (veja Tabela 16.2). Visto que as empresas caracteristicamente preferem retornos mais estáveis de seus investimentos, essa é uma vantagem. No entanto, estimar o risco do projeto individualmente sem considerar o todo seria um erro. A correlação esperada dos retornos do novo projeto com os do negócio atual também deverá ser considerada. Lembre que a variância de uma carteira é determinada pela variância individual de cada ativo, assim como pelas correlações dos pares de ativos que a constitui. A variância de uma carteira (σ_p^2) composta de somente dois investimentos (A e B) é calculada da seguinte maneira:

$$\sigma_p^2 = w_A^2 \sigma_A^2 + w_B^2 \sigma_B^2 + 2 w_A w_B \sigma_A \sigma_B CORR_{AB}$$

onde w_A e w_B representam a porcentagem do total de recursos alocados aos investimentos A e B, respectivamente; σ_A^2 e σ_B^2 são desvios-padrão dos retornos dos investimentos A e B, respectivamente, e $CORR_{AB}$ é o coeficiente de correlação dos retornos entre os investimentos A e B. Essa equação de variância de carteira poderá ser aplicada ao problema em questão. A carteira reflete a empresa como um todo. Primeiro, calcule a variância total dos retornos da empresa supondo que ela localize o novo projeto nos Estados Unidos (com base nas informações da Tabela 16.2). Essa variância (σ_p^2) será:

$$\sigma_p^2 = (0,70)^2 (0,10)^2 + (0,30)^2 (0,09)^2 + 2(0,70)(0,30)(0,10)(0,09)(0,80)$$
$$= (0,49)(0,01) + (0,09)(0,0081) + 0,003024$$
$$= 0,0049 + 0,000729 + 0,003024$$
$$= 0,008653$$

Se a Merrimack Co. decidir localizar o novo projeto no Reino Unido, em vez de nos Estados Unidos, sua variabilidade total dos retornos será diferente, porque esse projeto difere do novo projeto dos Estados Unidos em termos de variabilidade individual de retornos e correlação com o negócio atual. A variabilidade total dos retornos da empresa baseada na localização do novo projeto no Reino Unido é estimada pela variância no retorno da carteira (σ_p^2):

$$\sigma_p^2 = (0,70)^2(0,10)^2 + (0,30)^2(0,11)^2 + 2(0,70)(0,30)(0,10)(0,11)(0,02)$$
$$= (0,49)(0,01) + (0,09)(0,0121) + 0,0000924$$
$$= 0,0049 + 0,001089 + 0,0000924$$
$$= 0,0060814$$

Portanto, a Merrimack gerará retornos mais estáveis se o novo projeto for localizado no Reino Unido. A variância total dos retornos da empresa será de quase 29,7% a menos se o novo projeto for localizado no Reino Unido, em vez de nos Estados Unidos.

A variabilidade é reduzida quando localizada em um país estrangeiro devido à correlação dos retornos esperados do novo projeto com os retornos esperados do negócio atual. Se o novo projeto for localizado no país natal da Merrimack (os Estados Unidos), espera-se que seus retornos sejam mais altamente correlacionados com os do negócio atual do que seriam se o projeto estivesse localizado no Reino Unido. Quando as condições econômicas dos dois países (tais como Estados Unidos e Reino Unido) não forem altamente correlacionadas, então uma empresa poderá reduzir seu risco ao diversificar seus negócios nos dois países, em vez de se concentrar apenas em um.

http://

A página da CIA em http://www.cia.gov. fornece um link ao *World Factbook,* que tem informações valiosas sobre países nos quais as EMNs poderão pensar em investir.

Análise da Diversificação de Projetos Internacionais

Como qualquer investidor, uma EMN com projetos posicionados ao redor do mundo está preocupada com as características de risco e de retorno dos projetos. A carteira de todos os projetos reflete a EMN como um todo.

EXEMPLO

A Virginia, Inc. estuda uma estratégia global de desenvolvimento de projetos como mostrados na Figura 16.1. Cada ponto no gráfico reflete um projeto específico que foi implantado ou é estudado. O eixo do retorno poderá ser medido pelo retorno potencial de ativos ou pelo retorno do capital próprio. O risco poderá ser medido pela flutuação potencial nos retornos gerados em cada projeto.

A Figura 16.1 mostra que o Projeto A possui o retorno esperado mais alto de todos os projetos. Apesar de a Virginia, Inc. poder destinar a maioria de seus recursos para esse projeto, visando conseguir um retorno alto assim, seu risco em si possivelmente será alto demais. Além disso, tal projeto poderá não absorver todo o capital disponível de qualquer forma, se o seu mercado de clientes for limitado. Portanto, a Virginia, Inc. desenvolve uma carteira de projetos. Pela continuação do Projeto A com vários outros projetos, a empresa pode reduzir seu retorno esperado. Por outro lado, também poderá reduzir seu risco substancialmente.

Se a Virginia, Inc. combinar os projetos apropriadamente, sua carteira de projetos poderá alcançar uma condição de risco-retorno apresentada por qualquer um dos pontos da curva na Figura 16.1. Essa curva representa uma fronteira de carteiras de projetos eficientes que apresentam as características desejáveis de risco-retorno, nos quais nenhum projeto único poderá ter um desempenho melhor que qualquer uma dessas carteiras. O termo *eficiente* refere-se ao risco mínimo para um dado nível de retorno. Carteiras de projetos têm um desempenho melhor que os projetos individuais considerados pela Virginia, Inc., devido aos atributos da diversificação discutidos anteriormente. Quanto mais baixa,

486 FINANÇAS CORPORATIVAS INTERNACIONAIS

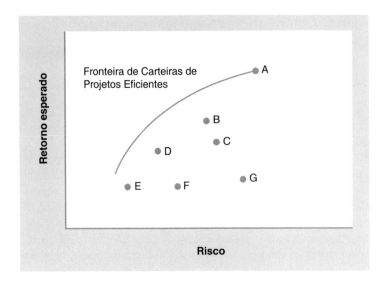

Figura 16.1
Análise do risco-retorno de projetos internacionais.

ou mais negativa, a correlação dos retornos dos projetos ao longo do tempo, tanto mais baixo será o risco da carteira de projetos. Quando novos projetos são propostos, a fronteira de carteiras de projetos eficientes disponíveis para a Virginia, Inc. poderá se deslocar.

http://
O Website do Tesouro dos Estados Unidos http://www.treasury.gov possui links para informações internacionais que deverão ser levadas em conta pelas EMNs que consideram investimentos estrangeiros diretos.

Comparação das Carteiras ao longo da Fronteira. Ao longo da fronteira de carteiras de projetos eficientes, nenhuma carteira poderá ser distinguida como "mais favorável" para todas as EMNs. Isso porque as EMNs variam na sua disposição de aceitar o risco. Se a EMN for muito conservadora e tiver a opção de qualquer uma das carteiras representadas pela fronteira na Figura 16.1, ela provavelmente preferirá uma que apresente um risco baixo (próxima à fronteira inferior). Inversamente, uma estratégia mais agressiva seria a de implantar uma carteira de projetos que apresente características tais como aquelas próximas à fronteira superior.

Comparação das Fronteiras entre as EMNs. A localização real da fronteira de carteiras de projetos eficientes depende do negócio no qual a empresa está envolvida. Algumas EMNs possuem fronteiras de carteiras de projetos possíveis que são mais desejáveis que as fronteiras de outras EMNs.

EXEMPLO

A Eurosteel, Inc. vende aço somente para nações européias e estuda outros projetos relacionados. Sua fronteira de carteiras de projetos eficientes apresenta um risco considerável (porque ela vende apenas um produto para países cujas economias se movimentam em conjunto). Em contraste, a Global Products, Inc., que vende uma ampla variedade de produtos para países ao redor do mundo, possui um grau de risco de carteira de projetos mais baixo. Portanto, sua fronteira de carteiras de projetos eficientes fica mais próxima ao eixo vertical. Essa comparação está ilustrada na Figura 16.2. Naturalmente, essa comparação supõe que a Global Products, Inc. é conhecida por todos os seus produtos e no mercado em que vende.

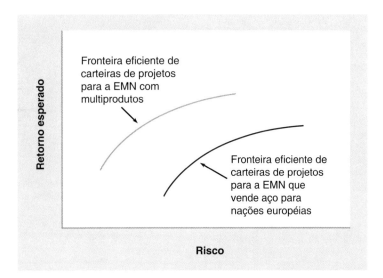

Figura 16.2
Vantagem de risco-retorno de uma EMN diversificada.

Nossa discussão sugere que as EMNs poderão conseguir características de risco-retorno mais desejáveis de suas carteiras de projetos se elas se diversificarem suficientemente entre produtos e mercados geográficos. Isso também se relaciona à vantagem que uma EMN possui sobre uma empresa puramente doméstica com apenas um mercado local. A EMN poderá desenvolver uma carteira de projetos mais eficiente que sua contraparte doméstica.

Diversificação entre Países

A Figura 16.3 mostra o crescimento do produto interno bruto (PIB) ajustado à inflação de seis grandes países. Note que os índices de crescimento variam entre os países, o que sugere que as EMNs poderão reduzir sua exposição a condições econômicas espalhando seus negócios entre as economias. Essa estratégia reduzirá a proporção de seus negócios que poderão estar sujeitos a uma economia fraca em algum ponto no tempo. Em alguns períodos, no entanto, os países poderão passar por uma recessão simultaneamente, portanto, mesmo as EMNs que estão diversificadas entre os países estarão altamente expostas a condições econômicas fracas. A Figura 16.3 mostra que, no período de 2001-2002, a maioria dos países experimentou um relativamente baixo crescimento econômico.

Decisões Subseqüentes ao IED

Uma vez que haja um investimento estrangeiro, decisões periódicas serão necessárias para determinar se mais expansões deveriam ocorrer em um dado local. Além disso, como o projeto gera ganhos, a EMN deverá decidir se os enviará para a controladora ou irá utilizá-los na subsidiária. Se tiver um uso para os recursos que seria de maior valor do que o uso da controladora, a subsidiária deverá retê-los. Naturalmente, certa porcentagem dos recursos será necessária para manter as operações, mas os recursos remanescentes poderão ser enviados à controladora, remetidos para outra subsidiária ou reinvestidos para fins de expansão.

Os fatos relevantes para a decisão de reinvestimento dos ganhos pela subsidiária deveriam ser analisados em uma base de caso-a-caso. A decisão apropriada dependerá das condições econômicas do país da subsidiária e do país da controladora, bem como das restrições impostas pelo governo do país anfitrião.

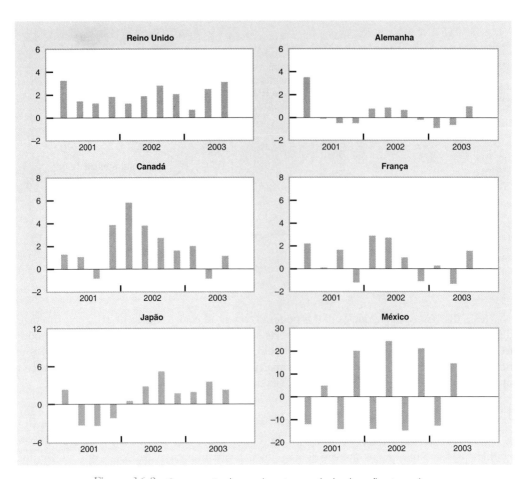

Figura 16.3 Comparação do crescimento econômico (anual) entre países.

> **USANDO A WEB**
>
> **Informações de IED para um País em Particular.** O investimento estrangeiro direto em países específicos poderá ser avaliado pelo exame do Website, focalizado nesses países. Por exemplo, as condições na China estão descritas em http://www.business-china.com.

Pontos de Vista do Governo Anfitrião sobre o IED

Cada governo deverá ponderar as vantagens e as desvantagens do investimento estrangeiro direto em seu país. Ele poderá fornecer incentivos para encorajar algumas formas de IED, impor barreiras para impedir outras formas de IED e estabelecer condições sobre algumas formas de IED.

Incentivos para Encorajar o IED

O IED ideal resolve problemas tais como desemprego e falta de tecnologia, sem tirar os negócios das empresas locais.

INVESTIMENTOS DIRETOS EM EMPREENDIMENTOS ESTRANGEIROS **489**

EXEMPLO

Considere uma EMN que está disposta a construir uma fábrica em um país estrangeiro a qual utilizará a mão-de-obra local e fabricará produtos que não são substitutos diretos de outros produtos fabricados localmente. Nesse caso, a fábrica não ocasionará uma redução nas vendas das empresas locais. O governo anfitrião normalmente será receptivo em relação a esse tipo de IED. Outra forma desejável de IED da perspectiva do governo anfitrião é uma fábrica que utilize a mão-de-obra local e depois exporte os produtos (supondo que nenhuma outra empresa exporte esses produtos para as mesmas áreas).

http://

O Website da Price Waterhouse Coopers em http://www.pwcglobal. com fornece acesso a informações específicas de países, tais como regras gerais de negócios e regulamentos, ambientes tributários e algumas outras estatísticas e pesquisas.

Em alguns casos, o governo oferecerá incentivos para as EMNs que pensam em IED em seu país. Os governos estão particularmente dispostos a oferecer incentivos para o IED que resultará em emprego para os cidadãos locais ou em um aumento de conhecimento tecnológico. Incentivos comuns oferecidos pelo governo anfitrião incluem reduções de impostos, energia subsidiada e redução em restrições ambientais. O grau em que um governo oferecerá esses incentivos dependerá do grau do benefício que o IED da EMN trará ao país.

EXEMPLO

A decisão da Allied Research Associates, Inc. (uma EMN dos Estados Unidos), de construir fábrica e escritório na Bélgica foi altamente motivada pelos subsídios do governo belga, o qual subsidiou uma grande parte das despesas incorridas pela Allied Research e ofereceu concessões tributárias e taxas de juros favoráveis sobre empréstimos para a empresa.

Para estimular o IED, os governos utilizam diferentes tipos de incentivos. A França periodicamente vende terras do governo com desconto, enquanto a Finlândia e a Irlanda atraíram EMNs no final dos anos 1990 impondo taxas de impostos corporativos bem baixos sobre negócios específicos.

Barreiras ao IED

Os governos ficam menos ansiosos em incentivar o IED que afete adversamente as empresas de propriedade local, a não ser que acreditem que o aumento de concorrência seja necessário para servir os consumidores. Portanto, eles tendem a controlar de perto os IED que possam afetar as empresas locais, os consumidores e as condições econômicas.

Barreiras que Protegem as Empresas e os Consumidores Locais. Quando as EMNs pensam em se envolver em IED adquirindo uma empresa estrangeira, elas poderão enfrentar várias barreiras impostas pelas agências do governo anfitrião. A atividade de aquisição em qualquer dado país é influenciada por regulamentos impostos por essas agências.

EXEMPLO

Na França, o Tesouro poderá rejeitar qualquer negócio se o adquirente tiver sua base fora da União Européia. O governo francês também poderá rejeitar um negócio se o alvo da aquisição for próximo a uma indústria monitorada, tal como de defesa ou de saúde. A Comissão de Monopólios da França também examina as aquisições para impedir quais-

490 FINANÇAS CORPORATIVAS INTERNACIONAIS

quer *joint ventures* de controlar mais de 25% de uma indústria ou de reduzir seriamente a concorrência.

A Comissão da União Européia avalia fusões que poderão afetar a concorrência na Europa. A Comissão da UE rejeitou a fusão entre a General Electric e a Honeywell por acreditar que resultaria em um monopólio.

As aquisições no Japão são examinadas pela Comissão de Comércio Justo (Fair Trade Commission). O Japão historicamente impõe barreiras para desencorajar aquisições. Recentemente, no entanto, essas barreiras foram reduzidas (uma vez que o alvo japonês fosse conveniente), o que possibilitou às EMNs com base nos Estados Unidos tais como a Corning Glass Works, a Data General, a Eastman Kodak e a Motorola, a aquisição de empresas japonesas.

As aquisições nos Estados Unidos também são examinadas por várias agências, incluindo a Comissão de Câmbio e Títulos, que regula a realização de aquisições, e o Departamento de Justiça e a Comissão de Comércio Federal, que analisam o possível impacto sobre a concorrência.

Barreiras que Restringem a Posse. Alguns governos restringem a posse estrangeira de empresas locais. Tais restrições poderão limitar ou impedir as aquisições internacionais.

EXEMPLO

Muitos governos da Ásia e da América Latina tradicionalmente restringem a maioria das posses estrangeiras. Nos últimos anos, no entanto, essas restrições estão sendo reduzidas. Os governos dos países asiáticos eliminaram restrições sobre aquisições internacionais durante a crise asiática para encorajar as EMNs a desenvolver novos negócios por lá. O México também anunciou recentemente que permitirá às empresas estrangeiras a posse de 100% de suas subsidiárias mexicanas.

Barreiras Burocráticas. Uma barreira implícita ao IED em alguns países é a burocracia envolvida, como as exigências de documentações e procedimentos. Uma EMN que busca o IED estará sujeita a um conjunto diferente de exigências em cada país. Portanto, é difícil que uma EMN se torne proficiente no processo, a não ser que se concentre no IED em um único país. Os esforços atuais de fazer uma regulamentação uniforme pela Europa simplificaram o trabalho com a papelada exigida para a aquisição de empresas européias.

Barreiras Industriais. As empresas locais de algumas indústrias de países em particular possuem influência substancial sobre os governos e provavelmente usarão sua influência para impedir a concorrência com as EMNs que procuram o IED. As EMNs que consideram o IED precisam reconhecer a influência que essas empresas locais têm sobre o governo local.

Instabilidade Política. Os governos de alguns países poderão impedir o IED. Se um país for suscetível a mudanças bruscas devido a conflitos políticos e governamentais, a viabilidade do IED poderá depender do resultado desses conflitos. EMNs querem evitar uma situação em que buscam o IED sob um governo que poderá ser afastado após o investimento ter ocorrido.

Condições Impostas pelo Governo no Envolvimento com o IED

Alguns governos autorizam as aquisições internacionais, mas impõem exigências sobre as EMNs que desejam adquirir uma empresa local. Por exemplo, poderá ser exigido da EMN que assegure o controle da poluição de suas fábricas ou estruture o negócio para exportar os produtos que fabrica de modo que não ameace a participação de mercado das outras empresas locais. Poderá até haver a exigência de que a EMN retenha todos os empregados da empresa-alvo, para que o desemprego e as condições econômicas do país não sejam afetados adversamente.

EXEMPLO

O México exige que uma proporção mínima específica de peças utilizadas para a produção de automóveis seja feita em solo mexicano. A proporção é mais baixa para automóveis que serão exportados.

O governo espanhol autoriza a Ford Motor Co. a estabelecer instalações na Espanha somente se obedecer a certas provisões, incluindo a limitação do volume de vendas locais da Ford em 10% das vendas de automóveis do ano anterior. Além disso, dois terços do volume total dos automóveis produzidos pela Ford na Espanha deverão ser exportados. A idéia por trás dessas provisões era de criar empregos para os trabalhadores na Espanha sem afetar seriamente a concorrência local. Autorizar uma subsidiária que exportasse seus produtos atingiu seu objetivo.

Condições impostas por governos não impedem necessariamente uma EMN de perseguir o IED em um país estrangeiro, mas podem custar caro. Assim, EMNs somente deveriam considerar IEDs que enfrentassem condições caras se os benefícios potenciais superassem os custos.

RESUMO

■ As EMNs poderão ser motivadas a iniciar um investimento estrangeiro direto para atrair novas fontes de demanda ou entrar em mercados em que lucros maiores sejam possíveis. Esses dois motivos normalmente são baseados em oportunidades de gerar mais receitas em mercados estrangeiros. Outros motivos para usar o IED são caracteristicamente relacionados à eficiência em custos, tais como a utilização de fatores de produção, matérias-primas ou tecnologias. Além disso, as EMNs poderão se envolver em IED para proteger sua participação no mercado estrangeiro, reagir às oscilações da taxa de câmbio ou evitar as restrições comerciais.

■ A diversificação internacional é um motivo comum para o investimento estrangeiro direto.

Ela permite que uma EMN reduza sua exposição às condições econômicas internas. Dessa maneira, a EMN poderá estabilizar seus fluxos de caixa e reduzir seus riscos. Esse objetivo é desejável porque poderá reduzir o custo financeiro da empresa. Projetos internacionais poderão permitir que uma EMN atinja riscos mais baixos do que seria possível somente com projetos domésticos, sem reduzir seus retornos esperados. A diversificação internacional tende a ter melhores resultados para reduzir riscos quando o IED estiver direcionado a países cujas economias não sejam, de certa forma, relacionadas com a economia do país de origem da EMN.

CONTRAPONTO DO PONTO

As EMNs Deveriam Evitar o IED em Países com Leis Liberais de Trabalho Infantil?

Ponto Sim. Uma EMN deverá manter seu padrão de contratação, independentemente do país em que estiver estabelecida. Mesmo que um país permita que crianças trabalhem, uma EMN não deverá reduzir seus padrões. Embora a EMN abdique do uso de mão-de-obra barata, ela manterá sua credibilidade global.

Contraponto Não. Uma EMN não só beneficiará seus acionistas, mas também criará empregos para

crianças que necessitam de apoio. A EMN poderá fornecer condições de trabalho razoáveis e talvez até oferecer programas educacionais para seus empregados.

Quem está certo? Use seu mecanismo de busca preferido para saber mais sobre esse assunto. Qual argumento você apóia? Dê sua opinião sobre o assunto.

492 FINANÇAS CORPORATIVAS INTERNACIONAIS

AUTOTESTE

As respostas encontram-se no Apêndice A, no final deste livro.

1. Dê algumas razões pelas quais empresas dos Estados Unidos poderão preferir direcionar seu investimento estrangeiro direto (IED) para o Canadá, em vez de para o México.

2. Dê algumas razões pelas quais empresas dos Estados Unidos poderão preferir direcionar seu investimento estrangeiro direto (IED) para o México, em vez de para o Canadá.

3. Um executivo dos Estados Unidos declarou que a Europa não era um local a ser considera-do para o IED, devido ao valor do euro. Interprete essa declaração.

4. Por que você acha que as empresas dos Estados Unidos geralmente utilizam *joint ventures* como estratégia para entrar na China?

5. Por que os Estados Unidos ofereceriam grandes incentivos para uma fabricante de automóveis estabelecer uma subsidiária de produção no país? Essa estratégia não estaria subsidiando indiretamente os concorrentes estrangeiros das empresas dos Estados Unidos?

QUESTÕES E APLICAÇÕES

1. **IED On-line.** Informações que deverão ser consideradas ao avaliar um possível IED estão disponíveis em **http://biz.yahoo.com/ifc/**.

   a) Utilize este site para identificar mercados emergentes que aparentam ter características favoráveis.

   b) Examine as informações de um país de sua escolha. Explique por que você acredita que essas informações atrairiam ou não o IED.

2. **Motivos para o IED.** Descreva alguns possíveis benefícios para a EMN como resultado de investimento estrangeiro direto (IED). Trabalhe sobre cada tipo de benefício. Quais motivos de IED você acha que incentivaram a Nike a expandir sua produção de calçados na América Latina?

3. **Estratégia de IED.** A Bronco Corp. decidiu estabelecer uma subsidiária em Taiwan que produzirá aparelhos de som e os venderá por lá. Ela espera que seu custo de produção dos aparelhos de som seja um terço do custo de produção nos Estados Unidos. Supondo que sua estimativa de custos de produção seja exata, a estratégia da Bronco faz sentido? Explique.

4. **Motivos para IED.** A Starter Corp. de New Haven, Connecticut, produz roupas esportivas que são licenciadas por times de futebol profissional. Recentemente ela decidiu se expandir para a Europa. Quais são os possíveis benefícios dessa empresa ao utilizar o IED?

5. **Estratégia de IED.** A J.C. Penney percebeu inúmeras oportunidades para se expandir para outros países e avaliou muitos mercados es-trangeiros, incluindo Brasil, Grécia, México, Portugal, Cingapura e Tailândia. Ela abriu novas lojas na Europa, na Ásia e na América Latina. Em cada caso, a empresa sabia que não conhecia suficientemente a cultura de cada país escolhido. Conseqüentemente, ela se envolveu em *joint ventures* com parceiros locais que conheciam as preferências dos clientes locais.

   a) Qual vantagem comparativa a J.C. Penney possui ao estabelecer uma loja em outro país, em relação a uma loja de variedades independente?

   b) Por que o risco geral da J.C. Penney poderá diminuir ou aumentar em conseqüência de sua recente expansão global?

   c) A J.C. Penney está mais cautelosa com relação à sua entrada na China. Explique os possíveis obstáculos associados com esse ingresso na China.

6. **IED para Reduzir a Volatilidade do Fluxo de Caixa.** A Raider Chemical Co. e a Ram, Inc. possuíam intenções semelhantes para reduzir a volatilidade de seus fluxos de caixa. A Raider implantou um plano de longo prazo para estabelecer 40% de seus negócios no Canadá. A Ram, Inc. implantou um plano de longo alcance para estabelecer 30% de seus negócios na Europa e na Ásia, espalhados em 12 países diferentes. Qual empresa reduzirá com mais eficiência a volatilidade do fluxo de caixa, uma vez que os planos sejam realizados?

7. **Decisão sobre a Localização do IED.** A Decko Co. é uma empresa dos Estados Unidos com uma

subsidiária chinesa que produz telefones celulares na China e os vende no Japão. Essa subsidiária paga seus salários e seus aluguéis em yuans chineses, que atualmente estão fixados ao dólar. Os telefones celulares vendidos no Japão são denominados em ienes japoneses. Suponha que a Decko Co. espere que o yuan chinês continue fixado ao dólar. O objetivo principal da subsidiária é de gerar lucros para si própria e os reinvestir. Ela não planeja enviar os recursos para a controladora nos Estados Unidos.

a) Suponha que o iene japonês se fortaleça perante o dólar americano ao longo do tempo. Como isso afetaria os lucros obtidos pela subsidiária chinesa?

b) Se a Decko Co. tivesse estabelecido sua subsidiária em Tóquio, no Japão, em vez de na China, os lucros da subsidiária estariam mais ou menos expostos ao risco da taxa de câmbio?

c) Por que você acha que a Decko Co. estabeleceu uma subsidiária na China e não no Japão? Suponha que não haja maiores barreiras de risco país.

d) Se a subsidiária chinesa precisar tomar dinheiro emprestado para financiar sua expansão e quiser reduzir seu risco à taxa de câmbio, ela deverá tomar emprestados dólares americanos, yuans chineses ou ienes japoneses?

8. **IED para Alcançar Economias de Escala.** A Bear Co. e a Viking, Inc. são fabricantes de automóveis que desejam se beneficiar das economias de escala. A Bear Co. decidiu estabelecer subsidiárias concessionárias em vários países, enquanto a Viking decidiu estabelecer subsidiárias manufatureiras em vários países. Qual empresa provavelmente mais se beneficiaria das economias de escala?

9. **Estratégia de IED.** Uma vez que a EMN estabeleça uma subsidiária, o IED continua sendo uma decisão em curso. O que essa declaração significa?

10. **Impacto de uma Moeda Fraca sobre a Viabilidade do IED.** A Packer, Inc. uma produtora de disquetes dos Estados Unidos planeja estabelecer uma subsidiária no México para penetrar no mercado mexicano. Os executivos da Packer acreditam que o valor do peso mexicano está relativamente forte e deverá se enfraquecer perante o dólar ao longo do tempo. Se suas expectativas sobre o valor do peso forem corretas, como isso afetará a viabilidade do projeto? Explique.

11. **Incentivos para o IED pelo Governo Anfitrião.** Por que o governo estrangeiro forneceria incenti-

vos para as EMNs estabelecerem IED em seu país?

12. **Oportunidades em Países Menos Desenvolvidos.** Dê sua opinião sobre por que as economias de países menos desenvolvidos com estritas restrições sobre o comércio internacional e o IED são, de certa forma, independentes das economias de outros países. Por que as EMNs desejariam entrar nesses países? Se esses países relaxassem suas restrições, as economias continuariam a ser independentes das outras? Explique.

13. **Impacto das Restrições de Importação.** Se os Estados Unidos impusessem restrições de longo prazo sobre as importações, a quantidade de IED de EMNs não-americanas aumentaria, diminuiria ou permaneceria inalterada nos Estados Unidos? Explique.

14. **Riscos Resultantes do Comércio Internacional.** Este capítulo se concentra nos possíveis benefícios das empresas que aumentam seu comércio internacional.

a) Quais são alguns riscos do comércio internacional que poderão não existir no comércio local?

b) O que este capítulo revela sobre a relação entre o grau de comércio internacional e seu risco?

15. **Capitalização da Mão-de-obra Barata.** Algumas EMNs estabelecem uma fábrica onde haja um custo de mão-de-obra relativamente baixo. Todavia, algum tempo depois fecham a fábrica porque a vantagem se dissipou. Por que você acha que as vantagens relativas de custo desses países são reduzidas no decorrer do tempo? (Ignore possíveis efeitos da taxa de câmbio.)

16. **Motivos de IED da Disney.** Quais potenciais benefícios você acha que foram os mais importantes na decisão da Walt Disney Co. de construir um parque temático na França?

17. **Efeitos do 11 de Setembro.** Em agosto de 2001, a Ohio, Inc. considerou o estabelecimento de uma fábrica na Ásia central, a qual seria usada para cobrir suas exportações para o Japão e Hong Kong. O custo da mão-de-obra era bem baixo na Ásia central. No dia 11 de setembro de 2001, os ataques terroristas aos Estados Unidos fizeram a Ohio reavaliar as possíveis economias de custos. Por que as despesas estimadas aumentariam após os ataques terroristas?

18. **Discussão na Sala da Diretoria.** Este exercício encontra-se no Apêndice E, no final deste livro.

494 FINANÇAS CORPORATIVAS INTERNACIONAIS

CASO BLADES, INC.

Considerações sobre o Investimento Estrangeiro Direto

A Blades, Inc. exporta para a Tailândia há um ano para suprir seu declínio nas vendas nos Estados Unidos. Sob o acordo existente, a empresa vende 180.000 pares de patins anualmente para a Entertainment Products, uma varejista tailandesa, por um preço fixo denominado em baht tailandês. O acordo terá uma duração de dois anos. Além disso, para diversificar-se internacionalmente e levar vantagem sobre uma oferta atraente da Jogs, Ltd., uma varejista britânica, a Blades recentemente iniciou a exportação para o Reino Unido. Com o contrato resultante da negociação, a Jogs comprará 200.000 pares de "Speedos", o principal produto da Blades, a um preço fixo de £ 80 por par.

Os fornecedores dos componentes necessários para a produção dos patins da Blades estão localizados principalmente nos Estados Unidos, onde a empresa incorre na maioria de seus custos sobre os produtos vendidos. Embora os preços dos fatores de produção necessários para a fabricação dos patins variem, os custos recentes são estimados em aproximadamente $ 70 por par. A Blades também importa componentes da Tailândia devido aos preços relativamente baixos dos componentes de borracha e de plástico e à sua alta qualidade. Essas importações são denominadas em baht tailandês, e o preço exato (em bahts) depende dos preços predominantes no mercado desses componentes na Tailândia. Atualmente, os fatores necessários para a fabricação de um par de patins custam aproximadamente 3.000 bahts tailandeses.

Embora a Tailândia tenha estado entre as economias com crescimento mais rápido, os eventos recentes no país aumentaram o nível de incerteza econômica. Especificamente, o baht tailandês, que havia estado fixado ao dólar, agora é uma moeda flutuante livre e se depreciou consideravelmente em meses recentes. Além disso, os níveis recentes de inflação na Tailândia têm sido muito altos. Agora, as condições econômicas futuras na Tailândia são altamente incertas.

Ben Holt, chefe do setor financeiro, está pensando seriamente no IED na Tailândia. Ele acredita que esse é o momento perfeito para estabelecer uma subsidiária ou adquirir um negócio existente na Tailândia, porque as condições econômicas incertas e a depreciação do baht reduziram consideravelmente os custos iniciais do IED. Holt acredita que o potencial de crescimento na Ásia será extremamente alto, assim que a economia tailandesa se estabilizar.

Apesar de Holt ter considerado o IED no Reino Unido, ele preferiria que a Blades investisse na Tailândia, em oposição ao Reino Unido. Previsões indicam que a demanda por patins no Reino Unido é semelhante à dos Estados Unidos; uma vez que as vendas da Blades nos Estados Unidos caíram devido aos altos preços cobrados, Holt acha que o IED no Reino Unido renderá resultados semelhantes, especialmente porque os componentes necessários para a fabricação dos patins são mais caros no Reino Unido que nos Estados Unidos. Além disso, os fabricantes estrangeiros e internos de patins estão relativamente bem-estabelecidos no Reino Unido, de modo que o potencial de crescimento é limitado. Holt acredita que o mercado tailandês de patins ofereça mais potencial de crescimento.

A Blades poderá vender seus produtos a um preço mais baixo, mas gerará margens de lucro mais altas na Tailândia do que poderia obter no Reino Unido. Isto ocorre porque o cliente tailandês comprometeu-se a adquirir um número fixo de produtos da Blades anualmente somente se puder comprar os Speedos com um desconto substancial, comparado aos preços dos Estados Unidos. No entanto, visto que o custo dos produtos vendidos acarretado na Tailândia está substancialmente abaixo daquele nos Estados Unidos, a Blades conseguiu gerar margens de lucro mais altas com suas exportações e importações tailandesas do que gerou nos Estados Unidos.

Como analista financeiro da Blades, Inc. você geralmente concorda com a avaliação que Ben Holt faz da situação. No entanto, você está preocupado que os consumidores tailandeses não tenham sido afetados ainda pelas condições econômicas desfavoráveis. Você acredita que eles poderão reduzir seus gastos com produtos de lazer no próximo ano. Portanto, você acha que seria benéfico esperar até o próximo ano, quando as condições econômicas desfavoráveis na Tailândia se acalmarem, para tomar uma decisão em relação ao IED no país. No entanto, se as condições econômicas tailandesas melhorarem ao longo do próximo ano, o IED poderá ficar mais caro porque as empresas-alvo serão mais caras, pois o baht poderá se apreciar. Você também sabe que vários concorrentes estarão se expandindo para a Tailândia no próximo ano.

Se a Blades adquirir um negócio existente na Tailândia ou estabelecer uma subsidiária por lá até o final do próximo ano, ela cumprirá o contrato com a Entertainment Products para o ano seguinte. O varejista tailandês expressou interesse em renovar o contrato com a Blades nesse período, se ela estabelecer operações na Tailândia. No entanto, Holt acredita que a Blades poderá cobrar preços mais altos pelos seus produtos se ela estabelecer seus próprios canais de distribuição.

Holt pediu para você responder às seguintes questões:

1. Identifique e discuta alguns dos benefícios que a Blades, Inc. poderá obter do IED.

2. Você acha que a Blades deveria esperar até o próximo ano para realizar um IED na Tailândia? Qual é o desafio de a Blades se comprometer com um IED agora?

3. Você acha que a Blades deveria renovar seu contrato com o varejista tailandês por mais três anos? Quais seriam os contratempos se a Blades renovasse o contrato?

4. Suponha um alto nível de desemprego na Tailândia e um processo de produção único empregado pela Blades, Inc. Como você acha que o governo tailandês veria o estabelecimento de uma subsidiária na Tailândia por empresas como a Blades? Você acha que o governo tailandês seria mais ou menos assistencial se empresas como a Blades adquirissem um negócio na Tailândia? Por quê?

DILEMA DA PEQUENA EMPRESA

Decisões de Investimento Estrangeiro Direto da Sports Exports Company

O negócio de Jim Logan, a Sports Exports Company, continua a crescer. Seu produto principal são bolas de futebol que ele produz e exporta para um distribuidor no Reino Unido. No entanto, recentemente sua união com uma empresa britânica foi bem-sucedida também. Sob esse acordo, uma empresa britânica produz outros artigos esportivos para a empresa de Jim; esses produtos são entregues, então, a essa distribuidora. Intencionalmente Jim iniciou seu negócio internacional porque era mais fácil e mais barato exportar que estabelecer um lugar para negócios no Reino Unido. No entanto, ele está considerando o estabelecimento de uma empresa no Reino Unido para produzir as bolas de futebol lá, em vez de produzi-las em sua garagem (nos Estados Unidos). Essa empresa também produziria os outros artigos esportivos que Jim agora vende, e portanto ele não teria mais de depender de outra empresa britânica (por meio de *joint venture*) para fabricar esses produtos.

1. Dadas essas informações fornecidas aqui, quais seriam as vantagens de Jim estabelecer a empresa no Reino Unido?

2. Quais seriam as desvantagens de Jim estabelecer a empresa no Reino Unido?

CAPÍTULO 17

Orçamento de Capital das Subsidiárias Estrangeiras

As empresas multinacionais (EMNs) avaliam os projetos internacionais utilizando o orçamento de capital multinacional que compara o custo-benefício desses projetos. Dado que as EMNs gastam mais de $ 100 milhões por ano em projetos internacionais, o orçamento de capital da multinacional é uma função crítica. Muitos projetos internacionais são irreversíveis e não poderão ser facilmente vendidos para outras empresas a um preço razoável. O uso apropriado do orçamento de capital multinacional poderá identificar os projetos dignos de ser implantados.

O método mais popular de orçamento de capital envolve determinar o valor presente líquido do projeto estimando o valor presente dos fluxos de caixa futuros e subtraindo o dispêndio inicial exigido pelo projeto. O orçamento de capital da multinacional caracteristicamente utiliza um processo semelhante. No entanto, as circunstâncias dos projetos internacionais, que afetam os fluxos de caixa futuros ou a taxa utilizada para descontar os fluxos de caixa, tornam esse orçamento de capital mais complexo. Os gestores financeiros devem saber como aplicar o orçamento de capital a projetos internacionais para poder maximizar o valor da EMN.

Os objetivos específicos deste capítulo são:

- comparar a análise de orçamento de capital de uma subsidiária da EMN com a de sua controladora;
- demonstrar como o orçamento de capital multinacional pode ser aplicado para determinar se um projeto internacional deverá ser implantado; e
- explicar como o risco de projetos internacionais pode ser avaliado.

Perspectiva da Subsidiária *versus* Perspectiva da Controladora

O orçamento de capital para um projeto multinacional deverá ser realizado do ponto de vista da subsidiária que administrará o projeto ou da controladora que provavelmente financiará a maior

ORÇAMENTO DE CAPITAL DAS SUBSIDIÁRIAS ESTRANGEIRAS **497**

parte do projeto? Alguns diriam que a perspectiva da subsidiária deveria ser utilizada porque ela será responsável pela administração do projeto. Além disso, uma vez que a subsidiária é um subsistema da EMN, o que for bom para a subsidiária será bom para a EMN. Essa razão, no entanto, não é necessariamente correta. Poderia ser argumentado que, se a controladora financia o projeto, então ela deveria avaliar os resultados de seu ponto de vista. A viabilidade da análise do orçamento de capital poderá variar dependendo da perspectiva porque as entradas líquidas de caixa após impostos para a subsidiária poderão ser diferentes daquelas da controladora. Essas diferenças poderão depender de vários fatores, alguns dos quais serão discutidos aqui.

Diferenciais de Imposto

http://

Veja http://www.kmpg. com para informações detalhadas sobre regimes de tributações, índices e regulamentos de 75 países.

Se os ganhos decorrentes dos projetos um dia forem enviados para a controladora, a EMN precisará considerar como o governo da controladora tributa esses ganhos. Se o governo da controladora impuser alíquotas tributárias altas sobre os recursos remetidos, o projeto poderá ser viável do ponto de vista da subsidiária, mas não do ponto de vista da controladora. Debaixo desses cenários, a controladora não deverá considerar a implantação do projeto, mesmo que pareça viável da perspectiva da subsidiária.

Remessas Restritas

Considere um projeto possível de ser implantado em um país em que as restrições governamentais exijam que uma porcentagem dos ganhos da subsidiária permaneça em seu país. Uma vez que a controladora nunca poderá ter acesso a esses recursos, o projeto não será atraente para ela, embora possa ser atraente para a subsidiária. Uma solução possível seria deixar a subsidiária obter um financiamento parcial para o projeto dentro do país anfitrião. Nesse caso, a parte dos recursos não autorizada a ser enviada para a controladora poderá ser utilizada para cobrir os custos financeiros ao longo do tempo.

USANDO A WEB

Regulamentos de Câmbio Estrangeiro. Informações sobre os regulamentos de câmbio para cada país estão disponíveis em http://biz.yahoo.com/ifc/. Clique sobre o país listado e depois em Forex Regulations (Regulamentações Forex). As informações são sobre remessas de dividendos e ganhos, juros e principal e royalties de taxas das subsidiárias baseadas nesses países.

Remessas Excessivas

Considere uma controladora que cobre taxas administrativas muito altas de sua subsidiária porque a administração está centralizada nas sedes. Para a subsidiária, as taxas representam uma despesa. Para a controladora, as taxas representam uma receita que poderá exceder substancialmente o custo real da administração da subsidiária. Nesse caso, os ganhos do projeto poderão parecer baixos, da perspectiva da subsidiária, e altos, da perspectiva da controladora. A viabilidade do projeto dependerá da perspectiva. Na maioria dos casos, negligenciar a perspectiva da controladora distorcerá o valor real de um projeto estrangeiro.

Oscilações da Taxa de Câmbio

Quando os ganhos são enviados para a controladora, normalmente são convertidos da moeda local da subsidiária para a moeda da controladora. O montante recebido pela controladora, portanto, será influenciado pela taxa de câmbio existente. Se o projeto da subsidiária for avaliado da perspectiva da subsidiária, os fluxos de caixa previstos para ela não precisarão ser convertidos na moeda da controladora.

Resumo de Fatores

A Figura 17.1 ilustra o processo a partir do momento em que os ganhos são gerados pela subsidiária até que a controladora receba os recursos enviados. A Figura mostra que os ganhos são reduzidos inicialmente pelos impostos pagos pela controladora para o governo anfitrião. Depois, alguns dos ganhos são retidos pela subsidiária (por escolha da subsidiária ou de acordo com as regras do governo anfitrião), com o residual definido como recursos a ser enviados. Esses recursos que são enviados poderão estar sujeitos à retenção de impostos pelo governo anfitrião. Os recursos remanescentes são convertidos na moeda da controladora (pela taxa de câmbio predominante) e enviados para ela.

Dados os vários fatores mostrados aqui que poderão drenar os ganhos da subsidiária, os fluxos de caixa realmente enviados pela subsidiária poderão representar somente uma pequena parte dos ganhos que ela gerar. A viabilidade do projeto da perspectiva da controladora depende dos fluxos de caixa da subsidiária que ela receber no final.

A perspectiva da controladora é apropriada ao tentar determinar se um projeto aumentará o valor da empresa. Dado que os acionistas da controladora são seus proprietários, ela deverá tomar decisões que os satisfaça. Cada projeto, seja estrangeiro, seja doméstico, deverá no final gerar

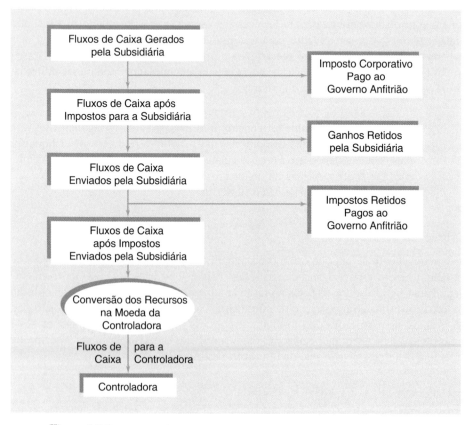

Figura 17.1 Processo de remessa dos ganhos da subsidiária para a controladora.

fluxos de caixa suficientes para a controladora com o propósito de aumentar a riqueza do acionista. Qualquer mudança nas despesas da controladora deverá também ser incluída na análise. A controladora poderá incorrer em despesas adicionais para monitorar a nova administração da subsidiária ou consolidar os demonstrativos financeiros da subsidiária. Os projetos que criarem um valor presente líquido positivo para a controladora deverão aumentar a riqueza do acionista.

Uma exceção à regra de usar a perspectiva da controladora ocorre quando a subsidiária estrangeira não for de sua propriedade exclusiva e o projeto estrangeiro for parcialmente financiado pelos lucros retidos da controladora e da subsidiária. Nesse caso, a subsidiária estrangeira possui um grupo de acionistas que ela deverá satisfazer. Qualquer acordo feito entre a controladora e a subsidiária deverá ser aceitável para as duas entidades somente se ele aumentar o valor de ambas. O objetivo é de tomar decisões que sejam do interesse de ambos os grupos de acionistas e não de transferir a riqueza de uma entidade para a outra.

Embora essa exceção ocorra ocasionalmente, a maioria das subsidiárias das EMNs é de propriedade exclusiva da controladora. Os exemplos neste texto implicitamente supõem que as subsidiárias são de posse exclusiva da controladora (a não ser se mencionado de outra forma) e, portanto, com enfoque da perspectiva da controladora.

Dados do Orçamento de Capital para a EMN

http://

O Website http://finance.yahoo.com/intlindices?u fornece informações sobre o desempenho recente dos índices de ações de países. Isso muitas vezes é utilizado como uma indicação geral dos cenários econômicos de vários países e poderá ser levado em consideração pelas EMNs que avaliam a viabilidade de projetos estrangeiros.

Independentemente do projeto de longo prazo a ser considerado, uma EMN normalmente exigirá previsões das características econômicas e financeiras relacionadas ao projeto. Cada uma dessas características será descrita brevemente aqui:

- *Investimento inicial*. O investimento inicial da controladora em um projeto poderá constituir a fonte principal de recursos para sustentar um projeto em particular. Os recursos investidos inicialmente em um projeto poderão incluir não só o que for necessário para iniciá-lo, mas também os recursos adicionais, tais como capital de giro, para dar suporte ao projeto ao longo do tempo. Esses recursos serão necessários para financiar o estoque, os salários e outras despesas até que o projeto comece a gerar receitas. Como os fluxos de caixa nem sempre são suficientes para cobrir os fluxos de caixa por vir, o capital de giro será necessário por toda a vida do projeto.

- *Demanda do consumidor*. Ao projetar um esquema de fluxo de caixa, uma previsão precisa da demanda do consumidor de um produto será bem valiosa, mas a demanda futura muitas vezes é difícil de prever. Por exemplo, se o projeto for uma fábrica na Alemanha que produzirá automóveis, a EMN deverá prever a porcentagem do mercado de automóveis na Alemanha que poderá tirar dos produtores de automóveis predominantes. Uma vez que a porcentagem da participação no mercado seja prevista, a demanda projetada poderá ser calculada. Previsões de demanda poderão às vezes ter a ajuda de dados históricos sobre a participação de mercado que outras EMNs conseguiram quando entraram nesse mercado, mas dados históricos nem sempre são indicadores precisos do futuro. Além disso, muitos projetos refletem uma primeira tentativa, logo não há precedentes para ser examinados como indicadores do futuro.

- *Preço*. O preço pelo qual o produto será vendido poderá ser previsto utilizando produtos concorrentes nos mercados como comparação. Uma análise de orçamento de capital de longo prazo requer projeções não apenas para o período por vir, mas para o tempo de vida esperado também. Os preços futuros provavelmente responderão ao índice de inflação do país anfitrião (em que o projeto ocorrerá), mas o índice de inflação não é conhecido. Portanto, os índices de inflação futuros deverão ser previstos para o desenvolvimento das projeções do preço do produto ao longo do tempo.

- *Custo variável.* Como estimativas de preços, previsões de custo variável poderão ser desenvolvidas com a avaliação de custos comparativos correntes dos componentes (tais como custos de mão-de-obra por hora e o custo de materiais). Esses custos normalmente deverão se mover em conjunto com o índice de inflação futuro do país anfitrião. Mesmo que o custo variável por unidade possa ser previsto precisamente, o custo variável total projetado (custo variável unitário vezes a quantidade produzida) poderá estar errado se a demanda for prevista imprecisamente.

- *Custos fixos.* Em uma base periódica, o custo fixo poderá ser mais facilmente previsto do que o custo variável, uma vez que normalmente não é sensível às mudanças na demanda. Será, no entanto, sensível a qualquer mudança no índice de inflação do país anfitrião, a partir do momento em que a previsão for feita até o momento em que os custos fixos ocorram.

- *Tempo de vida do projeto.* Alguns projetos possuem tempos de vida indefinidos que poderão ser difíceis de ser acessados, enquanto outros possuem tempo de vida designado especificamente, ao final do qual serão liquidados. Isso faz com que a análise de orçamento de capital seja aplicada mais facilmente. Deverá ser reconhecido que a EMN nem sempre possui controle completo sobre a decisão do tempo de vida. Em alguns casos, eventos políticos poderão forçar a empresa a liquidar o projeto antes do planejado. A probabilidade de que esses eventos ocorram varia entre os países.

- *Valores residuais.* O valor residual após impostos da maioria dos projetos é difícil de prever. Dependerá de vários fatores, incluindo o sucesso do projeto e a atitude do governo anfitrião em relação ao projeto. Como uma possibilidade remota, o governo anfitrião poderá assumir o projeto sem compensar adequadamente a EMN.

- *Restrições sobre a transferência de recursos.* Em alguns casos, o governo anfitrião impedirá que uma subsidiária envie seus ganhos para a controladora. Essa restrição poderá refletir uma tentativa de incentivar um gasto local adicional ou de evitar vendas excessivas da moeda local em troca de alguma outra moeda. Uma vez que as restrições sobre a transferência de recursos impedem que o dinheiro volte para a controladora, os fluxos de caixa líquidos projetados a partir da perspectiva da controladora serão afetados. Se a controladora estiver a par das restrições, poderá incorporá-las ao projetar os fluxos de caixa líquidos. Às vezes, no entanto, o governo anfitrião ajustará suas restrições ao longo do tempo; nesse caso, a EMN somente poderá prever as futuras restrições e incorporá-las às análises.

- *Leis fiscais.* As leis fiscais sobre ganhos gerados ou enviados para a controladora da EMN por uma subsidiária estrangeira variam conforme os países. Sob algumas circunstâncias, a EMN receberá deduções de impostos ou crédito para pagamento de impostos pela subsidiária ao país anfitrião (veja o apêndice do capítulo para mais detalhes). Como os fluxos de caixa após impostos são necessários para uma análise de orçamento de capital adequado, os efeitos da tributação internacional deverão ser determinados sobre quaisquer projetos estrangeiros propostos.

- *Taxas de câmbio.* Qualquer projeto internacional será afetado pela flutuação da taxa de câmbio durante sua vida, mas essas oscilações muitas vezes são difíceis de ser previstas. Há métodos de *hedging* contra as flutuações, embora a maioria das técnicas de proteção seja utilizada para proteger posições de curto prazo. Apesar de ser possível fazer o *hedging* sobre períodos mais longos (com contratos a termo de longo prazo ou acordos de swap de moedas), a EMN não tem como saber o montante de recursos sobre o qual deveria fazer a pro-

ORÇAMENTO DE CAPITAL DAS SUBSIDIÁRIAS ESTRANGEIRAS **501**

teção. Isso porque está apenas supondo seus futuros custos e receitas procedentes dos projetos. Portanto, a EMN poderá decidir não fazer a proteção dos fluxos de caixa líquidos projetados em moeda estrangeira.

- *Taxa requerida de retorno.* Uma vez que os fluxos de caixa relevantes de um projeto proposto estejam estimados, eles poderão ser descontados pela taxa requerida de retorno pelo projeto, o que poderá diferir do custo de capital da EMN devido ao risco daquele projeto em particular.

Considerações adicionais serão discutidas depois da apresentação de um exemplo de orçamento de capital multinacional simplificado. No mundo real, números mágicos para inserção em computadores não são fornecidos para as EMNs. O desafio gira em torno de previsões precisas das variáveis relevantes para a avaliação do projeto. Se forem dadas previsões imprecisas ao computador, a saída da análise pelo computador também será imprecisa. Conseqüentemente, uma EMN poderá assumir um projeto por engano. Uma vez que tal engano poderá valer milhões de dólares, as EMNs precisam avaliar o grau de incerteza de qualquer dado que é utilizado na avaliação do projeto. Isso será discutido mais profundamente adiante, neste capítulo.

http://

O Website http://www.weforum.org fornece informações sobre a competitividade global e outros detalhes de interesse das EMNs que implementam projetos em países estrangeiros.

Exemplo de Orçamento de Capital de EMN

Orçamentos de capital de EMN são necessários para todos os projetos de longo prazo que mereçam consideração. O projeto poderá ser desde uma pequena expansão de uma divisão da subsidiária até a criação de uma subsidiária nova. Esta seção apresenta um exemplo que envolve o desenvolvimento possível de uma nova subsidiária. Inicia-se com suposições que simplificam a análise de orçamento de capital. Em seguida, considerações adicionais são introduzidas para enfatizar a possível complexidade dessa análise.

Este exemplo ilustra uma das muitas possibilidades de métodos disponíveis que atingiriam o mesmo resultado. Lembre também que um problema do mundo real poderá envolver circunstâncias mais extenuantes que as mostradas aqui.

Plano de Fundo

A Spartan, Inc. considera o desenvolvimento de uma subsidiária em Cingapura que deverá fabricar e vender raquetes de tênis localmente. A direção da Spartan pediu a vários departamentos para fornecer informações relevantes para uma análise de orçamento de capital. Além disso, alguns executivos da Spartan se encontraram com as autoridades do governo de Cingapura para discutir a subsidiária proposta. Todas as informações relevantes são apresentadas a seguir.

1. *Investimento inicial.* Estimados 20 milhões de dólares de Cingapura (S$), que incluem recursos para o financiamento do capital de giro, serão necessários para o projeto. Dada a da taxa à vista de $ 0,50 por dólar de Cingapura, o montante de dólares americanos do investimento inicial da controladora será de $ 10 milhões.
2. *Vida projetada.* Espera-se que o projeto termine em quatro anos. O governo anfitrião de Cingapura prometeu adquirir a fábrica da controladora após esse período.
3. *Preço e demanda.* Os esquemas de preço e da demanda estimados durante cada um dos próximos quatro anos são mostrados aqui:

Ano	Preço por Raquete	Demanda em Cingapura
1	S$ 350	60.000 unidades
2	S$ 350	60.000 unidades
3	S$ 360	100.000 unidades
4	S$ 380	100.000 unidades

4. *Custos*. Os custos variáveis (de materiais, mão-de-obra etc.) por unidade foram estimados e consolidados como mostrado aqui:

Ano	Custos Variáveis por Raquete
1	C$ 200
2	C$ 200
3	C$ 250
4	C$ 260

A despesa para o leasing de um espaço extra para o escritório será de C$ 1 milhão por ano. Espera-se que outras despesas gerais anuais sejam de C$ 1 milhão por ano.

5. *Taxas de câmbio*. A taxa de câmbio à vista do dólar de Cingapura é de $ 0,50. A Spartan utiliza a taxa à vista como sua melhor previsão da taxa de câmbio que existirá em períodos futuros. Portanto, a taxa de câmbio prevista para períodos futuros é de $ 0,50.

6. *Impostos do país anfitrião sobre rendimentos ganhos pela subsidiária*. O governo de Cingapura autorizará a Spartan, Inc. a estabelecer a subsidiária e imporá uma alíquota tributária de 20% sobre os rendimentos. Além disso, ele imporá uma retenção de impostos de 10% sobre quaisquer recursos remetidos para a controladora da subsidiária.

7. *Impostos dos Estados Unidos sobre rendimentos ganhos pela subsidiária da Spartan*. O governo dos Estados Unidos autorizará um crédito de imposto sobre os impostos pagos em Cingapura; portanto, não serão cobrados impostos sobre os ganhos enviados para a controladora dos Estados Unidos pelo governo americano.

8. *Fluxos de caixa da subsidiária da Spartan para a controladora*. A subsidiária da Spartan planeja enviar todos os fluxos de caixa líquidos recebidos de volta para a empresa controladora no final de cada ano. O governo de Cingapura promete que não haverá restrições sobre os fluxos de caixa a ser enviados de volta para a empresa controladora, mas imporá 10% de retenção de impostos sobre quaisquer recursos enviados para a controladora, como mencionado anteriormente.

9. *Depreciação*. O governo de Cingapura autorizará a subsidiária da Spartan a depreciar o custo da fábrica e do equipamento a uma taxa máxima de S$ 2 milhões por ano, que será a taxa que a subsidiária usará.

10. *Valor residual*. O governo de Cingapura pagará S$ 12 milhões para a controladora para assumir a propriedade da subsidiária ao final dos quatro anos. Suponha que não haja tributação sobre ganho de capital na venda da subsidiária.

11. *Taxa requerida de retorno*. A Spartan, Inc. exige 15% de retorno sobre seus projetos.

Análise

A análise do orçamento de capital será realizada a partir da perspectiva da controladora, baseada na suposição de que a subsidiária tem a intenção de gerar fluxos de caixa que no final serão passados para a controladora. Portanto, o valor presente líquido (*VPL*) a partir da perspectiva da controladora será baseado em uma comparação do valor presente dos fluxos de caixa recebidos pela controladora com o dispêndio inicial da controladora. Como explicado anteriormente neste capítulo, o *VPL* de um projeto internacional dependerá do uso da perspectiva da controladora ou da subsidiária. Uma vez que a perspectiva da controladora dos Estados Unidos será usada, os fluxos de caixa em questão serão os dólares recebidos no final pela controladora, como resultado do projeto.

O dispêndio inicial em questão são os investimentos feitos pela controladora. A taxa requerida de retorno está baseada no custo de capital utilizado pela controladora para fazer seu investimento, com um ajuste para o risco do projeto. Para o estabelecimento da subsidiária beneficiar a controladora da Spartan, o valor presente dos fluxos de caixa futuros (incluindo o valor residual) recebidos por ela deverá exceder seu dispêndio inicial.

A análise do orçamento de capital para determinar se a Spartan, Inc. deveria estabelecer a subsidiária é fornecida na Tabela 17.1 (examine essa figura enquanto lê adiante). O primeiro passo é incorporar as estimativas de demanda e de preços para fazer a previsão da receita total (veja linhas 1 a 3). Depois, as despesas são somadas para prever o total de despesas (veja linhas 4 a 9). Em seguida, o lucro antes dos impostos são calculados (linha 10) subtraindo o total de despesas do total de receitas. Os impostos do governo anfitrião (linha 11) são, então, deduzidos do lucro antes dos impostos para determinar o lucro após os impostos para a subsidiária (linha 12).

A despesa de depreciação é somada ao lucro após impostos da subsidiária para calcular o fluxo de caixa líquido da subsidiária (linha 13). Todos esses recursos deverão ser enviados pela subsidiária, portanto, a linha 14 é igual à linha 13. A subsidiária poderá enviar todo o fluxo de caixa líquido para a controladora, já que o investimento inicial fornecido pela controladora inclui o capital de giro. Os recursos enviados para a controladora estão sujeitos a uma retenção de impostos de 10% (linha 15), de modo que o montante real de recursos a ser enviados após impostos é mostrado na linha 16. O valor residual do projeto é mostrado na linha 17. Os recursos a ser enviados deverão primeiro ser convertidos em dólares a uma taxa de câmbio (linha 18) existente no momento. O fluxo de caixa para a controladora advindo da subsidiária é mostrado na linha 19. Os recursos periódicos da subsidiária não estão sujeitos a impostos corporativos dos Estados Unidos já que se assume que a controladora deverá receber crédito pelos impostos pagos em Cingapura que elimina os impostos devidos ao governo americano.

Embora várias técnicas de orçamento de capital estejam disponíveis, uma técnica normalmente utilizada para estimar os fluxos de caixa e o valor residual a ser recebidos pela operadora e que computam o *VPL* do projeto é mostrada aqui:

$$VPL = -II + \sum_{t=1}^{n} \frac{FC_t}{(1+k)^t} + \frac{VR_n}{(1+k)^n}$$

onde

II = investimento inicial;
FC_t = fluxo de caixa no período t;
VR_n = valor residual;
k = taxa requerida de retorno sobre o projeto;
n = tempo de vida do projeto (número de períodos).

O *valor presente (VP)* de cada período do fluxo de caixa líquido é calculado utilizando uma taxa de 15% de desconto (linha 20), a qual deverá refletir o custo de capital da controladora com um ajuste para o risco do projeto. Finalmente, o *VPL* cumulativo (linha 22) é determinado consolidando os fluxos de caixa descontados de cada período e subtraindo o investimento inicial (linha 21). Por exemplo, no final do Ano 2, o *VPL* foi –$ 5.610.586. Isso foi determinado pela consolidação dos $ 2.347.826 do Ano 1, dos $ 2.041.588 do Ano 2 e pela subtração do

504 FINANÇAS CORPORATIVAS INTERNACIONAIS

	Ano 0	Ano 1	Ano 2	Ano 3	Ano 4
1. Demanda		60.000	60.000	100.000	100.000
2. Preço por unidade		C$ 350	C$ 350	C$ 360	C$ 380
3. Total de receitas = (1) × (2)		C$ 21.000.000	C$ 21.000.000	C$ 36.000.000	C$ 38.000.000
4. Custo variável por unidade		C$ 200	C$ 200	C$ 250	C$ 260
5. Custo variável total = (1) × (4)		C$ 12.000.000	C$ 12.000.000	C$ 25.000.000	C$ 26.000.000
6. Despesa anual de leasing		C$ 1.000.000	C$ 1.000.000	C$ 1.000.000	C$ 1.000.000
7. Outras despesas anuais fixas		C$ 1.000.000	C$ 1.000.000	C$ 1.000.000	C$ 1.000.000
8. Despesas que não são em dinheiro (depreciação)		C$ 2.000.000	C$ 2.000.000	C$ 2.000.000	C$ 2.000.000
9. Total de despesas = (5) + (6) + (7) + (8)		C$ 16.000.000	C$ 16.000.000	C$ 29.000.000	C$ 30.000.000
10. Lucro da subsidiária antes de impostos = (3) – (9)		C$ 5.000.000	C$ 5.000.000	C$ 7.000.000	C$ 8.000.000
11. Alíquota de imposto do governo anfitrião (20%)		C$ 1.000.000	C$ 1.000.000	C$ 1.400.000	C$ 1.600.000
12. Lucro da subsidiária após impostos		C$ 4.000.000	C$ 4.000.000	C$ 5.600.000	C$ 6.400.000
13. Fluxo de caixa líquido da subsidiária = (12) + (8)		C$ 6.000.000	C$ 6.000.000	C$ 7.600.000	C$ 8.400.000
14. S$ enviados pela subsidiária (100% do fluxo de caixa líquido)		C$ 6.000.000	C$ 6.000.000	C$ 7.600.000	C$ 8.400.000
15. Alíquota de retenção sobre recursos enviados (10%)		C$ 600.000	C$ 600.000	C$ 760.000	C$ 840.000
16. S$ enviados depois da retenção		C$ 5.400.000	C$ 5.400.000	C$ 6.840.000	C$ 7.560.000
17. Valor residual					C$ 12.000.000
18. Taxa de câmbio do S$		$ 0,50	$ 0,50	$ 0,50	$ 0,50
19. Fluxos de caixa para a controladora		$ 2.700.000	$ 2.700.000	$ 3.420.000	$ 9.780.000
20. *VP* dos fluxos de caixa da controladora (taxa de desconto de 15%)		$ 2.347.826	$ 2.041.588	$ 2.248.706	$ 5.591.747
21. Investimento inicial da controladora	$ 10.000.000				
22. *VPL* cumulativo		–$ 7.652.174	–$ 5.610.586	–$ 3.361.880	–$ 2.229.867

Tabela 17.1   Análise de orçamento de capital: Spartan, Inc.

investimento inicial de $ 10.000.000. O *VPL* cumulativo de cada período mede quanto do investimento inicial foi recuperado até esse ponto pelo recebimento dos fluxos de caixa descontados. Portanto, ele poderá ser utilizado para estimar quantos períodos levará para recuperar o investimento inicial. Para alguns projetos, o *VPL* permanecerá negativo em todos os períodos. Isto é, o investimento inicial nunca será recuperado completamente. O valor crítico na linha 22 é o valor do último período porque reflete o *VPL* do projeto.

ORÇAMENTO DE CAPITAL DAS SUBSIDIÁRIAS ESTRANGEIRAS **505**

No nosso exemplo, o *VPL* cumulativo no final do último período é de $ 2.229.867. Devido ao valor positivo do *VPL*, a Spartan, Inc. poderá aceitar esse projeto se a taxa de desconto de 15% cobrir completamente o risco do projeto. Se a análise ainda não contabilizou o risco, no entanto, a Spartan poderá decidir pela rejeição do projeto. A maneira como a EMN poderá contabilizar o risco é discutida brevemente.

Fatores a Ser Considerados no Orçamento de Capital de uma EMN

O exemplo da Spartan, Inc. ignorou uma variedade de fatores que poderá afetar a análise de orçamento de capital, tais como:

- Flutuações da taxa de câmbio;
- Inflação;
- Acordos de financiamento;
- Recursos bloqueados;
- Valores residuais incertos;
- Impacto do projeto sobre fluxos de caixas atuais;
- Incentivos do governo anfitrião;
- Opções reais.

Cada um desses fatores será discutido por sua vez.

Flutuações da Taxa de Câmbio

Lembre que a Spartan, Inc. utiliza a taxa de câmbio à vista atual ($ 0,50) como previsão para todos os períodos futuros em questão. A empresa percebe que a taxa caracteristicamente variará ao longo do tempo, mas ela não sabe se o dólar de Cingapura se fortalecerá ou se enfraquecerá no futuro. Embora a dificuldade de fazer a previsão das taxas de câmbio com exatidão seja bem conhecida, a análise do orçamento de capital poderá, pelo menos, incorporar outros cenários para as oscilações da taxa de câmbio, tais como um cenário pessimista e outro otimista. A partir do ponto de vista da controladora, a apreciação do dólar de Cingapura será favorável, já que as entradas em dólar de Cingapura um dia serão convertidas em mais dólares americanos. Inversamente, a depreciação será desfavorável, uma vez que os dólares de Cingapura enfraquecidos serão convertidos em menos dólares americanos ao longo do tempo.

A Tabela 17.2 ilustra tanto um cenário de dólar de Cingapura fraco (S$ fraco) quanto um cenário de dólar de Cingapura forte (S$ forte). Na parte superior da tabela, os fluxos antecipados de caixa em dólares de Cingapura após impostos da subsidiária (incluindo o valor residual) são mostrados nas linhas 16 e 17 da Tabela 17.1. O montante de dólares americanos em que esses dólares de Cingapura serão convertidos dependerá das taxas de câmbio existentes nos vários períodos em que sejam convertidos. O número de dólares de Cingapura multiplicados pela taxa de câmbio prevista determinará o número estimado de dólares americanos recebidos pela controladora.

Note, pela Tabela 17.2, como os fluxos de caixa recebidos pela controladora ficam diferentes dependendo do cenário. Um dólar de Cingapura forte é claramente benéfico, como indicado pelos maiores valores em dólares americanos dos fluxos de caixa recebidos. A grande diferença no fluxo de caixa recebido pela controladora, nos diferentes cenários, ilustra o impacto das expectativas da taxa de câmbio sobre a viabilidade de um projeto internacional.

	Ano 0	Ano 1	Ano 2	Ano 3	Ano 4
S$ enviados depois dos impostos retidos (incluindo o valor residual)		C$ 5.400.000	C$ 5.400.000	C$ 6.840.000	C$ 19.560.000
Cenário de S$ forte					
Taxa de câmbio do S$		$ 0,54	$ 0,57	$ 0,61	$ 0,65
Fluxos de caixa para a controladora		$ 2.916.000	$ 3.078.000	$ 4.172.400	$ 12.714.000
VP dos fluxos de caixa (taxa de desconto de 15%)		$ 2.535.652	$ 2.327.410	$ 2.743.421	$ 7.269.271
Investimento inicial da controladora	$ 10.000.000				
VPL cumulativo		–$ 7.464.348	–$ 5.136.938	–$ 2.393.517	$ 4.875.754
Cenário de S$ fraco					
Taxa de câmbio do S$		$ 0,47	$ 0,45	$ 0,40	$ 0,37
Fluxos de caixa para a controladora		$ 2.538.000	$ 2.430.000	$ 2.736.000	$ 7.237.200
VP dos fluxos de caixa (taxa de 15% de desconto)		$ 2.206.957	$ 1.837.429	$ 1.798.964	$ 4.137.893
Investimento inicial da controladora	$ 10.000.000				
VPL cumulativo		–$ 7.793.043	–$ 5.955.614	–$ 4.156.650	–$ 18.757

Tabela 17.2   Análise com diferentes cenários da taxa de câmbio: Spartan, Inc.

As previsões sobre o *VPL* baseadas nas projeções das taxas de câmbio estão ilustradas na Figura 17.2. O *VPL* estimado é o mais alto, se for esperado que o dólar de Cingapura se fortaleça e o mais baixo se for esperado que o dólar de Cingapura se enfraqueça. O *VPL* estimado será negativo para o cenário de S$ fraco, mas positivo para cenários de S$ estável e de S$ forte. A viabilidade real do projeto dependerá da distribuição de probabilidade dessas três condições para o dólar de Cingapura durante a vida do projeto. Se houver uma probabilidade alta de o cenário de S$ fraco ocorrer, esse projeto não será aceito.

Algumas EMNs com base nos Estados Unidos levam em consideração os países em que a moeda local é fixada ao dólar. Elas poderão conduzir uma análise de orçamento de capital que presuma que a taxa de câmbio permanecerá fixa. Será possível, no entanto, que a moeda local seja desvalorizada em algum ponto no futuro, o que poderá ter um impacto importante sobre os fluxos de caixa a ser recebidos pela controladora. Portanto, a EMN poderá reestimar o *VPL*, baseada em um cenário de desvalorização em particular que ela acredite que possa ocorrer. Se o projeto ainda assim for viável sob essa condição, a EMN poderá ficar mais tranqüila para seguir em frente com o projeto.

Inflação

A análise do orçamento de capital considera implicitamente a inflação, uma vez que o custo variável por unidade e os preços dos produtos geralmente aumentam ao longo do tempo. Em alguns países, a inflação poderá ser bem volátil de ano a ano e, portanto, poderá influenciar fortemente os fluxos de caixa líquidos de um projeto. Nos países em que o índice de inflação for alto e volátil, será virtualmente impossível para uma subsidiária prever precisamente a inflação de cada ano. Previsões de inflação imprecisas poderão levar a previsões de fluxos de caixa líquidos imprecisos.

Embora as flutuações da inflação devam afetar tanto os custos como as receitas na mesma direção, a magnitude de suas variações poderá ser bem diferente. Isso verdadeiramente ocorre quando o projeto envolve a importação de componentes parcialmente manufaturados e a venda

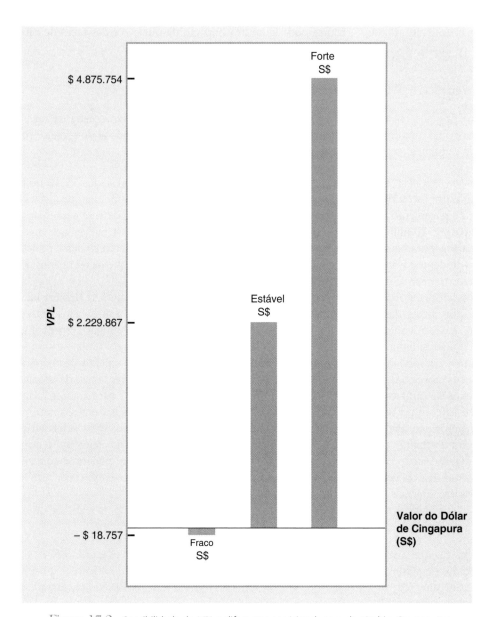

Figura 17.2 Sensibilidade do *VPL* a diferentes cenários da taxa de câmbio: Spartan, Inc.

do produto acabado localmente. A inflação da economia local possivelmente terá um impacto mais forte sobre as receitas do que sobre os custos nesses casos.

O impacto conjunto das flutuações dos índices de inflação e das taxas de câmbio sobre os fluxos de caixa de uma subsidiária poderá produzir um efeito compensatório parcial do ponto de vista da controladora. As taxas de câmbio de países altamente inflacionados tendem a se enfraquecer ao longo do tempo. Portanto, mesmo que os ganhos da subsidiária sejam inflacionados, eles serão deflacionados ao ser convertidos na moeda nacional da controladora (se a moeda da subsidiária se enfraqueceu). Um efeito compensatório assim não será exato ou consistente, no entanto. Como a inflação é apenas um dos muitos fatores que influenciam as taxas de câmbio, não há garantia que uma moeda se depreciará quando o índice de inflação for

508 FINANÇAS CORPORATIVAS INTERNACIONAIS

relativamente alto. Portanto, não se pode ignorar o impacto da inflação e das taxas de câmbio sobre os fluxos de caixa líquidos.

Acordos de Financiamento

Muitos projetos estrangeiros são parcialmente financiados por subsidiárias estrangeiras. Para ilustrar como esse financiamento estrangeiro poderá influenciar a viabilidade do projeto, considere as seguintes revisões do exemplo da Spartan, Inc.

Financiamentos pelas Subsidiárias. Suponha que a subsidiária tome emprestados S\$ 10 milhões para adquirir os escritórios que foram arrendados no exemplo inicial. Suponha que a subsidiária fará o pagamento dos juros de seu empréstimo (de S\$ 1 milhão) anualmente e que pagará o principal (S\$ 10 milhões) ao final do Ano 4, quando o projeto terminar. Uma vez que o governo de Cingapura permite um máximo de S\$ 2 milhões por ano na depreciação desse projeto, o índice de depreciação permanecerá inalterado. Suponha que se espere que os escritórios sejam vendidos por S\$ 10 milhões após impostos, ao final do Ano 4.

Problemas de orçamento de capital doméstico não incluem pagamentos de débitos na avaliação dos fluxos de caixa porque todos os custos de financiamento são levados em conta pela taxa de desconto. Projetos estrangeiros são mais complicados, no entanto, especialmente quando a subsidiária estrangeira financia parcialmente os investimentos do projeto estrangeiro. Embora a consolidação do investimento inicial feito pela controladora e pela subsidiária simplifique o processo de orçamento de capital, isso poderá causar significativos erros de estimação. Os fluxos de caixa estrangeiros estimados que, no final, serão enviados para a controladora e estarão sujeitos ao risco da taxa de câmbio estarão superestimados se as despesas com juros estrangeiros não forem explicitamente consideradas como saídas de caixa pela subsidiária estrangeira. Portanto, uma abordagem mais precisa seria a de separar o investimento feito pela subsidiária do feito pela controladora. A análise do orçamento de capital poderá se concentrar na perspectiva da controladora ao comparar o valor presente dos fluxos de caixa recebidos pela controladora ao investimento inicial feito pela controladora.

Dadas as suposições revistas, as seguintes revisões deverão ser feitas para a análise do orçamento de capital:

1. Uma vez que a subsidiária toma recursos emprestados para adquirir os escritórios, os pagamentos de leasing de S\$ 1 milhão por ano não serão necessários. No entanto, a subsidiária pagará juros de S\$ 1 milhão por ano, resultantes do empréstimo. Portanto, as saídas de caixa para a subsidiária continuarão as mesmas.
2. A subsidiária deverá pagar os S\$ 10 milhões do principal do empréstimo ao final dos quatro anos. No entanto, já que a subsidiária espera receber S\$ 10 milhões (em quatro anos) da venda de seus escritórios adquiridos com os recursos fornecidos pelo empréstimo, ela poderá usar o dinheiro da venda para pagar o principal do empréstimo.

Uma vez que a subsidiária já levou em conta a despesa de depreciação máxima permitida pelo governo de Cingapura antes de os escritórios serem considerados, ela não poderá aumentar as despesas anuais de depreciação. Nesse exemplo, os fluxos de caixa recebidos pela controladora, quando a subsidiária recebe o financiamento para adquirir os escritórios, serão semelhantes aos fluxos de caixa determinados no exemplo original (quando os escritórios são arrendados por meio de leasing). Se os números não forem compensadores, a análise de orçamento de capital deveria ser repetida para determinar se o *VPL* da perspectiva da controladora é mais alto que no exemplo inicial.

ORÇAMENTO DE CAPITAL DAS SUBSIDIÁRIAS ESTRANGEIRAS **509**

Financiamento pela Controladora. Considere mais uma alternativa em que, em vez de a subsidiária arrendar os escritórios ou adquiri-los com empréstimos, a controladora utilizará seus próprios recursos para adquirir os escritórios. Portanto, seu investimento inicial será de $ 15 milhões, compostos dos $ 10 milhões do investimento original, como explicado anteriormente, mais o adicional de $ 5 milhões para obter C$ 10 milhões extras para adquirir os escritórios. Esse exemplo ilustra como a análise de orçamento de capital se modifica quando a controladora possui uma parte maior no investimento. Se a controladora, em vez da subsidiária, adquirir os escritórios, as seguintes revisões na análise do orçamento de capital deverão ser feitas:

1. A subsidiária não terá empréstimos a ser pagos (uma vez que não necessitará dos recursos tomados emprestados) porque a controladora comprará os escritórios. Uma vez que os escritórios serão comprados, também não haverá pagamento de leasing.
2. O investimento inicial da controladora será de $ 15 milhões em vez de $ 10 milhões.
3. O valor residual a ser recebido pela controladora será de S$ 22 milhões em vez de S$ 12 milhões, porque se assume que os escritórios serão vendidos por S$ 10 milhões após impostos, no final do Ano 4. Os S$ 10 milhões a ser recebidos da venda dos escritórios poderão ser acrescentados aos S$ 12 milhões a ser recebidos da venda do restante da subsidiária.

A análise do orçamento de capital da Spartan, Inc. sob essa estratégia de financiamento revisada, na qual a controladora financia o total dos $ 15 milhões investidos, é mostrada na Tabela 17.3. Essa análise utiliza nossas projeções originais da taxa de câmbio de $ 0,50 por dólar de Cingapura para cada período. Os números que são afetados diretamente pelo esquema com financiamento revisado estão entre colchetes. Outros números também são afetados indiretamente como conseqüência. Por exemplo, o lucro da subsidiária após impostos aumentam quando se evitam os pagamentos de juros e de leasing dos escritórios. O *VPL* do projeto sob esse esquema alternativo de financiamento será positivo, mas menor que no esquema original. Dados os gastos iniciais mais altos da controladora e o *VPL* mais baixo, esse esquema não será tão viável quanto aquele em que a subsidiária ou arrenda os escritórios ou os compra com recursos emprestados.

Comparação do Financiamento da Controladora com o Financiamento da Subsidiária. Uma razão de o financiamento da subsidiária ser mais viável que o financiamento total pela controladora é que a taxa de financiamento sobre o empréstimo é menor que a taxa requerida de retorno sobre os recursos fornecidos para a subsidiária. Se os empréstimos locais tivessem uma taxa de juros relativamente alta, no entanto, o uso do financiamento local possivelmente não seria tão atraente.

Em geral, esse exemplo revisado mostra que o aumento no investimento pela controladora eleva a exposição à taxa de câmbio da controladora pelas seguintes razões. Primeiro, uma vez que a subsidiária fornece o investimento total, nenhum financiamento será necessário. Conseqüentemente, a subsidiária não fará pagamentos de juros e, portanto, enviará fluxos de caixa maiores para a controladora. Segundo, o valor residual a ser enviado para a controladora será maior. Dados os pagamentos maiores para a controladora, os fluxos de caixa recebidos no final pela controladora serão mais suscetíveis às oscilações da taxa de câmbio.

A exposição da controladora não será tão grande se a subsidiária adquirir os escritórios, porque a subsidiária assume parte das despesas de financiamento. O financiamento pela subsidiária transfere algumas despesas para a mesma moeda que ela receberá e, portanto, reduzirá o montante que no final será convertido em dólares para o envio à controladora.

Financiamento com os Lucros Retidos de Outras Subsidiárias. Alguns projetos estrangeiros são financiados completamente com os lucros retidos de subsidiárias estrangeiras existentes. Esses projetos são difíceis de ser avaliados da perspectiva da controladora porque seus efeitos diretos normalmente são sentidos pelas subsidiárias. Uma abordagem é a de visualizar o investimento de uma subsidiária em um projeto como um custo de oportunidade, uma vez que os recursos

510 FINANÇAS CORPORATIVAS INTERNACIONAIS

	Ano 0	Ano 1	Ano 2	Ano 3	Ano 4
1. Demanda		60.000	60.000	100.000	100.000
2. Preço por unidade		C$ 350	C$ 350	C$ 360	C$ 380
3. Total de receitas = (1) × (2)		C$ 21.000.000	C$ 21.000.000	C$ 36.000.000	C$ 38.000.000
4. Custo variável por unidade		C$ 200	C$ 200	C$ 250	C$ 260
5. Custo variável total = (1) × (4)		C$ 12.000.000	C$ 12.000.000	C$ 25.000.000	C$ 26.000.000
6. Despesa anual com leasing		[C$ 0]	[C$ 0]	[C$ 0]	[C$ 0]
7. Outras despesas anuais fixas		C$ 1.000.000	C$ 1.000.000	C$ 1.000.000	C$ 1.000.000
8. Despesas que não são em dinheiro (depreciação)		C$ 2.000.000	C$ 2.000.000	C$ 2.000.000	C$ 2.000.000
9. Total de despesas = (5) + (6) + (7) + (8)		C$ 15.000.000	C$ 15.000.000	C$ 28.000.000	C$ 29.000.000
10. Lucro da subsidiária antes de impostos = (3) – (9)		C$ 6.000.000	C$ 6.000.000	C$ 8.000.000	C$ 9.000.000
11. Alíquota de imposto do governo anfitrião (20%)		C$ 1.200.000	C$ 1.200.000	C$ 1.600.000	C$ 1.800.000
12. Lucro da subsidiária após impostos		C$ 4.800.000	C$ 4.800.000	C$ 6.400.000	C$ 7.200.000
13. Fluxo de caixa líquido da subsidiária = (12) + (8)		C$ 6.800.000	C$ 6.800.000	C$ 8.400.000	C$ 9.200.000
14. S$ enviados pela subsidiária (100% do fluxo de caixa líquido)		C$ 6.800.000	C$ 6.800.000	C$ 8.400.000	C$ 9.200.000
15. Alíquota de retenção sobre recursos enviados (10%)		C$ 680.000	C$ 680.000	C$ 840.000	C$ 920.000
16. S$ enviados depois da retenção		C$ 6.120.000	C$ 6.120.000	C$ 7.560.000	C$ 8.280.000
17. Valor residual					[C$ 22.000.000]
18. Taxa de câmbio do S$		$ 0,50	$ 0,50	$ 0,50	$ 0,50
19. Fluxos de caixa para a controladora		$ 3.060.000	$ 3.060.000	$ 3.780.000	$ 15.140.000
20. *VP* dos fluxos de caixa da controladora (taxa de desconto de 15%)		$ 2.660.870	$ 2.313.800	$ 2.485.411	$ 8.656.344
21. Investimento inicial da controladora	[$ 15.000.000]				
22. *VPL* cumulativo		–$ 12.339.130	–$ 10.025.330	–$ 7.539.919	–$ 1.116.425

Tabela 17.3 Análise com um esquema alternativo de financiamento: Spartan, Inc.

poderiam ser enviados para a controladora em vez de investidos no projeto estrangeiro. Portanto, o dispêndio inicial da perspectiva da controladora será o montante de recursos que ela teria recebido da subsidiária se esses tivessem sido enviados, em vez de investidos neste projeto. Os fluxos de caixa da perspectiva da controladora refletem esses fluxos de caixa recebidos pela controladora, como resultado do projeto estrangeiro.

Mesmo que o projeto gere lucros para a subsidiária, que serão reinvestidos por ela, os fluxos de caixa, chave da perspectiva da controladora, serão aqueles que ela receber do projeto. Dessa

ORÇAMENTO DE CAPITAL DAS SUBSIDIÁRIAS ESTRANGEIRAS **511**

maneira, quaisquer fatores internacionais que afetem os fluxos de caixa (tais como alíquotas de retenção e oscilações da taxa de câmbio) estarão incorporados ao processo do orçamento de capital.

Recursos Bloqueados

Em alguns casos, o país anfitrião poderá bloquear os recursos que a subsidiária tentar enviar para a controladora. Alguns países exigem que os lucros gerados pela subsidiária sejam reinvestidos localmente por pelo menos três anos, antes de poder ser enviados. Tais restrições poderão afetar a decisão de aceitação/rejeição de um projeto.

> ### EXEMPLO
>
> Reconsidere o exemplo da Spartan, Inc. e suponha que todos os recursos estejam bloqueados até que a subsidiária seja vendida. Portanto, a subsidiária deverá reinvestir esses recursos até a hora da venda. Recursos bloqueados penalizam um projeto se o retorno dos recursos reinvestidos for menor do que a taxa requerida de retorno do projeto.
>
> Suponha que a subsidiária utilize os recursos para adquirir títulos negociáveis que se espera que rendam 5% anualmente após impostos. Uma reavaliação dos fluxos de caixa da Spartan (da Tabela 17.1) para incorporar a restrição dos recursos bloqueados é mostrada na Tabela 17.4. A retenção não é aplicada até que os recursos sejam enviados para a controladora, que está no Ano 4. As projeções originais da taxa de câmbio são utilizadas aqui. Todos os fluxos de caixa da controladora dependem da taxa de câmbio de daqui a quatro anos. O *VPL* do projeto, com os recursos bloqueados, ainda é positivo, mas é consideravelmente menor que o *VPL* do exemplo original.
>
> Se a subsidiária estrangeira possuir um empréstimo em curso, poderá ser capaz de utilizar melhor os recursos bloqueados pagando esse empréstimo local. Por exemplo, os C\$ 6 milhões do final do Ano 1 poderão ser utilizados para reduzir o saldo do empréstimo em curso, em vez de ser investidos em títulos negociáveis, supondo que o banco que fez o empréstimo permita pagamentos antecipados.

	Ano 0	Ano 1	Ano 2	Ano 3	Ano 4
S\$ a ser enviados pela subsidiária		S\$ 6.000.000	S\$ 6.000.000	S\$ 7.600.000	S\$ 8.400.000
					S\$ 7.980.000
					S\$ 6.615.000
S\$ acumulados de recursos reinvestidos a ser enviados					S\$ 6.945.750
					S\$ 29.940.750
Alíquotas de retenção (10%)					S\$ 2.994.075
S\$ enviados depois da retenção					S\$ 26.946.675
Valor residual					S\$ 12.000.000
Taxa de câmbio					\$ 0,50
Fluxos de caixa para a controladora					\$ 19.473.338
VP dos fluxos de caixa da controladora (taxa de desconto de 15%)					\$ 11.133.944
Investimento inicial da controladora	\$ 10.000.000				
VPL cumulativo		–\$ 10.000.000	–\$ 10.000.000	–\$ 10.000.000	\$ 1.133.944

Tabela 17.4 Orçamento de capital com recursos bloqueados: Spartan, Inc.

512 FINANÇAS CORPORATIVAS INTERNACIONAIS

Valores Residuais Incertos

O valor residual de um projeto de EMN caracteristicamente possui um impacto significativo sobre o *VPL*. Quando o valor residual for incerto, a EMN poderá incorporar os vários resultados possíveis de valor residual e reestimar o *VPL* com base em cada resultado possível. Poderá até estimar o valor residual de equilíbrio (também chamado de valor terminal de equilíbrio), que é o valor residual necessário para atingir um *VPL* zero para o projeto. Se for esperado que o valor residual efetivo seja igual ou exceda o valor residual de equilíbrio, o projeto será viável. O valor residual de equilíbrio (chamado de VR_n) poderá ser determinado estabelecendo o *VPL* igual a zero e rearranjando a equação do orçamento, como segue:

$$VPL = -II + \sum_{t=1}^{n} \frac{FC_t}{(1+k)^t} + \frac{VR_n}{(1+k)^n}$$

$$0 = -II + \sum_{t=1}^{n} \frac{FC_t}{(1+k)^t} + \frac{VR_n}{(1+k)^n}$$

$$\left[II - \sum_{t=1}^{n} \frac{FC_t}{(1+k)^t} \right] = \frac{VR_n}{(1+k)^n}$$

$$\left[II - \sum_{t=1}^{n} \frac{FC_t}{(1+k)^t} \right](1+k)^n = VR_n$$

EXEMPLO

Reconsidere o exemplo da Spartan, Inc. e suponha que o preço do projeto não está garantido para a empresa. O valor residual de equilíbrio do projeto poderá ser determinado (1) estimando o valor presente de fluxos de caixa futuros (excluindo o valor residual), (2) subtraindo os fluxos de caixa descontados do dispêndio inicial e (3) multiplicando a diferença por $(1 + k)^n$. Utilizando a informação do fluxo de caixa original da Tabela 17.1, o valor presente dos fluxos de caixa poderá ser determinado:

$$\begin{aligned} \text{VP dos fluxos de caixa} \atop \text{da controladora} \quad &= \frac{\$\ 2.700.000}{(1,15)^1} + \frac{\$\ 2.700.000}{(1,15)^2} + \frac{\$\ 3.420.000}{(1,15)^3} + \frac{\$\ 3.780.000}{(1,15)^4} \\ &= \$\ 2.347.826 + \$\ 2.041.588 + \$\ 2.248.706 + \$\ 2.161.227 \\ &= \$\ 8.799.347 \end{aligned}$$

Dados o valor presente dos fluxos de caixa e o dispêndio inicial estimado, o valor residual de equilíbrio é determinado da seguinte forma:

$$\begin{aligned} VR_n &= \left[II - \sum \frac{FC_t}{(1+k)^t} \right](1+k)^n \\ &= (\$\ 10.000.000 - \$\ 8.799.347)(1,15)^4 \\ &= \$\ 2.099.950 \end{aligned}$$

Dadas as informações originais da Tabela 17.1, a Spartan, Inc. aceitará o projeto somente se o valor residual estimado for de pelo menos $ 2.099.950 (supondo que a taxa requerida de retorno seja de 15%).

Supondo que a taxa de câmbio prevista seja de $ 0,50 por dólar de Cingapura (C$ 2 por dólar americano), o projeto deverá ser vendido por mais que S$ 4.199.900 (calculados como $ 2.099.950 divididos por $ 0,50) para apresentar um *VPL* positivo (supondo que nenhum imposto seja pago sobre o montante). Se a Spartan não tivesse a garantia do

ORÇAMENTO DE CAPITAL DAS SUBSIDIÁRIAS ESTRANGEIRAS **513**

governo de Cingapura, ela poderia avaliar a probabilidade de que a subsidiária seria vendida por mais que o valor residual de equilíbrio e depois incorporaria essa avaliação à sua decisão de aceitar ou rejeitar o projeto.

Impacto do Projeto sobre Fluxos de Caixa Correntes

Até aqui, no nosso exemplo, assumimos que o novo projeto não tem impacto sobre os fluxos de caixa correntes. Na realidade, no entanto, poderá haver impactos com freqüência.

EXEMPLO

Reconsidere o exemplo da Spartan, Inc. supondo dessa vez que (1) esta empresa atualmente exporta raquetes de tênis de sua fábrica dos Estados Unidos para Cingapura; (2) a Spartan, Inc. ainda cogita estabelecer uma subsidiária em Cingapura porque espera que os custos de produção sejam mais baixos em Cingapura que nos Estados Unidos e (3) sem uma subsidiária, espera-se que o negócio de exportação da Spartan para Cingapura gere fluxos de caixa líquidos de \$ 1 milhão ao longo dos próximos quatro anos. Com uma subsidiária, esses fluxos de caixa seriam anulados. Os efeitos dessas suposições são mostrados na Tabela 17.5. Os fluxos de caixa, estimados anteriormente, da controladora para a subsidiária (retirados da Tabela 17.1) são reafirmados na Tabela 17.5. Essas estimativas não contam com os fluxos de caixa anulados, uma vez que o possível negócio de exportação não foi considerado. Se o negócio de exportação for estabelecido, no entanto, os fluxos de caixa anulados atribuíveis a esse negócio deverão ser considerados, como mostrado na Tabela 17.5. Os fluxos de caixa ajustados para a controladora são responsáveis pelo impacto do projeto sobre os fluxos de caixa correntes.

O valor presente dos fluxos de caixa ajustados e o *VPL* também são mostrados na Tabela 17.5. O *VPL* do projeto agora é negativo, como resultado do efeito adverso sobre os fluxos de caixa correntes. Portanto, o projeto não será viável se o negócio de exportação para Cingapura for eliminado.

	Ano 0	Ano 1	Ano 2	Ano 3	Ano 4
Fluxos de caixa para a controladora, ignorando o impacto sobre os fluxos de caixa correntes		\$ 2.700.000	\$ 2.700.000	\$ 3.420.000	\$ 9.780.000
Impacto do projeto sobre os fluxos de caixa correntes		–\$ 1.000.000	–\$ 1.000.000	–\$ 1.000.000	–\$ 1.000.000
Fluxos de caixa para a controladora, incorporando o impacto sobre os fluxos de caixa correntes		\$ 1.700.000	\$ 1.700.000	\$ 2.420.000	\$ 8.780.000
VP dos fluxos de caixa para a controladora (taxa de desconto de 15%)		\$ 1.478.261	\$ 1.285.444	\$ 1.591.189	\$ 5.019.994
Investimento inicial	\$ 10.000.000				
VPL cumulativo		–\$ 8.521.739	–\$ 7.236.295	–\$ 5.645.106	–\$ 625.112

Figura 17.5 Orçamento de capital quando os fluxos de caixa correntes são afetados: Spartan, Inc.

514 FINANÇAS CORPORATIVAS INTERNACIONAIS

Alguns projetos estrangeiros poderão ter um impacto favorável sobre os fluxos de caixa correntes. Por exemplo, se um fabricante de componentes de computadores estabelecer uma subsidiária estrangeira para fabricar computadores, ela poderá pedir os componentes da controladora. Neste caso, o volume de vendas da controladora aumentaria.

Incentivos do Governo Anfitrião

Os projetos estrangeiros propostos pelas EMNs podem ter um impacto favorável sobre os cenários econômicos do país anfitrião e são, portanto, incentivados por ele. Qualquer incentivo oferecido pelo governo anfitrião deverá ser incorporado à análise do orçamento de capital. Por exemplo, um empréstimo com taxa baixa do governo anfitrião ou uma alíquota de imposto reduzida oferecida para a subsidiária aumentará os fluxos de caixa periódicos. Se o governo subsidiar o estabelecimento inicial da subsidiária, o investimento inicial da EMN será reduzido.

Opções Reais

Alguns projetos de orçamento de capital contêm opções reais, em que são possíveis oportunidades de negócios adicionais. Uma vez que essas oportunidades poderão gerar fluxos de caixa, elas poderão aumentar o valor de um projeto.

EXEMPLO

A Topeka, Inc. pensa em assumir um projeto requisitado pelo governo da Ucrânia. Esse projeto específico exigiria um gasto significativo com insumos. A Topeka calcula que esse projeto possui um *VPL* ligeiramente negativo. No entanto, o projeto permitirá que ela estabeleça uma relação com o governo ucraniano, de modo que estará bem posicionada para expandir seus negócios na Ucrânia, se a economia do país ficar mais orientada pelo mercado ao longo do tempo. Sem uma relação comercial com o governo, a Topeka não estaria posicionada para se expandir na Ucrânia. Portanto, o contrato com o governo contém uma opção de compra implícita (expandir seu negócio na Ucrânia) que a Topeka poderá exercer algum dia, se a economia ucraniana tornar-se mais orientada pelo mercado. Quando o valor dessa opção real é considerado, o *VPL* do projeto do governo se torna positivo. Portanto, a Topeka decide assumir o projeto.

O valor de uma opção real dentro de um projeto é influenciado principalmente por dois fatores: (1) a probabilidade de que a opção real será exercida e (2) o *VPL* que resultará do exercício da opção real. No exemplo anterior, a opção real da Topeka é influenciada (1) pela probabilidade de que a economia da Ucrânia se orientará pelo mercado e (2) pelo *VPL* de oportunidades que seriam buscadas sob essas condições.

Ajustando as Avaliações do Risco do Projeto

Se uma EMN está incerta a respeito dos fluxos de caixa estimados sobre um projeto proposto, ela precisará incorporar um ajuste para o risco. Três métodos são utilizados geralmente para ajustar a avaliação do risco:

- Taxa de desconto ajustada ao risco;
- Análise de sensibilidade; e
- Simulação.

Cada um desses métodos será discutido por sua vez.

Taxa de Desconto Ajustada ao Risco

Quanto maior a incerteza sobre os fluxos de caixa previstos para o projeto, tanto maior deverá ser a taxa de desconto aplicada aos fluxos de caixa, outros fatores permanecendo iguais. Essa taxa de desconto ajustado ao risco tende a reduzir o valor de um projeto a um grau que reflita o risco que o projeto apresenta. Essa abordagem é de fácil utilização, mas é criticada por ser, de certa forma, arbitrária. Além disso, um ajuste igual sobre a taxa de desconto sobre todos os períodos não refletirá as diferenças no grau de incerteza de um período para o outro. Se os fluxos de caixa projetados entre os períodos tiverem graus de incerteza diferentes, o ajuste ao risco dos fluxos de caixa também deverá variar.

Considere um país em que a situação política esteja lentamente se desestabilizando. A probabilidade de recursos bloqueados, de expropriação e de outros eventos adversos está aumentando ao longo do tempo. Portanto, os fluxos de caixa enviados para a controladora serão menos certos no futuro distante do que o são em futuro próximo. Uma taxa de desconto diferente deverá, portanto, ser aplicada para cada período, de acordo com seu risco correspondente. Mesmo assim, o ajuste deverá ser subjetivo e não poderá refletir precisamente o risco.

Apesar de sua subjetividade, a taxa de desconto ajustado ao risco é uma técnica utilizada normalmente, talvez devido à facilidade com que poderá ser ajustada arbitrariamente. Além disso, não há uma técnica alternativa que se ajuste perfeitamente ao risco, embora em certos casos algumas outras (discutidas a seguir) poderão refletir melhor o risco do projeto.

Análise de Sensibilidade

Uma vez que a EMN fez a estimativa do *VPL* de um projeto proposto, ela poderá considerar estimativas alternativas para suas variáveis de entrada na análise.

EXEMPLO

Lembre que a demanda pelas raquetes de tênis da subsidiária da Spartan (do nosso exemplo anterior) estava estimada em 60.000 nos primeiros dois anos e 100.000 nos outros dois anos. Se ocorrer de a demanda ser de 60.000 nos quatro anos, como os resultados do *VPL* se modificarão? Alternativamente, e se a demanda for de 100.000 em todos os quatro anos? O uso desses cenários de *e se* é referido como **análise de sensibilidade**. O objetivo é determinar a sensibilidade do *VPL* aos valores alternativos das variáveis de entrada. As estimativas de qualquer variável poderão ser revistas para criar novas estimativas do *VPL*. Se o *VPL* for consistentemente positivo durante essas revisões, então a EMN deverá ficar mais tranqüila acerca do projeto. Se for negativo em muitos casos, a decisão de aceitação/rejeição do projeto torna-se mais difícil.

As duas condições de taxa de câmbio desenvolvidas anteriormente representam uma forma de análise de sensibilidade. As análises de sensibilidade poderão ser mais úteis que estimativas pontuais porque elas reavaliam o projeto com base em várias circunstâncias que possam ocorrer. Muitos pacotes computacionais estão disponíveis para realizar análises de sensibilidade.

Simulação

A **simulação** poderá ser utilizada para uma variedade de tarefas, incluindo a geração de uma distribuição de probabilidade do *VPL* baseada em uma série de valores possíveis para uma ou mais variáveis de entrada. A simulação é realizada normalmente com a ajuda de um pacote computacional.

516 FINANÇAS CORPORATIVAS INTERNACIONAIS

EXEMPLO

Reconsidere a Spartan, Inc. e suponha que ela espere que a taxa de câmbio se deprecie em 3% a 7% por ano (com probabilidade igual de ocorrência com todos os valores nesse intervalo). Diferentemente de uma estimativa pontual, a simulação poderá considerar uma série de possibilidades da taxa de câmbio do dólar de Cingapura no final de cada ano. Ela considera todos os pontos estimativos das outras variáveis e aleatoriamente escolhe um dos valores possíveis do nível de depreciação do dólar de Cingapura para cada um dos quatro anos. Com base nesse processo de seleção aleatória, o *VPL* será determinado.

O procedimento descrito representa uma iteração. Em seguida, o processo é repetido: a depreciação do dólar de Cingapura para cada ano novamente é selecionada aleatoriamente (dentro do intervalo de possibilidades supostas anteriormente), e o *VPL* do projeto será calculado. O programa de simulação poderá executar, digamos, cem iterações. Isso significa que condições diferentes serão criadas para as possíveis taxas de câmbio do dólar de Cingapura durante o período de quatro anos do projeto. Cada iteração reflete um cenário diferente. O *VPL* desse projeto baseado em cada cenário será então calculado. Portanto, a simulação gera uma distribuição do *VPL* para o projeto. A vantagem principal da simulação é que a EMN poderá examinar uma série de *VPLs* que possam ocorrer. A partir das informações, ela poderá determinar a probabilidade de o *VPL* ser positivo ou maior que um nível em particular. Quanto maior a incerteza da taxa de câmbio, tanto maior será a incerteza do *VPL*. O risco de um projeto será maior se ele envolver operações com moedas mais voláteis, com outros fatores permanecendo iguais.

GERENCIANDO PARA VALOR
A Decisão do Wal-Mart de se Expandir na Alemanha

Nos últimos anos, o Wal-Mart cresceu substancialmente penetrando em mercados estrangeiros. Ele agora possui 170 lojas no Canadá, 500 lojas na América Latina (a maioria no México), 240 lojas no Reino Unido, 50 lojas na Alemanha e 13 lojas na Ásia. Da perspectiva do orçamento de capital, o Wal-Mart busca o investimento estrangeiro direto porque espera gerar fluxos de caixa suficientes da aplicação de seu modelo de negócios em países estrangeiros. Nos Estados Unidos, ele tem sido bem-sucedido por usar seu tamanho para comprar produtos de atacadistas em grandes quantidades a preços baixos, empregar seus funcionários eficientemente, usar a sua marca para atrair a demanda de seus produtos, e satisfazer os consumidores para que repitam suas compras.

Recentemente, o Wal-Mart se envolveu em investimento estrangeiro direto na Alemanha ao fazer duas grandes aquisições para expandir seus negócios por lá. Essas aquisições ilustram a dificuldade de estimar os fluxos de caixa a ser gerados a partir de um alvo estrangeiro. Primeiro, a indústria varejista está sujeita a mais regulamentos na Alemanha do que nos Estados Unidos. O governo alemão não gostou da estratégia agressiva do Wal-Mart de obter participação no mercado oferecendo preços mais baixos que seus concorrentes locais. Segundo, a marca do Wal-Mart não era tão conhecida na Alemanha como nos Estados Unidos. Terceiro, os cenários econômicos na Alemanha têm sido mais fracos que o esperado. Quarto, a habilidade de utilizar seus empregados eficientemente é limitada pelos fortes sindicatos na Alemanha. Essas características específicas do país fizeram com que os fluxos de caixa fossem menores do que os esperados.

Em suma, o desempenho do Wal-Mart na Alemanha é limitado devido às condições econômicas, políticas e da indústria. Quando ele avaliou a viabilidade de penetrar no mercado europeu, no entanto, o Wal-Mart utilizou uma perspectiva de longo prazo e reconheceu que os benefícios totais de sua expansão na Alemanha poderão não ser recebidos por muitos anos. O uso dessa perspectiva de longo prazo para tomar uma decisão de expansão internacional permitiu que o Wal-Mart maximizasse seu valor.

ORÇAMENTO DE CAPITAL DAS SUBSIDIÁRIAS ESTRANGEIRAS **517**

Na realidade, muitas ou todas as variáveis de entrada necessárias para o orçamento de capital multinacional poderão ser incertas no futuro. As distribuições de probabilidade poderão ser desenvolvidas para todas as variáveis com valores futuros incertos. O resultado final será uma distribuição de *VPLs* que possa ocorrer no projeto. A técnica de simulação não coloca toda a sua ênfase em uma única previsão do *VPL* em particular, mas em vez disso fornece uma distribuição dos resultados que possam ocorrer.

O custo de capital do projeto poderá ser usado como uma taxa de desconto quando a simulação é realizada. A probabilidade de que o projeto será bem-sucedido poderá ser estimada medindo a área dentro da distribuição de probabilidade em que o $VPL > 0$. Essa área representa a probabilidade de que os valores presentes dos fluxos de caixa futuros excedam o investimento inicial. Uma EMN poderá também utilizar a distribuição de probabilidade para estimar a probabilidade de que o projeto dará errado medindo a área em que o $VPL < 0$.

A simulação é difícil de se fazer manualmente devido às iterações necessárias para desenvolver uma distribuição de *VPLs*. Programas computacionais podem executar cem iterações e gerar resultados em segundos. O usuário de um programa de simulações deverá fornecer as distribuições de probabilidade das variáveis de entrada na análise que afetarão o *VPL* do projeto. Como com qualquer modelo, a precisão dos resultados gerados pela simulação será determinada pela precisão das entradas.

RESUMO

- O orçamento de capital poderá gerar resultados diferentes, e uma conclusão diferente dependerá de ela ser realizada da perspectiva da subsidiária de uma EMN ou da controladora da EMN. A perspectiva da subsidiária não considera os possíveis efeitos da taxa de câmbio e dos impostos sobre os fluxos de caixa transferidos pela subsidiária para a controladora. Quando uma controladora decide se implantará ou não um projeto internacional, deverá determinar se o projeto é viável a partir de sua própria perspectiva.

- O orçamento de capital multinacional requer quaisquer dados de entrada que ajudem a estimar os dispêndios iniciais, os fluxos de caixa periódicos, o valor residual e a taxa requerida de retorno do projeto. Uma vez que esses fatores sejam estimados, o valor presente líquido do projeto poderá ser estimado, assim como se fosse um projeto doméstico. No entanto, normalmente será mais difícil estimar esses fatores

em projetos internacionais. As taxas de câmbio criam uma fonte adicional de incertezas porque afetam os fluxos de caixa recebidos no final pela controladora, como resultado do projeto. Outros cenários internacionais que poderão influenciar os fluxos de caixa recebidos no final pela controladora incluem os esquemas de financiamento (financiamento do projeto por parte da controladora ou da subsidiária), os recursos bloqueados pelo governo anfitrião e os incentivos do governo anfitrião.

- O risco dos projetos internacionais poderá ser levado em consideração ao se ajustar a taxa de desconto utilizada para estimar o valor presente líquido do projeto. No entanto, o ajuste à taxa de desconto é subjetivo. Um método alternativo será o de estimar o valor presente líquido sobre vários cenários possíveis das taxas de câmbio ou sobre outros fatores incertos. Esse método é facilitado pelo uso da análise de sensibilidade ou pela simulação.

518 FINANÇAS CORPORATIVAS INTERNACIONAIS

CONTRAPONTO DO PONTO

As EMNs Deveriam Utilizar Taxas a Termo para Estimar os Fluxos de Caixa de Projetos Estrangeiros?

Ponto Sim. Uma controladora de EMN deveria utilizar a taxa a termo para cada ano em que receberá os fluxos de caixa em uma moeda estrangeira. A taxa a termo é determinada pelo mercado e serve como uma previsão útil para os anos futuros.

Contraponto Não. Uma EMN deveria utilizar suas próprias previsões para cada ano em que receberá os fluxos de caixa líquidos em uma moeda estran-

geira. Se as taxas a termo para períodos futuros forem mais altas que as taxas à vista esperadas pela EMN, ela poderá aceitar um projeto que não deveria aceitar.

Quem está certo? Use seu mecanismo de busca preferido para saber mais sobre esse assunto. Qual argumento você apóia? Dê sua opinião sobre o assunto.

AUTOTESTE

As respostas encontram-se no Apêndice A, no final deste livro.

1. Dois gestores da Marshall, Inc. avaliaram um projeto proposto para a Jamaica. Cada gestor utilizou exatamente as mesmas estimativas dos ganhos a ser gerados pelo projeto, sendo que essas estimativas foram fornecidas por outros empregados. Os gestores concordaram sobre a proporção dos recursos a ser enviados a cada ano, a vida do projeto e a taxa de desconto a ser aplicada. Os dois gestores também avaliaram o projeto a partir da perspectiva da controladora dos Estados Unidos. Todavia, um gestor determinou que esse projeto possuía um valor presente líquido alto, enquanto o outro gestor determinou que o projeto possuía um valor presente líquido negativo. Explique as possíveis razões para essa diferença.

2. Localize as partes da análise do orçamento de capital de uma multinacional para uma central de distribuição de vendas proposto na Irlanda que é sensível à mudança de previsão de uma economia estável para outra com recessão.

3. A New Orleans Exporting Co. produz pequenos componentes para computadores, que depois serão vendidos no México. Ela planeja expandir-se com uma fábrica no México que produzirá os componentes e os venderá no local. Essa fábrica reduzirá a quantidade de produtos que são transportados de New Orleans. A empresa determinou que os fluxos de caixa a ser ganhos no México renderão um valor presente líquido positivo depois de contabilizados os efeitos da

taxa de câmbio e dos impostos, convertendo os fluxos de caixa em dólares e descontando-os a uma taxa de desconto apropriada. Que outros fatores importantes deverão ser considerados para estimar o *VPL* do projeto?

4. Explique como o valor presente do valor residual de uma subsidiária da Indonésia será afetado (partindo da perspectiva da controladora dos Estados Unidos) (a) pelo aumento do risco da subsidiária estrangeira e (b) pela expectativa de a moeda (rúpia) se depreciar perante o dólar ao longo do tempo.

5. A Wilmette Co. e a Niles Co. (ambas dos Estados Unidos) estão avaliando a aquisição da mesma empresa na Tailândia e obtiveram as estimativas do fluxo de caixa (na moeda tailandesa, baht) da empresa. A Wilmette Co. deverá utilizar seus lucros retidos das operações dos Estados Unidos para adquirir a subsidiária. A Niles Co. deverá financiar a aquisição principalmente mediante um empréstimo a prazo (em baht) de bancos tailandeses. Nenhuma das empresas possui outro negócio na Tailândia. Quais fluxos de caixa em dólares seriam mais afetados pelas alterações no valor do baht no futuro (supondo que a empresa tailandesa seja adquirida)?

6. Reveja o orçamento de capital do exemplo da Spartan, Inc. discutido neste capítulo. Identifique as variáveis específicas avaliadas no processo de estimar o valor presente líquido de um projeto estrangeiro (da perspectiva dos Estados Unidos) que causem uma incerteza maior acerca do *VPL*.

ORÇAMENTO DE CAPITAL DAS SUBSIDIÁRIAS ESTRANGEIRAS **519**

QUESTÕES E APLICAÇÕES

1. **Projeto da PepsiCo no Brasil.** A PepsiCo recentemente decidiu investir mais de $ 300 milhões em expansões no Brasil, que oferece um potencial considerável porque possui 150 milhões de habitantes e sua demanda por refrigerantes está aumentando. No entanto, o consumo de refrigerantes ainda está em um quinto do consumo de refrigerantes dos Estados Unidos. O gasto inicial da PepsiCo foi utilizado para comprar três fábricas e uma rede de distribuição de quase mil caminhões para distribuir seus produtos em lojas varejistas no Brasil. A expansão no Brasil tinha como objetivo tornar os produtos da PepsiCo mais acessíveis aos consumidores brasileiros.

   a) Dado que o investimento da PepsiCo no Brasil foi inteiramente em dólares, descreva sua exposição ao risco da taxa de câmbio resultante do projeto. Explique como a dimensão do investimento inicial da controladora e o risco da taxa de câmbio teriam sido afetados se a PepsiCo tivesse financiado grande parte de seu investimento com empréstimos feitos de bancos no Brasil.

   b) Descreva os fatores que a PepsiCo provavelmente levou em consideração ao estimar os fluxos de caixa futuros do projeto no Brasil.

   c) Que fatores a PepsiCo provavelmente levou em consideração ao derivar sua taxa requerida de retorno sobre o projeto no Brasil?

   d) Descreva a incerteza que envolve a estimativa dos fluxos de caixa futuros da perspectiva da controladora dos Estados Unidos.

   e) A controladora da PepsiCo foi responsável pela avaliação da expansão no Brasil. Todavia, a PepsiCo já possuía algumas operações no Brasil. Quando a análise do orçamento de capital foi utilizada para determinar a viabilidade desse projeto, o projeto deveria ter sido avaliado da perspectiva brasileira ou da perspectiva americana? Explique.

2. **Discussão na Sala da Diretoria.** Esse exercício encontra-se no Apêndice E, no final deste livro.

3. **Impacto das Taxas de Câmbio sobre o *VPL*.**

   a) Descreva, em termos gerais, como a apreciação futura do euro possivelmente afetará o valor (da perspectiva da controladora) do projeto estabelecido na Alemanha hoje pela EMN com base nos Estados Unidos. A sensibilidade do valor do projeto será afetada pela porcentagem de ganhos enviados para a controladora a cada ano?

   b) Repita esta questão, supondo a futura depreciação do euro.

4. **Exemplo de Orçamento de Capital.** A Brower, Inc. acabou de construir uma fábrica em Gana. A construção custou 9 bilhões de cedis de Gana. A Brower pretende permanecer com a fábrica aberta por três anos. Espera-se que, durante este tempo de operação, os fluxos de caixa sejam de 3 bilhões de cedis, 3 bilhões de cedis e 2 bilhões de cedis, respectivamente. Os fluxos de caixa operacionais terão início daqui a um ano, e eles serão enviados de volta para a controladora no final de cada ano. No final do terceiro ano, a Brower espera vender a fábrica por 5 bilhões de cedis. A empresa tem uma taxa requerida de retorno de 17%. Atualmente, são necessários 8.700 cedis para comprar um dólar americano, e espera-se que o cedi se deprecie em 5% ao ano.

   a) Determine o *VPL* desse projeto. A Brower deveria construir a fábrica?

   b) Como a sua resposta mudaria se fosse esperado que o valor do cedi permanecesse inalterado em seu valor atual de 8.700 cedis por dólar americano ao longo do curso dos três anos? A Brower deveria, então, construir a fábrica?

5. **Análise do Orçamento de Capital.** Um projeto na Coréia do Sul exige um investimento inicial de 2 bilhões de wons sul-coreanos. Espera-se que o projeto gere para a subsidiária fluxos de caixa líquidos de 3 bilhões e 4 bilhões de wons nos dois anos de operação, respectivamente. O projeto não possui valor residual. O valor atual do won é de 1.100 wons por dólar americano, e espera-se que o valor do won permaneça constante ao longo dos dois próximos anos.

   a) Qual será o *VPL* desse projeto se a taxa requerida de retorno for de 13%?

   b) Repita a questão, mas agora suponha que o valor esperado do won seja de 1.200 wons por dólar americano após dois anos. Mais adiante, suponha que os recursos estejam bloqueados e que a empresa controladora poderá apenas enviá-los de volta para os Estados Unidos em dois anos. Como isso afetará o *VPL* do projeto?

6. **Contando com Fluxos de Caixa Incertos.** A Blustream, Inc. considera um projeto em que vende-

rá o uso de tecnologia para empresas no México. Ela já recebeu pedidos de empresas mexicanas que gerarão PMX 3.000.000 em receitas no final do próximo ano. No entanto, poderá também receber um contrato para fornecer essa tecnologia ao governo mexicano. Nesse caso, ela gerará um total de PMX 5.000.000 ao final do próximo ano. Ela não sabe se receberá o pedido do governo até o final do ano.

A taxa à vista de hoje do peso é de $ 0,14. A taxa a termo de um ano é de $ 0,12. A Blustream espera que a taxa à vista do peso seja de $ 0,13 daqui a um ano. O único gasto inicial será de $ 300.000 para cobrir as despesas de desenvolvimento (independentemente de o governo mexicano adquirir a tecnologia). A Blustream assumirá o projeto somente se puder satisfazer a taxa requerida de retorno de 18%. Ignore possíveis efeitos tributários. A empresa decide fazer a proteção (*hedging*) do montante máximo da receita que receberá com o projeto.

a) Determine o *VPL* se a Blustream receber o contrato do governo.

b) Se a Blustream não receber o contrato, ela terá protegido mais do que precisava e compensará o excesso de vendas a termo adquirindo pesos no mercado à vista no momento em que a venda a termo for executada. Determine o *VPL* do projeto supondo que a Blustream não receba o contrato do governo.

c) Agora considere uma estratégia alternativa em que a Blustream somente fará o *hedging* da receita mínima em pesos que receberá. Nesse caso, qualquer receita procedente do contrato com o governo não estaria protegida. Determine o *VPL* baseado nessa estratégia alternativa e suponha que a Blustream receba o contrato do governo.

d) Se a Blustream usar a estratégia alternativa de só fazer a proteção mínima da receita em pesos que receber, determine o *VPL* supondo que ela não receba o contrato do governo.

e) Se houver 50% de chance de a Blustream receber o contrato do governo, você aconselharia a empresa a fazer a proteção do montante máximo ou do montante mínimo da receita que poderá receber? Explique.

f) A Blustream reconhece que está exposta ao risco da taxa de câmbio se fizer a proteção do montante mínimo ou do montante máximo da receita que receberá. Ela considera uma nova estratégia de proteção do montante mínimo que receber com um contrato a termo

e fazendo a proteção da receita adicional que poderá receber com uma opção de venda em pesos mexicanos. A opção de venda de um ano possui um preço de exercício de $ 0,125 e um prêmio de $ 0,01. Determine o *VPL* se a Blustream utilizar essa estratégia e receber o contrato do governo. Determine também o *VPL* se a Blustream utilizar essa estratégia e não receber o contrato do governo. Dado que há 50% de probabilidade de a Blustream receber o contrato do governo, você utilizaria essa nova estratégia ou a estratégia que escolheu na questão (e)?

7. **Análise de Orçamento de Capital.** A Wolverine Corp. atualmente não possui negócios na Nova Zelândia, mas considera o estabelecimento de uma subsidiária por lá. As seguintes informações foram reunidas para avaliar esse projeto:

■ O investimento inicial exigido será de $ 50 milhões em dólares da Nova Zelândia (NZ$). Dada a taxa à vista corrente de $ 0,50 por dólar da Nova Zelândia, o investimento inicial em dólares americanos será de $ 25 milhões. Acrescentados aos NZ$ 50 milhões iniciais de investimento na fábrica e equipamentos, serão necessários NZ$ 20 milhões para o capital de giro, que serão tomados emprestados pela subsidiária de um banco da Nova Zelândia. A subsidiária da Nova Zelândia pagará somente os juros do empréstimo a cada ano, a uma taxa de juros de 14%. O principal do empréstimo deverá ser pago daqui a dez anos.

■ O projeto terminará no final do Ano 3, quando a subsidiária será vendida.

■ O preço, a demanda e o custo variável do produto na Nova Zelândia são os seguintes:

Ano	Preço	Demanda	Custo Variável
1	NZ$ 500	40.000 unidades	NZ$ 30
2	NZ$ 511	50.000 unidades	NZ$ 35
3	NZ$ 530	60.000 unidades	NZ$ 40

■ Os custos fixos, tais como despesas gerais, são estimados em NZ$ 6 milhões por ano.

■ Espera-se que a taxa de câmbio do dólar da Nova Zelândia seja de $ 0,52 no final do Ano 1, $ 0,54 no final do Ano 2 e $ 0,56 no final do Ano 3.

■ O governo da Nova Zelândia deverá impor um imposto de 30% sobre a renda. Além disso, deverá impor uma alíquota de retenção de 10% sobre os lucros enviados pela subsidiária. O go-

ORÇAMENTO DE CAPITAL DAS SUBSIDIÁRIAS ESTRANGEIRAS **521**

verno dos Estados Unidos deverá autorizar um crédito de imposto sobre os lucros enviados e não deverá impor outro imposto adicional.

- Todos os fluxos de caixa recebidos pela subsidiária deverão ser enviados para a controladora no final de cada ano. A subsidiária deverá usar seu capital de giro para dar sustentação às operações em andamento.

- A fábrica e os equipamentos são depreciados ao longo de dez anos utilizando o método de depreciação em linha reta. Uma vez que a fábrica e os equipamentos são avaliados inicialmente em NZ$ 50 milhões, a despesa de depreciação anual será de NZ$ 5 milhões.

- Em três anos, a subsidiária deverá ser vendida. A Wolverine planeja deixar a empresa adquirente assumir o empréstimo existente na Nova Zelândia. O capital de giro não será liquidado, mas será usado pela empresa adquirente que comprar a subsidiária. A Wolverine espera receber NZ$ 52 milhões após subtrair os impostos sobre ganhos de capital. Suponha que esse montante não estará sujeito a uma alíquota de retenção.

- A Wolverine exige uma taxa de retorno de 20% sobre esse projeto.

a) Determine o valor presente líquido desse projeto. A Wolverine deveria aceitar esse projeto?

b) Suponha que a Wolverine também esteja considerando um esquema de financiamento alternativo, no qual a controladora investiria um adicional de $ 10 milhões para cobrir as exigências de capital de giro, de modo que a subsidiária poderia evitar o empréstimo na Nova Zelândia. Se esse esquema for utilizado, o preço de venda esperado da subsidiária (após a subtração dos impostos sobre ganhos de capital) aumentaria para NZ$ 18 milhões. Esse esquema de financiamento alternativo seria mais viável para a controladora do que a proposta original? Explique.

c) Da perspectiva da controladora, o *VPL* desse projeto seria mais sensível às oscilações da taxa de câmbio se a subsidiária utilizasse financiamento da Nova Zelândia para cobrir seu capital de giro ou se a controladora investisse mais de seus próprios recursos para cobrir o capital de giro? Explique.

d) Suponha que a Wolverine utilizasse a proposta de financiamento inicial e que os recursos estivessem bloqueados até que a subsidiária

fosse vendida. Os recursos a ser enviados seriam reinvestidos a uma taxa de 6% (após impostos) até o final do Ano 3. Como o *VPL* do projeto seria afetado?

e) Qual será o valor residual de equilíbrio desse projeto se a Wolverine utilizar a proposta de financiamento original e os recursos não estiverem bloqueados?

f) Suponha que a Wolverine decida implantar o projeto utilizando a proposta de financiamento original. Também suponha que, depois de um ano, uma empresa da Nova Zelândia ofereça à Wolverine um preço de $ 27 milhões após impostos pela subsidiária e que as previsões da Wolverine para os Anos 2 e 3 não se alteraram. Compare o valor presente dos fluxos de caixa esperados se a Wolverine mantiver a subsidiária pelo preço de venda. A Wolverine deveria se desfazer da subsidiária? Explique.

8. **Orçamento de Capital e Financiamento.** A Cantoon Co. considera a aquisição de uma unidade do governo francês. Seu gasto inicial será de $ 4 milhões. Ela irá reinvestir todos os lucros na unidade. Ela espera, ao final de oito anos, vender a unidade por 12 milhões de euros, depois de os impostos sobre ganhos de capital serem pagos. A taxa à vista do euro é de $ 1,20 e é usada como previsão do euro nos anos futuros. A Cantoon não possui planos para fazer a proteção de sua exposição ao risco da taxa de câmbio. A taxa de juros livre de riscos anual dos Estados Unidos é de 5%, independentemente do vencimento da dívida, e a taxa de juros livre de riscos anual do euro é de 7%, independentemente do vencimento da dívida. Suponha que a paridade da taxa de juros exista. O custo de capital da Cantoon é de 20%. Ela planeja fazer a aquisição em dinheiro.

a) Determine o *VPL* sob essas condições.

b) Em vez de fazer a aquisição à vista, a Cantoon poderia financiar a aquisição parcialmente. Ela poderia obter um empréstimo de 3 milhões de euros hoje que seriam utilizados para cobrir uma parte da aquisição. Nesse caso, ela teria de pagar uma soma total de 7 milhões de euros, ao final de oito anos, para reembolsar o empréstimo. Não há pagamento de juros nessa dívida. Do modo como esse financiamento está estruturado, nenhum pagamento é dedutível de impostos. Determine o *VPL* se a Cantoon utilizar a taxa a termo em vez da taxa à vista para prever a taxa a termo do euro, e escolher financiar parcialmente a aquisição. Você preci-

522 FINANÇAS CORPORATIVAS INTERNACIONAIS

sará derivar a taxa a termo de oito anos para essa questão específica.

9. **Perspectiva da Controladora da EMN.** Por que o orçamento de capital de projetos de subsidiárias deverá ser avaliado da perspectiva da controladora? Que fatores adicionais que normalmente não são relevantes para um projeto puramente doméstico merecem considerações no orçamento de capital multinacional?

10. **Efeitos do 11 de Setembro sobre o VPL.** Em agosto de 2001, a Woodsen, Inc. de Pittsburgh, Pensilvânia, considerou o desenvolvimento de uma grande subsidiária na Grécia. Em resposta ao ataque terrorista aos Estados Unidos em 11 de setembro de 2001, seus fluxos de caixa esperados e os lucros dessa aquisição foram reduzidos apenas levemente. Todavia, a empresa decidiu retrair sua oferta devido ao aumento em sua taxa requerida de retorno sobre o projeto, o que fez com que o *VPL* ficasse negativo. Explique por que a taxa requerida de retorno sobre seu projeto aumentou após os ataques.

11. **Impacto de Financiamento sobre o VPL.** A Ventura Corp., uma EMN com base nos Estados Unidos, planeja estabelecer uma subsidiária no Japão. Ela está bem confiante de que o iene japonês se apreciará perante o dólar ao longo do tempo. A subsidiária reterá apenas uma receita suficiente para cobrir despesas e enviará o restante para a controladora a cada ano. A Ventura se beneficiará mais dos efeitos da taxa de câmbio se sua controladora fornecer financiamento de capital próprio para a subsidiária ou se a subsidiária for financiada pelos bancos locais no Japão? Explique.

12. **Fluxos de Caixa Relevantes no Parque Temático Francês da Disney.** Quando a Walt Disney World considerou o estabelecimento de um parque temático na França, as receitas previstas e os custos associados com o parque francês foram suficientes para avaliar a viabilidade desse projeto? Havia alguns outros "fluxos de caixa relevantes" que mereceriam consideração?

13. **Impacto da Crise Asiática.** Suponha que a Fordham Co. estivesse avaliando um projeto na Tailândia (para ser financiado com dólares americanos). Todos os fluxos de caixa gerados pelo projeto deveriam ser reinvestidos na Tailândia por vários anos. Explique como a crise asiática teria afetado os fluxos de caixa esperados desse projeto e a taxa requerida de retorno desse projeto. Se os fluxos de caixa devessem ser enviados para a controladora dos Estados Unidos, explique como a crise asiática teria afetado os fluxos de caixa esperados desse projeto.

14. **Decisões Baseadas no Orçamento de Capital.** A Marathon, Inc. considera um projeto de um ano com o governo belga. Sua receita em euros estará garantida. Seu consultor afirma que a variação percentual do euro é representada por uma distribuição normal e que, com base em um intervalo de confiança de 95%, se espera que a variação percentual do euro seja entre 0% e 6%. A Marathon utiliza essas informações para criar três cenários: 0%, 3% e 6% para o euro. Ela deriva um *VPL* estimado com base em cada cenário e depois determina o *VPL* médio. O *VPL* foi positivo para os cenários de 3% e 6%, mas levemente negativo para o de 0%. Isso levou a Marathon a rejeitar o projeto. Seu gestor declarou que não queria assumir um projeto que possuísse uma chance de uma em três de ter um *VPL* negativo. Você concorda com a interpretação da análise feita pelo gestor? Explique.

15. **Orçamento de Capital com Proteção (*Hedging*).** A Baxter Co. considera um projeto com o governo tailandês. Se aceitar o projeto, ela definitivamente receberá uma soma total de fluxo de caixa de 10 milhões de bahts tailandeses em cinco anos. A taxa à vista do baht tailandês no presente está em $ 0,03. A taxa de juros anual para um período de cinco anos é de 4% nos Estados Unidos e de 17% na Tailândia. A paridade da taxa de juros existe. A Baxter planeja fazer a proteção de seus fluxos de caixa com um contrato a termo. Qual é o montante do fluxo de caixa em dólares que a Baxter receberá se aceitar esse projeto?

16. **Incerteza nos Fluxos de Caixa.** Utilizando a estrutura de orçamento de capital discutida neste capítulo, explique as fontes de incertezas que envolvem um projeto proposto na Hungria por uma empresa dos Estados Unidos. De que maneira o valor presente líquido estimado desse projeto é mais incerto do que o de um projeto semelhante em um país europeu mais desenvolvido?

17. **Lógica do Orçamento de Capital.** A Lehigh Co. estabeleceu uma subsidiária na Suíça que estava trabalhando abaixo das projeções de fluxos de caixa desenvolvidos antes de a subsidiária ser estabelecida. A Lehigh antecipou que os fluxos de caixa futuros também seriam mais baixos que as projeções de fluxos de caixa originais. Conseqüentemente, a Lehigh decidiu informar a várias empresas adquirentes possí-

ORÇAMENTO DE CAPITAL DAS SUBSIDIÁRIAS ESTRANGEIRAS **523**

veis sobre seu plano de vender a subsidiária. A Lehigh então recebeu algumas ofertas. Até a oferta mais alta era muito baixa, mas a Lehigh aceitou a oferta. Ela justificou sua decisão declarando que qualquer projeto existente, cujos fluxos de caixa não eram suficientes para recuperar o investimento inicial, deveria ser desfeito. Comente

18. **Contando com o Risco da Taxa de Câmbio.** A Carson Co. está considerando um projeto de dez anos em Hong Kong, em que o dólar de Hong Kong é fixado ao dólar americano. A empresa utiliza a análise de sensibilidade, que leva em conta cenários alternativos da taxa de câmbio. Por que a Carson deverá usar essa abordagem, em vez de utilizar a taxa de câmbio fixa ao dólar americano como sua previsão da taxa de câmbio para cada ano?

19. **Análise do Orçamento de Capital.** A Zistine Co. considera um projeto de um ano na Nova Zelândia, de modo que possa capitalizar sua tecnologia. Ela é avessa a riscos, mas sente-se atraída pelo projeto devido à garantia do governo. O projeto gerará uma receita garantida pelo governo de NZ$ 8 milhões, pagos pelo governo da Nova Zelândia ao final do ano. O pagamento feito pelo governo da Nova Zelândia também é garantido por um conceituado banco dos Estados Unidos. Os fluxos de caixa ganhos com o projeto serão convertidos em dólares americanos e enviados para a controladora em um ano. A taxa de juros nominal de um ano predominante na Nova Zelândia é de 8% enquanto a taxa de juros nominal de um ano nos Estados Unidos é de 2%. O chefe-executivo da Zistine acredita que as oscilações do dólar da Nova Zelândia são altamente incertas ao longo do próximo ano, mas seu melhor palpite é que a variação em seu valor será de acordo com o efeito Fisher internacional (EFI). Ele também acredita que a paridade da taxa de juros se manterá. O executivo forneceu essas informações a três recém-graduados em finanças que ele contratou como gestores e pediu as suas considerações.

a) O primeiro gerente diz que, devido às condições de paridade, a viabilidade do projeto será a mesma tanto se for feita a proteção (*heding*) dos fluxos de caixa com um contrato a termo como se eles permanecerem desprotegidos. Esse gestor está certo? Explique.

b) O segundo gestor diz que o projeto não deverá ser protegido. Com base nas taxas de juros, o EFI sugere que a Zistine Co. se beneficiará das oscilações da taxa de câmbio futura, portanto o projeto gerará um *VPL* mais alto se a empresa não fizer a proteção. Esse gestor está certo? Explique.

c) O terceiro gestor diz que o projeto deverá ser protegido porque a taxa a termo contém um prêmio e, portanto, ela gerará mais fluxos de caixa em dólares que o montante esperado dos fluxos de caixa em dólares se a empresa permanecer desprotegida. Esse gestor está certo? Explique.

20. **Contando com Riscos.** Qual é a limitação de utilizar estimativas pontuais das taxas de câmbio na análise de orçamento de capital?

Liste as várias técnicas para o ajuste a riscos no orçamento de capital multinacional. Descreva as vantagens e desvantagens de cada técnica.

Explique como uma simulação poderá ser utilizada no orçamento de capital multinacional. O que ela pode fazer que outras técnicas de ajuste a risco não podem?

21. **Fluxos de Caixa de EMN em Portugal.** O seguinte Website oferece informações regionais e específicas de países: **http://biz.yahoo.com/ifc/**. Vá para a seção sobre informações específicas de países da Europa e depois ao link para Portugal. Explique como as condições mais recentes descritas para Portugal possivelmente fariam uma EMN rever seus fluxos de caixa esperados de um projeto considerado há seis meses. Isso é, identifique os fatores ambientais que afetariam as estimativas dos fluxos de caixa de uma EMN de projetos propostos em Portugal. Diga se as mudanças ambientais recentes deverão fazer com que os fluxos de caixa esperados e estimados para hoje sejam mais baixos ou mais altos que os estimados há seis meses.

22. **Impacto de Financiamento sobre o VPL.** Explique como a decisão de financiamento poderá influenciar a sensibilidade do valor presente líquido às previsões da taxa de câmbio.

23. **Avaliação de Projeto Estrangeiro.** A Huskie Industries, uma EMN com base nos Estados Unidos, considera a aquisição de uma pequena empresa manufatureira francesa que vende produtos apenas dentro da França. A Huskie não possui outro negócio na França nem nenhum fluxo de caixa em euros. A aquisição proposta seria mais viável se fosse esperado que o euro se apreciasse ou se depreciasse no decorrer de um prazo longo? Explique.

524 FINANÇAS CORPORATIVAS INTERNACIONAIS

24. **Estimando o *VPL*.** Suponha que um país menos desenvolvido chamado PMD incentive o investimento estrangeiro direto (IED) para reduzir seu índice de desemprego, atualmente em 15%. Também suponha que várias EMNs poderão considerar o IED nesse país. O índice de inflação dos últimos anos foi, em média, de 4%. O salário no PMD para o trabalho em fábricas é o equivalente a $ 5 por hora. Quando a Piedmont Co. desenvolve as previsões do fluxo de caixa para realizar a análise de orçamento de capital para o projeto no PMD, ela supõe uma taxa de salários de $ 5 no Ano 1 e aplica um aumento de 4% para cada um dos próximos dez anos. Os componentes produzidos deverão ser exportados para as sedes da Piedmont nos Estados Unidos, em que serão utilizados na produção de computadores. Você acha que a Piedmont superestimará ou subestimará o valor presente líquido desse projeto? Por quê? (Suponha que a moeda do PMD esteja fixada ao dólar e permanecerá assim.)

25. **Considerado o Risco.** Seus empregados estimaram o valor presente líquido do projeto X em $ 1,2 milhão. O relatório diz que não considera riscos, mas que, com um *VPL* tão grande, o projeto deverá ser aceito, já que mesmo um *VPL* ajustado a riscos seria positivo. Você tem a decisão final de aceitar ou rejeitar o projeto. Qual será sua decisão?

26. **Considerando Mudanças nos Riscos.** A Santa Monica Co., uma EMN com base nos Estados Unidos, estava considerando o estabelecimento de uma divisão de produtos de consumo na Alemanha, a qual será financiada por bancos alemães. A Santa Monica Co. completou sua análise de orçamento de capital em agosto. Em seguida, em novembro, a liderança do governo se estabilizou e os cenários políticos melhoraram na Alemanha. Em resposta, a Santa Monica aumentou seus fluxos de caixa esperados em 20% mas não ajustou a taxa de desconto aplicada ao projeto. A taxa de desconto deverá ser afetada pelas mudanças nas cenários políticas?

27. **Efeitos Tributários sobre o *VPL*.** Ao considerar a implantação de um projeto em um dos vários países possíveis, que tipos de características tributárias deveriam ser avaliados entre os países? (Veja apêndice do capítulo.)

28. **Impacto dos Lucros Estrangeiros Reinvestidos sobre o *VPL*.** A Flagstaff Corp. é uma empresa com base nos Estados Unidos com uma subsidiária no México. Ela planeja reinvestir seus lucros em títulos do governo mexicano pelos próximos dez anos, uma vez que a taxa de juros ganha com esses títulos é alta. Então, após dez anos, ela enviará todos os ganhos acumulados para os Estados Unidos. Qual é a desvantagem de utilizar essa abordagem? (Suponha que os títulos não possuam risco de inadimplência e de taxa de juros.)

29. **Lógica do Orçamento de Capital.** A Athens, Inc. estabeleceu uma subsidiária no Reino Unido a qual era independente de suas operações dos Estados Unidos. O desempenho da subsidiária estava muito acima do esperado. Conseqüentemente, quando uma empresa britânica se aproximou da Athens pela possibilidade de adquirir a subsidiária, o chefe do setor financeiro da Athens deixou implícito que a subsidiária estava tendo um desempenho tão bom que ela não estava à venda. Comente essa estratégia.

30. **Estimando os Fluxos de Caixa de um Projeto Estrangeiro.** Suponha que a Nike decida construir uma fábrica de calçados no Brasil; metade dos gastos iniciais será obtida de capital próprio da controladora e metade, de empréstimos no Brasil. Suponha que a Nike queira avaliar o projeto de sua própria perspectiva para determinar se os fluxos de caixa futuros do projeto fornecerão um retorno para a controladora suficiente para garantir o investimento inicial. Por que os fluxos de caixa estimados serão diferentes dos fluxos de caixa estimados da fábrica de calçados da Nike em New Hampshire? Por que os gastos iniciais serão diferentes? Explique como a Nike poderá conduzir o orçamento de capital multinacional de modo que atinja seu objetivo.

31. **Valor Residual de Equilíbrio.** Um projeto na Malásia custa $ 4.000.000. Ao longo dos próximos três anos, o projeto gerará fluxos de caixa operacionais totais de $ 3.500.000, medidos ao dólar de hoje, usando uma taxa requerida de retorno de 14%. Qual é o valor residual de equilíbrio desse projeto?

CASO BLADES, INC.

Decisão da Blades, Inc. de Investir na Tailândia

Uma vez que Ben Holt, o chefe do setor financeiro da Blades, acredita que a possibilidade de crescimento do mercado tailandês de patins é bem alta, ele, juntamente com a diretoria da Blades, decidiu investir na Tailândia. O investimento deverá envolver o estabelecimento de uma subsidiária em Bangcoc, consistindo de uma fábrica para produzir "Speedos", os patins de alta qualidade da Blades. Holt acredita que os cenários econômicos na Tailândia estarão relativamente fortes daqui a dez anos, quando ele espera vender a subsidiária.

A Blades continuará a exportar para o Reino Unido sob contrato existente com a Jogs, Ltd., uma varejista britânica. Além disso, ela continuará suas vendas nos Estados Unidos. Sob um contrato existente com a Entertainment Products, Inc. uma varejista tailandesa, a Blades está comprometida a vender 180.000 pares de Speedos para a varejista a um preço fixo de 4.594 bahts tailandeses o par. Uma vez que as operações na Tailândia iniciem, o contrato durará por mais um ano, momento em que poderá ser renovado. Portanto, durante seu primeiro ano de operações na Tailândia, a Blades venderá 180.000 pares de patins para a Entertainment Products sob o contrato existente, possuindo operações no país ou não. Se estabelecer a fábrica na Tailândia, a Blades produzirá 108.000 dos 180.000 Speedos para a Entertainment Products na fábrica, durante o último ano de contrato. Portanto, a nova subsidiária teria de importar 72.000 pares de Speedos dos Estados Unidos para cumprir seu contrato com a Entertainment Products. Ela economizará o equivalente a 300 bahts por par com custos variáveis sobre os 108.000 pares não fabricados anteriormente na Tailândia.

A Entertainment Products já declarou sua disposição de renovar o acordo por mais três anos sob as mesmas condições. Devido a recentes atrasos de entrega, no entanto, ela está disposta a renovar o contrato somente se a Blades tiver operações na Tailândia. De mais a mais, se a Blades tiver uma subsidiária tailandesa, a Entertainment Products renovará continuamente o contrato existente enquanto a Blades tiver operações na Tailândia. Se o contrato for renovado, a Blades espera vender um total de 300.000 pares de Speedos durante seus primeiros dois anos de operações na Tailândia para vários varejistas, incluindo os 180.000 para a Entertainment Products. Após esse período, ela espera vender 400.000 pares anualmente. Se o contrato não for renovado, a Blades poderá vender somente 5.000 pares para a Entertainment Products anualmente, mas não a um preço fixo. Portanto, se o contrato não for renovado, a Blades espera vender um total de 125.000 pares de Speedos anualmente, durante seus primeiros dois anos de operações na Tailândia, e 225.000 pares anualmente depois. Os pares não vendidos sob o acordo contratual com a Entertainment Products serão vendidos por 5.000 bahts tailandeses o par, uma vez que a Entertainment Products havia exigido um preço mais baixo para compensá-la pelo risco de ser incapaz de vender os pares adquiridos da Blades.

Ben Holt deseja analisar a viabilidade financeira de estabelecer uma subsidiária na Tailândia. Como analista financeiro da Blades, foi dada a você a tarefa de analisar o projeto proposto. Uma vez que as condições futuras da Talândia são altamente incertas, Holt também pediu para você realizar uma análise de sensibilidade. Felizmente, ele forneceu a maioria das informações necessárias para a realização da análise do orçamento de capital. Essas informações estão detalhadas aqui:

- O edifício e os equipamentos necessários custarão 550 milhões de bahts tailandeses. Essa quantia inclui recursos adicionais para dar sustentação ao capital de giro.
- A fábrica e os equipamentos, avaliados em 300 milhões de bahts, deverão ser depreciados em linha reta. Portanto, 30 milhões de bahts serão depreciados anualmente por dez anos.
- Os custos variáveis necessários para a fabricação dos Speedos estão estimados em 3.500 bahts o par no próximo ano.
- As despesas operacionais fixas da Blades, tais como salários administrativos, serão de 25 milhões de bahts no próximo ano.
- A taxa de câmbio à vista do baht tailandês é de $ 0,023. A Blades espera que o baht se deprecie, em média, 2% por ano, ao longo dos próximos dez anos.
- O governo tailandês deverá impor uma alíquota de imposto de renda de 25% e uma alíquota de retenção de 10% sobre qualquer recurso enviado pela subsidiária para a Blades. Os lucros enviados para os Estados Unidos não serão tributados novamente.
- Depois de dez anos, a Blades espera vender sua subsidiária tailandesa. Ela espera vendê-la por cerca de 650 milhões de bahts, após considerar os impostos sobre ganhos de capital.

526 FINANÇAS CORPORATIVAS INTERNACIONAIS

- Espera-se que a inflação média anual da Tailândia seja de 12%. A não ser que os preços sejam fixados contratualmente, as receitas, as variáveis de custos e os custos fixos estão sujeitos à inflação e espera-se que se alterem pela mesma taxa anual que o índice de inflação.

A Blades poderá continuar suas operações de exportação e importação atuais para e da Tailândia, as quais geraram um retorno de cerca de 20%. A Blades exige um retorno de 25% sobre esse projeto para justificar seu investimento na Tailândia. Todo o excesso de recursos gerado pela subsidiária na Tailândia será enviado para a Blades e será utilizado para dar suporte às operações comerciais.

Ben Holt pediu para você responder às seguintes questões:

1. As vendas e os custos associados dos 180.000 pares de patins a ser vendidos na Tailândia sob o contrato existente deveriam estar incluídos na análise do orçamento de capital para decidir se a Blades deverá estabelecer uma subsidiária tailandesa? As vendas resultantes de um contrato renovado deveriam ser incluídas? Por quê?

2. Utilizando uma planilha, realize uma análise do orçamento de capital para o projeto proposto, supondo que a Blades renove o contrato com a Entertainment Products. A Blades deveria estabelecer uma subsidiária na Tailândia sob essas condições?

3. Utilizando uma planilha, conduza uma análise do orçamento de capital para o projeto proposto, supondo que a Blades não renove o contrato com a Entertainment Products. A Blades deveria estabelecer uma subsidiária na Tailândia sob essas condições? Ela deveria renovar o contrato com a Entertainment Products?

4. Uma vez que as condições econômicas futuras na Tailândia são incertas, Ben Holt gostaria de saber em que estado crítico o valor residual se encontra na alternativa que você considera mais viável.

5. O valor futuro do baht é altamente incerto. Em um cenário pior, o baht poderá se depreciar em 5% anualmente. Faça uma revisão de sua planilha para ilustrar como isso afetará a decisão da Blades de estabelecer uma subsidiária na Tailândia (use a análise do orçamento de capital que você identificou como a mais favorável das questões 2 e 3 para responder a esta questão).

DILEMA DA PEQUENA EMPRESA

Orçamento de Capital Multinacional da Sports Exports Company

Jim Logan, o proprietário da Sports Exports Company, está satisfeito com seu sucesso no Reino Unido. Ele iniciou seu negócio ao produzir bolas de futebol e depois passou a exportá-las para o Reino Unido. Apesar de as bolas de futebol no estilo americano ainda não serem tão populares no Reino Unido como são nos Estados Unidos, sua empresa controla o mercado do Reino Unido. Jim está considerando uma aplicação do mesmo negócio no México. Ele deverá produzir as bolas de futebol nos Estados Unidos e exportá-las para um distribuidor de artigos esportivos no México, que as venderia para lojas varejistas. O distribuidor provavelmente desejará pagar pelo produto a cada mês em pesos mexicanos. Jim precisará contratar um empregado em tempo integral nos Estados Unidos para produzir as bolas de futebol. Também precisará arrendar mais um depósito.

1. Descreva os passos do orçamento de capital necessários para determinar se esse projeto proposto é viável, estando relacionado a essa situação específica.

2. Explique por que há incertezas que envolvem os fluxos de caixa desse projeto.

APÊNDICE 17

Incorporação de Leis Fiscais Internacionais no Orçamento de Capital da EMN

As leis fiscais podem variar entre os países de várias maneiras, mas qualquer tipo de imposto faz com que os fluxos de caixa após os impostos difiram dos fluxos de caixa antes dos impostos. Para estimar os fluxos de caixa futuros que deverão ser gerados por um projeto estrangeiro proposto (tal como o estabelecimento de uma nova subsidiária ou a aquisição de uma empresa estrangeira), as EMNs precisam primeiro estimar os impostos em que incorrerão com um projeto estrangeiro. Este apêndice fornece um plano de fundo de informações gerais sobre as características de alguns dos impostos internacionais mais importantes que uma EMN deverá levar em consideração ao avaliar projetos estrangeiros. Os gestores financeiros não necessariamente terão de ser especialistas em tributação internacional porque poderão se apoiar no departamento jurídico internacional da EMN ou em consultores fiscais independentes para se orientarem. Todavia, deverão pelo menos estar cientes das características dos tributos internacionais que poderão afetar os fluxos de caixa de um projeto estrangeiro e perceber como essas características poderão variar entre os países em que os projetos são considerados.

Variação das Leis Fiscais entre os Países

Cada país gera arrecadações fiscais de diferentes maneiras. Os Estados Unidos contam com os impostos de renda de pessoa física e corporativa para as arrecadações federais. Outros países poderão depender mais do imposto sobre o valor agregado (IVA) ou o imposto de consumo. Uma vez que cada país possui sua própria filosofia de quem tributar e quanto, não é de surpreender que o tratamento fiscal de empresas difira entre os países. Como cada país possui um sistema único de impostos e alíquotas tributárias, as EMNs precisam conhecer as várias normas tributárias de cada país em que estão pensando em investir em um projeto estrangeiro. As características fiscais mais importantes a ser levadas em consideração em uma avaliação fiscal internacional da EMN são (1) imposto de renda corporativo, (2) alíquota de retenção, (3) impostos de pessoas físicas ou alíquotas de impostos de consumo, (4) provisões para exercícios passados e futuros, (5) acordos fiscais, (6) créditos de impostos e (7) impostos de renda de transações interempresariais.

Imposto de Renda Corporativo

Em geral, os países impõem os impostos corporativos sobre a renda gerada dentro de suas fronteiras, mesmo se a controladora dessas empresas estiver com suas bases em outros países. Cada país possui suas leis fiscais únicas para empresas. Os Estados Unidos, por exemplo, tributam a renda das *pessoas* americanas ao redor do mundo, termo que inclui as empresas. Como regra geral, no entanto, o gestor estrangeiro de uma subsidiária estrangeira de uma empresa americana não será tributada até que ela seja transferida para a controladora dos Estados Unidos mediante pagamento de dividendos ou quando de uma liquidação de negócio. Esse é o conceito de diferimento.

> **http://**
>
> O Website da Price Waterhouse Coopers em http://www.pwcglobal.com fornece acesso a informações específicas de países, tais como regras gerais do comércio e regulamentos e audiências fiscais.

Uma EMN que planeja o investimento estrangeiro direto em outros países deverá determinar como os lucros antecipados de um projeto estrangeiro serão afetados. Alíquotas tributárias impostas sobre os lucros de negócios (incluindo as subsidiárias estrangeiras das EMNs) ou sobre os lucros enviados para a controladora de vários países são mostradas na Tabela 17A.1. As alíquotas tributárias poderão ser mais baixas das que são mostradas para as empresas que possuem níveis de lucros relativamente baixos. Essa tabela mostra a medida que as alíquotas dos impostos de renda de empresas podem variar entre os países anfitriões e ilustra por que as EMNs avaliam de perto as orientações tributárias em qualquer país estrangeiro onde pensam em realizar investimento estrangeiro direto. Dadas as diferenças nas deduções de impostos, nas depreciações, nos subsídios comerciais e em outros fatores, os diferenciais nos impostos de empresas não poderão ser medidos simplesmente comparando as cotações das alíquotas tributárias.

País	Imposto de Renda de Empresa	País	Imposto de Renda de Empresa
Argentina	35%	Israel	36%
Austrália	30	Itália	37
Áustria	34	Japão	42
Bélgica	34	Coréia	30
Brasil	34	Malásia	28
Canadá	36	México	33
Chile	17	Países Baixos	35
China	33	Nova Zelândia	33
República Tcheca	28	Cingapura	22
França	34	Espanha	35
Alemanha	34	Suíça	24
Hong Kong	17	Taiwan	25
Hungria	16	Reino Unido	30
Índia	36	Estados Unidos	35
Indonésia	30	Venezuela	34
Irlanda	13		

Fonte: Worldwide Corporate Tax Guide, Ernst & Young. Os números fornecidos são somente para fins ilustrativos, já que as alíquotas tributárias reais dependem de características específicas da EMN.

Tabela 17A.1   Comparação das características fiscais entre países.

APÊNDICE 17 • INCORPORAÇÃO DE LEIS FISCAIS INTERNACIONAIS NO ORÇAMENTO DE CAPITAL DA EMN **529**

As alíquotas dos impostos corporativos também poderão ser diferentes dentro de um país, dependendo se a entidade for uma empresa doméstica. Além disso, se for considerado que uma empresa estrangeira sem registro tem um estabelecimento permanente no país, ela poderá estar sujeita às leis fiscais desse país em relação aos lucros dentro de suas fronteiras. Em geral, um estabelecimento permanente inclui um escritório ou um lugar fixo de comércio ou um tipo de agência específica (agentes independentes normalmente são excluídos) por meio dos quais negócios ativos e contínuos são realizados. Em alguns casos, a alíquota dependerá da indústria ou da forma de comércio empreendido (isto é, empresas, filiais, parcerias).

Alíquotas de Retenção

Os seguintes tipos de pagamentos feitos pela subsidiária de uma EMN geralmente estão sujeitos à retenção pelo governo anfitrião: (1) Uma subsidiária poderá enviar uma parte de seus lucros, conhecidos por *dividendos*, para sua controladora, já que a controladora é a acionista da subsidiária. (2) A subsidiária poderá pagar juros para a controladora ou para outro credor não-residente de quem ela recebeu empréstimos. (3) A subsidiária poderá fazer pagamentos para a controladora ou para outras empresas não-residentes, como retorno do uso de patentes (tais como tecnologias) ou outros direitos. O pagamento de dividendos reduzirá o montante de reinvestimentos feitos pela subsidiária no país anfitrião. Os pagamentos feitos pela subsidiária para empresas não-residentes para cobrir juros ou patentes refletem despesas realizadas pela subsidiária, o que normalmente reduzirá seu lucro tributável e, portanto, os impostos de renda da empresa pagos para o governo anfitrião. Portanto, as retenções poderão ser um meio de os governos anfitriões tributarem as EMNs que fazem pagamentos de juros ou pagamentos de patentes para empresas não-residentes.

Visto que as retenções sobre as subsidiárias poderão reduzir os recursos enviados pela subsidiária para a controladora, estas deverão ser levadas em consideração em uma análise do orçamento de capital realizada pela controladora. Como nas alíquotas de impostos corporativos, as alíquotas de retenção variam substancialmente entre os países.

Redução da Exposição às Retenções. As retenções poderão ser reduzidas por acordos fiscais (discutidos brevemente). Devido aos acordos fiscais entre alguns países, as retenções poderão ser mais baixas quando a controladora da EMN estiver localizada em um país participante desses acordos.

Se o governo do país anfitrião de uma subsidiária em particular impuser uma alíquota de retenção alta sobre os lucros da subsidiária enviados para a controladora, a controladora da EMN poderá instruir a subsidiária a parar temporariamente o envio desses lucros para reinvesti-los no país anfitrião. Como abordagem alternativa, a EMN poderá instruir a subsidiária a estabelecer uma divisão de pesquisa e desenvolvimento que aperfeiçoará subsidiárias em outros lugares. O propósito principal por trás dessa estratégia é utilizar eficientemente os recursos no exterior quando eles não puderem ser enviados para a controladora sem uma tributação excessiva. Uma vez que as leis fiscais internacionais podem influenciar o ritmo da transferência de recursos para a controladora, elas afetam o ritmo dos fluxos de caixa dos projetos estrangeiros propostos. Portanto, as implicações tributárias internacionais devem ser compreendidas antes que os fluxos de caixa de projetos estrangeiros sejam estimados.

Impostos de Pessoas Físicas e Alíquotas de Impostos de Consumo

Uma EMN provavelmente estará mais preocupada com as alíquotas do imposto corporativo e com as alíquotas de retenções do que com os impostos para pessoas físicas, porque seus fluxos de caixa não são afetados diretamente por esses últimos incorridos. No entanto, as alíquotas dos impostos sobre pessoas físicas poderão afetar indiretamente os fluxos de caixa da EMN porque ela poderá ter de pagar salários mais altos para os empregados em países (tais como os da Europa) em que o imposto de renda da pessoa física possui alíquotas relativamente altas. Além disso, o imposto sobre o valor agregado ou o imposto sobre consumo poderá afetar os fluxos de caixa a serem gerados a partir de um projeto estrangeiro porque ele poderá deixar os produtos menos competitivos em uma base global (reduzindo a quantidade esperada de produtos a ser vendidos).

Provisões para Exercícios Passados e Futuros

Prejuízos nas operações freqüentemente poderão ser reportados para o passado ou para o futuro para compensar os lucros de outros anos. As leis relativas a esses, assim chamadas **provisões para exercícios passados e futuros de perdas operacionais líquidas**, poderão variar entre os países. Uma EMN geralmente não planeja gerar prejuízos em países estrangeiros. Se ocorrerem prejuízos, no entanto, será desejável utilizá-los para compensar outros anos com lucros positivos. A maioria dos países não permite que prejuízos sejam reportados para o passado, mas permite alguma flexibilidade em reportar as perdas para o futuro. Visto que se espera que muitos projetos estrangeiros resultem em prejuízos nos anos iniciais, as leis tributárias do país em questão afetarão as deduções de impostos futuros resultantes dessas perdas e, portanto, os fluxos de caixa futuros do projeto estrangeiro.

Acordos Fiscais

Os países freqüentemente estabelecem acordos fiscais sobre o lucro, em que uma parte reduz seus impostos concedendo um crédito sobre impostos de empresas operando dentro da jurisdição fiscal da outra parte do acordo. Os acordos fiscais sobre os lucros ajudam as empresas a evitar a exposição à dupla tributação. Alguns acordos se aplicam a impostos pagos sobre os lucros obtidos pelas EMNs em países estrangeiros. Outros acordos se aplicam a impostos retidos pelo país anfitrião de lucros estrangeiros que são enviados para a controladora.

Sem esses acordos, os lucros das subsidiárias poderiam ser taxados pelo país anfitrião e novamente pelo país da controladora, ao ser recebidos pela controladora. Na medida em que a controladora utiliza alguns desses lucros para fornecer dividendos para os acionistas, isso poderia resultar em uma tripla tributação (visto que os dividendos também são tributados para os acionistas). Como os acordos fiscais reduzem a tributação sobre os lucros gerados pelas EMNs, elas ajudam a estimular o investimento estrangeiro direto. Muitos projetos estrangeiros que são considerados viáveis não o seriam sem os acordos fiscais, porque os fluxos de caixa esperados seriam reduzidos pela tributação excessiva.

Créditos de Impostos

Mesmo sem os acordos fiscais, poderá ser concedido um crédito para a EMN sobre o imposto de renda e as retenções em um país em relação aos impostos devidos pela controladora se ela atender algumas exigências. Como os acordos fiscais, os créditos de impostos ajudam a evitar dupla tributação e estimulam o investimento estrangeiro direto.

As políticas de créditos de impostos variam de certa forma entre os países, mas geralmente agem assim. Considere uma EMN com base nos Estados Unidos sujeita à alíquota de impostos de 35%. Suponha que uma subsidiária estrangeira dessa empresa tenha gerado lucros tributados em menos de 35%, pelo governo do país anfitrião. Os lucros enviados para a controladora

APÊNDICE 17 • INCORPORAÇÃO DE LEIS FISCAIS INTERNACIONAIS NO ORÇAMENTO DE CAPITAL DA EMN **531**

da subsidiária estariam sujeitos a um montante adicional de impostos dos Estados Unidos para elevar a tributação total para 35%. Do ponto de vista da controladora, o imposto sobre os lucros enviados de sua subsidiária são de 35% no total, portanto, não importa se o país anfitrião da subsidiária ou os Estados Unidos recebam a maior parte dos impostos. Da perspectiva do governo desses dois países, no entanto, a distribuição dos impostos é muito importante. Se as subsidiárias de empresas dos Estados Unidos estiverem estabelecidas em países estrangeiros e se esses países tributam o lucro a uma alíquota próxima a 35%, eles poderão gerar grandes montantes de impostos sobre os lucros pelas subsidiárias. Os países anfitriões receberão as arrecadações de impostos à custa do país da controladora (Estados Unidos nesse caso).

Se a alíquota do imposto de renda de empresa em um país estrangeiro for maior que 35%, os Estados Unidos geralmente não impõem qualquer tributação adicional sobre os lucros enviados para a controladora americana pelas subsidiárias naquele país. Na verdade, de acordo com a lei atual, os Estados Unidos permitem que o excesso dos impostos estrangeiros seja creditado a favor de outros impostos devidos pela controladora, cobrados sobre o mesmo tipo de renda gerada pelas subsidiárias em outros países com tributações mais baixas. De certo modo, isso sugere que alguns países anfitriões poderão cobrar alíquotas de impostos de empresas anormalmente altas das subsidiárias estrangeiras e, ainda assim, atrair o investimento estrangeiro direto. Se a EMN do nosso exemplo possuir subsidiárias localizadas em alguns países com alíquotas baixas de impostos, o imposto dos Estados Unidos sobre os lucros enviados para a controladora americana normalmente trará a tributação total para 35%. Todavia, os créditos a favor dos impostos excessivos dos países com alta tributação sobre subsidiárias estrangeiras poderiam compensar esses impostos que, de outra forma, seriam pagos ao governo dos Estados Unidos. Graças aos créditos de impostos, portanto, uma EMN poderá estar mais disposta a investir em um projeto em um país com alíquotas excessivas de impostos.

Informações básicas sobre os impostos atuais de um país poderão não ser suficientes para determinar os efeitos fiscais de um projeto estrangeiro em particular porque incentivos fiscais poderão ser oferecidos em circunstâncias particulares e as alíquotas tributárias poderão mudar ao longo do tempo. Considere uma EMN que planeja estabelecer uma fábrica no País Y, em vez de no País X. Suponha que, enquanto muitas características econômicas favorecem o País X, as alíquotas tributárias atuais no País Y estão mais baixas. No entanto, enquanto as alíquotas tributárias no País X têm sido historicamente estáveis e espera-se que continuem assim, elas mudaram de ano em ano no País Y. Nesse caso, a EMN deverá avaliar a incerteza futura das alíquotas de tributação. Ela não poderá tratar a alíquota atual do País Y como uma constante, ao realizar a análise do orçamento de capital. Em vez disso, ela deverá considerar possíveis alterações nas alíquotas tributárias ao longo do tempo e, com base nessas possibilidades, determinar se as vantagens fiscais projetadas do País Y ao longo do tempo ultrapassam suficientemente as vantagens do País X. Uma abordagem para levar em conta possíveis alterações nas alíquotas tributárias é a de utilizar a análise de sensibilidade, que mede a sensibilidade do valor presente líquido (*VPL*) dos fluxos de caixa após os impostos a várias alterações possíveis ao longo do tempo. Para cada cenário tributário, um *VPL* diferente é projetado. Ao considerar cada cenário tributário possível, a EMN poderá desenvolver uma distribuição de *VPLs* possíveis de ocorrer e poderá, então, comparar esses valores para cada país.

Duas funções críticas amplamente definidas são necessárias para determinar como as leis fiscais internacionais afetam os fluxos de caixa de um projeto estrangeiro. A primeira é estar ciente de todas as leis fiscais atuais (e futuras possíveis) existentes em cada país em que a EMN realiza (ou planeja realizar) negócios. A segunda é de tomar as informações geradas a partir da primeira função e aplicá-las aos lucros e remessas previstos para determinar as tributações, de modo que os fluxos de caixa do projeto proposto possam ser estimados.

Impostos de Renda de Transações Interempresariais

Muitos dos projetos estrangeiros propostos de uma EMN envolverão transações interempresariais. Por exemplo, uma EMN com base nos Estados Unidos poderá pensar em adquirir uma empresa estrangeira para produzir e entregar suprimentos para suas subsidiárias nos Estados Unidos. Sob essas condições, a EMN deverá utilizar o preço de transferência, que envolve determinar os preços das transações entre duas entidades (tais como subsidiárias) da mesma empresa. Quando as EMNs avaliam novos projetos estrangeiros, elas deverão incorporar seus preços de transferência para estimar apropriadamente seus fluxos de caixa que serão gerados a partir desses projetos. Portanto, antes de a viabilidade de um projeto poder ser determinada, as decisões de preços de transferência deverão ser estudadas em relação às transações interempresariais antecipadas que resultarão do novo projeto. As EMNs estão sujeitas a algumas orientações sobre o preço de transferência, mas elas geralmente possuem certa flexibilidade e tendem a utilizar uma política de preços de transferência que minimizará as tributações enquanto satisfazem as orientações.

EXEMPLO

A Oakland Corp. estabeleceu duas subsidiárias para capitalizar sobre menores custos de produção. Uma dessas subsidiárias (chamada Sub Hitax) está localizada em um país cujo governo impõe uma alíquota de imposto de 50% sobre o lucro antes do imposto. A Sub Hitax fabrica produtos parcialmente acabados e os envia para a outra subsidiária (chamada Sub Lotax) em que ocorre a montagem final. O governo anfitrião da Sub Lotax impõe uma alíquota de 20% sobre o lucro antes do imposto. Para simplificar o exemplo, suponha que não haja dividendos a ser enviados para a controladora em futuro próximo. Dadas essas informações, declarações de renda *pro forma* seriam como mostradas na parte superior da Tabela 17A.2 para a Sub Hitax (segunda coluna), a Sub Lotax (terceira coluna), e as subsidiárias combinadas (última coluna). Os itens do demonstrativo de resultados estão relatados em dólares americanos para ilustrar mais facilmente como uma política de preços de transferência revisada poderá afetar os lucros e os fluxos de caixa.

Os níveis de venda apresentados pela Sub Hitax são comparáveis com o custo de produtos vendidos para a Sub Lotax, indicando que todas as vendas da Sub Hitax foram para a Sub Lotax. As despesas adicionais incorridas pela Sub Lotax para completar o produto são classificadas como despesas operacionais.

Note na Tabela 17A.2, que as duas subsidiárias possuem o mesmo lucro antes dos impostos. Todavia, devido às alíquotas tributárias diferentes, o lucro depois do imposto da Sub Hitax é de $ 7,5 milhões a menos que a da Sub Lotax. Se a Oakland Corp. puder revisar seu preço de transferência, seus lucros combinados após os impostos aumentarão. Para ilustrar, suponha que o preço dos produtos enviados da Sub Hitax para a Sub Lotax seja reduzido, fazendo com que as vendas da Sub Hitax caiam de $ 100 milhões para $ 80 milhões. Isso também reduz o custo dos produtos vendidos da Sub Lotax em $ 20 milhões. O demonstrativo dos resultados *pro forma* revisado resultante da alteração na política de preços de transferência é apresentado na parte inferior da Tabela 17A.2. Os lucros previstos das duas subsidiárias antes dos impostos agora diferem em $ 40 milhões, embora o montante combinado não tenha se alterado. Como os lucros foram deslocados da Sub Hitax para a Sub Lotax, o total de pagamentos de impostos é reduzido para $ 11,5 milhões a partir da estimativa original de $ 17,5 milhões. Portanto, os impostos previstos da empresa sobre os lucros agora são $ 6 milhões a menos do que os esperados originalmente.

APÊNDICE 17 • INCORPORAÇÃO DE LEIS FISCAIS INTERNACIONAIS NO ORÇAMENTO DE CAPITAL DA EMN **533**

	Estimativas Originais		
	Sub Hitax	Sub Lotax	Combinadas[1]
Vendas	$ 100.000	$ 150.000	$ 250.000
Menos: Custo dos produtos vendidos	50.000	100.000	150.000
Lucro bruto	50.000	50.000	100.000
Menos: Despesas operacionais	20.000	20.000	40.000
Lucros antes dos juros e imposto de renda	30.000	30.000	60.000
Despesas com juros	5.000	5.000	10.000
Lucros antes do imposto de renda	25.000	25.000	25.000
Imposto (50% da Hitax e 20% da Lotax)	12.500	5.000	17.500
Lucros após os impostos	$ 12.500	$ 20.000	$ 32.000
	Estimativas Revisadas Baseadas no Ajuste da Política de Preços de Transferência		
	Sub Hitax	Sub Lotax	Combinadas[1]
Vendas	$ 80.000	$ 150.000	$ 230.000
Menos: Custo de produtos vendidos	50.000	80.000	130.000
Lucro bruto	30.000	70.000	100.000
Menos: Despesas operacionais	20.000	20.000	40.000
Lucros antes dos juros e imposto de renda	10.000	50.000	60.000
Despesas com juros	5.000	5.000	10.000
Lucro antes do imposto de renda	5.000	45.000	50.000
Impostos (50% da Hitax e 20% da Lotax)	2.500	9.000	11.500
Lucros após os impostos	$ 2.500	$ 36.000	$ 38.000

Tabela 17A.2 Impacto do ajuste de preços de transferência sobre lucros e impostos *pro forma*: Oakland Corp. (em milhares).

Deverá ser mencionado que os ajustes possíveis nas políticas de preços de transferência poderão ser limitados porque o governo anfitrião poderá restringir essas práticas quando a intenção for evitar os impostos. Os preços nas transações entre as subsidiárias de uma empresa devem adotar o princípio de transações "sem intimidade". Isto é, o preço deverá ser estabelecido como se o comprador não estivesse relacionado ao vendedor e não deverá ser ajustado simplesmente para deslocar a carga do imposto. Todavia, há certa flexibilidade nas políticas de preços de transferência, permitidos às EMNs de todos os países tentar estabelecer políticas que estejam dentro de limites legais, mas que também reduzam a carga tributária. Mesmo se o preço de transferência refletir um preço "justo" que seja cobrado normalmente no mercado, uma subsidiária ainda assim poderá cobrar da outra pelas transferências de tecnologia, despesas de pesquisa e desenvolvimento ou outras formas de despesas gerais incorridas.

---

[1] Os números combinados são apresentados aqui com fins ilustrativos apenas e não refletem os demonstrativos financeiros consolidados oficiais da empresa. Ao consolidar as vendas para os demonstrativos financeiros, as transações interempresariais (entre subsidiárias) seriam eliminadas. Este exemplo pretende simplesmente ilustrar como os impostos pagos pelas subsidiárias são mais baixos quando o preço de transferência é estruturado para deslocar parte do lucro bruto de uma subsidiária com impostos altos para uma subsidiária com impostos baixos.

534 FINANÇAS CORPORATIVAS INTERNACIONAIS

A mecânica real de preços de transferência internacionais vai muito além do exemplo fornecido aqui. As leis dos Estados Unidos nessa área são particularmente estritas. Porém, há várias maneiras de as EMNs poderem justificar o aumento de preços em uma subsidiária e a redução em outras.

Há evidências consideráveis de que as EMNs com base em inúmeros países utilizam as estratégias de preços de transferência para reduzir seus impostos. De mais a mais, as restrições aos preços de transferência podem ser burladas de várias maneiras. Várias taxas podem ser implantadas para serviços, pesquisas e desenvolvimento, royalties e encargos administrativos. Embora as taxas possam ser impostas para deslocar os lucros e minimizar os impostos, elas possuem o efeito de distorcer o desempenho real de cada subsidiária. Para corrigir qualquer distorção, a EMN poderá usar uma abordagem centralizada para levar em conta a estratégia de preços de transferência quando da avaliação do desempenho de cada subsidiária.

USANDO A WEB

Alíquotas de Impostos Corporativos de Países. Uma EMN deverá levantar as alíquotas de impostos corporativos do país antes de poder estimar apropriadamente seus fluxos de caixa decorrentes do investimento estrangeiro direto por lá. Informações sobre os tributos impostos pelos países são fornecidas em http://biz.yahoo.com/ifc/. Clique em qualquer país da lista, depois em Regulamentos de Impostos (Tax Regulations). Informações detalhadas sobre como uma EMN será tributada sobre as várias formas de rendimentos estão disponíveis por meio de vários links, incluindo imposto de renda corporativo, alíquotas de retenção sobre dividendos, alíquotas de retenção sobre juros e alíquotas de retenção sobre royalties e taxas.

CAPÍTULO 18

Reestruturação da EMN

Empresas multinacionais (EMNs) geralmente se engajam em **reestruturação multinacional**, o que envolve a reestruturação da composição de seus ativos ou passivos multinacionais. Portanto, as decisões de reestruturação multinacional não só determinam os tipos de ativos, mas também o país no qual esses ativos se localizam. Gestores financeiros devem saber como avaliar alternativas de reestruturação, de modo que possam tomar decisões que maximizem o valor da EMN.

Os objetivos específicos deste capítulo são:

- fornecer informações de como as EMNs utilizam a aquisição internacional como uma forma de reestruturação multinacional;
- explicar como as EMNs avaliam as empresas-alvo estrangeiras;
- explicar por que as avaliações de uma empresa-alvo variam entre as EMNs que planejam a reestruturação com a aquisição de uma empresa; e
- identificar outros tipos de reestruturação, além de aquisições internacionais.

Informações sobre a Reestruturação da EMN

As decisões tomadas por uma EMN para construir uma nova subsidiária nos Países Baixos, para adquirir uma empresa na Itália, para vender sua subsidiária em Cingapura, para reduzir suas operações na Nova Zelândia ou para deslocar parte da produção de uma subsidiária britânica para uma subsidiária mexicana representam formas de reestruturação multinacional. Mesmo a EMN mais bem-sucedida continuamente avalia possíveis formas de reestruturação multinacional, de modo que possa capitalizar mudanças econômicas, políticas ou condições industriais pelos países.

As EMNs reavaliam seus negócios e outros projetos existentes ao determinar a composição ideal dos ativos a ser empregados e os locais em que serão empregados. Mesmo se um negócio

535

536 FINANÇAS CORPORATIVAS INTERNACIONAIS

existente esteja valorizando a EMN, valerá a pena avaliá-lo para conferir se ele não geraria mais valor para a EMN se fosse reestruturado.

Tendências em Aquisições Internacionais

O volume de aquisições estrangeiras das empresas dos Estados Unidos cresceu consistentemente a partir de 1993. Em particular, as empresas européias são alvos atraentes para as empresas americanas que procuram estabelecer presença na Europa, devido aos regulamentos mais uniformes nos países da União Européia, ao momento do livre empreendimento no Leste Europeu e ao lançamento do euro. As empresas dos Estados Unidos adquirem mais alvos no Reino Unido do que em qualquer outro país. As empresas britânicas e canadenses são as compradoras não-americanas mais comuns dos alvos nos Estados Unidos.

Modelos de Avaliação de Alvos Estrangeiros

http://

http://www.cia.gov fornece um link para o *World Factbook,* que possui informações valiosas sobre os países que podem ser considerados pelas EMNs que procuram adquirir alvos estrangeiros.

A decisão de uma EMN investir em uma empresa estrangeira é semelhante à decisão de investir em outros projetos, na medida em que está baseada na comparação de custos e benefícios medidos pelo valor presente líquido. Da perspectiva da controladora da EMN, o valor do alvo estrangeiro pode ser estimado pelo valor presente dos fluxos de caixa que deverá receber do alvo, quando esse se tornar uma subsidiária estrangeira de propriedade da controladora.

A controladora da EMN deverá considerar o investimento no alvo somente se o valor presente estimado dos fluxos de caixa que receber ao longo do tempo exceder o gasto inicial necessário para a aquisição do alvo. Portanto, a análise do orçamento de capital po-

---

GERENCIANDO PARA VALOR

Aquisições Internacionais

A aquisição internacional de uma empresa é semelhante a outros projetos internacionais, na medida em que requer um gasto inicial e se espera que gere fluxos de caixa cujo valor presente exceda esse gasto inicial. Muitas aquisições internacionais são motivadas pelo desejo de aumentar a participação no mercado global ou capitalizar economias de escala por meio da consolidação global. Muitas EMNs com base nos Estados Unidos incluindo a Rockwell International, a Ford Motor Co., a Scott Paper Co., a Borden, Inc. e a Dow Chemical Co., recentemente se envolveram em aquisições internacionais.

As EMNs poderão ver as aquisições internacionais como uma forma de investimento estrangeiro direto (IED) melhor do que o estabelecimento de uma nova subsidiária. No entanto, há diferenças distintas entre essas duas formas de

IED. Por meio de uma aquisição internacional, a empresa poderá expandir seu negócio internacional imediatamente, uma vez que o alvo já está pronto no lugar. Estabelecer uma nova subsidiária requer tempo. Segundo, a aquisição internacional poderá se beneficiar do relacionamento da clientela já estabelecida. Essas vantagens da aquisição internacional em relação ao estabelecimento de uma subsidiária estrangeira deverão ser ponderadas perante os custos mais altos da aquisição. Quando visto como um projeto, a aquisição internacional geralmente gera fluxos de caixa mais rápidos e maiores do que o estabelecimento de uma nova subsidiária, mas também requer um gasto inicial maior. As aquisições internacionais também necessitam da integração do estilo de administração da controladora com o do alvo estrangeiro.

derá ser utilizada para determinar se a empresa deverá ser adquirida. O valor presente líquido da perspectiva da empresa compradora (VPL_a) será:

$$VPL_a = -II_a + \sum_{t=1}^{n} \frac{FC_{a,t}}{(1+k)^t} + \frac{VR_a}{(1+k)^n}$$

onde

II = gasto inicial necessário para a empresa compradora adquirir o alvo;

$FC_{a,t}$ = fluxo de caixa a ser gerado pelo alvo para a empresa adquirente;

k = taxa requerida de retorno sobre a aquisição do alvo;

VR_a = valor residual do alvo (preço de venda esperado do alvo em um ponto no futuro);

n = momento em que o alvo será vendido pela empresa adquirente.

A análise do orçamento de capital de um alvo estrangeiro deverá contar com a taxa de câmbio em questão. Por exemplo, considere uma EMN com base nos Estados Unidos que avalie a aquisição de uma empresa estrangeira. O gasto inicial em dólares (II_{EUA}) necessários pela empresa dos Estados Unidos é determinado pelo preço da aquisição em unidades da moeda estrangeira (II_f) e a taxa à vista da moeda estrangeira (S):

$$II_{EUA} = II_f(S)$$

O montante em dólares dos fluxos de caixa para a empresa americana será determinado pelos fluxos de caixa em moeda estrangeira ($FC_{f,t}$) por período enviados para os Estados Unidos e a taxa à vista naquele momento (S_t):

$$FC_{a,t} = (FC_{f,t})S_t$$

Isso ignora quaisquer restrições de impostos retidos ou recursos bloqueados, estabelecidos pelo governo anfitrião, e quaisquer tributações sobre a renda por parte do governo dos Estados Unidos. O montante de dólares do valor residual para a empresa dos Estados Unidos é determinado pelo valor residual em unidades da moeda estrangeira (VR_f) e a taxa à vista no momento (período n) quando for convertido em dólares (S_n):

$$VR_a = (VR_f)S_n$$

O valor presente líquido de um alvo estrangeiro poderá ser derivado substituindo as igualdades descritas há pouco na equação de orçamento de capital.

$$VPL_a = -II_a + \sum_{t=1}^{n} \frac{FC_{a,t}}{(1+k)^t} + \frac{VR_a}{(1+k)^n}$$

$$= -(II_f)S + \sum_{t=1}^{n} \frac{FC_{f,t}}{(1+k)^t} + \frac{(VR_f)S}{(1+k)^n}$$

http://

Visite o Website do Banco Mundial em http://www.worldbank.org para ver dados sobre o desenvolvimento socioeconômico e indicadores de desempenho, assim como links para análises de publicações orientadas por estatísticas e projetos.

Avaliação de Aquisições Possíveis após a Crise na Ásia

Embora a crise asiática tivesse efeitos devastadores, ela criou uma oportunidade para algumas EMNs buscarem novos negócios na Ásia. O gasto inicial para a aquisição de uma empresa na Ásia ficou mais baixo, como resultado da crise. Primeiro, os valores de propriedades haviam declinado. Segundo, a moeda da controladora (controladoras dos Estados Unidos e da Europa) possuía mais poder de compra devido ao enfraquecimento das moedas asiáticas.

538 FINANÇAS CORPORATIVAS INTERNACIONAIS

Terceiro, muitas empresas na Ásia encontravam-se à beira da falência e estavam incapacitadas de obter os recursos necessários. Quarto, os governos nesses países estavam mais dispostos a permitir as aquisições estrangeiras das empresas locais (especialmente aquelas que estavam falindo) como um meio de resolver a crise. Conseqüentemente, algumas empresas americanas e européias buscaram o investimento estrangeiro direto na Ásia durante a crise asiática.

> ### EXEMPLO
>
> Nos primeiros seis meses de 1998, as empresas dos Estados Unidos investiram mais de $ 8 bilhões na Ásia – mais do dobro do montante que haviam investido por lá durante todo o ano de 1997. A Procter & Gamble concordou em adquirir a Sanyong Paper (um grande conglomerado na Coréia do Sul) durante a crise. O Citigroup fez um grande investimento no First City Bank na Tailândia.

As empresas que fizeram aquisições tiveram de considerar os efeitos adversos óbvios da crise em suas análises do orçamento de capital. O crescimento econômico mais baixo significava uma geração de fluxos de caixa mais baixos para a maioria dos projetos asiáticos, e as moedas fracas reduziram o montante de fluxos de caixa (na moeda da controladora) a ser recebido no final, como retorno do investimento da controladora.

Na medida em que as empresas acreditavam que os valores das moedas asiáticas tivessem atingido o fundo e reagiriam, elas poderiam supor que qualquer nova aquisição de empresas asiáticas poderia render benefícios no futuro com as oscilações da taxa de câmbio. As empresas poderiam iniciar seus investimentos na Ásia investindo sua moeda nacional em troca da moeda asiática fraca. Então, quando as moedas se apreciassem ao longo do tempo, os ganhos gerados por lá valeriam mais (em termos da moeda da controladora) quando enviados para a controladora.

Avaliação das Possíveis Aquisições na Europa

Antes da adoção do euro, uma EMN com base nos Estados Unidos tinha de considerar separadamente os efeitos da taxa de câmbio sobre as empresas compradoras em diferentes países europeus. Por exemplo, a moeda da Itália (a lira) era considerada mais propensa a se enfraquecer perante o dólar do que as outras moedas européias, e isso poderia afetar a decisão de adquirir uma empresa italiana, em vez de uma empresa alemã ou francesa. A adoção do euro como moeda local de vários países europeus simplificou a análise para a EMN que estiver comparando as empresas-alvo possíveis nesses países. A EMN com base nos Estados Unidos ainda assim poderá ser afetada pelas oscilações futuras no valor do euro perante o dólar, mas esses efeitos ocorrerão independentemente de a EMN adquirir a empresa na Itália ou em qualquer outro país da região do euro. Portanto, a EMN poderá tomar sua decisão de qual empresa adquirir entre esses países sem ficar preocupada com os efeitos das taxas de câmbio diferentes. Se a EMN também considerar empresas nos países europeus que não adotaram o euro como sua moeda, no entanto, ainda terá de comparar os possíveis efeitos da taxa de câmbio que poderão resultar dessa aquisição.

Fatores que Afetam os Fluxos de Caixa Esperados do Alvo Estrangeiro

Quando uma EMN estima os fluxos de caixa futuros que receberá no final após à aquisição do alvo estrangeiro, ela leva em consideração vários fatores que refletem as condições do país em questão ou as condições do alvo em si.

Fatores Específicos do Alvo

As seguintes características do alvo estrangeiro são consideradas quando se estimam os fluxos de caixa que o alvo fornecerá para a controladora.

Fluxos de Caixa Anteriores do Alvo. Uma vez que o alvo estrangeiro realiza negócios, ele possui um histórico dos fluxos de caixa que gerou até o momento. Os fluxos de caixa recentes por período poderão servir como base inicial da qual os fluxos de caixa futuros por período poderão ser estimados após a análise de outros fatores. Uma vez que a empresa-alvo já realiza negócios, ela poderá estimar mais facilmente os fluxos de caixa que gerará do que estimar os fluxos a ser gerados a partir de uma nova subsidiária.

Os fluxos de caixa anteriores da empresa não necessariamente serão um indicador preciso dos fluxos de caixa futuros, no entanto, especialmente quando os fluxos de caixa futuros do alvo tiverem de ser convertidos na moeda nacional da compradora para ser enviados à controladora. Portanto, a EMN precisará analisar com cuidado todos os fatores que poderão influenciar os fluxos de caixa que serão gerados pelo alvo estrangeiro.

Capacidade Gerencial do Alvo. Uma empresa compradora deverá avaliar a administração atual do alvo, de modo que possa determinar como a empresa-alvo será administrada após a aquisição. A maneira como a compradora planeja trabalhar com o talento gerencial afetará os fluxos de caixa estimados a ser gerados pelo alvo.

Se a EMN adquirir o alvo, ela poderá permitir que a empresa-alvo seja administrada como o era antes da aquisição. Sob essas condições, no entanto, a empresa compradora poderá ter menos potencialidade para melhorar os fluxos de caixa do alvo.

Uma segunda alternativa para a EMN é reduzir a empresa-alvo após sua aquisição. Por exemplo, se a empresa compradora introduzir tecnologia nova que reduzirá a necessidade de alguns dos empregados do alvo, ela poderá procurar reduzi-lo. A redução diminuirá as despesas, mas poderá também reduzir a produtividade e as receitas, portanto, o efeito sobre os fluxos de caixa poderá variar com a situação. Além disso, a EMN poderá encontrar barreiras significativas para aumentar a eficiência fazendo reduções de pessoal em vários países. Os governos de alguns países possivelmente intervirão e impedirão a aquisição, se a redução for antecipada.

Uma terceira alternativa para a EMN é manter os empregados existentes do alvo, mas reestruturar as operações de modo que a mão-de-obra seja utilizada com mais eficiência. Por exemplo, a EMN poderá introduzir sua própria tecnologia na empresa-alvo e depois reestruturar as operações de maneira que muitos dos empregados recebam novas funções. Essa estratégia poderá fazer com que o adquirente incorra em algumas despesas adicionais, mas há a potencialidade de fluxos de caixas melhorados ao longo do tempo.

Fatores Específicos do País

Uma EMN caracteristicamente leva em consideração os seguintes fatores específicos do país, ao estimar os fluxos de caixa que serão fornecidos pelo alvo estrangeiro para a controladora.

Condições Econômicas Locais do Alvo. Os alvos possíveis em países em que as condições econômicas são fortes estarão mais propensos a ter uma forte demanda por seus produtos no futuro e poderão gerar fluxos de caixa mais altos. No entanto, algumas empresas são mais sensíveis às condições econômicas do que outras. Além disso, algumas aquisições de empresas pretendem se concentrar em exportações do país de origem do alvo, então as condições econômicas do país do alvo não serão tão importantes. As condições econômicas são difíceis de prever ao longo de um período de longo prazo, especialmente em países emergentes.

Condições Políticas Locais do Alvo. Alvos possíveis em países em que as condições políticas são favoráveis são menos propensos a passarem por choques adversos em seus fluxos de caixa. A sensibilidade dos fluxos de caixa às condições políticas depende do tipo de negócio da empresa. As condições políticas também são difíceis de prever ao longo de um período de longo prazo, especialmente em países emergentes.

Condições Industriais do Alvo. As condições industriais dentro de um país poderão fazer com que alguns alvos sejam mais desejáveis que outros. Alguns setores industriais em um país em particular poderão ser extremamente competitivos, enquanto outros não o são. Além disso, alguns setores apresentam um alto potencial de crescimento em um país em particular, enquanto outros apresentam um baixo potencial. Quando uma EMN avaliar os alvos entre os países, ela escolherá um país em que o crescimento potencial de seu setor industrial seja alto e a concorrência não seja excessiva.

> **http://**
>
> Visite Fred, o banco de dados do Federal Reserve, em http://research. stlouisfed.org/fred2 para inúmeras séries temporais econômicas e financeiras, isto é, sobre estatísticas da balança de pagamentos, taxas de juros e taxas de câmbio estrangeiras.

Condições da Moeda do Alvo. Se uma EMN com base nos Estados Unidos planeja adquirir um alvo estrangeiro, ela deverá considerar como as oscilações da taxa de câmbio futuras poderão afetar os fluxos de caixa da moeda local. Ela deverá considerar também como as taxas de câmbio afetarão a conversão dos ganhos do alvo enviados para a controladora dos Estados Unidos. Em um caso típico, a moeda estrangeira idealmente deverá estar fraca no momento da aquisição (de modo que o gasto inicial da EMN seja baixo), mas deverá se fortalecer ao longo do tempo, quando os fundos forem enviados periodicamente para a controladora dos Estados Unidos. Poderá haver exceções para essa afirmação geral, mas o ponto é que a EMN preveja as taxas de câmbio futuras e depois aplique essas previsões para determinar o impacto sobre os fluxos de caixa.

Condições do Mercado de Ações Local do Alvo. Empresas-alvo que sejam sociedades anônimas de capital aberto são avaliadas continuamente no mercado, portanto, os preços de suas ações poderão variar rapidamente. Quando o preço das ações da empresa se altera, o preço de oferta necessário para a compra dessa empresa possivelmente se alterará também. Portanto, poderá haver mudanças substanciais no preço de compra aceitável para o alvo. Isso ocorre principalmente com empresas de capital aberto em mercados emergentes da Ásia, do Leste Europeu e da América Latina onde os preços das ações geralmente se alteram em 5% ou mais em uma semana. Portanto, uma EMN que planeja adquirir um alvo preferirá fazer suas ofertas em um momento em que os preços do mercado de ações local estejam baixos no geral.

Tributos Aplicáveis ao Alvo. Quando uma EMN avalia o alvo estrangeiro, deverá estimar os fluxos de caixa após impostos que receberá na forma de recursos enviados para a controladora. Portanto, a legislação tributária aplicável ao alvo estrangeiro é utilizada para derivar os fluxos de caixa após impostos. Primeiro, as alíquotas de impostos corporativos aplicáveis serão aplicadas aos lucros futuros estimados do alvo para determinar os lucros após impostos. Segundo, os retornos financeiros são determinados aplicando-se qualquer alíquota de retenção aos recursos que se espera que sejam enviados para a controladora em cada período. Terceiro, se o governo da empresa compradora impuser um tributo adicional sobre os ganhos enviados ou autorizar um crédito de imposto, esse tributo ou crédito deverá ser aplicado.

Exemplo de Processo de Avaliação

A Lincoln Co. deseja se expandir para a América Latina ou o Canadá. Os métodos que esta empresa utiliza para inicialmente analisar os alvos em vários países para depois estimar o valor do alvo são discutidos a seguir.

Processo de Análise Internacional

A Lincoln Co. leva em consideração os fatores descritos aqui quando realiza uma análise inicial dos alvos possíveis. Ela identificou possíveis alvos no México, no Brasil, na Colômbia e no Canadá, como apresentado na Tabela 18.1. O alvo no México não planeja vender seu negócio e nem mesmo está disposto a considerar uma oferta da Lincoln Co. Portanto, essa empresa não mais será considerada. A Lincoln antecipa problemas políticos que poderão criar barreiras a uma aquisição na Colômbia, apesar de o alvo colombiano estar disposto a ser adquirido. As condições do mercado de ações não são favoráveis no Brasil, já que recentemente o preço da maioria das empresas brasileiras subiu substancialmente. A Lincoln Co. não quer pagar o valor do alvo brasileiro com base no seu valor de mercado corrente.

Com base nesse processo de análise, o único alvo estrangeiro que merece uma avaliação mais detalhada é o alvo do Canadá. De acordo com a avaliação da Lincoln, as condições da moeda do Canadá são ligeiramente desfavoráveis, mas essa não é uma razão para eliminar o alvo de futuras considerações. Portanto, o próximo passo para a Lincoln Co. será obter o maior número de informações possível sobre o alvo e as condições no Canadá. Então, a Lincoln poderá utilizar essas informações para derivar os fluxos de caixa esperados do alvo e determinar se seu valor excede o gasto inicial que será requerido para a sua aquisição, como explicado a seguir.

Estimando o Valor do Alvo

Uma vez que a Lincoln Co. tenha completado sua análise inicial dos alvos, ela realizará uma avaliação de todos os alvos que passaram pelo processo de análise. A Lincoln poderá estimar o valor presente dos fluxos de caixa que resultarem da aquisição do alvo. Essa estimativa então será utilizada para determinar se o alvo deverá ser adquirido.

Continuando com o nosso exemplo simplificado, o processo de análise desta empresa resultou em apenas um alvo qualificado, uma empresa canadense. Suponha que a empresa canadense realize todos os seus negócios localmente e que a Lincoln espere obter insumos a um custo mais baixo que o alvo, devido ao seu relacionamento com alguns fornecedores canadenses, e implantar um processo de produção mais eficiente. A Lincoln também planeja utilizar o

Alvo localizado no(a):	O Alvo é Receptivo à Aquisição?	Condições Econômicas e Industriais	Condições Políticas Locais	Condições da Moeda Local	Preços Correntes do Mercado de Ações	Legislação Tributária
México	Não	Favoráveis	Boas	Boas	Bons	Poderão mudar
Brasil	Talvez	Boas	Boas	Boas	Muito altos	Poderão mudar
Colômbia	Sim	Favoráveis	Voláteis	Favoráveis	Bons	Razoáveis
Canadá	Sim	Boas	Favoráveis	Ligeiramente desfavoráveis	Bons	Razoáveis

Tabela 18.1 Exemplo de processo utilizado para analisar os alvos estrangeiros.

542 FINANÇAS CORPORATIVAS INTERNACIONAIS

talento gerencial atual para administrar o alvo e assim reduzir as despesas administrativas e de marketing incorridas pelo alvo. Ela também espera que as receitas do alvo aumentem quando seus produtos forem vendidos sob o nome da Lincoln, além de esperar manter os preços dos produtos como estão.

Os fluxos de caixa esperados do alvo poderão ser medidos determinando primeiro os níveis das receitas e das despesas dos últimos anos e ajustando depois esses níveis para refletir as alterações que ocorrerão após a aquisição.

Receitas. As receitas anuais do alvo variaram entre 80 milhões e 90 milhões de dólares canadenses (C$) ao longo dos últimos quatro anos. A Lincoln Co. espera poder melhorar as vendas, e que as previsões de receitas sejam de C$ 100 milhões para o próximo ano, C$ 93,3 milhões para o ano seguinte e $ 121 milhões para o ano a seguir. O custo dos produtos vendidos foi cerca de 50% das receitas no passado, mas a Lincoln espera que caia para 40% das receitas, devido a acréscimos na eficiência. As estimativas são apresentadas na Tabela 18.2.

Despesas. As despesas de vendas e administrativas foram cerca de C$ 20 milhões anuais, mas a Lincoln Co. acredita que, por meio da reestruturação, poderá reduzi-las para C$ 15 milhões em cada um dos três próximos anos. As despesas de depreciação foram de C$ 10 milhões no passado e espera-se que permaneçam nesse nível pelos próximos três anos. Espera-se que a alíquota de imposto canadense sobre os lucros do alvo seja de 30%.

Ganhos e Fluxos de Caixa. Dadas as informações assumidas aqui, os lucros após imposto que o alvo deverá gerar sendo propriedade da Lincoln estão estimados na Tabela 18.2. Os fluxos de caixa gerados pelo alvo são determinados pela soma das despesas de depreciação de volta ao lucro após imposto. Suponha que o alvo precise de C$ 5 milhões em caixa a cada ano para dar suporte às operações existentes (incluindo o reparo de maquinário existente) e que o fluxo de

	Ano Passado	Ano 1	Ano 2	Ano 3
Receita	C$ 90	C$ 100	C$ 93,3	C$ 121
Custo dos produtos vendidos	C$ 45	C$ 40	C$ 37,3	C$ 48,4
Lucro bruto	C$ 45	C$ 60	C$ 56	C$ 72,6
Despesas de vendas e administrativas	C$ 20	C$ 15	C$ 15	C$ 15
Depreciação	C$ 10	C$ 10	C$ 10	C$ 10
Lucro antes do imposto de renda	C$ 15	C$ 35	C$ 31	C$ 47,6
Impostos (30%)	C$ 4,5	C$ 10,5	C$ 9,3	C$ 14,28
Lucro após o imposto de renda	C$ 10,5	C$ 24,5	C$ 21,7	C$ 33,32
+Depreciação		C$ 10	C$ 10	C$ 10
– Recursos a reinvestir		C$ 5	C$ 5	C$ 5
Venda da empresa				C$ 230
Fluxos de caixa em C$		C$ 29,5	C$ 26,7	C$ 268,32
Taxa de câmbio do C$		$ 0,80	$ 0,80	$ 0,80
Fluxos de caixa em $		$ 23,6	$ 21,36	$ 214,66
VP de (taxa de desconto de 20%)		$ 19,67	$ 14,83	$ 124,22
VP cumulativo		$ 19,67	$ 34,50	$ 158,72

Tabela 18.2 Avaliação do alvo canadense baseada em suposições fornecidas (em milhões de dólares).

caixa remanescente poderá ser enviado para a controladora dos Estados Unidos. Suponha que a empresa-alvo tenha seu suporte financeiro apenas por meio de capital próprio. Atualmente, ela possui dez milhões de ações em negociação a um preço de C$ 17 por ação.

Fluxos de Caixa para a Controladora. Uma vez que a Lincoln deseja avaliar o alvo a partir de sua própria perspectiva, ela se concentra nos fluxos de caixa em dólares que espera receber. Supondo não haver outros impostos adicionais, os fluxos de caixa gerados no Canadá que deverão ser enviados para a controladora da Lincoln serão convertidos em dólares americanos pela taxa de câmbio esperada no final de cada ano. A Lincoln utiliza a taxa de câmbio corrente do dólar canadense (que é de $ 0,80) como taxa de câmbio esperada para o dólar canadense nos anos futuros.

Estimando o Preço Futuro de Venda do Alvo. Se a Lincoln adquirir o alvo, ela deverá vendê-lo em três anos, depois de melhorar o desempenho dele. A Lincoln espera receber C$ 230 milhões (após impostos sobre ganhos de capital) da venda. O preço pelo qual o alvo poderá ser vendido de fato dependerá de seus fluxos de caixa futuros a partir daquele ponto, mas esses fluxos de caixa esperados dependem parcialmente de seu desempenho anterior a esse momento. Portanto, esta empresa poderá melhorar o preço de vendas melhorando o desempenho do alvo ao longo dos três anos em que planeja possui-lo.

Avaliação do Alvo com Base nos Fluxos de Caixa Estimados. Os fluxos de caixa em dólares americanos esperados para a controladora da Lincoln ao longo dos próximos três anos são apresentados na Tabela 18.2. O alto fluxo de caixa no Ano 3 é devido aos planos da Lincoln de vender o alvo naquele momento. Supondo que ela possua uma taxa requerida de retorno de 20% sobre esse projeto, os fluxos de caixa serão descontados a essa taxa para derivar o valor presente dos fluxos de caixa. A partir da perspectiva da Lincoln, o valor presente do alvo é cerca de $ 158,72 milhões.

Dado que as ações do alvo atualmente estão avaliadas em C$ 17 por ação, os dez milhões de ações valem C$ 170 milhões. À taxa de câmbio atual de $ 0,80 por dólar, o alvo está avaliado no momento em $ 136 milhões pelo mercado (calculados como C$ 170 milhões $\times$ $ 0,80). A avaliação do alvo pela Lincoln em cerca de $ 159 milhões está aproximadamente 17% acima da avaliação do mercado. No entanto, a Lincoln terá de pagar um prêmio sobre as ações para persuadir a diretoria do alvo a aprovar a aquisição. Os prêmios geralmente variam entre 10% a 40% do preço de mercado. Se a Lincoln levar em consideração um prêmio de 10% acima do preço prevalecente de C$ 17 por ação, ela pagaria C$ 18,70 por ação para o alvo. Com esse preço por ação, o preço pago pela empresa canadense será de C$ 187 milhões ou $ 149,6 milhões pela taxa de câmbio existente. Esse preço é menor que o valor presente líquido percebido do alvo, portanto, a Lincoln poderá estar disposta a pagar essa quantia.

A Lincoln reconhece que o alvo poderá rejeitar sua oferta com um prêmio de 10% e pedirá um prêmio maior, mas ela não pagará mais que sua estimativa do valor presente líquido. Uma vez que a Lincoln avalia o alvo em cerca de $ 159 milhões, ela não pagará mais que C$ 199 milhões à taxa de câmbio predominante (calculados como $ 159 milhões divididos por $ 0,80 por dólar canadense), ou um preço por ação de C$ 19,90 (calculados como C$ 199 milhões divididos por dez milhões de ações).

Fontes de Incertezas. Esse exemplo mostra como a aquisição de uma empresa estrangeira de capital aberto que negocia em bolsa de valores difere da criação de uma subsidiária estrangeira nova. Embora a avaliação de uma empresa estrangeira de capital aberto possa utilizar informações sobre um negócio existente, os fluxos de caixa resultantes da aquisição ainda estarão sujeitos a incertezas por várias razões que poderão ser identificadas pela revisão de suposições feitas no processo de avaliação. Primeiro, o índice de crescimento das receitas é sujeito a incertezas.

544 FINANÇAS CORPORATIVAS INTERNACIONAIS

Se esse índice for superestimado (talvez porque o crescimento econômico canadense esteja superestimado), os ganhos gerados no Canadá serão mais baixos, e os fluxos de caixa enviados para a controladora dos Estados Unidos serão mais baixos também.

Segundo, o custo dos produtos vendidos poderá exceder o nível suposto de 40% da receita, o que deverá reduzir os fluxos de caixa enviados para a controladora. Terceiro, as despesas de vendas e administrativas poderão exceder a quantia suposta de C$ 15 milhões, especialmente considerando que as despesas anuais foram de C$ 20 milhões antes da aquisição. Quarto, a alíquota do imposto corporativo do Canadá poderá aumentar, o que reduzirá os fluxos de caixa enviados para a controladora. Quinto, a taxa de câmbio do dólar canadense poderá ser mais fraca do que o suposto, o que poderá reduzir os fluxos de caixa recebidos pela controladora. Sexto, o preço de venda estimado do alvo daqui a três anos poderá estar incorreto por qualquer uma dessas cinco razões, e essa estimativa é muito influente sobre a avaliação do alvo hoje.

Uma vez que uma ou mais dessas condições poderão ocorrer, o valor presente líquido estimado do alvo poderá estar superestimado. Conseqüentemente, será possível que a Lincoln adquira o alvo a um preço que exceda seu valor real. Em particular, os fluxos de caixa futuros são muito sensíveis às oscilações da taxa de câmbio. Isso poderá ser ilustrado pela utilização da análise de sensibilidade e pela reavaliação do valor do alvo com base em diferentes cenários para a taxa de câmbio ao longo do tempo.

Mudanças na Avaliação no Decorrer do Tempo

Se a Lincoln Co. decidir não fazer oferta pelo alvo nesse momento, ela precisará refazer sua análise se ela reconsiderar a aquisição do alvo. Como os fatores que afetam os fluxos de caixa esperados ou a taxa requerida de retorno do investimento do alvo se alteram, o valor do alvo também se alterará.

Impacto das Condições do Mercado de Ações. Uma mudança nas condições do mercado de ações afetará o preço por ação de cada ação desse mercado. Portanto, o valor das empresas nesse mercado se alterará. Lembre que um comprador precisa pagar um prêmio acima da avaliação do mercado para adquirir uma empresa estrangeira.

Continuando com o nosso exemplo que envolve a busca da Lincoln Co. pelo alvo canadense, suponha que a empresa-alvo possua um preço de mercado de C$ 17 por ação, representando uma avaliação de C$ 170 milhões, mas que, antes de a Lincoln tomar sua decisão de adquirir o alvo, o nível do mercado de ações canadense suba em 20%. Se o preço do alvo no mercado de ações subir pela mesma porcentagem, a empresa agora será avaliada em:

$$\text{Preço novo da ação} = \text{C\$ 170 milhões} \times 1{,}2$$
$$= \text{C\$ 204 milhões}$$

Utilizando o prêmio suposto de 10% no exemplo anterior, a Lincoln deverá pagar agora C$ 224,4 milhões (calculados como C$ 204 milhões × 1,1) se quiser adquirir o alvo. Este exemplo ilustra como o preço pago pelo alvo poderá se alterar abruptamente simplesmente porque houve uma variação no nível geral do mercado de ações.

Impacto das Condições do Mercado de Ações sobre o Valor de Empresas de Capital Fechado. Mesmo se o alvo for uma empresa de capital fechado, as condições gerais do mercado de ações afetarão a quantia que um comprador deverá pagar pelo alvo, porque o valor de tal empresa é influenciado pelos múltiplos dos preços de mercado de empresas relacionadas no mesmo país. Um método simples para avaliar uma empresa de capital fechado consiste em aplicar os índices de preços-lucro (P/L) de empresas de capital aberto da mesma indústria aos lucros anuais da empresa de capital fechado.

Por exemplo, se o lucro anual de uma empresa privada canadense for de C\$ 8 milhões e o índice de P/L médio de empresas de capital aberto canadenses na mesma indústria for 15, o valor de mercado da empresa poderá ser estimado em:

$$\text{Valor de mercado} = \text{ganhos} \times \text{índice P/L médio}$$
$$= \text{C\$ 8 milhões} \times 15$$
$$= \text{C\$ 120 milhões}$$

Se o nível do mercado de ações subir 20%, o índice P/L médio das empresas da mesma indústria possivelmente subirá cerca de 20%, o que representará um aumento no índice P/L de 15 para 18. O novo valor de mercado da empresa canadense será de:

$$\text{Novo valor de mercado} = \text{C\$ 8 milhões} \times 18$$
$$= \text{C\$ 144 milhões}$$

Como esse exemplo ilustra, as empresas de capital fechado também se tornam alvos mais caros quando as condições de mercado local melhoram.

Impacto das Taxas de Câmbio. Independentemente de o alvo estrangeiro ser de capital aberto ou fechado, o comprador dos Estados Unidos deverá converter os dólares na moeda local para adquiri-lo. Se a moeda local se apreciar no momento em que o comprador efetuar o pagamento, a aquisição será mais dispendiosa. O custo da aquisição se altera na mesma proporção da variação da taxa de câmbio.

Efeitos Combinados do Mercado de Ações e da Taxa de Câmbio. Na realidade, os níveis do mercado de ações e as taxas de câmbio variam simultaneamente. Os efeitos sobre o custo da aquisição de um alvo estrangeiro são especialmente pronunciados em mercados emergentes nos quais os valores das ações e das moedas são voláteis.

Por exemplo, suponha que a Mizner, Inc. uma empresa dos Estados Unidos, queira adquirir uma empresa na República Tcheca para poder expandir seus negócios no Leste Europeu. Também suponha que o valor do alvo tcheco varie em conjunto com as condições gerais do mercado de ações tcheco. A Figura 18.1, que está baseada nos dados reais de um período recente, mostra como o custo de aquisição de um alvo tcheco pela Mizner poderá se alterar ao longo do tempo, mesmo que o desempenho da empresa em si não sofra alterações. Durante o período apresentado, o custo de aquisição poderá ter aumentado 20% em um único mês (dezembro do Ano 1), como resultado de um mercado de ações forte nesse mês e também da apreciação da moeda tcheca (a coroa). No outro extremo, o custo da aquisição caiu 20% em um único mês (março do Ano 2), como resultado de um mercado de ações e uma moeda enfraquecidos ao longo desse mês. Essa figura ilustra como uma aquisição de um alvo estrangeiro é sensível às condições do mercado estrangeiro.

Impacto da Antecipação do Mercado Referente ao Alvo. O preço das ações do alvo poderá aumentar se os investidores anteciparem que o alvo será adquirido, uma vez que eles estão cientes de que os preços das ações de alvos sobem repentinamente após uma oferta por parte da empresa compradora. Portanto, é importante que a Lincoln mantenha confidenciais suas intenções de adquirir o alvo.

546 FINANÇAS CORPORATIVAS INTERNACIONAIS

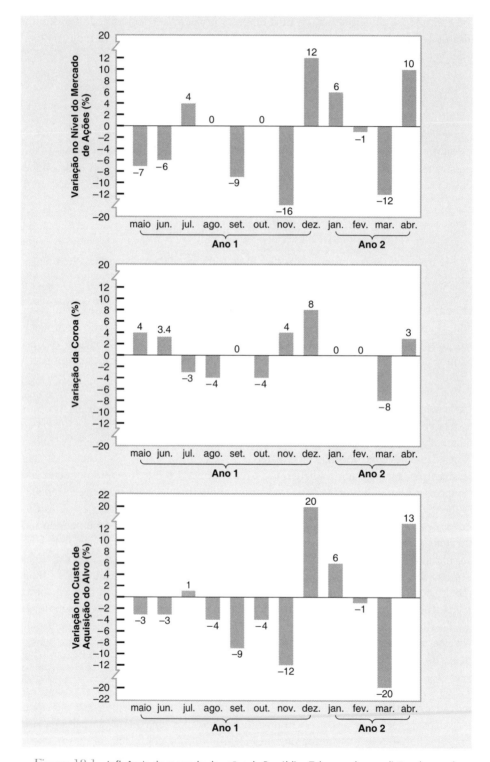

Figura 18.1 Influência do mercado de ações da República Tcheca e das condições da moeda sobre o custo de aquisição de um alvo tcheco.

Por que as Avaliações do Alvo Podem Variar entre as EMNs

A maioria das EMNs que estuda a aquisição de um alvo específico utiliza processos de certa forma semelhantes para avaliar o alvo. Porém, suas avaliações deverão variar devido a diferenças na maneira como a EMN estima os determinantes-chave da avaliação de um alvo: (1) fluxos de caixa a ser gerados pelo alvo, (2) efeitos da taxa de câmbio sobre os recursos enviados para a controladora da EMN e (3) a taxa requerida de retorno ao se investir em um alvo.

Fluxos de Caixa Estimados dos Alvos Estrangeiros

Os fluxos de caixa futuros esperados da empresa-alvo deverão variar entre as EMNs porque eles dependerão da administração da EMN ou da supervisão das operações da empresa-alvo. Se uma EMN puder melhorar a eficiência de produção da empresa-alvo sem reduzir seu volume de produção, ela poderá melhorar os fluxos de caixa dessa última.

Cada EMN poderá ter um plano diferente de como a empresa-alvo caberá dentro de sua estrutura e realizará suas futuras operações. Os fluxos de caixa esperados da empresa-alvo serão influenciados pela maneira como serão utilizados. Uma EMN com fábricas asiáticas que busca outra fábrica na Ásia poderá simplesmente tentar um aumento de sua participação no mercado e sua capacidade de produção. Os fluxos de caixa dessa EMN se alterarão devido ao nível mais elevado de produção e de vendas. Inversamente, uma EMN com todas as suas fábricas nos Estados Unidos poderá adquirir uma fábrica na Ásia para deslocar sua produção para onde os custos sejam mais baixos. Os fluxos de caixa dessa EMN se alterarão devido a despesas mais baixas.

As legislações tributárias poderão criar vantagens competitivas para os compradores com base em certos países. Compradores baseados em países com baixas alíquotas de impostos poderão gerar fluxos de caixa mais altos resultantes da aquisição do alvo estrangeiro do que compradores de países com altas alíquotas, simplesmente porque estarão sujeitos a tributações mais baixas sobre os lucros futuros enviados pela empresa-alvo (depois de adquirida).

Efeitos da Taxa de Câmbio sobre Recursos Remetidos

A avaliação de um alvo deverá variar entre as EMNs simplesmente devido às diferenças dos efeitos da taxa de câmbio sobre os recursos enviados pela empresa-alvo estrangeira para a controladora da EMN. Se a empresa-alvo enviar recursos freqüentemente em futuro próximo, seu valor dependerá parcialmente da taxa de câmbio esperada da moeda local da empresa-alvo. Se a empresa-alvo não enviar recursos em um futuro próximo, seu valor dependerá mais da sua estratégia de crescimento local e das taxas de câmbio em futuro distante.

Retorno Requerido pelo Comprador

A avaliação da empresa-alvo também poderá variar entre as EMNs devido às diferenças em suas taxas requeridas de retorno do investimento de recursos para adquirir a empresa-alvo. Se a EMN almejar uma empresa estrangeira bem-sucedida com planos de continuar o negócio local da empresa-alvo de maneira mais eficiente, o risco do negócio será relativamente baixo, assim como o retorno requerido da EMN na aquisição. Inversamente, se uma EMN almeja uma empresa porque planeja transformá-la em uma exportadora importante, o risco será bem maior. A empresa-alvo não se estabeleceu em mercados estrangeiros, então os fluxos de caixa que resulta-

548 FINANÇAS CORPORATIVAS INTERNACIONAIS

rão do negócio de exportação serão bem incertos. Portanto, o retorno requerido para adquirir a empresa-alvo deverá ser relativamente alto também.

Se os possíveis compradores tiverem suas bases em países diferentes, suas taxas requeridas de retorno de alvos específicos deverão variar, mesmo se planejarem utilizar a empresa-alvo de modos semelhantes. Lembre que a taxa requerida de retorno de uma EMN de qualquer projeto dependerá da taxa de juros livre de riscos local (já que ela influencia o custo dos recursos dessa EMN). Portanto, a taxa requerida de retorno das EMNs com base em países com taxas de juros relativamente altas, tais como Brasil e Venezuela, deverá diferir de EMNs com base em países com taxas de juros baixas, tais como Estados Unidos ou Japão. As taxas requeridas de retorno mais altas das EMNs com base em países da América Latina não necessariamente levarão uma avaliação mais baixa. Poderá ser esperado que a moeda da empresa-alvo se aprecie substancialmente o que aumentaria o montante dos fluxos de caixa recebidos como resultado de recursos enviados e poderia possivelmente compensar os efeitos da taxa requerida de retorno mais alta.

Outros Tipos de Reestruturação de EMN

Além de adquirir empresas estrangeiras, as EMNs poderão se envolver em reestruturação multinacional por meio de aquisições internacionais parciais, aquisições de negócios privatizados, alianças internacionais e desinvestimentos. Cada tipo será descrito por sua vez.

Aquisições Internacionais Parciais

Em muitos casos, uma EMN poderá estudar uma aquisição internacional parcial de uma empresa, em que adquire parte das ações existentes de uma empresa estrangeira. Uma aquisição internacional parcial requer menos recursos porque somente uma parte das ações do alvo estrangeiro será adquirida. Com esse tipo de investimento, o alvo estrangeiro normalmente continuará operando e poderá não passar pela troca de empregados que geralmente ocorre após a mudança de propriedade da empresa-alvo. Porém, ao adquirir uma fração substancial das ações, a EMN poderá ter alguma influência sobre a administração da empresa-alvo e estar em uma posição de completar a aquisição no futuro. Algumas EMNs compram um número considerável de ações de empresas estrangeiras para ter o controle sobre suas operações. Por exemplo, a Coca-Cola adquiriu ações em muitas empresas de engarrafamento que engarrafam seu xarope. Dessa maneira, ela poderá assegurar que as operações de engarrafamento estarão de acordo com seus padrões.

Avaliação de uma Empresa Estrangeira que Poderá Ser Adquirida Parcialmente. Quando uma EMN estudar uma aquisição parcial em que comprará ações suficientes para que possa controlar a empresa, a EMN poderá realizar sua avaliação da empresa-alvo quase da mesma maneira de quando adquire a empresa inteira. Se a EMN comprar somente uma pequena parte das ações da empresa, no entanto, não poderá reestruturar as operações da empresa para torná-la mais eficiente. Portanto, suas estimativas dos fluxos de caixa da empresa deverão ser feitas da perspectiva de um investidor passivo, em vez da perspectiva de um tomador de decisões da empresa.

Aquisições Internacionais de Negócios Privatizados

Nos últimos anos, negócios de propriedade dos governos de países em desenvolvimento do Leste Europeu e da América do Sul foram vendidos para pessoas físicas ou jurídicas. Muitas EMNs capitalizaram essa onda da assim chamada privatização, adquirindo negócios vendidos por governos. Esses negócios poderão ser atraentes devido à potencialidade de as EMNs aumentarem sua eficiência.

Avaliação de um Negócio Privatizado. Uma EMN poderá realizar a avaliação de um negócio estrangeiro que foi de propriedade do governo de um país em desenvolvimento utilizando a análise de orçamento de capital, como ilustrado anteriormente. No entanto, a avaliação de negócios assim é difícil pelas seguintes razões:

- Os fluxos de caixa futuros são bem incertos porque os negócios operavam anteriormente em ambientes de pouca ou nenhuma concorrência. Portanto, as cifras do volume de vendas anteriores poderão não ser indicadores úteis para as vendas futuras.
- Dados referentes ao valor dos negócios são bem limitados em alguns países porque não há muitas empresas de capital aberto em seus mercados, e há pouca divulgação de preços pagos por alvos em outras aquisições. Conseqüentemente, poderá não haver referências a ser utilizadas para avaliar um negócio.
- As condições econômicas nesses países são bem incertas durante a transição para a economia orientada pelo mercado.
- As condições políticas tendem a ser voláteis durante a transição, uma vez que as políticas comerciais dos governos muitas vezes são obscuras ou sujeitas a mudanças bruscas.
- Se o governo retiver uma parcela do capital social da empresa, poderá procurar exercer algum controle sobre a empresa. Seus objetivos poderão ser bem diferentes dos objetivos do comprador, uma situação que poderá levar a conflitos.

Apesar dessas dificuldades, EMNs como a Gerber Products e a PepsiCo adquiriram negócios privatizados como meio de ingressar em novos mercados. A Hungria serve de país-modelo para privatizações. Mais de 25 mil EMNs possuem ações estrangeiras de negócios da Hungria. O governo húngaro foi bem rápido e eficiente em vender seus ativos para as EMNs.

Alianças Internacionais

As EMNs geralmente se envolvem em alianças internacionais, tais como *joint ventures* e contratos de licenciamento com empresas estrangeiras. As alianças estrangeiras são bem diferentes das aquisições internacionais. O gasto inicial é caracteristicamente menor porque a EMN não está comprando uma empresa estrangeira, e os fluxos de caixa a ser recebidos são caracteristicamente menores também.

EXEMPLO

A Laredo, Inc. planeja fornecer tecnologia para uma empresa mexicana. Em retorno, a empresa mexicana pagará royalties atingindo 10% das vendas futuras de seus produtos resultantes da utilização dessa tecnologia ao longo dos próximos cinco anos. O gasto inicial da Laredo com essa aliança será as despesas iniciais incorridas como resultado de fornecer a tecnologia. A Laredo poderá estimar os fluxos de caixa a ser recebidos da empresa mexicana prevendo primeiro as vendas anuais dos produtos, baseados na tecnologia, da empresa mexicana (em pesos). A Laredo receberá 10% desse montante. Em seguida, ela deverá prever o valor do peso ao longo de cada um dos próximos cinco anos, de modo a poder determinar os fluxos de caixa em dólares resultantes desses royalties. Ela também deverá levar em consideração os efeitos dos impostos.

550 FINANÇAS CORPORATIVAS INTERNACIONAIS

Desinvestimentos Internacionais

Uma EMN deverá reavaliar periodicamente seus investimentos estrangeiros diretos para determinar se eles deverão ser retidos ou vendidos (desinvestidos). Alguns projetos estrangeiros poderão não mais ser viáveis, como resultado do aumento do custo de capital da EMN, do aumento das tributações do governo anfitrião, do aumento do risco político no país anfitrião ou de projeções revisadas das taxas de câmbio. Muitos desinvestimentos ocorrem como resultado de uma revisão da avaliação das condições econômicas ou industriais. Por exemplo, a Warner-Lambert Co., a Johnson & Johnson e várias outras EMNs com base nos Estados Unidos recentemente descontinuaram algumas de suas subsidiárias latino-americanas, quando as condições econômicas se deterioraram por lá.

Avaliando o Desinvestimento de Operações Correntes na Ásia. Durante a crise asiática no período de 1997-1998, algumas EMNs com investimento estrangeiro direto na Ásia reavaliaram a viabilidade de suas operações existentes. Os fluxos de caixa esperados que essas operações geravam para a controladora caíram, em muitos casos, por duas razões óbvias. Primeiro, o índice de crescimento econômico na Ásia caiu, o que levou a um declínio nas vendas locais esperadas pelas subsidiárias estrangeiras, e, portanto, houve um declínio no nível do fluxo de caixa esperado em moeda estrangeira. Segundo, as moedas fracas dos países asiáticos levaram a um declínio no montante esperado na moeda da controladora a ser recebido quando as subsidiárias estrangeiras dos países asiáticos enviassem os recursos. De qualquer forma, no mesmo momento, os valores de mercado caíram de tal forma que qualquer operação somente poderia ser desinvestida se a controladora estivesse disposta a vendê-las a um preço baixo. Os preços baixos impediriam alguns desinvestimentos.

Avaliação de um Projeto Internacional que Pode Ser Desinvestido. A avaliação de um desinvestimento internacional proposto poderá ser determinada comparando o valor presente dos fluxos de caixa, se o projeto for continuado, aos retornos financeiros que seriam recebidos (após impostos) se o projeto for desinvestido.

EXEMPLO

Reconsidere o exemplo do capítulo anterior em que a Spartan, Inc. estudava estabelecer uma subsidiária em Cingapura. Suponha que a subsidiária de Cingapura foi criada e, dois anos depois, a taxa à vista do dólar de Cingapura (S\$) é de \$ 0,46. Além disso, as previsões foram revistas para os dois anos remanescentes do projeto, com a indicação de que o dólar de Cingapura valerá \$ 0,44 no Ano 3 e \$ 0,40 no último ano do projeto. Como essas previsões das taxas de câmbio têm um efeito adverso sobre o projeto, a Spartan, Inc. estuda o desinvestimento da subsidiária. Para simplificar, suponha que as previsões originais das outras variáveis permaneçam inalteradas e que um possível comprador tenha oferecido S\$ 13 milhões (após o ajuste de quaisquer tributações sobre ganhos de capital) para a subsidiária se ele puder reter o capital de giro existente.

A Spartan poderá realizar uma análise de desinvestimento comparando os retornos financeiros após impostos da possível venda do projeto (em dólares americanos) ao valor presente das entradas esperadas em dólares americanos que o projeto gerará se não for vendido. Essa comparação determinará o valor presente líquido do desinvestimento (VPL_d) como ilustrado na Tabela 18.3. Uma vez que o valor presente dos fluxos de caixa da subsidiária da perspectiva da Spartan excede o preço pelo qual ela poderá vender a subsidiária, o desinvestimento não será viável. Portanto, a Spartan não deverá vender a subsidiária pelo preço oferecido. A Spartan ainda assim poderá procurar outra empresa que esteja disposta a adquirir a subsidiária a um preço que exceda seu valor presente.

	Final do Ano 2 (Hoje)	Final do Ano 3 (Daqui a um ano)	Final do Ano 4 (Daqui a dois anos)
C$ enviados depois dos impostos retidos		C$ 6.840.000	C$ 19.560.000
Preço de venda	C$ 13.000.000		
Taxa de câmbio	$ 0,46	$ 0,44	$ 0,40
Fluxo de caixa recebido do desinvestimento	$ 5.980.000		
Fluxos de caixa abdicados devido ao desinvestimento		$ 3.009.600	$ 7.824.000
VP dos fluxos de caixa abdicados (taxa de desconto de 15%)		$ 2.617.044	$ 5.916.068

$VPL_d = \$ 5.980.000 - (\$ 2.677.044 + \$ 5.916.068)$
$= \$ 5.980.000 - \$ 8.533.112$
$= -\$ 2.553.112$

Tabela 18.3 Análise de Desinvestimento: Spartan, Inc.

Decisões de Reestruturação como Opções Reais

Algumas questões de reestruturação enfrentadas por EMNs envolvem as **opções reais**, ou opções implícitas sobre ativos reais (tais como construções, maquinários e outros ativos utilizados pelas EMNs para possibilitar sua produção). Uma opção real poderá ser classificada como uma opção de compra ou de venda de ativos reais, como explicado a seguir.

Opção de Compra de Ativos Reais

Uma **opção de compra de ativos reais** representa um projeto proposto que contém uma opção de buscar uma iniciativa adicional. Algumas formas possíveis de reestruturação realizadas pelas EMNs contêm uma opção de compra de ativos reais. O orçamento de capital multinacional poderá ser realizado de maneira que a opção possa ser levada em consideração.

EXEMPLO

A Coral, Inc., uma empresa de Internet nos Estados Unidos, estuda a compra de um negócio de Internet no México. A Coral estima e desconta os fluxos de caixa esperados em dólares que resultarão da aquisição desse negócio e os compara ao gasto inicial. Nesse momento, o valor presente dos fluxos de caixa futuros que são diretamente atribuíveis ao negócio do México é ligeiramente menor que o gasto inicial exigido para compra e, portanto, o negócio parece ser um investimento inviável.

Uma empresa de Internet brasileira também está à venda, mas os seus proprietários só venderão o negócio a uma empresa que eles conheçam e na qual confiem, e a Coral, Inc. não possui relacionamento com esse negócio. Uma possível vantagem da empresa mexicana, que não é medida pela análise tradicional de orçamento de capital multinacional, é que ela freqüentemente faz negócios com a empresa de Internet brasileira e poderá utilizar seu relacionamento para ajudar a Coral a adquirir a empresa brasileira. Portanto, se a Coral comprar o negócio mexicano, ela terá uma opção de também adquirir a empresa de Internet do Brasil. Na essência, a Coral terá uma opção de compra dos ativos reais da empresa brasileira, porque terá a opção (não a obrigação) de comprá-la. O preço de compra esperado da empresa brasileira ao longo dos próximos meses servirá como o preço de

552 FINANÇAS CORPORATIVAS INTERNACIONAIS

exercício da opção de compra dos ativos reais. Se a Coral adquirir a empresa brasileira, terá então um segundo gasto inicial e gerará um segundo curso de fluxos de caixa.

Quando a opção de compra de ativos reais é considerada, a aquisição da empresa de Internet mexicana é viável, embora não tenha sido viável ao ser considerada apenas pelos fluxos de caixa diretamente atribuíveis a essa empresa. O projeto poderá ser analisado pela segmentação em dois cenários. No primeiro cenário, a Coral, Inc. compra a empresa mexicana, mas depois de examinar mais de perto a empresa brasileira, ela decide não exercer sua opção de compra (decide não comprar a empresa brasileira). O valor presente líquido nesse cenário é simplesmente uma medida do valor presente dos fluxos de caixa em dólares esperados diretamente atribuíveis à empresa mexicana menos o gasto inicial necessário para adquirir essa empresa. No segundo cenário, a Coral, Inc. adquire a empresa mexicana e depois exerce sua opção ao comprar também a empresa brasileira. Nesse caso, o valor presente de cursos combinados (a empresa mexicana mais a empresa brasileira) de fluxos de caixa (em dólares) será comparado aos gastos iniciais combinados.

Se o gasto necessário para adquirir a empresa brasileira for feito depois do gasto inicial com a empresa mexicana, o gasto para a empresa brasileira deverá ser descontado. Se a Coral, Inc. souber da probabilidade desses dois cenários, poderá determinar a probabilidade de cada cenário e depois o valor esperado do valor presente líquido do projeto proposto, somando os produtos da probabilidade de cada cenário vezes o respectivo valor presente líquido desse cenário.

Opção de Venda de Ativos Reais

Uma **opção de venda de ativos reais** representa um projeto proposto que contém uma opção de desinvestimento parcial ou total do projeto. Como com uma opção de compra de ativos reais,

---

GERENCIANDO PARA VALOR

Decisão de Reestruturação da Mazda

As principais instalações de produção da Mazda se encontram no Japão, mas ela depende fortemente das exportações para os Estados Unidos e a Europa. Em 1996, a Ford Motor Co. adquiriu cerca de um terço das ações da Mazda. No final dos anos 1990, o desempenho da Mazda foi fraco, apesar dos esforços da Ford para melhorar suas operações. Ela possuía um montante excessivo de dívidas. Também era altamente suscetível à fraqueza do euro no período de 1999-2000. Quando o euro se enfraqueceu perante o iene, a demanda européia pelas exportações realizadas no Japão (com os preços em ienes japoneses) foi reduzida. Os custos de produção dos veículos da Mazda no Japão não foram reduzidos, no entanto, porque esses custos eram denominados em ienes. Nos primeiros seis meses de 2000, a Mazda passou por prejuízos de mais de $ 9 bilhões de ienes (cerca de $ 90 milhões), e grande parte das perdas foi atribuída à fraqueza do euro.

Em novembro de 2000, a Mazda decidiu se envolver com uma reestruturação multinacional importante para resolver seus problemas financeiros. Ela deslocou parte de sua produção do Japão para a Europa, de modo que suas despesas e receitas de suas vendas na Europa seriam denominadas na mesma moeda. Essa estratégia reduziu a exposição da Mazda ao risco da taxa de câmbio, porque ela poderia vender os carros na Europa com uma margem de preços acima do custo (em euros) necessário para produzi-los. As oscilações do euro perante as outras moedas não teriam efeito sobre a demanda européia pelos automóveis. Essa reestruturação multinacional foi politicamente tensa porque exigiu o fechamento de algumas de suas instalações no Japão, o que resultou em dispensas. Desde a reestruturação, no entanto, o valor da empresa aumentou; portanto, os acionistas se beneficiaram da decisão da Mazda.

uma opção de venda de ativos reais poderá ser levada em consideração pelo orçamento de capital multinacional.

EXEMPLO

A Jade, Inc., uma empresa de material de escritório nos Estados Unidos, estuda a aquisição de um negócio semelhante na Itália. A Jade, Inc. acredita que, se as condições econômicas futuras na Itália forem favoráveis, o valor presente líquido de seu projeto será positivo. No entanto, dado que condições econômicas fracas na Itália são mais prováveis, o projeto proposto parece ser inviável.

Suponha que a Jade, Inc. saiba que poderá vender a empresa italiana a um preço específico para outra empresa ao longo dos próximos quatro anos. Nesse caso, a Jade possui uma opção de venda implícita anexada ao projeto.

A viabilidade desse projeto poderá ser avaliada determinando o valor presente líquido tanto no cenário de condições econômicas fortes quanto no cenário de condições econômicas fracas. O valor esperado do valor presente líquido desse projeto poderá ser estimado com a soma dos produtos da probabilidade de cada cenário vezes seu respectivo valor presente líquido. Se as condições econômicas forem favoráveis, o valor presente líquido será positivo. Se as condições forem fracas, a Jade, Inc. poderá vender a empresa italiana pelo preço de venda congelado (o que se assemelha ao preço de exercício de uma opção de venda) e, portanto, ainda assim poderá atingir um valor presente líquido positivo pelo pouco tempo que possuiu a empresa italiana. Assim, a opção de venda de ativos reais poderá tornar um projeto inviável em um projeto viável.

RESUMO

■ Aquisições internacionais são um dos tipos mais comuns de reestruturação multinacional. As EMNs poderão utilizar o orçamento de capital para determinar se vale a pena adquirir um alvo estrangeiro. Os fluxos de caixa esperados de um alvo estrangeiro são afetados por fatores específicos do alvo (tais como os fluxos de caixa anteriores do alvo e sua capacidade gerencial) e fatores específicos do país (tais como as condições econômicas, as condições políticas, cambiais e do mercado de ações).

■ Em um processo de avaliação típico, uma EMN inicialmente analisa alvos possíveis com base na disposição de ser adquirido e nas barreiras do país. Em seguida, cada alvo possível é avaliado estimando-se seus fluxos de caixa, com base nas características específicas do alvo e nas características do país do alvo, e descontando-se os fluxos de caixa esperados. Então, o valor obtido é comparado ao valor de mercado do alvo para determinar se o alvo poderá ser adquirido a um preço abaixo do valor levantado da perspectiva da EMN.

■ As avaliações de um alvo estrangeiro poderão variar entre os possíveis compradores, devido às diferenças nas estimativas dos fluxos de caixa do alvo, às oscilações da taxa de câmbio ou às diferenças da taxa requerida de retorno entre os compradores. Essas diferenças poderão ser especialmente pronunciadas quando os compradores forem de países diferentes.

■ Além de aquisições internacionais de empresas, os tipos mais comuns de reestruturação multinacional incluem aquisições internacionais parciais, aquisições internacionais de negócios privatizados, alianças internacionais (tais como licenciamentos internacionais ou *joint ventures*) e desinvestimentos internacionais. Cada um desses tipos de reestruturação multinacional poderá ser avaliado ao se aplicar o orçamento de capital multinacional.

CONTRAPONTO DO PONTO

Um Alvo Estrangeiro Pode Ser Avaliado como Qualquer Outro Ativo?

Ponto Sim. O valor de um alvo estrangeiro para uma EMN é o valor presente dos fluxos de caixa futuros para a EMN. O processo de se estimar o valor do alvo estrangeiro é o mesmo processo de se estimar o valor de uma máquina. Um alvo possui fluxos de caixa esperados, que poderão ser derivados das informações dos fluxos de caixa anteriores.

Contraponto Não. O comportamento de um alvo mudará depois de ser adquirido por uma EMN. Sua eficiência poderá melhorar dependendo da habilidade da EMN de integrar o alvo com suas próprias operações. O estado de espírito dos empregados do alvo poderá melhorar ou piorar após a aquisição, dependendo do tratamento dado pelo comprador. Portanto, uma estimativa apropriada dos fluxos de caixa gerados pelo alvo deverá considerar as mudanças no alvo devido à aquisição.

Quem está certo? Use seu mecanismo de busca preferido para saber mais sobre esse assunto. Qual argumento você apóia? Dê sua opinião sobre o assunto.

AUTOTESTE

As respostas encontram-se no Apêndice A, no final deste livro.

1. Explique por que ocorreram mais aquisições na Europa nos últimos anos.

2. Quais são algumas das barreiras para as aquisições internacionais?

3. Por que uma EMN com base nos Estados Unidos poderá preferir estabelecer uma subsidiária estrangeira, em vez de adquirir uma empresa existente em um país estrangeiro?

4. A Provo, Inc. (com base em Utah) estuda o desinvestimento de uma subsidiária sueca que produz equipamentos de esqui e os vende localmente. Uma empresa da Suécia já se ofereceu para adquirir a subsidiária sueca. Suponha que a controladora dos Estados Unidos tenha acabado de revisar suas projeções do valor da coroa sueca, que se encontra em queda. O desinvestimento proposto agora parecerá mais ou menos viável que antes? Explique.

QUESTÕES E APLICAÇÕES

1. **Avaliando um Alvo Estrangeiro.** A Blore, Inc. uma EMN com base nos Estados Unidos, analisou várias empresas-alvo. Com base nas considerações econômicas e políticas, apenas um alvo qualificado na Malásia permaneceu. A Blore gostaria que você avaliasse esse alvo e lhe forneceu as seguintes informações:

- A Blore pretende ficar com a empresa-alvo por três anos, quando espera vendê-la por 300 milhões de ringgits da Malásia (MYR) após impostos.

- A Blore espera uma economia forte na Malásia. As estimativas das receitas para o próximo ano são de MYR 20 milhões. Espera-se que as receitas aumentem 8% em cada um dos próximos dois anos.

- Espera-se que o custo dos produtos vendidos seja de 50% da receita.

- Espera-se que as despesas administrativas e de vendas sejam de MYR 30 milhões em cada um dos próximos três anos.

- Espera-se que a alíquota tributária da Malásia sobre lucros seja de 35%.

- Espera-se que as despesas de depreciação sejam de MYR 20 milhões por ano para cada um dos próximos três anos.

- A empresa-alvo precisará de MYR 7 milhões em caixa a cada ano para dar suporte às operações existentes.

- O preço das ações da empresa-alvo atualmente é de MYR 30 por ação. A empresa-alvo possui 9 milhões de ações emitidas.

- Os fluxos de caixa remanescentes serão enviados pela empresa-alvo para a Blore, Inc. A Blore utiliza a taxa de câmbio atual do ringgit da

Malásia como a taxa de câmbio esperada para os próximos três anos. Essa taxa de câmbio atualmente é de $ 0,25.

■ A taxa requerida de retorno sobre projetos semelhantes da Blore é de 20%.

a) Repare uma planilha para estimar o valor da empresa-alvo da Malásia com base nas informações dadas.

b) A Blore, Inc. será capaz de adquirir a empresa-alvo da Malásia por um preço mais baixo que sua avaliação sobre ela?

2. **Incertezas Rodeando o Alvo Estrangeiro.** Consulte a questão 1. Quais são algumas das fontes-chave de incertezas na avaliação da empresa-alvo da Blore? Identifique duas razões pelas quais os fluxos de caixa de uma subsidiária asiática de uma EMN com base nos Estados Unidos seriam mais baixos em conseqüência da crise asiática.

3. **Discussão na Sala da Diretoria.** Esse exercício encontra-se no Apêndice E no final deste livro.

4. **Motivos de Reestruturação.** Por que você acha que as EMNs continuamente avaliam possíveis formas de reestruturação multinacional, tais como aquisições estrangeiras ou reduções na subsidiária estrangeira?

5. **Avaliação de Negócios Privatizados.** Por que as avaliações de negócios privatizados por governos de países em desenvolvimento são mais difíceis do que as avaliações de empresas existentes em países desenvolvidos?

6. **Precificando Alvo Estrangeiro.** A Alaska, Inc. gostaria de adquirir a Estoya Corp., que está localizada no Peru. Nas negociações iniciais, a Estoya pediu o preço de 1 bilhão de sóis novos peruanos. Se a Alaska completar a aquisição, manterá as operações por dois anos e depois venderá a empresa. Em um passado recente, a Estoya gerou fluxos de caixa anuais de 500 milhões de sóis novos por ano, mas a Alaska acredita que poderá aumentar os fluxos de caixa em 5% a cada ano, ao melhorar as operações da fábrica. Dados esses melhoramentos, a Alaska acredita que será capaz de revender a Estoya em dois anos por 1,2 bilhão de sóis novos. A taxa de câmbio atual do sol novo é de $ 0,29, e as previsões da taxa de câmbio para os próximos dois anos indicam valores de $ 0,29 e $ 0,27, respectivamente. Dados esses fatos, a Alaska, Inc. deveria pagar 1 bilhão de sóis novos pela Estoya Corp. se a taxa requerida de retorno for de 18%? Qual

é o preço máximo que a Alaska poderia estar disposta a pagar?

7. **Acontecimentos Atuais que Afetam as EMNs.** Utilize uma fonte de notícias on-line para examinar acontecimentos internacionais da última semana. Selecione três acontecimentos econômicos que poderiam afetar as condições políticas ou econômicas em países estrangeiros e explique como uma EMN poderá reestruturar seus negócios em resposta a esses acontecimentos. A EMN aumentaria ou reduziria seus negócios nesse país, em virtude desses acontecimentos?

8. **Alternativas a Aquisições Internacionais.** A Rastell, Inc., uma EMN com base nos Estados Unidos, estuda a aquisição de um alvo russo para produzir computadores pessoais (PCs) para comercializá-los por toda a Rússia, onde a demanda por PCs aumentou substancialmente nos últimos anos. Suponha que as condições do mercado de ações não sejam favoráveis na Rússia, já que os preços das ações da maioria das empresas russas subiram substancialmente um pouco antes da avaliação da empresa-alvo pela Rastell. Quais são algumas das alternativas disponíveis para esta empresa?

9. **Viabilidade de um Desinvestimento.** A Florida, Inc. possui uma subsidiária na Bulgária a qual financia completamente com capital próprio. Na última semana, uma empresa propôs comprar a subsidiária da Florida por $ 60 milhões em dinheiro, e a oferta continua disponível essa semana também. A taxa livre de risco anual de longo prazo dos Estados Unidos aumentou de 7% para 8% essa semana. Os fluxos de caixa mensais a ser gerados pela subsidiária não se alteraram desde a semana passada. O prêmio de risco que a Florida aplica a seus projetos na Bulgária foi reduzido de 11,3% para 10,9% essa semana. A taxa livre de risco anual de longo prazo da Bulgária caiu de 23% para 21% essa semana. O *VPL* da Florida, Inc. de desinvestir essa unidade seria maior ou menor que o *VPL* determinado na semana passada? Por quê? (Nenhuma análise será necessária, mas certifique-se de que sua explicação será bem clara.)

10. **Estratégia de Desinvestimento.** A redução nos fluxos de caixa esperados de subsidiárias asiáticas resultantes da crise asiática possivelmente resultou na redução de valor dessas subsidiárias da perspectiva da controladora. Explique por que uma EMN com base nos Estados Unidos poderia não ter vendido suas subsidiárias asiáticas.

11. **Exposição aos Regulamentos do País.** A Maude, Inc., uma EMN com base nos Estados Unidos,

recentemente adquiriu uma empresa em Cingapura. Para eliminar ineficiências, a Maude reduziu a empresa-alvo substancialmente, eliminando dois terços de sua força de trabalho. Por que essa ação poderá afetar os regulamentos impostos sobre os negócios da subsidiária pelo governo de Cingapura?

12. **Decisão de Desinvestimento.** A Colorado Springs Co. planeja desinvestir ou a sua subsidiária de Cingapura ou a do Canadá. Suponha que, se as taxas de câmbio permanecerem constantes, cada uma dessas subsidiárias renderá para a controladora fluxos de caixa de certa forma semelhantes ao longo do tempo. No entanto, a empresa espera que o dólar de Cingapura se deprecie perante o dólar americano e que o dólar canadense se aprecie perante o dólar americano. A empresa poderá vender qualquer uma das duas subsidiárias pelo mesmo preço hoje. Qual ela deveria vender?

13. **Comparação de Projetos Internacionais.** A Savannah, Inc., uma fabricante de roupas, quer aumentar sua participação no mercado adquirindo uma empresa-alvo que produz uma linha de roupas populares na Europa. Essa linha de roupas está bem estabelecida. Previsões indicam um euro relativamente estável ao longo da vida do projeto. A Marquette, Inc. quer aumentar sua participação no mercado de computadores adquirindo uma empresa-alvo tailandesa que atualmente produz rádios e convertê-la para produzir PCs. Previsões indicam uma depreciação do baht ao longo da vida do projeto. Os recursos resultantes desses dois projetos serão enviados para as respectivas controladoras nos Estados Unidos em uma base regular. Qual empresa-alvo você acha que renderá um valor presente líquido mais alto? Por quê?

14. **Decisão de Desinvestimento.** A San Gabriel Corp. recentemente pensou em fazer o desinvestimento de sua subsidiária italiana e concluiu que ele não era viável. A taxa requerida de retorno da subsidiária era de 17%. Na semana passada, o retorno requerido dessa subsidiária pela San Gabriel aumentou para 21%. Se o preço de venda da subsidiária não mudou, explique por que agora o desinvestimento pode ser possível agora.

15. **Por que uma Aquisição Estrangeira Poderá Dar Errado.** Dê duas razões pelas quais uma estratégia de adquirir um alvo estrangeiro poderá dar errado para uma EMN. Isto é, explique por que a aquisição poderá resultar em um *VPL* negativo.

16. **Estratégia de Expansão Global.** A Poki, Inc. uma EMN com base nos Estados Unidos considera a expansão para a Tailândia devido à queda nas margens de lucro nos Estados Unidos. A demanda pelos produtos da Poki na Tailândia é bem forte. No entanto, previsões indicam que se espera que o baht se deprecie substancialmente ao longo dos próximos três anos. A Poki deveria se expandir para a Tailândia? Que fatores poderão afetar sua decisão?

17. **Decisão de Desinvestimento.** A Ethridge Co. de Atlanta, Georgia, possui uma subsidiária na Índia que fabrica produtos e os vende por toda a Ásia. Em resposta aos ataques terroristas aos Estados Unidos no dia 11 de setembro de 2001, a Ethridge Co. decidiu realizar uma análise de orçamento de capital para determinar se deveria fazer o desinvestimento de sua subsidiária. Por que essa decisão após o ataque poderá ser diferente daquela que teria sido tomada antes? Descreva o método geral para determinar se o desinvestimento é viável financeiramente.

18. **Estratégia Global.** A Senser Co. estabeleceu uma subsidiária na Rússia dois anos atrás. De acordo com seus planos originais, a Senser pretendia operar a subsidiária por um total de quatro anos. No entanto, ela gostaria de reavaliar a situação, uma vez que as previsões da taxa de câmbio do rublo russo indicam que ele poderá se depreciar a partir de seu nível de $ 0,033 para $ 0,028, no próximo ano, e para $ 0,025, no ano seguinte. A Senser poderia vender a subsidiária hoje por 5 milhões de rublos, a um comprador potencial. Se a Senser continuar a operar a subsidiária, ela gerará fluxos de caixa de 3 milhões de rublos, no próximo ano, e 4 milhões de rublos, no ano seguinte. Esses fluxos de caixa serão enviados de volta para a controladora nos Estados Unidos. A taxa requerida de retorno do projeto é de 16%. A Senser deveria continuar a operar a subsidiária russa?

19. **Levando em Conta as Restrições do Governo.** A Sunbelt, Inc. planeja adquirir uma empresa na Indonésia. Ela acredita que poderá implantar seus procedimentos operacionais nessa empresa, o que reduziria significativamente as despesas operacionais da empresa. No entanto, o governo da Indonésia poderá aprovar a aquisição somente se a Sunbelt não dispensar nenhum empregado. Como a Sunbelt poderá aumentar a eficiência sem dispensar empregados? Como ela poderá levar em conta a posição do governo da Indonésia ao avaliar o *VPL* dessa possível aquisição?

CASO BLADES, INC.

Avaliação de uma Aquisição na Tailândia

Lembre que Ben Holt, o chefe do setor financeiro da Blades sugeriu aos diretores que a empresa prosseguisse com o estabelecimento de uma subsidiária na Tailândia. Devido à alta potencialidade de crescimento de seu mercado de patins na Tailândia, sua análise sugere que a iniciativa será lucrativa. Especificamente, sua opinião é que a Blades deveria estabelecer uma subsidiária na Tailândia para fabricar os patins, com o contrato existente com a Entertainment Products (uma varejista tailandesa) sendo renovado ou não. Sob esse contrato, a Entertainment Products se comprometeu a adquirir anualmente 180.000 pares de "Speedos", o principal produto da Blades. O contrato foi estabelecido inicialmente em três anos e expirará daqui a dois anos. Neste momento, o contrato poderá ser renovado. Devido a atrasos de entrega, a Entertainment Products sinalizou que renovará o contrato somente se a Blades estabelecer uma subsidiária na Tailândia. Nesse caso, o preço por par de patins seria fixado em 4.594 bahts tailandeses. Se a Blades decidir não renovar o acordo, a Entertainment Products sinalizou que compraria somente 5.000 pares de Speedos anualmente, ao preço predominante no mercado.

De acordo com a análise de Ben Holt, renovar o contrato com a Entertainment Products e estabelecer uma subsidiária na Tailândia resultarão em um valor presente líquido (*VPL*) de $ 2.638.735. Inversamente, se o contrato não for renovado e a subsidiária for estabelecida, o *VPL* resultante será de $ 8.746.688. Conseqüentemente, Holt sugeriu aos diretores que a Blades estabeleça uma subsidiária sem renovar o contrato existente com a Entertainment Products.

Recentemente, um fabricante de patins tailandês chamado Skates'n'Stuff consultou Holt no que se refere à possível venda da empresa para a Blades. A Skates'n'Stuff entrou no mercado tailandês de patins há uma década e gerou lucros em todos os anos de operação. Além disso, a Skates'n'Stuff estabeleceu canais de distribuição na Tailândia. Conseqüentemente, se a Blades adquirir a empresa, poderá iniciar as vendas imediatamente e não precisará de um ano adicional para construir a fábrica na Tailândia. As previsões iniciais indicam que a Blades será capaz de vender 280.000 pares de patins anualmente. Essas vendas são adicionais à aquisição da Skates'n'Stuff. Além disso, todas as vendas resultantes da aquisição seriam realizadas para revendedores na Tailândia. A Blades fixou suas despesas fixas em 20 milhões de bahts anualmente. Embora Holt não tenha pensado em adquirir um negócio

existente, ele agora deseja saber se a aquisição da Skates'n'Stuff poderá ser um curso de ação melhor do que construir uma subsidiária na Tailândia.

Holt também está ciente de algumas desvantagens associadas a aquisições desse tipo. O chefe do setor financeiro da Skates'n'Stuff sinalizou que estaria disposto em aceitar o preço de 1 bilhão de bahts como pagamento pela empresa, o que é claramente mais caro que o gasto de 550 milhões de bahts que seriam necessários para a construção da subsidiária na Tailândia. No entanto, o chefe do setor financeiro da Skates'n'Stuff sinalizou que está disposto a negociar. Além disso, a Blades emprega um processo de produção de alta qualidade, o que permite que ela cobre preços relativamente altos pelos patins produzidos em suas fábricas. Se a Blades adquirir a Skates'n'Stuff, que utiliza um processo de produção inferior (resultando em patins de qualidade inferior), ela teria de cobrar um preço mais baixo pelos patins produzidos por lá. Previsões iniciais indicam que a Blades será capaz de cobrar um preço de 4.500 bahts tailandeses por par de patins, sem afetar a demanda. No entanto, como a Skates'n'Stuff utiliza um processo de produção que resulta em patins de qualidade inferior à dos Speedos da Blades, os custos operacionais incorridos serão semelhantes ao montante acarretado se a Blades estabelecer uma subsidiária na Tailândia. Portanto, a Blades estima que incorreria em custos operacionais de cerca de 3.500 bahts por par de patins.

Ben Holt pediu a você, o analista financeiro da Blades, Inc. para determinar se a aquisição da Skates'n'Stuff é um curso de ação melhor para a Blades do que o estabelecimento de uma subsidiária na Tailândia. Adquirir a Skates'n'Stuff será mais favorável do que estabelecer uma subsidiária se o valor presente dos fluxos de caixa gerados pela empresa exceder o preço de compra em mais de $ 8.746.688, ou seja, o *VPL* de estabelecer uma subsidiária nova. Portanto, Holt lhe pediu para construir uma planilha que determine o *VPL* da aquisição.

Para ajudá-lo na sua análise, Holt forneceu as seguintes informações adicionais que ele recolheu de várias fontes, incluindo demonstrativos financeiros não-auditados da Skates'n'Stuff dos últimos três anos:

- A Blades, Inc. exige um retorno da aquisição tailandesa de 25%, a mesma taxa de retorno que exigiria se estabelecesse uma subsidiária na Tailândia.

558 FINANÇAS CORPORATIVAS INTERNACIONAIS

- Se a Skates'n'Stuff for adquirida, a Blades, Inc. operará a empresa por dez anos, momento em que a Skates'n'Stuff será vendida por estimados 1,1 milhão de bahts.
- Do preço de compra de 1 bilhão de bahts, 600 milhões de bahts constituem o custo da fábrica e do equipamento. Esses itens são depreciados utilizando a depreciação em linha reta. Portanto, 60 milhões de bahts serão depreciados anualmente por dez anos.
- As vendas anuais de 280.000 pares de patins iniciarão imediatamente, a um preço de 4.500 bahts o par.
- Custos variáveis por par de patins serão de 3.500 bahts o par.
- Custos operacionais fixos, incluindo salários e despesas administrativas, serão de 20 milhões de bahts anualmente.
- A taxa à vista atual do baht tailandês é de $ 0,023. A Blades espera que o baht se deprecie em média 2% ao ano nos próximos dez anos.
- O governo tailandês imporá alíquota de 25% de imposto sobre o lucro e um imposto retido à alíquota de 10% sobre quaisquer recursos enviados pela Skates'n'Stuff para a Blades, Inc. Quaisquer lucros enviados para os Estados Unidos não serão tributados novamente. Todos os lucros gerados pela Skates'n'Stuff serão enviados para a Blades, Inc.
- Espera-se que a taxa de inflação média na Tailândia seja de 12% ao ano. As receitas, os custos variáveis e os custos fixos estarão sujeitos à inflação e espera-se que se alterem pelo mesmo índice anual do índice de inflação.

Além dessas informações, Ben Holt informou a você que a Blades, Inc. precisará fabricar todos os 180.000 pares a ser entregues à Entertainment Products neste ano e no próximo na Tailândia. Uma vez que a Blades utilizava anteriormente apenas componentes tailandeses (que são de qualidade inferior, porém mais baratos que os componentes dos Estados Unidos) suficientes para fabricar 72.000 pares anualmente, ela gerará uma economia de custos de 32,4 milhões de bahts neste ano e no próximo. No entanto, uma vez que a Blades venderá 180.000 pares de Speedos anualmente para a Entertainment Products neste ano e no próximo, adquirindo a Skates'n'Stuff ou não, Holt pediu para você não incluir essas vendas em sua análise. O contrato com a Entertainment Product não será renovado no final do próximo ano.

Ben Holt gostaria que você respondesse às seguintes questões:

1. Utilizando uma planilha, determine o *VPL* da aquisição da Skates'n'Stuff. Com base em sua análise numérica, a Blades deveria estabelecer uma subsidiária na Tailândia ou adquirir a Skates'n'Stuff?

2. Se a Blades negociar com a Skates'n'Stuff, qual será o montante máximo (em baht tailandês) que ela estaria disposta a pagar?

3. Há outros fatores que a Blades deveria levar em consideração ao tomar sua decisão? Na sua resposta, você deverá levar em conta o preço que a Skates'n'Stuff está pedindo em relação à sua análise na questão 1; outro negócio potencial à venda na Tailândia; a fonte de informações em que sua análise está baseada; o processo de produção que será empregado pela empresa-alvo no futuro e a futura administração da Skates'n'Stuff.

DILEMA DA PEQUENA EMPRESA

Reestruturação Multinacional pela Sports Exports Company

A Sports Exports Company está sendo bem-sucedida com a produção de bolas de futebol nos Estados Unidos e com a exportação para o Reino Unido. Recentemente, Jim Logan (o proprietário da Sports Exports Company) pensou em reestruturar sua empresa expandindo-a pela Europa. Ele planeja exportar bolas de futebol e outros artigos esportivos que ainda não são populares na Europa para uma distribuidora de artigos esportivos da Alemanha; os produtos então serão distribuídos por toda a Europa em qualquer loja de artigos esportivos no varejo que esteja disposta a adquirir esses produtos. Esse distribuidor fará os pagamentos em euros para a Sports Exports Company.

1. Há alguma razão pela qual o negócio que está sendo bem-sucedido no Reino Unido não necessariamente ser bem-sucedido em outros países da Europa?

2. Se o negócio for diversificado por toda a Europa, isso reduzirá substancialmente a exposição da Sports Exports Company ao risco da taxa de câmbio?

3. Agora que vários países da Europa participam de um sistema de moeda única, isso afetará o desempenho da nova expansão por toda a Europa?

CAPÍTULO 19

Analisando o Risco País

Uma EMN realiza análise do risco país quando avalia se deverá continuar realizando negócios em um determinado país. A análise também poderá ser utilizada ao estudar a implantação de novos projetos em países estrangeiros. O risco país pode ser dividido em risco político e risco financeiro. Os gestores financeiros deverão saber como medir o risco país de modo que possam tomar decisões de investimentos que maximizem o valor de suas EMNs.

Os objetivos específicos deste capítulo são:

- identificar fatores comuns utilizados pelas EMNs para medir o risco político de um país;
- identificar fatores comuns utilizados pelas EMNs para medir o risco financeiro de um país;
- explicar as técnicas utilizadas para medir o risco país; e
- explicar como as EMNs utilizam a avaliação do risco país ao tomarem suas decisões financeiras.

A Importância da Análise do Risco País

O risco país é o impacto adverso potencial do ambiente de um país sobre os fluxos de caixa de uma EMN. A análise do risco país poderá ser utilizada para monitorar os países em que a EMN faz negócios atualmente. Se o nível do risco país de um país em particular começar a aumentar, a EMN poderá pensar em desinvestir suas subsidiárias ali localizadas. As EMNs poderão também utilizar a análise do risco país como um dispositivo de análise para evitar a realização de negócios em países com riscos excessivos. Acontecimentos que elevam o risco país tendem a desencorajar o investimento estrangeiro direto dos Estados Unidos naquele país em particular.

A análise do risco país não está restrita à previsão de crises maiores. Uma EMN também poderá utilizar essa análise para rever suas decisões de investimentos e financiamentos à luz de acontecimentos recentes. Em alguma determinada semana, os seguintes acontecimentos internacionais não-relacionados poderão ocorrer ao redor do mundo:

- um ataque terrorista;
- uma grande greve trabalhista em uma indústria;
- uma crise política devido a um escândalo dentro de um país;
- preocupação com um sistema bancário que poderá causar grandes saídas de recursos; e
- imposição de restrições comerciais sobre importações.

Qualquer um desses acontecimentos poderá afetar os fluxos de caixa a ser gerados por uma EMN ou o custo dos projetos de financiamento e, portanto, influenciar o valor da EMN.

Mesmo se uma EMN reduzir sua exposição a todos esses acontecimentos em uma determinada semana, um novo conjunto de acontecimentos ocorrerá na semana seguinte. Para cada um desses acontecimentos, uma EMN deverá considerar se seus fluxos de caixa serão afetados e se houve alguma mudança na política à qual ela deverá reagir. A análise do risco país é um processo contínuo. A maioria das EMNs não será afetada por todos os acontecimentos, mas deverá monitorar de perto qualquer evento que possa ter um impacto sobre as indústrias ou os países em que faz negócios. Elas também devem reconhecer que não poderão eliminar sua exposição a todos os acontecimentos, mas poderão pelo menos procurar limitar sua exposição a qualquer acontecimento específico do país.

Fatores de Risco Políticos

Uma EMN não deverá avaliar o risco país somente nos países em que faz negócios atualmente, mas também naqueles para os quais espera exportar ou em que poderá estabelecer subsidiárias. Várias características de riscos de um país poderão afetar significativamente o desempenho, e a EMN deverá se preocupar com o possível grau de impacto de cada uma. O ataque terrorista de 11 de setembro de 2001 aos Estados Unidos elevou o alerta ao risco político.

Como se pode esperar, muitas características relacionadas ao ambiente político poderão influenciar uma EMN. Uma forma extrema de risco político é a possibilidade de o país anfitrião tomar o controle de uma subsidiária. Em alguns casos de expropriação, algumas compensações (o montante decidido pelo governo do país anfitrião) são concedidas. Em outros casos, os ativos são confiscados e nenhuma compensação é concedida. A expropriação poderá ocorrer pacificamente ou pelo uso da força. Estas são algumas das formas mais comuns de risco político:

- atitude dos consumidores no país anfitrião;
- ações do governo anfitrião;
- bloqueio de transferências de fundos;
- não-conversibilidade da moeda;
- guerra;
- burocracia; e
- corrupção.

Cada uma dessas características será examinada.

Atitude dos Consumidores no País Anfitrião

Uma forma amena de risco político (para um exportador) é a tendência dos residentes de comprarem somente produtos feitos localmente. Mesmo que o exportador decida estabelecer uma subsidiária no país estrangeiro, essa filosofia poderá impedir seu sucesso. Todos os países tendem a exercer alguma pressão sobre os consumidores para comprar de empresas de propriedade local (nos Estados Unidos, os consumidores são incentivados a procurar a marca "Made in the USA" – feito nos Estados Unidos). As EMNs que pensam em ingressar em um mercado estrangeiro (ou já entraram nesse mercado) deverão monitorar a fidelidade dos consumidores aos produtos fabricados localmente. Se os consumidores forem muito fiéis aos produtos locais, uma *joint venture* com uma empresa local poderá ser mais viável do que a estratégia de exportação. O ataque terrorista de 11 de setembro de 2001 fez com que alguns consumidores prestassem mais atenção no país em que os produtos foram fabricados.

Ações do Governo Anfitrião

http://

O Website http://www.cia.gov fornece informações valiosas sobre o risco político que deverá ser levado em consideração pela EMN que se envolve com o investimento estrangeiro direto.

Várias ações do governo anfitrião poderão afetar o fluxo de caixa de uma EMN. Por exemplo, o governo anfitrião poderá impor padrões de controle de poluição (o que afetará os custos) e impostos corporativos adicionais (que afetarão os ganhos após impostos), assim como os impostos retidos e as restrições às transferências de recursos (que afetarão os fluxos de caixa após impostos, enviados para a controladora).

EXEMPLO

Em 2004, o governo chinês decretou uma lei, exigindo que fosse incluída nos chips dos computadores tecnologia de segurança licenciada por empresas chinesas. Além disso, a China impôs uma alíquota de 17% sobre os chips de computadores vendidos ali, mas forneceu abatimentos de 14% para chips produzidos no local. Isso poderia desencorajar os fabricantes de chips, como a Intel e a Broadcom, de vender chips na China.

Algumas EMNs utilizam a mudança nos membros ou na filosofia do governo como indicação do risco político do país. Apesar de isso significativamente influenciar os fluxos de caixa futuros da EMN, somente isso não servirá como representação apropriada do risco político. Uma subsidiária não necessariamente será afetada pelas mudanças no governo. Além disso, uma subsidiária poderá ser afetada pelas novas políticas do governo anfitrião ou por uma mudança de atitude em relação ao seu país de origem (e, portanto, em relação a ela própria), mesmo que o governo não corra o risco de ser derrubado.

O governo anfitrião poderá utilizar vários meios para fazer as operações da EMN coincidirem com seus próprios objetivos. Ele poderá, por exemplo, exigir a utilização de empregados locais para posições administrativas de uma subsidiária. Além disso, ele poderá exigir instalações sociais (tais como uma sala para exercícios ou áreas para não-fumantes) ou controles ambientais especiais (tais como controles de poluição do ar). Além disso, não é incomum que um governo anfitrião exija permissões especiais, imponha tributações extras ou subsidie concorrentes. Todas essas ações representam riscos políticos, o que reflete as características políticas de um país, e poderão influenciar os fluxos de caixa de uma EMN.

EXEMPLO

Em março de 2004, os reguladores antitruste que representam países da União Européia decidiram multar a Microsoft em 500 milhões de euros (o equivalente a cerca de $ 610 milhões naquele momento) por abusar de sua posição de monopólio de software de computadores. Também impuseram restrições sobre como a Microsoft poderia fazer os pacotes de seu Media Player do Windows (necessário para acessar músicas ou vídeos) em seus computadores

562 FINANÇAS CORPORATIVAS INTERNACIONAIS

portáteis vendidos na Europa. A Microsoft argumentou que a multa era injusta, porque ela não estava sujeita a tais restrições em seu próprio país, os Estados Unidos. Alguns críticos ressaltaram, no entanto, que os reguladores europeus não foram duros demais; os reguladores dos Estados Unidos é que foram tolerantes demais.

Falta de Restrições. Em alguns casos, as EMNs são adversamente afetadas pela falta de restrições em um país anfitrião, o que permite que comportamentos comerciais ilegítimos tomem parte do mercado. Um dos pontos mais problemáticos para as EMNs é a falha dos governos em assegurar os direitos autorais contra empresas locais que ilegalmente copiam o produto da EMN. Por exemplo, empresas locais da Ásia normalmente copiam softwares produzidos pelas EMNs e os vendem a clientes por preços mais baixos. Os fabricantes dos softwares perdem estimados $ 3 bilhões anualmente na Ásia por essa razão. Além disso, os sistemas legais de alguns países não protegem adequadamente uma empresa contra violações de direitos autorais ou outros meios de obter participações no mercado ilegalmente.

Bloqueio de Transferências de Recursos

Subsidiárias de EMNs freqüentemente enviam recursos de volta às sedes para o reembolso de empréstimos, aquisições de insumos, taxas administrativas, remessa de lucros ou para outros fins. Em alguns casos, o governo anfitrião poderá bloquear as transferências de recursos, o que poderá forçar as subsidiárias a empreenderem projetos que não sejam tão favoráveis (apenas para usar os recursos). Como alternativa, a EMN poderá investir os recursos em títulos negociáveis locais que forneçam algum retorno enquanto os recursos estiverem bloqueados. Mas esse retorno poderá ser inferior ao que poderia ter sido ganho sobre os recursos enviados para a controladora.

Não-conversibilidade da Moeda

Alguns governos não permitem o câmbio da moeda nacional por outra moeda. Assim, os lucros gerados por uma subsidiária nesses países não poderão ser enviados para a controladora por meio da conversão da moeda. Quando a moeda não for conversível, a controladora de uma EMN poderá ter de fazer a troca por produtos para extrair os benefícios dos projetos naquele país.

Guerra

Alguns países tendem a se envolver em constantes conflitos com os países vizinhos ou passam por conflitos internos. Isso poderá afetar a segurança dos empregados da subsidiária de uma EMN ou dos vendedores que procuram estabelecer mercados de exportação para a EMN. Além do mais, os países sob constantes ameaças de guerra caracteristicamente possuem ciclos comerciais voláteis, que tornem mais incertos os fluxos de caixa da EMN gerados nesses países. O ataque terrorista aos Estados Unidos, em 11 de setembro de 2001, criou a expectativa de que o país seria envolvido em uma guerra. As EMNs foram afetadas adversamente por sua possível exposição aos ataques terroristas, especialmente se suas subsidiárias estivessem localizadas em países em que pudesse haver sentimentos antiamericanos. Mesmo se uma EMN não for diretamente prejudicada em conseqüência de uma guerra, ela poderá incorrer em custos para garantir a segurança de seus empregados.

A Guerra do Iraque de 2003. Como resultado da guerra do Iraque de 2003, os fluxos de caixa foram afetados de várias maneiras. A guerra causou atritos entre os Estados Unidos e alguns países do Oriente Médio. Conseqüentemente, as EMNs enfrentaram a possibilidade de seus edifícios ou escritórios no exterior serem destruídos e seus empregados, atacados. Além disso, a demanda pelos produtos e serviços americanos por parte dos consumidores do Oriente Médio caiu. E devido aos atritos entre os Estados Unidos e a França sobre como a situação no Iraque deveria ser tratada, a demanda francesa por alguns produtos fabricados pelas EMNs com base nos Estados Unidos também caiu. Em menor escala, houve protestos por parte de cidadãos de outros países, o que poderia ter reduzido a demanda por produtos de empresas americanas. Essa forma de risco país não está limitada a EMNs com base nos Estados Unidos. Atritos ocorrem periodicamente entre muitos países. Assim, como os consumidores franceses reduziram sua demanda por produtos americanos durante a guerra, os consumidores americanos reduziram sua demanda por vinhos franceses e suas viagens à França. O Escritório de Turismo do Governo Francês estimou que a receita recebida na França do turismo americano em 2003 foi cerca de $ 500 milhões a menos que no ano anterior.

Mesmo se as EMNs não fossem afetadas diretamente pelos vários protestos, havia incertezas substanciais de como a guerra poderia afetá-las adversamente pelas condições econômicas enfraquecidas. Havia uma preocupação de que o preço do petróleo fosse subir devido à possível destruição dos poços de petróleo, e os preços de petróleo mais altos têm um impacto direto sobre os custos de transporte e de energia. Temiam-se taxas de juros mais altas devido aos elevados recursos necessários para o financiamento dos gastos militares. Algumas das previsões mais pessimistas sugeriram que haveria uma grande recessão mundial combinada com alta inflação. Portanto, as EMNs estavam preocupadas com os custos mais altos dos insumos e com o possível impacto da inflação americana ou das taxas de juros sobre as taxas de câmbio. Dada toda essa incerteza, as EMNs restringiram suas expansões até que o impacto da guerra sobre os preços do petróleo, o déficit orçamentário americano e as relações políticas entre os Estados Unidos e outros países fossem esclarecidos.

Burocracia

Outro fator de risco país é a burocracia do país, a qual poderá complicar os negócios de uma EMN. Embora esse fator possa parecer irrelevante, foi um dissuasor importante para as EMNs que consideravam projetos no Leste Europeu, no início dos anos 1990. Muitos governos europeus não foram vistos como facilitadores de entrada de EMNs nos seus mercados.

USANDO A WEB   **Índices de Risco Político.** Se uma EMN quiser examinar avaliações de várias características de riscos políticos por avaliadores externos, ela poderá obter essas informações em http://biz.yahoo.com/ifc/.

Corrupção

A corrupção poderá afetar adversamente o comércio internacional de uma EMN porque poderá aumentar o custo dos negócios ou reduzir as receitas. Várias formas de corrupção poderão ocorrer entre as empresas ou entre uma empresa e o governo. Por exemplo, uma EMN poderá perder receitas porque um contrato com o governo é concedido a uma empresa local que subornou um funcionário do governo. Entretanto as leis e suas aplicações variam entre os países. Por exemplo, nos Estados Unidos, é ilegal fazer um pagamento a um funcionário do alto escalão do governo para obter favores políticos, mas é legal que empresas americanas façam contribuições às campanhas eleitorais de um político.

Indicadores de corrupção são derivados para a maioria dos países pela Transparência Internacional (veja **http://www.transparency.org**). Os indicadores de corrupção de alguns países selecionados são mostrados na Tabela 19.1.

País	Indicador	País	Indicador
Finlândia	9,7	Chile	7,4
Dinamarca	9,6	França	6,9
Nova Zelândia	9,5	Espanha	6,9
Cingapura	9,4	Taiwan	5,7
Suécia	9,3	Uruguai	5,5
Países Baixos	8,9	Itália	5,3
Suíça	8,8	Malásia	5,2
Canadá	8,7	Hungria	4,8
Reino Unido	8,7	Grécia	4,3
Áustria	8,0	Brasil	3,9
Hong Kong	8,0	República Tcheca	3,9
Alemanha	7,7	México	3,6
Bélgica	7,6	China	3,4
Irlanda	7,6	Índia	2,8
Estados Unidos	7,5	Rússia	2,7

Fonte: Transparência Internacional, 2003.

Tabela 19.1   Determinação dos indicadores de corrupção de países selecionados.
(Indicador máximo = 10. Indicador alto indica uma corrupção baixa.)

Fatores de Risco Financeiros

Junto com os fatores políticos, os fatores financeiros deverão ser considerados ao se avaliar o risco país. Um dos fatores financeiros óbvios é o estado potencial e atual da economia do país. Uma EMN que exporta para um país ou nele mantém uma subsidiária preocupa-se bastante com a demanda desse país pelos seus produtos. Naturalmente, essa demanda é fortemente influenciada pela economia do país. Uma recessão no país poderá reduzir seriamente a demanda pelas exportações da EMN ou pelos produtos vendidos pela subsidiária local da EMN. No início dos anos 1990 e novamente no período de 2000-2002, o desempenho do comércio europeu da Ford Motor Co., da Nike, da Walt Disney Co., e de muitas outras EMNs com base nos Estados Unidos foi afetado pela fraca economia européia.

Indicadores de Crescimento Econômico

O crescimento econômico de um país depende de vários fatores financeiros:

http://

O Website http://www.heritage.org oferece perspectivas interessantes sobre assuntos de risco político internacional que deveriam ser considerados pelas EMNs que realizam comércio internacional.

- *Taxas de juros.* As taxas de juros mais altas tendem a atrasar o crescimento da economia e a reduzir a demanda pelos produtos da EMN. Taxas de juros mais baixas freqüentemente estimulam a economia e aumentam a demanda pelos produtos da EMN.
- *Taxas de câmbio.* As taxas de câmbio poderão influenciar a demanda pelas exportações do país, o que, por sua vez, afetará a produção do país e o nível de renda. Uma moeda forte poderá reduzir a demanda pelas exportações do país, aumentar o volume dos produtos importados pelo país e, portanto, reduzir a produção do país e a renda nacional. Uma moeda muito fraca poderá

ANALISANDO O RISCO PAÍS **565**

causar saídas especulativas e reduzir o montante de recursos disponíveis para financiar o crescimento por meio dos negócios.

- *Inflação.* A inflação poderá afetar o poder aquisitivo dos consumidores e, portanto, sua demanda pelos produtos de uma EMN. Ela também afetará indiretamente o cenário financeiro de um país, influenciando as taxas de juros do país e o valor da moeda. Um alto nível de inflação poderá também levar a uma queda no crescimento econômico.

A maioria dos fatores financeiros que afeta as condições econômicas de um país é difícil de prever. Portanto, mesmo se uma EMN considerá-los na sua avaliação de risco, ela ainda assim poderá tomar decisões incorretas devido a uma previsão imprópria dos fatores financeiros do país.

Algumas condições financeiras poderão ser causadas por risco político. Por exemplo, o ataque terrorista de 11 de setembro de 2001 aos Estados Unidos afetou as EMNs com base nos Estados Unidos devido ao risco político e ao risco financeiro. A incerteza política gerou incertezas a respeito das condições econômicas, as quais resultaram em uma redução nos gastos de consumidores e, portanto, nos fluxos de caixa das EMNs.

Tipos de Avaliação do Risco País

Embora não haja consenso de como avaliar melhor o risco país, algumas diretrizes foram desenvolvidas. O primeiro passo é reconhecer a diferença entre (1) uma avaliação geral do risco de um país sem a consideração do negócio da EMN e (2) a avaliação do risco de um país relacionada ao tipo de negócio da EMN. O primeiro tipo poderá ser chamado de **macroavaliação** do risco país e o último, de **microavaliação**. Cada tipo será discutido por sua vez.

Macroavaliação do Risco País

A macroavaliação envolve considerações de todas as variáveis que afetam o risco país, exceto aquelas específicas de uma empresa ou de uma indústria em particular. Esse tipo de avaliação é conveniente no que permanece constante para um dado país, independentemente da empresa ou da indústria em questão; no entanto, exclui informações relevantes que poderiam melhorar a precisão da avaliação. Embora uma macroavaliação do risco país não seja a ideal para uma EMN individual, ela servirá como um fundamento que depois poderá ser modificado para refletir o negócio particular da EMN.

> **http://**
>
> Visite http://lcweb2.loc.gov/frd/cs/cshome.html para ver estudos detalhados de 85 países fornecidos pela Biblioteca do Congresso.

Qualquer modelo de macroavaliação deverá considerar tanto as características políticas como as financeiras do país a ser avaliado:

- *Fatores políticos.* Os fatores políticos incluem o relacionamento do governo anfitrião com o governo do país de origem da EMN, a atitude das pessoas do país anfitrião com o governo da EMN, a estabilidade histórica do governo anfitrião, a vulnerabilidade do governo anfitrião a tomadas de controle político e a probabilidade de guerra entre o país anfitrião e os países vizinhos. As considerações desses fatores políticos indicarão a probabilidade de acontecimentos políticos que poderão afetar uma EMN e a magnitude do impacto. O ataque terrorista de 11 de setembro de 2001 aos Estados Unidos ocasionou mais preocupações acerca do risco político das EMNs com base nos Estados Unidos devido a todos os fatores mencionados aqui.
- *Fatores financeiros.* Os fatores financeiros de um modelo de macroavaliação deverão incluir o crescimento do PIB, as tendências da inflação, os níveis do orçamento do governo (e o déficit do governo), as taxas de juros, o desemprego, a dependência das entradas de expor-

566 FINANÇAS CORPORATIVAS INTERNACIONAIS

tações do país, a balança comercial e os controles de câmbio estrangeiro. A lista de fatores financeiros poderia facilmente se estender por várias páginas. Os fatores listados aqui representam apenas um subconjunto de fatores financeiros considerado ao se avaliar a força financeira de um país.

> **http://**
>
> O Website do Departamento do Comércio dos Estados Unidos em http://www.stat-usa.gov dá acesso a uma variedade de dados microeconômicos e macroeconômicos de mercados emergentes.

Incertezas que Envolvem uma Macroavaliação. Há claramente um grau de subjetividade para identificar os fatores políticos e financeiros relevantes de uma macroavaliação do risco país. Também há certa subjetividade na determinação da importância de cada fator da macroavaliação geral de um país em particular. Por exemplo, um avaliador poderá dar um peso (grau de importância) muito maior ao crescimento do PIB real do que outro avaliador. Finalmente, há certa subjetividade na previsão desses fatores financeiros. Devido a esses vários tipos de subjetividade, não é de surpreender que os avaliadores de risco freqüentemente cheguem a diferentes conclusões após completar uma macroavaliação do risco país.

Microavaliação do Risco País

Apesar de uma macroavaliação do risco país fornecer uma indicação do estado geral do país, ela não avalia o risco país da perspectiva do negócio particular em questão. Uma microavaliação é necessária para determinar como o risco país se relaciona a uma EMN específica.

EXEMPLO

Uma vez que a Nike realiza um grande volume de negócios internacionais, ela deverá monitorar o risco país de muitos países. A Nike poderá ser afetada pelo risco país de várias maneiras. Primeiro, um conflito entre os Estados Unidos e um país estrangeiro específico poderá fazer com que o governo do país estrangeiro ou seu povo manifestem seu rancor contra uma subsidiária da Nike nesse país. Portanto, a Nike poderá ser um alvo simplesmente por ser vista como uma empresa dos Estados Unidos, mesmo que todos os empregados da subsidiária sejam locais. Segundo, uma mudança do governo estrangeiro poderá resultar em novas leis fiscais e em outras restrições impostas sobre as subsidiárias de empresas dos Estados Unidos ou de qualquer outro país que tenham suas bases ali. Terceiro, outros fabricantes de calçados locais poderiam possivelmente utilizar laços governamentais para impor mais restrições contra a Nike, de modo que tenham uma vantagem competitiva no país em questão. Quarto, a subsidiária da Nike poderá ser afetada adversamente por outros problemas políticos que causem uma deterioração dos cenários econômicos naquele país. Quaisquer desses eventos poderão causar um aumento nas despesas da subsidiária ou uma queda nas suas receitas.

O impacto específico de um risco país em particular poderá afetar as EMNs de diferentes maneiras.

EXEMPLO

O País Z recebeu uma macroavaliação relativamente baixa pela maioria dos especialistas devido à sua condição financeira fraca. Duas EMNs estão decidindo se estabelecerão subsidiárias no País Z. A Carco, Inc. considera desenvolver uma subsidiária que produzirá automóveis e os venderá no local, enquanto a Milco, Inc. planeja construir uma subsidiária que produzirá suprimentos militares. O plano da Carco de construir uma subsidiária de automóveis não parece ser viável, a não ser que o País Z não tenha um número suficiente de fabricantes de automóveis ainda.

O governo do País Z poderá se comprometer em adquirir uma dada quantidade de suprimentos militares, independentemente da fraqueza da economia. Portanto, o plano da Milco de construir uma subsidiária de suprimentos militares ainda poderá ser viável, mesmo que a condição financeira do País Z esteja fraca.

Será possível, no entanto, que o governo do País Z faça o pedido dos suprimentos militares a uma empresa do país, porque deseja que sua necessidade de suprimentos seja mantida em sigilo. Essa possibilidade é um elemento de risco país porque é uma característica (ou atitude) do país a qual poderá afetar a viabilidade de um projeto. Todavia, essa característica específica será relevante somente para a Milco, Inc. e não para a Carco, Inc.

Esse exemplo explica como uma avaliação apropriada do risco país varia em relação à empresa, à indústria e ao projeto em questão e também por que uma macroavaliação do risco país possui suas limitações. Uma microavaliação também se faz necessária ao se avaliar o risco país em relação a um projeto específico proposto por uma empresa em particular.

Além das variáveis políticas, as variáveis econômicas também deverão ser incluídas em uma microavaliação do risco país. Microfatores incluem a sensibilidade do negócio da empresa ao crescimento real do PIB, as tendências da inflação, as taxas de juros e outros fatores. Devido às diferenças nas características dos negócios, algumas empresas são mais suscetíveis à economia do país anfitrião do que outras.

Em suma, a avaliação geral do risco país consiste em quatro partes:

1. Risco macropolítico.
2. Risco macrofinanceiro.
3. Risco micropolítico.
4. Risco microfinanceiro.

Embora essas partes possam ser consolidadas para gerar uma classificação única de países, poderá ser útil mantê-las separadas de modo que a EMN possa identificar as várias maneiras que seu investimento estrangeiro direto ou suas exportações estão expostos ao risco país.

Técnicas para Avaliar o Risco País

Uma vez que a empresa identifique todos os macrofatores e microfatores que mereçam consideração na avaliação do risco país, ela poderá desejar implantar um sistema de pesos desses fatores e determinar a classificação do risco país. Várias técnicas estão disponíveis para atingir esse objetivo. As técnicas a seguir são algumas das mais populares:

- abordagem da lista de verificação;
- técnica Delphi;
- análise quantitativa;
- visitas de inspeção;
- combinação de técnicas.

Cada técnica será discutida brevemente, por sua vez.

Abordagem da Lista de Verificação

A abordagem da lista de verificação envolve fazer um julgamento de todos os fatores políticos e financeiros (macro e micro) que contribuam na avaliação do risco país. As classificações são

568 FINANÇAS CORPORATIVAS INTERNACIONAIS

determinadas em uma lista com vários fatores financeiros e políticos, e essas classificações serão então consolidadas para se derivar a avaliação geral do país. Alguns fatores (tais como o crescimento do PIB real) poderão ser medidos a partir de dados disponíveis, enquanto outros (tais como a probabilidade de entrar em guerra) deverão ser medidos subjetivamente.

Um número muito grande de informações a respeito dos países está disponível na Internet. Essas informações poderão ser utilizadas para desenvolver os pesos de cada um de vários fatores usados para avaliar o risco país. Os fatores serão então consolidados em uma única medida numérica para avaliar um país em particular. Os fatores considerados com maior influência sobre o risco país merecerão ponderações maiores. Tanto a medição de fatores quanto o esquema de ponderações são subjetivos.

Técnica Delphi

A **técnica Delphi** envolve a coleta de opiniões independentes sobre o risco país sem uma discussão em grupo feita por avaliadores (tais como funcionários e consultores externos) que fornecem essas opiniões. Embora a técnica Delphi possa ser útil, ela é baseada em opiniões subjetivas que poderão variar entre os avaliadores. A EMN poderá tirar a média dessas opiniões de alguma maneira e até avaliar o grau de discordância ao medir a dispersão de opiniões.

Análise Quantitativa

Uma vez que as variáveis políticas tenham sido medidas por um período determinado, modelos de análise quantitativa poderão procurar identificar as características que influenciam o nível do risco país. Por exemplo, a análise de regressão poderá ser utilizada para avaliar o risco, já que ela poderá medir a sensibilidade de uma variável às outras variáveis. Uma empresa poderá regredir uma das medidas de sua atividade comercial (como a porcentagem do aumento de vendas) ante as características do país (como o crescimento real do PIB) ao longo de uma série de meses ou trimestres anteriores. Os resultados dessa análise indicarão a suscetibilidade de um negócio em particular à economia do país. Essas são informações valiosas para ser incorporadas à avaliação geral do risco país.

Embora os modelos quantitativos possam quantificar o impacto das variáveis umas sobre as outras, eles não necessariamente indicarão os problemas de um país antes que realmente ocorram (preferivelmente antes da decisão da empresa de procurar instalar um projeto nesse país). Também não poderão avaliar dados subjetivos que não podem ser quantificados. Além disso, as tendências históricas de várias características do país nem sempre são úteis para antecipar uma crise que está por vir.

Visitas de Inspeção

Visitas de inspeção envolvem viagens para um país e reuniões com oficiais do governo, executivos comerciais e/ou consumidores. Essas reuniões poderão ajudar a esclarecer opiniões incertas da empresa sobre o país. De fato, algumas variáveis, tais como o relacionamento entre as nações, poderão ser difíceis de avaliar sem uma viagem ao país anfitrião.

Combinação de Técnicas

Uma pesquisa com 193 empresas fortemente envolvidas com comércio exterior concluiu que metade delas não possui um método formal para avaliar o risco país. Isso não significa que elas negligenciaram a avaliação do risco país, mas antes que não há um método aprovado para ser usado. Conseqüentemente, muitas EMNs adotam uma variedade de técnicas, possivelmente utilizando a abordagem de lista de verificação para desenvolver uma classificação geral do risco

ANALISANDO O RISCO PAÍS **569**

país e depois usando a técnica Delphi, a análise quantitativa e as visitas de inspeção para determinar a classificação dos vários fatores.

EXEMPLO

A Missouri, Inc. sabe que precisa levar em consideração vários fatores financeiros e políticos na sua análise de risco país do México, em que planeja estabelecer uma subsidiária. A Missouri criou uma lista de verificação de vários fatores e determinou um peso para cada fator. Ela utilizou a técnica Delphi para classificar vários fatores políticos e usou a análise quantitativa para prever os cenários econômicos futuros no México para que pudesse avaliar os vários fatores financeiros. A Missouri realizou uma visita de inspeção para complementar sua avaliação dos fatores financeiros e políticos.

Medição do Risco País

Derivar uma classificação geral do risco país utilizando a abordagem de lista de verificação requer uma classificação separada do risco político e financeiro. Primeiro, são designados aos fatores políticos valores dentro de um intervalo, de certa forma, arbitrários (tais como valores de 1 a 5, em que 5 é o melhor valor/menor risco). Em seguida, a esses fatores políticos são designados pesos (representando o grau de importância) que deverão somar até 100%. Os valores designados aos fatores vezes seus respectivos pesos poderão então ser somados para derivar a classificação do risco político.

O processo então será repetido para derivar a classificação do risco financeiro. A todos os fatores financeiros serão designados valores (de 1 a 5, em que 5 é o melhor valor/menor risco). Em seguida, os valores designados dos fatores vezes seus respectivos pesos poderão ser somados para derivar a classificação do risco financeiro.

Uma vez que as classificações financeira e política tenham sido derivadas, uma classificação geral do risco país do país relacionado a um projeto específico poderá ser determinada designando pesos às classificações políticas e financeiras de acordo com sua importância percebida. A importância do risco político contra o risco financeiro varia de acordo com a intenção da EMN. Uma EMN que pensa em investimento estrangeiro direto para atrair a demanda naquele país deverá estar preocupada com o risco financeiro. Uma EMN que estabelece uma fábrica e planeja exportar os produtos a partir dali deverá se preocupar mais com o risco político.

Se o risco político for considerado ser mais influente sobre um projeto em particular do que o risco financeiro, receberá um peso maior do que a classificação do risco financeiro (juntos os dois pesos devem totalizar 100%). As classificações políticas e financeiras multiplicadas por seus respectivos pesos determinarão a classificação total desse risco para um país quando se refere a um projeto em particular.

EXEMPLO

Suponha que a Cougar Co. planeje construir uma fábrica de aço no México. Ela utilizou a técnica Delphi e a análise quantitativa para derivar classificações de vários fatores políticos e financeiros. A discussão aqui se concentra em como consolidar as classificações para derivar uma classificação geral do risco país.

A Figura 19.1 ilustra a avaliação do risco país da Cougar do México. Note, na Figura 19.1, que dois fatores políticos e cinco fatores financeiros compõem a classificação geral

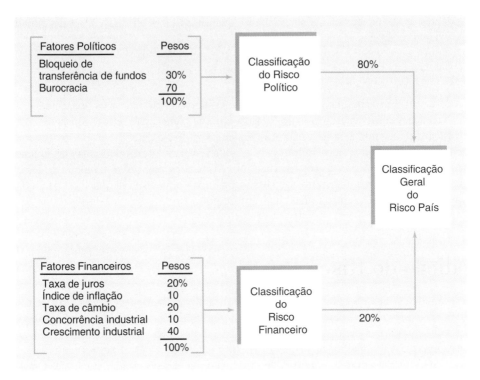

Figura 19.1 Determinação da classificação geral do risco país.

do risco país nesse exemplo. A Cougar Co. levará em consideração apenas os países em que a classificação fique em 3,5 ou acima, com base em sua classificação de risco país.

A Cougar Co. determinou os valores e pesos para os fatores como apresentado na Tabela 19.2. Nesse exemplo, a empresa em geral determina a classificação dos fatores financeiros mais altos do que os fatores políticos. A condição financeira do México foi, portanto, avaliada mais favoravelmente do que a condição política. O crescimento industrial é o fator financeiro mais importante do México, baseado em seu peso de 40%. A burocracia é considerada o fator político mais importante, com base no peso de 70%; a regulamentação sobre as transferências de fundos recebe o peso dos 30% remanescentes. A classificação do risco político é estimada em 3,3 somando os produtos das classificações determinadas (coluna 2) e pesos (coluna 3) dos fatores de risco político.

O risco financeiro foi calculado em 3,9, baseado na soma dos produtos das classificações determinadas e os pesos dos fatores de risco financeiros. Uma vez que as classificações políticas e financeiras sejam determinadas, a classificação geral do risco país poderá ser derivada (como mostrado na parte inferior da Tabela 19.2), dados os pesos determinados do risco político e financeiro. A coluna 3 na parte inferior da Tabela 19.2 indica que a Cougar Co. percebeu o risco político (recebendo um peso de 80%) como mais importante que o risco financeiro (recebendo um peso de 20%) no México para o projeto proposto. A classificação geral do risco país de 3,42 poderá parecer baixa, dadas as classificações de categorias individuais. Isso é devido ao peso alto dado ao risco político, que neste exemplo é crítico da perspectiva da empresa. Em particular, a Cougar vê a burocracia do México como um fator crítico e determina uma classificação baixa. Dado que esta empresa levará em consideração apenas os projetos de países que possuam uma classificação de, pelo menos, 3,5, ela decide não adotar o projeto do México.

(1)	(2)	(3)	(4) = (2) × (3)
Fatores de Risco Político	Classificação Determinada pela Empresa aos Fatores (de 1 – 5)	Peso Determinado pela Empresa aos Fatores de Acordo com Importância	Valor Ponderado do Fator
Bloqueio de transferências de recursos	4	30%	1,2
Burocracia	3	70	2,1
		100%	3,3 = Classificação do risco político
Fatores de Risco Financeiro			
Taxa de juros	5	20%	1,0
Índice de inflação	4	10	0,4
Taxa de câmbio	4	20	0,8
Concorrência industrial	5	10	0,5
Crescimento industrial	3	40	1,2
		100%	3,9 = Classificação do risco financeiro
(1)	(2)	(3)	(4) = (2) × (3)
Categoria	Classificação como Determinado Acima	Peso Determinado pela Empresa para Cada Categoria de Risco	Classificação Ponderada
Risco político	3,3	80%	2,64
Risco financeiro	3,9	20	0,78
		100%	3,42 = Classificação geral do risco país

Tabela 19.2 Derivação da classificação geral do risco país baseada em informações supostas.

Variação nos Métodos de Medição do Risco País

Os avaliadores do risco país possuem seus próprios procedimentos para quantificar o risco país. O procedimento descrito aqui é apenas um entre muitos. A maioria dos procedimentos é semelhante, no entanto, no que, de certa forma, determina a classificação e os pesos para todas as características individuais relevantes para a avaliação do risco país.

O número de fatores relevantes que abrangem tanto as categorias de risco político quanto as de risco financeiro sofrerá variações de acordo com o país a ser avaliado e o tipo de operação empresarial planejado para esse país. A determinação de valores para os fatores, junto com o grau de importância (pesos) atribuído para os fatores, também sofrerá variações de acordo com o país avaliado e o tipo de operação empresarial planejado para esse país.

Utilizando a Classificação do Risco País para a Tomada de Decisões

Se o risco país for alto demais, então a empresa não precisará mais analisar a viabilidade do projeto proposto. Algumas empresas poderão argumentar que nenhum risco é alto demais ao se considerar um projeto. Sua justificativa é que, se o retorno potencial for alto o suficiente, valerá a pena investir no projeto. Quando a segurança do empregado for uma preocupação, no entanto, o projeto poderá ser rejeitado, independentemente de seu potencial retorno.

572 FINANÇAS CORPORATIVAS INTERNACIONAIS

Mesmo depois de um projeto ser aceito e implantado, a EMN deverá continuar a monitorar o risco país. Com uma EMN com mão-de-obra intensa, o país anfitrião poderá se sentir beneficiado com a existência da subsidiária (devido ao emprego das pessoas do país pela subsidiária), e a probabilidade de expropriação será baixa. Todavia, várias outras formas de risco país poderiam repentinamente fazer a EMN considerar o desinvestimento do projeto. Além disso, as decisões referentes à expansão da subsidiária, transferências de recursos para a controladora e fontes de financiamento poderão ser afetadas por quaisquer alterações no risco país. Uma vez que o risco país pode mudar drasticamente ao longo do tempo, reavaliações periódicas são requeridas, especialmente de países menos estáveis.

Independentemente de como a análise é realizada, as EMNs freqüentemente são incapazes de prever crises em vários países. As EMNs deverão reconhecer suas limitações ao avaliar o risco país e considerar maneiras para limitar sua exposição a um possível aumento do risco.

Comparação das Classificações de Risco entre os Países

Uma EMN poderá avaliar o risco país de vários países, talvez para determinar onde estabelecer uma subsidiária. Uma abordagem para comparar as classificações financeiras ou políticas entre os países, defendida por alguns gestores de risco estrangeiro, é a **matriz do risco de investimento estrangeiro (MRIE)** que exibe o risco financeiro (ou econômico) e político com intervalos que variam pela matriz entre "fraco" e "bom". Cada país poderá ser posicionado em sua localização apropriada sobre a matriz, com base em sua classificação política e financeira.

> USANDO A WEB
>
> **Classificações de Risco País.** Se uma EMN quiser levar em consideração a avaliação do risco país feita por avaliadores externos, ela poderá obter uma classificação do risco país para qualquer país em http://biz.yahoo.com/ifc/. Para cada país, são apresentados vários componentes utilizados para derivar a classificação geral do risco país, incluindo o risco político e o risco econômico.

Classificações Reais do Risco País pelos Países

http://

Visite http://www.duke.edu/~charvey para ver os resultados da análise do risco país político, econômico e financeiro da Campbell R. Harvey.

A Figura 19.2 não é necessariamente aplicável a uma EMN em particular, que deseja buscar o comércio internacional, porque a avaliação do risco aqui pode não focar sobre fatores que sejam relevantes a essa EMN. Todavia, a figura ilustra como a classificação de risco poderá variar substancialmente entre os países. Muitos países industrializados possuem classificações altas, que indicam um risco baixo. Países emergentes tendem a ter classificações mais baixas. Classificações de risco país mudam ao longo do tempo em reação aos fatores que influenciam a classificação de um país.

Incorporação do Risco País ao Orçamento de Capital

Se a classificação de risco de um país estiver em um âmbito tolerável, qualquer projeto relacionado a esse país merecerá consideração continuada. O risco país poderá ser incorporado na

ANALISANDO O RISCO PAÍS **573**

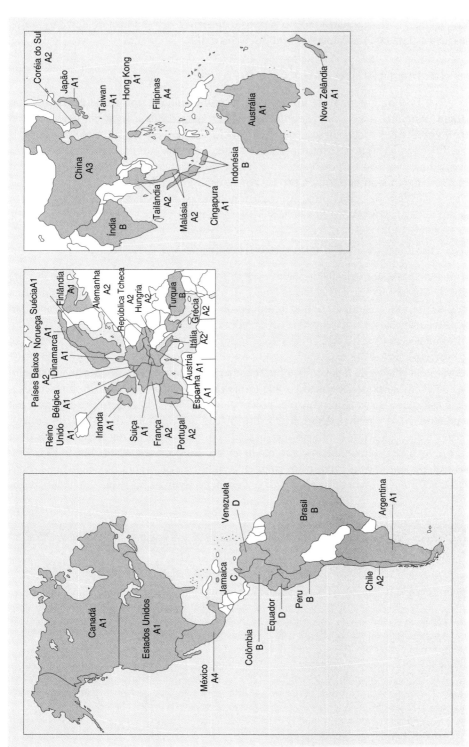

Fonte: Coface, 2004. As classificações vão da mais alta de A1 até a mais baixa de D.

Figura 19.2 Classificação do risco país entre os países.

574 FINANÇAS CORPORATIVAS INTERNACIONAIS

análise do orçamento de capital do projeto proposto ajustando-se ou a taxa de desconto ou os fluxos de caixa estimados. Cada método será discutido aqui.

Ajuste da Taxa de Desconto

Supõe-se que a taxa de desconto de um projeto proposto reflita a taxa requerida de retorno desse projeto. Portanto, a taxa de desconto poderá ser ajustada para levar em conta o risco país. Quanto mais baixa a classificação do risco país, tanto mais alto será o risco percebido e tanto mais alta será a taxa de desconto aplicada aos fluxos de caixa do projeto. Essa abordagem será conveniente quanto ao fato de o ajuste na análise do orçamento de capital poder captar o risco país. No entanto, não há fórmula precisa para ajustar a taxa de desconto para incorporar o risco país. O ajuste é, de certa forma, arbitrário e poderá, portanto, fazer com que os projetos viáveis sejam rejeitados ou os projetos inviáveis sejam aceitos.

Ajuste dos Fluxos de Caixa Estimados

Talvez o método mais apropriado de incorporar as formas de risco país em uma análise de orçamento de capital seja estimar como os fluxos de caixa deverão ser afetados por cada uma das formas de risco. Por exemplo, se houver uma probabilidade de 20% de o governo anfitrião bloquear os recursos da subsidiária para a controladora, a EMN deverá estimar o valor presente líquido do projeto (*VPL*) sob essas circunstâncias, percebendo que há 20% de chance de que esse *VPL* ocorrerá.

Se houver uma chance de o governo anfitrião tomar o controle, o *VPL* do projeto estrangeiro sob essas condições deverá ser estimado. Cada forma possível de risco possui um impacto estimado sobre os fluxos de caixa do projeto e, portanto, sobre o *VPL* do projeto. Ao analisar cada impacto possível, a EMN poderá determinar a distribuição de probabilidade do *VPL* do projeto. Sua decisão de aceitar/rejeitar o projeto será baseada em sua avaliação da probabilidade de o projeto gerar um *VPL* positivo, assim como na dimensão dos possíveis resultados do *VPL*. Embora esse procedimento possa parecer um tanto enfadonho, ele incorporará diretamente formas de risco país no fluxo de caixa estimado e ilustrará explicitamente os possíveis resultados da im-

---

GERENCIANDO PARA VALOR

A Decisão da TheStreet.com de Fechar sua Subsidiária Britânica

A TheStreet.com é uma empresa de Internet com base nos Estados Unidos que fornece informações financeiras em seu Website. Em fevereiro de 2000, ela decidiu expandir suas operações para o Reino Unido, onde criou um Website específico para os investidores britânicos. Uma característica de país a seu favor era que muitos investidores individuais na Europa residem no Reino Unido. A característica-chave de qualquer país, no entanto, é a preferência de seus consumidores, o que afeta a demanda pelos produtos da empresa.

A avaliação da TheStreet.com do ambiente do Reino Unido foi otimista demais. A Internet e corretoras on-line não são tão utilizadas no Reino Unido como em alguns outros países europeus. Portanto, a TheStreet.com atraiu menos clientes do que esperava. Em novembro de 2000, esta empresa decidiu encerrar suas operações no Reino Unido porque o Website era dispendioso demais para ser mantido e não estava gerando receitas de propaganda suficientes.

Este exemplo ilustra o perigo de se generalizar acerca da Europa, em vez de reconhecer características específicas de cada país europeu. Embora haja mais investidores individuais no Reino Unido, as pessoas na Alemanha e na Escandinávia usam mais a Internet. A decisão da TheStreet.com de encerrar suas operações no Reino Unido aumentou seu valor, porque ela descontinuou um projeto com decréscimo de valor.

ANALISANDO O RISCO PAÍS **575**

plantação do projeto. O método mais conveniente da taxa de ajuste de desconto, de acordo com a classificação do risco país, não indica a distribuição de probabilidade dos resultados possíveis.

EXEMPLO

Reconsidere o exemplo da Spartan, Inc. discutido no Capítulo 17. Imagine que todas as suposições em relação ao investimento inicial da Spartan, a vida do projeto, a política de preços, as projeções das taxas de câmbio, e assim por diante, ainda se apliquem do mesmo modo. Agora, no entanto, incorporaremos duas características de risco país que não foram incluídas na análise inicial. Primeiro, suponha que haja 30% de chance de a retenção na fonte exigida pelo governo de Cingapura ser de 20% em vez de 10%. Segundo, suponha que haja 40% de chance de o governo de Cingapura fazer um pagamento para a Spartan (valor residual) de C$ 7 milhões, em vez de C$ 12 milhões. Essas duas possibilidades representam uma forma de risco país.

Suponha que essas duas situações possíveis não estejam relacionadas. Para determinar como o *VPL* será afetado em cada uma dessas condições, uma análise de orçamento de capital semelhante à apresentada na Tabela 17.1 no Capítulo 17 poderá ser utilizada. Se essa análise já estiver em uma planilha, o *VPL* poderá ser estimado facilmente ajustando os itens da linha de número 15 (retenção sobre recursos enviados) e de número 17 (valor residual). A análise de orçamento de capital mede o efeito da alíquota de retenção de 20% na Tabela 19.3. Uma vez que os itens antes da linha de número 14 não são afetados, eles não são mostrados aqui. Se a alíquota de 20% de retenção for imposta, o *VPL* do projeto de quatro anos será de $ 1.252.160.

Agora considere a possibilidade do valor residual mais baixo, que utiliza a suposição inicial da alíquota de retenção de 10%. A análise de orçamento de capital conta com o valor residual mais baixo na Tabela 19.4. O *VPL* estimado será de $ 880.484, com base nesse cenário.

Finalmente, considere a possibilidade de que tanto o imposto retido mais alto quanto o valor residual mais baixo ocorram. A análise de orçamento de capital na Tabela 19.5 conta com as duas situações. O *VPL* é estimado em –$ 177.223.

Uma vez que as estimativas do *VPL* sejam derivadas para cada cenário, a Spartan, Inc. poderá tentar determinar se o projeto será viável. Há duas variáveis de risco país que são

	Ano 0	Ano 1	Ano 2	Ano 3	Ano 4
14. C$ enviados pela subsidiária (100% do fluxo de caixa líquido)		C$ 6.000.000	C$ 6.000.000	C$ 7.600.000	C$ 8.400.000
15. Retenção sobre recursos enviados (20%)		C$ 1.200.000	C$ 1.200.000	C$ 1.520.000	C$ 1.680.000
16. C$ enviados depois da retenção na fonte		C$ 4.800.000	C$ 4.800.000	C$ 6.080.000	C$ 6.720.000
17. Valor residual					C$ 12.000.000
18. Taxa de câmbio do C$		$ 0,50	$ 0,50	$ 0,50	$ 0,50
19. Fluxos de caixa para a controladora		$ 2.400.000	$ 2.400.000	$ 3.040.000	$ 9.360.000
20. *VP* dos fluxos de caixa da controladora (taxa de desconto de 15%)		$ 2.086.956	$ 1.814.745	$ 1.998.849	$ 5.351.610
21. Investimento inicial da controladora	$ 10.000.000				
22. *VPL* cumulativo		–$ 7.913.044	–$ 6.098.299	–$ 4.099.450	$ 1.252.160

Tabela 19.3 Análise do projeto baseado na alíquota de retenção de 20% de recursos enviados: Spartan, Inc.

576 FINANÇAS CORPORATIVAS INTERNACIONAIS

	Ano 0	Ano 1	Ano 2	Ano 3	Ano 4
14. C$ enviados pela subsidiária (100% do fluxo de caixa líquido)		C$ 6.000.000	C$ 6.000.000	C$ 7.600.000	C$ 8.400.000
15. Retenção de impostos sobre recursos enviados (10%)		C$ 600.000	C$ 600.000	C$ 760.000	C$ 840.000
16. C$ enviados depois da retenção na fonte		C$ 5.400.000	C$ 5.400.000	C$ 6.840.000	C$ 7.560.000
17. Valor residual					C$ 7.000.000
18. Taxa de câmbio do C$		$ 0,50	$ 0,50	$ 0,50	$ 0,50
19. Fluxos de caixa para a controladora		$ 2.700.000	$ 2.700.000	$ 3.420.000	$ 7.280.000
20. *VP* dos fluxos de caixa da controladora (taxa de desconto de 15%)		$ 2.347.826	$ 2.041.588	$ 2.248.706	$ 4.162.364
21. Investimento inicial da controladora	$ 10.000.000				
22. *VPL* cumulativo		–$ 7.652.174	–$ 5.610.586	–$ 3.361.880	$ 800.484

Tabela 19.4   Análise do projeto baseado no valor residual reduzido: Spartan, Inc.

	Ano 0	Ano 1	Ano 2	Ano 3	Ano 4
14. C$ enviados pela subsidiária (100% do fluxo de caixa líquido)		C$ 6.000.000	C$ 6.000.000	C$ 7.600.000	C$ 8.400.000
15. Retenção sobre recursos enviados (20%)		C$ 1.200.000	C$ 1.200.000	C$ 1.520.000	C$ 1.680.000
16. C$ enviados depois da retenção na fonte		C$ 4.800.000	C$ 4.800.000	C$ 6.080.000	C$ 6.720.000
17. Valor residual					C$ 7.000.000
18. Taxa de câmbio do C$		$ 0,50	$ 0,50	$ 0,50	$ 0,50
19. Fluxos de caixa para a controladora		$ 2.400.000	$ 2.400.000	$ 3.040.000	$ 6.860.000
20. *VP* dos fluxos de caixa da controladora (taxa de desconto de 15%)		$ 2.086.956	$ 1.814.745	$ 1.998.849	$ 3.922.227
21. Investimento inicial da controladora	$ 10.000.000				
22. *VPL* cumulativo		–$ 7.913.044	–$ 6.098.299	–$ 4.099.450	–$ 177.223

Tabela 19.5   Análise do projeto baseado na alíquota de retenção de 20% e no valor residual reduzido: Spartan, Inc.

incertas, e há quatro resultados do *VPL* possíveis, como ilustrado na Tabela 19.6. Dadas a probabilidade de cada situação possível e a suposição de que o resultado da retenção seja independente do resultado do valor residual, as probabilidades conjuntas poderão ser determinadas para cada par de resultados multiplicando as probabilidades dos dois resultados em questão. Uma vez que a probabilidade de uma alíquota de retenção de 20% é de 30%, a probabilidade de uma alíquota de 10% será de 70%. Dado que a probabilidade de um valor residual mais baixo é de 40%, a probabilidade da estimativa inicial para o valor residual será de 60%. Portanto, o cenário nº 1 (10% de alíquota de retenção e C$ 12 milhões de valor residual) criado no Capítulo 17 teve uma probabilidade conjunta (probabilidade de os dois resultados ocorrerem) de 70% × 60% = 42%.

Na Tabela 19.6, o cenário nº 4 é o único em que há um *VPL* negativo. Uma vez que esse cenário possui 12% de chance de ocorrer, há 12% de chance de que o projeto afetará negativamente o valor da empresa. Colocando de outro modo, há 88% de chance de que o projeto aumentará o valor da empresa. O valor esperado do *VPL* do projeto poderá ser

ANALISANDO O RISCO PAÍS **577**

Cenário	Alíquota do Imposto Retido Exigido pelo Governo de Cingapura	Valor Residual do Projeto	VPL	Probabilidade
1	10%	C$ 12.000.000	$ 2.229.867	(70%)(60%) = 42%
2	20%	C$ 12.000.000	$ 1.252.160	(30%)(60%) = 18%
3	10%	C$ 7.000.000	$ 800.484	(70%)(40%) = 28%
4	20%	C$ 7.000.000	–$ 177.223	(30%)(40%) = 12%

$$E(VPL) = \$ 2.229.867 \ (42\%)$$
$$+ \$ 1.252.160 \ (18\%)$$
$$+ \$ 800.484 \ (28\%)$$
$$- \$ 177.223 \ (12\%)$$
$$= \$ 1.364.801$$

Tabela 19.6 Resumo dos *VPLs* estimados pelos cenários possíveis: Spartan, Inc.

medido como a soma do *VPL* de cada cenário estimado multiplicado por sua respectiva probabilidade nos quatro cenários, como apresentado na parte inferior da Tabela 19.6. A maioria das EMNs deverá aceitar o projeto proposto, dada a probabilidade de o projeto ter um *VPL* positivo e a perda que poderá ocorrer, na pior das hipóteses, ser limitada.

Utilização de uma Planilha Eletrônica para Contabilizar as Incertezas. No exemplo anterior, as suposições iniciais para a maioria das variáveis de entrada foram utilizadas como se fossem conhecidas com certeza. No entanto, a Spartan, Inc. poderá contabilizar as incertezas das características do risco país (como no nosso exemplo atual) permitindo incertezas nas outras variáveis também. Esse processo poderá ser facilitado se a análise estiver em uma planilha no computador.

EXEMPLO

Se a Spartan, Inc. desejar levar em consideração três tendências possíveis da taxa de câmbio, ela poderá ajustar as projeções da taxa de câmbio para cada uma dos quatro cenários avaliados no exemplo atual. Cada cenário refletirá um resultado específico da alíquota de retenção, um resultado específico do valor residual, uma tendência específica da taxa de câmbio. Haverá um total de 12 cenários, com cada cenário possuindo um *VPL* estimado e uma probabilidade de ocorrência. Com base no *VPL* estimado e a probabilidade de cada cenário, a Spartan, Inc. poderá então medir o valor esperado do *VPL* e a probabilidade de o *VPL* ser positivo, o que levará à decisão da viabilidade do projeto.

Como o Risco País Afeta as Decisões Financeiras

Quando incorporam o risco país na análise de orçamento de capital, alguns projetos não mais são viáveis, e as EMNs reduzem seu envolvimento em países politicamente tensos.

A Guerra do Golfo. Como resultado da crise que culminou na Guerra do Golfo em 1991, muitas EMNs procuraram reavaliar o risco país. O terrorismo tornou-se a maior preocupação. As EMNs utilizaram vários métodos para se protegerem contra o terrorismo. As viagens dos executivos pelos países da região foram reduzidas, e as EMNs passaram a realizar teleconferências. Algumas EMNs com subsidiárias na Arábia Saudita suspenderam temporariamente algumas de

578 FINANÇAS CORPORATIVAS INTERNACIONAIS

suas operações, permitindo que os empregados de outros países retornassem a suas casas. Alguns projetos que estavam sendo considerados em países passíveis de ataques terroristas foram adiados. Até projetos que pareciam viáveis, da perspectiva financeira, foram adiados devido ao potencial perigo para os empregados.

Além da ameaça do terrorismo, a crise afetou os fluxos de caixa das EMNs de várias maneiras. Os efeitos variaram com as características de cada EMN. Os efeitos mais óbvios da crise foram a redução das viagens e os preços do petróleo mais altos. A redução das viagens afetou adversamente as companhias aéreas, os hotéis, os restaurantes, os fabricantes de malas, as atrações turísticas, as agências de aluguel de carros e as linhas de cruzeiros.

A Crise Asiática. Como resultado da crise asiática de 1997-1998, as EMNs perceberam que haviam subestimado os problemas financeiros que poderiam ocorrer nos países asiáticos de alto crescimento. Os analistas do risco país haviam se concentrado no alto grau do crescimento econômico, apesar de os países asiáticos possuírem altos níveis de endividamentos e seus bancos comerciais estarem com grandes problemas de empréstimos. Os problemas de empréstimos não eram óbvios, pois os bancos comerciais não eram muito exigidos quanto a divulgação de muitas das informações sobre seus empréstimos. Algumas EMNs perceberam os problemas potenciais na Ásia, no entanto, e descontinuaram suas exportações para as empresas asiáticas que não estavam dispostas a pagar adiantadamente.

Os Ataques Terroristas aos Estados Unidos. Após os ataques terroristas de 11 de setembro de 2001 aos Estados Unidos, algumas EMNs reduziram sua exposição a várias formas de risco país, descontinuando seus negócios em países em que as empresas americanas poderiam estar mais sujeitas a ataques terroristas. Algumas EMNs também reduziram as viagens dos empregados para protegê-los de ataques. As EMNs reconhecem que alguns acontecimentos imprevisíveis podem se desenrolar e afetar sua exposição ao risco país. Portanto, elas poderão pelo menos estar preparadas para revisar suas operações, de modo a reduzir sua exposição

Reduzindo a Exposição à Expropriação pelo Governo Anfitrião

Embora o investimento estrangeiro direto ofereça vários benefícios possíveis, o risco país poderá eliminá-los. O risco país mais sério é a expropriação pelo governo. Esse tipo de expropriação poderá resultar em grandes perdas, especialmente quando a EMN não tiver poder para negociar com o governo anfitrião.

As estratégias a seguir são as mais comuns utilizadas para reduzir a exposição à expropriação pelo governo anfitrião:

- Usar horizontes de curto prazo.
- Confiar em suprimentos únicos ou tecnologias únicas.
- Empregar trabalho local.
- Tomar recursos locais emprestados.
- Adquirir seguro.
- Utilizar "Project Finance".

Usando Horizontes de Curto Prazo

Uma EMN poderá se concentrar na recuperação do fluxo de caixa rapidamente, de modo que, em caso de expropriação, as perdas sejam minimizadas. Uma EMN também exercerá somente um mínimo de esforço para substituir equipamentos e maquinários usados na subsidiária. Ela poderá até desativar seus investimentos no exterior, vendendo todos os seus ativos a investidores locais ou ao governo em partes, ao longo do tempo.

Confiando em Suprimentos Únicos ou Tecnologias Únicas

Se a subsidiária trouxer suprimentos de suas sedes (ou de uma subsidiária irmã) que não podem ser reproduzidos no local, o governo anfitrião não será capaz de tomar o controle e operar a subsidiária sem eles. A EMN também poderá cortar os suprimentos se a subsidiária for maltratada.

Se a subsidiária puder ocultar a tecnologia do seu processo de produção, a expropriação por um governo será mais improvável. Uma expropriação seria bem-sucedida somente no caso de a EMN fornecer a tecnologia necessária, e uma EMN só agiria assim sob cenários de expropriação amigável que assegurassem que ela receberia compensação adequada.

Empregando Trabalho Local

Se os empregados locais da subsidiária forem afetados pela expropriação pelo governo, eles poderiam pressioná-lo para evitar essa ação. No entanto, o governo poderá manter esses empregados após tomar a subsidiária. Portanto, essa estratégia possui uma eficácia limitada para evitar ou restringir o controle do governo.

Tomando Recursos Locais Emprestados

Se a subsidiária tomar emprestados recursos no local, os bancos locais estarão preocupados com seu desempenho futuro. Se, por alguma razão, a expropriação pelo governo anfitrião reduzir a probabilidade de os bancos receberem o reembolso de seus empréstimos prontamente, eles poderão tentar impedi-la. No entanto, como o governo poderá garantir o reembolso aos bancos, então essa estratégia possui uma eficácia limitada. Porém, ainda assim ela poderá ser preferível a uma situação em que a EMN não só perderá a subsidiária, mas também continuará devendo aos credores do país de origem.

Adquirindo Seguro

Um seguro poderá ser adquirido para cobrir o risco de expropriação. Por exemplo, o governo dos Estados Unidos fornece um seguro por meio da Overseas Private Investment Corporation (OPIC). Os prêmios de seguro pagos por uma empresa dependerão do grau de proteção do seguro e o risco associado à empresa. Caracteristicamente, no entanto, qualquer apólice de seguro cobrirá apenas uma parte da exposição total ao risco país da empresa.

Muitos países de origem das EMNs possuem programas de garantia de investimentos que asseguram, até certo ponto, os riscos de expropriação, guerras ou bloqueio de moeda. Alguns programas de garantia possuem um período de carência de um ano ou mais, antes de compensações ser pagas sobre perdas em conseqüência de uma expropriação. Algumas apólices de seguro também não cobrem todas as formas de expropriação. Além disso, para ser qualificado para esse tipo de seguro, poderá ser exigido pelo país da subsidiária que ela se concentre sobre as exportações, em vez de realizar vendas localmente. Mesmo que a subsidiária se qualifique para o seguro, há um custo. Qualquer seguro caracteristicamente cobrirá somente uma parte dos ativos e poderá especificar uma duração de proteção máxima, tal como 15 ou 20 anos. Uma subsidiária deverá pesar os benefícios desse seguro contra o custo dos prêmios da apólice e as possíveis perdas além da proteção. O seguro poderá ser útil, mas não evitará, por si só, as perdas decorrentes da expropriação.

580 FINANÇAS CORPORATIVAS INTERNACIONAIS

Em 1993, a Rússia estabeleceu um fundo de seguros para proteger as EMNs contra várias formas de risco país. O governo russo tomou essa atitude para incentivar mais investimento estrangeiro direto na Rússia.

O Banco Mundial estabeleceu uma filial chamada Agência Multilateral de Garantia do Investimento (MIGA) para fornecer seguro político para as EMNs com investimento estrangeiro direto em países menos desenvolvidos. A MIGA oferece seguros contra expropriação, violações de contrato, não-conversibilidade de moeda, guerra e distúrbios civis.

Utilizando "Project Finance"

Muitos dos maiores projetos de infra-estrutura estão estruturados como "Project Finance", que limitam a exposição das EMNs. Primeiro, os negócios de "Project Finance" são fortemente financiados com crédito. Portanto, a exposição da EMN está limitada porque ela investiu somente um montante limitado de capital próprio no projeto. Segundo, um banco poderá garantir os pagamentos para a EMN. Terceiro, os objetivos de "Project Finance" são únicos, na medida em que são assegurados pelas receitas futuras da produção. Isto é, o projeto está separado da EMN que o administra. Os empréstimos não permitem o retorno contra o mutuário, ou seja, o credor não poderá importunar a EMN pelo pagamento, mas somente pelos ativos e fluxos de caixa do projeto em si. Portanto, os fluxos de caixa do projeto são relevantes, e não o risco de crédito do mutuário. Devido à transparência do processo decorrente de um propósito único e de um plano finito de cessão, o "Project Finance" permite que projetos sejam financiados os quais de outra forma dificilmente obteriam o financiamento sob termos convencionais. Um governo anfitrião dificilmente tomará o controle desse tipo de projeto, porque teria de assumir os passivos existentes devido ao acordo de crédito.

EXEMPLO

O maior projeto financiado pela International Financial Corp. (IFC) é a fundidora de alumínio Mozal de Moçambique, de $ 1,34 bilhão. O investimento da IFC na fundidora envolve uma extensão de $ 133 milhões em crédito, o que é mais que o PIB anual de Moçambique. O risco de crédito do governo de Moçambique é muito alto, como é o risco político inerente ao projeto, especialmente porque o país passou por 20 anos de guerra civil. O projeto é administrado pela Mitsubishi, pela BHB Billiton e pela Industrial Development Corp. da África do Sul. A fábrica e a produção do alumínio servem como garantia do empréstimo. O projeto exerce um impacto importante sobre a economia de Moçambique.

RESUMO

■ Os fatores utilizados pelas EMNs para medir o risco político de um país incluem a atitude dos consumidores em relação à aquisição de produtos fabricados no local, as ações do governo em relação à EMN, o bloqueio das transferências de fundos, a não-conversibilidade da moeda, as guerras, a burocracia e a corrupção. Esses fatores poderão elevar os custos do comércio internacional.

■ Os fatores utilizados pelas EMNs para medir o risco financeiro são as taxas de juros, as taxas de câmbio e o índice de inflação do país.

■ As técnicas normalmente utilizadas pelas EMNs para medir o risco país são a abordagem de lista de verificação, a técnica Delphi, a análise quantitativa e as visitas de inspeção. Uma vez que uma única técnica não cobre todos os aspectos do risco país, uma combinação dessas técnicas é utilizada normalmente. A medição do risco país é essencialmente a média ponderada dos fatores políticos ou financeiros que são percebidos para englobar o risco país. Cada EMN possui sua própria visão sobre o peso que deverá ser

ANALISANDO O RISCO PAÍS **581**

dado a cada fator. Portanto, a classificação geral de um país poderá variar entre as EMNs.

■ Uma vez que o risco país seja medido, ele poderá ser incorporado à análise de orçamento de capital pelo ajuste da taxa de desconto. Entretanto, o ajuste é, de certa forma, arbitrário e poderá levar a tomadas de decisões impróprias. Um método alternativo de incorporação da análise do risco país no orçamento de capital é levar em consideração explicitamente cada fator que afete o risco país. Para cada forma de risco possível, a EMN poderá recalcular o valor presente líquido do projeto estrangeiro sob as condições em que o acontecimento (tal como bloqueio de recursos, aumento de impostos etc.) ocorre.

CONTRAPONTO DO PONTO

O Risco País Tem Importância para Projetos nos Estados Unidos?

Ponto Não. As EMNs com base nos Estados Unidos deverão considerar somente o risco de projetos estrangeiros. Uma EMN com base nos Estados Unidos poderá contar com as condições econômicas dos Estados Unidos ao estimar os fluxos de caixa de um projeto nos Estados Unidos ou derivar a taxa requerida de retorno de um projeto, mas não precisará levar em consideração o risco país.

Contraponto Sim. O risco país deverá ser levado em consideração para projetos nos Estados Unidos. O risco país poderá afetar os fluxos de caixa de um projeto nos Estados Unidos indiretamente. Considere um projeto nos Estados Unidos em que os suprimentos sejam produzidos e enviados a um exportador americano. A demanda pelos suprimentos dependerá da demanda pelas exportações ao longo do tempo, e a essa poderá depender do risco país.

Quem está certo? Use seu mecanismo de busca preferido para saber mais sobre esse assunto. Qual argumento você apóia? Dê sua opinião sobre o assunto.

AUTOTESTE

As respostas encontram-se no Apêndice A, no final deste livro.

1. A Key West Co. exporta componentes de telefone altamente avançados para suas lojas subsidiárias nas ilhas do Caribe. Os componentes são adquiridos por consumidores para aperfeiçoar seus sistemas telefônicos. Esses componentes não são produzidos em outros países. Explique como os fatores de risco político poderão afetar adversamente a rentabilidade da Key West Co.

2. Utilizando as informações da questão 1, explique como os fatores de risco financeiro poderiam afetar adversamente a rentabilidade da Key West Co.

3. Dadas as informações da questão 1, você espera que a Key West Co. se preocupe mais com os efeitos dos riscos políticos ou dos riscos financeiros?

4. Explique que tipos de empresas estariam mais preocupados com um aumento no risco país como resultado dos ataques terroristas aos Estados Unidos em 11 de setembro de 2001.

5. A Rockford Co. planeja expandir seu negócio bem-sucedido estabelecendo uma subsidiária no Canadá. No entanto, ela teme que, após dois anos, o governo do Canadá imponha uma tributação especial sobre quaisquer rendimentos enviados de volta para a controladora dos Estados Unidos ou ordene que a subsidiária seja vendida naquele momento. Os executivos estimaram que as duas condições têm 15% de chance de ocorrer. Eles decidiram adicionar quatro pontos percentuais à taxa requerida de retorno do projeto para incorporar o risco país, com o qual estão preocupados, na análise de orçamento de capital. Há alguma maneira melhor de incorporar o risco país em questão aqui com mais precisão?

582 FINANÇAS CORPORATIVAS INTERNACIONAIS

QUESTÕES E APLICAÇÕES

1. **Como o Risco País Afeta o VPL.** A Hoosier, Inc. planeja um projeto no Reino Unido. Ela deverá arrendar um espaço por um ano em um shopping center para vender roupas caras confeccionadas nos Estados Unidos. O projeto deverá terminar daqui a um ano, quando todo o lucro será enviado para a Hoosier, Inc. Suponha que nenhum imposto corporativo adicional será acarretado, além dos impostos do governo britânico. Uma vez que a Hoosier, Inc. deverá arrendar um espaço, ela não terá ativos de longo prazo no Reino Unido e espera que o valor residual (terminal) do projeto seja em torno de zero.

   Suponha que a taxa requerida de retorno seja de 18%. Também suponha que o gasto inicial exigido pela controladora para preencher a loja com roupas seja de $ 200.000. Esperam-se lucros antes do imposto de £ 300.000 ao final de um ano. Espera-se que a libra esterlina tenha o valor de $ 1,60 ao final de um ano, quando o lucro após imposto será convertido em dólares e enviado para os Estados Unidos. As seguintes formas de risco país deverão ser consideradas:

   - A economia britânica poderá se enfraquecer (probabilidade = 30%), o que deverá fazer com que o lucro antes dos impostos fique em £ 200.000.

   - A alíquota de imposto corporativo britânico sobre os lucros das empresas dos Estados Unidos poderá aumentar de 40% para 50% (probabilidade = 20%).

   Essas duas formas de risco país são independentes. Calcule o valor esperado do valor presente líquido (*VPL*) e determine a probabilidade de o projeto apresentar um *VPL* negativo.

2. **Como o Risco País Afeta o VPL.** Explique como a análise de orçamento de capital da questão anterior precisaria ser ajustada se houvesse três resultados possíveis para a libra esterlina junto com os resultados possíveis da economia britânica e a alíquota do imposto corporativo.

3. **Formas de Risco País.** Faça uma lista de formas de risco país que não sejam a expropriação da subsidiária pelo governo anfitrião e explique brevemente como cada fator poderá afetar o risco da EMN. Identifique os fatores financeiros comuns para uma EMN levar em consideração ao avaliar o risco país. Explique brevemente como cada fator poderá afetar o risco da EMN.

4. **Efeitos do 11 de Setembro.** A Arkansas, Inc. exporta para vários países menos desenvolvidos, e suas contas a receber são denominadas na moeda estrangeira dos importadores. Ela considera a redução de seu risco à taxa de câmbio estabelecendo pequenas subsidiárias para a fabricação de produtos. Ao incorrer em algumas despesas nos países em que ela gera receitas, ela reduz sua exposição ao risco da taxa de câmbio. Desde o dia 11 de setembro de 2001, quando terroristas atacaram os Estados Unidos, ela questionou se deveria reestruturar suas operações. Seu diretor executivo acredita que seus fluxos de caixa poderão estar menos expostos ao risco da taxa de câmbio, mas estarão mais expostos a outros tipos de risco, como resultado da reestruturação. Qual é a sua opinião?

5. **Eliminando o Risco País com a Diversificação.** Por que você acha que uma estratégia da EMN de diversificar projetos internacionalmente poderia resultar em uma baixa exposição ao risco país?

6. **Incorporando o Risco País no Orçamento de Capital.** Como uma avaliação do risco país poderia ser utilizada para ajustar a taxa requerida de retorno de um projeto? Como essa avaliação poderia ser utilizada em vez de ajustar os fluxos de caixa estimados de um projeto?

7. **Discussão na Sala da Diretoria.** Este exercício encontra-se no Apêndice E, no final deste livro.

8. **Análise do Risco País da J. C. Penney.** Recentemente, a J. C. Penney decidiu considerar a expansão para vários países estrangeiros; ela aplicou uma análise do risco país abrangente antes de tomar suas decisões de expansão. Análises iniciais de 30 países estrangeiros basearam-se em fatores políticos e econômicos que contribuem para o risco país. Para os 20 países remanescentes em que o risco país foi considerado tolerável, as características de riscos específicos de cada país foram avaliadas. Um dos maiores alvos da J. C. Penney era o México, em que ela planejava construir e operar sete grandes lojas.

   a) Identifique os fatores políticos que você acha que possivelmente afetarão o desempenho das lojas da J. C. Penney no México.

   b) Explique por que as lojas da J. C. Penney no México e em outros mercados estrangeiros estariam sujeitas ao risco financeiro (um subconjunto do risco país).

ANALISANDO O RISCO PAÍS **583**

c) Suponha que a J. C. Penney antecipou que haveria 10% de chance de o governo mexicano impedir temporariamente a conversão dos lucros em pesos para dólares devido aos cenários políticos. Esse acontecimento impediria a J. C. Penney de enviar os ganhos gerados no México e poderia afetar adversamente o desempenho dessas lojas (da perspectiva dos Estados Unidos). Sugira uma maneira pela qual esse tipo de risco político poderia ser explicitamente incorporado na análise de orçamento de capital ao se avaliar a viabilidade destes projetos.

d) Suponha que a J. C. Penney decida utilizar dólares para financiar a expansão das lojas no México. Segundo, suponha que a J. C. Penney decida utilizar um conjunto de estimativas de fluxo de caixa em dólares para qualquer projeto que avalie. Terceiro, suponha que as lojas no México não estejam sujeitas ao risco político. Você acha que a taxa requerida de retorno sobre esses projetos seria diferente da taxa requerida de retorno sobre lojas construídas nos Estados Unidos no mesmo momento? Explique.

e) Com base na sua resposta à questão anterior, isso significa que propostas para quaisquer lojas nos Estados Unidos possuem uma probabilidade maior de serem aceitas que propostas para novas lojas no México?

9. **Análise do Risco País.** A Niagra, Inc. decidiu chamar um consultor de risco país bem conhecido para realizar uma análise do risco país de um pequeno país em que ela planeja desenvolver uma grande subsidiária. A Niagra prefere empregar o consultor, já que planeja utilizar seus empregados para outras importantes funções empresariais. O consultor utiliza um programa de computador que possui pesos de importância determinados e ligados aos vários fatores. O consultor avaliará os fatores desse pequeno país e inserirá uma classificação para cada fator no computador. Os pesos designados aos fatores não são ajustados pelo computador, mas as classificações dos fatores são ajustadas para cada país que o consultor avaliar. Você acha que a Niagra, Inc. deveria utilizar esse consultor? Por quê?

10. **Como o Risco País Afeta o *VPL*.** A Monk, Inc. considera um projeto de orçamento de capital na Tunísia, que requer um gasto inicial de 1 milhão de dinares tunisianos; o dinar atualmente está avaliado em $ 0,70. No primeiro e no segundo ano de operação, o projeto gerará 700.000 dinares em cada ano. Após dois anos, a Monk cessará o projeto e o valor residual esperado será de 300.000 dinares. A Monk imputou uma taxa de desconto de 12% para seu projeto. As seguintes informações adicionais estão disponíveis:

- Atualmente não há imposto retido sobre as remessas aos Estados Unidos, mas há 20% de chance de o governo tunisiano impor uma retenção via impostos de 10% com início no próximo ano.

- Há 50% de chance de o governo tunisiano pagar 100.000 dinares para a Monk após dois anos, em vez dos 300.000 dinares que ela espera.

- Espera-se que o valor do dinar permaneça inalterado ao longo dos próximos dois anos.

a) Determine o valor presente líquido (*VPL*) do projeto em cada um dos quatro cenários possíveis.

b) Determine a probabilidade conjunta de cada cenário.

c) Calcule o *VPL* do projeto e faça uma recomendação para a Monk em relação à sua viabilidade.

11. **Como o Risco País Afeta o *VPL*.** Na questão anterior, suponha que, em vez de ajustar os fluxos de caixa estimados do projeto, a Monk tenha decidido ajustar a taxa de desconto de 12% para 17%. Reavalie o *VPL* do cenário esperado do projeto utilizando essa taxa de desconto ajustada.

12. **Análise do Risco País.** Se o retorno possível for alto o suficiente, qualquer grau de risco país poderá ser tolerado. Você concorda com essa declaração? Por quê? Você acha que uma análise do risco país apropriada poderá substituir uma análise de orçamento de capital de um projeto destinado a um país estrangeiro? Explique.

13. **Redução do Risco País.** EMNs como a Alcoa, a DuPont, a Heinz e a IBM doaram produtos e tecnologias para países estrangeiros que possuíam subsidiárias. Como essas atitudes reduziram algumas formas de risco país?

14. **Integração de Risco País e Orçamento de Capital.** A Tovar Co. é uma empresa dos Estados Unidos contratada para fornecer serviços de consultoria para ajudar a Grecia Co. (na Grécia) a aperfeiçoar seu desempenho. A Tovar deverá gastar $ 300.000 hoje com despesas relacionadas a esse projeto. Daqui a um ano, a Tovar receberá pagamento da Grecia Co., o qual estará vinculado ao desempenho dessa empresa durante o ano. Há incertezas em relação ao desempenho e em relação à tendência de corrupção da Grecia Co.

A Tovar espera receber 400.000 euros se a Grecia Co. obtiver um forte desempenho seguindo as instruções de consultoria. No entanto, há duas formas de risco país que são uma preocupação para a Tovar Co. Há 80% de chance de a Grecia Co. alcançar um desempenho forte. Há 20% de chance de a Grecia Co. alcançar um desempenho fraco e, nesse caso, a Tovar receberá um pagamento de somente 200.000 euros.

Embora haja 90% de chance de a Grecia Co. fazer seu pagamento, há 10% de chance de ela se tornar corrupta e, nesse caso, a Grecia Co. não fará o pagamento à Tovar.

Suponha que o resultado do desempenho da Grecia Co. seja independente do fato de ela se tornar corrupta ou não. A taxa à vista predominante do euro é de $ 1,30, mas a Tovar espera que o euro se deprecie em 10% daqui a um ano, independentemente do desempenho da Grecia Co. ou de ela se tornar corrupta.

O custo de capital da Tovar é de 26%. Determine o valor esperado do valor presente líquido do projeto. Determine a probabilidade de o *VPL* do projeto ser negativo.

15. **Considerações Políticas.** Vá para o Website da CIA World Factbook em **http://www.cia.gov/cia/publications/factbook/**. Selecione um país e examine as informações sobre as condições políticas dele. Explique se essas condições possivelmente desencorajariam uma EMN de se envolver com investimento estrangeiro direto. Explique como os cenários políticos poderiam afetar adversamente os fluxos de caixa da EMN.

16. **Administração do Risco País.** Por que algumas subsidiárias procuram não chamar a atenção em relação à localização de suas controladoras?

17. **Avaliação do Risco País.** Descreva os passos envolvidos na avaliação do risco país, uma vez que todas as informações relevantes tenham sido reunidas.

18. **Microavaliação.** Explique a microavaliação do risco país.

19. **Classificações do Risco País.** A Assauer, Inc. gostaria de avaliar o risco país da Glovanskia. A Assauer identificou vários fatores de risco políticos e financeiros, como mostrado a seguir.

Fator de Risco Político	Classificação Determinada	Peso Determinado
Bloqueio de transferência de recursos	5	40%
Burocracia	3	60%

Fator de Risco Financeiro	Classificação Determinada	Peso Determinado
Taxa de juros	1	10%
Inflação	4	20%
Taxa de câmbio	5	30%
Concorrência	4	20%
Crescimento	5	20%

A Assauer determinou uma classificação geral de 80% para fatores de risco políticos e 20% para fatores de risco financeiro. A empresa não está disposta a considerar investimentos na Glovanskia se a classificação do risco país estiver abaixo de 4. A Assauer deveria considerar investimentos na Glovanskia?

20. **Redução do Risco País.** Explique alguns métodos de redução da exposição ao risco país, mantendo o mesmo volume de negócios dentro de um país em particular.

21. **Incertezas em Torno da Avaliação do Risco País.** Descreva os possíveis erros envolvidos na avaliação do risco país. Em outras palavras, explique por que a análise do risco país nem sempre é precisa.

22. **O Risco e o Custo de Possíveis Seqüestros.** Em 2004, após a guerra no Iraque, algumas EMNs capitalizaram as oportunidades de reconstruir o Iraque. No entanto, em abril de 2004, alguns empregados foram seqüestrados por grupos militantes locais. Como uma EMN deveria contar com esse risco potencial quando pensar em fazer um investimento estrangeiro direto (IED) em um país em particular? Ela deveria evitar um país em que isso pudesse acontecer? Em caso afirmativo, como ela deverá analisar os países para determinar quais seriam aceitáveis? Seja qual for o país que a EMN estiver disposta a considerar, ela deverá ajustar sua análise de viabilidade para levar em conta a possibilidade de seqüestro? Ela deveria anexar um custo para refletir essa possibilidade ou aumentar a taxa de desconto ao estimar o valor presente líquido? Explique.

23. **Análise do Risco País.** Quando a NYU Corp. pensou em estabelecer uma subsidiária na Zenlândia, ela realizou uma análise do risco país para ajudá-la a tomar a decisão. Primeiro, ela resgatou uma análise do risco país realizada um ano atrás, quando havia planejado iniciar um importante negócio de exportação para empresas da Zenlândia. Em seguida, ela atualizou a análise

ANALISANDO O RISCO PAÍS **585**

incorporando todas as informações atuais das variáveis-chave que foram utilizadas naquela análise, tais como a disposição de aceitar as exportações, suas quotas existentes e as leis tarifárias existentes. Essa análise do risco país é adequada? Explique.

24. **Monitorando o Risco País.** Uma vez que o projeto seja aceito, a análise do risco país do país estrangeiro envolvido não mais será necessária, supondo que nenhum outro projeto proposto seja avaliado para esse país. Você concorda com essa declaração? Por quê?

CASO BLADES, INC.

Avaliação do Risco País

Recentemente, Ben Holt, o chefe do setor financeiro, avaliou se seria mais benéfico para a Blades estabelecer uma subsidiária na Tailândia para fabricar os patins ou adquirir uma fábrica, a Skates'n'Stuff, que ofereceu vender o negócio para a Blades por 1 bilhão de bahts tailandeses. Do ponto de vista de Holt, estabelecer uma subsidiária na Tailândia renderá um valor presente líquido (*VPL*) mais alto do que adquirir o negócio existente. Além disso, a fabricante tailandesa rejeitou a oferta da Blades, Inc. de 900 milhões de bahts, que faria a aquisição tão atraente quanto estabelecer uma subsidiária na Tailândia, em termos de *VPL*. A Skates'n'Stuff sinalizou que não está disposta a aceitar menos que 950 milhões de bahts.

Embora Holt esteja confiante de que a análise do *VPL* tenha sido realizada corretamente, ele está incomodado pelo fato de que a mesma taxa de desconto, 25%, tenha sido utilizada para cada análise. Do seu ponto de vista, estabelecer uma subsidiária na Tailândia poderá ser associado a um nível mais alto de risco país do que adquirir a Skates'n'Stuff. Embora qualquer uma das duas abordagens resulte aproximadamente no mesmo nível de risco financeiro, o risco político associado com o estabelecimento de uma subsidiária na Tailândia poderá ser mais alto que o risco político de operar a Skates'n'Stuff. Se o estabelecimento de uma subsidiária na Tailândia está associado a um nível mais alto do risco geral do país, então uma taxa de desconto maior deverá ser usada na análise. Com base nessas considerações, Holt quer medir o risco país associado com a Tailândia sobre os níveis macro e micro e depois reexaminar a viabilidade das duas abordagens.

Primeiro, Holt reuniu algumas informações políticas mais detalhadas da Tailândia. Por exemplo, ele acredita que os consumidores de países da Ásia preferem adquirir produtos fabricados por asiáticos, o que poderá impedir que uma subsidiária na Tailândia seja bem-sucedida. Essa característica cultural poderá não impedir que a aquisição da Skates'n'Stuff seja bem-sucedida, ainda mais se a Blades retiver a administração e os empregados da empresa. Além disso, a subsidiária teria de pedir várias licenças e permissões para ser autorizada a operar na Tailândia, enquanto a Skates'n'Stuff já obteve essas licenças e permissões há muito tempo. No entanto, o número de licenças requeridas para a indústria da Blades é relativamente baixo comparado com outras indústrias. De mais a mais, há uma alta possibilidade de o governo tailandês implantar controles de capital em futuro próximo, o que impediria que os recursos deixassem a Tailândia. Uma vez que a Blades, Inc. planejou enviar todos os ganhos gerados por sua subsidiária ou pela Skates'n'Stuff de volta para os Estados Unidos, independentemente de qual abordagem de investimento estrangeiro direto ela adote, os controles de capital poderão forçá-la a reinvestir os recursos na Tailândia.

Ben Holt também reuniu algumas informações referentes ao risco financeiro de operar na Tailândia. A economia tailandesa tem sido fraca ultimamente, e previsões recentes indicaram que a recuperação deverá ser lenta. Uma economia fraca poderá afetar a demanda pelos produtos da Blades, os patins. O estado da economia é uma preocupação em particular da Blades, uma vez que ela fabrica um produto de lazer. No caso de uma queda na economia, os consumidores eliminarão primeiro esse tipo de compra. Holt também está preocupado com as altas taxas de juros na Tailândia que poderão desacelerar mais o crescimento econômico se os cidadãos tailandeses começarem a economizar mais. Além disso, Holt também sabe que é esperado que os níveis de inflação na Tailândia permaneçam altos. Esses níveis de inflação altos poderão afetar o poder aquisitivo dos consumidores tailandeses, que poderão ajustar seus hábitos de gastos para comprar produtos mais essenciais do que patins. No entanto, os altos níveis de inflação também indicam que os consumidores

586 FINANÇAS CORPORATIVAS INTERNACIONAIS

tailandeses ainda gastam uma parte relativamente grande de seus ganhos.

Outro fator financeiro que poderá afetar as operações da Blades na Tailândia é a taxa de câmbio baht-dólar. Previsões atuais indicam que o baht tailandês poderá se depreciar no futuro. No entanto, lembre que a Blades venderá todos os patins produzidos na Tailândia aos consumidores tailandeses. Portanto, ela não estará sujeita a um nível mais baixo de demanda nos Estados Unidos resultante do baht mais fraco. A Blades enviará os ganhos gerados na Tailândia de volta para os Estados Unidos, no entanto, e um baht fraco reduzirá o montante de dólares desses ganhos convertidos.

Com base nessas considerações iniciais, Holt sente que o nível do risco político das operações poderá ser mais alto se a Blades decidir estabelecer uma subsidiária para fabricar os patins (em oposição à aquisição da Skates'n'Stuff). Inversamente, o risco financeiro das operações na Tailândia será, grosso modo, o mesmo se a Blades estabelecer uma subsidiária ou adquirir a Skates'n'Stuff. Holt não está satisfeito com essa avaliação inicial, no entanto, e gostaria de ter números à mão quando encontrar os diretores na próxima semana. Portanto, ele gostaria de realizar uma análise quantitativa do risco país associado com as operações na Tailândia. Ele pediu a você, o analista financeiro da Blades, para desenvolver uma análise do risco país da Tailândia e ajustar a taxa de desconto para a iniciativa mais arriscada (isto é, estabelecer uma subsidiária ou adquirir a Skates'n'Stuff). Holt forneceu as seguintes informações para sua análise:

- Uma vez que a Blades fabrica produtos de lazer, ela está mais suscetível aos fatores de risco financeiros do que aos fatores de riscos políticos. Você deverá utilizar pesos de 60% para os fatores de risco financeiros e 40% para os fatores de risco políticos em sua análise.

- Você deverá utilizar a atitude dos consumidores tailandeses, os controles de capital e a burocracia como fatores de risco políticos em sua análise. Holt considera os controles de capital como o fator de risco político mais importante. Do ponto de vista dele, a atitude dos consumidores e a burocracia são fatores de igual importância.

- Você deverá utilizar as taxas de juros, os níveis de inflação e as taxas de câmbio como fatores

de risco financeiros em sua análise. Do ponto de vista de Holt, as taxas de câmbio e as taxas de juros na Tailândia são de igual importância, enquanto os níveis de inflação são ligeiramente menos importantes.

- Para cada fator utilizado em sua análise, deverá ser designada uma classificação de 1 a 5, em que 5 indicará a classificação mais desfavorável.

Ben Holt pediu para você fornecer respostas às seguintes questões, as quais ele utilizará na reunião com os diretores da empresa:

1. Com base nas informações fornecidas do caso, você acha que o risco político associado com a Tailândia é mais alto ou mais baixo para um fabricante de produtos de lazer, como a Blades, em oposição, digamos, aos produtores de alimentos? Isto é, realize uma microavaliação do risco político da Blades, Inc.

2. Você acha que o risco financeiro associado com a Tailândia é mais alto ou mais baixo para um fabricante de produtos de lazer, como a Blades em oposição, digamos, aos produtores de alimentos? Isto é, realize uma microavaliação do risco financeiro da Blades, Inc. Você acha que a Blades será mais afetada pelos fatores de risco financeiros ou políticos?

3. Sem utilizar uma análise numérica, você acha que estabelecer uma subsidiária na Tailândia ou adquirir a Skates'n'Stuff resultará em uma avaliação mais alta do risco político ou do risco financeiro? Fundamente sua resposta.

4. Utilizando uma planilha, realize uma análise quantitativa do risco país para a Blades, Inc. usando as informações que Ben Holt forneceu a você. Use seu julgamento para designar pesos e classificações para cada fator de risco político e financeiro e determine uma classificação geral do risco país para a Tailândia. Realize duas análises separadas para (a) o estabelecimento de uma subsidiária na Tailândia e (b) a aquisição da Skates'n'Stuff.

5. Qual método de investimento estrangeiro direto deverá utilizar uma taxa de desconto mais alta na análise de orçamento de capital? Isso fortalecerá ou enfraquecerá a decisão de estabelecer uma subsidiária na Tailândia?

DILEMA DA PEQUENA EMPRESA

Análise do Risco País na Sports Exports Company

A Sports Exports Company produz bolas de futebol nos Estados Unidos e as exporta para o Reino Unido. Ela também possui uma *joint venture* com uma empresa britânica que produz alguns artigos esportivos cobrando um valor específico. A Sports Exports Company pensa em estabelecer uma pequena subsidiária no Reino Unido.

1. Sob as condições atuais, a Sports Exports Company está sujeita ao risco país?

2. Se a empresa decidir desenvolver uma pequena subsidiária no Reino Unido, a sua exposição ao risco país se modificará? Em caso afirmativo, como?

CAPÍTULO 20

Estrutura de Capital e Custo de Capital de Multinacional

Uma EMN financia suas operações utilizando uma estrutura de capital (proporção de capital de terceiros *versus* capital próprio) que poderá minimizar seu custo de capital. Ao minimizar o custo de capital utilizado para financiar um determinado plano de operações, os gestores financeiros minimizam a taxa requerida de retorno necessária para tornar as operações viáveis e, portanto, maximizam o valor dessas operações.

Os objetivos específicos deste capítulo são:

- explicar como as características do país e da empresa influenciam o custo de capital da EMN;

- explicar por que há diferenças nos custos de capital entre os países; e

- explicar como as características do país e da empresa são levadas em consideração pela EMN ao estabelecer sua estrutura de capital.

Custo de Capital: Plano de Fundo

O capital de uma empresa é composto do capital próprio (lucros retidos e recursos obtidos pela emissão de ações) e de dívida (recursos tomados emprestados). O custo dos lucros retidos de uma empresa reflete um custo de oportunidade: o que os acionistas existentes poderiam ter ganho se tivessem recebido os lucros como dividendos e investido os recursos eles mesmos. O custo de novas parcelas de capital próprio de uma empresa (emissão de novas ações) também reflete um custo de oportunidade: o que os novos acionistas poderiam ter ganho se tivessem investido seus recursos em outro lugar e não nas ações. Esse custo excede aquele dos lucros retidos porque também inclui as despesas associadas com a venda das novas ações (custos de lançamento).

O custo da dívida da empresa é mais fácil de ser medido porque a empresa incorre em despesas com juros em conseqüência dos recursos tomados emprestados. As empresas procuram utilizar uma estrutura de capital específica ou uma combinação de componentes de capital, o que minimizará seu custo de capital. Quanto mais baixo o custo de capital de uma empresa, tanto mais baixa será a taxa requerida de retorno sobre um projeto proposto. As empresas estimam seu custo de capital antes de realizar o orçamento de capital, porque o valor presente líquido de qualquer projeto dependerá parcialmente do custo de capital.

Comparação de Custos de Capital Próprio e da Dívida

O custo médio ponderado de capital de uma empresa (k_c) poderá ser medido como

$$k_c = \left(\frac{D}{D+E}\right)k_d(1-t) + \left(\frac{E}{D+E}\right)k_e$$

onde D é o montante da dívida da empresa, k_d é o custo de sua dívida antes da tributação, t é a alíquota do imposto corporativo, e é o capital próprio da empresa, e k_e é o custo do financiamento com capital próprio. Essas proporções refletem a porcentagem do capital representado pela dívida e pelo capital próprio, respectivamente.

Há uma vantagem em se utilizar a dívida em vez de capital próprio porque os pagamentos de juros sobre a dívida são dedutíveis do imposto de renda. Quanto maior for o uso da dívida, no entanto, tanto maiores serão as despesas com juros e a probabilidade de a empresa ser incapaz de saldar suas despesas. Conseqüentemente, a taxa requerida de retorno pelos possíveis novos acionistas ou credores aumentará, refletindo uma maior probabilidade de falência.

O confronto entre a vantagem da dívida (possibilidade de dedução tributária dos pagamentos de juros) e sua desvantagem (aumento da probabilidade de falência) está ilustrada na Figura 20.1. Como essa figura mostra, o custo de capital da empresa inicialmente decresce, enquanto a proporção da dívida para o capital total cresce. No entanto, depois de um ponto (marcado com X na Figura 20.1), o custo de capital sobe com o crescimento da proporção da dívida para o capital total. Isso sugere que a empresa deverá aumentar seu uso de financiamento com dívida até o ponto em que a probabilidade de falência se torne grande o suficiente para contrabalançar a vantagem tributária pelo uso da dívida. Passar desse ponto aumentará o custo de capital total da empresa.

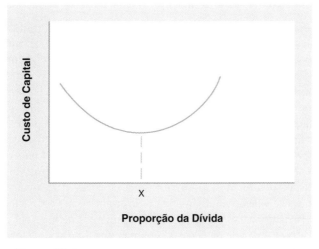

Figura 20.1 Determinando a estrutura de capital apropriada.

Custo de Capital da EMN

O custo de capital das EMNs poderá ser diferente do custo de capital das empresas domésticas devido às seguintes características:

- *Tamanho da empresa.* Uma EMN que freqüentemente toma emprestado grandes quantias poderá receber um tratamento especial dos credores, o que reduz assim seu custo de capital. Além disso, sua emissão relativamente grande de ações ou de obrigações possibilita custos de lançamento reduzidos (como uma porcentagem do montante do financiamento). Note, no entanto, que essas vantagens são devido ao tamanho da EMN e não ao seu negócio internacionalizado. Uma empresa doméstica poderá receber o mesmo tratamento, se for grande o suficiente. Porém, o crescimento de uma empresa será mais restrito se ela não estiver disposta a operar internacionalmente. Como EMNs podem atingir o crescimento mais facilmente, elas poderão alcançar o tamanho necessário mais facilmente do que empresas puramente domésticas para receber tratamento preferencial dos credores.

- *Acesso aos mercados de capitais internacionais.* As EMNs normalmente conseguem recursos por meio dos mercados de capitais internacionais. Uma vez que o custo dos recursos pode variar entre os mercados, o acesso das EMNs aos mercados de capitais internacionais lhes dá o privilégio de obter recursos a um custo mais baixo que aquele pago pelas empresas domésticas. Além disso, as subsidiárias poderão obter recursos no local a um custo mais baixo que aquele disponível para a controladora se as taxas de juros predominantes do país anfitrião estiverem relativamente baixas.

> ### EXEMPLO
>
> O recente relatório anual da The Coca-Cola Co. dizia: "Nossa presença global e nossa forte posição em capital nos concedem fácil acesso aos mercados monetários ao redor do mundo, capacitando-nos a levantar recursos a um custo efetivo baixo. Essa postura, aliada a um gerenciamento agressivo do conjunto de nossas dívidas de curto e de longo prazo, resulta em um custo total mais baixo de nossos financiamentos".

O uso de recursos estrangeiros não necessariamente aumentará a exposição da EMN ao risco da taxa de câmbio, uma vez que as receitas geradas pela subsidiária possivelmente serão denominadas na mesma moeda. Nesse caso, a subsidiária não dependerá do financiamento da controladora, embora algum suporte administrativo por parte da controladora provavelmente continuará existindo.

- *Diversificação internacional.* Como explicado anteriormente, o custo de capital de uma empresa será afetado pela probabilidade de ela falir. Se as entradas de caixa de uma empresa vierem de fontes de todas as partes do mundo, essas entradas de caixa poderão ser mais estáveis porque as vendas totais da empresa não serão altamente influenciadas por uma única economia. Considerando que as economias individuais sejam independentes umas das outras, os fluxos de caixa líquidos da carteira de uma subsidiária deverão apresentar uma variabilidade menor, o que poderá reduzir a probabilidade de falência e, portanto, o custo de capital.

- *Exposição ao risco da taxa de câmbio.* Os fluxos de caixa de uma EMN poderão ser mais voláteis que aqueles da empresa doméstica da mesma indústria se ela for altamente exposta às taxas de câmbio. Se os lucros obtidos no estrangeiro forem enviados para a controladora americana de uma EMN, eles não valerão muito quando o dólar americano estiver forte perante a maioria das moedas. Portanto, a capacidade de fazer pagamentos de juros sobre dívidas correntes será reduzida, e a probabilidade de falência será mais alta. Isso poderá forçar os credores e os acionistas a exigir um retorno mais alto, o que aumentará o custo de capital da EMN.

Em geral, uma empresa mais exposta às flutuações da taxa de câmbio normalmente terá uma distribuição mais ampla (mais dispersa) dos fluxos de caixa possíveis em períodos futuros. Uma vez que o custo de capital deverá refletir essa possibilidade e visto que a possibilidade de falência será mais alta se as expectativas do fluxo de caixa forem mais incertas, a exposição a flutuações da taxa de câmbio poderá levar a um custo de capital mais alto.

■ *Exposição ao risco país.* Uma EMN que estabelecer subsidiárias estrangeiras estará sujeita à possibilidade de o governo do país anfitrião desapropriar os ativos de uma subsidiária. A probabilidade de tal ocorrência será influenciada por muitos fatores, incluindo a atitude do governo do país anfitrião e da indústria em questão. Se os ativos forem desapropriados e uma compensação justa não for providenciada, a probabilidade de a EMN ir à falência aumentará. Quanto mais alta a porcentagem de ativos de uma EMN investida em países estrangeiros e quanto mais alto o risco país de se operar nesses países, tanto mais alta será a probabilidade de falência da EMN (e, portanto, seu custo de capital), outros fatores permanecendo iguais.

Outras formas de risco país, tais como mudanças nas leis tributárias do governo anfitrião, também poderão afetar os fluxos de caixa da subsidiária de uma EMN. Estes riscos não são necessariamente incorporados às projeções de fluxos de caixa porque não há razão para se acreditar que surjam. Contudo, há a possibilidade de que esses eventos ocorram, assim o processo de orçamento de capital deverá incorporar esse risco.

EXEMPLO

A ExxonMobil possui muita experiência em avaliar a viabilidade de projetos possíveis em países estrangeiros. Se detectar uma mudança radical na política do governo ou na política tributária, ela acrescentará um prêmio ao retorno requerido dos projetos relacionados. O ajuste também reflete um possível aumento em seu custo de capital.

http://

O Website da Price Waterhouse Coopers em http://www.pwcglobal. com fornece acesso a informações específicas de países, tais como regras e regulamentos gerais de comércio, enquadramentos fiscais e outras estatísticas e pesquisas úteis.

Os cinco fatores que distinguem o custo de capital de uma EMN e o custo de uma empresa doméstica em uma indústria em particular estão resumidos na Figura 20.2. Em geral, os primeiros três fatores listados (tamanho, acesso a mercados de capitais internacionais e diversificação internacional) possuem um efeito favorável sobre o custo de capital da EMN, enquanto o risco da taxa de câmbio e o risco país possuem um efeito desfavorável. É impossível generalizar se as EMNs possuem uma vantagem geral de custo de capital acima das empresas domésticas. Cada EMN deverá ser avaliada separadamente para determinar se os efeitos líquidos de suas operações internacionais sobre o custo de capital serão favoráveis.

Comparação do Custo do Capital Próprio Usando o CAPM

Para avaliar como as taxas requeridas de retorno das EMNs diferem daquelas das empresas puramente domésticas, o modelo de precificação de ativos de capital (CAPM) poderá ser aplicado. Ele define o retorno requerido (k_e) sobre ações como

$$k_e = R_f + B(R_m - R_f)$$

onde

$$R_f = \text{taxa de retorno livre de risco;}$$
$$R_m = \text{retorno de mercado;}$$
$$B = \text{beta das ações.}$$

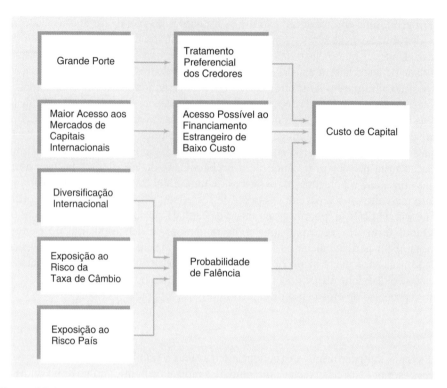

Figura 20.2 Resumo dos fatores que fazem o custo de capital das EMNs diferir do custo de capital de empresas domésticas.

O CAPM sugere que o retorno requerido das ações de uma empresa é uma função positiva (1) da taxa de juros livre de risco, (2) da taxa de retorno de mercado e (3) do beta das ações. O beta representa a sensibilidade dos retornos das ações aos retornos de mercado (um indicador de ações normalmente é utilizado como *proxy* para o mercado). Defensores do CAPM poderão sugerir que o beta do projeto poderá ser utilizado para determinar a taxa requerida de retorno para esse projeto. Um beta de projeto representa a sensibilidade do fluxo de caixa do projeto às condições de mercado. Um projeto cujo fluxo de caixa independa das condições de mercado exibirá um beta baixo.

Para uma empresa bem diversificada com fluxos de caixa gerados por vários projetos, cada projeto conterá dois tipos de risco: (1) variação não-sistemática dos fluxos de caixa singulares da empresa e (2) risco sistemático. A teoria do CAPM sugere que o risco não-sistemático do projeto poderá ser ignorado porque será anulado pela diversificação. No entanto, o risco sistemático não será afetado pela diversificação porque todos os projetos serão afetados de modo similar. Quanto mais baixo o beta do projeto, tanto mais baixos serão o risco sistemático do projeto e a taxa requerida de retorno.

Implicações do CAPM para um Risco de EMN

Uma EMN que aumentar o montante de suas vendas estrangeiras poderá reduzir seu beta de ações e, portanto, o retorno requerido pelos investidores. Desse modo, ela reduzirá seu custo de capital. Se os projetos das EMNs apresentarem betas mais baixos que os projetos de empresas puramente domésticas, então as taxas requeridas de retorno dos projetos das EMNs deverão ser mais baixas. Isso se traduz em um custo de capital total mais baixo.

A teoria do CAPM possivelmente sugeriria que o custo de capital geralmente seria mais baixo para as EMNs do que para as empresas domésticas pela razão recém-apresentada. Deverá ser enfatizado, no entanto, que algumas EMNs consideram que o risco não-sistemático de projetos seja relevante. E se também for considerado dentro da avaliação do risco de um projeto, a taxa requerida de retorno não necessariamente será mais baixa para os projetos das EMNs que para os projetos de empresas domésticas. Na verdade, muitas EMNs deverão perceber um projeto maior em um país menos desenvolvido com condições econômicas bem voláteis e um alto grau de risco país como sendo muito arriscado, mesmo se os fluxos de caixa esperados não sejam relacionados com o mercado dos Estados Unidos. Isso indica que as EMNs poderão considerar o risco não-sistemático como um fator importante ao determinar a taxa requerida de retorno do projeto estrangeiro.

Assumindo que os mercados monetários sejam segmentados, será aceitável utilizar o mercado americano ao medir o beta do projeto de uma EMN com base nos Estados Unidos. Se os investidores americanos aplicarem em sua maioria nos Estados Unidos, seus investimentos serão afetados sistematicamente pelo mercado americano. As EMNs que adotam projetos com betas baixos poderão reduzir seus próprios betas (a sensibilidade dos retornos de suas ações aos retornos do mercado). Os investidores dos Estados Unidos consideram essas empresas mais interessantes porque oferecem benefícios da diversificação, devido a seus betas baixos.

Uma vez que os mercados se tornam mais integrados ao longo do tempo, poderia ser argumentado que um mercado mundial seria mais apropriado que um mercado americano para determinar os betas das EMNs com base nos Estados Unidos. Isto é, se os investidores adquirirem ações de muitos países, suas ações serão afetadas substancialmente pelas condições do mercado mundial, não apenas pelas condições do mercado dos Estados Unidos. Conseqüentemente, para conseguir mais benefícios da diversificação, eles preferirão investir em empresas que possuam baixa sensibilidade às condições do mercado mundial. As EMNs que adotam projetos que estão, de certa forma, isolados das condições do mercado mundial poderão reduzir sua sensibilidade geral a essas condições e, portanto, poderão ser vistas como investimentos interessantes pelos investidores.

Embora os mercados se integrem cada vez mais, os investidores dos Estados Unidos ainda tendem a se concentrar nas ações americanas e a capitalizar custos de transação e de informações mais baixos. Portanto, seus investimentos serão afetados sistematicamente pelos cenários de mercado dos Estados Unidos; isso faz com que se preocupem mais com a sensibilidade de seus investimentos ao mercado americano.

Em suma, não poderemos dizer com certeza se uma EMN terá um custo de capital mais baixo do que a empresa puramente doméstica na mesma indústria. No entanto, poderemos utilizar essa discussão para entender como uma EMN poderá procurar levar vantagem total dos aspectos favoráveis que reduzem seu custo de capital, enquanto minimizam a exposição aos aspectos desfavoráveis que aumentam seu custo de capital.

Custos de Capital entre os Países

Um entendimento dos motivos pelos quais o custo de capital poderá variar entre os países é relevante por três razões. Primeiro, poderá explicar por que as EMNs com base em algum país poderão ter uma vantagem competitiva em relação às outras. Assim como a tecnologia e os recursos diferem entre os países, o mesmo também ocorre com o custo de capital. As EMNs com base em alguns países terão um conjunto maior de projetos viáveis (valor presente líquido positivo) porque seu custo de capital é mais baixo; assim, essas EMNs poderão aumentar sua participação no mercado mundial mais facilmente. As EMNs que operam em países com um custo de capital alto serão forçadas a recusar projetos que poderão ser viáveis para as EMNs que operam em países com um custo de capital baixo.

594 FINANÇAS CORPORATIVAS INTERNACIONAIS

Segundo, as EMNs poderão ajustar suas operações e fontes de recursos internacionais para capitalizar as diferenças de custos de capital entre os países. Terceiro, as diferenças nos custos de cada componente de capital (dívida e capital próprio) poderão ajudar a explicar por que EMNs com base em alguns países tendem a utilizar uma estrutura de capital mais concentrada em endividamento do que EMNs baseadas em outro local. As diferenças do custo da dívida nos países serão discutidas a seguir, assim como as diferenças do custo de capital próprio nos países.

Diferença do Custo da Dívida entre Países

O custo da dívida para uma empresa é determinado primeiro pela taxa de juros livre de risco predominante da moeda tomada emprestada e pelo prêmio de risco exigido pelos credores. O custo da dívida para empresas é mais alto em alguns países do que em outros porque a taxa livre de risco correspondente é mais alta em um ponto específico de tempo, pois o prêmio de risco é mais alto. Explicações para as diferenças da taxa livre de risco e do prêmio do risco nos países são dadas a seguir.

Diferenças na Taxa Livre de Risco. A taxa livre de risco é determinada pela interação da oferta e demanda de recursos. Quaisquer fatores que influenciem a oferta e/ou demanda afetarão a taxa livre de risco. Esses fatores incluem legislação tributária, demografia, políticas monetárias e condições econômicas, todos eles sendo diferentes entre os países.

> **http://**
>
> Visite http://www.bloomberg.com para ver as últimas informações dos mercados monetários ao redor do mundo.

A legislação tributária de alguns países oferece mais incentivos para a poupança que as de outros, o que poderá influenciar a oferta de recursos e, portanto, as taxas de juros. A legislação tributária sobre empresas de um país referentes à depreciação e créditos tributários sobre investimentos também poderão afetar as taxas de juros pela sua influência sobre a demanda das empresas por recursos.

A demografia de um país influencia a oferta de poupanças disponíveis e o montante de recursos disponíveis demandados para empréstimos. Assim como a demografia difere entre os países, da mesma forma difere as condições de oferta e demanda e, portanto, as taxas de juros nominais. Os países com uma população mais jovem estão mais propensos a altas taxas de juros porque famílias mais jovens tendem a economizar menos e a tomar mais empréstimos.

A política monetária implantada pelo banco central de um país influencia a oferta de recursos para empréstimos e, portanto, as taxas de juros. Cada banco central implanta sua própria política monetária, e isso poderá fazer as taxas de juros diferirem entre os países. Uma exceção é o conjunto de países europeus que dependem do Banco Central Europeu para controlar a oferta de euros. Todos esses países agora possuem a mesma taxa livre de risco porque utilizam a mesma moeda.

Uma vez que as condições econômicas influenciam a taxa de juros, elas poderão fazer com que as taxas de juros variem entre os países. O custo da dívida é muito mais alto em muitos países menos desenvolvidos do que em países industrializados, principalmente devido às condições econômicas. Países como o Brasil e a Rússia geralmente possuem taxas de juros livres de risco altas, o que é parcialmente atribuído à inflação alta. Os investidores nesses países investirão em títulos de dívida de uma empresa somente se forem compensados além do grau em que se espera que os preços subam.

Diferenças no Prêmio pelo Risco. O prêmio pelo risco da dívida deverá ser grande o suficiente para compensar os credores pelo risco de o mutuário não cumprir suas obrigações de pagamentos. Esse risco poderá variar entre os países devido às diferenças nas condições econômicas, nos relacionamentos entre as empresas e os credores, na intervenção do governo e no grau de alavancagem financeira.

> ### http://
>
> O Fórum Econômico Global da Morgan Stanley em http://www.morganstanley.com/GEFdata/digests/latest-digest.html fornece análises, discussões, estatísticas e previsões em relação a economias que não são dos Estados Unidos.

Quando as condições econômicas tendem a ser estáveis, o risco de uma recessão nesse país será relativamente baixo. Portanto, a probabilidade de a empresa não poder cumprir suas obrigações será menor, o que possibilita um prêmio pelo risco mais baixo.

As empresas e os credores possuem relacionamentos mais firmes em alguns países do que em outros. No Japão, os credores estão prontos a fornecer crédito no caso de um problema financeiro com uma empresa, o que reduz o risco de iliquidez. O custo dos problemas financeiros de uma empresa japonesa poderá ser compartilhado de várias maneiras pela administração da empresa, pelos clientes dos negócios e pelos consumidores. Uma vez que os problemas não são arcados inteiramente pelos credores, todas as partes envolvidas obtêm mais incentivos para que os problemas sejam resolvidos. Portanto, será menos provável (a um dado nível da dívida) que uma empresa japonesa vá à falência, o que implica um prêmio pelo risco mais baixo sobre a dívida das empresas japonesas.

Os governos de alguns países ficam mais dispostos a intervir e recuperar as empresas que estejam falindo. Por exemplo, muitas empresas no Reino Unido são de propriedade parcial do governo. Poderá ser de maior interesse do governo recuperar as empresas que ele possui parcialmente. Mesmo que o governo não seja um proprietário parcial, ele poderá fornecer subsídios diretos ou conceder empréstimos a empresas que estejam falindo. Nos Estados Unidos, as recuperações do governo são menos prováveis de ocorrer porque os contribuintes preferem não ter de arcar com o custo de más administrações empresariais. Embora o governo tenha intervido ocasionalmente nos Estados Unidos para proteger indústrias em particular, a probabilidade de uma empresa que esteja falindo ser recuperada pelo governo será mais baixa lá que em outros países. Portanto, o prêmio pelo risco sobre um dado nível de dívida poderá ser maior para empresas dos Estados Unidos do que para empresas de outros países.

As empresas de alguns países possuem uma capacidade de empréstimo maior porque seus credores estão mais dispostos a tolerar um nível mais alto de alavancagem financeira do que as empresas nos Estados Unidos. Por exemplo, as empresas no Japão e na Alemanha possuem um grau mais alto de alavancagem financeira do que as empresas nos Estados Unidos. Se todos os outros fatores permanecessem iguais, essas empresas com alto nível de alavancagem deveriam pagar um prêmio de risco mais alto. No entanto, os outros fatores não permanecerão iguais. Na verdade, essas empresas podem usar um grau mais alto de alavancagem financeira devido a seus relacionamentos singulares com os credores e os governos.

Custos Comparativos da Dívida entre os Países. O custo antes da tributação (medido por rendimentos de obrigações empresariais de classificação alta) de vários países é apresentado na Figura 20.3. Há alguma correlação positiva entre os níveis do custo da dívida entre o país ao longo do tempo. O custo nominal da dívida para empresas em muitos países caiu em 2001-2002 devido à recessão global. No entanto, algumas taxas caíram mais que outras. A disparidade no custo da dívida entre os países é devida principalmente à disparidade em suas taxas de juros livre de risco.

Diferença do Custo de Capital Próprio entre Países

O custo do capital próprio de uma empresa representa um custo de oportunidade: o que os acionistas poderiam ganhar sobre investimentos de risco semelhante se os recursos do capital próprio fossem distribuídos para eles. Esse retorno sobre o capital próprio poderá ser medido como uma taxa de juros livre de risco que poderia ter sido ganha pelos acionistas, mais um prêmio para refletir o risco da empresa. As taxas de juros livres de risco variam entre os países, assim como o custo do capital próprio.

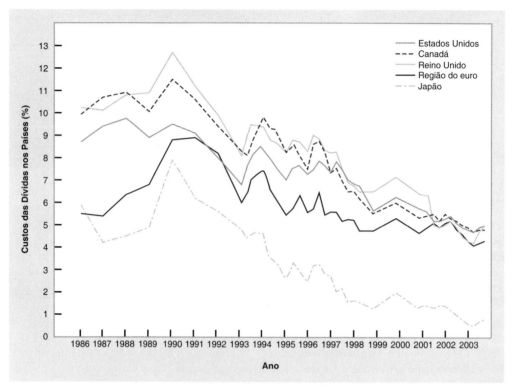

Figura 20.3   Custos das dívidas nos países.

O custo do capital próprio também está baseado nas oportunidades de investimento no país em questão. Em um país com muitas oportunidades de investimento, os retornos possíveis poderão ser relativamente altos, o que resulta em um alto custo de oportunidade dos recursos e, portanto, em um alto custo do capital próprio. De acordo com McCauley e Zimmer, o custo do capital próprio de uma empresa em um país em particular poderá ser estimado aplicando-se primeiro o índice de preço/lucro a um dado fluxo de lucros.[1]

O índice de preço/lucro está relacionado ao custo de capital porque reflete o preço da ação da empresa proporcionalmente ao desempenho da mesma (medido pelos lucros). Um índice de preço/lucro alto implica que a empresa receberá um preço alto quando vender ações novas a um dado nível de ganhos, o que significa que o custo do financiamento com capital próprio será baixo. Entretanto, o índice de preço/lucro deverá ser ajustado para os efeitos da inflação, do crescimento dos lucros e de outros fatores de um país.

Impacto do Euro. A adoção do euro facilitou a integração dos mercados de ações europeus porque os investidores de cada país estão mais dispostos a investir em outros países em que o euro é utilizado como moeda. Com o aumento da demanda pelas ações por parte dos investidores, o volume comercial aumentou, o que tornou os mercados de ações europeus mais líquidos. Os investidores de um país da região do euro não precisarão mais ficar preocupados com o risco da taxa de câmbio quando comprarem ações de uma empresa com base em outro país da região do euro. Além disso, o euro permite que as avaliações das empresas sejam mais transparentes porque as empresas por toda a região do euro podem ser facilmente comparadas, uma vez que

---

[1] Robert N. McCauley e Steven A. Zimmer, Explaining international differences in the cost of capital, *FRBNY Quaterly Review*, verão de 1989, p. 7-28.

seus valores estão todos denominados na mesma moeda. Dado o aumento da disposição de os investidores europeus investirem em ações, as EMNs com base na Europa poderão obter o financiamento de capital próprio a um custo mais baixo.

Combinando os Custos da Dívida e do Capital Próprio

Os custos da dívida e do capital próprio poderão ser combinados para derivar o custo total de capital. As proporções relativas da dívida e do capital próprio utilizadas pelas empresas em cada país deverão ser aplicadas como pesos para estimar razoavelmente esse custo de capital. Dadas as diferenças nos custos da dívida e do capital próprio nos países, é compreensível que o custo de capital poderá ser mais baixo para as empresas com base em países específicos. O Japão, por exemplo, normalmente possui um custo de capital relativamente baixo. Ele geralmente tem uma taxa de juros livre de risco relativamente baixa, que não só afeta o custo da dívida, mas também influencia indiretamente o custo do capital próprio. Além disso, os índices de preço-lucro das empresas japonesas geralmente são altos, permitindo que elas obtenham o financiamento do capital próprio a um custo relativamente baixo. As EMNs poderão procurar acessar capital em países em que os custos de capital sejam baixos, mas quando o capital for utilizado para dar suporte às operações em outros países, o custo de utilizá-lo estará exposto ao risco da taxa de câmbio. Portanto, no final, o custo de capital poderá ser mais alto do que o esperado.

Estimando o Custo da Dívida e do Capital Próprio

Ao financiar novos projetos, as EMNs estimam seus custos de dívidas e de capital próprio de várias fontes. Elas levam essas estimativas em consideração quando decidem qual estrutura de capital utilizar para financiar os projetos.

O custo da dívida após a tributação poderá ser estimado com razoável precisão utilizando informações públicas sobre os custos presentes de dívidas (rendimentos das obrigações) incorridos por outras empresas cujo nível de risco seja semelhante ao do projeto. O custo de capital próprio é um custo de oportunidade: o que os investidores poderão ganhar sobre investimentos alternativos de risco semelhante. A EMN poderá procurar medir o retorno esperado de um conjunto de ações que apresentem o mesmo risco que seu projeto, o qual poderá servir como custo do capital próprio. A taxa requerida de retorno do projeto será o custo ponderado de capital do projeto, com base nas estimativas explicadas aqui.

EXEMPLO

A Lexon Co., uma EMN bem-sucedida com base nos Estados Unidos, pensa em como obter recursos para um projeto na Argentina durante o próximo ano. Ela estuda as seguintes informações:

- Taxa livre de risco dos Estados Unidos = 6%;
- Taxa livre de risco da Argentina = 10%;
- Prêmio de risco sobre dívida denominada em dólares fornecidos pelos credores dos Estados Unidos = 3%;
- Prêmio de risco sobre a dívida da Argentina denominada em pesos fornecido pelos credores da Argentina = 5%;
- Beta do projeto (sensibilidade esperada dos retornos do projeto para os investidores americanos em reação ao mercado dos Estados Unidos) = 1,5;
- Retorno esperado do mercado dos Estados Unidos = 14%;
- Alíquota do imposto corporativo dos Estados Unidos = 30%;

598 FINANÇAS CORPORATIVAS INTERNACIONAIS

Estrutura de Capital Possível	Dívida dos Estados Unidos (Custo = 6,3%)	Dívida da Argentina (Custo = 10,5%)	Capital Próprio (Custo = 18%)	CMPC Estimado
Dívida dos Estados Unidos 30%, Capital Próprio 70%	30% × 6,3% = 1,89%		70% × 18% = 12,6%	14,49%
Dívida dos Estados Unidos 50%, Capital Próprio 50%	50% × 6,3% = 3,15%		50% × 18% = 9%	12,15%
Dívida dos Estados Unidos 20%, Dívida da Argentina 30%, Capital Próprio dos Estados Unidos 50%	20% × 6,3% = 1,26%	30% × 10,5% = 3,15%	50% × 18% = 9%	13,41%
Dívida da Argentina 50%, Capital Próprio dos Estados Unidos 50%		50% × 10,5% = 5,25%	50% × 18% = 9%	14,25%

Tabela 20.1 Custo médio ponderado de capital (CMPC) da Lexon para o financiamento de um projeto.

- Alíquota do imposto corporativo da Argentina = 30%;
- Possivelmente credores não permitirão o financiamento com dívida acima de 50% do financiamento total, o que implica que o capital próprio deverá fornecer pelo menos a metade do financiamento.

Custo de Cada Componente de Capital da Lexon
Custo da dívida denominada em dólares = (6% + 3%) × (1 – 0,3) = 6,3%
Custo da dívida denominada em pesos argentinos = (10% + 5%) × (1 – 0,3) = 10,5%
Custo do capital próprio denominado em dólares = 6% + 1,5(14% – 6%) = 18%

Note que a fonte de recursos mais barata da Lexon é a dívida denominada em dólares. No entanto, os credores impuseram restrições sobre o montante total de endividamento que a Lexon poderá incorrer.

A Lexon considera quatro estruturas de capital para esse novo projeto, como mostrado na Tabela 20.1. Seu custo médio ponderado de capital (CMPC) para esse projeto poderá ser derivado somando os produtos do peso vezes o custo de cada componente do capital. O peso designado para cada componente será a proporção total de recursos obtidos desse componente.

A tabela mostra que a estimativa mais baixa do CMPC resultará de uma estrutura de capital de 50% de dívida dos Estados Unidos e 50% de capital próprio. Embora seja útil estimar os custos de estruturas de capital possíveis como mostrado aqui, o CMPC estimado não leva em conta a exposição ao risco da taxa de câmbio. Portanto, a Lexon não necessariamente escolherá a estrutura de capital com o CMPC estimado mais baixo. A Lexon poderá procurar incorporar os efeitos da taxa de câmbio de várias maneiras, como explicado na próxima seção.

Usando o Custo de Capital para Avaliar Projetos Estrangeiros

Quando a controladora de uma EMN propõe um investimento em um projeto estrangeiro que possua o mesmo risco que a EMN em si, ela poderá utilizar seu custo médio ponderado de capital como taxa requerida de retorno para o projeto. No entanto, muitos projetos estrangeiros apresentam níveis de risco diferentes do risco da EMN. Há várias maneiras de uma EMN considerar o diferencial de risco em seu processo de orçamento de capital.

Obtenção de Valores Presentes Líquidos com Base no Custo Médio Ponderado de Capital

EXEMPLO

Lembre que a Lexon estimou que seu CMPC será de 12,15% se ela utilizar 50% da dívida denominada em dólares e 50% de capital próprio. Ela pensa em avaliar o projeto na Argentina com base na taxa requerida de retorno de 12,15%. Todavia, ao financiar o projeto na Argentina completamente em dólares, a Lexon possivelmente estará exposta às oscilações da taxa de câmbio. Ela poderá procurar levar em consideração o modo como as oscilações da taxa de câmbio esperadas afetarão seus fluxos de caixa quando realizar sua análise de orçamento de capital.

Além disso, a Lexon poderá contar com o risco dentro de suas estimativas do fluxo de caixa. Muitos valores possíveis de cada variável de entrada (tais como demanda, preço, custo de mão-de-obra etc.) poderão ser incorporados para estimar os valores presentes líquidos (*VPLs*) sob condições alternativas e depois derivar uma distribuição de probabilidade dos *VPLs*. Quando o CMPC for utilizado como taxa requerida de retorno, a distribuição de probabilidade dos *VPLs* poderá ser avaliada para determinar a probabilidade de o projeto estrangeiro gerar um retorno que será pelo menos igual ao CMPC da empresa. Se a distribuição de probabilidade contiver possíveis *VPLs* negativos, isso sugerirá que o projeto poderá falhar.

Esse método será útil levando em consideração os riscos porque ele incorpora explicitamente os vários cenários possíveis na estimativa do *VPL* e, portanto, poderá ser medida a probabilidade de o projeto poder falhar. Os programas de computador que realizam a análise de sensibilidade e simulação poderão ser utilizados para facilitar o processo.

Ajuste do Custo Médio Ponderado de Capital ao Diferencial de Risco

Um método alternativo de considerar o risco de um projeto estrangeiro é ajustar o custo médio ponderado de capital ao diferencial de risco. Por exemplo, se for pensado que o projeto estrangeiro apresentará mais risco do que uma EMN apresenta, um prêmio poderá ser acrescentado ao CMPC para derivar a taxa requerida de retorno sobre o projeto. Então, o processo de orçamento de capital incorporará essa taxa requerida de retorno como a taxa de desconto. Se o projeto estrangeiro apresentar riscos mais baixos, a EMN utilizará uma taxa requerida de retorno sobre o projeto que seja menor que seu CMPC.

EXEMPLO

A Lexon estimou que seu CMPC será de 12,15% se utilizar a estrutura de capital de 50% de dívida denominada em dólares e 50% de capital próprio. Mas ela percebe que seu projeto argentino estará exposto ao risco da taxa de câmbio e que estará exposto a mais riscos do que suas operações normais. A Lexon estuda acrescentar um prêmio pelo risco de seis pontos percentuais ao CMPC estimado para derivar a taxa requerida de retorno. Nesse caso, a taxa requerida de retorno deverá ser de 12,15% + 6% = 18,15%.

600 FINANÇAS CORPORATIVAS INTERNACIONAIS

A utilidade desse método é limitada porque o prêmio pelo risco será determinado arbitrariamente e estará sujeito a erro. O prêmio pelo risco dependerá do gestor que realizar a análise. Portanto, a decisão de aceitar ou rejeitar o projeto estrangeiro, que é baseada no *VPL* estimado do projeto, poderá depender da decisão arbitrária do gestor acerca do prêmio pelo risco a ser utilizado dentro da taxa requerida de retorno.

Derivação do Valor Presente Líquido do Investimento com Capital Próprio

Os dois métodos descritos até esse ponto descontam fluxos de caixa com base no custo total do capital do projeto. Isto é, eles comparam o *VPL* dos fluxos de caixa do projeto ao gasto de capital inicial. Eles ignoram os pagamentos das dívidas porque o custo da dívida está embutido na taxa requerida de retorno sobre o capital a ser investido no projeto. Quando uma EMN considera financiar uma parte do projeto estrangeiro dentro daquele país, esses métodos serão menos efetivos porque não medem como os pagamentos da dívida poderão afetar os fluxos de caixa em dólares. Alguns dos pagamentos da dívida da EMN no país estrangeiro poderão reduzir sua exposição ao risco da taxa de câmbio, o que afetará os fluxos de caixa que serão recebidos no final pela controladora.

Para levar em conta explicitamente os efeitos da taxa de câmbio, uma EMN poderá avaliar o projeto medindo o *VPL* do investimento em capital próprio no projeto. Todos os pagamentos de dívida serão levados em conta explicitamente quando esse método for utilizado, portanto, a análise levará em conta completamente os efeitos das oscilações da taxa de câmbio esperadas. Então, o valor presente de todos os fluxos de caixa recebidos pela controladora poderá ser comparado ao investimento em capital próprio inicial da controladora no projeto. A EMN poderá realizar essa mesma análise para várias alternativas de financiamento para determinar aquele que renderá o *VPL* mais favorável ao projeto.

Para ilustrar, reconsidere a Lexon Co., que poderá financiar o projeto argentino com financiamento parcial da Argentina. Mais detalhes serão necessários para ilustrar esse ponto. Suponha que a Lexon precise investir 80 milhões de pesos argentinos (PA) no projeto. Uma vez que o peso vale atualmente $ 0,50, a Lexon precisará do equivalente a $ 40 milhões. Ela utilizará capital próprio para 50% dos recursos necessários, ou $ 20 milhões. Ela usará a dívida para obter o capital remanescente. Para o financiamento de sua dívida, a Lexon decide que tomará emprestados dólares e converterá os recursos em pesos ou tomará emprestados os pesos. O projeto será encerrado em um ano; naquele momento, a dívida será reembolsada, e os lucros gerados pelo projeto serão enviados para a controladora da Lexon nos Estados Unidos. Espera-se que o projeto resulte em uma receita de PA 200 milhões e que as despesas operacionais na Argentina sejam de PA 10 milhões. A Lexon espera que o peso argentino seja avaliado em $ 0,40 daqui a um ano.

Esse projeto não gerará qualquer receita nos Estados Unidos, mas a Lexon espera incorrer em despesas operacionais de $ 10 milhões nos Estados Unidos. Ela também incorrerá em despesas de juros denominadas em dólares se financiar o projeto com dívida denominada em dólares. Qualquer despesa denominada em dólares concede benefícios tributários, uma vez que as despesas reduzirão rendimentos tributáveis nos Estados Unidos de outras operações. O montante da dívida utilizada em cada país afetará os pagamentos de juros incorridos e os impostos pagos naquele país.

Os dois métodos anteriores não são eficazes para analisar esse tipo de decisão de financiamento. Para comparar as duas alternativas de financiamento, a análise precisará incorporar os pagamentos de dívidas diretamente nas estimativas de fluxo de caixa. Conseqüentemente, o foco ficará na comparação do valor presente dos fluxos de caixa em dólares ganhos do investimento em capital próprio com o gasto inicial. Se nenhuma das alternativas tiver um *VPL*

ESTRUTURA DE CAPITAL E CUSTO DE CAPITAL DE MULTINACIONAL **601**

positivo, o projeto proposto não será realizado. Se as duas alternativas tiverem *VPLs* positivos, o projeto será financiado com a estrutura de capital que se espera que gere o *VPL* mais alto.

Como na análise de orçamento de capital no Capítulo 17, será necessário avaliar o projeto da perspectiva dos portadores de capital próprio locais da controladora. Um projeto deverá ser considerado somente se for benéfico para seus acionistas. Os pagamentos da Lexon para qualquer credor nos Estados Unidos ou em outro país deverão ser explicitamente declarados para medir os fluxos de caixa que fluírem de volta para os acionistas da controladora depois que os pagamentos tenham sido feitos para os credores. Isso permitirá uma medição mais precisa dos fluxos de caixa enviados que estejam expostos às oscilações da taxa de câmbio. Os fluxos de caixa para a controladora serão descontados ao custo do capital próprio da controladora, o que representa a taxa requerida de retorno do projeto pelos acionistas da controladora. Uma vez que os pagamentos de dívida são explicitamente levados em conta, a análise compara o valor presente dos fluxos de caixa do projeto com o investimento inicial com capital próprio que seria investido no projeto.

A análise das duas alternativas de financiamento é apresentada na Tabela 20.2. Se a Lexon utilizar a dívida denominada em dólares, um montante maior de recursos será enviado e, portanto, estará sujeito ao efeito da taxa de câmbio. Inversamente, se a Lexon utilizar a dívida denominada em pesos, o montante de recursos enviados será menor. A análise mostra que o projeto gerará um *VPL* de $ 1,135 milhão se for financiado parcialmente com dívida denominada em dólares *versus* um *VPL* de $ 4,17 milhões se for financiado parcialmente com dívida denominada em pesos. Uma vez que se espera que o peso se deprecie significativamente ao longo do ano, a Lexon se dará melhor utilizando a dívida mais cara denominada em pesos do que usando a dívida denominada em dólares. Isto é, o custo mais alto da dívida será mais do que compensado pela exposição reduzida aos efeitos adversos da taxa de câmbio. Conseqüentemente, a Lexon deverá financiar esse projeto com uma estrutura de capital que inclui a dívida denominada em pesos, mesmo que a taxa de juros sobre essa dívida seja alta.

Relação entre o Valor Presente Líquido do Projeto e a Estrutura de Capital. O *VPL* de um projeto estrangeiro depende da estrutura de capital do projeto por duas razões. Primeiro, a estrutura de capital poderá afetar o custo de capital. Segundo, a estrutura de capital influencia o montante de fluxos de caixa que serão distribuídos para os credores no país local antes que as tributações sejam impostas e os recursos enviados para a controladora. Uma vez que a estrutura de capital influencia os efeitos dos impostos e as taxas de câmbio, ela afeta os fluxos de caixa que serão recebidos pela controladora no final.

Conflitos Quando de Financiamentos em Países em Desenvolvimento. Os resultados aqui não implicam que a dívida estrangeira deverá ser sempre utilizada para financiar um projeto estrangeiro. A vantagem de utilizar a dívida estrangeira para compensar a receita estrangeira (reduzir o risco da taxa de câmbio) deverá ser ponderada perante o custo dessa dívida. Muitos países em desenvolvimento normalmente possuem taxas de juros altas sobre as dívidas, mas sua moeda local tende a se enfraquecer perante o dólar. Portanto, as EMNs com base nos Estados Unidos deverão tolerar um alto custo do financiamento da dívida local ou deverão tomar emprestado em dólares, mas ficando expostas ao significativo risco da taxa de câmbio. Esse conflito poderá ser mais bem avaliado estimando o *VPL* do investimento com capital próprio da EMN sob uma das duas alternativas de financiamento, como ilustrado no exemplo anterior.

Levando em Conta os Múltiplos Períodos. O exemplo anterior concentrou-se em apenas um período para ilustrar como a análise é realizada. No entanto, a análise poderá facilmente ser adaptada para avaliar períodos múltiplos. A mesma análise mostrada para um único ano na Tabela 20.2 poderá ser aplicada para vários anos. Para cada ano, as receitas e as despesas deverão ser registradas, com

602 FINANÇAS CORPORATIVAS INTERNACIONAIS

	Contando com a Dívida dos Estados Unidos ($ 20 milhões Tomados Emprestados) e Capital Próprio de $ 20 milhões	Contando com a Dívida da Argentina (40 milhões de Pesos Tomados Emprestados) e Capital Próprio de $ 20 milhões
Receita argentina	AP200	AP200
– Despesas operacionais argentinas	–AP10	–AP10
– Despesas com juros argentinos (taxa de 15%)	–AP0	–AP6
= Lucros argentinos antes da tributação	= AP190	= AP184
– Impostos (alíquota tributária de 30%)	–AP57	–AP55,2
= Lucros argentinos após a tributação	= AP133	= AP128,8
– Pagamento do principal da dívida argentina	–AP0	–AP40
= Montante de pesos a ser enviados	= AP133	= AP88,8
× Taxa de câmbio esperada do PA	× $ 0,40	× $ 0,40
= Montante de dólares recebidos da conversão dos pesos	= $ 53,2	= $ 35,52
– Despesas operacionais dos Estados Unidos	–$ 10	–$ 10
– Despesas com juros dos Estados Unidos (9%)	–$ 1,8	–$ 0
+ Benefícios tributários dos Estados Unidos sobre despesas nos Estados Unidos (com base na alíquota tributária de 30%)	+ $ 3,54	+ $ 3
– Pagamento do principal da dívida americana	–$ 20	–$ 0
= Fluxos de caixa em dólares	= $ 24,94	= $ 28,52
Valor presente dos fluxos de caixa em dólares, descontados ao custo da capital próprio (assumido como 18%)	$ 21,135	$ 24,17
– Gasto inicial com capital próprio	$ 20	$ 20
= VPL	= $ 1,135	= $ 4,17

Tabela 20.2 Análise do projeto da Lexon baseada em duas alternativas de financiamento (os números estão em milhões).

os pagamentos das dívidas explicitamente considerados. Os efeitos da tributação e da taxa de câmbio deverão ser medidos para derivar o montante dos fluxos de caixa recebidos em cada ano. Uma taxa de desconto que reflete a taxa requerida de retorno do capital próprio deverá ser aplicada para medir o valor presente dos fluxos de caixa a ser recebidos pela controladora.

Comparando Composições Alternativas de Dívidas. Nesse exemplo, o foco foi se a dívida deveria ser em pesos ou em dólares. Outras composições de dívidas também poderiam ter sido consideradas, tais como as seguintes:

- 75% da dívida denominada em pesos argentinos e a dívida remanescente denominada em dólares.
- 50% da dívida denominada em pesos argentinos e a dívida remanescente denominada em dólares.
- 25% da dívida denominada em pesos argentinos e a dívida remanescente denominada em dólares.

A análise poderá também levar em consideração diferentes estruturas de vencimentos de dívidas. Por exemplo, se uma EMN pensa em fazer na Argentina um empréstimo de curto prazo que será liquidado em um ano, ela poderá estimar os pagamentos do fluxo de caixa associados com o reembolso da dívida. Se ela estiver considerando um empréstimo de médio ou longo prazo denominado em pesos, os pagamentos serão mais espalhados e incorporados nas saídas de caixa ao longo do tempo. A análise poderá levar em consideração facilmente uma combinação de empréstimos de curto prazo na Argentina e de longo prazo nos Estados Unidos, ou vice-versa. Ela poderá contar com empréstimos de taxa flutuante que se ajustam às taxas de juros de mercado desenvolvendo um ou mais cenários de como as taxas de juros de mercado variarão no futuro. A chave é que todos os pagamentos de juros e do principal da dívida serão considerados, juntamente com outros fluxos de caixa. Então, o valor presente dos fluxos de caixa poderá ser comparado ao gasto inicial para determinar se o investimento com capital próprio será viável.

Comparando Estruturas de Capital Alternativas. No exemplo da Lexon Co., a proporção da dívida em relação ao capital próprio foi mantida constante para as duas alternativas que foram analisadas. Na realidade, a decisão de estrutura de capital deverá considerar não só a composição da dívida, mas também a proporção do capital próprio contra a dívida que deverá ser obtida. O mesmo tipo de análise poderia ter sido usado para comparar diferentes estruturas de capital, tais como as seguintes:

- 50% de capital próprio e 50% de dívida.
- 60% de capital próprio e 40% de dívida.
- 70% de capital próprio e 30% de dívida.

Se a Lexon no exemplo anterior usasse mais capital próprio dos Estados Unidos, haveria dois efeitos óbvios:

1. Seria necessário um investimento com capital próprio inicial mais alto.
2. Com o nível de dívida mais baixo, as saídas de caixa necessárias para fazer os pagamentos da dívida deverão ser reduzidas e, portanto, o valor presente dos fluxos de caixa aumentará.

O primeiro efeito deverá reduzir o *VPL* do investimento com capital próprio no projeto, ao passo que o segundo efeito o aumentará. Como no exemplo anterior, uma análise deverá ser realizada para determinar se o uso de mais capital próprio resultaria em um *VPL* mais alto gerado por esse investimento.

Avaliando Cenários da Taxa de Câmbio Alternativos. O exemplo utilizou apenas um cenário da taxa de câmbio, que poderá não ser realista. Uma planilha poderá comparar facilmente os *VPL*s das duas alternativas com base em outras projeções da taxa de câmbio. Esse tipo de análise mostra que, devido à maior exposição, o *VPL* do projeto será mais sensível a cenários da taxa de câmbio se o projeto for financiado com a dívida denominada em dólares do que se fosse financiado com uma dívida denominada em pesos. Os valores de outras variáveis, tais como o nível assumido das receitas ou das despesas operacionais, também poderão ser alterados para levar em conta cenários alternativos.

Considerando a Propriedade de Ações Internacionais. Algumas decisões de estrutura de capital também incluem os acionistas estrangeiros, mas a análise ainda poderá ser realizada do mesmo modo. A análise torna-se complicada somente se a propriedade estrangeira mudar a gestão da empresa de alguma maneira que afete os fluxos de caixa da empresa. Muitas EMNs com base nos Estados Unidos emitiram ações nos países estrangeiros em que realizam negócios. Elas considerarão a emissão de ações somente nos países em que haja demanda suficiente por elas.

604 FINANÇAS CORPORATIVAS INTERNACIONAIS

Quando não há demanda suficiente, uma EMN poderá colocar suas ações com mais facilidade no mercado dos Estados Unidos. Pesquisas concluíram que as EMNs com base nos Estados Unidos que emitem ações em uma base global (em mais de um país) têm mais capacidade de emitir ações novas pelo preço do mercado de ações predominante do que as EMNs que emitem ações somente em seu país de origem. No entanto, os resultados poderão variar em uma EMN em particular. Aquelas EMNs que estabeleceram globalmente um reconhecimento de seu nome poderão ter uma maior capacidade de colocar as ações em países estrangeiros.

Normalmente, uma EMN concentrará sua oferta de ações nos poucos países em que ela realiza a maioria de seus negócios. As ações serão cotadas na Bolsa de Valores local nos países em que as ações forem emitidas e serão denominadas na moeda local. A cotação é necessária para criar um mercado secundário para as ações no país estrangeiro. Muitos investidores levarão em consideração as ações somente se houver um mercado secundário local em que poderão vender suas ações facilmente.

A Decisão de Estrutura de Capital da EMN

A decisão de estrutura de capital de uma EMN envolve a escolha do financiamento com dívida contra financiamento com capital próprio dentro de todas as suas subsidiárias. Portanto, sua estrutura geral de capital será, em sua essência, uma combinação de estruturas de capital de todas as suas subsidiárias. As EMNs reconhecem o conflito entre utilizar dívida e capital próprio para financiar suas operações. As vantagens de utilizar a dívida em oposição ao capital próprio variam com as características específicas de empresa de cada EMN e dos países em que a EMN estabeleceu subsidiárias. Algumas das características empresariais específicas relevantes de uma EMN que poderão afetar sua estrutura de capital serão identificadas primeiro, seguidas pelas características dos países.

Influência das Características da Empresa

http://
Visite http://www. worldbank.org para ver os perfis de países, análises e pesquisas setoriais.

As características únicas de cada EMN poderão influenciar sua estrutura de capital. Algumas das características mais comuns específicas de empresas as quais afetam a estrutura de capital da EMN são identificadas aqui.

Estabilidade dos Fluxos de Caixa da EMN. As EMNs com fluxos de caixa mais estáveis poderão se endividar mais porque há uma corrente constante de entradas de caixa para cobrir os pagamentos de juros periódicos. Inversamente, as EMNs com fluxos de caixa instáveis poderão preferir menos dívida porque não estão certas de gerar dinheiro suficiente em cada período para fazer pagamentos de juros maiores sobre a dívida. As EMNs que estão diversificadas entre vários países poderão ter fluxos de caixa mais estáveis desde que as condições em um único país não tenham um impacto maior sobre seus fluxos de caixa. Conseqüentemente, essas EMNs poderão negociar uma estrutura de dívida mais intensa.

Risco de Crédito da EMN. As EMNs que possuem um risco de crédito mais baixo (risco de inadimplência sobre os empréstimos fornecidos por credores) têm mais acesso ao crédito. Qualquer fator que influencie o risco de crédito poderá afetar a escolha de uma EMN de se endividar, em vez de capital próprio. Por exemplo, se a gestão de uma EMN for considerada forte e competente, o risco de crédito da EMN poderá ser baixo, concedendo acesso mais fácil à dívida. As EMNs com ativos que servem como garantia aceitável (tais como construções, caminhões e maquinário adaptável) poderão obter empréstimos e poderão preferir enfatizar o financiamento com dívida. Inversamente, as EMNs com ativos que não são comercializáveis terão menos garantias aceitáveis e poderão precisar utilizar uma maior proporção de financiamento com capital próprio.

Acesso da EMN aos Lucros Retidos. As EMNs com alta rentabilidade poderão financiar a maioria de seus investimentos com lucros retidos e, portanto, utilizar uma estrutura mais intensa de capital próprio. Inversamente, as EMNs que possuem níveis reduzidos de lucros retidos poderão depender do financiamento com dívida. As EMNs orientadas por crescimento são menos aptas a financiar sua expansão com lucros retidos e tendem a depender do financiamento com dívida. As EMNs com menos crescimento precisarão de menos financiamento e poderão recorrer mais lucros retidos (capital próprio) em vez de dívida.

Garantias das EMNs sobre a Dívida. Se a controladora garantir a dívida de sua subsidiária, a capacidade de empréstimo da subsidiária poderá aumentar. Portanto, a subsidiária poderá precisar de menos financiamento com capital próprio. No mesmo momento, no entanto, a capacidade de empréstimo da controladora poderá ser reduzida, com os credores menos dispostos a fornecer recursos para a controladora, se esses recursos puderem ser necessários para salvar a subsidiária.

Problemas de Agência da EMN. Se uma subsidiária em país estrangeiro não puder ser monitorada facilmente pelos investidores do país da controladora, os custos de agência serão maiores. Para maximizar o preço das ações da empresa, a controladora poderá induzir a subsidiária a emitir ações, em vez de dívidas, no mercado local, de modo que seus gestores ali possam ser monitorados. Nesse caso, referimo-nos à subsidiária como "de propriedade parcial", em vez de "propriedade total", da controladora da EMN. Essa estratégia poderá afetar a estrutura de capital da EMN. Poderá ser viável quando a controladora da EMN puder aperfeiçoar a imagem da subsidiária e a presença no país anfitrião ou poderá motivar os gestores da subsidiária permitindo a propriedade parcial.

Uma preocupação acerca de uma subsidiária estrangeira de propriedade parcial é o de um conflito potencial de interesses, especialmente se seus gestores forem acionistas minoritários. Esses gestores poderão tomar decisões que poderão beneficiar a subsidiária por conta da EMN. Por exemplo, eles poderão utilizar recursos para projetos que sejam viáveis de sua perspectiva, mas não da perspectiva da controladora.

Influência das Características do País

Além das características únicas para cada EMN, as características únicas para cada país anfitrião poderão influenciar a escolha do financiamento de dívida da EMN contra o financiamento com capital próprio e, portanto, afetar sua estrutura de capital. Características do país que poderão influenciar a escolha do financiamento com capital próprio da EMN *versus* o financiamento com dívida são descritas aqui.

Restrições a Ações no País Anfitrião. Em alguns países, os governos permitem que os investidores adquiram apenas ações locais. Mesmo quando os investidores são autorizados a investir em outros países, eles não poderão obter informações completas sobre ações de empresas fora de seu país natal. Isso representa uma barreira implícita aos investimentos além-fronteiras. Além disso, possíveis efeitos adversos da taxa de câmbio e efeitos tributários poderão desencorajar os investidores de fazer investimentos fora de seus próprios países. Esses impedimentos de realizar investimentos mundialmente poderão fazer com que alguns investidores tenham menos oportunidades de investimento em ações que outros. Conseqüentemente, uma EMN que opera em países em que os in-

606 FINANÇAS CORPORATIVAS INTERNACIONAIS

vestidores possuem menos oportunidades de investimento poderá estar mais capacitada a levantar capital próprio nesses países a um custo relativamente baixo. Isso poderia atrair a EMN para usar mais capital próprio, emitindo ações nesses países para financiar suas operações.

> **USANDO A WEB**
>
> **Condições do Mercado de Ações.** Se a subsidiária de uma EMN estiver pensando em emitir suas próprias ações para investidores locais como meio de obter capital próprio, ela deverá avaliar as condições gerais de mercado do país. Informações sobre as condições do mercado de ações de cada país são fornecidas em http://biz.yahoo.com/ifc/. Clique em qualquer país da lista. Em seguida, clique em Consenso de Capital Próprio (Equity Consensus).

Taxas de Juros dos Países Anfitriões. Devido a barreiras impostas pelo governo sobre fluxos de capital, junto com possíveis efeitos adversos da taxa de câmbio, dos tributos e do risco país, os recursos disponíveis para o empréstimo nem sempre fluem para onde são mais necessários. Portanto, o preço dos recursos disponíveis para empréstimos (a taxa de juros) poderá variar entre os países. As EMNs poderão obter esses recursos (dívida) a um custo relativamente baixo em países específicos, enquanto o custo da dívida em outros países poderá ser alto. Conseqüentemente, a preferência de uma EMN por endividamento poderá depender dos custos da dívida nos países em que ela opera. Se os mercados forem, de certa forma, segmentados e o custo dos recursos no país da subsidiária parecer excessivo, a controladora poderá utilizar seu próprio capital para dar sustentação aos projetos implantados pela subsidiária.

Força das Moedas dos Países Anfitriões. Se uma EMN estiver preocupada com a possível fraqueza das moedas dos países anfitriões de suas subsidiárias, ela poderá procurar financiar proporções maiores de suas operações estrangeiras tomando emprestadas essas moedas, em vez de depender dos recursos da controladora. Dessa maneira, as subsidiárias enviarão montantes menores dos lucros, porque farão pagamentos de juros sobre a dívida local. Essa estratégia reduz a exposição da EMN ao risco da taxa de câmbio.

Se a controladora acreditar que a moeda local da subsidiária se apreciará perante a moeda da controladora, ela poderá fazer a subsidiária reter e reinvestir mais de seus ganhos. A controladora poderá também fornecer uma infusão de caixa para financiar o crescimento da subsidiária. O resultado será a transferência de recursos internos da controladora para a subsidiária, possivelmente resultando em mais financiamento externo pela controladora e menos financiamento com dívida pela subsidiária.

Risco País dos Países Anfitriões. A possibilidade de o governo anfitrião bloquear temporariamente os recursos a ser enviados pela subsidiária para a controladora é uma forma relativamente amena de risco país. As subsidiárias que são impedidas de enviar seus lucros por um período poderão preferir utilizar o financiamento com endividamento local. Essa estratégia reduzirá o montante de recursos bloqueados porque a subsidiária poderá utilizar parte dos recursos para pagar juros sobre a dívida local.

Se a subsidiária de uma EMN estiver exposta ao risco de o governo anfitrião poder confiscar seus ativos, poderá utilizar muito do endividamento nesse país. Então, credores que possuem recursos emprestados terão um interesse genuíno em assegurar que a subsidiária seja tratada de modo justo pelo governo anfitrião. Além disso, se as operações da EMN em um país estrangeiro forem encerradas pelo governo anfitrião, ela não perderá tanto se as operações forem financiadas por credores locais. Sob essas circunstâncias, os credores locais terão de negociar com o governo anfitrião para obter os recursos totais ou parciais emprestados, após o governo liquidar os ativos que ele confiscou da EMN.

ESTRUTURA DE CAPITAL E CUSTO DE CAPITAL DE MULTINACIONAL **607**

Uma maneira menos provável de reduzir a exposição ao alto grau de risco país é a subsidiária emitir ações no país anfitrião. Acionistas minoritários se beneficiam diretamente de uma subsidiária que dá lucros. Portanto, eles poderão pressionar seu governo para parar de impor tributos excessivos, restrições ambientais ou qualquer outra provisão que reduza os lucros da subsidiária. Fazer com que investidores locais possuam interesse minoritário em uma subsidiária também poderá oferecer alguma proteção contra ameaças de ações adversas do governo anfitrião. Outra vantagem da propriedade parcial de uma subsidiária é que ela poderá abrir oportunidades adicionais no país anfitrião. O nome da subsidiária será mais conhecido se as ações forem adquiridas pelos acionistas minoritários nesse país.

Legislação Tributária dos Países Anfitriões. Subsidiárias estrangeiras de uma EMN poderão estar sujeitas a uma alíquota de retenção quando enviarem os lucros. Ao utilizar o endividamento, em vez de depender do financiamento da controladora, elas terão de fazer pagamentos de juros sobre a dívida local, reduzindo assim o montante a ser enviado periodicamente. Portanto, poderão reduzir as retenções tributárias utilizando mais financiamento com dívida local. As subsidiárias estrangeiras também poderão levar em consideração a dívida local se os governos anfitriões impuserem alíquotas de impostos corporativos altas sobre ganhos estrangeiros; desse modo, as subsidiárias poderão se beneficiar das vantagens tributárias do endividamento quando os impostos forem altos (a não ser que os impostos mais altos pagos fossem compensados completamente pelos créditos de impostos recebidos pela controladora).

Revisão da Estrutura de Capital em Resposta às Mudanças de Condições

Como os cenários econômicos e políticos mudam ou o negócio de uma EMN muda, os custos ou benefícios de cada componente de custo de capital poderão mudar também. Uma EMN poderá revisar sua estrutura de capital em resposta às mudanças das condições.

EXEMPLO

1. A empresa descontinua seu negócio na Argentina e decide reduzir sua dívida nesse país. Ela não mais possui receitas em pesos, que utilizava para compensar e reduzir o risco da taxa de câmbio.
2. O governo dos Estados Unidos reduz os impostos sobre dividendos, o que torna as ações mais atrativas para os investidores do que o investimento em títulos de dívidas. Portanto, o custo do capital próprio caiu, fazendo com que algumas EMNs alterem sua estrutura de capital.
3. As taxas de juros na Europa aumentam, fazendo com que as EMNs com base nos Estados Unidos dêem suporte a suas operações européias com dívida denominada em dólares.
4. As taxas de juros em Cingapura caem, fazendo com que algumas EMNs com base nos Estados Unidos com operações em Cingapura aumentem o uso da dívida denominada em dólares daquele país.
5. O risco político no Peru aumenta, fazendo com que as EMNs com base nos Estados Unidos financiem mais de seus negócios por lá com endividamento local, conquistando assim algum apoio de instituições locais com conexões políticas.

Nos últimos anos, as EMNs revisaram suas estruturas de capital para reduzir suas retenções tributárias sobre lucros enviados pelas subsidiárias.

608 FINANÇAS CORPORATIVAS INTERNACIONAIS

> ### EXEMPLO
>
> A Clayton, Inc. é uma EMN com base nos Estados Unidos cuja controladora planeja levantar $ 50 milhões em capital nos Estados Unidos emitindo ações nesse país. A controladora planeja converter os $ 50 milhões em 70 milhões de dólares australianos (A$) e utilizar os recursos para construir uma subsidiária na Austrália. Uma vez que a controladora poderá precisar de algum retorno desse capital para pagar os dividendos de seus acionistas, isso exigirá que sua subsidiária australiana envie A$ 2 milhões por ano. Suponha que o governo australiano imponha uma retenção tributária de 10% sobre os lucros enviados, o que deverá somar A$ 200.000 por ano. A Clayton, Inc. poderá revisar sua estrutura de capital de várias maneiras diferentes para reduzir ou evitar essa retenção. A maioria das soluções envolve reduzir a dependência da subsidiária do capital da controladora.
>
> Primeiro, a subsidiária australiana da Clayton poderá tomar emprestados recursos na Austrália como sua fonte de capital principal, em vez de depender da controladora nos Estados Unidos. Assim, ela utilizará parte de seus lucros para pagar seus juros aos credores locais, em vez de enviar um grande montante de recursos para a controladora nos Estados Unidos. Essa estratégia de financiamento reduzirá o montante de recursos que seriam enviados e poderá, portanto, minimizar as retenções tributárias que seriam devidas ao governo australiano. Além disso, a subsidiária não necessitará tanto do investimento com capital próprio da controladora. Uma limitação dessa estratégia é que a subsidiária poderá aumentar seu endividamento a um nível excessivo.
>
> Se a Clayton preferir aumentar o endividamento da subsidiária, essa poderá levantar recursos emitindo ações no país anfitrião. Nesse caso, a subsidiária utilizará parte de seus recursos para pagar os dividendos aos acionistas locais, em vez de enviá-los para a controladora. Novamente, os valores retidos serão minimizados porque a subsidiária não enviará muito dinheiro para a controladora. A emissão de ações criará uma propriedade minoritária na Austrália, a qual reduzirá a ação da controladora sobre a subsidiária. A controladora poderá reter o controle, no entanto, instruindo a subsidiária a emitir ações não-votantes.
>
> As duas estratégias minimizam os valores retidos da Clayton, mas a primeira estratégia reflete uma estrutura de capital mais concentrada em endividamento, enquanto a segunda reflete uma estrutura de capital mais concentrada em capital próprio. As duas estratégias são ilustradas na Figura 20.4. Essas estratégias também poderiam ter sido usadas para reduzir a exposição da Clayton ao risco da taxa de câmbio, porque minimizam o montante de dólares australianos a ser convertidos em dólares americanos.

Interação entre a Subsidiária e as Decisões de Financiamento da Controladora

A decisão tomada pela subsidiária para utilizar o financiamento interno com capital próprio (retendo e reinvestindo os lucros) ou obter financiamento com dívida poderá afetar seu grau de dependência do financiamento da controladora e o montante de recursos que ela poderá enviar para a controladora. O possível impacto de duas situações comuns de financiamento de subsidiárias sobre a estrutura de capital da controladora é explicado a seguir.

USANDO
A WEB

Regulamentos da Estrutura de Capital. Quando uma EMN revisa sua estrutura de capital pedindo que a subsidiária envie parte de seu capital de volta para a controladora, ela precisará rever os regulamentos do país. Os regulamentos de repatriamento de capital impostos por cada país estão disponíveis em http://biz.yahoo.com/ifc/.

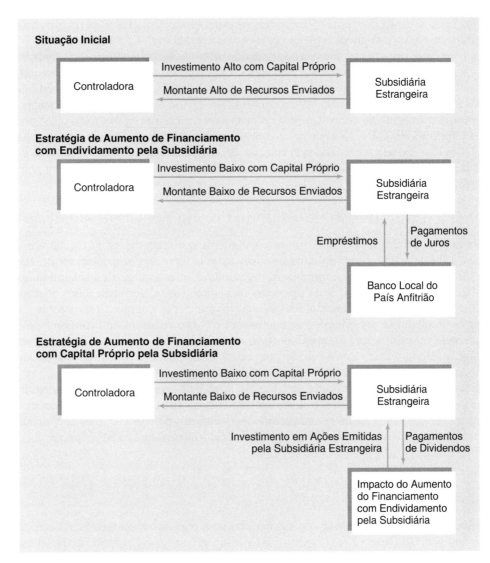

Figura 20.4 Ajuste da estrutura de capital multinacional para reduzir a retenção tributária.

Impacto do Aumento do Financiamento com Endividamento pela Subsidiária

Quando as condições globais aumentam o financiamento com endividamento de uma subsidiária, o montante de financiamento interno com capital próprio necessário pela subsidiária será reduzido. Quando esses recursos internos extras são enviados para a controladora, essa terá um montante maior de recursos internos para ser usados como financiamento antes de procurar recursos externos. Supondo que as operações da controladora absorvam todos os recursos internos e exijam financiamento com terceiros, haverá efeitos compensatórios sobre as estruturas de capital da subsidiária e da controladora. O aumento no endividamento pela subsidiária será compensado pela redução no endividamento da controladora. Porém, o custo de capital para a EMN como um todo poderá ter mudado por duas razões. Primeiro, a composição revisada do endividamento (mais pela subsidiária, menos pela controladora) poderá afetar os juros co-

610 FINANÇAS CORPORATIVAS INTERNACIONAIS

brados sobre a dívida. Segundo, poderá afetar a exposição total da EMN ao risco da taxa de câmbio e, portanto, influenciar o prêmio pelo risco do capital.

Em algumas situações, o aumento do endividamento da subsidiária não será compensado pela redução do endividamento da controladora. Por exemplo, se houver alguma restrição ou tributos excessivos sobre os recursos enviados, a controladora poderá depender da subsidiária e precisar de financiamento com dívida também. Nesse caso, os cenários internacionais que incentivam o aumento no endividamento resultarão em uma estrutura de capital mais concentrada em dívida da EMN. Novamente, por razões já mencionadas anteriormente, o custo de capital da EMN poderá ser afetado pelo aumento do endividamento da subsidiária. Além disso, a utilização de uma proporção maior de dívida pela EMN como um todo deverá afetar também o custo de capital.

Impacto da Redução do Endividamento pelas Subsidiárias

Quando as condições globais incentivam a subsidiária a utilizar menos financiamento com dívida, a subsidiária precisará utilizar mais financiamento interno. Conseqüentemente, ela enviará menos recursos para a controladora, reduzindo o montante de recursos internos disponíveis para a controladora. Se as operações da controladora absorverem todos os recursos internos e exigirem financiamento com dívida, haverá efeitos compensatórios sobre as estruturas de capital da subsidiária e da controladora. O uso reduzido do financiamento com dívida pela subsidiária será compensado pelo aumento do uso da controladora. Por razões expressas anteriormente, o custo de capital poderá mudar, mesmo se a estrutura de capital total da EMN não mudar.

Se as operações da controladora puderem ser financiadas inteiramente com recursos internos, a controladora não utilizará o financiamento com dívida. Dessa forma, o menor endividamento da subsidiária não será compensado pelo aumento de financiamento com dívida da controladora, e a estrutura total da EMN se tornará mais intensa em capital próprio.

Resumo da Interação entre as Subsidiárias e as Decisões de Financiamento da Controladora

A Tabela 20.3 fornece um resumo de algumas das mais relevantes características do país anfitrião que poderão afetar a preferência por endividamento ou capital próprio da subsidiária. A

Cenários do País Anfitrião	Montante do Financiamento com Dívida Local pela Subsidiária	Montante de Recursos Internos Disponíveis para a Controladora	Montante do Financiamento com Dívida Fornecido pela Controladora
Risco país mais alto	Mais Alto	Mais Alto	Mais Baixo
Taxas de juros mais altas	Mais Baixo	Mais Baixo	Mais Alto
Taxas de juros mais baixas	Mais Alto	Mais Alto	Mais Baixo
Fraqueza esperada da moeda local	Mais Alto	Mais Alto	Mais Baixo
Força esperada da moeda local	Mais Baixo	Mais Baixo	Mais Alto
Recursos bloqueados	Mais Alto	Mais Alto	Mais Baixo
Retenções tributárias altas	Mais Alto	Mais Alto	Mais Baixo
Impostos empresariais mais altos	Mais Alto	Mais Alto	Mais Baixo

Tabela 20.3 Efeito das condições globais sobre o financiamento.

ESTRUTURA DE CAPITAL E CUSTO DE CAPITAL DE MULTINACIONAL **611**

decisão da subsidiária se financiar com dívida local afetará o montante de recursos enviados para a controladora e, portanto, o montante de financiamento interno disponível para a controladora. Uma vez que as decisões de financiamento de dívida local da subsidiária são influenciadas pelas características específicas do país, como as mostradas na Tabela 20.3, a estrutura de capital total da EMN será afetada parcialmente pela localização das subsidiárias estrangeiras.

Estruturas de Capital-Alvo Local *versus* Global

Uma EMN poderá se desviar de sua estrutura de capital-alvo "local" em cada país em que o financiamento é obtido e, mesmo assim, atingir sua estrutura de capital-alvo "global" (com base na consolidação das estruturas globais de todas as suas subsidiárias). Os exemplos a seguir das condições de países estrangeiros em particular ilustram a motivação por trás do desvio da estrutura de capital-alvo local, embora ainda satisfazendo a estrutura de capital-alvo global.

Compensação do Alto Grau de Alavancagem Financeira da Subsidiária

Primeiro, considere que o País A não autorize as EMNs com sede em outro país a cotar suas ações na Bolsa de Valores local. Sob essas condições, a subsidiária de uma EMN que deseja expandir suas operações possivelmente decidirá tomar emprestados recursos emitindo obrigações ou obtendo financiamentos bancários, em vez de emitir ações nesse país. Ao ser forçada a utilizar o endividamento aqui, a EMN poderá se desviar de sua estrutura de capital-alvo, o que poderá aumentar seu custo de capital total. A controladora poderá compensar essa concentração em dívida utilizando mais financiamento com capital próprio para suas próprias operações.

De forma alternativa, considere uma EMN que deseje um financiamento no País B, que está passando por turbulência política. O uso de empréstimos de bancos locais deverá ser o mais apropriado para impedir que as operações da subsidiária sejam afetadas pelos cenários políticos daquele país. Se os bancos locais servirem como credores para a subsidiária da EMN, será de seu interesse assegurar que as operações da subsidiária sejam suficientemente rentáveis para reembolsar seus empréstimos. Uma vez que a subsidiária poderá ser mais alavancada financeiramente do que o desejado para a EMN no seu todo, essa poderá se endividar menos para financiar suas próprias operações e atingir sua estrutura de capital-alvo total ("global").

Compensação do Baixo Grau de Alavancagem Financeira da Subsidiária

Suponha que o País C permita que a subsidiária da EMN emita ações por lá e as cote em sua bolsa local. Também suponha que o projeto a ser implantado naquele país não gerará fluxos de caixa líquidos por cinco anos, limitando assim a capacidade da subsidiária de gerar financiamento interno. Nesse caso, o financiamento com capital próprio pela subsidiária poderá ser mais apropriado. A subsidiária poderá emitir ações e, ao pagar dividendos baixos ou zero, poderá evitar saídas de caixa maiores pelos próximos cinco anos. A controladora poderá compensar a concentração em capital próprio da subsidiária instruindo uma de suas outras subsidiárias estrangeiras, em algum outro país, a utilizar principalmente financiamento com dívida. Alternativamente, a controladora poderá se endividar mais para dar sustentação a suas próprias operações.

Limitações ao se Compensar o Grau Anormal de Alavancagem Financeira da Subsidiária

Os exemplos fornecidos até este ponto sugerem que a controladora poderá compensar o desequilíbrio criado pela subsidiária estrangeira ajustando a maneira como ela financia suas próprias operações. No entanto, a revisão da estrutura de capital da controladora poderá resultar em custo de capital mais alto para ela. Dado que a decisão de financiamento da subsidiária poderá afetar a estrutura de capital da controladora e, portanto, o custo de capital da controladora, a subsidiária deverá considerar o impacto de sua decisão sobre a controladora. A decisão da subsidiária de atingir uma alavancagem financeira de grau extraordinariamente alto ou baixo deverá ser tomada somente se os benefícios pesarem mais que qualquer custo da EMN como um todo.

A estratégia de ignorar a estrutura de capital-alvo "local" em favor da estrutura de capital-alvo "global" será racional enquanto for aceitável para os credores e os investidores estrangeiros. No entanto, se os credores e os investidores estrangeiros monitorarem as estruturas de capital local da subsidiária, eles poderão exigir uma taxa de retorno mais alta sobre os recursos fornecidos para a EMN. Por exemplo, as estruturas de capital-alvo "local" das subsidiárias com base no País A (do exemplo anterior) e no País B são concentradas em endividamento. Os credores nesses dois países poderão penalizar a subsidiária por sua estrutura de capital local com alavancagem alta, apesar de a estrutura de capital global da EMN ser mais equilibrada, porque eles acreditam que a subsidiária poderá não cumprir seu reembolso da dívida alta. Se a controladora planejar apoiar as subsidiárias, no entanto, poderá garantir o reembolso da dívida aos credores nos países estrangeiros, que poderão reduzir sua percepção de risco e baixar o custo da dívida. Muitas controladoras de EMN estão a postos para apoiar financeiramente suas subsidiárias porque, se não o fizessem, suas subsidiárias não seriam capazes de se financiarem adequadamente.

RESUMO

■ O custo de capital poderá ser mais baixo para uma EMN do que para uma empresa doméstica devido a características peculiares da EMN, incluindo o tamanho, seu acesso aos mercados de capitais internacionais e seu grau de diversificação internacional. Todavia, algumas características peculiares da EMN poderão aumentar o custo de capital da EMN, tais como a exposição ao risco da taxa de juros e ao risco país.

■ Os custos de capital variam entre os países devido às diferenças nos componentes que compreendem o custo de capital. Especificamente, há diferenças na taxa livre de risco, no prêmio de risco sobre a dívida e no custo do capital próprio entre os países. Países com uma taxa livre de risco tendem a apresentar um custo de capital mais alto.

■ A decisão de estrutura de capital de uma EMN é influenciada pelas características corporativas, tais como a estabilidade dos fluxos de caixa da EMN, seu risco de crédito e seu acesso a lucros. A estrutura de capital também é influenciada pelas características dos países em que a EMN realiza negócios, tais como restrições às ações, taxas de juros, força das moedas locais, risco país e legislação tributária. Algumas características favorecem uma estrutura de capital concentrada em capital próprio porque desencorajam o uso de dívida. Outras características favorecem uma estrutura concentrada em endividamento devido ao desejo de proteção contra riscos com a criação de endividamento estrangeiro. Dado que os custos relativos dos componentes de capital variam entre os países, a estrutura de capital da EMN poderá depender da mescla específica de países em que ela realiza as operações.

ESTRUTURA DE CAPITAL E CUSTO DE CAPITAL DE MULTINACIONAL **613**

CONTRAPONTO DO PONTO

A Alíquota Tributária Reduzida sobre Dividendos Deverá Afetar a Estrutura de Capital da EMN?

Ponto Não. A mudança nas leis fiscais reduz os impostos que os investidores pagam sobre dividendos. Ela não altera os impostos pagos pela EMN. Portanto, não deverá afetar a estrutura de capital da EMN.

Contraponto Uma redução do imposto sobre dividendos poderá incentivar uma EMN com base nos Estados Unidos a oferecer dividendos a seus acionistas ou aumentar o pagamento de dividendos. Essa estratégia reflete um aumento nas saídas de caixa da EMN. Para compensar essas saídas, a

EMN provavelmente terá de ajustar sua estrutura de capital. Por exemplo, na próxima vez em que levantar recursos, ela poderá preferir utilizar capital próprio, em vez de dívida, de modo que possa liberar parte das saídas de caixa (as saídas para cobrir dividendos seriam menores do que as saídas associadas à dívida).

Quem está certo? Use seu mecanismo de busca preferido para saber mais sobre esse assunto. Qual argumento você apóia? Dê sua opinião sobre o assunto.

AUTOTESTE

As respostas encontram-se no Apêndice A, no final deste livro.

1. Quando a Goshen, Inc. se dedicava apenas a negócios domésticos nos Estados Unidos, tinha um nível baixo de endividamento. Quando se expandiu para outros países, ela aumentou seu grau de alavancagem financeira (em uma base consolidada). Que fatores fizeram a Goshen aumentar sua alavancagem financeira (supondo que o risco país não era uma preocupação)?

2. A Lynde Co. é uma EMN com base nos Estados Unidos com uma grande subsidiária nas Filipinas financiada com capital próprio da controladora. Em resposta a notícias sobre uma possível mudança no governo filipino, a subsidiária revisou sua estrutura de capital tomando emprestado de bancos locais e transferindo o investimento em capital próprio de volta para a controladora dos Estados Unidos. Explique o motivo provável por trás dessas ações.

3. A Duever Co. (uma empresa dos Estados Unidos) notou que sua alavancagem financeira estava substancialmente abaixo da alavancagem da

maioria das empresas bem-sucedidas da mesma indústria na Alemanha e no Japão. A estrutura de capital da Duever está abaixo do adequado?

4. A Atlanta, Inc. possui uma grande subsidiária na Venezuela, em que as taxas de juros estão bem altas e espera-se que a moeda se enfraqueça. Suponha que a Atlanta perceba um risco país alto. Explique o conflito envolvido no financiamento da subsidiária com endividamento local *versus* um investimento com capital próprio por parte da controladora.

5. A Reno, Inc. considera um projeto para estabelecer uma fábrica para produzir e vender produtos de consumo em um país subdesenvolvido. Suponha que a economia do país anfitrião seja muito dependente dos preços do petróleo, a moeda local do país seja bem volátil e o risco país seja bem alto. Também suponha que as condições econômicas do país não estejam relacionadas com os Estados Unidos. A taxa requerida de retorno (e, portanto, o prêmio pelo risco) sobre o projeto deverá ser mais alta ou mais baixa que a de outros projetos alternativos nos Estados Unidos?

QUESTÕES E APLICAÇÕES

1. **Custo do Capital Próprio.** A Wiley, Inc. uma EMN, possui um beta de 1,3. Espera-se que o mercado de ações dos Estados Unidos gere um retorno anual de 11%. Atualmente, obrigações do Tesouro rendem 2%. Com base nessas in-

formações, qual é o custo estimado do capital próprio da Wiley?

2. **Estrutura de Capital de EMNs.** Apresente um argumento apoiando uma EMN que considere a estrutura de capital concentrada em endivi-

damento. Apresente um argumento apoiando uma EMN que considere a estrutura de capital concentrada em capital próprio.

3. **Custo da Dívida.** O Website da Bloomberg fornece dados de taxas de juros de muitos países e de vários vencimentos. Seu endereço é **http://www.bloomberg.com**.

   Vá para a seção de "Mercados" e depois para "Curvas de Rendimentos Internacionais" (International Yeld Curves). Suponha que uma EMN pague 1% a mais sobre recursos tomados emprestados do que as taxas livres de risco (do governo) apresentadas no Website da Bloomberg. Determine o custo da dívida (use um vencimento de dez anos) para a controladora dos Estados Unidos que toma emprestado em dólares. Em seguida, determine o custo dos recursos para uma subsidiária estrangeira no Japão que toma recursos emprestados localmente. Então, determine o custo dos recursos para uma subsidiária na Alemanha que toma recursos emprestados localmente. Explique por que o custo da dívida poderá variar nos três países.

4. **Financiamento Mais Favorável.** A Wizard, Inc. possui uma subsidiária em um país em que o governo autoriza que apenas um pequeno montante de lucros seja enviado para os Estados Unidos a cada ano. A Wizard deveria financiar a subsidiária com endividamento pela controladora, com capital próprio da controladora ou com financiamento de bancos locais do país estrangeiro?

5. **Custo de Capital da Nike.** Se a Nike decidir se expandir mais na América do Sul, por que sua estrutura de capital poderá ser afetada? Por que seu custo de capital total será afetado?

6. **Custo de Dívida Estrangeira *versus* Capital Próprio.** A Carazona, Inc. é uma empresa dos Estados Unidos que possui uma grande subsidiária na Indonésia. Ela quer financiar as operações da subsidiária na Indonésia. No entanto, o custo do endividamento atualmente está em cerca de 30% por lá para empresas como a Carazona ou agências do governo que possuem uma classificação de crédito bem forte. Um consultor sugere para a Carazona que ela deveria utilizar financiamento com capital próprio para evitar as altas despesas com juros. Ele sugere que, uma vez que o custo do capital próprio da Carazona nos Estados Unidos está em cerca de 14%, os investidores da Indonésia deverão estar satisfeitos com um retorno de 14% também. Explique claramente por que o conselho do consultor não é lógico. Isto é, explique por que o custo do

capital próprio da Carazona na Indonésia não será menor que o custo da dívida na Indonésia.

7. **Discussão na Sala da Diretoria.** Este exercício encontra-se no Apêndice E, no final deste livro.

8. **Diferenças entre Países.** Descreva as diferenças gerais entre as estruturas de capital das empresas com base nos Estados Unidos e as estruturas de capital das empresas com base no Japão. Dê uma explicação para essas diferenças.

9. **Custos de Capital entre Países.** Explique por que o custo de capital da EMN com base nos Estados Unidos com uma grande subsidiária no Brasil é mais alto do que o da EMN com base nos Estados Unidos na mesma indústria com uma grande subsidiária no Japão. Suponha que as operações das subsidiárias de cada EMN sejam financiadas com endividamento local no país anfitrião.

10. **Decisão de Financiamento.** A Veer Co. é uma EMN com base nos Estados Unidos que possui a maioria de suas operações no Japão. Uma vez que as empresas japonesas com as quais ela compete utilizam mais endividamento, ela decidiu ajustar sua alavancagem financeira para ficar em linha com a delas. Com essa forte ênfase sobre o endividamento, a Veer deverá colher mais vantagens tributárias. Ela acredita que a percepção do mercado acerca de seu risco permanecerá inalterada, visto que sua alavancagem financeira ainda não será mais alta que a de seus concorrentes japoneses. Comente essa estratégia.

11. **Decisão de Financiamento.** A Forest Co. fabrica seus produtos nos Estados Unidos, na Alemanha e na Austrália e os vende nas áreas em que são produzidos. Os lucros estrangeiros são enviados periodicamente para a controladora dos Estados Unidos. Como as taxas de juros do euro caíram a um nível bem baixo, a Forest decidiu financiar suas operações na Alemanha com recursos tomados emprestados, em vez do investimento com capital próprio da controladora. A Forest transferirá o investimento com capital próprio da controladora dos Estados Unidos na sua subsidiária alemã para sua subsidiária australiana. Esses recursos serão utilizados para liquidar um empréstimo com taxa flutuante, já que as taxas de juros australianas estão altas e subindo. Explique os efeitos esperados dessas ações sobre a estrutura de capital consolidada e o custo de capital da Forest Co.

    Dada a estratégia a ser utilizada pela Forest, explique como sua exposição ao risco da taxa de câmbio poderá ter mudado.

12. **Custo de Capital.** Explique como as características das EMNs poderão afetar o custo de capital.

13. **Conflitos no Financiamento.** A Pullman, Inc. uma empresa dos Estados Unidos, tem sido altamente lucrativa, mas prefere não pagar dividendos mais altos porque seus acionistas querem que os recursos sejam reinvestidos. Ela planeja um grande crescimento em vários países menos desenvolvidos. A Pullman gostaria de financiar o crescimento com endividamento local nos países anfitriões em questão para reduzir sua exposição ao risco país. Explique o dilema enfrentado pela Pullman e apresente possíveis soluções.

14. **Interação entre Financiamento e Investimento.** A Charleston Corp. considera estabelecer uma subsidiária na Alemanha ou no Reino Unido. A subsidiária será financiada principalmente com empréstimos de bancos locais do país anfitrião escolhido. A Charleston determinou que sua receita gerada da subsidiária britânica será ligeiramente mais favorável que a receita gerada pela subsidiária alemã, mesmo depois de ser considerados os efeitos da taxa de câmbio e da tributação. O gasto inicial será o mesmo, e os dois países parecem estar politicamente estáveis. A Charleston decide estabelecer a subsidiária no Reino Unido devido à vantagem de receita. Você concorda com essa decisão? Explique.

15. **Estrutura de Capital Local *versus* Global.** Por que uma empresa poderá utilizar uma estrutura de capital "local" em uma subsidiária em particular a qual difere substancialmente de sua estrutura de capital "global"?

16. **Efeitos do 11 de Setembro.** A Rose, Inc. de Dallas, Texas, precisava infundir capital em suas subsidiárias estrangeiras para dar sustentação à sua expansão. Em agosto de 2001, ela planejou emitir ações nos Estados Unidos. No entanto, após o ataque terrorista de 11 de setembro de 2001, ela decidiu que a dívida de longo prazo seria uma fonte de capital mais barata. Explique como o ataque terrorista pôde alterar as duas formas de capital.

17. **Integração do Custo de Capital e Orçamento de Capital.** A Zylon Co. é uma empresa dos Estados Unidos que fornece tecnologia de software para o governo de Cingapura. Serão pagos para ela C$ 7.000.000 ao final de cada um dos próximos cinco anos. O montante total dos pagamentos representa os ganhos, já que a Zylon criou a tecnologia de software alguns anos atrás. A Zylon está sujeita à alíquota de 30% de imposto de renda corporativo nos Estados Unidos. Espera-se que suas outras entradas de caixa (tais como receitas) sejam contrabalançadas por suas saídas de caixa (devido às despesas operacionais) a cada ano, portanto, seu lucro sobre o contrato de Cingapura representa seus fluxos de caixa líquidos anuais esperados. Seus custos de financiamento não são considerados dentro de sua estimativa dos fluxos de caixa. O dólar de Cingapura (S$) atualmente vale $ 0,60, e a Zylon utiliza a taxa de câmbio à vista como previsão da taxa de câmbio futura.

A taxa de juros livre de risco nos Estados Unidos é de 6%, enquanto a taxa de juros livre de risco de Cingapura é de 14%. A estrutura de capital da Zylon é de 60% de dívida e 40% de capital próprio. Da Zylon é cobrada uma taxa de juros de 12% sobre sua dívida. O custo do capital próprio da Zylon é baseado no CAPM. Ela espera que o retorno anual do mercado dos Estados Unidos seja de 12% ao ano. Seu beta é 1,5.

A Quiso Co., uma empresa americana, quer adquirir a Zylon e ofereceu-lhe um preço de $ 10.000.000.

O proprietário da Zylon precisa decidir se deverá vender o negócio a esse preço e emprega você para dar uma recomendação. Estime o *VPL* para a Zylon como resultado da venda do negócio e recomende se o proprietário deverá vender o negócio pelo preço oferecido.

18. **Estrutura de Capital-Alvo.** A LaSalle Corp. é uma EMN com base nos Estados Unidos com subsidiárias em vários países menos desenvolvidos em que os mercados de ações não estão bem estabelecidos. Como a LaSalle ainda assim poderá atingir sua estrutura de capital-alvo "global" de 50% de dívida e 50% de capital próprio, se ela planeja utilizar somente financiamento com dívida para as subsidiárias desses países?

19. **CMPC.** Uma EMN possui um total de ativos de $ 100 milhões e uma dívida de $ 20 milhões. O custo da dívida da empresa antes do imposto de renda é de 12% e seu custo de financiamento do capital próprio é de 15%. A EMN possui uma alíquota tributária corporativa de 40%. Qual é o custo médio ponderado do capital da empresa?

20. **Decisão de Financiamento.** Nos últimos anos, várias empresas dos Estados Unidos penetraram no mercado mexicano. Um dos maiores desafios é o custo de capital para financiar os negócios no México. As taxas de juros do México

616 FINANÇAS CORPORATIVAS INTERNACIONAIS

tendem a ser muito mais altas que as taxas de juros dos Estados Unidos. Em alguns períodos, o governo mexicano não procura baixar as taxas de juros porque taxas mais altas poderão atrair o investimento estrangeiro e títulos mexicanos.

a) Como as EMNs com base nos Estados Unidos poderão se expandir no México sem incorrer nas despesas com os altos juros mexicanos ao financiar a expansão? Há alguma desvantagem associada com essa estratégia?

b) Há alguma alternativa adicional para a subsidiária mexicana financiar ela mesma seu negócio depois de estar bem estabelecida? Como essa estratégia poderá afetar a estrutura de capital da subsidiária?

21. **CMPC.** A Blues, Inc. é uma EMN localizada nos Estados Unidos que gostaria de estimar seu custo médio ponderado de capital. Em média, as obrigações emitidas pela Blues rendem 9%. Atualmente, as taxas de títulos do Tesouro são de 3%. Além disso, as ações da Blues possuem um beta de 1,5, e é esperado que o retorno do índice de ações Wilshire 5000 seja de 10%. A estrutura de capital-alvo da Blues é de 30% de dívida e de 70% de capital próprio. Se a Blues tiver alíquota tributária de 35%, qual é o seu custo médio ponderado de capital?

22. **Decisão de Financiamento.** A Drexel Co. é uma empresa com base nos Estados Unidos que está

estabelecendo um projeto em um país politicamente instável. Ela considera duas possíveis fontes de financiamento. A controladora poderá fornecer a maior parte do financiamento ou a subsidiária poderá ter o suporte por meio de empréstimos locais dos bancos daquele país. Qual alternativa é a mais apropriada para proteger a subsidiária?

23. **Financiamento em um País com Taxa de Juros Alta.** A Fairfield Corp., uma empresa dos Estados Unidos, recentemente estabeleceu uma subsidiária em um país menos desenvolvido que consistentemente experimenta um índice de inflação anual de 80% ou mais. O país não possui um mercado de ações, mas os empréstimos dos bancos locais estão disponíveis com uma taxa de juros de 90%. A Fairfield decidiu utilizar uma estratégia na qual a subsidiária é financiada completamente pela controladora. Ela acredita que, dessa maneira, poderá evitar a taxa de juros excessiva do país anfitrião. Qual é a desvantagem-chave do uso dessa estratégia que poderá fazer com que a Fairfield não se saia melhor do que se pagasse os 90% de taxa de juros?

24. **Estrutura de Capital e Assuntos de Agência.** Explique por que os gestores de uma subsidiária integral poderão satisfazer mais facilmente os acionistas da EMN.

CASO BLADES, INC.

Avaliação de Custo de Capital

Lembre que a Blades provisoriamente decidiu estabelecer uma subsidiária na Tailândia para fabricar patins. A nova fábrica será utilizada para produzir "Speedos", o produto principal da Blades. Uma vez que a subsidiária tenha sido estabelecida na Tailândia, ela será operada por dez anos, momento em que se espera que seja vendida. Ben Holt, o chefe do setor financeiro, acredita que a possibilidade de crescimento na Tailândia será extremamente alta ao longo dos próximos anos. No entanto, seu otimismo não é compartilhado pela maioria das previsões econômicas feitas por especialistas, que predizem uma lenta recuperação da economia tailandesa, afetada muito negativamente pelos acontecimentos recentes na Tailândia. Além disso, previsões do valor futuro do baht indicam que a

moeda poderá continuar se depreciando ao longo dos próximos anos.

Apesar das previsões pessimistas, Ben Holt acredita que a Tailândia seja um bom alvo internacional para os produtos da Blades, devido ao crescimento potencial e à ausência de concorrência no país. Em uma recente reunião da diretoria, Holt apresentou sua análise de orçamento de capital e apontou que o estabelecimento de uma subsidiária tailandesa teve um valor presente líquido (*VPL*) acima de $ 8 milhões, mesmo quando uma taxa requerida de retorno de 25% foi utilizada para descontar os fluxos de caixa resultantes do projeto. A diretoria da Blades, mesmo favorável à idéia da expansão internacional, permaneceu cética. Especificamente, os diretores queriam saber como Holt obteve a taxa de desconto de 25% para realizar sua análise de orçamento de capital e se essa taxa de desconto era alta o suficiente. Conseqüentemente, a decisão de estabelecer uma subsidiária na Tailândia foi adiada até a reunião da diretoria no próximo mês.

Os diretores também pediram para Holt determinar como a operação de uma subsidiária na Tailândia afetará a taxa requerida de retorno da Blades e seu custo de capital. Os diretores gostariam de saber como as características da Blades afetariam seu custo de capital em relação aos fabricantes de patins que operam somente nos Estados Unidos. Além disso, o modelo CAPM foi mencionado por dois diretores, que gostariam de saber como o risco sistemático da Blades poderia ser afetado pela expansão para a Tailândia. Outro assunto levantado foi sobre como os custos da dívida e do capital próprio na Tailândia diferem dos custos correspondentes nos Estados Unidos e se essas diferenças afetariam o custo de capital da Blades. O último assunto levantado durante a reunião foi se a estrutura de capital da Blades seria afetada pela expansão para a Tailândia. Os diretores pediram que Holt realizasse uma análise completa desses assuntos e os informasse na próxima reunião.

O conhecimento sobre decisões de custo de capital e de estrutura de capital de Ben Holt é, de certa forma, limitado, e ele pede ajuda a você, que é analista financeiro da Blades, Inc. Holt reuniu algumas informações referentes às características da Blades que a distinguem dos fabricantes de patins que operam somente nos Estados Unidos, ao seu risco sistemático e aos custos de endividamento e de capital próprio na Tailândia e quer saber se e como essas informações afetarão a decisão de custo de capital e de estrutura de capital.

Com relação às características da Blades, Holt reuniu informações a respeito do tamanho da Blades, seu acesso aos mercados de capitais tailandeses, seus benefícios de diversificação com a expansão tailandesa, sua exposição ao risco da taxa de câmbio e sua exposição ao risco país. Embora a sua expansão para a Tailândia a classifique como uma EMN, a Blades é relativamente pequena, comparada a fabricantes de patins dos Estados Unidos. A expansão da Blades para a Tailândia também dará acesso aos mercados monetários e de capitais por lá. No entanto, negociações com vários bancos comerciais na Tailândia indicam que a Blades poderá fazer empréstimos com taxas de juros de aproximadamente 15%, contra 8% nos Estados Unidos.

A expansão para a Tailândia diversificará as operações da Blades. Como resultado dessa expansão, a empresa estará sujeita às condições econômicas da Tailândia, assim como às dos Estados Unidos. Ben Holt vê isso como uma importante vantagem, visto que os fluxos de caixa da Blades não serão mais dependentes somente da economia americana. Conseqüentemente, ele acredita que a probabilidade de falência da Blades será reduzida. Porém, se a Blades estabelecer uma subsidiária na Tailândia, todos os ganhos da subsidiária serão enviados de volta para a controladora dos Estados Unidos, o que criará um alto nível de risco da taxa de câmbio. Isso é uma preocupação em particular, devido às previsões econômicas atuais para a Tailândia, que indicam que o baht se depreciará mais ao longo dos próximos anos. Além disso, Holt já realizou a análise de risco país da Tailândia, o que resultou em uma classificação desfavorável.

Com relação ao risco sistemático, Holt determinou como o beta da Blades, que mede o risco sistemático, seria afetado pelo estabelecimento da subsidiária na Tailândia. Holt acredita que o beta da Blades cairá de seu atual nível de 2,0 para 1,8, porque a exposição da empresa às condições do mercado dos Estados Unidos será reduzida pela expansão na Tailândia. De mais a mais, Holt estimou que a taxa de juros livre de risco é de 5% e o retorno requerido do mercado é de 12%.

Holt também determinou que os custos, tanto da dívida como do capital próprio, são mais altos na Tailândia do que nos Estados Unidos. Os financiadores como os bancos comerciais da Tailândia exigem taxas de juros mais altas que as taxas dos Estados Unidos. Isso é atribuído particularmente a um prêmio pelo risco mais alto, o que reflete o maior grau de incerteza econômica na Tailândia do que nos Estados Unidos. A Tailândia não é tão desenvolvida quanto os Estados Unidos em muitas maneiras, e várias oportunidades de investimento estão disponíveis para os investidores tailandeses, o que aumenta o custo de oportunidade. No entanto, Holt não tem certeza de que o custo mais alto do capital próprio na Tailândia afetará a Blades, já que todos os acionistas da empresa estão localizados nos Estados Unidos.

Ben Holt pediu para você analisar essas informações e determinar como elas poderão afetar o custo de capital e a estrutura de capital da Blades. Para ajudar você e sua análise, Holt gostaria que você respondesse às seguintes questões:

1. Se a Blades se expandir para a Tailândia, você acha que o custo de capital será mais alto ou mais baixo do que o custo de capital dos fabricantes de patins que operam somente nos Estados Unidos? Fundamente sua resposta definindo como as características da Blades a distinguem dos fabricantes domésticos de patins.

2. De acordo com o CAPM, como a taxa requerida de retorno da Blades será afetada? Como você

618 FINANÇAS CORPORATIVAS INTERNACIONAIS

avalia esse resultado com sua resposta à questão 1? Você acha que a Blades deveria utilizar a taxa requerida de retorno resultante do CAPM para descontar os fluxos de caixa da subsidiária tailandesa para determinar seu *VPL*?

3. Se a Blades tomar emprestados recursos na Tailândia para dar sustentação à sua subsidiária, como isso afetaria seu custo de capital? Por quê?

4. Dados o alto nível das taxas de juros na Tailândia, o alto nível do risco da taxa de câmbio e o alto nível (percebido) do risco país, você acha que a Blades será mais ou menos propensa a utilizar o endividamento na sua estrutura de capital como resultado de sua expansão para a Tailândia? Por quê?

DILEMA DA PEQUENA EMPRESA

Decisão de Estrutura de Capital Multinacional na Sports Exports Company

A Sports Exports Company considerou uma variedade de projetos, mas todo o seu negócio ainda está no Reino Unido. Uma vez que a maior parte de seu negócio vem da exportação de bolas de futebol (denominada em libras), ela permanece exposta ao risco da taxa de câmbio. Do lado favorável, a demanda britânica por suas bolas de futebol aumenta consistentemente a cada mês. Jim Logan, o proprietário da Sports Exports Company reteve mais de $ 100.000 (depois de as libras ser convertidas em dólares) em lucros desde que iniciou seu negócio. Nesse momento, sua estrutura de capital consiste principalmente de seu capital próprio, com bem pouca dívida. Jim periodicamente pensa em estabelecer uma subsidiária bem pequena no Reino Unido, para produzir bolas de futebol ali (de modo que não precisará exportá-las dos Estados Unidos). Se ele, de fato, estabelecer essa subsidiária, terá várias opções de estrutura de ca-

pital que seriam utilizadas para dar suporte à subsidiária: (1) utilizar apenas capital próprio para ser investido na empresa, (2) utilizar dívida de longo prazo denominada em libras ou (3) utilizar dívida de longo prazo denominada em dólares. A taxa de juros sobre a dívida de longo prazo britânica é ligeiramente mais alta que a taxa de juros sobre a dívida de longo prazo dos Estados Unidos.

1. Qual é uma vantagem de utilizar capital próprio para dar sustentação à subsidiária? Qual é a desvantagem?

2. Se Jim decidir utilizar dívida de longo prazo como forma principal de capital para financiar a subsidiária, ele deveria utilizar dívida denominada em dólares ou em libras?

3. Como a proporção do capital próprio da empresa poderá aumentar ao longo do tempo depois de seu estabelecimento?

CAPÍTULO 21

Financiamento de Longo Prazo

As EMNs caracteristicamente utilizam fontes de recursos de longo prazo para financiar projetos de longo prazo. Elas têm acesso tanto a fontes de recursos domésticos quanto estrangeiros. Será compensador para as EMNs levar em consideração todas as formas de financiamento possíveis antes de sua decisão final. Os gestores financeiros precisam estar cientes das fontes de recursos de longo prazo para poder financiar os projetos internacionais de modo que maximizem a riqueza da EMN.

Os objetivos específicos deste capítulo são:

- explicar por que as EMNs levam em consideração o financiamento de longo prazo em moedas estrangeiras;

- explicar como avaliar a viabilidade do financiamento de longo prazo em moedas estrangeiras; e

- explicar como a avaliação do financiamento de longo prazo em moedas estrangeiras é ajustada às obrigações com taxas de juros flutuantes.

Decisão de Financiamento de Longo Prazo

Uma vez que as EMNs normalmente investem em projetos de longo prazo, elas dependem fortemente do financiamento de longo prazo. A decisão de utilizar capital próprio ou endividamento foi abordada no capítulo anterior. Uma vez que a decisão tenha sido tomada, a EMN deverá considerar as possíveis fontes de capital próprio ou de terceiros e o custo e risco associados com cada fonte.

Fontes de Capital Próprio

As EMNs poderão considerar a oferta doméstica de ações em seu país natal, em que os recursos são denominados na sua moeda local. Segundo, elas poderão considerar uma oferta global, em

620 FINANÇAS CORPORATIVAS INTERNACIONAIS

que emitem ações em seu país natal e em um ou mais países estrangeiros. Elas poderão levar em consideração essa abordagem para obter financiamento parcial em uma moeda de que necessitem para financiar as operações de uma subsidiária estrangeira. Além disso, a oferta global poderá lhe fornecer o reconhecimento de nome. Os investidores de um país estrangeiro estarão mais interessados em uma oferta global se a EMN colocar um número suficiente de ações nesse país para fornecer liquidez. As ações serão cotadas em uma Bolsa do país estrangeiro, de modo que os investidores de lá possam vender suas ações.

Terceiro, as EMNs poderão oferecer uma colocação privada de ações para instituições financeiras no seu país natal. Quarto, elas poderão oferecer uma colocação privada de ações para instituições financeiras no país estrangeiro em que estiverem se expandindo. Colocações privadas são proveitosas porque poderão reduzir os custos das transações. No entanto, as EMNs poderão não conseguir todos os recursos de que necessitam com uma colocação privada. O financiamento terá de vir de um número limitado de grandes investidores que estejam dispostos a manter o investimento por um período longo, porque ações possuem liquidez limitada.

Fontes de Endividamento

Quando as EMNs consideram o financiamento com dívida, elas possuem um conjunto de opções semelhantes. Elas poderão se envolver em uma colocação pública da dívida em seu próprio país ou em uma oferta de dívida global. Além disso, elas poderão se envolver em uma colocação privada da dívida em seu próprio país ou no país estrangeiro em que estejam se expandindo.

A maioria das EMNs obtém capitais próprios em seu país natal. Em contraste, o financiamento com dívida freqüentemente é feito em países estrangeiros. Portanto, o foco deste capítulo estará sobre como as decisões de financiamento poderão afetar o custo de capital e o risco da EMN.

Custo do Financiamento da Dívida

A decisão de financiamento de longo prazo da EMN geralmente é influenciada pelas diferentes taxas de juros existentes entre as moedas. O custo real do financiamento de longo prazo é baseado tanto na taxa de juros cotada quanto na variação percentual da taxa de câmbio da moeda emprestada ao longo da vida do empréstimo. Do mesmo modo, como as taxas de juros sobre os empréstimos bancários de curto prazo variam entre as moedas, assim também ocorre com os rendimentos de obrigações. A Figura 21.1 ilustra os rendimentos das obrigações de longo prazo de vários países diferentes. Os diferenciais amplos nos rendimentos das obrigações entre os países refletem um custo diferente de endividamento para empresas em países diferentes.

Como as obrigações denominadas em moedas estrangeiras às vezes têm rendimentos mais baixos, as empresas dos Estados Unidos freqüentemente consideram a emissão de obrigações denominadas nessas moedas. Por exemplo, a Hewlett-Packard, a IBM, a PepsiCo e a Walt Disney recentemente emitiram obrigações denominadas em ienes japoneses para capitalizar as baixas taxas de juros japonesas. Uma vez que o custo real de financiamento de uma empresa dos Estados Unidos que emite obrigações denominadas em moeda estrangeira será afetado pelo valor dessa moeda em relação ao dólar americano durante o período de financiamento, não há garantia de que a obrigação será menos dispendiosa do que uma obrigação denominada em dólares americanos. A empresa que está tomando o empréstimo deverá fazer pagamentos de juros na moeda que denomina a obrigação. Se essa moeda se apreciar perante a moeda nacional da empresa, mais recursos serão necessários para fazer os pagamentos dos juros. Por essa razão, uma empresa nem sempre denominará a dívida em uma moeda que apresente uma taxa de juros baixa.

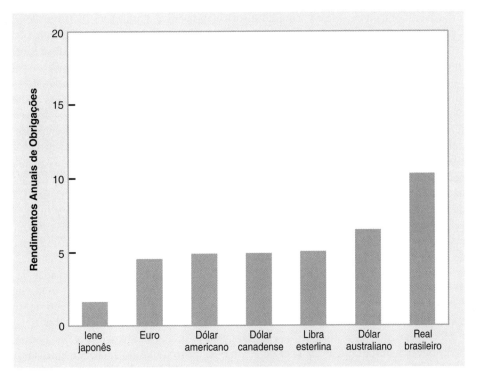

Figura 21.1 Rendimentos anuais de obrigações entre países.

Para tomar uma decisão de financiamento de longo prazo, a EMN deverá (1) determinar o montante de recursos necessários, (2) prever o preço pelo qual ela poderá emitir as obrigações e (3) prever variações periódicas da taxa de câmbio para a moeda que denomina a obrigação. Essas informações poderão ser utilizadas para determinar os custos de financiamento das obrigações, que poderão ser comparados com o custo de financiamento em que a empresa incorrerá utilizando sua moeda nacional. As incertezas dos custos financeiros reais a ser acarretados com o financiamento estrangeiro deverão ser consideradas também.

Medindo os Custos Financeiros

Da perspectiva de uma EMN com base nos Estados Unidos, o custo do financiamento em uma moeda estrangeira é influenciado pelo valor dessa moeda quando a EMN fizer os pagamentos dos juros aos seus credores e liquidar o principal quando a obrigação vencer.

EXEMPLO

A Piedmont Co. precisa tomar emprestado $ 1 milhão ao longo de um período de três anos. Isso reflete uma quantia relativamente pequena e um período de tempo curto para financiamentos com obrigações, mas permitirá um exemplo mais simplificado. A Piedmont acredita que poderá vender obrigações denominadas em dólares ao valor nominal, se ela fornecer uma taxa de juros de 14%. Ela também tem a alternativa de denominar as obrigações em dólares de Cingapura (S$), caso em que converterá seus dólares de Cingapura emprestados em dólares americanos para ser utilizados, conforme seja necessário. Então, ela precisará obter dólares de Cingapura anualmente para fazer os pagamentos dos juros. Suponha que a taxa atual do dólar de Cingapura seja de $ 0,50.

622 FINANÇAS CORPORATIVAS INTERNACIONAIS

A Piedmont precisa de S$ 2 milhões (calculados em $ 1 milhão/$ 0,50 por dólar de Cingapura) para obter o $ 1 milhão de que inicialmente precisava. Ela acredita que poderá vender as obrigações denominadas em dólares de Cingapura ao valor nominal se fornecer uma taxa de juros de 10%.

Os custos das duas alternativas de financiamento estão ilustrados na Tabela 21.1, que fornece o esquema de saída de pagamentos de cada método de financiamento. As saídas de pagamentos se a Piedmont financiar com obrigações denominadas em dólares americanos serão conhecidas. Além disso, se a Piedmont financiar com obrigações denominadas em dólares de Cingapura, o número de dólares de Cingapura necessários no final de cada período será conhecido. Todavia, como a taxa de câmbio futura é incerta, o número de dólares necessários para obter os dólares de Cingapura a cada ano será incerto. Se a taxa de câmbio não se alterar, o custo anual de financiamento com dólares de Cingapura será de 10%, o que será menos que o custo anual de 14% do financiamento com dólares americanos.

Uma comparação entre os custos de financiamento com as duas moedas diferentes poderá ser realizada determinando o custo anual do financiamento com cada obrigação, da perspectiva da Piedmont. A comparação é mostrada na última coluna da Tabela 21.1. O custo anual do financiamento representa a taxa de desconto pela qual as saídas de pagamentos deverão ser descontadas, de modo que seu valor presente se iguale ao montante emprestado. Isso é semelhante ao assim chamado rendimento até o vencimento, mas que é avaliado aqui da perspectiva do mutuário, em vez da perspectiva do investidor. Quando o preço pelo qual as obrigações são inicialmente emitidas se igualar ao valor nominal e não houver nenhum ajuste da taxa de câmbio, o custo anual do financiamento simplesmente será igual à taxa de juros. Portanto, o custo anual do financiamento das obrigações denominadas em dólares americanos deverá ser de 14%.

Para a Piedmont, a dívida denominada em dólares de Cingapura parece ser menos dispendiosa. No entanto, não seria realista supor que esta moeda permanecerá estável ao longo do tempo. Conseqüentemente, algumas EMNs poderão escolher emitir dívida denominada em dólares americanos, mesmo que pareça mais dispendioso. A economia potencial de emissão de obrigações denominadas em uma moeda estrangeira deverá ser ponderada perante o risco potencial de um método assim. Neste exemplo, o risco reflete a possibilidade de o dólar de Cingapura se apreciar a um grau que faça com que as obrigações denominadas nesta moeda sejam mais dispendiosas que as obrigações denominadas em dólares americanos.

Normalmente, as taxas de câmbio são mais difíceis de prever em horizontes mais longos. Portanto, o momento em que o principal será reembolsado pode estar tão longe que será virtualmente impossível ter uma estimativa confiável da taxa de câmbio naquele momento. Por

Alternativa de Financiamento	Final do Ano:			Custo Anual do Financiamento
	1	2	3	
(1) Obrigações denominadas em dólares americanos (taxa de juros = 14%)	$ 140.000	$ 140.000	$ 140.000	14%
(2) Obrigações denominadas em dólares de Cingapura (taxa de juros = 10%)	S$ 200.000	S$ 200.000	S$ 200.000	—
Taxa de câmbio prevista do S$	$ 0,50	$ 0,50	$ 0,50	—
Pagamentos em dólares	$ 100.000	$ 100.000	$ 1.100.000	10%

Tabela 21.1   Financiamento com obrigações denominadas em dólares americanos *versus* dólares de Cingapura.

FINANCIAMENTO DE LONGO PRAZO **623**

essa razão, algumas empresas poderão estar inseguras em emitir obrigações denominadas em moedas estrangeiras.

Impacto de uma Moeda Forte sobre Custos Financeiros. Se a moeda que foi tomada emprestada se apreciar ao longo do tempo, uma EMN precisará de mais recursos para cobrir os juros ou os pagamentos do principal. Esse tipo de oscilação na taxa de câmbio aumentará os custos de financiamento da EMN.

EXEMPLO

> Depois de a Piedmont decidir emitir as obrigações denominadas em dólares de Cingapura, suponha que o dólar de Cingapura se aprecie de $ 0,50 para $ 0,55 no final do Ano 1, para $ 0,60 no final do Ano 2 e para $ 0,65 no final do Ano 3. Nesse caso, os pagamentos feitos pela Piedmont são apresentados na Tabela 21.2. Comparando as saídas em dólares nessa condição com as saídas que teriam ocorrido de uma obrigação denominada em dólares americanos, o risco de uma empresa ao denominar uma obrigação em uma moeda estrangeira é evidente. O período do último pagamento é particularmente crucial para o financiamento em moedas estrangeiras porque isso inclui não só o pagamento do juro final, mas também do principal. Com base nas oscilações da taxa de câmbio suposta aqui, o financiamento com dólares de Cingapura foi mais caro do que teria sido o financiamento com dólares americanos.

Impacto de uma Moeda Fraca sobre Custos de Financiamento. Enquanto uma moeda que se aprecia aumenta as saídas de pagamentos periódicas do emissor das obrigações, uma moeda que se deprecia reduzirá as saídas de pagamentos do emissor e, portanto, os custos de seus financiamentos.

EXEMPLO

> Reconsidere o caso da Piedmont Co., exceto supondo que o dólar de Cingapura se depreciou de $ 0,50 para $ 0,48 no final do Ano 1, para $ 0,46 no final do Ano 2 e para $ 0,40 no final do Ano 3. Nesse caso, os pagamentos feitos pela Piedmont são mostrados na Tabela 21.3. Quando se comparam as saídas em dólares nessa condição com as saídas que teriam ocorrido da obrigação denominada em dólares americanos, a potencial economia de se financiar em moeda estrangeira é evidente.

A Tabela 21.4 compara os efeitos de uma moeda fraca sobre os custos de financiamento com os efeitos de uma moeda estável ou forte. Uma EMN que denomina obrigações em uma moeda estrangeira poderá conseguir uma maior redução nos custos, mas poderá incorrer em custos altos se a moeda que denomina as obrigações se apreciar ao longo do tempo.

	Final do Ano:			Custo Anual do Financiamento
	1	**2**	**3**	
Pagamentos em dólares de Cingapura	S$ 200.000	S$ 200.000	S$ 2.200.000	—
Taxa de câmbio prevista do dólar de Cingapura	$ 0,55	$ 0,60	$ 0,65	—
Pagamentos em dólares	$ 110.000	$ 120.000	$ 1.430.000	20,11%

Tabela 21.2 Financiamento em dólares de Cingapura durante um período de S$ forte.

624 FINANÇAS CORPORATIVAS INTERNACIONAIS

	Final do Ano:			Custo Anual do Financiamento
	1	2	3	
Pagamentos em dólares de Cingapura	S$ 200.000	S$ 200.000	S$ 2.200.000	—
Taxa de câmbio prevista do dólar de Cingapura	$ 0,48	$ 0,46	$ 0,40	—
Pagamentos em dólares	$ 96.000	$ 92.000	$ 880.000	2,44%

Tabela 21.3 Financiamento em dólares de Cingapura durante um período de S$ fraco.

	Pagamento em Dólar até o Final do Ano:			Custo Anual do Financiamento
	1	2	3	
Cenário 1: Nenhuma alteração no valor do S$	$ 100.000	$ 100.000	$ 1.100.000	10,00%
Cenário 2: S$ forte	$ 110.000	$ 120.000	$ 1.430.000	20,11%
Cenário 3: S$ fraco	$ 96.000	$ 92.000	$ 880.000	2,44%

Tabela 21.4 Efeitos da taxa de câmbio sobre pagamentos para obrigações denominadas em dólares de Cingapura.

USANDO A WEB

Situação da Dívida do País. Quando a subsidiária de uma EMN tomar recursos emprestados no local, sua taxa de financiamento será afetada pela taxa livre de risco naquele momento. A taxa livre de risco futura será influenciada parcialmente pela situação da dívida do país. Informações sobre a situação da dívida de cada país são fornecidas em http://biz.yahoo.com/ifc/.

Clique em qualquer país da lista. Em seguida clique em Risco País (Country Risk) e depois em Panorama da Dívida (Debt Outlook). Um aumento no déficit orçamentário afetará a demanda por recursos disponíveis para empréstimos pelo governo e poderá pressionar as taxas de juros para cima.

Efeitos Reais das Oscilações da Taxa de Câmbio sobre Custos Financeiros

Para perceber como as oscilações da taxa de câmbio afetaram o custo das obrigações denominadas em uma moeda estrangeira, considere o seguinte exemplo que utiliza dados da taxa de câmbio efetiva para a libra esterlina de 1980 a 2004.

EXEMPLO

Em janeiro de 1980, a Parkside, Inc. vendeu obrigações denominadas em libras esterlinas com um valor nominal de £ 10 milhões e uma taxa de juros de 10%, requerendo assim pagamentos de juros de £ 1 milhão no final de cada ano. Suponha que essa empresa não tivesse nenhum negócio no Reino Unido e, portanto, precisasse fazer o câmbio de dólares por libras para fazer os pagamentos de juros a cada ano. A Figura 21.2 mostra como os pagamentos em dólares deverão flutuar a cada ano, de acordo com a taxa de câmbio real naquele momento.

Em 1980, quando a libra valia $ 2,3950, o pagamento de juros era de $ 2.395.000. Quatro anos mais tarde, a libra valia $ 1,1592, fazendo com que o pagamento de juros fosse de $ 1.159.200. Portanto, o pagamento de juros em dólares em 1984 foi menos que a

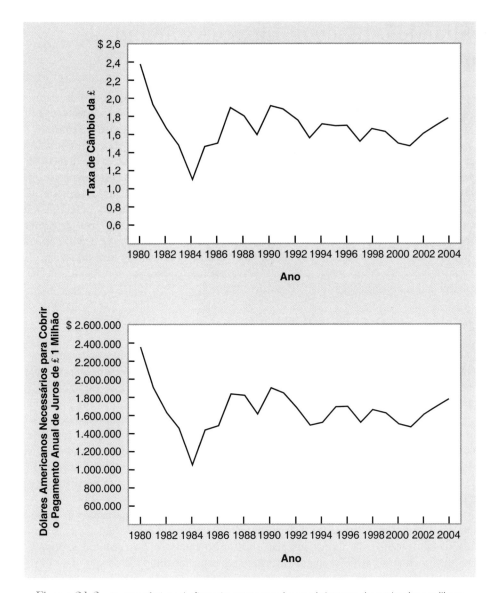

Figura 21.2 Custos efetivos de financiamento anual com obrigações denominadas em libras, da perspectiva dos Estados Unidos.

metade daquele pago em 1980, embora o mesmo número de libras fosse necessário (£ 1 milhão) a cada ano.

Em geral, os pagamentos de juros em dólares aumentaram no final dos anos 1980 (quando a libra se apreciou) e depois caíram no início dos anos 1990 (quando a libra se depreciou). A libra foi menos volátil em meados e no final dos anos de 1980, de modo que o efeito sobre o pagamento de juros não foi tão pronunciado. Quando a libra se apreciou em 2002 e 2003, os pagamentos de juros em dólares aumentaram de novo. A influência das oscilações da taxa de câmbio sobre o custo de financiamento com obrigações denominadas em moeda estrangeira fica óbvia nessa figura. Os efeitos reais deverão variar com a denominação da moeda, desde que as taxas de câmbio não oscilem perfeitamente em conjunto perante o dólar.

626 FINANÇAS CORPORATIVAS INTERNACIONAIS

Avaliando o Risco da Taxa de Câmbio no Financiamento com Dívida

Dada a importância da taxa de câmbio na emissão de obrigações em uma moeda estrangeira, uma EMN precisará de um método confiável para contabilizar o possível impacto das flutuações da taxa de câmbio. Ela poderá utilizar uma estimativa pontual da taxa de câmbio, usada para denominar suas obrigações, para cada período em que uma saída de pagamento será fornecida para os obrigacionistas. No entanto, uma estimativa pontual leva em conta as incertezas em torno da previsão, que varia dependendo da volatilidade da moeda. Da perspectiva de um mutuário dos Estados Unidos, por exemplo, uma obrigação denominada em dólares canadenses estará sujeita a menos risco da taxa de câmbio do que uma obrigação denominada na maioria das outras moedas estrangeiras (supondo que o mutuário não tenha uma posição compensatória nessas moedas). O dólar canadense apresenta menos variação perante o dólar americano ao longo do tempo e, portanto, está menos propenso a se distanciar da taxa de câmbio futura projetada. A incerteza em torno de uma estimativa pontual poderá ser considerada utilizando-se probabilidades ou simulações como descrito a seguir.

Utilizando as Probabilidades da Taxa de Câmbio

Uma abordagem do uso de estimativas pontuais das taxas de câmbio futuras é desenvolver uma distribuição de probabilidade para uma taxa de câmbio para cada período em que os pagamentos serão feitos aos portadores de obrigações. O *valor esperado* da taxa de câmbio poderá ser calculado para cada período multiplicando cada taxa de câmbio possível por sua probabilidade associada e totalizando os produtos. Então, o valor esperado da taxa de câmbio poderá ser utilizado para prever saídas de caixa necessárias para pagar os credores ao longo de cada período. O valor esperado da taxa de câmbio poderá variar de um período para outro. Após desenvolver a distribuição de probabilidade e calcular o valor esperado, a EMN poderá estimar o custo esperado do financiamento e comparar com o custo de financiamento com uma obrigação denominada na moeda nacional.

Utilizando essa abordagem, uma única estimativa de saída é derivada para cada período de pagamento, e uma única estimativa é derivada para o custo anual do financiamento ao longo da vida da obrigação. Essa abordagem não indicará o intervalo dos resultados possíveis de ocorrerem, no entanto, assim também ela não medirá a probabilidade de que uma obrigação denominada em uma moeda estrangeira será mais dispendiosa que uma obrigação denominada na moeda nacional.

Utilizando a Simulação

Depois de uma EMN desenvolver suas distribuições de probabilidade da taxa de câmbio da moeda estrangeira no final de cada período, como descrito, ela poderá alimentar um programa de simulação no computador com essas distribuições de probabilidade. O programa escolherá aleatoriamente um valor possível da distribuição da taxa de câmbio para o final de cada ano e determinará as saídas de pagamentos com base nessas taxas de câmbio. Conseqüentemente, o custo do financiamento é determinado. O procedimento descrito até esse ponto representa uma iteração.

A seguir, o programa repetirá o procedimento ao escolher novamente de forma aleatória um valor possível da distribuição de taxa de câmbio no final de cada ano. Isso fornecerá um novo esquema de saídas de pagamentos que refletem essas taxas de câmbio selecionadas aleatoriamente. O custo do financiamento para essa segunda iteração também é determinado. O pro-

FINANCIAMENTO DE LONGO PRAZO **627**

grama de simulação continuamente repete esse procedimento, talvez cem vezes ou mais (tantas vezes quanto desejado).

Toda iteração fornece um cenário possível das taxas de câmbio futuras, o que será utilizado depois para determinar o custo anual do financiamento se essa condição ocorrer. Portanto, a simulação gerará uma distribuição de probabilidade dos custos anuais de financiamento que, então, poderão ser comparados com o custo de financiamento conhecido se a obrigação for denominada em dólares americanos (a moeda nacional). Por meio dessa comparação, a EMN poderá determinar a probabilidade de a emissão de obrigações denominadas em uma moeda estrangeira ser mais barata que obrigações denominadas em dólares.

Reduzindo o Risco da Taxa de Câmbio

No financiamento com obrigações em moedas estrangeiras, o risco da taxa de câmbio poderá ser reduzido utilizando uma das estratégias descritas a seguir.

Compensação das Entradas de Caixa

Algumas empresas poderão ter entradas de pagamentos com moedas específicas, as quais poderão compensar suas saídas de pagamentos referentes ao financiamento com obrigações. Portanto, uma empresa poderá fazer o financiamento com obrigações denominadas em uma moeda estrangeira que tenha uma baixa taxa de juros sem se tornar exposta ao risco da taxa de câmbio. Porém, será improvável que a empresa possa combinar perfeitamente o momento e o montante das saídas na moeda estrangeira que denominam a obrigação com as entradas naquela moeda. Portanto, alguma exposição às flutuações da taxa de câmbio existirá. A exposição poderá ser reduzida consideravelmente, no entanto, se a empresa receber entradas na moeda específica que denomina a obrigação. Isso ajudará a estabilização do fluxo de caixa da empresa.

GERENCIANDO PARA VALOR

Decisão da General Electric de Confiar nos Mercados Monetários Globais

A General Electric é uma EMN bem diversificada que fabrica produtos de iluminação, dispositivos de automação, equipamentos elétricos e muitos outros. Ela possui subsidiárias espalhadas ao redor do mundo, que fabricam produtos vendidos no local. A General Electric obtém recursos de muitos mercados diferentes para financiar parte de seu investimento em países estrangeiros. Ela emitiu obrigações denominadas em dólares australianos, libras esterlinas, ienes japoneses, dólares da Nova Zelândia e zlotys poloneses para financiar suas operações estrangeiras. Suas subsidiárias na Austrália utilizam entradas em dólares australianos para liquidar sua dívida australiana. Suas subsidiárias no Japão utilizam as entradas em iene japonês para liquidar sua dívida denominada em ienes. A General Electric poderá combinar suas entradas e saídas de caixa em uma moeda em particular. A decisão de se endividar em moedas em que recebe entradas de caixa reduz a exposição da empresa ao risco da taxa de câmbio. Se ela utilizasse dólares para financiar todo o seu investimento estrangeiro, as subsidiárias teriam de converter grande parte da moeda local que receberem para reembolsar sua dívida. Durante os períodos em que as moedas estrangeiras se depreciarem perante o dólar, a General Electric precisaria de mais moeda estrangeira para liquidar a dívida denominada em dólares. Portanto, ao considerar sua fonte de entradas de caixa, a General Electric pode tomar decisões de financiamento que reduzem sua exposição ao risco da taxa de câmbio e maximizam seu valor.

628 FINANÇAS CORPORATIVAS INTERNACIONAIS

> ### EXEMPLO
>
> Muitas EMNs, incluindo a Honeywell e a Coca-Cola Co., emitem obrigações em algumas moedas estrangeiras que recebem das operações. A PepsiCo emite obrigações em várias moedas e utiliza o retorno financeiro nessas mesmas moedas resultantes das operações estrangeiras para fazer o pagamento dos juros e do principal. A Nike emite obrigações denominadas em ienes a uma taxa de juros baixa e utiliza a receita denominada em ienes para fazer os pagamentos dos juros.

Compensação de Fluxos de Caixa com Dívidas de Altos Rendimentos. As EMNs com base nos Estados Unidos que geram ganhos em países em que os rendimentos da dívida são caracteristicamente altos poderão compensar sua exposição ao risco da taxa de câmbio emitindo obrigações denominadas na moeda local. A emissão de dívida denominada nas moedas de alguns países em desenvolvimento, tais como o Brasil, a Indonésia, a Malásia e a Tailândia, é um exemplo. Se a EMN com base nos Estados Unidos emitir obrigações denominadas na moeda local em um desses países, poderá haver um efeito compensatório natural que reduzirá a exposição da EMN ao risco da taxa de câmbio porque ela poderá usar suas entradas de caixa nessa moeda para reembolsar a dívida.

Como alternativa, a EMN poderá obter financiamento com dívida em dólares a uma taxa de juros mais baixa, mas não será capaz de compensar seus ganhos na moeda estrangeira. Lembre que os países em que os rendimentos de obrigações são altos tendem a ter uma taxa de juros alta livre de risco e que uma alta taxa de juros livre de risco geralmente ocorre onde a inflação é alta (o efeito Fisher). Também considere que as moedas de países com inflação relativamente alta tendem a se enfraquecer ao longo do tempo (como sugerido pela paridade do poder de compra). Portanto, a EMN com base nos Estados Unidos poderá estar altamente exposta ao risco da taxa de câmbio quando utilizar dívida denominada em dólares para financiar o negócio em um país com custos altos da dívida local porque teria de converter as entradas de caixa geradas em uma moeda potencialmente depreciada para cobrir os reembolsos da dívida. Portanto, as EMNs com base nos Estados Unidos enfrentam um dilema quando pensam em obter financiamento de longo prazo: emitir dívida na moeda local e reduzir a exposição ao risco da taxa de câmbio ou emitir dívida denominada em dólares a uma taxa de juros mais baixa, mas com uma exposição considerável ao risco da taxa de câmbio. Nenhuma das soluções é especialmente desejável.

Implicações do Euro em Financiamentos para Compensar as Entradas de Caixa. A decisão de vários países europeus de adotar o euro como sua moeda possui implicações para as EMNs que exigem financiamento de longo prazo e desejam compensar parte de suas entradas de caixa com pagamentos de dívidas. As EMNs que possuem entradas de caixa em muitos dos países europeus participantes poderão agora emitir obrigações denominadas em euros e depois utilizar suas entradas de caixa das operações nesses países para fazer os pagamentos de dívida.

Antes da adoção do euro, uma EMN poderia ter preferido fazer o financiamento na moeda de cada país europeu em que ela realizava negócios, de modo que pudesse cobrir seus pagamentos de financiamentos com entradas de caixa na mesma moeda. Essa estratégia teria reduzido a capacidade da EMN de utilizar as obrigações porque ela poderia não ter necessitado de financiamento suficiente em cada país para justificar as ofertas de obrigações em cada uma das várias moedas. Portanto, a EMN pode ter utilizado o financiamento dos bancos locais de cada país em vez do financiamento com obrigações, mesmo com o financiamento bancário sendo mais caro. Agora, no entanto, a EMN poderá emitir obrigações denominadas em euro para cobrir suas necessidades de financiamento em todos os países da região do euro em que possui operações, distribuir os recursos para utilização entre esses países e depois agregar as entradas de caixa desses países para cobrir os pagamentos de financiamentos. Dessa maneira, a adoção

FINANCIAMENTO DE LONGO PRAZO **629**

do euro aumentou o uso do financiamento com obrigações e reduziu o custo de financiamento para as EMNs que realizam negócios na Europa.

Além disso, desde que países como a Itália e a Espanha adotaram o euro, suas taxas de juros são semelhantes às dos outros países participantes. Portanto, as EMNs são capazes de financiar projetos nesses países e utilizar as entradas de caixa para cobrir seus pagamentos de dívidas enquanto alcançam custos de financiamento mais baixos do que quando esses países possuíam suas próprias moedas.

O mercado de euro-obrigações é dominado historicamente por ofertas de obrigações do governo. Recentemente, no entanto, as empresas aumentaram seu uso do mercado de euro-obrigações emitindo obrigações denominadas em euros para compensar suas entradas de caixa em euros. A diferença nos rendimentos pagos (e, portanto, no custo de financiamento) sobre essas obrigações pelas empresas emissoras é determinada principalmente pelo risco de crédito do emissor.

Contratos a Termo

Quando uma obrigação denominada em uma moeda estrangeira possuir uma taxa de juros mais baixa do que a moeda nacional da empresa, essa poderá considerar a emissão de obrigações denominadas nessa moeda e, simultaneamente, fazer o *hedging* do seu risco da taxa de câmbio por meio do mercado a termo. Como o mercado a termo às vezes pode acomodar pedidos de cinco anos ou mais, uma abordagem assim poderá ser possível. A empresa poderá fazer o arranjo para adquirir a moeda estrangeira a termo para cada vez que os pagamentos sejam exigidos. No entanto, a taxa a termo para cada horizonte provavelmente será acima da taxa à vista. Conseqüentemente, o *hedging* dessas saídas futuras de pagamentos poderá não ser menos dispendioso do que as saídas de pagamentos necessárias quando uma obrigação denominada em dólares foi emitida. A relação implícita aqui reflete o conceito da paridade da taxa de juros, que foi discutida em capítulos anteriores, exceto que o ponto de vista deste capítulo é de longo prazo, em vez de curto prazo.

Swap de Moedas

Um swap de moedas capacita as empresas a fazer o câmbio de moedas em intervalos periódicos. A Ford Motor Co., a Johnson & Johnson, a General Motors e muitas outras EMNs utilizam swaps de moeda.

EXEMPLO

A Miller Co., uma empresa americana, deseja emitir uma obrigação denominada em euros porque ela poderá fazer pagamentos com entradas em euro a ser geradas de operações existentes. No entanto, a Miller Co. não é muito conhecida dos investidores que poderiam considerar a compra das obrigações denominadas em euros. Enquanto isso a Beck Co. da Alemanha deseja emitir obrigações denominadas em dólares porque a maioria das suas entradas derivadas de pagamentos é em dólar. No entanto, ela não é muito conhecida pelos investidores que poderiam comprar suas obrigações.

Se a Miller for conhecida no mercado denominado em dólares, enquanto a Beck for conhecida no mercado denominado em euros, as seguintes transações serão apropriadas. A Miller emite obrigações denominadas em dólares, enquanto a Beck emite obrigações denominadas em euros. A Miller fornecerá pagamentos em euros para a Beck, em troca dos pagamentos em dólares. Esse swap de moedas permite que as empresas façam pagamentos a seus respectivos obrigacionistas sem preocupação com o risco da taxa de câmbio. Esse tipo de swap de moedas é ilustrado na Figura 21.3.

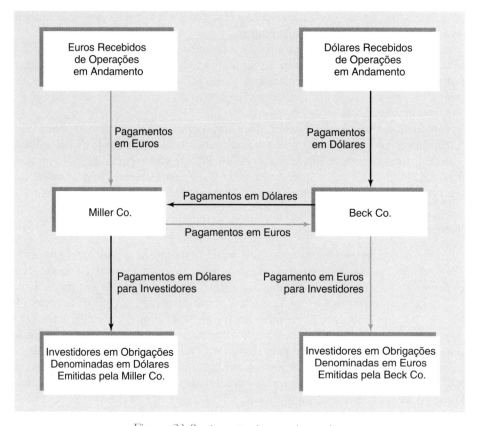

Figura 21.3 Ilustração de swap de moedas.

O swap recém-descrito foi bem-sucedido para eliminar o risco da taxa de câmbio tanto para a Miller Co. como para a Beck Co. A Miller essencialmente passa os euros que recebe de suas operações correntes para a Beck Co. e passa os dólares recebidos da Beck Co. para os investidores das obrigações denominadas em dólares. Portanto, mesmo que a Miller Co. receba euros de suas operações correntes, ela poderá fazer pagamentos em dólares aos investidores sem ter de se preocupar com o risco da taxa de câmbio. A mesma lógica se aplica à Beck Co., do outro lado da transação.

Muitas EMNs fazem simultaneamente o swap de pagamentos de juros e de moedas. A Gillette Co. se envolveu em contratos de swap que converteram $ 500 milhões em dívida denominada em dólares com taxa fixa em dívida de moedas múltiplas com taxa variável. A PepsiCo entra em swaps de taxas de juros e swaps de moedas para reduzir os custos de empréstimos.

Os grandes bancos comerciais que servem como intermediários financeiros de swaps de moedas às vezes tomam posições. Isto é, eles poderão concordar em fazer o swap das moedas com empresas, em vez de simplesmente buscar candidatos apropriados para o swap.

Empréstimos Paralelos

As empresas também poderão obter financiamentos em uma moeda estrangeira por meio de um empréstimo paralelo (ou negócio casado), que ocorre quando duas partes fornecem empréstimos simultâneos com um contrato de reembolso em um ponto específico no futuro.

EXEMPLO

A controladora da Ann Arbor Co. deseja expandir sua subsidiária britânica, enquanto a controladora de uma EMN com base britânica deseja expandir a sua subsidiária americana. A controladora britânica fornece libras para a subsidiária britânica da Ann Arbor Co., enquanto a controladora da Ann Arbor Co. fornece dólares para a subsidiária americana da EMN com base britânica (como mostrado na Figura 21.4). No momento especificado pelo contrato do empréstimo, os empréstimos serão reembolsados. A subsidiária britânica da Ann Arbor Co. utiliza receitas denominadas em libras para reembolsar a empresa britânica que fornece o empréstimo. Nesse mesmo momento, a subsidiária americana da EMN britânica utiliza receitas denominadas em dólares para reembolsar a empresa dos Estados Unidos que forneceu o empréstimo.

Utilizando Empréstimos Paralelos para Proteger o Risco da Taxa de Câmbio de Projetos Estrangeiros. A capacidade de reduzir ou eliminar o risco da taxa de câmbio poderá também afetar a atração dos projetos em países estrangeiros. Às vezes, os empréstimos paralelos poderão funcionar como uma alternativa útil de contratos a termo ou de futuros, como maneira de financiar projetos estrangeiros. O uso de empréstimos paralelos será particularmente atraente se a EMN estiver conduzindo um projeto em um país estrangeiro, receber fluxos de caixa na moeda estrangeira e se preocupar que a moeda estrangeira se deprecie consideravelmente. Se a moeda estrangeira não for comercializada fortemente, outras alternativas de proteção, tais como contratos a termo ou de futuros, poderão não estar disponíveis, e o projeto poderá ter um valor presente líquido negativo (*VPL*) se os fluxos de caixa permanecerem desprotegidos.

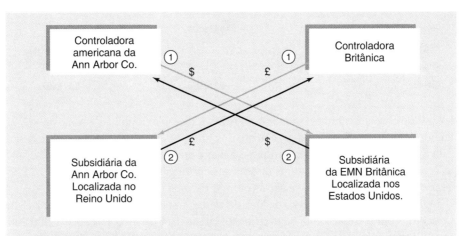

Figura 21.4   Ilustração de um empréstimo paralelo.

632 FINANÇAS CORPORATIVAS INTERNACIONAIS

EXEMPLO

A Schnell, Inc. foi convidada pelo governo da Malásia a se envolver em um projeto por lá ao longo do próximo ano. O investimento no projeto totaliza 1 milhão de ringgits da Malásia (RM), e espera-se que ele gere fluxos de caixa de RM 1,4 milhão no próximo ano. O projeto será encerrado naquele momento.

O valor corrente do ringgit é de $ 0,25, mas a Schnell acredita que ele se depreciará substancialmente ao longo do próximo ano. Especificamente, ela acredita que o ringgit terá um valor de $ 0,20 ou $ 0,15 no próximo ano. Além disso, a Schnell terá de tomar emprestados os recursos necessários para assumir o projeto e incorrerá em custos financeiros de 13%.

Se a Schnell assumir o negócio, ela acarretará uma saída líquida agora de RM 1.000.000 × $ 0,25 = $ 250.000. No próximo ano, ela também terá de pagar os custos do financiamento de $ 250.000 × 13% = $ 32.500. Se o ringgit se depreciar para $ 0,20, então a Schnell receberá RM 1.400.000 × $ 0,20 = $ 280.000 no próximo ano. Se o ringgit se depreciar para $ 0,15, ela receberá RM 1.400.000 × $ 0,15 = $ 210.000 no próximo ano. Os fluxos de caixa para cada ano estão resumidos a seguir.

Cenário 1: O Ringgit se Deprecia para $ 0,20

	Ano 0	Ano 1
Investimento	–$ 250.000	
Pagamento de juros		–$ 32.500
Fluxo de caixa do projeto	0	$ 280.000
Líquido	–$ 250.000	$ 247.500

Ignorando o valor do dinheiro no tempo, os fluxos de caixa combinados serão –$ 2.500.

Cenário 2: O Ringgit se Deprecia para $ 0,15

	Ano 0	Ano 1
Investimento	–$ 250.000	
Pagamento de juros		–$ 32.500
Fluxo de caixa do projeto	0	$ 210.000
Líquido	–$ 250.000	$ 177.500

Ignorando o valor do dinheiro no tempo, os fluxos de caixa combinados serão de –$ 72.500. Embora esse exemplo inclua o pagamento dos juros nos fluxos de caixa e ignore descontos para fins ilustrativos, é óbvio que o projeto não é atraente para a Schnell. Além disso, não há contratos a termo ou de futuros disponíveis em ringgits, portanto, a Schnell não poderá fazer o *hedging* de seus fluxos de caixa contra o risco da taxa de câmbio.

Agora suponha que o governo da Malásia ofereça um empréstimo paralelo para a Schnell. De acordo com o empréstimo, o governo da Malásia dará para a Schnell RM 1.000.000, em troca de um empréstimo em dólares à taxa de câmbio atual. O mesmo montante será retornado por ambas as partes no final do projeto. No próximo ano, a Schnell pagará ao governo da Malásia 15% de juros sobre RM 1.000.000, e o governo da Malásia pagará para a Schnell 7% de juros sobre o empréstimo em dólares. Graficamente, o empréstimo será como segue:

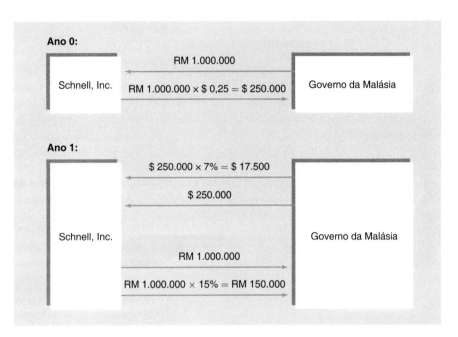

Ao utilizar o empréstimo paralelo, a Schnell poderá reduzir os fluxos de caixa líquidos denominados em ringgits que receberá em um ano. Considere tanto o fluxo de caixa em ringgits como em dólares:

Fluxos de Caixa da Schnell

	Fluxos de Caixa em Dólares	
	Ano 0	Ano 1
Empréstimo para a Malásia	–$ 250.000	
Pagamento de juros		–$ 32.500
Juros recebidos do swap ($ 250.000 × 7%)		$ 17.500
Retorno do empréstimo		$ 250.000
Fluxo de caixa líquido	–$ 250.000	$ 235.000

	Fluxos de Caixa em Ringgits	
	Ano 0	Ano 1
Empréstimo da Malásia	RM 1.000.000	
Investimento no projeto	–RM 1.000.000	
Juros pagos sobre o swap (RM 1.000.000 × 15%)		–RM 150.000
Retorno do empréstimo		–RM 1.000.000
Fluxo de caixa do projeto		RM 1.400.000
Fluxo de caixa líquido	0	RM 250.000

Cenário 1: O Ringgit se Deprecia para $ 0,20

O fluxo de caixa líquido de RM 250.000 no Ano 1 será convertido em dólares à taxa à vista de $ 0,20 para gerar RM 250.000 × $ 0,20 = $ 50.000. Portanto, os fluxos de caixa totais que utilizam o empréstimo paralelo serão como segue:

	Ano 0	Ano 1
Fluxos de caixa em dólares	–$ 250.000	$ 235.000
Fluxos de caixa de ringgits convertidos	_____	$ 50.000
Fluxo de caixa líquido	–$ 250.000	$ 285.000

Novamente ignorando o valor no tempo, os fluxos de caixa combinados ao longo dos dois anos agora serão de $ 35.000.

Cenário 2: O Ringgit se Deprecia para $ 0,15

O fluxo de caixa líquido de RM 250.000 no Ano 1 é convertido em dólares à taxa à vista de $ 0,15 para gerar RM 250.000 $\times$ $ 0,15 = $ 37.500. Portanto, os fluxos de caixa totais que utilizam o empréstimo paralelo serão como segue:

	Ano 0	Ano 1
Fluxos de caixa em dólares	–$ 250.000	$ 235.000
Fluxos de caixa de ringgits convertidos	_____	$ 37.500
Fluxo de caixa líquido	–$ 250.000	$ 272.500

Os fluxos de caixa combinados ao longo dos dois anos nessas condições serão de $ 22.500.

Note que os fluxos de caixa melhoraram drasticamente ao se utilizar o empréstimo paralelo, como a tabela a seguir ilustra:

	Condição 1	Condição 2
Fluxo de caixa total sem swap	–$ 2.500	–$ 72.500
Fluxo de caixa total com swap	$ 35.000	$ 22.500

A Schnell não só pôde reduzir o risco da taxa de câmbio ao financiar o projeto por meio de empréstimo, como também pôde gerar fluxos de caixa positivos. A razão disso é que a porcentagem de depreciação muito alta esperada do ringgit (20% ou 40%) excede o acréscimo ao custo do financiamento (15% – 7% = 8%). Ao utilizar o empréstimo paralelo, a Schnell reduziu o montante de ringgits que deverá converter em dólares ao término do projeto, de RM 1,4 milhão para RM 250.000. Ela foi, portanto, capaz de reduzir o montante de seus fluxos de caixa que estariam sujeitos à depreciação esperada do ringgit.

O governo da Malásia também poderá se beneficiar do empréstimo porque receberá um acréscimo nos pagamentos dos juros de 8% do acordo. Naturalmente, o governo da Malásia também incorrerá no custo implícito da depreciação do ringgit, uma vez que deverá recambiar os ringgits por dólares após um ano. Porém, ele poderá oferecer um empréstimo assim que suas expectativas do valor do ringgit forem diferentes das expectativas da Schnell. Isto é, o governo poderá esperar que o ringgit se aprecie ou se deprecie em menos do que a Schnell espera. Além disso, o governo poderá não ter muitas outras opções para completar o projeto se as empresas locais não tiverem capacidade técnica para realizar o trabalho.

Diversificação de Moedas

Uma empresa dos Estados Unidos poderá denominar obrigações em várias moedas estrangeiras, em vez de em uma única moeda estrangeira, de modo que a apreciação de uma moeda qualquer não aumentará drasticamente o número de dólares necessários para cobrir os pagamentos do financiamento.

FINANCIAMENTO DE LONGO PRAZO **635**

EXEMPLO

A Nevada, Inc. uma EMN, considera quatro alternativas para emitir obrigações para dar suporte às operações nos Estados Unidos:

1. Emitir obrigações denominadas em dólares americanos.
2. Emitir obrigações denominadas em ienes japoneses.
3. Emitir obrigações denominadas em dólares canadenses.
4. Emitir algumas obrigações denominadas em ienes japoneses e algumas obrigações denominadas em dólares canadenses.

A Nevada, Inc. não possui exposição em ienes japoneses nem em dólares canadenses. A taxa de juros de obrigações denominadas em dólares americanos é de 14%, enquanto a taxa de juros de obrigações denominadas em dólares canadenses ou em ienes é de 8%. Espera-se que qualquer uma dessas obrigações possa ser vendida ao valor nominal.

Se o dólar canadense se apreciar perante o dólar americano, o custo real do financiamento da Nevada de emitir obrigações denominadas em dólares canadenses poderá ser mais alto do que o das obrigações denominadas em dólares americanos. Se o iene japonês se apreciar substancialmente perante o dólar americano, o custo financeiro real da Nevada de emitir obrigações denominadas em ienes poderá ser mais alto que o das obrigações denominadas em dólares americanos. Se as taxas de câmbio do dólar canadense e do iene japonês oscilarem em direções contrárias perante o dólar americano então os dois tipos de obrigações não poderão ser simultaneamente mais dispendiosos do que as obrigações denominadas em dólares americanos, portanto, com o financiamento nos dois tipos de obrigações haverá quase certeza de que o custo financeiro total da Nevada será menor que o custo de emitir obrigações denominadas em dólares americanos.

Não há garantia de que as taxas de câmbio do dólar canadense e do iene japonês oscilarão em direções opostas. Os movimentos dessas duas moedas não são altamente correlacionados, então, será improvável que as duas moedas se apreciarão simultaneamente a ponto de eliminar suas vantagens de juros mais baixos. Portanto, o financiamento com obrigações denominadas em mais de uma moeda estrangeira poderá aumentar a probabilidade de o custo total do financiamento estrangeiro ser menor do que o financiamento com os dólares.

A Nevada decide emitir obrigações denominadas em dólares canadenses e em ienes.

O exemplo anterior envolveu apenas duas moedas estrangeiras. Na realidade, uma empresa poderá considerar várias moedas que apresentem taxas de juros mais baixas e emitir uma parte de suas obrigações em cada uma dessas moedas. Essa estratégia poderá aumentar os outros custos (anúncios, impressão etc.) de emissão de obrigações, que poderão ser compensados por uma redução nas saídas de caixa para os portadores de obrigações.

Obrigações de Coquetel de Moedas. Uma empresa poderá fazer o financiamento em várias moedas sem emitir vários tipos de obrigações (evitando, assim, custos de transação mais altos) desenvolvendo uma **obrigação de coquetel de moedas**, denominada não em uma moeda, mas em uma mistura (ou "coquetel") de moedas. Um coquetel de moedas simplesmente reflete uma unidade de conta com várias moedas. Vários coquetéis de moedas foram desenvolvidos para denominar obrigações internacionais, e alguns já foram utilizados dessa maneira. Um dos coquetéis de moedas mais populares é o **Direito Especial de Saque (DES)**, que foi desenvolvido originalmente como um ativo de reserva estrangeiro alternativo, mas que agora é utilizado para denominar obrigações e depósitos bancários e para determinar o preço de vários serviços. Com a criação do euro, o uso da obrigação de coquetel de moedas na Europa é limitado devido aos muitos países que agora utilizam uma única moeda.

636 FINANÇAS CORPORATIVAS INTERNACIONAIS

Risco da Taxa de Juros no Financiamento com Dívida

Independentemente da moeda que uma EMN utilize para financiar suas operações internacionais, ela deverá decidir também o vencimento a ser utilizado para sua dívida. Seu objetivo é utilizar um vencimento que minimize o total de pagamentos necessários para cada unidade de negócio. Normalmente, uma EMN não utilizará um vencimento que exceda o tempo de vida esperado do negócio naquele país.

Quando utilizar um vencimento relativamente curto, a EMN estará exposta ao risco da taxa de juros (ou ao risco de que as taxas de juros subirão), forçando-a a fazer o refinanciamento a uma taxa de juros mais alta. Ela poderá evitar sua exposição emitindo uma obrigação de longo prazo (com uma taxa de juros fixa) que seja compatível com a vida esperada das operações no país estrangeiro. A desvantagem dessa estratégia é que as taxas de juros de longo prazo podem cair no futuro próximo, mas a EMN será obrigada a continuar fazendo seus pagamentos de dívida a uma taxa mais alta. Não há solução perfeita, mas a EMN deverá considerar a vida esperada do negócio e a curva de rendimento do país ao ponderar a questão. A curva de rendimento é formada pela oferta e demanda por recursos a vários níveis de vencimento no mercado de instrumentos de dívida do país.

A Decisão de Vencimento da Dívida

Antes de tomar a decisão de vencimento da dívida, as EMNs avaliam as curvas de rendimento dos países que precisam de recursos. Exemplos de curvas de rendimento de seis países diferentes em fevereiro de 2004 são mostrados na Figura 21.5. Primeiro, note que, em qualquer vencimento da dívida dado, a taxa de juros varia entre os países. Segundo, a forma da curva de rendimento poderá variar entre os países. Por exemplo, os Estados Unidos caracteristicamente possuem uma curva de rendimento inclinada para cima, o que significa que os rendimentos anuais são mais baixos para dívidas de curto prazo do que para dívidas de longo prazo. Um argumento sobre a inclinação para cima é que os investidores poderão exigir uma taxa de retorno mais alta sobre a dívida de longo prazo como compensação pela liquidez mais baixa. O valor de mercado da dívida de longo prazo é mais sensível às oscilações da taxa de juros do mercado, portanto, os investidores enfrentam um maior risco de perda se precisarem vender a dívida antes de seu vencimento. Mesmo nos Estados Unidos, a curva de rendimento nem sempre está inclinada para cima porque outras forças, tais como expectativas da taxa de juros, poderão afetar as condições de oferta e demanda por dívidas de vários níveis de vencimento. Em alguns países, a curva de rendimento geralmente é plana ou inclinada para baixo para vencimentos mais longos.

Algumas EMNs poderão utilizar a curva de rendimento de um país para comparar as taxas anuais entre os vencimentos de dívidas, de modo que possam escolher um vencimento que possua uma taxa relativamente baixa. Outras EMNs utilizam uma curva de rendimento para avaliar o mercado corrente acerca da oferta e demanda de recursos para vencimentos específicos de dívidas em particular, que poderão indicar as oscilações futuras das taxas de juros. Esse tipo de informação poderá ajudar uma EMN a decidir se deverá congelar uma taxa de longo prazo ou se deverá tomar empréstimo em um período de curto prazo e fazer o refinanciamento em futuro próximo.

EXEMPLO

A Washington Co. espera gerar lucros na Indonésia, na Malásia e na Tailândia nos próximos dez anos. Ela espera que a rupia da Indonésia e o ringgit da Malásia se enfraqueçam substancialmente perante o dólar ao longo desse período e, portanto, planeja fazer o fi-

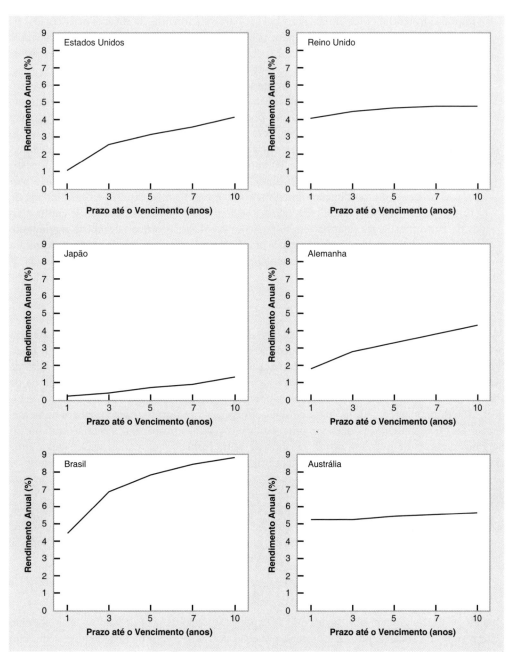

Figura 21.5 Curvas de rendimento entre os países estrangeiros (8 de fevereiro de 2004).

nanciamento das respectivas operações com a dívida local desses países. Seus ganhos da Tailândia poderão ser descontinuados em cinco anos, quando um contrato com o governo tailandês expirar. O melhor palpite da Washington Co. é que o valor futuro do baht tailandês será semelhante à taxa à vista de hoje, mas ela está preocupada com o risco da taxa de câmbio de sua receita denominada em bahts. O rendimento da obrigação de dez anos é de cerca de 12% para cada país, mas a curva de rendimento está inclinada para cima (implicando rendimentos anuais mais baixos para vencimentos de dívidas mais curtos) na Malásia e na Tailândia e inclinada para baixo (rendimentos mais altos para vencimentos de dívidas mais curtos) na Indonésia. Espera-se que as taxas de juros futuras nesses países sejam, de certa forma, mais estáveis ao longo do tempo.

A Washington Co. decide emitir promissórias tailandesas com um vencimento de cinco anos para financiar as operações tailandesas porque ela não quer ter dívidas no negócio além do período quando suas operações poderão ser descontinuadas. Além disso, a curva de rendimento inclinando-se para cima permite que ela emita promissórias de 5 anos a um rendimento anual mais baixo que uma obrigação de 10 anos em baht tailandês. A Washington Co. decide emitir obrigações de 10 anos para financiar suas operações na Indonésia; pela curva de rendimentos estar se inclinando para baixo, se ela emitir dívida de curto prazo, terá de pagar um rendimento anual mais alto e estará então exposta à possibilidade de taxas de juros mais altas quando for refinanciar a dívida. Finalmente, ela decide emitir dívida de curto prazo para financiar suas operações na Malásia porque pagará um rendimento anual mais baixo sobre dívida de curto prazo. Neste caso, esta empresa estará exposta à possibilidade de as taxas de juros aumentarem no momento em que refinanciar a dívida.

A Decisão de Taxa Flutuante *versus* Taxa Fixa

As EMNs que desejam utilizar um vencimento de longo prazo, mas querem evitar a taxa fixa predominante sobre obrigações de longo prazo, poderão considerar obrigações com taxas flutuantes. Nesse caso, a taxa de juros flutuará ao longo do tempo de acordo com as taxas de juros. Por exemplo, a taxa de juros está freqüentemente fixa à **Taxa de Oferta Interbancária de Londres (LIBOR)**, que é uma taxa pela qual os bancos emprestam recursos uns aos outros. Quando a LIBOR aumenta, a taxa de juros de uma obrigação com taxa flutuante também aumenta. A taxa de juros flutuante poderá ser uma vantagem para o emissor da obrigação durante os períodos de taxas de juros em queda, quando de outra forma a empresa estaria travada a uma taxa de juros mais alta ao longo da vida da obrigação. Poderá ser uma desvantagem durante os períodos de taxas de juros em alta. Em alguns países, tais como os da América do Sul, a maioria das dívidas de longo prazo possui uma taxa de juros flutuante.

Se a taxa de juros estiver flutuando, então as previsões são requeridas para as taxas de juros, assim como para as taxas de câmbio. A simulação poderá ser usada para incorporar possíveis resultados da taxa de câmbio e para a taxa de juros ao longo da vida do empréstimo e pode-se desenvolver uma distribuição de probabilidades dos custos financeiros anuais.

Proteção com Swaps de Taxa de Juros

Quando as EMNs emitem obrigações que as expõem ao risco da taxa de câmbio, elas poderão utilizar *swaps* de taxas de juros para fazer a proteção do risco. Swaps de taxa de juros habilitam a empresa a trocar pagamentos da taxa fixa por pagamentos de taxa variável. Os emissores de obrigações utilizam swaps de taxa de juros porque eles poderão reconfigurar os fluxos de caixa futuros de maneira que compensem suas saídas de pagamentos para os obrigacionistas. Dessa maneira, as EMNs poderão reduzir sua exposição às oscilações da taxa de juros.

As instituições financeiras, tais como bancos comerciais e de investimento e companhias de seguro, freqüentemente agem como negociadores dos swaps de taxa de juros. As instituições financeiras também poderão agir como corretoras no mercado de taxas de

---

http://

O Website http:// www.bloomberg.com geralmente oferece informações sobre o financiamentos internacionais, incluindo a emissão de títulos de dívida nos mercados internacionais.

FINANCIAMENTO DE LONGO PRAZO **639**

câmbio. Como corretora, a instituição financeira simplesmente arranjará um swap de taxa de juros entre as duas partes, cobrando uma taxa pelo serviço, mas na verdade não tomará uma posição no swap. As EMNs freqüentemente se envolvem em swaps de taxa de juros para cobrir ou reduzir os custos financeiros.

Swap Comum

Um swap comum é um contrato padrão sem adições contratuais incomuns. Em um swap comum, o pagante da taxa flutuante caracteristicamente é altamente sensível às variações da taxa de juros e procura reduzir o risco da taxa de juros. Uma empresa com um grande montante de ativos altamente sensíveis à taxa de juros poderá procurar fazer a troca dos pagamentos de taxa flutuante por pagamentos de taxa fixa. Em geral, o pagador de taxa flutuante acredita que as taxas de juros entrarão em queda. O pagador de taxa fixa em um swap de taxa de juros comum, por outro lado, espera que as taxas de juros subam e preferirá fazer pagamentos com taxas fixas. Os pagadores de taxas fixas poderão incluir empresas com um grande montante de passivos altamente sensíveis às taxas de juros ou uma proporção relativamente grande de títulos com taxas fixas.

> ### EXEMPLO
>
> Duas empresas emitem obrigações:
>
> - A Quality Co. é uma empresa com classificação alta que prefere tomar emprestado a uma taxa de juros variável.
> - A Risky Co. é uma empresa com classificação baixa que prefere tomar emprestado a uma taxa de juros fixa.
>
> Suponha que as taxas que essas empresas deverão pagar pela emissão de obrigações de taxa flutuante (variável) ou de taxa fixa são como segue:
>
> | | Obrigação com Taxa Fixa | Obrigação com Taxa Flutuante |
> |---|---|---|
> | Quality Co. | 9% | LIBOR + ½% |
> | Risky Co. | 10 ½% | LIBOR + 1% |
>
> A LIBOR varia ao longo do tempo. Com base nas informações dadas, a Quality Co. possui uma vantagem ao emitir obrigações com taxas fixas ou taxas variáveis, porém mais vantagem com obrigações de taxa fixa. A Quality Co. poderá emitir obrigações de taxa fixa, enquanto a Risky Co. emite obrigações com taxas variáveis; então a Quality Co. poderá fornecer pagamentos de taxa variável para a Risky, em troca pelos pagamentos de taxa fixa.
>
> Suponha que a Quality Co. negocie com a Risky Co. para fornecer pagamentos de taxa variável LIBOR + 0,5% em troca pelos pagamentos de taxa fixa de 9,5%. O acordo de swap de taxa de juros é mostrado na Figura 21.6. A Quality Co. se beneficia porque os pagamentos de taxa fixa que recebe sobre o swap excedem os pagamentos que ela deve aos obrigacionistas em 0,5%. Seus pagamentos de taxa variável para a Risky Co. são os mesmos que ela teria pago se tivesse emitido obrigações de taxa variável. A Risky Co. recebe LIBOR + 0,5% sobre o swap, o que é 0,5% a menos do que ela deverá pagar sobre suas obrigações de taxa variável. Todavia, ela está fazendo pagamentos de taxa fixa de 9,5%, o que é 1% a menos do que teria pago se tivesse emitido obrigações de taxa fixa. No total, a Risky Co. economizará 0,5% por ano de custos financeiros.

Determinando Pagamentos do Swap. Os pagamentos em um swap de taxa de juros são determinados caracteristicamente utilizando um **valor nocional** acordado pelas partes do swap e estabe-

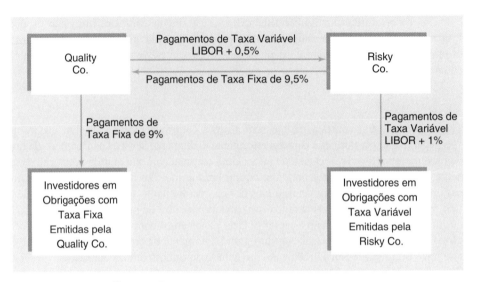

Figura 21.6   Ilustração de um swap de taxa de juros.

lecido contratualmente. É importante ressaltar que o montante nocional em si nunca será trocado entre as partes, mas será utilizado somente para determinar os pagamentos do swap. Uma vez que os pagamentos tenham sido determinados utilizando o montante nocional, as partes periodicamente trocam somente o montante líquido devido, em vez de todos os pagamentos. Os pagamentos são caracteristicamente trocados anual ou semestralmente.

EXEMPLO

Continuando com o exemplo anterior que envolve a Quality Co. e a Risky Co., suponha que o valor nocional acordado pelas partes seja de $ 50 milhões e que as duas empresas troquem pagamentos líquidos anualmente.

Do ponto de vista da Quality Co., o acordo de swap completo agora envolve pagamentos de LIBOR + 0,5% anual, baseados em um valor nocional de $ 50 milhões. Do ponto de vista da Risky Co., o acordo de swap envolve um pagamento fixo de 9,5% anual, baseado em um valor nocional de $ 50 milhões. A tabela a seguir ilustra os pagamentos baseados na LIBOR ao longo do tempo.

Ano	LIBOR	Pagamentos da Quality Co.	Pagamentos da Risky Co.	Pagamento Líquido
1	8,0%	8,5% × $ 50 milhões = $ 4,25 milhões	9,5% × $ 50 milhões = $ 4,75 milhões	A Risky paga $ 5 milhões para a Quality
2	7,0%	7,5% × $ 50 milhões = $ 3,75 milhões	9,5% × $ 50 milhões = $ 4,75 milhões	A Risky paga $ 1 milhão para a Quality
3	5,5%	6,0% × $ 50 milhões = $ 3 milhões	9,5% × $ 50 milhões = $ 4,75 milhões	A Risky paga $ 1,75 milhão para a Quality
4	9,0%	9,5% × $ 50 milhões = $ 4,75 milhões	9,5% × $ 50 milhões = $ 4,75 milhões	Nenhum pagamento é feito
5	10,0%	10,5% × $ 50 milhões = $ 5,25 milhões	9,5% × $ 50 milhões = $ 4,75 milhões	A Quality paga $ 0,5 milhão para a Risky

Duas limitações do swap recém-descrito devem ser mencionadas. Primeiro, há um custo de tempo e de recursos associado com a busca por um candidato apropriado para o swap e para a negociação dos termos. Segundo, cada participante do swap enfrenta o risco de a contraparte falhar nos pagamentos. Por essa razão, geralmente são envolvidos intermediários nos acordos de swap. Eles fazem a combinação dos participantes e também assumem o risco de inadimplência envolvido. Para a sua função, eles cobram uma taxa que deverá reduzir os benefícios estimados no exemplo anterior, mas seu envolvimento é importante para combinar eficazmente os participantes do swap e reduzir a preocupação com o risco de inadimplência.

A Ashland, Inc., a Campbell Soup Co., a Intel Corp., a Johnson Controls, a Union Carbide e muitas outras EMNs geralmente usam swaps de taxas de juros. A Ashland, Inc. geralmente emite dívida de taxa fixa e usa swaps de taxas de juros para atingir custos de empréstimos mais baixos sobre dívidas com taxas variáveis. A Campbell Soup Co. usa swaps de taxas de juros para minimizar seus custos financeiros mundialmente e atingir uma proporção almejada de dívidas com taxas fixas contra taxas variáveis. A GTE (agora parte da Verizon) usou swaps de taxas de juros para converter mais de $ 500 milhões de dívida com taxa variável em dívida com taxa fixa.

Outros Tipos de Swaps de Taxas de Juros. Inovações financeiras contínuas resultaram em vários tipos adicionais de swaps de taxas de juros nos últimos anos. A seguir estão listados alguns exemplos:

- *Swap de acréscimo.* Um swap de acréscimo é um swap em que o valor nocional é aumentado ao longo do tempo.
- *Swap amortizante.* Um swap amortizante é essencialmente o oposto de um swap de acréscimo. Em um swap amortizante, o valor nocional é reduzido ao longo do tempo.
- *Swap (flutuante por flutuante) de base.* Um swap de base envolve a troca de dois pagamentos com taxas flutuantes. Por exemplo, um swap entre a LIBOR de um ano e a LIBOR de seis meses é um swap de base.
- *Swap resgatável (callable).* Como o nome já sugere, um swap resgatável concede ao pagador da taxa fixa o direito de terminar um swap. O pagador de taxa fixa deverá exercer esse direito se as taxas de juros caírem substancialmente.
- *Swap a termo.* Um swap a termo é um swap de taxa de juros no qual se ingressou hoje. No entanto, os pagamentos iniciarão em um ponto específico no futuro.
- *Swap cancelável (putable).* Um swap cancelável concede ao pagador de taxa flutuante o direito de terminar o swap. O pagador de taxa flutuante deverá exercer esse direito se as taxas de juros subirem substancialmente.
- *Swap com juros-zero.* Em um swap com juros-zero, todos os pagamentos de juros fixos são adiados até o vencimento e serão pagos na soma total quando esgotar o prazo do swap. No entanto, os pagamentos de taxa flutuante vencem periodicamente.
- *Swaption.* Um swaption concede ao seu proprietário o direito de entrar em um swap. O preço de exercício de um swaption é uma taxa de juros fixa específica pela qual o proprietário do swaption poderá ingressar no swap em uma data futura específica. Um swaption pagador concede a seu proprietário o direito de transferir um pagamento flutuante para pagamento fixo de taxas de juros ao preço de exercício. Um swaption receptor concede a seu proprietário o direito de transferir um recebimento da taxa flutuante para recebimento de pagamentos em taxa fixa ao preço de exercício.

Padronização do Mercado de Swaps. Como o mercado de swaps cresceu nos últimos anos, uma associação em particular freqüentemente é creditada com sua padronização. A **International Swaps Derivatives Association (ISDA)** é uma associação comercial global que representa os principais participantes da indústria de derivativos. Isso engloba taxas de juros, moedas, mercadorias, crédito e swaps de ações, assim como produtos relacionados como caps, collars, floors e swaptions. A ISDA foi registrada em 1985, depois que um grupo de 18 negociadores de swap

642 FINANÇAS CORPORATIVAS INTERNACIONAIS

iniciou o trabalho em 1984 para desenvolver termos padrão para swaps de taxas de juros. Hoje, a ISDA possui mais de 600 instituições-membros de 46 países. Esses membros incluem a maioria das principais instituições que lidam com instrumentos derivativos, assim como os principais usuários finais de derivativos, fornecedores de serviços e consultores.

Desde a sua abertura, a ISDA promoveu esforços para identificar e reduzir as fontes de risco nos negócios de administração de riscos e derivativos. Os objetivos principais da ISDA são (1) o desenvolvimento e a manutenção de documentações de derivativos para promover práticas eficientes de conclusão de negócios, (2) a promoção do desenvolvimento de práticas saudáveis de gerenciamento de risco.

Uma das realizações mais notáveis da ISDA é o desenvolvimento do **Acordo Mestre da** ISDA (ISDA Master Agreement). Esse acordo fornece aos participantes dos mercados derivativos a oportunidade de estabelecer termos legais e de crédito entre eles para um relacionamento nos negócios em andamento. A vantagem-chave de acordos assim é que os termos gerais de crédito e legais não precisam ser renegociados cada vez que as partes ingressam em uma transação. Conseqüentemente, o Acordo Mestre da ISDA contribuiu muito para a padronização do mercado de derivativos.[1]

USANDO
A WEB

Taxas de Juros Estrangeiras de Longo Prazo. Taxas de juros de longo prazo das principais moedas, tais como o dólar canadense, o iene japonês e a libra esterlina, com vários vencimentos estão disponíveis em http://www.bloomberg.com. Você poderá desenvolver uma curva de rendimento a partir dessas informações.

RESUMO

■ Algumas EMNs poderão levar em consideração o financiamento de longo prazo com moedas estrangeiras para compensar os fluxos de caixa futuros nessas moedas e, portanto, reduzir a exposição ao risco da taxa de câmbio. Outras EMNs poderão considerar, o financiamento de longo prazo em moedas estrangeiras para reduzir os custos financeiros. Se uma taxa de juros estrangeira estiver relativamente baixa ou a moeda estrangeira emprestada se depreciar ao longo do período de financiamento, o financiamento de longo prazo nessa moeda poderá resultar em custos de financiamento baixos.

■ Uma EMN poderá avaliar a viabilidade do financiamento em moedas estrangeiras aplicando previsões da taxa de câmbio aos pagamentos periódicos de juros e o pagamento do principal. Dessa maneira, ela determinará o montante de sua moeda nacional que será necessário por período para cobrir os pagamentos. O custo anual

do financiamento poderá ser estimado determinando a taxa de desconto que equaciona os pagamentos periódicos sobre o financiamento estrangeiro ao montante inicial emprestado (medido na moeda doméstica). A taxa de desconto derivada desse exercício representa o custo anual do financiamento em moeda estrangeira, o que poderá ser comparado ao custo do financiamento doméstico. O custo do financiamento de longo prazo em uma moeda estrangeira dependerá da taxa de câmbio da moeda ao longo do período de financiamento e, portanto, será incerto. Assim, a EMN não fará o financiamento automaticamente com uma moeda estrangeira que possuir uma taxa de juros mais baixa, uma vez que suas previsões da taxa de câmbio estão sujeitas a erro. Por essa razão, a EMN poderá estimar os custos do financiamento estrangeiro sob vários cenários da taxa de câmbio ao longo do tempo.

---

[1] Para mais informações sobre swaps de taxa de juros, veja: Robert A. Strong, *Derivatives: An introduction*, 2. ed. Mason, Ohio: South-Western, 2005; Contador Estudante (Student Accountant), em http://www.accademy.com/publications/studentaccountant/36955; Grupo BACA, em http://www.treasury.at/zinsprodukte/english/content/interestrateswapbeschcr4.htm; e ISDA, em http://www.isda.org.

FINANCIAMENTO DE LONGO PRAZO **643**

■ Para as obrigações que possuem taxas de juros flutuantes, o pagamento de juros a ser feito aos investidores é incerto. Isso cria outra variável incerta (junto com as taxas de câmbio) ao se estimar o montante de moeda doméstica da empresa exigido por período para fazer os pagamentos. Essa incerteza poderá ser levada em conta ao se estimar o montante de pagamento de juros necessário sob vários cenários da taxa de juros ao longo do tempo. Então, com o uso dessas estimativas, o montante da moeda doméstica da empresa requerida para fazer os pagamentos poderá ser estimado, com base em vários cenários da taxa de câmbio ao longo do tempo.

CONTRAPONTO DO PONTO

Swaps de Moedas Resultarão em Custos Financeiros Baixos?

Ponto Sim. Os swaps de moeda criaram uma maior participação para as empresas que precisam fazer o câmbio de suas moedas no futuro. Portanto, as empresas que fazem financiamentos em moeda com taxa de juros baixa poderão estabelecer mais facilmente um contrato para obter a moeda que possui a taxa de juros baixa.

Contraponto Não. Os swaps de moeda deverão estabelecer uma taxa de câmbio que é baseada nas forças do mercado. Se uma taxa a termo existir para um período futuro, a taxa de swap deverá ser, de certa forma, semelhante à taxa a termo. Se ela não for tão atraente quanto a taxa a termo, os participantes deverão preferir usar o mercado a termo. Se não houver um mercado a termo para a moeda, a taxa de swap ainda assim deverá refletir as forças do mercado. A taxa de câmbio pela qual uma moeda de taxa de juros baixa pode ser adquirida será mais alta que a taxa à vista predominante, já que de, outro modo, as EMNs tomariam emprestada a moeda com juros baixos e simultaneamente adquiririam a moeda a termo, de modo que pudessem fazer o *hedging* de seus pagamentos de juros futuros.

Quem está certo? Use seu mecanismo de busca preferido para saber mais sobre esse assunto. Qual argumento você apóia? Dê sua opinião sobre o assunto.

AUTOTESTE

As respostas encontram-se no Apêndice A, no final deste livro.

1. Explique por que uma empresa poderá emitir uma obrigação denominada em uma moeda diferente de sua moeda nacional para financiar operações locais. Explique o risco envolvido.

2. A Tulane, Inc. (com base na Louisiana) considera emitir uma obrigação denominada em francos suíços de 20 anos. Os rendimentos serão convertidos em libras esterlinas para dar suporte às operações britânicas da empresa. A Tulane Inc. não possui operações suíças, mas prefere emitir a obrigação em francos a emitir em libras porque a taxa de juros é dois pontos percentuais mais baixa. Explique o risco envolvido nessa estratégia. Você acha que o risco aqui é maior ou menor do que seria se os rendimentos da obrigação fossem usados para financiar as operações dos Estados Unidos? Por quê?

3. Algumas grandes empresas, com base em países da América Latina, podem tomar emprestados recursos (por meio de emissão de obrigações ou de empréstimos de bancos dos Estados Unidos) a uma taxa de juros que seria consideravelmente menor do que as taxas de juros em seus próprios países. Supondo que sejam analisadas como merecedoras de crédito, por que elas ainda assim poderão preferir fazer o empréstimo em seus próprios países ao financiar projetos locais (mesmo quando incorrerem em taxas de juros de 80% ou mais)?

4. Um respeitado economista recentemente previu que, apesar de a inflação japonesa não subir, as taxas de juros japonesas subiriam consistentemente ao longo dos cinco anos seguintes. A Paxson Co., uma empresa americana sem nenhuma operação estrangeira, recentemente emitiu uma obrigação em ienes japoneses para financiar suas operações nos Estados Unidos. Ela escolheu a denominação em ienes porque a taxa de juros estava baixa. Seu vice-presidente declarou: "Não estou preocupado com a previsão porque emitimos obrigações com taxa fixa e estamos, portanto, afastados do risco". Você concorda? Explique.

644 FINANÇAS CORPORATIVAS INTERNACIONAIS

5. As taxas de juros de longo prazo em alguns países da América Latina geralmente excedem 100% anualmente. Explique por que essas taxas de juros são tão mais altas que as de países industrializados e por que alguns projetos nesses países são viáveis para empresas locais, apesar de o custo do financiamento dos projetos ser tão alto.

QUESTÕES E APLICAÇÕES

1. **Análise de Financiamento com Obrigações.** A Sambuka, Inc. poderá emitir obrigações em dólares americanos ou em francos suíços. As obrigações denominadas em dólares deverão ter uma taxa de juros de 15%; as obrigações denominadas em francos suíços possuem uma taxa de juros de 12%. Supondo que a Sambuka possa emitir obrigações no valor de $ 10.000.000 nas duas moedas, que a taxa de câmbio do franco suíço seja de $ 0,70 e que a taxa de câmbio prevista do franco em cada um dos próximos três anos seja de $ 0,75, qual será o custo financeiro anual para as obrigações denominadas em francos? Qual tipo de obrigação a Sambuka deveria emitir?

2. **Discussão na Sala da Diretoria.** Este exercício encontra-se no Apêndice E, no final deste livro.

3. **Contrato com Swap.** A Grant, Inc. é uma empresa dos Estados Unidos bem conhecida que precisa tomar emprestados 10 milhões de libras esterlinas para dar sustentação a um novo negócio no Reino Unido. No entanto, ela não obterá o financiamento de bancos britânicos porque ainda não está estabelecida no Reino Unido. Ela decide emitir dívida denominada em dólares (ao valor nominal) nos Estados Unidos, para a qual pagará uma taxa de juros anual de 10%. Depois ela converterá os rendimentos em dólares da emissão de dívida em libras esterlinas à taxa à vista predominante (a taxa à vista predominante é de uma libra = $ 1,70). Ao longo de cada um dos próximos três anos, ela planeja utilizar as receitas em libras de seu negócio no Reino Unido para fazer seu pagamento anual da dívida. A Grant, Inc. se envolve em um swap de moedas no qual converterá as libras em dólares a uma taxa de câmbio de $ 1,70 por libra no final de cada um dos próximos três anos. Quantos dólares deverão ser tomados emprestados inicialmente para dar suporte ao novo negócio no Reino Unido? No contrato de swap, quantas libras a Grant, Inc. deverá especificar no que irá trocar por dólares ao longo de cada um dos próximos três anos, de modo que ela possa fazer seus pagamentos de juros anuais aos credores dos Estados Unidos?

4. **Diversificação de Moeda.** Por que uma empresa dos Estados Unidos deverá considerar a emissão de obrigações denominadas em moedas múltiplas?

5. **Obrigações com Taxas Flutuantes.**

   a) Que fatores deverão ser considerados por uma empresa americana que planeja emitir uma obrigação com taxa flutuante denominada em uma moeda estrangeira?

   b) O risco de emitir uma obrigação com taxa flutuante é mais alto ou mais baixo que emitir uma obrigação com taxa fixa? Explique.

   c) Como uma empresa que investe deverá se diferenciar de uma empresa que toma emprestado nas características (isto é, taxa de juros e taxas de câmbio futuras da moeda) que ela deverá preferir que uma obrigação denominada em moeda estrangeira com taxa flutuante apresente?

6. **Risco de Emitir Obrigações Denominadas em Moeda Estrangeira.** Qual é a vantagem de utilizar simulações para avaliar a posição de financiamento com obrigações?

7. **Swap de Taxas de Juros.** A Janutis Co. acabou de emitir títulos de dívida com taxa fixa de 10%. Todavia, ela prefere converter seu financiamento para incorrer em uma taxa flutuante sobre sua dívida. Ela se envolve em um swap de taxa de juros em que faz a troca dos pagamentos para taxa variável de LIBOR mais 1% na troca dos pagamentos de 10%. As taxas de juros são aplicadas a um montante que representa o principal de sua emissão de dívida recente para determinar os pagamentos de juros devidos no final de cada um dos próximos três anos. Esta empresa espera que a LIBOR seja de 9% no final do primeiro ano, de 8,5% no final do segundo ano e de 7% no final do terceiro ano. Determine a taxa de financiamento que a Janutis Co. espera pagar sobre sua dívida depois de considerar o efeito do swap da taxa de juros.

8. **Custo de Dívida de Longo Prazo.** O Website da Bloomberg fornece dados de taxas de juros de muitos países e de muitos vencimentos. Seu endereço é **http://www.bloomberg.com**.

FINANCIAMENTO DE LONGO PRAZO **645**

Vá para a seção de "Mercados" (Markets) do Website e depois para "Curvas de Rendimentos Internacionais" (International Yield Curves). Considere uma subsidiária de uma EMN com base nos Estados Unidos que esteja localizada na Austrália. Suponha que, quando ela tomar dólares australianos emprestados, deverá pagar 1% a mais do que as taxas (do governo) livres de risco apresentadas no site. O que a subsidiária pagará pela dívida de um ano? De cinco anos? De dez anos? Explique sua resposta.

9. **Financiamento que Reduz o Risco da Taxa de Câmbio.** A Kerr, Inc. uma importante exportadora de produtos do Japão, denomina suas exportações em dólares e não possui outro negócio internacional. Ela poderá tomar emprestados dólares a 9% para financiar suas operações ou ienes a 3%. Se em ienes, ela estará exposta ao risco da taxa de câmbio. Como a Kerr poderá tomar emprestados ienes e possivelmente reduzir sua exposição econômica ao risco da taxa de câmbio?

10. **Interação entre Políticas de Financiamento e de Faturamento.** Suponha que a Hurricane, Inc. seja uma empresa dos Estados Unidos que exporta produtos para o Reino Unido, faturados em dólares. Ela também exporta produtos para a Dinamarca, faturados em dólares. Atualmente, ela não possui fluxos de saída de caixa em moedas estrangeiras e planeja emitir obrigações ao valor nominal em (1) dólares com uma taxa de juros de 12%, (2) coroas dinamarquesas com uma taxa de juros de 9%, ou (3) libras com uma taxa de juros de 15%. Ela espera que a coroa e a libra se fortaleçam ao longo do tempo. Como a Hurricane poderá revisar sua política de faturamento e fazer com que sua decisão de denominação da obrigação consiga custos financeiros mais baixos sem exposição excessiva às flutuações da taxa de câmbio?

11. **Análise de Financiamento com Obrigações.** A Hawaii Co. concordou recentemente com um negócio de longo prazo em que ela exportará produtos para o Japão. Ela precisa de recursos para financiar a fabricação dos produtos que exportará. Os produtos serão denominados em dólares. A taxa de juros de longo prazo predominante nos Estados Unidos é de 9% contra 3% no Japão. Suponha que a paridade da taxa de juros exista e que a Hawaii Co. acredite que o efeito Fisher internacional se mantenha.

a) A Hawaii Co. deveria financiar sua produção com ienes e permanecer aberta ao risco da taxa de câmbio? Explique.

b) A Hawaii Co. deveria financiar sua produção com ienes e simultaneamente se envolver com contratos a termo para fazer o *hedging* de sua exposição ao risco da taxa de câmbio?

c) Como a Hawaii Co. poderia conseguir um financiamento com custo baixo enquanto elimina sua exposição ao risco da taxa de câmbio?

12. **Efeitos da Taxa de Câmbio.**

a) Explique a diferença no custo do financiamento com moedas estrangeiras durante um período de dólar forte *versus* um período de dólar fraco para uma empresa dos Estados Unidos.

b) Explique como uma EMN com base nos Estados Unidos que emita obrigações denominadas em euros poderá compensar parte de sua exposição ao risco da taxa de câmbio.

13. **Custo Financeiro.** Suponha que a Seminole, Inc. esteja considerando emitir uma obrigação denominada em dólares de Cingapura e que sua taxa de juros presente seja de 7%, mesmo que não tenha fluxos de caixa para cobrir os pagamentos da obrigação. Ela está atraída pela baixa taxa de financiamento, já que as obrigações denominadas em dólares americanos, emitidas nos Estados Unidos, possuem uma taxa de juros de 12%. Suponha que as duas obrigações devam ter um vencimento de quatro anos e que poderão ser emitidas ao valor nominal. A Seminole precisa tomar emprestados $ 10 milhões. Portanto, ela emitirá obrigações denominadas em dólares americanos com um valor nominal de $ 10 milhões ou obrigações denominadas em dólares de Cingapura com um valor nominal de S$ 20 milhões. A taxa à vista do dólar de Cingapura é de $ 0,50. A Seminole previu o valor do dólar de Cingapura ao final de cada um dos próximos quatro anos, quando os pagamentos dos juros deverão ser feitos:

Final do Ano	Taxa de Câmbio do Dólar de Cingapura
1	$ 0,52
2	0,56
3	0,58
4	0,53

Determine o custo financeiro anual esperado com dólares de Cingapura. A Seminole, Inc. deveria emitir obrigações denominadas em dólares americanos ou em dólares de Cingapura? Explique.

646 FINANÇAS CORPORATIVAS INTERNACIONAIS

14. **Efeitos da Taxa de Câmbio.** A Katina, Inc. é uma empresa dos Estados Unidos que planeja fazer um financiamento com obrigações denominadas em euros para obter uma taxa de juros mais baixa do que está disponível em obrigações denominadas em dólares. Qual é o ponto no tempo mais crítico quando a taxa de câmbio terá seu impacto maior?

15. **Decisão de Oferta de Obrigações.** A Columbia Corp. é uma empresa dos Estados Unidos sem fluxos de caixa em moeda estrangeira. Ela planeja emitir uma obrigação denominada em euros com uma taxa de juros fixa ou uma obrigação denominada em dólares americanos com uma taxa de juros flutuante. Ela estima seus fluxos periódicos de caixa em dólares para cada obrigação. Qual obrigação você acha que deverá ter mais incertezas em torno desses fluxos de caixa em dólares futuros? Explique.

16. **Decisão de Financiamento.** A Ivax Corp. (com base em Miami) é uma empresa de medicamentos nos Estados Unidos que tentou capitalizar novas oportunidades expandindo para o Leste Europeu. Os custos de produção na maioria dos países do Leste Europeu são bem baixos, freqüentemente menos que um quarto do custo na Alemanha ou na Suíça. Além disso, há uma forte demanda de medicamentos no Leste Europeu. A Ivax penetrou no Leste Europeu ao adquirir 60% das ações da Galena AS, uma empresa tcheca que produz medicamentos.

a) A Ivax deveria financiar seu investimento na empresa tcheca tomando emprestados dólares de um banco americano que depois converterá em coroas (a moeda tcheca) ou se financiando com um banco local tcheco? Quais informações você precisa saber para responder a esta questão?

b) Como o empréstimo local de coroas de um banco tcheco poderá reduzir a exposição da Ivax ao risco da taxa de câmbio?

c) Como o empréstimo local de coroas de um banco tcheco poderá reduzir a exposição da Ivax ao risco político causado pelos regulamentos do governo?

CASO BLADES, INC.

Utilização de Financiamentos Estrangeiros de Longo Prazo

Lembre que a Blades, Inc. considera estabelecer uma subsidiária na Tailândia para fabricar "Speedos", o principal produto da empresa. Alternativamente, a Blades poderá adquirir um fabricante de patins existente na Tailândia, a Skates'n'Stuff. Na última reunião de diretoria da Blades, os diretores votaram pelo estabelecimento de uma subsidiária na Tailândia, devido ao nível de controle relativamente alto que isso proporcionará para a empresa.

Espera-se que a subsidiária tailandesa inicie a produção no começo do próximo ano, e a construção da fábrica da Tailândia e a aquisição do equipamento necessário para a fabricação dos Speedos deverão começar imediatamente. As estimativas iniciais da fábrica e do equipamento necessário para estabelecer a subsidiária em Bangcoc indicam custos de aproximadamente 550 milhões de bahts tailandeses. Uma vez que a taxa de câmbio atual do baht é de $ 0,023, isso é traduzido a um custo em dólares de $ 12,65 milhões. A Blades atualmente possui $ 2,65 milhões disponíveis em caixa para cobrir uma parte dos custos. Os $ 10 milhões remanescentes (434.782.609 bahts), no entanto, deverão ser obtidos de outras fontes.

A diretoria pediu que Ben Holt, o chefe do setor financeiro da Blades, arranjasse o financiamento necessário para cobrir os custos de construção remanescentes e adquirir o equipamento. Holt percebe que a Blades é uma empresa relativamente pequena cujo estoque não é muito grande. Além disso, ele acredita que as ações da Blades atualmente estejam subestimadas, porque a expansão da empresa para a Tailândia não foi amplamente divulgada até esse ponto. Devido a essas considerações, Holt preferirá o financiamento com dívida em vez do financiamento com capital próprio (ações) para levantar os recursos necessários para completar a construção da fábrica tailandesa.

Ben Holt identificou duas alternativas para o financiamento com dívida: emitir o equivalente a $ 10 milhões de promissórias denominadas em ienes ou emitir o equivalente a aproximadamente $ 10 milhões de promissórias denominadas em bahts. Os dois tipos de promissórias deverão ter vencimento em cinco anos. No quinto ano, o valor nominal das promissórias será reembolsado junto com o último pagamento de juros anuais. As promissórias denominadas em ienes (¥) estarão disponíveis em incrementos de ¥ 125.000, enquanto as promissórias denominadas em bahts serão emitidas em incrementos de 50.000 bahts. Uma vez que as promissórias denominadas em bahts serão emitidas em incrementos de 50.000 bahts (BT), a Blades precisará emitir BT 434.782.609/50.000 = 8.696 promissórias denominadas em bahts. Além disso, visto que a taxa de câmbio do iene em bahts é de BT 0,347826/¥ , a Blades precisará obter BT 434.782.609/BT 0,347826 = ¥ 1.250.000.313. Uma vez que as promissórias denominadas em ienes serão emitidas em incrementos de 125.000 ienes, a Blades deverá emitir ¥ 1.250.000.313/¥ 125.000 = 10.000 promissórias denominadas em ienes.

Devido a acontecimentos econômicos desfavoráveis na Tailândia, a expansão para esse país é vista como relativamente arriscada. A pesquisa de Holt indica que a Blades teria de oferecer uma taxa de juros de aproximadamente 10% sobre as promissórias denominadas em ienes para induzir os investidores a adquiri-las. Inversamente, a Blades poderia emitir promissórias denominadas em bahts a uma taxa de juros de 15%. Se decidir emitir promissórias denominadas em bahts ou em ienes, ela deverá utilizar os fluxos de caixa gerados pela subsidiária tailandesa para pagar os juros sobre as promissórias e reembolsar o principal em cinco anos. Por exemplo, se a Blades decidir emitir promissórias denominadas em ienes, ela converterá os bahts em ienes para pagar os juros sobre essas promissórias e reembolsar o principal em cinco anos.

Embora a Blades possa fazer o financiamento com uma taxa de juros mais baixa ao emitir promissórias denominadas em ienes, Ben Holt suspeita que a taxa de financiamento efetiva das promissórias denominadas em ienes poderá, na verdade, ser mais alta que a das promissórias denominadas em bahts. Isso ocorre porque as previsões do valor futuro do iene indicam uma apreciação do iene (contra o baht) no futuro. Embora o valor futuro preciso do iene seja incerto, Holt compilou a seguinte distribuição de probabilidade para a variação percentual anual do iene contra o baht:

Variação % do Iene (contra o baht)	Probabilidade
0%	20%
2	50
3	30

Holt suspeita que o custo financeiro efetivo das promissórias denominadas em iene poderá, na verdade, ser mais alto do que o das promissórias denominadas em bahts, uma vez que a apreciação esperada do iene (contra o baht) é levada em consideração.

Holt pediu que você, o analista financeiro da Blades, responda às seguintes questões:

1. Dado que a Blades espera utilizar os fluxos de caixa gerados pela subsidiária tailandesa para pagar os juros e o principal das promissórias, o custo financeiro efetivo das promissórias denominadas em bahts será afetado pelas oscilações da taxa de câmbio? O custo financeiro efetivo das promissórias denominadas em ienes será afetado pelas oscilações da taxa de câmbio? Como?

2. Construa uma planilha para determinar o custo percentual financeiro efetivo anual das promissórias denominadas em ienes em cada uma das três condições para o valor futuro do iene. Qual é a probabilidade de o custo financeiro da emissão de promissórias denominadas em ienes ser mais alto que o custo da emissão de promissórias denominadas em bahts?

3. Utilizando uma planilha, determine o custo percentual financeiro efetivo anual da emissão de promissórias denominadas em ienes. Como se compara esse custo financeiro esperado com o custo financeiro esperado das promissórias denominadas em bahts?

4. Com base em suas respostas às questões anteriores, você acha que a Blades deveria emitir promissórias denominadas em ienes ou em bahts?

5. Qual é o dilema envolvido?

DILEMA DA PEQUENA EMPRESA

Decisão de Financiamento de Longo Prazo da Sports Exports Company

A Sports Exports Company continua se concentrando em produzir bolas de futebol nos Estados Unidos e em exportá-las para o Reino Unido. As exportações são denominadas em libras, o que continuamente expôs a empresa ao risco da taxa de câmbio. Ela agora considera uma nova forma de expansão em que deverá vender especialmente artigos esportivos nos Estados Unidos. Se buscar esse projeto dos Estados Unidos, ela precisará tomar emprestados recursos de longo prazo. A dívida denominada em dólares possui uma taxa de juros que é ligeiramente mais baixa que a dívida denominada em libras.

648 FINANÇAS CORPORATIVAS INTERNACIONAIS

1. Jim Logan, proprietário da Sports Exports Company precisa determinar se a dívida denominada em dólares ou a dívida denominada em libras deverá ser a mais apropriada para financiar essa expansão, se o fizer. Ele está tendendo a financiar o projeto com dívida denominada em dólares, já que seu objetivo é evitar o risco da taxa de câmbio. Há alguma razão pela qual ele deveria considerar a utilização da dívida denominada em libras para reduzir o risco da taxa de câmbio?

2. Suponha que Jim decida financiar seu negócio proposto nos Estados Unidos com dívida denominada em dólares, se ele implantar a idéia do negócio nos Estados Unidos. Como ele poderia utilizar um swap de moedas junto com a dívida para reduzir a exposição da empresa ao risco da taxa de câmbio?

PARTE 5

Problema Integrativo

Gerenciamento de Ativos e Passivos de Longo Prazo

A Gandor Co. é uma empresa dos Estados Unidos que considera estabelecer uma *joint venture* com uma empresa chinesa para produzir e vender videocassetes. A Gandor investirá $ 12 milhões nesse projeto, que ajudarão a financiar a produção da empresa chinesa. Para cada um dos três primeiros anos, 50% do total dos lucros serão distribuídos para a empresa chinesa, enquanto os 50% remanescentes serão convertidos em dólares a ser enviados para os Estados Unidos. O governo chinês pretende impor uma alíquota de 20% sobre os lucros distribuídos para a Gandor. O governo chinês garantiu que os lucros após a tributação (denominados em yuans, a moeda chinesa) poderão ser convertidos em dólares americanos à taxa de câmbio de $ 0,20 por yuan e enviados para os Estados Unidos, como resultado da *joint venture* na China. Suponha que, depois de considerar os impostos pagos na China, uma tributação adicional de 10% seja imposta pelo governo dos Estados Unidos sobre os lucros recebidos pela Gandor Co. Após os três primeiros anos, todos os lucros obtidos serão alocados para a empresa chinesa.

Os lucros esperados resultantes da *joint venture*, por ano, serão como segue:

Ano	Total dos Lucros da *Joint Venture* (em yuans)
1	60 milhões
2	80 milhões
3	100 milhões

O custo médio da dívida da Gandor Co. é de 13,8% antes do imposto de renda. Seu custo médio do capital próprio é de 18%. Suponha que a alíquota do imposto de renda corporativo sobre a Gandor Co. normalmente seja de 30%. Esta empresa utiliza uma estrutura de capital composta de 60% de dívida e 40% de capital próprio. Ela automaticamente acrescenta quatro pontos percentuais ao seu custo de capital ao derivar sua taxa requerida de retorno sobre *joint ventures* internacionais. Embora esse projeto tenha formas particulares de risco país que são singulares, a Gandor planeja tomar em conta esses riscos em sua estimativa dos fluxos de caixa.

A Gandor está preocupada com duas formas de risco país. Primeiro, há o risco de que o governo chinês aumente a alíquota do imposto de renda corporativo de 20% para 40% (20% de probabilidade). Se isso ocorrer, créditos de impostos adicionais serão permitidos, o que resulta em nenhuma tributação dos Estados Unidos sobre os lucros dessa *joint venture*. Segundo, há o risco de que o governo chinês imponha uma retenção tributária de 10% sobre os lucros que serão enviados para os Estados Unidos (20% de probabilidade). Nesse caso, créditos de impostos adicionais não serão permitidos, e a Gandor Co. ainda estará sujeita a uma tributação de 10% dos Estados Unidos sobre os lucros recebidos da China. Suponha que os dois tipos de risco país sejam reciprocamente exclusivos. Isto é, o governo chinês ajustará somente um de seus impostos (o imposto de renda ou a retenção tributária), se o fizer.

Questões

1. Determine o custo de capital desta empresa. Determine também a taxa requerida de retorno para a *joint venture* na China.

2. Determine a distribuição de probabilidade dos valores presentes líquidos da Gandor Co. para a *joint venture*. Análises de orçamento de capital deverão ser realizadas para estes três cenários:

   - *Cenário 1*. Baseado nas suposições iniciais.
   - *Cenário 2*. Baseado no aumento do imposto de renda corporativo pelo governo chinês.
   - *Cenário 3*. Baseado na imposição de retenção tributária pelo governo chinês.

3. Você recomendaria que a Gandor Co. participasse da *joint venture*? Explique.

4. Qual seria o fator-chave subjacente que teria a maior influência sobre os lucros obtidos na China como resultado da *joint venture*?

5. Há alguma razão para a Gandor Co. revisar a composição de seu capital (dívida e capital próprio) obtido dos Estados Unidos ao financiar uma *joint venture* como esta?

6. Quando a Gandor Co. avaliava a proposta dessa *joint venture*, alguns de seus gestores recomendaram que a empresa tomasse emprestada a moeda chinesa, em vez de dólares, para obter parte do capital necessário para seu investimento inicial. Eles sugeriram que essa estratégia poderá reduzir o risco da taxa de câmbio da Gandor Co. Você concorda? Explique.

Apêndices

APÊNDICE A
Respostas às Questões dos Autotestes

Respostas às Questões do Autoteste do Capítulo 1

1. As EMNs podem capitalizar vantagens comparativas (tais como tecnologia ou custo de mão-de-obra) que elas possuam em relação a empresas em outros países, as quais lhes permitem entrar nos mercados desses países. Dado o mundo de mercados imperfeitos, as vantagens comparativas entre os países não são livremente transferíveis. Muitas EMNs inicialmente entram nos mercados exportando, mas no final estabelecem uma subsidiária em mercados estrangeiros e procuram diferenciar seus produtos quando outras empresas entram naqueles mercados (teoria de ciclo do produto).

2. No final dos anos 1980 e 1990, os países do Leste Europeu removeram muitas barreiras, o que ampliou o potencial de expansões eficientes pela Europa toda. Conseqüentemente, as empresas dos Estados Unidos poderão se expandir por todos os países europeus a um custo mais baixo que antes.

   Durante o mesmo período, os países do Leste Europeu abriram seus mercados para empresas estrangeiras e privatizaram muitas de suas empresas estatais. Isso permitiu que empresas americanas entrassem nesses países para oferecer produtos que anteriormente estavam indisponíveis.

3. Primeiro, há o risco de condições econômicas fracas no país estrangeiro. Segundo, há um risco país, que reflete o risco de mudança de governo ou de atitudes públicas em relação à EMN. Terceiro, há o risco da taxa de câmbio, que poderá afetar o desempenho da EMN no país estrangeiro.

Respostas às Questões do Autoteste do Capítulo 2

1. Cada um dos fatores econômicos é descrito, mantendo outros fatores constantes.
   a) *Inflação*. Um índice de inflação americano relativamente alto em relação a outros países poderá tornar os produtos dos Estados Unidos menos atraentes aos consumidores americanos e não-americanos, o que resultará em menos exportações dos Estados Unidos, mais importações para os Estados Unidos, e um saldo de conta-corrente mais baixo (ou mais negativo). Um índice de inflação americano relativamente baixo terá um efeito contrário.
   b) *Renda nacional*. Um aumento relativamente alto na renda nacional americana (comparado a outros países) tende a causar um aumento na demanda por importações e poderá

APÊNDICE A • RESPOSTAS ÀS QUESTÕES DOS AUTOTESTES **653**

causar um saldo de conta-corrente mais baixo (ou mais negativo). Um aumento relativamente baixo na renda nacional americana terá um efeito contrário.

c) *Taxas de câmbio.* Um dólar mais fraco tende a tornar os produtos dos Estados Unidos mais baratos para empresas não-americanas e torna os produtos que não são dos Estados Unidos mais caros para as empresas americanas. Portanto, espera-se que as exportações americanas aumentem, enquanto se espera que as importações americanas diminuam. No entanto, algumas condições poderão impedir que esses efeitos ocorram, como explicado no capítulo. Normalmente, um dólar mais forte faz com que as exportações americanas diminuam e as importações americanas aumentem porque ele torna os produtos dos Estados Unidos mais caros para empresas que não são dos Estados Unidos e torna os produtos não-americanos mais baratos para as empresas americanas.

d) *Restrições do governo.* Quando o governo americano impõe novas barreiras sobre as importações, as importações americanas caem, fazendo com que a balança comercial dos Estados Unidos aumente (ou seja menos negativa). Quando os governos estrangeiros impõem novas barreiras sobre as importações dos Estados Unidos, a balança comercial americana poderá cair (ou ser mais negativa). Quando os governos removem as barreiras comerciais, os efeitos opostos serão esperados.

2. Quando os Estados Unidos impõem tarifas sobre produtos importados, os países estrangeiros poderão retaliar impondo tarifas sobre produtos exportados pelos Estados Unidos. Portanto, há um declínio nas exportações americanas que poderá contrabalançar qualquer declínio nas importações.

3. A crise asiática causou um declínio nos níveis de renda asiática e, portanto, resultou em uma demanda reduzida pelas exportações dos Estados Unidos. Além disso, os exportadores asiáticos passaram por problemas, e alguns importadores americanos descontinuaram seus relacionamentos com os exportadores asiáticos.

Respostas às Questões do Autoteste do Capítulo 3

1. A West Dakota poderá se envolver em uma estratégia de investimento se as taxas de juros do mercado forem mais altas no Canadá e se ela esperar que o dólar canadense se aprecie perante o dólar americano. Qualquer das condições poderá fazer com que o investimento no Canadá obtenha um retorno mais alto do que um investimento nos Estados Unidos.

2. O empréstimo denominado em pesos oferece uma taxa de juros mais alta. No entanto, se o peso se depreciar no momento do reembolso do empréstimo, o Houston Bank terá de converter os pesos em dólares a uma taxa de câmbio mais fraca. Portanto, o Houston Bank poderá receber um reembolso menor em dólares do que o Pan American Bank, apesar de a taxa de juros sobre seu empréstimo ter sido mais alta que a taxa de juros cobrada pelo Pan American Bank. Apesar de o Houston Bank ter mais possibilidade de obter um retorno mais alto, há alguma incerteza (risco) sobre seu retorno devido a incertezas que envolvem as taxas de câmbio.

3. As EMNs utilizam o mercado de câmbio estrangeiro para fazer o câmbio de moedas para entrega imediata. Elas usam o mercado a termo de câmbio estrangeiro e o mercado de futuros de moedas para congelar a taxa de câmbio pela qual as moedas serão trocadas em um ponto no futuro. Elas utilizam o mercado de opções de moeda quando desejam congelar o montante máximo (mínimo) a ser pago (recebido) em uma transação futura de moeda, mas mantêm a flexibilidade em caso de oscilações de taxa de câmbio favoráveis.

As EMNs utilizam o mercado de euromoeda para fazer investimentos ou financiamentos de curto prazo ou o mercado de eurocrédito com financiamento de médio prazo. Elas poderão obter financiamentos de longo prazo emitindo obrigações no mercado de euro-obrigações ou ações nos mercados internacionais.

654 FINANÇAS CORPORATIVAS INTERNACIONAIS

Respostas às Questões do Autoteste do Capítulo 4

1. Os fatores econômicos podem afetar o valor do iene como segue:
   a) Se a inflação dos Estados Unidos for mais alta que a inflação do Japão, a demanda americana por produtos japoneses poderá aumentar (para evitar os preços mais altos dos Estados Unidos), e a demanda japonesa pelos produtos americanos poderá cair (para evitar os preços mais altos dos Estados Unidos). Conseqüentemente, haverá uma pressão para cima no valor do iene.
   b) Se as taxas de juros americanas aumentarem e excederem as taxas de juros japonesas, a demanda americana pelos títulos com juros do Japão poderá cair (visto que os títulos com juros dos Estados Unidos são mais atraentes), enquanto a demanda japonesa pelos títulos com juros dos Estados Unidos poderá subir. As duas forças pressionam o valor do iene para baixo.
   c) Se a renda nacional dos Estados Unidos aumentar mais que a renda nacional do Japão, a demanda americana pelos produtos japoneses poderá aumentar mais do que a demanda japonesa pelos produtos americanos. Supondo que a mudança nos níveis de renda nacional não afete as taxas de câmbio indiretamente por meio de efeitos sobre as taxas de juros relativas, as forças deverão pressionar o valor do iene para cima.
   d) Se os controles do governo reduzirem a demanda americana pelos produtos japoneses, eles pressionarão o valor do iene para baixo. Se os controles do governo reduzirem a demanda japonesa pelos produtos americanos, eles pressionarão o valor do iene para cima.

   Cenários opostos descritos aqui fariam com que a pressão esperada seja exercida em direção oposta.

2. Os fluxos de capital dos Estados Unidos com o País A poderão ser maiores que os fluxos de capital com o País B. Portanto, a variação no diferencial da taxa de juros terá um efeito maior sobre os fluxos de capital com o País A, fazendo com que a taxa de câmbio se altere. Se os fluxos de capital com o País B forem inexistentes, a variação nas taxas de câmbio não alterará os fluxos de capital e, portanto, não mudará as condições de oferta e demanda no mercado de câmbio estrangeiro.

3. A Smart Banking Corp. não deveria buscar a estratégia porque resultaria em perda, como mostrado a seguir:
   a) Tomar emprestados $ 5 milhões.
   b) Converter $ 5 milhões em C$ 5.263.158 (com base na taxa de câmbio à vista de $ 0,95 por C$).
   c) Investir os C$ a 9% anuais, o que representa um retorno de 0,15% ao longo de seis dias, portanto, os C$ recebidos depois de seis dias = C$ 5.271.053 (calculados como C$ 5.263.158 × [1 + 0,0015]).
   d) Converter os C$ recebidos de volta em dólares americanos depois de seis dias: C$ 5.271.053 = $ 4.954.789 (com base na taxa de câmbio antecipada de $ 0,94 por C$ depois de seis dias).
   e) A taxa de juros devida sobre o empréstimo de dólares americanos é de 0,10% ao longo do período de seis dias. Portanto, o montante devido como resultado do empréstimo será de $ 5.005.000 (calculados como $ 5.000.000 × [1 + 0,001]).
   f) Espera-se que a estratégia origine um ganho de ($ 4.954.789 − $ 5.005.000) = −$ 50.211.

Respostas às Questões do Autoteste do Capítulo 5

1. O lucro líquido do especulador será de -$ 0,01 por unidade.
   O lucro líquido do especulador de um contrato será de –$ 500 (calculados como –$ 0,01 × 50.000 unidades).
   A taxa à vista teria de ser $ 0,66 para que o especulador não ganhe nem perca.
   O lucro líquido do vendedor da opção de compra será de $ 0,01 por unidade.
2. O especulador deve exercer a opção.
   O lucro líquido do especulador será de $ 0,04 por unidade.
   O lucro líquido do vendedor da opção de venda será de –$ 0,04 por unidade.
3. O prêmio pago é maior para opções com datas de vencimento mais longas (outras coisas permanecendo iguais). As empresas poderão preferir não pagar prêmios altos assim.

Respostas às Questões do Autoteste do Capítulo 6

1. As forças de mercado fazem com que a oferta e a demanda do iene no mercado de câmbio estrangeiro mudem, o que causa uma mudança na taxa de câmbio de equilíbrio. Os bancos centrais poderiam intervir para afetar as condições de oferta e demanda no mercado de câmbio estrangeiro, mas eles nem sempre poderão suprimir as forças que alteram o mercado. Por exemplo, se houvesse um grande aumento na demanda americana por ienes e nenhum aumento na oferta do iene à venda, os bancos centrais teriam de aumentar a oferta do iene no mercado de câmbio estrangeiro para compensar o aumento na demanda.
2. O Federal Reserve poderia utilizar a intervenção direta vendendo parte de suas reservas de dólares em troca de pesos no mercado de câmbio estrangeiro. Ele poderia também utilizar a intervenção indireta procurando reduzir as taxas de juros americanas por meio de política monetária. Especificamente, ele poderia aumentar a oferta de dinheiro dos Estados Unidos, o que pressionará as taxas de juros americanas para baixo (supondo que as expectativas de inflação não se alterem). As taxas de juros americanas mais baixas nos Estados Unidos deverão desencorajar o investimento estrangeiro nos Estados Unidos e incentivar o aumento no investimento em títulos estrangeiros pelos investidores americanos. As duas forças tendem a enfraquecer o valor do dólar.
3. Um dólar mais fraco tende a aumentar a demanda por produtos americanos porque o preço pago por um montante específico de dólares por empresas não-americanas é reduzido. Além disso, a demanda americana por produtos estrangeiros é reduzida porque mais dólares serão necessários para obter um montante específico de uma moeda estrangeira quando o dólar se enfraquece. As duas forças tendem a estimular a economia americana e, portanto, a aperfeiçoar a produtividade e reduzir o desemprego nos Estados Unidos.

Respostas às Questões do Autoteste do Capítulo 7

1. Não. A taxa de câmbio cruzada entre a libra e o C$ é apropriada, com base nas outras taxas de câmbio. Não há discrepância sobre qual se possa capitalizar.
2. Não. A arbitragem coberta de juros envolve a troca de dólares por libras. Supondo que os investidores iniciem com $ 1 milhão (o montante de partida não afetará a conclusão final), os dólares seriam convertidos em libras, como mostrado aqui.

$$\$ 1 \text{ milhão}/\$ 1,60 \text{ por } £ = £ \ 625.000$$

656 FINANÇAS CORPORATIVAS INTERNACIONAIS

O investimento britânico acumularia juros ao longo do período de 180 dias, o que resulta em:

$$£\,625.000 \times 1,04 = £\,650.000$$

Após 180 dias, as libras seriam convertidas em dólares:

$$£\,650.000 \times \$\,1,56 \text{ por libra} = \$\,1.014.000$$

Essa quantia reflete um retorno de 1,4% acima do montante com que os investidores dos Estados Unidos iniciaram. Os investidores poderiam simplesmente investir os recursos nos Estados Unidos a 3%. Portanto, os investidores dos Estados Unidos obteriam menos utilizando a estratégia de arbitragem coberta de juros do que investindo nos Estados Unidos.

3. Não. O desconto da taxa a termo sobre a libra não contrabalança perfeitamente o diferencial da taxa de juros. Na verdade, o desconto é de 2,5%, que é maior que o diferencial da taxa de juros. Os investidores americanos obtêm resultados piores se tentarem a arbitragem de juros coberta do que se investirem seus recursos nos Estados Unidos, porque a vantagem da taxa de juros sobre o investimento britânico será mais do que suprimida pelo desconto a termo.

    Mais esclarecimentos poderão ser úteis aqui. Apesar de os investidores americanos não poderem se beneficiar da arbitragem coberta de juros, os investidores britânicos poderão capitalizar a arbitragem coberta de juros. Embora os investidores britânicos obtenham 1% de juros a menos sobre o investimento nos Estados Unidos, eles adquirem libras a termo a um desconto de 2,5% no final do período de investimento. Quando a paridade da taxa de juros não existe, investidores de somente um dos dois países em questão poderão se beneficiar da utilização da arbitragem coberta de juros.

4. Havendo uma discrepância na precificação de uma moeda, pode-se capitalizá-la sobre ela utilizando várias formas de arbitragem descritas no capítulo. Quando a arbitragem ocorrer, as taxas de câmbio serão impulsionadas em direção aos níveis apropriados, porque os que se ocupam com a arbitragem comprarão uma moeda subvalorizada no mercado de câmbio estrangeiro (aumento na demanda pela moeda pressiona o seu valor para cima) e venderão uma moeda supervalorizada no mercado de câmbio estrangeiro (aumento na oferta da moeda à venda pressiona seu valor para baixo).

5. O desconto a termo de um ano sobre as libras se tornaria mais pronunciado (em torno de um ponto percentual a mais que antes) porque o spread entre as taxas de juros britânicas e as taxas de juros americanas aumentaria.

Respostas às Questões do Autoteste do Capítulo 8

1. Se os preços japoneses subirem devido à inflação japonesa, o valor do iene deverá cair. Assim, mesmo que o importador deva pagar mais ienes, ele se beneficiará do valor mais fraco do iene (ele pagará menos dólares por um dado montante de ienes). Portanto, poderá haver um efeito compensatório se a PPC se mantiver.

2. A paridade do poder de compra não necessariamente se mantém. No nosso exemplo, a inflação japonesa poderá subir (fazendo com que o importador pague mais ienes) e ainda assim o iene japonês não necessariamente se depreciará por um montante compensatório, ou de maneira alguma. Portanto, o montante de dólares a ser pago pelos suprimentos japoneses poderá aumentar ao longo do tempo.

3. A alta inflação causará um ajuste na balança comercial, em que os Estados Unidos reduzirão sua compra de produtos daqueles países, enquanto a demanda por produtos americanos por parte daqueles países aumentará (de acordo com a PPC). Conseqüentemente, haverá pressão para baixo sobre os valores dessas moedas.

4. $e_f = I_h - I_f$
$\quad = 3\% - 4\%$
$\quad = -0{,}01 \text{ ou } -1\%$
$S_{t+1} = S(1 + e_f)$
$\quad = \$\ 0{,}85[1 + (-0{,}01)]$
$\quad = \$\ 0{,}8415$

5. $e_f = \dfrac{(1 + i_h)}{(1 + i_f)} - 1$

$\quad = \dfrac{(1 + 0{,}06)}{(1 + 0{,}11)} - 1$

$\quad \cong -0{,}045 \text{ ou } -4{,}5\%$

$S_{t+1} = S(1 + e_f)$
$\quad = \$\ 0{,}90[1 + (-0{,}045)]$
$\quad = \$\ 0{,}8595$

6. De acordo com o EFI, o aumento na taxa de juros em cinco pontos percentuais reflete um aumento na inflação esperada em cinco pontos percentuais.

Se o ajuste de inflação ocorrer, a balança comercial deverá ser afetada, com o aumento da demanda australiana pelos produtos americanos e a queda na demanda dos Estados Unidos pelos produtos australianos. Portanto, o dólar australiano deverá se enfraquecer.

Se os investidores americanos acreditam no EFI, eles não procurarão capitalizar as taxas de juros australianas mais altas porque deverão esperar que o dólar australiano se deprecie ao longo do tempo.

Respostas às Questões do Autoteste do Capítulo 9

1. Taxa de juros de quatro anos dos Estados Unidos = $(1 + 0{,}07)^4 = 131{,}08\%$ ou $1{,}3108$. Taxa de juros de quatro anos do México = $(1 + 0{,}20)^4 = 207{,}36\%$ ou $2{,}0736$.

$p = \dfrac{(1 + i_h)}{(1 + i_f)} - 1 = \dfrac{1{,}3108}{2{,}0736} - 1$

$\quad\quad = -0{,}3679 \text{ ou } -36{,}79\%$

2. Dólar canadense $\dfrac{|\$\ 0{,}80 - \$\ 0{,}82|}{\$\ 0{,}82} = 2{,}44\%$

Iene japonês $\dfrac{|\$\ 0{,}012 - \$\ 0{,}011|}{\$\ 0{,}011} = 9{,}09\%$

A previsão de erro foi maior para o iene japonês.

3. A taxa a termo do peso teria superestimado a taxa à vista futura porque a taxa à vista teria caído no final de cada mês.

4. A eficiência de forma semiforte seria recusada, já que os valores da moeda não se ajustam imediatamente às informações públicas úteis.

5. Seria esperado que o peso se depreciasse porque a taxa a termo do peso apresentaria um desconto (seria menor que a taxa à vista). Portanto, a previsão derivada da taxa a termo será menor que a taxa à vista, o que implica uma depreciação antecipada do peso.

6. Como o capítulo sugere, previsões sobre moedas estão sujeitas a um alto grau de erro. Portanto, se o sucesso de um projeto for muito sensível ao valor futuro do bolívar, há muitas incertezas. Esse projeto poderia facilmente dar errado porque o valor do bolívar é muito incerto.

658 FINANÇAS CORPORATIVAS INTERNACIONAIS

Respostas às Questões do Autoteste do Capítulo 10

1. Os gestores possuem mais informações sobre a exposição da empresa ao risco da taxa de câmbio do que os acionistas e poderão fazer a sua proteção mais facilmente que eles. Os acionistas poderão preferir que os gestores a façam por eles. Os fluxos de caixa também poderão ser estabilizados como resultado da proteção, o que poderá reduzir o custo financeiro da empresa.
2. Os suprimentos canadenses teriam menos exposição ao risco da taxa de câmbio porque o dólar canadense é menos volátil que o peso mexicano.
3. A fonte mexicana será preferível porque a empresa poderá utilizar as entradas em peso para fazer os pagamentos dos materiais que ela importa.
4. Não. Se as exportações são precificadas em dólares, os fluxos de caixa em dólares recebidos das exportações dependerão da demanda do México, que será influenciada pelo valor do peso. Se o peso se depreciar, a demanda mexicana pelas exportações provavelmente cairá.
5. Os ganhos gerados pelas subsidiárias européias serão convertidos a um montante de dólares menor se o dólar se fortalecer. Portanto, os ganhos consolidados das EMNs com base nos Estados Unidos serão reduzidos.

Respostas às Questões do Autoteste do Capítulo 11

1. Montante de A$ a ser investido hoje = A$ 3.000.000/(1 + 0,12) = A$ 2.678.571
   Montante de $ dos Estados Unidos a ser tomado emprestado para ser convertido em A$ = A$ 2.678.571 × $ 0,85 = $ 2.276.785
   Montante de $ dos Estados Unidos necessário em um ano para liquidar o empréstimo = $ 2.276.785 × (1 + 0,07) = $ 2.436.160
2. A proteção com contrato a termo seria mais apropriada. Dada uma taxa a termo de $ 0,81, a Montclair precisará de $ 2.430.000 em um ano (calculados como A$ 3.000.000 × $ 0,81) ao utilizar uma proteção com contrato a termo.
3. A Montclair poderia adquirir opções de compra de moeda em dólares australianos. A opção poderia fazer a proteção contra a possível apreciação do dólar australiano. Todavia, se o dólar australiano se depreciar, a Montclair poderá deixar a opção expirar e comprar dólares australianos à taxa à vista, no momento em que precisar enviar o pagamento. Uma desvantagem da opção de compra de moeda é que deverá ser pago um prêmio por ela. Portanto, se a Montclair esperar que o dólar australiano se aprecie ao longo do ano, a proteção de mercado monetário provavelmente seria uma escolha melhor, visto que a flexibilidade fornecida pela opção não seria útil nesse caso.
4. Embora a Sanibel Co. esteja protegida do começo até o final do mês, a taxa a termo se tornará mais alta a cada mês porque a taxa futura oscila com a taxa à vista. Portanto, a empresa pagará mais dólares a cada mês, mesmo que esteja protegida durante o mês. A Sanibel será afetada adversamente pela consistente apreciação da libra.
5. A Sanibel Co. poderá se envolver com uma série de contratos a termo hoje para proteger os pagamentos a cada mês sucessivamente. Dessa maneira, ela congelará os pagamentos futuros hoje e não terá de concordar com as taxas a termo mais altas que poderão existir nos meses futuros.
6. Uma opção de venda de FS 2.000.000 custará $ 60.000. Se a taxa à vista do FS alcançar os $ 0,68 como esperado, a opção de venda será exercida, o que renderá $ 1.380.000 (calculados como FS 2.000.000 × $ 0,69). Contabilizando os custos do prêmio de $ 60.000, o

APÊNDICE A • RESPOSTAS ÀS QUESTÕES DOS AUTOTESTES **659**

montante a receber será convertido em $ 1.320.000. Se a Hopkins permanecer desprotegida, ela espera receber $ 1.360.000 (calculados como FS2.000.000 × $ 0,68). Portanto, será preferível a estratégia de permanecer desprotegida.

Respostas às Questões do Autoteste do Capítulo 12

1. A Salem poderia procurar adquirir seus produtos químicos de fontes canadenses. Então, se o C$ se depreciar, a redução nas entradas em dólares resultantes de suas exportações para o Canadá será parcialmente compensada pela redução nas saídas em dólares necessários para pagar pelas importações canadenses. Uma alternativa possível para a Salem seria financiar seus negócios com dólares canadenses, mas isso provavelmente seria uma solução menos eficiente.
2. Uma possível desvantagem é que a Salem abdicaria de alguns benefícios se o C$ se apreciar ao longo do tempo.
3. Os ganhos consolidados da Coastal Corp. serão afetados adversamente se a libra se depreciar porque os lucros britânicos serão convertidos em ganhos em dólares para o demonstrativo de resultados consolidado a uma taxa de câmbio mais baixa. A Coastal poderá procurar fazer a proteção de sua exposição à conversão vendendo as libras a termo. Se a libra se depreciar, ela se beneficiará da sua posição a termo, que poderá ajudar a compensar o efeito da conversão.
4. Esse argumento não possui solução perfeita. Parece que os acionistas penalizam a empresa por ganhos fracos, mesmo quando a razão desses ganhos for um euro fraco que possui efeitos de conversão adversos. É possível que os efeitos de conversão possam ter sido protegidos para estabilizar os ganhos, mas a Arlington poderá considerar informar os acionistas de que as principais mudanças nos ganhos são devidas a efeitos de conversão e não a mudanças na demanda do consumidor ou a outros fatores. Talvez os acionistas não respondam tão fortemente às mudanças dos ganhos se forem conscientizados de que as mudanças foram causadas principalmente pelos efeitos da conversão.
5. A Lincolnshire não possui exposição à conversão, uma vez que não possui subsidiárias estrangeiras. A Kalafa possui exposição resultante de sua subsidiária na Espanha.

Respostas às Questões do Autoteste do Capítulo 13

1. O exportador poderá não confiar no importador ou poderá estar preocupado que o governo imponha controles de câmbio que impedirão o pagamento ao exportador. Entretanto, o importador poderá não confiar que o exportador embarque os produtos pedidos e, portanto, poderá não pagar até que esses sejam recebidos. Os bancos comerciais poderão ajudar fornecendo garantias ao exportador no caso de o importador não pagar.
2. No financiamento com contas a receber, o banco fornece um empréstimo ao exportador com as contas a receber como garantia. Se o importador não pagar ao exportador, o exportador ainda é o responsável por reembolsar o banco. Factoring envolve a venda de contas a receber pelo exportador a uma assim chamada sociedade de factoring, de maneira que o exportador não mais seja responsável pelo pagamento do importador.
3. Os programas de garantia do Export-Import Bank fornecem proteção de médio prazo contra o risco de inadimplência do comprador estrangeiro devido ao risco político.

Respostas às Questões do Autoteste do Capítulo 14

1. $r_f = (1 + i_f)(1 + e_f) - 1$

   Se $e_f = -6\%$, $r_f = (1 + 0{,}09)[1 + (-0{,}06)] - 1$

   $\qquad = 0{,}0246$ ou 2,46%

   Se $e_f = 3\%$, $r_f = (1 + 0{,}09)(1 + 0{,}03) - 1$

   $\qquad = 0{,}1227$ ou 12,27%

2. $E(r_f) = 50\%(2{,}46\%) + 50\%(12{,}27\%)$

   $\qquad = 1{,}23\% + 6{,}135\%$

   $\qquad = 7{,}365\%$

3. $e_f = \dfrac{(1 + r_f)}{(1 + i)} - 1$

   $\quad = \dfrac{(1 + 0{,}08)}{(1 + 0{,}05)} - 1$

   $\quad = 0{,}0286$ ou 2,86%

4. $E(e_f) = $ (Taxa a termo $-$ Taxa à vista)/Taxa à vista

   $\qquad = (\$\ 0{,}60 - \$\ 0{,}62)/\$\ 0{,}62$

   $\qquad = -0{,}0322$, ou $-3{,}22\%$

   $E(r_f) = (1 + i_f)[1 + E(e_f)] - 1$

   $\qquad = (1 + 0{,}09)[1 + (-0{,}0322)] - 1$

   $\qquad = 0{,}0548$ ou 5,48%

5. A carteira de duas moedas não apresentará uma variação mais baixa do que qualquer uma das moedas individualmente porque as moedas tendem a oscilar juntas. Portanto, o efeito de diversificação é limitado.

Respostas às Questões do Autoteste do Capítulo 15

1. A subsidiária no País Y deverá ser afetada mais adversamente porque os recursos bloqueados não obterão tantos juros ao longo do tempo. Além disso, os recursos provavelmente serão convertidos em dólares a uma taxa de câmbio desfavorável porque se espera que a moeda se enfraqueça ao longo do tempo.

2. $E(r_f) = (1 + i_f)[1 + E(e_f)] - 1$

   $\qquad = (1 + 0{,}14)(1 + 0{,}08) - 1$

   $\qquad = 0{,}2312$ ou 23,12%

3. $E(e_f) = $ (Taxa a termo $-$ Taxa à vista)/Taxa à vista

   $\qquad = (\$\ 0{,}19 - \$\ 0{,}20)/\$\ 0{,}20$

   $\qquad = -0{,}05$, ou -5%

   $E(r) = (1 + i_f)[1 + E(e_f)] - 1$

   $\qquad = (1 + 0{,}11)[1 + (-0{,}05)] - 1$

   $\qquad = 0{,}0545$ ou 5,45%

APÊNDICE A • RESPOSTAS ÀS QUESTÕES DOS AUTOTESTES **661**

4. $e_f = \dfrac{(1+r)}{(1+i_f)} - 1$

$= \dfrac{(1+0,06)}{(1+0,90)} - 1$

$= -0,4421$ ou $-44,21\%$

Se o bolívar se depreciar em menos de 44,21% perante o dólar, ao longo do período de um ano, um depósito de um ano na Venezuela gerará um rendimento efetivo mais alto que um depósito de um ano nos Estados Unidos.

5. Sim. A paridade da taxa de juros desencorajaria as empresas americanas somente se forem proteger seus investimentos em depósitos estrangeiros utilizando contratos a termo. Enquanto as empresas acreditarem que a moeda não se depreciará a ponto de suprimir a vantagem da taxa de juros, elas poderão pensar em investir em países com taxas de juros altas.

Respostas às Questões do Autoteste do Capítulo 16

1. Possíveis razões poderão incluir:
   - Maior demanda do produto (dependendo do produto).
   - Tecnologia melhor no Canadá.
   - Menos restrições (menos interferência política).
2. Possíveis razões poderão incluir:
   - Maior demanda do produto (dependendo do produto).
   - Maior probabilidade de obtenção de lucros excepcionais (visto que muitos produtos não foram comercializados no México no passado).
   - Fatores de produção mais baratos (tais como terrenos e mão-de-obra).
   - Possível exploração de vantagens monopolistas.
3. As empresas dos Estados Unidos preferem entrar em um país quando a moeda do país estiver fraca. As empresas dos Estados Unidos normalmente preferem que a moeda estrangeira se aprecie depois de investirem seus dólares no desenvolvimento de uma subsidiária. O comentário do executivo sugere que o euro esteja forte demais, então qualquer investimento em dólares dos Estados Unidos não será convertido em euros suficientes para o investimento valer a pena.
4. Poderá ser mais fácil envolver-se em uma *joint venture* chinesa, que já se encontre bem-estabelecida, para burlar barreiras.
5. O governo poderá tentar estimular a economia dessa maneira.

Respostas às Questões do Autoteste do Capítulo 17

1. Além dos ganhos gerados na Jamaica, o *VPL* baseia-se em alguns fatores não controlados pela empresa, tais como a tributação do governo anfitrião esperada sobre os lucros, a retenção tributária pelo governo anfitrião e o valor residual a ser recebido quando o projeto for encerrado. Além disso, as projeções da taxa de câmbio afetarão as estimativas dos fluxos de caixa em dólares recebidos pela controladora quando os ganhos forem enviados.
2. O efeito mais evidente cai sobre os fluxos de caixa que serão gerados pelo centro de distribuição de vendas na Irlanda. Essas estimativas de caixa provavelmente serão revisadas em queda (devido às estimativas de venda baixas). Também será possível de o valor residual estimado ser reduzido. As estimativas da taxa de câmbio poderão ser revisadas como resulta-

do das condições econômicas revisadas. As alíquotas tributárias estimadas e impostas sobre o centro pelo governo irlandês poderão ser afetadas também pelas condições econômicas.

3. A New Orleans Exporting Co. deverá levar em consideração os fluxos de caixa que serão abandonados em resultado da fábrica, porque parte dos fluxos de caixa que a controladora costumava receber por meio de sua operação exportadora será eliminada. O *VPL* estimado será reduzido após esse fator ser levado em consideração.

4. a) Um aumento no risco ocasionará um aumento na taxa requerida de retorno da subsidiária, o que resultará em um valor descontado mais baixo do valor residual da subsidiária.

   b) Se a rupia se depreciar ao longo do tempo, o valor residual da subsidiária será reduzido porque os rendimentos serão convertidos em menos dólares.

5. Os fluxos de caixa em dólares da Wilmette Co. serão afetados mais porque os ganhos periódicos enviados da Tailândia a ser convertidos em dólares deverão ser maiores. Os fluxos de caixa em dólares da Niles não seriam tão afetados porque os pagamentos dos juros seriam feitos sobre os empréstimos da Tailândia antes que os ganhos pudessem ser enviados para os Estados Unidos. Portanto, um montante menor de ganhos será enviado.

6. A demanda pelo produto no país estrangeiro poderá ser muito incerta, fazendo com que a receita total seja incerta. As taxas de câmbio poderão ser muito incertas, criando incertezas acerca dos fluxos de caixa recebidos em dólares pela controladora dos Estados Unidos. O valor residual poderá ser muito incerto; isso terá um efeito maior se o tempo de vida do projeto for curto (para projetos com um tempo de vida muito longo, o valor descontado do valor residual é menor de qualquer forma).

Respostas às Questões do Autoteste do Capítulo 18

1. As aquisições aumentaram na Europa visando capitalizar sobre o lançamento do euro, o que criou uma moeda única européia para muitos países europeus. Isso não apenas eliminou o risco da taxa de câmbio sobre as transações entre os países participantes, mas também facilitou a comparação de avaliações entre os países europeus para determinar os locais em que os alvos são subestimados.

2. Restrições comuns incluem regulamentos do governo, tais como restrições antitruste, restrições ambientais e a burocracia.

3. O estabelecimento de uma nova subsidiária permitirá que uma EMN crie a subsidiária que desejar sem assumir as instalações ou os empregados existentes. No entanto, o processo de construir uma nova subsidiária e de empregar funcionários normalmente levará mais tempo do que o processo de adquirir uma empresa estrangeira existente.

4. O desinvestimento agora será mais viável porque os fluxos de caixa a ser recebidos pela controladora dos Estados Unidos estão reduzidos em conseqüência das projeções revisadas do valor da coroa.

Respostas às Questões do Autoteste do Capítulo 19

1. Primeiro, os consumidores da ilha poderão desenvolver uma filosofia de adquirir produtos feitos em seu país. Segundo, poderão descontinuar suas aquisições das exportações feitas pela Key West Co. como forma de protesto contra ações específicas do governo americano. Terceiro, os governos anfitriões poderão impor restrições severas sobre as lojas subsidiárias de propriedade da Key West Co. (incluindo o bloqueio de recursos a ser enviados para a controladora nos Estados Unidos).

APÊNDICE A • RESPOSTAS ÀS QUESTÕES DOS AUTOTESTES **663**

2. Primeiro, as ilhas poderão passar por condições econômicas fracas, o que poderá ocasionar rendimentos mais baixos para alguns moradores. Segundo, os moradores poderão estar sujeitos a uma inflação mais alta ou a taxas de juros mais altas, o que deverá reduzir o rendimento que eles poderiam alocar por meio de exportações. A depreciação das moedas locais também poderá elevar os preços locais a ser pagos pelos produtos exportados dos Estados Unidos. Todos os fatores descritos aqui poderão reduzir a demanda dos produtos exportados pela Key West Co.

3. Os riscos financeiros provavelmente serão uma preocupação maior. Os fatores de risco político são improváveis, com base nos produtos feitos pela Key West Co. e na ausência de produtos substitutos disponíveis em outros países. Os fatores de risco financeiro merecem sérias considerações.

4. Esse acontecimento elevou o risco país percebido para algumas empresas que possuem escritórios em áreas populosas (especialmente ao lado de escritórios militares ou do governo). Ele também elevou o risco para as empresas cujos empregados normalmente viajam para outros países e as empresas que fornecem serviços de escritório ou de viagem.

5. A Rockford Co. poderia estimar o valor presente líquido (*VPL*) do projeto sob três condições: (1) incluindo uma alíquota especial ao estimar os fluxos de caixa de volta para a controladora (probabilidade do cenário = 15%), (2) supondo que o projeto termine em dois anos incluindo um valor residual ao estimar o VPL (probabilidade do cenário = 15%), e (3) supondo que o governo canadense não intervenha (probabilidade do cenário = 70%). Isso resulta em três estimativas de *VPL*, uma para cada cenário. Esse método é menos arbitrário que aquele considerado pelos executivos da Rockford.

Respostas às Questões do Autoteste do Capítulo 20

1. O crescimento pode ter feito a Goshen requerer um grande montante de financiamento que não poderia ser fornecido completamente pelos lucros retidos. Além disso, as taxas de juros poderão ter sido baixas nesses países estrangeiros para tornar o financiamento de dívida uma alternativa atraente. Finalmente, o uso de dívida estrangeira pode reduzir o risco da taxa de câmbio já que o montante periódico de ganhos enviados é reduzido quando são exigidos os pagamentos de juros sobre a dívida estrangeira.

2. Se o risco país aumentou, a Lynde poderá procurar reduzir sua exposição a esse risco removendo seu investimento com capital próprio da subsidiária. Quando a subsidiária é financiada com recursos locais, os credores locais têm mais a perder do que a controladora se o governo anfitrião impuser sérias restrições sobre a subsidiária.

3. Não necessariamente. Empresas alemãs e japonesas tendem a ter mais apoio de outras empresas ou do governo se elas passarem por problemas de fluxo de caixa e poderão, portanto, ter condições de usar um maior grau de alavancagem financeira do que empresas da mesma indústria nos Estados Unidos.

4. O financiamento com dívida local é favorável porque ele poderá reduzir a exposição da EMN ao risco país e ao risco da taxa de câmbio. No entanto, as altas taxas de juros tornarão a dívida local muito cara. Se a controladora fizer um investimento com capital próprio na subsidiária para evitar os altos custos da dívida local, ela estará mais exposta ao risco país e ao risco da taxa de câmbio.

5. A resposta a essa questão depende se você acredita que o risco não sistemático seja relevante. Se o CAPM for usado como instrumento para medir o risco de um projeto, o risco do projeto estrangeiro será determinado como baixo, porque o risco sistemático é baixo. Isto é, o risco é específico do país anfitrião e não está relacionado às condições de mercado dos

664 FINANÇAS CORPORATIVAS INTERNACIONAIS

Estados Unidos. No entanto, se o risco não-sistemático for relevante, o projeto será considerado como tendo um alto grau de risco. Os fluxos de caixa do projeto são bem incertos, apesar de o risco sistemático ser baixo.

Respostas às Questões do Autoteste do Capítulo 21

1. Uma empresa poderá obter uma taxa de juros mais baixa emitindo obrigações denominadas em uma moeda diferente. A empresa converte os recursos obtidos da emissão para a moeda local, visando financiar as operações locais. Todavia, há um risco da taxa de câmbio porque a empresa precisará fazer pagamentos de juros e o pagamento do principal com a moeda que denomina a obrigação. Se essa moeda se apreciar perante a moeda local da empresa, os custos financeiros poderão se tornar maiores do que os esperados.

2. O risco está em o franco suíço se apreciar perante a libra ao longo do tempo, visto que a subsidiária britânica converterá periodicamente parte de seus fluxos de caixa de libras em francos para fazer os pagamentos dos juros.

   O risco aqui é menor do que seria se os rendimentos fossem usados para financiar as operações dos Estados Unidos. A oscilação do franco suíço perante o dólar é muito mais volátil que a oscilação do franco suíço perante a libra. O franco suíço e a libra historicamente oscilaram em conjunto a um certo grau perante o dólar, o que significa que há uma taxa de câmbio, de certa forma, estável entre as duas moedas.

3. Se essas empresas tomarem emprestados dólares americanos e os converterem para financiar os projetos locais, elas precisarão utilizar suas próprias moedas para obter dólares e fazer os pagamentos de juros. Essas empresas estarão altamente expostas ao risco da taxa de câmbio.

4. A Paxson Co. está exposta ao risco da taxa de câmbio. Se o iene se apreciar, o número de dólares necessários para a conversão em ienes aumentará. Na medida em que o iene se fortalece, o custo financeiro da Paxson ao fazer o financiamento em ienes poderá ficar maior do que se fizesse o financiamento com dólares.

5. A taxa de juros nominal incorpora a inflação esperada (de acordo com o assim chamado efeito Fisher). Portanto, as altas taxas de juros refletem uma inflação esperada alta. Os fluxos de caixa poderão ser aumentados pela inflação porque uma dada margem de lucros se converte em lucros maiores em conseqüência da inflação, mesmo se os custos aumentarem à mesma taxa que as receitas.

APÊNDICE B
Casos Suplementares

Capítulo 1   Ranger Supply Company

Motivação para o Comércio Internacional

A Ranger Supply Company é uma grande fabricante e distribuidora de material de escritório. Ela possui sua base em Nova York, mas envia suprimentos para empresas por todos os Estados Unidos. Ela comercializa seus produtos por meio do envio de grandes quantidades de catálogos a essas empresas. Seus clientes podem fazer os pedidos por telefone, e a Ranger envia os suprimentos sob pedido. A Ranger teve alta produtividade no passado. Isso é atribuído parcialmente à baixa rotatividade de empregados e ao moral alto, com os empregados recebendo a garantia de estabilidade no emprego até a aposentadoria.

A Ranger já possui uma grande parcela no mercado distribuidor de material de escritório nos Estados Unidos. Suas maiores concorrentes nesse país é uma empresa americana e outra canadense. Uma empresa britânica possui uma pequena participação no mercado dos Estados Unidos, mas está em desvantagem devido à sua distância. Os custos de marketing e de transporte no mercado americano são relativamente altos.

Apesar de o material de escritório da Ranger ser, de certa forma, semelhante ao dos concorrentes, ela conseguiu a maior parte do mercado americano porque sua alta eficiência lhe permitiu cobrar preços baixos das lojas no varejo. Ela espera uma queda na demanda total de seu material de escritório nos Estados Unidos nos próximos anos. No entanto, ela antecipa uma forte demanda de material de escritório no Canadá e no leste da Europa ao longo dos próximos anos. Os executivos da Ranger começaram a levar em consideração a exportação como método para compensar a possível queda na demanda por seus produtos.

a) A Ranger Supply Company planeja penetrar no mercado do Canadá ou no mercado do Leste Europeu por meio de exportações. Que fatores merecem ser considerados na decisão sobre qual mercado será mais viável?

b) Um gestor financeiro é responsável por desenvolver um plano de contingência em caso de, qualquer que seja o mercado escolhido, haver imposição de barreiras às exportações ao longo do tempo. Esse gestor propôs que a Ranger estabelecesse uma subsidiária no país em questão sob essas condições. Essa é uma estratégia razoável? Há alguma razão evidente para essa estratégia falhar?

666 FINANÇAS CORPORATIVAS INTERNACIONAIS

Capítulo 2   MapleLeaf Paper Company

Avaliação dos Efeitos das Mudanças nas Barreiras Comerciais

A MapleLeaf Paper Company é uma empresa canadense que produz um tipo particular de papel que não é produzido nos Estados Unidos, portanto, suas vendas se concentram lá. No ano passado, por exemplo, 180.000 de seus 200.000 rolos de papel foram vendidos para os Estados Unidos, e os 20.000 rolos remanescentes foram vendidos no Canadá. Ela possui um nicho nos Estados Unidos, mas como há alguns substitutos, a demanda americana dos produtos é sensível a qualquer alteração nos preços. Na verdade, a MapleLeaf estimou que a demanda americana sobe (cai) 3% para cada 1% de queda (aumento) no preço pago pelos consumidores dos Estados Unidos, outros fatores mantidos constantes.

Uma tarifa de 12% havia sido imposta historicamente sobre as exportações para os Estados Unidos. Então, no dia 2 de janeiro, um acordo de livre-comércio entre os Estados Unidos e o Canadá foi implantado, eliminando a tarifa. A MapleLeaf ficou maravilhada com a novidade, já que havia feito "lobby" pelo acordo de livre-comércio por vários anos.

Naquele momento, o dólar canadense valia $ 0,76. A MapleLeaf empregou uma empresa de consultoria para prever o valor do dólar canadense no futuro. A empresa espera que o dólar canadense valha $ 0,86 no final do ano e que, depois disso, se estabilize. As expectativas de um dólar canadense mais forte são guiadas por uma antecipação de que as empresas canadenses capitalizarão mais o acordo de livre-comércio do que as empresas dos Estados Unidos, o que fará com que a demanda americana pelos produtos canadenses aumente mais que a demanda canadense pelos produtos americanos (no entanto, espera-se que nenhuma outra empresa canadense penetre o mercado de papel dos Estados Unidos). A MapleLeaf não espera maiores mudanças na demanda geral de papel na indústria desse ramo dos Estados Unidos. Ela também está confiante de que seus únicos concorrentes continuarão sendo dois fabricantes dos Estados Unidos que produzem substitutos imperfeitos de seu papel. Espera-se que suas vendas no Canadá cresçam em cerca de 20% no final do ano, devido ao aumento na demanda total canadense de papel, e depois disso mantenham o nível. A MapleLeaf fatura suas exportações em dólares canadenses e planeja manter seu esquema de precificação, visto que seus custos de produção estão relativamente estáveis. Seus concorrentes nos Estados Unidos também continuarão com seu esquema de precificação. A MapleLeaf está confiante de que o acordo de livre-comércio será permanente. Ela inicia imediatamente a avaliação de suas perspectivas de longo prazo nos Estados Unidos.

a) Com base nas informações fornecidas, desenvolva uma previsão da produção anual da MapleLeaf (em rolos) necessária para satisfazer a demanda no futuro. Visto que os pedidos para esse ano já ocorreram, concentre-se nos anos posteriores.

b) Explique as razões subjacentes da alteração na demanda e das implicações.

c) Os efeitos gerais sobre a MapleLeaf serão semelhantes aos efeitos sobre um produtor de papel nos Estados Unidos que exporta papel para o Canadá? Explique.

Capítulo 3   Gretz Tool Company

Usando Mercados Monetários Internacionais

A Gretz Tool Company usando mercados monetários internacionais é uma grande empresa multinacional com base nos Estados Unidos com subsidiárias em oito países diferentes. A controladora da Gretz proveu uma infusão inicial de caixa para estabelecer cada subsidiária. No entanto, cada subsidiária teve de financiar seu próprio crescimento desde então. A controladora e as sub-

APÊNDICE B • CASOS SUPLEMENTARES **667**

sidiárias da Gretz caracteristicamente utilizam o Citicorp (o maior banco dos Estados Unidos, com filiais em inúmeros países), quando possível, para facilitar o fluxo dos recursos necessários.

a) Explique as várias maneiras como o Citicorp poderá facilitar o fluxo de recursos da Gretz e identifique o tipo de mercado monetário em que esse fluxo de recursos ocorre. Para cada tipo de transação financeira, especifique se o Citicorp servirá de credor ou simplesmente facilitará o fluxo de recursos para a Gretz.

b) Recentemente, a subsidiária britânica requisitou o Citicorp para conseguir um empréstimo de médio prazo e lhe foram oferecidas as seguintes alternativas:

Empréstimo Denominado em	Taxa Anual
Libras esterlinas	13%
Dólares americanos	11%
Dólares canadenses	10%
Ienes japoneses	8%

Quais características você acha que ajudarão a subsidiária a determinar qual moeda deverá tomar emprestada?

Capítulo 4   Bruin Aircraft, Inc.

Fatores que Afetam as Taxas de Câmbio

A Bruin Aircraft, Inc. é uma projetista e fabricante de peças de avião. Sua fábrica situa-se na Califórnia e cerca de um terço de suas vendas é exportado para o Reino Unido. Embora a Bruin fature suas exportações em dólares, a demanda por suas exportações é altamente sensível ao valor da libra esterlina. Para manter seu estoque de peças em um nível apropriado, ela precisa prever a demanda total de suas peças, o que, de certa forma, depende do valor previsto da libra. A tarefa de prever o valor da libra (perante o dólar) para cada um dos próximos cinco anos foi designada ao tesoureiro da Bruin. Ele planejou pedir ao economista-chefe da empresa as previsões de todos os fatores relevantes que poderiam afetar a taxa de câmbio futura da libra. Ele decidiu organizar sua planilha separando os fatores relacionados com a demanda, dos fatores relacionados com a oferta, como ilustrado pelos seguintes tópicos:

Fatores que afetam o valor da libra	Marque (✓) aqui se o fator influenciar a demanda americana por libras	Marque (✓) aqui se o fator influenciar a oferta de libras à venda

Ajude o tesoureiro a identificar os fatores da primeira coluna e depois marque a segunda ou terceira coluna (ou ambas). Inclua fatores relacionados ao governo e seja específico (ligue a descrição às informações específicas fornecidas aqui).

Capítulo 5   Capital Crystal, Inc.

Utilizando Futuros e Opções de Moeda

A Capital Crystal, Inc. é um grande importador de cristal do Reino Unido. O cristal é vendido para lojas varejistas de prestígio por todos os Estados Unidos. As importações são denomina-

668 FINANÇAS CORPORATIVAS INTERNACIONAIS

das em libras esterlinas (£). Todo trimestre, a Capital precisa de £ 500 milhões. Atualmente, ela procura determinar se deverá utilizar futuros de moeda ou opções de moeda, para fazer a proteção das importações de daqui a três meses, ou se fará a proteção. A taxa à vista da libra é de $ 1,60. Um contrato de futuros de três meses de libras está disponível por $ 1,59 a unidade. Uma opção de compra de libras está disponível com uma data de vencimento de três meses e um preço de exercício de $ 1,60. O prêmio a ser pago sobre a opção de compra é de $ 0,01 por unidade.

A Capital está bem confiante de que o valor da libra subirá até pelo menos $ 1,62 em três meses. Suas previsões anteriores do valor da libra têm sido bem exatas. O estilo de administração da Capital é bem avesso a riscos. Os gestores recebem uma gratificação no final do ano se satisfizeram os padrões mínimos de desempenho. A gratificação é fixa, independentemente de quanto acima do mínimo for o desempenho. Se o desempenho for abaixo do mínimo, não haverá gratificação, e avanços futuros dentro da empresa não ocorrerão.

Como gestor financeiro da Capital, foi designada a você a tarefa de escolher entre as três estratégias possíveis: (1) fazer a proteção da posição das libras comprando futuros, (2) fazer a proteção da posição das libras comprando opções de compra, ou (3) não fazer a proteção. Dê sua sugestão e justifique-a.

Tome as informações anteriores que foram fornecidas, exceto com essa diferença: a Capital revisou sua previsão do valor da libra em $ 1,57 para daqui a três meses. Dada essa revisão, sugira se a Capital deverá (1) fazer a proteção da posição das libras esterlinas comprando futuros, (2) fazer a proteção da posição das libras esterlinas comprando opções de compra ou (3) não fazer a proteção. Justifique sua sugestão. Sua sugestão é consistente com a maximização da riqueza do acionista?

Capítulo 6   Hull Importing Company

Efeitos da Intervenção sobre as Despesas de Importação

A Hull Importing Company é uma empresa com base nos Estados Unidos que importa pequenos itens para presente e os vende a lojas de presentes nos Estados Unidos. Cerca da metade do valor das aquisições da Hull vem do Reino Unido, e a outra metade, do México. Os produtos importados são denominados na moeda do país em que são produzidos. A Hull normalmente não faz a proteção de suas aquisições.

Nos anos anteriores, o peso mexicano e a libra flutuaram substancialmente perante o dólar (embora não no mesmo grau). As despesas da Hull estão presas diretamente aos valores dessas moedas, porque todos os seus produtos são importados. Ela tem sido bem-sucedida porque os itens para presentes importados são, de certa forma, singulares e são atraentes aos consumidores americanos. No entanto, a Hull não consegue repassar os custos mais altos (devido ao dólar mais fraco) aos consumidores, porque os consumidores passariam a comprar outros itens para presentes vendidos em outras lojas.

a) A Hull espera que o banco central do México aumente as taxas de juros e que a inflação mexicana não seja afetada. Dê algumas considerações de como o valor do peso poderá se alterar e de como os lucros da Hull serão afetados em conseqüência disso.

b) A Hull costumava monitorar de perto as intervenções do governo pelo Banco da Inglaterra (o banco central britânico) sobre o valor da libra. Suponha que o Banco da Inglaterra intervenha para fortalecer o valor da libra em relação ao dólar em 5%. Isso terá um efeito favorável ou desfavorável sobre o negócio da Hull?

APÊNDICE B • CASOS SUPLEMENTARES **669**

Capítulo 7   Zuber, Inc.

Utilizando a Arbitragem Coberta de Juros

A Zuber, Inc. é uma EMN com base nos Estados Unidos que busca com vigor negócios no Leste Europeu desde que a Cortina de Ferro foi eliminada em 1989. A Polônia permitiu que o valor de sua moeda fosse determinado pelo mercado. A taxa à vista do zloty polonês é de $ 0,40. A Polônia também começou a autorizar investimentos de investidores estrangeiros, como método de atrair recursos para ajudar a construir sua economia. Sua taxa de juros sobre títulos de um ano emitidos pelo governo federal é de 14%, o que é substancialmente mais alto que a taxa de 9% oferecida atualmente sobre títulos de um ano do Tesouro dos Estados Unidos.

Um banco local começou a criação de um mercado a termo para o zloty. Esse banco foi privatizado recentemente e está procurando fazer seu nome em negócios internacionais. O banco cotou uma taxa a termo de um ano de $ 0,39 para o zloty. Como empregado da divisão do mercado monetário internacional da Zuber, você recebeu o pedido de avaliar a possibilidade de investimento de recursos de curto prazo na Polônia. Você está encarregado de investir $ 10 milhões ao longo do próximo ano. Seu objetivo é obter o maior retorno possível, mantendo toda a segurança (visto que a empresa precisará dos recursos no ano seguinte).

Uma vez que a taxa de câmbio recentemente se tornou determinada pelo mercado, há uma alta probabilidade de o valor do zloty ser bem volátil por vários anos, enquanto busca seu valor de equilíbrio real. O valor esperado do zloty daqui a um ano é de $ 0,40, mas há um alto grau de incerteza a respeito disso. O valor real daqui a um ano poderá ser de até 40% acima ou abaixo desse valor esperado.

a) Você estaria disposto a investir recursos na Polônia sem fazer a proteção de sua posição? Explique.
b) Sugira como a arbitragem coberta de juros poderia ser efetuada. Qual é o retorno esperado com a utilização da arbitragem coberta?
c) Quais riscos estão envolvidos com o uso da arbitragem coberta neste caso?
d) Se você tivesse de escolher entre investir seus recursos em títulos do Tesouro dos Estados Unidos a 9% ou utilizar a arbitragem coberta de juros, qual seria sua escolha? Justifique sua resposta.

Capítulo 8   Flame Fixtures, Inc.

Aplicação Comercial da Paridade do Poder de Compra

A Flame Fixtures, Inc. é um pequeno negócio no Arizona que produz e vende fixadores para luminárias. Seus custos e receitas têm sido estáveis ao longo do tempo. Seus lucros são adequados, mas a Flame busca meios de aumentar seus lucros no futuro. Recentemente, ela iniciou negociações com uma empresa mexicana chamada Corón Company, da qual comprará algumas peças necessárias. A cada três meses, a Corón Company fornecerá um número específico de peças com o faturamento em pesos mexicanos. Com as peças sendo produzidas pela Corón, a Flame espera economizar cerca de 20% dos custos de produção. A Corón estará disposta a fazer o negócio se tiver certeza de receber um volume mínimo específico de pedidos a cada três meses ao longo dos próximos dez anos, por um montante mínimo específico. Será exigido que a Flame utilize seus ativos para servir como garantia, em caso de não cumprir suas obrigações.

O preço das peças se alterará ao longo do tempo em resposta aos custos de produção. A Flame reconhece que o custo da Corón aumentará substancialmente ao longo do tempo, como

670 FINANÇAS CORPORATIVAS INTERNACIONAIS

conseqüência do índice de inflação muito alto do México. Portanto, o preço cobrado em pesos subirá igualmente de forma substancial a cada três meses. No entanto, a Flame sente que, devido à concepção da paridade do poder de compra (PPC), seus pagamentos em dólares para a Corón serão bem estáveis. De acordo com a PPC, se a inflação mexicana for mais alta que a inflação americana, o peso se enfraquecerá perante o dólar segundo essa diferença. Uma vez que a Flame não possui muita liquidez, ela poderá passar por sérias faltas de caixa se suas despesas forem maiores do que as antecipadas.

A demanda dos produtos da Flame é bem estável e espera-se que continue assim. Uma vez que se espera que o índice de inflação americano seja bem baixo, a Flame igualmente continuará determinando o preço de suas luminárias pelos preços de hoje (em dólares). Ela acredita, que economizando 20% sobre os custos de produção aumentará substancialmente seus lucros. Ela está praticamente pronta para assinar o contrato com a Corón Company.

a) Descreva um cenário que faria com que a Flame economizasse até mais que 20% sobre os custos de produção.

b) Descreva um cenário que poderia fazer com que a Flame, na verdade, incorresse em custos de produção mais altos do que se ela simplesmente tivesse as peças sendo produzidas nos Estados Unidos.

c) Você acha que a Flame terá saídas de pagamentos em dólares estáveis para a Corón ao longo do tempo? Explique (suponha que o número de peças encomendadas será constante ao longo do tempo).

d) Você acha que o risco da Flame se alterará de alguma forma como resultado de seu novo relacionamento com a Corón? Explique.

Capítulo 9   Whaler Publishing Co.

Previsão de Taxa de Câmbio

A Whaler Publishing Co. é especialista na produção de livros-texto nos Estados Unidos e na comercialização desses livros em universidades estrangeiras em que a língua inglesa é utilizada. Suas vendas são faturadas na moeda do país para onde os livros-texto são vendidos. As receitas esperadas dos livros-texto vendidos para as livrarias das universidades são mostradas na Tabela B.1.

A Whaler está tranqüila com as receitas estrangeiras estimadas em cada país. No entanto, ela está bem incerta a respeito das receitas em dólares americanos a ser recebidos de cada país. Neste momento (que é o início do Ano 16), a Whaler utiliza a taxa à vista de hoje como seu melhor palpite da taxa de câmbio pela qual as receitas de cada país serão convertidas em dólares no final deste ano (o que implica uma variação percentual zero no valor de cada moeda). Todavia, ela reconhece o possível erro associado com esse tipo de previsão. Portanto, ela deseja incorporar o risco que envolve cada previsão de moeda criando intervalos de confiança para cada moeda. Primeiro, ela deverá derivar a variação percentual na taxa de câmbio ao longo de cada um dos últimos 15 anos de cada moeda para obter um desvio-padrão na variação percentual de cada moeda estrangeira. Ao supor que as variações percentuais nas taxas de câmbio estejam distribuídas normalmente, ela planeja desenvolver dois intervalos de previsões da variação percentual anual de cada moeda: (1) um desvio-padrão em cada direção a partir de seu melhor palpite para desenvolver um intervalo de confiança de 68%, e (2) dois desvios-padrão em cada direção a partir de seu melhor palpite para desenvolver um intervalo de confiança de 95%. Esses intervalos de confiança poderão então ser aplicados às taxas à vista para desenvolver intervalos de confiança da taxa à vista futura para daqui a um ano.

APÊNDICE B • CASOS SUPLEMENTARES **671**

Livrarias de Universidades no(a)	Moeda Local	Taxa de Câmbio à Vista de Hoje	Receitas Esperadas das Livrarias neste Ano
Austrália	Dólar australiano (A$)	$ 0,7671	A$ 38.000.000
Canadá	Dólar canadense (C$)	0,8625	C$ 35.000.000
Nova Zelândia	Dólar da Nova Zelândia (N$)	0,5985	NZ$ 33.000.000
Reino Unido	Libra (£)	1,9382	£ 34.000.000

Tabela B.1   Receitas esperadas da venda dos livros-texto para livrarias de universidades.

As taxas de câmbio no início de cada um dos últimos 16 anos de cada moeda (referente ao dólar americano) são mostradas aqui.

Início do Ano	$ Australiano	$ Canadense	$ da Nova Zelândia	Libra Esterlina
1	$ 1,2571	$ 0,9839	$ 1,0437	£ 2,0235
2	1,0864	0,9908	0,9500	1,7024
3	1,1414	0,9137	1,0197	1,9060
4	1,1505	0,8432	1,0666	2,0345
5	1,1055	0,8561	0,9862	2,2240
6	1,1807	0,8370	0,9623	2,3850
7	1,1279	0,8432	0,8244	1,9080
8	0,9806	0,8137	0,7325	1,6145
9	0,9020	0,8038	0,6546	1,4506
10	0,8278	0,7570	0,4776	1,1565
11	0,6809	0,7153	0,4985	1,4445
12	0,6648	0,7241	0,5235	1,4745
13	0,7225	0,8130	0,6575	1,8715
14	0,8555	0,8382	0,6283	1,8095
15	0,7831	0,8518	0,5876	1,5772
16	0,7671	0,8625	0,5985	1,9382

Os intervalos de confiança de cada moeda poderão ser aplicados às receitas esperadas para derivar os intervalos de confiança dos dólares americanos a ser recebidos de cada país. Complete essa tarefa para a Whaler Publishing Co. e também classifique as moedas em termos de incertezas (grau de volatilidade). Uma vez que os dados da taxa de câmbio fornecidos são reais, a análise indicará (1) quanto as moedas podem ser voláteis, (2) quanto algumas moedas são mais voláteis que outras e (3) como receitas estimadas poderão estar sujeitas a um alto grau de incerteza como conseqüência de taxas de câmbio incertas (se você utilizar uma planilha para resolver esse caso, poderá utilizá-la para o próximo capítulo, visto que o próximo caso é uma extensão deste).

Capítulo 10   Whaler Publishing Co.

Medindo a Exposição ao Risco da Taxa de Câmbio

Lembre da situação da Whaler Publishing Co. do capítulo anterior. A Whaler precisou desenvolver intervalos de confiança de quatro taxas de câmbio para derivar intervalos de confiança

672 FINANÇAS CORPORATIVAS INTERNACIONAIS

para os fluxos de caixa em dólares a ser recebidos de quatro países diferentes. Cada intervalo de confiança foi isolado para um país em particular.

Suponha que a Whaler gostaria de estimar a abrangência de seus fluxos de caixa a ser gerados em outros países. Uma planilha deverá ser desenvolvida no computador para facilitar esse exercício. A Whaler planeja estimular a conversão da moeda do fluxo de caixa para dólares, utilizando cada um dos anos anteriores como um possível cenário (lembre que os dados da taxa de câmbio são fornecidos no caso original do Capítulo 9). Especificamente, a Whaler determinará a variação percentual anual na taxa à vista de cada moeda para um dado ano. Então, ela aplicará esse percentual às respectivas taxas à vista existentes para determinar uma possível taxa à vista em um ano para cada moeda. Lembre que se supõe que as taxas à vista de hoje sejam como segue:

- Dólar australiano = $ 0,7671.
- Dólar canadense = $ 0,8625.
- Dólar neozelandês = $ 0,5985.
- Libra esterlina = £ 1,9382.

Uma vez que a taxa à vista seja prevista para daqui a um ano em cada moeda, as receitas recebidas em dólares americanos poderão ser previstas. Por exemplo, do Ano 1 para o Ano 2, o dólar australiano caiu em cerca de 13,6%. Se essa variação percentual ocorrer esse ano, a taxa à vista do dólar australiano cairá da taxa de hoje de $ 0,7671 para cerca de $ 0,6629. Nesse caso, os A$ 38.000.000 a ser recebidos seriam convertidos em $ 25.190.200. As mesmas tarefas deverão ser feitas para as outras três moedas, assim como para estimar os fluxos de caixa totais em dólares sob esse cenário.

Esse processo poderá ser repetido, utilizando cada um dos anos anteriores como cenário possível. Haverá 15 cenários possíveis, ou 15 previsões de fluxos de caixa totais em dólares. Espera-se que cada um desses cenários de fluxos de caixa possua uma igual probabilidade de ocorrência. Ao assumir que esses fluxos de caixa sejam distribuídos normalmente, a Whaler utilizará o desvio-padrão dos fluxos de caixa totais possíveis de todos os 15 cenários para desenvolver intervalos de confiança de 68% e de 95% envolvendo o "valor esperado" do nível total dos fluxos de caixa em dólares a ser recebidos em um ano.

a) Realize essas tarefas para a Whaler para determinar esses intervalos de confiança sobre o nível total dos fluxos de caixa em dólares americanos a ser recebidos. A Whaler utiliza a metodologia descrita aqui, em vez de simplesmente combinar os resultados de países individuais (do capítulo anterior), porque as oscilações da taxa de câmbio poderão ser correlacionadas.

b) Examine as variações percentuais das quatro taxas de câmbio. Elas parecem ser correlacionadas positivamente? Estime o coeficiente de correlação entre as oscilações da taxa de câmbio com uma calculadora ou com planilhas eletrônicas. Com base nessa análise, preencha a seguinte matriz de correlações de coeficientes:

	A$	C$	NZ$	£
A$	1,00			
C$		1,00		
NZ$			1,00	
£				1,00

Os fluxos de caixa totais em dólares a ser recebidos pela Whaler serão mais arriscados do que se as oscilações da taxa de câmbio fossem completamente independentes? Explique.

APÊNDICE B • CASOS SUPLEMENTARES **673**

c) Um executivo da Whaler sugeriu que uma maneira mais eficiente de derivação de intervalos de confiança seria utilizar as taxas de câmbio, em vez das variações percentuais, como cenários e derivar as estimativas de fluxo de caixa em dólares diretamente delas. Você acha que esse método seria mais preciso do que o utilizado no momento pela Whaler? Explique.

Capítulo 11   Blackhawk Company

Previsão de Taxas de Câmbio e a Decisão de Proteção

Esse caso pretende ilustrar como as previsões de taxas de câmbio e as decisões de proteção estão relacionadas. A Blackhawk Company importa produtos da Nova Zelândia e planeja adquirir NZ\$ 800.000 daqui a um trimestre para pagar as importações. Como tesoureiro da Blackhawk, você é responsável por determinar se e como a empresa deverá fazer a proteção dessa posição de contas a pagar. Várias tarefas deverão ser completadas antes de você poder tomar suas decisões. A análise completa poderá ser realizada utilizando planilhas do Lotus ou do Excel. Seu primeiro objetivo é avaliar três modelos diferentes de previsão do valor do NZ\$ no final do trimestre (também chamado de taxa à vista futura ou TVF):

- Utilização da taxa a termo (TF) no início do trimestre.
- Utilização da taxa à vista (TV) no início do trimestre.
- Estimativa da influência histórica do diferencial da inflação durante cada trimestre sobre a variação percentual do NZ\$ (o que leva a uma previsão da TVF do NZ\$).

Os dados históricos a ser utilizados para essa análise são fornecidos na Tabela B.2.

a) Utilize a análise de regressão para determinar se a taxa a termo é um estimador não-tendencioso da taxa à vista no final do trimestre.

b) Utilize uma abordagem simplificada para avaliar os sinais de erros de previsão ao longo do tempo. Você detecta alguma tendência ao utilizar a TF para fazer a previsão? Explique.

c) Determine o erro médio absoluto de previsão ao utilizar a taxa a termo para fazer previsões.

d) Determine se a taxa à vista do NZ\$ no início do trimestre é um estimador não-tendencioso da taxa à vista no final do trimestre utilizando a análise de regressão.

e) Utilize uma abordagem simplificada para avaliar os sinais de erros de previsões ao longo do tempo. Você detecta alguma tendência ao utilizar a taxa à vista para fazer previsões? Explique.

f) Determine o erro médio absoluto de previsão ao utilizar a taxa à vista para fazer previsões. Qual taxa fornece a previsão mais exata da taxa à vista futura (TVF): a taxa à vista ou a taxa futura? Explique.

g) Utilize o seguinte modelo de regressão para determinar a relação entre o diferencial de inflação (chamado de *DIFF* e definido como a inflação dos Estados Unidos menos a inflação da Nova Zelândia) e a variação percentual do NZ\$ (chamada de PNZ\$):

$$\text{PNZ\$} = b_0 = b_1 DIFF$$

Uma vez que você tenha determinado os coeficientes de b_0 e b_1, utilize-os para prever a PNZ\$ com base em uma previsão de 2% para *DIFF* do próximo trimestre. Então, aplique sua previsão para PNZ\$ à taxa à vista predominante (que é de \$ 0,589) para derivar a TVF do NZ\$.

h) A Blackhawk planeja desenvolver uma distribuição de probabilidade para a TVF. Primeiro, ela designará uma probabilidade de 40% para a previsão da TVF derivada da análise de regressão da questão anterior. Segundo, ela designará uma probabilidade de 40%

674 FINANÇAS CORPORATIVAS INTERNACIONAIS

Trimestre	Taxa à Vista do NZ$ no Início do Trimestre	Taxa a Termo de 90 Dias do NZ$ no Início do Trimestre	Taxa à Vista do NZ$ no Final do Trimestre	Diferencial de Inflação do Último Trimestre	Variação Percentual em NZ$ ao longo do Trimestre
1	$ 0,3177	$ 0,3250	$ 0,3233	–0,05%	1,76%
2	0,3233	0,3272	0,3267	–0,46	1,05
3	0,3267	0,3285	0,3746	0,66	14,66
4	0,3746	0,3778	0,4063	0,94	8,46
5	0,4063	0,4093	0,4315	0,58	6,20
6	0,4315	0,4344	0,4548	0,23	5,40
7	0,4548	0,4572	0,4949	0,02	8,82
8	0,4949	0,4966	0,5153	1,26	4,12
9	0,5153	0,5169	0,5540	0,86	7,51
10	0,5540	0, 5574	0,5465	0,54	–1,35
11	0,5465	0,5510	0,5440	1,00	–0,46
12	0,5440	0,5488	0,6309	1,09	15,97
13	0,6309	0,6365	0,6027	0,78	–4,47
14	0,6027	0,6081	0,5409	0,23	–10,25
15	0,5491	0,5538	0,5320	0,71	–3,11
16	0,5320	0,5365	0,5617	1,18	5,58
17	0,5617	0,5667	0,5283	0,70	–5,95
18	0,5283	0,5334	0,5122	–0,31	–3,05
19	0,5122	0,5149	0,5352	0,62	4,49
20	0,5352	0,5372	0,5890	0,87	10,05
21 (Agora)	0,5890	0,5878	(a ser previsto)	0,28	(a ser previsto)

Tabela B.2   Dados históricos para análise.

para a previsão da TVF com base na taxa a termo ou na taxa à vista (aquela que foi mais precisa de acordo com sua análise anterior). Terceiro, ela designará uma probabilidade de 20% para a previsão da TVF com base na taxa a termo ou na taxa à vista (aquela que foi menos precisa de acordo com sua análise anterior).

Preencha a seguinte tabela:

Probabilidade	TVF
40%	
40	
20	

i) Supondo que a Blackhawk não faz a proteção, preencha a tabela:

Probabilidade	Montante de Dólares Necessários Previstos para Pagar Importações daqui a 90 Dias
40%	
40	
20	

APÊNDICE B • CASOS SUPLEMENTARES **675**

j) Com base na distribuição de probabilidade da TVF, utilize a tabela a seguir para determinar a distribuição de probabilidade para o custo real de proteção se um contrato a
termo for utilizado para fazer a proteção (lembre-se de que a taxa a termo de 90 dias
predominante é de $ 0,5878).

Probabilidade	Montante de Dólares Necessários Previstos se For Feita a Proteção com um Contrato a Termo	Montante de Dólares Necessários Previstos, se não se Fizer a Proteção	Custo Real de Proteção Previsto de Contas a Pagar
40%			
40			
20			

k) Se a Blackhawk fizer a proteção de sua posição, ela utilizará ou uma taxa a termo de 90
dias ou uma proteção de mercado monetário ou uma opção de compra. Os seguintes
dados estão disponíveis no momento de sua decisão:

- Taxa à vista = $ 0,589.
- Taxa a termo de 90 dias = $ 0,5878.
- Taxa de tomada de empréstimo nos Estados Unidos de 90 dias = 2,5%.
- Taxa de investimento nos Estados Unidos de 90 dias = 2,3%.
- Taxa de tomada de empréstimo na Nova Zelândia de 90 dias = 2,4%.
- Taxa de investimento na Nova Zelândia de 90 dias = 2,1%.
- A opção de compra de NZ$ possui um prêmio de $ 0,01 por unidade.
- A opção de compra de NZ$ possui um preço de exercício de $ 0,60.

Determine a distribuição de probabilidade dos dólares necessários para uma opção de compra, se utilizada (inclua o prêmio pago), preenchendo a seguinte tabela:

Probabilidade	TVF	Dólares Necessários para Contas a Pagar
40%		
40		
20		

l) Compare a proteção com contrato a termo com a proteção de mercado monetário. Qual
é superior? Por quê?

m) Compare ou a proteção com contrato a termo ou a proteção de mercado monetário (a
que for melhor) com a proteção com opção de compra. Se você fizer a proteção, qual
técnica você usaria? Por quê?

n) Compare a proteção que você acredita ser a melhor com a estratégia de deixar a posição
desprotegida. Você deveria fazer a proteção ou permanecer desprotegido? Explique.

Capítulo 12   Madison, Inc.

Avaliação de Exposição Econômica

A situação da Madison, Inc. foi descrita neste capítulo para ilustrar como as estruturas operacionais alternativas poderão afetar a exposição econômica às oscilações da taxa de câmbio. Ken

676 FINANÇAS CORPORATIVAS INTERNACIONAIS

Moore, o vice-presidente financeiro da Madison, Inc. estava considerando seriamente uma mudança na estrutura operacional proposta e descrita no texto. Ele estava determinado a estabilizar os lucros antes dos impostos e acreditava que a abordagem proposta atingiria esse objetivo. A empresa esperava que o dólar canadense se depreciasse consistentemente ao longo dos próximos anos. Ao longo do tempo, suas previsões foram bem precisas. Moore deu pouca atenção às previsões, declarando que, independentemente de como o dólar canadense variasse, os lucros futuros seriam mais estáveis sob a estrutura operacional proposta. Ele também foi alertado constantemente de como o dólar canadense fortalecido em alguns anos afetou adversamente os ganhos da empresa. Na verdade, ele tinha até a preocupação de poder perder seu emprego, se os efeitos adversos da exposição econômica continuassem.

a) Uma estrutura operacional revisada neste momento seria de maior interesse dos acionistas? Seria de maior interesse do vice-presidente?

b) Como uma estrutura operacional revisada poderia ser viável da perspectiva do vice-presidente, mas não da perspectiva dos acionistas? Explique como a empresa poderá assegurar que o vice-presidente tome decisões relacionadas à exposição econômica que são do interesse maior dos acionistas.

Capítulo 13   Ryco Chemical Company

Utilizando Trocas Comerciais

A Ryco Chemical Company produz uma ampla variedade de produtos químicos que são vendidos para empresas industriais. Alguns dos produtos químicos utilizados em seu processo de fabricação são importados da Concellos Chemical Company no Brasil. A Concellos utiliza algumas substâncias químicas, no seu processo de produção, que são feitas pela Ryco (embora a Concellos historicamente tenha adquirido essas substâncias de outra empresa química dos Estados Unidos e não da Ryco). O real brasileiro tem se depreciado continuamente perante o dólar, portanto, o custo de aquisição de produtos químicos pela Concellos está sempre subindo. A Concellos provavelmente pagará o dobro por esses produtos neste ano, devido ao real fraco. Ela provavelmente tentará repassar a maioria de seus custos mais altos a seus clientes na forma de preços mais altos. No entanto, ela nem sempre poderá repassar os custos mais altos devido ao real fraco: seus concorrentes fazem todos os seus produtos químicos no país, e seus custos estão ligados diretamente à inflação do Brasil. Seus concorrentes vendem todos os seus produtos no país. Este ano, a Concellos planejou cobrar da Ryco um preço em reais bem acima do preço do ano passado.

Os representantes da Ryco estão indo ao Brasil para discutir seus problemas comerciais com a Concellos. Especificamente, a Ryco quer evitar sua exposição ao alto índice de inflação do Brasil. Esse efeito adverso é, de certa forma, compensado pela queda consistente do valor do real, o que permite que a Ryco obtenha mais reais com um dado montante de dólares a cada ano. No entanto, a compensação não é perfeita, e a Ryco quer criar uma proteção melhor ante a inflação brasileira.

a) Descreva uma estratégia de troca comercial que poderia reduzir a exposição da Ryco à inflação brasileira.

b) A Concellos estaria disposta a considerar essa estratégia? Há algum efeito favorável para a Concellos que poderá motivá-la a aceitar a estratégia?

c) Suponha que ambas as partes concordem na troca comercial. Por que o custo das importações continuaria a subir ao longo do tempo para a Concellos? A Concellos obteria lucros menores como conseqüência?

APÊNDICE B • CASOS SUPLEMENTARES **677**

Capítulo 14   Flyer Company

Compondo a Carteira de Moedas mais Favorável para o Financiamento

Como tesoureiro da Flyer Company, você deverá desenvolver uma estratégia de financiamento de curto prazo. A empresa, com base nos Estados Unidos, atualmente não possui exposição às oscilações de moedas. Suponha os seguintes dados hoje:

Moeda	Taxa de Câmbio à Vista	Taxa de Juros Anual
Dólar australiano	$ 0,75	13,0%
Libra esterlina	1,70	12,5
Dólar canadense	0,86	11,0
Iene japonês	0,006	8,0
Peso mexicano	0,17	11,5
Dólar da Nova Zelândia	0,60	7,0
Dólar de Cingapura	0,50	6,0
Rand da África do Sul	0,16	9,0
Dólar americano	1,00	9,0
Bolívar venezuelano	0,0008	12,0

Seu departamento de previsões forneceu as seguintes previsões das taxas à vista para daqui a um ano:

	Cenário de $ Forte	Cenário de $ Estável	Cenário de $ Fraco
Dólar australiano	$ 0,66	$ 0,76	$ 0,85
Libra esterlina	1,58	1,73	1,83
Dólar canadense	0,85	0,85	0,91
Iene japonês	0,0055	0,0062	0,0072
Peso mexicano	0,14	0,173	0,18
Dólar da Nova Zelândia	0,53	0,59	0,63
Dólar de Cingapura	0,45	0,48	0,52
Rand da África do Sul	0,15	0,155	0,17
Dólar americano	1,00	1,00	1,00
Bolívar venezuelano	0,00073	0,00079	0,00086

A probabilidade do cenário de dólar forte é de 30%, a probabilidade do cenário de dólar estável é de 40%, e a probabilidade do cenário de dólar fraco é de 30%. Com base nas informações fornecidas, prescreva a composição da carteira que conseguiria a taxa mínima de financiamento efetiva esperada com base em cada uma das seguintes preferências a risco:

1. *Risco neutro*   Focalize na minimização do valor esperado de sua taxa de financiamento efetiva, sem qualquer restrição.
2. *Equilibrado*   Tome emprestado não mais que 25% de qualquer moeda.

678   FINANÇAS CORPORATIVAS INTERNACIONAIS

3. *Conservador*   Tome emprestado pelo menos 60% de dólares americanos e não mais
                    que 10% dos recursos de qualquer moeda estrangeira individual.
4. *Ultraconservador* Não crie qualquer exposição ao risco da taxa de câmbio.

Preencha a seguinte tabela:

	Taxa de Financiamento Efetiva da Carteira Baseada em:			
Preferência a Risco	Cenário de $ Forte	Cenário de $ Estável	Cenário de $ Fraco	Valor Esperado da Taxa de Financiamento Efetiva
Carteira de risco neutro				
Carteira equilibrada				
Carteira conservadora				
Carteira ultraconservadora				

Qual carteira você prescreveria para sua empresa? Por quê?

Capítulo 15   Islander Corporation

Compondo a Carteira de Moedas mais Favorável para o Investimento

Como tesoureiro da Islander Corporation, você deverá desenvolver uma estratégia para inves-
tir o dinheiro que estará disponível para o próximo ano. A empresa, com base nos Estados
Unidos, atualmente não possui exposição de transações às oscilações de moedas estrangeiras.
Suponha os seguintes dados como sendo de hoje:

Moeda	Taxa de Câmbio à Vista	Taxa de Juros Anual
Dólar australiano	$ 0,75	13,00
Libra esterlina	1,70	12,5
Dólar canadense	0,86	11,0
Iene japonês	0,006	8,0
Dólar americano	1,00	9,0

Seu departamento de previsões forneceu as seguintes previsões das taxas à vista para daqui
a um ano:

	Cenário de $ Forte	Cenário de $ de Certa Forma Estável	Cenário de $ Fraco
Dólar australiano	$ 0,66	$ 0,76	$ 0,85
Libra esterlina	1,58	1,73	1,83
Dólar canadense	0,85	0,85	0,91
Iene japonês	0,0055	0,0062	0,0072
Dólar americano	1,00	1,00	1,00

APÊNDICE B • CASOS SUPLEMENTARES **679**

A probabilidade do cenário de dólar forte é de 30%, a probabilidade do cenário de dólar de certa forma estável é de 40% e a probabilidade do cenário de dólar fraco é de 30%. Com base nas informações fornecidas, prescreva a composição da carteira de investimento que maximizaria o valor esperado do rendimento efetivo para cada uma das preferências a risco possíveis:

1. *Risco neutro*   Focalize na maximização do valor esperado de seu rendimento efetivo, sem qualquer restrição.
2. *Equilibrado*   Invista não mais que 25% em qualquer moeda.
3. *Conservador*   Invista pelo menos 50% dos recursos em dólares americanos e não mais que 10% dos recursos em qualquer moeda estrangeira individual.
4. *Ultraconservador* Não crie qualquer exposição ao risco da taxa de câmbio.

Preencha a seguinte tabela:

	Rendimento Efetivo Previsto para:			
Preferência a Risco	Cenário de $ Forte	Cenário de $ de Certa Forma Estável	Cenário de $ Fraco	Valor Esperado do Rendimento Efetivo
Carteira de risco neutro				
Carteira equilibrada				
Carteira conservadora				
Carteira ultraconservadora				

Qual carteira você prescreveria para sua empresa? Por quê? (Você poderá achar útil fazer gráficos de barras que mostrem a distribuição de probabilidade dos rendimentos efetivos para cada uma das carteiras, colocando um gráfico de barras por cima do outro.)

Capítulo 16   Blues Corporation

Capitalizando a Abertura das Fronteiras do Leste Europeu

Tendo feito negócios nos Estados Unidos por mais de 50 anos, a Blues Corporation possui uma reputação estabelecida. A maioria dos negócios da Blues está nos Estados Unidos. Ela possui uma subsidiária no lado ocidental da Alemanha, a qual fabrica seus produtos e os exporta para outros países europeus. A Blues Corporation fabrica muitos produtos de consumo que poderiam possivelmente ser produzidos ou comercializados em países do Leste Europeu. Os tópicos seguintes foram levantados em uma recente reunião de executivos. Faça comentários sobre cada um deles.

a) A Blues Corporation pensa em deslocar sua unidade de produção européia do oeste para o leste da Alemanha. Há dois fatores-chave que motivam essa mudança. Primeiro, o custo da mão-de-obra é mais baixo no leste da Alemanha. Segundo, há uma unidade (atualmente de propriedade do governo) na antiga Alemanha Oriental que está à venda. A Blues gostaria de transformar a unidade e utilizar sua tecnologia para aumentar a eficiência de produção. Ela estima que necessitará somente de um quarto dos trabalhadores nessa unidade. Que outros fatores merecem ser considerados antes da tomada de decisão?

b) A Blues Corporation acredita que poderá entrar no mercado do Leste Europeu. Ela precisará investir recursos consideráveis para promover seus produtos de consumo no Leste Europeu, visto que esses não são bem conhecidos naquela área. Todavia, ela acredita

FINANÇAS CORPORATIVAS INTERNACIONAIS

que essa estratégia poderá ser compensadora no longo prazo, porque a Blues poderá abaixar os preços perante a concorrência. No momento, a principal concorrência consiste em negócios vistos como sendo conduzidos com ineficiência. A falta de concorrência nos preços nesse mercado é a razão principal para a Blues Corporation considerar a comercialização de seus produtos no Leste Europeu. Que outros fatores merecem ser considerados antes da tomada de decisão?

c) A Blues Corporation atualmente passa por um aperto de caixa devido à redução na demanda por seus produtos nos Estados Unidos (embora a administração espere que a demanda nos Estados Unidos aumente logo). No momento, ela está à beira de sua capacidade devedora e prefere não emitir ações. A Blues Corporation adquirirá uma unidade no Leste Europeu ou implantará um pesado programa de promoção nessa região somente se puder levantar recursos ao desinvestir um montante significativo de seus ativos nos Estados Unidos. Os valores de mercado de seus ativos estão temporariamente rebaixados, mas alguns dos executivos acham que uma manobra imediata seja necessária para uma capitalização completa do mercado do Leste Europeu. Você recomendaria que a Blues Corporation desinvestisse parte de seus ativos nos Estados Unidos? Explique.

Capítulo 17 North Star Company

Orçamento de Capital

Esse caso pretende ilustrar que o valor de um projeto internacional é sensível a vários tipos de fatores. Ele também pretende mostrar como uma planilha no computador poderá facilitar as decisões que envolvem incertezas de orçamento de capital.

Esse caso poderá ser desenvolvido utilizando uma planilha eletrônica como o Excel. Os seguintes fatores de valores presentes poderão ser entradas úteis para descontar fluxos de caixa:

Anos a partir de Agora	Fatores de Valor Presente a Juros de 18%
1	0,8475
2	0,7182
3	0,6086
4	0,5158
5	0,4371
6	0,3704

Para consistência na discussão deste caso, você deverá desenvolver sua planilha eletrônica em um formato um tanto semelhante ao do capítulo sobre o orçamento de capital, com cada ano representando uma coluna na parte superior. O uso de uma planilha no computador reduzirá significativamente o tempo necessário para completar esse caso.

A North Star pensa em estabelecer uma subsidiária para fabricar roupas em Cingapura. Suas vendas serão faturadas em dólares de Cingapura (S$). Ela previu fluxos de caixa líquidos para a subsidiária como segue:

Ano	Fluxos de Caixa Líquidos da Subsidiária
1	S$ 8.000.000
2	S$ 10.000.000
3	S$ 14.000.000
4	S$ 16.000.000
5	S$ 16.000.000
6	S$ 16.000.000

Esses fluxos de caixa não incluem custos financeiros (despesas com juros) sobre recursos tomados emprestados em Cingapura. A North Star também espera receber S$ 30 milhões após impostos como resultado da venda da subsidiária no final do Ano 6. Suponha que não haverá retenção tributária sobre essa quantia.

A taxa de câmbio do dólar de Cingapura está prevista na Tabela B.3, baseada em três cenários de condições econômicas possíveis.

A probabilidade de cada cenário é mostrada a seguir:

	S$ de Certa Forma Estável	C$ Fraco	C$ Forte
Probabilidade	60%	30%	10%

Cinqüenta por cento dos fluxos de caixa da subsidiária serão enviados para a controladora, enquanto 50% serão reinvestidos para dar suporte às operações em andamento na subsidiária. A North Star antecipa uma retenção tributária de 10% sobre os recursos enviados para os Estados Unidos.

O investimento inicial (incluindo o investimento de capital de giro) pela North Star na subsidiária deverá ser de S$ 40 milhões. Qualquer investimento de capital de giro (tal como contas a receber, estoque etc.) deverá ser assumido pelo comprador no Ano 6. O valor residual esperado já está contabilizado na transferência do capital de giro para o comprador no Ano 6. O investimento inicial poderá ser financiado completamente pela controladora ($ 20 milhões, convertidos à taxa de câmbio atual de $ 0,50 por dólar de Cingapura para conseguir S$ 40 milhões). A North Star irá adiante com suas intenções de construir a subsidiária somente se ela conseguir atingir um retorno do seu capital de 18% ou mais.

A controladora considera um arranjo de financiamento alternativo. Com esse arranjo, a controladora fornecerá $ 10 milhões (S$ 20 milhões), o que significa que a subsidiária precisará tomar emprestados S$ 20 milhões. Sob essas condições, a subsidiária obterá um empréstimo de 20 anos e pagará juros sobre os empréstimos a cada ano. Os pagamentos de juros são de S$ 1,6 milhão por ano. Além disso, os rendimentos previstos a ser recebidos da venda da subsidiária (após a tributação) no final de seis anos serão de S$ 20 milhões (a previsão dos rendimentos é

Fim do Ano	Cenários de S$ de Certa Forma Estável	Cenários de S$ Fraco	Cenários de S$ Forte
1	0,50	0,49	0,52
2	0,51	0,46	0,55
3	0,48	0,45	0,59
4	0,50	0,43	0,64
5	0,52	0,43	0,67
6	0,48	0,41	0,71

Tabela B.3 Três cenários de condições econômicas.

682 FINANÇAS CORPORATIVAS INTERNACIONAIS

revisada em queda aqui porque o investimento com capital próprio da subsidiária é menor; o comprador assumirá mais dívida se parte do investimento inicial da subsidiária for suportada por empréstimos bancários locais). Suponha que a taxa requerida de retorno da controladora ainda seja de 18%.

a) Qual dos dois arranjos de financiamento você recomendaria para a controladora? Avalie o *VPL* previsto para cada cenário da taxa de câmbio para comparar os dois arranjos de financiamento e fundamente sua recomendação.

b) Na primeira questão, um arranjo alternativo de financiamento parcial pela subsidiária foi considerado, supondo que a taxa requerida de retorno pela controladora não será afetada. Há alguma razão pela qual a taxa requerida de retorno da controladora poderá aumentar quando se utilizar esse arranjo de financiamento? Explique. Como você revisaria a análise da questão anterior nessa situação? (Essa questão requer discussão, não análise.)

c) Você recomendaria que a North Star estabelecesse a subsidiária, mesmo se as retenções tributárias fossem de 20%?

d) Suponha que haja alguma preocupação acerca das condições econômicas de Cingapura, que poderiam causar uma redução nos fluxos de caixa líquidos da subsidiária. Explique como o Excel poderia ser usado para reavaliar o projeto com base nos cenários de fluxos de caixa alternativos. Isto é, como essa forma de risco país poderá ser incorporada na decisão de orçamento de capital? (Essa questão requer discussão, não análise.)

e) Suponha que a North Star implante o projeto, investindo $ 10 milhões de seus próprios recursos, com o remanescente sendo financiado pela subsidiária. Dois anos mais tarde, uma empresa com base nos Estados Unidos comunica à North Star que gostaria de adquirir a subsidiária. Suponha que as previsões da taxa de câmbio para o cenário de certa forma estável serão apropriadas para o Ano 3 até o Ano 6. Também suponha que as outras informações já fornecidas sobre fluxos de caixa líquidos, custos financeiros, 10% de retenção tributária, valor residual e taxa requerida de retorno da controladora continuam apropriadas. Qual será o preço mínimo em dólar (após impostos) que a North Star deverá receber para desinvestir a subsidiária? Fundamente sua opinião.

Capítulo 18   Redwing Technology Company

Avaliação do Desempenho da Subsidiária

A Redwing Technology Company é uma empresa com base nos Estados Unidos que constrói uma variedade de componentes de alta tecnologia. Há cinco anos, ela estabeleceu subsidiárias no Canadá, na África do Sul e no Japão. Os ganhos gerados por cada subsidiária quando convertidos (pela taxa de câmbio anual média) para dólares americanos por ano são mostrados na Figura B.4.

Anos Atrás	Canadá	África do Sul	Japão
5	$ 20	$ 21	$ 30
4	24	24	32
3	28	24	35
2	32	36	41
1	36	42	46

Tabela B.4   Valor convertido dos ganhos anuais de cada subsidiária (em milhões de $).

APÊNDICE B • CASOS SUPLEMENTARES **683**

Cada subsidiária tinha um montante equivalente de recursos com o qual deveria realizar suas operações. As taxas salariais para o trabalho necessário eram semelhantes entre os países. Os índices de inflação, o crescimento econômico e o grau de concorrência eram, de certa forma, semelhantes entre os países. As médias das taxas de câmbio das respectivas moedas ao longo dos últimos cinco anos são mostradas a seguir:

Anos Atrás	Dólar Canadense	Rand Sul-Africano	Iene Japonês
5	$ 0,84	$ 0,10	$ 0,0040
4	0,83	0,12	0,0043
3	0,81	0,16	0,0046
2	0,81	0,20	0,0055
1	0,79	0,24	0,0064

Os lucros gerados por cada país foram reinvestidos, em vez de enviados. Tampouco havia planos para enviar os lucros futuros.

Uma comissão de vice-presidentes se reuniu para determinar o desempenho de cada subsidiária nos últimos cinco anos. A avaliação deveria ser utilizada para determinar se a Redwing deveria ser reestruturada para se concentrar no crescimento futuro de alguma subsidiária em particular ou no desinvestimento de alguma subsidiária que poderia apresentar um desempenho fraco. Uma vez que as taxas de câmbio das moedas relativas foram afetadas por tantos fatores diferentes, o tesoureiro tomou conhecimento de que havia muitas incertezas acerca de seus destinos futuros. O tesoureiro sugeriu, no entanto, que a média da taxa de câmbio do ano passado poderia servir ao menos como um palpite razoável para as taxas de câmbio dos anos futuros. Ele não antecipou que alguma das moedas passaria por uma apreciação ou depreciação consistente.

a) Utilize os meios que você achar apropriados para classificar o desempenho de cada subsidiária. Isto é, qual subsidiária desenvolveu o melhor trabalho ao longo de um período de cinco anos, na sua opinião? Justifique.

b) Utilize os meios que você achar apropriados para determinar qual subsidiária merece recursos da controladora para impulsionar um crescimento adicional (suponha que não haja nenhuma restrição sobre o possível crescimento em qualquer país). Onde você recomendaria que os excessos de recursos da controladora sejam investidos, com base nas informações disponíveis? Justifique sua opinião.

c) Repita a questão (b), mas suponha que todos os lucros gerados do investimento da controladora serão enviados para ela todos os anos. Sua recomendação mudará? Explique.

d) Uma última tarefa da comissão era recomendar se alguma das subsidiárias deveria ser desinvestida. Um vice-presidente sugeriu que o exame dos lucros convertidos em dólares mostra que os desempenhos das subsidiárias do Canadá e da África do Sul estão altamente correlacionados. Ele concluiu que a posse dessas duas subsidiárias não resultou em muitos benefícios de diversificação e sugeriu que ou a subsidiária do Canadá ou a subsidiária da África do Sul poderia ser vendida sem perder benefícios da diversificação. Você concorda? Explique.

Capítulo 19   King, Inc.

Análise de Risco País

A King, Inc. uma empresa dos Estados Unidos, pensa em estabelecer uma pequena subsidiária na Bulgária que fabricará produtos alimentícios. Todos os ingredientes podem ser obtidos na

684 FINANÇAS CORPORATIVAS INTERNACIONAIS

Bulgária. Os produtos finais a ser fabricados pela subsidiária seriam vendidos na Bulgária e nos países do Leste Europeu. A King, Inc. está muito interessada nesse projeto, já que há pouca concorrência nessa área. Três gestores de alto nível da King, Inc. foram designados para avaliar o risco país da Bulgária. Especificamente, foi pedido a eles uma lista de todas as características do país que poderiam afetar adversamente o desempenho desse projeto. A decisão de assumir ou não esse projeto será tomada somente depois de a análise do risco país ser completada e contabilizada na análise de orçamento de capital. Uma vez que a King, Inc. se concentrou exclusivamente em negócios domésticos no passado, ela não está acostumada a análises de risco país.

a) Que fatores relacionados ao governo búlgaro merecem considerações?
b) Que fatores relacionados ao país podem afetar a demanda por produtos alimentícios a ser fabricados pela King?
c) Que fatores relacionados ao país podem afetar os custos de produção?

Capítulo 20   Sabre Computer Corporation

Custo de Capital

A Sabre Computer Corporation é uma empresa com base nos Estados Unidos que planeja participar de *joint ventures* no México e na Hungria. Cada *joint venture* envolve o desenvolvimento de uma subsidiária que ajudará a produzir computadores. As principais contribuições da Sabre são a tecnologia e alguns componentes-chave de computadores utilizados no processo de produção. A *joint venture* no México especifica a produção conjunta de computadores com uma empresa mexicana de propriedade do governo. Os computadores já foram encomendados por instituições educacionais e por agências do governo por todo o México. A Sabre possui um contrato para vender todos os computadores produzidos no México a essas instituições e agências a um preço que está ligado à inflação. Dados os voláteis níveis de inflação no México, a Sabre queria ter certeza de que o preço contratado deverá se ajustar para cobrir o aumento dos custos ao longo do tempo.

O empreendimento exigirá uma transferência temporária de vários gestores para o México, mais a fabricação de componentes-chave de computadores em uma planta industrial alugada no México. A maioria desses custos será incorrida no México e, portanto, exigirá pagamentos em pesos. A Sabre receberá 30% da receita gerada (em pesos) das vendas dos computadores. O parceiro mexicano receberá o restante.

A *joint venture* na Hungria especifica a produção conjunta de computadores (PCs) com um fabricante de computadores húngaro. Os computadores serão então comercializados para consumidores do Leste Europeu. Computadores semelhantes são produzidos por alguns concorrentes, mas a Sabre acredita que poderá entrar nesses mercados porque seus produtos terão preços competitivos. Embora se espere que as economias dos países do Leste Europeu estejam de certa forma estagnadas, a demanda por computadores é razoavelmente forte. Os preços dos computadores serão denominados na moeda da Hungria, o florim, e a Sabre receberá 30% das receitas geradas das vendas.

a) Suponha que a Sabre planeje financiar a maior parte de seu investimento na subsidiária mexicana tomando emprestados pesos mexicanos, e financiar a maior parte de seu investimento na subsidiária da Hungria tomando emprestado o florim. O custo do financiamento é influenciado pelas taxas livres de risco dos respectivos países e pelos prêmios pelo risco sobre os recursos tomados emprestados. Explique como esses fatores afetarão os custos do financiamento dos dois empreendimentos. Faça a abordagem da perspectiva da subsidiária, não da perspectiva da controladora da Sabre.

b) A *joint venture* com o custo financeiro mais alto (como determinado na questão anterior) terá obrigatoriamente retornos mais baixos para a subsidiária? Explique.

c) A subsidiária da Hungria possui um alto grau de alavancagem financeira. Todavia, a estrutura de capital da controladora consiste, na maior parte de capital próprio. O que determinará que os credores da subsidiária húngara cobrem um prêmio de alto risco sobre recursos tomados emprestados devido ao alto grau de alavancagem financeira?

d) Um executivo da Sabre sugeriu que, já que o custo do financiamento com dívida pelas empresas de propriedade húngara altamente endividadas é de 14%, sua subsidiária húngara poderá tomar emprestado a mesma taxa de juros. Você concorda? Explique (suponha que as chances de a subsidiária passar por problemas sejam as mesmas que as das empresas de propriedade húngara).

e) Há alguma preocupação de que a economia da Hungria poderá se inflacionar. Avalie a magnitude relativa a um aumento na inflação sobre (1) o custo dos recursos, (2) o custo de produção e (3) as receitas da venda dos computadores.

Capítulo 21   Devil VCR Corporation

Financiamento de Longo Prazo

A Devil VCR Corporation é uma empresa com base nos Estados Unidos que produz videocassetes. Há três anos, a Devil estabeleceu uma unidade de produção no Reino Unido, uma vez que ela vende videocassetes por lá. A Devil possui excesso de capacidade no local e utiliza essa unidade para produzir os videocassetes que deverão ser comercializados em Cingapura. Os videocassetes serão vendidos para distribuidoras em Cingapura e faturados em dólares de Cingapura (S$). Se o programa de exportação for bem-sucedido, a Devil Corporation provavelmente construirá uma unidade em Cingapura, mas ela planeja esperar pelo menos dez anos.

Antes do programa de exportação, a Devil Corporation decidiu desenvolver uma estratégia para fazer a proteção de fluxos de caixa para a controladora dos Estados Unidos. Seu plano é emitir obrigações para financiar o investimento inteiro do programa de exportação. Virtualmente todas as despesas associadas com esse programa são denominadas em libras. Todavia, as receitas geradas pelo programa são denominadas em dólares de Cingapura. Qualquer receita acima e além das despesas deverá ser enviada para os Estados Unidos em uma base anual. Além do programa de exportação, a subsidiária britânica gerará apenas o suficiente em fluxos de caixa para cobrir as despesas e, portanto, não enviará quaisquer lucros para a controladora. A Devil Corporation leva em consideração três modos de financiar o programa por dez anos:

- Emitir obrigações denominadas em dólares de Cingapura ao valor nominal, de dez anos; taxa de juros = 11%.
- Emitir obrigações denominadas em libras ao valor nominal, de dez anos; taxa de juros = 14%.
- Emitir obrigações denominadas em dólares americanos ao valor nominal, de dez anos; taxa de juros = 11%.

a) Descreva o risco da taxa de câmbio se a Devil fizer o financiamento em dólares de Cingapura.

b) Descreva o risco da taxa de câmbio se a Devil fizer o financiamento em libras esterlinas.

c) Descreva o risco da taxa de câmbio se a Devil fizer o financiamento em dólares americanos.

APÊNDICE C
Fundamentos da Análise de Regressão

Negócios freqüentemente utilizam a **análise de regressão** para medir as relações entre as variáveis quando estabelecem as políticas. Por exemplo, uma empresa poderá medir o relacionamento histórico entre suas vendas e suas contas a receber. Utilizando a relação detectada, ela então poderá prever o nível futuro das contas a receber com base em uma previsão de vendas. Alternativamente, ela poderá medir a sensibilidade de suas vendas ao crescimento econômico e às taxas de juros para poder avaliar a suscetibilidade de suas vendas às futuras alterações nas variáveis econômicas. Na administração financeira internacional, a análise de regressão poderá ser utilizada para medir a sensibilidade do desempenho de uma empresa (utilizando as vendas ou os lucros ou o preço das ações como *proxy*) às oscilações da moeda ou ao crescimento econômico de vários países.

A análise de regressão poderá ser aplicada para se medir a sensibilidade das exportações às diversas variáveis econômicas. Esse exemplo será usado para explicar os fundamentos da análise de regressão. Os principais passos envolvidos na análise de regressão são:

1. Especificação do modelo de regressão.
2. Compilação de dados.
3. Estimativa dos coeficientes de regressão.
4. Interpretação dos resultados da regressão.

Especificação do Modelo de Regressão

Suponha que seu objetivo principal seja determinar a relação entre as variações percentuais das exportações dos Estados Unidos para a Austrália (chamadas *VEXP*) e as variações percentuais no valor do dólar australiano (chamadas *VAUS*). A variação percentual nas exportações para a Austrália é a **variável dependente**, visto que ela é hipoteticamente influenciada por outra variável. Embora você esteja mais preocupado em como a *VAUS* afeta a *VEXP*, o modelo de regressão deverá incluir outros fatores quaisquer (ou as assim chamadas **variáveis independentes**) que também poderão afetar a *VEXP*. Suponha que a variação percentual do PIB australiano (chamada *VPIB*) hipoteticamente influencie a *VEXP*. Esse fator também deverá ser incluído no modelo de regressão. Para simplificar o exemplo, suponha que se espere que a *VAUS* e a *VPIB* sejam os únicos fatores a influenciar a *VEXP*. Também suponha que haja um impacto defasado de um trimestre; nesse caso, o modelo de regressão poderá ser especificado como

$$VEXP_t = b_0 + b_1(VAUS_{t-1}) + b_2(VPIB_{t-1}) + \mu_t$$

onde

b_0 = uma constante.
b_1 = coeficiente de regressão que mede a sensibilidade da $VEXP_t$ à $VAUS_{t-1}$.
b_2 = coeficiente de regressão que mede a sensibilidade de $VEXP_t$ à $VAUS_{t-1}$.
μ_t = um termo de erro.

O t subscrito representa o período de tempo. Alguns modelos, tais como esse, especificam um impacto defasado de uma variável independente sobre a variável dependente e, portanto, utilizam um $t-1$ subscrito.

Compilação de Dados

Agora que o modelo foi especificado, os dados das variáveis deverão ser compilados. Normalmente, é dada a entrada dos dados em uma planilha como segue:

Período (t)	VEXP	VAUS	VPIB
1	0,03	–0,01	0,04
2	–0,01	0,02	–0,01
3	–0,04	0,03	–0,02
4	0,00	0,02	–0,01
5	0,01	–0,02	0,02
.	...	...	...
.	...	...	...
.	...	...	...

A coluna que especifica o período não é necessária para executar o modelo de regressão, mas é incluída normalmente no conjunto de dados por conveniência.

A diferença entre o número de observações (períodos) e os coeficientes de regressão (incluindo a constante) representa os graus de liberdade. Os graus de liberdade deste exemplo são $40-3=37$. Como regra geral, os analistas geralmente procuram ter pelo menos 30 graus de liberdade ao utilizar a análise de regressão.

Alguns modelos de regressão envolvem somente um único período. Por exemplo, se você desejar determinar se houve alguma relação entre o grau de vendas internacionais da empresa (como porcentagem do total de vendas) e os lucros por ação das EMNs, os dados sobre essas duas variáveis do ano passado poderão ser reunidos para muitas EMNs, e a análise de regressão poderá ser aplicada. Esse exemplo é conhecido por **análise cross-section**, e o exemplo original é conhecido por **análise de séries temporais**.

Estimativa dos Coeficientes de Regressão

Uma vez dada a entrada dos dados, o programa de regressão poderá ser aplicado para estimar os **coeficientes de regressão**. Há vários programas, tais como Excel e Lotus, que contêm aplicações de análise de regressão.

Os passos reais seguidos para estimar os coeficientes de regressão são um tanto complexos. Para mais detalhes sobre como os coeficientes de regressão são estimados, consulte livros de econometria.

688 FINANÇAS CORPORATIVAS INTERNACIONAIS

Interpretação dos Resultados da Regressão

A maioria dos programas fornece estimativas dos coeficientes de regressão junto com estatísticas adicionais. Para nosso exemplo, suponha que as seguintes informações foram fornecidas pelo programa de regressão:

	Coeficiente de Regressão Estimado	Erro Padrão do Coeficiente de Regressão	Estatística-t
Constante	0,002		
$VAUS_{t-1}$	0,80	0,32	2,50
$VPIB_{t-1}$	0,36	0,50	0,72
Coeficiente de determinação (R^2) =	0,33		

A variável independente $VAUS_{t-1}$ possui um coeficiente de regressão estimado de 0,80, o que sugere que um aumento de 1% na $VAUS$ está associado com um aumento de 0,8% na variável dependente $VEXP$ no período seguinte. Isso implica uma relação positiva entre $VAUS_{t-1}$ e $VEXP_t$. A variável independente $VPIB_{t-1}$ possui um coeficiente de 0,36, o que sugere que um aumento de 1% no PIB australiano está associado com um aumento de 0,36% em $VEXP$, um período mais tarde.

Muitos analistas procuram determinar se um coeficiente é estatisticamente diferente de zero. Os coeficientes de regressão poderão ser diferentes de zero simplesmente devido a uma relação coincidente entre a variável independente em questão e a variável dependente. Pode-se ter mais confiança de que uma relação positiva ou negativa existe testando o valor do coeficiente. Um teste-t geralmente é utilizado com esse fim, como segue:

Teste para determinar se $VAUS_{t-1}$ afeta $VEXP_t$

$$\text{Estatística-}t \atop \text{calculada} = \frac{\text{Coeficiente de regressão estimado para } VAUS_{t-1}}{\text{Erro padrão do coeficiente de regressão}} = \frac{0,80}{0,32} = 2,50$$

Teste para determinar se a $VPIB_{t-1}$ afeta $VEXP_t$

$$\text{Estatística-}t \atop \text{calculada} = \frac{\text{Coeficiente de regressão estimado para } VPIB_{t-1}}{\text{Erro padrão do coeficiente de regressão}} = \frac{0,36}{0,50} = 0,72$$

A estatística-t calculada às vezes é fornecida dentro dos resultados da regressão. Ela poderá ser comparada à estatística-t crítica para determinar se o coeficiente é significativo. A estatística-t crítica depende dos graus de liberdade e do nível de confiança escolhido. Para nosso exemplo, suponha que haja 37 graus de liberdade, e um nível de confiança de 95 seja desejado. A estatística-t crítica será de 2,02, o que poderá ser verificado utilizando uma tabela-t de qualquer livro de estatística. Com base nos resultados da regressão, o coeficiente de $VAUS_{t-1}$ será significativamente diferente de zero, enquanto $VPIB_{t-1}$ não o será. Isso implica que se pode estar confiante de uma relação positiva entre $VAUS_{t-1}$ e $VEXP_t$, mas a relação positiva entre a $VPIB_{t-1}$ e $VEXP_t$ poderá ter ocorrido por coincidência.

Em alguns casos em particular, pode haver interesse em determinar se o coeficiente de regressão difere significativamente de algum valor diferente de zero. Nesses casos, a estatística-t relatada nos resultados da regressão não seria apropriada. Consulte um texto de econometria para mais informações sobre esse assunto.

Os resultados da regressão indicam o **coeficiente de determinação** (chamado R^2) de um modelo de regressão, o qual mede a porcentagem da variação da variável dependente que poderá ser explicada pelo modelo de regressão. R^2 poderá variar de 0% a 100%. É incomum para modelos de regressão gerar um R^2 perto de 100%, visto que a oscilação em uma variável dependente dada é parcialmente aleatória e não associada às oscilações nas variáveis independentes. No nosso exemplo, R^2 é de 33%, sugerindo que um terço da variação na *VEXP* poderá ser explicado pelas oscilações em $VAUS_{t-1}$ e em $VPIB_{t-1}$.

Alguns analistas utilizam a análise de regressão para fazer previsões. No nosso exemplo, os resultados da regressão poderão ser utilizados junto com os dados da *VAUS* e da *VPIB* para fazer a previsão de *VEXP*. Suponha que *VAUS* foi de 5% no período mais recente, enquanto *VPIB* foi de –1% no período mais recente. A previsão de *VEXP* do período seguinte é derivada inserindo essas informações no modelo de regressão, como segue:

$$VEXP_t = b_0 + b_1(VAUS_{t-1}) + b_2(VPIB_{t-1})$$
$$= 0,002 + (0,80)(0,05) + (0,36)(-0,01)$$
$$= 0,002 + 0,400 - 0,0036$$
$$= 0,0420 - 0,0036$$
$$= 0,0384$$

Portanto, é feita a previsão de *VEXP* como 3,84% no período seguinte. Alguns analistas poderão eliminar a $VPIB_{t-1}$ do modelo porque seu coeficiente de regressão não foi significativamente diferente de zero. Isso alteraria o valor previsto da *VEXP*.

Quando não houver uma relação defasada entre as variáveis independentes e a variável dependente, as variáveis independentes deverão ser previstas para derivar uma previsão da variável dependente. Nesse caso, um analista derivaria uma previsão fraca da variável dependente, mesmo quando o modelo de regressão for especificado apropriadamente, se as previsões das variáveis independentes forem inexatas.

Como na maioria das técnicas de estatística, há algumas limitações que deverão ser percebidas ao se utilizar a análise de regressão. Essas limitações são descritas na maioria dos livros de estatística e de econometria.

Utilizando o Excel para Realizar a Análise de Regressão

Vários pacotes de programas estão disponíveis para executar a análise de regressão. O exemplo a seguir é executado no Excel para ilustrar a facilidade de execução da análise de regressão. Suponha que uma empresa queira avaliar a influência das alterações no valor do dólar australiano sobre as alterações em suas exportações para a Austrália com base nos seguintes dados:

690 FINANÇAS CORPORATIVAS INTERNACIONAIS

Período	Valor (em Mil Dólares) das Exportações para a Austrália	Média da Taxa de Câmbio do Dólar Australiano ao Longo desse Período
1	110	$ 0,50
2	125	0,54
3	130	0,57
4	142	0,60
5	129	0,55
6	113	0,49
7	108	0,46
8	103	0,42
9	109	0,43
10	118	0,48
11	125	0,49
12	130	0,50
13	134	0,52
14	138	0,50
15	144	0,53
16	149	0,55
17	156	0,58
18	160	0,62
19	165	0,66
20	170	0,67
21	160	0,62
22	158	0,62
23	155	0,61
24	167	0,66

Suponha que a empresa aplique o seguinte modelo de regressão aos dados:

$$VEXP = b_0 + b_1 VAUS + \mu$$

onde

$VEXP =$ variação percentual do valor da exportação da empresa de um período para o próximo.

$VAUS =$ variação percentual na média da taxa de câmbio de um período para o próximo.

$\mu =$ termo de erro.

O primeiro passo é inserir os dados para as duas variáveis em duas colunas de um arquivo que utiliza o Excel. Então, os dados poderão ser convertidos em variações percentuais. Isso poderá ser realizado facilmente com um enunciado CALCULE na terceira coluna (Coluna C) para derivar *VEXP* e outro enunciado CALCULE na quarta coluna (Coluna D) para derivar *VAUS*. Essas duas colunas terão uma primeira linha em branco, já que a variação percentual não poderá ser calculada sem os dados do período anterior. Muitos estudantes já sabem como utilizar o Excel para criar um enunciado de CALCULE e como aplicá-lo para todos os dados dentro de uma coluna. Se você não souber, peça alguns minutos de ajuda a um amigo.

Uma vez que você tenha derivado *VEXP* e *VAUS* dos dados crus, poderá realizar a análise de regressão como segue. No menu principal, selecione "Ferramentas". Isso o levará a um novo

APÊNDICE C • FUNDAMENTOS DA ANÁLISE DE REGRESSÃO **691**

menu, no qual você deverá clicar em "Análise de Dados" e, dentro desta caixa, clicar em "Regressão". Em seguida, para o "Intervalo Y de Entrada", identifique a seção C2 a C24 para a variável dependente como C2:C24. Então para o "Intervalo X de Entrada", identifique a seção D2 a D24 para a variável independente como D2:D24. O "Intervalo de Saída" especifica a localização na tela em que a saída da análise de regressão deverá ser exibida. No nosso exemplo, F1 seria uma localização apropriada, representando a saída no setor superior esquerdo. Então clique em OK e, dentro de alguns segundos, a análise de regressão estará completa. Para o nosso exemplo, a saída está listada a seguir:

SAÍDA DO RESUMO

Estatísticas de Regressão	
R Múltiplo	0,8852
R - Quadrado	0,7836
R - Quadrado Ajustado	0,7733
Erro Padrão	2,9115
Observações	23,0000

ANOVA

	gl	SQ	MQ	F	F de significação
Regressão	1,0000	644,6262	644,6262	76,0461	0,0000
Residual	21,0000	178,0125	8,4768		
Total	22,0000	822,6387			

	Coeficientes	Erro Padrão	Stat t	Valor-P
Interseção	0,7951	0,6229	1,2763	0,2158
Variável X 1	0,8678	0,0995	8,7204	0,0000

	95% Inferiores	95% Superiores	Inferior 95%	Superior 95%
Intercepto	–0,5004	2,0905	–0,5004	2,0905
Variável X 1	0,6608	1,0747	0,6608	1,0747

A estimativa do assim chamado coeficiente angular é de cerca de 0,8678, o que sugere que cada 1% de variação na taxa de câmbio do dólar australiano está associado com uma variação percentual de 0,8678 (na mesma direção) das exportações da empresa para a Austrália. A estatística-t também é estimada para determinar se o coeficiente angular é significativamente diferente de zero. Uma vez que o erro padrão do coeficiente angular é de cerca de 0,0995, a estatística-t será (0,8678/0,0995) = 8,72. Isso implica que há uma relação significativa entre a *VAUS* e *VEXP*. A estatística de R – quadrado sugere que 78% da variação em *VEXP* será explicada por *VAUS*. A correlação entre *VEXP* e *VAUS* também poderá ser medida pelo coeficiente de correlação, que é a raiz quadrada da estatística de R – Quadrado.

Se você tiver mais que uma variável independente (regressão múltipla), deverá colocar as variáveis uma ao lado da outra no arquivo. Então, para o "Intervalo-X de Entrada", identifique esse bloco de dados. A saída do modelo de regressão exibirá o coeficiente, o erro padrão, e a estatística-t para cada uma das variáveis independentes. Para a regressão múltipla, a estatística de R – quadrado será interpretada como a porcentagem de variação da variável dependente explicada pelo modelo como um todo.

Utilizando o Comando "COPIAR"

Se precisar repetir um tipo de cálculo em particular para várias células diferentes, você poderá utilizar o comando COPIAR. Você deverá destacar as células em particular nas quais o cálculo é realizado e instruir o Excel (clicando em "Editar") para copiar esses cálculos para qualquer seção de células desejada.

APÊNDICE D
Projeto de Investimento Internacional

Nota para o Professor: o professor poderá desejar passar este exemplo como um projeto a ser completado até o final do semestre. Este projeto ajudará os estudantes a entender os fatores que influenciam o desempenho das EMNs e das ações estrangeiras. Este projeto também poderá ser feito com equipes de estudantes e poderá ser utilizado como apresentação em classe, mais no final do semestre. Se o professor permitir que os estudantes compartilhem seus resultados em sala, eles aprenderão que os relacionamentos não poderão necessariamente ser generalizados, já que algumas EMNs são mais expostas que outras a condições econômicas e às oscilações da taxa de câmbio. A nota para este projeto será dada sobre as explicações dadas pelos estudantes, não sobre as oscilações dos preços das ações ou das taxas de câmbio.

Este projeto permitirá que você aprenda mais sobre o investimento internacional e sobre as empresas que competem na arena global. Será pedido que você crie uma carteira de ações de, pelo menos, duas empresas multinacionais com base nos Estados Unidos (EMNs) e de duas empresas estrangeiras. Você deverá monitorar o desempenho de sua carteira durante o semestre escolar e, no final, procurar explicar por que o desempenho de sua carteira foi bom ou fraco em relação às carteiras criadas pelos outros estudantes de sua sala. As explicações darão uma idéia sobre o que está conduzindo a avaliação das EMNs com base nos Estados Unidos e das ações estrangeiras ao longo do tempo.

Selecione as ações de duas EMNs com base nos Estados Unidos que você queira incluir na sua carteira. Se você quiser examinar uma lista de possíveis ações ou não souber o símbolo das ações em que deseja investir, vá para o website **http://biz.yahoo.com/i/**, que apresenta uma lista de ações em ordem alfabética, ou para **http://biz.yahoo.com/p/**, que apresenta uma lista de ações por setores ou indústrias. Certifique-se de que suas empresas realizam um volume substancial de negócios internacionais.

Em seguida, selecione ações de duas empresas estrangeiras que são negociadas na Bolsa de Valores dos Estados Unidos e que sejam do mesmo país estrangeiro. Muitas ações estrangeiras são negociadas nas Bolsas de Valores dos Estados Unidos como recibos depositários americanos (ADRs), que são certificados que representam a propriedade de ações estrangeiras. ADRs são denominados em dólares, mas refletem o valor de ações estrangeiras, portanto um aumento no valor da moeda estrangeira poderá ter um efeito favorável sobre o valor dos ADRs. Para examinar uma lista de ADRs em que você poderá investir, vá para **http://www.adr.com/entry_disclaimer.html**. Vá para o mapa do site, e clique em "ADR Universe" (Universo de ADR). Clique em qualquer indústria da lista para ver empresas estrangeiras dentro dessa indústria que ofereçam ADRs e o país em que cada empresa estrangeira está localizada. Você deverá selecionar ADRs de empresas que estão localizadas em qualquer um dos países mostrados no website **http://finance.yahoo.com/intlindices**. Clique em qualquer empresa listada para examinar as informações fundamentais, incluindo a descrição de seu negócio e a tendência do preço de suas ações ao longo do ano passado. Presume-se que você invista $ 10.000 em cada grupo de ações que adquirir.

693

694 FINANÇAS CORPORATIVAS INTERNACIONAIS

Faça a apresentação de sua carteira no seguinte formato:

EMNs com Base nos Estados Unidos			
Nome da Empresa	Símbolo das Ações	Montante de Seu Investimento	Preço por Ação pelo qual Você Adquiriu as Ações
		$ 10.000	
		$ 10.000	

Ações Estrangeiras (ADRs)				
Nome da Empresa	Símbolo das Ações	País em que a Empresa está Localizada	Montante de seu Investimento	Preço por Ação do ADR pelo qual Você Adquiriu as Ações
			$ 10.000	
			$ 10.000	

Você poderá monitorar facilmente sua carteira utilizando várias ferramentas da Internet. Se você ainda não utiliza um website específico para esse fim, vá para **http://finance.yahoo.com/?u** e registre-se gratuitamente. Siga as instruções e, em poucos minutos, você poderá criar seu próprio sistema de rastreio. Esse sistema não só atualiza os valores de suas ações, mas também fornece quadros de notícias recentes e outras informações sobre as ações de sua carteira.

Avaliação

No final de cada mês do semestre escolar (ou na data especificada por seu professor), você deverá avaliar o desempenho e o comportamento de suas ações.

1. a) Determine o aumento ou a queda percentual de cada uma de suas ações ao longo do período de seu investimento e lance essa porcentagem em uma tabela como a mostrada a seguir. Além disso, dê a razão principal para essa alteração no preço das ações, com base em notícias sobre as ações ou sua própria intuição. Para examinar as notícias recentes sobre suas ações, clique em **http://finnance.yahoo.com/?u** e insira o símbolo de cada empresa. Notícias recentes são fornecidas na parte inferior da tela.

Nome da Empresa	Variação Percentual no Preço das Ações	Razão Principal
1		
2		
3		
4		
Média da carteira		

   b) Como fica o desempenho de sua carteira comparado ao de carteiras de alguns dos outros estudantes? (Seu professor poderá levantar os desempenhos da sala, de modo que você possa ver como seu desempenho difere daquele dos outros estudantes.) Por que você acha que seu desempenho foi relativamente alto ou baixo comparado aos desempenhos dos outros estudantes? Foi devido aos mercados em que suas empresas realizam seus negócios ou às condições específicas das empresas?

2. Determine se o desempenho de cada uma de suas EMNs com base nos Estados Unidos é conduzido pelo mercado americano. Vá para o site **http://finance.yahoo.com/?u** e insira o

APÊNDICE D • PROJETO DE INVESTIMENTO INTERNACIONAL **695**

símbolo de suas ações. Uma vez que a cotação seja fornecida, clique em "Chart" (Quadro). Clique no box marcado S&P (que representa o Índice S&P 500). Em seguida clique em "Compare" e avalie a relação entre os movimentos do índice de mercado americano e os movimentos do preço das ações. Explique se os movimentos dos preços das ações parecem ser conduzidos pelas condições do mercado americano. Repita essa tarefa para cada EMN com base nos Estados Unidos na qual você investiu.

3. a) Determine se o desempenho de suas ações é conduzido pelo mercado correspondente em que a empresa está localizada. Primeiro, vá para o site **http://finance.yahoo.com/ intlindices?u** e encontre o símbolo para o indicador do país em questão. Por exemplo, o indicador do Brasil é ^BVSP. Em seguida, vá para o site **http://finance.yahoo.com/?u** e insira o símbolo de suas ações. Clique em "Chart"; na parte inferior da tela, insira o símbolo indicador do mercado correspondente (certifique-se de que você incluiu o ^ se fizer parte do símbolo indicador) no box. Então, clique em "Compare" e avalie a relação entre os movimentos dos indicadores de mercado e os movimentos dos preços das ações. Explique se os movimentos dos preços das ações parecem ser conduzidos pelas condições do mercado local. Repita este exercício com as ações estrangeiras nas quais você investiu.

   b) Determine se os preços de suas ações estrangeiras são altamente correlacionados. Repita o processo descrito anteriormente, exceto a inserção do símbolo que representa as ações que você possui no box abaixo do quadro.

   c) Determine se o desempenho de suas ações estrangeiras é conduzido pelo mercado americano (utilizando o S&P 500 como *proxy* de mercado). Apague o símbolo que você digitou no box abaixo do quadro e clique em "S&P" à direita.

4. a) Examine os relatórios anuais e as notícias sobre cada uma de suas EMNs para determinar onde cada uma realiza negócios e a moeda estrangeira a qual cada estiver mais exposta. Determine se o desempenho das ações de suas EMNs com base nos Estados Unidos é influenciado pelas oscilações da taxa de câmbio da moeda estrangeira (perante o dólar dos EUA) a qual ela está exposta. Vá para **http://www.oanda.com** e clique em "FXHistory". Você poderá converter a moeda estrangeira a qual a EMN estiver altamente exposta em dólares dos EUA e determinar as oscilações da taxa de câmbio ao longo do período em que você investiu nas ações. Forneça sua avaliação da relação entre as oscilações da taxa de câmbio da moeda e o desempenho das ações ao longo do período de investimento. Procure explicar a relação que você acabou de encontrar.

   b) Repita os passos de 4a para cada EMN com base nos Estados Unidos na qual você investiu.

5. a) Determine se o desempenho das ações de suas EMNs é influenciado pelas oscilações da taxa de câmbio da moeda local de cada empresa perante o dólar americano. Você poderá obter essas informações em **http://www.oanda.com**. Você poderá converter a moeda estrangeira em questão em dólares americanos para determinar as oscilações da taxa de câmbio ao longo do período em que você investiu nas ações. Faça a avaliação da relação entre as oscilações da taxa de câmbio e o desempenho das ações ao longo do período de investimento. Procure explicar a relação que você acabou de encontrar.

   b) Repita os passos de 5a para cada EMN com base nos Estados Unidos na qual você investiu.

APÊNDICE E
Discussão na
Sala da Diretoria

Este exercício pretende aplicar muitos dos conceitos-chave do texto a assuntos abrangentes que são discutidos por gestores que tomam decisões financeiras. Ele não substitui as questões e os problemas mais detalhados no final dos capítulos. Em vez disso, ele se concentra em assuntos financeiros mais abrangentes para facilitar as discussões em sala de aula e simular uma discussão na sala da diretoria. Ele serve como um caso em andamento no qual conceitos de cada capítulo são aplicados ao mesmo negócio ao longo do semestre letivo. O exercício não só capacita os estudantes a aplicar os conceitos no mundo real, como também desenvolve suas habilidades intuitivas e de comunicação.

Este exercício poderá ser utilizado no curso de várias maneiras:

1. Aplicá-lo na base de capítulo-por-capítulo para assegurar que os conceitos do capítulo sejam entendidos antes de se passar para o próximo.
2. Utilizá-lo para incentivar discussões on-line em cursos também on-line.
3. Utilizá-lo como revisão antes dos exames, abrangendo todos os capítulos designados para o exame.
4. Utilizá-lo como um caso de discussão abrangente próximo ao final do semestre, como meio de revisão de conceitos-chave que foram descritos ao longo do curso.
5. Utilizá-lo para apresentações, em que indivíduos ou equipes expõem seus pontos de vista sobre as questões que lhes foram designadas.

No final do curso, os estudantes terão aplicado todos os conceitos importantes do texto a uma única empresa. O foco em uma única empresa permitirá que os estudantes percebam como suas decisões nos primeiros capítulos interagem com as decisões a ser tomadas em capítulos posteriores.

Fundamentação

Uma das melhores maneiras de aprender os conceitos apresentados nesse texto é se colocar na posição de um gestor de EMN ou de um membro da diretoria e aplicar os conceitos às decisões financeiras. Embora os membros da diretoria normalmente não tomem as decisões discutidas aqui, eles deverão ter a habilidade conceitual para monitorar as políticas implantadas por gestores de EMNs. Portanto, eles freqüentemente precisam pensar no que fariam se tomassem as decisões administrativas ou desenvolvessem políticas empresariais.

APÊNDICE E • DISCUSSÃO NA SALA DA DIRETORIA **697**

Este exercício está baseado em um negócio que seria de fácil criação: um negócio que ensina indivíduos fora dos Estados Unidos a aprender a falar inglês. Embora esse negócio seja bem básico, ainda assim ele exige os mesmos tipos de decisões enfrentadas pelas grandes EMNs.

Suponha que você more nos Estados Unidos e invista $ 60.000 para estabelecer uma escola de línguas chamada Escuela de Inglés na Cidade do México, no México. Você monta uma pequena subsidiária no México, com um escritório e uma sala de aula ao lado, alugada por você. Você emprega pessoas que sabem falar e ensinar inglês. Sua escola oferece dois tipos de cursos: um curso de inglês estruturado em um mês e um curso intensivo de uma semana para pessoas que já sabem falar inglês, mas querem melhorar suas habilidades antes de visitar os Estados Unidos. Você anuncia os dois tipos de cursos em jornais locais.

Toda a receita e as despesas associadas com seu negócio estão denominadas em pesos mexicanos. Sua subsidiária envia a maior parte dos lucros do negócio no México para você, no final de cada mês. Embora suas despesas sejam, de certa forma, estáveis, sua receita varia com o número de alunos que se matriculam nos cursos no México.

Essa fundamentação é suficiente para capacitá-lo a responder às questões que são feitas sobre seu negócio ao longo do semestre. As questões dos primeiros capítulos forçam você a avaliar as oportunidades e a exposição da empresa, enquanto os últimos o forçam a considerar possíveis estratégias que seu negócio poderá buscar.

Capítulo 1

a) Discuta o controle empresarial de seu negócio. Explique por que seu negócio no México está exposto a problemas de agência.
b) Como você tentará monitorar as operações em andamento do negócio?
c) Explique como você poderá utilizar um plano de compensação para limitar possíveis problemas de agência.
d) Suponha que você tivesse sido abordado por um concorrente no México para se envolver em uma *joint venture*. O concorrente providenciaria as instalações das salas de aula (assim você não precisaria alugá-las), enquanto seus funcionários dariam as aulas. Você e o concorrente dividiriam os lucros. Discuta como seu possível retorno e seu risco mudariam se você buscasse a *joint venture*.
e) Explique as condições que fariam com que seu negócio fosse afetado adversamente pelas oscilações da taxa de câmbio.
f) Explique como seu negócio poderia ser afetado pelo risco político.

Capítulo 2

Seu negócio fornece fitas cassetes gratuitamente aos clientes que pagam pelos cursos de inglês que você oferece no México. Você estuda a produção em massa das fitas cassetes nos Estados Unidos, de modo que possa vendê-las (exportar) a distribuidores ou a lojas revendedoras por todo o México. O preço das fitas será em dólares, ao ser exportadas. As fitas são menos eficazes sem o ensino, mas mesmo assim poderão ser úteis para as pessoas que queiram aprender o básico da língua inglesa.

a) Se você investir nessa idéia, explique como os fatores que afetam os fluxos do comércio internacional (identificados no Capítulo 2) poderiam afetar a demanda mexicana por suas fitas cassetes. Quais desses fatores provavelmente teriam um grande impacto sobre a de-

698 FINANÇAS CORPORATIVAS INTERNACIONAIS

manda mexicana de suas fitas cassetes? Que outros fatores afetariam a demanda mexicana pelas fitas cassetes?

b) Suponha que você acredite que o governo mexicano imporá uma tarifa sobre as fitas cassetes exportadas para o México. Como você poderia executar esse negócio a um baixo custo ao mesmo tempo em que evita a tarifa? Descreva as desvantagens da idéia de evitar a tarifa.

Capítulo 3

Suponha que o negócio no México cresça. Explique como os mercados monetários poderiam ajudar a financiar o crescimento do negócio.

Capítulo 4

Dados os fatores que afetam o valor de uma moeda estrangeira, descreva o tipo de condições econômicas ou outras condições no México que poderiam fazer com que o peso mexicano se enfraqueça e, portanto, afete adversamente seu negócio.

Capítulo 5

Explique como contratos de futuros poderiam ser utilizados para fazer a proteção de seu negócio no México. Explique como opções de moedas poderiam ser utilizadas para fazer a proteção de seu negócio no México.

Capítulo 6

a) Explique como seu negócio provavelmente será afetado (pelo menos no curto prazo) se o banco central do México intervier no mercado de câmbio estrangeiro fazendo o câmbio dos pesos mexicanos por dólares.

b) Explique como seu negócio provavelmente será afetado se o banco central do México utilizar intervenção indireta ao baixar as taxas de juros mexicanas (suponha que as expectativas inflacionárias não se alteraram).

Capítulo 7

As taxas de juros do México normalmente são substancialmente mais altas que as taxas de juros dos Estados Unidos.

a) O que isso implica acerca do prêmio ou desconto a termo do peso mexicano?

b) O que isso implica acerca de seu negócio utilizando contratos a termo ou de futuros para fazer a proteção de seus lucros periódicos em pesos que deverão ser convertidos em dólares?

c) Você acha que faria a proteção de sua exposição aos pesos mexicanos com freqüência? Explique sua resposta.

Capítulo 8

As taxas de juros do México normalmente são substancialmente mais altas que as taxas de juros dos Estados Unidos.

a) O que isso implica acerca do diferencial de inflação (a inflação do México menos a inflação dos Estados Unidos), supondo que a taxa de juros real seja a mesma nos dois países? Isso implica que o peso mexicano se apreciará ou se depreciará? Explique.
b) Poderá ser argumentado que as altas taxas de juros do México induziriam os investidores americanos a investir em títulos do mercado monetário mexicano, o que poderia fazer com que o peso se apreciasse. Concilie essa teoria com sua resposta no item (a). Se você acredita que as taxas de juros do México não atrairão os investidores dos Estados Unidos, explique seu raciocínio.
c) Suponha que a diferença entre as taxas de juros do México e as dos Estados Unidos seja caracteristicamente atribuída à diferença na inflação esperada nos dois países. Também suponha que a paridade do poder de compra se mantenha. Você acha que os fluxos de caixa de seu negócio serão afetados adversamente? Na realidade, a paridade do poder de compra não se mantém consistentemente. Suponha que o diferencial de inflação (inflação do México menos a inflação dos Estados Unidos) não seja compensado completamente pela oscilação da taxa de câmbio do peso. Isso beneficiará ou prejudicará seu negócio? Agora suponha que o diferencial de inflação seja mais do que compensado pela oscilação da taxa de câmbio do peso. Isso beneficiará ou prejudicará seu negócio?
d) Suponha que a taxa de juros nominal no México atualmente seja muito mais alta que a taxa de juros dos Estados Unidos e que essa diferença seja devida à expectativa de um alto índice de inflação no México. Você pensa empregar uma empresa local para promover seu negócio, mas teria de tomar recursos emprestados para financiar essa campanha de marketing. Um consultor o aconselhou a adiar a campanha de marketing por um ano, de modo que você possa capitalizar a alta taxa de juros nominal no México. Ele sugere que você retenha os lucros que normalmente enviaria aos Estados Unidos e os deposite em um banco mexicano. Os fluxos de caixa em pesos mexicanos que seu negócio deposita crescerão a uma alta taxa de juros ao longo do ano. Você deveria seguir o conselho do consultor?

Capítulo 9

a) As taxas de juros do México normalmente são substancialmente mais altas que as taxas de juros dos Estados Unidos. O que isso implica acerca da taxa a termo como previsão da taxa à vista futura?
b) A taxa a termo reflete a previsão de uma apreciação ou de uma depreciação do peso mexicano? Explique como o grau da variação esperada implícito na previsão da taxa a termo está ligado ao diferencial da taxa de juros.
c) Você acha que a taxa a termo de hoje ou a taxa à vista de hoje do peso fornece uma previsão melhor da taxa à vista futura do peso?

Capítulo 10

Lembre-se de que seu negócio mexicano faz o faturamento em pesos mexicanos.

a) Você já sabe que uma queda no valor do peso poderá reduzir seus fluxos de caixa em dólares. Todavia, de acordo com a paridade do poder de compra, um peso fraco deverá ocorrer

700 FINANÇAS CORPORATIVAS INTERNACIONAIS

somente em resposta a um alto nível de inflação no México, e essa alta inflação deverá aumentar seus lucros. Se essa teoria for precisamente aplicável, seus fluxos de caixa na verdade não estariam expostos. Você deveria estar preocupado com a exposição ou não? Explique.

b) Se você mudar sua política e faturar apenas em dólares, como sua exposição às operações será afetada?

c) Por que a demanda por seu negócio poderá modificar se você mudar sua política de faturamento? Quais são as implicações em sua exposição econômica?

Capítulo 11

As taxas de juros do México normalmente são substancialmente mais altas que as taxas de juros dos Estados Unidos.

a) Supondo que a paridade da taxa de juros exista, você acha que será benéfico fazer a proteção com uma taxa a termo se for esperado que a taxa à vista do peso mexicano caia ligeiramente ao longo do tempo?

b) A proteção por meio de *hedging* no mercado monetário será benéfica se for esperado que a taxa à vista do peso mexicano caia ligeiramente ao longo do tempo (suponha custos operacionais zero)? Explique.

c) Quais são algumas limitações em usar futuros ou opções de moeda que poderão dificultar uma proteção perfeita contra o risco da taxa de câmbio ao longo do próximo ano ou mais?

d) Em geral, não estão disponíveis muitos futuros e opções de moeda de longo prazo em pesos mexicanos. Uma consultora sugere que isso não seria problema porque você poderá fazer a proteção de sua posição um trimestre por vez. Em outras palavras, os lucros que você enviar em qualquer ponto do futuro poderão ser protegidos tomando um futuro de moedas ou uma posição em opções de três meses ou antes desse período. Portanto, embora a consultora reconheça que o peso poderá se enfraquecer substancialmente a longo prazo, ela não vê razão pela qual você deveria se preocupar acerca da queda enquanto criar continuamente uma proteção de curto prazo. Você concorda?

Capítulo 12

a) Explique como seu negócio está sujeito à exposição à conversão.

b) Como você poderia fazer a proteção contra essa exposição à conversão?

c) Vale a pena pelo seu negócio fazer a proteção da exposição à conversão?

Capítulo 13

Lembre-se de que seu negócio fornece fitas cassetes que complementam o ensino fornecido pelos seus empregados no México. Suponha que você decida capitalizar sobre essas fitas cassetes vendendo-as a grandes revendedoras com base no México. As fitas são menos eficazes sem o professor, mas ainda assim poderão ser úteis para pessoas que desejam aprender o básico da língua inglesa. Você não quer correr o risco de enviar uma caixa de fitas cassete para a revendedora, a não ser que possa ter certeza do recebimento do pagamento. Explique como você poderá assegurar o pagamento das fitas cassetes.

Capítulo 14

Você está pensando em fazer uma campanha de marketing importante no México. Se você implantá-la, incorrerá em altas despesas em pesos mexicanos e precisará financiar os custos. Para proteger o custo, você poderá ou tomar emprestados dólares a uma taxa de juros baixa e convertê-los em pesos mexicanos ou tomar emprestados pesos mexicanos. Você espera liquidar o empréstimo em uma base mensal ao longo do próximo ano utilizando parte das receitas que gerar com seu negócio no México.

a) Seu negócio estará mais exposto ao risco da taxa de câmbio se você tomar emprestados dólares ou pesos mexicanos?
b) Explique como você decidiria tomar emprestados dólares em vez de pesos mexicanos. Qual é o fator-chave (além da taxa de juros de cada moeda) que determinará se você deverá tomar emprestados dólares ou pesos mexicanos?

Capítulo 15

Suponha que, nesse ano, você decida não implantar a campanha de marketing que levou em consideração no capítulo anterior. Em vez disso, você investirá parte dos lucros desse ano em investimentos no mercado monetário e depois utilizará esse dinheiro para proteger a campanha do próximo ano. Você poderá reter os lucros ganhos nesse ano investindo-os em um banco mexicano em que as taxas de juros estejam altas. Alternativamente, você poderá investir os lucros em uma conta bancária denominada em dólares. Isto é, você poderá converter seus lucros em pesos mexicanos periodicamente e acumular os dólares ao longo do ano. No final do ano, você poderá converter os dólares novamente em pesos mexicanos para pagar a campanha de marketing. Explique como você tomará a decisão entre essas duas alternativas.

Capítulo 16

Suponha que você deseje expandir seu negócio de ensino da língua inglesa para outro país que não o México, em que as pessoas queiram aprender a falar inglês.

a) Explique por que você poderá estabilizar os lucros do seu negócio total dessa maneira. Reveja os motivos para se fazer um investimento estrangeiro direto que estejam identificados nesse capítulo. Quais desses motivos são importantes?
b) Por que uma cidade como Montreal seria um local menos favorável para seu negócio do que uma cidade como a Cidade do México?
c) Descreva as condições em que seu negócio total experimentaria efeitos fracos mesmo se ele estivesse distribuído em três ou quatro países.
d) Que fatores afetam a probabilidade de que as condições que você identificou no item (c) venham a ocorrer? (Em outras palavras, explique por que as condições poderiam ocorrer em um conjunto de países, mas não em outro.)
e) Quais dados você reveria para avaliar a probabilidade de essas condições ocorrerem?
f) Suponha que seu negócio já tenha criado alguns panfletos e fitas cassetes que traduzem termos comuns em espanhol para o inglês, para complementar seu serviço básico de ensinar as pessoas no México a falar inglês. Como você poderia expandir seu negócio de maneira a se beneficiar da economia de escala (e talvez mesmo se beneficiar da reputação existente

702 FINANÇAS CORPORATIVAS INTERNACIONAIS

de seu negócio)? Quando você procura se beneficiar das economias de escala, abre mão dos benefícios da diversificação? Explique.

g) Como você chegará a uma decisão se deverá buscar a expansão do negócio que capitalize economias de escala mesmo se isso significasse abrir mão dos benefícios da diversificação? Você acha que as economias de escala seriam mais ou menos importantes que a diversificação para seu negócio?

h) Há alguma maneira de conseguir benefícios tanto de economias de escala como da diversificação?

Capítulo 17

a) Reveja os diferentes itens que são utilizados no exemplo do orçamento de capital da multinacional (Spartan, Inc.). Descreva os itens que você incluiria em uma planilha se realizasse uma análise de orçamento de capital multinacional de um investimento em dólares para expandir o negócio de línguas existentes em um local diferente.

b) Suponha que você perceba suas limitações em prever a taxa de câmbio futura da moeda de faturamento de seu negócio expandido. Você acha que há vários cenários de taxa de câmbio possíveis, cada uma com igual probabilidade de ocorrência. Explique como você utilizará essa informação para estimar o valor presente líquido futuro (*VPL*) e tomar uma decisão sobre se deverá aceitar ou rejeitar o projeto.

c) Agora suponha que haja também incerteza sobre a demanda das pessoas pelo seu serviço no novo local. Explique como você poderá incorporar essa incerteza junto com a incerteza das oscilações da taxa de câmbio, de modo que possa tomar a decisão se deverá aceitar ou rejeitar o projeto.

d) Explique como você deverá derivar a taxa requerida de retorno para sua análise de orçamento de capital. Que tipo de informação você utilizaria para derivar a taxa requerida de retorno?

Capítulo 18

Você tem uma oportunidade de adquirir um concorrente particular chamado Fernand, no México. Se você decidir adquirir a empresa, utilizará apenas seus próprios recursos.

a) Quando você procurar determinar o valor dessa empresa, como derivará sua taxa requerida de retorno? Especificamente, você deveria utilizar a taxa livre de riscos dos Estados Unidos ou do México, como base para derivar sua taxa requerida de retorno? Por quê?

b) Outra empresa mexicana, chamada Vascon, também pensa em adquirir essa empresa. Explique por que a taxa de retorno requerida da Vascon poderá ser maior do que a sua taxa requerida de retorno. Há alguma razão para a taxa requerida de retorno da Vascon poder ser mais baixa que a sua?

c) Suponha que você e a Vascon tenham as mesmas expectativas em relação aos fluxos de caixa mexicanos que serão gerados pela Fernand. O proprietário da Fernand está disposto a vender a empresa por 2 milhões de pesos mexicanos. Você e a Vascon utilizam processos semelhantes para determinar a viabilidade de adquirir o alvo. Os dois comparam o valor presente dos fluxos de caixa da empresa alvo com o preço de compra. Com base na sua análise, a Fernand geraria um valor presente líquido (*VPL*) positivo para sua empresa. Com base na análise da Vascon, a Fernand geraria um *VPL* negativo para ela. Como você pode determinar que a aquisição da Fernand é viável, enquanto a Vascon determina que ela não é viável?

d) Repita o item (c), mas inverta a suposição. Isto é, você determina que a Fernand gerará um *VPL* negativo para sua empresa, ao passo que a Vascon determina que a Fernand gerará

APÊNDICE E • DISCUSSÃO NA SALA DA DIRETORIA **703**

um *VPL* positivo. Como você pode determinar que a aquisição da Fernand não é viável, enquanto a Vascon determina que ela é viável?

Capítulo 19

a) Reveja os fatores de risco político e identifique aqueles que possivelmente afetariam seu negócio. Explique como seus fluxos de caixa poderão ser afetados.
b) Explique por que as ameaças de terrorismo devido a atritos entre os dois países poderiam afetar seu negócio, apesar de o terrorismo não ter efeito sobre as relações entre os Estados Unidos e o México.
c) Suponha que a próxima eleição no México poderá resultar em uma mudança completa no governo. Explique por que a eleição poderá ter efeitos significativos sobre seus fluxos de caixa.

Capítulo 20

a) Suponha que seu negócio esteja levando em consideração a expansão no México. Você planeja investir um pequeno montante de capital próprio em dólares americanos nesse projeto e financiar o remanescente com dívida. Você poderá obter o financiamento da dívida para a expansão no México, mas as taxas de juros mexicanas estão mais altas que as taxas americanas. Todavia, se você utilizar em sua maioria financiamento com dívida dos Estados Unidos, estará mais exposto ao risco da taxa de câmbio. Explique por quê.
b) Você deseja avaliar a viabilidade do novo projeto no México se utilizar em sua maioria financiamento com dívida americana contra a maioria de financiamento com dívida mexicana. Você também deseja capturar os possíveis efeitos da taxa de câmbio sobre os fluxos de caixa ao longo do tempo. Como você poderá utilizar o orçamento de capital para realizar sua comparação?
c) Você prefere evitar o uso de financiamento com dívida mexicana porque as taxas de juros estão altas. Uma consultora sugere que você procure um ou mais investidores no México que estivessem dispostos a tomar uma posição de sócio no seu negócio. Você lhes forneceria dividendos periódicos, e eles seriam proprietários parciais de sua empresa. A consultora sugere que essa estratégia evitaria os altos custos de capital no México porque utiliza financiamento com capital próprio em vez de financiamento com dívida. A consultora está correta?

Capítulo 21

Lembre, do capítulo anterior, que você pensa em expandir seu negócio no México. Lembre que você planeja investir uma pequena quantia de capital próprio em dólares americanos nesse projeto e financiar o remanescente com dívida. Você poderá obter financiamento com dívida no México para a expansão, mas as taxas de juros neste país são maiores do que as dos Estados Unidos. Hoje você tem propostas de crédito de diferentes bancos. Você poderá obter um empréstimo com uma taxa fixa nos Estados Unidos a 8% durante a vida do projeto ou um empréstimo com uma taxa flutuante (a taxa muda a cada ano em resposta às taxas de juros do mercado) no México a 10%. Explique como você poderá estimar o valor presente líquido (*VPL*) do projeto para cada método de financiamento alternativo. Inclua uma explicação de como você deverá levar em conta a incerteza nas oscilações futuras das taxas de juros do México.

Glossário

A

aceite bancário letra de câmbio recolhida e aceita por uma instituição bancária; normalmente usado para garantir que os exportadores receberão o pagamento dos produtos entregues ao importadores.

aceite comercial permissão para um comprador obter a mercadoria antes de pagar por ela.

Acordo de Basel acordo entre representantes de países em 1988 para padronizar as exigências de capital baseadas em riscos para os bancos em todos os países.

Acordo de Bretton Woods conferência realizada em Bretton Woods, New Hampshire, em 1944, que resultou no acordo para manter as taxas de câmbio das moedas dentro de limites estreitos; esse acordo durou até 1971.

Acordo de Plaza acordo entre representantes de países em 1985 para implantar um programa coordenado para enfraquecer o dólar.

Acordo do Louvre acordo de 1987 entre países para tentar estabilizar o valor do dólar americano.

Acordo do Smithsonian conferência entre nações em 1971 que resultou na desvalorização do dólar perante as principais moedas e em uma ampliação nos limites (2% em qualquer direção) em torno das recém-estabelecidas taxas de câmbio.

Acordo Geral de Tarifas e Comércio (Gatt) acordo que permite restrições comerciais somente em retaliação contra ações de comércio ilegal de outros países.

acordos de co-financiamento programação em que o Banco Mundial participa junto com outras agências fornecendo recursos a países em desenvolvimento.

American Depository Receipts (ADRs) certificados que correspondem à propriedade de ações estrangeiras, que são comercializadas em Bolsas de Valores nos Estados Unidos.

análise de regressão técnica estatística utilizada para medir a relação entre variáveis e a sensibilidade de uma variável a outras(s) variável(eis).

análise de sensibilidade técnica para avaliar incertezas em que é dada a entrada de várias possibilidades para determinar resultados possíveis.

análise de séries temporais análise das relações entre duas ou mais variáveis em períodos de tempo.

análise em cross-section análise das relações dentro de uma seção cruzada de empresas, países ou alguma outra variável em um dado momento.

antecipação estratégia usada por uma empresa para acelerar pagamentos, normalmente em resposta a expectativas da taxa de câmbio.

Apólice de Carta de Crédito Bancária apólice que capacita os bancos a confirmarem cartas de crédito de bancos estrangeiros apoiando a compra de exportações dos Estados Unidos.

apólice de comprador múltiplo apólice administrada pelo Export-Import Bank que concede seguro de risco de crédito sobre vendas de exportação para diversos compradores.

apólice de comprador único apólice administrada pelo Export-Import Bank que permite ao exportador assegurar determinadas operações.

Apólice de Instituição Financeira de Crédito do Comprador apólice que propicia seguro a empréstimos bancários a compradores estrangeiros de exportações.

Apólice de Pequenos Negócios apólice que fornece proteção aprimorada para novos exportadores e pequenos negócios.

apólice guarda-chuva apólice emitida a um banco ou uma empresa comercial para assegurar as exportações e sobre lidar com todas as exigências administrativas.

aquisições hostis aquisições não desejadas pelas empresas alvo.

arbitragem ação para obter benefícios de uma discrepância na cotação de preços; em muitos casos, não há investimentos de recursos comprometidos por qualquer prazo de tempo.

arbitragem coberta de juros investimento em um título de mercado monetário estrangeiro com venda a termo simultânea da moeda denominando esse título.

arbitragem localizada ação para obter benefícios de uma discrepância na cotação de taxas cambiais entre bancos.

arbitragem triangular ação para obter benefícios sobre uma discrepância em que a taxa de câmbio cruzada não é igual à taxa que deveria existir em equilíbrio.

arranjo compensatório arranjo em que a entrega de produtos para uma parte é compensada comprando de volta certa quantidade do produto dessa mesma parte.

Ato Único Europeu ato que pretende remover inúmeras barreiras impostas sobre fluxos de capital entre os países europeus.

auferição de lucros combinação de receitas de caixa futuras e pagamentos para determinar o montante líquido devido de uma subsidiária para a outra.

B

balança comercial a diferença entre o valor das mercadorias exportadas e das mercadorias importadas.

GLOSSÁRIO **705**

balança de pagamentos demonstrativo de entrada e de saída de pagamentos de e para um país em particular.

balança de produtos e serviços balança comercial mais o montante líquido dos pagamentos de juros e dividendos a investidores estrangeiros e de investimentos, assim como as receitas e pagamentos resultantes de turismo internacional e outras transações.

Banco Central Europeu (BCE) banco central criado para conduzir a política monetária dos países que adotaram a moeda única européia, o euro.

banco emissor banco que emite uma carta de crédito

banco informante banco correspondente no país do beneficiário para o qual o banco emitente envia a carta de crédito.

Banco International para a Reconstrução e Desenvolvimento – Bird (International Bank for Reconstrution and Development – IBRD) banco fundado em 1944 para melhorar o desenvolvimento econômico fornecendo empréstimos para países. Também conhecido como Banco Mundial.

Banco Mundial banco fundado em 1944 para incentivar o desenvolvimento econômico com o fornecimento de empréstimos para os países.

Bank for International Settlements (BIS) instituição que facilita a cooperação entre países envolvidos em transações internacionais e fornece assistência a países que passam por problemas de pagamentos internacionais.

C

caixa postal número da caixa postal para a qual os clientes são instruídos a enviar pagamentos.

carta de crédito (C/C) acordo feito por um banco para fazer pagamentos a favor de uma parte específica sob condições específicas.

carta de crédito irrevogável carta de crédito emitida por um banco que não pode ser cancelada ou emendada sem a aprovação do beneficiário.

carta de crédito revogável carta de crédito emitida por um banco, mas que poderá ser cancelada a qualquer momento sem pré-notificação ao beneficiário.

carta de crédito *standby* documento usado para garantir o pagamento de uma fatura a um fornecedor; ela promete pagar o beneficiário se o comprador deixar de pagar.

carta de crédito transferível documento que permite que o primeiro beneficiário de uma carta de crédito *standby* transfira total ou parcialmente a carta de crédito original a terceiros.

cartas de crédito comerciais cartas de crédito relacionadas ao comércio.

cartas de crédito de importação/exportação cartas de crédito relacionadas ao comércio.

centro de refaturamento instalação que centraliza pagamentos e cobra taxas das subsidiárias para seu funcionamento; aqui os lucros poderão ser deslocados eficazmente para as subsidiárias em que as alíquotas tributárias sejam mais baixas.

Cobra acordo estabelecido em 1972, em que moedas européias foram atadas umas às outras dentro de limites específicos.

coeficiente de determinação medida de variação percentual na variável dependente que pode ser explicada pelas variáveis independentes quando se usa a análise de regressão.

coeficiente de regressão termo medido pela análise de regressão para estimar a sensibilidade da variável dependente a uma variável independente em particular.

comércio entre as empresas comércio internacional entre subsidiárias que estão sob a mesma propriedade.

compensação parcial um arranjo em que a entrega de produtos para uma das partes é compensada parcialmente pela recompra de um montante específico do produto da mesma parte.

compensação total um arranjo em que a entrega de produtos para uma das partes é compensada completamente pela compra de volta por mais de 100% do valor pelo qual foram vendidos originalmente.

Compensatory Financing Facility (CFF) facilidade que procura reduzir o impacto da instabilidade das exportações sobre as economias do país.

conhecimento de embarque documento que serve como recibo para embarque e um resumo de cobranças de frete e certificado de posse da mercadoria.

conhecimento de embarque aéreo recibo de embarque aéreo, incluindo a cobrança de frete e posse da mercadoria.

conhecimento de embarque marítimo recibo de transporte marítimo que inclui cobranças de frete e certificado da mercadoria.

conhecimento de embarque negociável contrato que garante título de mercadoria ao portador, o qual permite aos bancos usar a mercadoria como garantia.

consignação arranjo no qual o exportador embarca produtos para o importador retendo ainda a posse da mercadoria.

conta-corrente medida ampla do comércio internacional de produtos e serviços de um país.

conta de capital conta que reflete mudanças de propriedade de ativos financeiros de longo e de curto prazo no país.

contabilidade de dupla entrada método de contabilidade no qual cada transação é registrada como um crédito e como um débito.

contrato a termo acordo entre um banco comercial e um cliente sobre um câmbio de duas moedas a ser feito em uma data futura a uma taxa de câmbio especificada.

contrato de futuros de moedas contrato que especifica um volume padrão de uma moeda em particular cujo câmbio será feito em uma data específica acordada.

contrato NDF assim como um contrato a termo, representa um acordo referente a uma posição em uma moeda específica, a uma taxa de câmbio específica e a uma data acordada específica, mas não resultará em entrega de moedas. Em vez disso, é feito um pagamento por uma das partes do contrato para a outra parte, com base na taxa de câmbio na data futura.

contratos a termo de longo prazo contratos que declaram uma taxa de câmbio pela qual será feito o câmbio de uma quantia específica de uma moeda específica em uma data futura (mais de um ano a partir da data de hoje). Também chamado de termo comprado.

cota limite máximo imposto pelo governo sobre a importação de produtos para o país.

706 FINANÇAS CORPORATIVAS INTERNACIONAIS

cotações diretas   cotações de taxas de câmbio que representam o valor medido pelo número de dólares por unidade.

cotações indiretas   cotações de taxas de câmbio que representam o valor medido pelo número de unidades por dólar.

crédito de fornecedor   crédito cedido pelo fornecedor a si mesmo para financiar suas operações.

Currency Board (Conselho Monetário)   sistema para manter o valor da moeda local em relação a alguma outra moeda específica.

custo real de proteção   custo adicional de proteção quando comparado à não-proteção (um custo real negativo implica que foi mais favorável fazer a proteção do que não se tivesse feito).

D

depreciação   decréscimo no valor de uma moeda.

desconto   com relação às taxas a termo, representa o montante percentual pelo qual a taxa a termo é menor que a taxa à vista.

desconto a termo   porcentagem pela qual a taxa a termo é menor que o preço à vista; cotado tipicamente em uma base anual.

diferimento de perdas para exercícios futuros   transferências de prejuízos fiscais que são compensados contra lucros em anos futuros.

Direct Loan Program (Programa de Empréstimo Direto)   programa em que o Export-Import Bank oferece empréstimos com taxas fixas diretamente ao comprador estrangeiro para adquirir serviços e bens de capital dos Estados Unidos.

Direitos Especiais de Saque (DES)   reservas estabelecidas pelo Fundo Monetário Internacional; são utilizadas apenas em operações intergovernamentais; o DES também serve como uma unidade de conta (determinada pelos valores de cinco moedas principais) que é utilizada para denominar alguns produtos e serviços comercializados internacionalmente, assim como alguns depósitos e empréstimos bancários.

diversificação de moeda   processo de utilizar mais de uma moeda como estratégia de investimento ou de financiamento. A exposição a uma carteira de moedas diversificada normalmente resulta em menos risco da taxa de câmbio do que se toda a exposição fosse a uma única moeda estrangeira.

documentos mediante aceitação   situação em que o banco do comprador não libera a documentação de embarque ao comprador até que este tenha feito (assinado) o aceite.

documentos mediante pagamento   documentação de embarque que é liberada ao comprador, uma vez que ele tenha pago pela retirada.

dumping   venda de produtos ao exterior com preços injustamente baixos (prática resultante de subsídios fornecidos às empresas por seus governos).

E

economias de escala   conquista de custos médios mais baixos por unidade por meio de aumento de produção.

efeito da curva J   efeito de um dólar mais fraco na balança comercial americana, na qual ela inicialmente piora; somente melhora quando os importadores dos Estados Unidos e de fora dos Estados Unidos respondem à mudança do poder de compra causada pelo dólar mais fraco.

efeito Fisher   teoria de que as taxas de juros nominais são compostas de taxa de juros real e a inflação prevista.

efeito Fisher internacional   teoria que especifica que a taxa de câmbio de uma moeda se desvalorizará perante outra moeda quando sua taxa de juros (e portanto o índice de inflação esperado) for maior que a da outra moeda.

eficiente de forma forte   descrição de mercados de câmbio estrangeiro, indicando que toda informação pública e privada relevante já está refletida nas taxas de câmbio à vista vigentes.

eficiente de forma fraca   descrição de mercados de câmbio estrangeiro, indicando que toda informação da taxa de câmbio, histórica e atual já está refletida nas taxas de câmbio à vista vigentes.

eficiente de forma semiforte   descrição de mercados de câmbio estrangeiro, indicando que toda informação pública relevante já está refletida nas taxas de câmbio à vista vigentes.

elasticidade-preço   sensibilidade a mudanças de preço.

Empréstimo de Ajuste Estrutural   facilidade estabelecida em 1980 pelo Banco Mundial para aprimorar o crescimento econômico de longo prazo por meio de financiamento de projetos.

empréstimo paralelo   empréstimo que envolve uma troca de moedas entre duas partes, com a promessa da retroca das moedas a uma taxa de câmbio e data futura especificadas.

empréstimos de eurocrédito   empréstimos de um ano ou mais concedidos por eurobancos.

empréstimos de eurocrédito sindicalizados   empréstimos concedidos por um grupo (ou um sindicato) de bancos no mercado de eurocrédito.

eurobancos   bancos comerciais que participam como intermediários financeiros no mercado de euromoeda.

Euroclear   rede de telecomunicações que informa a todos os comerciantes sobre assuntos importantes de euro-obrigações à venda.

eurodólar   termo usado para descrever depósitos em dólares americanos feitos em bancos localizados na Europa.

euronotas   títulos de dívida não assegurados emitidos por EMNs para financiamento de curto prazo.

euro-obrigações   obrigações vendidas em outros países além daquele representado pela moeda que as denomina.

exigência de margem   depósito estabelecido sobre um contrato (tal como um contrato de futuros de moeda) para cobrir as flutuações no valor desse contrato; isso minimiza o risco do contrato para a contraparte.

Export-Import Bank   banco que procura fortalecer a competitividade de indústrias envolvidas com o comércio exterior.

exposição à conversão   grau em que as demonstrações financeiras estão expostas às flutuações das taxas de câmbio.

GLOSSÁRIO **707**

exposição a transações grau em que o valor de operações à vista futuras pode ser afetado pelas flutuações da taxa de câmbio.

exposição econômica grau em que o valor presente de fluxos de caixa futuros poderá ser influenciado pela flutuação da taxa de câmbio.

exposição líquida a transações consideração de entradas e saídas em uma dada moeda para determinar a exposição depois de compensar as entradas e saídas.

F

factoring compra de contas a receber de um exportador por uma empresa de factoring sem recorrer ao exportador.

factoring transfronteira factoring feito por uma rede de sociedades de factoring além-fronteiras. A empresa de factoring do exportador contata as empresas de factoring correspondentes em outros países para negociar a cobrança de contas a receber.

fatura comercial descrição, pelo exportador, da mercadoria que é vendida ao comprador.

financiamento de contas a receber financiamentos indiretos fornecidos por um exportador para um importador ao exportar produtos e que permitem que o pagamento seja feito em uma data posterior.

flutuação (float) gerenciada sistema de taxa de câmbio em que as moedas não possuem limites explícitos, mas os bancos centrais podem intervir para influenciar as oscilações das taxas de câmbio.

fluxo de correspondência tempo envolvido para enviar os pagamentos via correio

forfaiting método de financiamento de comércio internacional de bens capitais.

forma absoluta de paridade do poder de compra essa teoria explica como os diferenciais de inflação afetam as taxas de câmbio. Sugere que os preços de dois produtos de países diferentes seriam iguais, quando medidos com uma moeda comum.

forma relativa de paridade do poder de compra teoria que expressa que o índice de variação nos preços dos produtos deverá ser, de certa forma, semelhante quando medido em uma moeda comum, desde que os custos de transporte e barreiras comerciais permanecerem inalterados.

franquia acordo pelo qual uma empresa fornece uma estratégia de vendas especializadas ou de serviços, assistência de apoio e, possivelmente, um investimento inicial na franquia, em troca de pagamentos periódicos.

fronteira eficiente conjunto de pontos que mostram as combinações de risco-retorno obtidas por carteiras específicas (as assim chamadas carteiras eficientes) de ativos.

Fundo Monetário Internacional (FMI) agência estabelecida em 1944 para promover e facilitar o comércio e o financiamento internacionais.

fundos mútuos internacionais fundos mútuos que contêm títulos de empresas estrangeiras.

G

gerenciamento centralizado de caixa política que consolida as decisões da gestão de caixa para todas as unidades da EMN, geralmente no local da controladora.

gerenciamento de caixa otimização de fluxos de caixa e investimento de excedente de caixa.

gráfico de contingência gráfico que mostra o lucro líquido a um especulador de opções de moedas sob vários cenários de taxa de câmbio.

I

Imposto de Equalização de Juros (IEJ) taxa imposta pelo governo dos Estados Unidos em 1963 para desestimular os investidores de investir em títulos estrangeiros.

International Development Association (IDA) associação fundada para estimular o desenvolvimento de países; era especialmente adequada para nações menos prósperas, já que fornecia empréstimos a taxas de juros baixas.

International Financial Corporation (IFC) empresa fundada para promover o empreendimento privado dentro dos países; pode conceder empréstimos e adquirir ações de empresas.

intervenção esterilizada intervenção, pelo Federal Reserve, no mercado de câmbio estrangeiro, com intervenção simultânea nos mercados de títulos do Tesouro para compensar qualquer efeito sobre a oferta de dinheiro em dólar; portanto, a intervenção no mercado de câmbio estrangeiro é obtida sem afetar a oferta de dinheiro em dólar existente.

intervenção não-esterilizada intervenção no mercado de câmbio estrangeiro sem fazer o ajuste para a mudança de oferta de dinheiro.

investimento estrangeiro direto (IED) investimento em ativos imobiliários (tais como terras, construções ou mesmo fábricas existentes) em países estrangeiros.

J

joint venture iniciativa entre duas ou mais empresas nas quais as responsabilidades e os ganhos são divididos.

L

letra de câmbio promessa feita por uma parte (geralmente um exportador) de pagar uma quantia específica à outra parte em uma data futura específica ou mediante apresentação da letra de câmbio.

licença compromisso em que uma empresa local no país anfitrião fabrica produtos de acordo com as especificações de outra empresa (a empresa que dá a licença); quando os produtos forem vendidos, a empresa local poderá reter parte dos ganhos.

linha da paridade da taxa de juros (PTJ) linha diagonal que descreve todos os pontos em um gráfico de quatro quadrantes que representa o estado de uma paridade da taxa de juros.

linha da paridade do poder de compra (PPC) linha diagonal em um gráfico que mostra os pontos em que o diferencial de inflação entre dois países é igual à mudança percentual da taxa de câmbio entre as duas respectivas moedas.

linha de efeito Fisher internacional (EIF) linha diagonal em um gráfico que mostra os pontos em que o diferencial da taxa de juros entre dois países é igual à mudança percentual na taxa de câmbio entre as suas respectivas moedas.

linha de previsão perfeita uma linha de 45 graus em um gráfico que emparelha a previsão de uma taxa de câmbio com a taxa de câmbio real.

708 FINANÇAS CORPORATIVAS INTERNACIONAIS

liquidação   combinação de receitas de caixa futuras e pagamentos para determinar o montante líquido devido de uma subsidiária para a outra.

London Interbank Offer Rate (LIBOR)   taxa de juros normalmente cobrada por empréstimos entre eurobancos.

M

macroavaliação   avaliação total do risco de um país sem considerar o negócio da EMN.

matriz do risco de investimento estrangeiro (MRIE)   gráfico que mostra os riscos políticos e financeiros por intervalos, de modo que cada país possa estar posicionado de acordo com seu índice de risco.

mecanismo de taxas de câmbio   método de vincular o valor das moedas européias à Unidade Monetária Européia (UME).

mercado à vista   mercado em que as transações de câmbio ocorrem com o câmbio imediato.

mercado de câmbio estrangeiro   mercado composto principalmente de bancos, servindo empresas e consumidores que desejam comprar ou vender várias moedas.

mercado de eurocrédito   seleção de bancos que aceitam depósitos e fornecem empréstimos de grandes denominações e em uma variedade de moedas. Os bancos que abrangem esse mercado são os mesmos que abrangem o mercado de euromoeda; a diferença é que os empréstimos de eurocrédito são de prazos mais longos que os assim chamados empréstimos de euromoeda.

mercado de euromoeda   seleção de bancos que aceitam depósitos e fornecem empréstimos de grandes denominações e em uma variedade de moedas.

mercado do dólar asiático   mercado na Ásia no qual os bancos recebem depósitos e fazem empréstimos denominados em dólares americanos.

mercado imperfeito   a condição em que, devido aos custos de transferir mão-de-obra e outras fontes utilizadas para a produção, as empresas procuram utilizar fatores de produção estrangeiros quando forem menos dispendiosos que os fatores locais.

mercado interbancário   mercado que facilita o câmbio de moedas entre bancos.

microavaliação   avaliação do risco de um país em relação ao tipo de negócio da EMN.

modelos de séries temporais   modelos que examinam séries de dados históricos; às vezes usados como meios de previsão técnica que examinam as médias móveis.

Multilateral Investment Guarantee Agency (Miga)   agência fundada pelo Banco Mundial a qual oferece várias formas de seguros de risco político para empresas.

N

notas promissórias com taxas flutuantes (NPTFs)   provisão de algumas euro-obrigações, em que a taxa de juros é ajustada no decorrer do tempo, de acordo com as taxas de mercado vigentes.

O

obrigação de coquetel de moedas   obrigação denominada em uma mistura (ou coquetel) de moedas.

obrigação estrangeira   obrigação emitida por um mutuário estrangeiro ao país em que a obrigação é estabelecida.

obrigações paralelas   obrigações colocadas em diferentes países e denominadas nas respectivas moedas desses países.

ofertas de títulos Yankee   ofertas de ações de empresas que não são dos Estados Unidos nos mercados americanos.

opção de compra de ativos reais   projeto que contém uma opção de buscar uma iniciativa adicional.

opção de compra de moeda   contrato que concede o direito de comprar uma moeda em particular a um preço específico (taxa de câmbio) dentro de um prazo específico.

opção de venda de ativos reais   projeto que contém uma opção de desinvestir parte ou todo o projeto.

opção de venda de moeda   contrato que concede o direito de vender uma moeda em particular a um preço específico (taxa de câmbio) dentro de um prazo específico.

opções reais   opções implícitas em ativos reais.

operação de conta aberta   venda em que o exportador embarca a mercadoria e espera que o comprador remeta o pagamento de acordo com os termos estabelecidos.

Organização Mundial do Comércio (OMC)   organização fundada para estabelecer um fórum de negociações comerciais multilaterais e resolver disputas relacionadas ao acordo Gatt.

P

padrão-ouro   época em que cada moeda era conversível em ouro a uma taxa específica, permitindo que a taxa de câmbio entre duas moedas fosse determinada por sua conversibilidade relativa por onça de ouro.

pagamento pré-autorizado   método de aceleração de entradas de caixa mediante recebimento de autorização para cobrar da conta bancária de um cliente.

papel comercial em euros   títulos de dívida emitidos pelas EMNs para financiamento de curto prazo.

paridade da taxa de juros   teoria que especifica que o prêmio a termo (ou desconto) é igual ao diferencial da taxa de juros entre as duas moedas em questão.

petrodólares   depósito de dólares por países que recebem em dólares pela venda de petróleo para outros países; o termo geralmente se refere a depósitos de dólares para a Opep no mercado de euromoeda.

prazo   período de tempo das letras de câmbio.

preço de compra   preço pelo qual um negociador de câmbio (normalmente um banco) está disposto a pagar por uma moeda em particular.

preço de exercício   preço (taxa de câmbio) ao qual o comprador de uma opção de compra de moeda está autorizado a comprar uma moeda específica; ou o preço (taxa de câmbio) ao qual o comprador de uma opção de venda de moeda está autorizado a vender uma moeda específica.

preço de venda   preço pelo qual um negociador de câmbio (normalmente um banco) está disposto a vender uma moeda em particular.

preços de transferência   política de determinação de preços dos produtos enviados pela controladora ou pela subsidiária para uma subsidiária de uma EMN.

prêmio   relacionado às taxas a termo, representa o montante percentual pelo qual a taxa a termo excede a

GLOSSÁRIO **709**

taxa à vista. Relacionado às opções de moeda, representa o preço de uma opção de moeda.

prêmio a termo   porcentagem pela qual a taxa a termo excede a taxa à vista; cotado tipicamente em uma base anual.

pré-pagamento   método que exportadores utilizam para receber o pagamento antes do embarque dos produtos.

previsão baseada em mercado   uso de uma taxa de câmbio determinada pelo mercado (tal como a taxa à vista ou a taxa a termo) para prever a taxa à vista no futuro.

previsão fundamentalista   previsão baseada nas relações fundamentais entre as variáveis econômicas e as taxas de câmbio.

previsão mista   desenvolvimento de previsões baseadas em uma mistura de técnicas de previsão.

previsão técnica   desenvolvimento de previsões utilizando preços históricos ou tendências.

privatização   conversão de negócios de propriedade do governo em negócios de propriedade de acionistas ou indivíduos.

problema de agência   conflito de objetivos entre os acionistas de uma empresa e seus gestores.

Programa de Garantia de Capital de Giro   programa conduzido pelo Export-Import Bank que incentiva os bancos comerciais a conceder financiamentos de curto prazo para exportadores qualificados; o Export-Import Bank concede a garantia sobre o principal e os juros do empréstimo.

Programa de Garantia de Médio Prazo   programa desenvolvido pelo Export-Import Bank em que os fornecedores de empréstimos comerciais são incentivados a financiar a venda de serviços e bens de capital dos Estados Unidos para compradores estrangeiros aprovados; o banco garante o principal e os juros desses empréstimos.

Project Finance Loan Program   programa que permite aos bancos, ao Export-Import Bank ou a uma combinação dos dois a concessão de um financiamento de longo prazo para bens de capital e serviços relacionados a projetos maiores.

proteção (*hedging*)   afastar ou isolar uma empresa da exposição às flutuações da taxa de câmbio.

proteção cruzada (*cross-hedging*)   proteção de uma posição aberta em uma moeda com *hedging* sobre outra moeda que é altamente correlacionada com a primeira. Isto ocorre quando, por alguma razão, as técnicas comuns de proteção não podem ser aplicadas à primeira moeda. Uma proteção cruzada não é uma proteção perfeita, mas pode reduzir sensivelmente a exposição.

proteção de mercado monetário   uso de mercados monetários internacionais para compensar entradas e saídas futuras de caixa em uma dada moeda.

proteção dinâmica   estratégia de proteção naqueles períodos em que se espera que as posições de moedas existentes sejam afetadas adversamente e de permanecer descoberta em outros períodos em que se espera que as posições de moedas sejam afetadas favoravelmente.

proteção excessiva   *hedging* de um montante de moeda maior que o montante operacional real.

R

reestruturação multinacional   reestruturação da composição dos ativos ou passivos de uma EMN.

rendimento efetivo   rendimento ou retorno de uma EMN sobre um investimento de curto prazo depois de ajuste para a oscilação de taxas de câmbio pelo período em questão.

retardamento   estratégia usada por uma empresa para atrasar pagamentos, normalmente em resposta a projeções da taxa de câmbio.

risco país   características do país anfitrião, incluindo condições políticas e financeiras, que podem afetar os fluxos de caixa de uma EMN.

risco político   ações políticas tomadas pelo governo anfitrião ou pelo público que afetam os fluxos de caixa da EMN.

S

seleção documentária   transações comerciais tratadas à base de letras de câmbio.

simulação   técnica para avaliar o grau de incerteza. Distribuições de probabilidade são desenvolvidas para as variáveis de entrada; a simulação utiliza essa informação para gerar possíveis resultados.

sindicato   grupo de bancos que participam de empréstimos.

sistema de liquidação bilateral   método de liquidação utilizado para as transações entre duas unidades.

sistema de liquidação multilateral   intercâmbio complexo de liquidação entre a controladora e várias subsidiárias.

sistema de taxa de câmbio fixa   sistema monetário em que as taxas de câmbio ou são mantidas constantes ou podem flutuar somente dentro de limites bem estreitos.

sistema de taxa de câmbio flutuante livre   sistema monetário em que as taxas de câmbio podem mudar de acordo com as forças de mercado sem a intervenção dos governos dos países.

sociedade de factoring   empresa especializada na coleta de contas a receber; exportadores às vezes vendem suas contas a receber para uma sociedade de factoring mediante um desconto.

spread de compra e venda   a diferença entre o preço pelo qual o banco está disposto a comprar uma moeda e o preço pelo qual irá vendê-la.

straddle   combinação de uma opção de compra e o de uma opção de venda.

swap de moeda   acordo para fazer o câmbio de uma moeda por outra em uma data e a uma taxa de câmbio específicas. Geralmente, os bancos servem como intermediários entre duas partes que desejam se envolver em um swap de moeda.

swap de taxa de juros   acordo para trocar (swap) os pagamentos de juros em que os pagamentos de juros baseados em uma taxa de juros fixa são trocados por pagamentos de juros baseados em uma taxa de juros flutuante.

T

tarifa   tributo imposto por um governo sobre produtos importados.

710 FINANÇAS CORPORATIVAS INTERNACIONAIS

taxa a termo taxa pela qual um banco está disposto a fazer o câmbio de uma moeda por outra em uma data futura específica.

taxa à vista taxa de câmbio atual da moeda.

taxa de câmbio central taxa de câmbio estabelecida entre duas moedas européias por meio de arranjo do Sistema Monetário Europeu; é permitido que a taxa de câmbio entre as duas moedas oscile dentro de limites dessa taxa de câmbio central.

taxa de câmbio cruzada taxa de câmbio entre a moeda A e a moeda B, dados os valores das moedas A e B com relação a uma terceira moeda.

taxa de câmbio de equilíbrio taxa de câmbio em que a demanda por uma moeda é igual à oferta da moeda para venda.

taxa de câmbio fixa taxa de câmbio cujo valor é fixado ao valor de outra moeda ou a uma unidade de conta.

taxa global taxa utilizada na cobrança de clientes por aceitar os aceites dos bancos, consistindo no desconto da taxa de juros mais a comissão.

taxa real de juros taxa nominal menos o índice de inflação.

técnica Delphi coleta de opiniões independentes sem discussão em grupo pelos avaliadores que fornecem as opiniões; usada para vários tipos de avaliações (tais como a avaliação do risco país).

teoria da paridade da taxa de juros teoria que sugere que a taxa a termo difere da taxa à vista em um montante que reflete o diferencial dos juros entre duas moedas.

teoria da paridade do poder de compra (PPC) teoria que sugere que as taxas de câmbio se ajustarão no decorrer do tempo para refletir o diferencial entre os índices de inflação nos dois países; desse modo, o poder de compra dos consumidores ao adquirir produtos domésticos será o mesmo de quando adquirirem produtos estrangeiros.

teoria de ciclo do produto teoria que sugere que uma empresa inicialmente se estabelece localmente e se expande para mercados estrangeiros em resposta à demanda por seus produtos; com o tempo, a EMN crescerá nos mercados estrangeiros; depois de algum ponto, seu negócio estrangeiro poderá declinar, a não ser que ela possa diferenciar seus produtos daqueles dos concorrentes.

transferência de rendimentos arranjo que permite que o beneficiário original de uma carta de crédito penhore ou transfira os rendimentos a um fornecedor final.

transferências para exercícios passados de perdas operacionais líquidas prática de aplicar perdas para compensar ganhos em anos anteriores.

transferências unilaterais contabilidade de presentes e concessões privados e do governo.

troca comercial venda de produtos a um país que está vinculada à compra ou à troca de produtos desse mesmo país.

troca de mercadoria troca de produtos entre duas partes sob dois contratos distintos em termos financeiros.

troca simples troca de produtos entre duas partes sem o uso de qualquer moeda como meio de troca.

U

Unidade Monetária Européia (UME) unidade de conta que representa uma média ponderada das taxas de câmbio de países-membros dentro do Sistema Financeiro Europeu.

V

valorização aumento no valor de uma moeda.

vantagem comparativa teoria que sugere que especializações dos países podem aumentar a produção mundialmente.

variável dependente termo usado na análise de regressão para representar a variável que depende de uma ou mais variáveis.

variável independente termo usado na análise de regressão para representar a variável que se espera que influencie outra variável ("a dependente").

vendedor ou lançador vendedor de uma opção.

Z

zonas-alvo limites implícitos estabelecidos pelos bancos centrais sobre taxas de câmbio.

Índice

A

Abordagem de lista de verificação, 568, 569, 580
Ação financeira compensatória, 51
Aceite bancário, 400, 404, 406, 407, 408, 409, 415
Aceite comercial, 400, 404
Acionistas minoritários, 605
Ações não-votantes, 608
Acordo Basiléia I, 72
Acordo Basiléia II, 72
Acordo de Bretton Woods, 61, 179
Acordo de Livre Comércio da América do Norte, 16, 39
Acordo do Louvre, 198
Acordo do Smithsonian, 61, 179
Acordo Mestre da ISDA, 642
Acordos fiscais, 529, 530
Adidas, 41
Administração de pequenos negócios, 413
Administração de riscos, 642
ADR. *Veja* Recibo depositário americano
Agentes independentes, 529
AIG, 414
Air Products and Chemicals, 136
Alavancagem, 594, 595, 613, 614
Alavancagem financeira. *Veja* Alavancagem
Aliança internacional, 548, 549, 553
Altria, 358
Alvo estrangeiro. *Veja* Empresa-alvo
American Brands, 2
American Express, 12
Análise de regressão, 248, 260, 278, 279, 280, 281, 322, 383, 384
Análise de sensibilidade, 279, 514, 515, 516, 517,
Análise quantitativa, 567, 568, 580
Análise técnica, 295
Anheuser-Busch, 17
Antecipação, 356, 357, 358, 450
Apólice de Carta de Crédito Bancária, 413
Apólice de comprador múltiplo, 413
Apólice de comprador único, 414
Apólice de Instituição Financeira de Crédito ao Comprador, 413
Apólice de pequenos negócios, 413

Apólice guarda-chuva, 413
Apple Computer, 17
Aquisição internacional, 12, 535, 536, 537, 547, 548, 549
Aquisição parcial, 548, 552
Arbitragem de juros coberta, 216, 221-224, 225, 226, 227-228, 229, 230, 231, 232, 234, 235, 262, 425, 426, 456, 458
Arbitragem internacional. *Veja* Arbitragem
Arbitragem localizada, 216-218, 220, 221, 224, 235
Arbitragem triangular, 216, 218-221, 224, 235
Arbitragem, 80, 81, 122-123, 156, 157, 186, 215, 235
Archipelago, 90
Arranjo de conta conveniada. *Veja* Compensação
Ashland, Inc., 641
Associação dos Banqueiros para Finanças e Comércio, 402
AT&T, 11, 478
Atendimento comercial, 63
Ativos fixos, 387-388
Ativos reais, 83, 476
Ato Único Europeu, 15, 73, 478
Audi, 480
Avaliação de crédito, 22, 52
Aversão ao risco, 429, 549
Avon Products, Inc., 421

B

Balança comercial, 33, 35, 37, 39, 41, 43, 44, 45, 46, 52, 184
Balanço de pagamentos, 32, 34, 35, 54, 410, 540
Banco Africano de Desenvolvimento, 53
Banco Asiático de Desenvolvimento, 53
Banco Central Europeu, 189, 251, 594
Banco central, 51, 72, 179, 181, 183, 184, 187, 189, 191, 192, 193, 194, 196, 206, 208, 209, 211, 213, 594
Banco correspondente. *Veja* Banco informante

Banco emissor, 403, 404, 407
Banco informante, 403
Banco Interamericano de Desenvolvimento, 53
Banco Internacional para a Reconstrução e Desenvolvimento (Bird), 52
Banco Mundial. *Veja* Banco Internacional para a Reconstrução e Desenvolvimento
Banco para Compensações Internacionais – Bank for International Settlements (BIS), 53, 192
Bancos comerciais, 7
Bancos da Europa, 420
Bancos de investimento, 80, 83, 356, 638
Bank of America International, 76
Bank of America, 52
Barreira comercial, 109, 191, 242, 282, 398, 477, 480, 491, 560
Bausch & Lomb, 49
BCE. *Veja* Banco Central Europeu
Beneficiário, 400, 403, 404, 406, 408
Beta, 590, 591, 597
Biblioteca do Congresso, 565
BIRD. *Veja* Banco Internacional para a Reconstrução e Desenvolvimento
BIS. *Veja* Bank for International Settlements
Black & Decker, 325, 352, 479
Blockbuster Vídeo, 12, 477
Bloomberg, 66, 412, 423, 425, 642
Boeing, 11
Bolsa de Opções de Chicago, 133
Bolsa de Valores da Suíça, 90, 91
Bolsa Mercantil de Chicago, 125, 126, 129, 133
Borden, Inc., 536
Borg-Warner Corp., 334
Broadcom, 561
Burocracia, 490, 560, 563, 570, 571, 580
Business International, 287

C

C/C. *Veja* Carta de crédito
C/E negociável, 405

711

712 FINANÇAS CORPORATIVAS INTERNACIONAIS

Caixas postais, 447
Câmara de compensação de câmbio, 128, 129
Câmara de liquidação. *Veja* Câmara de compensação de câmbio
Câmara do Comércio Internacional, 403
Caminho aleatório, 251
Campbell Soup Co., 641
Capital de giro, 409, 443, 444, 445, 499, 550
Capitalização de mercado, 83, 84
CAPM. *Veja* Modelo de precificação de ativos de capital
Caps, 641
Carta de crédito de importação/exportação. *Veja* Cartas de créditos comerciais
Carta de crédito irrevogável, 403
Carta de crédito revogável, 403
Carta de crédito transferível, 406
Carta de crédito, 399, 400, 402-406, 408, 409, 410, 412, 413
Cartas de crédito comerciais, 403, 406
Cartas de crédito standby, 406, 414
Caterpillar, Inc., 318
CD. *Veja* Certificado de depósito
Certificado de depósito, 65
Certificado de inspeção, 404
Certificado de procedência, 404
Certificado de seguro, 404
CFF. *Veja* Facilidade financeira compensatória
Chaebols, 18, 209
CIA, 485
Ciclo comercial, 398
Ciclos comerciais, 60
Cisco Systems, 140
Citicorp International, 76
Citigroup, 52, 63, 70, 287
Cláusula de conversibilidade, 75
CME. *Veja* Bolsa Mercantil de Chicago
Cobra, 183
Coca-Cola Co., 2, 16, 18, 70, 81, 111, 325, 352, 358, 548, 590, 628
Código de co-financiamento, 52
Coeficiente de correlação, 92, 310, 435, 471
Coeficiente de regressão, 98, 248, 260, 278, 280, 290, 322, 384
Coeficiente R_2, 383
Colgate-Palmolive, 2, 49, 307, 325, 478
Collars, 641
Colocação privada, 620
Combinações de opções de moeda, 160-174
Comércio interempresarial, 45
Comissão da União Européia, 490

Comissão de Comércio Justo, 490
Comissão de Monopólios da França, 489
Comissão do aceite, 408
Comitê da Basiléia, 72
Commercial Paper, 452
Commerzbank, 431
Compensação, 410
Compensação completa, 410
Compensação parcial, 410
Componente renda, 33
Compromisso, 73
Compromissos de proteção, 75
Conglomerado, 209
Conhecimento de embarque, 404, 405
Conhecimento de embarque aéreo, 405
Conhecimento de embarque marítimo, 405
Conselhos cambiais, 184-187
Consignação, 399, 401, 414
Construção do spread, 171, 172
Conta-corrente, 32, 33-34, 45, 54
Conta de capital, 32, 34-35, 54
Conta de mercado monetário, 65
Contas a receber, 401, 402, 407, 443
Contas corretoras on-line, 574
Conti Currency, 287
Contrato a termo, 63, 67, 68, 69, 84, 90, 119, 120-124, 127, 136, 147, 207, 220, 222, 229, 234, 336, 337, 342, 344, 348, 355, 357, 358, 384, 385, 386, 389, 390, 462, 629, 631
Contrato a termo de longo prazo, 355, 388
Contrato de futuro de moeda, 1, 69, 70, 119, 125-132, 134, 135, 136, 146, 233, 259, 335-336, 342, 344, 349, 358, 359, 388, 630
Contrato de futuros. *Veja* Contrato de futuros de moeda
Contratos a Termo sem Entrega (CTSE), 124-125
Controle de poluição, 490, 561
Controle empresarial, 6
Conversibilidade de moeda, 7, 560, 562, 580
Corning Glass Works, 490
Correlação, 59, 92, 93, 310-313, 435, 436, 461, 471
Corretor, 127, 129, 356, 406, 413
Corretor no recinto da Bolsa, 126
Corretores com desconto, 127
Corretores habilitados a todas operações, 127
Corrupção, 560, 563, 564, 580
Cota, 39, 40, 42, 43, 51, 58, 242, 444

Cotação de compra, 65, 66, 121, 122, 133, 216, 217, 219, 224
Cotação de venda, 65, 66, 121, 122, 133, 216, 217, 219, 224
Cotação direta, 68, 69
Cotação indireta, 68, 69
Crédito à exportação, 411
Crédito de fornecedor, 398
Crédito de imposto, 502, 530, 531, 540, 594, 607
Crescimento do PIB real, 566, 568
Crise asiática, 17, 45, 51, 93, 94, 134, 183, 185, 196, 205, 214, 286,
Crise do Peso Mexicano, 183-184
Currenex, 64
Curva de rendimentos, 636, 637, 638, 642
Custo da dívida, 589, 593, 594-595, 598, 606
Custo de capital, 21, 22, 24, 84, 517, 588-612, 620
Custo de novo capital próprio, 592
Custo de oportunidade, 171, 172, 174, 348, 588, 595, 596
Custo de produção, 481, 483
Custo do capital próprio, 591, 595, 597, 598, 607, 612
Custo dos lucros retidos, 588
Custo dos produtos vendidos, 319, 320, 321, 375, 376, 377, 378, 379, 384, 532, 533
Custo financeiro, 22, 76, 433, 621-624, 626, 628, 642
Custo marginal, 15
Custo médio ponderado de capital, 22, 24, 25, 84, 589, 598, 599, 600
Custo nominal da dívida, 595
Custo real de proteção de contas a pagar, 337, 338, 339
Custo real de proteção de contas a receber, 339
Custos de agência, 3, 4, 5, 605
Custos de esclarecimentos, 67
Custos de informações, 89, 90
Custos de lançamento, 588, 590
Custos de pedido, 67
Custos de transações, 80, 81, 89-90, 97, 128, 129, 132, 143, 191, 231, 242, 339, 342, 424, 447, 448, 449, 454, 593, 635
Custos do estoque, 66, 67
Custos trabalhistas, 3

D

DaimlerChrysler, 479
Dairy Queen, 12
Data de vencimento, 69, 124, 125, 126, 127, 128, 129, 130, 131, 132, 138, 142, 145, 160, 165, 166, 167, 168, 169

ÍNDICE **713**

Data General, 490
Deduções de impostos, 500, 589
Demanda de recursos, 60, 594, 636
Demonstrativo de resultado *pro forma*, 321
Demonstrativos financeiros consolidados, 274, 323, 324, 325, 388
Dentro do dinheiro, 134, 138, 161, 166
Departamento de Justiça, 490
Departamento do Comércio dos Estados Unidos, 566
Depósitos assegurados em moedas estrangeiras, 65
Depósitos de euromoedas, 451
Depreciação, 502, 508, 510, 542, 594
Derivativos da taxa de câmbio, 119-174
DES. *Veja* Direito Especial de Saque
Desconto a termo. *Veja* Desconto da taxa a termo
Desconto da taxa a termo, 92, 113, 124, 225, 226, 227, 228, 229, 231, 232, 233, 234, 235, 236, 261, 262, 286, 287, 288, 426, 456, 457
Desemprego, 39, 180, 181, 182, 183, 187, 198, 199, 449, 488, 565
Desinvestimento internacional, 548, 550-551, 554
Despesas de vendas e administrativas, 542
Despesas fixas, 319, 315, 375, 376, 377, 499, 503, 510
Despesas gerais, 533
Despesas variáveis, 319, 320, 376, 377, 379, 499, 501, 505, 508, 510
Desvalorização, 179, 184, 506
Desvio padrão implícito, 158, 296, 297
Deutsche Bank, 62
Diferimento para exercícios futuros. *Veja* Provisões para exercícios futuros de perdas operacionais líquidas
Direito Especial de Saque, 51, 635
Direitos autorais, 11, 562
Disparidade de poder de compra, 246
Dispensas, 6
Distorções de contabilidade, 389
Distribuição de probabilidade, 280, 313, 315, 348, 429, 430, 431, 458, 460, 506, 515, 574, 599, 626, 647
Distribuição normal, 315
Diversificação de acionistas, 306
Diversificação internacional, 59, 93, 97, 98, 476, 483, 491, 590, 591, 592, 612

Dívida de taxa fixa, 413, 630, 639, 641
Dívidas de altos rendimentos, 628
Dívidas de taxas variáveis, 632, 641
Documentação contra embarque, 400
Documentos mediante aceite, 400
Dolarização, 187
Dow Chemical, 2, 307, 536
Dow Jones Industrial Média, 94
DPI.*Veja* Desvio padrão implícito
Dumping, 40
Dupla tributação, 530
DuPont, 11, 19, 325, 334, 336, 348, 352

E

Eastman Kodak, 7, 287, 307, 334, 352, 355, 479, 490
EBIT. *Veja* Lucros antes dos juros e do imposto de renda (LAJIR)
ECN. *Veja* Redes de comunicação eletrônica
Economias de escala, 380, 478, 481
Efeito da curva J, 46
Efeito Fisher, 107, 252, 261, 628
Efeito Fisher internacional, 241, 252-261, 262, 285, 456, 457
Efeitos confusos, 250
EFI. *Veja* Efeito Fisher internacional
Eficiência de mercado, 130, 142, 181, 295, 299
Eficiente na forma forte, 295
Eficiente na forma fraca, 295
Eficiente na forma semiforte, 295
Eli Lilly & Co., 11
Empresa adquirente, 537, 539, 550, 552
Emendas antiaquisição, 7
Empresa de financiamento comercial, 402
Empresa puramente doméstica, 487, 590, 591, 592
Empresa-alvo, 539, 540, 541, 542, 547
Empresas comerciais, 411
Empresas de corretagem, 63, 97, 126, 133, 210
Empréstimo de Ajuste Estrutural, 52
Empréstimo paralelo, 355, 356, 633
Empréstimos de eurocrédito, 73
Empréstimos de taxa flutuante, 603
Empréstimos sem recurso, 579
Empréstimos sindicalizados, 73-74
Engelhard Corp., 412
Erro absoluto de previsão, 288, 289, 290, 295, 298, 299
Erro aleatório, 322
Erro de previsão. *Veja* Erro absoluto de previsão
Erro de previsão nominal, 290
Escritório de Turismo do Governo Francês, 563

Especulação, 109, 113, 130, 139, 163, 164, 168, 172, 194, 208, 276, 277, 283, 284
Estilo centralizado de gestão, 4, 498
Estilo de gestão descentralizada, 5
Estrutura de capital, 588-612
Estruturas de capital-alvo, 611-612
ETF. *Veja* Fundos de índice
Euro-clear, 76
Eurocrédito. *Veja* Empréstimos de eurocrédito
Eurodólares, 71, 451
Euronotas, 419
Euro-obrigação, 74, 75, 629
Exigências de margem, 129
Exportação e a importação de serviços, 33
Exportação e importação de mercadorias, 33
Export-Import Bank (Estados Unidos), 411-414, 415
Exposição à conversão, 307, 309, 323-325, 333, 374-389
Exposição a transações, 305, 307-315, 316, 319, 325, 333-373, 374, 375, 380, 389, 392
Exposição contingente, 344
Exposição econômica, 305, 307, 315-322, 323, 325, 333, 374-389,
Exposição líquida a transações, 334
Expropriação, 414, 515, 560, 572, 578, 579
ExxonMobil, 2

F

Facilidades de retiradas, 445
Factoring transfronteira, 402
Factoring, 401, 402, 414
Falência, 589, 590, 591
FASB. *Veja* Financial Accounting Standards Board
Fatores de produção, 9, 26, 478, 481, 482, 491
Fatores técnicos, 276
Fatura comercial, 405
FDIC. *Veja* Depósitos assegurados em moedas estrangeiras
Fed. *Veja* Federal Reserve System (Fed)
Federal Reserve Bank of Cleveland, 94
Federal Reserve Bank of St. Louis, 37
Federal Reserve System (Fed), 192, 193, 194, 195, 196, 198, 540Comissão de Comércio Federal, 490
Fiat, 334
Fidelity, 98
Financial Accounting Standards Board – FASB, 323

714 FINANÇAS CORPORATIVAS INTERNACIONAIS

Financiamento de capital de giro, 401, 408-409, 414
Financiamento de contas a receber, 401-402, 407, 414
Financiamento de médio prazo de bens de capital, 401, 409-410, 414
First City Bank na Tailândia, 538
Flexsys, 447
Floors, 641
Fluxo de correspondência, 447
FMC, 70
FMI. *Veja* Fundo Monetário Internacional
Fora do dinheiro, 138, 161
Ford Motor Co., 17, 41, 477, 479, 491, 536, 552, 564, 629
Forfaiting. *Veja* financiamento de bens de capital de médio prazo
Forma absoluta da PPC, 242
Forma relativa de PPC, 242, 245
Franquia, 10, 12, 13, 19, 26
Fronteira de carteiras eficientes, 485, 486, 487
Fronteira eficiente. *Veja* Fronteira de carteiras eficientes
Fuji Co., 12
Fundo Monetário Internacional, 51, 52, 205, 209
Fundo mútuo, 6, 99
Fundos bloqueados, 449, 463, 505, 511, 515, 517, 537, 562, 570, 580, 606, 610
Fundos de índice, 97, 98
Fundos disponíveis para empréstimo, 59, 78, 79, 606, 624
Fundos mútuos internacionais, 97, 98, 99
Fundos previdenciários, 6
FX Alliance LLC, 63

G

Ganhos de capital, 96, 543, 550
Ganhos de capital de longo prazo, 97
Garantia de licitações, 406
Gasto inicial, 496, 501, 503, 504, 505, 508, 510, 511, 513, 514, 518, 535, 536, 539, 550, 575, 599, 600, 601, 602, 603
Gatt (Acordo Geral de Tarifas e Comércio), 17, 39, 52, 53
General Electric, 11, 18, 49, 355, 477, 490, 627
General Mills, Inc., 12, 352
General Motors, 12, 16, 17, 179, 480, 629
GeoLogistics, 423
Gerber Products, 549
Gestão centralizada de caixa, 445, 453-454
Gestão de caixa, 287, 443-472
Gestor financeiro, 288

Gillette, 325
Globalização, 72, 398
Globex, 127, 133
Goldman Sachs, 287
Goodyear Tire & Rubber Co., 198, 325
Gráfico de contingência, 142-144, 160, 167, 171, 173
Grande Depressão, 61
Greve trabalhista, 282, 560
GTE, 641
Guerra do Golfo, 188, 577
Guerra do Iraque, 19, 188, 562-563
Guinness, 75

H

Heineken, 34
Hewlett-Packard, 211, 477, 620
Hipótese de mercado eficiente, 295
Home Depot, 12
Honda, 381
Honeywell, 479, 490, 628

I

IBM, 2, 7, 11, 19, 34, 81, 233, 325, 348, 478, 620
IDA. *Veja* International Development Association (IDA)
IED. *Veja* Investimento estrangeiro direto (IED)
IFC. *Veja* International Financial Corporation (IFC)
IGA, Inc., 11
Imobilidade de trabalho, 58
Imposto de consumo, 527
Imposto sobre o valor agregado (IVA), 527, 530
Impostos retidos, 498, 501, 503, 505, 509, 527, 529, 530, 533, 537, 540, 551, 561, 574, 577, 583, 607, 608, 609, 610
Índice de capital, 72
Índice de preço/lucro, 95, 96, 323, 596
Índice de referência, 124
Índice P/L. *Veja* Índice de preço/lucro
Índices de preços, 243, 245
Inflação, 3, 42, 44, 45, 54, 57, 59, 78
Instinet, 90
Intel, 64, 561, 641
International Development Association (IDA), 53
International Financial Corporation (IFC), 53, 580
International Paper, 17
International Swaps Derivatives Association (ISDA), 641
Intervenção direta, 178, 193, 196, 200, 211
Intervenção esterilizada, 194, 195
Intervenção indireta, 178, 195, 196, 200, 209

Intervenção não-esterilizada, 195, 203
Investimento estrangeiro direto, 19, 20, 34, 39, 47-48, 49, 53, 83, 476-491, 516, 528, 530, 531, 535, 538, 569, 578
ISDA. *Veja* International Swaps Derivatives Association
Itens fora do balanço, 72
IVA. *Veja* Imposto sobre o valor agregado

J

J.C. Penney, 34
J.P. Morgan Chase, 52, 63, 71
Johnson & Johnson, 550, 629
Johnson Controls, 641
Joint venture, 10, 12, 19, 26, 190, 476, 477, 549, 553, 561

K

KFC, 477
Kraft Foods, 445

L

Lei de um só preço, 237
Leis antipoluentes, 7
Letra de câmbio, 399, 400, 401, 404, 406, 407, 409
Letra de câmbio à vista. *Veja* Letra de câmbio
LIBOR. *Veja* Taxa de Oferta Interbancária de Londres, 73, 419, 638, 639, 640, 641
Licenciamento, 10, 11, 13, 19, 26, 190, 549, 553
Linha da paridade da taxa de juros (PTJ), 229
Linha de crédito, 446
Linha de previsão perfeita, 292, 294
Linha do EFI, 258
Liquidez, 22, 104, 121, 408, 419, 421, 423, 444-445, 620
Litton Industries, 198
Lucent Technologies, 478
Lucro bruto, 319, 320, 321, 533, 542
Lucros, 324
Lucros antes do imposto de renda, 319, 320, 321, 377, 378, 379, 380, 381, 533, 534, 542, 601
Lucros antes dos juros e do imposto de renda (LAJIR), 319, 320, 321, 377, 378, 380, 533
Lucros consolidados. *Veja* Demonstrativos financeiros consolidados
Lucros retidos, 499, 509, 588, 605

M

Macroavaliação do risco país, 565, 566
Marca, 11

ÍNDICE **715**

Margem, 132, 133
Margem inicial, 127, 129
Margens de lucro, 3
Marked to market, 124
Matriz do risco de investimento
estrangeiro, 572
Matsushita Electrical Industrial Co.,
479
Maytag Corp., 198
Mazda, 552
McDonald's, 12, 75, 325
McKinsey & Co., 8
Mecanismo de taxa de câmbio, 183
Mercado a termo, 64, 83, 208, 426,
456
Mercado à vista, 61, 62, 83, 130,
142, 143, 157, 219, 224, 353,
356, 369, 370
Mercado asiático do dólar, 71
Mercado de balão, 98, 133
Mercado de câmbio estrangeiro,
1, 58, 59, 61, 82, 83, 84, 103,
109, 112, 178, 183, 192, 193,
200, 206, 208, 209, 211, 217,
218, 295, 431, 462
Mercado de crédito internacional,
58, 73-74, 86
Mercado de euromoeda, 71, 451
Mercado de futuros de moeda, 69,
82, 125-132, 208
Mercado de obrigações internacio-
nal, 58, 74-76, 86
Mercado emergente, 75, 78, 83,
91, 109, 124, 213, 284, 310,
540, 566
Mercado Euronext, 83
Mercado financeiro internacional,
58, 71, 72, 83, 84, 211
Mercado interbancário, 63, 112
Mercado monetário asiático, 70, 71
Mercado monetário europeu, 71,
72, 86
Mercados imperfeitos, 58
Mercados monetários internacionais,
58, 79-83, 84,85
Merck, 198, 307, 348, 352
Merrill Lynch, 98
Método de preço/lucro, 95-96
Microavaliação do risco país, 566-567
Microsoft, 561
MIGA. *Veja* Agência Multilateral
de Garantia do Investimento,
52, 580
Miller High Life, 17
Miniquebras, 94
Modelo de desconto de dividendos,
95, 96
Modelo de determinação de opções
de Biger e Hull, 157, 158
Modelo de precificação de ativos de
capital, 591
Moeda do relatório, 324

Moeda funcional, 324
Morgan Stanley, 421
Motorola, 41, 211, 490
MRIE. *Veja* Matriz do risco de inves-
timento estrangeiro
MTC. *Veja* Mecanismo de taxa de
câmbio
Múltiplo de preço/lucro, 596
Muro de Berlim, 15

N
Nações Unidas, 51
Nafta. *Veja* Acordo de Livre Comér-
cio da América do Norte, 16, 39
Negociador de swap. *Veja* Negocia-
dores, comerciantes (ver como
ficou e mudar aqui –verbete
operadores?)
Negócio casado, *Veja* Empréstimo
paralelo
Nestlé SA, 12, 75
Nike, 2, 13, 18, 211, 375, 403,
564, 566, 628
Nissan Motor Co., 479
Nível de confiança, 314
Nível de desencadeamento, 145,
146, 147
No dinheiro, 134, 138
Nortel Networks, 478
Nota promissória, 410
Notas com taxas flutuantes, 75
NPTF. *Veja* Notas com taxas flu-
tuantes

O
Obrigação de coquetel de moedas,
635
Obrigação estrangeira, 74
Obrigações com taxas flutuantes,
638, 644
Obrigações paralelas, 74
Oferta de ações global, 619, 620
Oferta de dinheiro, 79, 187, 189,
192, 194, 197
Oferta de divida global, 620
Oferta de recursos, 60, 594, 636
Ofertas de obrigações do governo,
629
Ofertas de títulos Yankee, 79
OMC. *Veja* Organização Mundial do
Comércio
11 de setembro de 2001, 19, 95,
560, 556, 560, 561, 562, 578
Opção de compra. *Veja* opção de
compra de moeda
Opção de compra de ativos reais,
551
Opção de compra de moeda, 70,
133-138, 142, 143, 144, 146,
156, 157, 158, 159, 160, 161,
162, 163, 164, 165, 166, 167,
168, 169, 170, 171, 172, 173,

174, 342, 343, 344, 345, 346,
351, 358, 368, 369, 370, 371,
372
Opção de compra implícita, 514, 551
Opção de moeda, 1, 70, 82, 119,
133-174, 351, 359, 373
Opção de venda de ativos reais,
552, 553
Opção de venda de moeda, 70, 133,
142-145, 147, 148, 149, 156,
157, 158, 160, 161, 162, 163,
164, 165, 165, 167, 168, 169,
170, 171, 172, 173, 174, 175,
343, 344, 345, 348, 359, 370,
371, 372
Opção real, 505, 514, 551-553
Opções condicionais de moedas,
144-146
Opções de estilo americano, 146,
158
Opções estilo europeu, 146, 158
Opep. *Veja* Organização dos Países
Exportadores de Petróleo
Operação de conta aberta, 399,
401, 417
Operadores, 62, 216, 220, 420
(dealers-subscritores), 641
(negociadores)
OPIC. *Veja* Overseas Private
Investment Corporation, 411,
414, 579
Orçamento de capital, 273, 298,
483, 496, 531, 549, 550, 551,
572, 577, 581, 589, 599, 600,
601
Organização dos Países Exportado-
res de Petróleo, 71
Organização Mundial do Comércio,
52-53
OTC. *Veja* Mercado de balcão
Outsourcing, 41
Owens Corning Co., 336

P
Padrão-ouro, 61
Padrões de contabilidade, 91
Pagador de taxa fixa, 639, 641
Pagador de taxa flutuante, 639
Pagamento pré-autorizado, 447
Pagamentos de leasing, 508, 509,
510
Países menos desenvolvidos, 49, 63,
410, 580, 594
Papel comercial em Euros, 420
Paridade da taxa de juros, 215-234,
240, 260, 261, 262, 284, 285,
342, 425-427, 428, 456, 457
Paridade de compra e venda,
158-159
Paridade de poder de compra,
241-252, 253, 254, 260, 261,
262, 281, 282, 305-306

716 FINANÇAS CORPORATIVAS INTERNACIONAIS

Participação de mercado, 17, 39, 40, 384, 386, 477, 562, 593
PEFCO. *Veja* Private Export Funding Corporation, 411, 414, 415
PepsiCo., 17, 358, 375, 477, 549, 620, 628, 630
Perda máxima de um dia, 313-314
Pesquisa e desenvolvimento, 444
Petrodólares, 71
Peugeot, 480
PIB. *Veja* Produto interno bruto
Pizza Hut, 12, 477
Planilha de pagamentos intersubsidiária, 448
Política de faturamento, 335
Política fiscal, 198, 199
Política monetária, 15, 16, 189, 190, 191, 594
PPC. *Veja* Paridade de poder de compra
Práticas e Costumes Uniformes para Crédito Documentário, 403-404
Prazo, 404
Precificação de opções de moeda, 156-159
Preço de exercício, 70, 134, 135, 136, 137, 138, 140, 141, 142, 144, 145, 146, 157, 158, 159, 160, 161, 162, 163, 164, 165, 166, 167, 168, 169, 170, 171, 172, 173, 174, 175, 343, 344, 346, 347, 350, 368, 370, 371, 372, 553, 641
Predex, 287
Prejuízos, 324
Prêmio a termo. *Veja* Prêmio da taxa a termo
Prêmio da taxa a termo, 123, 124, 225, 226-228, 229, 231,232, 233, 234, 235, 261, 262, 285, 286, 425, 426, 456, 457
Prêmio de opção de compra, 134, 135, 136,139, 156, 157, 161, 165, 166, 167, 168, 169, 170, 172, 297, 371, 372
Prêmio de opção de venda, 138, 139, 140, 156, 157, 158, 164, 165, 166, 168, 169, 170, 349
Prêmio pelo risco, 96, 186, 594-595, 597, 599, 609, 612
Pré-pagamento, 399, 414
Previsão baseada em mercado, 282-285, 286, 300
Previsão fundamental, 277-282, 286, 287, 293, 300
Previsão mista, 286-287, 300
Previsão técnica, 275-277, 286, 287, 300
Previsão tendenciosa, 290, 291, 293, 298
Price Waterhouse Coopers, 528, 591
Primeira Guerra Mundial, 61

Privatização, 49, 80, 548, 549
Probabilidade conjunta, 433, 434, 469, 576, 583
Problema de agência, 3, 4, 5, 605
Procter & Gamble, 12, 17, 307, 538
Produto Interno Bruto (PIB), 35, 189, 480, 487, 565, 566, 580
Programa de garantia de médio prazo, 411
Programa de Garantia de Capital de Giro, 411
Programa de Project Finance, 412
Programa do Empréstimo Direto, 412
Programas da garantia de investimento, 579
Project Finance, 568, 580
Proporção da dívida, 589
Propriedade parcial, 605, 607
Propriedade total da controladora da EMN, 605
Proteção com contrato a termo, 335, 336-340, 342, 343, 345, 346, 347, 348, 349, 350, 351, 357, 358, 389
Proteção com futuros, 335-336, 345
Proteção com opção de moeda, 335, 342-344, 345, 347, 349, 351, 357
Proteção cruzada, 356, 357, 358
Proteção de mercado monetário, 335, 340-342, 345, 346, 347, 349, 350, 351, 353, 358, 359, 360, 389
Proteção de opção de venda. *Veja* Proteção com opção de moeda
Proteção dinâmica, 462
Proteção excessiva, 353
Provisão de opção de compra, 75
Provisões para exercícios futuros de perdas operacionais líquidas, 530
Provisões para exercícios passados de perdas operacionais líquidas, 530
PTJ. *Veja* Paridade da taxa de juros

Q

Quebra do mercado de ações em outubro de 1987, 93
Quinta-feira Sangrenta, 94, 209

R

Recibo depositário americano, 79, 80, 81, 97, 98
Redes de comunicação eletrônica, 90
Reestruturação, 377-382
Reestruturação da EMN, 535-553
Refinanciamento de uma C/C à vista, 404
Regra 144A, 80
Renda nacional, 42, 54
Rendimento até o vencimento, 622

Rendimento efetivo, 445, 454-456, 457, 458, 459, 460, 461, 469, 470, 471
Rendimentos do mercado monetário, 108
Rendimentos dos dividendos, 97
Rendimentos ordinários, 97
Reporte para exercícios passados. *Veja* Provisões para exercícios passados de perdas operacionais líquidas
Reservas. *Veja* Reservas de moeda
Reservas de moeda, 184, 194, 206
Restrição comercial. *Veja* Barreira comercial
Restrições ambientais, 7, 607
Restrições éticas, 8
Restrições reguladoras, 7
Retardamento, 356, 357, 358
Retorno marginal, 14, 15
Retorno sobre investimentos, 446, 483, 538
Reynolds Metals Co., 16
Riqueza do acionista, 3, 4, 21, 26, 49, 499
Risco da taxa de câmbio, 39, 60, 66, 74, 89, 91-92, 93, 120, 121, 125, 191, 221, 305-325, 333, 335, 355, 369, 375, 382, 386, 436, 445, 453, 461, 589, 591, 596, 597, 601, 605, 606, 609, 612, 626-635, 638, 642
Risco da taxa de juros, 636-642
Risco de crédito, 73, 129, 402, 407, 604, 612
Risco de inadimplência, 59, 186, 207, 252, 641
Risco econômico, 572
Risco financeiro, 559, 564, 565, 569, 570, 571, 572, 580
Risco macrofinanceiro, 567
Risco macropolítico, 567
Risco microfinanceiro, 567
Risco micropolítico, 567
Risco moeda, 67
Risco não-sistemático, 593
Risco país, 19, 559-580, 591, 592, 606-607, 610, 612, 624
Risco político, 18, 19, 52, 232, 233, 407, 413, 415, 559, 560, 561-564, 565, 569, 560, 561, 572, 580
Risco sistemático, 592
Rockwell International, 536
Rodada Uruguai, 52
Rotação, 83
Royal Dutch Shell, 97
Royalties, 497, 534

S

SAL. *Veja* Empréstimo de Ajuste Estrutural

ÍNDICE **717**

Sala da bolsa, 127
Saldo compensador, 120
Saldos líquidos, 447, 451
Salomon Smith Barney, 76
Sanyong Paper, 538
Saque ou letra de câmbio a prazo. *Veja* Letra de câmbio
Sara Lee Corp., 12
SBC Communications, 12
Scott Paper Co., 536
Sears Roebuck, 7
SEC – Securities and Exchange Co-mission (Comissão de Câmbio e Títulos), 80, 133, 490
Seleção documentária, 400
Simulação, 514, 515-517, 626, 627
Sindicato, 73, 85
Sindicato subscritor, 420
Sistema bilateral de saldos líquidos, 448
Sistema da taxa de câmbio fixa, 179-180, 182, 200, 208
Sistema de compensação central, 334
Sistema de saldos líquidos multilate-ral, 448, 449
Sistema de taxa de câmbio flutuante livre, 180-182, 201
Sistema de taxas de câmbio referen-ciada, 178, 182-184, 187, 200
Sistema de taxas flutuantes, 61
Sistema flutuante gerenciado, 182, 200
Sistema monetário europeu, 183
SME. *Veja* Sistema Monetário Europeu
Sociedade de factoring, 410
Sony, 97, 479
Spread de alta, 169-171, 173, 371-372
Spread de alta de moeda. *Veja* Spread de alta
Spread de baixa, 169, 173, 174, 372, 373
Spread de baixa de moeda. *Veja* Spread de baixa
Spread de compra/venda (bid/ask spread), 65, 66, 121, 132, 133, 216, 219, 223
Spreads de moeda, 169, 174
Sprint Corp., 11
Straddle, 141, 161, 165, 167, 168, 169, 368, 370
Straddle de moeda. *Veja* Straddle
Strangle, 160, 165-169, 370
Subscrição, 73, 75
Substitutos, 242, 250, 251
Subway Sandwiches, 12
Swap a termo, 641
Swap amortizante, 641
Swap cancelável, 641
Swap com juros-zero, 641

Swap comum, 639-642
Swap de acréscimo, 641
Swap de base, 641
Swap de crédito, 641
Swap de mercadorias, 641
Swap de moeda, 355-356, 500, 629-630, 641
Swap de taxa de juros, 639, 640, 641, 642
Swap flutuante-por-flutuante. *Veja* Swap de base
Swap resgatável, 641
Swaps de ações, 641
Swaption, 641

T
Tarifa, 39, 40, 42, 43, 58, 242, 480
Taxa a termo, 63, 92, 122, 123, 124, 125, 222, 223, 224, 225, 226, 227, 229, 230, 231, 233, 234, 261, 262, 285, 286, 287, 288, 289, 290, 292, 336, 338, 339, 345, 346, 348, 349, 353, 354, 384, 388, 389, 425, 427, 456-457, 458
Taxa de câmbio cruzada, 69, 126, 218, 219, 235
Taxa de câmbio de equilíbrio, 100, 102-104, 108, 113, 262
Taxa de câmbio real, 251
Taxa de compra. *Veja* cotação de compra
Taxa de conversão, 81
Taxa de desconto, 407, 496, 508, 514, 517, 542, 574, 580, 599
Taxa de desconto ajustada ao risco, 515
Taxa de Equalização de Juros, 74
Taxa de juros de equilíbrio, 78
Taxa de juros nominal, 107, 252, 253, 254, 255, 260, 261, 593
Taxa de juros real, 106-107, 252, 254
Taxa de referência, 124
Taxa de venda. *Veja* cotação de venda
Taxa efetiva de financiamento, 423-425, 426, 427, 428, 429, 430, 431, 433, 434, 435, 436
Taxa global, 408
Taxa requerida de retorno, 22, 24, 96
Taxas a termo de longo prazo, 284
Taxas de administração dos procedi-mentos, 74
Taxas de corretagem, 128, 132, 138, 141
Técnica Delphi, 567, 568, 580
TEJ. *Veja* Taxa de Equalização de Juros
Teoria da vantagem comparativa, 8, 26

Teoria de ciclo do produto, 9-10, 26
Teoria de mercados imperfeitos, 8-9, 27
Terrorismo, 19, 577
Tesouro dos Estados Unidos,486
TheStreet.com, 574
Título de mercado monetário, 35, 261, 420, 457, 462
Título do Tesouro, 186, 233, 408, 452
Títulos de desempenhos, 406
Títulos negociáveis, 511
Tomada de controle, 6, 565, 574, 579, 580
Toshiba, 41
Toyota, 322, 480
Tradebook, 90
Transações de varejo, 66
Transações interempresariais, 527, 532-534
Transações sem intimidade, 533
Transações swap, 123-124
Transferência de pagamentos, 33, 533
Transferência de preços, 449
Transferência de receitas, 406
Tratados de comércio internacional, 40
3M Co., 18, 211
Tripla tributação, 530
Troca de mercadoria, 410
Troca direta, 410
Trocas comerciais, 401, 410-411, 414

U
U.S. Census Bureau, 36
UE. *Veja* União Européia
UME. *Veja* Unidade Monetária Européia
União Européia, 15, 16, 42, 72, 189, 478, 480, 489, 561
Unidade monetária européia, 183
Unidades com déficit, 70
Unidades com superávit, 70
Unilever, 15
Union Carbide, 336, 641
United Parcel Service, 19
United Technologies, 477
UPS. *Veja* United Parcel Service
USX, Corp., 336

V
Valor de liquidação. *Veja* Valor residual
Valor do dinheiro no tempo, 407, 632
Valor esperado, 338, 339, 370, 433, 435, 458, 460, 469, 577, 626
Valor nocional, 639, 641
Valor presente líquido, 502, 503, 504, 505, 506, 507, 508, 509,

718 FINANÇAS CORPORATIVAS INTERNACIONAIS

511, 512, 513, 514, 515, 516, 517, 532, 535, 536, 541, 542, 543, 549, 550, 551, 574, 575, 576, 577, 593, 598-604, 631
Valor residual, 500, 501, 502, 504, 505, 508, 511, 512-513, 518, 537, 574, 575, 576, 577
Valor residual de equilíbrio, 512, 513
Valorização, 179
Value atrisk, 313-315
Vanguard, 98
Vantagens de monopólio, 477, 481
VAR. *Veja* Value at-risk
Variação de margem, 127
Variância de carteira, 435, 471, 484
Variáveis independentes, 322

Vendedor de opção, 140, 162, 163, 169
Verizon, 641
Visita de inspeção, 567, 568, 569
Volkswagen, 75, 479, 480
VPL cumulativo, 503, 504, 505, 513, 575, 576
VPL. *Veja* Valor presente líquido

W

Wal-Mart, 516
Walt Disney, 75, 355, 564, 620
Warner-Lambert Co., 550
WEBS. *Veja* Ações de referência mundial, 96
Wharton Econometric Forecasting Associates, 287

Whitney Group, 70
World Trade Center, 19
Writer. *Veja* Vendedor de opção

X

Xerox Corp., 12

Y

Yahoo!, 22, 197, 482
Yamaichi Securities Co., 210
Yum Brands, 477

Z

Zonas-alvo. *Veja* Zonas alvo de taxas de câmbio
Zonas-alvo de taxas de câmbio, 197-198